2020

法律法规全书系列

中华人民共和国
房地产
法律法规全书

含相关政策及文书范本

中国法制出版社
CHINA LEGAL PUBLISHING HOUSE

出 版 说 明

随着中国特色社会主义法律体系的建成，中国的立法进入了“修法时代”。在这一时期，为了使法律体系进一步保持内部的科学、和谐、统一，会频繁出现对法律各层级文件的适时清理。目前，清理工作已经全面展开且取得了阶段性的成果，但这一清理过程在未来几年仍将持续。这对于读者如何了解最新法律修改信息、如何准确适用法律带来了使用上的不便。基于这一考虑，我们精心编辑出版了本书，一方面重在向读者展示我国立法的成果与现状，另一方面旨在帮助读者在法律文件修改频率较高的时代准确适用法律。

本书独具以下三重价值：

1. **文本权威，内容全面**。本书涵盖房地产领域相关的常用法律、行政法规、国务院文件、部委规章、规范性文件、司法解释，及最高人民法院公布的典型案例、示范文本；书中收录文件均为经过清理修改的现行有效标准文本，方便读者及时掌握最新法律文件。

2. **查找方便，附录实用**。全书法律文件按照紧密程度排列，方便读者对某一类问题的集中查找；重点法律附加条旨，指引读者快速找到目标条文；附录相关典型案例、文书范本，其中案例具有指引“同案同判”的作用。同时，本书采用可平摊使用的独特开本，避免因书籍太厚难以摊开使用的弊端。

3. **免费增补，动态更新**。为保持本书与新法的同步更新，不让读者因部分法律的修改而反复购买同类图书，我们为读者专门设置了以下服务：（1）扫描书后“法律法规全书系列”公众号，即可免费增补本书下次修订时的电子版内容；（2）通过添加“法律法规全书系列”公众号，及时了解最新立法信息，并可就图书相关疑问动态解答。

修 订 说 明

本书自2016年出版以来，深受广大读者喜爱。此次修订再版，在对上一版分类及排版做微调整的基础上，根据法律文件的最新修订情况对本书的法律法规文件及案例进行了相应的增删和更新。具体修改情况如下：

本书体例仍分为五大部分，根据法律法规的相关性及实用程度对部分分类与顺序做了调整，删除了部分法律法规。

一、新增法律法规文件：《规范住房和城乡建设部工程建设行政处罚裁量权实施办法》《国务院办公厅关于压缩不动产登记办理时间的通知》《国务院办公厅转发住房城乡建设部关于完善质量保障体系提升建筑工程品质指导意见的通知》《国务院办公厅关于完善建设用地使用权转让、出租、抵押二级市场的指导意见》《住房和城乡建设部关于印发房屋交易合同网签备案业务规范（试行）的通知》《最高人民法院关于审理行政协议案件若干问题的规定》《最高人民法院关于审理建设工程施工合同纠纷案件适用法律问题的解释》《最高人民法院关于审理建设工程施工合同纠纷案件适用法律问题的解释（二）》。

二、更新法律法规文件：《中华人民共和国城乡规划法》《中华人民共和国城市房地产管理法》《不动产登记暂行条例》《不动产登记暂行条例实施细则》《不动产登记资料查询暂行办法》《城市房地产开发经营管理条例》《房地产开发企业资质管理规定》《住房公积金管理条例》《中华人民共和国契税暂行条例》《中华人民共和国城镇土地使用税暂行条例》《中华人民共和国土地管理法》《中华人民共和国建筑法》《中华人民共和国产品质量法》《建设工程勘察设计资质管理规定》《建筑业企业资质管理规定》《工程监理企业资质管理规定》《中华人民共和国招标投标法实施条例》《房屋建筑和市政基础设施工程施工图设计文件审查管理办法》《建设工程质量管理条例》。

三、删除法律法规文件：《土地利用总体规划管理办法》《国土资源部关于加强城市建设用地审查报批工作有关问题的通知》《国土资源部关于改进报国务院批准单独选址建设项目用地审查报批工作的通知》《国土资源部关于改进报国务院批准城市建设用地申报与实施工作的通知》《划拨土地使用权管理暂行办法》《〈外商投资建筑业企业管理规定〉的补充规定》《外商投资建设工程设计企业管理规定》《城市房地产市场评估管理暂行办法》。

四、此外，书中有部分失效的情况的法律法规文件，已经用标注的形式标明，读者可自行查阅。

总　目　录

一、综　合 …………………………………………… (1)
1. 一般规定 ……………………………………… (1)
2. 国家政策 ……………………………………… (31)
二、拆迁征收 ………………………………………… (54)
1. 综　合 ………………………………………… (54)
2. 国有土地上房屋征收 ………………………… (60)
3. 农村土地征收 ………………………………… (80)
4. 大型工程建设项目征地 ……………………… (107)
三、住　房 …………………………………………… (120)
1. 综　合 ………………………………………… (120)
2. 权属登记 ……………………………………… (138)
3. 房屋交易 ……………………………………… (217)
4. 住房公积金 …………………………………… (261)
5. 房地产经纪 …………………………………… (303)
6. 房屋租赁 ……………………………………… (309)
7. 物业管理 ……………………………………… (326)
8. 住房保障 ……………………………………… (355)
9. 房产税费 ……………………………………… (374)
四、建设用地 ………………………………………… (400)
1. 综　合 ………………………………………… (400)
2. 审查报批 ……………………………………… (423)
3. 出让转让 ……………………………………… (440)
五、建筑工程 ………………………………………… (456)
1. 综　合 ………………………………………… (456)
2. 节能减排 ……………………………………… (523)
3. 资质管理 ……………………………………… (537)
4. 工程招投标承包 ……………………………… (567)
5. 建筑工程设计与验收 ………………………… (605)
6. 工程质量管理 ………………………………… (617)

目 录*

一、综 合

1. 一般规定

中华人民共和国物权法 ……………………………… (1)
(2007 年 3 月 16 日)
中华人民共和国合同法（节录） …………………… (13)
(1999 年 3 月 15 日)
中华人民共和国城乡规划法 ………………………… (23)
(2019 年 4 月 23 日)
违反土地管理规定行为处分办法 …………………… (29)
(2008 年 5 月 9 日)

2. 国家政策

国务院关于促进房地产市场持续健康发展的通知 …… (31)
(2003 年 8 月 12 日)
国务院办公厅关于促进房地产市场健康发展的若干意见 ………………………………………… (33)
(2008 年 12 月 20 日)
国务院办公厅关于促进房地产市场平稳健康发展的通知 ………………………………………… (34)
(2010 年 1 月 7 日)
国务院办公厅关于进一步做好房地产市场调控工作有关问题的通知 ……………………………… (35)
(2011 年 1 月 26 日)
住房城乡建设部关于进一步做好房地产市场调控工作有关问题的通知 …………………………… (36)
(2018 年 5 月 19 日)
国务院办公厅关于继续做好房地产市场调控工作的通知 ………………………………………… (37)
(2013 年 2 月 26 日)
国务院办公厅关于切实稳定住房价格的通知 ………… (39)
(2005 年 3 月 26 日)
国务院办公厅转发建设部等部门关于做好稳定住房价格工作意见的通知 …………………………… (40)
(2005 年 5 月 9 日)
国务院办公厅转发建设部等部门关于调整住房供应结构稳定住房价格意见的通知 ……………… (42)
(2006 年 5 月 24 日)
国务院关于坚决遏制部分城市房价过快上涨的通知 ……………………………………………… (43)
(2010 年 4 月 17 日)
国家税务总局关于房地产税收政策执行中几个具体问题的通知 ………………………………… (45)
(2018 年 6 月 15 日)
国务院办公厅关于促进建筑业持续健康发展的意见 ……………………………………………… (45)
(2017 年 2 月 21 日)
国务院办公厅转发住房城乡建设部关于完善质量保障体系提升建筑工程品质指导意见的通知 ……… (47)
(2019 年 9 月 15 日)
国务院办公厅关于完善建设用地使用权转让、出租、抵押二级市场的指导意见 ……………… (49)
(2019 年 7 月 6 日)
最高人民法院关于审理行政协议案件若干问题的规定 ……………………………………………… (52)
(2019 年 11 月 27 日)

* 编者按：本目录中的时间为法律文件的公布时间或最后一次修正、修订公布时间。

二、拆迁征收

1. 综　合

国土资源部关于进一步做好征地管理工作的通知 ……（54）
（2010 年 6 月 26 日）

国土资源部关于完善征地补偿安置制度的指导意见 ……（55）
（2004 年 11 月 3 日）

国务院办公厅关于进一步严格征地拆迁管理工作切实维护群众合法权益的紧急通知 ……（56）
（2010 年 5 月 15 日）

中共中央纪委办公厅、监察部办公厅关于加强监督检查进一步规范征地拆迁行为的通知 ……（57）
（2011 年 3 月 17 日）

住房城乡建设部城市管理监督局关于推行城市管理执法全过程记录工作的通知 ……（58）
（2016 年 11 月 8 日）

住房城乡建设部办公厅、国家发展改革委办公厅、财政部办公厅关于印发《棚户区改造工作激励措施实施办法（试行）》的通知 ……（59）
（2016 年 12 月 19 日）

住房城乡建设部、财政部 、国土资源部关于进一步做好棚户区改造工作有关问题的通知 ……（59）
（2016 月 7 月 11 日）

2. 国有土地上房屋征收

国有土地上房屋征收与补偿条例 ……（60）
（2011 年 1 月 21 日）

国有土地上房屋征收评估办法 ……（62）
（2011 年 6 月 3 日）

最高人民法院关于办理申请人民法院强制执行国有土地上房屋征收补偿决定案件若干问题的规定 ……（65）
（2012 年 3 月 26 日）

最高人民法院关于违法的建筑物、构筑物、设施等强制拆除问题的批复 ……（65）
（2013 年 3 月 27 日）

·典型案例·

1. 丰浩江等人诉广东省东莞市规划局房屋拆迁行政裁决纠纷案 ……（66）
2. 宋莉莉诉宿迁市建设局房屋拆迁补偿安置裁决案 ……（67）
3. 高耀荣诉江苏省溧阳市建设局城市房屋拆迁行政裁决案 ……（69）
4. 施桂英诉福建省厦门市思明区人民政府行政强制措施案 ……（69）
5. 许水云诉金华市婺城区政府房屋行政强制及行政赔偿案 ……（71）
6. 杜甲等诉重庆 H 公司房屋拆迁安置补偿合同纠纷案 ……（76）
7. 新疆创天房地产开发有限公司与吴庆志房屋拆迁安置补偿合同纠纷上诉案 ……（77）
8. 徐州市建筑资产经营公司与李川房屋拆迁安置纠纷上诉案 ……（78）
9. 徐州市粮油连锁中心与赵振弟房屋拆迁合同纠纷上诉案 ……（79）

3. 农村土地征收

征收土地公告办法 ……（80）
（2010 年 11 月 30 日）

国土资源部关于完善农用地转用和土地征收审查报批工作的意见 ……（81）
（2004 年 11 月 2 日）

国土资源部关于加强农村宅基地管理的意见 ……（82）
（2010 年 12 月 3 日）

国土资源部关于进一步完善农村宅基地管理制度切实维护农民权益的通知 ……（83）
（2010 年 3 月 2 日）

国土资源部、财政部、农业部关于加快推进农村集体土地确权登记发证工作的通知 ……（85）
（2011 年 5 月 6 日）

劳动和社会保障部、国土资源部关于切实做好被征地农民社会保障工作有关问题的通知 ……（86）
（2007 年 4 月 28 日）

劳动和社会保障部、民政部、审计署关于做好农村社会养老保险和被征地农民社会保障工作有关问题的通知 ……（87）
（2007 年 8 月 17 日）

国务院办公厅转发劳动保障部关于做好被征地农民就业培训和社会保障工作指导意见的通知 ……（89）
（2006 年 4 月 10 日）

国土资源部关于开展制订征地统一年产值标准和征地区片综合地价工作的通知 ……（90）
（2010 年 12 月 3 日）

最高人民法院关于审理涉及农村集体土地行政案件若干问题的规定 ……（94）
（2011 年 8 月 7 日）

最高人民法院关于审理涉及农村土地承包纠纷案件适用法律问题的解释 ……（95）
（2005 年 7 月 29 日）

·实用图表·

征地流程图 …………………………………………（97）

·典型案例·

1. 陈清棕诉亭洋村一组、亭洋村村委会征地补偿款分配纠纷案 ……………………………………（98）
2. 易泽广诉湖南省株洲县人民政府送电线路建设工程征地拆迁补偿安置决定案 ……………………（99）
3. 常德市武陵区东风社区居委会二组与明良准承包地征收补偿费用分配纠纷上诉案 ………………（100）
4. 王占群与邓州市人民政府征收土地行政行为纠纷上诉案 ……………………………………（101）
5. 郝龙只等15人诉屯留县人民政府不履行征地方案公告和征地补偿、安置方案公告法定职责案 …（104）
6. 于栖楚诉贵阳市住房和城乡建设局强制拆迁案 …（105）

4. 大型工程建设项目征地

长江三峡工程建设移民条例……………………………（107）
（2011年1月8日）

大中型水利水电工程建设征地补偿和移民安置条例……………………………………………………（110）
（2017年4月14日）

国务院关于完善大中型水库移民后期扶持政策的意见 ……………………………………………………（115）
（2006年5月17日）

南水北调工程建设征地补偿和移民安置暂行办法……（117）
（2005年1月27日）

三、住　房

1. 综　合

中华人民共和国城市房地产管理法……………………（120）
（2019年8月26日）

城市危险房屋管理规定…………………………………（124）
（2004年7月20日）

房地产估价机构管理办法………………………………（126）
（2015年5月4日）

注册房地产估价师管理办法……………………………（130）
（2016年9月13日）

城市居民住宅安全防范设施建设管理规定……………（134）
（1996年1月5日）

建设部关于落实新建住房结构比例要求的若干意见 …（134）
（2006年7月6日）

住房和城乡建设部关于进一步加强住宅装饰装修管理的通知…………………………………………（136）
（2008年7月29日）

建设部、商务部、国家发展和改革委员会、中国人民银行、国家工商行政管理总局、国家外汇管理局关于规范房地产市场外资准入和管理的意见………………………………………………………（137）
（2006年7月11日）

2. 权属登记

不动产登记暂行条例……………………………………（138）
（2019年3月24日）

不动产登记暂行条例实施细则…………………………（140）
（2019年7月24日）

不动产登记资料查询暂行办法…………………………（150）
（2019年7月24日）

国务院办公厅关于压缩不动产登记办理时间的通知 …（152）
（2019年2月26日）

城市房地产权属档案管理办法…………………………（154）
（2001年8月29日）

国土资源部、住房城乡建设部关于房屋交易与不动产登记衔接有关问题的通知……………………（155）
（2017年9月11日）

国土资源部办公厅关于规范不动产权籍调查有关工作的通知…………………………………………（156）
（2017年8月24日）

国家发展改革委、财政部关于不动产登记收费标准等有关问题的通知……………………………（157）
（2016年12月6日）

国土资源部关于印发《不动产登记操作规范（试行）》的通知 ……………………………………………（158）
（2016年5月30日）

最高人民法院关于审理房屋登记案件若干问题的规定………………………………………………………（206）
（2010年11月5日）

最高人民法院关于审理建筑物区分所有权纠纷案件具体应用法律若干问题的解释……………………（207）
（2009年5月14日）

房产测绘管理办法………………………………………（208）
（2001年2月28日）

建设部关于房屋建筑面积计算与房屋权属登记有关问题的通知……………………………………………（209）
（2002年3月27日）

建设部办公厅关于《关于房屋权属登记中如何界定不计算建筑面积的公共通道的请示》的复函 …（210）
（2005年5月27日）
商品房销售面积计算及公用建筑面积分摊规则（试行） ……（210）
（1995年9月8日）
·典型案例·
1. 张成银诉徐州市人民政府房屋登记行政复议决定案 ……（211）
2. 张一诉郑中伟、中国联合网络通信有限公司武汉市分公司建筑物区分所有权纠纷案 ……（214）
3. 房屋交易
商品房销售管理办法……（217）
（2001年4月4日）
城市房地产转让管理规定 ……（220）
（2001年8月15日）
建设部关于对城市房地产转让有关问题的复函……（221）
（2002年9月24日）
城市商品房预售管理办法……（222）
（2004年7月20日）
城市房地产开发经营管理条例……（223）
（2019年3月24日）
房地产开发企业资质管理规定……（225）
（2018年12月22日）
房地产广告发布规定……（227）
（2015年12月24日）
住房和城乡建设部关于印发房屋交易合同网签备案业务规范（试行）的通知 ……（228）
（2019年8月1日）
国家发展改革委、最高人民法院、国土资源部关于对失信被执行人实施限制不动产交易惩戒措施的通知……（229）
（2018年3月1日）
住房和城乡建设部关于进一步加强房地产市场监管完善商品住房预售制度有关问题的通知……（229）
（2010年4月13日）
住房城乡建设部关于进一步规范房地产开发企业经营行为维护房地产市场秩序的通知……（231）
（2016年10月10日）
已购公有住房和经济适用住房上市出售管理暂行办法……（232）
（1999年4月19日）
建设部关于已购公有住房和经济适用住房上市出售若干问题的说明……（233）
（1999年7月27日）
商品房销售明码标价规定……（236）
（2011年3月16日）
国家发展改革委办公厅、住房城乡建设部办公厅关于开展商品房销售明码标价专项检查的通知……（237）
（2016年11月4日）
商品住宅性能认定管理办法（试行） ……（238）
（1999年4月29日）
商品住宅实行住宅质量保证书和住宅使用说明书制度的规定……（240）
（1998年5月20日）
贷款通则……（240）
（1996年6月28日）
个人贷款管理暂行办法……（246）
（2010年2月12日）
住房和城乡建设部、中国人民银行、中国银行业监督管理委员会关于规范商业性个人住房贷款中第二套住房认定标准的通知……（248）
（2010年5月26日）
城市房地产抵押管理办法……（249）
（2001年8月15日）
农民住房财产权抵押贷款试点暂行办法……（252）
（2016年3月15日）
建设部关于个人住房抵押贷款证券化涉及的抵押权变更登记有关问题的试行通知 ……（253）
（2005年5月16日）
建设部、中国人民银行、中国银行业监督管理委员会关于规范与银行信贷业务相关的房地产抵押估价管理有关问题的通知……（254）
（2006年1月13日）
最高人民法院关于人民法院网络司法拍卖若干问题的规定……（256）
（2016年8月2日）
最高人民法院关于审理商品房买卖合同纠纷案件适用法律若干问题的解释……（259）
（2003年4月28日）
4. 住房公积金
住房公积金管理条例……（261）
（2019年3月24日）
建设部、财政部、中国人民银行关于住房公积金管理若干具体问题的指导意见……（264）
（2005年1月10日）
住房和城乡建设部、财政部、中国人民银行、中国银行业监督管理委员会关于规范住房公积金个人住房贷款政策有关问题的通知……（265）
（2010年11月2日）

中央国家机关住房资金管理中心关于调整中央国家机关住房公积金存款利率的通知…………………（266）
（2015 年 10 月 24 日）
中央国家机关住房资金管理中心关于执行住房公积金个人贷款差别化政策有关问题的通知…………（266）
（2013 年 4 月 8 日）
住房城乡建设部、财政部、中国人民银行关于发展住房公积金个人住房贷款业务的通知……………（267）
（2014 年 10 月 9 日）
中央国家机关住房资金管理中心关于调整中央国家机关住房公积金个人贷款措施的通知……………（268）
（2015 年 11 月 12 日）
住房城乡建设部、财政部、中国人民银行关于调整住房公积金个人住房贷款购房最低首付款比例的通知…………………………………………………（268）
（2015 年 8 月 27 日）
中央国家机关住房资金管理中心关于调整住房公积金个人贷款最低首付款比例的通知………………（269）
（2015 年 9 月 14 日）
住房城乡建设部关于住房公积金异地个人住房贷款有关操作问题的通知………………………………（269）
（2015 年 9 月 15 日）
住房城乡建设部、财政部、中国人民银行关于切实提高住房公积金使用效率的通知…………………（270）
（2015 年 9 月 29 日）
关于贯彻落实“放管服”改革精神做好住房公积金缴存有关工作的通知………………………………（270）
（2017 年 5 月 23 日）
中央国家机关住房资金管理中心关于接入全国住房公积金异地转移接续平台办理住房公积金异地转移接续业务的通知…………………………………（271）
（2017 年 6 月 5 日）
中央国家机关住房资金管理中心关于进一步简化住房公积金提取手续有关事项的通知………………（275）
（2017 年 6 月 27 日）
中央国家机关住房资金管理中心关于做好住房公积金封存账户清理工作的通告……………………（275）
（2017 年 7 月 12 日）
住房城乡建设部关于印发住房公积金信息化建设导则的通知……………………………………………（276）
（2016 年 6 月 17 日）
住房城乡建设部、财政部、人民银行关于改进住房公积金缴存机制进一步降低企业成本的通知……（279）
（2018 年 4 月 28 日）
中央国家机关住房资金管理中心关于简化住房公积金业务部分申请材料的公告………………………（280）
（2018 年 5 月 14 日）
中央国家机关住房资金管理中心关于简化住房公积金转移业务有关手续的公告……………………（280）
（2018 年 5 月 11 日）
住房城乡建设部、财政部、人民银行、公安部关于开展治理违规提取住房公积金工作的通知………（280）
（2018 年 5 月 2 日）

·典型案例·

1. 黄颖诉美晟房产公司商品房预售合同纠纷案 ……（282）
2. 戴雪飞诉华新公司商品房订购协议定金纠纷案 …（283）
3. 邓虎诉孔春能房屋买卖合同纠纷案 ………………（286）
4. 洪秀凤与昆明安钡佳房地产开发有限公司房屋买卖合同纠纷案 ……………………………………（288）

·文书范本·

商品房买卖合同（预售） ……………………………（292）

5. 房地产经纪

房地产经纪管理办法……………………………………（303）
（2016 年 4 月 1 日）
住房城乡建设部等部门关于加强房地产中介管理促进行业健康发展的意见…………………………（306）
（2016 年 7 月 29 日）
住房和城乡建设部、国家发展和改革委员会关于加强房地产经纪管理进一步规范房地产交易秩序的通知……………………………………………（308）
（2011 年 5 月 11 日）
国家发展改革委、住房城乡建设部关于放开房地产咨询收费和下放房地产经纪收费管理的通知……（308）
（2014 年 6 月 13 日）

6. 房屋租赁

商品房屋租赁管理办法…………………………………（309）
（2010 年 12 月 1 日）
国务院办公厅关于加快培育和发展住房租赁市场的若干意见……………………………………………（310）
（2016 年 5 月 17 日）
中国证监会、住房城乡建设部关于推进住房租赁资产证券化相关工作的通知…………………………（312）
（2018 年 4 月 24 日）
公安部、中央社会治安综合治理委员会办公室、民政部等关于进一步加强和改进出租房屋管理工作有关问题的通知……………………………………（313）
（2004 年 11 月 12 日）
国家税务总局关于加强出租房屋税收征管的通知……（315）
（2018 年 6 月 15 日）

最高人民法院关于审理城镇房屋租赁合同纠纷案件具体应用法律若干问题的解释…………………… (315)
(2009年7月30日)
住房城乡建设部、国家发展改革委、公安部、财政部、国土资源部、人民银行、税务总局、工商总局、证监会关于在人口净流入的大中城市加快发展住房租赁市场的通知…………………… (317)
(2017年7月18日)
住房城乡建设部、财政部关于做好城镇住房保障家庭租赁补贴工作的指导意见…………………… (318)
(2016年12月8日)
国土资源部住房城乡建设部关于印发《利用集体建设用地建设租赁住房试点方案》的通知 ……… (319)
(2017年8月21日)
· 典型案例 ·
1. 上海中原物业顾问有限公司诉陶德华居间合同纠纷案 …………………… (321)
2. 新疆维吾尔自治区建筑木材加工总厂与中国民主同盟新疆实业发展总公司房屋租赁纠纷上诉案 …… (321)
7. 物业管理
物业管理条例…………………… (326)
(2018年3月19日)
建设部办公厅关于对《物业管理条例》有关条款理解适用问题的批复…………………… (330)
(2003年10月17日)
物业服务收费管理办法…………………… (330)
(2003年11月13日)
物业服务收费明码标价规定…………………… (331)
(2004年7月19日)
物业服务定价成本监审办法（试行） ……………… (332)
(2007年9月10日)
保安服务管理条例…………………… (333)
(2009年10月13日)
业主大会和业主委员会指导规则…………………… (337)
(2009年12月1日)
前期物业管理招标投标管理暂行办法…………………… (341)
(2003年6月26日)
最高人民法院关于审理物业服务纠纷案件具体应用法律若干问题的解释…………………… (344)
(2009年5月15日)
· 典型案例 ·
1. 陈书豪与南京武宁房地产开发有限公司、南京青和物业管理有限公司财产损害赔偿纠纷案 …… (345)
2. 厦门东方设计装修工程有限公司与福建省实华房地产开发有限公司商品房包销合同纠纷案 …… (347)
3. 无锡市春江花园业主委员会诉上海陆家嘴物业管理有限公司等物业管理纠纷案 ………… (352)
8. 住房保障
经济适用住房管理办法…………………… (355)
(2007年11月19日)
经济适用住房价格管理办法…………………… (358)
(2002年11月17日)
经济适用住房开发贷款管理办法…………………… (359)
(2008年1月18日)
住房和城乡建设部关于加强经济适用住房管理有关问题的通知…………………… (360)
(2010年4月22日)
廉租住房保障办法…………………… (361)
(2007年11月8日)
城镇廉租住房租金管理办法…………………… (364)
(2005年3月14日)
城镇最低收入家庭廉租住房申请、审核及退出管理办法…………………… (364)
(2005年7月7日)
住房和城乡建设部、民政部、财政部关于加强廉租住房管理有关问题的通知…………………… (365)
(2010年4月23日)
公共租赁住房管理办法…………………… (366)
(2012年5月28日)
住房和城乡建设部、国家发展和改革委员会、财政部、国土资源部、中国人民银行、国家税务总局、中国银行业监督管理委员会关于加快发展公共租赁住房的指导意见…………………… (369)
(2010年6月8日)
国务院机关事务管理局等关于在京中央单位职工住宅建设中搬迁安置住房上市交易有关问题的通知 …… (371)
(2012年1月20日)
住房城乡建设部、财政部、国家发展和改革委员会关于公共租赁住房和廉租住房并轨运行的通知 … (371)
(2013年12月2日)
住房城乡建设部关于支持北京市、上海市开展共有产权住房试点的意见…………………… (372)
(2017年9月14日)
住房城乡建设部、财政部、国务院扶贫办关于加强和完善建档立卡贫困户等重点对象农村危房改造若干问题的通知…………………… (372)
(2017年8月28日)
9. 房产税费
中华人民共和国房产税暂行条例…………………… (374)
(2011年1月8日)

中华人民共和国契税暂行条例…………………………（375）
（2019 年 3 月 2 日）
中华人民共和国契税暂行条例细则……………………（375）
（1997 年 10 月 28 日）
中华人民共和国印花税暂行条例………………………（377）
（2011 年 1 月 8 日）
中华人民共和国印花税暂行条例施行细则……………（378）
（1988 年 9 月 29 日）
中华人民共和国土地增值税暂行条例…………………（380）
（2011 年 1 月 8 日）
中华人民共和国土地增值税暂行条例实施细则………（381）
（1995 年 1 月 27 日）
房地产开发企业销售自行开发的房地产项目增值税征收管理暂行办法……………………………………（383）
（2018 年 6 月 15 日）
国家税务总局关于土地增值税清算有关问题的通知……（384）
（2010 年 5 月 19 日）
中华人民共和国城镇土地使用税暂行条例……………（385）
（2019 年 3 月 2 日）
财政部、国家税务总局关于房产税城镇土地使用税有关问题的通知…………………………………（386）
（2009 年 11 月 22 日）
财政部、国家税务总局关于房产税、城镇土地使用税有关政策的通知……………………………（386）
（2006 年 12 月 25 日）
房地产开发经营业务企业所得税处理办法……………（387）
（2018 年 6 月 15 日）
国家税务总局、财政部、建设部关于加强房地产税收管理的通知……………………………………（391）
（2018 年 6 月 15 日）
财政部、国家税务总局关于调整房地产交易环节税收政策的通知……………………………………（392）
（2008 年 10 月 22 日）
财政部、国家税务总局关于城镇房屋拆迁有关税收政策的通知……………………………………（392）
（2005 年 3 月 22 日）
国家税务总局关于个人转让房屋有关税收征管问题的通知……………………………………………（392）
（2007 年 3 月 21 日）
财政部、国家税务总局关于个人无偿受赠房屋有关个人所得税问题的通知…………………………（393）
（2009 年 5 月 25 日）
国家税务总局关于个人转租房屋取得收入征收个人所得税问题的通知………………………………（394）
（2009 年 11 月 18 日）
财政部、国家税务总局关于调整个人住房转让营业税政策的通知…………………………………（394）
（2015 年 3 月 30 日）
国家税务总局关于个人住房转让所得征收个人所得税有关问题的通知………………………………（394）
（2018 年 6 月 15 日）
国家税务总局关于加强房地产交易个人无偿赠与不动产税收管理有关问题通知……………………（396）
（2006 年 9 月 14 日）
财政部、国家税务总局关于调整个人住房转让营业税政策的通知…………………………………（397）
（2015 年 3 月 30 日）
国家税务总局关于承受装修房屋契税计税价格问题的批复………………………………………………（397）
（2007 年 6 月 1 日）
国家税务总局关于个人销售拆迁补偿住房征收营业税问题的批复…………………………………（397）
（2007 年 7 月 16 日）
财政部、国家税务总局关于廉租住房经济适用住房和住房租赁有关税收政策的通知………………（398）
（2008 年 3 月 3 日）
国家税务总局关于个人与房地产开发企业签订有条件优惠价格协议购买商店征收个人所得税问题的批复………………………………………………（399）
（2008 年 6 月 15 日）
国家税务总局关于房地产开发企业开发产品完工条件确认问题的通知…………………………………（399）
（2010 年 5 月 12 日）
财政部、国家税务总局、住房和城乡建设部关于调整房地产交易环节契税个人所得税优惠政策的通知……………………………………………（399）
（2010 年 9 月 29 日）

四、建设用地

1. 综　合
中华人民共和国土地管理法……………………………（400）
（2019 年 8 月 26 日）
中华人民共和国土地管理法实施条例…………………（407）
（2014 年 7 月 29 日）
机关团体建设楼堂馆所管理条例………………………（411）
（2017 年 10 月 5 日）
住房和城乡建设部关于规范城乡规划行政处罚裁量权的指导意见………………………………………（412）
（2012 年 6 月 25 日）
国务院关于深化改革严格土地管理的决定……………（413）
（2004 年 10 月 21 日）
国务院关于加强土地调控有关问题的通知……………（416）
（2006 年 8 月 31 日）
国土资源部关于加强房地产用地供应和监管有关问题的通知………………………………………………（417）
（2010 年 3 月 8 日）
国土资源部、住房和城乡建设部关于进一步加强房地产用地和建设管理调控的通知…………………（420）
（2010 年 9 月 21 日）
国土资源部、住房城乡建设部关于进一步严格房地产用地管理巩固房地产市场调控成果的紧急通知………………………………………………………（422）
（2012 年 7 月 19 日）
2. 审查报批
建设项目用地预审管理办法……………………………（423）
（2016 年 11 月 29 日）
建设用地审查报批管理办法……………………………（424）
（2016 年 11 月 29 日）
建设部机关实施行政许可工作规程……………………（426）
（2004 年 6 月 30 日）
建设部机关对被许可人监督检查的规定………………（428）
（2004 年 6 月 30 日）
建设部机关行政许可责任追究办法……………………（428）
（2004 年 6 月 30 日）
建设行政许可听证工作规定……………………………（429）
（2004 年 6 月 30 日）
住房城乡建设行政复议办法……………………………（431）
（2015 年 9 月 7 日）
建设部关于纳入国务院决定的十五项行政许可的条件的规定……………………………………………（436）
（2011 年 9 月 7 日）
关于调整报国务院批准城市建设用地审批方式有关问题的通知……………………………………………（437）
（2006 年 12 月 31 日）
3. 出让转让
中华人民共和国城镇国有土地使用权出让和转让暂行条例……………………………………………………（440）
（1990 年 5 月 19 日）
城市国有土地使用权出让转让规划管理办法…………（442）
（2011 年 1 月 26 日）
最高人民法院关于审理涉及国有土地使用权合同纠纷案件适用法律问题的解释…………………………（443）
（2005 年 6 月 18 日）
招标拍卖挂牌出让国有建设用地使用权规定…………（444）
（2007 年 9 月 28 日）
协议出让国有土地使用权规定…………………………（446）
（2003 年 6 月 11 日）
规范国有土地租赁若干意见……………………………（448）
（1999 年 8 月 1 日）
闲置土地处置办法………………………………………（449）
（2012 年 6 月 1 日）
·典型案例·
1. 梁昌运与霍邱县人民政府国土资源局建设用地使用权出让合同纠纷案　……………………………（451）
2. 定安城东建筑装修工程公司与海南省定安县人民政府、第三人中国农业银行定安支行收回国有土地使用权及撤销土地证案　……………………（452）

五、建筑工程

1. 综　合
中华人民共和国建筑法…………………………………（456）
（2019 年 4 月 23 日）
中华人民共和国安全生产法……………………………（461）
（2014 年 8 月 31 日）

建设工程安全生产管理条例……………………………（470）
（2003 年 11 月 24 日）
安全生产许可证条例…………………………………（475）
（2014 年 7 月 29 日）
生产安全事故报告和调查处理条例…………………（477）
（2007 年 4 月 9 日）
建筑施工企业安全生产许可证管理规定……………（480）
（2015 年 1 月 22 日）
建筑施工企业安全生产许可证管理规定实施意见……（482）
（2004 年 8 月 27 日）
建筑施工企业安全生产许可证动态监管暂行办法……（485）
（2008 年 6 月 30 日）
建筑工程施工许可管理办法…………………………（486）
（2018 年 9 月 28 日）
住房城乡建设部办公厅关于进一步加强建筑工程施工许可管理工作的通知………………………（488）
（2018 年 9 月 30 日）
中华人民共和国产品质量法…………………………（489）
（2018 年 12 月 29 日）
实施工程建设强制性标准监督规定…………………（494）
（2015 年 1 月 22 日）
中华人民共和国防震减灾法…………………………（495）
（2008 年 12 月 27 日）
建设工程抗震设防要求管理规定……………………（502）
（2002 年 1 月 28 日）
中华人民共和国文物保护法…………………………（503）
（2017 年 11 月 4 日）
国家重点建设项目管理办法…………………………（510）
（2011 年 1 月 8 日）
外商投资建筑业企业管理规定………………………（511）
（2002 年 9 月 27 日）
规范住房和城乡建设部工程建设行政处罚裁量权实施办法………………………………………（513）
（2019 年 9 月 23 日）
工程建设工法管理办法………………………………（514）
（2014 年 7 月 16 日）
建设行政处罚程序暂行规定…………………………（516）
（1999 年 2 月 3 日）
住房城乡建设领域违法违规行为举报管理办法………（518）
（2014 年 11 月 19 日）
最高人民法院关于建设工程价款优先受偿权问题的批复………………………………………（519）
（2002 年 6 月 20 日）
最高人民法院关于审理建设工程施工合同纠纷案件适用法律问题的解释……………………（519）
（2004 年 10 月 25 日）
最高人民法院关于审理建设工程施工合同纠纷案件适用法律问题的解释（二）　………………（521）
（2008 年 12 月 29 日）

2. 节能减排

中华人民共和国节约能源法…………………………（523）
（2018 年 10 月 26 日）
民用建筑节能条例……………………………………（528）
（2008 年 8 月 1 日）
民用建筑节能管理规定………………………………（531）
（2005 年 11 月 10 日）
建设项目环境保护管理条例…………………………（532）
（2017 年 7 月 16 日）
绿色建筑评价标识管理办法（试行）　………………（534）
（2007 年 8 月 21 日）
全国城镇污水处理信息报告、核查和评估办法………（535）
（2007 年 12 月 4 日）

3. 资质管理

工程造价咨询企业管理办法…………………………（537）
（2016 年 9 月 13 日）
建设工程勘察设计资质管理规定……………………（540）
（2018 年 12 月 22 日）
建筑业企业资质管理规定……………………………（544）
（2018 年 12 月 22 日）
工程监理企业资质管理规定…………………………（547）
（2018 年 12 月 22 日）
工程监理企业资质管理规定实施意见………………（551）
（2016 年 6 月 16 日）
注册建造师管理规定…………………………………（554）
（2016 年 9 月 13 日）
注册造价工程师管理办法……………………………（557）
（2016 年 9 月 13 日）
注册监理工程师管理规定……………………………（561）
（2016 年 9 月 13 日）
勘察设计注册工程师管理规定………………………（563）
（2016 年 9 月 13 日）
住房城乡建设部关于简化建筑业企业资质标准部分指标的通知………………………………（566）
（2016 年 10 月 14 日）

4. 工程招投标承包

中华人民共和国招标投标法…………………………（567）
（2017 年 12 月 27 日）
中华人民共和国招标投标法实施条例………………（571）
（2019 年 3 月 2 日）
建筑工程设计招标投标管理办法……………………（578）
（2017 年 1 月 24 日）

工程建设项目勘察设计招标投标办法……………………（580）
（2013年3月11日）
工程建设项目施工招标投标办法…………………………（584）
（2013年3月11日）
工程建设项目货物招标投标办法…………………………（591）
（2013年3月11日）
房屋建筑和市政基础设施工程施工招标投标管理办法……………………………………………………（596）
（2018年9月28日）
工程建设项目招标投标活动投诉处理办法……………（600）
（2013年3月11日）
建筑工程施工发包与承包计价管理办法…………………（601）
（2013年12月11日）
房屋建筑和市政基础设施工程施工分包管理办法……（603）
（2014年8月27日）
住房城乡建设部办公厅关于工程总承包项目和政府采购工程建设项目办理施工许可手续有关事项的通知………………………………………………（604）
（2017年7月13日）

5. 建筑工程设计与验收

建设工程勘察设计管理条例………………………………（605）
（2017年10月7日）
房屋建筑和市政基础设施工程施工图设计文件审查管理办法………………………………………………（607）
（2018年12月29日）
建设工程勘察质量管理办法………………………………（610）
（2007年11月22日）
建设工程监理范围和规模标准规定……………………（611）
（2001年1月17日）
房屋建筑和市政基础设施工程竣工验收规定…………（612）
（2013年12月2日）
房屋建筑和市政基础设施工程竣工验收备案管理办法………………………………………………………（613）
（2009年10月19日）
住房和城乡建设部关于做好住宅工程质量分户验收工作的通知……………………………………………（614）
（2009年12月22日）
住房城乡建设部办公厅关于简化工程造价咨询企业资质申报材料的通知…………………………………（615）
（2017年7月13日）
住房城乡建设部关于加强和改善工程造价监管的意见…………………………………………………………（615）
（2017年9月14日）

6. 工程质量管理

建设工程质量管理条例……………………………………（617）
（2019年4月23日）
建设部关于适用《建设工程质量管理条例》第58条有关问题的复函 ……………………………（621）
（2006年1月20日）
建设部关于运用《建设工程质量管理条例》第六十七条、第三十一条的复函…………………………（621）
（2002年4月24日）
房屋建筑工程质量保修办法………………………………（622）
（2000年6月30日）
建设工程质量检测管理办法………………………………（622）
（2015年5月4日）
房屋建筑和市政基础设施工程质量监督管理规定……（626）
（2010年8月1日）
住房城乡建设部关于进一步强化住宅工程质量管理和责任的通知………………………………………（627）
（2010年5月4日）

·文书范本·

建设工程施工合同（示范文本） ……………………（631）
建设工程勘察合同（示范文本） ……………………（681）

一、综　合

1. 一般规定

中华人民共和国物权法

（2007年3月16日第十届全国人民代表大会第五次会议通过　2007年3月16日中华人民共和国主席令第62号公布　自2007年10月1日起施行）

目　录

第一编　总　则
第一章　基本原则
第二章　物权的设立、变更、转让和消灭
第一节　不动产登记
第二节　动产交付
第三节　其他规定
第三章　物权的保护
第二编　所有权
第四章　一般规定
第五章　国家所有权和集体所有权、私人所有权
第六章　业主的建筑物区分所有权
第七章　相邻关系
第八章　共有
第九章　所有权取得的特别规定
第三编　用益物权
第十章　一般规定
第十一章　土地承包经营权
第十二章　建设用地使用权
第十三章　宅基地使用权
第十四章　地役权
第四编　担保物权
第十五章　一般规定
第十六章　抵押权
第一节　一般抵押权
第二节　最高额抵押权
第十七章　质权
第一节　动产质权
第二节　权利质权
第十八章　留置权
第五编　占　有
第十九章　占有
附　则

第一编　总　则

第一章　基本原则

第一条　【立法目的】[*]为了维护国家基本经济制度，维护社会主义市场经济秩序，明确物的归属，发挥物的效用，保护权利人的物权，根据宪法，制定本法。

第二条　【适用范围】因物的归属和利用而产生的民事关系，适用本法。

本法所称物，包括不动产和动产。法律规定权利作为物权客体的，依照其规定。

本法所称物权，是指权利人依法对特定的物享有直接支配和排他的权利，包括所有权、用益物权和担保物权。

第三条　【社会主义基本经济制度】国家在社会主义初级阶段，坚持公有制为主体、多种所有制经济共同发展的基本经济制度。

国家巩固和发展公有制经济，鼓励、支持和引导非公有制经济的发展。

国家实行社会主义市场经济，保障一切市场主体的平等法律地位和发展权利。

第四条　【平等保护】国家、集体、私人的物权和其他权利人的物权受法律保护，任何单位和个人不得侵犯。

第五条　【物权法定】物权的种类和内容，由法律规定。

第六条　【物权公示原则】不动产物权的设立、变更、转让和消灭，应当依照法律规定登记。动产物权的设立和转让，应当依照法律规定交付。

第七条　【遵守法律、尊重社会公德】物权的取得和行使，应当遵守法律，尊重社会公德，不得损害公共利益和他人合法

[*] 条文主旨为编者所加，下同。

权益。

第八条　【其他适用的规定】其他相关法律对物权另有特别规定的，依照其规定。

第二章　物权的设立、变更、转让和消灭

第一节　不动产登记

第九条　【不动产物权登记生效及例外】不动产物权的设立、变更、转让和消灭，经依法登记，发生效力；未经登记，不发生效力，但法律另有规定的除外。

依法属于国家所有的自然资源，所有权可以不登记。

第十条　【登记机构及统一登记制度】不动产登记，由不动产所在地的登记机构办理。

国家对不动产实行统一登记制度。统一登记的范围、登记机构和登记办法，由法律、行政法规规定。

第十一条　【登记申请材料】当事人申请登记，应当根据不同登记事项提供权属证明和不动产界址、面积等必要材料。

第十二条　【登记机构的职责】登记机构应当履行下列职责：

（一）查验申请人提供的权属证明和其他必要材料；

（二）就有关登记事项询问申请人；

（三）如实、及时登记有关事项；

（四）法律、行政法规规定的其他职责。

申请登记的不动产的有关情况需要进一步证明的，登记机构可以要求申请人补充材料，必要时可以实地查看。

第十三条　【登记机构禁止从事的行为】登记机构不得有下列行为：

（一）要求对不动产进行评估；

（二）以年检等名义进行重复登记；

（三）超出登记职责范围的其他行为。

第十四条　【不动产物权登记生效的时间】不动产物权的设立、变更、转让和消灭，依照法律规定应当登记的，自记载于不动产登记簿时发生效力。

第十五条　【合同效力与物权效力区分】当事人之间订立有关设立、变更、转让和消灭不动产物权的合同，除法律另有规定或者合同另有约定外，自合同成立时生效；未办理物权登记的，不影响合同效力。

第十六条　【不动产登记簿】不动产登记簿是物权归属和内容的根据。

不动产登记簿由登记机构管理。

第十七条　【不动产登记簿与权属证书关系】不动产权属证书是权利人享有该不动产物权的证明。不动产权属证书记载的事项，应当与不动产登记簿一致；记载不一致的，除有证据证明不动产登记簿确有错误外，以不动产登记簿为准。

第十八条　【查询、复制登记资料】权利人、利害关系人可以申请查询、复制登记资料，登记机构应当提供。

第十九条　【更正登记、异议登记】权利人、利害关系人认为不动产登记簿记载的事项错误的，可以申请更正登记。不动产登记簿记载的权利人书面同意更正或者有证据证明登记确有错误的，登记机构应当予以更正。

不动产登记簿记载的权利人不同意更正的，利害关系人可以申请异议登记。登记机构予以异议登记的，申请人在异议登记之日起十五日内不起诉，异议登记失效。异议登记不当，造成权利人损害的，权利人可以向申请人请求损害赔偿。

第二十条　【预告登记】当事人签订买卖房屋或者其他不动产物权的协议，为保障将来实现物权，按照约定可以向登记机构申请预告登记。预告登记后，未经预告登记的权利人同意，处分该不动产的，不发生物权效力。

预告登记后，债权消灭或者自能够进行不动产登记之日起三个月内未申请登记的，预告登记失效。

第二十一条　【登记错误的责任】当事人提供虚假材料申请登记，给他人造成损害的，应当承担赔偿责任。

因登记错误，给他人造成损害的，登记机构应当承担赔偿责任。登记机构赔偿后，可以向造成登记错误的人追偿。

第二十二条　【登记费用】不动产登记费按件收取，不得按照不动产的面积、体积或者价款的比例收取。具体收费标准由国务院有关部门会同价格主管部门规定。

第二节　动产交付

第二十三条　【动产物权交付生效】动产物权的设立和转让，自交付时发生效力，但法律另有规定的除外。

第二十四条　【特定动产物权的登记】船舶、航空器和机动车等物权的设立、变更、转让和消灭，未经登记，不得对抗善意第三人。

第二十五条　【简易交付】动产物权设立和转让前，权利人已经依法占有该动产的，物权自法律行为生效时发生效力。

第二十六条　【指示交付】动产物权设立和转让前，第三人依法占有该动产的，负有交付义务的人可以通过转让请求第三人返还原物的权利代替交付。

第二十七条　【占有改定】动产物权转让时，双方又约定由出让人继续占有该动产的，物权自该约定生效时发生效力。

第三节　其他规定

第二十八条　【法律文书、征收导致的物权变动】因人民法院、仲裁委员会的法律文书或者人民政府的征收决定等，导致物权设立、变更、转让或者消灭的，自法律文书或者人民政府的征收决定等生效时发生效力。

第二十九条　【继承、受遗赠取得物权】因继承或者受遗赠取得物权的，自继承或者受遗赠开始时发生效力。

第三十条　【合法的事实行为导致物权变动】因合法建

造、拆除房屋等事实行为设立或者消灭物权的,自事实行为成就时发生效力。

第三十一条 【处分非依法律行为取得的不动产】依照本法第二十八条至第三十条规定享有不动产物权的,处分该物权时,依照法律规定需要办理登记的,未经登记,不发生物权效力。

第三章 物权的保护

第三十二条 【物权保护的途径】物权受到侵害的,权利人可以通过和解、调解、仲裁、诉讼等途径解决。

第三十三条 【物权确认请求权】因物权的归属、内容发生争议的,利害关系人可以请求确认权利。

第三十四条 【返还原物请求权】无权占有不动产或者动产的,权利人可以请求返还原物。

第三十五条 【排除妨害、消除危险请求权】妨害物权或者可能妨害物权的,权利人可以请求排除妨害或者消除危险。

第三十六条 【修理、重作、更换、恢复原状请求权】造成不动产或者动产毁损的,权利人可以请求修理、重作、更换或者恢复原状。

第三十七条 【损害赔偿请求权】侵害物权,造成权利人损害的,权利人可以请求损害赔偿,也可以请求承担其他民事责任。

第三十八条 【请求权的适用、行政及刑事责任】本章规定的物权保护方式,可以单独适用,也可以根据权利被侵害的情形合并适用。

侵害物权,除承担民事责任外,违反行政管理规定的,依法承担行政责任;构成犯罪的,依法追究刑事责任。

第二编 所 有 权

第四章 一 般 规 定

第三十九条 【所有权权能】所有权人对自己的不动产或者动产,依法享有占有、使用、收益和处分的权利。

第四十条 【设立他物权】所有权人有权在自己的不动产或者动产上设立用益物权和担保物权。用益物权人、担保物权人行使权利,不得损害所有权人的权益。

第四十一条 【国家专有】法律规定专属于国家所有的不动产和动产,任何单位和个人不能取得所有权。

第四十二条 【征收】为了公共利益的需要,依照法律规定的权限和程序可以征收集体所有的土地和单位、个人的房屋及其他不动产。

征收集体所有的土地,应当依法足额支付土地补偿费、安置补助费、地上附着物和青苗的补偿费等费用,安排被征地农民的社会保障费用,保障被征地农民的生活,维护被征地农民的合法权益。

征收单位、个人的房屋及其他不动产,应当依法给予拆迁补偿,维护被征收人的合法权益;征收个人住宅的,还应当保障被征收人的居住条件。

任何单位和个人不得贪污、挪用、私分、截留、拖欠征收补偿费等费用。

第四十三条 【耕地保护】国家对耕地实行特殊保护,严格限制农用地转为建设用地,控制建设用地总量。不得违反法律规定的权限和程序征收集体所有的土地。

第四十四条 【征用】因抢险、救灾等紧急需要,依照法律规定的权限和程序可以征用单位、个人的不动产或者动产。被征用的不动产或者动产使用后,应当返还被征用人。单位、个人的不动产或者动产被征用或者征用后毁损、灭失的,应当给予补偿。

第五章 国家所有权和集体所有权、私人所有权

第四十五条 【国家所有权及其行使】法律规定属于国家所有的财产,属于国家所有即全民所有。

国有财产由国务院代表国家行使所有权;法律另有规定的,依照其规定。

第四十六条 【矿藏、水流、海域的国家所有】矿藏、水流、海域属于国家所有。

第四十七条 【国有的土地范围】城市的土地,属于国家所有。法律规定属于国家所有的农村和城市郊区的土地,属于国家所有。

第四十八条 【森林、山岭、草原、荒地、滩涂等】森林、山岭、草原、荒地、滩涂等自然资源,属于国家所有,但法律规定属于集体所有的除外。

第四十九条 【野生动植物资源】法律规定属于国家所有的野生动植物资源,属于国家所有。

第五十条 【无线电频谱资源】无线电频谱资源属于国家所有。

第五十一条 【国有文物】法律规定属于国家所有的文物,属丁国家所有。

第五十二条 【国有基础设施】国防资产属于国家所有。

铁路、公路、电力设施、电信设施和油气管道等基础设施,依照法律规定为国家所有的,属于国家所有。

第五十三条 【国家机关的物权】国家机关对其直接支配的不动产和动产,享有占有、使用以及依照法律和国务院的有关规定处分的权利。

第五十四条 【国家举办的事业单位的物权】国家举办的事业单位对其直接支配的不动产和动产,享有占有、使用以及依照法律和国务院的有关规定收益、处分的权利。

第五十五条 【国有出资人权益的行使】国家出资的企业,由国务院、地方人民政府依照法律、行政法规规定分别代

表国家履行出资人职责，享有出资人权益。

第五十六条　【国家所有权保护】国家所有的财产受法律保护，禁止任何单位和个人侵占、哄抢、私分、截留、破坏。

第五十七条　【国有资产监管】履行国有财产管理、监督职责的机构及其工作人员，应当依法加强对国有财产的管理、监督，促进国有财产保值增值，防止国有财产损失；滥用职权，玩忽职守，造成国有财产损失的，应当依法承担法律责任。

违反国有财产管理规定，在企业改制、合并分立、关联交易等过程中，低价转让、合谋私分、擅自担保或者以其他方式造成国有财产损失的，应当依法承担法律责任。

第五十八条　【集体所有权】集体所有的不动产和动产包括：

（一）法律规定属于集体所有的土地和森林、山岭、草原、荒地、滩涂；

（二）集体所有的建筑物、生产设施、农田水利设施；

（三）集体所有的教育、科学、文化、卫生、体育等设施；

（四）集体所有的其他不动产和动产。

第五十九条　【农民集体所有权及重大事项决定程序】农民集体所有的不动产和动产，属于本集体成员集体所有。

下列事项应当依照法定程序经本集体成员决定：

（一）土地承包方案以及将土地发包给本集体以外的单位或者个人承包；

（二）个别土地承包经营权人之间承包地的调整；

（三）土地补偿费等费用的使用、分配办法；

（四）集体出资的企业的所有权变动等事项；

（五）法律规定的其他事项。

第六十条　【农民集体所有权的行使】对于集体所有的土地和森林、山岭、草原、荒地、滩涂等，依照下列规定行使所有权：

（一）属于村农民集体所有的，由村集体经济组织或者村民委员会代表集体行使所有权；

（二）分别属于村内两个以上农民集体所有的，由村内各该集体经济组织或者村民小组代表集体行使所有权；

（三）属于乡镇农民集体所有的，由乡镇集体经济组织代表集体行使所有权。

第六十一条　【城镇集体所有权】城镇集体所有的不动产和动产，依照法律、行政法规的规定由本集体享有占有、使用、收益和处分的权利。

第六十二条　【公布集体财产状况】集体经济组织或者村民委员会、村民小组应当依照法律、行政法规以及章程、村规民约向本集体成员公布集体财产的状况。

第六十三条　【集体所有权保护】集体所有的财产受法律保护，禁止任何单位和个人侵占、哄抢、私分、破坏。

集体经济组织、村民委员会或者其负责人作出的决定侵害集体成员合法权益的，受侵害的集体成员可以请求人民法院予以撤销。

第六十四条　【私人所有权范围】私人对其合法的收入、房屋、生活用品、生产工具、原材料等不动产和动产享有所有权。

第六十五条　【储蓄、投资及其收益与继承权】私人合法的储蓄、投资及其收益受法律保护。

国家依照法律规定保护私人的继承权及其他合法权益。

第六十六条　【私有财产保护】私人的合法财产受法律保护，禁止任何单位和个人侵占、哄抢、破坏。

第六十七条　【企业出资人】国家、集体和私人依法可以出资设立有限责任公司、股份有限公司或者其他企业。国家、集体和私人所有的不动产或者动产，投到企业的，由出资人按照约定或者出资比例享有资产收益、重大决策以及选择经营管理者等权利并履行义务。

第六十八条　【法人所有权】企业法人对其不动产和动产依照法律、行政法规以及章程享有占有、使用、收益和处分的权利。

企业法人以外的法人，对其不动产和动产的权利，适用有关法律、行政法规以及章程的规定。

第六十九条　【社会团体所有权】社会团体依法所有的不动产和动产，受法律保护。

第六章　业主的建筑物区分所有权

第七十条　【建筑物区分所有权】业主对建筑物内的住宅、经营性用房等专有部分享有所有权，对专有部分以外的共有部分享有共有和共同管理的权利。

第七十一条　【专有部分的权能】业主对其建筑物专有部分享有占有、使用、收益和处分的权利。业主行使权利不得危及建筑物的安全，不得损害其他业主的合法权益。

第七十二条　【共有部分的权利义务】业主对建筑物专有部分以外的共有部分，享有权利，承担义务；不得以放弃权利不履行义务。

业主转让建筑物内的住宅、经营性用房，其对共有部分享有的共有和共同管理的权利一并转让。

第七十三条　【建筑区划内共有的范围】建筑区划内的道路，属于业主共有，但属于城镇公共道路的除外。建筑区划内的绿地，属于业主共有，但属于城镇公共绿地或者明示属于个人的除外。建筑区划内的其他公共场所、公用设施和物业服务用房，属于业主共有。

第七十四条　【车位、车库的归属与使用】建筑区划内，规划用于停放汽车的车位、车库应当首先满足业主的需要。

建筑区划内，规划用于停放汽车的车位、车库的归属，由当事人通过出售、附赠或者出租等方式约定。

占用业主共有的道路或者其他场地用于停放汽车的车位，属于业主共有。

第七十五条 **【设立业主大会、选举业主委员会】**业主可以设立业主大会,选举业主委员会。

地方人民政府有关部门应当对设立业主大会和选举业主委员会给予指导和协助。

第七十六条 **【业主共同决定的事项】**下列事项由业主共同决定:

(一)制定和修改业主大会议事规则;

(二)制定和修改建筑物及其附属设施的管理规约;

(三)选举业主委员会或者更换业主委员会成员;

(四)选聘和解聘物业服务企业或者其他管理人;

(五)筹集和使用建筑物及其附属设施的维修资金;

(六)改建、重建建筑物及其附属设施;

(七)有关共有和共同管理权利的其他重大事项。

决定前款第五项和第六项规定的事项,应当经专有部分占建筑物总面积三分之二以上的业主且占总人数三分之二以上的业主同意。决定前款其他事项,应当经专有部分占建筑物总面积过半数的业主且占总人数过半数的业主同意。

第七十七条 **【住宅改为经营性用房的条件】**业主不得违反法律、法规以及管理规约,将住宅改变为经营性用房。业主将住宅改变为经营性用房的,除遵守法律、法规以及管理规约外,应当经有利害关系的业主同意。

第七十八条 **【业主大会、业主委员会决定的效力】**业主大会或者业主委员会的决定,对业主具有约束力。

业主大会或者业主委员会作出的决定侵害业主合法权益的,受侵害的业主可以请求人民法院予以撤销。

第七十九条 **【建筑物及其附属设施维修资金】**建筑物及其附属设施的维修资金,属于业主共有。经业主共同决定,可以用于电梯、水箱等共有部分的维修。维修资金的筹集、使用情况应当公布。

第八十条 **【费用分摊、收益分配】**建筑物及其附属设施的费用分摊、收益分配等事项,有约定的,按照约定;没有约定或者约定不明确的,按照业主专有部分占建筑物总面积的比例确定。

第八十一条 **【建筑物及其附属设施管理】**业主可以自行管理建筑物及其附属设施,也可以委托物业服务企业或者其他管理人管理。

对建设单位聘请的物业服务企业或者其他管理人,业主有权依法更换。

第八十二条 **【委托管理】**物业服务企业或者其他管理人根据业主的委托管理建筑区划内的建筑物及其附属设施,并接受业主的监督。

第八十三条 **【业主义务及权益维护】**业主应当遵守法律、法规以及管理规约。

业主大会和业主委员会,对任意弃置垃圾、排放污染物或者噪声、违反规定饲养动物、违章搭建、侵占通道、拒付物业费等损害他人合法权益的行为,有权依照法律、法规以及管理规约,要求行为人停止侵害、消除危险、排除妨害、赔偿损失。业主对侵害自己合法权益的行为,可以依法向人民法院提起诉讼。

第七章 相邻关系

第八十四条 **【相邻关系处理原则】**不动产的相邻权利人应当按照有利生产、方便生活、团结互助、公平合理的原则,正确处理相邻关系。

第八十五条 **【相邻关系处理依据】**法律、法规对处理相邻关系有规定的,依照其规定;法律、法规没有规定的,可以按照当地习惯。

第八十六条 **【用水、排水】**不动产权利人应当为相邻权利人用水、排水提供必要的便利。

对自然流水的利用,应当在不动产的相邻权利人之间合理分配。对自然流水的排放,应当尊重自然流向。

第八十七条 **【通行权】**不动产权利人对相邻权利人因通行等必须利用其土地的,应当提供必要的便利。

第八十八条 **【利用相邻土地、建筑物】**不动产权利人因建造、修缮建筑物以及铺设电线、电缆、水管、暖气和燃气管线等必须利用相邻土地、建筑物的,该土地、建筑物的权利人应当提供必要的便利。

第八十九条 **【通风、采光和日照】**建造建筑物,不得违反国家有关工程建设标准,妨碍相邻建筑物的通风、采光和日照。

第九十条 **【有害物质排放】**不动产权利人不得违反国家规定弃置固体废物,排放大气污染物、水污染物、噪声、光、电磁波辐射等有害物质。

第九十一条 **【维护相邻不动产安全】**不动产权利人挖掘土地、建造建筑物、铺设管线以及安装设备等,不得危及相邻不动产的安全。

第九十二条 **【相邻权行使时的义务】**不动产权利人因用水、排水、通行、铺设管线等利用相邻不动产的,应当尽量避免对相邻的不动产权利人造成损害,造成损害的,应当给予赔偿。

第八章 共　　有

第九十三条 **【共有】**不动产或者动产可以由两个以上单位、个人共有。共有包括按份共有和共同共有。

第九十四条 **【按份共有】**按份共有人对共有的不动产或者动产按照其份额享有所有权。

第九十五条 **【共同共有】**共同共有人对共有的不动产或者动产共同享有所有权。

第九十六条 **【共有物管理】**共有人按照约定管理共有的不动产或者动产;没有约定或者约定不明确的,各共有人都有管理的权利和义务。

第九十七条　【共有物处分】处分共有的不动产或者动产以及对共有的不动产或者动产作重大修缮的，应当经占份额三分之二以上的按份共有人或者全体共同共有人同意，但共有人之间另有约定的除外。

第九十八条　【管理费用等的负担】对共有物的管理费用以及其他负担，有约定的，按照约定；没有约定或者约定不明确的，按份共有人按照其份额负担，共同共有人共同负担。

第九十九条　【共有物分割】共有人约定不得分割共有的不动产或者动产，以维持共有关系的，应当按照约定，但共有人有重大理由需要分割的，可以请求分割；没有约定或者约定不明确的，按份共有人可以随时请求分割，共同共有人在共有的基础丧失或者有重大理由需要分割时可以请求分割。因分割对其他共有人造成损害的，应当给予赔偿。

第一百条　【分割方式】共有人可以协商确定分割方式。达不成协议，共有的不动产或者动产可以分割并且不会因分割减损价值的，应当对实物予以分割；难以分割或者因分割会减损价值的，应当对折价或者拍卖、变卖取得的价款予以分割。

共有人分割所得的不动产或者动产有瑕疵的，其他共有人应当分担损失。

第一百零一条　【优先购买权】按份共有人可以转让其享有的共有的不动产或者动产份额。其他共有人在同等条件下享有优先购买的权利。

第一百零二条　【共有物上的债权债务】因共有的不动产或者动产产生的债权债务，在对外关系上，共有人享有连带债权、承担连带债务，但法律另有规定或者第三人知道共有人不具有连带债权债务关系的除外；在共有人内部关系上，除共有人另有约定外，按份共有人按照份额享有债权、承担债务，共同共有人共同享有债权、承担债务。偿还债务超过自己应当承担份额的按份共有人，有权向其他共有人追偿。

第一百零三条　【共有关系性质不明时的推定】共有人对共有的不动产或者动产没有约定为按份共有或者共同共有，或者约定不明确的，除共有人具有家庭关系等外，视为按份共有。

第一百零四条　【按份共有份额的确定】按份共有人对共有的不动产或者动产享有的份额，没有约定或者约定不明确的，按照出资额确定；不能确定出资额的，视为等额享有。

第一百零五条　【他物权的准共有】两个以上单位、个人共同享有用益物权、担保物权的，参照本章规定。

第九章　所有权取得的特别规定

第一百零六条　【善意取得】无处分权人将不动产或者动产转让给受让人的，所有权人有权追回；除法律另有规定外，符合下列情形的，受让人取得该不动产或者动产的所有权：

（一）受让人受让该不动产或者动产时是善意的；

（二）以合理的价格转让；

（三）转让的不动产或者动产依照法律规定应当登记的已经登记，不需要登记的已经交付给受让人。

受让人依照前款规定取得不动产或者动产的所有权的，原所有权人有权向无处分权人请求赔偿损失。

当事人善意取得其他物权的，参照前两款规定。

第一百零七条　【遗失物追回】所有权人或者其他权利人有权追回遗失物。该遗失物通过转让被他人占有的，权利人有权向无处分权人请求损害赔偿，或者自知道或者应当知道受让人之日起二年内向受让人请求返还原物，但受让人通过拍卖或者向具有经营资格的经营者购得该遗失物的，权利人请求返还原物时应当支付受让人所付的费用。权利人向受让人支付所付费用后，有权向无处分权人追偿。

第一百零八条　【善意取得之动产上的原有权利】善意受让人取得动产后，该动产上的原有权利消灭，但善意受让人在受让时知道或者应当知道该权利的除外。

第一百零九条　【拾得遗失物】拾得遗失物，应当返还权利人。拾得人应当及时通知权利人领取，或者送交公安等有关部门。

第一百一十条　【领取与招领】有关部门收到遗失物，知道权利人的，应当及时通知其领取；不知道的，应当及时发布招领公告。

第一百一十一条　【遗失物保管义务】拾得人在遗失物送交有关部门前，有关部门在遗失物被领取前，应当妥善保管遗失物。因故意或者重大过失致使遗失物毁损、灭失的，应当承担民事责任。

第一百一十二条　【保管费用、悬赏广告】权利人领取遗失物时，应当向拾得人或者有关部门支付保管遗失物等支出的必要费用。

权利人悬赏寻找遗失物的，领取遗失物时应当按照承诺履行义务。

拾得人侵占遗失物的，无权请求保管遗失物等支出的费用，也无权请求权利人按照承诺履行义务。

第一百一十三条　【无人认领的遗失物】遗失物自发布招领公告之日起六个月内无人认领的，归国家所有。

第一百一十四条　【拾得漂流物、发现埋藏物或隐藏物】拾得漂流物、发现埋藏物或者隐藏物的，参照拾得遗失物的有关规定。文物保护法等法律另有规定的，依照其规定。

第一百一十五条　【从物随主物转让】主物转让的，从物随主物转让，但当事人另有约定的除外。

第一百一十六条　【孳息】天然孳息，由所有权人取得；既有所有权人又有用益物权人的，由用益物权人取得。当事人另有约定的，按照约定。

法定孳息，当事人有约定的，按照约定取得；没有约定或者约定不明确的，按照交易习惯取得。

第三编 用益物权

第十章 一般规定

第一百一十七条 【用益物权权能】用益物权人对他人所有的不动产或者动产，依法享有占有、使用和收益的权利。

第一百一十八条 【国有、集体自然资源用益物权】国家所有或者国家所有由集体使用以及法律规定属于集体所有的自然资源，单位、个人依法可以占有、使用和收益。

第一百一十九条 【自然资源有偿使用制度】国家实行自然资源有偿使用制度，但法律另有规定的除外。

第一百二十条 【用益物权人、所有权人义务】用益物权人行使权利，应当遵守法律有关保护和合理开发利用资源的规定。所有权人不得干涉用益物权人行使权利。

第一百二十一条 【用益物权人因征收、征用获得补偿】因不动产或者动产被征收、征用致使用益物权消灭或者影响用益物权行使的，用益物权人有权依照本法第四十二条、第四十四条的规定获得相应补偿。

第一百二十二条 【海域使用权】依法取得的海域使用权受法律保护。

第一百二十三条 【探矿权、采矿权、取水权等】依法取得的探矿权、采矿权、取水权和使用水域、滩涂从事养殖、捕捞的权利受法律保护。

第十一章 土地承包经营权

第一百二十四条 【农村集体经济组织经营体制】农村集体经济组织实行家庭承包经营为基础、统分结合的双层经营体制。

农民集体所有和国家所有由农民集体使用的耕地、林地、草地以及其他用于农业的土地，依法实行土地承包经营制度。

第一百二十五条 【土地承包经营权】土地承包经营权人依法对其承包经营的耕地、林地、草地等享有占有、使用和收益的权利，有权从事种植业、林业、畜牧业等农业生产。

第一百二十六条 【承包期】耕地的承包期为三十年。草地的承包期为三十年至五十年。林地的承包期为三十年至七十年；特殊林木的林地承包期，经国务院林业行政主管部门批准可以延长。

前款规定的承包期届满，由土地承包经营权人按照国家有关规定继续承包。

第一百二十七条 【土地承包经营权的设立与登记】土地承包经营权自土地承包经营权合同生效时设立。

县级以上地方人民政府应当向土地承包经营权人发放土地承包经营权证、林权证、草原使用权证，并登记造册，确认土地承包经营权。

第一百二十八条 【土地承包经营权流转】土地承包经营权人依照农村土地承包法的规定，有权将土地承包经营权采取转包、互换、转让等方式流转。流转的期限不得超过承包期的剩余期限。未经依法批准，不得将承包地用于非农建设。

第一百二十九条 【互换、转让登记】土地承包经营权人将土地承包经营权互换、转让，当事人要求登记的，应当向县级以上地方人民政府申请土地承包经营权变更登记；未经登记，不得对抗善意第三人。

第一百三十条 【承包地调整】承包期内发包人不得调整承包地。

因自然灾害严重毁损承包地等特殊情形，需要适当调整承包的耕地和草地的，应当依照农村土地承包法等法律规定办理。

第一百三十一条 【承包地收回】承包期内发包人不得收回承包地。农村土地承包法等法律另有规定的，依照其规定。

第一百三十二条 【承包地征收补偿】承包地被征收的，土地承包经营权人有权依照本法第四十二条第二款的规定获得相应补偿。

第一百三十三条 【其他方式的承包】通过招标、拍卖、公开协商等方式承包荒地等农村土地，依照农村土地承包法等法律和国务院的有关规定，其土地承包经营权可以转让、入股、抵押或者以其他方式流转。

第一百三十四条 【国有农用地承包】国家所有的农用地实行承包经营的，参照本法的有关规定。

第十二章 建设用地使用权

第一百三十五条 【建设用地使用权】建设用地使用权人依法对国家所有的土地享有占有、使用和收益的权利，有权利用该土地建造建筑物、构筑物及其附属设施。

第一百三十六条 【分层设立】建设用地使用权可以在土地的地表、地上或者地下分别设立。新设立的建设用地使用权，不得损害已设立的用益物权。

第一百三十七条 【设立方式】设立建设用地使用权，可以采取出让或者划拨等方式。

工业、商业、旅游、娱乐和商品住宅等经营性用地以及同一土地有两个以上意向用地者的，应当采取招标、拍卖等公开竞价的方式出让。

严格限制以划拨方式设立建设用地使用权。采取划拨方式的，应当遵守法律、行政法规关于土地用途的规定。

第一百三十八条 【出让合同】采取招标、拍卖、协议等出让方式设立建设用地使用权的，当事人应当采取书面形式订立建设用地使用权出让合同。

建设用地使用权出让合同一般包括下列条款：

（一）当事人的名称和住所；

（二）土地界址、面积等；

（三）建筑物、构筑物及其附属设施占用的空间；

（四）土地用途；

（五）使用期限；

（六）出让金等费用及其支付方式；

（七）解决争议的方法。

第一百三十九条　【建设用地使用权的登记】设立建设用地使用权的，应当向登记机构申请建设用地使用权登记。建设用地使用权自登记时设立。登记机构应当向建设用地使用权人发放建设用地使用权证书。

第一百四十条　【土地用途变更】建设用地使用权人应当合理利用土地，不得改变土地用途；需要改变土地用途的，应当依法经有关行政主管部门批准。

第一百四十一条　【土地出让金】建设用地使用权人应当依照法律规定以及合同约定支付出让金等费用。

第一百四十二条　【建筑物、构筑物及其附属设施归属】建设用地使用权人建造的建筑物、构筑物及其附属设施的所有权属于建设用地使用权人，但有相反证据证明的除外。

第一百四十三条　【建设用地使用权流转】建设用地使用权人有权将建设用地使用权转让、互换、出资、赠与或者抵押，但法律另有规定的除外。

第一百四十四条　【流转合同】建设用地使用权转让、互换、出资、赠与或者抵押的，当事人应当采取书面形式订立相应的合同。使用期限由当事人约定，但不得超过建设用地使用权的剩余期限。

第一百四十五条　【建设用地使用权变更登记】建设用地使用权转让、互换、出资或者赠与的，应当向登记机构申请变更登记。

第一百四十六条　【建筑物等随建设用地使用权一并处分】建设用地使用权转让、互换、出资或者赠与的，附着于该土地上的建筑物、构筑物及其附属设施一并处分。

第一百四十七条　【建设用地使用权随建筑物等一并处分】建筑物、构筑物及其附属设施转让、互换、出资或者赠与的，该建筑物、构筑物及其附属设施占用范围内的建设用地使用权一并处分。

第一百四十八条　【提前收回的补偿】建设用地使用权期间届满前，因公共利益需要提前收回该土地的，应当依照本法第四十二条的规定对该土地上的房屋及其他不动产给予补偿，并退还相应的出让金。

第一百四十九条　【续期】住宅建设用地使用权期间届满的，自动续期。

非住宅建设用地使用权期间届满后的续期，依照法律规定办理。该土地上的房屋及其他不动产的归属，有约定的，按照约定；没有约定或者约定不明确的，依照法律、行政法规的规定办理。

第一百五十条　【注销登记】建设用地使用权消灭的，出让人应当及时办理注销登记。登记机构应当收回建设用地使用权证书。

第一百五十一条　【集体土地用作建设用地】集体所有的土地作为建设用地的，应当依照土地管理法等法律规定办理。

第十三章　宅基地使用权

第一百五十二条　【宅基地使用权】宅基地使用权人依法对集体所有的土地享有占有和使用的权利，有权依法利用该土地建造住宅及其附属设施。

第一百五十三条　【取得、行使和转让依据】宅基地使用权的取得、行使和转让，适用土地管理法等法律和国家有关规定。

第一百五十四条　【宅基地使用权因自然灾害等消灭】宅基地因自然灾害等原因灭失的，宅基地使用权消灭。对失去宅基地的村民，应当重新分配宅基地。

第一百五十五条　【变更、注销登记】已经登记的宅基地使用权转让或者消灭的，应当及时办理变更登记或者注销登记。

第十四章　地　役　权

第一百五十六条　【地役权】地役权人有权按照合同约定，利用他人的不动产，以提高自己的不动产的效益。

前款所称他人的不动产为供役地，自己的不动产为需役地。

第一百五十七条　【地役权约定取得】设立地役权，当事人应当采取书面形式订立地役权合同。

地役权合同一般包括下列条款：

（一）当事人的姓名或者名称和住所；

（二）供役地和需役地的位置；

（三）利用目的和方法；

（四）利用期限；

（五）费用及其支付方式；

（六）解决争议的方法。

第一百五十八条　【地役权登记】地役权自地役权合同生效时设立。当事人要求登记的，可以向登记机构申请地役权登记；未经登记，不得对抗善意第三人。

第一百五十九条　【供役地权利人的义务】供役地权利人应当按照合同约定，允许地役权人利用其土地，不得妨害地役权人行使权利。

第一百六十条　【地役权人的义务】地役权人应当按照合同约定的利用目的和方法利用供役地，尽量减少对供役地权利人物权的限制。

第一百六十一条　【地役权期限】地役权的期限由当事人约定，但不得超过土地承包经营权、建设用地使用权等用益物权的剩余期限。

第一百六十二条 【地役权法定取得】土地所有权人享有地役权或者负担地役权的，设立土地承包经营权、宅基地使用权时，该土地承包经营权人、宅基地使用权人继续享有或者负担已设立的地役权。

第一百六十三条 【已有其他用益物权之土地地役权的设立】土地上已设立土地承包经营权、建设用地使用权、宅基地使用权等权利的，未经用益物权人同意，土地所有权人不得设立地役权。

第一百六十四条 【地役权转让】地役权不得单独转让。土地承包经营权、建设用地使用权等转让的，地役权一并转让，但合同另有约定的除外。

第一百六十五条 【地役权抵押】地役权不得单独抵押。土地承包经营权、建设用地使用权等抵押的，在实现抵押权时，地役权一并转让。

第一百六十六条 【需役地及其上土地承包经营权、建设用地使用权部分转让】需役地以及需役地上的土地承包经营权、建设用地使用权部分转让时，转让部分涉及地役权的，受让人同时享有地役权。

第一百六十七条 【供役地及其上土地承包经营权、建设用地使用权部分转让】供役地以及供役地上的土地承包经营权、建设用地使用权部分转让时，转让部分涉及地役权的，地役权对受让人具有约束力。

第一百六十八条 【解除地役权的情形】地役权人有下列情形之一的，供役地权利人有权解除地役权合同，地役权消灭：

（一）违反法律规定或者合同约定，滥用地役权；

（二）有偿利用供役地，约定的付款期间届满后在合理期限内经两次催告未支付费用。

第一百六十九条 【地役权变更登记、注销登记】已经登记的地役权变更、转让或者消灭的，应当及时办理变更登记或者注销登记。

第四编 担保物权

第十五章 一般规定

第一百七十条 【担保物权】担保物权人在债务人不履行到期债务或者发生当事人约定的实现担保物权的情形，依法享有就担保财产优先受偿的权利，但法律另有规定的除外。

第一百七十一条 【担保物权适用范围、反担保】债权人在借贷、买卖等民事活动中，为保障实现其债权，需要担保的，可以依照本法和其他法律的规定设立担保物权。

第三人为债务人向债权人提供担保的，可以要求债务人提供反担保。反担保适用本法和其他法律的规定。

第一百七十二条 【担保合同】设立担保物权，应当依照本法和其他法律的规定订立担保合同。担保合同是主债权债务合同的从合同。主债权债务合同无效，担保合同无效，但法律另有规定的除外。

担保合同被确认无效后，债务人、担保人、债权人有过错的，应当根据其过错各自承担相应的民事责任。

第一百七十三条 【担保范围】担保物权的担保范围包括主债权及其利息、违约金、损害赔偿金、保管担保财产和实现担保物权的费用。当事人另有约定的，按照约定。

第一百七十四条 【担保物上的代位性】担保期间，担保财产毁损、灭失或者被征收等，担保物权人可以就获得的保险金、赔偿金或者补偿金等优先受偿。被担保债权的履行期未届满的，也可以提存该保险金、赔偿金或者补偿金等。

第一百七十五条 【未经担保人同意的债务转移】第三人提供担保，未经其书面同意，债权人允许债务人转移全部或者部分债务的，担保人不再承担相应的担保责任。

第一百七十六条 【物的担保与人的担保之关系】被担保的债权既有物的担保又有人的担保的，债务人不履行到期债务或者发生当事人约定的实现担保物权的情形，债权人应当按照约定实现债权；没有约定或者约定不明确，债务人自己提供物的担保的，债权人应当先就该物的担保实现债权；第三人提供物的担保的，债权人可以就物的担保实现债权，也可以要求保证人承担保证责任。提供担保的第三人承担担保责任后，有权向债务人追偿。

第一百七十七条 【担保物权消灭的情形】有下列情形之一的，担保物权消灭：

（一）主债权消灭；

（二）担保物权实现；

（三）债权人放弃担保物权；

（四）法律规定担保物权消灭的其他情形。

第一百七十八条 【担保法与物权法效力衔接】担保法与本法的规定不一致的，适用本法。

第十六章 抵押权

第一节 一般抵押权

第一百七十九条 【抵押权】为担保债务的履行，债务人或者第三人不转移财产的占有，将该财产抵押给债权人的，债务人不履行到期债务或者发生当事人约定的实现抵押权的情形，债权人有权就该财产优先受偿。

前款规定的债务人或者第三人为抵押人，债权人为抵押权人，提供担保的财产为抵押财产。

第一百八十条 【抵押财产的范围】债务人或者第三人有权处分的下列财产可以抵押：

（一）建筑物和其他土地附着物；

（二）建设用地使用权；

（三）以招标、拍卖、公开协商等方式取得的荒地等土地承包经营权；

（四）生产设备、原材料、半成品、产品；

（五）正在建造的建筑物、船舶、航空器；

（六）交通运输工具；

（七）法律、行政法规未禁止抵押的其他财产。

抵押人可以将前款所列财产一并抵押。

第一百八十一条　【浮动抵押】经当事人书面协议，企业、个体工商户、农业生产经营者可以将现有的以及将有的生产设备、原材料、半成品、产品抵押，债务人不履行到期债务或者发生当事人约定的实现抵押权的情形，债权人有权就实现抵押权时的动产优先受偿。

第一百八十二条　【建筑物及建设用地使用权一并抵押】以建筑物抵押的，该建筑物占用范围内的建设用地使用权一并抵押。以建设用地使用权抵押的，该土地上的建筑物一并抵押。

抵押人未依照前款规定一并抵押的，未抵押的财产视为一并抵押。

第一百八十三条　【乡镇、村企业的建筑物和建设用地使用权抵押】乡镇、村企业的建设用地使用权不得单独抵押。以乡镇、村企业的厂房等建筑物抵押的，其占用范围内的建设用地使用权一并抵押。

第一百八十四条　【不得抵押的财产】下列财产不得抵押：

（一）土地所有权；

（二）耕地、宅基地、自留地、自留山等集体所有的土地使用权，但法律规定可以抵押的除外；

（三）学校、幼儿园、医院等以公益为目的的事业单位、社会团体的教育设施、医疗卫生设施和其他社会公益设施；

（四）所有权、使用权不明或者有争议的财产；

（五）依法被查封、扣押、监管的财产；

（六）法律、行政法规规定不得抵押的其他财产。

第一百八十五条　【抵押合同】设立抵押权，当事人应当采取书面形式订立抵押合同。

抵押合同一般包括下列条款：

（一）被担保债权的种类和数额；

（二）债务人履行债务的期限；

（三）抵押财产的名称、数量、质量、状况、所在地、所有权归属或者使用权归属；

（四）担保的范围。

第一百八十六条　【禁止流押】抵押权人在债务履行期届满前，不得与抵押人约定债务人不履行到期债务时抵押财产归债权人所有。

第一百八十七条　【不动产抵押】以本法第一百八十条第一款第一项至第三项规定的财产或者第五项规定的正在建造的建筑物抵押的，应当办理抵押登记。抵押权自登记时设立。

第一百八十八条　【动产抵押】以本法第一百八十条第一款第四项、第六项规定的财产或者第五项规定的正在建造的船舶、航空器抵押的，抵押权自抵押合同生效时设立；未经登记，不得对抗善意第三人。

第一百八十九条　【动产浮动抵押登记】企业、个体工商户、农业生产经营者以本法第一百八十一条规定的动产抵押的，应当向抵押人住所地的工商行政管理部门办理登记。抵押权自抵押合同生效时设立；未经登记，不得对抗善意第三人。

依照本法第一百八十一条规定抵押的，不得对抗正常经营活动中已支付合理价款并取得抵押财产的买受人。

第一百九十条　【抵押权和租赁的关系】订立抵押合同前抵押财产已出租的，原租赁关系不受该抵押权的影响。抵押权设立后抵押财产出租的，该租赁关系不得对抗已登记的抵押权。

第一百九十一条　【抵押财产转让】抵押期间，抵押人经抵押权人同意转让抵押财产的，应当将转让所得的价款向抵押权人提前清偿债务或者提存。转让的价款超过债权数额的部分归抵押人所有，不足部分由债务人清偿。

抵押期间，抵押人未经抵押权人同意，不得转让抵押财产，但受让人代为清偿债务消灭抵押权的除外。

第一百九十二条　【抵押权不得单独转让或为其他债权担保】抵押权不得与债权分离而单独转让或者作为其他债权的担保。债权转让的，担保该债权的抵押权一并转让，但法律另有规定或者当事人另有约定的除外。

第一百九十三条　【抵押财产价值保全】抵押人的行为足以使抵押财产价值减少的，抵押权人有权要求抵押人停止其行为。抵押财产价值减少的，抵押权人有权要求恢复抵押财产的价值，或者提供与减少的价值相应的担保。抵押人不恢复抵押财产的价值也不提供担保的，抵押权人有权要求债务人提前清偿债务。

第一百九十四条　【抵押权、抵押权顺位的放弃及抵押权变更】抵押权人可以放弃抵押权或者抵押权的顺位。抵押权人与抵押人可以协议变更抵押权顺位以及被担保的债权数额等内容，但抵押权的变更，未经其他抵押权人书面同意，不得对其他抵押权人产生不利影响。

债务人以自己的财产设定抵押，抵押权人放弃该抵押权、抵押权顺位或者变更抵押权的，其他担保人在抵押权人丧失优先受偿权益的范围内免除担保责任，但其他担保人承诺仍然提供担保的除外。

第一百九十五条　【抵押权的实现】债务人不履行到期债务或者发生当事人约定的实现抵押权的情形，抵押权人可以与抵押人协议以抵押财产折价或者以拍卖、变卖该抵押财产所得的价款优先受偿。协议损害其他债权人利益的，其他债权人可以在知道或者应当知道撤销事由之日起一年内请求人民法院撤销该协议。

抵押权人与抵押人未就抵押权实现方式达成协议的，抵押权人可以请求人民法院拍卖、变卖抵押财产。

抵押财产折价或者变卖的，应当参照市场价格。

第一百九十六条 【浮动抵押财产确定】依照本法第一百八十一条规定设定抵押的，抵押财产自下列情形之一发生时确定：

（一）债务履行期届满，债权未实现；

（二）抵押人被宣告破产或者被撤销；

（三）当事人约定的实现抵押权的情形；

（四）严重影响债权实现的其他情形。

第一百九十七条 【抵押物孳息】债务人不履行到期债务或者发生当事人约定的实现抵押权的情形，致使抵押财产被人民法院依法扣押的，自扣押之日起抵押权人有权收取该抵押财产的天然孳息或者法定孳息，但抵押权人未通知应当清偿法定孳息的义务人的除外。

前款规定的孳息应当先充抵收取孳息的费用。

第一百九十八条 【抵押财产变现价款超过或不足债权数额】抵押财产折价或者拍卖、变卖后，其价款超过债权数额的部分归抵押人所有，不足部分由债务人清偿。

第一百九十九条 【同一物上的抵押权受偿顺序】同一财产向两个以上债权人抵押的，拍卖、变卖抵押财产所得的价款依照下列规定清偿：

（一）抵押权已登记的，按照登记的先后顺序清偿；顺序相同的，按照债权比例清偿；

（二）抵押权已登记的先于未登记的受偿；

（三）抵押权未登记的，按照债权比例清偿。

第二百条 【建设用地使用权抵押的特别规定】建设用地使用权抵押后，该土地上新增的建筑物不属于抵押财产。该建设用地使用权实现抵押权时，应当将该土地上新增的建筑物与建设用地使用权一并处分，但新增建筑物所得的价款，抵押权人无权优先受偿。

第二百零一条 【土地承包经营权或者乡镇、村企业的建设用地使用权抵押特别规定】依照本法第一百八十条第一款第三项规定的土地承包经营权抵押的，或者依照本法第一百八十三条规定以乡镇、村企业的厂房等建筑物占用范围内的建设用地使用权一并抵押的，实现抵押权后，未经法定程序，不得改变土地所有权的性质和土地用途。

第二百零二条 【抵押权行使期间】抵押权人应当在主债权诉讼时效期间行使抵押权；未行使的，人民法院不予保护。

第二节 最高额抵押权

第二百零三条 【最高额抵押的概念】为担保债务的履行，债务人或者第三人对一定期间内将要连续发生的债权提供担保财产的，债务人不履行到期债务或者发生当事人约定的实现抵押权的情形，抵押权人有权在最高债权额限度内就该担保财产优先受偿。

最高额抵押权设立前已经存在的债权，经当事人同意，可以转入最高额抵押担保的债权范围。

第二百零四条 【主债权及最高额抵押权转让】最高额抵押担保的债权确定前，部分债权转让的，最高额抵押权不得转让，但当事人另有约定的除外。

第二百零五条 【协议变更】最高额抵押担保的债权确定前，抵押权人与抵押人可以通过协议变更债权确定的期间、债权范围以及最高债权额，但变更的内容不得对其他抵押权人产生不利影响。

第二百零六条 【债权确定】有下列情形之一的，抵押权人的债权确定：

（一）约定的债权确定期间届满；

（二）没有约定债权确定期间或者约定不明确，抵押权人或者抵押人自最高额抵押权设立之日起满二年后请求确定债权；

（三）新的债权不可能发生；

（四）抵押财产被查封、扣押；

（五）债务人、抵押人被宣告破产或者被撤销；

（六）法律规定债权确定的其他情形。

第二百零七条 【最高额抵押适用依据】最高额抵押权除适用本节规定外，适用本章第一节一般抵押权的规定。

第十七章 质 权

第一节 动产质权

第二百零八条 【动产质押】为担保债务的履行，债务人或者第三人将其动产出质给债权人占有的，债务人不履行到期债务或者发生当事人约定的实现质权的情形，债权人有权就该动产优先受偿。

前款规定的债务人或者第三人为出质人，债权人为质权人，交付的动产为质押财产。

第二百零九条 【不得出质的动产】法律、行政法规禁止转让的动产不得出质。

第二百一十条 【质押合同】设立质权，当事人应当采取书面形式订立质权合同。

质权合同一般包括下列条款：

（一）被担保债权的种类和数额；

（二）债务人履行债务的期限；

（三）质押财产的名称、数量、质量、状况；

（四）担保的范围；

（五）质押财产交付的时间。

第二百一十一条 【禁止流质】质权人在债务履行期届满前，不得与出质人约定债务人不履行到期债务时质押财产归债权人所有。

第二百一十二条 【交付生效】质权自出质人交付质押财产时设立。

第二百一十三条 【质物的孳息】质权人有权收取质押财产的孳息，但合同另有约定的除外。

前款规定的孳息应当先充抵收取孳息的费用。

第二百一十四条 【质物使用、处分的限制】质权人在质权存续期间，未经出质人同意，擅自使用、处分质押财产，给出质人造成损害的，应当承担赔偿责任。

第二百一十五条 【质权人的保管义务】质权人负有妥善保管质押财产的义务；因保管不善致使质押财产毁损、灭失的，应当承担赔偿责任。

质权人的行为可能使质押财产毁损、灭失的，出质人可以要求质权人将质押财产提存，或者要求提前清偿债务并返还质押财产。

第二百一十六条 【质物保全】因不能归责于质权人的事由可能使质押财产毁损或者价值明显减少，足以危害质权人权利的，质权人有权要求出质人提供相应的担保；出质人不提供的，质权人可以拍卖、变卖质押财产，并与出质人通过协议将拍卖、变卖所得的价款提前清偿债务或者提存。

第二百一十七条 【转质】质权人在质权存续期间，未经出质人同意转质，造成质押财产毁损、灭失的，应当向出质人承担赔偿责任。

第二百一十八条 【质权放弃】质权人可以放弃质权。债务人以自己的财产出质，质权人放弃该质权的，其他担保人在质权人丧失优先受偿权益的范围内免除担保责任，但其他担保人承诺仍然提供担保的除外。

第二百一十九条 【质物返还、质权实现】债务人履行债务或者出质人提前清偿所担保的债权的，质权人应当返还质押财产。

债务人不履行到期债务或者发生当事人约定的实现质权的情形，质权人可以与出质人协议以质押财产折价，也可以就拍卖、变卖质押财产所得的价款优先受偿。

质押财产折价或者变卖的，应当参照市场价格。

第二百二十条 【出质人请求及时行使质权】出质人可以请求质权人在债务履行期届满后及时行使质权；质权人不行使的，出质人可以请求人民法院拍卖、变卖质押财产。

出质人请求质权人及时行使质权，因质权人怠于行使权利造成损害的，由质权人承担赔偿责任。

第二百二十一条 【质物变现价款超出或不足债权数额】质押财产折价或者拍卖、变卖后，其价款超过债权数额的部分归出质人所有，不足部分由债务人清偿。

第二百二十二条 【最高额质权】出质人与质权人可以协议设立最高额质权。

最高额质权除适用本节有关规定外，参照本法第十六章第二节最高额抵押权的规定。

第二节 权利质权

第二百二十三条 【可以出质的权利范围】债务人或者第三人有权处分的下列权利可以出质：

（一）汇票、支票、本票；

（二）债券、存款单；

（三）仓单、提单；

（四）可以转让的基金份额、股权；

（五）可以转让的注册商标专用权、专利权、著作权等知识产权中的财产权；

（六）应收账款；

（七）法律、行政法规规定可以出质的其他财产权利。

第二百二十四条 【以票据权利等出质的权利质权的设立】以汇票、支票、本票、债券、存款单、仓单、提单出质的，当事人应当订立书面合同。质权自权利凭证交付质权人时设立；没有权利凭证的，质权自有关部门办理出质登记时设立。

第二百二十五条 【以票据权利等出质的权利质权的实现】汇票、支票、本票、债券、存款单、仓单、提单的兑现日期或者提货日期先于主债权到期的，质权人可以兑现或者提货，并与出质人协议将兑现的价款或者提取的货物提前清偿债务或者提存。

第二百二十六条 【以基金份额、股权出质的权利质权】以基金份额、股权出质的，当事人应当订立书面合同。以基金份额、证券登记结算机构登记的股权出质的，质权自证券登记结算机构办理出质登记时设立；以其他股权出质的，质权自工商行政管理部门办理出质登记时设立。

基金份额、股权出质后，不得转让，但经出质人与质权人协商同意的除外。出质人转让基金份额、股权所得的价款，应当向质权人提前清偿债务或者提存。

第二百二十七条 【以知识产权出质的权利质权】以注册商标专用权、专利权、著作权等知识产权中的财产权出质的，当事人应当订立书面合同。质权自有关主管部门办理出质登记时设立。

知识产权中的财产权出质后，出质人不得转让或者许可他人使用，但经出质人与质权人协商同意的除外。出质人转让或者许可他人使用出质的知识产权中的财产权所得的价款，应当向质权人提前清偿债务或者提存。

第二百二十八条 【以应收账款出质的权利质权】以应收账款出质的，当事人应当订立书面合同。质权自信贷征信机构办理出质登记时设立。

应收账款出质后，不得转让，但经出质人与质权人协商同意的除外。出质人转让应收账款所得的价款，应当向质权人提前清偿债务或者提存。

第二百二十九条 【**权利质权的适用依据**】权利质权除适用本节规定外，适用本章第一节动产质权的规定。

第十八章 留 置 权

第二百三十条 【**留置权**】债务人不履行到期债务，债权人可以留置已经合法占有的债务人的动产，并有权就该动产优先受偿。

前款规定的债权人为留置权人，占有的动产为留置财产。

第二百三十一条 【**可留置的动产**】债权人留置的动产，应当与债权属于同一法律关系，但企业之间留置的除外。

第二百三十二条 【**不得留置的动产**】法律规定或者当事人约定不得留置的动产，不得留置。

第二百三十三条 【**可分物的留置**】留置财产为可分物的，留置财产的价值应当相当于债务的金额。

第二百三十四条 【**留置权人的保管义务**】留置权人负有妥善保管留置财产的义务；因保管不善致使留置财产毁损、灭失的，应当承担赔偿责任。

第二百三十五条 【**留置物的孳息**】留置权人有权收取留置财产的孳息。

前款规定的孳息应当先充抵收取孳息的费用。

第二百三十六条 【**留置权的实现**】留置权人与债务人应当约定留置财产后的债务履行期间；没有约定或者约定不明确的，留置权人应当给债务人两个月以上履行债务的期间，但鲜活易腐等不易保管的动产除外。债务人逾期未履行的，留置权人可以与债务人协议以留置财产折价，也可以就拍卖、变卖留置财产所得的价款优先受偿。

留置财产折价或者变卖的，应当参照市场价格。

第二百三十七条 【**债务人请求行使留置权**】债务人可以请求留置权人在债务履行期届满后行使留置权；留置权人不行使的，债务人可以请求人民法院拍卖、变卖留置财产。

第二百三十八条 【**留置物变现价款超出或不足债权数额**】留置财产折价或者拍卖、变卖后，其价款超过债权数额的部分归债务人所有，不足部分由债务人清偿。

第二百三十九条 【**留置权优先**】同一动产上已设立抵押权或者质权，该动产又被留置的，留置权人优先受偿。

第二百四十条 【**留置权消灭**】留置权人对留置财产丧失占有或者留置权人接受债务人另行提供担保的，留置权消灭。

第五编 占 有

第十九章 占 有

第二百四十一条 【**有权占有**】基于合同关系等产生的占有，有关不动产或者动产的使用、收益、违约责任等，按照合同约定；合同没有约定或者约定不明确的，依照有关法律规定。

第二百四十二条 【**恶意占有人的损害赔偿责任**】占有人因使用占有的不动产或者动产，致使该不动产或者动产受到损害的，恶意占有人应当承担赔偿责任。

第二百四十三条 【**善意管理人的保管费用**】不动产或者动产被占有人占有的，权利人可以请求返还原物及其孳息，但应当支付善意占有人因维护该不动产或者动产支出的必要费用。

第二百四十四条 【**占有物毁损、灭失**】占有的不动产或者动产毁损、灭失，该不动产或者动产的权利人请求赔偿的，占有人应当将因毁损、灭失取得的保险金、赔偿金或者补偿金等返还给权利人；权利人的损害未得到足够弥补的，恶意占有人还应当赔偿损失。

第二百四十五条 【**占有保护**】占有的不动产或者动产被侵占的，占有人有权请求返还原物；对妨害占有的行为，占有人有权请求排除妨害或者消除危险；因侵占或者妨害造成损害的，占有人有权请求损害赔偿。

占有人返还原物的请求权，自侵占发生之日起一年内未行使的，该请求权消灭。

附 则

第二百四十六条 【**不动产登记制度立法**】法律、行政法规对不动产统一登记的范围、登记机构和登记办法作出规定前，地方性法规可以依照本法有关规定作出规定。

第二百四十七条 【**实施日期**】本法自2007年10月1日起施行。

中华人民共和国合同法（节录）

（1999年3月15日第九届全国人民代表大会第二次会议通过 1999年3月15日中华人民共和国主席令第15号公布 自1999年10月1日起施行）

总 则

第一章 一般规定

第一条 【**立法目的**】为了保护合同当事人的合法权益，维护社会经济秩序，促进社会主义现代化建设，制定本法。

第二条 【**合同的定义**】本法所称合同是平等主体的自然人、法人、其他组织之间设立、变更、终止民事权利义务关系的协议。

婚姻、收养、监护等有关身份关系的协议，适用其他法律的规定。

第三条 【**双方平等原则**】合同当事人的法律地位平等，

一方不得将自己的意志强加给另一方。

第四条 【合同自由原则】当事人依法享有自愿订立合同的权利,任何单位和个人不得非法干预。

第五条 【公平原则】当事人应当遵循公平原则确定各方的权利和义务。

第六条 【诚实信用原则】当事人行使权利、履行义务应当遵循诚实信用原则。

第七条 【合法与公序良俗原则】当事人订立、履行合同,应当遵守法律、行政法规,尊重社会公德,不得扰乱社会经济秩序,损害社会公共利益。

第八条 【依合同履行义务原则】依法成立的合同,对当事人具有法律约束力。当事人应当按照约定履行自己的义务,不得擅自变更或者解除合同。

依法成立的合同,受法律保护。

第二章 合同的订立

第九条 【订立合同的能力】当事人订立合同,应当具有相应的民事权利能力和民事行为能力。

当事人依法可以委托代理人订立合同。

第十条 【合同的形式】当事人订立合同,有书面形式、口头形式和其他形式。

法律、行政法规规定采用书面形式的,应当采用书面形式。当事人约定采用书面形式的,应当采用书面形式。

第十一条 【书面形式的定义】书面形式是指合同书、信件和数据电文(包括电报、电传、传真、电子数据交换和电子邮件)等可以有形地表现所载内容的形式。

第十二条 【合同条款与文本】合同的内容由当事人约定,一般包括以下条款:

(一)当事人的名称或者姓名和住所;

(二)标的;

(三)数量;

(四)质量;

(五)价款或者报酬;

(六)履行期限、地点和方式;

(七)违约责任;

(八)解决争议的方法。

当事人可以参照各类合同的示范文本订立合同。

第十三条 【订立合同的方式】当事人订立合同,采取要约、承诺方式。

第十四条 【要约的定义】要约是希望和他人订立合同的意思表示,该意思表示应当符合下列规定:

(一)内容具体确定;

(二)表明经受要约人承诺,要约人即受该意思表示约束。

第十五条 【要约邀请】要约邀请是希望他人向自己发出要约的意思表示。寄送的价目表、拍卖公告、招标公告、招股说明书、商业广告等为要约邀请。

商业广告的内容符合要约规定的,视为要约。

第十六条 【要约的生效】要约到达受要约人时生效。

采用数据电文形式订立合同,收件人指定特定系统接收数据电文的,该数据电文进入该特定系统的时间,视为到达时间;未指定特定系统的,该数据电文进入收件人的任何系统的首次时间,视为到达时间。

第十七条 【要约的撤回】要约可以撤回。撤回要约的通知应当在要约到达受要约人之前或者与要约同时到达受要约人。

第十八条 【要约的撤销】要约可以撤销。撤销要约的通知应当在受要约人发出承诺通知之前到达受要约人。

第十九条 【要约不得撤销的情形】有下列情形之一的,要约不得撤销:

(一)要约人确定了承诺期限或者以其他形式明示要约不可撤销;

(二)受要约人有理由认为要约是不可撤销的,并已经为履行合同作了准备工作。

第二十条 【要约的失效】有下列情形之一的,要约失效:

(一)拒绝要约的通知到达要约人;

(二)要约人依法撤销要约;

(三)承诺期限届满,受要约人未作出承诺;

(四)受要约人对要约的内容作出实质性变更。

第二十一条 【承诺的定义】承诺是受要约人同意要约的意思表示。

第二十二条 【承诺的方式】承诺应当以通知的方式作出,但根据交易习惯或者要约表明可以通过行为作出承诺的除外。

第二十三条 【承诺的期限】承诺应当在要约确定的期限内到达要约人。

要约没有确定承诺期限的,承诺应当依照下列规定到达:

(一)要约以对话方式作出的,应当即时作出承诺,但当事人另有约定的除外;

(二)要约以非对话方式作出的,承诺应当在合理期限内到达。

第二十四条 【承诺期限的起点】要约以信件或者电报作出的,承诺期限自信件载明的日期或者电报交发之日开始计算。信件未载明日期的,自投寄该信件的邮戳日期开始计算。要约以电话、传真等快速通讯方式作出的,承诺期限自要约到达受要约人时开始计算。

第二十五条 【承诺生效的效力】承诺生效时合同成立。

第二十六条 【承诺的生效】承诺通知到达要约人时生效。承诺不需要通知的,根据交易习惯或者要约的要求作出承诺的行为时生效。

采用数据电文形式订立合同的,承诺到达的时间适用本法第十六条第二款的规定。

第二十七条　【承诺的撤回】承诺可以撤回。撤回承诺的通知应当在承诺通知到达要约人之前或者与承诺通知同时到达要约人。

第二十八条　【新要约】受要约人超过承诺期限发出承诺的,除要约人及时通知受要约人该承诺有效的以外,为新要约。

第二十九条　【承诺迟延】受要约人在承诺期限内发出承诺,按照通常情形能够及时到达要约人,但因其他原因承诺到达要约人时超过承诺期限的,除要约人及时通知受要约人因承诺超过期限不接受该承诺的以外,该承诺有效。

第三十条　【对要约的实质性变更】承诺的内容应当与要约的内容一致。受要约人对要约的内容作出实质性变更的,为新要约。有关合同标的、数量、质量、价款或者报酬、履行期限、履行地点和方式、违约责任和解决争议方法等的变更,是对要约内容的实质性变更。

第三十一条　【对要约的非实质性变更】承诺对要约的内容作出非实质性变更的,除要约人及时表示反对或者要约表明承诺不得对要约的内容作出任何变更的以外,该承诺有效,合同的内容以承诺的内容为准。

第三十二条　【采用合同书形式的合同成立时间】当事人采用合同书形式订立合同的,自双方当事人签字或者盖章时合同成立。

第三十三条　【签订确认书与合同成立】当事人采用信件、数据电文等形式订立合同的,可以在合同成立之前要求签订确认书。签订确认书时合同成立。

第三十四条　【合同成立的地点】承诺生效的地点为合同成立的地点。

采用数据电文形式订立合同的,收件人的主营业地为合同成立的地点;没有主营业地的,其经常居住地为合同成立的地点。当事人另有约定的,按照其约定。

第三十五条　【采用合同书形式的合同成立地点】当事人采用合同书形式订立合同的,双方当事人签字或者盖章的地点为合同成立的地点。

第三十六条　【未采用书面形式的合同成立】法律、行政法规规定或者当事人约定采用书面形式订立合同,当事人未采用书面形式但一方已经履行主要义务,对方接受的,该合同成立。

第三十七条　【已履行主要义务的合同成立】采用合同书形式订立合同,在签字或者盖章之前,当事人一方已经履行主要义务,对方接受的,该合同成立。

第三十八条　【依国家指令订立合同】国家根据需要下达指令性任务或者国家订货任务的,有关法人、其他组织之间应当依照有关法律、行政法规规定的权利和义务订立合同。

第三十九条　【格式合同条款定义及要求】采用格式条款订立合同的,提供格式条款的一方应当遵循公平原则确定当事人之间的权利和义务,并采取合理的方式提请对方注意免除或者限制其责任的条款,按照对方的要求,对该条款予以说明。

格式条款是当事人为了重复使用而预先拟定,并在订立合同时未与对方协商的条款。

第四十条　【格式合同条款的无效】格式条款具有本法第五十二条和第五十三条规定情形的,或者提供格式条款一方免除其责任、加重对方责任、排除对方主要权利的,该条款无效。

第四十一条　【格式合同的解释】对格式条款的理解发生争议的,应当按照通常理解予以解释。对格式条款有两种以上解释的,应当作出不利于提供格式条款一方的解释。格式条款和非格式条款不一致的,应当采用非格式条款。

第四十二条　【缔约过失责任】当事人在订立合同过程中有下列情形之一,给对方造成损失的,应当承担损害赔偿责任:

(一)假借订立合同,恶意进行磋商;

(二)故意隐瞒与订立合同有关的重要事实或者提供虚假情况;

(三)有其他违背诚实信用原则的行为。

第四十三条　【保密义务】当事人在订立合同过程中知悉的商业秘密,无论合同是否成立,不得泄露或者不正当地使用。泄露或者不正当地使用该商业秘密给对方造成损失的,应当承担损害赔偿责任。

第三章　合同的效力

第四十四条　【合同的生效】依法成立的合同,自成立时生效。

法律、行政法规规定应当办理批准、登记等手续生效的,依照其规定。

第四十五条　【附条件合同的生效】当事人对合同的效力可以约定附条件。附生效条件的合同,自条件成就时生效。附解除条件的合同,自条件成就时失效。

当事人为自己的利益不正当地阻止条件成就的,视为条件已成就;不正当地促成条件成就的,视为条件不成就。

第四十六条　【附期限合同的生效】当事人对合同的效力可以约定附期限。附生效期限的合同,自期限届至时生效。附终止期限的合同,自期限届满时失效。

第四十七条　【限制行为能力人订立合同的处理】限制民事行为能力人订立的合同,经法定代理人追认后,该合同有效,但纯获利益的合同或者与其年龄、智力、精神健康状况相适应而订立的合同,不必经法定代理人追认。

相对人可以催告法定代理人在1个月内予以追认。法定代理人未作表示的，视为拒绝追认。合同被追认之前，善意相对人有撤销的权利。撤销应当以通知的方式作出。

第四十八条 【无权代理人订立合同的处理】行为人没有代理权、超越代理权或者代理权终止后以被代理人名义订立的合同，未经被代理人追认，对被代理人不发生效力，由行为人承担责任。

相对人可以催告被代理人在1个月内予以追认。被代理人未作表示的，视为拒绝追认。合同被追认之前，善意相对人有撤销的权利。撤销应当以通知的方式作出。

第四十九条 【表见代理订立的合同】行为人没有代理权、超越代理权或者代理权终止后以被代理人名义订立合同，相对人有理由相信行为人有代理权的，该代理行为有效。

第五十条 【法定代表人越权订立的合同】法人或者其他组织的法定代表人、负责人超越权限订立的合同，除相对人知道或者应当知道其超越权限的以外，该代表行为有效。

第五十一条 【无处分权人订立的合同】无处分权的人处分他人财产，经权利人追认或者无处分权的人订立合同后取得处分权的，该合同有效。

第五十二条 【合同无效的法定情形】有下列情形之一的，合同无效：

（一）一方以欺诈、胁迫的手段订立合同，损害国家利益；

（二）恶意串通，损害国家、集体或者第三人利益；

（三）以合法形式掩盖非法目的；

（四）损害社会公共利益；

（五）违反法律、行政法规的强制性规定。

第五十三条 【合同免责条款的无效】合同中的下列免责条款无效：

（一）造成对方人身伤害的；

（二）因故意或者重大过失造成对方财产损失的。

第五十四条 【可变更、可撤销的合同】下列合同，当事人一方有权请求人民法院或者仲裁机构变更或者撤销：

（一）因重大误解订立的；

（二）在订立合同时显失公平的。

一方以欺诈、胁迫的手段或者乘人之危，使对方在违背真实意思的情况下订立的合同，受损害方有权请求人民法院或者仲裁机构变更或者撤销。

当事人请求变更的，人民法院或者仲裁机构不得撤销。

第五十五条 【撤销权的消灭】有下列情形之一的，撤销权消灭：

（一）具有撤销权的当事人自知道或者应当知道撤销事由之日起1年内没有行使撤销权；

（二）具有撤销权的当事人知道撤销事由后明确表示或者以自己的行为放弃撤销权。

第五十六条 【合同无效或部分无效的效力】无效的合同或者被撤销的合同自始没有法律约束力。合同部分无效，不影响其他部分效力的，其他部分仍然有效。

第五十七条 【合同解决争议条款的独立性】合同无效、被撤销或者终止的，不影响合同中独立存在的有关解决争议方法的条款的效力。

第五十八条 【合同无效或被撤销的法律后果】合同无效或者被撤销后，因该合同取得的财产，应当予以返还；不能返还或者没有必要返还的，应当折价补偿。有过错的一方应当赔偿对方因此所受到的损失，双方都有过错的，应当各自承担相应的责任。

第五十九条 【恶意串通获取财产的返还】当事人恶意串通，损害国家、集体或者第三人利益的，因此取得的财产收归国家所有或者返还集体、第三人。

第四章 合同的履行

第六十条 【全面履行与附随义务】当事人应当按照约定全面履行自己的义务。

当事人应当遵循诚实信用原则，根据合同的性质、目的和交易习惯履行通知、协助、保密等义务。

第六十一条 【合同约定不明的补救】合同生效后，当事人就质量、价款或者报酬、履行地点等内容没有约定或者约定不明确的，可以协议补充；不能达成补充协议的，按照合同有关条款或者交易习惯确定。

第六十二条 【合同约定不明时的处理】当事人就有关合同内容约定不明确，依照本法第六十一条的规定仍不能确定的，适用下列规定：

（一）质量要求不明确的，按照国家标准、行业标准履行；没有国家标准、行业标准的，按照通常标准或者符合合同目的的特定标准履行。

（二）价款或者报酬不明确的，按照订立合同时履行地的市场价格履行；依法应当执行政府定价或者政府指导价的，按照规定履行。

（三）履行地点不明确，给付货币的，在接受货币一方所在地履行；交付不动产的，在不动产所在地履行；其他标的，在履行义务一方所在地履行。

（四）履行期限不明确的，债务人可以随时履行，债权人也可以随时要求履行，但应当给对方必要的准备时间。

（五）履行方式不明确的，按照有利于实现合同目的的方式履行。

（六）履行费用的负担不明确的，由履行义务一方负担。

第六十三条 【价格执行】执行政府定价或者政府指导价的，在合同约定的交付期限内政府价格调整时，按照交付时的价格计价。逾期交付标的物的，遇价格上涨时，按照原价格执行；价格下降时，按照新价格执行。逾期提取标的物或者逾期付款的，遇价格上涨时，按照新价格执行；价格下降时，按照原价格执行。

第六十四条 【由债务人向第三人履行债务的违约责任】当事人约定由债务人向第三人履行债务的,债务人未向第三人履行债务或者履行债务不符合约定,应当向债权人承担违约责任。

第六十五条 【由第三人向债权人履行债务的违约责任】当事人约定由第三人向债权人履行债务的,第三人不履行债务或者履行债务不符合约定,债务人应当向债权人承担违约责任。

第六十六条【同时履行抗辩权】当事人互负债务,没有先后履行顺序的,应当同时履行。一方在对方履行之前有权拒绝其履行要求。一方在对方履行债务不符合约定时,有权拒绝其相应的履行要求。

第六十七条 【先履行抗辩权】当事人互负债务,有先后履行顺序,先履行一方未履行的,后履行一方有权拒绝其履行要求。先履行一方履行债务不符合约定的,后履行一方有权拒绝其相应的履行要求。

第六十八条 【不安抗辩权】应当先履行债务的当事人,有确切证据证明对方有下列情形之一的,可以中止履行:

(一)经营状况严重恶化;

(二)转移财产、抽逃资金,以逃避债务;

(三)丧失商业信誉;

(四)有丧失或者可能丧失履行债务能力的其他情形。

当事人没有确切证据中止履行的,应当承担违约责任。

第六十九条 【不安抗辩权的行使】当事人依照本法第六十八条的规定中止履行的,应当及时通知对方。对方提供适当担保时,应当恢复履行。中止履行后,对方在合理期限内未恢复履行能力并且未提供适当担保的,中止履行的一方可以解除合同。

第七十条 【因债权人原因致使履行困难的处理】债权人分立、合并或者变更住所没有通知债务人,致使履行债务发生困难的,债务人可以中止履行或者将标的物提存。

第七十一条 【债务的提前履行】债权人可以拒绝债务人提前履行债务,但提前履行不损害债权人利益的除外。

债务人提前履行债务给债权人增加的费用,由债务人负担。

第七十二条 【债务的部分履行】债权人可以拒绝债务人部分履行债务,但部分履行不损害债权人利益的除外。

债务人部分履行债务给债权人增加的费用,由债务人负担。

第七十三条 【债权人的代位权】因债务人怠于行使其到期债权,对债权人造成损害的,债权人可以向人民法院请求以自己的名义代位行使债务人的债权,但该债权专属于债务人自身的除外。

代位权的行使范围以债权人的债权为限。债权人行使代位权的必要费用,由债务人负担。

第七十四条 【债权人的撤销权】因债务人放弃其到期债权或者无偿转让财产,对债权人造成损害的,债权人可以请求人民法院撤销债务人的行为。债务人以明显不合理的低价转让财产,对债权人造成损害,并且受让人知道该情形的,债权人也可以请求人民法院撤销债务人的行为。

撤销权的行使范围以债权人的债权为限。债权人行使撤销权的必要费用,由债务人负担。

第七十五条 【撤销权的期间】撤销权自债权人知道或者应当知道撤销事由之日起1年内行使。自债务人的行为发生之日起5年内没有行使撤销权的,该撤销权消灭。

第七十六条 【当事人变化对合同履行的影响】合同生效后,当事人不得因姓名、名称的变更或者法定代表人、负责人、承办人的变动而不履行合同义务。

第五章 合同的变更和转让

第七十七条 【合同变更的条件】当事人协商一致,可以变更合同。

法律、行政法规规定变更合同应当办理批准、登记等手续的,依照其规定。

第七十八条 【合同变更内容不明的处理】当事人对合同变更的内容约定不明确的,推定为未变更。

第七十九条 【债权让与】债权人可以将合同的权利全部或者部分转让给第三人,但有下列情形之一的除外:

(一)根据合同性质不得转让;

(二)按照当事人约定不得转让;

(三)依照法律规定不得转让。

第八十条 【债权让与的通知义务】债权人转让权利的,应当通知债务人。未经通知,该转让对债务人不发生效力。

债权人转让权利的通知不得撤销,但经受让人同意的除外。

第八十一条 【从权利的转移】债权人转让权利的,受让人取得与债权有关的从权利,但该从权利专属于债权人自身的除外。

第八十二条 【债务人的抗辩权】债务人接到债权转让通知后,债务人对让与人的抗辩,可以向受让人主张。

第八十三条 【债权让与中的抵销权】债务人接到债权转让通知时,债务人对让与人享有债权,并且债务人的债权先于转让的债权到期或者同时到期的,债务人可以向受让人主张抵销。

第八十四条 【债务承担】债务人将合同的义务全部或者部分转移给第三人的,应当经债权人同意。

第八十五条 【承担人的抗辩】债务人转移义务的,新债务人可以主张原债务人对债权人的抗辩。

第八十六条 【从债的转移】债务人转移义务的,新债务人应当承担与主债务有关的从债务,但该从债务专属于原债务人自身的除外。

第八十七条 【合同转让形式要件】法律、行政法规规定转让权利或者转移义务应当办理批准、登记等手续的，依照其规定。

第八十八条 【概括转让】当事人一方经对方同意，可以将自己在合同中的权利和义务一并转让给第三人。

第八十九条 【概括转让的效力】权利和义务一并转让的，适用本法第七十九条、第八十一条至第八十三条、第八十五条至第八十七条的规定。

第九十条 【新当事人的概括承受】当事人订立合同后合并的，由合并后的法人或者其他组织行使合同权利，履行合同义务。当事人订立合同后分立的，除债权人和债务人另有约定的以外，由分立的法人或者其他组织对合同的权利和义务享有连带债权，承担连带债务。

第六章 合同的权利义务终止

第九十一条 【合同终止的原因】有下列情形之一的，合同的权利义务终止：

（一）债务已经按照约定履行；

（二）合同解除；

（三）债务相互抵销；

（四）债务人依法将标的物提存；

（五）债权人免除债务；

（六）债权债务同归于一人；

（七）法律规定或者当事人约定终止的其他情形。

第九十二条 【合同终止后的义务】合同的权利义务终止后，当事人应当遵循诚实信用原则，根据交易习惯履行通知、协助、保密等义务。

第九十三条 【合同约定解除】当事人协商一致，可以解除合同。

当事人可以约定一方解除合同的条件。解除合同的条件成就时，解除权人可以解除合同。

第九十四条 【合同的法定解除】有下列情形之一的，当事人可以解除合同：

（一）因不可抗力致使不能实现合同目的；

（二）在履行期限届满之前，当事人一方明确表示或者以自己的行为表明不履行主要债务；

（三）当事人一方迟延履行主要债务，经催告后在合理期限内仍未履行；

（四）当事人一方迟延履行债务或者有其他违约行为致使不能实现合同目的；

（五）法律规定的其他情形。

第九十五条 【解除权消灭】法律规定或者当事人约定解除权行使期限，期限届满当事人不行使的，该权利消灭。

法律没有规定或者当事人没有约定解除权行使期限，经对方催告后在合理期限内不行使的，该权利消灭。

第九十六条 【解除权的行使】当事人一方依照本法第九十三条第二款、第九十四条的规定主张解除合同的，应当通知对方。合同自通知到达对方时解除。对方有异议的，可以请求人民法院或者仲裁机构确认解除合同的效力。

法律、行政法规规定解除合同应当办理批准、登记等手续的，依照其规定。

第九十七条 【合同解除的法律后果】合同解除后，尚未履行的，终止履行；已经履行的，根据履行情况和合同性质，当事人可以要求恢复原状、采取其他补救措施，并有权要求赔偿损失。

第九十八条 【结算、清理条款效力】合同的权利义务终止，不影响合同中结算和清理条款的效力。

第九十九条 【法定抵销】当事人互负到期债务，该债务的标的物种类、品质相同的，任何一方可以将自己的债务与对方的债务抵销，但依照法律规定或者按照合同性质不得抵销的除外。

当事人主张抵销的，应当通知对方。通知自到达对方时生效。抵销不得附条件或者附期限。

第一百条 【约定抵销】当事人互负债务，标的物种类、品质不相同的，经双方协商一致，也可以抵销。

第一百零一条 【提存的法定情形】有下列情形之一，难以履行债务的，债务人可以将标的物提存：

（一）债权人无正当理由拒绝受领；

（二）债权人下落不明；

（三）债权人死亡未确定继承人或者丧失民事行为能力未确定监护人；

（四）法律规定的其他情形。

标的物不适于提存或者提存费用过高的，债务人依法可以拍卖或者变卖标的物，提存所得的价款。

第一百零二条 【提存后的通知义务】标的物提存后，除债权人下落不明的以外，债务人应当及时通知债权人或者债权人的继承人、监护人。

第一百零三条 【提存的法律后果】标的物提存后，毁损、灭失的风险由债权人承担。提存期间，标的物的孳息归债权人所有。提存费用由债权人负担。

第一百零四条 【提存物的受领】债权人可以随时领取提存物，但债权人对债务人负有到期债务的，在债权人未履行债务或者提供担保之前，提存部门根据债务人的要求应当拒绝其领取提存物。

债权人领取提存物的权利，自提存之日起 5 年内不行使而消灭，提存物扣除提存费用后归国家所有。

第一百零五条 【债务免除】债权人免除债务人部分或者全部债务的，合同的权利义务部分或者全部终止。

第一百零六条 【混同】债权和债务同归于一人的，合同的权利义务终止，但涉及第三人利益的除外。

第七章　违约责任

第一百零七条　【违约责任】当事人一方不履行合同义务或者履行合同义务不符合约定的,应当承担继续履行、采取补救措施或者赔偿损失等违约责任。

第一百零八条　【预期违约】当事人一方明确表示或者以自己的行为表明不履行合同义务的,对方可以在履行期限届满之前要求其承担违约责任。

第一百零九条　【金钱债务的违约责任】当事人一方未支付价款或者报酬的,对方可以要求其支付价款或者报酬。

第一百一十条　【非金钱债务的违约责任】当事人一方不履行非金钱债务或者履行非金钱债务不符合约定的,对方可以要求履行,但有下列情形之一的除外:

(一)法律上或者事实上不能履行;

(二)债务的标的不适于强制履行或者履行费用过高;

(三)债权人在合理期限内未要求履行。

第一百一十一条　【瑕疵履行】质量不符合约定的,应当按照当事人的约定承担违约责任。对违约责任没有约定或者约定不明确,依照本法第六十一条的规定仍不能确定的,受损害方根据标的的性质以及损失的大小,可以合理选择要求对方承担修理、更换、重作、退货、减少价款或者报酬等违约责任。

第一百一十二条　【履行、补救措施后的损失赔偿】当事人一方不履行合同义务或者履行合同义务不符合约定的,在履行义务或者采取补救措施后,对方还有其他损失的,应当赔偿损失。

第一百一十三条　【损失赔偿额】当事人一方不履行合同义务或者履行合同义务不符合约定,给对方造成损失的,损失赔偿额应当相当于因违约所造成的损失,包括合同履行后可以获得的利益,但不得超过违反合同一方订立合同时预见到或者应当预见到的因违反合同可能造成的损失。

经营者对消费者提供商品或者服务有欺诈行为的,依照《中华人民共和国消费者权益保护法》的规定承担损害赔偿责任。

第一百一十四条　【违约金】当事人可以约定一方违约时应当根据违约情况向对方支付一定数额的违约金,也可以约定因违约产生的损失赔偿额的计算方法。

约定的违约金低于造成的损失的,当事人可以请求人民法院或者仲裁机构予以增加;约定的违约金过分高于造成的损失的,当事人可以请求人民法院或者仲裁机构予以适当减少。

当事人就迟延履行约定违约金的,违约方支付违约金后,还应当履行债务。

第一百一十五条　【定金】当事人可以依照《中华人民共和国担保法》约定一方向对方给付定金作为债权的担保。债务人履行债务后,定金应当抵作价款或者收回。给付定金的一方不履行约定的债务的,无权要求返还定金;收受定金的一方不履行约定的债务的,应当双倍返还定金。

第一百一十六条　【违约金与定金的选择】当事人既约定违约金,又约定定金的,一方违约时,对方可以选择适用违约金或者定金条款。

第一百一十七条　【不可抗力的法律后果】因不可抗力不能履行合同的,根据不可抗力的影响,部分或者全部免除责任,但法律另有规定的除外。当事人迟延履行后发生不可抗力的,不能免除责任。

本法所称不可抗力,是指不能预见、不能避免并不能克服的客观情况。

第一百一十八条　【不可抗力的通知与证明】当事人一方因不可抗力不能履行合同的,应当及时通知对方,以减轻可能给对方造成的损失,并应当在合理期限内提供证明。

第一百一十九条　【减损规则】当事人一方违约后,对方应当采取适当措施防止损失的扩大;没有采取适当措施致使损失扩大的,不得就扩大的损失要求赔偿。

当事人因防止损失扩大而支出的合理费用,由违约方承担。

第一百二十条　【双方违约的责任承担】当事人双方都违反合同的,应当各自承担相应的责任。

第一百二十一条　【第三人原因造成违约的责任承担】当事人一方因第三人的原因造成违约的,应当向对方承担违约责任。当事人一方和第三人之间的纠纷,依照法律规定或者按照约定解决。

第一百二十二条　【违约责任与侵权责任竞合】因当事人一方的违约行为,侵害对方人身、财产权益的,受损害方有权选择依照本法要求其承担违约责任或者依照其他法律要求其承担侵权责任。

第八章　其他规定

第一百二十三条　【其他规定的适用】其他法律对合同另有规定的,依照其规定。

第一百二十四条　【无名合同】本法分则或者其他法律没有明文规定的合同,适用本法总则的规定,并可以参照本法分则或者其他法律最相类似的规定。

第一百二十五条　【合同解释】当事人对合同条款的理解有争议的,应当按照合同所使用的词句、合同的有关条款、合同的目的、交易习惯以及诚实信用原则,确定该条款的真实意思。

合同文本采用两种以上文字订立并约定具有同等效力的,对各文本使用的词句推定具有相同含义。各文本使用的词句不一致的,应当根据合同的目的予以解释。

第一百二十六条　【涉外合同】涉外合同的当事人可以

选择处理合同争议所适用的法律，但法律另有规定的除外。涉外合同的当事人没有选择的，适用与合同有最密切联系的国家的法律。

在中华人民共和国境内履行的中外合资经营企业合同、中外合作经营企业合同、中外合作勘探开发自然资源合同，适用中华人民共和国法律。

第一百二十七条 【合同监督】工商行政管理部门和其他有关行政主管部门在各自的职权范围内，依照法律、行政法规的规定，对利用合同危害国家利益、社会公共利益的违法行为，负责监督处理；构成犯罪的，依法追究刑事责任。

第一百二十八条 【解决合同争议的途径】当事人可以通过和解或者调解解决合同争议。

当事人不愿和解、调解或者和解、调解不成的，可以根据仲裁协议向仲裁机构申请仲裁。涉外合同的当事人可以根据仲裁协议向中国仲裁机构或者其他仲裁机构申请仲裁。当事人没有订立仲裁协议或者仲裁协议无效的，可以向人民法院起诉。当事人应当履行发生法律效力的判决、仲裁裁决、调解书；拒不履行的，对方可以请求人民法院执行。

第一百二十九条 【诉讼时效】因国际货物买卖合同和技术进出口合同争议提起诉讼或者申请仲裁的期限为 4 年，自当事人知道或者应当知道其权利受到侵害之日起计算。因其他合同争议提起诉讼或者申请仲裁的期限，依照有关法律的规定。

分　　则

第九章　买卖合同

第一百三十条 【买卖合同的定义】买卖合同是出卖人转移标的物的所有权于买受人，买受人支付价款的合同。

第一百三十一条 【买卖合同的内容】买卖合同的内容除依照本法第十二条的规定以外，还可以包括包装方式、检验标准和方法、结算方式、合同使用的文字及其效力等条款。

第一百三十二条 【标的物】出卖的标的物，应当属于出卖人所有或者出卖人有权处分。

法律、行政法规禁止或者限制转让的标的物，依照其规定。

第一百三十三条 【标的物所有权转移的时间】标的物的所有权自标的物交付时起转移，但法律另有规定或者当事人另有约定的除外。

第一百三十四条 【标的物所有权转移的约定】当事人可以在买卖合同中约定买受人未履行支付价款或者其他义务的，标的物的所有权属于出卖人。

第一百三十五条 【出卖人的义务】出卖人应当履行向买受人交付标的物或者交付提取标的物的单证，并转移标的物所有权的义务。

第一百三十六条 【交付单证和资料的义务】出卖人应当按照约定或者交易习惯向买受人交付提取标的物单证以外的有关单证和资料。

第一百三十七条 【知识产权保留】出卖具有知识产权的计算机软件等标的物的，除法律另有规定或者当事人另有约定的以外，该标的物的知识产权不属于买受人。

第一百三十八条 【交付的时间】出卖人应当按照约定的期限交付标的物。约定交付期间的，出卖人可以在该交付期间内的任何时间交付。

第一百三十九条 【交付时间的推定】当事人没有约定标的物的交付期限或者约定不明确的，适用本法第六十一条、第六十二条第四项的规定。

第一百四十条 【占有标的物与交付时间】标的物在订立合同之前已为买受人占有的，合同生效的时间为交付时间。

第一百四十一条 【交付的地点】出卖人应当按照约定的地点交付标的物。

当事人没有约定交付地点或者约定不明确，依照本法第六十一条的规定仍不能确定的，适用下列规定：

（一）标的物需要运输的，出卖人应当将标的物交付给第一承运人以运交给买受人；

（二）标的物不需要运输，出卖人和买受人订立合同时知道标的物在某一地点的，出卖人应当在该地点交付标的物；不知道标的物在某一地点的，应当在出卖人订立合同时的营业地交付标的物。

第一百四十二条 【标的物的风险负担】标的物毁损、灭失的风险，在标的物交付之前由出卖人承担，交付之后由买受人承担，但法律另有规定或者当事人另有约定的除外。

第一百四十三条 【买受人违约交付的风险承担】因买受人的原因致使标的物不能按照约定的期限交付的，买受人应当自违反约定之日起承担标的物毁损、灭失的风险。

第一百四十四条 【在途标的物的风险承担】出卖人出卖交由承运人运输的在途标的物，除当事人另有约定的以外，毁损、灭失的风险自合同成立时起由买受人承担。

第一百四十五条 【标的物交付给第一承运人后的风险承担】当事人没有约定交付地点或者约定不明确，依照本法第一百四十一条第二款第一项的规定标的物需要运输的，出卖人将标的物交付给第一承运人后，标的物毁损、灭失的风险由买受人承担。

第一百四十六条 【买受人不履行接收标的物义务的风险承担】出卖人按照约定或者依照本法第一百四十一条第二款第二项的规定将标的物置于交付地点，买受人违反约定没有收取的，标的物毁损、灭失的风险自违反约定之日起由买受人承担。

第一百四十七条 【未交付单证、资料与风险承担】出卖人按照约定未交付有关标的物的单证和资料的，不影响标的物毁损、灭失风险的转移。

第一百四十八条　【标的物的瑕疵担保责任】因标的物质量不符合质量要求,致使不能实现合同目的的,买受人可以拒绝接受标的物或者解除合同。买受人拒绝接受标的物或者解除合同的,标的物毁损、灭失的风险由出卖人承担。

第一百四十九条　【风险承担不影响瑕疵担保】标的物毁损、灭失的风险由买受人承担的,不影响因出卖人履行债务不符合约定,买受人要求其承担违约责任的权利。

第一百五十条　【标的物权利瑕疵担保】出卖人就交付的标的物,负有保证第三人不得向买受人主张任何权利的义务,但法律另有规定的除外。

第一百五十一条　【权利瑕疵担保责任和免除】买受人订立合同时知道或者应当知道第三人对买卖的标的物享有权利的,出卖人不承担本法第一百五十条规定的义务。

第一百五十二条　【中止支付价款权】买受人有确切证据证明第三人可能就标的物主张权利的,可以中止支付相应的价款,但出卖人提供适当担保的除外。

第一百五十三条　【标的物的瑕疵担保】出卖人应当按照约定的质量要求交付标的物。出卖人提供有关标的物质量说明的,交付的标的物应当符合该说明的质量要求。

第一百五十四条　【法定质量担保】当事人对标的物的质量要求没有约定或者约定不明确,依照本法第六十一条的规定仍不能确定的,适用本法第六十二条第一项的规定。

第一百五十五条　【承受人权利】出卖人交付的标的物不符合质量要求的,买受人可以依照本法第一百一十一条的规定要求承担违约责任。

第一百五十六条　【标的物包装方式】出卖人应当按照约定的包装方式交付标的物。对包装方式没有约定或者约定不明确,依照本法第六十一条的规定仍不能确定的,应当按照通用的方式包装,没有通用方式的,应当采取足以保护标的物的包装方式。

第一百五十七条　【买受人的检验义务】买受人收到标的物时应当在约定的检验期间内检验。没有约定检验期间的,应当及时检验。

第一百五十八条　【买受人的通知义务】当事人约定检验期间的,买受人应当在检验期间内将标的物的数量或者质量不符合约定的情形通知出卖人。买受人怠于通知的,视为标的物的数量或者质量符合约定。

当事人没有约定检验期间的,买受人应当在发现或者应当发现标的物的数量或者质量不符合约定的合理期间内通知出卖人。买受人在合理期间内未通知或者自标的物收到之日起两年内未通知出卖人的,视为标的物的数量或者质量符合约定,但对标的物有质量保证期的,适用质量保证期,不适用该两年的规定。

出卖人知道或者应当知道提供的标的物不符合约定的,买受人不受前两款规定的通知时间的限制。

第一百五十九条　【买受人的支付价款义务】买受人应当按照约定的数额支付价款。对价款没有约定或者约定不明确的,适用本法第六十一条、第六十二条第二项的规定。

第一百六十条　【支付价款的地点】买受人应当按照约定的地点支付价款。对支付地点没有约定或者约定不明确,依照本法第六十一条的规定仍不能确定的,买受人应当在出卖人的营业地支付,但约定支付价款以交付标的物或者交付提取标的物单证为条件的,在交付标的物或者交付提取标的物单证的所在地支付。

第一百六十一条　【支付价款的时间】买受人应当按照约定的时间支付价款。对支付时间没有约定或者约定不明确,依照本法第六十一条的规定仍不能确定的,买受人应当在收到标的物或者提取标的物单证的同时支付。

第一百六十二条　【多交标的物的处理】出卖人多交标的物的,买受人可以接收或者拒绝接收多交的部分。买受人接收多交部分的,按照合同的价格支付价款;买受人拒绝接收多交部分的,应当及时通知出卖人。

第一百六十三条　【标的物孳息的归属】标的物在交付之前产生的孳息,归出卖人所有,交付之后产生的孳息,归买受人所有。

第一百六十四条　【解除合同与主物的关系】因标的物的主物不符合约定而解除合同的,解除合同的效力及于从物。因标的物的从物不符合约定被解除的,解除的效力不及于主物。

第一百六十五条　【数物并存的合同解除】标的物为数物,其中一物不符合约定的,买受人可以就该物解除,但该物与他物分离使标的物的价值显受损害的,当事人可以就数物解除合同。

第一百六十六条　【分批交付标的物的合同解除】出卖人分批交付标的物的,出卖人对其中一批标的物不交付或者交付不符合约定,致使该批标的物不能实现合同目的的,买受人可以就该批标的物解除。

出卖人不交付其中一批标的物或者交付不符合约定,致使今后其他各批标的物的交付不能实现合同目的的,买受人可以就该批以及今后其他各批标的物解除。

买受人如果就其中一批标的物解除,该批标的物与其他各批标的物相互依存的,可以就已经交付和未交付的各批标的物解除。

第一百六十七条　【分期付款买卖中的合同解除】分期付款的买受人未支付到期价款的金额达到全部价款的五分之一的,出卖人可以要求买受人支付全部价款或者解除合同。

出卖人解除合同的,可以向买受人要求支付该标的物的使用费。

第一百六十八条　【样品买卖】凭样品买卖的当事人应

当封存样品，并可以对样品质量予以说明。出卖人交付的标的物应当与样品及其说明的质量相同。

第一百六十九条　【样品买卖特殊责任】凭样品买卖的买受人不知道样品有隐蔽瑕疵的，即使交付的标的物与样品相同，出卖人交付的标的物的质量仍然应当符合同种物的通常标准。

第一百七十条　【试用买卖的试用期间】试用买卖的当事人可以约定标的物的试用期间。对试用期间没有约定或者约定不明确，依照本法第六十一条的规定仍不能确定的，由出卖人确定。

第一百七十一条　【买受人对标的物的认可】试用买卖的买受人在试用期内可以购买标的物，也可以拒绝购买。试用期间届满，买受人对是否购买标的物未作表示的，视为购买。

第一百七十二条　【招标投标买卖】招标投标买卖的当事人的权利和义务以及招标投标程序等，依照有关法律、行政法规的规定。

第一百七十三条　【拍卖】拍卖的当事人的权利和义务以及拍卖程序等，依照有关法律、行政法规的规定。

第一百七十四条　【其他有偿合同的法律适用】法律对其他有偿合同有规定的，依照其规定；没有规定的，参照买卖合同的有关规定。

第一百七十五条　【互易合同的法律适用】当事人约定易货交易，转移标的物的所有权的，参照买卖合同的有关规定。

第十章　供用电、水、气、热力合同

第一百七十六条　【供用电合同的定义】供用电合同是供电人向用电人供电，用电人支付电费的合同。

第一百七十七条　【供用电合同的主要条款】供用电合同的内容包括供电的方式、质量、时间，用电容量、地址、性质，计量方式，电价、电费的结算方式，供用电设施的维护责任等条款。

第一百七十八条　【供用电合同的履行地】供用电合同的履行地点，按照当事人约定；当事人没有约定或者约定不明确的，供电设施的产权分界处为履行地点。

第一百七十九条　【供电人安全供电义务】供电人应当按照国家规定的供电质量标准和约定安全供电。供电人未按照国家规定的供电质量标准和约定安全供电，造成用电人损失的，应当承担损害赔偿责任。

第一百八十条　【供电人中断供电的通知义务】供电人因供电设施计划检修、临时检修、依法限电或者用电人违法用电等原因，需要中断供电时，应当按照国家有关规定事先通知用电人。未事先通知用电人中断供电，造成用电人损失的，应当承担损害赔偿责任。

第一百八十一条　【抢修义务】因自然灾害等原因断电，供电人应当按照国家有关规定及时抢修。未及时抢修，造成用电人损失的，应当承担损害赔偿责任。

第一百八十二条　【用电人交付电费义务】用电人应当按照国家有关规定和当事人的约定及时交付电费。用电人逾期不交付电费的，应当按照约定支付违约金。经催告用电人在合理期限内仍不交付电费和违约金的，供电人可以按照国家规定的程序中止供电。

第一百八十三条　【用电人安全用电义务】用电人应当按照国家有关规定和当事人的约定安全用电。用电人未按照国家有关规定和当事人的约定安全用电，造成供电人损失的，应当承担损害赔偿责任。

第一百八十四条　【供用水、气、热力合同的法律适用】供用水、供用气、供用热力合同，参照供用电合同的有关规定。

……

第十三章　租 赁 合 同

第二百一十二条　【租赁合同的定义】租赁合同是出租人将租赁物交付承租人使用、收益，承租人支付租金的合同。

第二百一十三条　【合同的主要条款】租赁合同的内容包括租赁物的名称、数量、用途、租赁期限、租金及其支付期限和方式、租赁物维修等条款。

第二百一十四条　【租赁期限】租赁期限不得超过20年。超过20年的，超过部分无效。

租赁期间届满，当事人可以续订租赁合同，但约定的租赁期限自续订之日起不得超过20年。

第二百一十五条　【租赁合同的形式】租赁期限6个月以上的，应当采用书面形式。当事人未采用书面形式的，视为不定期租赁。

第二百一十六条　【出租人的交付义务】出租人应当按照约定将租赁物交付承租人，并在租赁期间保持租赁物符合约定的用途。

第二百一十七条　【承租人的按约定使用义务】承租人应当按照约定的方法使用租赁物。对租赁物的使用方法没有约定或者约定不明确，依照本法第六十一条的规定仍不能确定的，应当按照租赁物的性质使用。

第二百一十八条　【租赁物正常损耗的责任】承租人按照约定的方法或者租赁物的性质使用租赁物，致使租赁物受到损耗的，不承担损害赔偿责任。

第二百一十九条　【未正当使用租赁物的责任】承租人未按照约定的方法或者租赁物的性质使用租赁物，致使租赁物受到损失的，出租人可以解除合同并要求赔偿损失。

第二百二十条　【租赁物维修义务的承担】出租人应当履行租赁物的维修义务，但当事人另有约定的除外。

**第二百二十一条　【承租人要求维修的权利与自行维

修】承租人在租赁物需要维修时可以要求出租人在合理期限内维修。出租人未履行维修义务的,承租人可以自行维修,维修费用由出租人负担。因维修租赁物影响承租人使用的,应当相应减少租金或者延长租期。

第二百二十二条 **【租赁物的保管】**承租人应当妥善保管租赁物,因保管不善造成租赁物毁损、灭失的,应当承担损害赔偿责任。

第二百二十三条 **【租赁物的改善】**承租人经出租人同意,可以对租赁物进行改善或者增设他物。

承租人未经出租人同意,对租赁物进行改善或者增设他物的,出租人可以要求承租人恢复原状或者赔偿损失。

第二百二十四条 **【转租】**承租人经出租人同意,可以将租赁物转租给第三人。承租人转租的,承租人与出租人之间的租赁合同继续有效,第三人对租赁物造成损失的,承租人应当赔偿损失。

承租人未经出租人同意转租的,出租人可以解除合同。

第二百二十五条 **【租赁物的收益】**在租赁期间因占有、使用租赁物获得的收益,归承租人所有,但当事人另有约定的除外。

第二百二十六条 **【支付租金的期限】**承租人应当按照约定的期限支付租金。对支付期限没有约定或者约定不明确,依照本法第六十一条的规定仍不能确定,租赁期间不满1年的,应当在租赁期间届满时支付;租赁期间1年以上的,应当在每届满1年时支付,剩余期间不满1年的,应当在租赁期间届满时支付。

第二百二十七条 **【租金未支付、迟延支付和逾期不支付的法律后果】**承租人无正当理由未支付或者迟延支付租金的,出租人可以要求承租人在合理期限内支付。承租人逾期不支付的,出租人可以解除合同。

第二百二十八条 **【租赁物的权利瑕疵】**因第三人主张权利,致使承租人不能对租赁物使用、收益的,承租人可以要求减少租金或者不支付租金。

第三人主张权利的,承租人应当及时通知出租人。

第二百二十九条 **【所有权变动后的合同效力】**租赁物在租赁期间发生所有权变动的,不影响租赁合同的效力。

第二百三十条 **【优先购买权】**出租人出卖租赁房屋的,应当在出卖之前的合理期限内通知承租人,承租人享有以同等条件优先购买的权利。

第二百三十一条 **【租赁物的灭失】**因不可归责于承租人的事由,致使租赁物部分或者全部毁损、灭失的,承租人可以要求减少租金或者不支付租金;因租赁物部分或者全部毁损、灭失,致使不能实现合同目的的,承租人可以解除合同。

第二百三十二条 **【租期不明的处理】**当事人对租赁期限没有约定或者约定不明确,依照本法第六十一条的规定仍不能确定的,视为不定期租赁。当事人可以随时解除合同,但出租人解除合同应当在合理期限之前通知承租人。

第二百三十三条 **【租赁物的瑕疵担保】**租赁物危及承租人的安全或者健康的,即使承租人订立合同时明知该租赁物质量不合格,承租人仍然可以随时解除合同。

第二百三十四条 **【共同居住人的继续承租权】**承租人在房屋租赁期间死亡的,与其生前共同居住的人可以按照原租赁合同租赁该房屋。

第二百三十五条 **【租赁物的返还】**租赁期间届满,承租人应当返还租赁物。返还的租赁物应当符合按照约定或者租赁物的性质使用后的状态。

第二百三十六条 **【续租】**租赁期间届满,承租人继续使用租赁物,出租人没有提出异议的,原租赁合同继续有效,但租赁期限为不定期。

……

中华人民共和国城乡规划法

(2007年10月28日第十届全国人民代表大会常务委员会第三十次会议通过　根据2015年4月24日第十二届全国人民代表大会常务委员会第十四次会议《关于修改〈中华人民共和国港口法〉等七部法律的决定》第一次修正　根据2019年4月23日第十三届全国人民代表大会常务委员会第十次会议《关于修改〈中华人民共和国建筑法〉等八部法律的决定》第二次修正)

目　　录

第一章　总　　则
第二章　城乡规划的制定
第三章　城乡规划的实施
第四章　城乡规划的修改
第五章　监督检查
第六章　法律责任
第七章　附　　则

第一章　总　　则

第一条 **【立法宗旨】**为了加强城乡规划管理,协调城乡空间布局,改善人居环境,促进城乡经济社会全面协调可持续发展,制定本法。

第二条 **【城乡规划的制定和实施】**制定和实施城乡规划,在规划区内进行建设活动,必须遵守本法。

本法所称城乡规划,包括城镇体系规划、城市规划、镇规划、乡规划和村庄规划。城市规划、镇规划分为总体规划和详细规划。详细规划分为控制性详细规划和修建性详细规划。

本法所称规划区,是指城市、镇和村庄的建成区以及因城乡建设和发展需要,必须实行规划控制的区域。规划区的具体范围由有关人民政府在组织编制的城市总体规划、镇总体规划、乡规划和村庄规划中，根据城乡经济社会发展水平和统筹城乡发展的需要划定。

第三条　【城乡建设活动与制定城乡规划关系】城市和镇应当依照本法制定城市规划和镇规划。城市、镇规划区内的建设活动应当符合规划要求。

县级以上地方人民政府根据本地农村经济社会发展水平，按照因地制宜、切实可行的原则，确定应当制定乡规划、村庄规划的区域。在确定区域内的乡、村庄，应当依照本法制定规划，规划区内的乡、村庄建设应当符合规划要求。

县级以上地方人民政府鼓励、指导前款规定以外的区域的乡、村庄制定和实施乡规划、村庄规划。

第四条　【城乡规划制定、实施原则】制定和实施城乡规划，应当遵循城乡统筹、合理布局、节约土地、集约发展和先规划后建设的原则，改善生态环境，促进资源、能源节约和综合利用，保护耕地等自然资源和历史文化遗产，保持地方特色、民族特色和传统风貌，防止污染和其他公害，并符合区域人口发展、国防建设、防灾减灾和公共卫生、公共安全的需要。

在规划区内进行建设活动，应当遵守土地管理、自然资源和环境保护等法律、法规的规定。

县级以上地方人民政府应当根据当地经济社会发展的实际，在城市总体规划、镇总体规划中合理确定城市、镇的发展规模、步骤和建设标准。

第五条　【城乡规划与国民经济和社会发展规划、土地利用总体规划衔接】城市总体规划、镇总体规划以及乡规划和村庄规划的编制，应当依据国民经济和社会发展规划，并与土地利用总体规划相衔接。

第六条　【城乡规划经费保障】各级人民政府应当将城乡规划的编制和管理经费纳入本级财政预算。

第七条　【城乡规划修改】经依法批准的城乡规划，是城乡建设和规划管理的依据，未经法定程序不得修改。

第八条　【城乡规划公开公布】城乡规划组织编制机关应当及时公布经依法批准的城乡规划。但是，法律、行政法规规定不得公开的内容除外。

第九条　【单位和个人的权利义务】任何单位和个人都应当遵守经依法批准并公布的城乡规划，服从规划管理，并有权就涉及其利害关系的建设活动是否符合规划的要求向城乡规划主管部门查询。

任何单位和个人都有权向城乡规划主管部门或者其他有关部门举报或者控告违反城乡规划的行为。城乡规划主管部门或者其他有关部门对举报或者控告，应当及时受理并组织核查、处理。

第十条　【采用先进科学技术】国家鼓励采用先进的科学技术，增强城乡规划的科学性，提高城乡规划实施及监督管理的效能。

第十一条　【城乡规划管理体制】国务院城乡规划主管部门负责全国的城乡规划管理工作。

县级以上地方人民政府城乡规划主管部门负责本行政区域内的城乡规划管理工作。

第二章　城乡规划的制定

第十二条　【全国城镇体系规划制定】国务院城乡规划主管部门会同国务院有关部门组织编制全国城镇体系规划，用于指导省域城镇体系规划、城市总体规划的编制。

全国城镇体系规划由国务院城乡规划主管部门报国务院审批。

第十三条　【省域城镇体系规划制定】省、自治区人民政府组织编制省域城镇体系规划，报国务院审批。

省域城镇体系规划的内容应当包括：城镇空间布局和规模控制，重大基础设施的布局，为保护生态环境、资源等需要严格控制的区域。

第十四条　【城市总体规划编制】城市人民政府组织编制城市总体规划。

直辖市的城市总体规划由直辖市人民政府报国务院审批。省、自治区人民政府所在地的城市以及国务院确定的城市的总体规划，由省、自治区人民政府审查同意后，报国务院审批。其他城市的总体规划，由城市人民政府报省、自治区人民政府审批。

第十五条　【镇总体规划编制】县人民政府组织编制县人民政府所在地镇的总体规划，报上一级人民政府审批。其他镇的总体规划由镇人民政府组织编制，报上一级人民政府审批。

第十六条　【各级人大常委会参与规划制定】省、自治区人民政府组织编制的省域城镇体系规划，城市、县人民政府组织编制的总体规划，在报上一级人民政府审批前，应当先经本级人民代表大会常务委员会审议，常务委员会组成人员的审议意见交由本级人民政府研究处理。

镇人民政府组织编制的镇总体规划，在报上一级人民政府审批前，应当先经镇人民代表大会审议，代表的审议意见交由本级人民政府研究处理。

规划的组织编制机关报送审批省域城镇体系规划、城市总体规划或者镇总体规划，应当将本级人民代表大会常务委员会组成人员或者镇人民代表大会代表的审议意见和根据审议意见修改规划的情况一并报送。

第十七条　【城市、镇总体规划内容和期限】城市总体规划、镇总体规划的内容应当包括：城市、镇的发展布局，功能分区，用地布局，综合交通体系，禁止、限制和适宜建设的地域范围，各类专项规划等。

规划区范围、规划区内建设用地规模、基础设施和公共服务设施用地、水源地和水系、基本农田和绿化用地、环境保护、自然与历史文化遗产保护以及防灾减灾等内容，应当作为城市总体规划、镇总体规划的强制性内容。

城市总体规划、镇总体规划的规划期限一般为二十年。城市总体规划还应当对城市更长远的发展作出预测性安排。

第十八条 【乡规划和村庄规划的内容】乡规划、村庄规划应当从农村实际出发，尊重村民意愿，体现地方和农村特色。

乡规划、村庄规划的内容应当包括：规划区范围，住宅、道路、供水、排水、供电、垃圾收集、畜禽养殖场所等农村生产、生活服务设施、公益事业等各项建设的用地布局、建设要求，以及对耕地等自然资源和历史文化遗产保护、防灾减灾等的具体安排。乡规划还应当包括本行政区域内的村庄发展布局。

第十九条 【城市控制性详细规划】城市人民政府城乡规划主管部门根据城市总体规划的要求，组织编制城市的控制性详细规划，经本级人民政府批准后，报本级人民代表大会常务委员会和上一级人民政府备案。

第二十条 【镇控制性详细规划】镇人民政府根据镇总体规划的要求，组织编制镇的控制性详细规划，报上一级人民政府审批。县人民政府所在地镇的控制性详细规划，由县人民政府城乡规划主管部门根据镇总体规划的要求组织编制，经县人民政府批准后，报本级人民代表大会常务委员会和上一级人民政府备案。

第二十一条 【修建性详细规划】城市、县人民政府城乡规划主管部门和镇人民政府可以组织编制重要地块的修建性详细规划。修建性详细规划应当符合控制性详细规划。

第二十二条 【乡、村庄规划编制】乡、镇人民政府组织编制乡规划、村庄规划，报上一级人民政府审批。村庄规划在报送审批前，应当经村民会议或者村民代表会议讨论同意。

第二十三条 【首都总体规划和详细规划】首都的总体规划、详细规划应当统筹考虑中央国家机关用地布局和空间安排的需要。

第二十四条 【城乡规划编制单位】城乡规划组织编制机关应当委托具有相应资质等级的单位承担城乡规划的具体编制工作。

从事城乡规划编制工作应当具备下列条件，并经国务院城乡规划主管部门或者省、自治区、直辖市人民政府城乡规划主管部门依法审查合格，取得相应等级的资质证书后，方可在资质等级许可的范围内从事城乡规划编制工作：

（一）有法人资格；

（二）有规定数量的经相关行业协会注册的规划师；

（三）有规定数量的相关专业技术人员；

（四）有相应的技术装备；

（五）有健全的技术、质量、财务管理制度。

编制城乡规划必须遵守国家有关标准。

第二十五条 【城乡规划基础资料】编制城乡规划，应当具备国家规定的勘察、测绘、气象、地震、水文、环境等基础资料。

县级以上地方人民政府有关主管部门应当根据编制城乡规划的需要，及时提供有关基础资料。

第二十六条 【公众参与城乡规划编制】城乡规划报送审批前，组织编制机关应当依法将城乡规划草案予以公告，并采取论证会、听证会或者其他方式征求专家和公众的意见。公告的时间不得少于三十日。

组织编制机关应当充分考虑专家和公众的意见，并在报送审批的材料中附具意见采纳情况及理由。

第二十七条 【专家和有关部门参与城镇规划审批】省域城镇体系规划、城市总体规划、镇总体规划批准前，审批机关应当组织专家和有关部门进行审查。

第三章 城乡规划的实施

第二十八条 【政府实施城乡规划】地方各级人民政府应当根据当地经济社会发展水平，量力而行，尊重群众意愿，有计划、分步骤地组织实施城乡规划。

第二十九条 【城市、镇和乡、村庄建设和发展实施城乡规划】城市的建设和发展，应当优先安排基础设施以及公共服务设施的建设，妥善处理新区开发与旧区改建的关系，统筹兼顾进城务工人员生活和周边农村经济社会发展、村民生产与生活的需要。

镇的建设和发展，应当结合农村经济社会发展和产业结构调整，优先安排供水、排水、供电、供气、道路、通信、广播电视等基础设施和学校、卫生院、文化站、幼儿园、福利院等公共服务设施的建设，为周边农村提供服务。

乡、村庄的建设和发展，应当因地制宜、节约用地，发挥村民自治组织的作用，引导村民合理进行建设，改善农村生产、生活条件。

第三十条 【城市新区开发和建设实施城乡规划】城市新区的开发和建设，应当合理确定建设规模和时序，充分利用现有市政基础设施和公共服务设施，严格保护自然资源和生态环境，体现地方特色。

在城市总体规划、镇总体规划确定的建设用地范围以外，不得设立各类开发区和城市新区。

第三十一条 【旧城区改造实施城乡规划】旧城区的改建，应当保护历史文化遗产和传统风貌，合理确定拆迁和建设规模，有计划地对危房集中、基础设施落后等地段进行改建。

历史文化名城、名镇、名村的保护以及受保护建筑物的维护和使用，应当遵守有关法律、行政法规和国务院的规定。

第三十二条 【城乡建设和发展实施城乡规划】城乡建设和发展，应当依法保护和合理利用风景名胜资源，统筹安排风景名胜区及周边乡、镇、村庄的建设。

风景名胜区的规划、建设和管理，应当遵守有关法律、行政法规和国务院的规定。

第三十三条 【城市地下空间的开发和利用遵循的原

则】城市地下空间的开发和利用，应当与经济和技术发展水平相适应，遵循统筹安排、综合开发、合理利用的原则，充分考虑防灾减灾、人民防空和通信等需要，并符合城市规划，履行规划审批手续。

第三十四条 【城市、县、镇人民政府制定近期建设规划】城市、县、镇人民政府应当根据城市总体规划、镇总体规划、土地利用总体规划和年度计划以及国民经济和社会发展规划，制定近期建设规划，报总体规划审批机关备案。

近期建设规划应当以重要基础设施、公共服务设施和中低收入居民住房建设以及生态环境保护为重点内容，明确近期建设的时序、发展方向和空间布局。近期建设规划的规划期限为五年。

第三十五条 【禁止擅自改变城乡规划确定的重要用地用途】城乡规划确定的铁路、公路、港口、机场、道路、绿地、输配电设施及输电线路走廊、通信设施、广播电视设施、管道设施、河道、水库、水源地、自然保护区、防汛通道、消防通道、核电站、垃圾填埋场及焚烧厂、污水处理厂和公共服务设施的用地以及其他需要依法保护的用地，禁止擅自改变用途。

第三十六条 【申请核发选址意见书】按照国家规定需要有关部门批准或者核准的建设项目，以划拨方式提供国有土地使用权的，建设单位在报送有关部门批准或者核准前，应当向城乡规划主管部门申请核发选址意见书。

前款规定以外的建设项目不需要申请选址意见书。

第三十七条 【划拨建设用地程序】在城市、镇规划区内以划拨方式提供国有土地使用权的建设项目，经有关部门批准、核准、备案后，建设单位应当向城市、县人民政府城乡规划主管部门提出建设用地规划许可申请，由城市、县人民政府城乡规划主管部门依据控制性详细规划核定建设用地的位置、面积、允许建设的范围，核发建设用地规划许可证。

建设单位在取得建设用地规划许可证后，方可向县级以上地方人民政府土地主管部门申请用地，经县级以上人民政府审批后，由土地主管部门划拨土地。

第三十八条 【国有土地使用权出让合同】在城市、镇规划区内以出让方式提供国有土地使用权的，在国有土地使用权出让前，城市、县人民政府城乡规划主管部门应当依据控制性详细规划，提出出让地块的位置、使用性质、开发强度等规划条件，作为国有土地使用权出让合同的组成部分。未确定规划条件的地块，不得出让国有土地使用权。

以出让方式取得国有土地使用权的建设项目，建设单位在取得建设项目的批准、核准、备案文件和签订国有土地使用权出让合同后，向城市、县人民政府城乡规划主管部门领取建设用地规划许可证。

城市、县人民政府城乡规划主管部门不得在建设用地规划许可证中，擅自改变作为国有土地使用权出让合同组成部分的规划条件。

第三十九条 【规划条件未纳入出让合同的法律后果】规划条件未纳入国有土地使用权出让合同的，该国有土地使用权出让合同无效；对未取得建设用地规划许可证的建设单位批准用地的，由县级以上人民政府撤销有关批准文件；占用土地的，应当及时退回；给当事人造成损失的，应当依法给予赔偿。

第四十条 【建设单位和个人领取建设工程规划许可证】在城市、镇规划区内进行建筑物、构筑物、道路、管线和其他工程建设的，建设单位或者个人应当向城市、县人民政府城乡规划主管部门或者省、自治区、直辖市人民政府确定的镇人民政府申请办理建设工程规划许可证。

申请办理建设工程规划许可证，应当提交使用土地的有关证明文件、建设工程设计方案等材料。需要建设单位编制修建性详细规划的建设项目，还应当提交修建性详细规划。对符合控制性详细规划和规划条件的，由城市、县人民政府城乡规划主管部门或者省、自治区、直辖市人民政府确定的镇人民政府核发建设工程规划许可证。

城市、县人民政府城乡规划主管部门或者省、自治区、直辖市人民政府确定的镇人民政府应当依法将经审定的修建性详细规划、建设工程设计方案的总平面图予以公布。

第四十一条 【乡村建设规划许可证】在乡、村庄规划区内进行乡镇企业、乡村公共设施和公益事业建设的，建设单位或者个人应当向乡、镇人民政府提出申请，由乡、镇人民政府报城市、县人民政府城乡规划主管部门核发乡村建设规划许可证。

在乡、村庄规划区内使用原有宅基地进行农村村民住宅建设的规划管理办法，由省、自治区、直辖市制定。

在乡、村庄规划区内进行乡镇企业、乡村公共设施和公益事业建设以及农村村民住宅建设，不得占用农用地；确需占用农用地的，应当依照《中华人民共和国土地管理法》有关规定办理农用地转用审批手续后，由城市、县人民政府城乡规划主管部门核发乡村建设规划许可证。

建设单位或者个人在取得乡村建设规划许可证后，方可办理用地审批手续。

第四十二条 【不得超出范围作出规划许可】城乡规划主管部门不得在城乡规划确定的建设用地范围以外作出规划许可。

第四十三条 【建设单位按照规划条件建设】建设单位应当按照规划条件进行建设；确需变更的，必须向城市、县人民政府城乡规划主管部门提出申请。变更内容不符合控制性详细规划的，城乡规划主管部门不得批准。城市、县人民政府城乡规划主管部门应当及时将依法变更后的规划条件通报同级土地主管部门并公示。

建设单位应当及时将依法变更后的规划条件报有关人民政府土地主管部门备案。

第四十四条　【临时建设】在城市、镇规划区内进行临时建设的，应当经城市、县人民政府城乡规划主管部门批准。临时建设影响近期建设规划或者控制性详细规划的实施以及交通、市容、安全等的，不得批准。

临时建设应当在批准的使用期限内自行拆除。

临时建设和临时用地规划管理的具体办法，由省、自治区、直辖市人民政府制定。

第四十五条　【城乡规划主管部门核实符合规划条件情况】县级以上地方人民政府城乡规划主管部门按照国务院规定对建设工程是否符合规划条件予以核实。未经核实或者经核实不符合规划条件的，建设单位不得组织竣工验收。

建设单位应当在竣工验收后六个月内向城乡规划主管部门报送有关竣工验收资料。

第四章　城乡规划的修改

第四十六条　【规划实施情况评估】省域城镇体系规划、城市总体规划、镇总体规划的组织编制机关，应当组织有关部门和专家定期对规划实施情况进行评估，并采取论证会、听证会或者其他方式征求公众意见。组织编制机关应当向本级人民代表大会常务委员会、镇人民代表大会和原审批机关提出评估报告并附具征求意见的情况。

第四十七条　【规划修改条件和程序】有下列情形之一的，组织编制机关方可按照规定的权限和程序修改省域城镇体系规划、城市总体规划、镇总体规划：

（一）上级人民政府制定的城乡规划发生变更，提出修改规划要求的；

（二）行政区划调整确需修改规划的；

（三）因国务院批准重大建设工程确需修改规划的；

（四）经评估确需修改规划的；

（五）城乡规划的审批机关认为应当修改规划的其他情形。

修改省域城镇体系规划、城市总体规划、镇总体规划前，组织编制机关应当对原规划的实施情况进行总结，并向原审批机关报告；修改涉及城市总体规划、镇总体规划强制性内容的，应当先向原审批机关提出专题报告，经同意后，方可编制修改方案。

修改后的省域城镇体系规划、城市总体规划、镇总体规划，应当依照本法第十三条、第十四条、第十五条和第十六条规定的审批程序报批。

第四十八条　【修改程序性规划以及乡规划、村庄规划】修改控制性详细规划的，组织编制机关应当对修改的必要性进行论证，征求规划地段内利害关系人的意见，并向原审批机关提出专题报告，经原审批机关同意后，方可编制修改方案。修改后的控制性详细规划，应当依照本法第十九条、第二十条规定的审批程序报批。控制性详细规划修改涉及城市总体规划、镇总体规划的强制性内容的，应当先修改总体规划。

修改乡规划、村庄规划的，应当依照本法第二十二条规定的审批程序报批。

第四十九条　【修改近期建设规划报送备案】城市、县、镇人民政府修改近期建设规划的，应当将修改后的近期建设规划报总体规划审批机关备案。

第五十条　【修改规划或总平面图造成损失补偿】在选址意见书、建设用地规划许可证、建设工程规划许可证或者乡村建设规划许可证发放后，因依法修改城乡规划给被许可人合法权益造成损失的，应当依法给予补偿。

经依法审定的修建性详细规划、建设工程设计方案的总平面图不得随意修改；确需修改的，城乡规划主管部门应当采取听证会等形式，听取利害关系人的意见；因修改给利害关系人合法权益造成损失的，应当依法给予补偿。

第五章　监督检查

第五十一条　【政府及城乡规划主管部门加强监督检查】县级以上人民政府及其城乡规划主管部门应当加强对城乡规划编制、审批、实施、修改的监督检查。

第五十二条　【政府向人大报告城乡规划实施情况】地方各级人民政府应当向本级人民代表大会常务委员会或者乡、镇人民代表大会报告城乡规划的实施情况，并接受监督。

第五十三条　【城乡规划主管部门检查职权和行为规范】县级以上人民政府城乡规划主管部门对城乡规划的实施情况进行监督检查，有权采取以下措施：

（一）要求有关单位和人员提供与监督事项有关的文件、资料，并进行复制；

（二）要求有关单位和人员就监督事项涉及的问题作出解释和说明，并根据需要进入现场进行勘测；

（三）责令有关单位和人员停止违反有关城乡规划的法律、法规的行为。

城乡规划主管部门的工作人员履行前款规定的监督检查职责，应当出示执法证件。被监督检查的单位和人员应当予以配合，不得妨碍和阻挠依法进行的监督检查活动。

第五十四条　【公开监督检查情况和处理结果】监督检查情况和处理结果应当依法公开，供公众查阅和监督。

第五十五条　【城乡规划主管部门提出处分建议】城乡规划主管部门在查处违反本法规定的行为时，发现国家机关工作人员依法应当给予行政处分的，应当向其任免机关或者监察机关提出处分建议。

第五十六条　【上级城乡规划主管部门的建议处罚权】依照本法规定应当给予行政处罚，而有关城乡规划主管部门不给予行政处罚的，上级人民政府城乡规划主管部门有权责令其作出行政处罚决定或者建议有关人民政府责令其给予行政处罚。

第五十七条　【上级城乡规划主管部门责令撤销许可、赔偿损失权】城乡规划主管部门违反本法规定作出行政许可的，上级人民政府城乡规划主管部门有权责令其撤销或者直接撤销该行政许可。因撤销行政许可给当事人合法权益造成损失的，应当依法给予赔偿。

第六章　法律责任

第五十八条　【编制、审批、修改城乡规划玩忽职守的法律责任】对依法应当编制城乡规划而未组织编制，或者未按法定程序编制、审批、修改城乡规划的，由上级人民政府责令改正，通报批评；对有关人民政府负责人和其他直接责任人员依法给予处分。

第五十九条　【委托不合格单位编制城乡规划的法律责任】城乡规划组织编制机关委托不具有相应资质等级的单位编制城乡规划的，由上级人民政府责令改正，通报批评；对有关人民政府负责人和其他直接责任人员依法给予处分。

第六十条　【城乡规划主管部门违法行为的法律责任】镇人民政府或者县级以上人民政府城乡规划主管部门有下列行为之一的，由本级人民政府、上级人民政府城乡规划主管部门或者监察机关依据职权责令改正，通报批评；对直接负责的主管人员和其他直接责任人员依法给予处分：

（一）未依法组织编制城市的控制性详细规划、县人民政府所在地镇的控制性详细规划的；

（二）超越职权或者对不符合法定条件的申请人核发选址意见书、建设用地规划许可证、建设工程规划许可证、乡村建设规划许可证的；

（三）对符合法定条件的申请人未在法定期限内核发选址意见书、建设用地规划许可证、建设工程规划许可证、乡村建设规划许可证的；

（四）未依法对经审定的修建性详细规划、建设工程设计方案的总平面图予以公布的；

（五）同意修改修建性详细规划、建设工程设计方案的总平面图前未采取听证会等形式听取利害关系人的意见的；

（六）发现未依法取得规划许可或者违反规划许可的规定在规划区内进行建设的行为，而不予查处或者接到举报后不依法处理的。

第六十一条　【县级以上人民政府有关部门的法律责任】县级以上人民政府有关部门有下列行为之一的，由本级人民政府或者上级人民政府有关部门责令改正，通报批评；对直接负责的主管人员和其他直接责任人员依法给予处分：

（一）对未依法取得选址意见书的建设项目核发建设项目批准文件的；

（二）未依法在国有土地使用权出让合同中确定规划条件或者改变国有土地使用权出让合同中依法确定的规划条件的；

（三）对未依法取得建设用地规划许可证的建设单位划拨国有土地使用权的。

第六十二条　【城乡规划编制单位违法的法律责任】城乡规划编制单位有下列行为之一的，由所在地城市、县人民政府城乡规划主管部门责令限期改正，处合同约定的规划编制费一倍以上二倍以下的罚款；情节严重的，责令停业整顿，由原发证机关降低资质等级或者吊销资质证书；造成损失的，依法承担赔偿责任：

（一）超越资质等级许可的范围承揽城乡规划编制工作的；

（二）违反国家有关标准编制城乡规划的。

未依法取得资质证书承揽城乡规划编制工作的，由县级以上地方人民政府城乡规划主管部门责令停止违法行为，依照前款规定处以罚款；造成损失的，依法承担赔偿责任。

以欺骗手段取得资质证书承揽城乡规划编制工作的，由原发证机关吊销资质证书，依照本条第一款规定处以罚款；造成损失的，依法承担赔偿责任。

第六十三条　【城乡规划编制单位不符合资质的处理】城乡规划编制单位取得资质证书后，不再符合相应的资质条件的，由原发证机关责令限期改正；逾期不改正的，降低资质等级或者吊销资质证书。

第六十四条　【违规建设的法律责任】未取得建设工程规划许可证或者未按照建设工程规划许可证的规定进行建设的，由县级以上地方人民政府城乡规划主管部门责令停止建设；尚可采取改正措施消除对规划实施的影响的，限期改正，处建设工程造价百分之五以上百分之十以下的罚款；无法采取改正措施消除影响的，限期拆除，不能拆除的，没收实物或者违法收入，可以并处建设工程造价百分之十以下的罚款。

第六十五条　【违规进行乡村建设的法律责任】在乡、村庄规划区内未依法取得乡村建设规划许可证或者未按照乡村建设规划许可证的规定进行建设的，由乡、镇人民政府责令停止建设、限期改正；逾期不改正的，可以拆除。

第六十六条　【违规进行临时建设的法律责任】建设单位或者个人有下列行为之一的，由所在地城市、县人民政府城乡规划主管部门责令限期拆除，可以并处临时建设工程造价一倍以下的罚款：

（一）未经批准进行临时建设的；

（二）未按照批准内容进行临时建设的；

（三）临时建筑物、构筑物超过批准期限不拆除的。

第六十七条　【建设单位竣工未报送验收材料的法律责任】建设单位未在建设工程竣工验收后六个月内向城乡规划主管部门报送有关竣工验收资料的，由所在地城市、县人民政府城乡规划主管部门责令限期补报；逾期不补报的，处一万元以上五万元以下的罚款。

第六十八条　【查封施工现场、强制拆除措施】城乡规划主管部门作出责令停止建设或者限期拆除的决定后，当事人不停止建设或者逾期不拆除的，建设工程所在地县级以上地方人民政府可以责成有关部门采取查封施工现场、强制拆除等措施。

第六十九条　**【刑事责任】**违反本法规定，构成犯罪的，依法追究刑事责任。

第七章　附　　则

第七十条　**【实施日期】**本法自2008年1月1日起施行。《中华人民共和国城市规划法》同时废止。

违反土地管理规定行为处分办法

（2008年5月9日监察部、人力资源和社会保障部、国土资源部令第15号发布　自2008年6月1日起施行）

第一条　为了加强土地管理，惩处违反土地管理规定的行为，根据《中华人民共和国土地管理法》、《中华人民共和国行政监察法》、《中华人民共和国公务员法》、《行政机关公务员处分条例》及其他有关法律、行政法规，制定本办法。

第二条　有违反土地管理规定行为的单位，其负有责任的领导人员和直接责任人员，以及有违反土地管理规定行为的个人，应当承担纪律责任，属于下列人员的（以下统称有关责任人员），由任免机关或者监察机关按照管理权限依法给予处分：

（一）行政机关公务员；

（二）法律、法规授权的具有公共事务管理职能的事业单位中经批准参照《中华人民共和国公务员法》管理的工作人员；

（三）行政机关依法委托的组织中除工勤人员以外的工作人员；

（四）企业、事业单位中由行政机关任命的人员。

法律、行政法规、国务院决定和国务院监察机关、国务院人力资源和社会保障部门制定的处分规章对违反土地管理规定行为的处分另有规定的，从其规定。

第三条　有下列行为之一的，对县级以上地方人民政府主要领导人员和其他负有责任的领导人员，给予警告或者记过处分；情节较重的，给予记大过或者降级处分；情节严重的，给予撤职处分：

（一）土地管理秩序混乱，致使一年度内本行政区域违法占用耕地面积占新增建设用地占用耕地总面积的比例达到15%以上或者虽然未达到15%，但造成恶劣影响或者其他严重后果的；

（二）发生土地违法案件造成严重后果的；

（三）对违反土地管理规定行为不制止、不组织查处的；

（四）对违反土地管理规定行为隐瞒不报、压案不查的。

第四条　行政机关在土地审批和供应过程中不执行或者违反国家土地调控政策，有下列行为之一的，对有关责任人员，给予记大过处分；情节较重的，给予降级或者撤职处分；情节严重的，给予开除处分：

（一）对国务院明确要求暂停土地审批仍不停止审批的；

（二）对国务院明确禁止供地的项目提供建设用地的。

第五条　行政机关及其公务员违反土地管理规定，滥用职权，非法批准征收、占用土地的，对有关责任人员，给予记过或者记大过处分；情节较重的，给予降级或者撤职处分；情节严重的，给予开除处分。

有前款规定行为，且有徇私舞弊情节的，从重处分。

第六条　行政机关及其公务员有下列行为之一的，对有关责任人员，给予记过或者记大过处分；情节较重的，给予降级或者撤职处分；情节严重的，给予开除处分：

（一）不按照土地利用总体规划确定的用途批准用地的；

（二）通过调整土地利用总体规划，擅自改变基本农田位置，规避建设占用基本农田由国务院审批规定的；

（三）没有土地利用计划指标擅自批准用地的；

（四）没有新增建设占用农用地计划指标擅自批准农用地转用的；

（五）批准以"以租代征"等方式擅自占用农用地进行非农业建设的。

第七条　行政机关及其公务员有下列行为之一的，对有关责任人员，给予警告或者记过处分；情节较重的，给予记大过或者降级处分；情节严重的，给予撤职处分：

（一）违反法定条件，进行土地登记、颁发或者更换土地证书的；

（二）明知建设项目用地涉嫌违反土地管理规定，尚未依法处理，仍为其办理用地审批、颁发土地证书的；

（三）在未按照国家规定的标准足额收缴新增建设用地土地有偿使用费前，下发用地批准文件的；

（四）对符合规定的建设用地申请或者土地登记申请，无正当理由不予受理或者超过规定期限未予办理的；

（五）违反法定程序批准征收、占用土地的。

第八条　行政机关及其公务员违反土地管理规定，滥用职权，非法低价或者无偿出让国有建设用地使用权的，对有关责任人员，给予记过或者记大过处分；情节较重的，给予降级或者撤职处分；情节严重的，给予开除处分。

有前款规定行为，且有徇私舞弊情节的，从重处分。

第九条　行政机关及其公务员在国有建设用地使用权出让中，有下列行为之一的，对有关责任人员，给予警告或者记过处分；情节较重的，给予记大过或者降级处分；情节严重的，给予撤职处分：

（一）应当采取出让方式而采用划拨方式或者应当招标

拍卖挂牌出让而协议出让国有建设用地使用权的；

（二）在国有建设用地使用权招标拍卖挂牌出让中，采取与投标人、竞买人恶意串通，故意设置不合理的条件限制或者排斥潜在的投标人、竞买人等方式，操纵中标人、竞得人的确定或者出让结果的；

（三）违反规定减免或者变相减免国有建设用地使用权出让金的；

（四）国有建设用地使用权出让合同签订后，擅自批准调整土地用途、容积率等土地使用条件的；

（五）其他违反规定出让国有建设用地使用权的行为。

第十条　未经批准或者采取欺骗手段骗取批准，非法占用土地的，对有关责任人员，给予警告、记过或者记大过处分；情节较重的，给予降级或者撤职处分；情节严重的，给予开除处分。

第十一条　买卖或者以其他形式非法转让土地的，对有关责任人员，给予警告、记过或者记大过处分；情节较重的，给予降级或者撤职处分；情节严重的，给予开除处分。

第十二条　行政机关侵占、截留、挪用被征收土地单位的征地补偿费用和其他有关费用的，对有关责任人员，给予记大过处分；情节较重的，给予降级或者撤职处分；情节严重的，给予开除处分。

第十三条　行政机关在征收土地过程中，有下列行为之一的，对有关责任人员，给予警告或者记过处分；情节较重的，给予记大过或者降级处分；情节严重的，给予撤职处分：

（一）批准低于法定标准的征地补偿方案的；

（二）未按规定落实社会保障费用而批准征地的；

（三）未按期足额支付征地补偿费用的。

第十四条　县级以上地方人民政府未按期缴纳新增建设用地土地有偿使用费的，责令限期缴纳；逾期仍不缴纳的，对有关责任人员，给予记大过处分；情节较重的，给予降级或者撤职处分；情节严重的，给予开除处分。

第十五条　行政机关及其公务员在办理农用地转用或者土地征收申报、报批等过程中，有谎报、瞒报用地位置、地类、面积等弄虚作假行为，造成不良后果的，对有关责任人员，给予记过或者记大过处分；情节较重的，给予降级或者撤职处分；情节严重的，给予开除处分。

第十六条　国土资源行政主管部门及其工作人员有下列行为之一的，对有关责任人员，给予记过或者记大过处分；情节较重的，给予降级或者撤职处分；情节严重的，给予开除处分：

（一）对违反土地管理规定行为按规定应报告而不报告的；

（二）对违反土地管理规定行为不制止、不依法查处的；

（三）在土地供应过程中，因严重不负责任，致使国家利益遭受损失的。

第十七条　有下列情形之一的，应当从重处分：

（一）致使土地遭受严重破坏的；

（二）造成财产严重损失的；

（三）影响群众生产、生活，造成恶劣影响或者其他严重后果的。

第十八条　有下列情形之一的，应当从轻处分：

（一）主动交代违反土地管理规定行为的；

（二）保持或者恢复土地原貌的；

（三）主动纠正违反土地管理规定行为，积极落实有关部门整改意见的；

（四）主动退还违法违纪所得或者侵占、挪用的征地补偿安置费等有关费用的；

（五）检举他人重大违反土地管理规定行为，经查证属实的。

主动交代违反土地管理规定行为，并主动采取措施有效避免或者挽回损失的，应当减轻处分。

第十九条　任免机关、监察机关和国土资源行政主管部门建立案件移送制度。

任免机关、监察机关查处的土地违法违纪案件，依法应当由国土资源行政主管部门给予行政处罚的，应当将有关案件材料移送国土资源行政主管部门。国土资源行政主管部门应当依法及时查处，并将处理结果书面告知任免机关、监察机关。

国土资源行政主管部门查处的土地违法案件，依法应当给予处分，且本部门无权处理的，应当在作出行政处罚决定或者其他处理决定后10日内将有关案件材料移送任免机关或者监察机关。任免机关或者监察机关应当依法及时查处，并将处理结果书面告知国土资源行政主管部门。

第二十条　任免机关、监察机关和国土资源行政主管部门移送案件时要做到事实清楚、证据齐全、程序合法、手续完备。

移送的案件材料应当包括以下内容：

（一）本单位有关领导或者主管单位同意移送的意见；

（二）案件的来源及立案材料；

（三）案件调查报告；

（四）有关证据材料；

（五）其他需要移送的材料。

第二十一条　任免机关、监察机关或者国土资源行政主管部门应当移送而不移送案件的，由其上一级机关责令其移送。

第二十二条　有违反土地管理规定行为，应当给予党纪处分的，移送党的纪律检查机关处理；涉嫌犯罪的，移送司法机关依法追究刑事责任。

第二十三条　本办法由监察部、人力资源和社会保障部、国土资源部负责解释。

第二十四条　本办法自2008年6月1日起施行。

2. 国家政策

国务院关于促进房地产市场持续健康发展的通知

(2003年8月12日 国发〔2003〕18号)

《国务院关于进一步深化城镇住房制度改革加快住房建设的通知》(国发〔1998〕23号)发布五年来,城镇住房制度改革深入推进,住房建设步伐加快,住房消费有效启动,居民住房条件有了较大改善。以住宅为主的房地产市场不断发展,对拉动经济增长和提高人民生活水平发挥了重要作用。同时应当看到,当前我国房地产市场发展还不平衡,一些地区住房供求的结构性矛盾较为突出,房地产价格和投资增长过快;房地产市场服务体系尚不健全,住房消费还需拓展;房地产开发和交易行为不够规范,对房地产市场的监管和调控有待完善。为促进房地产市场持续健康发展,现就有关问题通知如下:

一、提高认识,明确指导思想

(一)充分认识房地产市场持续健康发展的重要意义。房地产业关联度高,带动力强,已经成为国民经济的支柱产业。促进房地产市场持续健康发展,是提高居民住房水平,改善居住质量,满足人民群众物质文化生活需要的基本要求;是促进消费,扩大内需,拉动投资增长,保持国民经济持续快速健康发展的有力措施;是充分发挥人力资源优势,扩大社会就业的有效途径。实现房地产市场持续健康发展,对于全面建设小康社会,加快推进社会主义现代化具有十分重要的意义。

(二)进一步明确房地产市场发展的指导思想。要坚持住房市场化的基本方向,不断完善房地产市场体系,更大程度地发挥市场在资源配置中的基础性作用;坚持以需求为导向,调整供应结构,满足不同收入家庭的住房需要;坚持深化改革,不断消除影响居民住房消费的体制性和政策性障碍,加快建立和完善适合我国国情的住房保障制度;坚持加强宏观调控,努力实现房地产市场总量基本平衡,结构基本合理,价格基本稳定;坚持在国家统一政策指导下,各地区因地制宜,分别决策,使房地产业的发展与当地经济和社会发展相适应,与相关产业相协调,促进经济社会可持续发展。

二、完善供应政策,调整供应结构

(三)完善住房供应政策。各地要根据城镇住房制度改革进程、居民住房状况和收入水平的变化,完善住房供应政策,调整住房供应结构,逐步实现多数家庭购买或承租普通商品住房;同时,根据当地情况,合理确定经济适用住房和廉租住房供应对象的具体收入线标准和范围,并做好其住房供应保障工作。

(四)加强经济适用住房的建设和管理。经济适用住房是具有保障性质的政策性商品住房。要通过土地划拨、减免行政事业性收费、政府承担小区外基础设施建设、控制开发贷款利率、落实税收优惠政策等措施,切实降低经济适用住房建设成本。对经济适用住房,要严格控制在中小套型,严格审定销售价格,依法实行建设项目招投标。经济适用住房实行申请、审批和公示制度,具体办法由市(县)人民政府制定。集资、合作建房是经济适用住房建设的组成部分,其建设标准、参加对象和优惠政策,按照经济适用住房的有关规定执行。任何单位不得以集资、合作建房名义,变相搞实物分房或房地产开发经营。

(五)增加普通商品住房供应。要根据市场需求,采取有效措施加快普通商品住房发展,提高其在市场供应中的比例。对普通商品住房建设,要调控土地供应,控制土地价格,清理并逐步减少建设和消费的行政事业性收费项目,多渠道降低建设成本,努力使住房价格与大多数居民家庭的住房支付能力相适应。

(六)建立和完善廉租住房制度。要强化政府住房保障职能,切实保障城镇最低收入家庭基本住房需求。以财政预算资金为主,多渠道筹措资金,形成稳定规范的住房保障资金来源。要结合当地财政承受能力和居民住房的实际情况,合理确定保障水平。最低收入家庭住房保障原则上以发放租赁补贴为主,实物配租和租金核减为辅。

(七)控制高档商品房建设。各地要根据实际情况,合理确定高档商品住房和普通商品住房的划分标准。对高档、大户型商品住房以及高档写字楼、商业性用房积压较多的地区,要控制此类项目的建设用地供应量,或暂停审批此类项目。也可以适当提高高档商品房等开发项目资本金比例和预售条件。

三、改革住房制度,健全市场体系

(八)继续推进现有公房出售。对能够保证居住安全的非成套住房,可根据当地实际情况向职工出售。对权属有争议的公有住房,由目前房屋管理单位出具书面具结保证后,向职工出售。对因手续不全等历史遗留问题影响公有住房出售和权属登记发证的,由各地制定政策,明确界限,妥善处理。

(九)完善住房补贴制度。要严格执行停止住房实物分配的有关规定,认真核定住房补贴标准,并根据补贴资金需求和财力可能,加大住房补贴资金筹集力度,切实推动住房补贴发放工作。对直管公房和财政负担单位公房出售的净收入,要按照收支两条线管理的有关规定,统筹用于发放住房补贴。

(十)搞活住房二级市场。要认真清理影响已购公有住房上市交易的政策性障碍,鼓励居民换购住房。除法律、法规另有规定和原公房出售合同另有约定外,任何单位不得擅自对已购公有住房上市交易设置限制条件。各地可以适当降低已购公有住房上市出售土地收益缴纳标准；以房改成本价购买的公有住房上市出售时，原产权单位原则上不再参与所得收益分配。要依法加强房屋租赁合同登记备案管理，规范发展房屋租赁市场。

（十一）规范发展市场服务。要健全房地产中介服务市场规则，严格执行房地产经纪人、房地产估价师执（职）业资格制度，为居民提供准确的信息和便捷的服务。规范发展住房装饰装修市场，保证工程质量。贯彻落实《物业管理条例》，切实改善住房消费环境。

四、发展住房信贷，强化管理服务

（十二）加大住房公积金归集和贷款发放力度。要加强住房公积金归集工作，大力发展住房公积金委托贷款，简化手续，取消不合理收费，改进服务，方便职工贷款。

（十三）完善个人住房贷款担保机制。要加强对住房置业担保机构的监管，规范担保行为，建立健全风险准备金制度，鼓励其为中低收入家庭住房贷款提供担保。对无担保能力和担保行为不规范的担保机构，要加快清理，限期整改。加快完善住房置业担保管理办法，研究建立全国个人住房贷款担保体系。

（十四）加强房地产贷款监管。对符合条件的房地产开发企业和房地产项目，要继续加大信贷支持力度。同时要加强房地产开发项目贷款审核管理，严禁违规发放房地产贷款；加强对预售款和信贷资金使用方向的监督管理，防止挪作他用。要加快建立个人征信系统，完善房地产抵押登记制度，严厉打击各种骗贷骗资行为。要妥善处理过去违规发放或取得贷款的项目，控制和化解房地产信贷风险，维护金融稳定。

五、改进规划管理，调控土地供应

（十五）制定住房建设规划和住宅产业政策。各地要编制并及时修订完善房地产业和住房建设发展中长期规划，加强对房地产业发展的指导。要充分考虑城镇化进程所产生的住房需求，高度重视小城镇住房建设问题。制定和完善住宅产业的经济、技术政策，健全推进机制，鼓励企业研发和推广先进适用的建筑成套技术、产品和材料，促进住宅产业现代化。完善住宅性能认定和住宅部品认证、淘汰的制度。坚持高起点规划、高水平设计，注重住宅小区的生态环境建设和住宅内部功能设计。

（十六）充分发挥城乡规划的调控作用。在城市总体规划和近期建设规划中，要合理确定各类房地产用地的布局和比例，优先落实经济适用住房、普通商品住房、危旧房改造和城市基础设施建设中的拆迁安置用房建设项目，并合理配置市政配套设施。各类开发区以及撤市（县）改区后的土地，都要纳入城市规划统一管理。严禁下放规划审批权限，对房地产开发中各种违反城市规划法律法规的行为，要依法追究有关责任人的责任。

（十七）加强对土地市场的宏观调控。各地要健全房地产开发用地计划供应制度，房地产开发用地必须符合土地利用总体规划和年度计划，严格控制占用耕地，不得下放土地规划和审批权限。利用原划拨土地进行房地产开发的，必须纳入政府统一供地渠道，严禁私下交易。土地供应过量、闲置建设用地过多的地区，必须限制新的土地供应。普通商品住房和经济适用住房供不应求、房价涨幅过大的城市，可以按规定适当调剂增加土地供应量。

六、加强市场监管，整顿市场秩序

（十八）完善市场监管制度。加强对房地产企业的资质管理和房地产开发项目审批管理，严格执行房地产开发项目资本金制度、项目手册制度，积极推行业主工程款支付担保制度。支持具有资信和品牌优势的房地产企业通过兼并、收购和重组，形成一批实力雄厚、竞争力强的大型企业和企业集团。严格规范房地产项目转让行为。已批准的房地产项目，确需变更用地性质和规划指标的，必须按规定程序重新报批。

（十九）建立健全房地产市场信息系统和预警预报体系。要加强房地产市场统计工作，完善全国房地产市场信息系统，建立健全房地产市场预警预报体系。各地房地产市场信息系统和预警预报体系建设中需要政府承担的费用，由各地财政结合当地信息化系统和电子政务建设一并落实。

（二十）整顿和规范房地产市场秩序。要加大房地产市场秩序专项整治力度，重点查处房地产开发、交易、中介服务和物业管理中的各种违法违规行为。坚决制止一些单位和部门强制消费者接受中介服务以及指定中介服务机构的行为。加快完善房地产信用体系，强化社会监督。采取积极措施，加快消化积压商品房。对空置量大的房地产开发企业，要限制其参加土地拍卖和新项目申报。进一步整顿土地市场秩序，严禁以科技、教育等产业名义取得享受优惠政策的土地后用于房地产开发，严禁任何单位和个人与乡村签订协议圈占土地，使用农村集体土地进行房地产开发。切实加强源头管理，有效遏制并预防住房制度改革和房地产交易中的各种腐败行为。

地方各级人民政府要认真贯彻国家宏观调控政策，从实际出发，完善房地产市场调控办法，建立有效的协调机制，并对本地房地产市场的健康发展负责。省级人民政府要加强对市、县房地产发展工作的指导和监督管理。国务院有关部门要各司其职，分工协作，加强对各地特别是问题突出地区的指导和督查。国家发展改革、财政、国土、银行、税务等部门要调整和完善相关的政策措施。建设部要会同有关部门抓紧制定经济适用住房管理、住房补贴制度监督、健全房地产市场信息系统和预警预报体系、建立全国个人住房贷款担保体系等方面的实施办法，指导各地具体实施并负责对本通知贯彻落实情况的监督检查。

国务院办公厅关于促进房地产市场健康发展的若干意见

（2008 年 12 月 20 日　国办发〔2008〕131 号）

为贯彻落实党中央、国务院关于进一步扩大内需、促进经济平稳较快增长的决策部署，加大保障性住房建设力度，进一步改善人民群众的居住条件，促进房地产市场健康发展，经国务院同意，现提出以下意见：

一、加大保障性住房建设力度

（一）争取用 3 年时间基本解决城市低收入住房困难家庭住房及棚户区改造问题。一是通过加大廉租住房建设力度和实施城市棚户区（危旧房、筒子楼）改造等方式，解决城市低收入住房困难家庭的住房问题。二是加快实施国有林区、垦区、中西部地区中央下放地方煤矿的棚户区和采煤沉陷区民房搬迁维修改造工程，解决棚户区住房困难家庭的住房问题。三是加强经济适用住房建设，各地从实际情况出发，增加经济适用住房供给。

2009 年是加快保障性住房建设的关键一年。主要以实物方式，结合发放租赁补贴，解决 260 万户城市低收入住房困难家庭的住房问题；解决 80 万户林区、垦区、煤矿等棚户区居民住房的搬迁维修改造问题。在此基础上再用两年时间，解决 487 万户城市低收入住房困难家庭和 160 万户林区、垦区、煤矿等棚户区居民的住房问题。到 2011 年年底，基本解决 747 万户现有城市低收入住房困难家庭的住房问题，基本解决 240 万户现有林区、垦区、煤矿等棚户区居民住房的搬迁维修改造问题。2009 年到 2011 年，全国平均每年新增 130 万套经济适用住房。

在加大保障性住房建设力度的同时，积极推进农村危房改造，国家加大支持力度。住房城乡建设部等有关部门要抓紧制定规划。

（二）多渠道筹集建设资金。中央加大对廉租住房建设和棚户区改造的投资支持力度，对中西部地区适当提高补助标准。地方各级人民政府也要相应加大投入力度，按照国家的有关规定，多渠道筹集建设资金，增加保障性住房供给。对符合贷款条件的保障性住房建设项目，商业银行要加大信贷支持力度。同时，地方各级人民政府要确保保障性住房建设用地供应。

（三）开展住房公积金用于住房建设的试点。为拓宽保障性住房建设资金来源，充分发挥住房公积金的使用效益，选择部分有条件的地区进行试点，在确保资金安全的前提下，将本地区部分住房公积金闲置资金补充用于经济适用住房等住房建设。住房城乡建设部要会同有关部门抓紧制定试点方案。

二、进一步鼓励普通商品住房消费

（四）加大对自住型和改善型住房消费的信贷支持力度。在落实居民首次贷款购买普通自住房，享受贷款利率和首付款比例优惠政策的同时，对已贷款购买一套住房，但人均住房面积低于当地平均水平，再申请贷款购买第二套用于改善居住条件的普通自住房的居民，可比照执行首次贷款购买普通自住房的优惠政策。对其他贷款购买第二套及以上住房的，贷款利率等由商业银行在基准利率基础上按风险合理确定。

（五）对住房转让环节营业税暂定一年实行减免政策。将现行个人购买普通住房超过 5 年（含 5 年）转让免征营业税，改为超过 2 年（含 2 年）转让免征营业税；将个人购买普通住房不足 2 年转让的，由按其转让收入全额征收营业税，改为按其转让收入减去购买住房原价的差额征收营业税。

将现行个人购买非普通住房超过 5 年（含 5 年）转让按其转让收入减去购买住房原价的差额征收营业税，改为超过 2 年（含 2 年）转让按其转让收入减去购买住房原价的差额征收营业税；个人购买非普通住房不足 2 年转让的，仍按其转让收入全额征收营业税。

以上政策暂定执行至 2009 年 12 月 31 日。

三、支持房地产开发企业积极应对市场变化

（六）引导房地产开发企业积极应对市场变化。房地产开发企业要根据市场变化和需求，主动采取措施，以合理的价格促进商品住房销售。地方各级人民政府要做好 2008 年年底前房地产项目工程款结算、农民工工资发放等工作的监督检查。对于房地产开发企业调整住房销售价格过程中出现的纠纷，要努力做好化解工作，引导当事人依据合同约定通过法律途径解决。

（七）支持房地产开发企业合理的融资需求。商业银行要根据信贷原则和监管要求，加大对中低价位、中小套型普通商品住房建设特别是在建项目的信贷支持力度；对有实力有信誉的房地产开发企业兼并重组有关企业或项目，提供融资支持和相关金融服务。支持资信条件较好的企业经批准发行企业债券，开展房地产投资信托基金试点，拓宽直接融资渠道。

（八）取消城市房地产税。为进一步公平税负，完善房地产税收制度，按照法定程序取消城市房地产税，内外资企业和个人统一适用《中华人民共和国房产税暂行条例》。

四、强化地方人民政府稳定房地产市场的职责

（九）落实地方人民政府稳定房地产市场的职责。稳定房地产市场实行由省级人民政府负总责，市、县人民政府抓落实的工作责任制。各地区在执行中央统一政策的前提下，可以结合当地实际，进一步采取加大保障性住房建设力度、鼓励住房合理消费、促进房地产市场健康发展的政策措施。廉租住房建设以配建为主。要科学合理地确定土地供应总量、结构、布局和时序，保证房地产开发用地供应的持续和稳定。依法做好拆迁管理工作。严格建设程序管理，确保工程质量。

（十）因地制宜解决其他住房困难群体住房问题。在坚持住房市场化和对低收入住房困难家庭实行住房保障的同时，对不符合廉租住房和经济适用住房供应条件，又无力购买普通商品住房的家庭，要从当地实际出发，采取发展租赁住房等多种方式，因地制宜解决其住房问题。

五、加强房地产市场监测

（十一）继续加强房地产市场监测分析。各地区、各有关部门要建立健全房地产市场信息系统和统计制度，完善市场监测分析机制，准确把握房地产市场走势，及时发现市场运行中的新情况、新问题，提高调控措施的预见性、针对性和有效性。房地产市场各地情况不同、差异较大，要加强分类指导，并注意总结和推广各地好的经验和做法。

（十二）加强监督检查。国务院有关部门要按照各自职责，抓好加快保障性住房建设和促进房地产市场健康发展有关政策措施的落实和监督检查工作。住房城乡建设部要会同有关部门，加强对国家补助资金使用和建设工程质量的监督检查，特别要加强对棚户区改造工作的监督指导，确保改造工作顺利进行。

六、积极营造良好的舆论氛围

（十三）坚持正确的舆论导向。要以加快保障性住房建设，鼓励住房合理消费，促进房地产市场健康发展为基调，大力宣传中央出台的各项政策措施及其成效，着力稳定市场信心。对各种散布虚假信息、扰乱市场秩序的行为要严肃查处。同时，要加强市场经济条件下风险意识的宣传和教育工作。

国务院办公厅关于促进房地产市场平稳健康发展的通知

（2010年1月7日　国办发〔2010〕4号）

2008年四季度以来，各地区、各有关部门认真贯彻落实国务院关于促进房地产市场健康发展的一系列政策措施，取得了积极成效，新建商品住房成交面积大幅度增加，保障性安居工程建设进度进一步加快，这对于提振信心、活跃市场、解决低收入家庭住房困难问题、促进住房消费和投资，实现保增长、扩内需、惠民生的目标，发挥了重要作用。但是，随着房地产市场的回升，近期部分城市出现了房价上涨过快等问题，需要引起高度重视。为进一步加强和改善房地产市场调控，稳定市场预期，促进房地产市场平稳健康发展，经国务院同意，现就有关问题通知如下：

一、增加保障性住房和普通商品住房有效供给

（一）加快中低价位、中小套型普通商品住房建设。对已批未建、已建未售的普通商品住房项目，要采取促开工、促上市措施，督促房地产开发企业加快项目建设和销售。要适当加大经济适用住房建设力度，扩大经济适用住房供应范围。商品住房价格过高、上涨过快的城市，要切实增加限价商品住房、经济适用住房、公共租赁住房供应。

（二）增加住房建设用地有效供应，提高土地供应和开发利用效率。各地要根据房地产市场运行情况，把握好土地供应的总量、结构和时序。城市人民政府要在城市总体规划和土地利用总体规划确定的城市建设用地规模内，抓紧编制2010－2012年住房建设规划，重点明确中低价位、中小套型普通商品住房和限价商品住房、公共租赁住房、经济适用住房、廉租住房的建设规模，并分解到住房用地年度供应计划，落实到地块，明确各地块住房套型结构比例等控制性指标要求。房价过高、上涨过快、住房有效供应不足的城市，要切实扩大上述五类住房的建设用地供应量和比例。要加强商品住房项目的规划管理，提高规划审批效率。要及时向社会公布住房用地年度供应计划，对需要办理农用地征转用手续的，要加快审批工作，确保供地计划落到实处。

二、合理引导住房消费抑制投资投机性购房需求

（三）加大差别化信贷政策执行力度。金融机构在继续支持居民首次贷款购买普通自住房的同时，要严格二套住房购房贷款管理，合理引导住房消费，抑制投资投机性购房需求。对已利用贷款购买住房、又申请购买第二套（含）以上住房的家庭（包括借款人、配偶及未成年子女），贷款首付款比例不得低于40%，贷款利率严格按照风险定价。

（四）继续实施差别化的住房税收政策。要严格执行国家有关个人购买普通住房与非普通住房、首次购房与非首次购房的差别化税收政策。对不符合规定条件的，一律不得给予相关税收优惠。同时，要加快研究完善住房税收政策，引导居民树立合理、节约的住房消费观念。

三、加强风险防范和市场监管

（五）加强房地产信贷风险管理。金融机构要进一步完善房地产信贷风险管理制度，坚持公平、有序竞争，严格执行信贷标准。要严格执行房地产项目资本金要求，严禁对不符合信贷政策规定的房地产开发企业或开发项目发放房地产开发贷款。人民银行、银监会要加大对金融机构房地产贷款业务的监督管理和窗口指导。有关部门要加强对信贷资金流向和跨境投融资活动的监控，防范信贷资金违规进入房地产市场，防止境外“热钱”冲击我国市场。

（六）继续整顿房地产市场秩序。住房城乡建设部门要会同有关部门，加大对捂盘惜售、囤积房源，散布虚假信息、扰乱市场秩序等违法违规行为的查处力度，加强对住房特别是保障性住房的工程质量安全监管。国土资源部门要严格土地出让价款的收缴，深化合同执行监管，加强对闲置土地的调查处理，严厉查处违法违规用地和囤地、炒地行为。价格等有关部门要强化商品住房价格监管，依法查处在房地产开发、销售和中介服务中的价格欺诈、哄抬房价以及违反明码标价规定等行为。税务部门要进一步加大对房地产开发企业偷漏税行为的查处力度。国有资产监管部门要进一步规范国有大企业的房地产投资行为。

（七）进一步加强土地供应管理和商品房销售管理。各地要综合考虑土地价格、价款缴纳、合同约定开发时限及企业闲置地情况等因素，合理确定土地供应方式和内容，探索土地出让综合评标方法。对拖欠土地价款、违反合同约定的单位和个人，要限制其参与土地出让活动。从严控制商品住房项目单宗土地出让面积。要结合当地实际，合理确定商品住房项目预售许可的最低规模，不得分层、分单元办理预售许可。已取得预售许可的房地产开发企业，要在规定时间内一次性公开全部房源，严格按照申报价格，明码标价对外销售。进一步建立健全新建商品房、存量房交易合同网上备案制度，加大交易资金监管力度。

（八）加强市场监测。地方人民政府要继续加强房地产市场统计、分析和监测，及时针对新情况、新问题提出解决措施和办法。有关部门要及时发布市场调控和相关统计信息，稳定市场预期。

四、加快推进保障性安居工程建设

（九）力争到2012年末，基本解决1540万户低收入住房困难家庭的住房问题。各地要通过城市棚户区改造和新建、改建、政府购置等方式增加廉租住房及经济适用住房房源，着力解决城市低收入家庭的住房困难。要加快建设限价商品住房、公共租赁住房，解决中等偏下收入家庭的住房困难。全面启动城市和国有工矿棚户区改造工作，继续推进林区、垦区棚户区改造。同时，加大农村危房改造力度，适当增加试点户数。

（十）中央将加大对保障性安居工程建设的支持力度，适当提高对中西部地区廉租住房建设的补助标准，改进和完善中央补助资金的下达方式，调动地方积极性，确保资金使用效果。各地区、各有关部门要加强监督检查，确保保障性安居工程建设用地和资金的落实。同时，鼓励金融机构向符合条件的城市和国有工矿棚户区改造项目提供贷款。保障性安居工程的建设计划、建设进度和资金使用等情况，要及时向社会公示。

五、落实地方各级人民政府责任

（十一）进一步健全和落实稳定房地产市场、解决低收入家庭住房困难问题由省级人民政府负总责，市、县人民政府抓落实的工作责任制。各地要结合本地区房地产市场情况，认真落实差别化的土地、金融、税收等政策，抓紧清理和纠正地方出台的越权减免税以及其他与中央调控要求不相符合的规定。对于境外机构和个人在境内投资购买房地产的，要严格按照现行政策执行。要按照支持居民合理住房消费、抑制投资投机性购房、增加有效供给、完善相关政策的原则，加大工作力度，促进房地产市场健康发展。

国务院有关部门要加强对各地贯彻落实房地产市场调控政策情况的检查和指导，对房价上涨过快的地区和城市要进行重点督查。各省、自治区、直辖市也要加大对市、县工作的指导力度，加强监督检查，确保各项工作措施落到实处。

国务院办公厅关于进一步做好房地产市场调控工作有关问题的通知

（2011年1月26日　国办发〔2011〕1号）

《国务院关于坚决遏制部分城市房价过快上涨的通知》（国发〔2010〕10号，以下简称国发10号文件）印发后，房地产市场出现了积极的变化，房价过快上涨的势头得到初步遏制。为巩固和扩大调控成果，进一步做好房地产市场调控工作，逐步解决城镇居民住房问题，促进房地产市场平稳健康发展，经国务院同意，现就有关问题通知如下：

一、进一步落实地方政府责任

地方政府要切实承担起促进房地产市场平稳健康发展的责任，严格执行国发10号文件及其相关配套政策，切实将房价控制在合理水平。2011年各城市人民政府要根据当地经济发展目标、人均可支配收入增长速度和居民住房支付能力，合理确定本地区年度新建住房价格控制目标，并于一季度向社会公布。各地要继续增加土地有效供应，进一步加大普通住房建设力度；继续完善严格的差别化住房信贷和税收政策，进一步有效遏制投机投资性购房；加快个人住房信息系统建设，逐步完善房地产统计基础数据；继续做好住房保障工作，全面落实好年内开工建设保障性住房和棚户区改造住房的目标任务。

二、加大保障性安居工程建设力度

2011年，全国建设保障性住房和棚户区改造住房1000万套。各地要通过新建、改建、购买、长期租赁等方式，多渠道筹集保障性住房房源，逐步扩大住房保障制度覆盖面。中央将加大对保障性安居工程建设的支持力度。地方人民政府要切实落实土地供应、资金投入和税费优惠等政策，引导房地产开发企业积极参与保障性住房建设和棚户区改造，确保完成计划任务。加强保障性住房管理，健全准入退出机制，切实做到公开、公平、公正。有条件的地区，可以把建制镇纳入住房保障工作范围。

要努力增加公共租赁住房供应。各地要在加大政府投入的同时，完善体制机制，运用土地供应、投资补助、财政贴息或注入资本金、税费优惠等政策措施，合理确定租金水平，吸引机构投资者参与公共租赁住房建设和运营。鼓励金融机构发放公共租赁住房建设和运营中长期贷款。要研究制定优惠政策，鼓励房地产开发企业在普通商品住房建设项目中配建一定比例的公共租赁住房，并持有、经营，或由政府回购。

三、调整完善相关税收政策，加强税收征管

调整个人转让住房营业税政策，对个人购买住房不足5

年转手交易的，统一按其销售收入全额征税。税务部门要进一步采取措施，确保政策执行到位。加强对土地增值税征管情况的监督和检查，重点对定价明显超过周边房价水平的房地产开发项目，进行土地增值税清算和稽查。加大应用房地产价格评估技术加强存量房交易税收征管工作的试点和推广力度，坚决堵塞"阴阳合同"产生的税收漏洞。严格执行个人转让房地产所得税征收政策。

四、强化差别化住房信贷政策

对贷款购买第二套住房的家庭，首付款比例不低于60%，贷款利率不低于基准利率的1.1倍。人民银行各分支机构可根据当地人民政府新建住房价格控制目标和政策要求，在国家统一信贷政策的基础上，提高第二套住房贷款的首付款比例和利率。银行业监管部门要加强对商业银行执行差别化住房信贷政策情况的监督检查，对违规行为要严肃处理。

五、严格住房用地供应管理

各地要增加土地有效供应，认真落实保障性住房、棚户区改造住房和中小套型普通商品住房用地不低于住房建设用地供应总量的70%的要求。在新增建设用地年度计划中，要单列保障性住房用地，做到应保尽保。今年的商品住房用地供应计划总量原则上不得低于前2年年均实际供应量。进一步完善土地出让方式，大力推广"限房价、竞地价"方式供应中低价位普通商品住房用地。房价高的城市要增加限价商品住房用地计划供应量。

加强对企业土地市场准入资格和资金来源的审查。参加土地竞买的单位或个人，必须说明资金来源并提供相应证明。对擅自改变保障性住房用地性质的，要坚决纠正和严肃查处。对已供房地产用地，超过两年没有取得施工许可证进行开工建设的，必须及时收回土地使用权，并处以闲置一年以上罚款。要依法查处非法转让土地使用权的行为，对房地产开发建设投资达不到25%以上的（不含土地价款），不得以任何方式转让土地及合同约定的土地开发项目。

六、合理引导住房需求

各直辖市、计划单列市、省会城市和房价过高、上涨过快的城市，在一定时期内，要从严制定和执行住房限购措施。原则上对已拥有1套住房的当地户籍居民家庭、能够提供当地一定年限纳税证明或社会保险缴纳证明的非当地户籍居民家庭，限购1套住房（含新建商品住房和二手住房）；对已拥有2套及以上住房的当地户籍居民家庭、拥有1套及以上住房的非当地户籍居民家庭、无法提供一定年限当地纳税证明或社会保险缴纳证明的非当地户籍居民家庭，要暂停在本行政区域内向其售房。

已采取住房限购措施的城市，凡与本通知要求不符的，要立即调整完善相关实施细则，并加强对购房人资格的审核工作，确保政策落实到位。尚未采取住房限购措施的直辖市、计划单列市、省会城市和房价过高、上涨过快的城市，要在2月中旬之前，出台住房限购实施细则。其他城市也要根据本地房地产市场出现的新情况，适时出台住房限购措施。

七、落实住房保障和稳定房价工作的约谈问责机制

国务院有关部门要加强对城市人民政府住房保障和稳定房价工作的监督和检查。对于新建住房价格出现过快上涨势头、土地出让中连续出现楼面地价超过同类地块历史最高价，以及保障性安居工程建设进度缓慢、租售管理和后期使用监管不力的，住房城乡建设部、国土资源部、监察部要会同有关部门，约谈省级及有关城市人民政府负责人。对未如期确定并公布本地区年度新建住房价格控制目标、新建住房价格上涨幅度超过年度控制目标、没有完成保障性安居工程目标任务的，相关省（区、市）人民政府要向国务院作出报告。监察部、住房城乡建设部等部门要视情况，根据有关规定对相关负责人进行问责。对于执行差别化住房信贷、税收政策不到位，房地产相关税收征管不力，以及个人住房信息系统建设滞后等问题，也要纳入约谈和问责范围。

省级人民政府及其有关部门，要参照上述规定，建立健全对辖区内城市落实住房保障和稳定房价工作的约谈问责机制。

八、坚持和强化舆论引导

新闻媒体要对各地稳定房价和住房保障工作好的做法和经验加大宣传力度，深入解读政策措施，引导居民从国情出发理性消费，为促进房地产市场平稳健康发展和加快推进住房保障体系建设提供有力的舆论支持，防止虚假信息或不负责任的猜测、评论误导消费预期。对制造、散布虚假消息的，要追究有关当事人的责任。

住房城乡建设部关于进一步做好房地产市场调控工作有关问题的通知

（2018年5月19日　建房〔2018〕49号）

各省、自治区住房城乡建设厅，北京市住房城乡建设委员会，上海市住房城乡建设管理委员会，天津市、重庆市国土资源房屋管理局：

2018年以来，各地贯彻落实党中央、国务院决策部署，分类调控，因城施策，房地产市场总体保持平稳运行。近一段时间以来，部分城市房地产市场出现过热苗头，投机炒作有所抬头，风险不容忽视。为促进房地产市场平稳健康发展，现就有关事项通知如下：

一、坚持调控目标不动摇、力度不放松

各地要牢固树立"四个意识"，提高政治站位，毫不动摇地坚持"房子是用来住的、不是用来炒的"定位，坚持调控政策的连续性稳定性，认真落实稳房价、控租金，降杠杆、防风险，调结构、稳预期的目标任务，支持刚性居住需求，坚决遏制投机炒房，因地制宜，精准施策，确保房地产市场平稳健康发展。

二、加快制定实施住房发展规划

各城市要结合当地经济社会发展水平、住房供需状况、人口变化情况，科学编制住房发展规划，明确住房发展目标、重点任务和政策措施，合理确定住房和用地供应规模、结构、时序，引导相关资源合理配置。城市住房发展规划报上级政府备案后实施，主要目标和指标纳入当地经济社会发展预期指标管理。2018 年底前，一线、二线城市要编制完成 2018 年至 2022 年住房发展规划，并报住房城乡建设部备案后向社会公布实施。

要统筹城镇基础设施和空间布局，促进大中小城市和小城镇协调发展，增强中小城市和小城镇的承载力和吸引力，引导产业、就业和人口有序流动，促进职住平衡。

三、抓紧调整住房和用地供应结构

各地要落实人地挂钩政策，有针对性地增加住房和用地有效供给。切实提高中低价位、中小套型普通商品住房在新建商品住房供应中的比例。要改进商品住房用地供应方式，建立房价地价联动机制，防止地价推涨房价。

热点城市要提高住房用地比例，住房用地占城市建设用地的比例建议按不低于 25% 安排。要大幅增加租赁住房、共有产权住房用地供应，确保公租房用地供应。力争用 3—5 年时间，公租房、租赁住房、共有产权住房用地在新增住房用地供应中的比例达到 50% 以上。

热点城市要积极探索推动供地主体多元化，在权属不变、符合土地利用总体规划和城乡规划的情况下，非房地产企业依法取得使用权的国有土地可作为租赁住房用地，6 月底前，北京、上海、广州、深圳、天津、南京、苏州、无锡、杭州、合肥、福州、厦门、济南、郑州、武汉、成都市要提出并上报建设租赁住房的具体实施方案。开展租赁住房、利用集体建设用地建设租赁住房、共有产权住房试点城市，6 月底前要向住房城乡建设部和相关部门报告试点进展情况。

四、切实加强资金管控

要加强个人住房贷款规模管理，落实差别化住房信贷政策，强化对借款人还款能力的审查，严格管控消费贷款、经营贷款等资金挪用于购房加杠杆行为。严格落实企业购地只能用自有资金的规定，加强住房用地购地资金来源审查，严控购地加杠杆行为。

五、大力整顿规范房地产市场秩序

各地要严厉打击房地产企业和中介机构违法违规行为，严肃查处捂盘惜售、炒买炒卖、规避调控政策、制造市场恐慌等违法违规行为。要持续保持高压严查态势，对各类违法违规行为，发现一起，查处一起，并向社会公布，形成震慑。

六、加强舆论引导和预期管理

各地要全面落实住房销售合同网签备案制度，定期发布权威信息；加强政策解读和市场信息公开，及时澄清误读，正面引导舆论。严厉打击利用自媒体公众号等网络媒体炒作渲染房价上涨、散布虚假信息等行为，营造良好的舆论氛围，稳定市场预期。

七、进一步落实地方调控主体责任

各地要坚决落实新发展理念，加快转变发展方式，切实落实主体责任。住房城乡建设部将加快建立房地产市场评价和监测预警体系，细化评价单元，完善对地方房地产调控工作的评价考核机制，具体落实地方政府稳房价、控租金的主体责任。同时严格督查，对工作不力、市场波动大、未能实现调控目标的地方，坚决问责。

国务院办公厅关于继续做好房地产市场调控工作的通知

（2013 年 2 月 26 日　国办发〔2013〕17 号）

2011 年以来，各地区、各部门认真贯彻落实中央关于加强房地产市场调控的决策和部署，取得了积极成效。当前房地产市场调控仍处在关键时期，房价上涨预期增强，不同地区房地产市场出现分化。为继续做好今年房地产市场调控工作，促进房地产市场平稳健康发展，经国务院同意，现就有关问题通知如下：

一、完善稳定房价工作责任制

认真落实省级人民政府负总责、城市人民政府抓落实的稳定房价工作责任制。各直辖市、计划单列市和省会城市（除拉萨外），要按照保持房价基本稳定的原则，制定本地区年度新建商品住房（不含保障性住房，下同）价格控制目标，并于一季度向社会公布。各省级人民政府要更加注重区域差异，加强分类指导。对行政区域内住房供不应求、房价上涨过快的热点城市，应指导其增加住房及住房用地的有效供应，制定并公布年度新建商品住房价格控制目标；对存在住房供过于求等情况的城市，也应指导其采取有效措施保持市场稳定。要建立健全稳定房价工作的考核问责制度，加强对所辖城市的督查、考核和问责工作。国务院有关部门要加强对省级人民政府稳定房价工作的监督和检查。对执行住房限购和差别化住房信贷、税收等政策措施不到位、房价上涨过快的，要进行约谈和问责。

二、坚决抑制投机投资性购房

继续严格执行商品住房限购措施。已实施限购措施的直辖市、计划单列市和省会城市，要在严格执行《国务院办公厅关于进一步做好房地产市场调控工作有关问题的通知》（国办发〔2011〕1 号）基础上，进一步完善现行住房限购措施。限购区域应覆盖城市全部行政区域；限购住房类型应包括所有新建商品住房和二手住房；购房资格审查环节应前移至签订购房合同(认购)前;对拥有1套及以上住房的非当地户籍居民家庭、无法连续提供一定年限当地纳税证明或社会保险缴纳证明的非当地户籍居民家庭,要暂停在本行政区域内向其售房。住房供需矛盾突出、房价上涨压力较大的城市,要在上述要求的基础上进一步从严调整限购措施;其他城市出现房价过快上涨情况的,省级人民政府应要求其及时采取限购等措施。各地区住房城乡建设、公安、民政、税务、人力资源社会保障等部门要建立分工明确、协调有序的审核工作机制。要严肃查处限购措施执行中的违法违规行为,对存在规避住房限购措施行为的项目,要责令房地产开发企业整改;购房人不具备购房资格的,企业要与购房人解除合同;对教唆、协助购房人伪造证明材料、骗取购房资格的中介机构,要责令其停业整顿,并严肃处理相关责任人;情节严重的,要追究当事人的法律责任。

继续严格实施差别化住房信贷政策。银行业金融机构要进一步落实好对首套房贷款的首付款比例和贷款利率政策,严格执行第二套(及以上)住房信贷政策。要强化借款人资格审查,严格按规定调查家庭住房登记记录和借款人征信记录,不得向不符合信贷政策的借款人违规发放贷款。银行业监管部门要加强对银行业金融机构执行差别化住房信贷政策的日常管理和专项检查,对违反政策规定的,要及时制止、纠正。对房价上涨过快的城市,人民银行当地分支机构可根据城市人民政府新建商品住房价格控制目标和政策要求,进一步提高第二套住房贷款的首付款比例和贷款利率。

充分发挥税收政策的调节作用。税务、住房城乡建设部门要密切配合,对出售自有住房按规定应征收的个人所得税,通过税收征管、房屋登记等历史信息能核实房屋原值的,应依法严格按转让所得的20%计征。总结个人住房房产税改革试点城市经验,加快推进扩大试点工作,引导住房合理消费。税务部门要继续推进应用房地产价格评估方法加强存量房交易税收征管工作。

三、增加普通商品住房及用地供应

各地区要根据供需情况科学编制年度住房用地供应计划,保持合理、稳定的住房用地供应规模。原则上2013年住房用地供应总量应不低于过去5年平均实际供应量。住房供需矛盾突出、房价上涨压力较大的部分热点城市和区域中心城市,以及前两年住房用地供应计划完成率偏低的城市,要进一步增加年度住房用地供应总量,提高其占年度土地供应计划的比例。加大土地市场信息公开力度,市、县人民政府应于一季度公布年度住房用地供应计划,稳定土地市场预期。各地区要继续采取有效措施,完善土地出让方式,严防高价地扰乱市场预期。各地区住房城乡建设部门要提出商品住房项目的住宅建设套数、套型建筑面积、设施条件、开竣工时间等要求,作为土地出让的依据,并纳入出让合同。

各地区发展改革、国土资源、住房城乡建设部门要建立中小套型普通商品住房建设项目行政审批快速通道,提高办事效率,严格落实开竣工申报制度,督促房地产开发企业严格按照合同约定建设施工,加快中小套型普通商品住房项目的供地、建设和上市,尽快形成有效供应。对中小套型住房套数达到项目开发建设总套数70%以上的普通商品住房建设项目,银行业金融机构要在符合信贷条件的前提下优先支持其开发贷款需求。

四、加快保障性安居工程规划建设

全面落实2013年城镇保障性安居工程基本建成470万套、新开工630万套的任务。各地区要抓紧把建设任务落实到项目和地块,确保资金尽快到位,尽早开工建设。继续抓好城市和国有工矿(含煤矿)、国有林区、垦区棚户区改造,重点抓好资源型城市及独立工矿区棚户区改造;积极推进非成片棚户区和危旧房改造,逐步开展城镇旧住宅区综合整治,稳步实施城中村改造。

强化规划统筹,从城镇化发展和改善居民住房条件等实际需要出发,把保障性安居工程建设和城市发展充分结合起来,在城市总体规划和土地利用、住房建设等规划中统筹安排保障性安居工程项目。要把好规划设计关、施工质量关、建筑材料关和竣工验收关,落实工程质量责任,确保工程质量安全。要合理安排布局,改进户型设计,方便保障对象的工作和生活。要加大配套基础设施投入力度,做到配套设施与保障性安居工程项目同步规划、同期建设、同时交付使用,确保竣工项目及早投入使用。

加强分配管理。要继续探索创新保障性住房建设和管理机制,完善保障性住房申请家庭经济状况审核机制,严格准入退出,确保公平分配。加大保障性安居工程建设、分配和退出的信息公开力度。严肃查处擅自改变保障性安居工程用途、套型面积等违法违规行为。2013年底前,地级以上城市要把符合条件的、有稳定就业的外来务工人员纳入当地住房保障范围。要加强小区运营管理,完善社区公共服务,优化居住环境。

五、加强市场监管和预期管理

2013年起,各地区要提高商品房预售门槛,从工程投资和形象进度、交付时限等方面强化商品房预售许可管理,引导房地产开发企业理性定价,稳步推进商品房预售制度改革。继续严格执行商品房销售明码标价、一房一价规定,严格按照申报价格对外销售。各地区要切实强化预售资金管理,完善监管制度;尚未实行预售资金监管的地区,要加快制定本地区商品房预售资金监管办法。对预售方案报价过高且不接受城市住房城乡建设部门指导,或没有实行预售资金监管的商品房项目,可暂不核发预售许可证书。各地区要大力推进城镇个人住房信息系统建设,完善管理制度,到“十二五”期末,所有地级以上城市原则上要实现联网。

加强房地产企业信用管理,研究建立住房城乡建设、发展改革、国土资源、金融、税务、工商、统计等部门联动共享的信用管理系统，及时记录、公布房地产企业的违法违规行为。对存在闲置土地和炒地、捂盘惜售、哄抬房价等违法违规行为的房地产开发企业，有关部门要建立联动机制，加大查处力度。国土资源部门要禁止其参加土地竞买，银行业金融机构不得发放新开发项目贷款，证券监管部门暂停批准其上市、再融资或重大资产重组，银行业监管部门要禁止其通过信托计划融资。税务部门要强化土地增值税的征收管理工作，严格按照有关规定进行清算审核和稽查。住房城乡建设、工商等部门要联合开展对房屋中介市场的专项治理工作，整顿和规范市场秩序，严肃查处中介机构和经纪人员的违法违规行为。有关部门要加强房地产开发企业资本金管理，加大对资产负债情况的监测力度，有效防范风险。

各地区、各有关部门要加强市场监测和研究分析，及时主动发布商品住房建设、交易及房价、房租等方面的权威信息，正确解读市场走势和有关调控政策措施，引导社会舆论，稳定市场预期。要加强舆情监测，对涉及房地产市场的不实信息，要及时、主动澄清。对诱导购房者违反限购、限贷等政策措施，造谣、传谣以及炒作不实信息误导消费者的企业、机构、媒体和个人，要进行严肃处理。

六、加快建立和完善引导房地产市场健康发展的长效机制

各有关部门要加强基础性工作，加快研究提出完善住房供应体系、健全房地产市场运行和监管机制的工作思路和政策框架，推进房地产税制改革，完善住房金融体系和住房用地供应机制，推进住宅产业化，促进房地产市场持续平稳健康发展。

国务院办公厅关于切实稳定住房价格的通知

（2005 年 3 月 26 日　国办发明电〔2005〕8 号）

各省、自治区、直辖市人民政府，国务院各部委、各直属机构：

去年以来，随着宏观调控政策措施的贯彻落实，房地产投资过快增长势头得到了一定的控制。但是，由于市场需求偏大，部分地区投资性购房和投机性购房大量增加，以及住房供应结构不合理，开发建设成本提高等，导致一些地方住房价格上涨过快，影响了经济和社会的稳定发展。为抑制住房价格过快上涨，促进房地产市场健康发展，现就有关事项通知如下：

一、高度重视稳定住房价格工作

房地产业是我国国民经济的重要支柱产业。住房价格一直是社会普遍关注的问题，住房价格上涨过快直接影响城镇居民家庭住房条件的改善，影响金融安全和社会稳定，甚至影响整个国民经济的健康运行。目前，住房价格上涨过快虽然是局部性和结构性问题，但如不及时加以控制或处理不当，有可能演变为全局性问题。因此，各地区、各部门要充分认识房地产业的重要性和住房价格上涨过快的危害性，高度重视，加强领导，把做好稳定住房价格工作作为加强和改善宏观调控的一项重要内容，采取有效措施，抑制住房价格过快上涨。

二、切实负起稳定住房价格的责任

保持住房价格特别是普通商品住房和经济适用住房价格的相对稳定，是维护广大人民群众切身利益的一项重要工作，是政府驾驭市场经济能力的具体体现。地方各级人民政府一定要从实践“三个代表”重要思想和落实科学发展观的高度，把稳定住房价格提到政府工作的重要议事日程，切实负起稳定住房价格的责任。省级人民政府对本地区稳定住房价格工作负总责，同时要落实市、县人民政府的责任。为强化地方各级人民政府的责任，对住房价格涨幅超过当地居民消费价格指数一定幅度的地区，有关部门可采取暂停审批该地区其他建设项目用地、暂停提高公用事业价格和收费标准等措施；对住房价格上涨过快，控制措施不力，造成当地房地产市场大起大落，影响经济稳定运行和社会发展的地区，要追究有关责任人的责任。

三、大力调整和改善住房供应结构

各地区要因地制宜，抓住重点，加大住房供应结构调整的力度，在控制非住宅和高价位商品住宅建设的基础上，着力增加普通商品住房、经济适用住房和廉租住房供给，提高其在市场供应中的比例。要有计划地增加普通商品住房和经济适用住房建设规模，并对外公布；全面落实廉租住房制度，保障城镇低收入家庭住房需求。要及时调整房地产开发用地的供应结构，增加普通商品住房和经济适用住房土地供应，并督促抓紧建设。同时，抓紧清理闲置土地，促进存量土地的合理利用，提高土地实际供应总量和利用效率。对已经批准但长期闲置的住宅建设用地，要严格按有关规定收回土地使用权或采取其他措施进行处置。

四、严格控制被动性住房需求

各地要按照《国务院办公厅关于控制城镇房屋拆迁规模严格拆迁管理的通知》（国办发〔2004〕46 号）的要求，从经济社会发展的实际需要出发，严格依照土地利用总体规划和城市总体规划，加强拆迁计划管理，合理确定年度拆迁规模。要坚决制止城镇建设和房屋拆迁中存在的急功近利、盲目攀比和大拆大建行为，避免拆迁带来的被动性住房需求过快增长，进一步减轻市场压力。2005 年城镇房屋拆迁总量要控制在去年水平之内。

五、正确引导居民合理消费预期

要综合采取土地、财税、金融等相关政策措施，利用舆论工具和法律手段，正确引导居民住房消费，控制不合理需求。要在继续支持城镇居民改善住房条件的基础上，整顿房地产市场秩序，加大控制投资性购房需求的力度，严肃查处违规销售、恶意哄抬住房价格等非法行为，有效遏制投机炒作。要加大宣传力度，适时披露土地供应、住房供求及价格涨落等相关信息，正确引导居民合理消费和心理预期。同时，要规范引导措施，避免挫伤市场信心，引起房地产市场大的波动。

六、全面监测房地产市场运行

要建立健全房地产信息系统和预警预报体系，加强对房地产市场的监测，全面准确地掌握房地产市场状况和运行态势。要立足当前，着眼长远，加强对房地产市场有关问题的研究，尽快对房地产市场特别是住房价格情况进行一次全面的分析，继续完善调控住房价格的有关政策措施。同时，要制订相关应急预案，及时处置和防范房地产市场运行中可能出现的各种问题。

七、积极贯彻调控住房供求的各项政策措施

为加强对房地产市场的调控，稳定住房价格，国务院有关部门已经出台了土地、金融、财税等一系列政策措施，还将根据情况适时出台有关政策。各地区要认真贯彻落实国家调控住房供求的各项政策，尽快制订具体落实方案并组织实施。同时，要注意总结好的经验和做法，研究制订符合本地区实际情况的调节措施，采取经济和法律等多种手段，有针对性地从供求两方面进行双向调控，切实把过高的住房价格降下来。

八、认真组织对稳定住房价格工作的督促检查

为督促各地贯彻落实国家宏观调控政策，切实做好稳定住房价格工作，国务院有关部门将以适当方式，对各地住房价格及各项政策措施贯彻落实情况进行检查和指导。对部分住房价格上涨过快的地区或城市还要进行重点督查。要建立通报制度，对调控措施不落实、住房价格过快上涨的地区予以通报批评。各地区也要加强对各市、县工作的指导协调，进一步加大监督检查力度，确保各项政策措施落到实处。各地区和有关部门要认真组织督查工作，加强协调和配合，对检查中发现的问题和各地反映的重大情况及时向国务院报告。

国务院办公厅转发建设部等部门关于做好稳定住房价格工作意见的通知

（2005年5月9日　国办发〔2005〕26号）

各省、自治区、直辖市人民政府，国务院各部委、直属机构：

建设部、发展改革委、财政部、国土资源部、人民银行、税务总局、银监会等七部门《关于做好稳定住房价格工作的意见》已经国务院同意，现转发给你们，请认真贯彻执行。

房地产业是国民经济支柱产业。正确认识当前房地产市场形势，及时解决存在的突出问题，促进房地产业健康发展，对于巩固和发展宏观调控成果，保持国民经济平稳较快发展，具有重要意义。各地区、各部门要把解决房地产投资规模过大、价格上涨幅度过快等问题，作为当前加强宏观调控的一项重要任务。坚持积极稳妥、把握力度，突出重点、区别对待，因地制宜、分类指导，强化法治、加强监管的原则。加强领导、密切配合，认真贯彻落实国务院各项调控政策措施，做好供需双向调节，遏制投机性炒房，控制投资性购房，鼓励普通商品住房和经济适用住房建设，合理引导住房消费，促进住房价格的基本稳定和房地产业的健康发展。

关于做好稳定住房价格工作的意见

保持房地产市场持续健康发展，事关国民经济和社会发展全局，事关全面建设小康社会目标的实现。当前一些地区存在房地产投资规模过大，商品住房价格上涨过快，供应结构不合理，市场秩序比较混乱等突出问题。为进一步加强对房地产市场的引导和调控，及时解决商品住房市场运行中的矛盾和问题，努力实现商品住房供求基本平衡，切实稳定住房价格，促进房地产业的健康发展，现提出以下意见：

一、强化规划调控，改善住房供应结构

各地要根据本地房地产市场需求情况，尽快明确今明两年普通商品住房和经济适用住房建设规模、项目布局以及进度安排。住房价格上涨过快、中低价位普通商品住房和经济适用住房供应不足的地方，住房建设要以中低价位普通商品住房和经济适用住房项目为主，并明确开工、竣工面积和占住房建设总量的比例，尽快向社会公布，接受社会监督，稳定市场预期。省级人民政府要加强对各市（区）、县执行情况的监督检查。

各地城市规划行政主管部门要在符合城市总体规划的前提下，根据当地政府确定的中低价位普通商品住房和经济适用住房的建设需求，加快工作进度，优先审查规划项目，在项目选址上予以保证。同时，要严格控制低密度、高档住房的建设。对中低价位普通商品住房建设项目，在供应土地前，由城市规划主管部门依据控制性详细规划出具建筑高度、容积率、绿地等规划设计条件，房地产主管部门会同有关部门提出住房销售价位、套型面积等控制性要求，并作为土地出让的前置条件，以保证中低价位、中小套型住房的有效供应。各地要加强房地产开发项目的规划许可监管，对2年内未开工的住房项目，要再次进行规划审查，对不符合规划许可的项目要坚决予以撤销。

二、加大土地供应调控力度，严格土地管理

各地区要在严格执行土地利用总体规划和土地利用计划的前提下，根据房地产市场变化情况，适时调整土地供应结构、供应方式及供应时间。对居住用地和住房价格上涨过快的地方，适当提高居住用地在土地供应中的比例，着重增加中低价位普通商品住房和经济适用住房建设用地供应量。要继续停止别墅类用地供应，严格控制高档住房用地供应。要进一步完善土地收购储备制度，积极引入市场机制，进行土地开发整理，降低土地开发成本，提高普通商品住房用地的供应能力。

要严格土地转让管理，对不符合法律规定条件的房地产开发项目用地，严禁转让，依法制止“炒买炒卖”土地行为。加大对闲置土地的清理力度，切实制止囤积土地行为，严格执行法律规定，对超过出让合同约定的动工开发日期满1年未动工开发的，征收土地闲置费；满2年未动工开发的，无偿收回土地使用权。要规范土地出让公告和合同的内容，加强房地产开发用地供后监管，对违反土地出让合同约定或有关规定的，依法追究违约违规责任。

三、调整住房转让环节营业税政策，严格税收征管

要充分运用税收等经济手段调节房地产市场，加大对投机性和投资性购房等房地产交易行为的调控力度。自2005年6月1日起，对个人购买住房不足2年转手交易的，销售时按其取得的售房收入全额征收营业税；个人购买普通住房超过2年（含2年）转手交易的，销售时免征营业税；对个人购买非普通住房超过2年（含2年）转手交易的，销售时按其售房收入减去购买房屋的价款后的差额征收营业税。各地要严格界定现行有关住房税收优惠政策的适用范围，加强税收征收管理。对不符合享受优惠政策标准的住房，一律不得给予税收优惠。房地产等管理部门要积极配合税务部门加强相关税收的征管，具体办法由税务总局会同建设部等部门研究制定。

四、加强房地产信贷管理，防范金融风险

人民银行及其分支机构要加大“窗口指导”力度，督促商业银行采取有效措施，加强对房地产开发贷款和个人住房抵押贷款的信贷管理，调整和改善房地产贷款结构。银监会及其派出机构要严格督促各商业银行进一步落实《商业银行授信工作尽职指引》，切实加强贷前调查、贷时审查和贷后检查的尽职工作，建立各类信贷业务的尽职和问责制度。要加大对商业银行房地产贷款的检查力度，切实纠正违规发放贷款行为。对市场结构不合理、投机炒作现象突出，房地产贷款风险较大的地区，要加强风险提示，督促商业银行调整贷款结构和客户结构，严格控制不合理的房地产贷款需求，防范贷款风险。

五、明确享受优惠政策普通住房标准，合理引导住房建设与消费

为了合理引导住房建设与消费，大力发展省地型住房，在规划审批、土地供应以及信贷、税收等方面，对中小套型、中低价位普通住房给予优惠政策支持。享受优惠政策的住房原则上应同时满足以下条件：住宅小区建筑容积率在1.0以上、单套建筑面积在120平方米以下、实际成交价格低于同级别土地上住房平均交易价格1.2倍以下。各省、自治区、直辖市要根据实际情况，制定本地区享受优惠政策普通住房的具体标准。允许单套建筑面积和价格标准适当浮动，但向上浮动的比例不得超过上述标准的20%。各直辖市和省会城市的具体标准要报建设部、财政部、税务总局备案后，在2005年5月31日前公布。

六、加强经济适用住房建设，完善廉租住房制度

各地要按《经济适用住房管理办法》（建住房〔2004〕77号）和当地政府的规定，落实经济适用住房项目招投标的制度，加强经济适用住房建设，严格实行政府指导价，控制套型面积和销售对象，切实降低开发建设成本，建设单位利润要控制在3%以内。有关具体要求在《国有土地划拨决定书》中予以明确，并向社会公示。鼓励发展并规范住房出租业，多渠道增加住房供给，提高住房保障能力。

各省、自治区、直辖市要督促市（区）、县抓紧开展城镇最低收入家庭住房困难情况的调查，全面掌握本地区廉租住房需求情况，并建立保障对象档案。要根据廉租住房需求，切实落实以财政预算安排为主、多渠道筹措廉租住房资金，着力扩大廉租住房制度覆盖面，加快解决最低收入家庭基本住房需要。城镇廉租住房制度建设情况要纳入省级人民政府对市（区）、县人民政府工作的目标责任制管理，省、自治区、直辖市相关部门要加强监督检查。

七、切实整顿和规范市场秩序，严肃查处违法违规销售行为

根据《中华人民共和国城市房地产管理法》有关规定，国务院决定，禁止商品房预购人将购买的未竣工的预售商品房再行转让。在预售商品房竣工交付、预购人取得房屋所有权证之前，房地产主管部门不得为其办理转让等手续；房屋所有权申请人与登记备案的预售合同载明的预购人不一致的，房屋权属登记机关不得为其办理房屋权属登记手续。实行实名制购房，推行商品房预销售合同网上即时备案，防范私下交易行为。

要严格房地产开发企业和中介机构的市场准入，依法严肃查处违法违规销售行为。对虚构买卖合同，囤积房源；发布不实价格和销售进度信息，恶意哄抬房价，诱骗消费者争购；以及不履行开工时间、竣工时间、销售价格（位）和套型面积控制性项目建设要求的，当地房地产主管部门要将以上行为记入房地产企业信用档案，公开予以曝光。对一些情节严重、性质恶劣的，建设部会同有关部门要及时依法从严处罚，并向社会公布。

八、加强市场监测，完善市场信息披露制度

各地要加快建立健全房地产市场信息系统，加强对房地产特别是商品住房市场运行情况的动态监测。加强对同地段、同品质房屋销售价格和租赁价格变动情况的分析，准确判断房价变动趋势。要建立和完善土地市场动态监测制度，加强对建设用地供应、土地价格变动情况的监测分析，科学预测商品住房对土地的需求。各有关部门要加强信息沟通与整合，适时披露土地供应、商品住房市场供求，以及土地和住房价格变动等信息。要加强舆论引导，增强政策透明度，稳定市场心理预期，促进市场理性发展。

国务院办公厅转发建设部等部门关于调整住房供应结构稳定住房价格意见的通知

（2006年5月24日　国办发〔2006〕37号）

各省、自治区、直辖市人民政府，国务院各部委、各直属机构：

建设部、发展改革委、监察部、财政部、国土资源部、人民银行、税务总局、统计局、银监会《关于调整住房供应结构稳定住房价格的意见》已经国务院同意，现转发给你们，请认真贯彻执行。

房地产业是我国新的发展阶段的一个重要支柱产业。引导和促进房地产业持续稳定健康发展，有利于保持国民经济的平稳较快增长，有利于满足广大群众的基本住房消费需求，有利于实现全面建设小康社会的目标。当前，要针对房地产业发展中存在的问题，进一步加强市场引导和调控。要按照科学发展观的要求，坚持落实和完善政策，调整住房结构，引导合理消费；坚持深化改革，标本兼治，加强法治，规范秩序；坚持突出重点，分类指导，区别对待。各地区、特别是城市人民政府要切实负起责任，把调整住房供应结构、控制住房价格过快上涨纳入经济社会发展工作的目标责任制，促进房地产业健康发展。国务院有关部门要组成联合检查组，对各地2005年以来落实中央关于房地产市场调控政策的情况进行一次集中检查。对宏观调控政策落实不到位、房价涨幅没有得到有效控制、结构性矛盾突出、拆迁问题较多的城市，要予以通报批评，并限期整改。

关于调整住房供应结构稳定住房价格的意见

去年以来，各地区、各部门贯彻中央关于加强房地产市场调控的决策和部署，房地产投资增长和房价上涨过快的势头初步得到抑制。但是，房地产领域的一些问题尚没有得到根本解决，少数城市房价上涨过快，住房供应结构不合理矛盾突出，房地产市场秩序比较混乱。为切实解决当前房地产市场存在的问题，要继续认真落实《国务院办公厅关于切实稳定住房价格的通知》（国办发明电〔2005〕8号）和《国务院办公厅转发建设部等部门关于做好稳定住房价格工作意见的通知》（国办发〔2005〕26号）提出的各项政策措施，并根据房地产市场的新情况对部分政策措施作适当调整。现就调整住房供应结构、稳定住房价格提出以下意见：

一、切实调整住房供应结构

（一）制定和实施住房建设规划。要重点发展满足当地居民自住需求的中低价位、中小套型普通商品住房。各级城市（包括县城，下同）人民政府要编制住房建设规划，明确“十一五”期间，特别是今明两年普通商品住房、经济适用住房和廉租住房的建设目标，并纳入当地“十一五”发展规划和近期建设规划。各级城市住房建设规划要在2006年9月底前向社会公布。直辖市、计划单列市、省会城市人民政府要将住房建设规划报建设部备案；其他城市住房建设规划报省级建设主管部门备案。各级建设（规划）主管部门要会同监察机关加强规划效能监察，督促各地予以落实。

（二）明确新建住房结构比例。“十一五”时期，要重点发展普通商品住房。自2006年6月1日起，凡新审批、新开工的商品住房建设，套型建筑面积90平方米以下住房（含经济适用住房）面积所占比重，必须达到开发建设总面积的70%以上。直辖市、计划单列市、省会城市因特殊情况需要调整上述比例的，必须报建设部批准。过去已审批但未取得施工许可证的项目凡不符合上述要求的，应根据要求进行套型调整。

二、进一步发挥税收、信贷、土地政策的调节作用

（三）调整住房转让环节营业税。为进一步抑制投机和投资性购房需求，从2006年6月1日起，对购买住房不足5年转手交易的，销售时按其取得的售房收入全额征收营业税；个人购买普通住房超过5年（含5年）转手交易的，销售时免征营业税；个人购买非普通住房超过5年（含5年）转手交易的，销售时按其售房收入减去购买房屋的价款后的差额征收营业税。税务部门要严格税收征管，防止漏征和随意减免。

（四）严格房地产开发信贷条件。为抑制房地产开发企业利用银行贷款囤积土地和房源，对项目资本金比例达不到35%等贷款条件的房地产企业，商业银行不得发放贷款。对闲置土地和空置商品房较多的开发企业，商业银行要按照审慎经营原则，从严控制展期贷款或任何形式的滚动授信。对空置3年以上的商品房，商业银行不得接受其作为贷款的抵押物。

（五）有区别地适度调整住房消费信贷政策。为抑制房价过快上涨，从2006年6月1日起，个人住房按揭贷款首付款比例不得低于30%。考虑到中低收入群众的住房需求，对购买自住住房且套型建筑面积90平方米以下的仍执行首付款比例20%的规定。

（六）保证中低价位、中小套型普通商品住房土地供应。各级城市人民政府要编制年度用地计划，科学确定房地产开发土地供应规模。要优先保证中低价位、中小套型普通商品住房（含经济适用住房）和廉租住房的土地供应，其年度供应量不得低于居住用地供应总量的70%；土地的供应应在限套型、限房价的基础上，采取竞地价、竞房价的办法，以招标方式确定开发建设单位。继续停止别墅类房地产开发项目土地供应，严格限制低密度、大套型住房土地供应。

（七）加大对闲置土地的处置力度。土地、规划等有关部门要加强对房地产开发用地的监管。对超出合同约定动工开发日期满1年未动工开发的，依法从高征收土地闲置费，并责令限期开工、竣工；满2年未动工开发的，无偿收回土地使用权。对虽按照合同约定日期动工建设，但开发建设面积不足1/3或已投资额不足1/4，且未经批准中止开发建设连续满1年的，按闲置土地处置。

三、合理控制城市房屋拆迁规模和进度

（八）严格控制被动性住房需求。各地要按照《国务院办公厅关于控制城镇房屋拆迁规模严格拆迁管理的通知》（国办发〔2004〕46号）的要求，加强拆迁计划管理，合理控制城市房屋拆迁规模和进度，减缓被动性住房需求的过快增长。2006年各地房屋拆迁规模原则上控制在2005年的水平以内。要量力而行，严禁大拆大建，在没有落实拆迁安置房源和补偿政策不到位的情况下，不得实施拆迁，不得损害群众合法利益。

四、进一步整顿和规范房地产市场秩序

（九）加强房地产开发建设全过程监管。对已经规划许可仍未开工的项目，要重新进行规划审查。对不符合规划控制性要求，尤其是套型结构超过规定的项目，不得核发规划许可证、施工许可证和商品房预售许可证。对擅自改变设计、变更项目、超出规定建设的住房要依法予以处理直至没收。

（十）切实整治房地产交易环节违法违规行为。房地产、工商行政主管部门要依法查处合同欺诈等违法违规交易行为，对不符合条件擅自预售商品房的，责令停止并依法予以处罚；对捂盘惜售、囤积房源，恶意炒作、哄抬房价的房地产企业，要加大整治查处力度，情节恶劣、性质严重的，依法依规给予经济处罚，直至吊销营业执照，并追究有关负责人的责任。

五、有步骤地解决低收入家庭的住房困难

（十一）加快城镇廉租住房制度建设。廉租住房是解决低收入家庭住房困难的主要渠道，要稳步扩大廉租住房制度覆盖面。尚未建立廉租住房制度的城市，必须在2006年年底前建立，并合理确定和公布今明两年廉租住房建设规模。要落实廉租住房资金筹措渠道，城市人民政府要将土地出让净收益的一定比例用于廉租住房建设，各级财政也要加大支持力度。2006年年底前，各地都要安排一定规模的廉租住房开工建设。

（十二）规范发展经济适用住房。各地要继续抓好经济适用住房建设，进一步完善经济适用住房制度，解决建设和销售中存在的问题，真正解决低收入家庭的住房需要。严格执行经济适用住房管理的各项政策，加大监管力度，制止违规购买、谋取不正当利益的行为。严格规范集资合作建房，制止部分单位利用职权以集资合作建房名义，变相进行住房实物福利分配的违规行为。

（十三）积极发展住房二级市场和房屋租赁市场。引导居民通过换购、租赁等方式，合理改善居住条件，多渠道增加中低价位、中小套型住房供应。

六、完善房地产统计和信息披露制度

（十四）建立健全房地产市场信息系统和信息发布制度。城市人民政府要抓紧开展住房状况调查，全面掌握当地住房总量、结构、居住条件、消费特征等信息，建立健全房地产市场信息系统和信息发布制度，增强房地产市场信息透明度。要完善市场监测分析工作机制，统计和房地产主管部门要定期公布市场供求和房价情况，全面、及时、准确地发布市场供求信息。

（十五）坚持正确的舆论导向。要加强对房地产市场调控政策的宣传，客观、公正报道房地产市场情况，引导广大群众树立正确的住房消费观念。对提供虚假信息、恶意炒作、误导消费预期的行为，要严肃处理。

国务院关于坚决遏制部分城市房价过快上涨的通知

（2010年4月17日　国发〔2010〕10号）

《国务院办公厅关于促进房地产市场平稳健康发展的通知》（国办发〔2010〕4号）印发后，全国房地产市场整体上出现了一些积极变化。但近期部分城市房价、地价又出现过快上涨势头，投机性购房再度活跃，需要引起高度重视。为进一步落实各地区、各有关部门的责任，坚决遏制部分城市房价过快上涨，切实解决城镇居民住房问题，现就有关问题通知如下：

一、各地区、各有关部门要切实履行稳定房价和住房保障职责

（一）统一思想，提高认识。住房问题关系国计民生，既是经济问题，更是影响社会稳定的重要民生问题。房价过高、上涨过快，加大了居民通过市场解决住房问题的难度，增加了金融风险，不利于经济社会协调发展。各地区、各有关部门必须充分认识房价过快上涨的危害性，认真落实中央确定的房地产市场调控政策，采取坚决的措施，遏制房价过快上涨，促进民生改善和经济发展。

（二）建立考核问责机制。稳定房价和住房保障工作实行省级人民政府负总责、城市人民政府抓落实的工作责任制。住房城乡建设部、监察部等部门要对省级人民政府的相关工作进行考核，加强监督检查，建立约谈、巡查和问责制度。对稳定房价、推进保障性住房建设工作不力，影响社会发展和稳定的，要追究责任。

二、坚决抑制不合理住房需求

（三）实行更为严格的差别化住房信贷政策。对购买首套自住房且套型建筑面积在90平方米以上的家庭（包括借款人、配偶及未成年子女，下同），贷款首付款比例不得低于30%；对贷款购买第二套住房的家庭，贷款首付款比例不得低于50%，贷款利率不得低于基准利率的1.1倍；对贷款购买第三套及以上住房的，贷款首付款比例和贷款利率应大幅度提高，具体由商业银行根据风险管理原则自主确定。人民银行、银监会要指导和监督商业银行严格住房消费贷款管理。住房城乡建设部要会同人民银行、银监会抓紧制定第二套住房的认定标准。

要严格限制各种名目的炒房和投机性购房。商品住房价格过高、上涨过快、供应紧张的地区，商业银行可根据风险状况，暂停发放购买第三套及以上住房贷款；对不能提供1年以上当地纳税证明或社会保险缴纳证明的非本地居民暂停发放购买住房贷款。地方人民政府可根据实际情况，采取临时性措施，在一定时期内限定购房套数。

对境外机构和个人购房，严格按有关政策执行。

（四）发挥税收政策对住房消费和房地产收益的调节作用。财政部、税务总局要加快研究制定引导个人合理住房消费和调节个人房产收益的税收政策。税务部门要严格按照税法和有关政策规定，认真做好土地增值税的征收管理工作，对定价过高、涨幅过快的房地产开发项目进行重点清算和稽查。

三、增加住房有效供给

（五）增加居住用地有效供应。国土资源部要指导督促各地及时制定并公布以住房为主的房地产供地计划，并切实予以落实。房价上涨过快的城市，要增加居住用地的供应总量。要依法加快处置闲置房地产用地，对收回的闲置土地，要优先安排用于普通住房建设。在坚持和完善土地招拍挂制度的同时，探索"综合评标"、"一次竞价"、"双向竞价"等出让方式，抑制居住用地出让价格非理性上涨。

（六）调整住房供应结构。各地要尽快编制和公布住房建设规划，明确保障性住房、中小套型普通商品住房的建设数量和比例。住房城乡建设部门要加快对普通商品住房的规划、开工建设和预销售审批，尽快形成有效供应。保障性住房、棚户区改造和中小套型普通商品住房用地不低于住房建设用地供应总量的70%，并优先保证供应。城乡规划、房地产主管部门要积极配合国土资源部门，将住房销售价位、套数、套型面积、保障性住房配建比例以及开竣工时间、违约处罚条款等纳入土地出让合同，确保中小套型住房供应结构比例严格按照有关规定落实到位。房价过高、上涨过快的地区，要大幅度增加公共租赁住房、经济适用住房和限价商品住房供应。

四、加快保障性安居工程建设

（七）确保完成2010年建设保障性住房300万套、各类棚户区改造住房280万套的工作任务。住房城乡建设部、发展改革委、财政部等有关部门要尽快下达年度计划及中央补助资金。住房城乡建设部要与各省级人民政府签订住房保障工作目标责任书，落实工作责任。地方人民政府要切实落实土地供应、资金投入和税费优惠等政策，确保完成计划任务。按照政府组织、社会参与的原则，加快发展公共租赁住房，地方各级人民政府要加大投入，中央以适当方式给予资金支持。国有房地产企业应积极参与保障性住房建设和棚户区改造。住房城乡建设部要会同有关部门抓紧制定2010－2012年保障性住房建设规划（包括各类棚户区建设、政策性住房建设），并在2010年7月底前向全社会公布。

五、加强市场监管

（八）加强对房地产开发企业购地和融资的监管。国土资源部门要加大专项整治和清理力度，严格依法查处土地闲置及炒地行为，并限制有违法违规行为的企业新购置土地。房地产开发企业在参与土地竞拍和开发建设过程中，其股东不得违规对其提供借款、转贷、担保或其他相关融资便利。严禁非房地产主业的国有及国有控股企业参与商业性土地开发和房地产经营业务。国有资产和金融监管部门要加大查处力度。商业银行要加强对房地产企业开发贷款的贷前审查和贷后管理。对存在土地闲置及炒地行为的房地产开发企业，商业银行不得发放新开发项目贷款，证监部门暂停批准其上市、再融资和重大资产重组。

（九）加大交易秩序监管力度。对取得预售许可或者办理现房销售备案的房地产开发项目，要在规定时间内一次性公开全部销售房源，并严格按照申报价格明码标价对外销售。住房城乡建设部门要对已发放预售许可证的商品住房项目进行清理，对存在捂盘惜售、囤积房源、哄抬房价等行为的房地产开发企业，要加大曝光和处罚力度，问题严重的要取消经营资格，对存在违法违规行为的要追究相关人员的责任。住房城乡建设部门要会同有关部门抓紧制定房屋租赁管理办法，规范发展租赁市场。

各省（区、市）人民政府要对本地区房地产开发企业经营行为进行一次检查，及时纠正和严肃处理违法违规行为，检查处理结果要于2010年6月底之前报国务院。住房城乡建设部要会同有关部门组织抽查，确保检查工作取得实效。

（十）完善房地产市场信息披露制度。各地要及时向社会公布住房建设计划和住房用地年度供应计划。住房城乡建设部要加快个人住房信息系统的建设。统计部门要研究发布能够反映不同区位、不同类型住房价格变动的信息。

国务院各有关部门要根据本通知精神，加快制定、调整和完善相关的政策措施，各司其职、分工协作，加强对各地的指导和监督检查。各地区、各有关部门要积极做好房地产市场调控政策的解读工作。新闻媒体要加强正面引导，大力宣传国家房地产市场调控政策和保障性住房建设成果，引导居民住房理性消费，形成有利于房地产市场平稳健康发展的舆论氛围。

国家税务总局关于房地产税收政策执行中几个具体问题的通知

（2005 年 10 月 20 日国税发〔2005〕172 号公布　根据 2018 年 6 月 15 日《国家税务总局关于修改部分税收规范性文件的公告》修订）

各省、自治区、直辖市和计划单列市财政厅（局）、地方税务局，扬州税务进修学院，局内各单位：

根据《国家税务总局、财政部、建设部关于加强房地产税收管理的通知》（国税发〔2005〕89 号）（以下简称《通知》）的精神，经商财政部、建设部，现就各地在贯彻落实《通知》中的几个具体政策问题明确如下：

一、《通知》第三条第二款中规定的“成交价格”是指住房持有人对外销售房屋的成交价格。

二、《通知》第三条第四款中规定的“契税完税证明中注明的时间”是指契税完税证明上注明的填发日期。

三、纳税人申报时，同时出具房屋产权证和契税完税证明且二者所注明的时间不一致的，按照“孰先”的原则确定购买房屋的时间。即房屋产权证上注明的时间早于契税完税证明上注明的时间的，以房屋产权证明的时间为购买房屋的时间；契税完税证明上注明的时间早于房屋产权证上注明的时间的，以契税完税证明上注明的时间为购买房屋的时间。

四、个人将通过受赠、继承、离婚财产分割等非购买形式取得的住房对外销售的行为，也适用《通知》的有关规定。其购房时间按发生受赠、继承、离婚财产分割行为前的购房时间确定，其购房价格按发生受赠、继承、离婚财产分割行为前的购房原价确定。个人需持其通过受赠、继承、离婚财产分割等非购买形式取得住房的合法、有效法律证明文书，到地方税务部门办理相关手续。

五、根据国家房改政策购买的公有住房，以购房合同的生效时间、房款收据的开具日期或房屋产权证上注明的时间，按照“孰先”的原则确定购买房屋的时间。

六、享受税收优惠政策普通住房的面积标准是指地方政府按国办发〔2005〕26 号文件规定并公布的普通住房建筑面积标准。对于以套内面积进行计量的，应换算成建筑面积，判断该房屋是否符合普通住房标准

国务院办公厅关于促进建筑业持续健康发展的意见

（2017 年 2 月 21 日　国办发〔2017〕19 号）

建筑业是国民经济的支柱产业。改革开放以来，我国建筑业快速发展，建造能力不断增强，产业规模不断扩大，吸纳了大量农村转移劳动力，带动了大量关联产业，对经济社会发展、城乡建设和民生改善作出了重要贡献。但也要看到，建筑业仍然大而不强，监管体制机制不健全、工程建设组织方式落后、建筑设计水平有待提高、质量安全事故时有发生、市场违法违规行为较多、企业核心竞争力不强、工人技能素质偏低等问题较为突出。为贯彻落实《中共中央 国务院关于进一步加强城市规划建设管理工作的若干意见》，进一步深化建筑业“放管服”改革，加快产业升级，促进建筑业持续健康发展，为新型城镇化提供支撑，经国务院同意，现提出以下意见：

一、总体要求

全面贯彻党的十八大和十八届二中、三中、四中、五中、六中全会以及中央经济工作会议、中央城镇化工作会议、中央城市工作会议精神，深入贯彻习近平总书记系列重要讲话精神和治国理政新理念新思想新战略，认真落实党中央、国务院决策部署，统筹推进“五位一体”总体布局和协调推进“四个全面”战略布局，牢固树立和贯彻落实创新、协调、绿色、开放、共享的发展理念，坚持以推进供给侧结构性改革为主线，按照适用、经济、安全、绿色、美观的要求，深化建筑业“放管服”改革，完善监管体制机制，优化市场环境，提升工程质量安全水平，强化队伍建设，增强企业核心竞争力，促进建筑业持续健康发展，打造“中国建造”品牌。

二、深化建筑业简政放权改革

（一）*优化资质资格管理*。进一步简化工程建设企业资质类别和等级设置，减少不必要的资质认定。选择部分地区开展试点，对信用良好、具有相关专业技术能力、能够提供足额担保的企业，在其资质类别内放宽承揽业务范围限制，同时，加快完善信用体系、工程担保及个人执业资格等相关配套制度，加强事中事后监管。强化个人执业资格管理，明晰注册执业人员的权利、义务和责任，加大执业责任追究力度。有序发展个人执业事务所，推动建立个人执业保险制度。大力推行“互联网 + 政务服务”，实行“一站式”网上审批，进一步提高建筑领域行政审批效率。

（二）*完善招标投标制度*。加快修订《工程建设项目招标范围和规模标准规定》，缩小并严格界定必须进行招标的工程建设项目范围，放宽有关规模标准，防止工程建设项目实行招标“一刀切”。在民间投资的房屋建筑工程中，探索由建设单位自主决定发包方式。将依法必须招标的工程建设项目纳入统一的公共资源交易平台，遵循公平、公正、公开和诚信的原则，规范招标投标行为。进一步简化招标投标程序，尽快实现招标投标交易全过程电子化，推行网上异地评标。对依法通过竞争性谈判或单一来源方式确定供应商的政府采购工程建设项目，符合相应条件的应当颁发施工许可证。

三、完善工程建设组织模式

（三）*加快推行工程总承包*。装配式建筑原则上应采用工

程总承包模式。政府投资工程应完善建设管理模式，带头推行工程总承包。加快完善工程总承包相关的招标投标、施工许可、竣工验收等制度规定。按照总承包负总责的原则，落实工程总承包单位在工程质量安全、进度控制、成本管理等方面的责任。除以暂估价形式包括在工程总承包范围内且依法必须进行招标的项目外，工程总承包单位可以直接发包总承包合同中涵盖的其他专业业务。

（四）培育全过程工程咨询。鼓励投资咨询、勘察、设计、监理、招标代理、造价等企业采取联合经营、并购重组等方式发展全过程工程咨询，培育一批具有国际水平的全过程工程咨询企业。制定全过程工程咨询服务技术标准和合同范本。政府投资工程应带头推行全过程工程咨询，鼓励非政府投资工程委托全过程工程咨询服务。在民用建筑项目中，充分发挥建筑师的主导作用，鼓励提供全过程工程咨询服务。

四、加强工程质量安全管理

（五）严格落实工程质量责任。全面落实各方主体的工程质量责任，特别要强化建设单位的首要责任和勘察、设计、施工单位的主体责任。严格执行工程质量终身责任制，在建筑物明显部位设置永久性标牌，公示质量责任主体和主要责任人。对违反有关规定、造成工程质量事故的，依法给予责任单位停业整顿、降低资质等级、吊销资质证书等行政处罚并通过国家企业信用信息公示系统予以公示，给予注册执业人员暂停执业、吊销资格证书、一定时间直至终身不得进入行业等处罚。对发生工程质量事故造成损失的，要依法追究经济赔偿责任，情节严重的要追究有关单位和人员的法律责任。参与房地产开发的建筑业企业应依法合规经营，提高住宅品质。

（六）加强安全生产管理。全面落实安全生产责任，加强施工现场安全防护，特别要强化对深基坑、高支模、起重机械等危险性较大的分部分项工程的管理，以及对不良地质地区重大工程项目的风险评估或论证。推进信息技术与安全生产深度融合，加快建设建筑施工安全监管信息系统，通过信息化手段加强安全生产管理。建立健全全覆盖、多层次、经常性的安全生产培训制度，提升从业人员安全素质以及各方主体的本质安全水平。

（七）全面提高监管水平。完善工程质量安全法律法规和管理制度，健全企业负责、政府监管、社会监督的工程质量安全保障体系。强化政府对工程质量的监管，明确监管范围，落实监管责任，加大抽查抽测力度，重点加强对涉及公共安全的工程地基基础、主体结构等部位和竣工验收等环节的监督检查。加强工程质量监督队伍建设，监督机构履行职能所需经费由同级财政预算全额保障。政府可采取购买服务的方式，委托具备条件的社会力量进行工程质量监督检查。推进工程质量安全标准化管理，督促各方主体健全质量安全管控机制。强化对工程监理的监管，选择部分地区开展监理单位向政府报告质量监理情况的试点。加强工程质量检测机构管理，严厉打击出具虚假报告等行为。推动发展工程质量保险。

五、优化建筑市场环境

（八）建立统一开放市场。打破区域市场准入壁垒，取消各地区、各行业在法律、行政法规和国务院规定外对建筑业企业设置的不合理准入条件；严禁擅自设立或变相设立审批、备案事项，为建筑业企业提供公平市场环境。完善全国建筑市场监管公共服务平台，加快实现与全国信用信息共享平台和国家企业信用信息公示系统的数据共享交换。建立建筑市场主体黑名单制度，依法依规全面公开企业和个人信用记录，接受社会监督。

（九）加强承包履约管理。引导承包企业以银行保函或担保公司保函的形式，向建设单位提供履约担保。对采用常规通用技术标准的政府投资工程，在原则上实行最低价中标的同时，有效发挥履约担保的作用，防止恶意低价中标，确保工程投资不超预算。严厉查处转包和违法分包等行为。完善工程量清单计价体系和工程造价信息发布机制，形成统一的工程造价计价规则，合理确定和有效控制工程造价。

（十）规范工程价款结算。审计机关应依法加强对以政府投资为主的公共工程建设项目的审计监督，建设单位不得将未完成审计作为延期工程结算、拖欠工程款的理由。未完成竣工结算的项目，有关部门不予办理产权登记。对长期拖欠工程款的单位不得批准新项目开工。严格执行工程预付款制度，及时按合同约定足额向承包单位支付预付款。通过工程款支付担保等经济、法律手段约束建设单位履约行为，预防拖欠工程款。

六、提高从业人员素质

（十一）加快培养建筑人才。积极培育既有国际视野又有民族自信的建筑师队伍。加快培养熟悉国际规则的建筑业高级管理人才。大力推进校企合作，培养建筑业专业人才。加强工程现场管理人员和建筑工人的教育培训。健全建筑业职业技能标准体系，全面实施建筑业技术工人职业技能鉴定制度。发展一批建筑工人技能鉴定机构，开展建筑工人技能评价工作。通过制定施工现场技能工人基本配备标准、发布各个技能等级和工种的人工成本信息等方式，引导企业将工资分配向关键技术技能岗位倾斜。大力弘扬工匠精神，培养高素质建筑工人，到2020年建筑业中级工技能水平以上的建筑工人数量达到300万，2025年达到1000万。

（十二）改革建筑用工制度。推动建筑业劳务企业转型，大力发展木工、电工、砌筑、钢筋制作等以作业为主的专业企业。以专业企业为建筑工人的主要载体，逐步实现建筑工人公司化、专业化管理。鼓励现有专业企业进一步做专做精，增强竞争力，推动形成一批以作业为主的建筑业专业企业。促进建筑业农民工向技术工人转型，着力稳定和扩大建筑业农民工就业创业。建立全国建筑工人管理服务信息平台，开展建筑工人实名制管理，记录建筑工人的身份信息、培训情况、职业技能、从业记录等信息，逐步实现全覆盖。

（十三）保护工人合法权益。全面落实劳动合同制度，加大监察力度，督促施工单位与招用的建筑工人依法签订劳动合同，到2020年基本实现劳动合同全覆盖。健全工资支付保障制度，按照谁用工谁负责和总承包负总责的原则，落实企业工资支付责任，依法按月足额发放工人工资。将存在拖欠工资行为的企业列入黑名单，对其采取限制市场准入等惩戒措施，情节严重的降低资质等级。建立健全与建筑业相适应的社会保险参保缴费方式，大力推进建筑施工单位参加工伤保险。施工单位应履行社会责任，不断改善建筑工人的工作环境，提升职业健康水平，促进建筑工人稳定就业。

七、推进建筑产业现代化

（十四）推广智能和装配式建筑。坚持标准化设计、工厂化生产、装配化施工、一体化装修、信息化管理、智能化应用，推动建造方式创新，大力发展装配式混凝土和钢结构建筑，在具备条件的地方倡导发展现代木结构建筑，不断提高装配式建筑在新建建筑中的比例。力争用10年左右的时间，使装配式建筑占新建建筑面积的比例达到30%。在新建建筑和既有建筑改造中推广普及智能化应用，完善智能化系统运行维护机制，实现建筑舒适安全、节能高效。

（十五）提升建筑设计水平。建筑设计应体现地域特征、民族特点和时代风貌，突出建筑使用功能及节能、节水、节地、节材和环保等要求，提供功能适用、经济合理、安全可靠、技术先进、环境协调的建筑设计产品。健全适应建筑设计特点的招标投标制度，推行设计团队招标、设计方案招标等方式。促进国内外建筑设计企业公平竞争，培育有国际竞争力的建筑设计队伍。倡导开展建筑评论，促进建筑设计理念的融合和升华。

（十六）加强技术研发应用。加快先进建造设备、智能设备的研发、制造和推广应用，提升各类施工机具的性能和效率，提高机械化施工程度。限制和淘汰落后、危险工艺工法，保障生产施工安全。积极支持建筑业科研工作，大幅提高技术创新对产业发展的贡献率。加快推进建筑信息模型（BIM）技术在规划、勘察、设计、施工和运营维护全过程的集成应用，实现工程建设项目全生命周期数据共享和信息化管理，为项目方案优化和科学决策提供依据，促进建筑业提质增效。

（十七）完善工程建设标准。整合精简强制性标准，适度提高安全、质量、性能、健康、节能等强制性指标要求，逐步提高标准水平。积极培育团体标准，鼓励具备相应能力的行业协会、产业联盟等主体共同制定满足市场和创新需要的标准，建立强制性标准与团体标准相结合的标准供给体制，增加标准有效供给。及时开展标准复审，加快标准修订，提高标准的时效性。加强科技研发与标准制定的信息沟通，建立全国工程建设标准专家委员会，为工程建设标准化工作提供技术支撑，提高标准的质量和水平。

八、加快建筑业企业“走出去”

（十八）加强中外标准衔接。积极开展中外标准对比研究，适应国际通行的标准内容结构、要素指标和相关术语，缩小中国标准与国外先进标准的技术差距。加大中国标准外文版翻译和宣传推广力度，以“一带一路”战略为引领，优先在对外投资、技术输出和援建工程项目中推广应用。积极参加国际标准认证、交流等活动，开展工程技术标准的双边合作。到2025年，实现工程建设国家标准全部有外文版。

（十九）提高对外承包能力。统筹协调建筑业“走出去”，充分发挥我国建筑业企业在高铁、公路、电力、港口、机场、油气长输管道、高层建筑等工程建设方面的比较优势，有目标、有重点、有组织地对外承包工程，参与“一带一路”建设。建筑业企业要加大对国际标准的研究力度，积极适应国际标准，加强对外承包工程质量、履约等方面管理，在援外住房等民生项目中发挥积极作用。鼓励大企业带动中小企业、沿海沿边地区企业合作“出海”，积极有序开拓国际市场，避免恶性竞争。引导对外承包工程企业向项目融资、设计咨询、后续运营维护管理等高附加值的领域有序拓展。推动企业提高属地化经营水平，实现与所在国家和地区互利共赢。

（二十）加大政策扶持力度。加强建筑业“走出去”相关主管部门间的沟通协调和信息共享。到2025年，与大部分“一带一路”沿线国家和地区签订双边工程建设合作备忘录，同时争取在双边自贸协定中纳入相关内容，推进建设领域执业资格国际互认。综合发挥各类金融工具的作用，重点支持对外经济合作中建筑领域的重大战略项目。借鉴国际通行的项目融资模式，按照风险可控、商业可持续原则，加大对建筑业“走出去”的金融支持力度。

各地区、各部门要高度重视深化建筑业改革工作，健全工作机制，明确任务分工，及时研究解决建筑业改革发展中的重大问题，完善相关政策，确保按期完成各项改革任务。加快推动修订建筑法、招标投标法等法律，完善相关法律法规。充分发挥协会商会熟悉行业、贴近企业的优势，及时反映企业诉求，反馈政策落实情况，发挥好规范行业秩序、建立从业人员行为准则、促进企业诚信经营等方面的自律作用。

国务院办公厅转发住房城乡建设部关于完善质量保障体系提升建筑工程品质指导意见的通知

（2019年9月15日　国办函〔2019〕92号）

各省、自治区、直辖市人民政府，国务院有关部门：

住房城乡建设部《关于完善质量保障体系提升建筑工程品质的指导意见》已经国务院同意，现转发给你们，请认真贯彻落实。

关于完善质量保障体系提升建筑工程品质的指导意见

住房城乡建设部

建筑工程质量事关人民群众生命财产安全,事关城市未来和传承,事关新型城镇化发展水平。近年来,我国不断加强建筑工程质量管理,品质总体水平稳步提升,但建筑工程量大面广,各种质量问题依然时有发生。为解决建筑工程质量管理面临的突出问题,进一步完善质量保障体系,不断提升建筑工程品质,现提出以下意见。

一、总体要求

以习近平新时代中国特色社会主义思想为指导,全面贯彻党的十九大和十九届二中、三中全会以及中央城镇化工作会议、中央城市工作会议精神,按照党中央、国务院决策部署,坚持以人民为中心,牢固树立新发展理念,以供给侧结构性改革为主线,以建筑工程质量问题为切入点,着力破除体制机制障碍,逐步完善质量保障体系,不断提高工程质量抽查符合率和群众满意度,进一步提升建筑工程品质总体水平。

二、强化各方责任

(一)突出建设单位首要责任。建设单位应加强对工程建设全过程的质量管理,严格履行法定程序和质量责任,不得违法违规发包工程。建设单位应切实落实项目法人责任制,保证合理工期和造价。建立工程质量信息公示制度,建设单位应主动公开工程竣工验收等信息,接受社会监督。(住房城乡建设部、发展改革委负责)

(二)落实施工单位主体责任。施工单位应完善质量管理体系,建立岗位责任制度,设置质量管理机构,配备专职质量负责人,加强全面质量管理。推行工程质量安全手册制度,推进工程质量管理标准化,将质量管理要求落实到每个项目和员工。建立质量责任标识制度,对关键工序、关键部位隐蔽工程实施举牌验收,加强施工记录和验收资料管理,实现质量责任可追溯。施工单位对建筑工程的施工质量负责,不得转包、违法分包工程。(住房城乡建设部负责)

(三)明确房屋使用安全主体责任。房屋所有权人应承担房屋使用安全主体责任。房屋所有权人和使用人应正确使用和维护房屋,严禁擅自变动房屋建筑主体和承重结构。加强房屋使用安全管理,房屋所有权人及其委托的管理服务单位要定期对房屋安全进行检查,有效履行房屋维修保养义务,切实保证房屋使用安全。(住房城乡建设部负责)

(四)履行政府的工程质量监管责任。强化政府对工程建设全过程的质量监管,鼓励采取政府购买服务的方式,委托具备条件的社会力量进行工程质量监督检查和抽测,探索工程监理企业参与监管模式,健全省、市、县监管体系。完善日常检查和抽查抽测相结合的质量监督检查制度,全面推行"双随机、一公开"检查方式和"互联网+监管"模式,落实监管责任。加强工程质量监督队伍建设,监督机构履行监督职能所需经费由同级财政预算全额保障。强化工程设计安全监管,加强对结构计算书的复核,提高设计结构整体安全、消防安全等水平。(住房城乡建设部、发展改革委、财政部、应急部负责)

三、完善管理体制

(一)改革工程建设组织模式。推行工程总承包,落实工程总承包单位在工程质量安全、进度控制、成本管理等方面的责任。完善专业分包制度,大力发展专业承包企业。积极发展全过程工程咨询和专业化服务,创新工程监理制度,严格落实工程咨询(投资)、勘察设计、监理、造价等领域职业资格人员的质量责任。在民用建筑工程中推进建筑师负责制,依据双方合同约定,赋予建筑师代表建设单位签发指令和认可工程的权利,明确建筑师应承担的责任。(住房城乡建设部、发展改革委负责)

(二)完善招标投标制度。完善招标人决策机制,进一步落实招标人自主权,在评标定标环节探索建立能够更好满足项目需求的制度机制。简化招标投标程序,推行电子招标投标和异地远程评标,严格评标专家管理。强化招标主体责任追溯,扩大信用信息在招标投标环节的规范应用。严厉打击围标、串标和虚假招标等违法行为,强化标后合同履约监管。(发展改革委、住房城乡建设部、市场监管总局负责)

(三)推行工程担保与保险。推行银行保函制度,在有条件的地区推行工程担保公司保函和工程保证保险。招标人要求中标人提供履约担保的,招标人应当同时向中标人提供工程款支付担保。对采用最低价中标的探索实行高保额履约担保。组织开展工程质量保险试点,加快发展工程质量保险。(住房城乡建设部、发展改革委、财政部、人民银行、银保监会负责)

(四)加强工程设计建造管理。贯彻落实"适用、经济、绿色、美观"的建筑方针,指导制定符合城市地域特征的建筑设计导则。建立建筑"前策划、后评估"制度,完善建筑设计方案审查论证机制,提高建筑设计方案决策水平。加强住区设计管理,科学设计单体住宅户型,增强安全性、实用性、宜居性,提升住区环境质量。严禁政府投资项目超标准建设。严格控制超高层建筑建设,严格执行超限高层建筑工程抗震设防审批制度,加强超限高层建筑抗震、消防、节能等管理。创建建筑品质示范工程,加大对优秀企业、项目和个人的表彰力度;在招标投标、金融等方面加大对优秀企业的政策支持力度,鼓励将企业质量情况纳入招标投标评审因素。(住房城乡建设部、发展改革委、工业和信息化部、人力资源社会保障部、应急部、人民银行负责)

(五)推行绿色建造方式。完善绿色建材产品标准和认证评价体系,进一步提高建筑产品节能标准,建立产品发布制度。大力发展装配式建筑,推进绿色施工,通过先进技术和科学管理,降低施工过程对环境的不利影响。建立健全绿色建筑标准体系,完善绿色建筑评价标识制度。(住房城乡建设部、发展改革委、工业和信息化部、市场监管总局负责)

(六)支持既有建筑合理保留利用。推动开展老城区、老工业区保护更新,引导既有建筑改建设计创新。依法保护和合理利用文物建筑。建立建筑拆除管理制度,不得随意拆除符合规划标准、在合理使用寿命内的公共建筑。开展公共建筑、工业建筑的更新改造利用试点示范。制定支持既有建筑保留和更新利用的消防、节能等相关配套政策。(住房城乡建设部、发展改革委、工业和信息化部、应急部、文物局负责)

四、健全支撑体系

(一)完善工程建设标准体系。系统制定全文强制性工程建设规范,精简整合政府推荐性标准,培育发展团体和企业标准,加快适应国际标准通行规则。组织开展重点领域国内外标准比对,提升标准水平。加强工程建设标准国际交流合作,推动一批中国标准向国际标准转化和推广应用。(住房城乡建设部、市场监管总局、商务部负责)

(二)加强建材质量管理。建立健全缺陷建材产品响应处理、信息共享和部门协同处理机制,落实建材生产单位和供应单位终身责任,规范建材市场秩序。强化预拌混凝土生产、运输、使用环节的质量管理。鼓励企业建立装配式建筑部品部件生产和施工安装全过程质量控制体系,对装配式建筑部品部件实行驻厂监造制度。建立从生产到使用全过程的建材质量追溯机制,并将相关信息向社会公示。(市场监管总局、住房城乡建设部、工业和信息化部负责)

(三)提升科技创新能力。加大建筑业技术创新及研发投入,推进产学研用一体化,突破重点领域、关键共性技术开发应用。加大重大装备和数字化、智能化工程建设装备研发力度,全面提升工程装备技术水平。推进建筑信息模型(BIM)、大数据、移动互联网、云计算、物联网、人工智能等技术在设计、施工、运营维护全过程的集成应用,推广工程建设数字化成果交付与应用,提升建筑业信息化水平。(科技部、工业和信息化部、住房城乡建设部负责)

(四)强化从业人员管理。加强建筑业从业人员职业教育,大力开展建筑工人职业技能培训,鼓励建立职业培训实训基地。加强职业技能鉴定站点建设,完善技能鉴定、职业技能等级认定等多元评价体系。推行建筑工人实名制管理,加快全国建筑工人管理服务信息平台建设,促进企业使用符合岗位要求的技能工人。建立健全与建筑业相适应的社会保险参保缴费方式,大力推进建筑施工单位参加工伤保险,保障建筑工人合法权益。(住房城乡建设部、人力资源社会保障部、财政部负责)

五、加强监督管理

(一)推进信用信息平台建设。完善全国建筑市场监管公共服务平台,加强信息归集,健全违法违规行为记录制度,及时公示相关市场主体的行政许可、行政处罚、抽查检查结果等信息,并与国家企业信用信息公示系统、全国信用信息共享平台等实现数据共享交换。建立建筑市场主体黑名单制度,对违法违规的市场主体实施联合惩戒,将工程质量违法违规等记录作为企业信用评价的重要内容。(住房城乡建设部、发展改革委、人民银行、市场监管总局负责)

(二)严格监管执法。加大建筑工程质量责任追究力度,强化工程质量终身责任落实,对违反有关规定、造成工程质量事故和严重质量问题的单位和个人依法严肃查处曝光,加大资质资格、从业限制等方面处罚力度。强化个人执业资格管理,对存在证书挂靠等违法违规行为的注册执业人员,依法给予暂扣、吊销资格证书直至终身禁止执业的处罚。(住房城乡建设部负责)

(三)加强社会监督。相关行业协会应完善行业约束与惩戒机制,加强行业自律。建立建筑工程责任主体和责任人公示制度。企业须公开建筑工程项目质量信息,接受社会监督。探索建立建筑工程质量社会监督机制,支持社会公众参与监督、合理表达质量诉求。各地应完善建筑工程质量投诉和纠纷协调处理机制,明确工程质量投诉处理主体、受理范围、处理流程和办结时限等事项,定期向社会通报建筑工程质量投诉处理情况。(住房城乡建设部、发展改革委、市场监管总局负责)

(四)强化督促指导。建立健全建筑工程质量管理、品质提升评价指标体系,科学评价各地执行工程质量法律法规和强制性标准、落实质量责任制度、质量保障体系建设、质量监督队伍建设、建筑质量发展、公众满意程度等方面状况,督促指导各地切实落实建筑工程质量管理各项工作措施。(住房城乡建设部负责)

六、抓好组织实施

各地区、各相关部门要高度重视完善质量保障体系、提升建筑工程品质工作,健全工作机制,细化工作措施,突出重点任务,确保各项工作部署落到实处。强化示范引领,鼓励有条件的地区积极开展试点,形成可复制、可推广的经验。加强舆论宣传引导,积极宣传各地的好经验、好做法,营造良好的社会氛围。

国务院办公厅关于完善建设用地使用权转让、出租、抵押二级市场的指导意见

(2019年7月6日　国办发〔2019〕34号)

土地市场是我国现代市场体系的重要组成部分,是资源要素市场的重要内容。改革开放以来,通过大力推行国有建

设用地有偿使用制度，我国基本形成了以政府供应为主的土地一级市场和以市场主体之间转让、出租、抵押为主的土地二级市场，对建立和完善社会主义市场经济体制、促进土地资源的优化配置和节约集约利用、加快工业化和城镇化进程起到了重要作用。随着经济社会发展，土地二级市场运行发展中的一些问题逐步凸显，交易规则不健全、交易信息不对称、交易平台不规范、政府服务和监管不完善等问题比较突出，导致要素流通不畅，存量土地资源配置效率较低，难以满足经济高质量发展的需要。为完善建设用地使用权转让、出租、抵押二级市场，结合各地改革试点实践，经国务院同意，现提出以下意见。

一、总体要求

（一）指导思想。以习近平新时代中国特色社会主义思想为指导，全面贯彻党的十九大和十九届二中、三中全会精神，紧紧围绕统筹推进"五位一体"总体布局和协调推进"四个全面"战略布局，认真落实党中央、国务院决策部署，充分发挥市场在资源配置中的决定性作用，更好发挥政府作用，坚持问题导向，以建立城乡统一的建设用地市场为方向，以促进土地要素流通顺畅为重点，以提高存量土地资源配置效率为目的，以不动产统一登记为基础，与国土空间规划及相关产业规划相衔接，着力完善土地二级市场规则，健全服务和监管体系，提高节约集约用地水平，为完善社会主义市场经济体制、推动经济高质量发展提供用地保障。

（二）基本原则。

把握正确方向。坚持社会主义市场经济改革方向，突出市场在资源配置中的决定性作用，着力减少政府微观管理和直接干预。落实"放管服"改革总体要求，强化监管责任，减少事前审批，创新和完善事中事后监管，激发市场活力，增强内生动力。

规范市场运行。完善交易规则，维护市场秩序，保证市场主体在公开、公平、公正的市场环境下进行交易，保障市场依法依规运行和健康有序发展，促进要素流动和平等交换，提高资源配置效率。

维护合法权益。坚持平等、全面、依法保护产权。充分尊重权利人意愿，保障市场主体合法权益，实现各类市场主体按照市场规则和市场价格依法平等使用和交易建设用地使用权，实现产权有效激励。切实维护土地所有权人权益，防止国有土地资产流失。

提高服务效能。强化服务意识，优化交易流程，降低交易成本，提高办事效率，方便群众办事，全面提升土地市场领域政府治理能力和水平。

（三）目标任务。建立产权明晰、市场定价、信息集聚、交易安全、监管有效的土地二级市场，市场规则健全完善，交易平台全面形成，服务和监管落实到位，市场秩序更加规范，制度性交易成本明显降低，土地资源配置效率显著提高，形成一、二级市场协调发展、规范有序、资源利用集约高效的现代土地市场体系。

（四）适用范围。建设用地使用权转让、出租、抵押二级市场的交易对象是国有建设用地使用权，重点针对土地交易以及土地连同地上建筑物、其他附着物等整宗地一并交易的情况。涉及到房地产交易的，应当遵守《中华人民共和国城市房地产管理法》、《城市房地产开发经营管理条例》等法律法规规定。

二、完善转让规则，促进要素流通

（五）明确建设用地使用权转让形式。将各类导致建设用地使用权转移的行为都视为建设用地使用权转让，包括买卖、交换、赠与、出资以及司法处置、资产处置、法人或其他组织合并或分立等形式涉及的建设用地使用权转移。建设用地使用权转移的，地上建筑物、其他附着物所有权应一并转移。涉及到房地产转让的，按照房地产转让相关法律法规规定，办理房地产转让相关手续。

（六）明晰不同权能建设用地使用权转让的必要条件。以划拨方式取得的建设用地使用权转让，需经依法批准，土地用途符合《划拨用地目录》的，可不补缴土地出让价款，按转移登记办理；不符合《划拨用地目录》的，在符合规划的前提下，由受让方依法依规补缴土地出让价款。以出让方式取得的建设用地使用权转让，在符合法律法规规定和出让合同约定的前提下，应充分保障交易自由；原出让合同对转让条件另有约定的，从其约定。以作价出资或入股方式取得的建设用地使用权转让，参照以出让方式取得的建设用地使用权转让有关规定，不再报经原批准建设用地使用权作价出资或入股的机关批准；转让后，可保留为作价出资或入股方式，或直接变更为出让方式。

（七）完善土地分割、合并转让政策。分割、合并后的地块应具备独立分宗条件，涉及公共配套设施建设和使用的，转让双方应在合同中明确有关权利义务。拟分割宗地已预售或存在多个权利主体的，应取得相关权利人同意，不得损害权利人合法权益。

（八）实施差别化的税收政策。各地可根据本地实际，在地方权限内探索城镇土地使用税差别化政策，促进土地节约集约利用。

三、完善出租管理，提高服务水平

（九）规范以有偿方式取得的建设用地使用权出租管理。以出让、租赁、作价出资或入股等有偿方式取得的建设用地使用权出租或转租的，不得违反法律法规和有偿使用合同的相关约定。

（十）规范划拨建设用地使用权出租管理。以划拨方式取得的建设用地使用权出租的，应按照有关规定上缴租金中所含土地收益，纳入土地出让收入管理。宗地长期出租，或部分用于出租且可分割的，应依法补办出让、租赁等有偿使用手续。建立划拨建设用地使用权出租收益年度申报制度，出租人依法申报并缴纳相关收益的，不再另行单独办理划拨建设用地使用权出租的批准手续。

（十一）营造建设用地使用权出租环境。市、县自然资源主管部门应当提供建设用地使用权出租供需信息发布条件和场所，制定规范的出租合同文本，提供交易鉴证服务，保障权利人的合法权益。统计分析建设用地使用权出租情况及市场相关数据，定期发布出租市场动态信息和指南。

四、完善抵押机制，保障合法权益

（十二）明确不同权能建设用地使用权抵押的条件。以划拨方式取得的建设用地使用权可以依法依规设定抵押权，划拨土地抵押权实现时应优先缴纳土地出让收入。以出让、作价出资或入股等方式取得的建设用地使用权可以设定抵押权。以租赁方式取得的建设用地使用权，承租人在按规定支付土地租金并完成开发建设后，根据租赁合同约定，其地上建筑物、其他附着物连同土地可以依法一并抵押。

（十三）放宽对抵押权人的限制。自然人、企业均可作为抵押权人申请以建设用地使用权及其地上建筑物、其他附着物所有权办理不动产抵押相关手续，涉及企业之间债权债务合同的须符合有关法律法规的规定。

（十四）依法保障抵押权能。探索允许不以公益为目的的养老、教育等社会领域企业以有偿取得的建设用地使用权、设施等财产进行抵押融资。各地要进一步完善抵押权实现后保障原有经营活动持续稳定的配套措施，确保土地用途不改变、利益相关人权益不受损。探索建立建设用地使用权抵押风险提示机制和抵押资金监管机制，防控市场风险。

五、创新运行模式，规范市场秩序

（十五）建立交易平台。各地要在市、县自然资源主管部门现有的土地交易机构或平台基础上搭建城乡统一的土地市场交易平台，汇集土地二级市场交易信息，提供交易场所，办理交易事务，大力推进线上交易平台和信息系统建设。

（十六）规范交易流程。建立“信息发布—达成意向—签订合同—交易监管”的交易流程。交易双方可通过土地二级市场交易平台等渠道发布和获取市场信息；可自行协商交易，也可委托土地二级市场交易平台公开交易；达成一致后签订合同，依法申报交易价格，申报价格比标定地价低 20% 以上的，市、县人民政府可行使优先购买权。各地要加强交易事中事后监管，对违反有关法律法规或不符合出让合同约定、划拨决定书规定的，不予办理相关手续。

（十七）加强信息互通共享。加强涉地司法处置工作衔接，涉及建设用地使用权转移的案件，自然资源主管部门应当向人民法院提供所涉不动产的权利状况、原出让合同约定的权利义务情况等。建立健全执行联动机制，司法处置土地可进入土地二级市场交易平台交易。加强涉地资产处置工作衔接，政府有关部门或事业单位进行国有资产处置时涉及划拨建设用地使用权转移的，应征求自然资源主管部门意见，并将宗地有关情况如实告知当事人。自然资源、住房城乡建设、税务、市场监管等主管部门应加强对涉地股权转让的联合监管。加强建设用地使用权与房地产交易管理的衔接，建设用地使用权转让、出租、抵押涉及房地产转让、出租、抵押的，住房城乡建设主管部门与自然资源主管部门应当加强信息共享。

六、健全服务体系，加强监测监管

（十八）提供便捷高效的政务服务。在土地交易机构或平台内汇集交易、登记、税务、金融等相关部门或机构的办事窗口，大力发展“互联网 + 政务服务”，积极推进“一窗受理、一网通办、一站办结”，大力精简证明材料，压缩办理时间，提高办事效率和服务水平。发挥土地交易机构或平台的专业优势，提供法律、政策咨询服务，协调矛盾，化解纠纷，营造良好的交易环境。

（十九）培育和规范中介组织。发挥社会中介组织在市场交易活动中的桥梁作用，发展相关机构，为交易各方提供推介、展示、咨询、估价、经纪等服务。各地要加强指导和监管，引导社会中介组织诚信经营。

（二十）加强市场监测监管与调控。健全土地二级市场动态监测监管制度，完善监测监管信息系统。严格落实公示地价体系，定期更新和发布基准地价或标定地价；完善土地二级市场的价格形成、监测、指导、监督机制，防止交易价格异常波动。土地转让涉及房地产开发的相关资金来源应符合房地产开发企业购地和融资的相关规定。强化土地一、二级市场联动，加强土地投放总量、结构、时序等的衔接，适时运用财税、金融等手段，加强对土地市场的整体调控，维护市场平稳运行。

（二十一）完善土地市场信用体系。土地转让后，出让合同所载明的权利义务随之转移，受让人应依法履约。要加强对交易各方的信用监管，健全以“双随机、一公开”为基本手段、以重点监管为补充、以信用监管为基础的新型监管机制。各地要结合本地区实际，制定土地市场信用评价规则和约束措施，对失信责任主体实施联合惩戒，推进土地市场信用体系共建共治共享。

七、保障措施

（二十二）加强组织领导。各地区各有关部门要充分认识完善土地二级市场的重要性，结合实际研究制定实施细则和配套措施，确保各项工作举措和要求落实到位。各级自然资源、财政、住房城乡建设、国有资产监督管理、税务、市场监管、金融等主管部门要建立联动机制，明确分工，落实责任，做好人员和经费保障，有序推进土地二级市场建设。已依法入市的农村集体经营性建设用地使用权转让、出租、抵押，可参照本意见执行。

（二十三）重视宣传引导。加大对土地二级市场相关政策的宣传力度，及时总结推广各地典型经验和创新做法，扩大土地二级市场影响力、吸引力，调动市场主体参与积极性。合理引导市场预期，及时回应公众关切，营造良好的土地市场舆论氛围，提升市场主体和全社会依法规范、节约集约用地的意识，切实提高资源利用效率。

（二十四）严格责任追究。强化监督问责，对违反土地二级市场相关规定的地方政府和有关部门、单位以及责任人员严格实行责任追究，坚决打击各种腐败行为。

最高人民法院关于审理行政协议案件若干问题的规定

（2019年11月12日最高人民法院审判委员会第1781次会议通过　2019年11月27日最高人民法院公告公布　自2020年1月1日起施行　法释〔2019〕17号）

为依法公正、及时审理行政协议案件，根据《中华人民共和国行政诉讼法》等法律的规定，结合行政审判工作实际，制定本规定。

第一条　行政机关为了实现行政管理或者公共服务目标，与公民、法人或者其他组织协商订立的具有行政法上权利义务内容的协议，属于行政诉讼法第十二条第一款第十一项规定的行政协议。

第二条　公民、法人或者其他组织就下列行政协议提起行政诉讼的，人民法院应当依法受理：

（一）政府特许经营协议；

（二）土地、房屋等征收征用补偿协议；

（三）矿业权等国有自然资源使用权出让协议；

（四）政府投资的保障性住房的租赁、买卖等协议；

（五）符合本规定第一条规定的政府与社会资本合作协议；

（六）其他行政协议。

第三条　因行政机关订立的下列协议提起诉讼的，不属于人民法院行政诉讼的受案范围：

（一）行政机关之间因公务协助等事由而订立的协议；

（二）行政机关与其工作人员订立的劳动人事协议。

第四条　因行政协议的订立、履行、变更、终止等发生纠纷，公民、法人或者其他组织作为原告，以行政机关为被告提起行政诉讼的，人民法院应当依法受理。

因行政机关委托的组织订立的行政协议发生纠纷的，委托的行政机关是被告。

第五条　下列与行政协议有利害关系的公民、法人或者其他组织提起行政诉讼的，人民法院应当依法受理：

（一）参与招标、拍卖、挂牌等竞争性活动，认为行政机关应当依法与其订立行政协议但行政机关拒绝订立，或者认为行政机关与他人订立行政协议损害其合法权益的公民、法人或者其他组织；

（二）认为征收征用补偿协议损害其合法权益的被征收征用土地、房屋等不动产的用益物权人、公房承租人；

（三）其他认为行政协议的订立、履行、变更、终止等行为损害其合法权益的公民、法人或者其他组织。

第六条　人民法院受理行政协议案件后，被告就该协议的订立、履行、变更、终止等提起反诉的，人民法院不予准许。

第七条　当事人书面协议约定选择被告所在地、原告所在地、协议履行地、协议订立地、标的物所在地等与争议有实际联系地点的人民法院管辖的，人民法院从其约定，但违反级别管辖和专属管辖的除外。

第八条　公民、法人或者其他组织向人民法院提起民事诉讼，生效法律文书以涉案协议属于行政协议为由裁定不予立案或者驳回起诉，当事人又提起行政诉讼的，人民法院应当依法受理。

第九条　在行政协议案件中，行政诉讼法第四十九条第三项规定的“有具体的诉讼请求”是指：

（一）请求判决撤销行政机关变更、解除行政协议的行政行为，或者确认该行政行为违法；

（二）请求判决行政机关依法履行或者按照行政协议约定履行义务；

（三）请求判决确认行政协议的效力；

（四）请求判决行政机关依法或者按照约定订立行政协议；

（五）请求判决撤销、解除行政协议；

（六）请求判决行政机关赔偿或者补偿；

（七）其他有关行政协议的订立、履行、变更、终止等诉讼请求。

第十条　被告对于自己具有法定职权、履行法定程序、履行相应法定职责以及订立、履行、变更、解除行政协议等行为的合法性承担举证责任。

原告主张撤销、解除行政协议的，对撤销、解除行政协议的事由承担举证责任。

对行政协议是否履行发生争议的，由负有履行义务的当事人承担举证责任。

第十一条　人民法院审理行政协议案件，应当对被告订立、履行、变更、解除行政协议的行为是否具有法定职权、是否滥用职权、适用法律法规是否正确、是否遵守法定程序、是否明显不当、是否履行相应法定职责进行合法性审查。

原告认为被告未依法或者未按照约定履行行政协议的，人民法院应当针对其诉讼请求，对被告是否具有相应义务或者履行相应义务等进行审查。

第十二条　行政协议存在行政诉讼法第七十五条规定的重大且明显违法情形的，人民法院应当确认行政协议无效。

人民法院可以适用民事法律规范确认行政协议无效。

行政协议无效的原因在一审法庭辩论终结前消除的，人民法院可以确认行政协议有效。

第十三条　法律、行政法规规定应当经过其他机关批准等程序后生效的行政协议，在一审法庭辩论终结前未获得批准的，人民法院应当确认该协议未生效。

行政协议约定被告负有履行批准程序等义务而被告未履行，原告要求被告承担赔偿责任的，人民法院应予支持。

第十四条　原告认为行政协议存在胁迫、欺诈、重大误解、显失公平等情形而请求撤销，人民法院经审理认为符合法律规定可撤销情形的，可以依法判决撤销该协议。

第十五条　行政协议无效、被撤销或者确定不发生效力后，当事人因行政协议取得的财产，人民法院应当判决予以返还；不能返还的，判决折价补偿。

因被告的原因导致行政协议被确认无效或者被撤销，可以同时判决责令被告采取补救措施；给原告造成损失的，人民法院应当判决被告予以赔偿。

第十六条　在履行行政协议过程中，可能出现严重损害国家利益、社会公共利益的情形，被告作出变更、解除协议的行政行为后，原告请求撤销该行为，人民法院经审理认为该行为合法的，判决驳回原告诉讼请求；给原告造成损失的，判决被告予以补偿。

被告变更、解除行政协议的行政行为存在行政诉讼法第七十条规定情形的，人民法院判决撤销或者部分撤销，并可以责令被告重新作出行政行为。

被告变更、解除行政协议的行政行为违法，人民法院可以依据行政诉讼法第七十八条的规定判决被告继续履行协议、采取补救措施；给原告造成损失的，判决被告予以赔偿。

第十七条　原告请求解除行政协议，人民法院认为符合约定或者法定解除情形且不损害国家利益、社会公共利益和他人合法权益的，可以判决解除该协议。

第十八条　当事人依据民事法律规范的规定行使履行抗辩权的，人民法院应予支持。

第十九条　被告未依法履行、未按照约定履行行政协议，人民法院可以依据行政诉讼法第七十八条的规定，结合原告诉讼请求，判决被告继续履行，并明确继续履行的具体内容；被告无法履行或者继续履行无实际意义的，人民法院可以判决被告采取相应的补救措施；给原告造成损失的，判决被告予以赔偿。

原告要求按照约定的违约金条款或者定金条款予以赔偿的，人民法院应予支持。

第二十条　被告明确表示或者以自己的行为表明不履行行政协议，原告在履行期限届满之前向人民法院起诉请求其承担违约责任的，人民法院应予支持。

第二十一条　被告或者其他行政机关因国家利益、社会公共利益的需要依法行使行政职权，导致原告履行不能、履行费用明显增加或者遭受损失，原告请求判令被告给予补偿的，人民法院应予支持。

第二十二条　原告以被告违约为由请求人民法院判令其承担违约责任，人民法院经审理认为行政协议无效的，应当向原告释明，并根据原告变更后的诉讼请求判决确认行政协议无效；因被告的行为造成行政协议无效的，人民法院可以依法判决被告承担赔偿责任。原告经释明后拒绝变更诉讼请求的，人民法院可以判决驳回其诉讼请求。

第二十三条　人民法院审理行政协议案件，可以依法进行调解。

人民法院进行调解时，应当遵循自愿、合法原则，不得损害国家利益、社会公共利益和他人合法权益。

第二十四条　公民、法人或者其他组织未按照行政协议约定履行义务，经催告后不履行，行政机关可以作出要求其履行协议的书面决定。公民、法人或者其他组织收到书面决定后在法定期限内未申请行政复议或者提起行政诉讼，且仍不履行，协议内容具有可执行性的，行政机关可以向人民法院申请强制执行。

法律、行政法规规定行政机关对行政协议享有监督协议履行的职权，公民、法人或者其他组织未按照约定履行义务，经催告后不履行，行政机关可以依法作出处理决定。公民、法人或者其他组织在收到该处理决定后在法定期限内未申请行政复议或者提起行政诉讼，且仍不履行，协议内容具有可执行性的，行政机关可以向人民法院申请强制执行。

第二十五条　公民、法人或者其他组织对行政机关不依法履行、未按照约定履行行政协议提起诉讼的，诉讼时效参照民事法律规范确定；对行政机关变更、解除行政协议等行政行为提起诉讼的，起诉期限依照行政诉讼法及其司法解释确定。

第二十六条　行政协议约定仲裁条款的，人民法院应当确认该条款无效，但法律、行政法规或者我国缔结、参加的国际条约另有规定的除外。

第二十七条　人民法院审理行政协议案件，应当适用行政诉讼法的规定；行政诉讼法没有规定的，参照适用民事诉讼法的规定。

人民法院审理行政协议案件，可以参照适用民事法律规范关于民事合同的相关规定。

第二十八条　2015 年 5 月 1 日后订立的行政协议发生纠纷的，适用行政诉讼法及本规定。

2015 年 5 月 1 日前订立的行政协议发生纠纷的，适用当时的法律、行政法规及司法解释。

第二十九条　本规定自 2020 年 1 月 1 日起施行。最高人民法院以前发布的司法解释与本规定不一致的，适用本规定。

二、拆迁征收

1. 综　合

国土资源部关于进一步做好征地管理工作的通知

（2010年6月26日　国土资发〔2010〕96号）

各省、自治区、直辖市国土资源厅（国土环境资源厅、国土资源局、国土资源和房屋管理局、规划和国土资源管理局），新疆生产建设兵团国土资源局：

为贯彻落实党中央、国务院关于做好征地工作的一系列指示精神，以及日前国务院办公厅《关于进一步严格征地拆迁管理工作切实维护群众合法权益的紧急通知》（国办发明电〔2010〕15号，以下简称《紧急通知》）有关规定和要求，切实加强和改进征地管理，确保被征地农民原有生活水平不降低，长远生计有保障，现就有关事项通知如下：

一、推进征地补偿新标准实施，确保补偿费用落实到位

（一）全面实行征地统一年产值标准和区片综合地价。制定征地统一年产值标准和区片综合地价是完善征地补偿机制、实现同地同价的重要举措，也是提高征地补偿标准、维护农民权益的必然要求，各类建设征收农村集体土地都必须严格执行。对于新上建设项目，在用地预审时就要严格把关，确保项目按照公布实施的征地统一年产值标准和区片综合地价核算征地补偿费用，足额列入概算。建设用地位于同一年产值或区片综合地价区域的，征地补偿水平应基本保持一致，做到征地补偿同地同价。

各地应建立征地补偿标准动态调整机制，根据经济发展水平、当地人均收入增长幅度等情况，每2至3年对征地补偿标准进行调整，逐步提高征地补偿水平。目前实施的征地补偿标准已超过规定年限的省份，应按此要求尽快调整修订。未及时调整的，不予通过用地审查。

（二）探索完善征地补偿款预存制度。为防止拖欠征地补偿款，确保补偿费用及时足额到位，各地应探索和完善征地补偿款预存制度。在市县组织用地报批时，根据征地规模与补偿标准，测算征地补偿费用，由申请用地单位提前缴纳预存征地补偿款；对于城市建设用地和以出让方式供地的单独选址建设项目用地，由当地政府预存征地补偿款。用地经依法批准后，根据批准情况对预存的征地补偿款及时核算，多退少补。

省级国土资源部门应结合本省（区、市）实际情况，会同有关部门，建立健全征地补偿款预存的有关规章制度，并在用地审查报批时审核把关。

（三）合理分配征地补偿费。实行征地统一年产值标准和区片综合地价后，省级国土资源部门要会同有关部门，按照征地补偿主要用于被征地农民的原则，结合近年来征地实施情况，制定完善征地补偿费分配办法，报省级政府批准后执行。

征地批后实施时，市县国土资源部门要按照确定的征地补偿安置方案，及时足额支付补偿安置费用；应支付给被征地农民的，要直接支付给农民个人，防止和及时纠正截留、挪用征地补偿安置费的问题。

二、采取多元安置途径，保障被征地农民生产生活

（四）优先进行农业安置。各地应结合当地实际，因地制宜，采取多种有效的征地安置方式。在一些通过土地整治增加了耕地以及农村集体经济组织预留机动地较多的农村地区，征地时应优先采取农业安置方式，将新增耕地或机动地安排给被征地农民，使其拥有一定面积的耕作土地，维持基本的生产条件和收入来源。

（五）规范留地安置。在土地利用总体规划确定的城镇建设用地范围内实施征地，可结合本地实际采取留地安置方式，但要加强引导和管理。留用地应安排在城镇建设用地范围内，并征为国有；涉及农用地转用的，要纳入年度土地利用计划，防止因留地安置扩大城市建设用地规模；留用地开发要符合城市建设规划和有关规定要求。实行留用地安置的地区，当地政府应制定严格的管理办法，确保留用地的安排规范有序，开发利用科学合理。

（六）推进被征地农民社会保障资金的落实。将被征地农民纳入社会保障，是解决被征地农民长远生计的有效途径。各级国土资源部门要在当地政府的统一领导下，配合有关部门，积极推进被征地农民社会保障制度建设。当前，解决被征地农民社保问题的关键在于落实社保资金，本着“谁用地、谁承担”的原则，鼓励各地结合征地补偿安置积极拓展社保资金渠道。各地在用地审查报批中，要对被征地农民社保资金落实情况严格把关，切实推进被征地农民社会保障资金的落实。

实行新型农村社会养老保险试点的地区，要做好被征地农民社会保障与新农保制度的衔接工作。被征地农民纳入新农保的，还应落实被征地农民的社会保障，不得以新农保代替被征地农民社会保障。

三、做好征地中农民住房拆迁补偿安置工作，解决好被征地农民居住问题

（七）切实做好征地涉及的拆迁补偿安置工作。各地要高度重视征地中农民住房拆迁工作，按照《紧急通知》规定要求切实加强管理。农民住房拆迁补偿安置涉及土地、规划、建设、户籍、民政管理等多方面，同时也关系到社会治安、环境整治以及民俗民风等社会问题，市县国土资源部门应在当地政府的统一组织领导和部署下，配合相关部门，建立协调机制，制订办法，共同做好拆迁工作。要严格执行相关法律法规和政策规定，履行有关程序，做到先安置后拆迁，坚决制止和纠正违法违规强制拆迁行为。

（八）住房拆迁要进行合理补偿安置。征地中拆迁农民住房应给予合理补偿，并因地制宜采取多元化安置方式，妥善解决好被拆迁农户居住问题。在城市远郊和农村地区，主要采取迁建安置方式，重新安排宅基地建房。拆迁补偿既要考虑被拆迁的房屋，还要考虑被征收的宅基地。房屋拆迁按建筑重置成本补偿，宅基地征收按当地规定的征地标准补偿。

在城乡结合部和城中村，原则上不再单独安排宅基地建房，主要采取货币或实物补偿的方式，由被拆迁农户自行选购房屋或政府提供的安置房。被拆迁农户所得的拆迁补偿以及政府补贴等补偿总和，应能保障其选购合理居住水平的房屋。

（九）统筹规划有序推进征地拆迁。在城乡结合部和城中村，当地政府应根据城市发展需要，合理预测一段时期内征地涉及的农民住房拆迁安置规模，统筹规划，对拆迁安置用地和建造安置住房提前作出安排，有序组织拆迁工作。安置房建设要符合城市发展规划，防止出现“重复拆迁”。在城市远郊和农村地区，实行迁建安置应在村庄和集镇建设用地范围内安排迁建用地，优先利用空闲地和闲置宅基地。纳入拆并范围的村庄，迁建安置应向规划的居民点集中。有条件的地方应结合新农村或中心村建设，统筹安排被拆迁农户的安置住房。

四、规范征地程序，提高征地工作透明度

（十）认真做好用地报批前告知、确认、听证工作。征地工作事关农民切身利益，征收农民土地要确保农民的知情权、参与权、申诉权和监督权。市县国土资源部门要严格按照有关规定，征地报批前认真履行程序，充分听取农民意见。征地告知要切实落实到村组和农户，结合村务信息公开，采取广播、在村务公开栏和其他明显位置公告等方式，多形式、多途径告知征收土地方案。被征地农民有异议并提出听证的，当地国土资源部门应及时组织听证，听取被征地农民意见。对于群众提出的合理要求，必须妥善予以解决。

（十一）简化征地批后实施程序。为缩短征地批后实施时间，征地报批前履行了告知、确认和听证程序并完成土地权属、地类、面积、地上附着物和青苗等确认以及补偿登记的，可在征地报批的同时拟订征地补偿安置方案。征地批准后，征收土地公告和征地补偿安置方案公告可同步进行。公告中群众再次提出意见的，要认真做好政策宣传解释和群众思想疏导工作，得到群众的理解和支持，不得强行征地。

五、切实履行职责，加强征地管理

（十二）强化市县政府征地实施主体职责。依照法律规定，市县政府是征地组织实施的主体，对确定征地补偿标准、拆迁补偿安置、补偿费用及时足额支付到位、组织被征地农民就业培训、将被征地农民纳入社会保障等负总责。国土资源部门应在政府的统一组织领导下，认真履行部门职责，确保征地工作依法规范有序地进行。

（十三）落实征地批后实施反馈制度。建设用地批准后（其中国务院批准的城市建设用地，在省级政府审核同意农用地转用和土地征收实施方案后）6个月内，市县国土资源部门应将征地批后实施完成情况，包括实施征地范围和规模、履行征地批后程序、征地补偿费用到位、被征地农民安置及社会保障落实等情况，通过在线报送系统及时报送省级国土资源部门和国土资源部。省级国土资源部门要督促、指导市县做好报送工作，检查核实报送信息，及时纠正不报送、迟报送及报送错误等问题。各级国土资源部门要充分运用报送信息，及时掌握、分析征地批后实施情况，加强用地批后监管，确保按批准要求实施征地。

国土资源部关于完善征地补偿安置制度的指导意见

（2004年11月3日　国土资发〔2004〕238号）

为合理利用土地，保护被征地农民合法权益，维护社会稳定，根据法律有关规定和《国务院关于深化改革严格土地管理的决定》（国发〔2004〕28号，以下简称《决定》）精神，现就完善征地补偿安置制度有关问题提出以下意见：

一、关于征地补偿标准

（一）统一年产值标准的制订。省级国土资源部门要会同有关部门制订省域内各县（市）耕地的最低统一年产值标准，报省级人民政府批准后公布执行。制订统一年产值标准可考虑被征收耕地的类型、质量、农民对土地的投入、农产品价格、农用地等级等因素。

（二）统一年产值倍数的确定。土地补偿费和安置补助费的统一年产值倍数，应按照保证被征地农民原有生活水平不降低的原则，在法律规定范围内确定；按法定的统一年产值倍数计算的征地补偿安置费用，不能使被征地农民保持原有生活水平，不足以支持因征地而导致无地农民社会保障费用的，经省级人民政府批准应当提高倍数；土地补偿费和安置补助费合计按30倍计算，尚不足以使被征地农民保持原有生活水平的，由当地人民政府统筹安排，从国有土地有偿使用收益中划出一定比例给予补贴。经依法批准占用基本农田的，征地补偿按当地人民政府公布的最高补偿标准执行。

（三）征地区片综合地价的制订。有条件的地区，省级国土资源部门可会同有关部门制订省域内各县（市）征地区片综合地价，报省级人民政府批准后公布执行，实行征地补偿。制订区片综合地价应考虑地类、产值、土地区位、农用地等级、人均耕地数量、土地供求关系、当地经济发展水平和城镇居民最低生活保障水平等因素。

（四）土地补偿费的分配。按照土地补偿费主要用于被征地农户的原则，土地补偿费应在农村集体经济组织内部合理分配。具体分配办法由省级人民政府制定。土地被全部征收，同时农村集体经济组织撤销建制的，土地补偿费应全部用于被征地农民生产生活安置。

二、关于被征地农民安置途径

（五）农业生产安置。征收城市规划区外的农民集体土地，应当通过利用农村集体机动地、承包农户自愿交回的承包地、承包地流转和土地开发整理新增加的耕地等，首先使被征地农民有必要的耕作土地，继续从事农业生产。

（六）重新择业安置。应当积极创造条件，向被征地农民提供免费的劳动技能培训，安排相应的工作岗位。在同等条件下，用地单位应优先吸收被征地农民就业。征收城市规划区内的农民集体土地，应当将因征地而导致无地的农民，纳入城镇就业体系，并建立社会保障制度。

（七）入股分红安置。对有长期稳定收益的项目用地，在农户自愿的前提下，被征地农村集体经济组织经与用地单位协商，可以以征地补偿安置费用入股，或以经批准的建设用地土地使用权作价入股。农村集体经济组织和农户通过合同约定以优先股的方式获取收益。

（八）异地移民安置。本地区确实无法为因征地而导致无地的农民提供基本生产生活条件的，在充分征求被征地农村集体经济组织和农户意见的前提下，可由政府统一组织，实行异地移民安置。

三、关于征地工作程序

（九）告知征地情况。在征地依法报批前，当地国土资源部门应将拟征地的用途、位置、补偿标准、安置途径等，以书面形式告知被征地农村集体经济组织和农户。在告知后，凡被征地农村集体经济组织和农户在拟征土地上抢栽、抢种、抢建的地上附着物和青苗，征地时一律不予补偿。

（十）确认征地调查结果。当地国土资源部门应对拟征土地的权属、地类、面积以及地上附着物权属、种类、数量等现状进行调查，调查结果应与被征地农村集体经济组织、农户和地上附着物产权人共同确认。

（十一）组织征地听证。在征地依法报批前，当地国土资源部门应告知被征地农村集体经济组织和农户，对拟征土地的补偿标准、安置途径有申请听证的权利。当事人申请听证的，应按照《国土资源听证规定》规定的程序和有关要求组织听证。

四、关于征地实施监管

（十二）公开征地批准事项。经依法批准征收的土地，除涉及国家保密规定等特殊情况外，国土资源部和省级国土资源部门通过媒体向社会公示征地批准事项。县（市）国土资源部门应按照《征用土地公告办法》规定，在被征地所在的村、组公告征地批准事项。

（十三）支付征地补偿安置费用。征地补偿安置方案经市、县人民政府批准后，应按法律规定的时限向被征地农村集体经济组织拨付征地补偿安置费用。当地国土资源部门应配合农业、民政等有关部门对被征地集体经济组织内部征地补偿安置费用的分配和使用情况进行监督。

（十四）征地批后监督检查。各级国土资源部门要对依法批准的征收土地方案的实施情况进行监督检查。因征地确实导致被征地农民原有生活水平下降的，当地国土资源部门应积极会同政府有关部门，切实采取有效措施，多渠道解决好被征地农民的生产生活，维护社会稳定。

国务院办公厅关于进一步严格征地拆迁管理工作切实维护群众合法权益的紧急通知

（2010年5月15日　国办发明电〔2010〕15号）

各省、自治区、直辖市人民政府，国务院各部委、各直属机构：

近期，一些地区在农村征地和房屋拆迁（以下简称“征地拆迁”）中，相继发生多起致人死伤事件，群众反映强烈，社会影响十分恶劣。国务院领导同志高度重视，批示要求做好有关工作。为保护群众的合法权益，维护正常的经济秩序，严厉打击犯罪行为，进一步加强征地拆迁管理，经国务院同意，现将有关事项紧急通知如下：

一、充分认识做好征地拆迁管理工作的重要意义

征地拆迁关系人民群众的切身利益，党中央、国务院对此高度重视，明确要求坚决制止乱占滥用耕地，严格城镇房屋拆迁管理，坚决纠正侵害人民群众利益的问题，切实维护社会稳定。进一步加强征地拆迁管理，妥善处理城市发展和征地拆迁的关系，是贯彻落实科学发展观，维护群众合法权益，构建社会主义和谐社会，促进经济社会可持续发展的一项重要工作。各地区、各部门一定要充分认识做好这项工作的极端重要性，树立全面、协调、可持续的科学发展观和正确的政绩观，端正城乡建设的指导思想，严格执行国家关于征地拆迁的法律法规和政策规定，严格履行有关程序，坚决制止和纠正违法违规强制征地拆迁行为。要改进工作作风，完善工作机制，下大力气化解征地拆迁中的矛盾纠纷，妥善解决群众的实际困难，维护正常的生产生活秩序和社会和谐稳定。

二、严格执行农村征地程序，做好征地补偿工作

征收集体土地，必须在政府的统一组织和领导下依法规范有序开展。征地前要及时进行公告，征求群众意见；对于群众提出的合理要求，必须妥善予以解决，不得强行实施征地。要严格执行省、自治区、直辖市人民政府公布实施的征地补偿标准。尚未按照有关规定公布实施新的征地补偿标准的省、自治区、直辖市，必须于2010年6月底前公布实施；已经公布实施但标准偏低的，必须尽快调整提高。要加强对征地实施过程的监管，确保征地补偿费用及时足额支付到位，防止出现拖欠、截留、挪用等问题。征地涉及拆迁农民住房的，必须先安置后拆迁，妥善解决好被征地农户的居住问题，切实做到被征地拆迁农民原有生活水平不降低，长远生计有保障。重大工程项目建设涉及征地拆迁的，要带头严格执行规定程序和补偿标准。

三、控制城镇房屋拆迁规模，依法依规拆迁

城镇房屋拆迁，必须严格依法规范进行，必须充分尊重被拆迁人选择产权调换、货币补偿等方面的意愿。立项前要组织专家论证，广泛征求社会各界特别是被拆迁人的意见，并进行社会稳定风险评估。要控制拆迁规模，对于没有经过社会稳定风险评估或群众意见较大的项目，一律不得颁发房屋拆迁许可证。要严格控制行政强制拆迁的数量，实施行政强制拆迁要严格执行相关程序，并报请上一级人民政府备案。程序不合法、补偿不到位、被拆迁人居住条件未得到保障以及未制定应急预案的，一律不得实施强制拆迁。

四、强化监督管理，依法查处违法违规行为

各地要立即对所有征地拆迁项目组织开展一次全面排查清理，重点检查征地程序是否合法、拆迁行为是否规范，补偿安置是否合理、保障政策是否落实等情况，限期整改排查清理中发现的各种问题。对采取停水、停电、阻断交通等野蛮手段逼迫搬迁，以及采取“株连式拆迁”和“突击拆迁”等方式违法强制拆迁的，要严格追究有关责任单位和责任人的责任。因暴力拆迁和征地造成人员伤亡或严重财产损失的，公安机关要加大办案力度，尽快查清事实，依法严厉惩处犯罪分子。对因工作不力引发征地拆迁恶性事件、大规模群体性上访事件，以及存在官商勾结、权钱交易的，要追究有关领导和直接责任人的责任，构成犯罪的，要依法严厉追究刑事责任。对随意动用公安民警参与强制征地拆迁造成严重后果的，要严肃追究有关党政领导的责任。

五、健全工作机制，及时化解矛盾纠纷

各地区、各有关部门要严格按照信访评估到位、审批程序到位、政策公开到位、补偿安置到位的要求，建立健全征地拆迁信息沟通与协作机制，及时掌握和化解苗头性、倾向性问题，防止矛盾积累激化。要健全征地拆迁信访工作责任制，加快建立上下贯通的信访信息系统，积极探索征地拆迁矛盾纠纷排查调处机制，采取各种有效方式做好群众思想工作，防止简单粗暴压制群众，避免因征地拆迁问题引发新的上访事件。地方各级人民政府和有关部门要深入到问题较多的地方去接访、下访，主动倾听群众诉求，把问题解决在初始阶段。各地要加强形势分析与研判，一旦发生恶性事件，要及时启动应急预案，做好稳控工作，防止事态扩大。要加强和改进宣传工作，充分发挥舆论监督和引导的重要作用。

六、加强协调配合，强化工作责任

各地区、各有关部门要把做好征地拆迁管理工作作为落实中央宏观调控政策和维护社会和谐稳定的重要内容，列入近期工作的重要议事日程。省、自治区、直辖市人民政府要加强对征地拆迁工作的管理和监督，切实加强对征地拆迁规模的总量调控，防止和纠正大拆大建。市、县人民政府对征地拆迁管理工作负总责，要明确政府分管负责人的责任，对出现群体性事件的，市、县人民政府主要负责人要亲临现场做好相关工作。有关部门要加强协作，密切配合，加强对各地征地拆迁工作的指导监督，联合查处典型案例，研究完善相关政策措施，及时向国务院报告重要情况。

各省、自站区、直辖市人民政府要在2010年8月底前将落实本通知情况报国务院，同时抄送住房城乡建设部和国土资源部。

中共中央纪委办公厅、监察部办公厅关于加强监督检查进一步规范征地拆迁行为的通知

（2011年3月17日　中纪办发〔2011〕8号）

各省、自治区、直辖市和新疆生产建设兵团纪委、监察厅（局）：

近年来，各地认真贯彻落实党中央、国务院的决策部署，严格执行农村集体土地征收和城市房屋拆迁法律法规和政策规定，不断完善征地拆迁补偿机制，努力做好群众工作，征地拆迁状况总体是好的。但随着城市化进程推进，征地拆迁规模不断扩大，一些地方仍然存在违法违规强制征地拆迁问题，个别地方甚至发生因违法违规强制征地拆迁致人伤亡事件，造成了恶劣的社会影响，严重危害群众利益，损害党和政府形象。各级纪检监察机关要按照十七届中央纪委第六次全会的部署，切实加强对征地拆迁政策规定执行情况的监督检查，坚决制止和纠正违法违规强制征地拆迁行为，维护群众利益，促进科学发展和社会和谐稳定。现通知如下：

一、加强监督检查，保证《国有土地上房屋征收与补偿条例》的贯彻执行

2011年1月21日国务院颁布的《国有土地上房屋征收与补偿条例》（以下简称《条例》），是规范国有土地上房屋征收与补偿的基础性法规。《条例》规定，取消行政强制拆迁，申请司法强制执行；先补偿后搬迁，禁止采取暴力威胁迫使搬迁；明确征收补偿标准和公共利益范围；被征收人有权请求行政

救济和司法救济等，为保障被征收人的合法权益提供了依据。各级纪检监察机关要加强《条例》贯彻执行情况的监督检查，督促各地及有关部门认真学习宣传；贯彻执行《条例》精神，按照规定的征收范围、补偿标准和征收程序，依法征收、公平补偿。督促地方政府及有关部门认真清理现行规章制度和规范性文件，该废止的予以废止，该修订的抓紧修订，该配套完善的尽快配套完善。——对《条例》颁布前已经作出行政强制拆迁决定但尚未组织实施的项目，不得再组织实施，要重新组织论证，由人民法院裁定是否强制执行。

二、推动完善政策，切实维护被征地拆迁农民的合法权益

要督促有关地方政府和部门严格按照《国务院办公厅关于进一步严格征地拆迁管理工作切实维护群众合法权益的紧急通知》（国办发明电〔2010〕15 号）要求，进一步建立健全有关政策规定，认真做好农村集体土地征收和房屋拆迁工作，确保被征地拆迁农民原有生活水平不降低，长远生计有保障。要督促认真落实补偿安置政策规定，做到先安置后拆迁，住房安置要充分考虑农民的生活习惯和生产需要，妥善解决好被征地拆迁农民的居住问题；房屋拆迁要按照建筑重置成本补偿，宅基地征收按当地规定的征地标准补偿，被征地拆迁农户所得拆迁补偿以及政府补贴，能够保障其选购合理居住水平的房屋。要督促建立与当地经济发展水平相适应、收入增长幅度相协调的补偿标准动态调整机制，并认真加以执行。在《土地管理法》等法律法规作出修订之前，集体土地上房屋拆迁，要参照新颁布的《国有土地上房屋征收与补偿条例》的精神执行。

三、强化责任落实，督促地方政府和有关部门依法履行职责

要督促地方政府及有关部门深入贯彻落实以人为本、执政为民的要求，加强和改进群众工作，畅通被征地拆迁群众反映问题、表达诉求的渠道，广泛听取群众意见，妥善解决群众的合理诉求，紧紧依靠群众的支持和参与开展征地拆迁。要对有关地方政府履行征地拆迁主体责任情况进行监督检查，督促严格审批征地拆迁项目，认真履行公告、告知、听证等程序，加强管理监督，依法依规进行征地拆迁。要对有关部门履行职责情况进行监督检查，督促住房城乡建设部门严格拆迁许可证的审批管理，加强对国有土地上房屋征收与补偿工作的监管；督促国土资源部门严把新上项目用地预审关，加强对农村集体土地征收和房屋拆迁工作的监管；督促农业部门严格农村集体土地征地补偿费分配使用情况的监管。要建立健全矛盾纠纷排查调处机制，及时解决苗头性、倾向性问题，防止矛盾纠纷积累激化。

四、严肃查办案件，严格追究有关责任人的责任

加大查办违法违规强制征地拆迁案件的力度，重点查处采取中断供水、供热、供气、供电和道路通行等非法方式迫使搬迁行为，采取暴力、威胁手段或突击、“株连”等方式强制征地拆迁行为，以及《国有土地上房屋征收与补偿条例》颁布后仍然组织实施行政强制拆迁等问题。对有令不行、有禁不止的，违规动用警力参与征地拆迁的，因工作不力、简单粗暴、失职渎职引发恶性事件和群体性事件的，对违法违规征地拆迁行为不制止、隐瞒不报、压案不查的，要严肃追究有关领导人员的责任。涉嫌犯罪的，移送司法机关依法追究刑事责任。对征地拆迁中官商勾结、权钱交易的，要发现一起、查处一起，绝不姑息。

五、加大宣传力度，正确引导社会舆论

要加大对《条例》等有关法律法规和政策规定的宣传力度，注意加强对征地拆迁社会舆情的分析研判，建立快速的应对机制。要及时总结依法拆迁、“阳光”拆迁、和谐拆迁的好经验、好做法，组织力量进行宣传报道，加强对社会舆论的正确引导。对社会广泛关注的违法违规强制征地拆迁典型案件，及时公布查处结果。对群众反映强烈的突出问题和突发性事件，依法妥善处置，及时回应社会关切，避免出现过度炒作等不利局面。

住房城乡建设部城市管理监督局关于推行城市管理执法全过程记录工作的通知

（2016 年 11 月 8 日　建督综函〔2016〕1 号）

各省、自治区住房城乡建设厅，直辖市城市管理主管部门及有关部门，新疆生产建设兵团建设局：

为贯彻落实《中共中央国务院关于深入推进城市执法体制改革改进城市管理工作的指导意见》精神，促进严格规范公正文明执法，决定在县级以上城市管理部门推行城市管理执法全过程记录工作。现就有关事项通知如下：

一、推行执法全过程记录

各地城市管理部门要通过文字、音像等记录方式，对执法活动全过程进行记录，客观、公正、完整地记录执法工作情况和相关证据，实现全过程留痕和可回溯管理。规范执法文书的制作和使用，确保执法文书和案卷完整准确、合法规范。合理配备并使用执法记录仪等现场执法记录设备和视音频资料传输、存储、等设备。对现场执法活动中容易引发争议和纠纷的，应当实行全过程音像记录。

二、推进信息化建设

积极利用大数据、云计算、物联网等信息技术，结合数字化城市管理平台建设和办公自动化系统建设等，探索成本低、效果好、易保存、不能删改的音像记录方式，提高执法记录的信息化水平。做好执法文书和视音频资料的管理和存储，逐步实现与数字化城市管理信息系统关联共享。

三、注重记录工作实效

建立健全执法全过程记录保存、管理、使用等工作制度。定期组织对执法文书和视音频资料进行抽查检查。充分发挥全过程记录信息在案卷评查、数据统计分析、执法监督等工作中的作用。

各地要充分认识推行城市管理执法全过程记录工作的重要意义，切实落实工作要求，配备相关仪器设备，严格规范记录行为，妥善保管使用记录信息，确保执法全过程记录工作有效推行。

住房城乡建设部办公厅、国家发展改革委办公厅、财政部办公厅关于印发《棚户区改造工作激励措施实施办法（试行）》的通知

（2016 年 12 月 19 日　建办保〔2016〕69 号）

各省、自治区住房城乡建设厅、发展改革委、财政厅，北京市住房城乡建设委、重大项目办公室、发展改革委、财政局，上海市住房城乡建设委、发展改革委、财政局，天津、重庆市城乡建设委、国土资源房屋管理局、发展改革委、财政局，新疆生产建设兵团建设局、发展改革委、财务局：

根据《国务院办公厅关于对真抓实干成效明显地方加大激励支持力度的通知》（国办发〔2016〕82 号）要求，为鼓励各地干事创业、真抓实干，有效推进棚户区改造工作，我们制定了《棚户区改造工作激励措施实施办法（试行）》。现印发给你们，请认真贯彻落实。

棚户区改造工作激励措施实施办法（试行）

第一条　为贯彻落实《国务院办公厅关于对真抓实干成效明显地方加大激励支持力度的通知》（国办发〔2016〕82 号）精神，鼓励各地干事创业、真抓实干，有效推进棚户区改造（以下简称棚改）工作，制定本办法。

第二条　本办法的激励支持对象是指年度棚改工作积极主动、成效明显的省（自治区、直辖市，含兵团，下同）。

年度激励支持的省（区、市）数量在 8 个左右，并适当兼顾东中西部地区的差异。

第三条　每年 1 月，住房城乡建设部根据上一年度棚改工作情况，会商国家发展改革委、财政部，提出拟予激励支持的建议名单，并报送国务院。

第四条　拟激励支持地方名单的提出，主要考虑棚改年度任务、工作进度、货币化安置情况、中央预算内投资项目开工和投资完成情况、中央财政补助资金使用情况，同时参考资金筹集、工作成效、日常管理、守法执规等情况，并结合国务院大督查、部门日常督查、相关专项督查、审计等情况综合评定。

在具体评定拟激励支持名单时，可根据上一年度实际情况，进一步听取有关部门和单位意见，或核查有关地方的相关情况。

第五条　对在棚改工作中具有下列情形之一的地方，实行一票否决，不列入拟激励支持名单：

（一）棚改年度任务未完成的；

（二）在国务院大督查中发现问题较多、工作不力的；

（三）对上一年度棚改工作审计发现问题整改不力、进展缓慢的；

（四）存在其他严重问题，有必要取消其激励支持资格的。

第六条　国家发展改革委会同住房城乡建设部在安排保障性安居工程中央预算内投资时，对受表扬激励的地方给予适当倾斜支持。

第七条　财政部会同住房城乡建设部在安排中央财政城镇保障性安居工程专项资金时，对受表扬激励的地方给予适当倾斜支持。

第八条　有条件的省（区、市）住房城乡建设、发展改革、财政部门，可以根据国办发〔2016〕82 号文件及本办法，并结合当地实际，制定相应的配套措施，加大激励力度，增强激励效果。

第九条　本办法由住房城乡建设部、国家发展改革委、财政部负责解释。

第十条　本办法自发布之日起施行。

住房城乡建设部、财政部、国土资源部关于进一步做好棚户区改造工作有关问题的通知

（2016 年 7 月 11 日　建保〔2016〕156 号）

各省、自治区住房城乡建设厅、财政厅、国土资源厅，北京市住房城乡建设委、重大项目建设指挥部办公室、财政局、国土资源局，天津市城乡建设委、财政局、国土资源房屋管理局，上海市住房城乡建设管理委、财政局、规划和国土资源局，重庆市城乡建设委、财政局、国土资源房屋管理局，新疆生产建设兵团建设局、财务局、国土资源局：

棚户区改造是一项系统工程。它既包括棚户区征收拆迁和居民安置，还包括开发利用好腾空土地资源，实现腾空土地出让，依合同约定及时偿还开发银行、农业发展银行等金融机构棚改贷款，实现在市域范围内棚改资金大体平衡。为做好这两方面的工作，全面推进棚改，现就有关问题通知如下：

一、加速推进棚改。《政府工作报告》已经明确 2016 年改造 600 万套棚户区住房任务，要在原来工作基础上，进一步加大棚改推进力度，确保早开工、早见效；确保提高棚改货币化安置比例；确保落实棚改信贷支持政策；确保棚改资金安全高效利用。同时，要抓紧筹划 2017 年棚改工作。

二、依法依规控制棚改成本。要树立精打细算理念，严格依法依规办事。要建立健全征收拆迁补偿标准的规则，严格

评估制度，确保征收过程公开公平公正。严禁大手大脚花钱，严禁违规支出。

三、科学规划棚改腾空的土地。按照《中共中央　国务院关于进一步加强城市规划建设管理工作的若干意见》（中发〔2016〕6号）提出的“合理安排建设用地，推动城市集约发展”要求，做好城市规划工作。腾空土地的道路、绿地、公共空间与公共服务设施用地的占比，不得超过国家规定的规划建设用地标准。要通过科学规划，集约节约利用土地，确保有足够的土地可以出让。

四、注重配套和环境建设。要在科学规划的基础上，加强腾空区道路、供水、供电等基础设施建设，同时要抓好教育文化、医疗卫生、商业等公共设施建设，搞好绿化，美化环境，吸引企事业单位和居民进驻。

五、优先安排出让棚改腾空的土地。在编制地区土地利用规划、制定年度土地供应计划时，要优先安排棚改腾空土地出让。市、县的棚改腾空土地出让收入、属于政府所有的棚改安置小区配套商业设施销售收入，优先用于棚改；棚改实施主体要构建动态还款机制，确保按合同约定及时偿还贷款。

六、同步推进产业发展。各地在推进棚改的同时，必须努力发挥本地优势，大力开展招商引资，吸引更多社会投资，培育主导产业，完善产业链条，创造新的就业机会，让城市居民不仅住得下，而且住得好。

各省、自治区、直辖市住房城乡建设、财政、国土资源部门要积极争取本地区党委、政府的重视和支持，与开发银行、农业发展银行等金融机构密切配合，努力完成今年棚改征收拆迁和居民安置任务，实现在市域范围内棚改资金大体平衡。

2. 国有土地上房屋征收

国有土地上房屋征收与补偿条例

（2011年1月19日国务院第141次常务会议通过　2011年1月21日中华人民共和国国务院令第590号公布　自公布之日起施行）

第一章　总　　则

第一条　【立法目的】为了规范国有土地上房屋征收与补偿活动，维护公共利益，保障被征收房屋所有权人的合法权益，制定本条例。

第二条　【适用范围】为了公共利益的需要，征收国有土地上单位、个人的房屋，应当对被征收房屋所有权人（以下称被征收人）给予公平补偿。

第三条　【基本原则】房屋征收与补偿应当遵循决策民主、程序正当、结果公开的原则。

第四条　【行政管辖】市、县级人民政府负责本行政区域的房屋征收与补偿工作。

市、县级人民政府确定的房屋征收部门（以下称房屋征收部门）组织实施本行政区域的房屋征收与补偿工作。

市、县级人民政府有关部门应当依照本条例的规定和本级人民政府规定的职责分工，互相配合，保障房屋征收与补偿工作的顺利进行。

第五条　【房屋征收实施单位】房屋征收部门可以委托房屋征收实施单位，承担房屋征收与补偿的具体工作。房屋征收实施单位不得以营利为目的。

房屋征收部门对房屋征收实施单位在委托范围内实施的房屋征收与补偿行为负责监督，并对其行为后果承担法律责任。

第六条　【主管部门】上级人民政府应当加强对下级人民政府房屋征收与补偿工作的监督。

国务院住房城乡建设主管部门和省、自治区、直辖市人民政府住房城乡建设主管部门应当会同同级财政、国土资源、发展改革等有关部门，加强对房屋征收与补偿实施工作的指导。

第七条　【举报与监察】任何组织和个人对违反本条例规定的行为，都有权向有关人民政府、房屋征收部门和其他有关部门举报。接到举报的有关人民政府、房屋征收部门和其他有关部门对举报应当及时核实、处理。

监察机关应当加强对参与房屋征收与补偿工作的政府和有关部门或者单位及其工作人员的监察。

第二章　征收决定

第八条　【征收情形】为了保障国家安全、促进国民经济和社会发展等公共利益的需要，有下列情形之一，确需征收房屋的，由市、县级人民政府作出房屋征收决定：

（一）国防和外交的需要；

（二）由政府组织实施的能源、交通、水利等基础设施建设的需要；

（三）由政府组织实施的科技、教育、文化、卫生、体育、环境和资源保护、防灾减灾、文物保护、社会福利、市政公用等公共事业的需要；

（四）由政府组织实施的保障性安居工程建设的需要；

（五）由政府依照城乡规划法有关规定组织实施的对危房集中、基础设施落后等地段进行旧城区改建的需要；

（六）法律、行政法规规定的其他公共利益的需要。

第九条　【征收相关建设的要求】依照本条例第八条规定，确需征收房屋的各项建设活动，应当符合国民经济和社会发展规划、土地利用总体规划、城乡规划和专项规划。保障性安居工程建设、旧城区改建，应当纳入市、县级国民经济和社会发展年度计划。

制定国民经济和社会发展规划、土地利用总体规划、城乡规划和专项规划，应当广泛征求社会公众意见，经过科学论证。

第十条 【征收补偿方案】房屋征收部门拟定征收补偿方案，报市、县级人民政府。

市、县级人民政府应当组织有关部门对征收补偿方案进行论证并予以公布，征求公众意见。征求意见期限不得少于30日。

第十一条 【旧城区改建】市、县级人民政府应当将征求意见情况和根据公众意见修改的情况及时公布。

因旧城区改建需要征收房屋，多数被征收人认为征收补偿方案不符合本条例规定的，市、县级人民政府应当组织由被征收人和公众代表参加的听证会，并根据听证会情况修改方案。

第十二条 【社会稳定风险评估】市、县级人民政府作出房屋征收决定前，应当按照有关规定进行社会稳定风险评估；房屋征收决定涉及被征收人数量较多的，应当经政府常务会议讨论决定。

作出房屋征收决定前，征收补偿费用应当足额到位、专户存储、专款专用。

第十三条 【征收公告】市、县级人民政府作出房屋征收决定后应当及时公告。公告应当载明征收补偿方案和行政复议、行政诉讼权利等事项。

市、县级人民政府及房屋征收部门应当做好房屋征收与补偿的宣传、解释工作。

房屋被依法征收的，国有土地使用权同时收回。

第十四条 【征收复议与诉讼】被征收人对市、县级人民政府作出的房屋征收决定不服的，可以依法申请行政复议，也可以依法提起行政诉讼。

第十五条 【征收调查登记】房屋征收部门应当对房屋征收范围内房屋的权属、区位、用途、建筑面积等情况组织调查登记，被征收人应当予以配合。调查结果应当在房屋征收范围内向被征收人公布。

第十六条 【房屋征收范围确定】房屋征收范围确定后，不得在房屋征收范围内实施新建、扩建、改建房屋和改变房屋用途等不当增加补偿费用的行为；违反规定实施的，不予补偿。

房屋征收部门应当将前款所列事项书面通知有关部门暂停办理相关手续。暂停办理相关手续的书面通知应当载明暂停期限。暂停期限最长不得超过1年。

第三章 补 偿

第十七条 【征收补偿范围】作出房屋征收决定的市、县级人民政府对被征收人给予的补偿包括：

（一）被征收房屋价值的补偿；

（二）因征收房屋造成的搬迁、临时安置的补偿；

（三）因征收房屋造成的停产停业损失的补偿。

市、县级人民政府应当制定补助和奖励办法，对被征收人给予补助和奖励。

第十八条 【涉及住房保障情形的征收】征收个人住宅，被征收人符合住房保障条件的，作出房屋征收决定的市、县级人民政府应当优先给予住房保障。具体办法由省、自治区、直辖市制定。

第十九条 【被征收房屋价值的补偿】对被征收房屋价值的补偿，不得低于房屋征收决定公告之日被征收房屋类似房地产的市场价格。被征收房屋的价值，由具有相应资质的房地产价格评估机构按照房屋征收评估办法评估确定。

对评估确定的被征收房屋价值有异议的，可以向房地产价格评估机构申请复核评估。对复核结果有异议的，可以向房地产价格评估专家委员会申请鉴定。

房屋征收评估办法由国务院住房城乡建设主管部门制定，制定过程中，应当向社会公开征求意见。

第二十条 【房地产价格评估机构】房地产价格评估机构由被征收人协商选定；协商不成的，通过多数决定、随机选定等方式确定，具体办法由省、自治区、直辖市制定。

房地产价格评估机构应当独立、客观、公正地开展房屋征收评估工作，任何单位和个人不得干预。

第二十一条 【产权调换】被征收人可以选择货币补偿，也可以选择房屋产权调换。

被征收人选择房屋产权调换的，市、县级人民政府应当提供用于产权调换的房屋，并与被征收人计算、结清被征收房屋价值与用于产权调换房屋价值的差价。

因旧城区改建征收个人住宅，被征收人选择在改建地段进行房屋产权调换的，作出房屋征收决定的市、县级人民政府应当提供改建地段或者就近地段的房屋。

第二十二条 【搬迁与临时安置】因征收房屋造成搬迁的，房屋征收部门应当向被征收人支付搬迁费；选择房屋产权调换的，产权调换房屋交付前，房屋征收部门应当向被征收人支付临时安置费或者提供周转用房。

第二十三条 【停产停业损失的补偿】对因征收房屋造成停产停业损失的补偿，根据房屋被征收前的效益、停产停业期限等因素确定。具体办法由省、自治区、直辖市制定。

第二十四条 【临时建筑】市、县级人民政府及其有关部门应当依法加强对建设活动的监督管理，对违反城乡规划进行建设的，依法予以处理。

市、县级人民政府作出房屋征收决定前，应当组织有关部门依法对征收范围内未经登记的建筑进行调查、认定和处理。对认定为合法建筑和未超过批准期限的临时建筑的，应当给予补偿；对认定为违法建筑和超过批准期限的临时建筑的，不予补偿。

第二十五条 【补偿协议】房屋征收部门与被征收人依照本条例的规定，就补偿方式、补偿金额和支付期限、用于产权调换房屋的地点和面积、搬迁费、临时安置费或者周转用房、停产停业损失、搬迁期限、过渡方式和过渡期限等事项，订立补偿协议。

补偿协议订立后，一方当事人不履行补偿协议约定的义务的，另一方当事人可以依法提起诉讼。

第二十六条　【补偿决定】房屋征收部门与被征收人在征收补偿方案确定的签约期限内达不成补偿协议，或者被征收房屋所有权人不明确的，由房屋征收部门报请作出房屋征收决定的市、县级人民政府依照本条例的规定，按照征收补偿方案作出补偿决定，并在房屋征收范围内予以公告。

补偿决定应当公平，包括本条例第二十五条第一款规定的有关补偿协议的事项。

被征收人对补偿决定不服的，可以依法申请行政复议，也可以依法提起行政诉讼。

第二十七条　【先补偿后搬迁】实施房屋征收应当先补偿、后搬迁。

作出房屋征收决定的市、县级人民政府对被征收人给予补偿后，被征收人应当在补偿协议约定或者补偿决定确定的搬迁期限内完成搬迁。

任何单位和个人不得采取暴力、威胁或者违反规定中断供水、供热、供气、供电和道路通行等非法方式迫使被征收人搬迁。禁止建设单位参与搬迁活动。

第二十八条　【依法申请法院强制执行】被征收人在法定期限内不申请行政复议或者不提起行政诉讼，在补偿决定规定的期限内又不搬迁的，由作出房屋征收决定的市、县级人民政府依法申请人民法院强制执行。

强制执行申请书应当附具补偿金额和专户存储账号、产权调换房屋和周转用房的地点和面积等材料。

第二十九条　【征收补偿档案与审计监督】房屋征收部门应当依法建立房屋征收补偿档案，并将分户补偿情况在房屋征收范围内向被征收人公布。

审计机关应当加强对征收补偿费用管理和使用情况的监督，并公布审计结果。

第四章　法律责任

第三十条　【玩忽职守等法律责任】市、县级人民政府及房屋征收部门的工作人员在房屋征收与补偿工作中不履行本条例规定的职责，或者滥用职权、玩忽职守、徇私舞弊的，由上级人民政府或者本级人民政府责令改正，通报批评；造成损失的，依法承担赔偿责任；对直接负责的主管人员和其他直接责任人员，依法给予处分；构成犯罪的，依法追究刑事责任。

第三十一条　【暴力等非法搬迁法律责任】采取暴力、威胁或者违反规定中断供水、供热、供气、供电和道路通行等非法方式迫使被征收人搬迁，造成损失的，依法承担赔偿责任；对直接负责的主管人员和其他直接责任人员，构成犯罪的，依法追究刑事责任；尚不构成犯罪的，依法给予处分；构成违反治安管理行为的，依法给予治安管理处罚。

第三十二条　【非法阻碍征收与补偿工作法律责任】采取暴力、威胁等方法阻碍依法进行的房屋征收与补偿工作，构成犯罪的，依法追究刑事责任；构成违反治安管理行为的，依法给予治安管理处罚。

第三十三条　【贪污、挪用等法律责任】贪污、挪用、私分、截留、拖欠征收补偿费用的，责令改正，追回有关款项，限期退还违法所得，对有关责任单位通报批评、给予警告；造成损失的，依法承担赔偿责任；对直接负责的主管人员和其他直接责任人员，构成犯罪的，依法追究刑事责任；尚不构成犯罪的，依法给予处分。

第三十四条　【违法评估法律责任】房地产价格评估机构或者房地产估价师出具虚假或者有重大差错的评估报告的，由发证机关责令限期改正，给予警告，对房地产价格评估机构并处5万元以上20万元以下罚款，对房地产估价师并处1万元以上3万元以下罚款，并记入信用档案；情节严重的，吊销资质证书、注册证书；造成损失的，依法承担赔偿责任；构成犯罪的，依法追究刑事责任。

第五章　附　　则

第三十五条　【施行日期】本条例自公布之日起施行。2001年6月13日国务院公布的《城市房屋拆迁管理条例》同时废止。本条例施行前已依法取得房屋拆迁许可证的项目，继续沿用原有的规定办理，但政府不得责成有关部门强制拆迁。

国有土地上房屋征收评估办法

（2011年6月3日　建房〔2011〕77号）

第一条　为规范国有土地上房屋征收评估活动，保证房屋征收评估结果客观公平，根据《国有土地上房屋征收与补偿条例》，制定本办法。

第二条　评估国有土地上被征收房屋和用于产权调换房屋的价值，测算被征收房屋类似房地产的市场价格，以及对相关评估结果进行复核评估和鉴定，适用本办法。

第三条　房地产价格评估机构、房地产估价师、房地产价格评估专家委员会（以下称评估专家委员会）成员应当独立、客观、公正地开展房屋征收评估、鉴定工作，并对出具的评估、鉴定意见负责。

任何单位和个人不得干预房屋征收评估、鉴定活动。与房屋征收当事人有利害关系的，应当回避。

第四条　房地产价格评估机构由被征收人在规定时间内协商选定；在规定时间内协商不成的，由房屋征收部门通过组织被征收人按照少数服从多数的原则投票决定，或者采取摇号、抽签等随机方式确定。具体办法由省、自治区、直辖市制定。

房地产价格评估机构不得采取迎合征收当事人不当要求、虚假宣传、恶意低收费等不正当手段承揽房屋征收评估业务。

第五条　同一征收项目的房屋征收评估工作，原则上由一家房地产价格评估机构承担。房屋征收范围较大的，可以由两家以上房地产价格评估机构共同承担。

两家以上房地产价格评估机构承担的，应当共同协商确定一家房地产价格评估机构为牵头单位；牵头单位应当组织相关房地产价格评估机构就评估对象、评估时点、价值内涵、评估依据、评估假设、评估原则、评估技术路线、评估方法、重要参数选取、评估结果确定方式等进行沟通，统一标准。

第六条　房地产价格评估机构选定或者确定后，一般由房屋征收部门作为委托人，向房地产价格评估机构出具房屋征收评估委托书，并与其签订房屋征收评估委托合同。

房屋征收评估委托书应当载明委托人的名称、委托的房地产价格评估机构的名称、评估目的、评估对象范围、评估要求以及委托日期等内容。

房屋征收评估委托合同应当载明下列事项：

（一）委托人和房地产价格评估机构的基本情况；

（二）负责本评估项目的注册房地产估价师；

（三）评估目的、评估对象、评估时点等评估基本事项；

（四）委托人应提供的评估所需资料；

（五）评估过程中双方的权利和义务；

（六）评估费用及收取方式；

（七）评估报告交付时间、方式；

（八）违约责任；

（九）解决争议的方法；

（十）其他需要载明的事项。

第七条　房地产价格评估机构应当指派与房屋征收评估项目工作量相适应的足够数量的注册房地产估价师开展评估工作。

房地产价格评估机构不得转让或者变相转让受托的房屋征收评估业务。

第八条　被征收房屋价值评估目的应当表述为“为房屋征收部门与被征收人确定被征收房屋价值的补偿提供依据，评估被征收房屋的价值”。

用于产权调换房屋价值评估目的应当表述为“为房屋征收部门与被征收人计算被征收房屋价值与用于产权调换房屋价值的差价提供依据，评估用于产权调换房屋的价值”。

第九条　房屋征收评估前，房屋征收部门应当组织有关单位对被征收房屋情况进行调查，明确评估对象。评估对象应当全面、客观，不得遗漏、虚构。

房屋征收部门应当向受托的房地产价格评估机构提供征收范围内房屋情况，包括已经登记的房屋情况和未经登记建筑的认定、处理结果情况。调查结果应当在房屋征收范围内向被征收人公布。

对于已经登记的房屋，其性质、用途和建筑面积，一般以房屋权属证书和房屋登记簿的记载为准；房屋权属证书与房屋登记簿的记载不一致的，除有证据证明房屋登记簿确有错误外，以房屋登记簿为准。对于未经登记的建筑，应当按照市、县级人民政府的认定、处理结果进行评估。

第十条　被征收房屋价值评估时点为房屋征收决定公告之日。

用于产权调换房屋价值评估时点应当与被征收房屋价值评估时点一致。

第十一条　被征收房屋价值是指被征收房屋及其占用范围内的土地使用权在正常交易情况下，由熟悉情况的交易双方以公平交易方式在评估时点自愿进行交易的金额，但不考虑被征收房屋租赁、抵押、查封等因素的影响。

前款所述不考虑租赁因素的影响，是指评估被征收房屋无租约限制的价值；不考虑抵押、查封因素的影响，是指评估价值中不扣除被征收房屋已抵押担保的债权数额、拖欠的建设工程价款和其他法定优先受偿款。

第十二条　房地产价格评估机构应当安排注册房地产估价师对被征收房屋进行实地查勘，调查被征收房屋状况，拍摄反映被征收房屋内外部状况的照片等影像资料，做好实地查勘记录，并妥善保管。

被征收人应当协助注册房地产估价师对被征收房屋进行实地查勘，提供或者协助搜集被征收房屋价值评估所必需的情况和资料。

房屋征收部门、被征收人和注册房地产估价师应当在实地查勘记录上签字或者盖章确认。被征收人拒绝在实地查勘记录上签字或者盖章的，应当由房屋征收部门、注册房地产估价师和无利害关系的第三人见证，有关情况应当在评估报告中说明。

第十三条　注册房地产估价师应当根据评估对象和当地房地产市场状况，对市场法、收益法、成本法、假设开发法等评估方法进行适用性分析后，选用其中一种或者多种方法对被征收房屋价值进行评估。

被征收房屋的类似房地产有交易的，应当选用市场法评估；被征收房屋或者其类似房地产有经济收益的，应当选用收益法评估；被征收房屋是在建工程的，应当选用假设开发法评估。

可以同时选用两种以上评估方法评估的，应当选用两种以上评估方法评估，并对各种评估方法的测算结果进行校核和比较分析后，合理确定评估结果。

第十四条　被征收房屋价值评估应当考虑被征收房屋的

区位、用途、建筑结构、新旧程度、建筑面积以及占地面积、土地使用权等影响被征收房屋价值的因素。

被征收房屋室内装饰装修价值，机器设备、物资等搬迁费用，以及停产停业损失等补偿，由征收当事人协商确定；协商不成的，可以委托房地产价格评估机构通过评估确定。

第十五条　房屋征收评估价值应当以人民币为计价的货币单位，精确到元。

第十六条　房地产价格评估机构应当按照房屋征收评估委托书或者委托合同的约定，向房屋征收部门提供分户的初步评估结果。分户的初步评估结果应当包括评估对象的构成及其基本情况和评估价值。房屋征收部门应当将分户的初步评估结果在征收范围内向被征收人公示。

公示期间，房地产价格评估机构应当安排注册房地产估价师对分户的初步评估结果进行现场说明解释。存在错误的，房地产价格评估机构应当修正。

第十七条　分户初步评估结果公示期满后，房地产价格评估机构应当向房屋征收部门提供委托评估范围内被征收房屋的整体评估报告和分户评估报告。房屋征收部门应当向被征收人转交分户评估报告。

整体评估报告和分户评估报告应当由负责房屋征收评估项目的两名以上注册房地产估价师签字，并加盖房地产价格评估机构公章。不得以印章代替签字。

第十八条　房屋征收评估业务完成后，房地产价格评估机构应当将评估报告及相关资料立卷、归档保管。

第十九条　被征收人或者房屋征收部门对评估报告有疑问的，出具评估报告的房地产价格评估机构应当向其作出解释和说明。

第二十条　被征收人或者房屋征收部门对评估结果有异议的，应当自收到评估报告之日起 10 日内，向房地产价格评估机构申请复核评估。

申请复核评估的，应当向原房地产价格评估机构提出书面复核评估申请，并指出评估报告存在的问题。

第二十一条　原房地产价格评估机构应当自收到书面复核评估申请之日起 10 日内对评估结果进行复核。复核后，改变原评估结果的，应当重新出具评估报告；评估结果没有改变的，应当书面告知复核评估申请人。

第二十二条　被征收人或者房屋征收部门对原房地产价格评估机构的复核结果有异议的，应当自收到复核结果之日起 10 日内，向被征收房屋所在地评估专家委员会申请鉴定。被征收人对补偿仍有异议的，按照《国有土地上房屋征收与补偿条例》第二十六条规定处理。

第二十三条　各省、自治区住房城乡建设主管部门和设区城市的房地产管理部门应当组织成立评估专家委员会，对房地产价格评估机构做出的复核结果进行鉴定。

评估专家委员会由房地产估价师以及价格、房地产、土地、城市规划、法律等方面的专家组成。

第二十四条　评估专家委员会应当选派成员组成专家组，对复核结果进行鉴定。专家组成员为 3 人以上单数，其中房地产估价师不得少于二分之一。

第二十五条　评估专家委员会应当自收到鉴定申请之日起 10 日内，对申请鉴定评估报告的评估程序、评估依据、评估假设、评估技术路线、评估方法选用、参数选取、评估结果确定方式等评估技术问题进行审核，出具书面鉴定意见。

经评估专家委员会鉴定，评估报告不存在技术问题的，应当维持评估报告；评估报告存在技术问题的，出具评估报告的房地产价格评估机构应当改正错误，重新出具评估报告。

第二十六条　房屋征收评估鉴定过程中，房地产价格评估机构应当按照评估专家委员会要求，就鉴定涉及的评估相关事宜进行说明。需要对被征收房屋进行实地查勘和调查的，有关单位和个人应当协助。

第二十七条　因房屋征收评估、复核评估、鉴定工作需要查询被征收房屋和用于产权调换房屋权属以及相关房地产交易信息的，房地产管理部门及其他相关部门应当提供便利。

第二十八条　在房屋征收评估过程中，房屋征收部门或者被征收人不配合、不提供相关资料的，房地产价格评估机构应当在评估报告中说明有关情况。

第二十九条　除政府对用于产权调换房屋价格有特别规定外，应当以评估方式确定用于产权调换房屋的市场价值。

第三十条　被征收房屋的类似房地产是指与被征收房屋的区位、用途、权利性质、档次、新旧程度、规模、建筑结构等相同或者相似的房地产。

被征收房屋类似房地产的市场价格是指被征收房屋的类似房地产在评估时点的平均交易价格。确定被征收房屋类似房地产的市场价格，应当剔除偶然的和不正常的因素。

第三十一条　房屋征收评估、鉴定费用由委托人承担。但鉴定改变原评估结果的，鉴定费用由原房地产价格评估机构承担。复核评估费用由原房地产价格评估机构承担。房屋征收评估、鉴定费用按照政府价格主管部门规定的收费标准执行。

第三十二条　在房屋征收评估活动中，房地产价格评估机构和房地产估价师的违法违规行为，按照《国有土地上房屋征收与补偿条例》、《房地产估价机构管理办法》、《注册房地产估价师管理办法》等规定处罚。违反规定收费的，由政府价格主管部门依照《中华人民共和国价格法》规定处罚。

第三十三条　本办法自公布之日起施行。2003 年 12 月 1 日原建设部发布的《城市房屋拆迁估价指导意见》同时废止。但《国有土地上房屋征收与补偿条例》施行前已依法取得房屋拆迁许可证的项目，继续沿用原有规定。

最高人民法院关于办理申请人民法院强制执行国有土地上房屋征收补偿决定案件若干问题的规定

（2012 年 3 月 26 日法释〔2012〕4 号公布　自 2012 年 4 月 10 日起施行）

为依法正确办理市、县级人民政府申请人民法院强制执行国有土地上房屋征收补偿决定（以下简称征收补偿决定）案件，维护公共利益，保障被征收房屋所有权人的合法权益，根据《中华人民共和国行政诉讼法》、《中华人民共和国行政强制法》、《国有土地上房屋征收与补偿条例》（以下简称《条例》）等有关法律、行政法规规定，结合审判实际，制定本规定。

第一条　申请人民法院强制执行征收补偿决定案件，由房屋所在地基层人民法院管辖，高级人民法院可以根据本地实际情况决定管辖法院。

第二条　申请机关向人民法院申请强制执行，除提供《条例》第二十八条规定的强制执行申请书及附具材料外，还应当提供下列材料：

（一）征收补偿决定及相关证据和所依据的规范性文件；

（二）征收补偿决定送达凭证、催告情况及房屋被征收人、直接利害关系人的意见；

（三）社会稳定风险评估材料；

（四）申请强制执行的房屋状况；

（五）被执行人的姓名或者名称、住址及与强制执行相关的财产状况等具体情况；

（六）法律、行政法规规定应当提交的其他材料。

强制执行申请书应当由申请机关负责人签名，加盖申请机关印章，并注明日期。

强制执行的申请应当自被执行人的法定起诉期限届满之日起三个月内提出；逾期申请的，除有正当理由外，人民法院不予受理。

第三条　人民法院认为强制执行的申请符合形式要件且材料齐全的，应当在接到申请后五日内立案受理，并通知申请机关；不符合形式要件或者材料不全的应当限期补正，并在最终补正的材料提供后五日内立案受理；不符合形式要件或者逾期无正当理由不补正材料的，裁定不予受理。

申请机关对不予受理的裁定有异议的，可以自收到裁定之日起十五日内向上一级人民法院申请复议，上一级人民法院应当自收到复议申请之日起十五日内作出裁定。

第四条　人民法院应当自立案之日起三十日内作出是否准予执行的裁定；有特殊情况需要延长审查期限的，由高级人民法院批准。

第五条　人民法院在审查期间，可以根据需要调取相关证据、询问当事人、组织听证或者进行现场调查。

第六条　征收补偿决定存在下列情形之一的，人民法院应当裁定不准予执行：

（一）明显缺乏事实根据；

（二）明显缺乏法律、法规依据；

（三）明显不符合公平补偿原则，严重损害被执行人合法权益，或者使被执行人基本生活、生产经营条件没有保障；

（四）明显违反行政目的，严重损害公共利益；

（五）严重违反法定程序或者正当程序；

（六）超越职权；

（七）法律、法规、规章等规定的其他不宜强制执行的情形。

人民法院裁定不准予执行的，应当说明理由，并在五日内将裁定送达申请机关。

第七条　申请机关对不准予执行的裁定有异议的，可以自收到裁定之日起十五日内向上一级人民法院申请复议，上一级人民法院应当自收到复议申请之日起三十日内作出裁定。

第八条　人民法院裁定准予执行的，应当在五日内将裁定送达申请机关和被执行人，并可以根据实际情况建议申请机关依法采取必要措施，保障征收与补偿活动顺利实施。

第九条　人民法院裁定准予执行的，一般由作出征收补偿决定的市、县级人民政府组织实施，也可以由人民法院执行。

第十条　《条例》施行前已依法取得房屋拆迁许可证的项目，人民法院裁定准予执行房屋拆迁裁决的，参照本规定第九条精神办理。

第十一条　最高人民法院以前所作的司法解释与本规定不一致的，按本规定执行。

最高人民法院关于违法的建筑物、构筑物、设施等强制拆除问题的批复

（2013 年 3 月 25 日最高人民法院审判委员会第 1572 次会议通过　2013 年 3 月 27 日最高人民法院公告公布　自 2013 年 4 月 1 日起施行　法释〔2013〕5 号）

北京市高级人民法院：

根据行政强制法和城乡规划法有关规定精神，对涉及违反城乡规划法的违法建筑物、构筑物、设施等的强制拆除，法律已经授予行政机关强制执行权，人民法院不受理行政机关提出的非诉行政执行申请。

典型案例

1. 丰浩江等人诉广东省东莞市规划局房屋拆迁行政裁决纠纷案①

【争议焦点】作出行政裁决所依据的房屋资产评估报告违反法定程序，行政裁决是否可撤销？

【裁判要旨】行政机关作出行政裁决时依据的评估报告，如果存在评估人不具备法定评估资格，或评估人未依法取证等程序上严重违法的问题，应认定行政机关的裁决主要证据不足，依法予以撤销。

【案情简介】

原告：丰浩江等17人（名单略），均为广东省东莞市东纵大道18号商铺的业主。

被告：广东省东莞市城建规划局。

第三人：广东省东莞市城区房地产开发公司。

第三人：丰燕芬、周炳坤、张淦林、刘发枝，均为广东省东莞市东纵大道18号商铺的业主。

2001年12月10日，被告东莞市规划局颁发给第三人开发公司拆许字（2001）第5号房屋拆迁许可证，开发公司获准对本案原告等21人所有的东纵大道18号24间商铺房屋进行拆迁。开发公司提出的拆迁补偿方案为：（1）作价补偿，按拆迁建筑面积一次性现金补偿，补偿金额按评估价计算；（2）产权调换，以拆迁现有商铺的建筑面积与该地新建商铺之比1:0.6的标准进行产权调换，互不补偿差额。但经多次协商，开发公司与本案各原告未能达成拆迁补偿安置协议。2002年4月，开发公司向东莞市规划局申请行政裁决，被申请人为本案各原告及韩柳琼、黄旭超等23人。经开发公司委托，华联公司于2002年5月20日对需要拆迁的商铺房屋作了资产评估并出具了报告。评估结论是：拟拆迁的物业商铺评估均价为每平方米5194.61元，仓库评估均价为每平方米3480元。2002年8月20日，东莞市规划局就房屋拆迁补偿纠纷召集了拆迁人与被拆迁人并公开举行了听证会。8月30日，东莞市规划局作出了拆迁裁决。

原告诉称：被告上述裁决所依据的《评估报告》在委托主体、使用条件和范围、适用程序等方面适用法律错误，且《评估报告》的相关内容和鉴定人身份等没有经过原告质证，其裁决结果损害了原告的合法权益，请求撤销被告作出的房屋拆迁行政裁决。

被告辩称：裁决所依据的评估报告是由华联公司作出的，该公司是经工商行政部门核准登记成立的独立企业法人，且拥有国家财政部批准颁发的资产评估资格，其评估资产的范围包括房地产、机器设备等各类资产。而且，评估报告书及其评估机构的资质均在举行听证时经各原告质证。因此，该评估报告具有公信力且合法，我局的行政裁决程序合法，适用法律正确，原告的诉讼理由不成立。

第三人开发公司述称：原告主张拆迁人从未与被拆迁人就拆迁补偿安置问题协商过显然与事实不符，我司与韩柳琼、苏伟文、张淦林、刘发枝、周炳坤等业主已经达成了房屋拆迁补偿协议，与丰浩江等人就拆迁补偿安置问题也进行过多次协商。原告认为《评估报告》作出的价格评估显失公正的主张并无证据支持。

东莞市中级人民法院认为：行政诉讼是对被诉的具体行政行为是否合法进行审查，因而本案审查的对象是被告所作的裁决是否合法。《城市房屋拆迁管理条例》第十六条规定："拆迁人与被拆迁人或者拆迁人、被拆迁人与房屋承租人达不成拆迁补偿安置协议的，经当事人申请，由房屋拆迁管理部门裁决……"；第二十三条规定："拆迁补偿的方式可以实行货币补偿，也可以实行房屋产权调换"；第二十四条规定："货币补偿的金额，根据被拆迁房屋的区位、用途、建筑面积等因素，以房地产市场评估价格确定"。因此东莞市规划局有权对开发公司的申请作出裁决。东莞市规划局的裁决经过公开听证，并有《评估报告书》等为据，裁决结果有货币补偿和产权调换两种方式供各拆迁户选择，且货币补偿的金额是按房地产市场评估价确定的，符合上述法规的规定，应认定为事实清楚，适用法律法规正确，是合法的具体行政行为。丰浩江等人诉称东莞市规划局裁决所依据的《评估报告》在委托主体、使用条件和范围、适用程序方面违反《国有资产评估管理办法施行细则》第十八条的规定，适用法律错误，因涉案的评估房产属私有资产，并非国有资产，不属《国有资产评估管理办法施行细则》调整的范围，同时东莞市规划局裁决作价补偿的金额是以房地产市场评估价格确定，故对丰浩江等人起诉的理由不予支持。丰浩江等人诉称东莞市规划局裁决所依据的《评估报告》的相关内容和鉴定人身份等没有经过原告质证。经查，东莞市规划局举行的听证程序已对相关的证据进行了听证，且根据华联公司的营业执照，该所具有资产评估资质。丰浩江等人未能提交证据证明该评估报告不具合法性和可信性，东莞市规划局采纳这一评估报告作为裁决依据并无不当。丰

① 本案例发生于《国有土地上房屋征收与补偿条例》施行前，仍适用《城市房屋拆迁管理条例》的规定。案例来源：《最高人民法院公报》2004年第7期。

浩江等人诉称《评估报告》的评估价格远远低于聚福豪苑、雍华庭、东湖花园等商铺的价格,评估价格显失公平。经查,涉案的商铺除区位外,其他各项指标与聚福豪苑、雍华庭、东湖花园等商铺均不具有可比性。丰浩江等人诉称拆迁裁决的内容超出了开发公司的请求范围,损害了拆迁户的合法权益。经查,开发公司因未能与各拆迁户达成拆迁补偿安置协议而申请被告裁决,而东莞市规划局裁决的5项内容均未超出拆迁补偿安置及开发公司的请求范围。综上所述,丰浩江等人请求撤销拆迁裁决的理由均不成立,不予支持。

一审宣判后,丰浩江等人不服,向广东省高级人民法院提出上诉。

广东省高级人民法院经二审查明,东莞市规划局在受理开发公司的申请后,于2002年8月20日主持了公开听证会,并形成了《行政裁决审理笔录》,该笔录上有上诉人的诉讼代表人李伊凡和委托代理人的签名,且在二审庭审中李伊凡对此已予以确认,故丰浩江等人提出的东莞市规划局没有举行听证的异议理由不成立。原审法院查明的其他事实由于当事人均未提出异议,应予确认。

广东省高级人民法院认为:东莞市规划局采纳华联公司作出的《评估报告》作为其行政裁决依据时,应当对作出该《评估报告》的评估人员的资格、评估程序等事项进行审查。人事部和国有资产管理局联合发布的《注册资产评估师执业资格制度暂行规定》第二十四条规定:“资产评估机构接受委托承接的评估项目,其项目负责人只能由注册资产评估师担任,评估报告至少由两位注册资产评估师签署方为有效。”本案《评估报告》中签署姓名的评估人员为张瑞明和肖晓康,但只有张瑞明具有注册评估师资格,肖晓康不具有注册评估师资格。根据上述规定,该《评估报告》无效。《评估报告》将涉案房屋分为商铺和仓库分别予以评估的理由,是因为委托评估的开发公司所提供的资料将涉案房屋已事先区分为商铺和仓库。作为注册资产评估师的张瑞明,评估时未对委托方开发公司提供的资料进行审核,就直接采纳,违反了财政部发布的《中国注册资产评估师职业道德规范》第十八条“注册资产评估师应对客户委托评估的资产进行勘查,并对客户提供的有关资料进行审核”的规定。而且,丰浩江等人持有的《房屋所有权证》对涉案房屋均作了“铺位”字样的记载,华联公司没有提供有关证据和法律依据证明“铺位”可以理解为商铺和仓库,故在《评估报告》中将涉案房屋区分为商铺和仓库两部分,缺乏依据,不能采信。此外,华联公司介绍《评估报告》中采用的租金标准,是通过询问涉案房屋周围有关人员后确定的,但评估人张瑞明却不能提供证据对此予以证明,故华联公司采用该租金标准证据不足。由于作出《评估报告》的两位评估人员中有一位不具备法定评估资格,且评估人员既未对委托方房地产开发公司提供的资料进行审核,亦未能依法取证证明其所采纳的租金标准,在程序上存在严重违法。东莞市规划局在未依法对该《评估报告》的上述事项进行审查的情况下,即采纳其作为行政裁决的依据,应认定为裁决的证据不足,依法应予撤销。《最高人民法院关于行政诉讼证据若干问题的规定》第六十二条规定:“对被告在行政程序中采纳的鉴定结论,原告或者第三人提出证据证明有下列情形之一的,人民法院不予采纳:(一)鉴定人不具备鉴定资格;(二)鉴定程序严重违法……。”据此,原审法院采纳该《评估报告》中的评估结论不妥,属适用法律错误;同时,原审法院以该《评估报告》作为认定被诉行政裁决合法的定案根据,属认定事实不清。

据此,广东省高级人民法院依照《中华人民共和国行政诉讼法》第六十一条第(三)项和第五十四条第(二)项第1目之规定,于2003年12月12日作出判决:一、撤销东莞市中级人民法院的一审行政判决;二、撤销广东省东莞市规划局东规行裁[2002]1号《房屋拆迁行政裁决书》;三、广东省东莞市规划局在收到本判决书之日起60日内重新作出裁决。

2. 宋莉莉诉宿迁市建设局房屋拆迁补偿安置裁决案[①]

【争议焦点】以拆迁人单方委托的评估公司的评估报告为依据作出的行政裁决是否合法有效?

【裁判要旨】行政机关在对房屋拆迁补偿纠纷作出裁决时,违反法规的规定,以拆迁人单方委托的评估公司的评估报告为依据,被拆迁人提出异议的,应认定行政裁决的主要证据不足。

【案情简介】

原告:宋莉莉。

被告:江苏省宿迁市建设局。

第三人:江苏省宿迁市万兴房地产开发有限公司。

2002年4月9日,拆迁人万兴公司的中贸百货商场建设项目由宿迁市发展计划委员会批准立项。2002年9月28日,万兴公司取得了建设用地规划许可证,2002年10月25日,万兴公司取得了国有土地批准书。2003年3月24日,万兴公司取得了房屋拆迁许可证,获得拆迁资格。2003年3月24日,宿迁市建设局发布拆迁公告,并在公告中载明了拆迁范围、搬迁期限、拆迁评估机构。原告宋莉莉的房屋建筑面积为637.07平方米,位于宿迁市幸福中路,在拆迁范围内。方元房

① 本案例发生于《国有土地上房屋征收与补偿条例》施行前,仍适用《城市房屋拆迁管理条例》的规定。案例来源:《最高人民法院公报》2004年第8期。

地产评估咨询有限公司（以下简称方元公司）根据万兴公司的委托，对宋莉莉的拆迁房屋进行了估价，由于宋莉莉对被拆房屋补偿价有异议，且要求产权调换，双方未能达成协议。2003年5月28日，万兴公司申请宿迁市建设局对拆迁纠纷进行裁决。2003年6月5日，宿迁市建设局依据方元公司的评估价格对万兴公司与宋莉莉的拆迁纠纷作出裁决，主要内容是：（一）被拆迁人宋莉莉应在裁决书生效之日起15日内拆迁完毕；（二）房屋安置补偿费共计685651.88元；（三）万兴公司在中贸百货商城项目完工后提供一处位于该商城项目的房屋，拆迁人调换房屋价格以市场评估价为准。宋莉莉对裁决不服，提起行政诉讼，请求撤销该裁决。

原告诉称：被告以方元公司的估价作为被拆房屋补偿价是错误的，拆迁人委托方元公司评估时违反了公平、公正、公开的原则，被告以此评估报告直接作为裁决的依据，剥夺了被拆迁人选择评估机构的权利，且评估结果未经双方质证，对房屋的估价不准，被告行政裁决中有关被拆迁房屋置换的内容也不明确，缺乏可操作性。此外，被拆迁房屋在拆迁前一直由他人承租，而对承租人的安置至今未达成任何协议。请求依法撤销被诉行政裁决。

被告辩称：方元公司评估原告房产的程序及结果没有不妥之处，我局根据方元公司的评估报告进行裁决是合法的。原告以拆迁人万兴公司未与被拆迁房屋的租赁人签订协议为由，认为有关行政裁决违法，没有法律依据。拆迁人开发的房屋属期房，我局行政裁决时尚无法确定该项目房屋的具体数量、排列序号、房屋朝向等，裁决没有涉及有关内容并无不当，请求维持该裁决。

第三人辩称，我公司作为拆迁人，实施的全部拆迁活动均是依法进行的。宿迁市建设局关于拆迁争议的行政裁决合法，应予维持。

宿迁市宿城区人民法院认为：《城市房屋拆迁管理条例》第十六条规定：拆迁人与被拆迁人或者拆迁人、被拆迁人与房屋承租人达不成拆迁补偿安置协议的，经当事人申请，由房屋拆迁管理部门裁决。第十七条规定：被拆迁人或者房屋承租人在裁决规定的搬迁期限内未搬迁的，由房屋所在地的市、县人民政府责成有关部门强制拆迁，或者由房屋拆迁管理部门依法申请人民法院强制拆迁。《江苏省城市房屋拆迁管理条例》第十九条规定：对被拆迁房屋进行价格评估时，没有征求被拆迁人的意见；拆迁人和被拆迁人不能达成一致的，由房屋拆迁管理部门在符合条件的评估机构中抽签确定，房屋拆迁管理部门应当在抽签前三日在拆迁地点公告抽签的时间和地点的规定。

本案中，被告宿迁市建设局根据第三人万兴公司的申请，有权依照《城市房屋拆迁管理条例》的规定，对原告宋莉莉与万兴公司之间的拆迁纠纷作出行政裁决。尽管《城市房屋拆迁管理条例》和《江苏省城市房屋拆迁管理条例》对行政拆迁程序没有明确的规定，但行政机关在裁决时充分保障当事人的合法权利，允许双方当事人对争议问题进行申辩和陈述。但宿迁市建设局在裁决宋莉莉与万兴公司的拆迁纠纷时，未允许宋莉莉对争议问题予以陈述和申辩，有失公正，仅根据万兴公司的申请及万兴公司单方委托的评估公司的评估结果作为行政裁决的依据，违反了《江苏省城市房屋拆迁管理条例》的规定。

宣判后，宿迁市建设局不服一审判决，向江苏省宿迁市中级人民法院提起上诉。

宿迁市中级人民法院认为：万兴公司的中贸百货商场建设项目经行政主管部门依照法定程序审批，并取得了对被告宋莉莉在幸福中路房产的拆迁许可，万兴公司在与被拆迁方无法达成拆迁协议的情况下，依法申请宿迁市建设局对需拆迁房屋强制拆迁，并无不当，宿迁市建设局根据《城市房屋拆迁管理条例》的规定，在本案的行政裁决中决定限期对宋莉莉的房产予以拆迁，符合有关行政法规的规定，依法应予维持。但宿迁市建设局在裁决被拆迁房屋补偿款时，仅以万兴公司单方委托的方元公司的评估结论为依据，违反了《江苏省城市房屋拆迁管理条例》的规定。本案被拆迁房屋的评估，系万兴公司单方面委托方元公司所为，未经被拆迁人宋莉莉的同意。在万兴公司与宋莉莉无法对房屋拆迁事宜达成一致意见时，宿迁市建设局在行政裁决中以拆迁单位单方面委托的评估公司的评估报告为依据，而不是依照规定在符合条件的评估机构中抽签确定评估单位，对万兴公司与宋莉莉的房屋拆迁纠纷作出裁决不当，应认定为裁决的主要证据不足，程序违法。依照最高人民法院《关于行政诉讼证据若干问题的规定》第六十二条第（二）项规定，对被告在行政程序中采纳的鉴定结论，原告或者第三人提出证据证明鉴定程序严重违法的，人民法院不予采纳。由于宿迁市建设局没有提供证据证实采纳该评估结论的操作程序合法，故应依法对宿迁市建设局裁决中的第（二）项予以撤销。基于宋莉莉对宿迁市建设局按照有关规定认定的拆迁搬家、安置补偿标准没有异议，应予以确认。由于宿迁市建设局裁决中的第（三）项的内容不具有实际可操作性，故一审判决予以撤销并无不当。基于宋莉莉的房屋拆迁时已对外出租，在安排宋莉莉房屋拆迁后的过渡用房时，应尊重宋莉莉及承租人的选择权。宿迁市建设局在裁决中虽然对宋莉莉房屋拆迁后安排了过渡用房，但由于宋莉莉实际上并未使用，故一审判决对此内容予以撤销，亦无不当。

综上，宿迁市中级人民法院依照《中华人民共和国行政诉讼法》第六十一条第（一）项之规定，于2003年12月9日判决：驳回上诉，维持原判。

3. 高耀荣诉江苏省溧阳市建设局城市房屋拆迁行政裁决案①

【争议焦点】房屋拆迁的行政裁决是否应当考虑对于弱势群体的特殊照顾?

【裁判要旨】法院进行合法性审查,应充分注意法律的效力位阶层次,按照法律适用的原则综合判断行政行为的合法性。不仅要从与被诉行为所属领域或直接相关的法律来判断其合法性,还要结合被诉行为涉及的其他领域的法律规定进行综合判断。对涉及老年人等特殊群体权益的行政行为进行合法性审查,应充分考虑与特殊群体权益保护相关的法律、法规。

【案情简介】

原告:高耀荣。

被告:溧阳市建设局。

第三人:溧阳市土地收购储备中心。

江苏省溧阳市人民法院一审认定,第三人溧阳市土地收购储备中心于2006年3月17日领取了溧拆许字(2006)第001号房屋拆迁许可证。原告高耀荣出生于1928年8月3日,其居住的房屋位于拆迁红线范围内。第三人与原告就房屋拆迁补偿安置问题协商未果,第三人向被告溧阳市建设局申请裁决。被告受理第三人的裁决申请后,进行了权利义务告知和副本送达,审查和核实了相关材料,并组织当事人进行调解,经协调未果,被告于2008年10月28日作出溧建裁字(2008)第119号城市房屋拆迁行政裁决书,并于次日向原告和第三人送达。裁决内容为:一、溧阳市土地收购储备中心对高耀荣实行产权调换的方式给予拆迁补偿安置。1、产权调换的房屋位于溧阳市龙阳山庄16幢1号门501室,建筑面积为121.77平方米,产权归高耀荣所有;2、溧阳市土地收购储备中心需向高耀荣支付被拆迁房屋补偿款人民币280858元;3、高耀荣需向溧阳市土地收购储备中心支付产权调换房屋价款人民币297365元;4、高耀荣应按本裁决书第2、3项的内容与溧阳市土地收购储备中心结清产权调换差价款合计人民币16807元;二、电话移机、有线电视安(移)装、空调机移位、太阳能移机等补助费由溧阳市土地收购储备中心凭高耀荣提供的发票据实足额补偿给高耀荣。三、高耀荣在接到本裁决书之日起十五日内将坐落于溧城镇立新村71号房屋腾空并交于溧阳市土地收购储备中心拆除。原告不服该裁决,向人民法院提起行政诉讼。

原告诉称:被告所作的溧建裁字(2008)第119号城市房屋拆迁行政裁决书所依据的评估报告和拆迁补偿安置方案书程序、实体均不合法,不具有法律效力。原告已经82岁,将原告安置在五楼,极不合理。原告住宅的土地使用权是通过支付土地出让金受让而来的,不能将原告的土地使用权无偿征收。为此,请求撤销被告作出的该裁决书。

被告辩称:裁决所依据的评估报告合法有效,裁决书确定的补偿安置方案正当合理,请求驳回原告的诉讼请求。

第三人述称:同意被告方的答辩意见,请求驳回原告的诉讼请求。

江苏省溧阳市人民法院经审理认为,被告溧阳市建设局作为城市房屋拆迁管理部门,有权对因房屋拆迁补偿安置达不成协议的拆迁纠纷进行裁决。被告受理第三人的裁决申请后,进行了权利义务告知和副本送达,审查和核实了相关材料,并组织当事人进行调解,在当事人协商未果的情况下作出裁决,其裁决的程序符合相关规定。根据《中华人民共和国老年人权益保障法》相关规定,新建或者改造城镇公共设施、居民区和住宅,应当考虑老年人的特殊需要,建设适合老年生活和活动的配套设施。本案中,被告在拆迁裁决过程中,没有考虑到原告年事已高且身患疾病的特殊情况,在裁决安置房时将原告安置在多层住宅楼的第五层,该裁决的结果将给原告的生活带来不便。基于此,被告作出的行政裁决应予撤销。为此,依照《中华人民共和国行政诉讼法》第五十四条第(二)项第2目的规定,判决:撤销被告溧阳市建设局作出的溧建裁字(2008)第119号城市房屋拆迁行政裁决书。案件受理费50元,由被告溧阳市建设局负担。

4. 施桂英诉福建省厦门市思明区人民政府行政强制措施案②

【争议焦点】强制搬迁时未严格依照法律规定的程序会有何后果?

【裁判要旨】实施强制搬迁时,执行人应当通知被执行人到场,否则构成程序违法。

【案情简介】

原告:施桂英。

被告:厦门市思明区人民政府。

福建省厦门市中级人民法院一审认定,位于厦门市湖滨东路78号401室房屋系厦门市商冷冷冻有限公司自管公房,厦门市商冷冷冻有限公司对该房拥有58.57%的产权,其余产权归原告的已故亲属林耀玉所有。因“佳祥花园”的建设需要,该房屋被列入建设用地范围内。由于被拆迁人与拆迁人就该房屋的安置补偿未能达成协议,厦门市国土资源与房产

① 案例来源:《中国行政审判案例》第2卷,中国法制出版社2011年版。

② 案例来源:《中国行政审判案例》第2卷,中国法制出版社2011年版。

管理局根据申请,于2005年12月15日作出厦国土房拆(2005)55号裁决,裁决安置房位于厦门市龙潭花园753号601室三房一厅一套,并要求原告施桂英自裁决书送达之日起十五日内搬迁完毕,将厦门市湖滨东路78号401室交拆迁人拆除。2006年3月15日,厦门市国土资源与房产管理局向厦门市思明区人民政府发函,申请对位于厦门市思明区湖滨东路78号401室房屋进行强制拆迁。厦门市思明区人民政府于2006年4月1日作出厦思政拆字(2006)3号《厦门市思明区人民政府准予行政强制拆迁决定书》,并于2006年4月6日送达原告。2006年4月29日被告组织人员,对厦门市湖滨东路78号401室实行强制拆迁。

原告诉称:2004年2月10日厦门市国土资源与房产管理局颁发了"佳祥花园"建设项目的房屋拆迁许可证。原告的房屋属于拆迁范围内。原告因不能与开发商达成拆迁安置补偿协议,后经厦门市国土资源与房产管理局行政裁决,原告仍不服。2006年4月3日厦门市思明区人民政府印发《厦门市思明区人民政府准予行政强制拆迁决定书》。被告于2006年4月29日组织大队人员,对原告在厦门市湖滨东路78号401室实行强制拆迁。原告认为被告在执行强制拆迁过程中程序违法、侵占原告的私有财产,严重侵害了原告的合法权益。因此,请求判定被告实施强制拆迁程序违法。

被告辩称,原告诉被告的行为属重复诉讼行为,依法应予驳回。被告实施强制拆迁的过程程序合法。综上,原告的诉求应全部予以驳回。

福建省厦门市中级人民法院经审理认为,原告因讼争房拆迁问题与相关行政管理部门发生争议,其中,2008年3月26日,原告以不服被告思明区政府强制拆迁行政决定为由提起诉讼。原告的上述诉讼针对的是被告作出的"强制拆迁行政决定",而本案中,原告是以被告实施强制拆除房屋过程中的程序问题,即应在《行政强制拆迁通知》的行政文书中告知原告行政措施的具体执行日期和时间而没告知;应在行政文书中告知原告依法享有的权利、司法救济途径等而没告知;实施房屋拆除时应当通知原告到场而没有通知等。可见,本案之诉与之前的诉讼针对的是不同的具体行政行为,不属重复诉讼,被告的相关抗辩主张,本院不予采纳。根据查明的事实,被告曾于2006年4月6日向原告及其家人发出《行政强制拆迁通知》,从《行政强制拆迁通知》内容上看,被告明确了"拆迁决定"这一具体行政行为的合法性及强制性,目的在于告知强制执行的最后期限并要求原告自行搬迁。由于"拆迁决定"已经发生法律效力,无相关规定规范《行政强制拆迁通知》的相关要件,被告《行政强制拆迁通知》已经满足通常要件。参照《厦门市房屋拆迁行政裁决执行暂行办法》的规定,被告在实施强制拆迁行为时,通知了基层单位(街道、居委会)到场,制作了强制拆迁的录像以及被拆迁财产的清单,并经过公证,上述做法符合规定。但是,上述暂行办法第十一条规定:"被执行人在强制拆迁时应当到场。被拆迁的财物由执行机关负责运送到安置房、周转房或指定的处所,交给被执行人。如被执行人拒绝领取的,执行机关应当书面通知被执行人在规定的期限内到指定的地点领取被拆迁的财物,被执行人逾期不领取的,执行机关可以向公证处办理提存……"本案中,在被告通知的强制执行的最后期限之后,原告即被执行人并未履行自动搬迁义务,作为执行机关的被告应当在强制执行具体日期决定之后再告知原告。但被告没有提交相关的书面证据证明履行了上述义务,其关于"曾经有一位叫'黄琮'的工作人员拨打原告儿子即原告代理人林晓伟的电话,通知其到场"的主张,也无相关证据证实。且被告将搬迁的财物运送至安置房后,通知社区居委会转交被执行人领取被搬迁财物的书面通知,未实际送达被执行人,对此,被告在程序上亦违反规定。

综上,被告所实施的强制拆迁行为有法律依据,但在对讼争房实施行政强制拆除过程中,违反相关程序性规定,应确认程序违法。依照《最高人民法院关于执行〈中华人民共和国行政诉讼法〉若干问题的解释》第五十七条第二款第(二)项的规定,判决确认厦门市思明区人民政府对厦门市湖滨东路78号401室实施行政强制拆除过程程序违法。

宣判后,原被告均不服,向福建省高级人民法院提起上诉。

福建省高级人民法院认定的案件事实与一审相同。同时,另查明,思明区政府厦思政拆字〔2006〕3号《准予行政强制拆迁决定书》,决定对上诉人施桂英的房屋实行强制拆迁,并责令由思明区城市管理行政执法局执行。2006年4月6日,思明区城市管理行政执法局对上诉人施桂英及其家人发出《行政强制拆迁通知》,限定他们于4月21日前自行搬迁完毕。《准予强制拆迁决定书》和《行政强制拆迁通知》均由施桂英的儿子林晓伟签收。由于上诉人施桂英没有在限定的期限内搬迁。上诉人思明区政府决定于4月29日对湖滨东路78号401室房屋进行强制搬迁,并于4月21日邀请被拆迁房屋所在地的梧村街道办事处、金祥社区居民委员会4月29日执行时到场,但没有通知上诉人施桂英等被拆迁人。2006年4月29日,上诉人思明区政府组织有关人员对湖滨东路78号401室房屋进行强制搬迁,将搬迁的财物运送至安置房后,将领取被搬迁财物的书面通知委托金祥社区居民委员会转交被执行人,但金祥社区居民委员会未实际送达被执行人。审理期间,上诉人施桂英的子女林晓伟、林晓玲明确表示放弃本案诉讼。

福建省高级人民法院经审理认为,合法的行政行为应当事实清楚,证据充分,适用法律正确,程序合法。上诉人思明区政府根据厦门市国土资源与房产管理局的申请,经审查决定准予强制拆迁,并于2006年4月6日向上诉人施桂英及其家人发出《行政强制拆迁通知》,由施桂英的儿子林晓伟签收。由于上诉人施桂英及其家人未在限定的拆迁日期前自行搬迁完毕。上诉人思明区政府决定对该房屋实行强制搬迁，并通知梧村街道办事处、金祥社区居民委员会到场。上述做法符合厦门市人民政府制定的《厦门市房屋拆迁行政裁决执行暂行办法》第七条规定："执行机关应当在收到准予行政强制拆迁决定之日起3个工作日内向被执行人送达行政强制拆迁通知书，告知其在15日内自行搬迁。被执行人逾期仍拒不搬迁的，执行机关应在自动搬迁期限届满之日起10日内依法实施强制拆迁。执行机关在确定行政强制拆迁的具体时间后，应书面通知被拆迁房屋所在地街道办事处或镇人民政府、公安机关等单位协助执行。房屋拆迁管理部门应当与被拆迁房屋所在地街道办事处或镇人民政府、社区居民委员会或村民委员会积极配合，做好对被执行人的宣传解释工作，动员其自行搬迁。"因此，上诉人施桂英认为《准予行政拆迁决定书》和《行政强制拆迁通知》没有送达上诉人施桂英及原审法院认定上诉人思明区政府在实施强制拆迁行为时，通知了基层单位（街道、居委会）到场，制作了强制拆迁的录像以及被拆迁财产的清单，并经过公证的做法符合规定的认定是错误的上诉理由不能成立，不予采纳。但是，《厦门市房屋拆迁行政裁决执行暂行办法》第十一条规定："被执行人在行政强制拆迁时应当到场。被搬迁财物由执行机关负责运送到安置房、周转房或指定的处所，交给被执行人。如被执行人拒绝领取的，执行机关应当书面通知被执行人在规定的期限内到指定的地点领取被搬迁的财物，被执行人逾期不领取的，执行机关可以向公证机关办理提存……"根据该条规定，执行机关应当通知被执行人具体的执行日期，否则，被执行人无法履行到场的义务。因此，思明区政府在强制拆迁时没有通知被拆迁人即上诉人施桂英及其家人强制拆迁日期，且上诉人思明区政府将搬迁的财物运送至安置房后，领取被搬迁财物的书面通知未实际送达被执行人，程序违法。因此，上诉人思明区政府认为其执行程序合法的上诉理由不能成立，不予采纳。原审法院以执行程序违法为由判决确认上诉人思明区政府对厦门市湖滨东路78号401室实施行政强制拆除过程程序违法，并无不当，应予维持。据此，依照《中华人民共和国行政诉讼法》第六十一条第（一）项之规定，判决驳回上诉，维持原判。

5. 许水云诉金华市婺城区政府房屋行政强制及行政赔偿案①

【裁判摘要】

一、国有土地上房屋征收过程中，只有市、县级人民政府及其确定的房屋征收部门依法具有组织实施强制拆除被征收人合法房屋的行政职权。市、县级人民政府及房屋征收部门等不能举证证明被征收人合法房屋系其他主体拆除的，可以认定其为强制拆除的责任主体。市、县级人民政府及房屋征收部门等委托建设单位等民事主体实施强制拆除的，市、县级人民政府及房屋征收部门等对强制拆除后果承担法律责任。建设单位等民事主体以自己名义违法强拆，侵害物权的，除应承担民事责任外，违反行政管理规定的应依法承担行政责任，构成犯罪的应依法追究刑事责任。

二、市、县级人民政府在既未作出补偿决定又未通过补偿协议解决补偿问题的情况下，违法强制拆除被征收人房屋的，应当赔偿被征收人房屋价值损失、屋内物品损失、安置补偿等损失。人民法院在确定赔偿数额时，应当坚持全面赔偿原则，合理确定房屋等的评估时点，并综合协调适用《国家赔偿法》规定的赔偿方式、赔偿项目、赔偿标准与《国有土地上房屋征收与补偿条例》规定的补偿方式、补偿项目、补偿标准，确保被征收人得到的赔偿不低于其依照征收补偿方案可以得到的征收补偿。

【裁判文书】

中华人民共和国最高人民法院
行政判决书

（2017）最高法行再101号

再审申请人（一审原告、二审上诉人）：许水云，男，1954年9月23日出生，汉族，住浙江省金华市婺城区二七路工电巷32号368幢101室。

被申请人（一审被告、二审被上诉人）：金华市婺城区人民政府。住所地：浙江省金华市婺城区宾虹西路2666号。

法定代表人：郭慧强，区长。

再审申请人许水云诉被申请人金华市婺城区人民政府（以下简称婺城区政府）房屋行政强制及行政赔偿一案，浙江省金华市中级人民法院于2016年12月27日作出（2015）浙金行初字第19号行政判决，确认婺城区政府强制拆除许水云位于金华市婺城区五一路迎宾巷8号、9号房屋的行政行为违法，责令婺城区政府于判决生效之日起60日内参照《婺城区二七区块旧城改造房屋征收补偿方案》（以下简称《征收补偿方案》）对许水云作出赔偿。许水云不服提起上诉后，浙江省高级人民法院于2017年5月2日作出（2017）浙行终154号行政判决，维持（2015）浙金行初字第19号行政判决第一项，撤销（2015）浙金行初字第19号行政判决第二项，驳回许水云的其他诉讼请求。许水云仍不服，在法定期限内向本院申请再审。本院于2017年12月27日作出（2017）最高法行申8183号行政裁定，提审本案，并依法组成合议庭对本案进行了审理，现已审理终结。

一、二审法院经审理查明，2014年8月31日，婺城区政府在《金华日报》上发布《婺城区人民政府关于二七区块旧城改造房屋征收范围的公告》，并公布了房屋征收范围图，明确对

① 案例来源：《最高人民法院公报》2018年第6期。

二七区块范围实施改造。2014年9月26日，案涉房屋由婺城区政府组织拆除。2014年10月25日，婺城区政府作出《金华市婺城区人民政府关于迎宾巷区块旧城改造建设项目房屋征收的决定》(以下简称《房屋征收决定》)，载明：因旧城区改建的需要，决定对迎宾巷区块范围内房屋实行征收；房屋征收部门为金华市婺城区住房和城乡建设局，房屋征收实施单位为金华市婺城区二七区块改造工程指挥部(以下简称改造工程指挥部)；签约期限为45天，搬迁期限为30日，具体起止日期在房屋征收评估机构选定后，由房屋征收部门另行公告；附件为《征收补偿方案》。2014年10月26日，《房屋征收决定》《征收补偿方案》在《金华日报》上公布。许水云位于金华市婺城区五一路迎宾巷8号、9号的房屋(以下简称案涉房屋)被纳入本次房屋征收范围。

另查明，包括许水云案涉房屋在内的金华市婺城区迎宾巷区块房屋曾于2001年因金华市后溪街西区地块改造及“两街”整合区块改造被纳入拆迁范围，金华市城建开发有限公司(以下简称金华开发公司)取得了房屋拆迁许可证，其载明的拆迁期限为2001年7月10日至2001年8月9日，后因故未实际完成拆迁。

一审法院认为，案涉房屋虽曾于2001年被纳入拆迁范围，但拆迁人金华开发公司在取得房屋拆迁许可证后，一直未能对案涉房屋实施拆迁。根据当时有效的《浙江省城市房屋拆迁管理条例》第十二条规定，拆迁人自取得房屋拆迁许可证之日起三个月内不实施拆迁的，房屋拆迁许可证自然失效。据此可以确认，案涉房屋已不能再按照2001年对金华市婺城区迎宾巷区块房屋进行拆迁时制定的规定和政策实施拆迁。婺城区政府在2014年10月26日公布的《房屋征收决定》将案涉房屋纳入征收范围后，即应按照《国有土地上房屋征收与补偿条例》(以下简称《征收与补偿条例》)及相关法律法规的规定依法进行征收并实施补偿。《征收与补偿条例》明确规定，实施房屋征收应当先补偿、后搬迁。房屋征收部门与被征收人在征收补偿方案确定的签约期限内达不成补偿协议的，由房屋征收部门报请作出房屋征收决定的市、县级人民政府依照条例的规定，按照征收补偿方案作出补偿决定。被征收人在法定期限内不申请行政复议或者不提起行政诉讼，在补偿决定规定的期限内又不搬迁的，由作出房屋征收决定的市、县级人民政府依法申请人民法院强制执行。许水云未与房屋征收部门达成补偿协议，也未明确同意将案涉房屋腾空并交付拆除。在此情形下，婺城区政府依法应对许水云作出补偿决定后，通过申请人民法院强制执行的方式强制执行，而不能直接将案涉房屋拆除。婺城区政府主张案涉房屋系案外人拆除缺乏充分的证据证明，且与查明的事实不符，对其该项主张不予采纳。婺城区政府将案涉房屋拆除的行为应确认为违法，并应对许水云因此受到的损失承担赔偿责任。鉴于案涉房屋已纳入金华市婺城区迎宾巷区块旧城改造范围内，房屋已无恢复原状的可能性和必要性，从维护许水云合法权益的角度出发，宜由婺城区政府参照《征收补偿方案》对许水云作出赔偿。因此，一审法院依照《中华人民共和国行政诉讼法》(以下简称《行政诉讼法》)第七十四条第二款第一项、第七十六条之规定，判决：一、确认婺城区政府强制拆除许水云位于金华市婺城区五一路迎宾巷8号、9号房屋的行政行为违法；二、责令婺城区政府于判决生效之日起60日内参照《征收补偿方案》对许水云作出赔偿。

二审法院认为，2001年7月，因金华市后溪街西区地块改造及“两街”整合区块改造项目建设需要，原金华市房地产管理局向金华开发公司颁发了拆许字(2001)第3号房屋拆迁许可证，案涉房屋被纳入上述拆迁许可证的拆迁红线范围，但拆迁人在拆迁许可证规定的期限内一直未实施拆迁。形成于2004年8月20日的金华市旧城改造办公室的会议纪要(金旧城办〔2004〕1号)第九点载明：关于迎宾巷被拆迁户、迎宾巷1-48号……至今未拆除旧房等遗留问题，会议同意上述问题纳入“二七”新村拆迁时一并解决补偿问题，拆除工作由原拆除公司负责。2014年10月26日，婺城区政府公布《房屋征收决定》，将案涉房屋纳入征收范围，但该房屋在《房屋征收决定》公布前的2014年9月26日即被拆除，不符合《征收与补偿条例》第二十七条规定的“先补偿、后搬迁”的原则。对案涉房屋实施拆除行为的法律责任，应当由作出《房屋征收决定》的婺城区政府承担。婺城区政府称其“未实施房屋强拆行为，造成案涉房屋被损毁的是案外第三人，属于民事侵权赔偿纠纷，不属于行政争议，亦与其无关”的理由缺乏相应的事实和法律依据。一审法院判决确认婺城区政府强制拆除行为违法并无不当。《中华人民共和国国家赔偿法》(以下简称《国家赔偿法》)第四条规定，行政机关及其工作人员在行使行政职权时，因违法行为造成财产损害的，受害人有取得赔偿的权利。第三十二条第二款规定，能够返还财产或者恢复原状的，予以返还财产或者恢复原状。许水云的房屋已被《房屋征收决定》纳入征收范围，案涉的征收决定虽被生效的(2015)浙行终字第74号行政判决确认违法，但并未被撤销，该征收决定及其附件仍然具有效力。因此，许水云要求恢复原状的理由不能成立。许水云在二审时提出如果不能恢复原状，则要求依据周边房地产市场价格对其进行赔偿。案涉房屋虽被婺城区政府违法拆除，但该房屋因征收所应获得的相关权益，仍可以通过征收补偿程序获得补偿，现许水云主张通过国家赔偿程序解决案涉房屋被违法拆除的损失，缺乏相应的法律依据。同理，一审法院直接责令婺城区政府参照《征收补偿方案》对许水云作出赔偿，也缺乏法律依据，且可能导致许水云对案涉房屋的补偿安置丧失救济权利。另，许水云提出要求赔偿每月2万元停产停业损失(截止到房屋恢复原状之日)的请求，属于房屋征收补偿范围，可通过征收补偿程序解决。至于许水云提出的赔偿财产损失6万元，因其并没有提供相关财产损失的证据，不予支持。因此，二审法院依照《行政诉讼法》第八十九条第一款第一项、第二项之规定，判决：一、维持浙江省金华市中级人民法院(2015)浙金行初字第19号行政判决第一项；二、撤销浙江省金华市中级人民法院(2015)浙金行初字第19号行政判决第二项；三、驳回许水云的其他诉讼请求。

许水云向本院申请再审，请求撤销浙江省高级人民法院作出的(2017)浙行终154号行政判决第二项与第三项，改判婺城区政府将案涉房屋恢复原状，如不能恢复原状，则判令婺城区政府依据周边房地产市场价格赔偿，并判令婺城区政府赔偿停产停业损失每月2万元、房屋内物品等财产损失6万元。其申请再审的主要事实与理由为：1. 二审法院判决未能正确区分行政赔偿与行政补偿之间的基本区别，认为赔偿问题可以通过征收补偿程序解决，主要证据不足，属于认定事实错误。2. 二审法院判决驳回再审申请人的赔偿请求，要求再审申请人另行通过征收补偿程序解决，缺乏法律依据，更不利于保护再审申请人的合法权益。3. 被申请人婺城区政府对违法强拆行为给再审申请人造成的物品损失，应当承担行政赔偿责任。4. 二审法院的判决使被申请人婺城区政府对违法行为免于承担法律责任，将使得再审申请人对由此产生的经济损失无从行使司法救济权利。综上，再审申请人认为被申请人婺城区政府应当对违法拆除案涉房屋的行为承担恢复原状或者参照市场价格进行赔偿的法律责任。

婺城区政府答辩称，尊重法院裁判。1. 案涉房屋系历史上形成的老房，作为拆迁遗留问题，被申请人同意作为合法建筑予以补偿。2. 被申请人没有组织人员对案涉房屋进行强制拆除，由于案涉房屋年代久远且与其他待拆除房屋毗邻，改造工程指挥部委托金华市婺城建筑工程有限公司(以下简称婺城建筑公司)对已达成补偿安置协议的案外人的房屋进行拆除时，由于施工不当导致案涉房屋坍塌，此属于婺城建筑公司民事侵权引发的民事纠纷，被申请人对此不应承担法律责任。3. 案涉房屋不能按照营业用房补偿。4. 被申请人先后多次与再审申请人许水云协商，也愿意合法合理补偿，维护其合法权益，希望再审申请人许水云理解并配合。

本院认为，本案的争议焦点主要包括四个方面：一、关于强制拆除主体的认定问题；二、关于本案拆除行为是否违法的问题；三、关于本案通过行政赔偿还是行政补偿程序进行救济的问题；四、关于赔偿方式、赔偿项目、赔偿标准与赔偿数额的确定问题。

一、关于强制拆除主体的认定问题

《征收与补偿条例》第四条第一款、第二款规定，市、县级人民政府负责本行政区域的房屋征收与补偿工作。市、县级人民政府确定的房屋征收部门组织实施本行政区域的房屋征收与补偿工作。第五条规定，房屋征收部门可以委托房屋征收实施单位，承担房屋征收与补偿的具体工作。房屋征收实施单位不得以营利为目的。房屋征收部门对房屋征收实施单位在委托范围内实施的房屋征收与补偿行为负责监督，并对其行为后果承担法律责任。第二十八条第一款规定，被征收人在法定期限内不申请行政复议或者不提起行政诉讼，在补偿决定规定的期限内又不搬迁的，由作出房屋征收决定的市、县级人民政府依法申请人民法院强制执行。根据上述规定，在国有土地上房屋征收过程中，有且仅有市、县级人民政府及其确定的房屋征收部门才具有依法强制拆除合法建筑的职权，建设单位、施工单位等民事主体并无实施强制拆除他人合法房屋的权力。民事主体自行违法强制拆除他人合法房屋，涉嫌构成故意毁坏财物罪的，权利人可以依法请求公安机关履行相应职责；人民法院经审查认为有犯罪行为的，应当依据《行政诉讼法》第六十六条第一款的规定，将有关材料移送公安、检察机关。因而，除非市、县级人民政府能举证证明房屋确系在其不知情的情况下由相关民事主体违法强拆的，则应推定强制拆除系市、县级人民政府委托实施，人民法院可以认定市、县级人民政府为实施强制拆除的行政主体，并应承担相应的赔偿责任。

本案中，婺城区政府主张2014年9月26日改造工程指挥部委托婺城建筑公司对已达成补偿安置协议的案外人的房屋进行拆除时，因操作不慎导致案涉房屋坍塌；婺城建筑公司于2015年3月6日出具的情况说明也作了类似陈述。婺城区政府据此否认强拆行为系由政府组织实施，认为造成案涉房屋损毁的是案外人婺城建筑公司，并主张本案系民事侵权赔偿纠纷，与婺城区政府无关，不属于行政争议。但案涉房屋被强制拆除系在婺城区政府作为征收主体进行征收过程中发生的。案涉房屋被拆除前的2014年8月31日，婺城区政府即发布旧城改造房屋征收公告，将案涉房屋纳入征收范围。因此，对于房屋征收过程中发生的合法房屋被强制拆除行为，首先应推定系婺城区政府及其确定的房屋征收部门实施的行政强制行为，并由其承担相应责任。本案虽然有婺城建筑公司主动承认"误拆"，但改造工程指挥部工作人员给许水云发送的短信记载有"我是金华市婺城区二七新村区块改造工程指挥部工作人员、将对房子进行公证检查、如不配合将破门进行安全检查及公证"等内容，且许水云提供的有行政执法人员在拆除现场的现场照片及当地有关新闻报道等，均能证实2014年9月26日强制拆除系政府主导下进行，故婺城区政府主张强拆系民事侵权的理由不能成立。婺城建筑公司拆除案涉房屋的行为，其法律责任应由委托其拆除的改造工程指挥部承担；改造工程指挥部系由婺城区政府组建并赋予行政管理职能但不具有独立承担法律责任能力的临时机构，婺城区政府应当作为被告，并承担相应的法律责任。

二、关于本案拆除行为是否违法的问题

《中华人民共和国物权法》第四条规定，国家、集体、私人的物权和其他权利人的物权受法律保护，任何单位和个人不得侵犯。第四十二条第一款规定，为了公共利益的需要，依照法律规定的权限和程序可以征收集体所有的土地和单位、个人的房屋及其他不动产；第三款规定，征收单位、个人的房屋及其他不动产，应当依法给予拆迁补偿，维护被征收人的合法权益；征收个人住宅的，还应当保障被征收人的居住条件。

许水云位于金华市婺城区迎宾巷8号、9号的房屋未依法办理相关建设手续，也未取得房屋所有权证，但案涉房屋确系在1990年4月1日《中华人民共和国城市规划法》施行前建造的历史老房。对此类未经登记的房屋，应综合考虑建造历史、使用现状、当地土地利用规划以及有关用地政策等因素，依法进行调查、认定和处理。对认定为合法建筑和未超过批准期限的临时建筑的，应当给予补偿。改造工程指挥部与一审法院根据许水云提供的许宝贤、寿吉明缴纳土地登记费、房产登记费等相关收款收据以及寿吉明私有房屋所有权登记申请书等材料，已经认定案涉房屋为合法建筑，许水云通过继承和购买成为房屋所有权人，其对案涉房屋拥有所有权，任何单位和个人均不得侵犯。国家因公共利益需要确需征收的，应当根据《征收与补偿条例》规定，给予房屋所有权人公平补偿，并按照《征收与补偿条例》第二十七条的规定，先给予补偿，后实施搬迁。房屋所有权人在签订补偿协议或者收到补偿决定确定的补偿内容后，也有主动配合并支持房屋征收的义务和责任。《征收与补偿条例》和《最高人民法院关于办理申请人民法院强制执行国有土地上房屋征收补偿决定案件若干问题的规定》对市、县级人民政府及房屋征收部门如何实施征收、如何进行补偿、如何强制搬迁以及如何保障被征收人获得以市场评估价格为基础的公平补偿的权利进行了系统、严密的规定。同时，为了确保因公共利益需要而进行的房屋征收顺利、高效实施，还专门规定对极少数不履行补偿决定、又不主动搬迁的被征收人可以依法进行强制搬迁。具体到本案中，根据《征收与补偿条例》的规定，婺城区政府应当先行作出房屋征收决定并公告，然后与许水云就补偿方式、补偿金额和支付期限等事项订立补偿协议；如双方在征收补偿方案确定的签约期限内达不成补偿协议的，市、县级人民政府则应当依法单方作出补偿决定。被征收人对补偿决定不服的，可以依法申请行政复议，也可以依法提起行政诉讼；被征收人在法定期限内不申请行政复议或者不提起行政诉讼，在补偿决定规定的期限内又不搬迁的，由作出房屋征收决定的市、县级人民政府依法申请人民法院强制执行。人民法院裁定准予执行后，一般由作出征收补偿决定的市、县级人民政府组织实施，也可以由人民法院执行。此即为一个合法的征收与补偿应当遵循的法定程序，也系法律对征收与补偿的基本要求。本院注意到，案涉房屋的征收拆迁，最早始于2001年7月金华开发公司取得拆迁许可证，在10多年时间内，如因房屋所有权人提出不合法的补偿请求，导致未能签署补偿安置协议，婺城区政府及其职能部门应当依法行使法律法规赋予的行政职权，及时作出拆迁安置裁决或者补偿决定，给予许水云公平补偿，并及时强制搬迁以保障公共利益的实现和拆迁征收工作的顺利进行。但婺城区政府及相应职能部门既未及时依法履职，又未能保障被征收人合法权益，也未能正确理解《征收与补偿条例》有关强制搬迁制度的立法目的，还未能实现旧城区改造项目顺利实施；而是久拖不决，并以所谓民事"误拆"的方式违法拆除被征收人房屋，最终不得不承担赔偿责任。一、二审法院判决确认婺城区政府强制拆除行为违法，符合法律规定，本院予以支持。

三、关于本案通过行政赔偿还是行政补偿程序进行救济的问题

行政补偿是指行政机关实施合法的行政行为，给行政相对人合法权益造成的损失，由国家依法予以补偿的制度。行政赔偿是指行政机关实施违法的行政行为，侵犯行政相对人合法权益，由国家依法予以赔偿的制度。在国有土地上房屋征收过程中，征收及与征收相关联的行政行为违法造成损失的赔偿问题，较为复杂。其中，既有因违法拆除给权利人物权造成损失的赔偿问题，也有因未依据《征收与补偿条例》第十七条和当地征收补偿政策进行征收补偿而给权利人造成的应补偿利益的损失问题，甚至还包括搬迁、临时安置以及应当给予的补助和奖励的损失问题。尤其是在因强制拆除引发的一并提起的行政赔偿诉讼中，人民法院应当结合违法行为类型与违法情节轻重，综合协调适用《国家赔偿法》规定的赔偿方式、赔偿项目、赔偿标准与《征收与补偿条例》规定的补偿方式、补偿项目、补偿标准，依法、科学地确定赔偿项目和赔偿数额，让被征收人得到的赔偿不低于其依照征收补偿方案可以获得的征收补偿，确保产权人得到公平合理的补偿。同时，人民法院在确定赔偿义务机关和赔偿数额时，要坚持有权必有责、违法须担责、侵权要赔偿、赔偿应全面的法治理念，对行政机关违法强制拆除被征收人房屋，侵犯房屋所有权人产权的，应当依法责令行政机关承担行政赔偿责任，而不能让产权人因侵权所得到的赔偿低于依法征收所应得到的补偿。

通常情况下，强制拆除被征收人房屋应当依据已经生效的补偿决定，而补偿决定应当已经解决了房屋本身的补偿问题。因此，即使强制拆除行为被认定为违法，通常也仅涉及对房屋内物品损失的赔偿问题，而不应涉及房屋本身的补偿或者赔偿问题。但本案在强制拆除前，既无征收决定，也无补偿决定，许水云也未同意先行拆除房屋，且至今双方仍未达成补偿安置协议，许水云至今未得到任何形式补偿，强制拆除已构成重大且明显违法，应当依法赔偿。对许水云房屋损失的赔偿，不应再依据《征收与补偿条例》第十九条所规定的《房屋征收决定》公告之日被征收房屋类似房地产的市场价格，即2014年10月26日的市场价格，为基准确定，而应按照有利于保障许水云房屋产权得到充分赔偿的原则，以婺城区政府在本判决生效后作出赔偿决定时点的案涉房屋类似房地产的市场价格为基准确定。同时，根据《国家赔偿法》第三十六条第

八项有关对财产权造成其他损害的，按照直接损失给予赔偿的规定，许水云在正常征收补偿程序中依法和依据当地征收补偿政策应当得到的利益损失，属于其所受到的直接损失，也应由婺城区政府参照补偿方案依法予以赔偿。因此，本案存在行政赔偿项目、标准与行政补偿项目、标准相互融合的情形，一审法院判决第二项责令婺城区政府参照《征收补偿方案》对许水云进行赔偿；二审法院判决认为应当通过后续的征收补偿程序获得救济，并据此驳回许水云的行政赔偿请求，均属对《国家赔偿法》《征收与补偿条例》等相关规定的错误理解，应予纠正。

四、关于赔偿方式、赔偿项目、赔偿标准与赔偿数额的确定问题

具体到本案中，根据许水云的诉讼请求，其主张的损失包括以下三个部分：一是房屋损失；二是停产停业损失；三是房屋内物品的损失。婺城区政府与许水云应就上述三项损失问题平等协商，并可通过签订和解协议的方式解决；如双方无法达成一致，婺城区政府应按照本判决确定的方法，及时作出行政赔偿决定。

（一）房屋损失的赔偿方式与赔偿标准问题

《国家赔偿法》第三十二条规定，国家赔偿以支付赔偿金为主要方式。能够返还财产或者恢复原状的，予以返还财产或者恢复原状。据此，返还财产、恢复原状是国家赔偿首选的赔偿方式，既符合赔偿请求人的要求也更为方便快捷；但其适用条件是原物未被处分或未发生毁损灭失，若相关财产客观上已无法返还或恢复原状时，则应支付相应的赔偿金或采取其他赔偿方式。本案中，案涉房屋已经被列入旧城区改造的征收范围，且已被婺城区政府拆除，因此，对许水云要求恢复房屋原状的赔偿请求，本院不予支持。案涉房屋系因旧城区改建而被拆除，如系依法进行的征收与拆除，许水云既可以选择按征收决定公告之日的市场评估价进行货币补偿，也有权要求在改建地段或者就近地段选择类似房屋予以产权调换。本案系因违法强制拆除引发的赔偿，《国家赔偿法》第四条第三项规定，行政机关违法征收，侵犯财产权的，受害人有取得赔偿的权利。因此，为体现对违法征收和违法拆除行为的惩诫，并有效维护许水云合法权益，对许水云房屋的赔偿不应低于因依法征收所应得到的补偿，即对许水云房屋的赔偿，不应低于赔偿时改建地段或者就近地段类似房屋的市场价值。结合《国家赔偿法》第三十六条诸项规定以及许水云申请再审的请求，婺城区政府既可以用在改建地段或者就近地段提供类似房屋的方式予以赔偿，也可以根据作出赔偿决定时点有效的房地产市场评估价格为基准计付赔偿款。婺城区政府与许水云可以按照《征收与补偿条例》第二十条规定的方式确定房地产价格评估机构。鉴于案涉房屋已被拆除，房地产评估机构可以参考《国有土地上房屋征收评估办法》第十三条所规定的方法，根据婺城区政府与许水云提供的原始资料，本着疑点利益归于产权人的原则，独立、客观、公正地出具评估报告。

（二）停产停业损失的赔偿标准问题

本案中，许水云主张因为房屋被拆除导致其停业，要求赔偿停产停业至今的损失每月2万元，婺城区政府对许水云存在经营行为的事实予以认可，但提出因为许水云的房屋属于无证建筑，只能按照一般住房进行补偿，不予计算停产停业的损失。本院认为，《征收与补偿条例》第二十三条规定，对因征收房屋造成停产停业损失的补偿，根据房屋被征收前的效益、停产停业期限等因素确定。具体办法由省、自治区、直辖市制定。《浙江省国有土地上房屋征收与补偿条例》第二十九条第一款规定，征收非住宅房屋造成停产停业损失的，应当根据房屋被征收前的效益、停产停业期限等因素给予补偿。补偿的标准不低于被征收房屋价值的百分之五，具体标准由设区的市、县(市)人民政府规定。《金华市区国有土地上房屋征收与补偿实施意见(试行)》第三十四条第一款规定，征收非住宅房屋造成停产停业损失的，按被征收房屋价值的百分之五计算。

《征收与补偿条例》第二十四条第二款规定，市、县级人民政府作出房屋征收决定前，应当组织有关部门依法对征收范围内未经登记的建筑进行调查、认定和处理。对认定为合法建筑和未超过批准期限的临时建筑的，应当给予补偿；对认定为违法建筑和超过批准期限的临时建筑的，不予补偿。既然案涉房屋已被认定为合法建筑，则其与已发放房屋所有权证的房屋在补偿问题上拥有同等法律地位。如果许水云提供的营业执照、纳税证明等证据，能够证明其符合《征收与补偿条例》《浙江省国有土地上房屋征收与补偿条例》《金华市区国有土地上房屋征收与补偿实施意见(试行)》所确定的经营用房(非住宅房屋)条件，则婺城区政府应当依据上述规定，合理确定停产停业损失的金额并予以赔偿。但由于征收过程中的停产停业损失，只是补偿因征收给房屋所有权人经营造成的临时性经营困难，具有过渡费用性质，因而只能计算适当期间或者按照房屋补偿金额的适当比例计付。同时，房屋所有权人在征收或者侵权行为发生后的适当期间，也应当及时寻找合适地址重新经营，不能将因自身原因未开展经营的损失，全部由行政机关承担。因此许水云主张按每月停产停业损失2万元标准赔偿至房屋恢复原状时的再审请求，没有法律依据，本院不予支持。

（三）屋内物品损失的赔偿金额确定方式问题

《国家赔偿法》第十五条第一款规定，人民法院审理行政赔偿案件，赔偿请求人和赔偿义务机关对自己提出的主张，应当提供证据。《最高人民法院关于执行〈中华人民共和国行政诉讼法〉若干问题的解释》第二十七条第三项进一步规定，在一并提起的行政赔偿诉讼中，原告应当就因受被诉行为侵害而造成损失的事实承担举证责任。《最高人民法院关于行政诉讼证据若干问题的规定》第五条也规定，在行政赔偿诉讼中，原告应当对被诉具体行政行为造成损害的事实提供证据。

因此，许水云就其房屋内物品损失事实、损害大小、损害金额承担举证责任，否则将承担不利后果。同时，《行政诉讼法》第三十八条第二款还规定，在行政赔偿案件中，原告应当对行政行为造成的损害提供证据。因被告的原因导致原告无法举证的，由被告承担举证责任。因此，因行政机关违反正当程序，不依法公证或者依法制作证据清单，给原告履行举证责任造成困难的，且被告也无法举证证明实际损失金额的，人民法院可在原告就损失金额所提供证据能够初步证明其主张的情况下，依法作出不利于行政机关的损失金额认定。许水云向一审法院提供的相关照片与清单，可以判断案涉房屋内有鸟笼等物品，与其实际经营花鸟生意的情形相符；在许水云已经初步证明存在损失的情况下，其合情合理的赔偿请求应当得到支持。婺城区政府可以根据市场行情，结合许水云经营的实际情况以及所提供的现场照片、物品损失清单等，按照有利于许水云的原则酌情确定赔偿数额，对房屋内财产损失依法赔偿。

综上，一、二审法院判决认定的基本事实清楚，一、二审法院判决确认婺城区政府强制拆除许水云房屋的行政行为违法的判项正确，本院予以维持。但一审判决责令婺城区政府参照《征收补偿方案》对许水云进行赔偿，未能考虑到作出赔偿决定时点的类似房地产市场价格已经比《征收补偿方案》确定的补偿时点的类似房地产市场价格有了较大上涨，仅参照《征收补偿方案》进行赔偿，无法让许水云有关赔偿房屋的诉讼请求得到支持；二审判决认为应通过征收补偿程序解决本案赔偿问题，未能考虑到案涉房屋并非依法定程序进行的征收和强制搬迁，而是违法实施的强制拆除，婺城区政府应当承担赔偿责任。一审判决第二项与二审判决第二项、第三项均属于适用法律错误，应予纠正。据此，依照《中华人民共和国行政诉讼法》第八十九条第一款第二项和《最高人民法院关于执行〈中华人民共和国行政诉讼法〉若干问题的解释》第七十六条第一款之规定，判决如下：

一、维持浙江省高级人民法院（2017）浙行终154号行政判决第一项与浙江省金华市中级人民法院（2015）浙金行初字第19号行政判决第一项，即确认金华市婺城区人民政府强制拆除许水云位于金华市婺城区五一路迎宾巷8号、9号房屋的行政行为违法。

二、撤销浙江省高级人民法院（2017）浙行终154号行政判决第二项、第三项与浙江省金华市中级人民法院（2015）浙金行初字第19号行政判决第二项。

三、责令金华市婺城区人民政府在本判决生效之日起九十日内按照本判决对许水云依法予以行政赔偿。

一、二审案件受理费共计100元，由被申请人金华市婺城区人民政府负担。

本判决为终审判决。

6. 杜甲等诉重庆H公司房屋拆迁安置补偿合同纠纷案①

【争议焦点】房屋拆迁安置协议签订后，被拆迁人已经按照协议履行义务，拆迁人拒不协助办理房屋产权证的，是否要承担违约责任？

【裁判要旨】被拆迁人已履行完毕付清房屋差价款的义务，也已实际接收使用房屋，并按相关规定交纳了该房屋的大修基金，拆迁人未在约定的期限内为被拆迁人办理房屋产权证已违约，应支付违约金。

【案情简介】

原告杜甲。

原告杜乙。

被告重庆H公司。

原告系原綦江县古南镇（现古南街道办事处）上升街片区住户。因被告开发该片区，原告原有房屋属拆迁范围，双方遂于2003年11月25日签订了《房屋拆迁产权调换协议书》，约定原告（即乙方）的被拆迁房屋实行产权调换；乙方坐落于上升街92号的建筑面积为69.16m^2（其中住宅面积44.16m^2、非住宅面积25m^2）的砖木结构房屋，住宅按336元/m^2折价14837.76元，非住宅按840元/m^2折价21000元，被告（即甲方）用住宅面积约88.41m^2、非住宅面积37m^2的新房予以调换，住宅新房按480元/m^2计算，计房款42436.8元，非住宅新房按1500元/m^2计算，计房款55500元，最后以房屋面积测绘部门确认的建筑面积进行结算，互补价差；过渡期为两年，至2005年11月29日止；该片区安置房全部交付使用后90日内，甲方未将房屋产权证交给乙方，甲方应承担新房房价款5%的违约责任。

2007年5月23日，原、被告就所调换的住宅房结算完并办理好手续。2008年2月2日该工程办理了工程竣工验收备案登记，被告于当月11日通知原告结算并接房，因双方对非住宅房结算后原告应补金额发生争议，原告遂拒绝接收非住宅房。此后，原告又强行打开该房装修使用，同时诉至法院，请求确认其应补给被告的非住宅房差价款；并要求判令被告承担该房屋漏水不能使用的损失和逾期办证的违约金。法院经审理后作出了（2010）綦法民初字第3152号民事判决书，确认了原告应补给被告的该房屋差价为5168.10元，并以原告因未付清房屋尾款而不能合法占有该房屋为由，判决驳回了原告的其他诉讼请求。该判决现已生效，原告于2010年12月22日按该判决向被告付清了该房屋的尾款，并于次日交纳了大修基金。审理中，原告称其已将大修基金的交纳凭据交

① 案例来源：重庆市綦江县人民法院民事裁判书〔2011〕綦江法民初字第01615号。

给了被告的工作人员,但工作人员拒绝向其出具收条,被告否认收到过原告交来的已交纳大修基金的凭据,同时也承认只在原告结清尾款时,口头告知过原告应提交办证所需资料,此后即未再通知原告。另查明,本案所涉房屋所在小区,已有部分房屋办理了产权证。而原告的房屋产权证至今仍未办理。按该非住宅新房房价款的5%计算违约金应为2775元。

原告杜甲、杜乙诉称被告至今未将产权证交给自己,虽经多次催促,但被告仍拒不给其办理产权证,被告已违约,特诉至法院,请求判令被告依照合同约定向其支付违约金2775元,并承担本案诉讼费用。

被告H公司辩称,我司与原告签订《房屋拆迁产权调换协议书》属实,原告现已结清房屋差价款也属实,但因原告未向我司提交办理房屋产权证的相关手续,故我司无法为其办理房屋产权证,我司并未违约,不应当向其支付违约金,请求驳回原告的诉讼请求。

法院认为,依法成立的合同受法律保护。原、被告所签订的《房屋拆迁产权调换协议书》系双方当事人真实意思表示,内容不违反法律、行政法规禁止性规定,依法成立有效,对双方当事人具有约束力。按照协议原告负有支付房屋差价款的义务,被告负有向原告交付验收合格房屋,和在约定的期限内为原告办理房屋产权证的义务,现原告已履行完毕付清房屋差价款的义务,也已实际接收使用房屋,并按相关规定交纳了该房屋的大修基金,被告即应当为其办理房屋产权证,原告要求被告立即为其办理并交付房屋产权证,本院应予以支持;被告未在约定的期限内为原告办理房屋产权证已违约,其抗辩称未办理产权证的原因在于原告未提交相关资料,但被告并未举证证明其已明确告知原告需提交哪些办证资料而原告拒不提交,其对自己将承担逾期办证违约责任的风险也注意不够,其抗辩理由不能成立,原告要求按协议支付2775元违约金,本院应予以支持。

7. 新疆创天房地产开发有限公司与吴庆志房屋拆迁安置补偿合同纠纷上诉案①

【争议焦点】拆迁人将补偿安置房另卖他人是否构成违约?应当承担何种赔偿责任?

【裁判要旨】拆迁人将补偿安置房屋另卖他人的行为已构成恶意违约,侵害了被拆迁人的生存居住权,应当承担双倍赔偿责任,并应支付超期过渡费。

【案情简介】

上诉人(原审被告):新疆创天房地产开发有限公司。

被上诉人(原审原告):吴庆志。

2003年5月30日,吴庆志与创天公司签订一份《拆迁补偿安置协议书》,约定创天公司拆除吴庆志的21间房屋,并采取产权调换就地安置的形式,给吴庆志在碱泉街安置号楼四单元一、二、三层安置各60平方米的住宅房屋三套,各配地下室一间,安置非住宅20平方米;协议签订后,吴庆志在5日内将房屋腾空无偿交给创天公司拆除;2006年年底,拆迁协议涉及的安置楼(即现在的向阳小区7号楼)建成后,创天公司将协议中约定的四单元一、二、三层房屋另卖给他人,没有安置给吴庆志。2007年5月17日,双方签订补充协议一份,约定因原拆迁协议约定的住宅楼无法设计地下室,创天公司给吴庆志安置三套65平方米的住宅,其中第三套房屋创天公司按130 650元的价格给吴庆志货币补偿,其余两套楼房待回迁安置,同时创天公司针对该房屋给付吴庆志过渡费1 500元。2010年4月29日,双方再次签订补充协议书,约定创天公司对上述2007年5月17日补充协议中两套房屋中的一套,以280 000元的价格给吴庆志进行货币补偿,剩余一套65平方米的住宅楼房,另行补偿安置,同时创天公司针对该第二套房屋给付吴庆志超期过渡费10 000元。后因创天公司至今未给吴庆志安置第三套房屋,故吴庆志诉至法院,请求如诉。另,庭审中,双方均认可未安置的第三套房屋的现价为280 000元。另查:创天公司一直按每人每月125元的标准向吴庆志支付超期过渡费。自2009年1月1日至今,创天公司针对第三套房屋未给吴庆志支付超期过渡费,吴庆志家庭人口为4人。

原审法院认为:吴庆志与创天公司签订的拆迁补偿安置协议系双方的真实意思表示,对双方均有约束力。该拆迁安置协议约定的产权调换的实质,是创天公司以其建造的产权房屋与吴庆志享有所有权的被拆迁房屋进行调换的互易合同,吴庆志以丧失现存房屋的所有权为代价,来取得创天公司提供的特定安置房屋,创天公司则负有将特定安置房屋交付于吴庆志的义务。创天公司在协议涉及的安置楼房建成后,将与吴庆志的被拆迁房屋实行产权调换的安置房屋另行卖给了第三人,该行为不仅是对拆迁补偿安置协议的违约,更是对被拆迁人财产权利的侵害。依据《最高人民法院关于审理商品房买卖合同纠纷案件适用法律若干问题的解释》第七条、第八条的规定,吴庆志有权要求优先取得补偿安置房屋,也有权选择解除协议并要求创天公司承担不超过一倍的赔偿责任,故吴庆志要求解除补偿协议并要求创天公司按房屋现价双倍赔偿(现价为280 000元)的请求成立,本院予以支持。

对于吴庆志的违约金请求,因在拆迁补偿安置协议中并未约定违约金条款,且《最高人民法院关于审理商品房买卖合同纠纷案件适用法律若干问题的解释》第十七条的规定,并不适用于本案情形,故吴庆志的该项请求不能成立。创天公司至今仍未向吴庆志安置第三套房屋,应当承担向吴庆志支付

① 案例来源:新疆维吾尔自治区乌鲁木齐市中级人民法院民事判决书〔2011〕乌中民四终字第357号。

超期过渡费的责任，但应按四人标准计算，数额为11 500元〔每人每月125元×4人×23个月(2009年1月1日至2010年12月1日)〕。

吴庆志作为被拆迁人，房屋是其最基本的生活资料，创天公司将补偿安置房屋另卖他人的行为已构成恶意违约，侵害了吴庆志作为被拆迁人的生存居住权，该违约行为在法律后果及社会后果上造成的损害更为严重，其应当向吴庆志承担按房屋现价一倍的赔偿责任，并应支付超期过渡费。综上，判决解除吴庆志与创天公司之间的《拆迁补偿安置协议书》、创天公司双倍赔偿吴庆志560 000元、支付吴庆志超期过渡费11 500元，驳回吴庆志要求创天公司赔偿违约金的诉讼请求。

上诉人创天公司不服，上诉称：原审判决认定我方将安置房屋另售第三人与事实不符。根据我方与被上诉人于2007年5月17日重新签订的《补偿协议》，安置房屋是因为地质原因未能设计地下室而被上诉人拒绝回迁，在被上诉人明确表示不接受履行后，我方将该房出售不是恶意将房屋另售他人。根据法律规定，双倍赔偿的前提是行为人存在故意的欺诈行为和恶意违约行为。我方未能按约交付带地下室的房屋是由于设计原因造成协议不能履行。同时双方重新签订了替代履行的协议，原审判决我方双倍赔偿于法无据。对于超期过渡是由于被上诉人一直未能明确是安置方式还是货币方式补偿造成的，不是我方的原因，故超期过渡费不应由我方承担。

被上诉人吴庆志答辩称：我方从未拒绝回迁，是因为上诉人根本未按协议盖约定面积的房子，房子面积大了，上诉人不愿意安置。上诉人一直不同意给我方安置房屋，造成我方权利受损。

二审法院认为：本案上诉人创天公司与被上诉人吴庆志于2003年5月31日签订的《拆迁补偿安置协议书》合法有效，系双方当事人真实意思表示，双方均应按约履行。2007年5月17日，双方又达成《补充协议》，将原《拆迁补偿安置协议书》约定的三套房屋中的第三层的房屋变更为货币补偿，将原第一层、第二层的房屋面积由60m² 变更为65m²。该《补充协议》也系双方当事人的真实意思表示，双方亦应严格履行。根据该协议，原第一层、第二层的房屋仍应继续安置。2010年4月24日，双方又达成《补偿协议书(二)》，将2007年5月17日协议约定两套安置房屋中的一套变更为货币补偿，剩余一套约定“另行协商安置”。但对该剩余一套房屋双方最终未能另行协商一致，故双方仍应按《补充协议》的约定，由创天公司给吴庆志安置一套65m² 的住宅。但实际创天公司已将原约定安置的住宅售出，不能按约安置吴庆志的房屋。现创天公司认为系由于吴庆志因房屋无地下室拒绝回迁，明确表示拒绝安置，其才将房屋售与他人，但创天公司未能举证证明吴庆志明确表示拒绝接受安置房屋，且创天公司亦未能举证证明其提供了符合约定的安置房屋。故创天公司的行为构成恶意违约，吴庆志向其主张双倍赔偿及超期过渡费符合法律规定，应予支持。原审法院查明事实清楚、适用法律正确。

8. 徐州市建筑资产经营公司与李川房屋拆迁安置纠纷上诉案[①]

【争议焦点】拆迁人被吊销营业执照，清算人是否应当协助被拆迁人办理房屋权属登记手续？

【裁判要旨】拆迁人根据协议负有协助被拆迁人办理拆迁置换房屋权属登记的合同义务。如果拆迁人被吊销营业执照，具备公司解散的法定事由进行清算，作为拆迁人的全额出资股东和清算主体，应当继续承担协助办理涉案房屋的权属登记的义务。

【案情简介】

上诉人(原审被告)徐州市建筑资产经营公司。

被上诉人(原审原告)李川。

原审被告徐州市建达房产综合开发公司。

2000年12月12日徐州市建达房产综合开发公司因新建农贸市场的需要与李川签订《纺织东路农贸市场拆迁买断公房产权调换协议书》，约定：一、甲方(徐州市建达房产综合开发公司)以建工小区7－1－503室，使用面积41平方米，建筑面积63.74平方米，同乙方(李川)被拆除房屋进行产权调换，作定居安置。旧房交甲方拆除并收回旧料，原产权注销。协议签订后，徐州市建达房产综合开发公司将李川房屋拆除。李川将房屋差价款缴付给徐州市建达房产综合开发公司。2003年1月26日徐州市建达房产综合开发公司将徐州市泉山区建工小区7－1－503室交付给李川居住使用。至今李川未能办理房地产权属登记，故诉至法院，请求判令徐州市建达房产综合开发公司履行给其出具办理徐州市泉山区建工小区7－1－503室房屋产权的相关权属证书的义务。徐州市建达房产综合开发公司于2009年4月17日被吊销营业执照。徐州市建筑资产经营公司系该公司股东。

原审法院认为，当事人应当按照约定全面履行自己的义务，并应当遵循诚实信用原则，根据合同的性质、目的和交易习惯履行通知、协助、保密等义务。李川与徐州市建达房产综合开发公司签订的《纺织东路农贸市场拆迁买断公房产权调换协议书》系双方真实意思表示，合法有效，徐州市建达房产综合开发公司应为李川办理房地产权属登记提供协助义务。徐州市建达房产综合开发公司已被吊销营业执照，其出资人徐州市建筑资产经营公司应承担清算责任，并以清算所得承担协助义务。遂判决：(一)判决生效后十五日内，徐州市建达

① 案例来源：江苏省徐州市中级人民法院民事判决书〔2011〕徐民终字第158号。

房产综合开发公司协助李川办理徐州市泉山区建工小区7-1-503室的房地产权属登记;(二)判决生效后十五日内,徐州市建筑资产经营公司对徐州市建达房产综合开发公司承担清算责任协助李川办理徐州市泉山区建工小区7-1-503室房地产权属登记。

上诉人徐州市建筑资产经营公司不服上述民事判决,提起上诉称:1. 原审判决认定事实不清。上诉人在原审中已提供报案记录和证人证言两份证据,能够证明徐州市建达房产综合开发公司已经履行了向李川办理涉案房屋权属证书的义务,但由于李川的母亲将"房产注销证明书"拿走,导致至今无法办理权属登记,其责任在于李川,原审法院未予认定不当。2. 原审判决适用法律不当。根据《中华人民共和国公司法》的有关规定,公司的营业执照被吊销后,该公司的出资人有义务对公司进行清算,但并没有规定出资人有代为履行公司其他义务。

被上诉人李川答辩称:上诉人在一审的时候称对徐州市建达房产综合开发公司与李川的争议情况不清楚,现又称被上诉人母亲将"房产注销证明书"拿走,不是事实,被上诉人不能办理房产证的原因在上诉人。

原审被告徐州市建达房产综合开发公司未到庭应诉,亦未提交书面答辩意见。

二审法院认为,根据查明的案件事实,李川与徐州市建达房产综合开发公司签订的《纺织东路农贸市场拆迁买断公房产权调换协议书》合法有效,协助办理涉案房屋的权属登记手续是徐州市建达房产综合开发公司应当履行的合同义务,因该公司被吊销营业执照,具备公司解散的法定事由而未进行清算,徐州市建筑资产经营公司系徐州市建达房产综合开发公司的全额出资股东,为徐州市建达房产综合开发公司的清算主体,故协助办理涉案房屋的权属登记亦是徐州市建筑资产经营公司作为清算主体应尽的义务,原审法院判决徐州市建筑资产经营公司协助李川办理涉案房屋权属登记并无不当。上诉人徐州市建筑资产经营公司的上诉请求及理由不能成立,本院不予支持。原审判决认定事实清楚,适用法律正确,依法应予维持。

9. 徐州市粮油连锁中心与赵振弟房屋拆迁合同纠纷上诉案①

【争议焦点】出租房屋被拆迁,出租人是否应向承租人支付房屋附属物补偿款?

【裁判要旨】房屋出租人与承租人之间签订的房屋附属物搬迁补偿协议为双方当事人之间的真实的意思表示,出租人应当按照协议规定履行支付补偿款的义务。

【案情简介】

上诉人(原审被告)徐州市粮油连锁中心。

被上诉人(原审原告)赵振弟。

2009年12月7日,赵振弟与徐州粮油中心签订《粮站出租房屋附属物搬迁补偿协议》(以下简称《搬迁补偿协议》),约定赵振弟于2009年12月10日前全部搬出粮店,并约定待赵振弟将完好的房屋和附属物交给徐州粮油中心后,由徐州粮油中心支付其附属物搬迁补偿款15784元。义安煤矿的粮站房屋拆迁后,徐州粮油中心未向赵振弟支付任何补偿费用。赵振弟遂诉至原审法院称,原告租赁被告徐州粮油中心位于义安煤矿的粮店房屋进行经营,房屋租赁期间遇到房屋拆迁。在原、被告协商的过程中,被告仅仅和原告签订房屋附属物搬迁补偿协议。对原告应享有的提前搬迁奖金、临时安置补助费、搬迁补助费、误工费未予补偿。房屋已经拆迁多日,被告至今未向原告支付任何补偿费用。请求判令被告支付提前搬迁奖金3000元,临时安置补助费800元,搬迁补助费500元,误工费10000元,房屋附属物补偿款15784元。被告徐州粮油中心辩称,原告所诉与事实不符,原、被告之间不存在租赁关系,双方仅存在委托管理关系。义安粮店房屋承租户中只有超市和饭店的经营者,没有粮店经营者。原告的诉请没有事实和法律依据,请求法院驳回原告的诉讼请求。

原审法院经审理认为,被告徐州粮油中心提供的证据并不能否定原告与其之间签订的粮站出租房屋附属物搬迁补偿协议。原、被告之间存在委托管理关系,并不排斥原、被告之间同时存在房屋租赁关系。如果如被告所说,原、被告之间只是委托管理关系,原、被告签订的搬迁补偿协议中,不应是要求原告搬出,并对原告进行附属物补偿。且被告提供的江苏天元房地产土地资产评估造价有限公司徐州分公司出具的房屋拆迁估价报告中也有现在经营的粮店、超市、饭店业务,配套有经营粮店、超市、饭店业务的必要设施的记载,从而否定了被告所称的承租户中只有超市和饭店的经营者、没有粮店经营者的说法。因此,对于原告提供的与被告之间签订的粮站出租房屋附属物搬迁补偿协议予以认定,被告应按该协议的约定向原告支付房屋附属物补偿款15784元。该协议约定,原告在2009年12月10日前搬离现粮店地点,被告按房屋内外附属物的评估结果对原告进行货币补偿,协议中对原告要求的其他搬迁费用未进行约定,即原告同意在被告只对其房屋附属物进行补偿的情况下进行搬迁,因此对原告要求被告支付提前搬迁奖金、临时安置补助费、搬迁补助费、误工费的请求不予支持。遂判决:被告徐州市粮油连锁中心支付原告赵振弟房屋附属物补偿款15784元。

上诉人徐州粮油中心不服上述民事判决,提起上诉。二审法院认为,上诉人徐州粮油中心提供的资产委托管理承包协议、管理费收款凭证等证据虽能证明与被上诉人赵振弟之

① 案例来源:江苏省徐州市中级人民法院民事判决书〔2011〕徐民终字第1035号。

间存在委托管理关系,并不能当然地否定双方存在房屋租赁关系,亦不能否定双方签订的粮站出租房屋附属物搬迁补偿协议。因为上诉人徐州粮油中心提供的资产委托管理承包协议"乙方权利和义务"部分第一条规定:被上诉人赵振弟是徐州市粮油连锁中心授权对房屋进行管理经营的人员。对房屋进行租赁经营,同时有权自主经营。该协议并未禁止被上诉人在从事管理事务的同时进行自身的租赁经营。被上诉人一审中提供工商登记以及税务登记原件,证明被上诉人在上诉人所有的出租房屋内进行了实际经营活动,且上诉人徐州粮油中心提供的江苏天元房地产土地资产评估造价有限公司徐州分公司出具的房屋拆迁估价报告中也有现在经营的粮店、超市、饭店业务,配套有经营粮店、超市、饭店业务的必要设施的记载。上诉人徐州粮油中心虽称拆迁的义安粮店承租户中只有超市和饭店的经营者、没有粮店经营者,《搬迁补偿协议》约定的也仅是针对超市和饭店附属物进行拆迁补偿,但本案一审、二审期间均未就其主张提供相关拆迁资料等相应证据加以证实,故其抗辩理由不能成立。原审法院对双方签订的粮站出租房屋附属物搬迁补偿协议予以认定,判令徐州粮油中心按照协议约定支付赵振弟房屋附属物补偿款15784元并无不当。

3. 农村土地征收

征收土地公告办法

(2001年10月22日国土资源部令第10号公布 2010年11月30日国土资源部令第49号修订)

第一条 为规范征收土地公告工作,保护农村集体经济组织、农村村民或者其他权利人的合法权益,保障经济建设用地,根据《中华人民共和国土地管理法》和《中华人民共和国土地管理法实施条例》,制定本办法。

第二条 征收土地公告和征地补偿、安置方案公告,适用本办法。

第三条 征收农民集体所有土地的,征收土地方案和征地补偿、安置方案应当在被征收土地所在地的村、组内以书面形式公告。其中,征收乡(镇)农民集体所有土地的,在乡(镇)人民政府所在地进行公告。

第四条 被征收土地所在地的市、县人民政府应当在收到征收土地方案批准文件之日起10个工作日内进行征收土地公告,该市、县人民政府土地行政主管部门负责具体实施。

第五条 征收土地公告应当包括下列内容:

(一)征地批准机关、批准文号、批准时间和批准用途;

(二)被征收土地的所有权人、位置、地类和面积;

(三)征地补偿标准和农业人员安置途径;

(四)办理征地补偿登记的期限、地点。

第六条 被征地农村集体经济组织、农村村民或者其他权利人应当在征收土地公告规定的期限内持土地权属证书到指定地点办理征地补偿登记手续。

被征地农村集体经济组织、农村村民或者其他权利人未如期办理征地补偿登记手续的,其补偿内容以有关市、县土地行政主管部门的调查结果为准。

第七条 有关市、县人民政府土地行政主管部门会同有关部门根据批准的征收土地方案,在征收土地公告之日起45日内以被征收土地的所有权人为单位拟订征地补偿、安置方案并予以公告。

第八条 征地补偿安置、方案公告应当包括下列内容:

(一)本集体经济组织被征收土地的位置、地类、面积,地上附着物和青苗的种类、数量,需要安置的农业人口的数量;

(二)土地补偿费的标准、数额、支付对象和支付方式;

(三)安置补助费的标准、数额、支付对象和支付方式;

(四)地上附着物和青苗的补偿标准和支付方式;

(五)农业人员的具体安置途径;

(六)其他有关征地补偿、安置的具体措施。

第九条 被征地农村集体经济组织、农村村民或者其他权利人对征地补偿、安置方案有不同意见的或者要求举行听证会的,应当在征地补偿、安置方案公告之日起10个工作日内向有关市、县人民政府土地行政主管部门提出。

第十条 有关市、县人民政府土地行政主管部门应当研究被征地农村集体经济组织、农村村民或者其他权利人对征地补偿、安置方案的不同意见。对当事人要求听证的,应当举行听证会。确需修改征地补偿、安置方案的,应当依照有关法律、法规和批准的征收土地方案进行修改。

有关市、县人民政府土地行政主管部门将征地补偿、安置方案报市、县人民政府审批时,应当附具被征地农村集体经济组织、农村村民或者其他权利人的意见及采纳情况,举行听证会的,还应当附具听证笔录。

第十一条 征地补偿、安置方案经批准后,由有关市、县人民政府土地行政主管部门组织实施。

第十二条 有关市、县人民政府土地行政主管部门将征地补偿、安置费用拨付给被征地农村集体经济组织后,有权要求该农村集体经济组织在一定时限内提供支付清单。

市、县人民政府土地行政主管部门有权督促有关农村集体经济组织将征地补偿、安置费用收支状况向本集体经济组织成员予以公布,以便被征地农村集体经济组织、农村村民或者其他权利人查询和监督。

第十三条 市、县人民政府土地行政主管部门应当受理对征收土地公告内容和征地补偿、安置方案公告内容的查询或者实施中问题的举报,接受社会监督。

第十四条 未依法进行征收土地公告的,被征地农村集体经济组织、农村村民或者其他权利人有权依法要求公告,有权拒绝办理征地补偿登记手续。

未依法进行征地补偿、安置方案公告的,被征地农村集体经济组织、农村村民或者其他权利人有权依法要求公告,有权拒绝办理征地补偿、安置手续。

第十五条 因未按照依法批准的征收土地方案和征地补偿、安置方案进行补偿、安置引发争议的,由市、县人民政府协调;协调不成的,由上一级地方人民政府裁决。

征地补偿、安置争议不影响征收土地方案的实施。

第十六条 本办法自2002年1月1日起施行。

国土资源部关于完善农用地转用和土地征收审查报批工作的意见

(2004年11月2日 国土资发〔2004〕237号)

为巩固土地市场治理整顿成果,根据《国务院关于深化改革严格土地管理的决定》(国发〔2004〕28号,以下简称《决定》)精神,现就完善农用地转用和土地征收审查报批工作提出以下意见:

一、严格控制农用地转用和土地征收报批条件

(一)《决定》下发后,通过清理有关文件,对仍未纠正违法下放的农用地转用和土地征收审批权的地方,继续暂停该地农用地转用和土地征收报批。

(二)各省(自治区、直辖市)首先办理经国家发展改革委、国土资源部确认纳入2004年度农用地转用计划的重点急需建设项目的用地报批;年度计划有剩余指标的,再办理其他建设用地报批。年度农用地转用计划指标用完的省(自治区、直辖市)或市、县,2004年底前暂停农用地转用和土地征收报批;没有计划指标,擅自批准用地的,按非法批地查处。

(三)对以往拖欠的农民征地补偿安置费,在2004年年底前未足额偿还的市、县,暂缓下达2005年度农用地转用计划指标,暂停农用地转用和土地征收报批。

(四)对2004年底前未按《关于基本农田保护中有关问题的整改意见》(国土资发〔2004〕223号)的要求,将现有的基本农田落实到地块的市、县,暂缓下达2005年度农用地转用计划指标,暂停农用地转用和土地征收报批。

二、规范农用地转用和土地征收审查报批工作

(五)城市分批次建设用地严格按法律规定报批。分批次范围内的用地要提供土地开发建设整体方案,有控制性规划的,还应提供控制性规划。分批次范围内已有具体建设项目的,应附具项目名单,列明项目名称、性质、规模和用地面积。

(六)能源、交通、水利、矿山、军事设施等确需单独选址建设的项目,在《国务院关于投资体制改革的决定》(国发〔2004〕20号)实施前批准立项的,仍按原规定报批用地;实施后,属国务院、国家发展改革等部门或省级人民政府批准、核准的单独选址建设项目,涉及农用地转用和土地征收的,报国务院批准;除此之外的单独选址建设项目,涉及农用地转用和土地征收的,报省级人民政府批准,其中征收土地面积超过省级批准权限的,土地征收必须报国务院批准;建设项目确需占用基本农田的,必须报国务院批准。

(七)各类建设的用地必须符合土地利用总体规划。确需单独选址建设的项目,依法可以改变土地利用总体规划的,规划修改方案可以在报批用地时一并报批;其他项目用地涉及修改规划的,按法定程序修改规划后,方可报批用地。

(八)建设项目的可行性研究报告或其他有关文件没有明确分期建设的,应一次性报批农用地转用和土地征收。城市分批次建设用地,市、县每年报批应控制在5个批次内。

(九)农村集体建设和村民住宅建设在向集镇、乡镇工业小区和中心村集中过程中,新址用地必须符合规划,纳入计划;涉及占用农用地的,不得以土地置换为名,规避农用地转用报批手续。

(十)对违法用地,须先按有关规定进行处罚。确需补办用地手续的,在补办用地手续时,须附具对违法案件和有关责任人的处理意见及落实情况,征地补偿安置费用、耕地开垦费按违法用地期间最高标准支付和缴纳。

(十一)补充耕地实行边占边补的,耕地开垦费必须列入工程投资概算,补充耕地的土地开发整理项目须按有关规定验收;建设单位缴纳耕地开垦费的,报批用地时应附具耕地开垦费缴纳证明和代其补充耕地单位的证明。经依法批准占用基本农田的,耕地开垦费缴纳标准按当地最高标准执行。补充耕地实行先补后占的,报批用地时应附具补充耕地验收文件和资金来源情况的说明。

三、强化农用地转用和土地征收批后监督管理

(十二)城市分批次建设用地和单独选址建设项目用地涉及缴纳新增建设用地土地有偿使用费的,国土资源管理部门应全额下达新增建设用地土地有偿使用费缴款通知书,由市、县人民政府按有关规定缴纳后,再下达批复文件。

(十三)国务院批准的城市分批次建设用地的供地情况、省级人民政府批准的单独选址建设项目用地和城市分批次建设用地及供地情况,应及时向部和省级国土资源部门备案。对于未按规定时间及有关要求备案或在备案中弄虚作假的省(自治区、直辖市)或市、县,暂停其农用地转用和土地征收报批。

(十四)农用地转用和土地征收批准文件有效期两年。农用地转用或土地征收经依法批准后,市、县两年内未用地或未实施征地补偿安置方案的,有关批准文件自动失效;两年内未提供给具体用地单位的,按未供应土地面积扣减该市、县下一年度的农用地转用计划指标。

(十五)征地补偿安置方案经依法批准后,征地补偿安置费用应按法律规定的期限全额支付给被征地农村集体经济组织;未按期全额支付到位的,市、县不得发放建设用地批准书,农村集体经济组织和农民有权拒绝建设单位动工用地。

（十六）对一个成片开发项目中包含多个建设项目的用地，在一次报批农用地转用和土地征收后，供地时应区分各个建设项目土地用途和用地性质，依据法律规定和国家供地政策分别供地。

（十七）城市分批次建设用地和单独选址建设项目用地经依法批准后，国土资源部门应通过新闻媒体或其他形式向社会公开批准情况；建设单位应将农用地转用、土地征收批准文件及建设用地批准书等在施工场地悬挂，接受社会的监督。

国土资源部关于加强农村宅基地管理的意见

（2004 年 11 月 2 日国土资发〔2004〕234 号公布　2010 年 12 月 3 日国土资发〔2010〕190 号修订）

为切实落实《国务院关于深化改革严格土地管理的决定》（国发〔2004〕28 号），进一步加强农村宅基地管理，正确引导农村村民住宅建设合理、节约使用土地，切实保护耕地，现提出以下意见：

一、严格实施规划，从严控制村镇建设用地规模

（一）抓紧完善乡（镇）土地利用总体规划。各地要结合土地利用总体规划修编工作，抓紧编制完善乡（镇）土地利用总体规划，按照统筹安排城乡建设用地的总要求和控制增量、合理布局、集约用地、保护耕地的总原则，合理确定小城镇和农村村民点的数量、布局、范围和用地规模。经批准的乡（镇）土地利用总体规划，应当予以公告。

国土资源管理部门要积极配合有关部门，在已确定的村镇建设用地范围内，做好村镇建设规划。

（二）按规划从严控制村镇建设用地。各地要采取有效措施，引导农村村民住宅建设按规划、有计划地逐步向小城镇和中心村集中。对城市规划区内的农村村民住宅建设，应当集中兴建村民住宅小区，防止在城市建设中形成新的“城中村”，避免“二次拆迁”。对城市规划区范围外的农村村民住宅建设，按照城镇化和集约用地的要求，鼓励集中建设农民新村。在规划撤并的村庄范围内，除危房改造外，停止审批新建、重建、改建住宅。

（三）加强农村宅基地用地计划管理。农村宅基地占用农用地应纳入年度计划。省（区、市）在下达给各县（市）用于城乡建设占用农用地的年度计划指标中，可增设农村宅基地占用农用地的计划指标。农村宅基地占用农用地的计划指标应和农村建设用地整理新增加的耕地面积挂钩。县（市）国土资源管理部门对新增耕地面积检查、核定后，应在总的年度计划指标中优先分配等量的农用地转用指标用于农民住宅建设。

省级人民政府国土资源管理部门要加强对各县（市）农村宅基地占用农用地年度计划执行情况的监督检查，不得超计划批地。各县（市）每年年底应将农村宅基地占用农用地的计划执行情况报省级人民政府国土资源管理部门备案。

二、改革和完善宅基地审批制度，规范审批程序

（四）改革和完善农村宅基地审批管理办法。各省（区、市）要适应农民住宅建设的特点，按照严格管理，提高效率，便民利民的原则，改革农村村民建住宅占用农用地的审批办法。各县（市）可根据省（区、市）下达的农村宅基地占用农用地的计划指标和农村村民住宅建设的实际需要，于每年年初一次性向省（区、市）或设区的市、自治州申请办理农用地转用审批手续，经依法批准后由县（市）按户逐宗批准供应宅基地。

对农村村民住宅建设利用村内空闲地、老宅基地和未利用土地的，由村、乡（镇）逐级审核，批量报县（市）批准后，由乡（镇）逐宗落实到户。

（五）严格宅基地申请条件。坚决贯彻“一户一宅”的法律规定。农村村民一户只能拥有一处宅基地，面积不得超过省（区、市）规定的标准。各地应结合本地实际，制定统一的农村宅基地面积标准和宅基地申请条件。不符合申请条件的不得批准宅基地。

农村村民将原有住房出卖、出租或赠与他人后，再申请宅基地的，不得批准。

（六）规范农村宅基地申请报批程序。农村村民建住宅需要使用宅基地的，应向本集体经济组织提出申请，并在本集体经济组织或村民小组张榜公布。公布期满无异议的，报经乡（镇）审核后，报县（市）审批。经依法批准的宅基地，农村集体经济组织或村民小组应及时将审批结果张榜公布。

各地要规范审批行为，健全公开办事制度，提供优质服务。县（市）、乡（镇）要将宅基地申请条件、申报审批程序、审批工作时限、审批权限等相关规定和年度用地计划向社会公告。

（七）健全宅基地管理制度。在宅基地审批过程中，乡（镇）国土资源管理所要做到“三到场”。即：受理宅基地申请后，要到实地审查申请人是否符合条件、拟用地是否符合规划等；宅基地经依法批准后，要到实地丈量批放宅基地；村民住宅建成后，要到实地检查是否按照批准的面积和要求使用土地。各地一律不得在宅基地审批中向农民收取新增建设用地土地有偿使用费。

（八）加强农村宅基地登记发证工作。市、县国土资源管理部门要加快农村宅基地土地登记发证工作，做到宅基地土地登记发证到户，内容规范清楚，切实维护农民的合法权益。要加强农村宅基地的变更登记工作，变更一宗，登记一宗，充分发挥地籍档案资料在宅基地监督管理上的作用，切实保障“一户一宅”法律制度的落实。要依法、及时调处宅基地权属争议，维护社会稳定。

三、积极推进农村建设用地整理，促进土地集约利用

（九）积极推进农村建设用地整理。县市和乡（镇）要根据土地利用总体规划，结合实施小城镇发展战略与“村村通”工程，科学制定和实施村庄改造、归并村庄整治计划，积极推进农村建设用地整理，提高城镇化水平和城镇土地集约利用水平，努力节约使用集体建设用地。农村建设用地整理，要按照“规划先行、政策引导、村民自愿、多元投入”的原则，按规划、有计划、循序渐进、积极稳妥地推进。

（十）加大盘活存量建设用地力度。各地要因地制宜地组织开展“空心村”和闲置宅基地、空置住宅、“一户多宅”的调查清理工作。制定消化利用的规划、计划和政策措施，加大盘活存量建设用地的力度。农村村民新建、改建、扩建住宅，要充分利用村内空闲地、老宅基地以及荒坡地、废弃地。凡村内有空闲地、老宅基地未利用的，不得批准占用耕地。利用村内空闲地、老宅基地建住宅的，也必须符合规划。对“一户多宅”和空置住宅，各地要制定激励措施，鼓励农民腾退多余宅基地。凡新建住宅后应退出旧宅基地的，要采取签订合同等措施，确保按期拆除旧房，交出旧宅基地。

（十一）加大对农村建设用地整理的投入。对农民宅基地占用的耕地，县（市）、乡（镇）应组织村集体经济组织或村民小组进行补充。省（区、市）及市、县应从用于农业土地开发的土地出让金、新增建设用地土地有偿使用费、耕地开垦费中拿出部分资金，用于增加耕地面积的农村建设用地整理，确保耕地面积不减少。

四、加强法制宣传教育，严格执法

（十二）加强土地法制和国策的宣传教育。各级国土资源管理部门要深入持久地开展宣传教育活动，广泛宣传土地国策国情和法规政策，提高干部群众遵守土地法律和珍惜土地的意识，增强依法管地用地、集约用地和保护耕地的自觉性。

（十三）严格日常监管制度。各地要进一步健全和完善动态巡查制度，切实加强农村村民住宅建设用地的日常监管，及时发现和制止各类土地违法行为。要重点加强城乡结合部地区农村宅基地的监督管理。严禁城镇居民在农村购置宅基地，严禁为城镇居民在农村购买和违法建造的住宅发放土地使用证。

要强化乡（镇）国土资源管理机构和职能，充分发挥乡（镇）国土资源管理所在宅基地管理中的作用。积极探索防范土地违法行为的有效措施，充分发挥社会公众的监督作用。对严重违法行为，要公开曝光，用典型案例教育群众。

国土资源部关于进一步完善农村宅基地管理制度切实维护农民权益的通知

（2010年3月2日　国土资发〔2010〕28号）

各省、自治区、直辖市国土资源厅（国土环境资源厅、国土资源局、国土资源和房屋管理局、规划和国土资源管理局），副省级城市国土资源行政主管部门，各派驻地方的国家土地督察局：

规范农村宅基地管理，对于统筹城乡发展，促进节约集约用地，维护农民的合法权益，推进社会主义新农村建设，保持农村社会稳定和经济可持续发展具有重要意义。为贯彻落实中央有关要求，现就进一步完善农村宅基地管理制度，切实维护农民权益的有关问题通知如下：

一、加强规划计划控制引导，合理确定村庄宅基地用地布局规模

（一）加强农村住宅建设用地规划计划控制。根据新农村建设的需要，省级国土资源行政管理部门要统筹安排并指导市、县国土资源行政管理部门，结合新一轮乡（镇）土地利用总体规划修编，组织编制村土地利用规划，报县级人民政府审批。在县级土地利用总体规划确定的城镇建设扩展边界内的村土地利用规划，要与城镇规划相衔接，合理划定农民住宅建设用地范围；在土地利用总体规划确定的城镇建设扩展边界外的村庄，县级国土资源管理部门要在摸清宅基地利用现状和用地需求的基础上，以乡（镇）土地利用总体规划和村土地利用规划为控制，组织编制村庄宅基地现状图、住宅建设用地规划图和宅基地需求预测十年计划表（即“两图一表”），制定完善宅基地申请审批制度，张榜公布，指导农民住宅建设按规划、有计划、规范有序进行。

（二）科学确定农村居民点用地布局和规模。市、县在新一轮土地利用总体规划修编中，要按照城乡一体化的要求，结合城镇规划，合理确定土地利用总体规划划定的城镇建设扩展边界内的城郊、近郊农村居民点用地布局，严格控制建设用地规模，防止出现新的“城中村”。对土地利用总体规划确定的城镇建设扩展边界外的村庄，要结合县域镇村体系规划、新农村发展规划和产业规划，在乡（镇）土地利用总体规划中合理确定保留、调整和重点发展的农村居民点用地，统筹农村公益事业、基础设施、生活、生态、生产用地需求，合理确定中心村和新村建设用地规模，指导农民住宅和村庄建设按规划有序进行。

（三）改进农村宅基地用地计划管理方式。新增农村宅基地建设用地应纳入土地利用年度计划，各地在下达年度土地利用计划指标时应优先安排农村宅基地用地计划指标，切实保障农民住宅建设合理用地需求。占用耕地的，必须依法落实占补平衡。农村建设用地计划指标应结合农村居民点布局和结构调整，重点用于小城镇和中心村建设，控制自然村落无序扩张。

二、严格标准和规范，完善宅基地管理制度

（四）严格宅基地面积标准。宅基地是指农民依法取得的用于建造住宅及其生活附属设施的集体建设用地，“一户一宅”是指农村居民一户只能申请一处符合规定面积标准的宅基地。各地要结合本地资源状况，按照节约集约用地的原则，严格确定宅基地面积标准。要充分发挥村自治组织依法管理宅基地的职能。加强对农村宅基地申请利用的监管。农民新申请的宅基地面积,必须控制在规定的标准内。

(五)合理分配宅基地。土地利用总体规划确定的城镇建设扩展边界内的城郊、近郊农村居民点用地,原则上不再进行单宗分散的宅基地分配,鼓励集中建设农民新居。土地利用总体规划确定的城镇建设扩展边界外的村庄,要严格执行一户只能申请一处符合规定面积标准的宅基地的政策。经济条件较好、土地资源供求矛盾突出的地方,允许村自治组织对新申请宅基地的住户开展宅基地有偿使用试点。试点方案由村自治组织通过村民会议讨论提出,经市、县国土资源管理部门审核报省级国土资源管理部门批准实施,接受监督管理。

(六)规范宅基地审批程序。各地要根据实施土地利用总体规划和规范农民建房用地的需要,按照公开高效、便民利民的原则,规范宅基地审批程序。在土地利用总体规划确定的城镇建设扩展边界内,县(市)要统筹安排村民住宅建设用地。在土地利用总体规划确定的城镇建设扩展边界外,已经编制完成村土地利用规划和宅基地需求预测十年计划表的村庄,可适当简化审批手续。使用村内原有建设用地的,由村申报、乡(镇)审核,批次报县(市)批准后,由乡(镇)国土资源所逐宗落实到户;占用农用地的,县(市)人民政府于每年年初一次性向省、自治区、直辖市人民政府或省级人民政府授权的设区的市、自治州申请办理农用地转用审批手续,经依法批准后,由乡(镇)国土资源所逐宗落实到户,落实情况按年度向省(区、市)国土资源管理部门备案。

宅基地审批应坚持实施"三到场"。接到宅基地用地申请后,乡(镇)国土资源所或县(市)国土资源管理部门要组织人员到实地审查申请人是否符合条件、拟用地是否符合规划和地类等。宅基地经依法批准后,要到实地丈量批放宅基地,明确建设时间并受理农民宅基地登记申请。村民住宅建成后,要到实地检查是否按照批准的面积和要求使用土地,符合规定的方可办理土地登记,发放集体建设用地使用权证。

(七)依法维护农民宅基地的取得权。农民申请宅基地的,乡(镇)、村应及时进行受理审查,对符合申请条件,且经公示无异议的,应及时按程序上报。县(市)人民政府对符合宅基地申请条件的,必须在规定时间内批准,不得拖延和拒绝。各地县(市)人民政府要建立健全农民宅基地申报、审批操作规范,并根据本地区季节性特点和农民住宅建设实际,明确宅基地申请条件和各环节办理时限要求,向社会公开,接受社会监督,切实维护农民依法取得宅基地的正当权益。

(八)加强农村宅基地确权登记发证和档案管理工作。各地要按照相关规定,依法加快宅基地确权登记发证,妥善处理宅基地争议。要摸清宅基地底数,掌握宅基地使用现状,并登记造册,建立健全宅基地档案及管理制度,做到变更一宗,登记一宗。要积极建立农村宅基地动态管理信息系统,实现宅基地申请、审批、利用、查处信息上下连通、动态管理、公开查询。

三、探索宅基地管理的新机制,落实最严格的节约用地制度

(九)严控总量盘活存量。要在保障农民住房建设用地基础上,严格控制农村居民点用地总量,统筹安排各类建设用地。农民新建住宅应优先利用村内空闲地、闲置宅基地和未利用地,凡村内有空闲宅基地未利用的,不得批准新增建设用地。鼓励通过改造原有住宅,解决新增住房用地。各地要根据地方实际情况制定节约挖潜、盘活利用的具体政策措施。

(十)逐步引导农民居住适度集中。有条件的地方可根据土地利用规划、城乡一体化的城镇建设发展规划,结合新农村建设,本着量力而行、方便生产、改善生活的原则,因地制宜、按规划、有步骤地推进农村居民点撤并整合和小城镇、中心村建设,引导农民居住建房逐步向规划的居民点自愿、量力、有序的集中。对因撤并需新建或改扩建的小城镇和中心村,要加大用地计划、资金的支持。对近期规划撤并的村庄,不再批准新建、改建和扩建住宅,应向规划的居民点集中。

(十一)因地制宜地推进"空心村"治理和旧村改造。各地要结合新农村建设,本着提高村庄建设用地利用效率、改善农民生产生活条件和维护农民合法权益的原则,指导有条件的地方积极稳妥地开展"空心村"治理和旧村改造,完善基础设施和公共设施。对治理改造中涉及宅基地重划的,要按照新的规划,统一宅基地面积标准。对村庄内现有各类建设用地进行调整置换的,应对土地、房屋价格进行评估,在现状建设用地边界范围内进行;在留足村民必需的居住用地(宅基地)前提下,其他土地可依法用于发展二、三产业,但不得用于商品住宅开发。

四、加强监管,建立宅基地使用和管理新秩序

(十二)建立宅基地管理动态巡查和责任追究制度。县(市)、乡(镇)国土资源管理部门要建立健全农村宅基地管理动态巡查制度,切实做到对宅基地违法违规行为早发现、早制止、早报告、早查处。县市国土资源执法监察机构和乡镇国土资源所是农村宅基地动态巡查工作的实施主体,对动态巡查负直接责任。建立动态巡查责任追究制度,对巡查工作不到位、报告不及时、制止不得力的要追究有关责任人的责任。

(十三)建立共同责任机制。市县、乡镇国土资源管理部门应当与市、县有关部门、乡镇政府、村自治组织建立依法管理宅基地的共同责任机制,建立农村宅基地监督管理制度,落实工作责任,形成执法监管合力,共同遏制违法占地建住宅的行为。

(十四)依法查处乱占行为。各地要认真负责依法查处宅基地使用中的违法行为。对未经申请和批准或违反规划计划管理占用土地建住宅的,应当限期拆除、退还土地并恢复原状。对超过当地规定面积标准的宅基地,经依法处置后,按照《关于进一步加快宅基地使用权登记发证工作的通知》(国土资发〔2008〕146号)要求予以登记的,村集体组织可对确认超占的面积实施有偿使用。对一户违法占有两处宅基地的,核实后应收回一处。

（十五）加强指导，不断研究解决新情况新问题。各地务必从实际出发，切实加强对宅基地管理工作的指导，抓紧落实通知要求的各项措施，尽快研究制定符合本地实际的具体政策规定。同时要深入调研宅基地管理中的倾向性、苗头性的问题，主动采取措施解决，并及时上报，确保各项政策措施的落实。各派驻地方的国家土地督察局要加强对督察区域内农民宅基地审批与管理情况的监督，确保农民合法居住权益得到保障。

国土资源部、财政部、农业部关于加快推进农村集体土地确权登记发证工作的通知

（2011 年 5 月 6 日　国土资发〔2011〕60 号）

各省、自治区、直辖市国土资源厅（国土环境资源厅、国土资源局、国土资源和房屋管理局、规划和国土资源管理局）、财政厅（局）、农业（农牧、农村经济）厅（局、委、办），新疆生产建设兵团国土资源局、财务局、农业局：

为贯彻落实十七届三中全会精神和《中共中央国务院关于加大统筹城乡发展力度进一步夯实农业农村发展基础的若干意见》（中发〔2010〕1 号，以下简称中央 1 号文件）有关要求，切实加快推进农村集体土地确权登记发证工作，现将有关事项通知如下：

一、充分认识加快农村集体土地确权登记发证的重要意义

《土地管理法》实施以来，各地按照国家法律法规和政策积极开展土地登记工作，取得了显著的成绩，对推进土地市场建设，维护土地权利人合法权益，促进经济社会发展发挥了重要作用。但是，受当时条件的限制，农村集体土地确权登记发证工作总体滞后，有的地区登记发证率还很低，已颁证的农村集体土地所有权大部分只确权登记到行政村农民集体一级，没有确认到每一个具有所有权的农民集体，这与中央的要求和农村经济社会发展的现实需求不相适应。明晰集体土地财产权，加快推进农村集体土地确权登记发证工作任务十分紧迫繁重。

（一）加快推进农村集体土地确权登记发证工作是维护农民权益、促进农村社会和谐稳定的现实需要。通过农村集体土地确权登记发证，有效解决农村集体土地权属纠纷，化解农村社会矛盾，依法确认农民土地权利，强化农民特别是全社会的土地物权意识，有助于在城镇化、工业化和农业现代化推进过程中，切实维护农民权益。

（二）加快推进农村集体土地确权登记发证工作是落实最严格的耕地保护制度和节约用地制度、提高土地管理和利用水平的客观需要。土地确权登记发证的过程，是进一步查清宗地的权属、面积、用途、空间位置，建立土地登记簿的过程，也是摸清土地利用情况的过程，从而改变农村土地管理基础薄弱的状况，夯实管理和改革的基础，确认农民集体、农民与土地长期稳定的产权关系，将农民与土地物权紧密联系起来，可以进一步激发农民保护耕地、节约集约用地的积极性。

（三）加快推进农村集体土地确权登记发证工作是夯实农业农村发展基础、促进城乡统筹发展的迫切需要。加快农村集体土地确权登记发证，依法确认和保障农民的土地物权，进而通过深化改革，还权赋能，最终形成产权明晰、权能明确、权益保障、流转顺畅、分配合理的农村集体土地产权制度，是建设城乡统一的土地市场的前提，是促进农村经济社会发展、实现城乡统筹的动力源泉。

二、切实加快农村集体土地确权登记发证工作，强化成果应用

各地要认真落实中央 1 号文件精神，加快农村集体土地所有权、宅基地使用权、集体建设用地使用权等确权登记发证工作，力争到 2012 年底把全国范围内的农村集体土地所有权证确认到每个具有所有权的集体经济组织，做到农村集体土地确权登记发证全覆盖。要按照土地总登记模式，集中人员、时间和地点开展工作，坚持依法依规、便民高效、因地制宜、急需优先和全面覆盖的原则，注重解决难点问题。

（一）完善相关政策。认真总结在农村集体土地确权登记发证工作方面的经验，围绕地籍调查、土地确权、争议调处、登记发证工作中存在的问题，深入研究，创新办法，细化和完善加快农村集体土地确权登记发证的政策。严禁通过土地登记将违法违规用地合法化。

（二）加快地籍调查。地籍调查是土地登记发证的前提，各地要加快地籍调查，严格按照地籍调查有关规程规范的要求，开展农村集体土地所有权、宅基地使用权、集体建设用地使用权调查工作，查清农村每一宗土地的权属、界址、面积和用途等基本情况。有条件的地方要制作农村集体土地所有权地籍图，以大比例尺地籍调查为基础，制作农村集体土地使用权，特别是建设用地使用权、宅基地使用权地籍图。县级以上城镇以及有条件的一般建制镇、村庄，要建立地籍信息系统，将地籍调查成果上图入库，纳入规范化管理，在此基础上，开展土地总登记及初始登记和变更登记。建立地籍成果动态更新机制，以土地登记为切入点，动态更新地籍调查成果资料，保持调查成果的现势性，确保土地登记结果的准确性。

（三）加强争议调处。要及时调处土地权属争议，建立土地权属争议调处信息库，及时掌握集体土地所有权、宅基地使用权和集体建设用地使用权权属争议动态，有效化解争议，为确权创造条件。

（四）规范已有成果。结合全国土地登记规范化和土地权属争议调处检查工作，凡是农村集体土地所有权证没有确认到具有所有权的农民集体经济组织的，应当确认到具有所有

权的农民集体经济组织;已经登记发证的宗地缺失档案资料以及不规范的,尽快补正完善;已经登记的宗地测量精度不够的,及时进行修补测;对于发现登记错误的,及时予以更正。

(五)加强信息化建设。把农村集体土地确权登记发证同地籍信息化建设结合起来,在应用现代信息技术加快确权登记发证的同时,一并将地籍档案数字化,实现确权登记发证成果的信息化管理。建设全国土地登记信息动态监管查询系统,逐步实现土地登记资料网上实时更新,动态管理,建立共享机制,全面提高地籍管理水平,大幅度提高地籍工作的社会化服务程度。

(六)强化证书应用。实行凭证管地用地制度。土地权利证书要发放到权利人手中,严禁以统一保管等名义扣留、延缓发放土地权利证书。各地根据当地实际,可以要求凡被征收的农村集体所有土地,在办理征地手续之前,必须完成农村集体土地确权登记发证,在征地拆迁时,要依据农村集体土地所有证和农村集体土地使用证进行补偿;凡是依法进入市场流转的经营性集体建设用地使用权,必须经过确权登记,做到产权明晰、四至清楚、没有纠纷,没有经过确权登记的集体建设用地使用权一律禁止流转;农用地流转需与集体土地所有权确权登记工作做好衔接,确保承包地流转前后的集体所有性质不改变,土地用途不改变,农民土地承包权益不受损害;对新农村建设和农村建设用地整治涉及宅基地调整的,必须以确权登记发证为前提。

充分发挥农村土地确权登记发证工作成果在规划、耕保、利用、执法等国土资源管理各个环节的基础作用。农村集体土地登记发证与集体建设用地流转、城乡建设用地增减挂钩、农用地流转、土地征收等各项重点工作挂钩。凡是到2012年底未按时完成农村集体土地所有权登记发证工作的,农转用、土地征收审批暂停,农村土地整治项目不予立项。

三、加强组织领导,强化督促落实

(一)加强组织领导。国土资源部会同财政部、农业部成立全国加快推进农村集体土地确权登记发证工作领导小组,办公室设在国土资源部地籍管理司,由成员单位有关方面负责人、联络员及工作人员组成,具体负责推进农村集体土地确权登记发证的日常工作。省级人民政府国土资源部门要牵头成立相应的领导小组,负责本地区工作的组织和实施。市(县)政府是农村集体土地登记的法定主体,市(县)成立以政府领导为组长的工作领导小组,国土资源部门承担领导小组的日常工作,负责编制实施方案,分解任务,落实责任,明确进度,定期检查,抓好落实。农村集体土地所有权确权登记发证应当覆盖到本行政区内全部集体土地。

(二)周密部署安排。各省要抓紧摸清本地区集体土地确权登记发证现状,研究制定具体工作方案,明确年度工作目标和任务,加强人员培训,落实责任制,加快农村集体土地所有权、宅基地使用权、集体建设用地使用权等确权登记颁证工作,2012年底基本完成把农村集体土地所有权证确认到每个具有所有权的农民集体经济组织的任务。

建立全国农村集体土地确权登记发证工作进度汇总统计分析和通报制度。请省级领导小组办公室于2011年6月底将本地区农村集体土地确权登记发证工作进展情况报办公室,此后按季度定期上报工作进度情况,并逐步建立网上动态上报机制,办公室将采取多种方式加强督促检查。

(三)切实保障经费。相关地方政府要按照中央1号文件要求,统筹安排,将农村集体土地确权登记发证有关工作经费足额纳入财政预算,保障工作开展。

(四)加强土地登记代理机构队伍建设。借助土地登记代理机构等专业力量,提高确权登记发证的效率和规范化程度。

(五)宣传动员群众。各地要通过报纸、电视、广播、网络等媒体,大力宣传农村集体土地确权登记发证的重要意义、工作目标和法律政策,创造良好的舆论环境和工作氛围。争取广大农民群众和社会各界的理解支持,充分发挥农村基层组织在登记申报、土地确权、纠纷调处等工作中的重要作用,调动广大农民群众参与的积极性。国土资源部将适时召开加快推进农村集体土地确权登记发证工作现场会,总结、推广、宣传典型经验,为全国提供示范典型。

劳动和社会保障部、国土资源部关于切实做好被征地农民社会保障工作有关问题的通知

(2007年4月28日　劳社部发〔2007〕14号)

各省、自治区、直辖市劳动和社会保障厅(局),国土资源厅(国土环境资源厅、国土资源局、国土资源和房屋管理局、房屋土地资源管理局):

党中央、国务院高度重视被征地农民就业培训和社会保障问题,近年来先后下发了一系列重要文件,将做好被征地农民社会保障工作作为改革征地制度、完善社会保障体系的重要内容,摆在了突出位置,提出了明确要求。最近颁布的《物权法》,对安排被征地农民的社会保障费用作出了规定。许多地区开展了被征地农民社会保障工作,对维护被征地农民合法权益、促进社会稳定发挥了积极作用,但部分地区工作进展缓慢,亟待加快进度、完善政策、规范管理。为进一步贯彻落实《国务院关于加强土地调控有关问题的通知》(国发〔2006〕31号,以下简称国发31号文件)关于"社会保障费用不落实的不得批准征地"的精神,切实做好被征地农民社会保障工作,现就有关问题通知如下:

一、进一步明确被征地农民社会保障工作责任

为贯彻国发31号文件和《国务院办公厅转发劳动保障部关于做好被征地农民就业培训和社会保障工作指导意见的通

知》(国办发〔2006〕29号,以下简称国办发29号文件)关于“实行一把手负责制,建立责任追究制度”和“严格实行问责制”的精神,地方各级人民政府主要负责人要对被征地农民社会保障工作负总责,劳动保障部门、国土资源部门要按照职能各负其责,制定切实可行的计划,加强工作调度和督促检查,切实做好本行政区域内被征地农民的社会保障工作。

各地要尽快建立被征地农民社会保障制度。按照国办发29号文件要求,已经出台实施办法的省份,要认真总结经验,完善政策和措施,提高管理水平,加强对市县工作的指导;其他省份要抓紧研究,争取在今年年底前出台实施办法。要严格按国办发29号文件关于保障项目和标准的要求,尽快将被征地农民纳入社会保障体系,确保被征地农民原有生活水平不降低、长远生计有保障,并建立相应的调整机制。

二、确保被征地农民社会保障所需资金

各地在制订被征地农民社会保障实施办法中,要明确和落实社会保障资金渠道。被征地农民社会保障所需资金,原则上由农民个人、农村集体、当地政府共同承担,具体比例、数额结合当地实际确定。根据国办发29号文件和《国务院办公厅关于规范国有土地使用权出让收支管理的通知》(国办发〔2006〕100号,以下简称国办发100号文件)规定,被征地农民社会保障所需资金从当地政府批准提高的安置补助费和用于被征地农户的土地补偿费中统一安排,两项费用尚不足以支付的,由当地政府从国有土地有偿使用收入中解决;地方人民政府可以从土地出让收入中安排一部分资金用于补助被征地农民社会保障支出,逐步建立被征地农民生活保障的长效机制。

各市县征地统一年产值标准和区片综合地价公布实施前,被征地农民社会保障所需资金的个人缴费部分,可以从其所得的土地补偿费、安置补助费中直接缴纳;各市县征地统一年产值标准和区片综合地价公布实施后,要及时确定征地补偿安置费用在农民个人、农村集体之间的分配办法,被征地农民社会保障个人缴费部分在农民个人所得中直接缴纳。

三、严格征地中对农民社会保障落实情况的审查

要严格执行国发31号文件关于“社会保障费用不落实的不得批准征地”的规定,加强对被征地农民社会保障措施落实情况的审查。被征地农民社会保障对象、项目、标准以及费用筹集办法等情况,要纳入征地报批前告知、听证等程序,维护被征地农民知情、参与等民主权利。市县人民政府在呈报征地报批材料时,应就上述情况作出说明。

劳动保障部门、国土资源部门要加强沟通协作,共同把好被征地农民社会保障落实情况审查关。需报省级政府批准征地的,上述说明材料由市(地、州)级劳动保障部门提出审核意见;需报国务院批准征地的,由省级劳动保障部门提出审核意见。有关说明材料和审核意见作为必备要件随建设用地报批资料同时上报。对没有出台被征地农民社会保障实施办法、被征地农民社会保障费用不落实、没有按规定履行征地报批前有关程序的,一律不予报批征地。

四、规范被征地农民社会保障资金管理

根据国办发100号文件规定,国有土地使用权出让收入全部缴入地方国库,支出一律通过地方基金预算从土地出让收入中予以安排。被征地农民社会保障所需费用,应在征地补偿安置方案批准之日起3个月内,按标准足额划入“被征地农民社会保障资金专户”,按规定记入个人账户或统筹账户。劳动保障部门负责被征地农民社会保障待遇核定和资金发放管理,具体工作由各级劳动保障部门的社保经办机构办理。

各地要制订被征地农民社会保障资金管理办法,加强对资金收支情况的监管,定期向社会公布,接受社会和被征地农民的监督。各地要按照国办发29号文件规定,确保必要的人员和工作经费。要加强被征地农民统计工作,做好对征地面积、征地涉及农业人口以及被征地农民社会保障参保人数、享受待遇人员、资金收支等情况的统计;加强对被征地农民社会保障工作的考核。

五、加强被征地农民社会保障工作的监督检查

根据中共中央办公厅、国务院办公厅《关于加强农村基层党风廉政建设的意见》(中办发〔2006〕32号)的要求,地方各级劳动保障部门、国土资源部门要认真贯彻落实有关方针政策,在对农村土地征收征用情况的监督检查中,切实搞好对被征地农民社会保障工作情况的监督检查,纠正征地过程中损害农民权益问题。

被征地农民社会保障资金要专款专用,独立核算,任何部门、单位和个人都不得挤占、截留、挪用、转借或擅自将资金用于任何形式的直接投资。被征地农民社会保障资金未能足额到位、及时发放的,要追究有关人员的责任。国家工作人员在被征地农民社会保障资金管理工作中玩忽职守、滥用职权、徇私舞弊的,要依照有关规定追究行政责任;构成犯罪的,依法追究刑事责任。

劳动和社会保障部、民政部、审计署关于做好农村社会养老保险和被征地农民社会保障工作有关问题的通知

(2007年8月17日 劳社部发〔2007〕31号)

各省、自治区、直辖市劳动保障厅(局)、民政厅(局):

经请示国务院领导同志同意,今年要对农村社会养老保险(以下简称农保)基金进行全面审计,摸清底数;对农保工作进行清理,理顺管理体制,妥善处理被处置金融机构中的农保基金债权;研究提出推进农保工作的意见。为贯彻落实国务院要求,现就有关事项通知如下:

一、积极配合审计部门做好农保基金全面审计工作

(一)高度重视农保基金审计工作。目前,国家审计署对

农保基金的全面审计工作已经开始,将于今年第四季度完成。各级劳动保障和尚未完成职能划转和工作移交的民政部门要充分认识做好农保基金审计工作对确保基金安全、推进农保工作的重要性,积极配合审计部门开展工作,确保审计工作顺利完成。

(二)认真做好自查自纠工作。各级农保主管部门要立即组织农保经办机构对农保基金管理使用情况进行全面自查,认真纠正违规问题。要把自查自纠工作作为配合审计工作的一项重要内容,抓实抓细,做好接受全面审计检查的准备工作。

(三)做好基金审计后的整改工作。各地要认真落实审计部门的审计意见和审计决定,对审计中发现的问题,进行认真梳理,采取经济、行政和法律的手段,按要求坚决回收违规基金。劳动和社会保障部将对重点地区整改工作进行督查。

二、尽快理顺农保管理体制

(一)及时完成职能划转和工作移交。没有完成职能划转和工作移交的地方,要按照《关于省级政府劳动和社会保障以及药品监督管理工作机构有关问题的通知》(中编办发〔1998〕8号)和《关于构建市县劳动和社会保障机构有关问题的通知》(中编办发〔2000〕18号)要求,在全面审计、摸清底数的基础上,于2007年12月底之前完成各级农保职能、机构、人员、档案、基金由民政部门向劳动保障部门的整体移交工作。劳动保障部门、民政部门要加强协调,共同指导、督促各地做好农保移交工作,切实加强农保机构建设,提高经办能力。

(二)妥善解决农保机构设置和乡镇农保的管理问题。在整体移交工作中,要按照统筹城乡社会保险事业发展的要求,妥善解决农保机构、编制和职能设置问题。各级劳动保障部门要商同级财政部门,将农保机构的工作和人员经费纳入同级财政预算,同时取消从收取的农保基金中提取管理费的做法,杜绝挤占挪用基金发工资等现象。

(三)建立健全农保基金管理和监督制度。各地要进一步加强农保基金的财务管理,规范会计核算。各级农保经办机构要按照《社会保险经办机构内部控制暂行办法》(劳社部发〔2007〕2号)的要求,加强内控制度建设,建立健全内部规章制度和基金内审稽核制度,规范经办行为,控制经办风险,提高管理水平,保证基金安全。各级社会保险基金监督机构要落实《关于进一步防范农村社会养老保险基金风险的紧急通知》(劳社部函〔2004〕240号)的要求,将农保基金纳入日常监管业务范围,切实履行监督职责,对农保基金的管理使用情况进行定期检查。

三、积极推进新型农保试点工作

(一)试点原则。要按照保基本、广覆盖、能转移、可持续的原则,以多种方式推进新型农保制度建设。要根据党的十六届六中全会关于"建立覆盖城乡居民的社会保障体系"和"加大公共财政对农村社会保障制度建设的投入"的要求,以缴费补贴、老人直补、基金贴息、待遇调整等多种方式,建立农民参保补贴制度,不断扩大覆盖范围,逐步提高待遇水平。

(二)试点办法。要在深入调研、认真总结已有工作经验的基础上,坚持从当地实际出发,研究制定新型农保试点办法。以农村有缴费能力的各类从业人员为主要对象,完善个人缴费、集体(或用人单位)补助、政府补贴的多元化筹资机制,建立以个人账户为主、保障水平适度、缴费方式灵活、账户可随人转移的新型农保制度和参保补贴机制。有条件的地区也可建立个人账户为主、统筹调剂为辅的养老保险制度。要引导部分乡镇、村组已建立的各种养老补助制度逐步向社会养老保险制度过渡,实现可持续发展。

(三)试点选择。要选择城镇化进程较快、地方财政状况较好、政府和集体经济有能力对农民参保给予一定财政支持的地方开展农保试点,为其他具备条件地方建立农保制度积累经验。东部经济较发达的地级市可选择1—2个县级单位开展试点工作,中西部各省(自治区、直辖市)可选择3—5个县级单位开展试点。各试点县市名单和试点方案报劳动和社会保障部备案。

四、切实做好被征地农民社会保障工作

(一)高度重视被征地农民社会保障工作。各地要根据国务院关于做好被征地农民社会保障工作一系列政策文件要求,在今年内出台被征地农民社会保障实施办法,全面开展被征地农民社会保障工作。要明确工作责任,加强被征地农民社会保障经办工作,建立被征地农民社会保障工作统计报告制度,加强对工作进展的调度和督促检查。要认真研究解决工作中出现的新情况和新问题,及时总结交流经验。今年下半年有关部门将进行专项检查,督促各地做好被征地农民社会保障工作。

(二)明确被征地农民社会保障工作机构和职责。各级劳动保障部门作为被征地农民社会保障工作的主管部门,负责被征地农民社会保障政策的制定和实施。劳动保障行政部门负责拟定被征地农民社会保障对象、项目、标准以及费用筹集等政策办法,具体经办工作由负责被征地农民社会保障工作的社会保险经办机构办理。要严格按《国务院办公厅转发劳动保障部关于做好被征地农民就业培训和社会保障工作指导意见的通知》(国办发〔2006〕29号)和《国务院办公厅关于规范国有土地使用权出让收支管理的通知》(国发〔2006〕100号)关于保障项目、标准和资金安排的要求,搞好被征地农民社会保障测算工作,足额筹集被征地农民社会保障资金,确保被征地农民原有生活水平不降低,长远生计有保障,确保制度的可持续发展。

(三)规范被征地农民社会保障审核工作。需报国务院批准征地的,由省、自治区、直辖市劳动和社会保障厅(局)根据《关于切实做好被征地农民社会保障工作有关问题的通知》

(劳社部发〔2007〕14号)的规定,对被征地农民社会保障项目、标准、资金安排和落实措施提出审核意见;需报省级政府批准征地的,由省辖市(州、盟)劳动和社会保障局提出审核意见。

国务院办公厅转发劳动保障部关于做好被征地农民就业培训和社会保障工作指导意见的通知

(2006年4月10日　国办发〔2006〕29号)

劳动保障部《关于做好被征地农民就业培训和社会保障工作的指导意见》已经国务院同意,现转发给你们,请认真贯彻执行。

关于做好被征地农民就业培训和社会保障工作的指导意见

随着我国城镇化的发展,部分集体土地被征用,被征地农民的就业和社会保障问题日益突出,直接影响了被征地农民的切身利益和社会稳定。为妥善解决被征地农民的基本生活和长远生计问题,维护其合法权益,保持社会稳定,促进城镇化健康发展,根据《国务院关于深化改革严格土地管理的决定》(国发〔2004〕28号)的有关要求,现就做好被征地农民就业培训和社会保障工作提出以下指导意见:

一、基本思路和原则要求

(一)将做好被征地农民就业培训和社会保障工作作为征地制度改革的重要内容。地方各级人民政府要从统筹城乡经济社会和谐发展的高度,加强就业培训和社会保障工作,将被征地农民的就业问题纳入政府经济和社会发展规划及年度计划,尽快建立适合被征地农民特点与需求的社会保障制度,采取有效措施落实就业培训和社会保障资金,促进被征地农民实现就业和融入城镇社会,确保被征地农民生活水平不因征地而降低,长远生计有保障。

(二)明确范围,突出重点,统筹兼顾。被征地农民就业培训和社会保障工作的对象,主要是因政府统一征收农村集体土地而导致失去全部或大部分土地,且在征地时享有农村集体土地承包权的在册农业人口,具体对象由各地确定。做好被征地农民就业培训和社会保障工作要以新被征地农民为重点人群,以劳动年龄段内的被征地农民为就业培训重点对象,以大龄和老龄人群为社会保障重点对象。在实施过程中,各地要结合本地实际,充分考虑地方政府财政、村集体和农民承受能力,统筹考虑同一地区新老被征地农民就业培训和社会保障问题。对符合条件的新被征地农民,政府应在征地的同时即做出就业培训安排并落实相应的社会保障政策。对原已被征地农民的就业培训和社会保障问题,也要统筹考虑需要与可能、新老政策相互衔接等因素,予以妥善解决。

(三)根据城市规划区内外不同情况实行分类指导。各地应根据实际情况,妥善解决被征地农民的就业培训和社会保障问题。在城市规划区内,当地人民政府应将被征地农民纳入城镇就业体系,并建立社会保障制度。在城市规划区外,应保证在本行政区域内为被征地农民留有必要的耕地或安排相应的工作岗位,并纳入农村社会保障体系;对不具备生产生活条件地区的被征地农民,要异地移民安置,并纳入安置地的社会保障体系。

二、努力促进被征地农民就业

(四)促进被征地农民就业。坚持市场导向的就业机制,统筹城乡就业,多渠道开发就业岗位,改善就业环境,鼓励引导各类企业、事业单位、社区吸纳被征地农民就业,支持被征地农民自谋职业和自主创业。在城市规划区内,要将被征地农民纳入统一的失业登记制度和城镇就业服务体系。未就业的被征地农民可到当地公共就业服务机构办理失业登记,公共就业服务机构要及时办理,并积极为被征地农民提供就业咨询、就业指导、就业培训、职业介绍等服务,促进在劳动年龄段内有就业愿望的被征地农民尽快实现就业。在劳动年龄段内尚未就业且有就业愿望的,可按规定享受促进就业再就业的相关扶持政策。

(五)落实被征地农民就业安置责任。政府要积极开发公益性岗位安置就业困难的被征地农民就业,督促指导用地单位优先安置被征地农民就业。就业安置可以采取用地单位直接提供就业岗位并与符合就业条件的安置对象签订劳动合同的方式,也可以采取用地单位、就业服务机构和被征地农民三方签订合同委托安置的方式。

(六)加强对被征地农民的培训工作。在城市规划区内,各地要有针对性地制定适合被征地农民特点的职业培训计划,通过订单式培训等多种方式帮助被征地农民实现就业。在城市规划区外,各地要针对被征地农民的特点积极开展职业培训,提高被征地农民的就业竞争能力和创业能力。

三、积极做好被征地农民社会保障工作

(七)明确保障对象。被征地农民社会保障对象的确定,要严格按规定程序核准并予以公告后,报县(市)人民政府有关部门备案。具体办法由各省、自治区、直辖市人民政府制定。

(八)保障基本生活和长远生计。各地要从实际出发,采取多种方式保障被征地农民的基本生活和长远生计。对城市规划区内的被征地农民,应根据当地经济发展水平和被征地农民不同年龄段,制定保持基本生活水平不下降的办法和养老保障办法。对符合享受城市居民最低生活保障条件的,应按规定纳入城市居民最低生活保障范围。已开展城市医疗救助制度试点的地区,对符合医疗救助条件的要按规定纳入救助范围。有条件的地区可将被征地农民纳入城镇职工养老、医疗、失业等社会保险参保范围，通过现行城镇社会保障体系解决其基本生活保障问题。对城市规划区外的被征地农民，凡已经建立农村社会养老保险制度、开展新型农村合作医疗制度试点和实行农村最低生活保障制度的地区，要按有关规定将其纳入相应的保障范围。没有建立上述制度的地区，可由当地人民政府根据实际情况采取多种形式保障被征地农民的基本生活，提供必要的养老和医疗服务，并将符合条件的人员纳入当地的社会救助范围。

（九）合理确定保障水平。各地要按照统筹城乡就业和社会保障制度建设的要求，根据适应当地经济社会发展水平、政策可衔接、政府财力能承受、被征地农民生活水平不降低、简便易行等原则，合理确定被征地农民的社会保障水平。被征地农民基本生活和养老保障水平，应不低于当地最低生活保障标准。

四、落实被征地农民就业培训和社会保障资金

（十）落实就业培训和社会保障资金。开展被征地农民就业培训所需资金从当地财政列支；社会保障所需资金从当地政府批准提高的安置补助费和用于被征地农户的土地补偿费中统一安排，两项费用尚不足以支付的，由当地政府从国有土地有偿使用收入中解决。有条件的地区，地方财政和集体经济要加大扶持力度，支持和引导被征地农民参加城乡社会保险。被征地农民社会保障资金筹集办法，由各省、自治区、直辖市人民政府制定。

（十一）严格资金管理。政府承担的被征地农民就业培训和社会保障所需资金由当地有关部门在征地过程中统一划拨。各地政府要严格执行各项财务管理规定，加强资金监督和管理，确保资金的安全和增值，任何单位和个人不得挤占、截留或挪用。

五、加强领导，精心组织

（十二）高度重视被征地农民就业培训和社会保障工作。地方各级人民政府和有关部门要充分认识做好被征地农民就业培训和社会保障工作的必要性、紧迫性和艰巨性，将其列入重要议事日程，实行一把手负责制，建立责任追究制度。要广泛深入宣传开展被征地农民就业培训和社会保障工作的重要意义和有关政策。劳动保障部门作为被征地农民就业培训和社会保障工作的主管部门，要切实履行职责，地方各级人民政府要确保必要的人员和工作经费，务必把工作做细做实，切忌简单化。

（十三）制订具体实施办法。各省、自治区、直辖市人民政府要根据国发〔2004〕28号文件和本指导意见，结合本地实际情况制订切实可行的实施办法。要本着先试点、再推开的原则，及时研究和解决工作中出现的新情况、新问题，不断完善有关政策措施。各有关部门要通力协作，密切配合，积极稳妥地做好被征地农民的就业培训和社会保障工作。

国土资源部关于开展制订征地统一年产值标准和征地区片综合地价工作的通知

（2005年7月23日国土资发〔2005〕144号公布　2010年12月3日国土资发〔2010〕190号修订）

各省、自治区、直辖市国土资源厅（国土环境资源厅、国土资源局、国土资源和房屋管理局、房屋土地资源管理局、规划和国土资源局）：

《国务院关于深化改革严格土地管理的决定》（国发〔2004〕28号，下称《决定》）要求各省、自治区、直辖市“制订并公布各市县征地的统一年产值标准或区片综合地价”。为指导各地贯彻落实好《决定》精神，加快开展制订和公布征地的统一年产值标准和区片综合地价工作，现就有关问题通知如下。

一、关于制订征地统一年产值标准和区片综合地价的必要性

制订征地统一年产值标准和区片综合地价目的是为征地补偿提供依据，直接为征地服务。制订征地统一年产值标准要考虑被征收耕地的类型、质量、农民对土地的投入、农产品价格及农用地等级等因素，在一定区域范围内（以县域范围为主），在主导性农用地类别和耕作制度条件下，以前三年主要农产品平均产量、价格及相关附加收益为主要依据进行测算。以统一年产值标准为基数，同时综合考虑当地经济发展水平、居民生活水平、被征地农民社会保障需要等其他条件，确定补偿倍数，计算征地补偿费用。征地区片综合地价是征地综合补偿标准，制订时要考虑地类、产值、土地区位、农用地等级、人均耕地数量、土地供求关系、当地经济发展水平和城镇居民最低生活保障水平等多方面因素进行测算。已经完成了农用地定级的地区，应充分吸收农用地定级成果。已按《农用地估价规程》完成农用地征用价格评估的地区，要充分考虑评估结果。要尽量采用多种方法分析测算，合理确定一定区域范围内的统一征地区片综合地价。

制订征地统一年产值标准和区片综合地价，是依法合理做好征地补偿安置工作、维护被征地农民切身利益、保障经济建设健康发展的重要基础性工作，是贯彻落实《决定》和国土资源部《关于完善征地补偿安置制度的指导意见》（国土资发［2004］238号）等文件精神，解决当前征地工作中存在的补偿标准偏低、同地不同价、随意性较大等突出问题的重要举措。各地对此项工作务必高度重视，认真组织，力争在2005年年底完成本地区征地统一年产值标准和区片综合地价的制订及公布工作。

二、关于推行征地统一年产值标准和区片综合地价的区域

制订征地统一年产值标准和区片综合地价，是一项政策性和技术性较强的基础性工作。各地要本着开拓创新、因地制宜的原则，积极推进这项工作。东部地区城市土地利用总体规划确定的建设用地范围，应制订区片综合地价；中、西部地区大中城市郊区和其他有条件的地区，也应积极推进区片综合地价制订工作；其他暂不具备条件的地区可制订征地统一年产值标准。

为指导各地制订征地统一年产值标准和区片综合地价，我部下发《征地统一年产值标准测算指导性意见》（附件1）和《征地区片综合地价测算指导性意见》（附件2），各地应参照执行。执行中的有关问题和建议及时与部有关司联系。

三、关于制订和公布征地统一年产值标准和区片综合地价的步骤

（一）制订方案，加强协调。各省（区、市）国土资源部门在接到本通知后，要抓紧结合本地工作实际，拟定本省制订征地统一年产值标准和区片综合地价的工作方案，在征求财政、统计、物价、农业等相关部门意见后进一步修改完善，于2005年8月底前报部耕地保护司。部将予以指导，提出意见。

（二）全面部署，科学测算。各省（区、市）根据工作方案，对各市、县制订征地统一年产值标准或区片综合地价的工作进行全面部署。各市县国土资源部门广泛深入地进行实地调查研究，做好有关基础资料和数据的收集和分析工作；在此基础上，做好征地统一年产值标准和区片综合地价的测算工作。在初步确定测算结果后，要依法组织听证，广泛听取群众意见。

（三）评审验收，搞好平衡。各省（区、市）国土资源部门对各市县的制订工作要具体加以指导，并组织有关部门和专家分别对各市县制订的统一年产值标准和区片综合地价进行评审。对省（区、市）内各地区征地补偿标准要综合平衡，相互衔接；对分别采用统一年产值标准和区片综合地价的地区，也要做好标准水平的统一平衡和衔接工作。

（四）审查备案，统一公布。各省（区、市）国土资源部门在对各市、县制订标准审核、综合平衡的基础上，将本省（区、市）不同地区的征地统一年产值标准和区片综合地价平均水平报部。部将进行省（区、市）际间综合平衡协调。省级国土资源部门根据部提出的修正意见，对征地统一年产值标准和区片综合地价作进一步调整完善，报省级人民政府批准公布。征地统一年产值标准和区片综合地价一经公布必须严格执行。

四、关于制订和公布征地统一年产值标准和区片综合地价需注意的几个问题

（一）合理确定不同地区征地补偿标准。制订征地统一年产值标准和区片综合地价，要依据国家法律法规和文件的有关规定，从本地区经济发展水平、农民生产和生活实际需要出发，妥善处理征地补偿标准的合法性与合理性、法定补偿标准与农民补偿要求之间的关系，切实维护被征地农民的合法权益，保证原有生活水平不下降、长远生计有保障。要防止以制订和公布征地统一年产值标准和区片综合地价为由，压低征地补偿标准。

（二）做好省域内征地补偿标准的总体平衡工作。各省（区、市）国土资源部门要在深入调查研究、科学测算的基础上，按照同地同价的要求，合理确定和平衡省域内各地（市、州）之间及各市（县）之间征地补偿标准的差异；要认真研究处理因各地征地补偿标准发布时间及测算方法等不同造成标准水平出现差异的机制和方案。

（三）认真依法组织听证工作。按照《国土资源听证规定》，拟订或者修改区域性征地补偿标准必须要组织听证。地方各级国土资源部门制订征地统一年产值标准和区片综合地价，要在认真做好实地调研和科学测算的基础上，广泛听取有关部门、农村集体经济组织、农民群众及社会各方面的意见和建议。

（四）注意与过去征地补偿标准的衔接。测算征地统一年产值标准和区片综合地价，应注意对过去依法确定的征地补偿标准，尤其是对1999年至2004年期间征地补偿标准进行认真分析和客观借鉴，防止新、老征地补偿标准之间差距过大而导致矛盾，维护社会稳定。

附件1：

征地统一年产值标准测算指导性意见（暂行）

一、概念及内涵

征地统一年产值标准是在一定区域范围内（以市、县行政区域为主），综合考虑被征收农用地类型、质量、等级、农民对土地的投入以及农产品价格等因素，以前三年主要农产品平均产量、价格为主要依据测算的综合收益值。

统一年产值标准是计算征地补偿费用的主要依据。征地补偿费用在统一年产值标准的基础上，根据土地区位、当地农民现有生活水平和社会经济发展水平、原征地补偿标准等因素确定相应的土地补偿费和安置补助费倍数进行计算。

统一年产值标准适用于集体农用地征收补偿测算，集体建设用地征收补偿和国有农用地补偿测算可参照执行。

二、基本原则

（一）主导性原则。选择主导的地类和耕作制度进行测算，用主导农用地收益反映测算范围内的农用地客观收益。

（二）适当从高原则。在依据现状农作物产值测算的同时，适当考虑改进生产方式、增加科技投入等提高土地收益。

（三）协调平衡原则。考虑土地等级状况，与当地征地区片综合地价水平相协调，与原征地补偿标准相衔接。

（四）公开听证原则。根据《国土资源听证规定》要求，依法组织听证，广泛听取各有关部门、农村集体经济组织、农民及社会各方面的意见和建议。

三、基本要求

（一）统一年产值标准分两个层次制订，一是市（县）统一年产值标准,以市(县)行政区域为基本单元制订;二是市(县)内分区域年产值标准,把市(县)划分为不同区域,确定各区域年产值标准。

(二)市(县)统一年产值标准为控制性标准,在省内进行综合平衡;市(县)分区域年产值标准在市(县)统一年产值标准的基础上形成。

(三)分区域年产值标准不设地块修正体系。

(四)统一年产值标准应设定基准时点,一般3~5年调整一次。

四、工作步骤

1. 确定测算范围;

2. 确定主导耕作制度和主要农作物年产量;

3. 确定主要农作物价格和年产值;

4. 确定市(县)统一年产值标准;

5. 确定市(县)分区域的统一年产值标准。

五、主导耕作制度和主要农作物年产量的确定

(一)主导耕作制度的确定

主导耕作制度包括土地主要复种方式和主要农作物种类。其中,主要土地复种方式根据土地的复种面积比例情况确定,主要农作物种类在土地复种方式的基础上根据种植面积进行判断。

注意事项:

1. 确定主要土地复种方式时,如果某种复种方式(如一年一熟)的面积超过市(县)范围内耕种土地的60%,可以确定该复种方式为主要复种方式;如果市(县)范围内具有一种以上主要复种方式(面积超过30%),可选择其中2~3种作为主要复种方式。

2. 确定主要农作物种类时,如果某一种农作物种植面积超过70%,可以直接确定其为主要农作物;如果有一种以上主要农作物(超过30%),可选择其中2~3种作为主要农作物。

3. 主导耕作制度还可以通过查阅《农用地分等规程》附表得到。

(二)主要农作物年产量的确定

主要农作物年产量为其前三年产量的平均值,农作物年产量数据通过抽样调查采集。

注意事项:

1. 在具体调查时要考虑抽样点分布的均匀性和代表性,同时还要对农用地的附加收入(如养殖、间作和多种经营等)、种植成本以及灾害情况等进行调查,便于数据分析处理。

2. 农作物年产量数据要按照三个年份、复种类型和农作物类型分别进行统计和分析。

六、主要农作物价格和年产值的确定

(一)主要农作物价格的确定

主要农作物价格在调查市场价格和国家收购价格的基础上,选择两者中较高价格确定。

注意事项:

1. 市场价格在调查主要农作物年产量同时,采用抽样的方式调查;国家收购价格通过查阅相关统计资料得到。

2. 主要农作物价格数据要按照价格类型、复种类型和农作物类型分别进行统计和分析。

(二)主要农作物年产值的确定

主要农作物年产值为主要农作物平均年产量与平均价格的乘积。在具有一种以上农作物组合和复种方式的情况下,采用加权平均方法计算。

七、市(县)统一年产值标准的确定

市(县)统一年产值在主要农作物年产值的基础上,根据土地附加收益情况(其他种植、养殖等多种经营)适当向上调整后确定。

八、分区域统一年产值标准的确定

分区域统一年产值标准在市(县)统一年产值标准的基础上通过区域条件修正测算确定。

各地可以根据当地实际情况,在乡镇行政界限的基础上,综合考虑区域间的地形、地貌、主要农作物类别以及多种经营水平等因素划分区域,并确定区域条件修正系数。

九、听证和验收

根据《国土资源听证规定》,统一年产值标准必须依法组织听证,并根据听证情况进行修改,报省级国土资源部门评审验收,综合平衡。

十、成果要求

提交结果报告和技术报告。

(一)结果报告的主要内容:

1. 统一年产值测算说明,包括统一年产值内涵、测算时间、测算范围、基准时点及有关名词解释等;

2. 统一年产值标准表;

3. 统一年产值标准分布图;

4. 统一年产值标准使用说明等。

(二)技术报告的主要内容:

1. 测算范围及其基本情况;

2. 测算原则与依据;

3. 测算技术路线与方法;

4. 测算过程与测算结果;

5. 测算结果分析与应用建议等。

附件2:

征地区片综合地价测算指导性意见(暂行)

一、概念及内涵

征地区片综合地价(以下简称征地区片价)是指在城镇行政区土地利用总体规划确定的建设用地范围内,依据地类、产值、土地区位、农用地等级、人均耕地数量、土地供求关系、当地经济发展水平和城镇居民最低生活保障水平等因素，划分区片并测算的征地综合补偿标准原则上不含地上附着物和青苗的补偿费。

征地区片价测算范围重点在土地利用总体规划确定的城市、集镇建设用地规模范围内，但各地可以根据征地需要和实际情况扩展到城市郊区或更大范围。

二、基本原则

（一）维护被征地农民合法权益原则。征地区片价要确保被征地农民原有生活水平不因征地而降低，并体现长远生计和未来发展的需要。

（二）同地同价原则。在同一区片内，不同宗地的征地补偿标准相同，且不因征地目的及土地用途不同而有差异。

（三）协调平衡原则。征地区片价不得低于当地原征地补偿标准，省级行政区域内各市县的征地区片价应相互衔接。

（四）公开听证原则。根据《国土资源听证规定》，征地区片价要依法组织听证，广泛听取有关部门、农村集体经济组织、农民及社会各方面的意见和建议。

三、基本要求

（一）征地区片价作为征地补偿实施过程中的执行标准，一般情况下不设定宗地补偿费修正体系；确需设定修正体系的，要严格限定修正因素并控制修正系数，修正体系应一并公布。

（二）一个市（县）的征地区片价原则上控制在 4 ~6 个级别。

（三）征地区片价应设定对应的基准时点，一般 3 ~5 年更新一次。

四、工作步骤

1. 确定测算范围；
2. 划定区片；
3. 测算区片综合地价；
4. 对区片综合地价进行验证和调整；
5. 测算结果听证和修改；
6. 确定征地区片价；
7. 整理与编制成果。

五、区片的划定

（一）有农用地定级成果市（县）的区片划定

已经根据《农用地定级规程》完成农用地定级工作的市（县），在农用地级别的基础上，按照《关于完善征地补偿安置制度的指导意见》（国土资发[2004]238 号）的精神，考虑人均耕地数量、土地区位、土地供求关系、当地经济发展水平和城镇居民最低生活保障水平等因素，对农用地级别进行修正和调整，划分区片。

（二）没有农用地定级成果市（县）的区片划定

没有开展农用地定级工作的市（县），可以行政村为基本单元，根据地类、人均耕地数量、土地区位等因素对基本单元进行综合评价和调整，划定区片。

注意事项：

1. 对基本单元综合评价应考虑地类、产值、土地区位、人均耕地数量、土地供需关系、当地经济发展水平和城镇居民最低生活保障水平等因素，并确定合理的权重。

2. 区片边界线一般以村行政界线为依据划定；需打破行政界线的，可依线状地物及地类分界线确定。

3. 基本农田保护区、生态保护区和其他资源保护区等不得划入征地区片价测算范围。

六、测算方法

征地区片价可采用农地价格因素修正、征地案例比较和年产值倍数等方法进行测算，也可以根据本地区实际情况采用其他合适的方法进行测算。征地区片价原则上应在两种或者三种方法测算结果的基础上综合平衡确定。

（一）农地价格因素修正测算法

征地区片价以农地价格为基础，同时考虑人均耕地数量和城镇居民最低生活保障水平等因素进行修正。

具体步骤：

1. 计算区片的农地价格；
2. 确定修正因素和系数；
3. 计算征地区片价。

注意事项：

1. 已经根据《农用地估价规程》完成农用地基准地价测算的地区，参照农用地基准地价确定区片的农地价格；没有完成农用地基准地价测算的地区，在农地年产值的基础上采用收益还原法评估区片的农地价格。

2. 修正因素主要考虑土地区位、人均耕地数量、土地供求关系、当地经济发展水平和城镇居民最低生活保障水平等因素。

（二）征地案例比较测算法

根据本区片和其他可比区片征地案例的实际补偿标准，进行比较确定征地区片价。

具体步骤：

1. 选择征地案例；
2. 统一可比内涵；
3. 进行比较修正；
4. 计算征地区片价。

注意事项：

1. 征地案例要选择近三年之内发生的征地项目。

2. 征地案例的可比内涵要与征地区片价的设定内涵一致。

3. 对征地案例的比较修正应考虑区域因素、个别因素和时间因素等。

（三）年产值倍数测算法

根据年产值倍数分别计算土地补偿费和安置补助费确定征地区片价。

具体步骤：

1. 确定区片土地年产值；

2. 确定土地补偿倍数和安置补助倍数；

3. 计算区片土地补偿费和安置补助费；

4. 计算征地区片价。

注意事项：

1. 区片土地年产值依据统一年产值标准或者通过调查前三年产值确定。

2. 土地补偿倍数和安置补助倍数，应根据《土地管理法》有关规定，并考虑当地经济发展水平和基本生活保障水平确定。

七、验证和调整

征地区片价初步结果必须与现行征地补偿水平和被征地农民现有生活水平进行比较和验证，测算的征地区片价低于现行征地补偿水平和农民现有生活水平的，不足以支付失地农民社会保障费用的，需要进行调整。

注意事项：

1. 现行征地补偿水平通过对近期征地样点调查统计得到。

2. 农民现有生活水平主要根据统计部门的农村居民收入水平数据，并结合实地样点调查资料确定；失地农民的社会保障费用根据当地社会经济发展水平确定。

3. 征地区片价须折算成年度收益后，才能与农民现有生活水平相比较。

4. 征地区片价要与周边地区征地补偿标准相衔接。

八、听证和验收

根据《国土资源听证规定》，征地区片价必须依法组织听证，并根据听证情况进行修改，报省级国土资源部门综合平衡，评审验收。

九、测算成果要求

提交结果报告和技术报告。

（一）结果报告的主要内容：

1. 征地区片价说明，包括区片价内涵、基准时点、测算时间、测算范围、区片分布、有关名词解释等；

2. 征地区片价表，表中内容包括各区片编号、区片价、位置、范围描述等；

3. 征地区片价分布图；

4. 征地区片价使用说明。

（二）技术报告的主要内容：

1. 测算范围及其基本情况；

2. 测算原则与依据；

3. 测算技术路线与方法；

4. 测算过程与测算结果；

5. 测算结果分析与应用建议等。

最高人民法院关于审理涉及农村集体土地行政案件若干问题的规定

（2011年8月7日法释〔2011〕20号公布　自2011年9月5日起施行）

为正确审理涉及农村集体土地的行政案件，根据《中华人民共和国物权法》、《中华人民共和国土地管理法》和《中华人民共和国行政诉讼法》等有关法律规定，结合行政审判实际，制定本规定。

第一条　农村集体土地的权利人或者利害关系人（以下简称土地权利人）认为行政机关作出的涉及农村集体土地的行政行为侵犯其合法权益，提起诉讼的，属于人民法院行政诉讼的受案范围。

第二条　土地登记机构根据人民法院生效裁判文书、协助执行通知书或者仲裁机构的法律文书办理的土地权属登记行为，土地权利人不服提起诉讼的，人民法院不予受理，但土地权利人认为登记内容与有关文书内容不一致的除外。

第三条　村民委员会或者农村集体经济组织对涉及农村集体土地的行政行为不起诉的，过半数的村民可以以集体经济组织名义提起诉讼。

农村集体经济组织成员全部转为城镇居民后，对涉及农村集体土地的行政行为不服的，过半数的原集体经济组织成员可以提起诉讼。

第四条　土地使用权人或者实际使用人对行政机关作出涉及其使用或实际使用的集体土地的行政行为不服的，可以以自己的名义提起诉讼。

第五条　土地权利人认为土地储备机构作出的行为侵犯其依法享有的农村集体土地所有权或使用权的，向人民法院提起诉讼的，应当以土地储备机构所隶属的土地管理部门为被告。

第六条　土地权利人认为乡级以上人民政府作出的土地确权决定侵犯其依法享有的农村集体土地所有权或者使用权，经复议后向人民法院提起诉讼的，人民法院应当依法受理。

法律、法规规定应当先申请行政复议的土地行政案件，复议机关作出不受理复议申请的决定或者以不符合受理条件为由驳回复议申请，复议申请人不服的，应当以复议机关为被告向人民法院提起诉讼。

第七条　土地权利人认为行政机关作出的行政处罚、行政强制措施等行政行为侵犯其依法享有的农村集体土地所有权或者使用权，直接向人民法院提起诉讼的，人民法院应当依法受理。

第八条　土地权属登记（包括土地权属证书）在生效裁

判和仲裁裁决中作为定案证据，利害关系人对该登记行为提起诉讼的，人民法院应当依法受理。

第九条 涉及农村集体土地的行政决定以公告方式送达的，起诉期限自公告确定的期限届满之日起计算。

第十条 土地权利人对土地管理部门组织实施过程中确定的土地补偿有异议，直接向人民法院提起诉讼的，人民法院不予受理，但应当告知土地权利人先申请行政机关裁决。

第十一条 土地权利人以土地管理部门超过两年对非法占地行为进行处罚违法，向人民法院起诉的，人民法院应当按照行政处罚法第二十九条第二款的规定处理。

第十二条 征收农村集体土地时涉及被征收土地上的房屋及其他不动产，土地权利人可以请求依照物权法第四十二条第二款的规定给予补偿。

征收农村集体土地时未就被征收土地上的房屋及其他不动产进行安置补偿，补偿安置时房屋所在地已纳入城市规划区，土地权利人请求参照执行国有土地上房屋征收补偿标准的，人民法院一般应予支持，但应当扣除已经取得的土地补偿费。

第十三条 在审理土地行政案件中，人民法院经当事人同意进行协调的期间，不计算在审理期限内。当事人不同意继续协商的，人民法院应当及时审理，并恢复计算审理期限。

第十四条 县级以上人民政府土地管理部门根据土地管理法实施条例第四十五条的规定，申请人民法院执行其作出的责令交出土地决定的，应当符合下列条件：

（一）征收土地方案已经有权机关依法批准；

（二）市、县人民政府和土地管理部门已经依照土地管理法和土地管理法实施条例规定的程序实施征地行为；

（三）被征收土地所有权人、使用人已经依法得到安置补偿或者无正当理由拒绝接受安置补偿，且拒不交出土地，已经影响到征收工作的正常进行；

（四）符合《最高人民法院关于执行〈中华人民共和国行政诉讼法〉若干问题的解释》第八十六条规定的条件。

人民法院对符合条件的申请，应当予以受理，并通知申请人；对不符合条件的申请，应当裁定不予受理。

第十五条 最高人民法院以前所作的司法解释与本规定不一致的，以本规定为准。

最高人民法院关于审理涉及农村土地承包纠纷案件适用法律问题的解释

（2005年7月29日法释〔2005〕6号公布　自2005年9月1日起施行）

根据《中华人民共和国民法通则》、《中华人民共和国合同法》、《中华人民共和国民事诉讼法》、《中华人民共和国农村土地承包法》、《中华人民共和国土地管理法》等法律的规定，结合民事审判实践，对审理涉及农村土地承包纠纷案件适用法律的若干问题解释如下：

一、受理与诉讼主体

第一条 下列涉及农村土地承包民事纠纷，人民法院应当依法受理：

（一）承包合同纠纷；

（二）承包经营权侵权纠纷；

（三）承包经营权流转纠纷；

（四）承包地征收补偿费用分配纠纷；

（五）承包经营权继承纠纷。

集体经济组织成员因未实际取得土地承包经营权提起民事诉讼的，人民法院应当告知其向有关行政主管部门申请解决。

集体经济组织成员就用于分配的土地补偿费数额提起民事诉讼的，人民法院不予受理。

第二条 当事人自愿达成书面仲裁协议的，受诉人民法院应当参照最高人民法院《关于适用〈中华人民共和国民事诉讼法〉若干问题的意见》第145条至第148条的规定处理。

当事人未达成书面仲裁协议，一方当事人向农村土地承包仲裁机构申请仲裁，另一方当事人提起诉讼的，人民法院应予受理，并书面通知仲裁机构。但另一方当事人接受仲裁管辖后又起诉的，人民法院不予受理。

当事人对仲裁裁决不服并在收到裁决书之日起三十日内提起诉讼的，人民法院应予受理。

第三条 承包合同纠纷，以发包方和承包方为当事人。

前款所称承包方是指以家庭承包方式承包本集体经济组织农村土地的农户，以及以其他方式承包农村土地的单位或者个人。

第四条 农户成员为多人的，由其代表人进行诉讼。

农户代表人按照下列情形确定：

（一）土地承包经营权证等证书上记载的人；

（二）未依法登记取得土地承包经营权证等证书的，为在承包合同上签字的人；

（三）前两项规定的人死亡、丧失民事行为能力或者因其他原因无法进行诉讼的，为农户成员推选的人。

二、家庭承包纠纷案件的处理

第五条 承包合同中有关收回、调整承包地的约定违反农村土地承包法第二十六条、第二十七条、第三十条、第三十五条规定的，应当认定该约定无效。

第六条 因发包方违法收回、调整承包地，或者因发包方收回承包方弃耕、撂荒的承包地产生的纠纷，按照下列情形，分别处理：

（一）发包方未将承包地另行发包，承包方请求返还承包地的，应予支持；

（二）发包方已将承包地另行发包给第三人，承包方以发包方和第三人为共同被告，请求确认其所签订的承包合同无效、返还承包地并赔偿损失的，应予支持。但属于承包方弃耕、撂荒情形的，对其赔偿损失的诉讼请求，不予支持。

前款第（二）项所称的第三人，请求受益方补偿其在承包地上的合理投入的，应予支持。

第七条 承包合同约定或者土地承包经营权证等证书记载的承包期限短于农村土地承包法规定的期限，承包方请求延长的，应予支持。

第八条 承包方违反农村土地承包法第十七条规定，将承包地用于非农建设或者对承包地造成永久性损害，发包方请求承包方停止侵害、恢复原状或者赔偿损失的，应予支持。

第九条 发包方根据农村土地承包法第二十六条规定收回承包地前，承包方已经以转包、出租等形式将其土地承包经营权流转给第三人，且流转期限尚未届满，因流转价款收取产生的纠纷，按照下列情形，分别处理：

（一）承包方已经一次性收取了流转价款，发包方请求承包方返还剩余流转期限的流转价款的，应予支持；

（二）流转价款为分期支付，发包方请求第三人按照流转合同的约定支付流转价款的，应予支持。

第十条 承包方交回承包地不符合农村土地承包法第二十九条规定程序的，不得认定其为自愿交回。

第十一条 土地承包经营权流转中，本集体经济组织成员在流转价款、流转期限等主要内容相同的条件下主张优先权的，应予支持。但下列情形除外：

（一）在书面公示的合理期限内未提出优先权主张的；

（二）未经书面公示，在本集体经济组织以外的人开始使用承包地两个月内未提出优先权主张的。

第十二条 发包方强迫承包方将土地承包经营权流转给第三人，承包方请求确认其与第三人签订的流转合同无效的，应予支持。

发包方阻碍承包方依法流转土地承包经营权，承包方请求排除妨碍、赔偿损失的，应予支持。

第十三条 承包方未经发包方同意，采取转让方式流转其土地承包经营权的，转让合同无效。但发包方无法定理由不同意或者拖延表态的除外。

第十四条 承包方依法采取转包、出租、互换或者其他方式流转土地承包经营权，发包方仅以该土地承包经营权流转合同未报其备案为由，请求确认合同无效的，不予支持。

第十五条 承包方以其土地承包经营权进行抵押或者抵偿债务的，应当认定无效。对因此造成的损失，当事人有过错的，应当承担相应的民事责任。

第十六条 因承包方不收取流转价款或者向对方支付费用的约定产生纠纷，当事人协商变更无法达成一致，且继续履行又显失公平的，人民法院可以根据发生变更的客观情况，按照公平原则处理。

第十七条 当事人对转包、出租地流转期限没有约定或者约定不明的，参照合同法第二百三十二条规定处理。除当事人另有约定或者属于林地承包经营外，承包地交回的时间应当在农作物收获期结束后或者下一耕种期开始前。

对提高土地生产能力的投入，对方当事人请求承包方给予相应补偿的，应予支持。

第十八条 发包方或者其他组织、个人擅自截留、扣缴承包收益或者土地承包经营权流转收益，承包方请求返还的，应予支持。

发包方或者其他组织、个人主张抵销的，不予支持。

三、其他方式承包纠纷的处理

第十九条 本集体经济组织成员在承包费、承包期限等主要内容相同的条件下主张优先承包权的，应予支持。但在发包方将农村土地发包给本集体经济组织以外的单位或者个人，已经法律规定的民主议定程序通过，并由乡（镇）人民政府批准后主张优先承包权的，不予支持。

第二十条 发包方就同一土地签订两个以上承包合同，承包方均主张取得土地承包经营权的，按照下列情形，分别处理：

（一）已经依法登记的承包方，取得土地承包经营权；

（二）均未依法登记的，生效在先合同的承包方取得土地承包经营权；

（三）依前两项规定无法确定的，已经根据承包合同合法占有使用承包地的人取得土地承包经营权，但争议发生后一方强行先占承包地的行为和事实，不得作为确定土地承包经营权的依据。

第二十一条 承包方未依法登记取得土地承包经营权证等证书，即以转让、出租、入股、抵押等方式流转土地承包经营权，发包方请求确认该流转无效的，应予支持。但非因承包方原因未登记取得土地承包经营权证等证书的除外。

承包方流转土地承包经营权，除法律或者本解释有特殊规定外，按照有关家庭承包土地承包经营权流转的规定处理。

四、土地征收补偿费用分配及土地承包经营权继承纠纷的处理

第二十二条 承包地被依法征收，承包方请求发包方给付已经收到的地上附着物和青苗的补偿费的，应予支持。

承包方已将土地承包经营权以转包、出租等方式流转给第三人的，除当事人另有约定外，青苗补偿费归实际投入人所有，地上附着物补偿费归附着物所有人所有。

第二十三条　承包地被依法征收，放弃统一安置的家庭承包方，请求发包方给付已经收到的安置补助费的，应予支持。

第二十四条　农村集体经济组织或者村民委员会、村民小组，可以依照法律规定的民主议定程序，决定在本集体经济组织内部分配已经收到的土地补偿费。征地补偿安置方案确定时已经具有本集体经济组织成员资格的人，请求支付相应份额的，应予支持。但已报全国人大常委会、国务院备案的地方性法规、自治条例和单行条例、地方政府规章对土地补偿费在农村集体经济组织内部的分配办法另有规定的除外。

第二十五条　林地家庭承包中，承包方的继承人请求在承包期内继续承包的，应予支持。

其他方式承包中，承包方的继承人或者权利义务承受者请求在承包期内继续承包的，应予支持。

五、其他规定

第二十六条　人民法院在审理涉及本解释第五条、第六条第一款第（二）项及第二款、第十六条的纠纷案件时，应当着重进行调解。必要时可以委托人民调解组织进行调解。

第二十七条　本解释自 2005 年 9 月 1 日起施行。施行后受理的第一审案件，适用本解释的规定。

施行前已经生效的司法解释与本解释不一致的，以本解释为准。

实用图表

征地流程图*

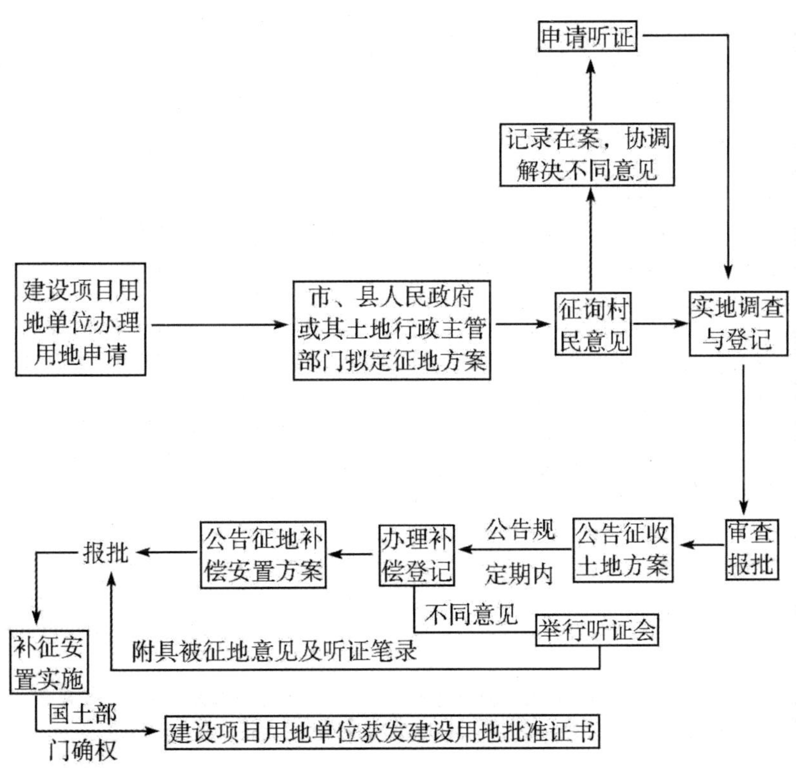

* 仅供参考。

典型案例

1. 陈清棕诉亭洋村一组、亭洋村村委会征地补偿款分配纠纷案①

【争议焦点】承包土地的农民到小城镇落户后，该土地如果被征用，承包土地的农民是否能够获得征地补偿款？

【裁判要旨】依照《土地管理法》第十四条和《农村土地承包法》第二十六条的规定，承包土地的农民到小城镇落户后，其土地承包经营权可以保留或者依法流转；该土地如果被征用，承包土地的农民有权获得征地补偿款。

【案情简介】

原告：陈清棕。

被告：福建省厦门市同安区马巷镇亭洋村村民委员会第一村民小组。

被告：福建省厦门市同安区马巷镇亭洋村村民委员会。

1996年1月5日，原告陈清棕代表全家四口人，以被告亭洋村一组村民（户别为农业户口）的身份，与亭洋村一组签订农业承包合同，承包了该组村民所有的旱地1.16亩、水田0.38亩，共计1.54亩。1998年12月31日，厦门市同安区人民政府给陈清棕发放证号No.066277的《土地承包经营权证》，确认了陈清棕一家与亭洋村一组之间的农业承包合同关系。2002年1月21日，陈清棕一家迁往同安区大同镇碧岳村岳口居住，户别也转为非农业户。陈清棕一家迁出后，亭洋村一组就将陈清棕一家原来承包的土地调整给其他村民。2002年7月23日，如意食品公司与被告亭洋村村委会签订《土地征用协议》，征用了包括陈清棕一家原来承包的1.16亩土地在内的旱地69.8亩，支付了土地补偿款、安置款及青苗补偿款。亭洋村村委会和亭洋村一组按比例将补偿款分发给被征用土地的各户村民，但未分给陈清棕一家，因此引起纠纷。2002年7月24日，陈清棕将全家户口从大同镇碧岳村岳口迁回亭洋村，户口类别仍为非农业户。2003年3月11日，陈清棕提起本案诉讼。

原告诉称：由如意食品公司在向亭洋村村委会支付土地补偿款、安置款及青苗补偿款后，征用亭洋村的旱地69.8亩，其中包括原告承包的1.16亩土地。亭洋村一组在向承包土地被征用的各户村民发放土地补偿款时，不给原告一家发放。请求判令亭洋村一组和亭洋村村委会给原告支付土地征用补偿款、安置款共计17400元。

被告亭洋村一组辩称：原告一家四口原来虽是本组村民，并在本组承包过土地，但自2002年1月21日，原告一家已将户口迁出本村并转为非农户。其原承包的土地，已由本组按村规民约形成的惯例，重新调整给其他村民承包。本组土地被征用后，土地补偿款、安置款等，均已如数发放给相关农户。由于自2002年1月21日后，原告已不是本集体经济组织的成员，没有承包经营的土地被征用，故无权请求分配征地补偿款。

被告亭洋村村委会辩称：首先，支持亭洋村一组的答辩意见。其次，依照《中华人民共和国村民委员会组织法》第五条的规定，本村委会作为村农民集体所有土地的管理者，只是按照亭洋村一组大多数村民的意愿，履行与如意食品公司签订《土地征用协议》的手续而已。土地被征用后获得的土地补偿款，村委会已经全部交给亭洋村一组，由该组村民按照自主决策的方案全部分配。村委会没有截留这笔款项，谈不上与原告发生土地补偿款分配纠纷。

厦门市同安区人民法院认为：《中华人民共和国民法通则》（以下简称民法通则）第七十一条规定："财产所有权是指所有人依法对自己的财产享有占有、使用、收益和处分的权利。"第七十四条第二款规定："集体所有的土地依照法律属于村农民集体所有，由村农业生产合作社等农业集体经济组织或者村民委员会经营、管理。已经属于乡（镇）农民集体经济组织所有的，可以属于乡（镇）农民集体所有。"原告陈清棕一家原来虽是被告亭洋村一组的村民，但因其一家已于2002年1月21日迁往大同镇居住，户别也转为非农户，故已丧失了作为农业人员承包土地的权利。亭洋村一组依法收回陈清棕一家承包的土地，是合理的。陈清棕一家承包该地享有的权利及应尽的义务随之消灭。此后，该承包土地于2002年7月23日被征用。陈清棕一家虽于2002年7月24日回迁亭洋村，但仍保留非农业户性质。故陈清棕请求亭洋村一组及被告亭洋村村委会给其支付征地补偿安置款，理由不能成立，不予支持。

一审宣判后，原告陈清棕不服，向福建省厦门市中级人民法院提出上诉。

厦门市中级人民法院经审理查明：一审判决事实认定部分关于"陈清棕一家迁出后，亭洋村一组就将陈清棕一家原

① 本案例发生于《国有土地上房屋征收与补偿条例》施行前，仍适用《城市房屋拆迁管理条例》的规定。案例来源：《最高人民法院公报》2005年第10期。

来承包的土地调整给其他村民"的认定，没有相应的证据证实，应不予确认；关于如意食品公司支付土地补偿款、安置款及青苗补偿款的时间，应当是2002年9月1日。除此以外，确认一审认定的其他事实属实。另查明，在土地被征用前，被上诉人曾以《新乡村征地表决书》一份，逐户征求在征地范围内有承包地的村民对征地的意见，上诉人陈清棕在该表决书上签字同意征地。

厦门市中级人民法院认为：民法通则第四条规定："民事活动应当遵循自愿、公平、等价有偿、诚实信用的原则。"《中华人民共和国土地管理法》（以下简称土地管理法）第十四条第一款规定："农民集体所有的土地由本集体经济组织的成员承包经营，从事种植业、林业、畜牧业、渔业生产。土地承包经营期限为三十年。发包方和承包方应当订立承包合同，约定双方的权利和义务。承包经营土地的农民有保护和按照承包合同约定的用途合理利用土地的义务。农民的土地承包经营权受法律保护。"第二款规定："在土地承包经营期限内，对个别承包经营者之间承包的土地进行适当调整的，必须经村民会议三分之二以上成员或者三分之二以上村民代表的同意，并报乡（镇）人民政府和县级人民政府农业行政主管部门批准。"土地承包法第二十六条第一款规定："承包期内，发包方不得收回承包地。"第二款规定："承包期内，承包方全家迁入小城镇落户的，应当按照承包方的意愿，保留其土地承包经营权或者允许其依法进行土地承包经营权流转。"第三款规定："承包期内，承包方全家迁入设区的市，转为非农业户口的，应当将承包的耕地和草地交回发包方。承包方不交回的，发包方可以收回承包的耕地和草地。"

农民到城市落户，是社会发展趋势，然而适合小城镇特点的社会保障制度，还在积极探索和建立中。目前农民进入小城镇后，无论户口类别是否改变，都还不能确保享受到基本生活保障。土地承包法之所以规定"承包方全家迁入小城镇落户的，应当按照承包方的意愿，保留其土地承包经营权或者允许其依法进行土地承包经营权流转"，主要是考虑土地是农民的基本生活保障，在农民进入小城镇后的基本生活保障尚未落实时，如果收回他们的承包地，可能使他们面临生活困难。

2002年1月21日以前，上诉人陈清棕及其家人居住在亭洋村，是被上诉人亭洋村村委会和亭洋村一组的村民。《土地承包经营权证》证明，陈清棕一家在亭洋村一组承包了土地，承包期至2028年12月31日。陈清棕签字同意的《新乡村征地表决书》，不仅可以证明陈清棕承包的部分土地在此次征地范围内，还可以证明在该土地被征用前，亭洋村村委会和亭洋村一组承认陈清棕对这部分土地享有承包经营权。在承包期内，陈清棕一家的土地承包经营权，依法应当受到保护。2002年1月22日至7月24日期间，陈清棕一家的户口虽然迁离亭洋村并转为非农业户，但其不是迁往设区的市，而是小城镇。在此期间，陈清棕一家在亭洋村承包的土地，应当按照其意愿保留土地承包经营权，或者允许其依法进行土地承包经营权的流转。亭洋村村委会和亭洋村一组没有证据证明陈清棕承包的旱地已经在征用前被调整给其他村民，即使能证明此事属实，这种做法也由于不符合土地管理法第十四条第二款和土地承包法第二十六条第一、第二款的规定，不能受到法律保护。因此，陈清棕诉请比照其他村民的标准获得征地补偿款（即每亩1.5万元×1.16亩=17400元），符合法律规定，应当支持。一审判决认定事实不清，适用法律错误，依法应当改判。据此，厦门市中级人民法院依照《中华人民共和国民事诉讼法》第六十四条第一款、第一百五十三条第一款第（三）项的规定，于2003年12月11日判决：

一、撤销一审民事判决；

二、被上诉人亭洋村一组、亭洋村村委会应于本判决生效之日起10日内，支付上诉人陈清棕土地补偿款17400元。

本案一、二审案件受理费各706元，均由被上诉人亭洋村一组、亭洋村村委会负担。

2. 易泽广诉湖南省株洲县人民政府送电线路建设工程征地拆迁补偿安置决定案①

【争议焦点】对政府制定的征地拆迁补偿文件不服，是否属于可诉的行政行为？

【裁判要旨】县级人民政府为辖区内特定工程出台的征地拆迁补偿标准文件，关涉人数固定、范围确定的征地拆迁补偿安置相对人的合法权益，是可诉的具体行政行为。

【案情简介】

原告：易泽广。

被告：湖南省株洲县人民政府。

第三人：湖南省送变电建设公司。

2007年4月13日、28日，湖南省株洲县人民政府重点建设工程管理办公室（乙方）与湖南省送变电建设公司长沙东—衡阳500KV送电线路工程B标段第一、二项目部（甲方）签订《长沙东—衡阳500KV送电线路工程房屋拆迁安置及补偿包干协议书》和《拆迁补偿费用承包协议书》，约定：甲方将所承建线路工程株洲县境内需拆迁房屋委托乙方拆迁，拆迁费用总包干。2007年5月29日，株洲县人民政府制定下发株县政办发〔2007〕9号《长衡500KV送电线路工程株洲县建设工程征地拆迁补偿安置办法》，该文件第二条明确规定："办

① 案例来源：《中国行政审判案例》第2卷，中国法制出版社2011年版。

法适用长衡500KV送电线路工程株洲县段建设工程征地拆迁补偿安置。"易泽广是长衡500KV线路工程房屋拆迁户。株洲县重点建设工程管理办公室与易泽广签订《房屋拆迁协议》，按〔2007〕9号文件确定的标准向易泽广支付拆迁补偿款项。株洲县政府于2008年12月12日将〔2007〕9号文件公告失效。易泽广认为补偿标准过低，诉至法院，要求确认被告株洲县人民政府按照〔2007〕9号文件标准支付地上房屋（附着物）补偿费的具体行政行为违法，并由被告补足未依法足额支付的补偿费。被告株洲县人民政府辩称，〔2007〕9号文件是抽象行政行为且合情合理合法，应当驳回原告的起诉。

2009年10月20日，湖南省株洲市中级人民法院经审判委员会讨论决定判决：确认株洲县人民政府所作的《长衡500KV送电线路工程株洲县段建设工程征地拆迁安置办法》具体行政行为违法；责令株洲县人民政府适用合法有效的补偿标准，对原告易泽广被拆迁的房屋及房屋附着物进行补偿。

宣判后，原、被告双方均不服，向湖南省高级人民法院提起上诉。

湖南省高级人民法院经审理认为，根据《中华人民共和国土地管理法》第四十七条、《中华人民共和国电力法》第十六条，《湖南省〈中华人民共和国土地管理法〉办法》第二十三条及《湖南省电力建设若干规定》第十条等法律法规的规定，电力建设项目的征地、拆迁，由县级以上人民政府按照设区的市、自治州人民政府制定并经省人民政府批准的征地、拆迁补偿标准组织实施。即只有设区的市、自治州人民政府制定并经省人民政府批准的征地、拆迁补偿标准才是合法有效的。株洲县人民政府是湖南省送变电建设公司长衡500KV送电线路工程株洲县段建设工程项目征地、拆迁的组织者和实施者，其制定的株县政办发〔2007〕9号《拆迁补偿安置办法》，是针对长衡500KV送电线路工程株洲县段范围内特定的征地对象所制定，具有一定的时限性，也不能反复适用，属于超越法定职权的具体行政行为。株洲县重点工程管理办公室系株洲县人民政府组建，作为实施长衡500KV送电线路工程株洲县段建设工程征地拆迁补偿安置的临时机构，其在本案中作出的拆迁、安置和补偿等具体行政行为所产生的法律后果，应当由株洲县人民政府承担。因株县政办发〔2007〕9号《拆迁补偿安置办法》在2008年12月12日由株洲县人民政府公告失效，不再执行。同时，在本案一审诉讼程序中，湖南省人民政府正在依法对株洲市人民政府株政发〔2006〕20号《株洲征地拆迁补偿安置办法》第四十条第二款进行审查修改中，尚未对株洲县（市）范围内征收土地涉及的拆迁房屋的补偿安置明确补偿标准。补偿安置标准的制定和实施属于人民政府行政权力的范围，人民法院的司法审查权依法不能干预和代替行政职权。原判认为株洲县人民政府征收土地按照株县政办发〔2007〕9号文件标准支付地上房屋（附着物）补偿费的具体行政行为违法的理由正确，确认株洲县人民政府所作的《拆迁安置办法》具体行政行为违法，亦即确认株洲县重点工程管理办公室按照株县政办发〔2007〕9号文件标准支付地上房屋（附着物）补偿费的行为违法，并责令株洲县人民政府采取相应的补救措施适用合法有效的补偿标准符合法律规定。上诉人株洲县人民政府认为株县政办发〔2007〕9号文件是行政规范性文件，是不可诉的抽象行政行为的上诉理由不能成立。第三人湖南省送变电建设公司与株洲县人民政府签订房屋拆迁安置及补偿包干和承包协议的行为不属于同一法律关系及本案的审理范围。故对上诉人株洲县人民政府的上诉请求，不予支持。原审判决认定事实清楚，适用法律正确，依法应予维持。根据《中华人民共和国行政诉讼法》第六十一条第（一）项的规定，判决：驳回上诉，维持原判。

3. 常德市武陵区东风社区居委会二组与明良准承包地征收补偿费用分配纠纷上诉案[①]

【争议焦点】外迁户是否享有迁入集体土地征收补偿费用的分配权？

【裁判要旨】根据最高人民法院《关于审理涉及农村土地承包纠纷案件适用法律问题的解释》第二十四条即"农村集体经济组织或者村民委员会、村民小组，可以依照法律规定的民主议定程序，决定在本集体经济组织内部分配已收到的土地补偿费。征地补偿安置方案确定时已经具有本集体经济组织成员资格的人，请求支付相应份额的，应予支持……"之规定，村集体可以依照法律规定的民主议定程序，决定在本集体经济组织内部分配已收到的土地补偿费，但凡在该组征地补偿安置方案确定时已具有本集体经济组织成员资格的人，均应给其支付相应份额。

【案情简介】

上诉人（原审被告）：常德市武陵区东风社区居委会二组。

被上诉人（原审原告）：明良准。

上诉人常德市武陵区东风社区居委会二组（以下简称东风二组）因与被上诉人明良准、原审被告常德市武陵区东风社区居委会（以下简称东风居委会）承包地征收补偿费用分配纠纷一案，不服湖南省常德市武陵区人民法院（2011）武民初字第516号民事判决，向常德市中级人民法院提出上诉。

原审法院查明：明良准，1996年根据户籍管理的规定随母迁移，2003年为了得到其父的监护，将其户口入户东风二

① 案例来源：湖南省常德市中级人民法院民事判决书〔2011〕常民三终字第75号。

组，同本组其他村民一样承担了义务，履行了村民职责，2010年东风二组的部分土地被征用后，人均分配26850元，未给明良准分配，明良准为了维护自身的合法权益，多次向村组及相关部门反映情况未果，为此诉至法院，请求判决东风二组、东风居委会支付土地补偿费和人口安置费26850元。

原审法院认为：明良准的户籍自迁入东风二组之日起即成为该集体经济组织的合法成员，并按规定履行了各项义务，因此均应平等地享有各项权利。而东风二组以明良准系外迁入户和绝大多数村民不同意为由，未给明良准按当地同等人口平等的分配土地补偿费和人口安置费，违反了我国法律的相关规定，侵犯了明良准的合法权益，在本案中应该承担相应的民事责任。被告东风居委会系该集体经济组织机构主管机关，对东风二组的分配方案负有审查义务，对明良准未得到同等待遇补偿负有监督管理责任，应承担连带给付责任，故对明良准的诉讼请求，应予支持。据此，依照《中华人民共和国民法通则》第五条、第七十八条、第一百零六条第二款、第一百一十七条第一款、第一百三十条、最高人民法院《关于审理涉及农村土地承包纠纷案件适用问题的解释》第二十四条之规定，判决：一、被告东风二组于本判决生效之日起三日内向原告明良准给付土地补偿费和人口安置费26850元；二、被告东风居委会对上述款项承担连带给付责任。本案诉讼费500元，由被告东风二组承担。

宣判后，东风二组不服一审判决，提出上诉，请求撤销原判，驳回明良准的诉讼请求。其理由为：明良准不是东风二组的集体经济组织成员，不应享受村民土地补偿费和安置费；土地分配款只包括土地补偿费，不包括人口安置费。

二审法院经审理查明，原审法院认定的事实属实，予以确认。本案的争议焦点是明良准是否应当依法享有参加东风二组被征收土地补偿费分配的权利。

依照最高人民法院《关于审理涉及农村土地承包纠纷案件适用法律问题的解释》第二十四条即“农村集体经济组织或者村民委员会、村民小组，可以依照法律规定的民主议定程序，决定在本集体经济组织内部分配已收到的土地补偿费。征地补偿安置方案确定时已经具有本集体经济组织成员资格的人，请求支付相应份额的，应予支持……”之规定，东风二组可以依照法律规定的民主议定程序，决定在本集体经济组织内部分配已收到的土地补偿费，但凡在该组征地补偿安置方案确定时已具有本集体经济组织成员资格的人，均应给其支付相应份额。根据已经查明的事实，在东风二组于2010年、2011年确定并上报本组征地补偿安置方案时，明良准的户口在该组，并承包经营了东风二组的土地，与该组其他村民同等地履行了村民应尽义务，已完全具有了东风二组集体经济组织成员资格，且明良准具有东风二组集体经济组织成员资格已由(2006)武民初字第351号民事判决(已生效)予以确认，故明良准应与该组其他集体经济组织成员平等地享有参加土地补偿费分配等权利，任何组织、个人不得剥夺和侵害。因东风二组于2010年、2011年两次所分配的土地补偿费是按全组人口进行分配，且该集体经济组织绝大多数成员均分得了1350元、25500元，故该组也应给明良准按此相等份额支付该分配款。东风二组于2010年、2011年两次所分配的土地补偿费均包括土地补偿费和安置补助费。因东风居委会是集体经济组织法人，而东风二组为其下属非法人集体经济组织，且在本案中，该居委会没有提供证据证明其已对东风二组分配征收土地补偿费用的行为正确地履行了监督管理之责，故其依法应对东风二组的行为给明良准造成的经济损失承担连带赔偿责任。故上诉人东风二组所提出的上诉理由均不能成立，对其上诉请求本院不予支持。

综上所述，原审判决认定事实清楚，适用法律正确，实体处理恰当，本院予以维持。据此，依照《中华人民共和国民事诉讼法》第一百五十三条第一款(一)项的规定，判决如下：驳回上诉，维持原判。

4. 王占群与邓州市人民政府征收土地行政行为纠纷上诉案①

【争议焦点】已经签订土地征收补偿安置协议后，被征收土地村民能否以补偿款过低，征收程序不合法为由拒绝、阻拦征收人在土地上施工？

【裁判要旨】按照《中华人民共和国土地管理法实施条例》第二十五条的规定，对补偿标准有争议的，由县级以上人民政府协调，协调不成的，由批准征收土地的人民政府裁决。征地补偿、安置争议不影响征地方案的实施。作为原土地承包户，对于承包地征收补偿费用分配纠纷，也可以向人民法院提起民事诉讼。因此，虽然邓州市人民政府在实施土地征收过程中没有严格按照国务院有关文件精神，在征地依法报批前，将拟征地的用途、位置、补偿标准、安置途径告知被征地农民；对拟征土地现状的调查结果经被征地农村集体经济组织和农户确认，在征地程序上确有不当之处，但这些程序上的瑕疵不足以导致整个征地实施行为的违法，而且这些征地依法报批前的行为已被批准征地的行为所吸收，本身并不独立对外产生法律效力，不具有可诉性。

【案情简介】

上诉人(一审原告)：王占群。

被上诉人(一审被告)：邓州市人民政府。

一审第三人：邓州市友诚祥和养老服务有限公司。

---

① 案例来源：河南省南阳市中级人民法院行政判决书〔2011〕南行终字第54号。

一审第三人:邓州市花洲办事处三里阁居委会军张营组。

上诉人王占群因诉一审被告邓州市人民政府征收土地行政行为违法一案,不服新野县人民法院2011年6月13日作出的(2011)新行初字第026号行政判决,向本法院提出上诉。

新野县人民法院一审查明:2005年11月29日,邓州市人民政府作出邓政土(2005)44号《关于邓州市2005年第三批城市建设用地的请示》的文件,共计征收土地30.3016公顷(其中耕地28.3436公顷)。请示前,邓州市国土资源局作出了拟征地情况告知书、听证告知书、土地勘测定界技术报告并送达被征收方。南阳市人民政府接到请示报告后于2005年12月7日作出了宛政土(2005)96号,南阳市人民政府《关于邓州市2005年第三批城市建设用地的请示》,申报到河南省人民政府,经河南省人民政府审查,于2005年12月22日作出豫政土(2005)313号文件,河南省人民政府《关于邓州市2005年度第三批城市建设用地的批复》,该批复同意邓州市人民政府转用并征收共计30.3016公顷土地(耕地28.3436公顷),作为该市2005年第三批城市建设用地。2007年4月2日邓州市国土资源局与邓州市花洲办事处三里阁居委会军张营组协商,就征地位置、面积、土地补偿费、安置补助费、青苗补偿费、付款办法、交付土地期限等,达成了土地征收补偿安置协议,邓州市国土资源局、邓州市花洲办事处三里阁居委会在该协议上盖章,三里阁居委会军张营组由张敬生、张联合、张杰签字捺指印。2007年10月16日邓州市国土资源局为出让人,邓州市祥和养老中心为受让人签订了国有土地使用权出让合同,将上述征用土地出让给第三人。2007年10月31日邓州市人民政府给邓州市祥和养老中心颁发邓国用(2007)第0821号国有土地使用权证。

另查明,第三人邓州市友诚祥和养老服务有限公司在与邓州市国土资源局签订国有土地使用权出让合同时,使用的名称是邓州市祥和养老中心,该名称是邓州市民政局于2007年5月31日注册登记的民办非企业单位。为此,在签订国有土地使用权出让合同和邓州市人民政府颁发邓国用(2007)第0821号国有土地使用证时,均使用的名称是邓州市祥和养老中心。2009年4月,邓州市祥和养老中心向邓州市工商行政管理局申请办理企业法人营业执照时,该局根据有关规定将企业名称核定为邓州市友诚祥和养老服务有限公司。该公司在批准使用的土地上施工时与原告发生纠纷,第三人邓州市友诚祥和养老服务有限公司以侵权为由,将王占群起诉到邓州市人民法院,法院审理后认为:“王占群在其所在的集体组织的土地被政府部门依法征用后,相关部门已按标准发放了土地补偿款,原土地承包协议就已终止,而王占群以补偿过低征地程序违法为由拒领补偿款,进而阻拦原告在其合法土地使用范围内施工,实属不当,对土地的征用程序及征地补偿标准不是本案审查范围。”

一审法院判决:“一、在本判决生效后原告邓州市友诚祥和养老服务有限公司在其合法土地使用范围内[即:邓国用(2007)第0821号国有土地使用证范围内]施工,被告王占群及他人不得阻拦。二、被告王占群于本判决生效后十日内自行拆除其在原告土地使用范围内[即:邓国用(2007)第0821号国有土地使用证范围内]的附属物(简易房、树木、鱼塘)……”

王占群不服该判决,提起上诉,经南阳市中级人民法院审理作出(2010)南民二终字第364号民事判决,驳回上诉,维持原判。后原告王占群仍不服申诉到河南省高级人民法院,2011年4月28日河南省高级人民法院作出豫法民申字第00562号民事裁定,驳回王占群的再审申请。

一审法院认为:

1. 关于邓州市祥和养老中心为第三人是否适格问题。第三人邓州市友诚祥和养老服务有限公司在庭审中提出变更邓州市祥和养老中心为第三人。2007年5月31日,邓州市祥和养老中心经邓州市民政局注册登记为民办非企业单位,登记后相继以该名称办理了国有土地使用权相关手续,但在2009年4月向邓州市工商行政管理局申请办理企业法人营业执照时,邓州市工商行政管理局根据相关规定,核定名称为邓州市友诚祥和养老服务有限公司。与王占群的民事诉讼经一审、二审、再审,均以邓州市友诚祥和养老服务有限公司名义参加诉讼活动,且南阳市中级人民法院生效的判决认定,邓州市友诚祥和养老服务有限公司和邓州市祥和养老中心是一个单位。本案诉讼中的第三人应依邓州市工商行政管理局核定的名称为准。邓州市友诚祥和养老服务有限公司应为本案适格的第三人。

2. 关于原告主体资格是否适格问题。《中华人民共和国行政诉讼法》第二条规定:公民、法人或者其他组织认为行政机关和行政机关工作人员的具体行政行为侵犯其合法权益,有权依照本法向人民法院提起诉讼。本案中,原告于1993年12月20日与本组签订责任田承包协议,被告实施的征用土地的具体行政行为与原告有利害关系,故原告具备本案的诉讼主体资格。

3. 关于原告是否超过起诉期限问题。《最高人民法院关于执行若干问题的解释》第四十一条第一款规定:行政机关作出具体行政行为时,未告知公民、法人或者其他组织诉权或者起诉期限的,起诉期限从公民、法人或者其他组织知道或者应当知道诉权或者起诉期限之日起计算,但从知道或者应当知道具体行政行为内容之日起最长不得超过2年。本案中,原告与邓州市友诚祥和养老服务有限公司在民事诉讼中,已经提出征地程序违法问题,但不属于民事诉讼审查范围。但原告经过民事诉讼一审、二审、再审,一直在主张权利,故不能视为原告提起行政诉讼超过起诉期限。

4. 关于被告提出原告起诉的征收行为不属于行政审判权限范围的问题。《中华人民共和国土地管理法》第四十六条第一款规定:国家征收土地的,依照法定程序批准后,由县级以上地方人民政府予以公告并组织实施。本案中,邓州市人民政府根据本市土地总体规划,在申报并经批复同意后,由邓州市人民政府依据有关征地程序组织实施了具体征地行为,现原告起诉具体行政行为的作出机关,要求确认征收土地行为程序违法,属于行政审判的审查范围。

5. 关于被告邓州市人民政府征用土地的程序是否违法问题。《国务院关于深化改革严格土地管理的决定》[国发(2004)28号]第十四项规定:“健全征地程序。在征地过程中,要维护农民集体所有权和农民土地承包经营权的权益。在征地依法报批前,要将拟征地的用途、位置、补偿标准、安置途径告知征地农民;对拟征土地现状的调查结果须经被征地农村集体经济组织和农户确认;确有必要的,国土资源部门应当依照有关规定组织听证。要将被征地农民知情、确认的有关材料为征地报批的必要材料。要加快建立和完善征地补偿安置争议的协调和裁决机制,维护被征地农民和用地者的合法权益。经批准的征地事项,除特殊情况外,应予以公示。”根据以上规定,邓州市国土资源局于2005年11月23日作出了拟征地情况告知书并予以送达。2005年11月27日三里阁居委会对邓州市国土资源局出具了征地情况确认说明,说明征地范围村组无异议。2005年11月27日邓州市国土资源局作出并送达了邓国土听告字(2005)63号听证告知书,河南省人民政府作出的豫政土(2005)313号文件批复后,邓州市国土资源局于2007年4月2日作出(2007)3号邓州市征收土地方案以及补偿登记公告。于2007年4月9日签订了邓州市土地征收补偿安置协议书,并且补偿到位。只有原告认为补偿偏低,没有领取补偿款。为此,按照《国务院关于深化改革严格土地管理的决定》[国发(2004)28号]文件规定的程序,被告没有按规定征求有关农户确认,程序上存在一定瑕疵,但不影响征地行为的合法性。据此,原告要求确认土地征收行为违法证据不足,理由不充分,依法不予支持。经本院审判委员会研究决定,依照《最高人民法院关于执行若干问题的解释》第五十六条第(四)项的规定,判决:驳回原告王占群的诉讼请求。案件受理费50元,由原告负担。

上诉人王占群不服一审判决上诉称:1. 一审判决对被上诉人邓州市人民政府在征收军张营组土地过程中批少征多超范围征收军张营组0.9675公顷耕地的违法行为漏审漏判,程序违法,认定事实错误。2. 一审法院适用法律违反行政诉讼法的基本原则,对被上诉人邓州市人民政府在组织征收过程中存在严重的实体和程序违法行为视而不见,判决程序违法,事实不清,判决错误。3. 一审判决漏列错列变更第三人程序违法。请求撤销一审判决,确认被上诉人征收上诉人承包的土地行为违法。

被上诉人邓州市人民政府答辩称:一、上诉人称邓州市人民政府在实施征地过程中批少征多,其承包田不在河南省人民政府批准征收的土地范围内,无任何事实依据。二、上诉人称一审被告提交的证据全部是复印件且从未与原件核对不属实。三、一审法院驳回上诉人的诉讼请求是正确的。请求维持一审判决。

一审第三人邓州市友诚祥和养老服务有限公司述称:一、邓州市人民政府在组织实施征收军张营组土地时,无批少征多,根本不存在将多征收的土地出让给第三人的情况。二、原审查明事实清楚,适用法律得当,程序合法。请求维持一审判决。

一审第三人邓州市花洲办事处三里阁居委会军张营组未出庭发表意见。

二审法院查明事实与一审查明事实相同。

二审法院认为:本案被诉行政行为是邓州市人民政府土地征收实施行为。依照《中华人民共和国土地管理法》第四十六条、第四十七条、第四十八条和《中华人民共和国土地管理法实施条例》第二十五条的规定,征收土地方案经依法批准后,市、县人民政府的土地征收实施行为主要包括土地征收决定的公告、征地补偿安置方案的拟订、审批、公告和实施等。核心在于征地补偿安置方案的拟订和实施。本案中,根据《河南省人民政府关于邓州市2005年度第三批城市建设用地的批复》(豫政土[2005]313号),同意邓州市人民政府转用并征收东城(现花洲)办事处军张营组集体耕地2.1576公顷、其他农用地0.5232公顷。邓州市人民政府于2007年4月2日作出(2007)3号《邓州市征收土地方案以及补偿登记公告》。于2007年4月9日与邓州市花洲办事处三里阁居委会及军张营组等签订了《邓州市土地征收补偿安置协议书》,并及时将土地补偿费、安置补助费、青苗补偿费、地上附着物补偿费拨付军张营组,作为原集体土地所有权人的军张营组对征地范围、面积、四至边界以及补偿款数额均不持异议。没有证据证明邓州市人民政府存在批少征多的情形。军张营组大部分农户都领取了补偿款,只有王占群认为补偿偏低,没有领取补偿款。按照《中华人民共和国土地管理法实施条例》第二十五条的规定,对补偿标准有争议的,由县级以上人民政府协调,协调不成的,由批准征收土地的人民政府裁决。征地补偿、安置争议不影响征地方案的实施。王占群作为原土地承包户,对于承包地征收补偿费用分配纠纷,也可以向人民法院提起民事诉讼。因此,虽然邓州市人民政府在实施土地征收过程中没有严格按照国务院有关文件精神,在征地依法报批前,将拟征地的用途、位置、补偿标准、安置途径告知被征地农民;对拟征土地现状的调查结果经被征地农村集体经济组织和农户确认,在征地程序上确有不当之处,但这些程序上的瑕疵不足以导致整个征地实施行为的违法,而且这些征地依法报批前的行为已被批准征地的行为所吸收,本身并不独立对外产生法律效力,不具有可诉性。基于上述理由,一审法院判决驳回王占群要求确认邓州市人民政府征地实施行为违法的诉讼请求并无不当。上诉人的上诉理由不能成立,本院不予

支持。依照《中华人民共和国行政诉讼法》第六十一条第(一)项之规定,判决如下:

驳回上诉,维持原判。

二审诉讼费50元,由上诉人王占群负担。

5. 郝龙只等15人诉屯留县人民政府不履行征地方案公告和征地补偿、安置方案公告法定职责案①

【基本案情】

原告郝龙只等15人和第三人高安喜等6人均系屯留县李高乡王公庄村(下称王公庄村)村民,1991年郝义明、高安喜等人与王公庄村签订了土地承包合同,承包了村里的果园地,承包期限为1993年至1999年。承包期满后,合同变为一年一签,直至2003年。2003年10月,郝龙只、高安喜等人承包的果园地被长治市德凯亚飞汽车连锁销售有限公司(下称德凯公司)占用。2004年11月24日,屯留县人民政府向山西省人民政府和长治市人民政府报送了《关于长治市德凯亚飞汽车连锁销售有限公司清真肉业深加工改扩建项目建设用地的请示》,申请征用王公庄村土地6.7293公顷,其中耕地0.57公顷、园地6.1593公顷。郝龙只、高安喜等人承包的果园地在该请示拟征用的范围内。2005年12月14日,屯留县人民政府与王公庄村签订了《土地补偿协议》,约定屯留县人民政府使用王公庄村土地100亩,补偿费分年度支付,每年支付50000元(每亩500元)。2006年8月4日,山西省人民政府以晋政地字〔2006〕285号文批复同意屯留县人民政府征用上述土地,并由屯留县人民政府负责所转用面积的耕地补充、批后实施及公告等工作。从2004年开始,屯留县人民政府每年通过王公庄村支付郝龙只、高安喜等人租地费每亩500元,直至2008年。2009年,因郝义明、高安喜等人提起本案诉讼,王公庄村未将租地费给付各承包户。

2007年6月,屯留县国土资源局将征用的6.7293公顷土地出让给德凯公司,用于清真肉业深加工改扩建项目。同年8月27日,屯留县国土资源局对该块土地初始登记的审核情况进行公告。郝龙只、高安喜等人称,直至此时方得知所承包土地已被征用并出让给德凯公司,而屯留县政府自始没有告知其征用土地的事实,更没有依法履行征地方案和征地补偿、安置方案公告的法定职责,而是一直以租地费的形式给予其补偿。故提起诉讼,要求屯留县人民政府依法履行公告职责,并依法一次性支付征地补偿款。

【裁判结果】

长治市中级人民法院一审认为,2005年12月14日,屯留县人民政府与王公庄村签订了土地补偿协议,约定每年给付王公庄村土地补偿款,郝龙只、高安喜等人均已从村委领取了补偿款,应视为其对土地补偿、安置方案已认可,再公告征地补偿、安置方案已无实际意义,故郝龙只等人要求屯留县人民政府履行征地补偿、安置方案公告职责的诉讼请求应予驳回。2006年8月,经山西省人民政府同意,该宗土地被转为建设用地,郝龙只、高安喜等人早已知道土地被征用,且被德凯公司使用,屯留县人民政府公布征地方案已无实际意义,故郝龙只等人要求屯留县人民政府履行征地方案公告职责的诉讼请求也应予以驳回。故依照最高人民法院《关于执行〈中华人民共和国行政诉讼法〉若干问题解释》第五十六条第(四)项之规定:判决驳回原告郝龙只等15人的诉讼请求。

山西省高级人民法院二审认为,根据《中华人民共和国土地管理法》及《中华人民共和国土地管理法实施条例》的有关规定,国家征收土地,应当依照法定程序履行征地方案和征地补偿、安置方案公告职责。国土资源部《征用土地公告办法》对公告事项作了详细规定,第四条规定:"被征用土地所在地的市、县人民政府应当在收到征用土地方案批准文件之日起10个工作日内进行征用土地公告,该市、县人民政府土地行政主管部门负责具体实施。"第七条规定:"有关市、县人民政府土地行政主管部门会同有关部门根据批准的征用土地方案,在征用土地公告之日起45日内以被征用土地的所有权人为单位拟订征地补偿、安置方案并予以公告。"第十四条第一款规定:"未依法进行征用土地公告的,被征地农村集体经济组织、农村村民或者其他权利人有权依法要求公告,有权拒绝办理征地补偿登记手续。未依法进行征地补偿、安置方案公告的,被征地农村集体经济组织、农村村民或者其他权利人有权依法要求公告,有权拒绝办理征地补偿、安置手续。"本案中,山西省人民政府于2006年8月4日批准讼争土地转为建设用地并办理征收手续,并确定屯留县人民政府负责批后实施及公告工作。屯留县人民政府在接到山西省人民政府的征地批文后,组织实施了征地工作及出让工作,但没有依法履行公告职责和办理补偿、安置手续。屯留县人民政府从2004年起支付给上诉人郝龙只等人的土地租赁费,不能等同于征收土地的补偿、安置费。上诉人郝龙只等15人作为被征地农村村民有权要求屯留县人民政府履行征地方案和征地补偿、安置方案公告职责,并依法支付征地补偿、安置费。原判关于征地行为已经完成且郝龙只等人领取了土地租赁费视为对补偿、安置方案已认可,屯留县人民政府履行征地公告职责已经没有实际意义的观点,不能成立。综上,原审判决理由和结果不当,本院依法予以纠正。根据《中华人民共和国行政诉讼法》第六十一条第(二)项之规定,判决如下:一、撤销长治市

① 案例来源:本案例来源于中国法院网,http://www.chinacourt.org/article/detail/2014/03/id/1233565.shtml。

中级人民法院于2009年12月9日作出(2009)长行初字第007号行政判决;二、屯留县人民政府依法履行征地方案和征地补偿、安置方案公告职责。

【典型意义】

在土地征收中,行政机关既是决定者也是执行者,权力高度集中,被滥用的风险极大。因此,从制度设计上要尽量保证权力公开、公正运行,增加土地征收的透明度,保障被征收者的知情权和陈述意见权,以规范征收行为。征地公告制度,包括征收土地方案公告和征收土地补偿安置方案公告,是保证被征地农民知情权的法定程序,是征地及补偿安置工作透明化的程序保障。《中华人民共和国土地管理法》、《中华人民共和国土地管理法实施条例》及国土资源部《征用土地公告办法》对征用土地公告的内容、形式和程序均作了明确规定。此外,国土资源部2004年5月1日施行的《国土资源听证规定》第十九条规定,拟定拟征地项目的补偿标准和安置方案的,主管部门在报批之前,应当告知当事人有要求听证的权利。2008年5月1日实施的《政府信息公开条例》第十条至第十二条规定,市、县人民政府及其部门和乡级人民政府重点公开征收土地及其补偿、补助费用的发放、使用等政府信息,这可以说是对我国征地公告制度的新要求和重要补充。实践中,如果在征地中出现行政机关没有依法履行征地公告职责,剥夺被征地农民对征地行为的知情权和对征地补偿安置方案的听证权、建议权,意味着征地程序严重违法,被征地农民有权向人民法院提起诉讼要求行政机关依法履行征地公告职责。本案中,征地行为已经实施,但被征地农民对征地事宜一直不知情,人民法院经审理认定行政机关没有履行征地公告职责,直接判决行政机关履行征地公告职责,有力促进行政机关依法行政,保障被征地农民的合法权益。判决生效后,屯留县人民政府高度重视,成立执行工作领导组,积极履行判决,经协商和被征地农民达成补偿协议,征地补偿款3929310元已全部补偿到位,郝龙只等15人已向长治市中级人民法院提出《撤回执行申请书》。

6. 于栖楚诉贵阳市住房和城乡建设局强制拆迁案①

【裁判摘要】

一、生效的拆迁补偿安置裁决是实施强制拆迁的基础,拆迁补偿安置裁决被一审撤销后,强制拆迁不得再继续实施。

二、县级人民政府负责人签署的同意强制拆迁的意见,不能代替应经法定程序并应以书面形式作出的责令限期拆迁决定。

【案情】

申请再审人(一审原告、二审被上诉人)于栖楚,男,汉族,1956年12月3日生,住贵州省贵阳市云岩区省府东街2号1单元附4号。

委托代理人吴念平,男,汉族,1954年12月27日生,住贵州省贵阳市云岩区省府北街46号附3号。

委托代理人桂艳,贵州合兴律师事务所律师。

被申请人(一审被告、二审上诉人)贵阳市住房和城乡建设局,住所地贵阳市都司高架桥房地产大厦。

法定代表人任筑江,该局局长。

委托代理人章根香,贵州证衡律师事务所律师。

申请再审人于栖楚因诉被申请人贵阳市住房和城乡建设局(原贵阳市房地产管理局,以下简称贵阳市住建局)强制拆迁一案,不服贵州省高级人民法院(2000)黔行再终字第2号行政判决,向本院申请再审。本院经审查认为原生效判决存在适用法律错误的情形,以(2011)行监字第410号行政裁定提审本案。现已审理终结。

贵州省高级人民法院(2000)黔行再终字第2号行政判决查明:1993年贵州汉方房地产开发公司(以下简称汉方公司)经贵阳市人民政府有关部门批准,在贵阳市省府北街及其相邻地段修建商住楼。1995年6月该公司领取拆迁许可证。于栖楚私房位于拆迁范围。汉方公司因未能与于栖楚就安置补偿达成一致,向贵阳市住建局(当时为贵阳市房地产管理局)申请裁决。贵阳市住建局于1996年3月11日作出(1996)筑迁裁字第9号裁决,由汉方公司在贵阳市花溪大道北段730号"贵溪商住楼"安置被拆迁人于栖楚。于栖楚在裁决规定的搬迁期限内未搬迁,向贵阳市云岩区人民法院提起行政诉讼,请求撤销该裁决。同年3月22日,汉方公司申请强制执行该裁决。贵阳市房屋拆迁安置管理处(以下简称贵阳市拆迁处)、贵阳市住建局审核同意后上报贵阳市人民政府。经贵阳市人民政府审批决定后,贵阳市住建局以贵阳市拆迁处名义于6月18日张贴(1996)筑迁执告字第9号拆迁公告,称根据《城市房屋拆迁管理条例》和《贵阳市建设拆迁管理办法》的有关规定,限被拆迁人于同年6月20日前搬迁完毕,逾期不搬将强制搬迁。因于栖楚到期仍未搬迁,贵阳市拆迁处于6月24日对于栖楚的房屋进行了强制拆迁。于栖楚对强制拆迁行为不服,向贵阳市中级人民法院提起诉讼,形成本案。

贵阳市中级人民法院(1998)筑行初字第2号一审判决认为:贵阳市拆迁处以(1996)筑迁执告字第9号公告对于栖楚的房屋进行拆迁,违反了《城市房屋拆迁管理条例》的规定,其辩称强拆行为系由政府授权的理由不能成立;贵阳市拆

① 案例来源:最高人民法院行政判决书(2012)行提字第17号。

迁处系贵阳市住建局的内设机构，不具有行政执法主体的资格，其行为后果应由贵阳市住建局承担。该院遂判决撤销1996年6月24日对于栖楚所作的强制拆迁行为。一审案件受理费人民币100元，由贵阳市住建局负担。

贵阳市住建局不服该判决，向贵州省高级人民法院提起上诉。该院(1998)黔行终字第12号行政判决认为：贵阳市拆迁处作为贵阳市住建局的内设机构，以拆迁公告方式对被拆迁人的房屋进行强制拆迁，其行为违反了《城市房屋拆迁管理条例》的规定，一审判决认定事实清楚，审判程序合法，适用法律基本正确，应予维持。故判决驳回上诉，维持原判。一、二审案件受理费人民币200元，由贵阳市住建局负担。

贵阳市住建局对该终审判决不服，向贵州省高级人民法院申请再审。该院(2000)黔行再终字第2号再审行政判决认为：拆迁人汉方公司依据贵阳市住建局作出的(1996)筑迁裁字第9号裁决书，对未在裁决规定的拆迁期限内搬迁的被拆迁人于栖楚的房屋申请强制拆迁是正当合法的。按报批程序，该申请先后经贵阳市拆迁处、贵阳市住建局审查，并上报贵阳市人民政府批准，决定对于栖楚位于省府北街的房屋进行强制拆迁。依照国务院关于《城市房屋拆迁管理条例》第十四条、第十五条的规定，贵阳市人民政府有权作出责令限期拆迁的决定，其所作决定具有法律效力。据此，贵阳市住建局执行贵阳市人民政府所作决定，对被拆迁人于栖楚强制拆迁也属合法。但贵阳市住建局在执行过程中，以贵阳市拆迁处名义张贴拆迁公告，要求被拆迁人在限定期限内搬迁完毕。因贵阳市拆迁处系贵阳市住建局的内设机构，以其名义对外张贴公告不符合要求，但不应因此否定对于栖楚的房屋进行强拆的合法性，故对于栖楚诉请确认贵阳市住建局对其房屋强制拆迁行为违法的诉讼请求，应予驳回。依据《中华人民共和国行政诉讼法》第五十二条第一款、《城市房屋拆迁管理条例》第十五条和最高人民法院《关于执行〈中华人民共和国行政诉讼法〉若干问题的解释》第五十六条第(二)项、第七十六条的规定，判决：一、撤销贵州省贵阳市中级人民法院(1998)筑行初字第2号行政判决和贵州省高级人民法院(1998)黔行终字第12号行政判决。二、驳回于栖楚的诉讼请求。一、二审案件受理费200元，由于栖楚负担。

于栖楚不服贵州省高级人民法院(2000)黔行再终字第2号再审判决，向本院申请再审称：被申请人贵阳市住建局据以实施强制拆迁行为的(1996)筑迁裁字第9号裁决书已经被人民法院判决撤销，申请人至今没有得到任何安置补偿。分管市长在《贵阳市建设拆迁强制执行的报告》上的签字同意，不能代替市政府应当作出的书面决定。且1998年5月21日贵阳市人民政府向一审法院提供的答辩材料也否定了以市长签字同意方式进行强制拆迁行为的合法性。请求撤销贵州省高级人民法院(2000)黔行再终字第2号再审判决，并判决赔偿房屋及其他财产损失。

被申请人贵阳市住建局辩称：贵阳市人民政府采用审批表形式对强制拆迁行为进行审批并不违法。于栖楚房屋被强制拆除有分管副市长签字。此种责令方式虽然不规范，但分管副市长也是代表市政府的。请求维持贵州省高级人民法院(2000)黔行再终字第2号再审判决。

本院认为，根据1991年施行的国务院《城市房屋拆迁管理条例》第十五条的规定，被拆迁人在拆迁裁决规定的拆迁期限内无正当理由拒绝拆迁的，贵阳市人民政府可以进行强制拆迁。但作为申请和实施强制拆迁依据的(1996)筑迁裁字第9号裁决，此前已被贵阳市云岩区人民法院作出的(1996)云行初字第13号判决撤销，该判决书并已于1996年5月17日向双方当事人送达。因此，贵阳市住建局及贵阳市拆迁处于1996年6月24日强制拆迁于栖楚房屋，缺乏法律依据。

根据《城市房屋拆迁管理条例》的规定，强制拆迁前县级以上人民政府应当先行作出责令限期拆迁的决定；在责令限期拆迁决定所指定的期限内被拆迁人逾期仍不拆迁的，方可责成有关部门强制拆迁。且责令限期拆迁和责成有关部门强制拆迁的决定，应当经法定程序并以书面形式作出，相关决定还应依法送达被拆迁人。本案贵阳市人民政府以分管副市长在相关申请报告上签署意见，并以此取代应以书面形式作出的责令限期拆迁决定和责成有关部门强制拆迁决定及相应的送达程序，亦不符合上述规定要求。

因贵阳市拆迁处不具备独立承担法律责任的主体资格，故违法责任应由贵阳市住建局承担。贵州省高级人民法院(2000)黔行再终字第2号判决将该强制拆迁行为认定为合法显属不当，依法应予纠正。因违法强制拆迁行为已经实施完毕且不具备可撤销内容，人民法院应当作出确认违法判决。申请再审人于栖楚历经多年诉讼仍未得到安置补偿，贵阳市住建局与拆迁人汉方公司应依法对于栖楚的房屋进行补偿或妥善安置；因违法实施强制拆迁给于栖楚造成的其他财产损失，亦应依法予以赔偿。

综上，依据《中华人民共和国行政诉讼法》第六十一条第三项和最高人民法院《关于执行〈中华人民共和国行政诉讼法〉若干问题的解释》第五十七条第二款第(二)项的规定，判决如下：

一、撤销贵州省高级人民法院(2000)黔行再终字第2号行政判决、(1998)黔行终字第12号行政判决和贵阳市中级人民法院(1998)筑行初字第2号行政判决；

二、确认贵阳市住房和城乡建设局实施的强制拆迁行为违法。

一、二审案件受理费共计人民币200元，由被申请人贵阳市住房和城乡建设局负担。

本判决为终审判决。

4. 大型工程建设项目征地

长江三峡工程建设移民条例

（2001年2月21日中华人民共和国国务院令第299号公布　根据2011年1月8日《国务院关于废止和修改部分的行政法规的决定》修订）

第一章　总　　则

第一条　为了做好三峡工程建设移民工作，维护移民合法权益，保障三峡工程建设，促进三峡库区经济和社会发展，制定本条例。

第二条　三峡工程建设移民，适用本条例。

第三条　三峡工程建设，实行开发性移民方针，统筹使用移民资金，合理开发资源，保护生态环境，妥善安置移民，使移民的生产、生活达到或者超过原有水平，为三峡库区经济和社会发展创造条件。

第四条　三峡工程建设移民工作应当与三峡库区建设、沿江地区对外开放、水土保持和环境保护相结合。

第五条　三峡工程建设移民，实行国家扶持、各方支援与自力更生相结合的原则，采取前期补偿、补助与后期生产扶持相结合的方针，兼顾国家、集体和个人的利益。

三峡工程淹没区、移民安置区所在地的人民政府和群众应当顾全大局，服从国家统筹安排，正确处理移民搬迁和经济发展的关系。

第六条　三峡工程建设移民，实行移民任务和移民资金包干的原则。

第七条　国家对三峡工程建设移民依法给予补偿。具体补偿标准由国务院三峡工程建设委员会移民管理机构会同国务院有关部门组织测算、拟订，报国务院批准后执行。

第八条　三峡工程建设移民工作实行统一领导、分省（直辖市）负责、以县为基础的管理体制。

国务院三峡工程建设委员会是三峡工程建设移民工作的领导决策机构。

国务院三峡工程建设委员会移民管理机构负责三峡工程建设移民工作。

湖北省、重庆市人民政府负责本行政区域内三峡工程建设移民工作，并设立三峡工程建设移民管理机构。

三峡工程淹没区和移民安置区所在地的市、县、区人民政府负责本行政区域内三峡工程建设移民工作，并可以根据需要设立三峡工程建设移民管理机构。

第二章　移民安置

第九条　三峡工程建设移民安置，应当编制移民安置规划。移民安置规划应当与土地利用总体规划相衔接。

水利部长江水利委员会会同湖北省、重庆市人民政府，负责编制《长江三峡工程水库淹没处理及移民安置规划大纲》（以下简称《规划大纲》），报国务院三峡工程建设委员会审批。

湖北省、重庆市人民政府应当按照《规划大纲》，负责组织本行政区域内有关市、县、区人民政府编制并批准有关市、县、区的移民安置规划，并分别汇总编制本省、直辖市的移民安置规划，报国务院三峡工程建设委员会备案。

国务院三峡工程建设委员会移民管理机构应当加强对移民安置规划实施情况的监督。

第十条　经批准的移民安置规划应当严格执行，不得随意调整或者修改；确需调整或者修改的，应当按照原审批程序报批。

第十一条　三峡工程建设用地按照批准的规划，一次审批，分期划拨，并依法办理土地权属变更登记手续。

三峡工程建设移民迁建用地应当严格控制规模，并依据土地利用总体规划和土地利用年度计划，分批次逐级上报省级以上人民政府依法办理农用地转用和土地征收手续。移民迁建用地不得转让，不得用于非移民项目。

第十二条　因三峡工程建设和移民迁建，土地被全部征收并安置在第二产业、第三产业或者自谋职业的农村移民，经本人同意，由有关县、区人民政府批准，可以转为非农业户口。

第十三条　移民安置地的有关地方人民政府应当合理调整土地，鼓励移民在安置地发展优质、高效、高产农业和生态农业；有条件的地方，可以通过发展第二产业、第三产业安置移民。

第十四条　三峡工程建设移民安置实行就地安置与异地安置、集中安置与分散安置、政府安置与移民自找门路安置相结合。移民首先在本县、区安置；本县、区安置不了的，由湖北省、重庆市人民政府在本行政区域内其他市、县、区安置；湖北省、重庆市安置不了的，在其他省、自治区、直辖市安置。

第十五条　农村移民需要安置到本县、区其他农村集体经济组织的，由该农村集体经济组织与县、区人民政府移民管理机构或者负责移民管理工作的部门签订协议，并按照协议安排移民的生产、生活。

第十六条　移民在本县、区安置不了，需要在湖北省、重庆市行政区域内其他市、县、区安置的，由迁出地和安置地的市、县、区人民政府签订协议，办理有关手续。

移民需要在湖北省、重庆市以外的地区安置的，分别由湖北省、重庆市人民政府与安置地的省、自治区、直辖市人民政府签订协议，办理有关手续。

第十七条　三峡工程受益地区和有条件的省、自治区、直辖市及其市、县、区应当接收政府组织外迁和投亲靠友自主外迁的三峡库区农村移民，并及时办理有关手续，统一安排移民的生产、生活。

投亲靠友自主外迁的三峡库区农村移民，应当持有迁出地的县、区人民政府出具的证明。

第十八条 农村居民点迁建应当按照移民安置规划，依法编制新居民点建设规划。编制新居民点建设规划，应当因地制宜，有利生产，方便生活。

新建居民点的道路、供水、供电等基础设施，由乡（镇）、村统一组织施工。

房屋拆迁补偿资金按照农村房屋补偿标准包干到户，由移民用于住房建设。

移民建造住房，可以分户建造，也可以按照自愿原则统一建造。有关地方人民政府以及村民委员会不得强行规定建房标准。

第十九条 城镇迁建，应当按照移民安置规划，依法编制迁建区详细规划，并确定需要迁建的公共建筑和各项基础设施的具体位置。

城镇公共建筑和各项基础设施迁建补偿资金实行包干管理，其数额按照实际淹没损失和适当发展的原则核定。

城镇迁建中单位和居民搬迁的补偿资金实行包干管理，其数额按照实际淹没损失核定。

第二十条 需要迁建的城镇应当提前建设基础设施。

对自筹资金或者使用非移民资金提前搬迁的单位和居民，有关地方人民政府不得减少其应得的移民资金数额。

第二十一条 有关地方人民政府应当根据国家产业政策，结合技术改造，对需要搬迁的工矿企业进行统筹规划和结构调整。产品质量好、有市场的企业，可以通过对口支援，与名优企业合作、合资，把企业的搬迁与企业的重组结合起来；技术落后、浪费资源、产品质量低劣、污染严重的企业，应当依法实行兼并、破产或者关闭。

有关地方人民政府应当妥善安排破产、关闭企业职工和离退休人员的基本生活，做好再就业和社会养老保险工作。

工矿企业搬迁补偿资金实行包干管理，其数额按照实际淹没损失的重置价格核定。

第二十二条 因三峡工程蓄水被淹没的公路、桥梁、港口、码头、水利工程、电力设施、电信线路、广播电视等基础设施和文物古迹需要复建的，应当根据复建规划，按照经济合理的原则，预先在淹没线以上复建。复建补偿资金实行包干管理，其数额按照原规模、原标准或者为恢复原功能所需投资核定。

第二十三条 城镇迁建单位、工矿企业和居民的搬迁以及基础设施的复建，因扩大规模和提高标准超过包干资金的部分，分别由有关地方人民政府、有关单位、居民自行解决。

第二十四条 移民工程建设应当做好项目前期论证工作。城镇、农村居民点、工矿企业、基础设施的选址和迁建，应当做好水文地质、工程地质勘察、地质灾害防治勘查和地质灾害危险性评估。

第二十五条 移民工程建设应当履行基本建设程序，严格执行国务院2000年1月发布的《建设工程质量管理条例》规定的各项制度，确保建设工程质量。

移民工程建设施工，应当保护生态环境，防止植被破坏和水土流失。

第二十六条 安置移民生产，严禁开垦25度以上的坡地；已经开垦的，应当按照规划退耕还林还草。对已经开垦的25度以下的坡地，应当因地制宜，采取“坡改梯”措施，实行山水林田路综合规划治理。

第二十七条 三峡工程淹没区的林木，在淹没前已经达到采伐利用标准的，经依法批准后，林木所有者可以采伐、销售；不能采伐利用的，淹没后按照《规划大纲》的规定给予补偿。

第二十八条 三峡工程建设，应当按照“保护为主、抢救第一”和“重点保护、重点发掘”的原则，做好文物抢救、保护工作。

第三章 淹没区、安置区的管理

第二十九条 有关地方人民政府应当加强对三峡工程淹没区基本建设的管理。任何单位和个人不得在淹没线以下擅自新建、扩建和改建项目。违反《国务院办公厅关于严格控制三峡工程坝区和库区淹没线以下区域人口增长和基本建设的通知》的规定，在1992年4月4日后建设的项目，按照违章建筑处理。

第三十条 三峡库区有关公安机关应当加强对淹没区的户籍管理，严格控制非淹没区人口迁入淹没区。1992年4月4日后，按照《国务院办公厅关于严格控制三峡工程坝区和库区淹没线以下区域人口增长和基本建设的通知》的规定允许迁入的人口，经县级以上人民政府公安机关批准入户的，由国家负责搬迁安置；因其他原因擅自迁入的人口，国家不负责搬迁安置。

三峡库区各级地方人民政府和有关单位应当加强计划生育管理，控制人口增长，保证库区的人口出生率不超过湖北省、重庆市的规定。

本条第一款所称允许迁入的人口，是指因出生、婚嫁、工作调动、军人转业退伍和高等院校、中等专业技术学校毕业分配以及刑满释放等迁入的人口。

第三十一条 按照移民安置规划必须搬迁的单位和移民，不得拒绝搬迁或者拖延搬迁；已经搬迁并得到补偿和安置的，应当及时办理补偿销号手续，并不得返迁或者要求再次补偿。

按照移民安置规划已经搬迁的单位和移民，其搬迁前使用的土地及其附着物由当地县级人民政府依法处理。

第三十二条 三峡水库消落区的土地属于国家所有，由三峡水利枢纽管理单位负责管理，可以通过当地县级人民政府优先安排给当地农村移民使用；但是，不得影响水库安全、防洪、发电和生态环境保护。因蓄水给使用该土地的移民造成损失的，国家不予补偿。

第三十三条 有关地方人民政府应当对三峡工程移民档案加强管理，确保档案完整、准确和安全。

第四章 移民资金使用的管理和监督

第三十四条 移民资金实行静态控制，动态管理。除价格指数变动、国家政策调整和发生不可抗力外，不再增加移民资金。

第三十五条 移民资金年度计划应当纳入国家年度投资计划。

国务院三峡工程建设委员会移民管理机构根据经批准的三峡工程移民安置规划，组织编制移民资金年度计划，报国务院审批。

县级以上地方人民政府移民管理机构或者负责移民管理工作的部门组织编制本行政区域的移民资金年度项目计划，经本级人民政府审核同意后报上一级人民政府移民管理机构审批。

经批准的移民资金年度项目计划，不得擅自调整；确需调整的，应当报原审批机关批准。

第三十六条 移民资金安排应当突出重点，保证移民安置进度与枢纽工程建设进度相适应。

移民资金由有关地方人民政府按照移民安置规划安排使用。

有移民安置任务的省、自治区、直辖市人民政府应当根据国家移民资金投资包干方案，将移民资金拨付到县级人民政府和有关单位，由县级人民政府和有关单位将移民资金具体落实到各类移民投资项目。

第三十七条 移民资金应当在国务院三峡工程建设委员会移民管理机构或者省、自治区、直辖市人民政府移民管理机构指定的银行专户存储、专账核算。国务院或者省、自治区、直辖市人民政府确定的移民资金管理部门应当按照包干方案、移民资金年度项目计划和进度及时拨付移民资金。

第三十八条 移民资金应当用于下列项目：

(一)农村移民安置补偿；

(二)城镇迁建补偿；

(三)工矿企业迁建补偿；

(四)基础设施项目复建；

(五)环境保护；

(六)国务院三峡工程建设委员会移民管理机构规定的与移民有关的其他项目。

任何部门、单位和个人不得挤占、截留和挪用移民资金。

第三十九条 移民资金存储期间的孳息，应当纳入移民资金，不得挪作他用。

第四十条 有关地方人民政府设立的城镇迁建工程建设指挥部(管委会)不是一级财务核算单位，移民项目资金不得经其转拨。

第四十一条 国家对移民资金的管理、拨付和安排使用实行稽察制度，对管理、拨付和安排使用移民资金的有关地方人民政府及其有关部门、机构的负责人实行任期经济责任审计制度。

第四十二条 县级以上人民政府应当加强对下级人民政府及其有关部门管理、拨付和安排使用移民资金情况的监督。

各级人民政府移民管理机构或者负责移民管理工作的部门应当加强内部审计和监察，定期向本级人民政府、上级主管部门报告移民资金年度项目计划执行情况、移民资金拨付和使用情况。

第四十三条 有移民任务的乡(镇)、村应当建立健全财务管理制度，乡(镇)、村移民资金的使用情况应当张榜公布，接受群众监督。

第四十四条 各级审计机关和监察、财政部门应当加强对移民资金管理、拨付和安排使用的审计和监察、监督，依法履行国家有关法律、法规赋予的职责。

审计机关和监察、财政部门进行审计和监察、监督时，有关单位和个人应当予以配合，及时提供有关资料。

第五章 扶持措施

第四十五条 国家从三峡电站的电价收入中提取一定资金设立三峡库区移民后期扶持基金，分配给湖北省、重庆市和接收外迁移民的省、自治区、直辖市人民政府，用于移民的后期扶持。具体办法由财政部会同国务院有关部门制定，报国务院批准后执行。

第四十六条 三峡电站投产后缴纳的税款依法留给地方的部分，分配给湖北省、重庆市人民政府，用于支持三峡库区建设和生态环境保护。具体办法由财政部会同国务院有关部门制定，报国务院批准后执行。

第四十七条 农村移民建房占用耕地，免征耕地占用税。三峡工程坝区和淹没区建设占用耕地，按照应纳税额的40%征收耕地占用税；城镇、企业事业单位搬迁和基础设施复建占用耕地，按照国家有关规定缴纳耕地占用税。缴纳的耕地占用税全部用于三峡库区农村移民安置。

第四十八条 三峡电站投产后，应当优先安排三峡库区用电。

第四十九条 国家将三峡库区有水电资源条件的受淹县、区列为农村水电初级电气化县，予以扶持。

第五十条 国家将三峡库区具备一定条件的受淹县、区优先列入生态农业试点示范县，予以扶持，并优先安排基本农田及水利专项资金，用于移民安置区农田水利建设。

第五十一条　国务院有关部门和湖北省、重庆市人民政府及其有关部门在安排建设项目、分配资金时，对三峡库区有关县、区应当优先照顾。

第五十二条　国务院有关部门和有关省、自治区、直辖市应当按照优势互补、互惠互利、长期合作、共同发展的原则，采取多种形式鼓励名优企业到三峡库区投资建厂，并从教育、文化、科技、人才、管理、信息、资金、物资等方面对口支援三峡库区移民。

第五十三条　国家在三峡库区和三峡工程受益地区安排的建设项目，应当优先吸收符合条件的移民就业。

第五十四条　国家对专门为安置农村移民开发的土地和新办的企业，依法减免农业税、农业特产农业税、企业所得税。

第六章　罚　　则

第五十五条　违反本条例规定，未经批准，擅自调整、修改移民安置规划和移民资金年度项目计划的，由规划、计划的审批机关责令限期改正；逾期不改正的，对直接负责的主管人员和其他直接责任人员，依法给予行政处分。

第五十六条　违反本条例规定，擅自将移民迁建用地的使用权转让或者用于非移民项目的，由县级以上人民政府土地行政主管部门会同同级移民管理机构依据职责，责令限期改正，没收违法所得，并处违法所得1倍以上3倍以下的罚款。没收的违法所得和收缴的罚款，全部纳入移民资金，用于移民迁建。

第五十七条　违反本条例规定，在淹没线以下擅自新建、扩建和改建项目的，由县级以上人民政府移民管理机构依据职责，责令停止违法行为，限期恢复原状，可以处5万元以下的罚款；造成损失的，依法承担赔偿责任。

第五十八条　违反本条例规定，在移民搬迁和安置过程中，有下列行为之一的，由县级以上人民政府移民管理机构会同同级有关部门依据职责，责令限期改正，给予警告；构成违反治安管理行为的，由公安机关依法予以处罚：

（一）拒绝搬迁或者拖延搬迁的；

（二）按照规定标准已获得安置补偿，搬迁后又擅自返迁的；

（三）按照规定标准获得安置补偿后，无理要求再次补偿的。

第五十九条　违反本条例规定，有下列行为之一的，由有关审计机关、财政部门依照审计、财政法律、法规的规定予以处罚；对直接负责的主管人员和其他直接责任人员，依法给予行政处分；构成犯罪的，依法追究刑事责任：

（一）将移民资金用于非移民项目、偿还非移民债务和平衡地方财政预算的；

（二）利用移民资金进行融资、投资和提供担保的；

（三）购买股票、债券和其他有价证券的；

（四）利用其他方式挪用移民资金的。

第六十条　违反本条例规定，在国务院三峡工程建设委员会移民管理机构或者省、自治区、直辖市人民政府移民管理机构指定的银行之外的金融机构存储移民资金的，由县级以上人民政府移民管理机构按照职责分工，责令限期改正，给予警告；对直接负责的主管人员和其他直接责任人员，依法给予行政处分；有违法所得的，没收违法所得，并处违法所得1倍以上3倍以下的罚款。

第六十一条　违反本条例规定，挤占、截留移民资金的，由有关审计机关、财政部门依法予以追缴，可以处挤占、截留移民资金数额1倍以下的罚款；对直接负责的主管人员和其他直接责任人员，依法给予行政处分。

第六十二条　在移民工程建设中，破坏植被和生态环境，造成水土流失的，依照环境保护法和水土保持法的有关规定处罚。

第六十三条　国家机关工作人员在移民工作中玩忽职守、滥用职权、徇私舞弊，构成犯罪的，依法追究刑事责任；尚不构成犯罪的，依法给予行政处分。

第七章　附　　则

第六十四条　本条例自2001年3月1日起施行。1993年8月19日国务院公布施行的《长江三峡工程建设移民条例》同时废止。

大中型水利水电工程建设征地补偿和移民安置条例

（2006年7月7日中华人民共和国国务院令第471号公布　根据2013年7月18日《国务院关于废止和修改部分行政法规的决定》第一次修订　根据2013年12月7日《国务院关于修改部分行政法规的决定》第二次修订　根据2017年4月14日《国务院关于修改〈大中型水利水电工程建设征地补偿和移民安置条例〉的决定》第三次修订）

第一章　总　　则

第一条　为了做好大中型水利水电工程建设征地补偿和移民安置工作，维护移民合法权益，保障工程建设的顺利进行，根据《中华人民共和国土地管理法》和《中华人民共和国水法》，制定本条例。

第二条　大中型水利水电工程的征地补偿和移民安置，适用本条例。

第三条　国家实行开发性移民方针，采取前期补偿、补助与后期扶持相结合的办法，使移民生活达到或者超过原有水平。

第四条 大中型水利水电工程建设征地补偿和移民安置应当遵循下列原则：

（一）以人为本，保障移民的合法权益，满足移民生存与发展的需求；

（二）顾全大局，服从国家整体安排，兼顾国家、集体、个人利益；

（三）节约利用土地，合理规划工程占地，控制移民规模；

（四）可持续发展，与资源综合开发利用、生态环境保护相协调；

（五）因地制宜，统筹规划。

第五条 移民安置工作实行政府领导、分级负责、县为基础、项目法人参与的管理体制。

国务院水利水电工程移民行政管理机构（以下简称国务院移民管理机构）负责全国大中型水利水电工程移民安置工作的管理和监督。

县级以上地方人民政府负责本行政区域内大中型水利水电工程移民安置工作的组织和领导；省、自治区、直辖市人民政府规定的移民管理机构，负责本行政区域内大中型水利水电工程移民安置工作的管理和监督。

第二章　移民安置规划

第六条 已经成立项目法人的大中型水利水电工程，由项目法人编制移民安置规划大纲，按照审批权限报省、自治区、直辖市人民政府或者国务院移民管理机构审批；省、自治区、直辖市人民政府或者国务院移民管理机构在审批前应当征求移民区和移民安置区县级以上地方人民政府的意见。

没有成立项目法人的大中型水利水电工程，项目主管部门应当会同移民区和移民安置区县级以上地方人民政府编制移民安置规划大纲，按照审批权限报省、自治区、直辖市人民政府或者国务院移民管理机构审批。

第七条 移民安置规划大纲应当根据工程占地和淹没区实物调查结果以及移民区、移民安置区经济社会情况和资源环境承载能力编制。

工程占地和淹没区实物调查，由项目主管部门或者项目法人会同工程占地和淹没区所在地的地方人民政府实施；实物调查应当全面准确，调查结果经调查者和被调查者签字认可并公示后，由有关地方人民政府签署意见。实物调查工作开始前，工程占地和淹没区所在地的省级人民政府应当发布通告，禁止在工程占地和淹没区新增建设项目和迁入人口，并对实物调查工作作出安排。

第八条 移民安置规划大纲应当主要包括移民安置的任务、去向、标准和农村移民生产安置方式以及移民生活水平评价和搬迁后生活水平预测、水库移民后期扶持政策、淹没线以上受影响范围的划定原则、移民安置规划编制原则等内容。

第九条 编制移民安置规划大纲应当广泛听取移民和移民安置区居民的意见；必要时，应当采取听证的方式。

经批准的移民安置规划大纲是编制移民安置规划的基本依据，应当严格执行，不得随意调整或者修改；确需调整或者修改的，应当报原批准机关批准。

第十条 已经成立项目法人的，由项目法人根据经批准的移民安置规划大纲编制移民安置规划；没有成立项目法人的，项目主管部门应当会同移民区和移民安置区县级以上地方人民政府，根据经批准的移民安置规划大纲编制移民安置规划。

大中型水利水电工程的移民安置规划，按照审批权限经省、自治区、直辖市人民政府移民管理机构或者国务院移民管理机构审核后，由项目法人或者项目主管部门报项目审批或者核准部门，与可行性研究报告或者项目申请报告一并审批或者核准。

省、自治区、直辖市人民政府移民管理机构或者国务院移民管理机构审核移民安置规划，应当征求本级人民政府有关部门以及移民区和移民安置区县级以上地方人民政府的意见。

第十一条 编制移民安置规划应当以资源环境承载能力为基础，遵循本地安置与异地安置、集中安置与分散安置、政府安置与移民自找门路安置相结合的原则。

编制移民安置规划应当尊重少数民族的生产、生活方式和风俗习惯。

移民安置规划应当与国民经济和社会发展规划以及土地利用总体规划、城市总体规划、村庄和集镇规划相衔接。

第十二条 移民安置规划应当对农村移民安置、城（集）镇迁建、工矿企业迁建、专项设施迁建或者复建、防护工程建设、水库水域开发利用、水库移民后期扶持措施、征地补偿和移民安置资金概（估）算等作出安排。

对淹没线以上受影响范围内因水库蓄水造成的居民生产、生活困难问题，应当纳入移民安置规划，按照经济合理的原则，妥善处理。

第十三条 对农村移民安置进行规划，应当坚持以农业生产安置为主，遵循因地制宜、有利生产、方便生活、保护生态的原则，合理规划农村移民安置点；有条件的地方，可以结合小城镇建设进行。

农村移民安置后，应当使移民拥有与移民安置区居民基本相当的土地等农业生产资料。

第十四条 对城（集）镇移民安置进行规划，应当以城（集）镇现状为基础，节约用地，合理布局。

工矿企业的迁建，应当符合国家的产业政策，结合技术改造和结构调整进行；对技术落后、浪费资源、产品质量低劣、污染严重、不具备安全生产条件的企业，应当依法关闭。

第十五条 编制移民安置规划应当广泛听取移民和移民安置区居民的意见；必要时，应当采取听证的方式。

经批准的移民安置规划是组织实施移民安置工作的基本依据，应当严格执行，不得随意调整或者修改；确需调整或者修改的，应当依照本条例第十条的规定重新报批。

未编制移民安置规划或者移民安置规划未经审核的大中型水利水电工程建设项目，有关部门不得批准或者核准其建设，不得为其办理用地等有关手续。

第十六条　征地补偿和移民安置资金、依法应当缴纳的耕地占用税和耕地开垦费以及依照国务院有关规定缴纳的森林植被恢复费等应当列入大中型水利水电工程概算。

征地补偿和移民安置资金包括土地补偿费、安置补助费，农村居民点迁建、城（集）镇迁建、工矿企业迁建以及专项设施迁建或者复建补偿费（含有关地上附着物补偿费），移民个人财产补偿费（含地上附着物和青苗补偿费）和搬迁费，库底清理费，淹没区文物保护费和国家规定的其他费用。

第十七条　农村移民集中安置的农村居民点、城（集）镇、工矿企业以及专项设施等基础设施的迁建或者复建选址，应当依法做好环境影响评价、水文地质与工程地质勘察、地质灾害防治和地质灾害危险性评估。

第十八条　对淹没区内的居民点、耕地等，具备防护条件的，应当在经济合理的前提下，采取修建防护工程等防护措施，减少淹没损失。

防护工程的建设费用由项目法人承担，运行管理费用由大中型水利水电工程管理单位负责。

第十九条　对工程占地和淹没区内的文物，应当查清分布，确认保护价值，坚持保护为主、抢救第一的方针，实行重点保护、重点发掘。

第三章　征地补偿

第二十条　依法批准的流域规划中确定的大中型水利水电工程建设项目的用地，应当纳入项目所在地的土地利用总体规划。

大中型水利水电工程建设项目核准或者可行性研究报告批准后，项目用地应当列入土地利用年度计划。

属于国家重点扶持的水利、能源基础设施的大中型水利水电工程建设项目，其用地可以以划拨方式取得。

第二十一条　大中型水利水电工程建设项目用地，应当依法申请并办理审批手续，实行一次报批、分期征收，按期支付征地补偿费。

对于应急的防洪、治涝等工程，经有批准权的人民政府决定，可以先行使用土地，事后补办用地手续。

第二十二条　大中型水利水电工程建设征收土地的土地补偿费和安置补助费，实行与铁路等基础设施项目用地同等补偿标准，按照被征收土地所在省、自治区、直辖市规定的标准执行。

被征收土地上的零星树木、青苗等补偿标准，按照被征收土地所在省、自治区、直辖市规定的标准执行。

被征收土地上的附着建筑物按照其原规模、原标准或者恢复原功能的原则补偿；对补偿费用不足以修建基本用房的贫困移民，应当给予适当补助。

使用其他单位或者个人依法使用的国有耕地，参照征收耕地的补偿标准给予补偿；使用未确定给单位或者个人使用的国有未利用地，不予补偿。

移民远迁后，在水库周边淹没线以上属于移民个人所有的零星树木、房屋等应当分别依照本条第二款、第三款规定的标准给予补偿。

第二十三条　大中型水利水电工程建设临时用地，由县级以上人民政府土地主管部门批准。

第二十四条　工矿企业和交通、电力、电信、广播电视等专项设施以及中小学的迁建或者复建，应当按照其原规模、原标准或者恢复原功能的原则补偿。

第二十五条　大中型水利水电工程建设占用耕地的，应当执行占补平衡的规定。为安置移民开垦的耕地、因大中型水利水电工程建设而进行土地整理新增的耕地、工程施工新造的耕地可以抵扣或者折抵建设占用耕地的数量。

大中型水利水电工程建设占用25度以上坡耕地的，不计入需要补充耕地的范围。

第四章　移民安置

第二十六条　移民区和移民安置区县级以上地方人民政府负责移民安置规划的组织实施。

第二十七条　大中型水利水电工程开工前，项目法人应当根据经批准的移民安置规划，与移民区和移民安置区所在的省、自治区、直辖市人民政府或者市、县人民政府签订移民安置协议；签订协议的省、自治区、直辖市人民政府或者市人民政府，可以与下一级有移民或者移民安置任务的人民政府签订移民安置协议。

第二十八条　项目法人应当根据大中型水利水电工程建设的要求和移民安置规划，在每年汛期结束后60日内，向与其签订移民安置协议的地方人民政府提出下年度移民安置计划建议；签订移民安置协议的地方人民政府，应当根据移民安置规划和项目法人的年度移民安置计划建议，在与项目法人充分协商的基础上，组织编制并下达本行政区域的下年度移民安置年度计划。

第二十九条　项目法人应当根据移民安置年度计划，按照移民安置实施进度将征地补偿和移民安置资金支付给与其签订移民安置协议的地方人民政府。

第三十条　农村移民在本县通过新开发土地或者调剂土地集中安置的，县级人民政府应当将土地补偿费、安置补助费和集体财产补偿费直接全额兑付给该村集体经济组织或者村民委员会。

农村移民分散安置到本县内其他村集体经济组织或者村民委员会的，应当由移民安置村集体经济组织或者村民委员会与县级人民政府签订协议，按照协议安排移民的生产和生活。

第三十一条 农村移民在本省行政区域内其他县安置的，与项目法人签订移民安置协议的地方人民政府，应当及时将相应的征地补偿和移民安置资金交给移民安置区县级人民政府，用于安排移民的生产和生活。

农村移民跨省安置的，项目法人应当及时将相应的征地补偿和移民安置资金交给移民安置区省、自治区、直辖市人民政府，用于安排移民的生产和生活。

第三十二条 搬迁费以及移民个人房屋和附属建筑物、个人所有的零星树木、青苗、农副业设施等个人财产补偿费，由移民区县级人民政府直接全额兑付给移民。

第三十三条 移民自愿投亲靠友的，应当由本人向移民区县级人民政府提出申请，并提交接收地县级人民政府出具的接收证明；移民区县级人民政府确认其具有土地等农业生产资料后，应当与接收地县级人民政府和移民共同签订协议，将土地补偿费、安置补助费交给接收地县级人民政府，统筹安排移民的生产和生活，将个人财产补偿费和搬迁费发给移民个人。

第三十四条 城（集）镇迁建、工矿企业迁建、专项设施迁建或者复建补偿费，由移民区县级以上地方人民政府交给当地人民政府或者有关单位。因扩大规模、提高标准增加的费用，由有关地方人民政府或者有关单位自行解决。

第三十五条 农村移民集中安置的农村居民点应当按照经批准的移民安置规划确定的规模和标准迁建。

农村移民集中安置的农村居民点的道路、供水、供电等基础设施，由乡（镇）、村统一组织建设。

农村移民住房，应当由移民自主建造。有关地方人民政府或者村民委员会应当统一规划宅基地，但不得强行规定建房标准。

第三十六条 农村移民安置用地应当依照《中华人民共和国土地管理法》和《中华人民共和国农村土地承包法》办理有关手续。

第三十七条 移民安置达到阶段性目标和移民安置工作完毕后，省、自治区、直辖市人民政府或者国务院移民管理机构应当组织有关单位进行验收；移民安置未经验收或者验收不合格的，不得对大中型水利水电工程进行阶段性验收和竣工验收。

第五章 后期扶持

第三十八条 移民安置区县级以上地方人民政府应当编制水库移民后期扶持规划，报上一级人民政府或者其移民管理机构批准后实施。

编制水库移民后期扶持规划应当广泛听取移民的意见；必要时，应当采取听证的方式。

经批准的水库移民后期扶持规划是水库移民后期扶持工作的基本依据，应当严格执行，不得随意调整或者修改；确需调整或者修改的，应当报原批准机关批准。

未编制水库移民后期扶持规划或者水库移民后期扶持规划未经批准，有关单位不得拨付水库移民后期扶持资金。

第三十九条 水库移民后期扶持规划应当包括后期扶持的范围、期限、具体措施和预期达到的目标等内容。水库移民安置区县级以上地方人民政府应当采取建立责任制等有效措施，做好后期扶持规划的落实工作。

第四十条 水库移民后期扶持资金应当按照水库移民后期扶持规划，主要作为生产生活补助发放给移民个人；必要时可以实行项目扶持，用于解决移民村生产生活中存在的突出问题，或者采取生产生活补助和项目扶持相结合的方式。具体扶持标准、期限和资金的筹集、使用管理依照国务院有关规定执行。

省、自治区、直辖市人民政府根据国家规定的原则，结合本行政区域实际情况，制定水库移民后期扶持具体实施办法，报国务院批准后执行。

第四十一条 各级人民政府应当加强移民安置区的交通、能源、水利、环保、通信、文化、教育、卫生、广播电视等基础设施建设，扶持移民安置区发展。

移民安置区地方人民政府应当将水库移民后期扶持纳入本级人民政府国民经济和社会发展规划。

第四十二条 国家在移民安置区和大中型水利水电工程受益地区兴办的生产建设项目，应当优先吸收符合条件的移民就业。

第四十三条 大中型水利水电工程建成后形成的水面和水库消落区土地属于国家所有，由该工程管理单位负责管理，并可以在服从水库统一调度和保证工程安全、符合水土保持和水质保护要求的前提下，通过当地县级人民政府优先安排给当地农村移民使用。

第四十四条 国家在安排基本农田和水利建设资金时，应当对移民安置区所在县优先予以扶持。

第四十五条 各级人民政府及其有关部门应当加强对移民的科学文化知识和实用技术的培训，加强法制宣传教育，提高移民素质，增强移民就业能力。

第四十六条 大中型水利水电工程受益地区的各级地方人民政府及其有关部门应当按照优势互补、互惠互利、长期合作、共同发展的原则，采取多种形式对移民安置区给予支持。

第六章 监督管理

第四十七条 国家对移民安置和水库移民后期扶持实行全过程监督。省、自治区、直辖市人民政府和国务院移民管理机构应当加强对移民安置和水库移民后期扶持的监督，发现问题应当及时采取措施。

第四十八条 国家对征地补偿和移民安置资金、水库移民后期扶持资金的拨付、使用和管理实行稽察制度，对拨付、使用和管理征地补偿和移民安置资金、水库移民后期扶持资金的有关地方人民政府及其有关部门的负责人依法实行任期经济责任审计。

第四十九条 县级以上人民政府应当加强对下级人民政府及其财政、发展改革、移民等有关部门或者机构拨付、使用和管理征地补偿和移民安置资金、水库移民后期扶持资金的监督。

县级以上地方人民政府或者其移民管理机构应当加强对征地补偿和移民安置资金、水库移民后期扶持资金的管理，定期向上一级人民政府或者其移民管理机构报告并向项目法人通报有关资金拨付、使用和管理情况。

第五十条 各级审计、监察机关应当依法加强对征地补偿和移民安置资金、水库移民后期扶持资金拨付、使用和管理情况的审计和监察。

县级以上人民政府财政部门应当加强对征地补偿和移民安置资金、水库移民后期扶持资金拨付、使用和管理情况的监督。

审计、监察机关和财政部门进行审计、监察和监督时，有关单位和个人应当予以配合，及时提供有关资料。

第五十一条 国家对移民安置实行全过程监督评估。签订移民安置协议的地方人民政府和项目法人应当采取招标的方式，共同委托移民安置监督评估单位对移民搬迁进度、移民安置质量、移民资金的拨付和使用情况以及移民生活水平的恢复情况进行监督评估；被委托方应当将监督评估的情况及时向委托方报告。

第五十二条 征地补偿和移民安置资金应当专户存储、专账核算，存储期间的孳息，应当纳入征地补偿和移民安置资金，不得挪作他用。

第五十三条 移民区和移民安置区县级人民政府，应当以村为单位将大中型水利水电工程征收的土地数量、土地种类和实物调查结果、补偿范围、补偿标准和金额以及安置方案等向群众公布。群众提出异议的，县级人民政府应当及时核查，并对统计调查结果不准确的事项进行改正；经核查无误的，应当及时向群众解释。

有移民安置任务的乡（镇）、村应当建立健全征地补偿和移民安置资金的财务管理制度，并将征地补偿和移民安置资金收支情况张榜公布，接受群众监督；土地补偿费和集体财产补偿费的使用方案应当经村民会议或者村民代表会议讨论通过。

移民安置区乡（镇）人民政府、村（居）民委员会应当采取有效措施帮助移民适应当地的生产、生活，及时调处矛盾纠纷。

第五十四条 县级以上地方人民政府或者其移民管理机构以及项目法人应当建立移民工作档案，并按照国家有关规定进行管理。

第五十五条 国家切实维护移民的合法权益。

在征地补偿和移民安置过程中，移民认为其合法权益受到侵害的，可以依法向县级以上人民政府或者其移民管理机构反映，县级以上人民政府或者其移民管理机构应当对移民反映的问题进行核实并妥善解决。移民也可以依法向人民法院提起诉讼。

移民安置后，移民与移民安置区当地居民享有同等的权利，承担同等的义务。

第五十六条 按照移民安置规划必须搬迁的移民，无正当理由不得拖延搬迁或者拒迁。已经安置的移民不得返迁。

第七章 法律责任

第五十七条 违反本条例规定，有关地方人民政府、移民管理机构、项目审批部门及其他有关部门有下列行为之一的，对直接负责的主管人员和其他直接责任人员依法给予行政处分；造成严重后果，有关责任人员构成犯罪的，依法追究刑事责任：

（一）违反规定批准移民安置规划大纲、移民安置规划或者水库移民后期扶持规划的；

（二）违反规定批准或者核准未编制移民安置规划或者移民安置规划未经审核的大中型水利水电工程建设项目的；

（三）移民安置未经验收或者验收不合格而对大中型水利水电工程进行阶段性验收或者竣工验收的；

（四）未编制水库移民后期扶持规划，有关单位拨付水库移民后期扶持资金的；

（五）移民安置管理、监督和组织实施过程中发现违法行为不予查处的；

（六）在移民安置过程中发现问题不及时处理，造成严重后果以及有其他滥用职权、玩忽职守等违法行为的。

第五十八条 违反本条例规定，项目主管部门或者有关地方人民政府及其有关部门调整或者修改移民安置规划大纲、移民安置规划或者水库移民后期扶持规划的，由批准该规划大纲、规划的有关人民政府或者其有关部门、机构责令改正，对直接负责的主管人员和其他直接责任人员依法给予行政处分；造成重大损失，有关责任人员构成犯罪的，依法追究刑事责任。

违反本条例规定，项目法人调整或者修改移民安置规划大纲、移民安置规划的，由批准该规划大纲、规划的有关人民政府或者其有关部门、机构责令改正，处10万元以上50万元以下的罚款；对直接负责的主管人员和其他直接责任人员处1万元以上5万元以下的罚款；造成重大损失，有关责任人员构成犯罪的，依法追究刑事责任。

第五十九条　违反本条例规定，在编制移民安置规划大纲、移民安置规划、水库移民后期扶持规划，或者进行实物调查、移民安置监督评估中弄虚作假的，由批准该规划大纲、规划的有关人民政府或者其有关部门、机构责令改正，对有关单位处10万元以上50万元以下的罚款；对直接负责的主管人员和其他直接责任人员处1万元以上5万元以下的罚款；给他人造成损失的，依法承担赔偿责任。

第六十条　违反本条例规定，侵占、截留、挪用征地补偿和移民安置资金、水库移民后期扶持资金的，责令退赔，并处侵占、截留、挪用资金额3倍以下的罚款，对直接负责的主管人员和其他责任人员依法给予行政处分；构成犯罪的，依法追究有关责任人员的刑事责任。

第六十一条　违反本条例规定，拖延搬迁或者拒迁的，当地人民政府或者其移民管理机构可以申请人民法院强制执行；违反治安管理法律、法规的，依法给予治安管理处罚；构成犯罪的，依法追究有关责任人员的刑事责任。

第八章　附　　则

第六十二条　长江三峡工程的移民工作，依照《长江三峡工程建设移民条例》执行。

南水北调工程的征地补偿和移民安置工作，依照本条例执行。但是，南水北调工程中线、东线一期工程的移民安置规划的编制审批，依照国务院的规定执行。

第六十三条　本条例自2006年9月1日起施行。1991年2月15日国务院发布的《大中型水利水电工程建设征地补偿和移民安置条例》同时废止。

国务院关于完善大中型水库移民后期扶持政策的意见

（2006年5月17日　国发〔2006〕17号）

新中国成立以来，我国兴建了一大批大中型水库，在防洪、发电、灌溉、供水、生态等方面发挥了巨大效益，有力地促进了国民经济和社会发展，大中型水库移民为此作出了重大贡献。为了帮助移民改善生产生活条件，国家先后设立了库区维护基金、库区建设基金和库区后期扶持基金，努力解决水库移民遗留问题，对保护移民权益、维护库区社会稳定发挥了重要作用。但由于扶持政策不统一、扶持标准偏低、移民直接受益不够等多种原因，目前水库移民的生产生活条件依然普遍较差，有相当多的移民仍生活在贫困之中。当前，我国总体上已进入统筹城乡发展、以工促农、以城带乡的发展阶段，有必要也有能力加大对水库移民的后期扶持。为帮助水库移民脱贫致富，促进库区和移民安置区经济社会发展，保障新时期水利水电事业健康发展，构建社会主义和谐社会，现就完善大中型水库移民后期扶持政策（以下简称后期扶持政策）提出如下意见：

一、完善后期扶持政策的指导思想、目标和原则

（一）指导思想。以邓小平理论和“三个代表”重要思想为指导，坚持以人为本，全面贯彻落实科学发展观，做到工程建设、移民安置与生态保护并重，继续按照开发性移民的方针，完善扶持方式，加大扶持力度，改善移民生产生活条件，逐步建立促进库区经济发展、水库移民增收、生态环境改善、农村社会稳定的长效机制，使水库移民共享改革发展成果，实现库区和移民安置区经济社会可持续发展。

（二）目标。近期目标是，解决水库移民的温饱问题以及库区和移民安置区基础设施薄弱的突出问题；中长期目标是，加强库区和移民安置区基础设施和生态环境建设，改善移民生产生活条件，促进经济发展，增加移民收入，使移民生活水平不断提高，逐步达到当地农村平均水平。

（三）原则。

——坚持统筹兼顾水电和水利移民、新水库和老水库移民、中央水库和地方水库移民。

——坚持前期补偿补助与后期扶持相结合。

——坚持解决温饱问题与解决长远发展问题相结合。

——坚持国家帮扶与移民自力更生相结合。

——坚持中央统一制定政策，省级人民政府负总责。

二、完善政策，提高移民后期扶持标准

（四）扶持范围。后期扶持范围为大中型水库的农村移民。其中，2006年6月30日前搬迁的水库移民为现状人口，2006年7月1日以后搬迁的水库移民为原迁人口。在扶持期内，中央对各省、自治区、直辖市2006年6月30日前已搬迁的水库移民现状人口一次核定，不再调整；对移民人口的自然变化采取何种具体政策，由各省、自治区、直辖市自行决定，转为非农业户口的农村移民不再纳入后期扶持范围。

（五）扶持标准。对纳入扶持范围的移民每人每年补助600元。

（六）扶持期限。对2006年6月30日前搬迁的纳入扶持范围的移民，自2006年7月1日起再扶持20年；对2006年7月1日以后搬迁的纳入扶持范围的移民，从其完成搬迁之日起扶持20年。

（七）扶持方式。后期扶持资金能够直接发放给移民个人的应尽量发放到移民个人，用于移民生产生活补助；也可以实行项目扶持，用于解决移民村群众生产生活中存在的突出问题；还可以采取两者结合的方式。具体方式由地方各级人民政府在充分尊重移民意愿并听取移民村群众意见的基础上确定，并编制切实可行的水库移民后期扶持规划。采取直接发放给移民个人方式的，要核实到人、建立档案、设立账户，及时足额将后期扶持资金发放到户；采取项目扶持方式的，可以统筹使用资金，但项目的确定要经绝大多数移民同意，资金的使用与管理要公开透明，接受移民监督，严禁截留挪用。

（八）扶持资金筹集。要坚持全国统筹、分省（区、市）核算，企业、社会、中央与地方政府合理负担，工业反哺农业、城市支持农村，东部地区支持中西部地区的原则。

水库移民后期扶持资金由国家统一筹措：（1）提高省级电网公司在本省（区、市）区域内全部销售电量（扣除农业生产用电）的电价，提价收入专项用于水库移民后期扶持。为了减轻中西部地区的负担，移民人数较少的河北、山西、内蒙古、吉林、黑龙江、贵州、云南、西藏、甘肃、青海、宁夏、新疆12个省（区）的电价加价标准根据本省（区）的移民人数一次核定，原则上不再调整；如上述12个省（区）2006年7月1日以后搬迁的纳入扶持范围的水库移民所需后期扶持资金出现缺口，由中央统筹解决；其他19个省（区、市）实行统一的电价加价。（2）提高电价形成的增值税增收部分专项用于水库移民后期扶持。（3）继续保留中央财政每年安排用于解决中央直属水库移民遗留问题的资金。（4）经营性大中型水库也应承担移民后期扶持资金，具体办法由发展改革委会同财政部、水利部另行制定。

（九）扶持资金管理。后期扶持资金作为政府性基金纳入中央财政预算管理。通过电价加价筹措的后期扶持资金由各省级电网公司随电费征收，全额上缴中央财政；应拨付给各省、自治区、直辖市的后期扶持资金由财政部会同国务院移民管理机构，按照发展改革委、财政部、水利部等部门核定的各省、自治区、直辖市移民人数和规定的标准据实拨付。后期扶持基金征收使用管理办法由财政部会同发展改革委、水利部和国务院移民管理机构等部门另行制定。

（十）现行水库移民扶持基金的处理。现行的库区建设基金并入完善后的水库移民后期扶持资金；现行的库区后期扶持基金并入库区维护基金，并相应调整和完善库区维护基金的征收、使用和管理，具体办法由财政部会同发展改革委、水利部另行制定。自完善后的水库移民后期扶持政策实施之日起，现行关于征收库区建设基金和后期扶持基金的政策即行废止，各地自行批准向水利、水电和电网企业征收的涉及水库移民的各种基金、资金一律停止收取。

三、统筹兼顾，安排好其他移民和征地拆迁人口的生产生活

（十一）做好大中型水库非农业安置移民工作。各省、自治区、直辖市要进一步完善城镇最低生活保障制度，把符合条件的大中型水库非农业安置移民中的困难家庭，纳入地方城镇最低生活保障范围，切实做到应保尽保；同时，要积极通过其他渠道进行帮扶，努力改善他们的生活条件。三峡工程的移民工作，依照《长江三峡工程建设移民条例》办理。

（十二）妥善解决小型水库移民的困难和现有后期扶持项目续建问题。各省、自治区、直辖市人民政府可通过提高本省（区、市）区域内全部销售电量（扣除农业生产用电）的电价筹集资金，统筹解决小型水库移民的困难，并保证对在建后期扶持项目的后续资金投入，确保项目按期建成并发挥作用。提价标准为每千瓦时不超过0.5厘，具体方案报发展改革委、财政部审批后实施。

（十三）切实做好其他征地拆迁人口的工作。完善水库移民后期扶持政策可能对其他征地拆迁人口产生影响，地方各级人民政府要高度重视，密切关注，做好宣传解释工作，并采取多种措施，及时解决他们生产生活中遇到的实际困难，妥善化解矛盾，维护社会稳定。

四、加大投入，促进库区和移民安置区长远发展

（十四）明确扶持重点。在提高后期扶持标准帮助解决水库移民温饱问题的同时，要继续从其他渠道积极筹措资金，加大扶持力度，解决库区和移民安置区长远发展问题，重点加强基本口粮田及配套水利设施建设，加强交通、供电、通信和社会事业等方面的基础设施建设，加强生态建设、环境保护，加强移民劳动力就业技能培训和职业教育，通过贴息贷款、投资补助等方式对移民能够直接受益的生产开发项目给予支持。

（十五）落实扶持资金。一是现有政府性资金，包括预算内投资和国债资金、扶贫资金、农业综合开发资金以及政府部门安排的各类建设基金和专项资金，要向库区和移民安置区倾斜；二是从筹集的后期扶持资金结余中安排，用于对库区和移民安置区的扶持，具体办法由财政部、发展改革委会同水利部等部门另行制定；三是从调整和完善后的库区维护基金中筹集。同时，地方各级人民政府要加大资金投入，鼓励社会捐助和企业对口帮扶，努力拓宽资金渠道。

（十六）做好项目规划。要以水库移民村为基本单元，按照优先解决突出问题的原则，抓紧编制库区和移民安置区基础设施建设和经济发展规划，作为国家安排扶持资金和项目的前提与依据。项目的确定要坚持民主程序，尊重和维护移民群众的知情权、参与权和监督权。

五、加强领导，精心组织实施

（十七）提高认识，增强工作责任感。做好移民工作，妥善解决移民群众关心的问题，使他们的长久生活有保障，关系到党和政府的威信，关系到党群、干群关系，关系到改革发展稳定的大局。完善水库移民后期扶持政策，加大扶持力度，是坚持以人为本、体现执政为民思想的一项重要举措，具有十分重要的意义。各地区、各有关部门要充分认识做好水库移民工作的重要性、紧迫性和艰巨性，进一步统一思想，提高认识，加强领导，明确责任，把移民工作摆上重要的议事日程，周密部署，精心组织，稳步推进，确保移民政策落到实处。

（十八）落实责任，加强协调配合。移民工作实行属地管理，省级人民政府对本地区移民工作和社会稳定负总责，地方各级人民政府主要负责同志是第一责任人，要有一位负责同志分管移民工作，实行一级抓一级，逐级落实责任，做到责任到位、工作到位。国务院有关部门要按照职责分工,各负其责,密切配合,加强对水库移民工作的指导。要抓紧研究组建统一的国务院移民管理机构,在新机构组建之前,由发展改革委牵头,会同有关部门建立部际联席会议制度,及时协调解决水库移民后期扶持政策实施中出现的问题。省级人民政府也要整合现有移民工作力量,明确负责移民工作的管理机构,明确职能,充实人员,工作经费要纳入同级财政预算。省以下各级人民政府可结合本地实际,因地制宜地明确负责移民工作的机构。各级人民政府要建立水库移民后期扶持政策实施情况的监测评估机制。要切实加强移民乡村基层组织建设,充分发挥农村基层组织作用,配合做好移民工作。

(十九)制订方案,抓好干部培训。各省、自治区、直辖市人民政府要根据本意见抓紧制订本地区水库移民后期扶持政策实施方案,报国务院批准后组织实施。要细化实施办法,制定相关配套文件,选择若干不同类型的水库先行试点,取得经验后在全省范围内推开。各地要挑选一批思想素质好、政策水平高、业务能力强、群众工作经验丰富的干部组成移民工作组,深入库区开展工作。对参与移民工作的干部要分期分批进行培训,使移民工作干部深刻领会中央精神,准确把握政策界限,掌握正确的工作方法,提高依法办事能力。

(二十)强化监督,保证资金安全。地方各级人民政府要认真落实政策,严肃工作纪律。要审定移民人数,核实移民身份,并在乡村两级张榜公布,严禁弄虚作假。要认真执行水库移民后期扶持资金征收使用管理办法,严格资金支出管理,防止跑冒滴漏,严禁截留挪用。监察部要会同财政部制定有关责任追究办法。各级监察和审计部门要提前介入,加大工作力度,加强监督检查。对后期扶持资金使用中发现的问题,要限期整改。对违反法律法规和国家有关政策的,要依法依纪严肃处理;涉嫌犯罪的,要移送司法机关依法追究有关责任人员的刑事责任。

(二十一)加强宣传,维护社会稳定。各级宣传部门要坚持正确的舆论导向,为后期扶持政策的顺利实施营造良好的舆论氛围。要大力宣传国家的移民法规,配合移民部门做好后期扶持政策的有关宣传、解释工作,充分体现党和政府对水库移民的关心和照顾。要把握好宣传报道口径,严肃宣传纪律,防止炒作。地方各级人民政府要始终注意做好维护稳定的工作,认真排查各种不稳定因素,及时化解矛盾。要耐心细致地做好移民的思想政治工作,引导移民以合理合法的方式表达利益诉求,坚持依法办事、按政策办事,确保社会稳定。

发展改革委要会同财政部、水利部等有关部门,对各地实施水库移民后期扶持政策的情况进行监督检查,重大情况要及时向国务院报告。

南水北调工程建设征地补偿和移民安置暂行办法

(2005 年 1 月 27 日　国调委发〔2005〕1 号)

第一章　总　　则

第一条　为了规范南水北调主体工程(以下简称南水北调工程)建设征地补偿和移民安置工作,维护移民合法权益,保障工程建设顺利进行,依据《中华人民共和国土地管理法》等有关法律法规,制定本办法。

第二条　贯彻开发性移民方针,坚持以人为本,按照前期补偿、补助与后期扶持相结合的原则妥善安置移民,确保移民安置后生活水平不降低。

第三条　南水北调工程建设征地补偿和移民安置,应遵循公开、公平和公正的原则,接受社会监督。

第四条　南水北调工程建设征地补偿和移民安置工作,实行国务院南水北调工程建设委员会领导、省级人民政府负责、县为基础、项目法人参与的管理体制。有关地方各级人民政府应确定相应的主管部门(以下简称主管部门)承担本行政区域内南水北调工程建设征地补偿和移民安置工作。

第二章　移民安置规划

第五条　南水北调工程建设征地方案一旦确定,当地人民政府应发布通告,严格控制在工程征地范围内迁入人口、新增建设项目、新建住房、新栽树木等。项目法人应会同省级主管部门对工程占地、淹没影响和各种经济损失情况进行调查,经调查者和被调查者共同签字认可并公示后,由县级人民政府签署确认意见。项目法人还应商有关部门对工程征地范围内的占压矿产、地质灾害和文物等进行调查评估,提出专项报告。

第六条　在工程初步设计阶段,项目法人应会同省级主管部门编制征地补偿和移民安置规划,报国务院有关部门审批。

第七条　受工程占地和淹没影响的村集体经济组织,所余土地不能保证该组织恢复原有生产水平的,由地方人民政府负责协调和规划,就近调剂土地或开垦新的耕地;如就近难以调剂土地或者开垦新的耕地,应规划移民外迁安置。

第八条　受工程占地和淹没影响的城(集)镇、企事业单位和专项设施的迁建,应符合当地社会经济发展及城乡规划,并对新址进行水文地质和工程地质勘察、文物调查评估和保护。

第九条　对工程占地和淹没区的文物,要按照保护为主、抢救第一、合理利用、加强管理的方针,制定保护方案,并纳入移民安置规划。

第三章 征地补偿

第十条 项目法人应在工程可行性研究报告报批之前申请用地预审，在工程开工或库区蓄水前3个月向有关市、县土地主管部门提出用地申请，经省级土地主管部门汇总后由省级人民政府报国务院批准。移民安置用地由主管部门按照移民安置进度，在移民搬迁前6个月向有关市、县土地主管部门提出用地申请，依法报有批准权的人民政府批准。

第十一条 工程建设临时用地，耕地占补平衡等按有关法律法规和政策规定执行。

第十二条 通过新开发土地或调剂土地安置被占地农户或农村移民，有关地方人民政府应将土地补偿费、安置补助费兑付给提供土地的村或者迁入村的集体经济组织，村集体经济组织应将上述费用的收支和分配情况向本组织成员公布，接受监督，确保其用于被占地农户或农村移民的生产和安置。其他经济组织提供安置用地的，根据有关法律法规和政策规定兑付。

第十三条 自愿以投亲靠友方式安置的农村移民，应向迁出地县级人民政府提出申请，并由迁入地县级人民政府出具接收和提供土地的证明，在三方共同签订协议后，迁出地县级人民政府将土地补偿费、安置补助费拨付给迁入地县级人民政府。

第十四条 移民个人财产补偿费和搬迁费，由迁出地县级人民政府兑付给移民。省级人民政府应统一印制分户补偿兑现卡，由县级人民政府填写并发给移民户，供移民户核对。

第十五条 城（集）镇、企事业单位和专项设施的迁建，应按照原规模、原标准或恢复原功能所需投资补偿。城（集）镇迁建补偿费支付给有关地方人民政府。企事业单位和专项设施迁建补偿费，根据签订的迁建协议支付给企业法人或主管单位。因扩大规模、提高标准增加的迁建费用，由有关地方人民政府或有关单位自行解决。

第四章 实施管理

第十六条 国务院南水北调工程建设委员会办公室（以下简称国务院南水北调办）与有关省级人民政府签订征地补偿和移民安置责任书。根据安置责任书和移民安置规划，项目法人与省级主管部门签订征地补偿、移民安置投资和任务包干协议。

第十七条 省级主管部门依据移民安置规划，会同县级人民政府和项目法人编制移民安置实施方案，经省级人民政府批准后实施，同时报国务院南水北调办备案。

第十八条 实施阶段的农村移民安置设计，由省级主管部门采取招标方式确定设计单位。城（集）镇、企事业单位、专项设施迁建、库区防护工程的设计，由组织实施单位负责；文物保护方案的设计，按照有关法律法规确定责任单位。上述设计应严格控制在批准的初步设计范围内。

第十九条 根据国家确定的投资规模和项目法人提出的工程建设和移民任务，省级主管部门商项目法人组织编制征地补偿和移民安置计划，项目法人编制中央和军队所属的工业企业、专项设施迁建的计划，报国务院南水北调办核定。

第二十条 项目法人按照下达的征地补偿和移民安置计划，根据工作进度及时将资金拨付给省级主管部门、中央和军队所属工业企业和专项设施迁建的实施单位。征地补偿和移民安置资金必须专账管理、专款专用。

第二十一条 农村征地补偿和移民安置计划，由县级人民政府负责组织实施。农村移民安置点的道路、供水、供电、文教、卫生等基础设施的建设和宅基地布置，应按照批准的村镇规划，由乡（镇）、村组织实施。农村移民住房可根据规划由移民自主建造，不得强行规定建房标准。要按照移民安置规划将被占地农户和农村移民的生产用地落实到位，并签订土地承包合同。

第二十二条 城（集）镇、企事业单位、专项设施的迁建和库区防护工程的建设应严格履行基本建设管理规定，并根据计划安排及相应行业规程、规范组织实施。城（集）镇迁建由县级人民政府组织实施。地方所属的企事业单位或专项设施的迁建，由省级或省级以下主管部门与企业法人或主管单位签订迁建协议；中央和军队所属的工业企业或专项设施的迁建，由项目法人与企业法人或主管单位签订迁建协议。库区防护工程由项目法人负责实施。

第二十三条 省级主管部门与省级文物主管部门签订工作协议，按照协议组织实施文物保护方案。省级文物主管部门组织编制文物保护计划并纳入征地补偿和移民安置计划。在工程建设过程中新发现的文物，按照有关法律规定处理。

第二十四条 省级以下各级主管部门应及时统计计划执行情况，逐级定期报送给上一级主管部门。省级主管部门负责汇总统计资料并报国务院南水北调办，同时抄送项目法人。

第二十五条 项目法人和各级主管部门应按照国家有关规定建立健全征地补偿和移民安置档案，确保档案资料的完整、准确和安全。县级主管部门按照一户一卡建立移民户卡档案。企业法人或主管单位应将迁建的企事业单位或专项设施的设计、实施、验收等报告及时提交给与其签订迁建协议的项目法人或主管部门存档。省级文物主管部门应组织建立考古发掘和文物迁建档案，并将有关资料整理公布。

第二十六条 县级以上地方人民政府要采取切实措施，使被征地农民生活水平不因征地而降低。农村移民按照规划搬迁安置后，生产生活水平低于搬迁前水平的，应通过后期扶持，使其达到搬迁前水平。

第五章 监督管理

第二十七条 国务院南水北调办负责征地补偿和移民安

置的监督和稽察。有关地方各级人民政府应当加强对本行政区域内征地移民工作的管理。各级主管部门应当加强内部管理，定期向本级人民政府和上级主管部门报告工作。审计、监察和财政部门应当依照国家有关规定对征地补偿和移民安置资金的使用情况进行审计、监察和监督。

第二十八条 对征地移民的调查、补偿、安置、资金兑现等情况，应以村或居委会为单位及时张榜公示，接受群众监督。

第二十九条 项目法人会同省级主管部门通过招标方式确定中介机构，对移民安置及生产生活情况实施监理、监测。

第三十条 对征地补偿和移民安置过程中群众反映的问题，有关地方人民政府和单位要按照“谁组织实施，谁负责受理”的原则认真解决。

第三十一条 移民安置达到阶段性目标和移民安置工作完毕后，省级人民政府应当组织验收，国务院南水北调办组织总体验收。移民安置验收未通过的，不得进行主体工程竣工验收。

第三十二条 对征地补偿和移民安置中出现的问题，以及稽察、审计、监察、验收中发现的问题，责任单位必须及时整改。对违反有关法律法规的单位，要依法给予行政处罚；对直接负责的主管人员和其他直接责任人员，依法给予行政处分；构成犯罪的，依法追究刑事责任。

第六章　附　　则

第三十三条 《南水北调工程总体规划》范围内的汉江中下游有关工程建设的征地补偿和移民安置办法，由有关省级人民政府参照本办法制定。

第三十四条 本办法自发布之日起施行。

三、住　房

1. 综　合

中华人民共和国城市房地产管理法

（1994年7月5日第八届全国人民代表大会常务委员会第八次会议通过　根据2007年8月30日第十届全国人民代表大会常务委员会第二十九次会议《关于修改〈中华人民共和国城市房地产管理法〉的决定》第一次修正　根据2009年8月27日第十一届全国人民代表大会常务委员会第十次会议《关于修改部分法律的决定》第二次修正　根据2019年8月26日第十三届全国人民代表大会常务委员会第十二次会议《关于修改〈中华人民共和国土地管理法〉、〈中华人民共和国城市房地产管理法〉的决定》第三次修正）

目　录

第一章　总　　则
第二章　房地产开发用地
　第一节　土地使用权出让
　第二节　土地使用权划拨
第三章　房地产开发
第四章　房地产交易
　第一节　一般规定
　第二节　房地产转让
　第三节　房地产抵押
　第四节　房屋租赁
　第五节　中介服务机构
第五章　房地产权属登记管理
第六章　法律责任
第七章　附　　则

第一章　总　　则

第一条　【立法宗旨】为了加强对城市房地产的管理，维护房地产市场秩序，保障房地产权利人的合法权益，促进房地产业的健康发展，制定本法。

第二条　【适用范围】在中华人民共和国城市规划区国有土地（以下简称国有土地）范围内取得房地产开发用地的土地使用权，从事房地产开发、房地产交易，实施房地产管理，应当遵守本法。

本法所称房屋，是指土地上的房屋等建筑物及构筑物。

本法所称房地产开发，是指在依据本法取得国有土地使用权的土地上进行基础设施、房屋建设的行为。

本法所称房地产交易，包括房地产转让、房地产抵押和房屋租赁。

第三条　【国有土地有偿、有限期使用制度】国家依法实行国有土地有偿、有限期使用制度。但是，国家在本法规定的范围内划拨国有土地使用权的除外。

第四条　【国家扶持居民住宅建设】国家根据社会、经济发展水平，扶持发展居民住宅建设，逐步改善居民的居住条件。

第五条　【房地产权利人的义务和权益】房地产权利人应当遵守法律和行政法规，依法纳税。房地产权利人的合法权益受法律保护，任何单位和个人不得侵犯。

第六条　【房屋征收】为了公共利益的需要，国家可以征收国有土地上单位和个人的房屋，并依法给予拆迁补偿，维护被征收人的合法权益；征收个人住宅的，还应当保障被征收人的居住条件。具体办法由国务院规定。

第七条　【房地产管理机构设置】国务院建设行政主管部门、土地管理部门依照国务院规定的职权划分，各司其职，密切配合，管理全国房地产工作。

县级以上地方人民政府房产管理、土地管理部门的机构设置及其职权由省、自治区、直辖市人民政府确定。

第二章　房地产开发用地

第一节　土地使用权出让

第八条　【土地使用权出让的定义】土地使用权出让，是指国家将国有土地使用权（以下简称土地使用权）在一定年限内出让给土地使用者，由土地使用者向国家支付土地使用权出让金的行为。

第九条　【集体所有土地征收与出让】城市规划区内的集体所有的土地，经依法征收转为国有土地后，该幅国有土地的使用权方可有偿出让，但法律另有规定的除外。

第十条　【土地使用权出让宏观管理】土地使用权出让，必须符合土地利用总体规划、城市规划和年度建设用地计划。

第十一条　【年度出让土地使用权总量控制】县级以上地方人民政府出让土地使用权用于房地产开发的，须根据省级以上人民政府下达的控制指标拟订年度出让土地使用权总面积方案，按照国务院规定，报国务院或者省级人民政府批准。

第十二条　【土地使用权出让主体】土地使用权出让，由市、县人民政府有计划、有步骤地进行。出让的每幅地块、用途、年限和其他条件,由市、县人民政府土地管理部门会同城市规划、建设、房产管理部门共同拟定方案,按照国务院规定,报经有批准权的人民政府批准后,由市、县人民政府土地管理部门实施。

直辖市的县人民政府及其有关部门行使前款规定的权限,由直辖市人民政府规定。

第十三条　【土地使用权出让方式】土地使用权出让,可以采取拍卖、招标或者双方协议的方式。

商业、旅游、娱乐和豪华住宅用地,有条件的,必须采取拍卖、招标方式;没有条件,不能采取拍卖、招标方式的,可以采取双方协议的方式。

采取双方协议方式出让土地使用权的出让金不得低于按国家规定所确定的最低价。

第十四条　【土地使用权出让最高年限】土地使用权出让最高年限由国务院规定。

第十五条　【土地使用权出让合同】土地使用权出让,应当签订书面出让合同。

土地使用权出让合同由市、县人民政府土地管理部门与土地使用者签订。

第十六条　【支付出让金】土地使用者必须按照出让合同约定,支付土地使用权出让金;未按照出让合同约定支付土地使用权出让金的,土地管理部门有权解除合同,并可以请求违约赔偿。

第十七条　【提供出让土地】土地使用者按照出让合同约定支付土地使用权出让金的,市、县人民政府土地管理部门必须按照出让合同约定,提供出让的土地;未按照出让合同约定提供出让的土地的,土地使用者有权解除合同,由土地管理部门返还土地使用权出让金,土地使用者并可以请求违约赔偿。

第十八条　【土地用途的变更】土地使用者需要改变土地使用权出让合同约定的土地用途的,必须取得出让方和市、县人民政府城市规划行政主管部门的同意,签订土地使用权出让合同变更协议或者重新签订土地使用权出让合同,相应调整土地使用权出让金。

第十九条　【土地使用权出让金的管理】土地使用权出让金应当全部上缴财政,列入预算,用于城市基础设施建设和土地开发。土地使用权出让金上缴和使用的具体办法由国务院规定。

第二十条　【出让土地使用权的提前收回】国家对土地使用者依法取得的土地使用权,在出让合同约定的使用年限届满前不收回;在特殊情况下,根据社会公共利益的需要,可以依照法律程序提前收回,并根据土地使用者使用土地的实际年限和开发土地的实际情况给予相应的补偿。

第二十一条　【土地使用权终止】土地使用权因土地灭失而终止。

第二十二条　【土地使用权出让年限届满】土地使用权出让合同约定的使用年限届满,土地使用者需要继续使用土地的,应当至迟于届满前一年申请续期,除根据社会公共利益需要收回该幅土地的,应当予以批准。经批准准予续期的,应当重新签订土地使用权出让合同,依照规定支付土地使用权出让金。

土地使用权出让合同约定的使用年限届满,土地使用者未申请续期或者虽申请续期但依照前款规定未获批准的,土地使用权由国家无偿收回。

第二节　土地使用权划拨

第二十三条　【土地使用权划拨的定义】土地使用权划拨,是指县级以上人民政府依法批准,在土地使用者缴纳补偿、安置等费用后将该幅土地交付其使用,或者将土地使用权无偿交付给土地使用者使用的行为。

依照本法规定以划拨方式取得土地使用权的,除法律、行政法规另有规定外,没有使用期限的限制。

第二十四条　【土地使用权划拨范围】下列建设用地的土地使用权,确属必需的,可以由县级以上人民政府依法批准划拨:

(一)国家机关用地和军事用地;

(二)城市基础设施用地和公益事业用地;

(三)国家重点扶持的能源、交通、水利等项目用地;

(四)法律、行政法规规定的其他用地。

第三章　房地产开发

第二十五条　【房地产开发基本原则】房地产开发必须严格执行城市规划,按照经济效益、社会效益、环境效益相统一的原则,实行全面规划、合理布局、综合开发、配套建设。

第二十六条　【开发土地期限】以出让方式取得土地使用权进行房地产开发的,必须按照土地使用权出让合同约定的土地用途、动工开发期限开发土地。超过出让合同约定的动工开发日期满一年未动工开发的,可以征收相当于土地使用权出让金百分之二十以下的土地闲置费;满二年未动工开发的,可以无偿收回土地使用权;但是,因不可抗力或者政府、政府有关部门的行为或者动工开发必需的前期工作造成动工开发迟延的除外。

第二十七条　【房地产开发项目设计、施工和竣工】房地产开发项目的设计、施工,必须符合国家的有关标准和规范。

房地产开发项目竣工,经验收合格后,方可交付使用。

第二十八条　【土地使用权作价】依法取得的土地使用权,可以依照本法和有关法律、行政法规的规定,作价入股,合资、合作开发经营房地产。

第二十九条　【开发居民住宅的鼓励和扶持】国家采取税收等方面的优惠措施鼓励和扶持房地产开发企业开发建设

居民住宅。

第三十条　【房地产开发企业的设立】房地产开发企业是以营利为目的，从事房地产开发和经营的企业。设立房地产开发企业，应当具备下列条件：

（一）有自己的名称和组织机构；

（二）有固定的经营场所；

（三）有符合国务院规定的注册资本；

（四）有足够的专业技术人员；

（五）法律、行政法规规定的其他条件。

设立房地产开发企业，应当向工商行政管理部门申请设立登记。工商行政管理部门对符合本法规定条件的，应当予以登记，发给营业执照；对不符合本法规定条件的，不予登记。

设立有限责任公司、股份有限公司，从事房地产开发经营的，还应当执行公司法的有关规定。

房地产开发企业在领取营业执照后的一个月内，应当到登记机关所在地的县级以上地方人民政府规定的部门备案。

第三十一条　【房地产开发企业注册资本与投资总额的比例】房地产开发企业的注册资本与投资总额的比例应当符合国家有关规定。

房地产开发企业分期开发房地产的，分期投资额应当与项目规模相适应，并按照土地使用权出让合同的约定，按期投入资金，用于项目建设。

第四章　房地产交易

第一节　一般规定

第三十二条　【房地产权利主体一致原则】房地产转让、抵押时，房屋的所有权和该房屋占用范围内的土地使用权同时转让、抵押。

第三十三条　【房地产价格管理】基准地价、标定地价和各类房屋的重置价格应当定期确定并公布。具体办法由国务院规定。

第三十四条　【房地产价格评估】国家实行房地产价格评估制度。

房地产价格评估，应当遵循公正、公平、公开的原则，按照国家规定的技术标准和评估程序，以基准地价、标定地价和各类房屋的重置价格为基础，参照当地的市场价格进行评估。

第三十五条　【房地产成交价格申报】国家实行房地产成交价格申报制度。

房地产权利人转让房地产，应当向县级以上地方人民政府规定的部门如实申报成交价，不得瞒报或者作不实的申报。

第三十六条　【房地产权属登记】房地产转让、抵押，当事人应当依照本法第五章的规定办理权属登记。

第二节　房地产转让

第三十七条　【房地产转让的定义】房地产转让，是指房地产权利人通过买卖、赠与或者其他合法方式将其房地产转移给他人的行为。

第三十八条　【房地产不得转让的情形】下列房地产，不得转让：

（一）以出让方式取得土地使用权的，不符合本法第三十九条规定的条件的；

（二）司法机关和行政机关依法裁定、决定查封或者以其他形式限制房地产权利的；

（三）依法收回土地使用权的；

（四）共有房地产，未经其他共有人书面同意的；

（五）权属有争议的；

（六）未依法登记领取权属证书的；

（七）法律、行政法规规定禁止转让的其他情形。

第三十九条　【以出让方式取得土地使用权的房地产转让】以出让方式取得土地使用权的，转让房地产时，应当符合下列条件：

（一）按照出让合同约定已经支付全部土地使用权出让金，并取得土地使用权证书；

（二）按照出让合同约定进行投资开发，属于房屋建设工程的，完成开发投资总额的百分之二十五以上，属于成片开发土地的，形成工业用地或者其他建设用地条件。

转让房地产时房屋已经建成的，还应当持有房屋所有权证书。

第四十条　【以划拨方式取得土地使用权的房地产转让】以划拨方式取得土地使用权的，转让房地产时，应当按照国务院规定，报有批准权的人民政府审批。有批准权的人民政府准予转让的，应当由受让方办理土地使用权出让手续，并依照国家有关规定缴纳土地使用权出让金。

以划拨方式取得土地使用权的，转让房地产报批时，有批准权的人民政府按照国务院规定决定可以不办理土地使用权出让手续的，转让方应当按照国务院规定将转让房地产所获收益中的土地收益上缴国家或者作其他处理。

第四十一条　【房地产转让合同】房地产转让，应当签订书面转让合同，合同中应当载明土地使用权取得的方式。

第四十二条　【房地产转让合同与土地使用权出让合同的关系】房地产转让时，土地使用权出让合同载明的权利、义务随之转移。

第四十三条　【房地产转让后土地使用权的使用年限】以出让方式取得土地使用权的，转让房地产后，其土地使用权的使用年限为原土地使用权出让合同约定的使用年限减去原土地使用者已经使用年限后的剩余年限。

第四十四条　【房地产转让后土地用途变更】以出让方式取得土地使用权的，转让房地产后，受让人改变原土地使用权出让合同约定的土地用途的，必须取得原出让方和市、县人民政府城市规划行政主管部门的同意，签订土地使用权出让合同变更协议或者重新签订土地使用权出让合同，相应调整土地使用权出让金。

第四十五条 【商品房预售的条件】商品房预售，应当符合下列条件：

（一）已交付全部土地使用权出让金，取得土地使用权证书；

（二）持有建设工程规划许可证；

（三）按提供预售的商品房计算，投入开发建设的资金达到工程建设总投资的百分之二十五以上，并已经确定施工进度和竣工交付日期；

（四）向县级以上人民政府房产管理部门办理预售登记，取得商品房预售许可证明。

商品房预售人应当按照国家有关规定将预售合同报县级以上人民政府房产管理部门和土地管理部门登记备案。

商品房预售所得款项，必须用于有关的工程建设。

第四十六条 【商品房预售后的再行转让】商品房预售的，商品房预购人将购买的未竣工的预售商品房再行转让的问题，由国务院规定。

第三节 房地产抵押

第四十七条 【房地产抵押的定义】房地产抵押，是指抵押人以其合法的房地产以不转移占有的方式向抵押权人提供债务履行担保的行为。债务人不履行债务时，抵押权人有权依法以抵押的房地产拍卖所得的价款优先受偿。

第四十八条 【房地产抵押物的范围】依法取得的房屋所有权连同该房屋占用范围内的土地使用权，可以设定抵押权。

以出让方式取得的土地使用权，可以设定抵押权。

第四十九条 【抵押办理凭证】房地产抵押，应当凭土地使用权证书、房屋所有权证书办理。

第五十条 【房地产抵押合同】房地产抵押，抵押人和抵押权人应当签订书面抵押合同。

第五十一条 【以划拨土地使用权设定的房地产抵押权的实现】设定房地产抵押权的土地使用权是以划拨方式取得的，依法拍卖该房地产后，应当从拍卖所得的价款中缴纳相当于应缴纳的土地使用权出让金的款额后，抵押权人方可优先受偿。

第五十二条 【房地产抵押后土地上的新增房屋问题】房地产抵押合同签订后，土地上新增的房屋不属于抵押财产。需要拍卖该抵押的房地产时，可以依法将土地上新增的房屋与抵押财产一同拍卖，但对拍卖新增房屋所得，抵押权人无权优先受偿。

第四节 房屋租赁

第五十三条 【房屋租赁的定义】房屋租赁，是指房屋所有权人作为出租人将其房屋出租给承租人使用，由承租人向出租人支付租金的行为。

第五十四条 【房屋租赁合同的签订】房屋租赁，出租人和承租人应当签订书面租赁合同，约定租赁期限、租赁用途、租赁价格、修缮责任等条款，以及双方的其他权利和义务，并向房产管理部门登记备案。

第五十五条 【住宅用房和非住宅用房的租赁】住宅用房的租赁，应当执行国家和房屋所在城市人民政府规定的租赁政策。租用房屋从事生产、经营活动的，由租赁双方协商议定租金和其他租赁条款。

第五十六条 【以划拨方式取得的国有土地上的房屋出租的特别规定】以营利为目的，房屋所有权人将以划拨方式取得使用权的国有土地上建成的房屋出租的，应当将租金中所含土地收益上缴国家。具体办法由国务院规定。

第五节 中介服务机构

第五十七条 【房地产中介服务机构】房地产中介服务机构包括房地产咨询机构、房地产价格评估机构、房地产经纪机构等。

第五十八条 【房地产中介服务机构的设立】房地产中介服务机构应当具备下列条件：

（一）有自己的名称和组织机构；

（二）有固定的服务场所；

（三）有必要的财产和经费；

（四）有足够数量的专业人员；

（五）法律、行政法规规定的其他条件。

设立房地产中介服务机构，应当向工商行政管理部门申请设立登记，领取营业执照后，方可开业。

第五十九条 【房地产估价人员资格认证】国家实行房地产价格评估人员资格认证制度。

第五章 房地产权属登记管理

第六十条 【房地产登记发证制度】国家实行土地使用权和房屋所有权登记发证制度。

第六十一条 【房地产权属登记】以出让或者划拨方式取得土地使用权，应当向县级以上地方人民政府土地管理部门申请登记，经县级以上地方人民政府土地管理部门核实，由同级人民政府颁发土地使用权证书。

在依法取得的房地产开发用地上建成房屋的，应当凭土地使用权证书向县级以上地方人民政府房产管理部门申请登记，由县级以上地方人民政府房产管理部门核实并颁发房屋所有权证书。

房地产转让或者变更时，应当向县级以上地方人民政府房产管理部门申请房产变更登记，并凭变更后的房屋所有权证书向同级人民政府土地管理部门申请土地使用权变更登记,经同级人民政府土地管理部门核实,由同级人民政府更换或者更改土地使用权证书。

法律另有规定的,依照有关法律的规定办理。

第六十二条 【房地产抵押登记】房地产抵押时,应当向县级以上地方人民政府规定的部门办理抵押登记。

因处分抵押房地产而取得土地使用权和房屋所有权的,应当依照本章规定办理过户登记。

第六十三条 【房地产权属证书】经省、自治区、直辖市人民政府确定,县级以上地方人民政府由一个部门统一负责房产管理和土地管理工作的,可以制作、颁发统一的房地产权证书,依照本法第六十一条的规定,将房屋的所有权和该房屋占用范围内的土地使用权的确认和变更,分别载入房地产权证书。

第六章 法律责任

第六十四条 【擅自出让或擅自批准出让土地使用权用于房地产开发的法律责任】违反本法第十一条、第十二条的规定,擅自批准出让或者擅自出让土地使用权用于房地产开发的,由上级机关或者所在单位给予有关责任人员行政处分。

第六十五条 【擅自从事房地产开发的法律责任】违反本法第三十条的规定,未取得营业执照擅自从事房地产开发业务的,由县级以上人民政府工商行政管理部门责令停止房地产开发业务活动,没收违法所得,可以并处罚款。

第六十六条 【非法转让土地使用权的法律责任】违反本法第三十九条第一款的规定转让土地使用权的,由县级以上人民政府土地管理部门没收违法所得,可以并处罚款。

第六十七条 【非法转让划拨土地使用权的房地产的法律责任】违反本法第四十条第一款的规定转让房地产的,由县级以上人民政府土地管理部门责令缴纳土地使用权出让金,没收违法所得,可以并处罚款。

第六十八条 【非法预售商品房的法律责任】违反本法第四十五条第一款的规定预售商品房的,由县级以上人民政府房产管理部门责令停止预售活动,没收违法所得,可以并处罚款。

第六十九条 【擅自从事房地产中介服务业务的法律责任】违反本法第五十八条的规定,未取得营业执照擅自从事房地产中介服务业务的,由县级以上人民政府工商行政管理部门责令停止房地产中介服务业务活动,没收违法所得,可以并处罚款。

第七十条 【向房地产开发企业非法收费的法律责任】没有法律、法规的依据,向房地产开发企业收费的,上级机关应当责令退回所收取的钱款;情节严重的,由上级机关或者所在单位给予直接责任人员行政处分。

第七十一条 【管理部门工作人员玩忽职守、滥用职权、索贿、受贿的法律责任】房产管理部门、土地管理部门工作人员玩忽职守、滥用职权,构成犯罪的,依法追究刑事责任;不构成犯罪的,给予行政处分。

房产管理部门、土地管理部门工作人员利用职务上的便利,索取他人财物,或者非法收受他人财物为他人谋取利益,构成犯罪的,依法追究刑事责任;不构成犯罪的,给予行政处分。

第七章 附 则

第七十二条 【参照本法适用的情形】在城市规划区外的国有土地范围内取得房地产开发用地的土地使用权,从事房地产开发、交易活动以及实施房地产管理,参照本法执行。

第七十三条 【施行时间】本法自1995年1月1日起施行。

城市危险房屋管理规定

(1989年11月21日建设部令第4号发布 根据2004年7月20日《建设部关于修改〈城市危险房屋管理规定〉的决定》修订)

第一章 总 则

第一条 为加强城市危险房屋管理,保障居住和使用安全,促进房屋有效利用,制定本规定。

第二条 本规定适用于城市(指直辖市、市、建制镇,下同)内各种所有制的房屋。

本规定所称危险房屋,系指结构已严重损坏或承重构件已属危险构件,随时有可能丧失结构稳定和承载能力,不能保证居住和使用安全的房屋。

第三条 房屋所有人、使用人,均应遵守本规定。

第四条 房屋所有人和使用人,应当爱护和正确使用房屋。

第五条 建设部负责全国的城市危险房屋管理工作。

县级以上地方人民政府房地产行政主管部门负责本辖区的城市危险房屋管理工作。

第二章 鉴 定

第六条 市、县人民政府房地产行政主管部门应设立房屋安全鉴定机构(以下简称鉴定机构),负责房屋的安全鉴定,并统一启用"房屋安全鉴定专用章"。

第七条 房屋所有人或使用人向当地鉴定机构提供鉴定申请时,必须持有证明其具备相关民事权利的合法证件。

鉴定机构接到鉴定申请后,应及时进行鉴定。

第八条 鉴定机构进行房屋安全鉴定应按下列程序进行:

(一)受理申请;

（二）初始调查，摸清房屋的历史和现状；

（三）现场查勘、测试、记录各种损坏数据和状况；

（四）检测验算，整理技术资料；

（五）全面分析，论证定性，作出综合判断，提出处理建议；

（六）签发鉴定文书。

第九条 对被鉴定为危险房屋的，一般可分为以下四类进行处理：

（一）观察使用。适用于采取适当安全技术措施后，尚能短期使用，但需继续观察的房屋。

（二）处理使用。适用于采取适当技术措施后，可解除危险的房屋。

（三）停止使用。适用于已无修缮价值，暂时不便拆除，又不危及相邻建筑和影响他人安全的房屋。

（四）整体拆除。适用于整幢危险且无修缮价值，需立即拆除的房屋。

第十条 进行安全鉴定，必须有两名以上鉴定人员参加。对特殊复杂的鉴定项目，鉴定机构可另外聘请专业人员或邀请有关部门派员参与鉴定。

第十一条 房屋安全鉴定应使用统一术语，填写鉴定文书，提出处理意见。

经鉴定属危险房屋的，鉴定机构必须及时发出危险房屋通知书；属于非危险房屋的，应在鉴定文书上注明在正常使用条件下的有效时限，一般不超过一年。

第十二条 房屋经安全鉴定后，鉴定机构可以收取鉴定费。鉴定费的收取标准，可根据当地情况，由鉴定机构提出，经市、县人民政府房地产行政主管部门会同物价部门批准后执行。

房屋所有人和使用人都可提出鉴定申请。经鉴定为危险房屋的，鉴定费由所有人承担；经鉴定为非危险房屋的，鉴定费由申请人承担。

第十三条 受理涉及危险房屋纠纷案件的仲裁或审判机关，可指定纠纷案件的当事人申请房屋安全鉴定；必要时，亦可直接提出房屋安全鉴定的要求。

第十四条 鉴定危险房屋执行部颁《危险房屋鉴定标准》（CJ13—86）。对工业建筑、公共建筑、高层建筑及文物保护建筑等的鉴定，还应参照有关专业技术标准、规范和规程进行。

第三章 治 理

第十五条 房屋所有人应定期对其房屋进行安全检查。在暴风、雨雪季节，房屋所有人应做好排险解危的各项准备；市、县人民政府房地产行政主管部门要加强监督检查，并在当地政府统一领导下，做好抢险救灾工作。

第十六条 房屋所有人对危险房屋能解危的，要及时解危；解危暂时有困难的，应采取安全措施。

第十七条 房屋所有人对经鉴定的危险房屋，必须按照鉴定机构的处理建议，及时加固或修缮治理；如房屋所有人拒不按照处理建议修缮治理，或使用人有阻碍行为的，房地产行政主管部门有权指定有关部门代修，或采取其他强制措施。发生的费用由责任人承担。

第十八条 房屋所有人进行抢险解危需要办理各项手续时，各有关部门应给予支持，及时办理，以免延误时间发生事故。

第十九条 治理私有危险房屋，房屋所有人确有经济困难无力治理时，其所在单位可给予借贷；如系出租房屋，可以和承租人合资治理，承租人付出的修缮费用可以折抵租金或由出租人分期偿还。

第二十条 经鉴定机构鉴定为危险房屋，并需要拆除重建时，有关部门应酌情给予政策优惠。

第二十一条 异产毗连危险房屋的各所有人，应按照国家对异产毗连房屋的有关规定，共同履行治理责任。拒不承担责任的，由房屋所在地房地产行政主管部门调处；当事人不服的，可向当地人民法院起诉。

第四章 法律责任

第二十二条 因下列原因造成事故的，房屋所有人应承担民事或行政责任：

（一）有险不查或损坏不修；

（二）经鉴定机构鉴定为危险房屋而未采取有效的解危措施。

第二十三条 因下列原因造成事故的，使用人、行为人应承担民事责任：

（一）使用人擅自改变房屋结构、构件、设备或使用性质；

（二）使用人阻碍房屋所有人对危险房屋采取解危措施；

（三）行为人由于施工、堆物、碰撞等行为危及房屋。

第二十四条 有下列情况的，鉴定机构应承担民事或行政责任：

（一）因故意把非危险房屋鉴定为危险房屋而造成损失；

（二）因过失把危险房屋鉴定为非危险房屋，并在有效时限内发生事故；

（三）因拖延鉴定时间而发生事故。

第二十五条 有本章第二十二、二十三、二十四条所列行为，给他人造成生命财产损失，已构成犯罪的，由司法机关依法追究刑事责任。

第五章 附 则

第二十六条 县级以上地方人民政府房地产行政主管部门可依据本规定，结合当地情况，制定实施细则，经同级人民政府批准后，报上一级主管部门备案。

第二十七条 未设镇建制的工矿区可参照本规定执行。

第二十八条　本规定由建设部负责解释。

第二十九条　本规定自一九九〇年一月一日起施行。

房地产估价机构管理办法

（2005年10月12日建设部令第142号发布　根据2013年10月16日住房和城乡建设部令第14号第一次修正　根据2015年5月4日《住房和城乡建设部关于修改〈房地产开发企业资质管理规定〉等部门规章的决定》第二次修正）

第一章　总　　则

第一条　为了规范房地产估价机构行为，维护房地产估价市场秩序，保障房地产估价活动当事人合法权益，根据《中华人民共和国城市房地产管理法》、《中华人民共和国行政许可法》和《国务院对确需保留的行政审批项目设定行政许可的决定》等法律、行政法规，制定本办法。

第二条　在中华人民共和国境内申请房地产估价机构资质，从事房地产估价活动，对房地产估价机构实施监督管理，适用本办法。

第三条　本办法所称房地产估价机构，是指依法设立并取得房地产估价机构资质，从事房地产估价活动的中介服务机构。

本办法所称房地产估价活动，包括土地、建筑物、构筑物、在建工程、以房地产为主的企业整体资产、企业整体资产中的房地产等各类房地产评估，以及因转让、抵押、房屋征收、司法鉴定、课税、公司上市、企业改制、企业清算、资产重组、资产处置等需要进行的房地产评估。

第四条　房地产估价机构从事房地产估价活动，应当坚持独立、客观、公正的原则，执行房地产估价规范和标准。

房地产估价机构依法从事房地产估价活动，不受行政区域、行业限制。任何组织或者个人不得非法干预房地产估价活动和估价结果。

第五条　国务院住房城乡建设主管部门负责全国房地产估价机构的监督管理工作。

省、自治区人民政府住房城乡建设主管部门、直辖市人民政府房地产主管部门负责本行政区域内房地产估价机构的监督管理工作。

市、县人民政府房地产主管部门负责本行政区域内房地产估价机构的监督管理工作。

第六条　房地产估价行业组织应当加强房地产估价行业自律管理。

鼓励房地产估价机构加入房地产估价行业组织。

第七条　国家建立全国统一的房地产估价行业管理信息平台，实现房地产估价机构资质核准、人员注册、信用档案管理等信息关联共享。

第二章　估价机构资质核准

第八条　房地产估价机构资质等级分为一、二、三级。

省、自治区人民政府住房城乡建设主管部门、直辖市人民政府房地产主管部门负责房地产估价机构资质许可。

省、自治区人民政府住房城乡建设主管部门、直辖市人民政府房地产主管部门应当执行国家统一的资质许可条件，加强房地产估价机构资质许可管理，营造公平竞争的市场环境。

国务院住房城乡建设主管部门应当加强对省、自治区人民政府住房城乡建设主管部门、直辖市人民政府房地产主管部门资质许可工作的指导和监督检查，及时纠正资质许可中的违法行为。

第九条　房地产估价机构应当由自然人出资，以有限责任公司或者合伙企业形式设立。

第十条　各资质等级房地产估价机构的条件如下：

（一）一级资质

1. 机构名称有房地产估价或者房地产评估字样；

2. 从事房地产估价活动连续6年以上，且取得二级房地产估价机构资质3年以上；

3. 有15名以上专职注册房地产估价师；

4. 在申请核定资质等级之日前3年平均每年完成估价标的物建筑面积50万平方米以上或者土地面积25万平方米以上；

5. 法定代表人或者执行合伙人是注册后从事房地产估价工作3年以上的专职注册房地产估价师；

6. 有限责任公司的股东中有3名以上、合伙企业的合伙人中有2名以上专职注册房地产估价师，股东或者合伙人中有一半以上是注册后从事房地产估价工作3年以上的专职注册房地产估价师；

7. 有限责任公司的股份或者合伙企业的出资额中专职注册房地产估价师的股份或者出资额合计不低于60%；

8. 有固定的经营服务场所；

9. 估价质量管理、估价档案管理、财务管理等各项企业内部管理制度健全；

10. 随机抽查的1份房地产估价报告符合《房地产估价规范》的要求；

11. 在申请核定资质等级之日前3年内无本办法第三十三条禁止的行为。

（二）二级资质

1. 机构名称有房地产估价或者房地产评估字样；

2. 取得三级房地产估价机构资质后从事房地产估价活动连续4年以上；

3. 有8名以上专职注册房地产估价师；

4. 在申请核定资质等级之日前3年平均每年完成估价标

的物建筑面积30万平方米以上或者土地面积15万平方米以上；

5. 法定代表人或者执行合伙人是注册后从事房地产估价工作3年以上的专职注册房地产估价师；

6. 有限责任公司的股东中有3名以上、合伙企业的合伙人中有2名以上专职注册房地产估价师，股东或者合伙人中有一半以上是注册后从事房地产估价工作3年以上的专职注册房地产估价师；

7. 有限责任公司的股份或者合伙企业的出资额中专职注册房地产估价师的股份或者出资额合计不低于60%；

8. 有固定的经营服务场所；

9. 估价质量管理、估价档案管理、财务管理等各项企业内部管理制度健全；

10. 随机抽查的1份房地产估价报告符合《房地产估价规范》的要求；

11. 在申请核定资质等级之日前3年内无本办法第三十三条禁止的行为。

（三）三级资质

1. 机构名称有房地产估价或者房地产评估字样；

2. 有3名以上专职注册房地产估价师；

3. 在暂定期内完成估价标的物建筑面积8万平方米以上或者土地面积3万平方米以上；

4. 法定代表人或者执行合伙人是注册后从事房地产估价工作3年以上的专职注册房地产估价师；

5. 有限责任公司的股东中有2名以上、合伙企业的合伙人中有2名以上专职注册房地产估价师，股东或者合伙人中有一半以上是注册后从事房地产估价工作3年以上的专职注册房地产估价师；

6. 有限责任公司的股份或者合伙企业的出资额中专职注册房地产估价师的股份或者出资额合计不低于60%；

7. 有固定的经营服务场所；

8. 估价质量管理、估价档案管理、财务管理等各项企业内部管理制度健全；

9. 随机抽查的1份房地产估价报告符合《房地产估价规范》的要求；

10. 在申请核定资质等级之日前3年内无本办法第三十三条禁止的行为。

第十一条 申请核定房地产估价机构资质等级，应当如实向资质许可机关提交下列材料：

（一）房地产估价机构资质等级申请表（一式二份，加盖申报机构公章）；

（二）房地产估价机构原资质证书正本复印件、副本原件；

（三）营业执照正、副本复印件（加盖申报机构公章）；

（四）法定代表人或者执行合伙人的任职文件复印件（加盖申报机构公章）；

（五）专职注册房地产估价师证明；

（六）固定经营服务场所的证明；

（七）经工商行政管理部门备案的公司章程或者合伙协议复印件（加盖申报机构公章）及有关估价质量管理、估价档案管理、财务管理等企业内部管理制度的文件、申报机构信用档案信息；

（八）随机抽查的在申请核定资质等级之日前3年内申报机构所完成的1份房地产估价报告复印件（一式二份，加盖申报机构公章）。

申请人应当对其提交的申请材料实质内容的真实性负责。

第十二条 新设立的中介服务机构申请房地产估价机构资质的，应当提供第十一条第（一）项、第（三）项至第（八）项材料。

新设立中介服务机构的房地产估价机构资质等级应当核定为三级资质，设1年的暂定期。

第十三条 房地产估价机构资质核准中的房地产估价报告抽查，应当执行全国统一的标准。

第十四条 申请核定房地产估价机构资质的，应当向设区的市人民政府房地产主管部门提出申请，并提交本办法第十一条规定的材料。

设区的市人民政府房地产主管部门应当自受理申请之日起20日内审查完毕，并将初审意见和全部申请材料报省、自治区人民政府住房城乡建设主管部门、直辖市人民政府房地产主管部门。

省、自治区人民政府住房城乡建设主管部门、直辖市人民政府房地产主管部门应当自受理申请材料之日起20日内作出决定。

省、自治区人民政府住房城乡建设主管部门、直辖市人民政府房地产主管部门应当在作出资质许可决定之日起10日内，将准予资质许可的决定报国务院住房城乡建设主管部门备案。

第十五条 房地产估价机构资质证书分为正本和副本，由国务院住房城乡建设主管部门统一印制，正、副本具有同等法律效力。

房地产估价机构遗失资质证书的，应当在公众媒体上声明作废后，申请补办。

第十六条 房地产估价机构资质有效期为3年。

资质有效期届满，房地产估价机构需要继续从事房地产估价活动的，应当在资质有效期届满30日前向资质许可机关提出资质延续申请。资质许可机关应当根据申请作出是否准予延续的决定。准予延续的，有效期延续3年。

在资质有效期内遵守有关房地产估价的法律、法规、规章、技术标准和职业道德的房地产估价机构，经原资质许可机关同意，不再审查，有效期延续3年。

第十七条　房地产估价机构的名称、法定代表人或者执行合伙人、组织形式、住所等事项发生变更的，应当在工商行政管理部门办理变更手续后30日内，到资质许可机关办理资质证书变更手续。

第十八条　房地产估价机构合并的，合并后存续或者新设立的房地产估价机构可以承继合并前各方中较高的资质等级，但应当符合相应的资质等级条件。

房地产估价机构分立的，只能由分立后的一方房地产估价机构承继原房地产估价机构资质，但应当符合原房地产估价机构资质等级条件。承继原房地产估价机构资质的一方由各方协商确定；其他各方按照新设立的中介服务机构申请房地产估价机构资质。

第十九条　房地产估价机构的工商登记注销后，其资质证书失效。

第三章　分支机构的设立

第二十条　一级资质房地产估价机构可以按照本办法第二十一条的规定设立分支机构。二、三级资质房地产估价机构不得设立分支机构。

分支机构应当以设立该分支机构的房地产估价机构的名义出具估价报告，并加盖该房地产估价机构公章。

第二十一条　分支机构应当具备下列条件：

（一）名称采用"房地产估价机构名称＋分支机构所在地行政区划名＋分公司（分所）"的形式；

（二）分支机构负责人应当是注册后从事房地产估价工作3年以上并无不良执业记录的专职注册房地产估价师；

（三）在分支机构所在地有3名以上专职注册房地产估价师；

（四）有固定的经营服务场所；

（五）估价质量管理、估价档案管理、财务管理等各项内部管理制度健全。

注册于分支机构的专职注册房地产估价师，不计入设立分支机构的房地产估价机构的专职注册房地产估价师人数。

第二十二条　新设立的分支机构，应当自领取分支机构营业执照之日起30日内，到分支机构工商注册所在地的省、自治区人民政府住房城乡建设主管部门、直辖市人民政府房地产主管部门备案。

省、自治区人民政府住房城乡建设主管部门、直辖市人民政府房地产主管部门应当在接受备案后10日内，告知分支机构工商注册所在地的市、县人民政府房地产主管部门，并报国务院住房城乡建设主管部门备案。

第二十三条　分支机构备案，应当提交下列材料：

（一）分支机构的营业执照复印件；

（二）房地产估价机构资质证书正本复印件；

（三）分支机构及设立该分支机构的房地产估价机构负责人的身份证明；

（四）拟在分支机构执业的专职注册房地产估价师注册证书复印件。

第二十四条　分支机构变更名称、负责人、住所等事项或房地产估价机构撤销分支机构，应当在工商行政管理部门办理变更或者注销登记手续后30日内，报原备案机关备案。

第四章　估价管理

第二十五条　从事房地产估价活动的机构，应当依法取得房地产估价机构资质，并在其资质等级许可范围内从事估价业务。

一级资质房地产估价机构可以从事各类房地产估价业务。

二级资质房地产估价机构可以从事除公司上市、企业清算以外的房地产估价业务。

三级资质房地产估价机构可以从事除公司上市、企业清算、司法鉴定以外的房地产估价业务。

暂定期内的三级资质房地产估价机构可以从事除公司上市、企业清算、司法鉴定、房屋征收、在建工程抵押以外的房地产估价业务。

第二十六条　房地产估价业务应当由房地产估价机构统一接受委托，统一收取费用。

房地产估价师不得以个人名义承揽估价业务，分支机构应当以设立该分支机构的房地产估价机构名义承揽估价业务。

第二十七条　房地产估价机构及执行房地产估价业务的估价人员与委托人或者估价业务相对人有利害关系的，应当回避。

第二十八条　房地产估价机构承揽房地产估价业务，应当与委托人签订书面估价委托合同。

估价委托合同应当包括下列内容：

（一）委托人的名称或者姓名和住所；

（二）估价机构的名称和住所；

（三）估价对象；

（四）估价目的；

（五）价值时点；

（六）委托人的协助义务；

（七）估价服务费及其支付方式；

（八）估价报告交付的日期和方式；

（九）违约责任；

（十）解决争议的方法。

第二十九条　房地产估价机构未经委托人书面同意，不得转让受托的估价业务。

经委托人书面同意，房地产估价机构可以与其他房地产估价机构合作完成估价业务，以合作双方的名义共同出具估价报告。

第三十条 委托人及相关当事人应当协助房地产估价机构进行实地查勘，如实向房地产估价机构提供估价所必需的资料，并对其所提供资料的真实性负责。

第三十一条 房地产估价机构和注册房地产估价师因估价需要向房地产主管部门查询房地产交易、登记信息时，房地产主管部门应当提供查询服务，但涉及国家秘密、商业秘密和个人隐私的内容除外。

第三十二条 房地产估价报告应当由房地产估价机构出具，加盖房地产估价机构公章，并有至少2名专职注册房地产估价师签字。

第三十三条 房地产估价机构不得有下列行为：

（一）涂改、倒卖、出租、出借或者以其他形式非法转让资质证书；

（二）超越资质等级业务范围承接房地产估价业务；

（三）以迎合高估或者低估要求、给予回扣、恶意压低收费等方式进行不正当竞争；

（四）违反房地产估价规范和标准；

（五）出具有虚假记载、误导性陈述或者重大遗漏的估价报告；

（六）擅自设立分支机构；

（七）未经委托人书面同意，擅自转让受托的估价业务；

（八）法律、法规禁止的其他行为。

第三十四条 房地产估价机构应当妥善保管房地产估价报告及相关资料。

房地产估价报告及相关资料的保管期限自估价报告出具之日起不得少于10年。保管期限届满而估价服务的行为尚未结束的，应当保管到估价服务的行为结束为止。

第三十五条 除法律、法规另有规定外，未经委托人书面同意，房地产估价机构不得对外提供估价过程中获知的当事人的商业秘密和业务资料。

第三十六条 房地产估价机构应当加强对执业人员的职业道德教育和业务培训，为本机构的房地产估价师参加继续教育提供必要的条件。

第三十七条 县级以上人民政府房地产主管部门应当依照有关法律、法规和本办法的规定，对房地产估价机构和分支机构的设立、估价业务及执行房地产估价规范和标准的情况实施监督检查。

第三十八条 县级以上人民政府房地产主管部门履行监督检查职责时，有权采取下列措施：

（一）要求被检查单位提供房地产估价机构资质证书、房地产估价师注册证书，有关房地产估价业务的文档，有关估价质量管理、估价档案管理、财务管理等企业内部管理制度的文件；

（二）进入被检查单位进行检查，查阅房地产估价报告以及估价委托合同、实地查勘记录等估价相关资料；

（三）纠正违反有关法律、法规和本办法及房地产估价规范和标准的行为。

县级以上人民政府房地产主管部门应当将监督检查的处理结果向社会公布。

第三十九条 县级以上人民政府房地产主管部门进行监督检查时，应当有两名以上监督检查人员参加，并出示执法证件，不得妨碍被检查单位的正常经营活动，不得索取或者收受财物、谋取其他利益。

有关单位和个人对依法进行的监督检查应当协助与配合，不得拒绝或者阻挠。

第四十条 房地产估价机构违法从事房地产估价活动的，违法行为发生地的县级以上地方人民政府房地产主管部门应当依法查处，并将违法事实、处理结果及处理建议及时报告该估价机构资质的许可机关。

第四十一条 有下列情形之一的，资质许可机关或者其上级机关，根据利害关系人的请求或者依据职权，可以撤销房地产估价机构资质：

（一）资质许可机关工作人员滥用职权、玩忽职守作出准予房地产估价机构资质许可的；

（二）超越法定职权作出准予房地产估价机构资质许可的；

（三）违反法定程序作出准予房地产估价机构资质许可的；

（四）对不符合许可条件的申请人作出准予房地产估价机构资质许可的；

（五）依法可以撤销房地产估价机构资质的其他情形。

房地产估价机构以欺骗、贿赂等不正当手段取得房地产估价机构资质的，应当予以撤销。

第四十二条 房地产估价机构取得房地产估价机构资质后，不再符合相应资质条件的，资质许可机关根据利害关系人的请求或者依据职权，可以责令其限期改正；逾期不改的，可以撤回其资质。

第四十三条 有下列情形之一的，资质许可机关应当依法注销房地产估价机构资质：

（一）房地产估价机构资质有效期届满未延续的；

（二）房地产估价机构依法终止的；

（三）房地产估价机构资质被撤销、撤回，或者房地产估价资质证书依法被吊销的；

（四）法律、法规规定的应当注销房地产估价机构资质的其他情形。

第四十四条 资质许可机关或者房地产估价行业组织应当建立房地产估价机构信用档案。

房地产估价机构应当按照要求提供真实、准确、完整的房地产估价信用档案信息。

房地产估价机构信用档案应当包括房地产估价机构的基本情况、业绩、良好行为、不良行为等内容。违法行为、被投诉举报处理、行政处罚等情况应当作为房地产估价机构的不良记录记入其信用档案。

房地产估价机构的不良行为应当作为该机构法定代表人或者执行合伙人的不良行为记入其信用档案。

任何单位和个人有权查阅信用档案。

第五章　法律责任

第四十五条　申请人隐瞒有关情况或者提供虚假材料申请房地产估价机构资质的，资质许可机关不予受理或者不予行政许可，并给予警告，申请人在1年内不得再次申请房地产估价机构资质。

第四十六条　以欺骗、贿赂等不正当手段取得房地产估价机构资质的，由资质许可机关给予警告，并处1万元以上3万元以下的罚款，申请人3年内不得再次申请房地产估价机构资质。

第四十七条　未取得房地产估价机构资质从事房地产估价活动或者超越资质等级承揽估价业务的，出具的估价报告无效，由县级以上地方人民政府房地产主管部门给予警告，责令限期改正，并处1万元以上3万元以下的罚款；造成当事人损失的，依法承担赔偿责任。

第四十八条　违反本办法第十七条规定，房地产估价机构不及时办理资质证书变更手续的，由资质许可机关责令限期办理；逾期不办理的，可处1万元以下的罚款。

第四十九条　有下列行为之一的，由县级以上地方人民政府房地产主管部门给予警告，责令限期改正，并可处1万元以上2万元以下的罚款：

（一）违反本办法第二十条第一款规定设立分支机构的；

（二）违反本办法第二十一条规定设立分支机构的；

（三）违反本办法第二十二条第一款规定，新设立的分支机构不备案的。

第五十条　有下列行为之一的，由县级以上地方人民政府房地产主管部门给予警告，责令限期改正；逾期未改正的，可处5千元以上2万元以下的罚款；给当事人造成损失的，依法承担赔偿责任：

（一）违反本办法第二十六条规定承揽业务的；

（二）违反本办法第二十九条第一款规定，擅自转让受托的估价业务的；

（三）违反本办法第二十条第二款、第二十九条第二款、第三十二条规定出具估价报告的。

第五十一条　违反本办法第二十七条规定，房地产估价机构及其估价人员应当回避未回避的，由县级以上地方人民政府房地产主管部门给予警告，责令限期改正，并可处1万元以下的罚款；给当事人造成损失的，依法承担赔偿责任。

第五十二条　违反本办法第三十一条规定，房地产主管部门拒绝提供房地产交易、登记信息查询服务的，由其上级房地产主管部门责令改正。

第五十三条　房地产估价机构有本办法第三十三条行为之一的，由县级以上地方人民政府房地产主管部门给予警告，责令限期改正，并处1万元以上3万元以下的罚款；给当事人造成损失的，依法承担赔偿责任；构成犯罪的，依法追究刑事责任。

第五十四条　违反本办法第三十五条规定，房地产估价机构擅自对外提供估价过程中获知的当事人的商业秘密和业务资料，给当事人造成损失的，依法承担赔偿责任；构成犯罪的，依法追究刑事责任。

第五十五条　资质许可机关有下列情形之一的，由其上级主管部门或者监察机关责令改正，对直接负责的主管人员和其他直接责任人员依法给予处分；构成犯罪的，依法追究刑事责任：

（一）对不符合法定条件的申请人准予房地产估价机构资质许可或者超越职权作出准予房地产估价机构资质许可决定的；

（二）对符合法定条件的申请人不予房地产估价机构资质许可或者不在法定期限内作出准予房地产估价机构资质许可决定的；

（三）利用职务上的便利，收受他人财物或者其他利益的；

（四）不履行监督管理职责，或者发现违法行为不予查处的。

第六章　附　　则

第五十六条　本办法自2005年12月1日起施行。1997年1月9日建设部颁布的《关于房地产价格评估机构资格等级管理的若干规定》（建房〔1997〕12号）同时废止。

本办法施行前建设部发布的规章的规定与本办法的规定不一致的，以本办法为准。

注册房地产估价师管理办法

（2006年12月25日建设部令第151号公布　根据2016年9月13日《住房城乡建设部关于修改〈勘察设计注册工程师管理规定〉等11个部门规章的决定》修订）

第一章　总　　则

第一条　为了加强对注册房地产估价师的管理，完善房地产价格评估制度和房地产价格评估人员资格认证制度，规范注册房地产估价师行为，维护公共利益和房地产估价市场秩序，根据《中华人民共和国城市房地产管理法》、《中华人民共和国行政许可法》等有关法律、行政法规，制定本办法。

第二条 中华人民共和国境内注册房地产估价师的注册、执业、继续教育和监督管理，适用本办法。

第三条 本办法所称注册房地产估价师，是指通过全国房地产估价师执业资格考试或者资格认定、资格互认，取得中华人民共和国房地产估价师执业资格（以下简称执业资格），并按照本办法注册，取得中华人民共和国房地产估价师注册证书（以下简称注册证书），从事房地产估价活动的人员。

第四条 注册房地产估价师实行注册执业管理制度。

取得执业资格的人员，经过注册方能以注册房地产估价师的名义执业。

第五条 国务院住房城乡建设主管部门对全国注册房地产估价师注册、执业活动实施统一监督管理。

省、自治区、直辖市人民政府住房城乡建设（房地产）主管部门对本行政区域内注册房地产估价师的执业活动实施监督管理。

市、县、市辖区人民政府建设（房地产）主管部门对本行政区域内注册房地产估价师的执业活动实施监督管理。

第六条 房地产估价行业组织应当加强注册房地产估价师自律管理。

鼓励注册房地产估价师加入房地产估价行业组织。

第二章 注 册

第七条 注册房地产估价师的注册条件为：

（一）取得执业资格；

（二）达到继续教育合格标准；

（三）受聘于具有资质的房地产估价机构；

（四）无本办法第十四条规定不予注册的情形。

第八条 申请注册的，应当向国务院住房城乡建设主管部门提出注册申请。

对申请初始注册、变更注册、延续注册和注销注册的，国务院住房城乡建设主管部门应当自受理之日起15日内作出决定。

注册房地产估价师的初始注册、变更注册、延续注册和注销注册，逐步实行网上申报、受理和审批。

第九条 注册证书是注册房地产估价师的执业凭证。注册有效期为3年。

第十条 申请初始注册，应当提交下列材料：

（一）初始注册申请表；

（二）执业资格证件和身份证件复印件；

（三）与聘用单位签订的劳动合同复印件；

（四）取得执业资格超过3年申请初始注册的，应当提供达到继续教育合格标准的证明材料；

（五）聘用单位委托人才服务中心托管人事档案的证明和社会保险缴纳凭证复印件；或者劳动、人事部门颁发的离退休证复印件；或者外国人就业证书、台港澳人员就业证书复印件。

第十一条 注册有效期满需继续执业的，应当在注册有效期满30日前，按照本办法第八条规定的程序申请延续注册；延续注册的，注册有效期为3年。

延续注册需要提交下列材料：

（一）延续注册申请表；

（二）与聘用单位签订的劳动合同复印件；

（三）申请人注册有效期内达到继续教育合格标准的证明材料。

第十二条 注册房地产估价师变更执业单位，应当与原聘用单位解除劳动合同，并按本办法第八条规定的程序办理变更注册手续，变更注册后延续原注册有效期。

变更注册需要提交下列材料：

（一）变更注册申请表；

（二）与新聘用单位签订的劳动合同复印件；

（三）与原聘用单位解除劳动合同的证明文件；

（四）聘用单位委托人才服务中心托管人事档案的证明和社会保险缴纳凭证复印件；或者劳动、人事部门颁发的离退休证复印件；或者外国人就业证书、台港澳人员就业证书复印件。

第十三条 取得执业资格的人员，申请在新设立房地产估价机构、分支机构执业的，应当在申报房地产估价机构资质或者分支机构备案的同时，办理注册手续。

第十四条 申请人有下列情形之一的，不予注册：

（一）不具有完全民事行为能力的；

（二）刑事处罚尚未执行完毕的；

（三）因房地产估价及相关业务活动受刑事处罚，自刑事处罚执行完毕之日起至申请注册之日止不满5年的；

（四）因前项规定以外原因受刑事处罚，自刑事处罚执行完毕之日起至申请注册之日止不满3年的；

（五）被吊销注册证书，自被处罚之日起至申请注册之日止不满3年的；

（六）以欺骗、贿赂等不正当手段获准的房地产估价师注册被撤销，自被撤销注册之日起至申请注册之日止不满3年的；

（七）申请在2个或者2个以上房地产估价机构执业的；

（八）为现职公务员的；

（九）年龄超过65周岁的；

（十）法律、行政法规规定不予注册的其他情形。

第十五条 注册房地产估价师有下列情形之一的，其注册证书失效：

（一）聘用单位破产的；

（二）聘用单位被吊销营业执照的；

（三）聘用单位被吊销或者撤回房地产估价机构资质证

书的；

（四）已与聘用单位解除劳动合同且未被其他房地产估价机构聘用的；

（五）注册有效期满且未延续注册的；

（六）年龄超过65周岁的；

（七）死亡或者不具有完全民事行为能力的；

（八）其他导致注册失效的情形。

第十六条　有下列情形之一的，注册房地产估价师应当及时向国务院住房城乡建设主管部门提出注销注册的申请，交回注册证书，国务院住房城乡建设主管部门应当办理注销手续，公告其注册证书作废：

（一）有本办法第十五条所列情形发生的；

（二）依法被撤销注册的；

（三）依法被吊销注册证书的；

（四）受到刑事处罚的；

（五）法律、法规规定应当注销注册的其他情形。

注册房地产估价师有前款所列情形之一的，有关单位和个人有权向国务院住房城乡建设主管部门举报；县级以上地方人民政府建设（房地产）主管部门应当及时报告国务院住房城乡建设主管部门。

第十七条　被注销注册者或者不予注册者，在具备注册条件后，可以按照本办法第八条第一款、第二款规定的程序申请注册。

第十八条　注册房地产估价师遗失注册证书的，应当在公众媒体上声明后，按照本办法第八条第一款、第三款规定的程序申请补发。

第三章　执　　业

第十九条　取得执业资格的人员，应当受聘于一个具有房地产估价机构资质的单位，经注册后方可从事房地产估价执业活动。

第二十条　注册房地产估价师可以在全国范围内开展与其聘用单位业务范围相符的房地产估价活动。

第二十一条　注册房地产估价师从事执业活动，由聘用单位接受委托并统一收费。

第二十二条　在房地产估价过程中给当事人造成经济损失，聘用单位依法应当承担赔偿责任的，可依法向负有过错的注册房地产估价师追偿。

第二十三条　注册房地产估价师在每一注册有效期内应当达到国务院住房城乡建设主管部门规定的继续教育要求。

注册房地产估价师继续教育分为必修课和选修课，每一注册有效期各为60学时。经继续教育达到合格标准的，颁发继续教育合格证书。

注册房地产估价师继续教育，由中国房地产估价师与房地产经纪人学会负责组织。

第二十四条　注册房地产估价师享有下列权利：

（一）使用注册房地产估价师名称；

（二）在规定范围内执行房地产估价及相关业务；

（三）签署房地产估价报告；

（四）发起设立房地产估价机构；

（五）保管和使用本人的注册证书；

（六）对本人执业活动进行解释和辩护；

（七）参加继续教育；

（八）获得相应的劳动报酬；

（九）对侵犯本人权利的行为进行申诉。

第二十五条　注册房地产估价师应当履行下列义务：

（一）遵守法律、法规、行业管理规定和职业道德规范；

（二）执行房地产估价技术规范和标准；

（三）保证估价结果的客观公正，并承担相应责任；

（四）保守在执业中知悉的国家秘密和他人的商业、技术秘密；

（五）与当事人有利害关系的，应当主动回避；

（六）接受继续教育，努力提高执业水准；

（七）协助注册管理机构完成相关工作。

第二十六条　注册房地产估价师不得有下列行为：

（一）不履行注册房地产估价师义务；

（二）在执业过程中，索贿、受贿或者谋取合同约定费用外的其他利益；

（三）在执业过程中实施商业贿赂；

（四）签署有虚假记载、误导性陈述或者重大遗漏的估价报告；

（五）在估价报告中隐瞒或者歪曲事实；

（六）允许他人以自己的名义从事房地产估价业务；

（七）同时在2个或者2个以上房地产估价机构执业；

（八）以个人名义承揽房地产估价业务；

（九）涂改、出租、出借或者以其他形式非法转让注册证书；

（十）超出聘用单位业务范围从事房地产估价活动；

（十一）严重损害他人利益、名誉的行为；

（十二）法律、法规禁止的其他行为。

第四章　监督管理

第二十七条　县级以上人民政府建设（房地产）主管部门，应当依照有关法律、法规和本办法的规定，对注册房地产估价师的执业和继续教育情况实施监督检查。

第二十八条　国务院住房城乡建设主管部门应当将注册房地产估价师注册信息告知省、自治区、直辖市建设（房地产）主管部门。

省、自治区人民政府建设（房地产）主管部门应当将注册房地产估价师注册信息告知本行政区域内市、县人民政府建设(房地产)主管部门。直辖市人民政府建设(房地产)主管部门应当将注册房地产估价师注册信息告知本行政区域内市、县、市辖区人民政府建设(房地产)主管部门。

第二十九条 县级以上人民政府建设(房地产)主管部门履行监督检查职责时,有权采取下列措施:

(一)要求被检查人员出示注册证书;

(二)要求被检查人员所在聘用单位提供有关人员签署的估价报告及相关业务文档;

(三)就有关问题询问签署估价报告的人员;

(四)纠正违反有关法律、法规和本办法及房地产估价规范和标准的行为。

第三十条 注册房地产估价师违法从事房地产估价活动的,违法行为发生地直辖市、市、县、市辖区人民政府建设(房地产)主管部门应当依法查处,并将违法事实、处理结果告知注册房地产估价师注册所在地的省、自治区、直辖市建设(房地产)主管部门;依法需撤销注册的,应当将违法事实、处理建议及有关材料报国务院住房城乡建设主管部门。

第三十一条 有下列情形之一的,国务院住房城乡建设主管部门依据职权或者根据利害关系人的请求,可以撤销房地产估价师注册:

(一)注册机关工作人员滥用职权、玩忽职守作出准予房地产估价师注册行政许可的;

(二)超越法定职权作出准予房地产估价师注册许可的;

(三)违反法定程序作出准予房地产估价师注册许可的;

(四)对不符合法定条件的申请人作出准予房地产估价师注册许可的;

(五)依法可以撤销房地产估价师注册的其他情形。

申请人以欺骗、贿赂等不正当手段获准房地产估价师注册许可的,应当予以撤销。

第三十二条 注册房地产估价师及其聘用单位应当按照要求,向注册机关提供真实、准确、完整的注册房地产估价师信用档案信息。

注册房地产估价师信用档案应当包括注册房地产估价师的基本情况、业绩、良好行为、不良行为等内容。违法违规行为、被投诉举报处理、行政处罚等情况应当作为注册房地产估价师的不良行为记入其信用档案。

注册房地产估价师信用档案信息按照有关规定向社会公示。

第五章 法律责任

第三十三条 隐瞒有关情况或者提供虚假材料申请房地产估价师注册的,建设(房地产)主管部门不予受理或者不予行政许可,并给予警告,在1年内不得再次申请房地产估价师注册。

第三十四条 聘用单位为申请人提供虚假注册材料的,由省、自治区、直辖市人民政府建设(房地产)主管部门给予警告,并可处以1万元以上3万元以下的罚款。

第三十五条 以欺骗、贿赂等不正当手段取得注册证书的,由国务院住房城乡建设主管部门撤销其注册,3年内不得再次申请注册,并由县级以上地方人民政府建设(房地产)主管部门处以罚款,其中没有违法所得的,处以1万元以下罚款,有违法所得的,处以违法所得3倍以下且不超过3万元的罚款;构成犯罪的,依法追究刑事责任。

第三十六条 违反本办法规定,未经注册,擅自以注册房地产估价师名义从事房地产估价活动的,所签署的估价报告无效,由县级以上地方人民政府建设(房地产)主管部门给予警告,责令停止违法活动,并可处以1万元以上3万元以下的罚款;造成损失的,依法承担赔偿责任。

第三十七条 违反本办法规定,未办理变更注册仍执业的,由县级以上地方人民政府建设(房地产)主管部门责令限期改正;逾期不改正的,可处以5000元以下的罚款。

第三十八条 注册房地产估价师有本办法第二十六条行为之一的,由县级以上地方人民政府建设(房地产)主管部门给予警告,责令其改正,没有违法所得的,处以1万元以下罚款,有违法所得的,处以违法所得3倍以下且不超过3万元的罚款;造成损失的,依法承担赔偿责任;构成犯罪的,依法追究刑事责任。

第三十九条 违反本办法规定,注册房地产估价师或者其聘用单位未按照要求提供房地产估价师信用档案信息的,由县级以上地方人民政府建设(房地产)主管部门责令限期改正;逾期未改正的,可处以1000元以上1万元以下的罚款。

第四十条 县级以上地方人民政府建设(房地产)主管部门依法给予注册房地产估价师或其聘用单位行政处罚的,应当将行政处罚决定以及给予行政处罚的事实、理由和依据,报国务院住房城乡建设主管部门备案。

第四十一条 县级以上人民政府建设(房地产)主管部门,在房地产估价师注册管理工作中,有下列情形之一的,由其上级行政机关或者监察机关责令改正,对直接负责的主管人员和其他直接责任人员依法给予处分;构成犯罪的,依法追究刑事责任:

(一)对不符合本办法规定条件的申请人准予房地产估价师注册的;

(二)对符合本办法规定条件的申请人不予房地产估价师注册或者不在法定期限内作出准予注册决定的;

(三)对符合法定条件的申请不予受理或者未在法定期限内初审完毕的;

(四)利用职务上的便利,收受他人财物或者其他好处的;

(五)不依法履行监督管理职责或者监督不力,造成严重后果的。

第六章　附　　则

第四十二条　大专院校、科研院所从事房地产教学、研究的人员取得执业资格的，经所在单位同意，可以参照本办法注册，但不得担任房地产估价机构法定代表人或者执行合伙人。

第四十三条　本办法自2007年3月1日起施行。1998年8月20日发布的《房地产估价师注册管理办法》（建设部令第64号）、2001年8月15日发布的《建设部关于修改〈房地产估价师注册管理办法〉的决定》（建设部令第100号）同时废止。

城市居民住宅安全防范设施建设管理规定

（1996年1月5日建设部、公安部令第49号发布　自1996年2月1日起施行）

第一条　为加强城市居民住宅安全防范设施的建设和管理，提高居民住宅安全防范功能，保护居民人身财产安全，制定本规定。

第二条　在中华人民共和国境内从事城市居民住宅安全防范设施的建设和管理，应当遵守本规定。

第三条　本规定所称城市，是指国家按行政建制设立的直辖市、市、镇。

本规定所称居民住宅安全防范设施，是指附属于住宅建筑主体并具有安全防范功能的防盗门、防盗锁、防踹板、防护墙、监控和报警装置，以及居民住宅或住宅区内附设的治安值班室。

第四条　城市居民住宅安全防范设施，必须具备防撬、防踹、防攀缘、防跨越、防爬人等安全防范功能。

第五条　城市居民住宅安全防范设施的建设，应当遵循下列原则：

（一）适用、安全、经济、美观；

（二）符合消防法规、技术规范、标准的要求和城市容貌规定；

（三）符合当地居民习俗；

（四）因地制宜。

第六条　城市居民住宅安全防范设施的建设，应当纳入住宅建设的规划，并同时设计、同时施工，同时投入使用。

第七条　设计单位应当依据与住宅安全防范设施建设有关的规范、标准、规定进行设计。

第八条　建设行政主管部门组织审批的有关住宅建筑设计文件应当包括城市居民住宅安全防范设施部分。对不符合安全防范设施规范、标准、规定的设计文件，应责成原设计单位修改。

第九条　施工单位应当严格按照安全防范设计要求进行施工，不得擅自改动。必须修改的，应当由原设计单位出具变更设计通知书及相应的图纸，并报设计审批部门重新审批后方可进行。

第十条　城市居民住宅安全防范设施所用产品、设备和材料，必须是符合有关标准规定并经鉴定合格的产品。未经鉴定和不合格的产品不得采用。

第十一条　城市居民住宅竣工后，工程质量监督部门和住宅管理单位必须按规定对安全防范设施进行验收，不合格的不得交付使用。

第十二条　城市居民住宅安全防范设施建设所需费用，由产权人或使用人承担。

第十三条　城市居民住宅安全防范设施的管理，由具体管理住宅的单位实施。

公安机关负责城市居民住宅安全防范设施管理的监督检查。

第十四条　居民住宅区的防护墙、治安值班室等公共安全防范设施应由产权人和使用人妥善使用与保护，不得破坏或挪作他用。

第十五条　公民和单位有责任保护居民住宅安全防范设施，对破坏居民住宅安全防范设施的行为有权向公安机关举报。

第十六条　违反本规定，有下列行为之一的，由城市人民政府建设行政主管部门责令增补、修改、停工、返工、恢复原状，或采取其他补救措施，并可处以罚款：

（一）未按有关规范、标准、规定进行设计的；

（二）擅自改动设计文件中安全防范设施内容的；

（三）使用未经鉴定和鉴定不合格的产品、材料、设备的；

（四）安全防范设施未经验收或验收不合格而交付使用的。

有（三）、（四）行为之一，造成经济损失的，由责任者负责赔偿损失。

第十七条　违反本规定，破坏居民住宅安全防范设施，由公安机关责令其改正、恢复原状，并可依据《治安管理处罚条例》的规定予以处罚；构成犯罪的，依法追究刑事责任。

第十八条　本规定由建设部、公安部负责解释。

第十九条　省、自治区、直辖市人民政府建设行政主管部门、公安行政主管部门，可根据本规定制定实施细则。

第二十条　本规定自1996年2月1日起施行。

建设部关于落实新建住房结构比例要求的若干意见

（2006年7月6日　建住房〔2006〕165号）

各省、自治区建设厅，直辖市建委、房地局、规划局（委）：

为贯彻《国务院办公厅转发建设部等部门关于调整住房供应结构稳定住房价格意见的通知》（国办发〔2006〕37号），

切实调整住房供应结构，现就落实新建住房结构比例要求提出如下意见，各地要认真贯彻执行。

一、明确新建住房结构比例

各地要根据总量与项目相结合的原则，充分考虑城镇中低收入居民家庭生活对交通等设施条件的需求，合理安排普通商品住房的区位布局，统筹落实新建住房结构比例要求。自2006年6月1日起，各城市（包括县城，下同）年度（从6月1日起计算，下同）新审批、新开工的商品住房总面积中，套型建筑面积90平方米以下住房（含经济适用住房）面积所占比重，必须达到70%以上。各地应根据当地住房调查的实际状况以及土地、能源、水资源和环境等综合承载能力，分析住房需求，制定住房建设规划，合理确定当地新建商品住房总面积的套型结构比例。城市规划主管部门要会同建设、房地产主管部门将住房建设规划纳入当地国民经济和社会发展中长期规划和近期建设规划，按资源节约型和环境友好型城镇建设的总体要求，合理安排套型建筑面积90平方米以下住房为主的普通商品住房和经济适用住房布局，方便居民工作和生活，并将住房套型结构比例分解到具体区域。

城市规划主管部门要依法组织完善控制性详细规划编制工作，首先应当对拟新建或改造住房建设项目的居住用地明确提出住宅建筑套密度（每公顷住宅用地上拥有的住宅套数）、住宅面积净密度（每公顷住宅用地上拥有的住宅建筑面积）两项强制性指标，指标的确定必须符合住房建设规划关于住房套型结构比例的规定；依据控制性详细规划，出具套型结构比例和容积率、建筑高度、绿地率等规划设计条件，并作为土地出让前置条件，落实到新开工商品住房项目。

套型建筑面积是指单套住房的建筑面积，由套内建筑面积和分摊的共有建筑面积组成。经济适用住房建设要严格执行《经济适用住房管理办法》，有计划有步骤地解决低收入家庭的住房困难。

住房建设规划、近期建设规划和控制性详细规划，以及套型结构比例等，按法定程序审定、备案，并按照国务院要求的时限及时向社会公布。

年度土地供应计划中已明确用于中低价位、中小套型普通商品住房用地和依法收回土地使用权的居住用地，应当主要用于安排90平方米以下的住房建设。

各地要严格按照上述要求，落实新建商品住房项目的规划设计条件，确定套型结构比例要求，且不得擅自突破。对擅自突破的，城市规划主管部门不得核发建设工程规划许可证；对不符合规划许可内容的，施工图设计文件审查机构不得出具审查合格书，建设主管部门不得核发施工许可证，房地产主管部门不得核发预售许可证。直辖市、计划单列市、省会城市在已完成住房状况调查的基础上，经深入分析当地居民合理住房需求和供应能力，确需调整新建住房结构比例的，必须报建设部批准，并附住房状况分析和市场预测报告。

二、妥善处理已审批但未取得施工许可证的商品住房项目

对于2006年6月1日前已审批但未取得施工许可证的商品住房项目，由城市人民政府根据当地年度新建商品住房结构比例要求，区别规划用地性质、项目布局，因地制宜地确定需要调整套型结构的具体项目。建设主管部门要会同城市规划、房地产主管部门对6月1日前已审批但未取得施工许可证的项目集中进行一次清理。清理结果要报同级发展改革主管部门备案。经城市人民政府明确需要调整套型结构比例的项目，其规划设计方案和施工图须按要求进行调整，送相关部门重新审查合格并办理相关调整手续后，建设主管部门方可发放施工许可证。

需要调整的项目，要明确具体的套型结构比例要求，并纳入规划设计条件，重新审查规划设计方案。要首先调整过去违反规定批建的各类住宅项目特别是别墅类项目，按照国办发〔2005〕26号文件要求在土地出让合同中约定了销售价位、套型面积等控制性要求但企业未执行的普通商品住房项目，以及以协议出让方式取得土地使用权的项目。其他需要调整的项目，地方人民政府也要依法妥善处理。

要积极引导和鼓励项目建设单位主动按要求调整套型结构，并在调整后向原审批机关申请变更规划等许可内容，有关审批机关应当依照文件规定及时办理变更手续。对城市人民政府已明确为需要调整套型结构比例的项目，建设单位拒不调整的，原审批机关应依据《行政许可法》第八条的有关规定，作出变更规划等许可的决定。

三、严肃查处违法违规行为

各地建设、规划、房地产主管部门要根据有关法律法规的规定，加强市场监管，严肃查处违反或规避套型结构要求的违法违规行为。对情节恶劣、性质严重的违法违规行为，要公开曝光、从严处罚。对违规建设的住房，依法该没收的，要坚决予以没收，所没收的住房主要用于解决低收入家庭居住困难。

当前应重点查处下列行为：开发建设单位不按照批准的规划设计条件委托设计；明示或暗示设计单位违反设计规范中住宅层高、套内基本空间的规定，规避套型结构要求；在建设过程中擅自变更设计，违反套型结构要求等行为。设计单位接受开发建设单位明示或暗示，不严格按照国家法律法规、技术标准进行设计，或采用不正当技术手段规避有关规划控制性要求，或向建设单位提供与审查合格的施工图设计文件不符的图纸，擅自改变套型建筑面积的行为。施工单位不按审查合格的施工图设计文件进行施工，擅自更改设计、预留空间，改变套型建筑面积的行为。监理单位接受开发建设单位明示或暗示，不严格按照技术标准和规划要求进行监理，致使套型结构要求没有得到落实的行为。

四、加强监督检查，落实责任追究制度

国办发〔2006〕37号文件明确要求，“各地区、特别是城市人民政府要切实负起责任，把调整住房供应结构、控制住房价格过快上涨纳入经济社会发展工作的目标责任制，促进房地产业健康发展。”城市规划、建设、房地产等有关主管部门要在当地政府领导下，认真履行职责，建立健全协调配合工作机制，严格程序，密切合作，各司其职。对没有按要求严格审查，违规发放规划、施工、商品房预售许可证和施工图设计文件审查合格书的单位和个人，要及时予以严肃查处；属于失职、渎职的，要提请有关机关依法追究有关人员的责任。

省、自治区建设主管部门要会同有关部门，加强对市、县落实新建住房结构比例工作的指导、监督。对不及时公布住房建设规划并按规定上报备案、套型结构比例没有按要求公布或公布后未予落实的，要予以通报批评。

各地建设（规划）主管部门要会同监察机关按照《建设部监察部关于开展城乡规划效能监察的通知》（建规〔2005〕161号），把落实近期建设规划、调整住房供应结构情况作为规划效能监察工作重点，加强监督监察。对措施不落实、工作不到位的，要责成整改，并依法追究有关单位和人员的责任。建设部将会同监察部对有关工作情况进行监督检查。

住房和城乡建设部关于进一步加强住宅装饰装修管理的通知

（2008年7月29日　建质〔2008〕133号）

各省、自治区建设厅，直辖市建委（房管局）：

近年来，随着我国经济快速发展和人民生活水平的提高，住宅装饰装修市场规模不断扩大，在增加就业、带动经济发展、改善人居条件等方面发挥了重要作用。但是，在住宅装饰装修过程中，一些用户违反国家法律法规，擅自改变房屋使用功能、损坏房屋结构等情况时有发生，给人民生命和财产安全带来很大隐患。为进一步加强住宅装饰装修管理，切实保障住宅质量安全和使用寿命，现将有关事项通知如下：

一、提高思想认识，加强组织领导

住宅装饰装修与人民群众的生活和安全息息相关，由装饰装修引发的结构安全问题时有发生，特别是在汶川地震遭受破坏的建筑中尤为突出，这直接关系到人民生命财产安全，也关系到社会稳定和社会主义和谐社会的构建。各级建设主管部门要从落实科学发展观的高度，进一步转变思想，提高认识，增强做好装饰装修管理工作的责任感和紧迫感，切实把这项工作摆到重要议事日程上来。要根据本地区实际，以治理野蛮装修、防止破坏房屋结构为重点，不断健全工作机制，创新工作方法，改进工作作风，加强领导，明确责任，狠抓落实，着力把好住宅装饰装修安全关。

二、严格管理制度，落实相关责任

各级建设主管部门要根据国务院《建设工程质量管理条例》和《住宅室内装饰装修管理办法》（建设部令第110号）等有关规定，进一步完善本地区住宅装饰装修管理制度，落实装修人、装修企业和物业服务企业等住宅管理单位的责任。要加快建立装修企业信用管理制度，严格对装修人和装修企业违法违规行为的处罚。要坚持完善装修开工申报制度，装饰装修企业要严格执行《住宅装饰装修工程施工规范》（GB5037－2001），确保装修质量。要采取切实有效措施，充分调动物业服务企业等住宅管理单位、居委会和住宅使用者参与监督的积极性，逐步形成各方力量共同参与、相互配合的联合监督机制。

三、切实加强监管，确保质量安全

各级建设主管部门要会同有关部门，切实加强住宅装饰装修过程中的监督巡查，发现未经批准擅自开工、不按装修方案施工或破坏房屋结构行为的，责令立即整改。物业服务企业等住宅管理单位应按照装饰装修管理服务协议进行现场检查，进一步强化竣工验收环节的管理，发现影响结构质量安全的问题，应要求装修人和装修企业改正，并报政府主管部门处理。建设主管部门要健全装修投诉举报机制，对住宅装饰装修中出现的影响公众利益的质量事故和质量缺陷，必须依法认真调查，立即责令纠正，严肃处理。

四、完善扶持政策，推广全装修房

各地要继续贯彻落实《关于推进住宅产业现代化提高住宅质量若干意见》（国办发〔1999〕72号）和《商品住宅装修一次到位实施导则》（建住房〔2002〕190号），制定出台相关扶持政策，引导和鼓励新建商品住宅一次装修到位或菜单式装修模式。要根据本地实际，科学规划，分步实施，逐步达到取消毛坯房，直接向消费者提供全装修成品房的目标。

五、强化宣传培训，营造良好环境

各地要充分发挥宣传舆论的导向作用，利用网络、电视、广播、报纸和杂志等宣传手段，采用板报标语、宣传图册等群众喜闻乐见、易于接受的宣传形式，大力宣传装修过程中私拆滥改的危害，普及住宅装饰装修基本知识，增强广大业主维护自身权益的法律意识和质量安全意识，树立文明装修、合理使用的思想。要针对物业服务企业等住宅管理单位和装修企业，有组织地开展相关培训，提高他们的质量意识和技术水平。要在建筑装饰装修行业积极开展创优评先活动，加强行业自律，建设诚信体系，营造人人重视安全、人人保障安全的良好执、守法环境。

建设部、商务部、国家发展和改革委员会、中国人民银行、国家工商行政管理总局、国家外汇管理局关于规范房地产市场外资准入和管理的意见

（2006年7月11日　建住房〔2006〕171号）

各省、自治区、直辖市人民政府，国务院各部委、各直属机构：

今年以来，我国房地产领域外商投资增长较快，境外机构和个人在境内购买房地产也比较活跃。为促进房地产市场健康发展，经国务院同意，现就规范房地产市场外资准入和管理提出以下意见：

一、规范外商投资房地产市场准入

（一）境外机构和个人在境内投资购买非自用房地产，应当遵循商业存在的原则，按照外商投资房地产的有关规定，申请设立外商投资企业；经有关部门批准并办理有关登记后，方可按照核准的经营范围从事相关业务。

（二）外商投资设立房地产企业，投资总额超过1000万美元（含1000万美元）的，注册资本金不得低于投资总额的50%。投资总额低于1000万美元的，注册资本金仍按现行规定执行。

（三）设立外商投资房地产企业，由商务主管部门和工商行政管理机关依法批准设立和办理注册登记手续，颁发一年期《外商投资企业批准证书》和《营业执照》。企业付清土地使用权出让金后，凭上述证照到土地管理部门申办《国有土地使用证》，根据《国有土地使用证》到商务主管部门换发正式的《外商投资企业批准证书》，再到工商行政管理机关换发与《外商投资企业批准证书》经营期限一致的《营业执照》，到税务机关办理税务登记。

（四）外商投资房地产企业的股权和项目转让，以及境外投资者并购境内房地产企业，由商务主管等部门严格按照有关法律法规和政策规定进行审批。投资者应提交履行《国有土地使用权出让合同》、《建设用地规划许可证》、《建设工程规划许可证》等的保证函，《国有土地使用证》，建设（房地产）主管部门的变更备案证明，以及税务机关出具的相关纳税证明材料。

（五）境外投资者通过股权转让及其他方式并购境内房地产企业，或收购合资企业中方股权的，须妥善安置职工、处理银行债务、并以自有资金一次性支付全部转让金。对有不良记录的境外投资者，不允许其在境内进行上述活动。

二、加强外商投资企业房地产开发经营管理

（六）对投资房地产未取得《外商投资企业批准证书》和《营业执照》的境外投资者，不得进行房地产开发和经营活动。

（七）外商投资房地产企业注册资本金未全部缴付的，未取得《国有土地使用证》的，或开发项目资本金未达到项目投资总额35%的，不得办理境内、境外贷款，外汇管理部门不予批准该企业的外汇借款结汇。

（八）外商投资房地产企业的中外投资各方，不得以任何形式在合同、章程、股权转让协议以及其他文件中，订立保证任何一方固定回报或变相固定回报的条款。

（九）外商投资房地产企业应当遵守房地产有关法律法规和政策规定，严格执行土地出让合同约定及规划许可批准的期限和条件。有关部门要加强对外商投资房地产企业开发、销售等经营活动的监管，发现囤积土地和房源、哄抬房价等违法违规行为的，要根据国办发〔2006〕37号文件及其他有关规定严肃查处。

三、严格境外机构和个人购房管理

（十）境外机构在境内设立的分支、代表机构（经批准从事经营房地产业的企业除外）和在境内工作、学习时间超过一年的境外个人可以购买符合实际需要的自用、自住商品房，不得购买非自用、非自住商品房。在境内没有设立分支、代表机构的境外机构和在境内工作、学习时间一年以下的境外个人，不得购买商品房。港澳台地区居民和华侨因生活需要，可在境内限购一定面积的自住商品房。

（十一）符合规定的境外机构和个人购买自用、自住商品房必须采取实名制，并持有效证明（境外机构应持我政府有关部门批准设立驻境内机构的证明，境外个人应持其来境内工作、学习，经我方批准的证明，下同）到土地和房地产主管部门办理相应的土地使用权及房屋产权登记手续。房地产产权登记部门必须严格按照自用、自住原则办理境外机构和个人的产权登记，对不符合条件的不予登记。

（十二）外汇管理部门要严格按照有关规定和本意见的要求审核外商投资企业、境外机构和个人购房的资金汇入和结汇，符合条件的允许汇入并结汇；相关房产转让所得人民币资金经合规性审核并确认按规定办理纳税等手续后，方允许购汇汇出。

四、进一步强化和落实监管责任

（十三）各地区、特别是城市人民政府要切实负起责任，高度重视当前外资进入房地产市场可能引发的问题，进一步加强领导，落实监管责任。各地不得擅自出台对外商投资房地产企业的优惠政策，已经出台的要清理整顿并予以纠正。建设部、商务部、发展改革委、国土资源部、人民银行、税务总局、工商总局、银监会、外汇局等有关部门要及时制定有关操作细则，加强对各地落实规范房地产市场外资准入和管理政策的指导和监督检查，对擅自降低企业注册资本金和项目资本金比例，以及管理不到位出现其他违法违规行为的，要依法查处。同时，要进一步加大对房地产违规跨境交易和汇兑违法

违规行为的查处力度。

（十四）完善市场监测分析工作机制。建设部、商务部、统计局、国土资源部、人民银行、税务总局、工商总局、外汇局等有关部门要建立健全外资进入房地产市场信息监测系统，完善外资房地产信息网络。有关部门要加强协调配合，强化对跨境资本流动的监测，尽快实现外资房地产统计数据的信息共享。

2. 权属登记

不动产登记暂行条例

（2014年11月24日中华人民共和国国务院令第656号公布 根据2019年3月24日《国务院关于修改部分行政法规的决定》修订）

第一章 总 则

第一条 为整合不动产登记职责，规范登记行为，方便群众申请登记，保护权利人合法权益，根据《中华人民共和国物权法》等法律，制定本条例。

第二条 本条例所称不动产登记，是指不动产登记机构依法将不动产权利归属和其他法定事项记载于不动产登记簿的行为。

本条例所称不动产，是指土地、海域以及房屋、林木等定着物。

第三条 不动产首次登记、变更登记、转移登记、注销登记、更正登记、异议登记、预告登记、查封登记等，适用本条例。

第四条 国家实行不动产统一登记制度。

不动产登记遵循严格管理、稳定连续、方便群众的原则。

不动产权利人已经依法享有的不动产权利，不因登记机构和登记程序的改变而受到影响。

第五条 下列不动产权利，依照本条例的规定办理登记：

（一）集体土地所有权；

（二）房屋等建筑物、构筑物所有权；

（三）森林、林木所有权；

（四）耕地、林地、草地等土地承包经营权；

（五）建设用地使用权；

（六）宅基地使用权；

（七）海域使用权；

（八）地役权；

（九）抵押权；

（十）法律规定需要登记的其他不动产权利。

第六条 国务院国土资源主管部门负责指导、监督全国不动产登记工作。

县级以上地方人民政府应当确定一个部门为本行政区域的不动产登记机构，负责不动产登记工作，并接受上级人民政府不动产登记主管部门的指导、监督。

第七条 不动产登记由不动产所在地的县级人民政府不动产登记机构办理；直辖市、设区的市人民政府可以确定本级不动产登记机构统一办理所属各区的不动产登记。

跨县级行政区域的不动产登记，由所跨县级行政区域的不动产登记机构分别办理。不能分别办理的，由所跨县级行政区域的不动产登记机构协商办理；协商不成的，由共同的上一级人民政府不动产登记主管部门指定办理。

国务院确定的重点国有林区的森林、林木和林地，国务院批准项目用海、用岛，中央国家机关使用的国有土地等不动产登记，由国务院国土资源主管部门会同有关部门规定。

第二章 不动产登记簿

第八条 不动产以不动产单元为基本单位进行登记。不动产单元具有唯一编码。

不动产登记机构应当按照国务院国土资源主管部门的规定设立统一的不动产登记簿。

不动产登记簿应当记载以下事项：

（一）不动产的坐落、界址、空间界限、面积、用途等自然状况；

（二）不动产权利的主体、类型、内容、来源、期限、权利变化等权属状况；

（三）涉及不动产权利限制、提示的事项；

（四）其他相关事项。

第九条 不动产登记簿应当采用电子介质，暂不具备条件的，可以采用纸质介质。不动产登记机构应当明确不动产登记簿唯一、合法的介质形式。

不动产登记簿采用电子介质的，应当定期进行异地备份，并具有唯一、确定的纸质转化形式。

第十条 不动产登记机构应当依法将各类登记事项准确、完整、清晰地记载于不动产登记簿。任何人不得损毁不动产登记簿，除依法予以更正外不得修改登记事项。

第十一条 不动产登记工作人员应当具备与不动产登记工作相适应的专业知识和业务能力。

不动产登记机构应当加强对不动产登记工作人员的管理和专业技术培训。

第十二条 不动产登记机构应当指定专人负责不动产登记簿的保管，并建立健全相应的安全责任制度。

采用纸质介质不动产登记簿的，应当配备必要的防盗、防火、防渍、防有害生物等安全保护设施。

采用电子介质不动产登记簿的，应当配备专门的存储设施，并采取信息网络安全防护措施。

第十三条 不动产登记簿由不动产登记机构永久保存。不动产登记簿损毁、灭失的，不动产登记机构应当依据原有登记资料予以重建。

行政区域变更或者不动产登记机构职能调整的，应当及时将不动产登记簿移交相应的不动产登记机构。

第三章 登记程序

第十四条 因买卖、设定抵押权等申请不动产登记的，应当由当事人双方共同申请。

属于下列情形之一的，可以由当事人单方申请：

（一）尚未登记的不动产首次申请登记的；

（二）继承、接受遗赠取得不动产权利的；

（三）人民法院、仲裁委员会生效的法律文书或者人民政府生效的决定等设立、变更、转让、消灭不动产权利的；

（四）权利人姓名、名称或者自然状况发生变化，申请变更登记的；

（五）不动产灭失或者权利人放弃不动产权利，申请注销登记的；

（六）申请更正登记或者异议登记的；

（七）法律、行政法规规定可以由当事人单方申请的其他情形。

第十五条 当事人或者其代理人应当向不动产登记机构申请不动产登记。

不动产登记机构将申请登记事项记载于不动产登记簿前，申请人可以撤回登记申请。

第十六条 申请人应当提交下列材料，并对申请材料的真实性负责：

（一）登记申请书；

（二）申请人、代理人身份证明材料、授权委托书；

（三）相关的不动产权属来源证明材料、登记原因证明文件、不动产权属证书；

（四）不动产界址、空间界限、面积等材料；

（五）与他人利害关系的说明材料；

（六）法律、行政法规以及本条例实施细则规定的其他材料。

不动产登记机构应当在办公场所和门户网站公开申请登记所需材料目录和示范文本等信息。

第十七条 不动产登记机构收到不动产登记申请材料，应当分别按照下列情况办理：

（一）属于登记职责范围，申请材料齐全、符合法定形式，或者申请人按照要求提交全部补正申请材料的，应当受理并书面告知申请人；

（二）申请材料存在可以当场更正的错误的，应当告知申请人当场更正，申请人当场更正后，应当受理并书面告知申请人；

（三）申请材料不齐全或者不符合法定形式的，应当当场书面告知申请人不予受理并一次性告知需要补正的全部内容；

（四）申请登记的不动产不属于本机构登记范围的，应当当场书面告知申请人不予受理并告知申请人向有登记权的机构申请。

不动产登记机构未当场书面告知申请人不予受理的，视为受理。

第十八条 不动产登记机构受理不动产登记申请的，应当按照下列要求进行查验：

（一）不动产界址、空间界限、面积等材料与申请登记的不动产状况是否一致；

（二）有关证明材料、文件与申请登记的内容是否一致；

（三）登记申请是否违反法律、行政法规规定。

第十九条 属于下列情形之一的，不动产登记机构可以对申请登记的不动产进行实地查看：

（一）房屋等建筑物、构筑物所有权首次登记；

（二）在建建筑物抵押权登记；

（三）因不动产灭失导致的注销登记；

（四）不动产登记机构认为需要实地查看的其他情形。

对可能存在权属争议，或者可能涉及他人利害关系的登记申请，不动产登记机构可以向申请人、利害关系人或者有关单位进行调查。

不动产登记机构进行实地查看或者调查时，申请人、被调查人应当予以配合。

第二十条 不动产登记机构应当自受理登记申请之日起30个工作日内办结不动产登记手续，法律另有规定的除外。

第二十一条 登记事项自记载于不动产登记簿时完成登记。

不动产登记机构完成登记，应当依法向申请人核发不动产权属证书或者登记证明。

第二十二条 登记申请有下列情形之一的，不动产登记机构应当不予登记，并书面告知申请人：

（一）违反法律、行政法规规定的；

（二）存在尚未解决的权属争议的；

（三）申请登记的不动产权利超过规定期限的；

（四）法律、行政法规规定不予登记的其他情形。

第四章 登记信息共享与保护

第二十三条 国务院国土资源主管部门应当会同有关部门建立统一的不动产登记信息管理基础平台。

各级不动产登记机构登记的信息应当纳入统一的不动产登记信息管理基础平台，确保国家、省、市、县四级登记信息的实时共享。

第二十四条 不动产登记有关信息与住房城乡建设、农业、林业、海洋等部门审批信息、交易信息等应当实时互通共享。

不动产登记机构能够通过实时互通共享取得的信息，不得要求不动产登记申请人重复提交。

第二十五条 国土资源、公安、民政、财政、税务、工商、金融、审计、统计等部门应当加强不动产登记有关信息互通共享。

第二十六条 不动产登记机构、不动产登记信息共享单位及其工作人员应当对不动产登记信息保密；涉及国家秘密的不动产登记信息，应当依法采取必要的安全保密措施。

第二十七条 权利人、利害关系人可以依法查询、复制不动产登记资料，不动产登记机构应当提供。

有关国家机关可以依照法律、行政法规的规定查询、复制与调查处理事项有关的不动产登记资料。

第二十八条 查询不动产登记资料的单位、个人应当向不动产登记机构说明查询目的，不得将查询获得的不动产登记资料用于其他目的；未经权利人同意，不得泄露查询获得的不动产登记资料。

第五章 法律责任

第二十九条 不动产登记机构登记错误给他人造成损害，或者当事人提供虚假材料申请登记给他人造成损害的，依照《中华人民共和国物权法》的规定承担赔偿责任。

第三十条 不动产登记机构工作人员进行虚假登记，损毁、伪造不动产登记簿，擅自修改登记事项，或者有其他滥用职权、玩忽职守行为的，依法给予处分；给他人造成损害的，依法承担赔偿责任；构成犯罪的，依法追究刑事责任。

第三十一条 伪造、变造不动产权属证书、不动产登记证明，或者买卖、使用伪造、变造的不动产权属证书、不动产登记证明的，由不动产登记机构或者公安机关依法予以收缴；有违法所得的，没收违法所得；给他人造成损害的，依法承担赔偿责任；构成违反治安管理行为的，依法给予治安管理处罚；构成犯罪的，依法追究刑事责任。

第三十二条 不动产登记机构、不动产登记信息共享单位及其工作人员，查询不动产登记资料的单位或者个人违反国家规定，泄露不动产登记资料、登记信息，或者利用不动产登记资料、登记信息进行不正当活动，给他人造成损害的，依法承担赔偿责任；对有关责任人员依法给予处分；有关责任人员构成犯罪的，依法追究刑事责任。

第六章 附　　则

第三十三条 本条例施行前依法颁发的各类不动产权属证书和制作的不动产登记簿继续有效。

不动产统一登记过渡期内，农村土地承包经营权的登记按照国家有关规定执行。

第三十四条 本条例实施细则由国务院国土资源主管部门会同有关部门制定。

第三十五条 本条例自2015年3月1日起施行。本条例施行前公布的行政法规有关不动产登记的规定与本条例规定不一致的，以本条例规定为准。

不动产登记暂行条例实施细则

（2016年1月1日 国土资源部令第63号公布 根据2019年7月16日自然资源部第2次部务会《自然资源部关于废止和修改的第一批部门规章的决定》修正 2019年7月24日自然资源部令第5号公布 自公布之日起施行）

目　　录

第一章 总　　则
第二章 不动产登记簿
第三章 登记程序
第四章 不动产权利登记
　第一节 一般规定
　第二节 集体土地所有权登记
　第三节 国有建设用地使用权及房屋所有权登记
　第四节 宅基地使用权及房屋所有权登记
　第五节 集体建设用地使用权及建筑物、构筑物所有权登记
　第六节 土地承包经营权登记
　第七节 海域使用权登记
　第八节 地役权登记
　第九节 抵押权登记
第五章 其他登记
　第一节 更正登记
　第二节 异议登记
　第三节 预告登记
　第四节 查封登记
第六章 不动产登记资料的查询、保护和利用
第七章 法律责任
第八章 附　　则

第一章 总　　则

第一条 为规范不动产登记行为，细化不动产统一登记制度，方便人民群众办理不动产登记，保护权利人合法权益，根据《不动产登记暂行条例》（以下简称《条例》），制定本实施细则。

第二条 不动产登记应当依照当事人的申请进行，但法律、行政法规以及本实施细则另有规定的除外。

房屋等建筑物、构筑物和森林、林木等定着物应当与其所依附的土地、海域一并登记，保持权利主体一致。

第三条 不动产登记机构依照《条例》第七条第二款的

规定，协商办理或者接受指定办理跨县级行政区域不动产登记的，应当在登记完毕后将不动产登记簿记载的不动产权利人以及不动产坐落、界址、面积、用途、权利类型等登记结果告知不动产所跨区域的其他不动产登记机构。

第四条 国务院确定的重点国有林区的森林、林木和林地，由自然资源部受理并会同有关部门办理，依法向权利人核发不动产权属证书。

国务院批准的项目用海、用岛的登记，由自然资源部受理，依法向权利人核发不动产权属证书。

第二章 不动产登记簿

第五条 《条例》第八条规定的不动产单元，是指权属界线封闭且具有独立使用价值的空间。

没有房屋等建筑物、构筑物以及森林、林木定着物的，以土地、海域权属界线封闭的空间为不动产单元。

有房屋等建筑物、构筑物以及森林、林木定着物的，以该房屋等建筑物、构筑物以及森林、林木定着物与土地、海域权属界线封闭的空间为不动产单元。

前款所称房屋，包括独立成幢、权属界线封闭的空间，以及区分套、层、间等可以独立使用、权属界线封闭的空间。

第六条 不动产登记簿以宗地或者宗海为单位编成，一宗地或者一宗海范围内的全部不动产单元编入一个不动产登记簿。

第七条 不动产登记机构应当配备专门的不动产登记电子存储设施，采取信息网络安全防护措施，保证电子数据安全。

任何单位和个人不得擅自复制或者篡改不动产登记簿信息。

第八条 承担不动产登记审核、登簿的不动产登记工作人员应当熟悉相关法律法规，具备与其岗位相适应的不动产登记等方面的专业知识。

自然资源部会同有关部门组织开展对承担不动产登记审核、登簿的不动产登记工作人员的考核培训。

第三章 登记程序

第九条 申请不动产登记的，申请人应当填写登记申请书，并提交身份证明以及相关申请材料。

申请材料应当提供原件。因特殊情况不能提供原件的，可以提供复印件，复印件应当与原件保持一致。

第十条 处分共有不动产申请登记的，应当经占份额三分之二以上的按份共有人或者全体共同共有人共同申请，但共有人另有约定的除外。

按份共有人转让其享有的不动产份额，应当与受让人共同申请转移登记。

建筑区划内依法属于全体业主共有的不动产申请登记，依照本实施细则第三十六条的规定办理。

第十一条 无民事行为能力人、限制民事行为能力人申请不动产登记的，应当由其监护人代为申请。

监护人代为申请登记的，应当提供监护人与被监护人的身份证或者户口簿、有关监护关系等材料；因处分不动产而申请登记的，还应当提供为被监护人利益的书面保证。

父母之外的监护人处分未成年人不动产的，有关监护关系材料可以是人民法院指定监护的法律文书、经过公证的对被监护人享有监护权的材料或者其他材料。

第十二条 当事人可以委托他人代为申请不动产登记。

代理申请不动产登记的，代理人应当向不动产登记机构提供被代理人签字或者盖章的授权委托书。

自然人处分不动产，委托代理人申请登记的，应当与代理人共同到不动产登记机构现场签订授权委托书，但授权委托书经公证的除外。

境外申请人委托他人办理处分不动产登记的，其授权委托书应当按照国家有关规定办理认证或者公证。

第十三条 申请登记的事项记载于不动产登记簿前，全体申请人提出撤回登记申请的，登记机构应当将登记申请书以及相关材料退还申请人。

第十四条 因继承、受遗赠取得不动产，当事人申请登记的，应当提交死亡证明材料、遗嘱或者全部法定继承人关于不动产分配的协议以及与被继承人的亲属关系材料等，也可以提交经公证的材料或者生效的法律文书。

第十五条 不动产登记机构受理不动产登记申请后，还应当对下列内容进行查验：

（一）申请人、委托代理人身份证明材料以及授权委托书与申请主体是否一致；

（二）权属来源材料或者登记原因文件与申请登记的内容是否一致；

（三）不动产界址、空间界限、面积等权籍调查成果是否完备，权属是否清楚、界址是否清晰、面积是否准确；

（四）法律、行政法规规定的完税或者缴费凭证是否齐全。

第十六条 不动产登记机构进行实地查看，重点查看下列情况：

（一）房屋等建筑物、构筑物所有权首次登记，查看房屋坐落及其建造完成等情况；

（二）在建建筑物抵押权登记，查看抵押的在建建筑物坐落及其建造等情况；

（三）因不动产灭失导致的注销登记，查看不动产灭失等情况。

第十七条 有下列情形之一的，不动产登记机构应当在登记事项记载于登记簿前进行公告，但涉及国家秘密的除外：

（一）政府组织的集体土地所有权登记；

（二）宅基地使用权及房屋所有权，集体建设用地使用权及建筑物、构筑物所有权，土地承包经营权等不动产权利的首次登记；

（三）依职权更正登记；

（四）依职权注销登记；

（五）法律、行政法规规定的其他情形。

公告应当在不动产登记机构门户网站以及不动产所在地等指定场所进行，公告期不少于15个工作日。公告所需时间不计算在登记办理期限内。公告期满无异议或者异议不成立的，应当及时记载于不动产登记簿。

第十八条 不动产登记公告的主要内容包括：

（一）拟予登记的不动产权利人的姓名或者名称；

（二）拟予登记的不动产坐落、面积、用途、权利类型等；

（三）提出异议的期限、方式和受理机构；

（四）需要公告的其他事项。

第十九条 当事人可以持人民法院、仲裁委员会的生效法律文书或者人民政府的生效决定单方申请不动产登记。

有下列情形之一的，不动产登记机构直接办理不动产登记：

（一）人民法院持生效法律文书和协助执行通知书要求不动产登记机构办理登记的；

（二）人民检察院、公安机关依据法律规定持协助查封通知书要求办理查封登记的；

（三）人民政府依法做出征收或者收回不动产权利决定生效后，要求不动产登记机构办理注销登记的；

（四）法律、行政法规规定的其他情形。

不动产登记机构认为登记事项存在异议的，应当依法向有关机关提出审查建议。

第二十条 不动产登记机构应当根据不动产登记簿，填写并核发不动产权属证书或者不动产登记证明。

除办理抵押权登记、地役权登记和预告登记、异议登记，向申请人核发不动产登记证明外，不动产登记机构应当依法向权利人核发不动产权属证书。

不动产权属证书和不动产登记证明，应当加盖不动产登记机构登记专用章。

不动产权属证书和不动产登记证明样式，由自然资源部统一规定。

第二十一条 申请共有不动产登记的，不动产登记机构向全体共有人合并发放一本不动产权属证书；共有人申请分别持证的，可以为共有人分别发放不动产权属证书。

共有不动产权属证书应当注明共有情况，并列明全体共有人。

第二十二条 不动产权属证书或者不动产登记证明污损、破损的，当事人可以向不动产登记机构申请换发。符合换发条件的，不动产登记机构应当予以换发，并收回原不动产权属证书或者不动产登记证明。

不动产权属证书或者不动产登记证明遗失、灭失，不动产权利人申请补发的，由不动产登记机构在其门户网站上刊发不动产权利人的遗失、灭失声明15个工作日后，予以补发。

不动产登记机构补发不动产权属证书或者不动产登记证明的，应当将补发不动产权属证书或者不动产登记证明的事项记载于不动产登记簿，并在不动产权属证书或者不动产登记证明上注明“补发”字样。

第二十三条 因不动产权利灭失等情形，不动产登记机构需要收回不动产权属证书或者不动产登记证明的，应当在不动产登记簿上将收回不动产权属证书或者不动产登记证明的事项予以注明；确实无法收回的，应当在不动产登记机构门户网站或者当地公开发行的报刊上公告作废。

第四章 不动产权利登记

第一节 一般规定

第二十四条 不动产首次登记，是指不动产权利第一次登记。

未办理不动产首次登记的，不得办理不动产其他类型登记，但法律、行政法规另有规定的除外。

第二十五条 市、县人民政府可以根据情况对本行政区域内未登记的不动产，组织开展集体土地所有权、宅基地使用权、集体建设用地使用权、土地承包经营权的首次登记。

依照前款规定办理首次登记所需的权属来源、调查等登记材料，由人民政府有关部门组织获取。

第二十六条 下列情形之一的，不动产权利人可以向不动产登记机构申请变更登记：

（一）权利人的姓名、名称、身份证明类型或者身份证明号码发生变更的；

（二）不动产的坐落、界址、用途、面积等状况变更的；

（三）不动产权利期限、来源等状况发生变化的；

（四）同一权利人分割或者合并不动产的；

（五）抵押担保的范围、主债权数额、债务履行期限、抵押权顺位发生变化的；

（六）最高额抵押担保的债权范围、最高债权额、债权确定期间等发生变化的；

（七）地役权的利用目的、方法等发生变化的；

（八）共有性质发生变更的；

（九）法律、行政法规规定的其他不涉及不动产权利转移的变更情形。

第二十七条 因下列情形导致不动产权利转移的，当事人可以向不动产登记机构申请转移登记：

（一）买卖、互换、赠与不动产的；

（二）以不动产作价出资（入股）的；

（三）法人或者其他组织因合并、分立等原因致使不动产权利发生转移的；

（四）不动产分割、合并导致权利发生转移的；

（五）继承、受遗赠导致权利发生转移的；

（六）共有人增加或者减少以及共有不动产份额变化的；

（七）因人民法院、仲裁委员会的生效法律文书导致不动产权利发生转移的；

（八）因主债权转移引起不动产抵押权转移的；

（九）因需役地不动产权利转移引起地役权转移的；

（十）法律、行政法规规定的其他不动产权利转移情形。

第二十八条 有下列情形之一的，当事人可以申请办理注销登记：

（一）不动产灭失的；

（二）权利人放弃不动产权利的；

（三）不动产被依法没收、征收或者收回的；

（四）人民法院、仲裁委员会的生效法律文书导致不动产权利消灭的；

（五）法律、行政法规规定的其他情形。

不动产上已经设立抵押权、地役权或者已经办理预告登记，所有权人、使用权人因放弃权利申请注销登记的，申请人应当提供抵押权人、地役权人、预告登记权利人同意的书面材料。

第二节 集体土地所有权登记

第二十九条 集体土地所有权登记，依照下列规定提出申请：

（一）土地属于村农民集体所有的，由村集体经济组织代为申请，没有集体经济组织的，由村民委员会代为申请；

（二）土地分别属于村内两个以上农民集体所有的，由村内各集体经济组织代为申请，没有集体经济组织的，由村民小组代为申请；

（三）土地属于乡（镇）农民集体所有的，由乡（镇）集体经济组织代为申请。

第三十条 申请集体土地所有权首次登记的，应当提交下列材料：

（一）土地权属来源材料；

（二）权籍调查表、宗地图以及宗地界址点坐标；

（三）其他必要材料。

第三十一条 农民集体因互换、土地调整等原因导致集体土地所有权转移，申请集体土地所有权转移登记的，应当提交下列材料：

（一）不动产权属证书；

（二）互换、调整协议等集体土地所有权转移的材料；

（三）本集体经济组织三分之二以上成员或者三分之二以上村民代表同意的材料；

（四）其他必要材料。

第三十二条 申请集体土地所有权变更、注销登记的，应当提交下列材料：

（一）不动产权属证书；

（二）集体土地所有权变更、消灭的材料；

（三）其他必要材料。

第三节 国有建设用地使用权及房屋所有权登记

第三十三条 依法取得国有建设用地使用权，可以单独申请国有建设用地使用权登记。

依法利用国有建设用地建造房屋的，可以申请国有建设用地使用权及房屋所有权登记。

第三十四条 申请国有建设用地使用权首次登记，应当提交下列材料：

（一）土地权属来源材料；

（二）权籍调查表、宗地图以及宗地界址点坐标；

（三）土地出让价款、土地租金、相关税费等缴纳凭证；

（四）其他必要材料。

前款规定的土地权属来源材料，根据权利取得方式的不同，包括国有建设用地划拨决定书、国有建设用地使用权出让合同、国有建设用地使用权租赁合同以及国有建设用地使用权作价出资（入股）、授权经营批准文件。

申请在地上或者地下单独设立国有建设用地使用权登记的，按照本条规定办理。

第三十五条 申请国有建设用地使用权及房屋所有权首次登记的，应当提交下列材料：

（一）不动产权属证书或者土地权属来源材料；

（二）建设工程符合规划的材料；

（三）房屋已经竣工的材料；

（四）房地产调查或者测绘报告；

（五）相关税费缴纳凭证；

（六）其他必要材料。

第三十六条 办理房屋所有权首次登记时，申请人应当将建筑区划内依法属于业主共有的道路、绿地、其他公共场所、公用设施和物业服务用房及其占用范围内的建设用地使用权一并申请登记为业主共有。业主转让房屋所有权的，其对共有部分享有的权利依法一并转让。

第三十七条 申请国有建设用地使用权及房屋所有权变更登记的，应当根据不同情况，提交下列材料：

（一）不动产权属证书；

（二）发生变更的材料；

（三）有批准权的人民政府或者主管部门的批准文件；

（四）国有建设用地使用权出让合同或者补充协议；

（五）国有建设用地使用权出让价款、税费等缴纳凭证；

（六）其他必要材料。

第三十八条　申请国有建设用地使用权及房屋所有权转移登记的，应当根据不同情况，提交下列材料：

（一）不动产权属证书；

（二）买卖、互换、赠与合同；

（三）继承或者受遗赠的材料；

（四）分割、合并协议；

（五）人民法院或者仲裁委员会生效的法律文书；

（六）有批准权的人民政府或者主管部门的批准文件；

（七）相关税费缴纳凭证；

（八）其他必要材料。

不动产买卖合同依法应当备案的，申请人申请登记时须提交经备案的买卖合同。

第三十九条　具有独立利用价值的特定空间以及码头、油库等其他建筑物、构筑物所有权的登记，按照本实施细则中房屋所有权登记有关规定办理。

第四节　宅基地使用权及房屋所有权登记

第四十条　依法取得宅基地使用权，可以单独申请宅基地使用权登记。

依法利用宅基地建造住房及其附属设施的，可以申请宅基地使用权及房屋所有权登记。

第四十一条　申请宅基地使用权及房屋所有权首次登记的，应当根据不同情况，提交下列材料：

（一）申请人身份证和户口簿；

（二）不动产权属证书或者有批准权的人民政府批准用地的文件等权属来源材料；

（三）房屋符合规划或者建设的相关材料；

（四）权籍调查表、宗地图、房屋平面图以及宗地界址点坐标等有关不动产界址、面积等材料；

（五）其他必要材料。

第四十二条　因依法继承、分家析产、集体经济组织内部互换房屋等导致宅基地使用权及房屋所有权发生转移申请登记的，申请人应当根据不同情况，提交下列材料：

（一）不动产权属证书或者其他权属来源材料；

（二）依法继承的材料；

（三）分家析产的协议或者材料；

（四）集体经济组织内部互换房屋的协议；

（五）其他必要材料。

第四十三条　申请宅基地等集体土地上的建筑物区分所有权登记的，参照国有建设用地使用权及建筑物区分所有权的规定办理登记。

第五节　集体建设用地使用权及建筑物、构筑物所有权登记

第四十四条　依法取得集体建设用地使用权，可以单独申请集体建设用地使用权登记。

依法利用集体建设用地兴办企业，建设公共设施，从事公益事业等的，可以申请集体建设用地使用权及地上建筑物、构筑物所有权登记。

第四十五条　申请集体建设用地使用权及建筑物、构筑物所有权首次登记的，申请人应当根据不同情况，提交下列材料：

（一）有批准权的人民政府批准用地的文件等土地权属来源材料；

（二）建设工程符合规划的材料；

（三）权籍调查表、宗地图、房屋平面图以及宗地界址点坐标等有关不动产界址、面积等材料；

（四）建设工程已竣工的材料；

（五）其他必要材料。

集体建设用地使用权首次登记完成后，申请人申请建筑物、构筑物所有权首次登记的，应当提交享有集体建设用地使用权的不动产权属证书。

第四十六条　申请集体建设用地使用权及建筑物、构筑物所有权变更登记、转移登记、注销登记的，申请人应当根据不同情况，提交下列材料：

（一）不动产权属证书；

（二）集体建设用地使用权及建筑物、构筑物所有权变更、转移、消灭的材料；

（三）其他必要材料。

因企业兼并、破产等原因致使集体建设用地使用权及建筑物、构筑物所有权发生转移的，申请人应当持相关协议及有关部门的批准文件等相关材料，申请不动产转移登记。

第六节　土地承包经营权登记

第四十七条　承包农民集体所有的耕地、林地、草地、水域、滩涂以及荒山、荒沟、荒丘、荒滩等农用地，或者国家所有依法由农民集体使用的农用地从事种植业、林业、畜牧业、渔业等农业生产的，可以申请土地承包经营权登记；地上有森林、林木的，应当在申请土地承包经营权登记时一并申请登记。

第四十八条　依法以承包方式在土地上从事种植业或者养殖业生产活动的，可以申请土地承包经营权的首次登记。

以家庭承包方式取得的土地承包经营权的首次登记，由发包方持土地承包经营合同等材料申请。

以招标、拍卖、公开协商等方式承包农村土地的，由承包方持土地承包经营合同申请土地承包经营权首次登记。

第四十九条　已经登记的土地承包经营权有下列情形之一的，承包方应当持原不动产权属证书以及其他证实发生变更事实的材料，申请土地承包经营权变更登记：

（一）权利人的姓名或者名称等事项发生变化的；

（二）承包土地的坐落、名称、面积发生变化的；

（三）承包期限依法变更的；

（四）承包期限届满，土地承包经营权人按照国家有关规定继续承包的；

（五）退耕还林、退耕还湖、退耕还草导致土地用途改变的；

（六）森林、林木的种类等发生变化的；

（七）法律、行政法规规定的其他情形。

第五十条 已经登记的土地承包经营权发生下列情形之一的，当事人双方应当持互换协议、转让合同等材料，申请土地承包经营权的转移登记：

（一）互换；

（二）转让；

（三）因家庭关系、婚姻关系变化等原因导致土地承包经营权分割或者合并的；

（四）依法导致土地承包经营权转移的其他情形。

以家庭承包方式取得的土地承包经营权，采取转让方式流转的，还应当提供发包方同意的材料。

第五十一条 已经登记的土地承包经营权发生下列情形之一的，承包方应当持不动产权属证书、证实灭失的材料等，申请注销登记：

（一）承包经营的土地灭失的；

（二）承包经营的土地被依法转为建设用地的；

（三）承包经营权人丧失承包经营资格或者放弃承包经营权的；

（四）法律、行政法规规定的其他情形。

第五十二条 以承包经营以外的合法方式使用国有农用地的国有农场、草场，以及使用国家所有的水域、滩涂等农用地进行农业生产，申请国有农用地的使用权登记的，参照本实施细则有关规定办理。

国有农场、草场申请国有未利用地登记的，依照前款规定办理。

第五十三条 国有林地使用权登记，应当提交有批准权的人民政府或者主管部门的批准文件，地上森林、林木一并登记。

第七节 海域使用权登记

第五十四条 依法取得海域使用权，可以单独申请海域使用权登记。

依法使用海域，在海域上建造建筑物、构筑物的，应当申请海域使用权及建筑物、构筑物所有权登记。

申请无居民海岛登记的，参照海域使用权登记有关规定办理。

第五十五条 申请海域使用权首次登记的，应当提交下列材料：

（一）项目用海批准文件或者海域使用权出让合同；

（二）宗海图以及界址点坐标；

（三）海域使用金缴纳或者减免凭证；

（四）其他必要材料。

第五十六条 有下列情形之一的，申请人应当持不动产权属证书、海域使用权变更的文件等材料，申请海域使用权变更登记：

（一）海域使用权人姓名或者名称改变的；

（二）海域坐落、名称发生变化的；

（三）改变海域使用位置、面积或者期限的；

（四）海域使用权续期的；

（五）共有性质变更的；

（六）法律、行政法规规定的其他情形。

第五十七条 有下列情形之一的，申请人可以申请海域使用权转移登记：

（一）因企业合并、分立或者与他人合资、合作经营、作价入股导致海域使用权转移的；

（二）依法转让、赠与、继承、受遗赠海域使用权的；

（三）因人民法院、仲裁委员会生效法律文书导致海域使用权转移的；

（四）法律、行政法规规定的其他情形。

第五十八条 申请海域使用权转移登记的，申请人应当提交下列材料：

（一）不动产权属证书；

（二）海域使用权转让合同、继承材料、生效法律文书等材料；

（三）转让批准取得的海域使用权，应当提交原批准用海的海洋行政主管部门批准转让的文件；

（四）依法需要补交海域使用金的，应当提交海域使用金缴纳的凭证；

（五）其他必要材料。

第五十九条 申请海域使用权注销登记的，申请人应当提交下列材料：

（一）原不动产权属证书；

（二）海域使用权消灭的材料；

（三）其他必要材料。

因围填海造地等导致海域灭失的，申请人应当在围填海造地等工程竣工后，依照本实施细则规定申请国有土地使用权登记，并办理海域使用权注销登记。

第八节 地役权登记

第六十条 按照约定设定地役权，当事人可以持需役地和供役地的不动产权属证书、地役权合同以及其他必要文件，申请地役权首次登记。

第六十一条 经依法登记的地役权发生下列情形之一的，当事人应当持地役权合同、不动产登记证明和证实变更的材料等必要材料，申请地役权变更登记：

（一）地役权当事人的姓名或者名称等发生变化；

（二）共有性质变更的；

（三）需役地或者供役地自然状况发生变化；

（四）地役权内容变更的；

（五）法律、行政法规规定的其他情形。

供役地分割转让办理登记，转让部分涉及地役权的，应当由受让人与地役权人一并申请地役权变更登记。

第六十二条 已经登记的地役权因土地承包经营权、建设用地使用权转让发生转移的，当事人应当持不动产登记证明、地役权转移合同等必要材料，申请地役权转移登记。

申请需役地转移登记的，或者需役地分割转让，转让部分涉及已登记的地役权的，当事人应当一并申请地役权转移登记，但当事人另有约定的除外。当事人拒绝一并申请地役权转移登记的，应当出具书面材料。不动产登记机构办理转移登记时，应当同时办理地役权注销登记。

第六十三条 已经登记的地役权，有下列情形之一的，当事人可以持不动产登记证明、证实地役权发生消灭的材料等必要材料，申请地役权注销登记：

（一）地役权期限届满；

（二）供役地、需役地归于同一人；

（三）供役地或者需役地灭失；

（四）人民法院、仲裁委员会的生效法律文书导致地役权消灭；

（五）依法解除地役权合同；

（六）其他导致地役权消灭的事由。

第六十四条 地役权登记，不动产登记机构应当将登记事项分别记载于需役地和供役地登记簿。

供役地、需役地分属不同不动产登记机构管辖的，当事人应当向供役地所在地的不动产登记机构申请地役权登记。供役地所在地不动产登记机构完成登记后，应当将相关事项通知需役地所在地不动产登记机构，并由其记载于需役地登记簿。

地役权设立后，办理首次登记前发生变更、转移的，当事人应当提交相关材料，就已经变更或者转移的地役权，直接申请首次登记。

第九节 抵押权登记

第六十五条 对下列财产进行抵押的，可以申请办理不动产抵押登记：

（一）建设用地使用权；

（二）建筑物和其他土地附着物；

（三）海域使用权；

（四）以招标、拍卖、公开协商等方式取得的荒地等土地承包经营权；

（五）正在建造的建筑物；

（六）法律、行政法规未禁止抵押的其他不动产。

以建设用地使用权、海域使用权抵押的，该土地、海域上的建筑物、构筑物一并抵押；以建筑物、构筑物抵押的，该建筑物、构筑物占用范围内的建设用地使用权、海域使用权一并抵押。

第六十六条 自然人、法人或者其他组织为保障其债权的实现，依法以不动产设定抵押的，可以由当事人持不动产权属证书、抵押合同与主债权合同等必要材料，共同申请办理抵押登记。

抵押合同可以是单独订立的书面合同，也可以是主债权合同中的抵押条款。

第六十七条 同一不动产上设立多个抵押权的，不动产登记机构应当按照受理时间的先后顺序依次办理登记，并记载于不动产登记簿。当事人对抵押权顺位另有约定的，从其规定办理登记。

第六十八条 有下列情形之一的，当事人应当持不动产权属证书、不动产登记证明、抵押权变更等必要材料，申请抵押权变更登记：

（一）抵押人、抵押权人的姓名或者名称变更的；

（二）被担保的主债权数额变更的；

（三）债务履行期限变更的；

（四）抵押权顺位变更的；

（五）法律、行政法规规定的其他情形。

因被担保债权主债权的种类及数额、担保范围、债务履行期限、抵押权顺位发生变更申请抵押权变更登记时，如果该抵押权的变更将对其他抵押权人产生不利影响的，还应当提交其他抵押权人书面同意的材料与身份证或者户口簿等材料。

第六十九条 因主债权转让导致抵押权转让的，当事人可以持不动产权属证书、不动产登记证明、被担保主债权的转让协议、债权人已经通知债务人的材料等相关材料，申请抵押权的转移登记。

第七十条 有下列情形之一的，当事人可以持不动产登记证明、抵押权消灭的材料等必要材料，申请抵押权注销登记：

（一）主债权消灭；

（二）抵押权已经实现；

（三）抵押权人放弃抵押权；

（四）法律、行政法规规定抵押权消灭的其他情形。

第七十一条 设立最高额抵押权的，当事人应当持不动产权属证书、最高额抵押合同与一定期间内将要连续发生的债权的合同或者其他登记原因材料等必要材料，申请最高额抵押权首次登记。

当事人申请最高额抵押权首次登记时，同意将最高额抵押权设立前已经存在的债权转入最高额抵押担保的债权范围的，还应当提交已存在债权的合同以及当事人同意将该债权纳入最高额抵押权担保范围的书面材料。

第七十二条 有下列情形之一的，当事人应当持不动产登记证明、最高额抵押权发生变更的材料等必要材料，申请最高额抵押权变更登记：

（一）抵押人、抵押权人的姓名或者名称变更的；

（二）债权范围变更的；

（三）最高债权额变更的；

（四）债权确定的期间变更的；

（五）抵押权顺位变更的；

（六）法律、行政法规规定的其他情形。

因最高债权额、债权范围、债务履行期限、债权确定的期间发生变更申请最高额抵押权变更登记时，如果该变更将对其他抵押权人产生不利影响的，当事人还应当提交其他抵押权人的书面同意文件与身份证或者户口簿等。

第七十三条 当发生导致最高额抵押权担保的债权被确定的事由，从而使最高额抵押权转变为一般抵押权时，当事人应当持不动产登记证明、最高额抵押权担保的债权已确定的材料等必要材料，申请办理确定最高额抵押权的登记。

第七十四条 最高额抵押权发生转移的，应当持不动产登记证明、部分债权转移的材料、当事人约定最高额抵押权随同部分债权的转让而转移的材料等必要材料，申请办理最高额抵押权转移登记。

债权人转让部分债权，当事人约定最高额抵押权随同部分债权的转让而转移的，应当分别申请下列登记：

（一）当事人约定原抵押权人与受让人共同享有最高额抵押权的，应当申请最高额抵押权的转移登记；

（二）当事人约定受让人享有一般抵押权、原抵押权人就扣减已转移的债权数额后继续享有最高额抵押权的，应当申请一般抵押权的首次登记以及最高额抵押权的变更登记；

（三）当事人约定原抵押权人不再享有最高额抵押权的，应当一并申请最高额抵押权确定登记以及一般抵押权转移登记。

最高额抵押权担保的债权确定前，债权人转让部分债权的，除当事人另有约定外，不动产登记机构不得办理最高额抵押权转移登记。

第七十五条 以建设用地使用权以及全部或者部分在建建筑物设定抵押的，应当一并申请建设用地使用权以及在建建筑物抵押权的首次登记。

当事人申请在建建筑物抵押权首次登记时，抵押财产不包括已经办理预告登记的预购商品房和已经办理预售备案的商品房。

前款规定的在建建筑物，是指正在建造、尚未办理所有权首次登记的房屋等建筑物。

第七十六条 申请在建建筑物抵押权首次登记的，当事人应当提交下列材料：

（一）抵押合同与主债权合同；

（二）享有建设用地使用权的不动产权属证书；

（三）建设工程规划许可证；

（四）其他必要材料。

第七十七条 在建建筑物抵押权变更、转移或者消灭的，当事人应当提交下列材料，申请变更登记、转移登记、注销登记：

（一）不动产登记证明；

（二）在建建筑物抵押权发生变更、转移或者消灭的材料；

（三）其他必要材料。

在建建筑物竣工，办理建筑物所有权首次登记时，当事人应当申请将在建建筑物抵押权登记转为建筑物抵押权登记。

第七十八条 申请预购商品房抵押登记，应当提交下列材料：

（一）抵押合同与主债权合同；

（二）预购商品房预告登记材料；

（三）其他必要材料。

预购商品房办理房屋所有权登记后，当事人应当申请将预购商品房抵押预告登记转为商品房抵押权首次登记。

第五章　其他登记

第一节　更正登记

第七十九条 权利人、利害关系人认为不动产登记簿记载的事项有错误，可以申请更正登记。

权利人申请更正登记的，应当提交下列材料：

（一）不动产权属证书；

（二）证实登记确有错误的材料；

（三）其他必要材料。

利害关系人申请更正登记的，应当提交利害关系材料、证实不动产登记簿记载错误的材料以及其他必要材料。

第八十条 不动产权利人或者利害关系人申请更正登记，不动产登记机构认为不动产登记簿记载确有错误的，应当予以更正；但在错误登记之后已经办理了涉及不动产权利处分的登记、预告登记和查封登记的除外。

不动产权属证书或者不动产登记证明填制错误以及不动产登记机构在办理更正登记中，需要更正不动产权属证书或者不动产登记证明内容的，应当书面通知权利人换发，并把换发不动产权属证书或者不动产登记证明的事项记载于登记簿。

不动产登记簿记载无误的，不动产登记机构不予更正，并书面通知申请人。

第八十一条 不动产登记机构发现不动产登记簿记载的事项错误，应当通知当事人在30个工作日内办理更正登记。当事人逾期不办理的，不动产登记机构应当在公告15个工作日后,依法予以更正;但在错误登记之后已经办理了涉及不动产权利处分的登记、预告登记和查封登记的除外。

第二节 异议登记

第八十二条 利害关系人认为不动产登记簿记载的事项错误,权利人不同意更正的,利害关系人可以申请异议登记。

利害关系人申请异议登记的,应当提交下列材料:

(一)证实对登记的不动产权利有利害关系的材料;

(二)证实不动产登记簿记载的事项错误的材料;

(三)其他必要材料。

第八十三条 不动产登记机构受理异议登记申请的,应当将异议事项记载于不动产登记簿,并向申请人出具异议登记证明。

异议登记申请人应当在异议登记之日起15日内,提交人民法院受理通知书、仲裁委员会受理通知书等提起诉讼、申请仲裁的材料;逾期不提交的,异议登记失效。

异议登记失效后,申请人就同一事项以同一理由再次申请异议登记的,不动产登记机构不予受理。

第八十四条 异议登记期间,不动产登记簿上记载的权利人以及第三人因处分权利申请登记的,不动产登记机构应当书面告知申请人该权利已经存在异议登记的有关事项。申请人申请继续办理的,应当予以办理,但申请人应当提供知悉异议登记存在并自担风险的书面承诺。

第三节 预告登记

第八十五条 有下列情形之一的,当事人可以按照约定申请不动产预告登记:

(一)商品房等不动产预售的;

(二)不动产买卖、抵押的;

(三)以预购商品房设定抵押权的;

(四)法律、行政法规规定的其他情形。

预告登记生效期间,未经预告登记的权利人书面同意,处分该不动产权利申请登记的,不动产登记机构应当不予办理。

预告登记后,债权未消灭且自能够进行相应的不动产登记之日起3个月内,当事人申请不动产登记的,不动产登记机构应当按照预告登记事项办理相应的登记。

第八十六条 申请预购商品房的预告登记,应当提交下列材料:

(一)已备案的商品房预售合同;

(二)当事人关于预告登记的约定;

(三)其他必要材料。

预售人和预购人订立商品房买卖合同后,预售人未按照约定与预购人申请预告登记,预购人可以单方申请预告登记。

预购人单方申请预购商品房预告登记,预售人与预购人在商品房预售合同中对预告登记附有条件和期限的,预购人应当提交相应材料。

申请预告登记的商品房已经办理在建建筑物抵押权首次登记的,当事人应当一并申请在建建筑物抵押权注销登记,并提交不动产权属转移材料、不动产登记证明。不动产登记机构应当先办理在建建筑物抵押权注销登记,再办理预告登记。

第八十七条 申请不动产转移预告登记的,当事人应当提交下列材料:

(一)不动产转让合同;

(二)转让方的不动产权属证书;

(三)当事人关于预告登记的约定;

(四)其他必要材料。

第八十八条 抵押不动产,申请预告登记的,当事人应当提交下列材料:

(一)抵押合同与主债权合同;

(二)不动产权属证书;

(三)当事人关于预告登记的约定;

(四)其他必要材料。

第八十九条 预告登记未到期,有下列情形之一的,当事人可以持不动产登记证明、债权消灭或者权利人放弃预告登记的材料,以及法律、行政法规规定的其他必要材料申请注销预告登记:

(一)预告登记的权利人放弃预告登记的;

(二)债权消灭的;

(三)法律、行政法规规定的其他情形。

第四节 查封登记

第九十条 人民法院要求不动产登记机构办理查封登记的,应当提交下列材料:

(一)人民法院工作人员的工作证;

(二)协助执行通知书;

(三)其他必要材料。

第九十一条 两个以上人民法院查封同一不动产的,不动产登记机构应当为先送达协助执行通知书的人民法院办理查封登记,对后送达协助执行通知书的人民法院办理轮候查封登记。

轮候查封登记的顺序按照人民法院协助执行通知书送达不动产登记机构的时间先后进行排列。

第九十二条 查封期间,人民法院解除查封的,不动产登记机构应当及时根据人民法院协助执行通知书注销查封登记。

不动产查封期限届满,人民法院未续封的,查封登记失效。

第九十三条 人民检察院等其他国家有权机关依法要求不动产登记机构办理查封登记的,参照本节规定办理。

第六章 不动产登记资料的查询、保护和利用

第九十四条 不动产登记资料包括：

（一）不动产登记簿等不动产登记结果；

（二）不动产登记原始资料，包括不动产登记申请书、申请人身份材料、不动产权属来源、登记原因、不动产权籍调查成果等材料以及不动产登记机构审核材料。

不动产登记资料由不动产登记机构管理。不动产登记机构应当建立不动产登记资料管理制度以及信息安全保密制度，建设符合不动产登记资料安全保护标准的不动产登记资料存放场所。

不动产登记资料中属于归档范围的，按照相关法律、行政法规的规定进行归档管理，具体办法由自然资源部会同国家档案主管部门另行制定。

第九十五条 不动产登记机构应当加强不动产登记信息化建设，按照统一的不动产登记信息管理基础平台建设要求和技术标准，做好数据整合、系统建设和信息服务等工作，加强不动产登记信息产品开发和技术创新，提高不动产登记的社会综合效益。

各级不动产登记机构应当采取措施保障不动产登记信息安全。任何单位和个人不得泄露不动产登记信息。

第九十六条 不动产登记机构、不动产交易机构建立不动产登记信息与交易信息互联共享机制，确保不动产登记与交易有序衔接。

不动产交易机构应当将不动产交易信息及时提供给不动产登记机构。不动产登记机构完成登记后，应当将登记信息及时提供给不动产交易机构。

第九十七条 国家实行不动产登记资料依法查询制度。

权利人、利害关系人按照《条例》第二十七条规定依法查询、复制不动产登记资料的，应当到具体办理不动产登记的不动产登记机构申请。

权利人可以查询、复制其不动产登记资料。

因不动产交易、继承、诉讼等涉及的利害关系人可以查询、复制不动产自然状况、权利人及其不动产查封、抵押、预告登记、异议登记等状况。

人民法院、人民检察院、国家安全机关、监察机关等可以依法查询、复制与调查和处理事项有关的不动产登记资料。

其他有关国家机关执行公务依法查询、复制不动产登记资料的，依照本条规定办理。

涉及国家秘密的不动产登记资料的查询，按照保守国家秘密法的有关规定执行。

第九十八条 权利人、利害关系人申请查询、复制不动产登记资料应当提交下列材料：

（一）查询申请书；

（二）查询目的的说明；

（三）申请人的身份材料；

（四）利害关系人查询的，提交证实存在利害关系的材料。

权利人、利害关系人委托他人代为查询的，还应当提交代理人的身份证明材料、授权委托书。权利人查询其不动产登记资料无需提供查询目的的说明。

有关国家机关查询的，应当提供本单位出具的协助查询材料、工作人员的工作证。

第九十九条 有下列情形之一的，不动产登记机构不予查询，并书面告知理由：

（一）申请查询的不动产不属于不动产登记机构管辖范围的；

（二）查询人提交的申请材料不符合规定的；

（三）申请查询的主体或者查询事项不符合规定的；

（四）申请查询的目的不合法的；

（五）法律、行政法规规定的其他情形。

第一百条 对符合本实施细则规定的查询申请，不动产登记机构应当当场提供查询；因情况特殊，不能当场提供查询的，应当在5个工作日内提供查询。

第一百零一条 查询人查询不动产登记资料，应当在不动产登记机构设定的场所进行。

不动产登记原始资料不得带离设定的场所。

查询人在查询时应当保持不动产登记资料的完好，严禁遗失、拆散、调换、抽取、污损登记资料，也不得损坏查询设备。

第一百零二条 查询人可以查阅、抄录不动产登记资料。查询人要求复制不动产登记资料的，不动产登记机构应当提供复制。

查询人要求出具查询结果证明的，不动产登记机构应当出具查询结果证明。查询结果证明应注明查询目的及日期，并加盖不动产登记机构查询专用章。

第七章 法律责任

第一百零三条 不动产登记机构工作人员违反本实施细则规定，有下列行为之一，依法给予处分；构成犯罪的，依法追究刑事责任：

（一）对符合登记条件的登记申请不予登记，对不符合登记条件的登记申请予以登记；

（二）擅自复制、篡改、毁损、伪造不动产登记簿；

（三）泄露不动产登记资料、登记信息；

（四）无正当理由拒绝申请人查询、复制登记资料；

（五）强制要求权利人更换新的权属证书。

第一百零四条 当事人违反本实施细则规定，有下列行为之一，构成违反治安管理行为的，依法给予治安管理处罚；给他人造成损失的，依法承担赔偿责任；构成犯罪的，依法追究刑事责任：

（一）采用提供虚假材料等欺骗手段申请登记；

（二）采用欺骗手段申请查询、复制登记资料；

（三）违反国家规定，泄露不动产登记资料、登记信息；

（四）查询人遗失、拆散、调换、抽取、污损登记资料的；

（五）擅自将不动产登记资料带离查询场所、损坏查询设备的。

第八章　附　　则

第一百零五条　本实施细则施行前，依法核发的各类不动产权属证书继续有效。不动产权利未发生变更、转移的，不动产登记机构不得强制要求不动产权利人更换不动产权属证书。

不动产登记过渡期内，农业部会同自然资源部等部门负责指导农村土地承包经营权的统一登记工作，按照农业部有关规定办理耕地的土地承包经营权登记。不动产登记过渡期后，由自然资源部负责指导农村土地承包经营权登记工作。

第一百零六条　不动产信托依法需要登记的，由自然资源部会同有关部门另行规定。

第一百零七条　军队不动产登记，其申请材料经军队不动产主管部门审核后，按照本实施细则规定办理。

第一百零八条　自然资源部委托北京市规划和自然资源委员会直接办理在京中央国家机关的不动产登记。

在京中央国家机关申请不动产登记时，应当提交《不动产登记暂行条例》及本实施细则规定的材料和有关机关事务管理局出具的不动产登记审核意见。不动产权属资料不齐全的，还应当提交由有关机关事务管理局确认盖章的不动产权属来源说明函。不动产权籍调查由有关机关事务管理局会同北京市规划和自然资源委员会组织进行的，还应当提交申请登记不动产单元的不动产权籍调查资料。

北京市规划和自然资源委员会办理在京中央国家机关不动产登记时，应当使用自然资源部制发的“自然资源部不动产登记专用章”。

第一百零九条　本实施细则自公布之日起施行。

不动产登记资料查询暂行办法

（2018年3月2日国土资源部令第80号公布　根据2019年7月24日《自然资源部关于第一批废止和修改的部门规章的决定》修订）

第一章　总　　则

第一条　为了规范不动产登记资料查询活动，加强不动产登记资料管理、保护和利用，维护不动产交易安全，保护不动产权利人的合法权益，根据《中华人民共和国物权法》《不动产登记暂行条例》等法律法规，制定本办法。

第二条　本办法所称不动产登记资料，包括：

（一）不动产登记簿等不动产登记结果；

（二）不动产登记原始资料，包括不动产登记申请书、申请人身份材料、不动产权属来源、登记原因、不动产权籍调查成果等材料以及不动产登记机构审核材料。

不动产登记资料由不动产登记机构负责保存和管理。

第三条　县级以上人民政府不动产登记机构负责不动产登记资料查询管理工作。

第四条　不动产权利人、利害关系人可以依照本办法的规定，查询、复制不动产登记资料。

不动产权利人、利害关系人可以委托律师或者其他代理人查询、复制不动产登记资料。

第五条　不动产登记资料查询，遵循依法、便民、高效的原则。

第六条　不动产登记机构应当加强不动产登记信息化建设，以不动产登记信息管理基础平台为基础，通过运用互联网技术、设置自助查询终端、在相关场所设置登记信息查询端口等方式，为查询人提供便利。

第二章　一般规定

第七条　查询不动产登记资料，应当在不动产所在地的市、县人民政府不动产登记机构进行，但法律法规另有规定的除外。

查询人到非不动产所在地的不动产登记机构申请查询的，该机构应当告知其到相应的机构查询。

不动产登记机构应当提供必要的查询场地，并安排专门人员负责不动产登记资料的查询、复制和出具查询结果证明等工作。

申请查询不动产登记原始资料，应当优先调取数字化成果，确有需求和必要，可以调取纸质不动产登记原始资料。

第八条　不动产权利人、利害关系人申请查询不动产登记资料，应当提交查询申请书以及不动产权利人、利害关系人的身份证明材料。

查询申请书应当包括下列内容：

（一）查询主体；

（二）查询目的；

（三）查询内容；

（四）查询结果要求；

（五）提交的申请材料清单。

第九条　不动产权利人、利害关系人委托代理人代为申请查询不动产登记资料的，被委托人应当提交双方身份证明原件和授权委托书。

授权委托书中应当注明双方姓名或者名称、公民身份号码或者统一社会信用代码、委托事项、委托时限、法律义务、委托日期等内容，双方签字或者盖章。

代理人受委托查询、复制不动产登记资料的，其查询、复制范围由授权委托书确定。

第十条 符合查询条件，查询人需要出具不动产登记资料查询结果证明或者复制不动产登记资料的，不动产登记机构应当当场提供。因特殊原因不能当场提供的，应当在 5 个工作日内向查询人提供。

查询结果证明应当注明出具的时间，并加盖不动产登记机构查询专用章。

第十一条 有下列情形之一的，不动产登记机构不予查询，并出具不予查询告知书：

（一）查询人提交的申请材料不符合本办法规定的；

（二）申请查询的主体或者查询事项不符合本办法规定的；

（三）申请查询的目的不符合法律法规规定的；

（四）法律、行政法规规定的其他情形。

查询人对不动产登记机构出具的不予查询告知书不服的，可以依法申请行政复议或者提起行政诉讼。

第十二条 申请查询的不动产登记资料涉及国家秘密的，不动产登记机构应当按照保守国家秘密法等有关规定执行。

第十三条 不动产登记机构应当建立查询记录簿，做好查询记录工作，记录查询人、查询目的或者用途、查询时间以及复制不动产登记资料的种类、出具的查询结果证明情况等。

第三章 权利人查询

第十四条 不动产登记簿上记载的权利人可以查询本不动产登记结果和本不动产登记原始资料。

第十五条 不动产权利人可以申请以下列索引信息查询不动产登记资料，但法律法规另有规定的除外：

（一）权利人的姓名或者名称、公民身份号码或者统一社会信用代码等特定主体身份信息；

（二）不动产具体坐落位置信息；

（三）不动产权属证书号；

（四）不动产单元号。

第十六条 不动产登记机构可以设置自助查询终端，为不动产权利人提供不动产登记结果查询服务。

自助查询终端应当具备验证相关身份证明以及出具查询结果证明的功能。

第十七条 继承人、受遗赠人因继承和受遗赠取得不动产权利的，适用本章关于不动产权利人查询的规定。

前款规定的继承人、受遗赠人查询不动产登记资料的，除提交本办法第八条规定的材料外，还应当提交被继承人或者遗赠人死亡证明、遗嘱或者遗赠抚养协议等可以证明继承或者遗赠行为发生的材料。

第十八条 清算组、破产管理人、财产代管人、监护人等依法有权管理和处分不动产权利的主体，参照本章规定查询相关不动产权利人的不动产登记资料。

依照本条规定查询不动产登记资料的，除提交本办法第八条规定的材料，还应当提交依法有权处分该不动产的材料。

第四章 利害关系人查询

第十九条 符合下列条件的利害关系人可以申请查询有利害关系的不动产登记结果：

（一）因买卖、互换、赠与、租赁、抵押不动产构成利害关系的；

（二）因不动产存在民事纠纷且已经提起诉讼、仲裁而构成利害关系的；

（三）法律法规规定的其他情形。

第二十条 不动产的利害关系人申请查询不动产登记结果的，除提交本办法第八条规定的材料外，还应当提交下列利害关系证明材料：

（一）因买卖、互换、赠与、租赁、抵押不动产构成利害关系的，提交买卖合同、互换合同、赠与合同、租赁合同、抵押合同；

（二）因不动产存在相关民事纠纷且已经提起诉讼或者仲裁而构成利害关系的，提交受理案件通知书、仲裁受理通知书。

第二十一条 有买卖、租赁、抵押不动产意向，或者拟就不动产提起诉讼或者仲裁等，但不能提供本办法第二十条规定的利害关系证明材料的，可以提交本办法第八条规定材料，查询相关不动产登记簿记载的下列信息：

（一）不动产的自然状况；

（二）不动产是否存在共有情形；

（三）不动产是否存在抵押权登记、预告登记或者异议登记情形；

（四）不动产是否存在查封登记或者其他限制处分的情形。

第二十二条 受本办法第二十一条规定的当事人委托的律师，还可以申请查询相关不动产登记簿记载的下列信息：

（一）申请验证所提供的被查询不动产权利主体名称与登记簿的记载是否一致；

（二）不动产的共有形式；

（三）要求办理查封登记或者限制处分机关的名称。

第二十三条 律师受当事人委托申请查询不动产登记资料的，除提交本办法第八条、第九条规定的材料外，还应当提交律师证和律师事务所出具的证明材料。

律师持人民法院的调查令申请查询不动产登记资料的，除提交本办法第八条规定的材料外，还应当提交律师证、律师事务所出具的证明材料以及人民法院的调查令。

第二十四条 不动产的利害关系人可以申请以下列索引信息查询不动产登记资料：

（一）不动产具体坐落位置；

（二）不动产权属证书号；

（三）不动产单元号。

每份申请书只能申请查询一个不动产登记单元。

第二十五条 不动产利害关系人及其委托代理人，按照本办法申请查询的，应当承诺不将查询获得的不动产登记资料、登记信息用于其他目的，不泄露查询获得的不动产登记资料、登记信息，并承担由此产生的法律后果。

第五章 登记资料保护

第二十六条 查询人查询、复制不动产登记资料的，不得将不动产登记资料带离指定场所，不得拆散、调换、抽取、撕毁、污损不动产登记资料，也不得损坏查询设备。

查询人有前款行为的，不动产登记机构有权禁止该查询人继续查询不动产登记资料，并可以拒绝为其出具查询结果证明。

第二十七条 已有电子介质，且符合下列情形之一的纸质不动产登记原始资料可以销毁：

（一）抵押权登记、地役权登记已经注销且自注销之日起满五年的；

（二）查封登记、预告登记、异议登记已经注销且自注销之日起满五年的。

第二十八条 符合本办法第二十七条规定销毁条件的不动产登记资料应当在不动产登记机构指定的场所销毁。

不动产登记机构应当建立纸质不动产登记资料销毁清册，详细记录被销毁的纸质不动产登记资料的名称、数量、时间、地点，负责销毁以及监督销毁的人员应当在清册上签名。

第六章 罚 则

第二十九条 不动产登记机构及其工作人员违反本办法规定，有下列行为之一，对有关责任人员依法给予处分；涉嫌构成犯罪的，移送有关机关依法追究刑事责任：

（一）对符合查询、复制不动产登记资料条件的申请不予查询、复制，对不符合查询、复制不动产登记资料条件的申请予以查询、复制的；

（二）擅自查询、复制不动产登记资料或者出具查询结果证明的；

（三）泄露不动产登记资料、登记信息的；

（四）利用不动产登记资料进行不正当活动的；

（五）未履行对不动产登记资料的安全保护义务，导致不动产登记资料、登记信息毁损、灭失或者被他人篡改，造成严重后果的。

第三十条 查询人违反本办法规定，有下列行为之一，构成违反治安管理行为的，移送公安机关依法给予治安管理处罚；涉嫌构成犯罪的，移送有关机关依法追究刑事责任：

（一）采用提供虚假材料等欺骗手段申请查询、复制不动产登记资料的；

（二）泄露不动产登记资料、登记信息的；

（三）遗失、拆散、调换、抽取、污损、撕毁不动产登记资料的；

（四）擅自将不动产登记资料带离查询场所、损坏查询设备的；

（五）因扰乱查询、复制秩序导致不动产登记机构受损失的；

（六）滥用查询结果证明的。

第七章 附 则

第三十一条 有关国家机关查询复制不动产登记资料以及国家机关之间共享不动产登记信息的具体办法另行规定。

第三十二条 《不动产登记暂行条例》实施前已经形成的土地、房屋、森林、林木、海域等登记资料，属于不动产登记资料。不动产登记机构应当依照本办法的规定提供查询。

第三十三条 公民、法人或者其他组织依据《中华人民共和国政府信息公开条例》，以申请政府信息公开的方式申请查询不动产登记资料的，有关自然资源主管部门应当告知其按照本办法的规定申请不动产登记资料查询。

第三十四条 本办法自公布之日起施行。2002 年 12 月 4 日国土资源部公布的《土地登记资料公开查询办法》（国土资源部令第 14 号）同时废止。

国务院办公厅关于压缩不动产登记办理时间的通知

（2019 年 2 月 26 日 国办发〔2019〕8 号）

为深化“放管服”改革，深入推进审批服务便民化，不断增强企业和群众改革获得感，经国务院同意，现就压缩不动产登记办理时间有关事项通知如下：

一、总体要求

（一）指导思想。以习近平新时代中国特色社会主义思想为指导，全面贯彻党的十九大和十九届二中、三中全会精神，紧紧围绕统筹推进“五位一体”总体布局和协调推进“四个全面”战略布局，认真落实党中央、国务院决策部署，以推进国家治理体系和治理能力现代化为目标，以为企业和群众“办好一件事”为标准，加强部门协作，实行信息共享集成、流程集成或人员集成，进行全流程优化，压缩办理时间，切实解决不动产登记耗时长、办理难问题，努力构建便捷高效、便民利民的不动产登记工作体系。

（二）工作目标。2019 年底前，流程精简优化到位，不动产登记数据和相关信息质量明显提升，地级及以上城市不动产登记需要使用有关部门信息的通过共享获取，全国所有市县一般登记、抵押登记业务办理时间力争分别压缩至10个、5个工作日以内;2020年底前,不动产登记数据完善,所有市县不动产登记需要使用有关部门信息的全部共享到位,“互联网+不动产登记”在地级及以上城市全面实施,全国所有市县一般登记、抵押登记业务办理时间力争全部压缩至5个工作日以内。

二、主要任务

(一)推动信息共享集成。按照“放管服”改革要求,基于数据共享交换平台,建立部门间信息共享集成机制,加强部门协作和信息互联互通,提高信息质量和利用效率,推进“互联网+不动产登记”。

1.实现信息互通共享。大力促进部门信息共享,打破“信息孤岛”,让信息多跑路、群众少跑腿,方便企业和群众办事创业。有关部门和单位应当及时提供不动产登记相关信息,与不动产登记机构加强协同联动和信息集成,2019年底前实现互通共享。与不动产登记相关的材料或信息能够直接通过共享交换平台提取的,不得要求申请人重复提交,提取后不得用于不动产登记之外的其他目的。应当通过共享交换平台提取的主要信息包括:公安部门的户籍人口基本信息,市场监管部门的营业执照信息,机构编制部门的机关、群团、事业单位统一社会信用代码信息,住房城乡建设(房管)部门的竣工验收备案等信息,税务部门的税收信息,银保监部门的金融许可证信息,自然资源部门的规划、测绘、土地出让、土地审批、闲置土地等信息,法院的司法判决信息,民政部门的婚姻登记、涉及人员单位的地名地址等信息,公证机构的公证书信息,国有资产监督管理机构的土地房屋资产调拨信息,卫生健康部门的死亡医学证明、出生医学证明信息等。

2.推进“互联网+不动产登记”。充分利用互联网、大数据、人脸识别、在线支付等技术,推行“互联网+不动产登记”。依托网上政务服务平台,建立不动产“网上(掌上)登记中心”,推出网页版、微信版、自助终端版不动产登记网上申请平台,为群众提供多种选择,构建多层次、多维度不动产登记网上办事大厅,实现24小时不打烊,随时随地可申请。构建“外网申请、内网审核”模式,推行线上统一申请、联网审核、网上反馈、现场核验、一次办结,提供网上预约、网上查询、网上支付和网上开具电子证明等服务,实现服务企业和群众零距离。

3.夯实不动产登记信息基础。各地要加快存量数据整合与质量提升,2019年底前实现所有市县城镇登记数据成果的完善与汇交全覆盖。积极开展地籍测绘等补充调查工作,满足优化登记流程工作需求。按照国家政务信息整合共享要求,积极推进不动产登记信息平台与政府统一的数据共享交换平台有序衔接,为及时共享相关信息提供便利。

(二)推动流程集成。全力推进不动产登记“一窗受理、并行办理”、优化流程、精简材料,重点解决办理环节多、流程不清晰、群众重复提交材料等问题。

1.一窗受理、并行办理。实现相关职能部门业务网上整合衔接,对登记中涉及多个部门交叉办理的事项,通过信息化手段整合集成业务流程,在政务服务大厅或不动产登记大厅设立综合受理窗口,统一受理各相关办理事项,一次性收取所需全部材料,进行一次性录入、自动分发各相关部门,实现信息化技术支撑的“一窗受理、并行办理”。

2.取消不必要环节、合并相近环节。将不动产登记登簿和制证环节、缴费和领证环节合并,集成相关办理人员,提高办事效率。不动产继承登记(非公证)办理中,公示应与审核环节并行开展,缩短办理时间。推进不动产抵押登记全程电子化系统建设,将登记服务场所延伸至银行网点,申请人可以在银行现场签订抵押合同的同时提交抵押登记申请材料,通过网络传输至登记机构,无需当事人再到登记机构提交申请。有条件的地区,推进二手房转移登记与抵押登记等相关联登记事项一并申请、一并受理与审核。

3.精简申请材料。自然资源部门自身产生的,或者能够通过部门实时信息共享获取、核验的材料,不得要求群众重复提交。出让合同、土地出让价款缴纳凭证、规划核实、竣工验收等证明材料由登记机构直接提取,不得要求申请人自行提交。推行告知承诺制,在不动产继承登记中,逐步推广申请人书面承诺方式替代难以获取的死亡证明、亲属关系证明等材料。对非因权利人原因发生的不动产坐落、地址变化,需要变更登记的,由政府相关部门通过信息共享和内部协调方式处理。

4.优化测绘成果获取方式。办理不动产首次登记,登记机构通过信息共享,直接提取前期供地、规划和预销售等形成的测绘成果;对在登记受理环节获取的测绘成果,要同时办理信息入库。能够直接提取利用测绘成果的,不得另行要求当事人开展测绘和权籍调查。

(三)推动人员集成。不能马上实现信息共享集成和流程集成的,可通过集中办公实现便民快捷。将涉及不动产登记中各部门交叉办理相关事项的有关人员集中办公,可以在政务服务大厅设立综合受理窗口,统一受理各相关办理事项,一次性收取所需全部材料,人工分发各相关部门分别办理,同一个窗口发放办理结果。

三、组织实施

(一)强化组织领导。各省(自治区、直辖市)人民政府要加强统筹协调,指导本行政区域内各市县结合实际制定具体实施方案,梳理整合不动产登记环节,精简优化流程,提高工作质量和效率。各省级自然资源部门要加强业务指导,有序推进改革工作,确保实现目标。各有关部门要全力支持、密切配合。

(二)抓好督促落实。各级自然资源部门要强化对改革情况的跟踪指导,及时总结推广典型经验做法,广泛听取企业和群众对不动产登记的意见与诉求,畅通投诉举报渠道,协调解决改革中的问题,适时进行专项检查,对改革成效显著的地方予以表扬激励,对工作推进不力、进度滞后的地方及时督促整改。

（三）做好宣传引导。要充分利用报纸、广播、电视、网络、新媒体等载体，加大宣传力度，及时宣传报道相关典型做法和工作成效，促进相互学习借鉴。加强舆论引导，及时回应群众关切。

城市房地产权属档案管理办法

（2001年8月29日建设部令第101号公布　自2001年12月1日起施行）

第一章　总　　则

第一条　为了加强城市房地产权属档案管理，保障房地产权利人的合法权益，有效保护和利用城市房地产权属档案，根据《中华人民共和国城市房地产管理法》、《中华人民共和国档案法》、《中华人民共和国档案法实施办法》等法律法规，制定本办法。

第二条　本办法适用于城市规划区国有土地范围内房地产权属档案的管理。

第三条　房地产权属档案是城市房地产行政主管部门在房地产权属登记、调查、测绘、权属转移、变更等房地产权属管理工作中直接形成的有保存价值的文字、图表、声像等不同形式的历史记录，是城市房地产权属登记管理工作的真实记录和重要依据，是城市建设档案的组成部分。

第四条　国务院建设行政主管部门负责全国城市房地产权属档案管理工作。

省、自治区人民政府建设行政主管部门负责本行政区域内的房地产权属档案的管理工作。

直辖市、市、县人民政府房地产行政主管部门负责本行政区域内的房地产权属档案的管理工作。

房地产权属档案管理业务上受同级城市建设档案管理部门的监督和指导。

第五条　市（县）人民政府房地产行政主管部门应当根据房地产权属档案管理工作的需要，建立房地产权属档案管理机构，配备专职档案管理人员，健全工作制度，配备必要的安全保护设施，确保房地产权属档案的完整、准确、安全和有效利用。

第六条　从事房地产权属档案管理的工作人员经过业务培训后，方可上岗。

第二章　房地产权属档案的收集、整理和归档

第七条　房地产权属登记管理部门应当建立健全房地产权属文件材料的收集、整理、归档制度。

第八条　下列文件材料属于房地产权属档案的归档范围：

一、房地产权利人、房地产权属登记确权、房地产权属转移及变更、设定他项权利等有关的证明和文件。

（一）房地产权利人（自然人或法人）的身份（资格）证明、法人代理人的身份证明、授权委托书等；

（二）建设工程规划许可证、建设用地规划许可证、土地使用权证书或者土地来源证明、房屋拆迁批件及补偿安置协议书、联建或者统建合同、翻改扩建及固定资产投资批准文件，房屋竣工验收有关材料等；

（三）房地产买卖合同书、房产继承书、房产赠与书、房产析产协议书、房产交换协议书、房地产调拨凭证、有关房产转移的上级批件，有关房产的判决、裁决、仲裁文书及公证文书等；

（四）设定房地产他项权利的有关合同、文件等。

二、房屋及其所占用的土地使用权权属界定位置图；房地产分幅平面图、分丘平面图、分层分户平面图等。

三、房地产产权登记工作中形成的各种文件材料，包括房产登记申请书、收件收据存根、权属变更登记表、房地产状况登记表、房地产勘测调查表、墙界表、房屋面积计算表、房地产登记审批表、房屋灭籍申请表、房地产税费收据存根等。

四、反映和记载房地产权属状况的信息资料，包括统计报表、摄影片、照片、录音带、录像带、缩微胶片、计算机软盘、光盘等。

五、其他有关房地产权属的文件材料，包括房地产权属冻结文件、房屋权属代管文件，历史形成的各种房地产权证、契证、账、册、表、卡等。

第九条　每件（宗）房地产权属登记工作完成后，权属登记人员应当及时将整理好的权属文件材料，经权属登记负责人审查后，送交房地产权属档案管理机构立卷归档。任何单位和个人都不得将房地产权属文件材料据为己有或者拒不归档。国家规定不得归档的材料，禁止归档。

第十条　归档的有关房地产权属的资料，应当是原件；原件已存城市建设档案馆或者经房地产管理部门批准认定的，可以是复印、复制件。复印、复制件应当由经办人与原件校对、签章，并注明校对日期及原件的存放处。

第十一条　归档的房地产权属材料，应当做到书写材料合乎标准、字迹工整、内容规范、图形清晰、数据准确、符合档案保护的要求。

第十二条　房地产权属档案管理机构应当按照档案管理的规定对归档的各种房地产权属档案材料进行验收，不符合要求的，不予归档。

第三章　房地产权属档案的管理

第十三条　房地产权属档案管理机构对归档的房地产权属文件材料应当及时进行登记、整理、分类编目、划分密级、编制检索工具。

第十四条　房地产权属档案应当以丘为单元建档。丘号的编定按照国家《房产测量规范》标准执行。

第十五条　房地产权属档案应当以房地产权利人（即权属单元）为宗立卷。卷内文件排列，应当按照房地产权属变

化、产权文件形成时间及权属文件主次关系为序。

第十六条 房地产权属档案管理机构应当掌握房地产权属变化情况，及时补充有关权属档案材料，保持房地产权属档案与房地产权属现状的一致。

第十七条 房地产权属档案管理人员应当严格执行权属档案管理的有关规定，不得擅自修改房地产权属档案。确需变更和修改的，应当经房地产权属登记机关批准，按照规定程序进行。

第十八条 房地产权属档案应当妥善保存，定期检查和鉴定。对破损或者变质的档案，应当及时修复；档案毁损或者丢失，应当采取补救措施。未经批准，任何人不得以任何借口擅自销毁房地产权属档案。

第十九条 保管房地产权属档案应当配备符合设计规范的专用库房，并按照国家《档案库房技术管理暂行规定》实施管理。

第二十条 房地产权属档案管理应当逐步采用新技术、新设备，实现管理现代化。

第二十一条 房地产权属档案管理机构应当与城市建设档案管理机构密切联系，加强信息沟通，逐步实现档案信息共享。

第二十二条 房地产权属档案管理机构的隶属关系及档案管理人员发生变动，应当及时办理房地产权属档案的交接手续。

第二十三条 房屋自然灭失或者依法被拆除后，房地产权属档案管理机构应当自档案整理归档完毕之日起15日内书面通知城市建设档案馆。

第四章 房地产权属档案的利用

第二十四条 房地产权属档案管理机构应当充分利用现有的房地产权属档案，及时为房地产权属登记、房地产交易、房地产纠纷仲裁、物业管理、房屋拆迁、住房制度改革、城市规划、城市建设等各项工作提供服务。

第二十五条 房地产权属档案管理机构应当严格执行国家档案管理的保密规定，防止房地产权属档案的散失、泄密；定期对房地产权属档案的密级进行审查，根据有关规定，及时调整密级。

第二十六条 查阅、抄录和复制房地产权属档案材料应当履行审批手续，并登记备案。

涉及军事机密和其他保密的房地产权属档案，以及向境外团体和个人提供的房地产权属档案应当按照国家安全、保密等有关规定保管和利用。

第二十七条 向社会提供利用房地产权属档案，可以按照国家有关规定，实行有偿服务。

第五章 法律责任

第二十八条 有下列行为之一的，由县级以上人民政府房地产行政主管部门对直接负责的主管人员或者其他直接责任人员依法给予行政处分；构成犯罪的，依法追究刑事责任：

（一）损毁、丢失房地产权属档案的；

（二）擅自提供、抄录、公布、销毁房地产权属档案的；

（三）涂改、伪造房地产权属档案的；

（四）擅自出卖或者转让房地产权属档案的；

（五）违反本办法第九条规定，不按照规定归档的；

（六）档案管理工作人员玩忽职守，造成房地产权属档案损失的。

第二十九条 违反《中华人民共和国档案法》、《中华人民共和国档案法实施办法》以及本办法的规定，造成房地产权属档案损失的，由县级以上人民政府房地产行政主管部门根据损失档案的价值，责令赔偿损失。

第三十条 有下列行为之一的，按照有关法律法规的规定处罚：

（一）在利用房地产权属档案的过程中，损毁、丢失、涂改、伪造房地产权属档案或者擅自提供、抄录、公布、销毁房地产权属档案的；

（二）企事业组织或者个人擅自出卖或者转让房地产权属档案的。

第六章 附 则

第三十一条 房地产权属档案管理机构的设置、编制、经费，房地产权属档案管理工作人员的职称、奖惩办法等参照国家档案管理的有关规定执行。

第三十二条 城市规划区集体土地范围内和城市规划区外土地上的房地产权属档案管理可以参照本办法执行。

第三十三条 各省、自治区人民政府建设行政主管部门、直辖市房地产行政主管部门可以根据本办法制定实施细则。

第三十四条 本办法由国务院建设行政主管部门负责解释。

第三十五条 本办法自2001年12月1日起施行。

国土资源部、住房城乡建设部关于房屋交易与不动产登记衔接有关问题的通知

（2017年9月11日 国土资发〔2017〕108号）

各省、自治区、直辖市国土资源主管部门、住房城乡建设厅（建委、房地局）：

为全面落实国务院领导批示精神，加强部门衔接，解决不动产登记“中梗阻”问题，切实做到便民利民，根据《不动产登记暂行条例》及其实施细则、《中央编办关于整合不动产登记职责的通知》（中央编办发〔2013〕134号）、《国土资源部 住房

城乡建设部关于做好不动产统一登记与房屋交易管理衔接的指导意见》(国土资发〔2015〕90号)等法规规章政策,现就房屋交易与不动产登记衔接有关问题通知如下。

一、关于资料移交共享

(一)不动产统一登记制度实施前已经形成的房屋登记纸质资料要移交至不动产登记机构,确实难以拆分移交的,应复制移交,复制移交的资料应与原件一致,并于年底前全面复制移交到位。

(二)为避免重复建设,保证房屋交易与不动产登记使用电子数据的一致性,房屋登记的电子数据应完整地拷贝给不动产登记机构,并于9月底前全面完成。

二、关于交易登记业务衔接

对于房屋交易与不动产登记机构分设的地方,要按照"进一个门、跑一次路"的原则,实现房屋交易与不动产登记的有效衔接,切实做到便民利民。

(一)一个窗口受理。两部门进驻同一个服务大厅,设置同一个受理窗口,将房屋交易和不动产登记所需的法定材料编制形成统一的申请材料目录向社会公布。

(二)部门并行办理。收件后,相关资料分送两部门并行业务办理,不动产登记机构依法办理不动产登记业务。涉及交易需办理事项,一般交易业务要在3个工作日内办结,较为复杂的应当在5个工作日内办结,交易的结果通过内部网络向不动产登记机构反馈。

(三)方便群众办事。凡是能够通过网上办理的房屋交易和不动产登记事项,不得要求当事人到现场办理。

三、关于历史遗留问题

(一)针对目前各地不动产统一登记后出现的历史遗留问题,不动产登记机构和房屋交易管理部门要加强配合,共同协商推动地方政府依法合规分类妥善处理,及时解决问题。

(二)防止小产权房通过不动产登记合法化。

四、切实做好房地产市场调控和监测分析工作

不动产登记机构和房屋交易管理部门要充分认识做好房地产市场监测工作的重要性,将二手房与新建商品房纳入统一的房地产市场管理,加强监测、监管和调控。不动产统一登记制度实施后,房屋交易和不动产登记信息要通过网络实时共享。

国土资源部办公厅关于规范不动产权籍调查有关工作的通知

(2017年8月24日 国土资厅函〔2017〕1272号)

各省、自治区、直辖市国土资源主管部门,新疆生产建设兵团国土资源局,解放军土地管理局:

建立和实施不动产统一登记制度以来,部先后印发《关于做好不动产权籍调查工作的通知》(国土资发〔2015〕41号)和《不动产单元设定与代码编制规则》(国土资厅函〔2017〕1029号),各地依据有关要求积极推进权籍调查,有效保障了不动产登记制度落地实施。但随着工作的持续推进,个别地方对权籍调查工作要求把握不准,出现重复测绘、额外收费等问题,一定程度上影响了工作成效和行业形象。为规范不动产权籍调查工作,切实保障不动产登记平稳高效运行,现将有关事项通知如下:

一、准确把握工作定位,规范开展权籍调查

权籍调查是不动产登记的前提和基础,各地应以服务和支撑不动产登记为根本出发点,依据《关于做好不动产权籍调查工作的通知》等有关文件的要求,规范开展权籍调查,形成完整有效的调查成果,保障不动产登记的需要。申请不动产首次登记或涉及界址界限变化的不动产变更、转移登记的,申请人应当按照相关法律法规规定提交不动产界址、空间界限、面积等权籍调查成果。申请人委托第三方开展权籍调查时,不动产登记机构应当按照有关规定及时提供相关资料,指导做好权属调查工作。政府统一组织开展的集体土地所有权、宅基地使用权、集体建设用地使用权等首次登记,应由不动产登记机构负责组织完成权籍调查工作。申请人委托开展权籍调查的,应由申请人自行选择权籍调查单位,权籍调查费用由委托双方根据相关收费标准和规定协商确定;由政府出资开展的权籍调查工作,根据政府采购要求选择权籍调查单位。

二、充分利用已有调查成果,不得违规增加申请人负担

对于前期行业管理中已经产生的测量成果(如房产测绘、勘测定界等),经不动产登记机构审核,符合不动产登记要求的,应当继续沿用,不再重复测量。申请不动产变更、转移等登记时,不动产界址界限未发生变化的,原则上应当继续沿用已有的权籍调查成果,不得要求申请人重复提交。实施不动产统一登记前,已经依法办理了土地登记和房屋登记,以及依法办理了房屋登记但未办理分户土地登记的城镇住宅、成套的商业办公用房等不动产申请办理转移、变更、抵押等登记时,经确认土地权属合法且不涉及界址界限变化的,不得要求权利人提交权籍调查成果,不得要求权利人委托调查单位开展权籍调查,不得要求权利人缴纳测绘费、配图费等额外费用。为满足不动产登记需要,对于需要补充开展权籍调查,完成房屋落幢落宗等相关工作的,不动产登记机构应当提请政府落实经费,统一组织实施。

三、优化流程创新方法,提升权籍调查效率

在未完成房地数据整合的过渡期内,不动产登记机构应当采取多种方法,优先完成房地产交易活跃等重点地区的房地数据挂接,编制不动产单元代码,提升权籍调查工作效率,满足办理不动产登记的需要。对于已有宗地信息不完整或利用已有资料无法实现房屋落幢落宗的,为满足不动产登记的需要,在确认土地权属合法的基础上,依据《不动产单元设定与代码编制规则》，利用影像图、地形图等数据资料，通过预编宗地号，并落实房屋位置，编制形成不动产单元代码，先行办理不动产登记业务。同时，不动产登记机构应尽快组织完成不动产权籍调查，并将调查成果上图入库，完善权籍信息。

各地要进一步提高认识，严格按照有关工作要求，规范推进权籍调查工作。各级不动产登记机构应当建立不动产权籍调查单位工作效果评价机制，定期将权籍调查成果质量评价、委托人满意度调查结果等进行公示，方便申请人自行选择服务好、信誉度高的权籍调查单位，切实做到规范有序，便民利民。省级国土资源主管部门要对本地区权籍调查工作进行摸底排查，及时发现问题并督促整改到位。各地在工作中遇到的重大问题，请及时报部。

国家发展改革委、财政部关于不动产登记收费标准等有关问题的通知

（2016 年 12 月 6 日　发改价格规〔2016〕2559 号）

国土资源部，各省、自治区、直辖市发展改革委、物价局、财政厅（局），新疆生产建设兵团发展改革委、财务局：

为保护不动产权利人合法权益，规范不动产登记收费行为，现就不动产登记收费标准及有关问题通知如下：

一、不动产登记收费标准。县级以上不动产登记机构依法办理不动产权利登记时，根据不同情形，收取不动产登记费。

（一）住宅类不动产登记收费标准。落实不动产统一登记制度，实行房屋所有权及其建设用地使用权一体登记。原有住房及其建设用地分别办理各类登记时收取的登记费，统一整合调整为不动产登记收费，即住宅所有权及其建设用地使用权一并登记，收取一次登记费。规划用途为住宅的房屋（以下简称住宅）及其建设用地使用权申请办理下列不动产登记事项，提供具体服务内容，据实收取不动产登记费，收费标准为每件 80 元。

1. 房地产开发企业等法人、其他组织、自然人合法建设的住宅，申请办理房屋所有权及其建设用地使用权首次登记；

2. 居民等自然人、法人、其他组织购买住宅，以及互换、赠与、继承、受遗赠等情形，住宅所有权及其建设用地使用权发生转移，申请办理不动产转移登记；

3. 住宅及其建设用地用途、面积、权利期限、来源等状况发生变化，以及共有性质发生变更等，申请办理不动产变更登记；

4. 当事人以住宅及其建设用地设定抵押，办理抵押权登记（包括抵押权首次登记、变更登记、转移登记）；

5. 当事人按照约定在住宅及其建设用地上设定地役权，申请办理地役权登记（包括地役权首次登记、变更登记、转移登记）。

为推进保障性安居工程建设，减轻登记申请人负担，廉租住房、公共租赁住房、经济适用住房和棚户区改造安置住房所有权及其建设用地使用权办理不动产登记，登记收费标准为零。

（二）非住宅类不动产登记收费标准。办理下列非住宅类不动产权利的首次登记、转移登记、变更登记，收取不动产登记费，收费标准为每件 550 元。

1. 住宅以外的房屋等建筑物、构筑物所有权及其建设用地使用权或者海域使用权；

2. 无建筑物、构筑物的建设用地使用权；

3. 森林、林木所有权及其占用林地的承包经营权或者使用权；

4. 耕地、草地、水域、滩涂等土地承包经营权；

5. 地役权；

6. 抵押权。

不动产登记机构依法办理不动产查封登记、注销登记、预告登记和因不动产登记机构错误导致的更正登记，不得收取不动产登记费。

二、证书工本费标准。不动产登记机构按本通知第一条规定收取不动产登记费，核发一本不动产权属证书的不收取证书工本费。向一个以上不动产权利人核发权属证书的，每增加一本证书加收证书工本费 10 元。

不动产登记机构依法核发不动产登记证明，不得收取登记证明工本费。

三、收费优惠减免。对下列情形，执行优惠收费标准。

（一）按照本通知第一条规定的收费标准减半收取登记费，同时不收取第一本不动产权属证书的工本费：

1. 申请不动产更正登记、异议登记的；

2. 不动产权利人姓名、名称、身份证明类型或者身份证明号码发生变更申请变更登记的；

3. 同一权利人因分割、合并不动产申请变更登记的；

4. 国家法律、法规规定予以减半收取的。

（二）免收不动产登记费（含第一本不动产权属证书的工本费）：

1. 申请与房屋配套的车库、车位、储藏室等登记，不单独核发不动产权属证书的（申请单独发放权属证书的，按本通知第一条规定的收费标准收取登记费）；

2. 因行政区划调整导致不动产坐落的街道、门牌号或房屋名称变更而申请变更登记的；

3. 小微企业（含个体工商户）申请不动产登记的；

4. 农村集体经济组织成员以家庭承包或其他方式承包取得农用地的土地承包经营权申请登记的；

5. 农村集体经济组织成员以家庭承包或其他方式承包取得森林、林木所有权及其占用的林地承包经营权申请登记的；

6. 依法由农民集体使用的国有农用地从事种植业、林

业、畜牧业、渔业等农业生产，申请土地承包经营权登记或国有农用地使用权登记的；

7. 因农村集体产权制度改革导致土地、房屋等确权变更而申请变更登记的；

8. 国家法律、法规规定予以免收的。

（三）只收取不动产权属证书工本费，每本证书10元：

1. 单独申请宅基地使用权登记的；

2. 申请宅基地使用权及地上房屋所有权登记的；

3. 夫妻间不动产权利人变更，申请登记的；

4. 因不动产权属证书丢失、损坏等原因申请补发、换发证书的。

四、不动产登记计费单位。不动产登记费按件收取，不得按照不动产的面积、体积或者价款的比例收取。申请人以一个不动产单元提出一项不动产权利的登记申请，并完成一个登记类型登记的为一件。申请人以同一宗土地上多个抵押物办理一笔贷款，申请办理抵押权登记的，按一件收费；非同宗土地上多个抵押物办理一笔贷款，申请办理抵押权登记的，按多件收费。

不动产单元，是指权属界线封闭且具有独立使用价值的空间。有房屋等建筑物、构筑物以及森林、林木定着物的，以该房屋等建筑物、构筑物以及森林、林木定着物与土地权属界线封闭的空间为不动产单元。房屋包括独立成幢、权属界线封闭的空间，以及区分套、层、间等可以独立使用、权属界线封闭的空间。没有房屋等建筑物、构筑物以及森林、林木定着物的，以土地权属界线封闭的空间为不动产单元。

五、登记费缴纳。不动产登记费由登记申请人缴纳。按规定需由当事各方共同申请不动产登记的，不动产登记费由登记为不动产权利人的一方缴纳；不动产抵押权登记，登记费由登记为抵押权人的一方缴纳；不动产为多个权利人共有（用）的，不动产登记费由共有（用）人共同缴纳，具体分摊份额由共有（用）人自行协商。

房地产开发企业不得把新建商品房办理首次登记的登记费，以及因提供测绘资料所产生的测绘费等其他费用转嫁给购房人承担；向购房人提供抵押贷款的商业银行，不得把办理抵押权登记的费用转嫁给购房人承担。

六、做好政策衔接。已实行不动产统一登记制度的地方，不动产登记机构按上述规定收费标准收取不动产登记费，原分部门制定的有关土地登记、房屋登记收费标准，土地承包经营权证、林权证工本费标准，以及各地制定的其他有关土地、房屋登记资料查询、复制、证明的收费标准一律废止。

尚未实行不动产统一登记制度的地区，土地登记费、房屋登记费、土地承包经营权证工本费、林权证工本费收费标准仍按原有相关规定执行，实行不动产统一登记制度后，即按本通知规定的收费标准执行。

七、规范不动产登记收费行为。除不动产权利首次登记，不动产界址、空间界限、面积等自然状况发生变化，以及不动产登记申请人要求重新测量外，不动产登记机构已有不动产测绘成果资料的，不得要求不动产登记申请人重复提供并收费。

不动产登记机构应认真执行收费公示制度，严格按本通知规定收费，不得擅自增加收费项目、扩大收费范围、提高收费标准或加收其他任何费用，并自觉接受价格、财政部门的监督检查。

本通知自印发之日起执行。其他与本通知不符的规定同时废止。

国土资源部关于印发《不动产登记操作规范（试行）》的通知

（2016年5月30日　国土资规〔2016〕6号）

各省、自治区、直辖市及计划单列市国土资源主管部门，新疆生产建设兵团国土资源局，解放军土地管理局，国家海洋局、国家测绘地理信息局，各派驻地方的国家土地督察局，部相关司局和单位：

2016年是巩固拓展不动产统一登记成果，抓好不动产统一登记制度在基层落地的关键年，要力争年底前所有市县颁发新证、停发旧证。为实现这个目标，切实规范不动产登记工作，进一步明确操作依据，部根据《物权法》、《不动产登记暂行条例》（以下简称《条例》）和《不动产登记暂行条例实施细则》（以下简称《实施细则》）等法律法规和规章，在总结地方实践经验的基础上，研究制定了《不动产登记操作规范（试行）》（以下简称《规范》），现予以印发，并就贯彻落实的有关事项通知如下：

一、切实加强机构建设，为实施统一登记提供组织保障

不动产统一登记制度落地实施需要运转有效的机构作保障。机构建设到位、人员划转到位、职责履行到位是机构建设的基本要求，也是按照《条例》、《实施细则》和《规范》开展工作的先决条件。为确保不动产统一登记制度的顺利实施，各地要尽快落实职责机构整合文件的要求，迅速将文件确定的事项落实到位，切实加强不动产登记机构建设，明确组织架构和领导班子，确保原来从事各类登记的业务骨干划转到位、落实到岗。

不动产登记的申请、受理、审核、登簿、发证等是不动产登记机构的法定职责，要确保不动产登记机构登记职责的完整性，不得违法违规随意割裂、拆分，不得将不动产登记的审核职责游离于整个登记程序之外，或分割到不同部门办理。各级不动产登记机构在实施不动产统一登记制度过程中，既要做好不动产登记与相关行业监管、交易管理等工作的有效衔接，确保平稳有序，也要严格按照有关规定，全面落实和履行法定职责，以高度负责的态度依法合理审慎开展登记审核，保证登记簿记载的不动产权利真实准确。

二、扎实做好各项技术准备,夯实统一登记工作基础

《规范》进一步细化明确了不动产登记的基本原则、程序和各类不动产登记的申请主体、提交材料、审查要点等内容,规范了登记资料管理和相关文书格式。这些要求要落实到登记资料移交、业务流程再造、数据整合和系统开发、信息平台建设等技术准备工作中。各地要投入充足的技术人员和经费,做好各项技术准备工作。要按照《条例》、《实施细则》的规定,依据《规范》细化的各种登记类型特点,全面梳理,形成一整套规范的登记业务流程。同时,要尽快将不动产登记数据库建设好,建立不动产登记信息系统,满足颁发新证和接入国家级信息平台的需要。

不动产登记资料是证明不动产权利归属的重要依据,是依法开展不动产登记和资料查询的前提,只有依据完整的原始资料开展登记,才能保证登记行为准确高效。《物权法》、《条例》、《实施细则》都明确规定,不动产登记资料应当由不动产登记机构管理;《中央编办关于整合不动产登记职责的通知》(中央编办发〔2013〕134 号)规定,要做好不动产登记资料整合、移交等具体工作;《国土资源部 中央编办关于地方不动产登记职责整合的指导意见》(国土资发〔2015〕50 号)要求在政府的统一组织领导下,做好资料移交等工作;《国土资源部住房城乡建设部关于做好不动产统一登记与房屋交易管理衔接的指导意见》(国土资发〔2015〕90 号)规定,房屋登记簿等房屋登记资料由不动产登记机构管理。各级不动产登记机构要按照上述规定,积极争取党委、政府的重视和支持,加强与有关方面的沟通协调,确保登记簿、权属来源证明材料、登记原因证明文件以及有关登记申请、审核等资料如期移交到位。电子登记资料和纸质登记资料原件必须按计划完整安全同步移交。暂时无法同步移交的,优先移交电子登记资料,再逐步移交纸质登记资料原件。

三、强化登记窗口建设,贯彻便民利民的要求

《规范》在不动产登记窗口建设、规范不动产登记程序等方面做出了细化要求,这些是便民利民的重要措施。各级不动产登记机构要将《规范》的规定落到实处,加强与有关部门的沟通衔接,科学合理设立不动产登记窗口,做好人员配备、岗位设置等窗口建设工作,保证不动产登记工作高效有序。要按照法律和有关规定,抓紧在不动产登记机构的办公场所和门户网站公开申请登记所需的材料目录、示范文本和办理时限等信息,切实方便企业和群众办理不动产登记。

各地要认真落实《国务院办公厅关于简化优化公共服务流程方便基层群众办事创业的通知》(国办发〔2015〕86 号)“坚决砍掉各类无谓的证明和繁琐的手续,凡是没有法律法规依据的证明和盖章环节,原则上一律取消”的规定,对于没有法律法规依据的证明、审核、备案、批准、核准、盖章等手续和材料,不得要求当事人提供,不应作为不动产登记的前置条件或纳入不动产登记业务流程。

四、严格登记信息管理,落实有关信息安全的规定

《规范》对不动产登记信息查询和安全管理做出了具体规定。各级不动产登记机构要充分认识信息安全工作的重要性,按照《规范》的规定,建立健全分级控制、层层把关的不动产登记资料安全保密制度,严把登记资料移交、数据整合建库、信息系统运行、登记业务开展和信息共享查询等关键环节,确保信息安全贯穿于不动产登记工作的全过程。建设符合安全保密标准的不动产登记资料存放场所。加强人员管理,通过签订保密协议、开展信息安全风险评估与检查、定期对工作人员进行信息安全教育培训等方式,做到登记信息全方位监管。

各地要全面落实不动产登记资料依法查询制度,除权利人、利害关系人和有关国家机关可以依法查询登记资料外,不得随意查询。查询不动产登记资料的单位和个人要履行保密义务,未经权利人同意,不得泄露查询获得的不动产登记资料。不动产登记机构、不动产登记信息共享单位以及有关工作人员应当对不动产登记信息保密,除正常办理不动产登记业务外,不动产登记机构工作人员不得随意调取、查阅与办理业务无关的登记信息,也不得泄露不动产登记信息。不动产登记机构不得通过政府信息公开的方式提供不动产登记信息。违反国家规定泄露不动产登记信息的,要严肃处理;对造成信息安全事故或者给他人造成损害的,要依法追究法律责任。

五、加强学习培训,不断提高登记人员素质

《规范》是不动产登记的重要依据之一,是不动产登记制度建设的重要内容,对于推动不动产统一登记制度在基层落地意义重大,有利于不动产登记业务规范化、标准化,有利于便民利民优质服务,有利于登记工作人员熟练掌握业务。各级不动产登记机构要充分认识《规范》的重要意义,精心谋划、合理安排,认真做好学习培训工作。要将学习贯彻《规范》与贯彻落实《条例》、《实施细则》相结合,并作为“能力建设年”活动的一项重要内容,摆上议事日程,做出具体部署,提出明确要求。要通过专题学习、辅导培训、专家解读、业务研讨等方式,一级抓一级,一级培训一级,确保学习培训的时间有保障、人员全覆盖、效果最大化,将《规范》的操作要求落实到不动产登记工作中,提高登记效率,保证登记质量,切实保护权利人合法权益。

本通知有效期 5 年。

附件:不动产登记操作规范(试行)

不动产登记操作规范(试行)

总　　则

1 一般规定

1.1 总体要求

1.1.1 为规范不动产登记行为,保护不动产权利人合法权益,根据《不动产登记暂行条例》(简称《条例》)《不动产登记暂行条例实施细则》(简称《实施细则》),制定本规范。

1.1.2 不动产登记机构应严格贯彻落实《物权法》《条例》以及《实施细则》的规定，依法确定申请人申请登记所需材料的种类和范围，并将所需材料目录在不动产登记机构办公场所和门户网站公布。不动产登记机构不得随意扩大登记申请材料的种类和范围，法律、行政法规以及《实施细则》没有规定的材料，不得作为登记申请材料。

1.1.3 申请人的申请材料应当依法提供原件，不动产登记机构可以依据实时互通共享取得的信息，对申请材料进行核对。能够通过部门间实时共享取得相关材料原件的，不得要求申请人重复提交。

1.1.4 不动产登记机构应严格按照法律、行政法规要求，规范不动产登记申请、受理、审核、登簿、发证等环节，严禁随意拆分登记职责，确保不动产登记流程和登记职责的完整性。

没有法律、行政法规以及《实施细则》依据而设置的前置条件，不动产登记机构不得将其纳入不动产登记的业务流程。

1.1.5 不动产登记过渡期内，农业部会同国土资源部等部门负责指导农村土地承包经营权的统一登记工作，按照农业部有关规定办理耕地的土地承包经营权登记。耕地以外的承包经营权登记、国有农用地的使用权登记和森林、林木所有权登记，按照《条例》《实施细则》的有关规定办理。本规范不再另行规定。

1.2 登记原则

1.2.1 依申请登记原则

不动产登记应当依照当事人的申请进行，但下列情形除外：

1 不动产登记机构依据人民法院、人民检察院等国家有权机关依法作出的嘱托文件直接办理登记的；

2 不动产登记机构依据法律、行政法规或者《实施细则》的规定依职权直接登记的。

1.2.2 一体登记原则

房屋等建筑物、构筑物所有权和森林、林木等定着物所有权登记应当与其所附着的土地、海域一并登记，保持权利主体一致。

土地使用权、海域使用权首次登记、转移登记、抵押登记、查封登记的，该土地、海域范围内符合登记条件的房屋等建筑物、构筑物所有权和森林、林木等定着物所有权应当一并登记。

房屋等建筑物、构筑物所有权和森林、林木等定着物所有权首次登记、转移登记、抵押登记、查封登记的，该房屋等建筑物、构筑物和森林、林木等定着物占用范围内的土地使用权、海域使用权应当一并登记。

1.2.3 连续登记原则

未办理不动产首次登记的，不得办理不动产其他类型登记，但下列情形除外：

1 预购商品房预告登记、预购商品房抵押预告登记的；

2 在建建筑物抵押权登记的；

3 预查封登记的；

4 法律、行政法规规定的其他情形。

1.2.4 属地登记原则

1 不动产登记由不动产所在地的县级人民政府不动产登记机构办理，直辖市、设区的市人民政府可以确定本级不动产登记机构统一办理所属各区的不动产登记。

跨行政区域的不动产登记，由所跨行政区域的不动产登记机构分别办理。

不动产单元跨行政区域且无法分别办理的，由所跨行政区域的不动产登记机构协商办理；协商不成的，由先受理登记申请的不动产登记机构向共同的上一级人民政府不动产登记主管部门提出指定办理申请。

不动产登记机构经协商确定或者依指定办理跨行政区域不动产登记的，应当在登记完毕后将不动产登记簿记载的不动产权利人以及不动产坐落、界址、总面积、跨区域面积、用途、权利类型等登记结果书面告知不动产所跨区域的其他不动产登记机构；

2 国务院确定的重点国有林区的森林、林木和林地的登记，由国土资源部受理并会同有关部门办理，依法向权利人核发不动产权属证书。

3 国务院批准的项目用海、用岛的登记，由国土资源部受理，依法向权利人核发不动产权属证书。

4 中央国家机关使用的国有土地等不动产登记，依照国土资源部《在京中央国家机关用地土地登记办法》等规定办理。

1.3 不动产单元

1.3.1 不动产单元

不动产登记应当以不动产单元为基本单位进行登记。不动产单元是指权属界线封闭且具有独立使用价值的空间。独立使用价值的空间应当足以实现相应的用途，并可以独立利用。

1 没有房屋等建筑物、构筑物以及森林、林木定着物的，以土地、海域权属界线封闭的空间为不动产单元。

2 有房屋等建筑物以及森林、林木定着物的，以该房屋等建筑物以及森林、林木定着物与土地、海域权属界线封闭的空间为不动产单元。

3 有地下车库、商铺等具有独立使用价值的特定空间或者码头、油库、隧道、桥梁等构筑物的，以该特定空间或者构筑物与土地、海域权属界线封闭的空间为不动产单元。

1.3.2 不动产单元编码

不动产单元应当按照《不动产单元设定与代码编制规则》（试行）的规定进行设定与编码。不动产登记机构（国土资源主管部门）负责本辖区范围内的不动产单元代码编制、变更与管理工作，确保不动产单元编码的唯一性。

1.4 不动产权籍调查

1.4.1 不动产登记申请前，需要进行不动产权籍调查的，应当依据不动产权籍调查相关技术规定开展不动产权籍调查。不动产权籍调查包括不动产权属调查和不动产测量。

1 申请人申请不动产首次登记前,应当以宗地、宗海为基础,以不动产单元为基本单位,开展不动产权籍调查。其中,政府组织开展的集体土地所有权、宅基地使用权、集体建设用地使用权、土地承包经营权的首次登记所需的不动产权籍调查成果,由人民政府有关部门组织获取。

2 申请人申请不动产变更、转移等登记,不动产界址未发生变化的,可以沿用原不动产权籍调查成果;不动产界址发生变化,或界址无变化但未进行过权籍调查或无法提供不动产权籍调查成果的,应当补充或重新开展不动产权籍调查。

3 前期行业管理中已经产生或部分产生,并经行业主管部门或其授权机构确认的,符合不动产登记要求的不动产权籍调查成果,可继续沿用。

1.4.2 不动产登记机构(国土资源主管部门)应当加强不动产权籍调查成果确认工作,结合日常登记实时更新权籍调查数据库,确保不动产权籍调查数据的现势、有效和安全。

1.5 不动产登记簿

1.5.1 不动产登记簿介质

不动产登记簿应当采取电子介质,并具有唯一、确定的纸质转化形式。暂不具备条件的,可以采用纸质介质。

不动产登记机构应当配备专门的不动产登记电子存储设施,采取信息网络安全防护措施,保证电子数据安全,并定期进行异地备份。

1.5.2 建立不动产登记簿

不动产登记簿由不动产登记机构建立。不动产登记簿应当以宗地、宗海为单位编制,一宗地或者一宗海范围内的全部不动产编入一个不动产登记簿。宗地或宗海权属界线发生变化的,应当重新建簿,并实现与原不动产登记簿关联。

1 一个不动产单元有两个以上不动产权利或事项的,在不动产登记簿中分别按照一个权利类型或事项设置一个登记簿页;

2 一个登记簿页按登簿时间的先后依次记载该权利或事项的相关内容。

1.5.3 更正不动产登记簿

不动产登记机构应当依法对不动产登记簿进行记载、保存和重建,不得随意更改。有证据证实不动产登记簿记载的事项确实存在错误的,应当依法进行更正登记。

1.5.4 管理和保存不动产登记簿

不动产登记簿由不动产登记机构负责管理,并永久保存。

1.6 不动产权证书和不动产登记证明

1.6.1 不动产权证书和不动产登记证明的格式

不动产权证书和不动产登记证明由国土资源部统一制定样式、统一监制、统一编号规则。不动产权证书和不动产登记证明的印制、发行、管理和质量监督工作由省级国土资源主管部门负责。

不动产权证书和不动产登记证明应当一证一号,更换证书和证明应当更换号码。

有条件的地区,不动产登记机构可以采用印制二维码等防伪手段。

1.6.2 不动产权证书的版式

不动产权证书分单一版和集成版两个版式。不动产登记原则上按一个不动产单元核发一本不动产权证书,采用单一版版本。农村集体经济组织拥有多个建设用地使用权或一户拥有多个土地承包经营权的,可以将其集中记载在一本集成版的不动产权证书,一本证书可以记载一个权利人在同一登记辖区内享有的多个不动产单元上的不动产权利。

1.6.3 不动产权证书和不动产登记证明的换发、补发、注销

不动产权证书和不动产登记证明换发、补发、注销的,原证号废止。换发、补发的新不动产权证书或不动产登记证明应当更换号码,并在不动产权证书或者不动产登记证明上注明"换发""补发"字样。

不动产权证书或者不动产登记证明破损、污损、填制错误的,当事人可以向不动产登记机构申请换发。符合换发条件的,不动产登记机构应当收回并注销原不动产权证书或者不动产登记证明,并将有关事项记载于不动产登记簿后,向申请人换发新的不动产权证书或者不动产登记证明,并注明"换发"字样。

不动产权证书或者不动产登记证明遗失、灭失,不动产权利人申请补发的,由不动产登记机构在其门户网站上刊发不动产权利人的遗失、灭失声明,15 个工作日后,打印一份遗失、灭失声明页面存档,并将有关事项记载于不动产登记簿,向申请人补发新的不动产权证书或者不动产登记证明,并注明"补发"字样。

不动产被查封、抵押或存在异议登记、预告登记的,不影响不动产权证书和不动产登记证明的换发或补发。

1.6.4 不动产权证书和不动产登记证明的生效

不动产权证书和不动产登记证明应当按照不动产登记簿缮写,在加盖不动产登记机构不动产登记专用章后生效。

1.6.5 不动产权证书和不动产登记证明的管理

不动产登记机构应当加强对不动产权证书和不动产登记证明的管理,建立不动产权证书和不动产登记证明管理台账,采取有效措施防止空白、作废的不动产权证书和不动产登记证明外流、遗失。

1.7 登记的一般程序

1.7.1 依申请登记程序

依申请的不动产登记应当按下列程序进行:

(一)申请;

(二)受理;

(三)审核;

（四）登簿。

不动产登记机构完成登记后，应当依据法律、行政法规规定向申请人发放不动产权证书或者不动产登记证明。

1.7.2 依嘱托登记程序

依据人民法院、人民检察院等国家有权机关出具的相关嘱托文件办理不动产登记的，按下列程序进行：

（一）嘱托；

（二）接受嘱托；

（三）审核；

（四）登簿。

1.7.3 依职权登记程序

不动产登记机构依职权办理不动产登记事项的，按下列程序进行：

（一）启动；

（二）审核；

（三）登簿。

1.8 登记申请材料的一般要求

1.8.1 申请材料应当齐全，符合要求，申请人应当对申请材料的真实性负责，并做出书面承诺。

1.8.2 申请材料格式

1.8.2.1 申请材料应当提供原件。因特殊情况不能提供原件的，可以提交该材料的出具机构或职权继受机构确认与原件一致的复印件。

不动产登记机构留存复印件的，应经不动产登记机构工作人员比对后，由不动产登记机构工作人员签字并加盖原件相符章。

1.8.2.2 申请材料形式应当为纸质介质，申请书纸张和尺寸宜符合下列规定：

1 采用韧性大、耐久性强、可长期保存的纸质介质；

2 幅面尺寸为国际标准297mm×210mm（A4纸）。

1.8.2.3 填写申请材料应使用黑色钢笔或签字笔，不得使用圆珠笔、铅笔。因申请人填写错误确需涂改的，需由申请人在涂改处签字（或盖章）确认。

1.8.2.4 申请材料所使用文字应符合下列规定：

1 申请材料应使用汉字文本。少数民族自治区域内，可选用本民族或本自治区域内通用文字；

2 少数民族文字文本的申请材料在非少数民族聚居或者多民族共同居住地区使用，应同时附汉字文本；

3 外文文本的申请材料应当翻译成汉字译本，当事人应签字确认，并对汉字译本的真实性负责。

1.8.2.5 申请材料中的申请人（代理人）姓名或名称应符合下列规定：

1 申请人（代理人）应使用身份证明材料上的汉字姓名或名称。

2 当使用汉字译名时，应在申请材料中附记其身份证明记载的姓名或名称。

1.8.2.6 申请材料中涉及数量、日期、编号的，宜使用阿拉伯数字。涉及数量有计量单位的，应当填写与计量单位口径一致的数值。

1.8.2.7 当申请材料超过一页时，应按1、2、3……顺序排序，并宜在每页标注页码。

1.8.2.8 申请材料传递过程中，可将其合于左上角封牢。补充申请材料应按同种方式另行排序封卷，不得拆开此前已封卷的资料直接添加。

1.8.3 不动产登记申请书

1.8.3.1 申请人申请不动产登记，应当如实、准确填写不动产登记机构制定的不动产登记申请书。申请人为自然人的，申请人应当在不动产登记申请书上签字；申请人为法人或其他组织的，申请人应当在不动产登记申请书上盖章。自然人委托他人申请不动产登记的，代理人应在不动产登记申请书上签字；法人或其他组织委托他人申请不动产登记的，代理人应在不动产登记申请书上签字，并加盖法人或其他组织的公章。

1.8.3.2 共有的不动产，申请人应当在不动产登记申请书中注明共有性质。按份共有不动产的，应明确相应具体份额，共有份额宜采取分数或百分数表示。

1.8.3.3 申请不动产登记的，申请人或者其代理人应当向不动产登记机构提供有效的联系方式。申请人或者其代理人的联系方式发生变动的，应当书面告知不动产登记机构。

1.8.4 身份证明材料

1.8.4.1 申请人申请不动产登记，提交下列相应的身份证明材料：

1 境内自然人：提交居民身份证或军官证、士官证；身份证遗失的，应提交临时身份证。未成年人可以提交居民身份证或户口簿；

2 香港、澳门特别行政区自然人：提交香港、澳门特别行政区居民身份证、护照，或者来往内地通行证；

3 台湾地区自然人：提交台湾居民来往大陆通行证；

4 华侨：提交中华人民共和国护照和国外长期居留身份证件；

5 外籍自然人：中国政府主管机关签发的居留证件，或者其所在国护照；

6 境内法人或其他组织：营业执照，或者组织机构代码证，或者其他身份登记证明；

7 香港特别行政区、澳门特别行政区、台湾地区的法人或其他组织：提交其在境内设立分支机构或代表机构的批准文件和注册证明；

8 境外法人或其他组织：提交其在境内设立分支机构或代表机构的批准文件和注册证明。

1.8.4.2 已经登记的不动产，因其权利人的名称、身份证明类型或者身份证明号码等内容发生变更的，申请人申请办理该不动产的登记事项时,应当提供能够证实其身份变更的材料。

1.8.5 法律文书

申请人提交的人民法院裁判文书、仲裁委员会裁决书应当为已生效的法律文书。提交一审人民法院裁判文书的,应当同时提交人民法院出具的裁判文书已经生效的证明文件等相关材料,即时生效的裁定书、经双方当事人签字的调解书除外。

香港特别行政区、澳门特别行政区、台湾地区形成的司法文书,应经境内不动产所在地中级人民法院裁定予以承认或执行。香港特别行政区形成的具有债权款项支付的民商事案件除外。

外国司法文书应经境内不动产所在地中级人民法院按国际司法协助的方式裁定予以承认或执行。

需要协助执行的生效法律文书应当由该法律文书作出机关的工作人员送达,送达时应当提供工作证件和执行公务的证明文件。人民法院直接送达法律文书有困难的,可以委托其他法院代为送达。

香港特别行政区、澳门特别行政区、台湾地区的公证文书以及与我国有外交关系的国家出具的公证文书按照司法部等国家有关规定进行认证与转递。

1.8.6 继承、受遗赠的不动产登记

因继承、受遗赠取得不动产申请登记的,申请人提交经公证的材料或者生效的法律文书的,按《条例》《实施细则》的相关规定办理登记。申请人不提交经公证的材料或者生效的法律文书,可以按照下列程序办理:

1.8.6.1 申请人提交的申请材料包括:

1 所有继承人或受遗赠人的身份证、户口簿或其他身份证明;

2 被继承人或遗赠人的死亡证明,包括医疗机构出具的死亡证明;公安机关出具的死亡证明或者注明了死亡日期的注销户口证明;人民法院宣告死亡的判决书;其他能够证明被继承人或受遗赠人死亡的材料等;

3 所有继承人或受遗赠人与被继承人或遗赠人之间的亲属关系证明 ,包括户口簿、婚姻证明、收养证明、出生医学证明,公安机关以及村委会、居委会、被继承人或继承人单位出具的证明材料,其他能够证明相关亲属关系的材料等;

4 放弃继承的,应当在不动产登记机构办公场所,在不动产登记机构人员的见证下,签署放弃继承权的声明;

5 继承人已死亡的,代位继承人或转继承人可参照上述材料提供;

6 被继承人或遗赠人享有不动产权利的材料;

7 被继承人或遗赠人生前有遗嘱或者遗赠扶养协议的,提交其全部遗嘱或者 遗赠扶养协议;

8 被继承人或遗赠人生前与配偶有夫妻财产约定的,提交书面约定协议。

受理登记前应由全部法定继承人或受遗赠人共同到不动产所在地的不动产登记机构进行继承材料查验。不动产登记机构应重点查验当事人的身份是否属实、当事人与被继承人或遗赠人的亲属关系是否属实、被继承人或遗赠人有无其他继承人、被继承人或遗赠人和已经死亡的继承人或受遗赠人的死亡事实是否属实、被继承人或遗赠人生前有无遗嘱或者遗赠扶养协议、申请继承的遗产是否属于被继承人或遗赠人个人所有等,并要求申请人签署继承(受遗赠)不动产登记具结书。不动产登记机构可以就继承人或受遗赠人是否齐全、是否愿意接受或放弃继承、就不动产继承协议或遗嘱内容及真实性是否有异议、所提交的资料是否真实等内容进行询问,并做好记录,由全部相关人员签字确认。

经查验或询问,符合本规范 3.5.1 规定的受理条件的,不动产登记机构应当予以受理。

受理后,不动产登记机构应按照本规范第 4 章的审核规则进行审核。认为需要进一步核实情况的,可以发函给出具证明材料的单位、被继承人或遗赠人原所在单位或居住地的村委会、居委会核实相关情况。

对拟登记的不动产登记事项在不动产登记机构门户网站进行公示,公示期不少于 15 个工作日。公示期满无异议的,将申请登记事项记载于不动产登记簿。

1.9 代理

1.9.1 受托人代为申请

申请人委托代理人申请不动产登记的,代理人应当向不动产登记机构提交申请人身份证明、授权委托书及代理人的身份证明。授权委托书中应当载明代理人的姓名或者名称、代理事项、权限和期间,并由委托人签名或者盖章。

1 自然人处分不动产的,可以提交经公证的授权委托书;授权委托书未经公证的,申请人应当在申请登记时,与代理人共同到不动产登记机构现场签订授权委托书;

2 境外申请人处分不动产的,其授权委托书应当经公证或者认证;

3 代理人为两人或者两人以上,代为处分不动产的,全部代理人应当共同代为申请,但另有授权的除外。

1.9.2 监护人代为申请

无民事行为能力人、限制民事行为能力人申请不动产登记的,应当由其监护人代为申请。监护人应当向不动产登记机构提交申请人身份证明、监护关系证明及监护人的身份证明,以及被监护人为无民事行为能力人、限制民事行为能力人的证明材料。处分被监护人不动产申请登记的,还应当出具为被监护人利益而处分不动产的书面保证。

监护关系证明材料可以是户口簿、监护关系公证书、出生医学证明,或所在单位、居民委员会、村民委员会或人民法院指定监护人的证明材料。父母之外的监护人处分未成年人不动产的,有关监护关系材料可以是人民法院指定监护的法律文书、监护人对被监护人享有监护权的公证材料或者其他材料。

1.10 其他

1.10.1 一并申请

符合以下情形之一的，申请人可以一并申请。申请人一并申请的，不动产登记机构应当一并受理，就不同的登记事项依次分别记载于不动产登记簿的相应簿页。

1 预购商品房预告登记与预购商品房抵押预告登记；

2 预购商品房预告登记转房屋所有权登记与预购商品房抵押预告登记转抵押权登记；

3 建筑物所有权首次登记与在建建筑物抵押权登记转建筑物抵押权登记；

4 不动产变更登记导致抵押权变更的，不动产变更登记与抵押权变更登记；

5 不动产变更、转移登记致使地役权变更、转移的，不动产变更登记、转移登记与地役权变更、转移登记；

6 不动产坐落位置等自然状况发生变化的，可以与前述情形发生后申请办理的登记一并办理；

7 本规范规定以及不动产登记机构认为可以合并办理的其他情形。

已办理首次登记的不动产，申请人因继承、受遗赠，或者人民法院、仲裁委员会的生效法律文书取得该不动产但尚未办理转移登记，又因继承、受遗赠，或者人民法院、仲裁委员会的生效法律文书导致不动产权利转移的，不动产登记机构办理后续登记时，应当将之前转移登记的事实在不动产登记簿的附记栏中记载。

1.10.2 撤回申请

申请登记事项在记载于不动产登记簿之前，全体登记申请人可共同申请撤回登记申请；部分登记申请人申请撤回登记申请的，不动产登记机构不予受理。

1.10.2.1 申请人申请撤回登记申请，应当向不动产登记机构提交下列材料：

1 不动产登记申请书；

2 申请人身份证明；

3 原登记申请受理凭证。

不动产登记机构应当在收到撤回申请时查阅不动产登记簿，当事人申请撤回的登记事项已经在不动产登记簿记载的，不予撤回；未在不动产登记簿上记载的，应当准予撤回，原登记申请材料在作出准予撤回的3个工作日内通知当事人取回申请材料。

1.10.3 申请材料退回

1 不动产登记机构准予撤回登记申请的，申请人应及时取回原登记申请材料，取回材料的清单应当由申请人签字确认。撤回登记申请的材料、取回材料的清单应一并归档保留。

2 不动产登记机构决定不予登记的，不动产登记机构应当制作不予登记告知书、退回登记申请材料清单，由申请人签字确认后，将登记申请材料退还申请人。不动产登记机构应当留存申请材料复印件、退回登记申请材料清单、相关告知书的签收文件。

申请人应当自接到不予登记书面告知之日起30个工作日内取回申请材料。取回申请材料自申请人收到上述书面告知之日起，最长不得超过6个月。在取回申请材料期限内，不动产登记机构应当妥善保管该申请材料；逾期不取回的，不动产登记机构不负保管义务。

1.10.4 不动产登记机构内部管理机制

不动产登记机构应当建立与不动产登记风险相适宜的内部管理机制。

1.10.4.1 不动产登记机构应当依据登记程序和管理需要合理设置登记岗位。

1 不动产登记的审核、登簿应当由与其岗位相适应的不动产登记工作人员负责。

2 不动产登记机构宜建立不动产登记风险管理制度，设置登记质量管理岗位负责登记质量检查、监督和登记风险评估、控制工作。

不动产登记机构可以建立不动产登记会审制度，会审管辖范围内的不动产登记重大疑难事项。

不动产登记机构宜根据相关业务规则，通过信息化手段对相互冲突的业务进行限制或者提醒，以降低登记风险。

不动产登记机构宜通过以下方式对登记业务中发现的已失效的查封登记和异议登记进行有效管理：采用电子登记簿的，查封登记或者异议登记失效后，宜在信息系统中及时解除相应的控制或者提醒，注明相应的法律依据；采用纸质登记簿的，查封登记或者异议登记失效后，宜在不动产登记簿附记中注明相应的法律依据。

2 申请

2.1.1 申请是指申请人根据不同的申请登记事项，到不动产登记机构现场向不动产登记机构提交登记申请材料办理不动产登记的行为。

2.1.2 单方申请

属于下列情形之一的，可以由当事人单方申请：

1 尚未登记的不动产申请首次登记的；

2 继承、受遗赠取得不动产权利的；

3 人民法院、仲裁委员会生效的法律文书或者人民政府生效的决定等设立、变更、转让、消灭不动产权利的；

4 下列不涉及不动产权利归属的变更登记：

（1）不动产权利人姓名、名称、身份证明类型或者身份证明号码发生变更的；

（2）不动产坐落、界址、用途、面积等状况发生变化的；

（3）同一权利人分割或者合并不动产的；

（4）土地、海域使用权期限变更的。

5 不动产灭失、不动产权利消灭或者权利人放弃不动产权利,权利人申请注销登记的;

6 异议登记;

7 更正登记;

8 预售人未按约定与预购人申请预购商品房预告登记,预购人申请预告登记的;

9 法律、行政法规规定的其他情形。

2.1.3 共同申请

共有不动产的登记,应当由全体共有人共同申请。

按份共有人转让、抵押其享有的不动产份额,应当与受让人或者抵押权人共同申请。受让人是共有人以外的人的,还应当提交其他共有人同意的书面材料。

属于下列情形之一的,可以由部分共有人申请:

1 处分按份共有的不动产,可以由占份额三分之二以上的按份共有人共同申请,但不动产登记簿记载共有人另有约定的除外;

2 共有的不动产因共有人姓名、名称发生变化申请变更登记的,可以由姓名、名称发生变化的权利人申请;

3 不动产的坐落、界址、用途、面积等自然状况发生变化的,可以由共有人中的一人或多人申请。

2.1.4 业主共有的不动产

建筑区划内依法属于业主共有的道路、绿地、其他公共场所、公用设施和物业服务用房及其占用范围内的建设用地使用权,在办理国有建设用地使用权及房屋所有权首次登记时由登记申请人一并申请登记为业主共有。

2.1.5 到场申请

申请不动产登记,申请人本人或者其代理人应当到不动产登记机构办公场所提交申请材料并接受不动产登记机构工作人员的询问。

具备技术条件的不动产登记机构,应当留存当事人到场申请的照片;具备条件的,也可以按照当事人申请留存当事人指纹或设定密码。

3 受理

受理是指不动产登记机构依法查验申请主体、申请材料,询问登记事项、录入相关信息、出具受理结果等工作的过程。

3.1 查验登记范围

不动产登记机构应查验申请登记的不动产是否属于本不动产登记机构的管辖范围;不动产权利是否属于《条例》《实施细则》规定的不动产权利;申请登记的类型是否属于《条例》《实施细则》规定的登记类型。

3.2 查验申请主体

3.2.1 不动产登记机构应当查验申请事项应当由双方共同申请还是可以单方申请,应当由全体共有人申请还是可以由部分共有人申请。

3.2.2 查验身份证明

申请人与其提交的身份证明指向的主体是否一致:

1 通过身份证识别器查验身份证是否真实;

2 护照、港澳通行证、台湾居民来往大陆通行证等其他身份证明类型是否符合要求;

3 非自然人申请材料上的名称、印章是否与身份证明材料上的名称、印章一致。

3.2.3 查验申请材料形式

3.2.3.1 不动产登记机构应当查验申请人的身份证明材料规格是否符合本规范第1.7节的要求;

3.2.3.2 自然人处分不动产,委托代理人代为申请登记,其授权委托书未经公证的,不动产登记机构工作人员应当按下列要求进行见证:

1 授权委托书的内容是否明确,本登记事项是否在其委托范围内;

2 按本规范3.2.2的要求核验当事人双方的身份证明;

3 由委托人在授权委托书上签字;

4 不动产登记机构工作人员在授权委托书上签字见证。

具备技术条件的不动产登记机构应当留存见证过程的照片。

3.3 查验书面申请材料

3.3.1 查验申请材料是否齐全

不动产登记机构应当查验当事人提交的申请材料是否齐全,相互之间是否一致;不齐全或不一致的,应当要求申请人进一步提交材料。

3.3.2 查验申请材料是否符合法定形式

不动产登记机构应当查验申请人的其他申请材料规格是否符合本规范第1.8节的要求;有关材料是否由有权部门出具,是否在规定的有效期限内,签字和盖章是否符合规定。

不动产登记机构应当查验不动产权证书或者不动产登记证明是否真实、有效。对提交伪造、变造、无效的不动产权证书或不动产登记证明的,不动产登记机构应当依法予以收缴。属于伪造、变造的,不动产登记机构还应及时通知公安部门。

3.3.3 申请材料确认

申请人应当采取下列方式对不动产登记申请书、询问记录及有关申请材料进行确认:

1 自然人签名或摁留指纹。无民事行为能力人或者限制民事行为能力人由监护人签名或摁留指纹;没有听写能力的,摁留指纹确认。

2 法人或者其他组织加盖法人或者其他组织的印章。

3.4 询问

3.4.1 询问内容

不动产登记机构工作人员应根据不同的申请登记事项询问申请人以下内容,并制作询问记录,以进一步了解有关情况:

1 申请登记的事项是否是申请人的真实意思表示;

2 申请登记的不动产是否存在共有人;

3 存在异议登记的，申请人是否知悉存在异议登记的情况；

4 不动产登记机构需要了解的其他与登记有关的内容。

3.4.2 询问记录

询问记录应当由询问人、被询问人签名确认。

1 因处分不动产申请登记且存在异议登记的，受让方应当签署已知悉存在异议登记并自行承担风险的书面承诺；

2 不动产登记机构应当核对询问记录与申请人提交的申请登记材料、申请登记事项之间是否一致。

3.5 受理结果

3.5.1 受理条件

经查验或询问，符合下列条件的，不动产登记机构应当予以受理：

1 申请登记事项在本不动产登记机构的登记职责范围内；

2 申请材料形式符合要求；

3 申请人与依法应当提交的申请材料记载的主体一致；

4 申请登记的不动产权利与登记原因文件记载的不动产权利一致；

5 申请内容与询问记录不冲突；

6 法律、行政法规等规定的其他条件。

不动产登记机构对不符合受理条件的，应当当场书面告知不予受理的理由，并将申请材料退回申请人。

3.5.2 受理凭证

不动产登记机构予以受理的，应当即时制作受理凭证，并交予申请人作为领取不动产权证书或不动产登记证明的凭据。受理凭证上记载的日期为登记申请受理日。

不符合受理条件的，不动产登记机构应当当场向申请人出具不予受理告知书。告知书一式二份，一份交申请人，一份由不动产登记机构留存。

3.5.3 材料补正

申请人提交的申请材料不齐全或者不符合法定形式的，不动产登记机构应当当场书面告知申请人不予受理并一次性告知需要补正的全部内容。告知书一式二份，经申请人签字确认后一份交当事人，一份由不动产登记机构留存。

4 审核

4.1 适用

审核是指不动产登记机构受理申请人的申请后，根据申请登记事项，按照有关法律、行政法规对申请事项及申请材料做进一步审查，并决定是否予以登记的过程。

不动产登记机构应进一步审核上述受理环节是否按照本规范的要求对相关事项进行了查验、询问等。对于在登记审核中发现需要进一步补充材料的，不动产登记机构应当要求申请人补全材料，补全材料所需时间不计算在登记办理期限内。

4.2 书面材料审核

4.2.1 进一步审核申请材料，必要时应当要求申请人进一步提交佐证材料或向有关部门核查有关情况。

1 申请人提交的人民法院、仲裁委员会的法律文书，具备条件的，不动产登记机构可以通过相关技术手段查验法律文书编号、人民法院以及仲裁委员会的名称等是否一致，查询结果需打印、签字及存档；不一致或无法核查的，可进一步向出具法律文书的人民法院或者仲裁委员会进行核实或要求申请人提交其他具有法定证明力的文件。

2 对已实现信息共享的其他申请材料，不动产登记机构可根据共享信息对申请材 料进行核验；尚未实现信息共享的，应当审核其内容和形式是否符合要求。必要时，可进一步向相关机关或机构进行核实，或要求申请人提交其他具有法定证明力的文件。

4.2.2 法律、行政法规规定的完税或者缴费凭证是否齐全。对已实现信息共享的，不动产登记机构应当通过相关方式对完税或者缴费凭证进行核验。必要时，可进一步向税务机关或者出具缴费凭证的相关机关进行核实，或者要求申请人提交其他具有法定证明力的文件。

4.2.3 不动产登记机构应当查验不动产界址、空间界限、面积等不动产权籍调查成果是否完备，权属是否清楚、界址是否清晰、面积是否准确。

4.2.4 不动产存在异议登记或者设有抵押权、地役权或被查封的，因权利人姓名或名称、身份证明类型及号码、不动产坐落发生变化而申请的变更登记，可以办理。因通过协议改变不动产的面积、用途、权利期限等内容申请变更登记，对抵押权人、地役权人产生不利影响的，应当出具抵押权人、地役权人同意变更的书面材料。

4.3 查阅不动产登记簿

除尚未登记的不动产首次申请登记的，不动产登记机构应当通过查阅不动产登记簿的记载信息，审核申请登记事项与不动产登记簿记载的内容是否一致。

1 申请人与不动产登记簿记载的权利人是否一致；

2 申请人提交的登记原因文件与登记事项是否一致；

3 申请人申请登记的不动产与不动产登记簿的记载是否一致；

4 申请登记事项与不动产登记簿记载的内容是否一致；

5 不动产是否存在抵押、异议登记、预告登记、预查封、查封等情形。

不动产登记簿采用电子介质的，查阅不动产登记簿时以已经形成的电子登记簿为依据。

4.4 查阅登记原始资料

经查阅不动产登记簿，不动产登记机构认为仍然需要查阅原始资料确认申请登记事项的，应当查阅不动产登记原始资料，并决定是否予以继续办理。

4.5 实地查看

4.5.1 适用情形和查看内容

属于下列情形之一的,不动产登记机构可以对申请登记的不动产进行实地查看:

1 房屋等建筑物、构筑物所有权首次登记,查看房屋坐落及其建造完成等情况;

2 在建建筑物抵押权登记,查看抵押的在建建筑物坐落及其建造等情况;

3 因不动产灭失申请的注销登记,查看不动产灭失等情况;

4 不动产登记机构认为需要实地查看的其他情形。

4.5.2 查看要求

实地查看应由不动产登记机构工作人员参加,查看人员应对查看对象拍照,填写实地查看记录。现场照片及查看记录应归档。

4.6 调查

对可能存在权属争议,或者可能涉及他人利害关系的登记申请,不动产登记机构可以向申请人、利害关系人或者有关单位进行调查。不动产登记机构进行调查时,申请人、被调查人应当予以配合。

4.7 公告

4.7.1 不动产首次登记公告

除涉及国家秘密外,政府组织的集体土地所有权登记,以及宅基地使用权及房屋所有权,集体建设用地使用权及建筑物、构筑物所有权,土地承包经营权等不动产权利的首次登记,不动产登记机构应当在记载于不动产登记簿前进行公告。公告主要内容包括:申请人的姓名或者名称;不动产坐落、面积、用途、权利类型等;提出异议的期限、方式和受理机构;需要公告的其他事项。

不动产首次登记公告由不动产登记机构在其门户网站以及不动产所在地等指定场所进行,公告期不少于15个工作日。

公告期满无异议的,不动产登记机构应当将登记事项及时记载于不动产登记簿。公告期间,当事人对公告有异议的,应当在提出异议的期限内以书面方式到不动产登记机构的办公场所提出异议,并提供相关材料,不动产登记机构应当按下列程序处理:

(一)根据现有材料异议不成立的,不动产登记机构应当将登记事项及时记载于不动产登记簿。

(二)异议人有明确的权利主张,提供了相应的证据材料,不动产登记机构应 当不予登记,并告知当事人通过诉讼、仲裁等解决权属争议。

4.7.2 依职权登记公告

不动产登记机构依职权办理登记的,不动产登记机构应当在记载于不动产登记簿前在其门户网站以及不动产所在地等指定场所进行公告,公告期不少于15个工作日。公告期满无异议或者异议不成立的,不动产登记机构应当将登记事项及时记载于不动产登记簿。

4.7.3 不动产权证书或者不动产登记证明作废公告

因不动产权利灭失等情形,无法收回不动产权证书或者不动产登记证明的,在登记完成后,不动产登记机构应当在其门户网站或者当地公开发行的报刊上公告作废。

4.8 审核结果

4.8.1 审核后,审核人员应当做出予以登记或不予登记的明确意见。

4.8.2 经审核,符合登记条件的,不动产登记机构应当予以登记。有下列情形之一的,不动产登记机构不予登记并书面通知申请人:

1 申请人未按照不动产登记机构要求进一步补充材料的;

2 申请人、委托代理人身份证明材料以及授权委托书与申请人不一致的;

3 申请登记的不动产不符合不动产单元设定条件的;

4 申请登记的事项与权属来源材料或者登记原因文件不一致的;

5 申请登记的事项与不动产登记簿的记载相冲突的;

6 不动产存在权属争议的,但申请异议登记除外;

7 未依法缴纳土地出让价款、土地租金、海域使用金或者相关税费的;

8 申请登记的不动产权利超过规定期限的;

9 不动产被依法查封期间,权利人处分该不动产申请登记的;

10 未经预告登记权利人书面同意,当事人处分该不动产申请登记的;

11 法律、行政法规规定的其他情形。

5 登簿

5.1.1 经审核符合登记条件的,应当将申请登记事项记载于不动产登记簿。

1 记载于不动产登记簿的时点应当按下列方式确定:使用电子登记簿的,以登簿人员将登记事项在不动产登记簿上记载完成之时为准;使用纸质登记簿的,应当以登簿人员将登记事项在不动产登记簿上记载完毕并签名(章)之时为准;

2 不动产登记簿已建册的,登簿完成后应当归册。

5.1.2 不动产登记机构合并受理的,应将合并受理的登记事项依次分别记载于不动产登记簿的相应簿页。

6 核发不动产权证书或者不动产登记证明

6.1.1 登记事项记载于不动产登记簿后,不动产登记机构应当根据不动产登记簿,如实、准确填写并核发不动产权证书或者不动产登记证明,属本规范第6.1.2条规定情形的除外。

1 集体土地所有权,房屋等建筑物、构筑物所有权,森林、林木所有权,土地承包经营权,建设用地使用权,宅基地使用权,海域使用权等不动产权利登记,核发不动产权证书;

2 抵押权登记、地役权登记和预告登记、异议登记,核发不动产登记证明。

已经发放的不动产权证书或者不动产登记证明记载事项与不动产登记簿不一致的，除有证据证实不动产登记簿确有错误外，以不动产登记簿为准。

6.1.2 属以下情形的，登记事项只记载于不动产登记簿，不核发不动产权证书或者不动产登记证明：

1 建筑区划内依法属于业主共有的道路、绿地、其他公共场所、公用设施和物业服务用房等及其占用范围内的建设用地使用权；

2 查封登记、预查封登记。

6.1.3 共有的不动产，不动产登记机构向全体共有人合并发放一本不动产权证书；共有人申请分别持证的，可以为共有人分别发放不动产权证书。共有不动产权证书应当注明共有情况，并列明全体共有人。

6.1.4 发放不动产权证书或不动产登记证明时，不动产登记机构应当核对申请人（代理人）的身份证明，收回受理凭证。

6.1.5 发放不动产权证书或不动产登记证明后，不动产登记机构应当按规范将登记资料归档。

分　　则

7 集体土地所有权登记

7.1 首次登记

7.1.1 适用

尚未登记的集体土地所有权，权利人可以申请集体土地所有权首次登记。

7.1.2 申请主体

集体土地所有权首次登记，依照下列规定提出申请：

1 土地属于村农民集体所有的，由村集体经济组织代为申请，没有集体经济组织的，由村民委员会代为申请；

2 土地分别属于村内两个以上农民集体所有的，由村内各集体经济组织代为申请，没有集体经济组织的，由村民小组代为申请；

3 土地属于乡（镇）农民集体所有的，由乡（镇）集体经济组织代为申请。

7.1.3 申请材料

申请集体土地所有权首次登记，提交的材料包括：

1 不动产登记申请书；

2 申请人身份证明；

3 土地权属来源材料；

4 不动产权籍调查表、宗地图以及宗地界址点坐标；

5 法律、行政法规以及《实施细则》规定的其他材料。

7.1.4 审查要点

不动产登记机构在审核过程中应注意以下要点：

1 申请集体土地所有权首次登记的土地权属来源材料是否齐全、规范；

2 不动产登记申请书、权属来源材料等记载的主体是否一致；

3 不动产权籍调查成果资料是否齐全、规范，权籍调查表记载的权利人、权利类型及其性质等是否准确，宗地图、界址坐标、面积等是否符合要求；

4 权属来源材料与申请登记的内容是否一致；

5 公告是否无异议；

6 本规范第4章要求的其他审查事项。

不存在本规范第4.8.2条不予登记情形的，不动产登记机构在记载不动产登记簿后，向申请人核发不动产权属证书。

7.2 变更登记

7.2.1 适用

已经登记的集体土地所有权，因下列情形发生变更的，当事人可以申请变更登记：

1 农民集体名称发生变化的；

2 土地坐落、界址、面积等状况发生变化的；

3 法律、行政法规规定的其他情形。

7.2.2 申请主体

按本规范第7.1.2条的规定，由相关集体经济组织、村民委员会或村民小组代为申请。

7.2.3 申请材料

申请集体土地所有权变更登记，提交的材料包括：

1 不动产登记申请书；

2 申请人身份证明；

3 不动产权属证书；

4 集体土地所有权变更的材料；

5 法律、行政法规以及《实施细则》规定的其他材料。

7.2.4 审查要点

不动产登记机构在审核过程中应注意以下要点：

1 申请材料上的权利主体是否与不动产登记簿记载的农民集体一致；

2 集体土地所有权变更的材料是否齐全、有效；

3 申请变更事项与变更登记材料记载的变更事实是否一致；

4 土地面积、界址范围变更的，不动产权籍调查表、宗地图、宗地界址点坐标等是否齐全、规范，申请材料与不动产权籍调查成果是否一致；

5 申请登记事项是否与不动产登记簿的记载冲突；

6 本规范第4章要求的其他审查事项。

不存在本规范第4.8.2条不予登记情形的，将登记事项记载于不动产登记簿。

7.3 转移登记

7.3.1 适用

已经登记的集体土地所有权，因下列情形导致权属发生转移的，当事人可以申请转移登记：

1 农民集体之间互换土地的;

2 土地调整的;

3 法律、行政法规规定的其他情形。

7.3.2 申请主体

按本规范第7.1.2条的规定,由转让方和受让方所在的集体经济组织、村民委员会或村民小组代为申请。

7.3.3 申请材料

申请集体土地所有权转移登记,提交的材料包括:

1 不动产登记申请书;

2 申请人身份证明;

3 不动产权属证书;

4 集体土地所有权转移的材料,除应提交本集体经济组织三分之二以上成员或者三分之二以上村民代表同意的材料外,还应提交:

(1)农民集体互换土地的,提交互换土地的协议;

(2)集体土地调整的,提交土地调整文件;

(3)依法需要批准的,提交有关批准文件;

5 法律、行政法规以及《实施细则》规定的其他材料。

7.3.4 审查要点

不动产登记机构在审核过程中应注意以下要点:

1 转让方是否与不动产登记簿记载的农民集体一致;受让方是否为农民集体;

2 申请事项是否属于因农民集体互换、土地调整等原因导致权属转移;

3 集体土地所有权转移的登记原因文件是否齐全、有效;

4 申请登记事项是否与不动产登记簿的记载冲突;

5 有异议登记的,受让方是否已签署知悉存在异议登记并自担风险的书面承诺;

6 本规范第4章要求的其他审查事项。

不存在本规范第4.8.2条不予登记情形的,将登记事项记载于不动产登记簿,并向权利人核发不动产权属证书。

7.4 注销登记

7.4.1 适用

已经登记的集体土地所有权,有下列情形之一的,当事人可以申请办理注销登记:

1 集体土地灭失的;

2 集体土地被依法征收的;

3 法律、行政法规规定的其他情形。

7.4.2 申请主体

按本规范第7.1.2条的规定,由相关集体经济组织、村民委员会或村民小组代为申请。

7.4.3 申请材料

申请集体土地所有权注销登记,提交的材料包括:

1 不动产登记申请书;

2 申请人身份证明;

3 不动产权属证书;

4 集体土地所有权消灭的材料,包括:

(1)集体土地灭失的,提交证实土地灭失的材料;

(2)依法征收集体土地的,提交有批准权的人民政府征收决定书;

5 法律、行政法规以及《实施细则》规定的其他材料。

7.4.4 审查要点

不动产登记机构在审核过程中应注意以下要点:

1 申请材料上的权利主体是否与不动产登记簿记载的农民集体相一致;

2 集体土地所有权消灭的材料是否齐全、有效;

3 土地灭失的,是否已按规定进行实地查看;

4 申请登记事项是否与不动产登记簿的记载冲突;

5 本规范第4章要求的其他审查事项。

不存在本规范第4.8.2条不予登记情形的,将登记事项以及不动产权属证明或者不动产登记证明收回、作废等内容记载于不动产登记簿。

8 国有建设用地使用权登记

8.1 首次登记

8.1.1 适用

依法取得国有建设用地使用权,可以单独申请国有建设用地使用权首次登记。

8.1.2 申请主体

国有建设用地使用权首次登记的申请主体应当为土地权属来源材料上记载的国有建设用地使用权人。

8.1.3 申请材料

申请国有建设用地使用权首次登记,提交的材料包括:

1 不动产登记申请书;

2 申请人身份证明;

3 土地权属来源材料,包括:

(1)以出让方式取得的,应当提交出让合同和缴清土地出让价款凭证等相关材料;

(2)以划拨方式取得的,应当提交县级以上人民政府的批准用地文件和国有建设用地使用权划拨决定书等相关材料;

(3)以租赁方式取得的,应当提交土地租赁合同和土地租金缴纳凭证等相关材料;

(4)以作价出资或者入股方式取得的,应当提交作价出资或者入股批准文件和其他相关材料;

(5)以授权经营方式取得的,应当提交土地资产授权经营批准文件和其他相关材料。

4 不动产权籍调查表、宗地图、宗地界址点坐标等不动产权籍调查成果;

5 依法应当纳税的,应提交完税凭证;

6 法律、行政法规以及《实施细则》规定的其他材料。

8.1.4 审查要点

不动产登记机构在审核过程中应注意以下要点：

1 不动产登记申请书、权属来源材料等记载的主体是否一致；

2 不动产权籍调查成果资料是否齐全、规范，权籍调查表记载的权利人、权利类型及其性质等是否准确，宗地图、界址坐标、面积等是否符合要求；

3 以出让方式取得的，是否已签订出让合同，是否已提交缴清土地出让价款凭证；以划拨、作价入股、出租、授权经营等方式取得的，是否已经有权部门批准或者授权；

4 权属来源材料与申请登记的内容是否一致；

5 国有建设用地使用权被预查封，权利人与被执行人一致的，不影响办理国有建设用地使用权首次登记；

6 依法应当缴纳土地价款的，是否已缴清土地价款；依法应当纳税的，是否已完税；

7 本规范第 4 章要求的其他审查事项。

不存在本规范第 4.8.2 条不予登记情形的，记载不动产登记簿后向申请人核发不动产权属证书。

8.2 变更登记

8.2.1 适用

已经登记的国有建设用地使用权，因下列情形发生变更的，当事人可以申请变更登记：

1 权利人姓名或者名称、身份证明类型或者身份证明号码发生变化的；

2 土地坐落、界址、用途、面积等状况发生变化的；

3 国有建设用地使用权的权利期限发生变化的；

4 同一权利人分割或者合并国有建设用地的；

5 共有性质变更的；

6 法律、行政法规规定的其他情形。

8.2.2 申请主体

国有建设用地使用权变更登记的申请主体应当为不动产登记簿记载的权利人。共有的国有建设用地使用权，因共有人的姓名、名称发生变化的，可以由发生变化的权利人申请；因土地面积、用途等自然状况发生变化的，可以由共有人一人或多人申请。

8.2.3 申请材料

申请国有建设用地使用权变更登记，提交的材料包括：

1 不动产登记申请书；

2 申请人身份证明；

3 不动产权属证书；

4 国有建设用地使用权变更材料，包括：

（1）权利人姓名或者名称、身份证明类型或者身份证明号码发生变化的，提交能够证实其身份变更的材料；

（2）土地面积、界址范围变更的，除应提交变更后的不动产权籍调查表、宗地图、宗地界址点坐标等不动产权籍调查成果外，还应提交：①以出让方式取得的，提交出让补充合同；②因自然灾害导致部分土地灭失的，提交证实土地灭失的材料；

（3）土地用途变更的，提交国土资源主管部门出具的批准文件和土地出让合同补充协议。依法需要补交土地出让价款的，还应当提交缴清土地出让价款的凭证；

（4）国有建设用地使用权的权利期限发生变化的，提交国土资源主管部门出具的批准文件、出让合同补充协议。依法需要补交土地出让价款的，还应当提交缴清土地出让价款的凭证；

（5）同一权利人分割或者合并国有建设用地的，提交国土资源主管部门同意分割或合并的批准文件以及变更后的不动产权籍调查表、宗地图以及宗地界址点坐标等不动产权籍调查成果；

（6）共有人共有性质变更的，提交共有性质变更合同书或生效法律文书。夫妻共有财产共有性质变更的，还应提交婚姻关系证明；

5 依法应当纳税的，应提交完税凭证；

6 法律、行政法规以及《实施细则》规定的其他材料。

8.2.4 审查要点

不动产登记机构在审核过程中应注意以下要点：

1 申请变更登记的国有建设用地使用权是否已经登记；

2 申请人是否为不动产登记簿记载的权利人；

3 国有建设用地使用权变更的材料是否齐全、有效；

4 申请变更事项与变更材料记载的变更事实是否一致。土地面积、界址范围变更的，不动产权籍调查表、宗地图、宗地界址点坐标等是否齐全、规范，申请材料与不动产权籍调查成果是否一致；

5 申请登记事项与不动产登记簿的记载是否冲突；

6 依法应当缴纳土地价款、纳税的，是否已缴清土地价款、已完税；

7 本规范第 4 章要求的其他审查事项。

不存在本规范第 4.8.2 条不予登记情形的，将登记事项记载于不动产登记簿。

8.3 转移登记

8.3.1 适用

已经登记的国有建设用地使用权，因下列情形导致权属发生转移的，当事人可以申请转移登记：

1 转让、互换或赠与的；

2 继承或受遗赠的；

3 作价出资（入股）的；

4 法人或其他组织合并、分立导致权属发生转移的；

5 共有人增加或者减少导致共有份额变化的；

6 分割、合并导致权属发生转移的；

7 因人民法院、仲裁委员会的生效法律文书等导致权属发生变化的；

8 法律、行政法规规定的其他情形。

8.3.2 申请主体

国有建设用地使用权转移登记应当由双方共同申请,转让方应当为不动产登记簿记载的权利人。属本规范第8.3.1条第2、7项情形的,可以由单方申请。

8.3.3 申请材料

国有建设用地使用权转移登记,提交的材料包括:

1 不动产登记申请书;

2 申请人身份证明;

3 不动产权属证书;

4 国有建设用地使用权转移的材料,包括:

(1)买卖的,提交买卖合同;互换的,提交互换合同;赠与的,提交赠与合同;

(2)因继承、受遗赠取得的,按照本规范1.8.6条的规定提交材料;

(3)作价出资(入股)的,提交作价出资(入股)协议;

(4)法人或其他组织合并、分立导致权属发生转移的,提交法人或其他组织合并、分立的材料以及不动产权属转移的材料;

(5)共有人增加或者减少的,提交共有人增加或者减少的协议;共有份额变化的,提交份额转移协议;

(6)分割、合并导致权属发生转移的,提交分割或合并协议书,或者记载有关分割或合并内容的生效法律文书。实体分割或合并的,还应提交国土资源主管部门同意实体分割或合并的批准文件以及分割或合并后的不动产权籍调查表、宗地图、宗地界址点坐标等不动产权籍调查成果;

(7)因人民法院、仲裁委员会的生效法律文书等导致权属发生变化的,提交人民法院、仲裁委员会的生效法律文书等材料。

5 申请划拨取得国有建设用地使用权转移登记的,应当提交有批准权的人民政府的批准文件;

6 依法需要补交土地出让价款、缴纳税费的,应当提交缴清土地出让价款凭证、税费缴纳凭证;

7 法律、行政法规以及《实施细则》规定的其他材料。

8.3.4 审查要点

不动产登记机构在审核过程中应注意以下要点:

1 国有建设用地使用权转移的登记原因文件是否齐全;

2 申请转移的国有建设用地使用权与登记原因文件记载的是否一致;

3 国有建设用地使用权被查封的,不予办理转移登记;

4 有异议登记的,受让方是否已签署知悉存在异议登记并自担风险的书面承诺;

5 申请登记事项与不动产登记簿的记载是否冲突;

6 申请登记事项是否与土地出让合同相关条款冲突;

7 依法应当缴纳土地价款、纳税的,是否已缴清土地价款、已完税;

8 本规范第4章要求的其他审查事项。

不存在本规范第4.8.2条不予登记情形的,将登记事项记载于不动产登记簿,并向权利人核发不动产权属证书。

8.4 注销登记

8.4.1 适用

已经登记的国有建设用地使用权,有下列情形之一的,当事人可以申请办理注销登记:

1 土地灭失的;

2 权利人放弃国有建设用地使用权的;

3 依法没收、收回国有建设用地使用权的;

4 因人民法院、仲裁委员会的生效法律文书致使国有建设用地使用权消灭的;

5 法律、行政法规规定的其他情形。

8.4.2 申请主体

国有建设用地使用权注销登记的申请主体应当是不动产登记簿记载的权利人。

8.4.3 申请材料

申请国有建设用地使用权注销登记,提交的材料包括:

1 不动产登记申请书;

2 申请人身份证明;

3 不动产权属证书;

4 国有建设用地使用权消灭的材料,包括:

(1)国有建设用地灭失的,提交其灭失的材料;

(2)权利人放弃国有建设用地使用权的,提交权利人放弃国有建设用地使用权的书面文件。被放弃的国有建设用地上设有抵押权、地役权或已经办理预告登记、查封登记的,需提交抵押权人、地役权人、预告登记权利人或查封机关同意注销的书面文件;

(3)依法没收、收回国有建设用地使用权的,提交人民政府的生效决定书;

(4)因人民法院或者仲裁委员会生效法律文书导致权利消灭的,提交人民法院或者仲裁委员会生效法律文书。

5 法律、行政法规以及《实施细则》规定的其他材料。

8.4.4 审查要点

不动产登记机构在审核过程中应注意以下要点:

1 申请注销的国有建设用地使用权是否已经登记;

2 国有建设用地使用权注销的材料是否齐全、有效;

3 国有建设用地已设立抵押权、地役权或者已经办理预告登记、查封登记的,使用权人放弃权利申请注销登记的,是否已经提供抵押权人、地役权人、预告登记权利人、查封机关书面同意;

4 土地灭失的,是否已按规定进行实地查看;

5 申请登记事项与不动产登记簿的记载是否冲突;

6 本规范第4章要求的其他审查事项。

不存在本规范第4.8.2条不予登记情形的,将登记事项以及不动产权证书或者不动产登记证明收回、作废等内容记载于不动产登记簿。

9 国有建设用地使用权及房屋所有权登记

9.1 首次登记

9.1.1 适用

依法利用国有建设用地建造房屋的,可以申请国有建设用地使用权及房屋所有权首次登记。

9.1.2 申请主体

国有建设用地使用权及房屋所有权首次登记的申请主体应当为不动产登记簿或土地权属来源材料记载的国有建设用地使用权人。

9.1.3 申请材料

申请国有建设用地使用权及房屋所有权首次登记,提交的材料包括:

1 不动产登记申请书;

2 申请人身份证明;

3 不动产权属证书或者土地权属来源材料;

4 建设工程符合规划的材料;

5 房屋已经竣工的材料;

6 房地产调查或者测绘报告;

7 建筑物区分所有的,确认建筑区划内属于业主共有的道路、绿地、其他公共场所、公用设施和物业服务用房等材料;

8 相关税费缴纳凭证;

9 法律、行政法规以及《实施细则》规定的其他材料。

9.1.4 审查要点

不动产登记机构在审核过程中应注意以下要点:

1 国有建设用地使用权是否已登记。已登记的,建设工程符合规划、房屋竣工验收等材料记载的主体是否与不动产登记簿记载的权利主体一致;未登记的,建设工程符合规划、房屋竣工验收等材料记载的主体是否与土地权属来源材料记载的主体一致;

2 不动产权籍调查成果资料是否齐全、规范,权籍调查表记载的权利人、权利类型及其性质等是否准确,宗地图和房屋平面图、界址坐标、面积等是否符合要求;

3 建筑物区分所有的,申请材料是否已明确建筑区划内属于业主共有的道路、绿地、其他公共场所、公用设施和物业服务用房等的权利归属;

4 存在查封或者预查封登记的:

(1)国有建设用地使用权被查封或者预查封的,申请人与查封被执行人一致的,不影响办理国有建设用使用权及房屋所有权首次登记;

(2)商品房被预查封的,不影响办理国有建设用使用权及房屋所有权首次登记以及预购商品房预告登记转国有建设用使用权及房屋所有权转移登记。

5 是否已按规定进行实地查看;

6 本规范第4章要求的其他审查事项。

不存在本规范第4.8.2条不予登记情形的,记载不动产登记簿后向权利人核发不动产权属证书。

9.2 变更登记

9.2.1 适用

已经登记的国有建设用地使用权及房屋所有权,因下列情形发生变更的,当事人可以申请变更登记:

1 权利人姓名或者名称、身份证明类型或者身份证明号码发生变化的;

2 不动产坐落、界址、用途、面积等状况发生变化的;

3 国有建设用地使用权的权利期限发生变化的;

4 同一权利人名下的不动产分割或者合并的;

5 法律、行政法规规定的其他情形。

9.2.2 申请主体

国有建设用地使用权及房屋所有权变更登记的申请主体应当为不动产登记簿记载的权利人。因共有人的姓名、名称发生变化的,可以由发生变更的权利人申请;面积、用途等自然状况发生变化的,可以由共有人一人或多人申请。

9.2.3 申请材料

申请房屋所有权变更登记,提交的材料包括:

1 不动产登记申请书;

2 申请人身份证明;

3 不动产权属证书;

4 国有建设用地使用权及房屋所有权变更的材料,包括:

(1)权利人姓名或者名称、身份证明类型或者身份证明号码发生变化的,提交能够证实其身份变更的材料;

(2)房屋面积、界址范围发生变化的,除应提交变更后的不动产权籍调查表、宗地图、宗地界址点坐标等不动产权籍调查成果外,还需提交:①属部分土地收回引起房屋面积、界址变更的,提交人民政府收回决定书;②改建、扩建引起房屋面积、界址变更的,提交规划验收文件和房屋竣工验收文件;③因自然灾害导致部分房屋灭失的,提交部分房屋灭失的材料;④其他面积、界址变更情形的,提交有权机关出具的批准文件。依法需要补交土地出让价款的,还应当提交土地出让合同补充协议和土地价款缴纳凭证;

(3)用途发生变化的,提交城市规划部门出具的批准文件、与国土资源主管部门签订的土地出让合同补充协议。依法需要补交土地出让价款的,还应当提交土地价款以及相关税费缴纳凭证;

(4)国有建设用地使用权的权利期限发生变化的,提交国土资源主管部门出具的批准文件和出让合同补充协议。依法需要补交土地出让价款的,还应当提交土地价款缴纳凭证;

(5)同一权利人分割或者合并不动产的,应当按有关规定提交相关部门同意分割或合并的批准文件;

(6)共有性质变更的,提交共有性质变更协议书或生效法律文书。

5 法律、行政法规以及《实施细则》规定的其他材料。

9.2.4 审查要点

不动产登记机构在审核过程中应注意以下要点：

1 国有建设用地使用权及房屋所有权的变更材料是否齐全、有效；

2 申请变更事项与变更材料记载的变更内容是否一致；

3 不动产权籍调查成果资料是否齐全、规范，权籍调查表记载的权利人、权利类型及其性质等是否准确，宗地图和房屋平面图、界址坐标、面积等是否符合要求；

4 存在预告登记的，不影响不动产登记簿记载的权利人申请补发换发不动产权属证书以及其他不涉及权属的变更登记；

5 申请登记事项与不动产登记簿的记载是否冲突；

6 依法应当补交土地价款的，是否已提交补交土地价款凭证；

7 本规范第4章要求的其他审查事项。

不存在本规范第4.8.2条不予登记情形的，将登记事项记载于不动产登记簿。

9.3 转移登记

9.3.1 适用

已经登记的国有建设用地使用权及房屋所有权，因下列情形导致权属发生转移的，当事人可以申请转移登记。国有建设用地使用权转移的，其范围内的房屋所有权一并转移；房屋所有权转移，其范围内的国有建设用地使用权一并转移。

1 买卖、互换、赠与的；

2 继承或受遗赠的；

3 作价出资(入股)的；

4 法人或其他组织合并、分立等导致权属发生转移的；

5 共有人增加或者减少以及共有份额变化的；

6 分割、合并导致权属发生转移的；

7 因人民法院、仲裁委员会的生效法律文书等导致国有建设用地使用权及房屋所有权发生转移的；

8 法律、行政法规规定的其他情形。

9.3.2 申请主体

国有建设用地使用权及房屋所有权转移登记应当由当事人双方共同申请。属本规范第9.3.1条第2、7项情形的，可以由单方申请。

9.3.3 申请材料

国有建设用地使用权及房屋所有权转移登记，提交的材料包括：

1 不动产登记申请书；

2 申请人身份证明；

3 不动产权属证书；

4 国有建设用地使用权及房屋所有权转移的材料，包括：

(1)买卖的，提交买卖合同；互换的，提交互换协议；赠与的，提交赠与合同；

(2)因继承、受遗赠取得的，按照本规范1.8.6的规定提交材料；

(3)作价出资(入股)的，提交作价出资(入股)协议；

(4)法人或其他组织合并、分立导致权属发生转移的，提交法人或其他组织合并、分立的材料以及不动产权属转移的材料；

(5)共有人增加或者减少的，提交共有人增加或者减少的协议；共有份额变化的，提交份额转移协议；

(6)不动产分割、合并导致权属发生转移的，提交分割或合并协议书，或者记载有关分割或合并内容的生效法律文书。实体分割或合并的，还应提交有权部门同意实体分割或合并的批准文件以及分割或合并后的不动产权籍调查表、宗地图、宗地界址点坐标等不动产权籍调查成果；

(7)因人民法院、仲裁委员会的生效法律文书等导致权属发生变化的，提交人民法院、仲裁委员会的生效法律文书等材料；

5 已经办理预告登记的，提交不动产登记证明；

6 划拨国有建设用地使用权及房屋所有权转移的，还应当提交有批准权的人民政府的批准文件；

7 依法需要补交土地出让价款、缴纳税费的，应当提交土地出让价款缴纳凭证、税费缴纳凭证；

8 法律、行政法规以及《实施细则》规定的其他材料。

9.3.4 审查要点

不动产登记机构在审核过程中应注意以下要点：

1 国有建设用地使用权与房屋所有权转移的登记原因文件是否齐全、有效；

2 申请转移的国有建设用地使用权与房屋所有权与登记原因文件记载是否一致；

3 国有建设用地使用权与房屋所有权被查封的，不予办理转移登记；

4 涉及买卖房屋等不动产，已经办理预告登记的，受让人与预告登记权利人是否一致。

5 设有抵押权的，是否已经办理抵押权注销登记；

6 有异议登记的，受让方是否已签署知悉存在异议登记并自担风险的书面承诺；

7 依法应当缴纳土地价款、纳税的，是否已提交土地价款和税费缴纳凭证；

8 申请登记事项与不动产登记簿的记载是否冲突；

9 本规范第4章要求的其他审查事项。

不存在本规范第4.8.2条不予登记情形的，将登记事项记载于不动产登记簿，并向权利人核发不动产权属证书。

9.4 注销登记

9.4.1 适用

已经登记的国有建设用地使用权及房屋所有权，有下列情形之一的，当事人可以申请办理注销登记：

1 不动产灭失的；

2 权利人放弃权利的；

3 因依法被没收、征收、收回导致不动产权利消灭的；

4 因人民法院、仲裁委员会的生效法律文书致使国有建设用地使用权及房屋所有权消灭的；

5 法律、行政法规规定的其他情形。

9.4.2 申请主体

申请国有建设用地使用权及房屋所有权注销登记的主体应当是不动产登记簿记载的权利人或者其他依法享有不动产权利的权利人。

9.4.3 申请材料

申请国有建设用地使用权及房屋所有权注销登记，提交的材料包括：

1 不动产登记申请书；

2 申请人身份证明；

3 不动产权属证书；

4 国有建设用地使用权及房屋所有权消灭的材料，包括：

(1)不动产灭失的，提交其灭失的材料；

(2)权利人放弃国有建设用地使用权及房屋所有权的，提交权利人放弃权利的书面文件。设有抵押权、地役权或已经办理预告登记、查封登记的，需提交抵押权人、地役权人、预告登记权利人、查封机关同意注销的书面材料；

(3)依法没收、征收、收回不动产的，提交人民政府生效决定书；

(4)因人民法院或者仲裁委员会生效法律文书导致国有建设用地使用权及房屋所有权消灭的，提交人民法院或者仲裁委员会生效法律文书。

5 法律、行政法规以及《实施细则》规定的其他材料。

9.4.4 审查要点

不动产登记机构在审核过程中应注意以下要点：

1 国有建设用地使用权及房屋所有权的注销材料是否齐全、有效；

2 不动产灭失的，是否已按规定进行实地查看；

3 国有建设用地及房屋已设立抵押权、地役权或者已经办理预告登记、查封登记的，权利人放弃权利申请注销登记的，是否已经提供抵押权人、地役权人、预告登记权利人、查封机关书面同意；

4 申请登记事项与不动产登记簿的记载是否冲突；

5 本规范第4章要求的其他审查事项。

不存在本规范第4.8.2条不予登记情形的，将登记事项以及不动产权属证明或者不动产登记证明收回、作废等内容记载于不动产登记簿。

10 宅基地使用权及房屋所有权登记

10.1 首次登记

10.1.1 适用

依法取得宅基地使用权，可以单独申请宅基地使用权登记。

依法利用宅基地建造住房及其附属设施的，可以申请宅基地使用权及房屋所有权登记。

10.1.2 申请主体

申请宅基地使用权登记的主体为用地批准文件记载的宅基地使用权人。

申请宅基地使用权及房屋所有权登记的主体为用地批准文件记载的宅基地使用权人。

10.1.3 申请材料

申请宅基地使用权首次登记，提交的材料包括：

1 不动产登记申请书；

2 申请人身份证明；

3 有批准权的人民政府批准用地的文件等权属来源材料；

4 不动产权籍调查表、宗地图、宗地界址点坐标等有关不动产界址、面积等材料；

5 法律、行政法规以及《实施细则》规定的其他材料。

申请宅基地使用权及房屋所有权首次登记，提交的材料包括：

1 不动产登记申请书；

2 申请人身份证明；

3 不动产权属证书或者土地权属来源材料；

4 房屋符合规划或建设的相关材料；

5 不动产权籍调查表、宗地图、房屋平面图以及宗地界址点坐标等有关不动产界址、面积等材料；

6 法律、行政法规以及《实施细则》规定的其他材料。

10.1.4 审查要点

不动产登记机构在审核过程中应注意以下要点：

申请宅基地使用权首次登记的：

1 是否有合法权属来源材料；

2 不动产登记申请书、权属来源材料等记载的主体是否一致；

3 不动产权籍调查成果资料是否齐全、规范，权籍调查表记载的权利人、权利类型及其性质等是否准确，宗地图、界址坐标、面积等是否符合要求；

4 是否已在不动产登记机构门户网站以及宅基地所在地进行公告；

5 本规范第4章要求的其他审查事项。

申请宅基地使用权及房屋所有权首次登记的：

1 宅基地使用权是否已登记。已登记的，审核不动产登记簿记载的权利主体与房屋符合规划或者建设的相关材料等记载的权利主体是否一致；未登记的，房屋符合规划或者建设的相关材料等记载的主体是否与土地权属来源材料记载的主体一致；

2 房屋等建筑物、构筑物是否符合规划或建设的相关要求;

3 不动产权籍调查成果资料是否齐全、规范,权籍调查表记载的权利人、权利类型及其性质等是否准确,宗地图和房屋平面图、界址坐标、面积等是否符合要求;

4 是否已按规定进行实地查看;

5 是否已按规定进行公告;

6 本规范第 4 章要求的其他审查事项。

不存在本规范第 4.8.2 条不予登记情形的,记载不动产登记簿后向权利人核发不动产权属证书。

10.2 变更登记

10.2.1 适用

已经登记的宅基地使用权及房屋所有权,有下列情形之一的,当事人可以申请变更登记:

1 权利人姓名或者名称、身份证明类型或者身份证明号码发生变化的;

2 不动产坐落、界址、用途、面积等状况发生变化的;

3 法律、行政法规规定的其他情形。

10.2.2 申请主体

宅基地使用权及房屋所有权变更登记的申请主体应当为不动产登记簿记载的权利人。

10.2.3 申请材料

申请宅基地使用权及房屋所有权变更登记,提交的材料包括:

1 不动产登记申请书;

2 申请人身份证明;

3 不动产权属证书;

4 宅基地使用权及房屋所有权变更的材料,包括:

(1)权利人姓名或者名称、身份证明类型或者身份证明号码发生变化的,提交能够证实其身份变更的材料;

(2)宅基地或房屋面积、界址范围变更的,提交有批准权的人民政府或其主管部门的批准文件以及变更后的不动产权籍调查表、宗地图、宗地界址点坐标等有关不动产界址、面积等材料。

5 法律、行政法规以及《实施细则》规定的其他材料。

10.2.4 审查要点

不动产登记机构在审核过程中应注意以下要点:

1 宅基地使用权及房屋所有权的变更材料是否齐全;

2 申请变更事项与变更登记文件记载的变更事实是否一致;

3 申请登记事项与不动产登记簿的记载是否冲突;

4 本规范第 4 章要求的其他审查事项。

不存在本规范第 4.8.2 条不予登记情形的,将登记事项记载于不动产登记簿。

10.3 转移登记

10.3.1 适用

已经登记的宅基地使用权及房屋所有权,有下列情形之一的,当事人可以申请转移登记:

1 依法继承;

2 分家析产;

3 集体经济组织内部互换房屋;

4 因人民法院、仲裁委员会的生效法律文书等导致权属发生变化的;

5 法律、行政法规规定的其他情形。

10.3.2 申请主体

宅基地使用权及房屋所有权转移登记应当由双方共同申请。因继承房屋以及人民法院、仲裁委员会生效法律文书等取得宅基地使用权及房屋所有权的,可由权利人单方申请。

10.3.3 申请材料

申请宅基地使用权及房屋所有权转移登记,提交的材料包括:

1 不动产登记申请书;

2 申请人身份证明;

3 不动产权属证书;

4 宅基地使用权及房屋所有权转移的材料,包括:

(1)依法继承的,按照本规范 1.8.6 的规定提交材料;

(2)分家析产的协议或者材料;

(3)集体经济组织内部互换房屋的,提交互换协议书。同时,还应提交互换双方为本集体经济组织成员的材料;

(4)因人民法院或者仲裁委员会生效法律文书导致权属发生转移的,提交人民法院或者仲裁委员会生效法律文书;

5 法律、行政法规以及《实施细则》规定的其他材料。

10.3.4 审查要点

不动产登记机构在审核过程中应注意以下要点:

1 受让方为本集体经济组织的成员且符合宅基地申请条件,但因继承房屋以及人民法院、仲裁委员会的生效法律文书等导致宅基地使用权及房屋所有权发生转移的除外;

2 宅基地使用权及房屋所有权转移材料是否齐全、有效;

3 申请转移的宅基地使用权及房屋所有权与登记原因文件记载是否一致;

4 有异议登记的,受让方是否已签署知悉存在异议登记并自担风险的书面承诺;

5 申请登记事项与不动产登记簿的记载是否冲突;

6 本规范第 4 章要求的其他审查事项。

不存在本规范第 4.8.2 条不予登记情形的,将登记事项记载于不动产登记簿,并向权利人核发不动产权属证书。

10.3.5 已拥有一处宅基地的本集体经济组织成员、非集体经济组织成员的农村或城镇居民,因继承取得宅基地使用权及房屋所有权的,在不动产权属证书附记栏记载该权利人为本农民集体原成员住宅的合法继承人。

10.4 注销登记

10.4.1 适用

已经登记的宅基地使用权及房屋所有权,有下列情形之一的,当事人可以申请办理注销登记:

1 不动产灭失的;

2 权利人放弃宅基地使用权及房屋所有权的;

3 依法没收、征收、收回宅基地使用权及房屋所有权的;

4 因人民法院、仲裁委员会的生效法律文书导致宅基地使用权及房屋所有权消灭的;

5 法律、行政法规规定的其他情形。

10.4.2 申请主体

宅基地使用权及房屋所有权注销登记的申请主体应当为不动产登记簿记载的权利人。

10.4.3 申请材料

申请宅基地使用权及房屋所有权注销登记,提交的材料包括:

1 不动产登记申请书;

2 申请人身份证明;

3 不动产权属证书;

4 宅基地使用权及房屋所有权消灭的材料,包括:

(1)宅基地、房屋灭失的,提交其灭失的材料;

(2)权利人放弃宅基地使用权及房屋所有权的,提交权利人放弃权利的书面文件。被放弃的宅基地、房屋设有地役权的,需提交地役权人同意注销的书面材料;

(3)依法没收、征收、收回宅基地使用权或者房屋所有权的,提交人民政府做出的生效决定书;

(4)因人民法院或者仲裁委员会生效法律文书导致权利消灭的,提交人民法院或者仲裁委员会生效法律文书。

5 法律、行政法规以及《实施细则》规定的其他材料。

10.4.4 审查要点

不动产登记机构在审核过程中应注意以下要点:

1 宅基地使用权及房屋所有权的注销材料是否齐全、有效;

2 宅基地、房屋灭失的,是否已按规定进行实地查看;

3 放弃的宅基地使用权及房屋所有权是否设有地役权;设有地役权的,应经地役权人同意;

4 本规范第4章要求的其他审查事项。

不存在本规范第4.8.2条不予登记情形的,将登记事项以及不动产权属证明或者不动产登记证明收回、作废等内容记载于不动产登记簿。

11 集体建设用地使用权及建筑物、构筑物所有权登记

11.1 首次登记

11.1.1 适用

依法取得集体建设用地使用权,可以单独申请集体建设用地使用权登记。

依法使用集体建设用地兴办企业,建设公共设施,从事公益事业等的,应当申请集体建设用地使用权及建筑物、构筑物所有权登记。

11.1.2 申请主体

申请集体建设用地使用权登记的主体为用地批准文件记载的集体建设用地使用权人。

申请集体建设用地使用权及建筑物、构筑物所有权登记的主体为用地批准文件记载的集体建设用地使用权人。

11.1.3 申请材料

申请集体建设用地使用权首次登记,提交的材料包括:

1 不动产登记申请书;

2 申请人身份证明;

3 有批准权的人民政府批准用地的文件等权属来源材料;

4 不动产权籍调查表、宗地图以及宗地界址点坐标等有关不动产界址、面积等材料;

5 法律、行政法规以及《实施细则》规定的其他材料。

申请集体建设用地使用权及建筑物、构筑物所有权首次登记,提交的材料包括:

1 不动产登记申请书;

2 申请人身份证明;

3 不动产权属证书;

4 建设工程符合规划的材料;

5 不动产权籍调查表、宗地图、房屋平面图以及宗地界址点坐标等有关不动产界址、面积等材料;

6 建设工程已竣工的材料;

7 法律、行政法规以及《实施细则》规定的其他材料。

11.1.4 审查要点

不动产登记机构在审核过程中应注意以下要点:

申请集体建设用地使用权首次登记的:

1 是否已依法取得集体建设用地使用权;

2 不动产登记申请书、权属来源材料等记载的主体是否一致;

3 不动产权籍调查成果资料是否齐全、规范,权籍调查表记载的权利人、权利类型及其性质等是否准确,宗地图、界址坐标、面积等是否符合要求;

4 是否已按规定进行公告;

5 本规范第4章要求的其他审查事项。

申请集体建设用地使用权及建筑物、构筑物所有权首次登记的:

1 集体建设用地使用权是否已登记。已登记的,不动产登记簿记载的权利主体与建设工程符合规划的材料、建设工程竣工材料等记载的权利主体是否一致;未登记的,建设工程符合规划的材料、建设工程竣工材料等记载的主体是否与土地权属来源材料记载的主体一致;

2 房屋等建筑物、构筑物是否提交了符合规划、已竣工的材料;

3 不动产权籍调查成果资料是否齐全、规范,权籍调查表记载的权利人、权利类型及其性质等是否准确,宗地图和房屋平面图、界址坐标、面积等是否符合要求;

4 集体建设用地使用权被查封,申请人与被执行人一致的,不影响集体建设用地使用权及建筑物、构筑物所有权首次登记;

5 是否已按规定进行实地查看;

6 是否已按规定进行公告;

7 本规范第4章要求的其他审查事项。

不存在本规范第4.8.2条不予登记情形的,记载不动产登记簿后向申请人核发不动产权属证书。

11.2 变更登记

11.2.1 适用

已经登记的集体建设用地使用权及建筑物、构筑物所有权,有下列情形之一的,当事人可以申请变更登记:

1 权利人姓名或者名称、身份证明类型或者身份证明号码发生变化的;

2 不动产坐落、界址、用途、面积等状况发生变化的;

3 同一权利人名下的集体建设用地或者建筑物、构筑物分割或者合并的;

4 法律、行政法规规定的其他情形。

11.2.2 申请主体

集体建设用地使用权及建筑物、构筑物所有权变更登记的申请主体应当为不动产登记簿记载的权利人。因共有人的姓名、名称发生变化的,可以由姓名、名称发生变化的权利人申请;因土地或建筑物、构筑物自然状况变化的,可以由共有人一人或多人申请;夫妻共有财产变更的,应当由夫妻双方凭婚姻关系证明共同申请。

11.2.3 申请材料

申请集体建设用地使用权及建筑物、构筑物所有权变更登记,提交的材料包括:

1 不动产登记申请书;

2 申请人身份证明;

3 不动产权属证书;

4 集体建设用地使用权及建筑物、构筑物所有权变更的材料,包括:

(1)权利人姓名或者名称、身份证明类型或者身份证明号码发生变化的,提交能够证实其身份变更的材料;

(2)土地或建筑物、构筑物面积、界址范围变更的,提交有批准权的人民政府或其主管部门的批准文件以及变更后的不动产权籍调查表、宗地图、房屋平面图以及宗地界址点坐标等有关不动产界址、面积等材料;

(3)土地或建筑物、构筑物用途变更的,提交有批准权的人民政府或者主管部门的批准文件;

(4)同一权利人分割或者合并建筑物、构筑物的,提交有批准权限部门同意分割或者合并的批准文件以及分割或者合并后的不动产权籍调查表、宗地图、房屋平面图以及宗地界址点坐标等有关不动产界址、面积等材料;

5 法律、行政法规以及《实施细则》规定的其他材料。

11.2.4 审查要点

不动产登记机构在审核过程中应注意以下要点:

1 集体建设用地使用权及建筑物、构筑物所有权的变更材料是否齐全、有效;

2 申请变更事项与变更材料记载的变更事实是否一致;

3 申请登记事项与不动产登记簿的记载是否冲突;

4 本规范第4章要求的其他审查事项。

不存在本规范第4.8.2条不予登记情形的,将登记事项记载于不动产登记簿。

11.3 转移登记

11.3.1 适用

已经登记的集体建设用地使用权及建筑物、构筑物所有权,因下列情形之一导致权属发生转移的,当事人可以申请转移登记:

1 作价出资(入股)的;

2 因企业合并、分立、破产、兼并等情形,导致建筑物、构筑物所有权发生转移的;

3 因人民法院、仲裁委员会的生效法律文书等导致权属转移的;

4 法律、行政法规规定的其他情形。

11.3.2 申请主体

集体建设用地使用权及建筑物、构筑物所有权转移登记应当由双方共同申请。因人民法院、仲裁委员会的生效法律文书等导致权属转移的,可由单方申请。

11.3.3 申请材料

集体建设用地使用权及建筑物、构筑物所有权转移登记,提交的材料包括:

1 不动产登记申请书;

2 申请人身份证明;

3 不动产权属证书;

4 集体建设用地使用权及建筑物、构筑物所有权转移的材料,包括:

(1)作价出资(入股)的,提交作价出资(入股)协议;

(2)因企业合并、分立、兼并、破产等情形导致权属发生转移的,提交企业合并、分立、兼并、破产的材料、集体建设用地使用权及建筑物、构筑物所有权权属转移材料、有权部门的批准文件。

(3)因人民法院、仲裁委员会的生效法律文书导致权属转移的,提交人民法院、仲裁委员会的生效法律文书。

5 依法需要缴纳税费的，应当提交税费缴纳凭证；

6 本集体经济组织三分之二以上成员或者三分之二以上村民代表同意的材料；

7 法律、行政法规以及《实施细则》规定的其他材料。

11.3.4 审查要点

不动产登记机构在审核过程中应注意以下要点：

1 集体建设用地使用权及建筑物、构筑物所有权转移的登记原因文件是否齐全、有效；

2 申请转移的集体建设用地使用权及建筑物、构筑物所有权与登记原因文件记载是否一致；

3 集体建设用地使用权及建筑物、构筑物所有权被查封的，不予办理转移登记；

4 有异议登记的，受让方是否已签署知悉存在异议登记并自担风险的书面承诺；

5 申请登记事项与不动产登记簿的记载是否冲突；

6 本规范第 4 章要求的其他审查事项。

不存在本规范第 4.8.2 条不予登记情形的，将登记事项记载于不动产登记簿，并向权利人核发不动产权属证书。

11.4 注销登记

11.4.1 适用

已经登记的集体建设用地使用权及建筑物、构筑物所有权，有下列情形之一的，当事人可以申请办理注销登记：

1 不动产灭失的；

2 权利人放弃集体建设用地使用权及建筑物、构筑物所有权的；

3 依法没收、征收、收回集体建设用地使用权及建筑物、构筑物所有权的；

4 因人民法院、仲裁委员会的生效法律文书等致使集体建设用地使用权及建筑物、构筑物所有权消灭的；

5 法律、行政法规规定的其他情形。

11.4.2 申请主体

集体建设用地使用权及建筑物、构筑物所有权注销登记的申请主体应当是不动产登记簿记载的权利人。

11.4.3 申请材料

申请集体建设用地使用权及建筑物、构筑物所有权注销登记，提交的材料包括：

1 不动产登记申请书；

2 申请人身份证明；

3 不动产权属证书；

4 集体建设用地使用权及建筑物、构筑物所有权消灭的材料，包括：

(1)土地或建筑物、构筑物灭失的，提交灭失的材料；

(2)权利人放弃集体建设用地使用权及建筑物、构筑物所有权的，提交权利人放弃权利的书面文件。设有抵押权、地役权或被查封的，需提交抵押权人、地役权人或查封机关同意注销的书面材料；

(3)依法没收、征收、收回集体建设用地使用权及建筑物、构筑物所有权的，提交人民政府的生效决定书；

(4)因人民法院或者仲裁委员会生效法律文书等导致集体建设用地使用权及建筑物、构筑物所有权消灭的，提交人民法院或者仲裁委员会生效法律文书等材料。

5 法律、行政法规以及《实施细则》规定的其他材料。

11.4.4 审查要点

不动产登记机构在审核过程中应注意以下要点：

1 集体建设用地使用权及建筑物、构筑物所有权的注销材料是否齐全、有效；

2 土地或建筑物、构筑物灭失的，是否已按规定进行实地查看；

3 集体建设用地及建筑物、构筑物已设立抵押权、地役权或者已经办理查封登记的，权利人放弃权利申请注销登记的，是否已经提供抵押权人、地役权人、查封机关书面同意的材料；

4 申请登记事项与不动产登记簿的记载是否冲突；

5 本规范第 4 章要求的其他审查事项。

不存在本规范第 4.8.2 条不予登记情形的，将登记事项以及不动产权属证明或者不动产登记证明收回、作废等内容记载于不动产登记簿。

12 海域使用权及建筑物、构筑物所有权登记

12.1 首次登记

12.1.1 适用

依法取得海域使用权，可以单独申请海域使用权登记。

依法使用海域，在海域上建造建筑物、构筑物的，应当申请海域使用权及建筑物、构筑物所有权登记。

12.1.2 申请主体

海域使用权及建筑物、构筑物所有权首次登记的申请主体应当为海域权属来源材料记载的海域使用权人。

12.1.3 申请材料

申请海域使用权首次登记，提交的材料包括：

1 不动产登记申请书；

2 申请人身份证明；

3 项目用海批准文件或者海域使用权出让合同；

4 宗海图(宗海位置图、界址图)以及界址点坐标；

5 海域使用金缴纳或者减免凭证；

6 法律、行政法规以及《实施细则》规定的其他材料。

申请海域使用权及建筑物、构筑物所有权首次登记，提交的材料包括：

1 不动产登记申请书；

2 申请人身份证明；

3 不动产权属证书或不动产权属来源材料；

4 宗海图(宗海位置图、界址图)以及界址点坐标；

5 建筑物、构筑物符合规划的材料；

6 建筑物、构筑物已经竣工的材料;

7 海域使用金缴纳或者减免凭证;

8 法律、行政法规以及《实施细则》规定的其他材料。

12.1.4 审查要点

不动产登记机构在审核过程中应注意以下要点:

申请海域使用权首次登记的:

1 是否已依法取得海域使用权;

2 不动产登记申请书、权属来源材料等记载的主体是否一致;

3 申请材料中已有相应的调查成果,则审核调查成果资料是否齐全、规范,申请登记的项目名称、用海面积、类型、方式、期限等与批准文件或出让合同是否一致,宗海图(宗海位置图、界址图)以及界址坐标、面积等是否符合要求;

4 海域使用金是否按规定缴纳;

5 本规范第4章要求的其他审查事项。

申请海域使用权及建筑物、构筑物所有权登记的:

1 海域使用权是否已登记。已登记的,不动产登记簿记载的权利主体与建筑物、构筑物符合规划材料和建筑物、构筑物竣工材料等记载的权利主体是否一致;未登记的,建筑物、构筑物符合规划和建筑物、构筑物竣工材料等记载的主体是否与不动产权属来源材料记载的主体一致;

2 不动产权籍调查成果资料是否齐全、规范,权利人、权利类型及其性质等是否准确,宗海图(宗海位置图、界址图)及界址坐标、面积等是否符合要求;

3 是否已按规定进行实地查看;

4 本规范第4章要求的其他审查事项。

不存在本规范第4.8.2条不予登记情形的,记载不动产登记簿后向申请人核发不动产权属证书。

12.2 变更登记

12.2.1 适用

已经登记的海域使用权以及建筑物、构筑物所有权,因下列情形之一发生变更的,当事人可以申请变更登记:

1 权利人姓名或者名称、身份证明类型或者身份证明号码发生变化的,

2 海域坐落、名称发生变化的;

3 改变海域使用位置、面积或者期限的;

4 海域使用权续期的;

5 共有性质变更的;

6 法律、行政法规规定的其他情形。

12.2.2 申请主体

海域使用权以及建筑物、构筑物所有权变更登记的申请主体应当为不动产登记簿记载的权利人。因共有人的姓名、名称发生变化的,可以由发生变化的权利人申请;海域使用面积、用途等自然状况发生变化的,可以由共有人一人或多人申请。

12.2.3 申请材料

申请海域使用权以及建筑物、构筑物所有权变更登记,提交的材料包括:

1 不动产登记申请书;

2 申请人身份证明;

3 不动产权属证书;

4 海域使用权以及建筑物、构筑物所有权变更的材料,包括:

(1)权利人姓名或者名称、身份证明类型或者身份证明号码发生变化的,提交能够证实其身份变更的材料;

(2)海域或建筑物、构筑物面积、界址范围发生变化的,提交有批准权的人民政府或者主管部门的批准文件、海域使用权出让合同补充协议以及变更后的宗海图(宗海位置图、界址图)以及界址点坐标等成果。依法需要补交海域使用金的,还应当提交相关的缴纳凭证;

(3)海域或建筑物、构筑物用途发生变化的,提交有批准权的人民政府或其主管部门的批准文件、海域使用权出让合同补充协议。依法需要补交海域使用金的,还应当提交相关的缴纳凭证;

(4)海域使用期限发生变化或续期的,提交有批准权的人民政府或其主管部门的批准文件或者海域使用权出让合同补充协议。依法需要补交海域使用金的,还应当提交相关的缴纳凭证;

(5)共有性质变更的,应提交共有性质变更协议书或生效法律文书.

5 法律、行政法规以及《实施细则》规定的其他材料。

12.2.4 审查要点

不动产登记机构在审核过程中应注意以下要点:

1 申请变更登记的海域使用权以及建筑物、构筑物所有权是否已经登记;

2 海域使用权以及建筑物、构筑物所有权的变更材料是否齐全、有效;

3 申请变更事项与变更登记文件记载的变更事实是否一致;

4 依法应当缴纳海域使用金的,是否已按规定缴纳相应价款;

5 申请登记事项与不动产登记簿的记载是否冲突;

6 本规范第4章要求的其他审查事项。

不存在本规范第4.8.2条不予登记情形的,将登记事项记载于不动产登记簿。

12.3 转移登记

12.3.1 适用

已经登记的海域使用权以及建筑物、构筑物所有权,因下列情形之一导致权属发生转移的,当事人可以申请转移登记:

1 企业合并、分立或者与他人合资、合作经营、作价入股的;

2 依法转让、赠与的；

3 继承、受遗赠取得的；

4 人民法院、仲裁委员会生效法律文书导致权属转移的；

5 法律、行政法规规定的其他情形。

12.3.2 申请主体

海域使用权以及建筑物、构筑物所有权转移登记应当由双方共同申请。属本规范第12.3.1条第3、4项情形的，可由单方申请。

12.3.3 申请材料

海域使用权以及建筑物、构筑物所有权转移登记，提交的材料包括：

1 不动产登记申请书；

2 申请人身份证明；

3 不动产权属证书；

4 海域使用权以及建筑物、构筑物所有权转移的材料，包括：

(1)法人或其他组织合并、分立或者与他人合资、合作经营，导致权属发生转移的，提交法人或其他组织合并、分立的材料以及不动产权属转移的材料；

(2)作价出资(入股)的，提交作价出资(入股)协议；

(3)买卖的，提交买卖合同；赠与的，提交赠与合同；

(4)因继承、受遗赠取得的，按照本规范1.8.6的规定提交材料；

(5)因人民法院、仲裁委员会的生效法律文书等导致权属发生变化的，提交人民法院、仲裁委员会的生效法律文书等材料。

(6)转让批准取得的海域使用权，提交原批准用海的海洋行政主管部门批准转让的文件。

5 依法需要补交海域使用金、缴纳税费的，应当提交缴纳海域使用金缴款凭证、税费缴纳凭证；

6 法律、行政法规以及《实施细则》规定的其他材料。

12.3.4 审查要点

不动产登记机构在审核过程中应注意以下要点：

1 海域使用权以及建筑物、构筑物所有权转移的登记原因文件是否齐全、有效；

2 申请转移的海域使用权以及建筑物、构筑物所有权与登记原因文件记载是否一致；

3 海域使用权以及建筑物、构筑物所有权被查封的，不予办理转移登记；

4 有异议登记的，受让方是否已签署知悉存在异议登记并自担风险的书面承诺；

5 申请登记事项与不动产登记簿的记载是否冲突；

6 依法应当缴纳海域使用金、纳税的，是否已缴纳海域使用金和有关税费；

7 本规范第4章要求的其他审查事项。

不存在本规范第4.8.2条不予登记情形的，将登记事项记载于不动产登记簿，并向权利人核发不动产权属证书。

12.4 注销登记

12.4.1 适用

已经登记的海域使用权以及建筑物、构筑物所有权，有下列情形之一的，当事人可以申请办理注销登记：

1 不动产灭失的；

2 权利人放弃海域使用权以及建筑物、构筑物所有权的；

3 因人民法院、仲裁委员会的生效法律文书等导致海域使用权以及建筑物、构筑物所有权消灭的；

4 法律、行政法规规定的其他情形。

12.4.2 申请主体

海域使用权以及建筑物、构筑物所有权注销登记的申请主体应当为不动产登记簿记载的权利人。

12.4.3 申请材料

申请海域使用权以及建筑物、构筑物所有权注销登记，提交的材料包括：

1 不动产登记申请书；

2 申请人身份证明；

3 不动产权属证书；

4 海域使用权以及建筑物、构筑物所有权消灭的材料，包括：

(1)不动产灭失的，提交证实灭失的材料；

(2)权利人放弃海域使用权以及建筑物、构筑物所有权的，提交权利人放弃权利的书面文件。设立抵押权、地役权或者已经办理预告登记、查封登记的，需提交抵押权人、地役权人、预告登记权利人、查封机关同意注销的书面材料；

(3)因人民法院或者仲裁委员会生效法律文书等导致海域使用权以及建筑物、构筑物所有权消灭的，提交人民法院或者仲裁委员会生效法律文书等材料；

5 法律、行政法规以及《实施细则》规定的其他材料。

12.4.4 审查要点

不动产登记机构在审核过程中应注意以下要点：

1 申请注销的海域使用权以及建筑物、构筑物所有权是否已经登记；

2 海域使用权以及建筑物、构筑物所有权的注销材料是否齐全、有效；

3 不动产灭失的，是否已实地查看；

4 海域使用权以及建筑物、构筑物所有权已设立抵押权、地役权或者已经办理预告登记、查封登记的，权利人放弃权利申请注销登记的，是否提供抵押权人、地役权人、预告登记权利人、查封机关书面同意；

5 申请登记事项与不动产登记簿的记载是否冲突；

6 本规范第4章要求的其他审查事项。

不存在本规范第4.8.2条不予登记情形的，将登记事项以及不动产权证书或者不动产登记证明收回、作废等内容记载于不动产登记簿。

申请无居民海岛登记的,参照海域使用权及建筑物、构筑物所有权登记的有关规定办理。

13 地役权登记

13.1 首次登记

13.1.1 适用

按照约定设定地役权利用他人不动产,有下列情形之一的,当事人可以申请地役权首次登记。地役权设立后,办理首次登记前发生变更、转移的,当事人应当就已经变更或转移的地役权,申请首次登记。

1 因用水、排水、通行利用他人不动产的;

2 因铺设电线、电缆、水管、输油管线、暖气和燃气管线等利用他人不动产的;

3 因架设铁塔、基站、广告牌等利用他人不动产的;

4 因采光、通风、保持视野等限制他人不动产利用的;

5 其他为提高自己不动产效益,按照约定利用他人不动产的情形。

13.1.2 申请主体

地役权首次登记应当由地役权合同中载明的需役地权利人和供役地权利人共同申请。

13.1.3 申请材料

申请地役权首次登记,提交的材料包括:

1 不动产登记申请书;

2 申请人身份证明;

3 需役地和供役地的不动产权属证书;

4 地役权合同;

5 地役权设立后,办理首次登记前发生变更、转移的,还应提交相关材料;

6 法律、行政法规以及《实施细则》规定的其他材料。

13.1.4 审查要点

不动产登记机构在审核过程中应注意以下要点:

1 供役地、需役地是否已经登记;

2 不动产登记申请书、不动产权属证书、地役权合同等材料记载的主体是否一致;

3 是否为利用他人不动产而设定地役权;

4 当事人约定的利用方法是否属于其他物权的内容;

5 地役权内容是否违反法律、行政法规的强制性规定;

6 供役地被抵押的,是否已经抵押权人书面同意;

7 本规范第4章要求的其他审查事项。

不存在本规范第4.8.2条不予登记情形的,记载不动产登记簿后向权利人核发不动产登记证明。地役权首次登记,不动产登记机构应当将登记事项分别记载于需役地和供役地不动产登记簿。

13.2 变更登记

13.2.1 适用

已经登记的地役权,因下列变更情形之一的,当事人应当申请变更登记:

1 需役地或者供役地权利人姓名或者名称、身份证明类型或者身份证明号码发生变化的;

2 共有性质变更的;

3 需役地或者供役地自然状况发生变化;

4 地役权内容变更的;

5 法律、行政法规规定的其他情形。

13.2.2 申请主体

地役权变更登记的申请主体应当为需役地权利人和供役地权利人。因共有人的姓名、名称发生变化的,可以由姓名、名称发生变化的权利人申请;因不动产自然状况变化申请变更登记的,可以由共有人一人或多人申请。

13.2.3 申请材料

申请地役权变更登记,提交的材料包括:

1 不动产登记申请书;

2 申请人身份证明;

3 不动产登记证明;

4 地役权变更的材料,包括:

(1)权利人姓名或者名称、身份证明类型或者身份证明号码发生变化的,提交能够证实其身份变更的材料;

(2)需役地或者供役地的面积发生变化的,提交有批准权的人民政府或其主管部门的批准文件以及变更后的权籍调查表、宗地图和宗地界址坐标等不动产权籍调查成果;

(3)共有性质变更的,提交共有性质变更协议;

(4)地役权内容发生变化的,提交地役权内容变更的协议。

5 法律、行政法规以及《实施细则》规定的其他材料。

13.2.4 审查要点

不动产登记机构在审核过程中应注意以下要点:

1 申请变更登记的地役权是否已经登记;

2 地役权的变更材料是否齐全、有效;

3 申请变更事项与变更登记文件记载的变更事实是否一致;

4 本规范第4章要求的其他审查事项。

不存在本规范第4.8.2条不予登记情形的,将登记事项记载于不动产登记簿。地役权变更登记,不动产登记机构应当将登记事项分别记载于需役地和供役地的不动产登记簿。

13.3 转移登记

13.3.1 适用

已经登记的地役权不得单独转让、抵押。因土地承包经营权、建设用地使用权等转让发生转移的,当事人应当一并申请地役权转移登记。申请需役地转移登记,需役地权利人拒绝一并申请地役权转移登记的,还应当提供相关的书面材料。

13.3.2 申请主体

地役权转移登记应当由双方共同申请。

13.3.3 申请材料

地役权转移登记与不动产转移登记合并办理，提交的材料包括：

1 不动产登记申请书；

2 申请人身份证明；

3 不动产登记证明；

4 地役权转移合同；

5 法律、行政法规以及《实施细则》规定的其他材料。

13.3.4 审查要点

不动产登记机构在审核过程中应注意以下要点：

1 申请转移登记的地役权是否已经登记；

2 地役权转移的登记原因文件是否齐全、有效；

3 地役权是否为单独转让；

4 按本规范第4章的要求的其他审查事项。

不存在本规范第4.8.2条不予登记情形的，将登记事项记载于不动产登记簿，并向权利人核发不动产登记证明。单独申请地役权转移登记的，不予办理。地役权转移登记，不动产登记机构应当将登记事项分别记载于需役地和供役地不动产登记簿。

13.4 注销登记

13.4.1 适用

已经登记的地役权，有下列情形之一的，当事人可以申请地役权注销登记：

1 地役权期限届满的；

2 供役地、需役地归于同一人的；

3 供役地或者需役地灭失的；

4 人民法院、仲裁委员会的生效法律文书等导致地役权消灭的；

5 依法解除地役权合同的；

6 其他导致地役权消灭的事由。

13.4.2 申请主体

当事人依法解除地役权合同的，应当由供役地、需役地双方共同申请，其他情形可由当事人单方申请。

13.4.3 申请材料

申请地役权注销登记，提交的材料包括：

1 不动产登记申请书；

2 申请人身份证明；

3 不动产登记证明；

4 地役权消灭的材料，包括：

(1)地役权期限届满的，提交地役权期限届满的材料；

(2)供役地、需役地归于同一人的，提交供役地、需役地归于同一人的材料；

(3)供役地或者需役地灭失的，提交供役地或者需役地灭失的材料；

(4)人民法院、仲裁委员会效法律文书等导致地役权消灭的，提交人民法院、仲裁委员会的生效法律文书等材料；

(5)依法解除地役权合同的，提交当事人解除地役权合同的协议。

5 法律、行政法规以及《实施细则》规定的其他材料。

13.4.4 审查要点

不动产登记机构在审核过程中应注意以下要点：

1 注销的地役权是否已经登记；

2 地役权消灭的材料是否齐全、有效；

3 供役地或者需役地灭失的，是否已按规定进行实地查看；

4 本规范第4章要求的其他审查事项。

不存在本规范第4.8.2条不予登记情形的，将登记事项以及不动产登记证明收回、作废等内容记载于不动产登记簿。地役权注销登记，不动产登记机构应当将登记事项分别记载于需役地和供役地不动产登记簿。

14 抵押权登记

14.1 首次登记

14.1.1 适用

在借贷、买卖等民事活动中，自然人、法人或其他组织为保障其债权实现，依法设立不动产抵押权的，可以由抵押人和抵押权人共同申请办理不动产抵押登记。以建设用地使用权、海域使用权抵押的，该土地、海域上的建筑物、构筑物一并抵押；以建筑物、构筑物抵押的，该建筑物、构筑物占用范围内的建设用地使用权、海域使用权一并抵押。

1 为担保债务的履行，债务人或者第三人不转移不动产的占有，将该不动产抵押给债权人的，当事人可以申请一般抵押权首次登记；

2 为担保债务的履行，债务人或者第三人对一定期间内将要连续发生的债权提供担保不动产的，当事人可以申请最高额抵押权首次登记；

3 以正在建造的建筑物设定抵押的，当事人可以申请建设用地使用权及在建建筑物抵押权首次登记。

14.1.2 抵押财产范围

以下列财产进行抵押的，可以申请办理不动产抵押登记：

1 建设用地使用权；

2 建筑物和其他土地附着物；

3 海域使用权；

4 以招标、拍卖、公开协商等方式取得荒地等的土地承包经营权；

5 正在建造的建筑物；

6 法律、行政法规未禁止抵押的其他不动产。

14.1.3 不得办理抵押登记的财产范围

对于法律禁止抵押的下列财产，不动产登记机构不得办理不动产抵押登记：

1 土地所有权、海域所有权；

2 耕地、宅基地等集体所有的土地使用权，但法律规定可

以抵押的除外;

3 学校、幼儿园、医院等以公益为目的的事业单位、社会团体的教育设施、医疗卫生设施和其他社会公益设施;

4 所有权、使用权不明或者有争议的不动产;

5 依法被查封的不动产;

6 法律、行政法规规定不得抵押的其他不动产。

14.1.4 申请主体

抵押权首次登记应当由抵押人和抵押权人共同申请。

14.1.5 申请材料

申请抵押权首次登记,提交的材料包括:

1 不动产登记申请书;

2 申请人身份证明;

3 不动产权属证书。

4 主债权合同。最高额抵押的,应当提交一定期间内将要连续发生债权的合同或者其他登记原因文件等必要材料;

5 抵押合同。主债权合同中包含抵押条款的,可以不提交单独的抵押合同书。最高额抵押的,应当提交最高额抵押合同。

6 下列情形还应当提交以下材料:

(1)同意将最高额抵押权设立前已经存在的债权转入最高额抵押担保的债权范围的,应当提交已存在债权的合同以及当事人同意将该债权纳入最高额抵押权担保范围的书面材料;

(2)在建建筑物抵押的,应当提交建设工程规划许可证;

7 法律、行政法规以及《实施细则》规定的其他材料。

14.1.6 审查要点

不动产登记机构在审核过程中应注意以下要点:

1 抵押财产是否已经办理不动产登记;

2 抵押财产是否属于法律、行政法规禁止抵押的不动产;

3 抵押合同上记载的抵押人、抵押权人、被担保主债权的数额或种类、担保范围、债务履行期限、抵押不动产是否明确;最高额抵押权登记的,最高债权额限度、债权确定的期间是否明确;

4 申请人与不动产权证书或不动产登记证明、主债权合同、抵押合同、最高额抵押合同等记载的主体是否一致;

5 在建建筑物抵押的,抵押财产不包括已经办理预告登记的预购商品房和已办理预售合同登记备案的商品房;

6 在建建筑物抵押,应当实地查看的,是否已实地查看;

7 有查封登记的,不予办理抵押登记,但在商品房抵押预告登记后办理的预查封登记,不影响商品房抵押预告登记转抵押权首次登记;

8 办理抵押预告登记转抵押权首次登记,抵押权人与抵押预告登记权利人是否一致;

9 同一不动产上设有多个抵押权的,应当按照受理时间的先后顺序依次办理登记;

10 登记申请是否违反法律、行政法规的规定;

11 本规范第4章要求的其他审查事项。

不存在本规范第4.8.2条不予登记情形的,记载不动产登记簿后向抵押权人核发不动产登记证明。

14.2 变更登记

14.2.1 适用

已经登记的抵押权,因下列情形发生变更的,当事人可以申请抵押权变更登记:

1 权利人姓名或者名称、身份证明类型或者身份证明号码发生变化的;

2 担保范围发生变化的;

3 抵押权顺位发生变更的;

4 被担保的主债权种类或者数额发生变化的;

5 债务履行期限发生变化的;

6 最高债权额发生变化的;

7 最高额抵押权债权确定的期间发生变化的;

8 法律、行政法规规定的其他情形。

14.2.2 申请主体

申请抵押权变更登记,应当由抵押人和抵押权人共同申请。因抵押人或抵押权人姓名、名称发生变化的,可由发生变化的当事人单方申请;不动产坐落、名称发生变化的,可由抵押人单方申请。

14.2.3 申请材料

申请抵押权变更登记,提交的材料包括:

1 不动产登记申请书;

2 申请人身份证明;

3 不动产权证书和不动产登记证明;

4 抵押权变更的材料,包括:

(1)抵押权人或者抵押人姓名、名称变更的,提交能够证实其身份变更的材料;

(2)担保范围、抵押权顺位、被担保债权种类或者数额、债务履行期限、最高债权额、债权确定期间等发生变更的,提交抵押人与抵押权人约定相关变更内容的协议;

5 因抵押权顺位、被担保债权数额、最高债权额、担保范围、债务履行期限发生变更等,对其他抵押权人产生不利影响的,还应当提交其他抵押权人的书面同意文件和身份证明文件;

6 法律、行政法规以及《实施细则》规定的其他材料。

14.2.4 审查要点

不动产登记机构在审核过程中应注意以下要点:

1 申请变更登记的抵押权是否已经登记;

2 抵押权变更的材料是否齐全、有效;

3 申请变更的事项与变更登记文件记载的变更事实是否一致;

4 抵押权变更影响其他抵押权人利益的,是否已经其他抵押权人书面同意；

5 本规范第4章要求的其他审查事项。

不存在本规范第4.8.2条不予登记情形的，将登记事项记载于不动产登记簿。

14.3 转移登记

14.3.1 适用

因主债权转让导致抵押权转让的，当事人可以申请抵押权转移登记。

最高额抵押权担保的债权确定前，债权人转让部分债权的，除当事人另有约定外，不得办理最高额抵押权转移登记。债权人转让部分债权，当事人约定最高额抵押权随同部分债权的转让而转移的，应当分别申请下列登记：

1 当事人约定原抵押权人与受让人共同享有最高额抵押权的，应当申请最高额抵押权转移登记和最高额抵押权变更登记；

2 当事人约定受让人享有一般抵押权、原抵押权人就扣减已转移的债权数额后继续享有最高额抵押权的，应当一并申请一般抵押权转移登记和最高额抵押权变更登记；

3 当事人约定原抵押权人不再享有最高额抵押权的，应当一并申请最高额抵押权确定登记和一般抵押权转移登记。

14.3.2 申请主体

抵押权转移登记应当由不动产登记簿记载的抵押权人和债权受让人共同申请。

14.3.3 申请材料

申请抵押权转移登记，提交的材料包括：

1 不动产登记申请书；

2 申请人身份证明；

3 不动产权证书和不动产登记证明；

4 抵押权转移的材料，包括：

(1)申请一般抵押权转移登记的，还应当提交被担保主债权的转让协议；

(2)申请最高额抵押权转移登记的，还应当提交部分债权转移的材料、当事人约定最高额抵押权随同部分债权的转让而转移的材料；

(3)债权人已经通知债务人的材料。

5 法律、行政法规以及《实施细则》规定的其他材料。

14.3.4 审查要点

不动产登记机构在审核过程中应注意以下要点：

1 申请转移登记的抵押权是否已经登记；

2 申请转移登记的材料是否齐全、有效；

3 申请转移的抵押权与抵押权转移登记申请材料的记载是否一致；

4 本规范第4章要求的其他审查事项。

不存在本规范第4.8.2条不予登记情形的，将登记事项记载于不动产登记簿，并向权利人核发不动产登记证明。

14.4 注销登记

14.4.1 适用

已经登记的抵押权，发生下列情形之一的，当事人可以申请抵押权注销登记：

1 主债权消灭的；

2 抵押权已经实现的；

3 抵押权人放弃抵押权的；

4 因人民法院、仲裁委员会的生效法律文书致使抵押权消灭的；

5 法律、行政法规规定抵押权消灭的其他情形。

14.4.2 申请主体

不动产登记簿记载的抵押权人与抵押人可以共同申请抵押权的注销登记。

债权消灭或抵押权人放弃抵押权的，抵押权人可以单方申请抵押权的注销登记。

人民法院、仲裁委员会生效法律文书确认抵押权消灭的，抵押人等当事人可以单方申请抵押权的注销登记。

14.4.3 申请材料

申请抵押权注销登记，提交的材料包括：

1 不动产登记申请书；

2 申请人身份证明；

3 抵押权消灭的材料；

4 抵押权人与抵押人共同申请注销登记的，提交不动产权证书和不动产登记证明；抵押权人单方申请注销登记的，提交不动产登记证明；抵押人等当事人单方申请注销登记的，提交证实抵押权已消灭的人民法院、仲裁委员会作出的生效法律文书；

5 法律、行政法规以及《实施细则》规定的其他材料。

14.4.4 审查要点

不动产登记机构在审核过程中应注意以下要点：

1 申请注销的抵押权是否已经登记；

2 申请抵押权注销登记的材料是否齐全、有效；

3 申请注销的抵押权与抵押权注销登记申请材料的记载是否一致；

4 本规范第4章要求的其他审查事项。

不存在本规范第4.8.2条不予登记情形的，将登记事项以及不动产登记证明收回、作废等内容记载于不动产登记簿。

15 预告登记

15.1 预告登记的设立

15.1.1 适用

有下列情形之一的，当事人可以按照约定申请不动产预告登记：

1 商品房等不动产预售的；

2 不动产买卖、抵押的；

3 以预购商品房设定抵押权的；

4 法律、行政法规规定的其他情形。

15.1.2 申请主体

预告登记的申请主体应当为买卖房屋或者其他不动产物权的协议的双方当事人。预购商品房的预售人和预购人订立商品房买卖合同后,预售人未按照约定与预购人申请预告登记时,预购人可以单方申请预告登记。

15.1.3 申请材料

申请预告登记,申请人提交的材料包括:

1 不动产登记申请书;

2 申请人身份证明;

3 当事人关于预告登记的约定;

4 属于下列情形的,还应当提交下列材料:

(1)预购商品房的,提交已备案的商品房预售合同。依法应当备案的商品房预售合同,经县级以上人民政府房产管理部门或土地管理部门备案,作为登记的申请材料。

(2)以预购商品房等不动产设定抵押权的,提交不动产登记证明以及不动产抵押合同、主债权合同;

(3)不动产转移的,提交不动产权属证书、不动产转让合同;

(4)不动产抵押的,提交不动产权属证书、不动产抵押合同和主债权合同。

5 预售人与预购人在商品房预售合同中对预告登记附有条件和期限的,预购人应当提交相应材料。

6 法律、行政法规以及《实施细则》规定的其他材料。

买卖房屋或者其他不动产物权的协议中包括预告登记的约定或对预告登记附有条件和期限的约定,可以不单独提交相应材料。

15.1.4 审查要点

不动产登记机构在审核过程中应注意以下要点:

1 申请预购商品房预告登记的,其预售合同是否已经备案;申请预购商品房抵押预告登记的,是否已经办理预购商品房预告登记;申请其他预告登记的,不动产物权是否已经登记;

2 申请人与申请材料记载的主体是否一致;

3 申请登记的内容与登记原因文件或者权属来源材料是否一致;

4 不动产买卖、抵押的,预告登记内容是否与不动产登记簿记载的有关内容冲突;

5 不动产被查封的,不予办理;

6 本规范第4章要求的其他审查事项。

不存在本规范第4.8.2条不予登记情形的,记载不动产登记簿后向申请人核发不动产登记证明。

15.2 预告登记的变更

15.2.1 适用

因当事人的姓名、名称、身份证明类型或者身份证明号码等发生变更的,当事人可申请预告登记的变更。

15.2.2 申请主体

预告登记变更可以由不动产登记簿记载的当事人单方申请。

15.2.3 申请材料

申请预告登记的变更,申请人提交的材料包括:

1 不动产登记申请书;

2 申请人身份证明;

3 预告登记内容发生变更的材料;

4 法律、行政法规以及《实施细则》规定的其他材料。

15.2.4 审查要点

不动产登记机构在审核过程中应注意以下要点:

1 申请变更登记的材料是否齐全、有效;

2 申请人与申请材料记载的主体是否一致;

3 变更登记的事项与申请变更登记的材料记载的内容是否一致;

4 申请登记事项与不动产登记簿的记载是否冲突;

5 本规范第4章要求的其他审查事项。

不存在本规范第4.8.2条不予登记情形的,将登记事项记载于不动产登记簿。

15.3 预告登记的转移

15.3.1 适用

有下列情形之一的,当事人可申请预告登记的转移:

1 因继承、受遗赠导致不动产预告登记转移的;

2 因人民法院、仲裁委员会生效法律文书导致不动产预告登记转移的;

3 因主债权转移导致预购商品房抵押预告登记转移的;

4 因主债权转移导致不动产抵押预告登记转移的;

5 法律、行政法规规定的其他情形。

15.3.2 申请主体

预告登记转移的申请人由不动产登记簿记载的预告登记权利人和该预告登记转移的受让人共同申请。因继承、受遗赠、人民法院、仲裁委员会生效法律文书导致不动产预告登记转移的可以单方申请。

15.3.3 申请材料

申请预告登记的转移,申请人提交的材料包括:

1 不动产登记申请书;

2 申请人身份证明;

3 按照不同情形,提交下列材料:

(1)继承、受遗赠的,按照本规范1.8.6的规定提交材料;

(2)人民法院、仲裁委员会生效法律文书

(3)主债权转让的合同和已经通知债务人的材料;

4 法律、行政法规以及《实施细则》规定的其他材料。

15.3.4 审查要点

不动产登记机构在审核过程中应注意以下要点:

1 预告登记转移的登记原因文件是否齐全、有效；

2 申请转移的预告登记与登记申请材料的记载是否一致；

3 申请登记事项与不动产登记簿记载的事项是否冲突；

4 本规范第4章要求的其他审查事项。

不存在本规范第4.8.2条不予登记情形的，将登记事项记载于不动产登记簿，并向权利人核发不动产登记证明。

15.4 预告登记的注销

15.4.1 适用

有下列情形之一的，当事人可申请注销预告登记：

1 买卖不动产物权的协议被认定无效、被撤销、被解除等导致债权消灭的；

2 预告登记的权利人放弃预告登记的；

3 法律、行政法规规定的其他情形。

15.4.2 申请主体

申请人为不动产登记簿记载的预告登记权利人或生效法律文书记载的当事人。预告当事人协议注销预告登记的，申请人应当为买卖房屋或者其他不动产物权的协议的双方当事人。

15.4.3 申请材料

申请注销预告登记，申请人提交的材料包括：

1 不动产登记申请书；

2 申请人身份证明；

3 不动产登记证明；

4 债权消灭或者权利人放弃预告登记的材料；

5 法律、行政法规以及《实施细则》规定的其他材料。

15.4.4 审查要点

不动产登记机构在审核过程中应注意以下要点：

1 预告登记的注销材料是否齐全、有效；

2 不动产作为预告登记权利人的财产被预查封的，不予办理；

3 本规范第4章要求的其他审查事项。

不存在本规范第4.8.2条不予登记情形的，将登记事项以及不动产登记证明收回、作废等内容记载于不动产登记簿。

16 更正登记

16.1 依申请更正登记

16.1.1 适用

权利人、利害关系人认为不动产登记簿记载的事项有错误，或者人民法院、仲裁委员会生效法律文书等确定的不动产权利归属、内容与不动产登记簿记载的权利状况不一致的，当事人可以申请更正登记。

16.1.2 申请主体

依申请更正登记的申请人应当是不动产的权利人或利害关系人。利害关系人应当与申请更正的不动产登记簿记载的事项存在利害关系。

16.1.3 申请材料

申请更正登记提交的材料包括：

1 不动产登记申请书；

2 申请人身份证明；

3 证实不动产登记簿记载事项错误的材料，但不动产登记机构书面通知相关权利人申请更正登记的除外；

4 申请人为不动产权利人的，提交不动产权属证书；申请人为利害关系人的，证实与不动产登记簿记载的不动产权利存在利害关系的材料；

5 法律、行政法规以及《实施细则》规定的其他材料。

16.1.4 审查要点

不动产登记机构在审核过程中应注意以下要点：

1 申请人是否是不动产的权利人或利害关系人；利害关系人申请更正的，利害关系材料是否能够证实申请人与被更正的不动产有利害关系；

2 申请更正的登记事项是否已在不动产登记簿记载；错误登记之后是否已经办理了该不动产转移登记，或者办理了抵押权或地役权首次登记、预告登记和查封登记且未注销的；

3 权利人同意更正的，在权利人出具的书面材料中，是否已明确同意更正的意思表示，并且申请人是否提交了证明不动产登记簿确有错误的证明材料；更正事项由人民法院、仲裁委员会法律文书等确认的，法律文书等材料是否已明确不动产权利归属，是否已经发生法律效力；

4 本规范第4章要求的其他审查事项。

不存在本规范第4.8.2条不予登记情形的，将更正事项记载不动产登记簿，涉及不动产权证书或者不动产登记证明记载内容的，向权利人换发不动产权证书或者不动产登记证明。

16.2 依职权更正登记

16.2.1 适用

不动产登记机构发现不动产登记簿记载的事项有错误，不动产登记机构应书面通知当事人在30个工作日内申请办理更正登记，当事人逾期不办理的，不动产登记机构应当在公告15个工作日后，依法予以更正；但在错误登记之后已经办理了涉及不动产权利处分的登记、预告登记和查封登记的除外。

16.2.2 登记材料

不动产登记机构依职权更正登记应当具备下列材料：

1 证实不动产登记簿记载事项错误的材料；

2 通知权利人在规定期限内办理更正登记的材料和送达凭证；

3 法律、行政法规以及《实施细则》规定的其他材料。

16.2.3 审查要点

不动产登记机构启动更正登记程序后，还应该按照以下要点进行审核：

1 不动产登记机构是否已书面通知相关权利人在规定期限内申请办理更正登记,而当事人无正当理由逾期不申请办理;

2 查阅不动产登记资料,审查登记材料或者有效的法律文件是否能证实不动产登记簿记载错误;

3 在错误登记之后是否已经办理了涉及不动产权利处分的登记、预告登记和查封登记;

4 书面通知的送达对象、期限及时间是否符合规定;

5 更正登记事项是否已按规定进行公告;

6 本规范第 4 章要求的其他审查事项。

17 异议登记

17.1 异议登记

17.1.1 适用

利害关系人认为不动产登记簿记载的事项有错误,权利人不同意更正的,利害关系人可以申请异议登记。

17.1.2 申请主体

异议登记申请人应当是利害关系人。

17.1.3 申请材料

申请异议登记需提交下列材料:

1 不动产登记申请书;

2 申请人身份证明;

3 证实对登记的不动产权利有利害关系的材料;

4 证实不动产登记簿记载的事项错误的材料;

5 法律、行政法规以及《实施细则》规定的其他材料。

17.1.4 审查要点

不动产登记机构在审核过程中应注意以下要点:

1 利害关系材料是否能够证实申请人与被异议的不动产权利有利害关系;

2 异议登记事项的内容是否已经记载于不动产登记簿;

3 同一申请人是否就同一异议事项提出过异议登记申请;

4 不动产被查封、抵押或设有地役权的,不影响该不动产的异议登记;

5 本规范第 4 章要求的其他审查事项。

不存在本规范第 4.8.2 条不予登记情形的,不动产登记机构应即时办理。在记载不动产登记簿后,向申请人核发不动产登记证明。

17.2 注销异议登记

17.2.1 适用

1 异议登记期间,异议登记申请人可以申请注销异议登记;

2 异议登记申请人自异议登记之日起 15 日内,未提交人民法院受理通知书、仲裁委员会受理通知书等提起诉讼、申请仲裁的,异议登记失效。

17.2.2 申请主体

注销异议登记申请人是异议登记申请人。

17.2.3 申请材料

申请注销异议登记提交的材料包括:

1 不动产登记申请书;

2 申请人身份证明;

3 异议登记申请人申请注销登记的,提交不动产登记证明;或者异议登记申请人的起诉被人民法院裁定不予受理或者予以驳回诉讼请求的材料;

4 法律、行政法规以及《实施细则》规定的其他材料。

17.2.4 审查要点

不动产登记机构在审核过程中应注意以下要点:

1 申请注销异议登记的材料是否齐全、有效;

2 本规范第 4 章要求的其他审查事项。

不存在本规范第 4.8.2 条不予登记情形的,不动产登记机构应即时办理,将登记事项内容记载于不动产登记簿。

18 查封登记

18.1 查封登记

18.1.1 适用

不动产登记机构依据国家有权机关的嘱托文件依法办理查封登记的,适用查封登记。

18.2 嘱托查封主体

嘱托查封的主体应当为人民法院、人民检察院或公安机关等国家有权机关。

18.2.1 嘱托材料

办理查封登记需提交下列材料:

1 人民法院、人民检察院或公安机关等国家有权机关送达人的工作证和执行公务的证明文件。委托其他法院送达的,应当提交委托送达函;

2 人民法院查封的,应提交查封或者预查封的协助执行通知书;人民检察院查封的,应提交查封函;公安等国家有权机关查封的,应提交协助查封的有关文件。

18.2.2 审查要点

不动产登记机构接收嘱托文件后,应当要求送达人签名,并审查以下内容:

1 查看嘱托机关送达人的工作证和执行公务的证明文件,并与嘱托查封单位进行核实。委托送达的,委托送达函是否已加盖委托机关公章,是否注明委托事项、受委托机关等;

2 嘱托文件是否齐全、是否符合规定;

3 嘱托文件所述查封事项是否清晰,是否已注明被查封的不动产的坐落名称、权利人及有效的不动产权属证书号。被查封不动产的内容与不动产登记簿的记载是否一致;

4 本规范第 4 章要求的其他审查事项。

不动产登记机构不对查封机关送达的嘱托文件进行实体审查。不动产登记机构认为登记事项存在异议的,不动产登记机构应当办理查封登记,并向嘱托机关提出审查建议。不动产登记机构审查后符合登记条件的,应即时将查封登记事项记载于不动产登记簿。

18.2.3 因两个或以上嘱托事项查封同一不动产的,不动产登记机构应当为先送达查封通知书的嘱托机关办理查封登记,对后送达的嘱托机关办理轮候查封登记。轮候查封登记的顺序按照嘱托机关嘱托文书依法送达不动产登记机构的时间先后进行排列。

不动产在预查封期间登记在被执行人名下的,预查封登记自动转为查封登记,预查封转为正式查封后,查封期限从预查封之日起计算。

18.3 注销查封登记

18.3.1 适用

1 查封期间,查封机关解除查封的,不动产登记机构应当根据其嘱托文件办理注销查封登记。

2 不动产查封、预查封期限届满,查封机关未嘱托解除查封、解除预查封或续封的,查封登记失效。

18.3.2 登记材料

办理注销查封登记需提交下列材料:

1 人民法院、人民检察院或公安机关等国家有权机关送达人的工作证和执行公务的证明文件。委托其他法院送达的,应提交委托送达函;

2 人民法院解除查封的,提交解除查封或解除预查封的协助执行通知书;公安机关等人民政府有权机关解除查封的,提交协助解除查封通知书;人民检察院解除查封的,提交解除查封函。

3 法律、行政法规以及《实施细则》规定的其他材料。

18.3.3 审查要点

不动产登记机构接收嘱托文件时,应当要求送达人签名,并审查以下内容:

1 查看嘱托机关送达人的工作证和执行公务的证明文件。委托其他法院送达的,委托送达函是否已加盖委托机关公章,是否注明委托事项、受委托机关等;

2 嘱托文件是否齐全、是否符合规定;

3 嘱托文件所述解除查封事项是否清晰,包括是否注明了解封不动产的名称、权利人及有效的不动产权属证书号。解除查封不动产的内容与不动产登记簿的记载是否一致;

4 本规范第4章要求的其他审查事项。

不动产登记机构审查后符合登记条件的,应将解除查封登记事项记载于不动产登记簿。

19 登记资料管理

19.1 一般规定

19.1.1 登记资料的范围

不动产登记资料包括:

1 不动产登记簿等不动产登记结果;

2 不动产登记原始资料,包括不动产登记申请书、申请人身份证明、不动产权属来源材料、登记原因文件、不动产权籍调查表等申请材料;不动产登记机构查验、询问、实地查看或调查、公告等形成的审核材料;其他有关机关出具的复函、意见以及不动产登记过程中产生的其他依法应当保存的材料等。

不动产登记资料应当由不动产登记机构管理。不动产登记资料中属于归档范围的,应当按照法律、行政法规的规定进行归档管理。

19.1.2 登记资料管理

不动产登记资料由不动产登记机构管理。不动产登记机构应按照以下要求确保不动产登记信息的绝对安全:

1 不动产登记簿等不动产登记结果及权籍图应当永久保存;不动产权籍图包括宗地图、宗海图(宗海位置图、界址图)和房屋平面图等;

2 不动产登记原始资料应当按照规定整理后归档保存和管理;

3 不动产登记资料应当逐步电子化,不动产登记电子登记资料应当通过统一的不动产登记信息管理基础平台进行管理、开发和利用;

4 任何单位和个人不得随意损毁登记资料、不得泄露登记信息;

5 不动产登记机构应当建立符合防火、防盗、防渍、防有害生物等安全保护要求的专门场所,存放不动产登记簿和权籍图等;

6 除法律、行政法规另有规定或者因紧急情况为避免不动产登记簿毁损、灭失外,任何单位或个人不得将不动产登记簿携出不动产登记机构。

19.2 纸质资料管理

19.2.1 保管

不动产登记机构应妥善保管登记资料,防止登记资料污损、遗失,确保登记资料齐全、完整。

19.2.2 移交

登记事项登簿后,不动产登记人员应整理登记资料,填写统一制式的移交清单,将不动产登记原始资料和具有保存价值的其他材料收集、整理,并及时、完整地移交至资料管理部门。

19.2.3 接收

资料管理部门应比对移交清单对移交材料进行检查验收,对符合要求的,资料管理部门应予接收。

19.2.4 立卷

资料立卷宜采用1件1卷的原则,即每办理1件登记所形成的材料立1个卷。资料的立卷应包括:卷内材料的排列与编号、卷内目录和备考表的编制、卷皮和资料盒或资料袋的编写工作,并应符合下列规定:

1 卷内材料应按下列顺序排列:

(1)目录;

(2)结论性审核材料;

(3)过程性审核材料；

(4)当事人提供的登记申请材料；

(5)图纸；

(6)其他；

(7)备考表。

2 卷内材料应每1页材料编写1个页号。单面书写的材料应在右上角编写页号；双面书写的材料，应在正面右上角、背面左上角编写页号。图表、照片可编在与此相应位置的空白处或其背面；卷内目录、备考表可不编页号。编写页号应使用阿拉伯数字，起始号码从"1"开始。

3 卷内目录编制应符合下列规定：

(1)顺序号应按卷内材料的排列顺序，每份材料应编1个顺序号，不得重复、遗漏；

(2)材料题名应为材料自身的标题，不得随意更改和省略。如材料没有标题，应根据材料内容拟写一个标题；

(3)页次应填写该材料所在的起始页，最后页应填起止页号；

(4)备注应填写需注明的内容。

4 备考表的编制应符合下列规定：

(1)立卷人应为负责归档材料立卷装订的人员；

(2)检查人应为负责检查归档材料立卷装订质量的人员；

(3)日期应为归档材料立卷装订完毕的日期。

5 卷皮与资料盒或资料袋项目的填写可采用计算机打印或手工填写。手工填写时应使用黑色墨水或墨汁填写，字体工整，不得涂改。

19.2.5 编号

资料编号可采用归档流水号统一制定编号规则。

19.2.6 装订

资料装订应符合下列规定：

1 材料上的金属物应全部剔除干净，操作时不得损坏材料，不得对材料进行剪裁；

2 破损的或幅面过小的材料应采用A4白衬纸托裱，1页白衬纸应托裱1张材料，不得托裱2张及以上材料；字迹扩散的应复制并与原件一起存档，原件在前，复制件在后；

3 幅面大于A4的材料，应按A4大小折叠整齐，并预留出装订边际；

4 卷内目录题名与卷内材料题名、卷皮姓名或名称与卷内材料姓名或名称应保持一致。姓名或名称不得用同音字或随意简化字代替；

5 卷内材料应向左下角对齐，装订孔中心线距材料左边际应为12.5mm；

6 应在材料左侧采用线绳装订；

7 材料折叠后过厚的，应在装订线位置加入垫片保持其平整；

8 卷内材料与卷皮装订在一起的，应整齐美观，不得压字、掉页，不得妨碍翻阅。

19.2.7 入库

纸质资料整理装订完毕，宜消毒除尘后入库。

19.2.8 上架

纸质资料入库后，宜及时上架，以备查验和利用。

19.2.9 保管

不动产登记资料保管，应符合下列规定：

1 资料库房应安装温湿度记录仪、配备空调及去湿、增湿设备，并应定期进行检修、保养；库房的温度应控制在14℃～24℃，相对湿度应控制在45%～60%；

2 资料库房应配备消防器材，并应按要求定期进行检查和更换；应安全使用电器设备，并应定期检查电器线路；库房内严禁明火装置和使用电炉及存放易燃易爆物品；库房内应安装防火及防盗自动报警装置，并应定期检查；

3 资料库房人工照明光源宜选用白炽灯，照度不宜超过100Lx；当采用荧光灯时，应对紫外线进行过滤；不宜采用自然光源，当有外窗时应采取遮阳措施，资料在任何情况下均应避免阳光直射；

4 资料密集架应与地面保持80mm以上距离，其排列应便于通风降湿；

5 应检查虫霉、鼠害。当发现虫霉、鼠害时，应及时投放药剂，灭菌杀虫；

6 应配备吸尘器，加装密封门。有条件的可设置空气过滤装置。

19.3 电子资料管理

19.3.1 一般规定

电子资料的范围应包括电子资料目录、电子登记簿和纸质资料的数字化加工处理成果。

1 电子资料应以1次登记为1件，按件建立电子资料目录；

2 电子登记簿应按宗地（宗海）为单位建立并应与电子资料目录形成关联；

3 不动产登记纸质资料宜进行数字化处理。

19.3.2 纸质资料数字化处理

数字化处理基本流程应包括案卷整理、资料扫描、图像处理、图像存储、数据挂接、数据关联、数据验收、数据备份与异地保存。

数字化扫描处理应符合下列规定：

1 扫描应根据资料幅面的大小选择相应规格的扫描设备，大幅面资料可采用大幅面扫描仪，也可采用小幅面扫描后的图像拼接方式处理；

2 对页面为黑白二色且字迹清晰、不带插图的资料，可采用黑白二值模式进行扫描；对页面为黑白二色，但字迹清晰度差或带有插图的资料，以及页面为多色文字的资料，可采用灰度模式扫描；对页面中有红头、印章或插有黑白照片、彩色照片、彩色插图的资料，可采用彩色模式进行扫描；

3 当采用黑白二值、灰度、彩色等模式对资料进行扫描时，其分辨率宜选择大于或等于100dpi；在文字偏小、密集、清晰度较差等特殊情况下，可适当提高分辨率；

4 对粘贴折页，可采用大幅面扫描仪扫描，或先分部扫描后拼接；对部分字体很小、字迹密集的情况，可适当提高扫描分辨率，选择灰度扫描或彩色扫描，采用局部深化技术解决；对字迹与表格颜色深度不同的，采用局部淡化技术解决；对页面中有黑白或彩色照片的材料，可采用JPEG、TIF等格式储存，应确保照片清晰度。

数字化图像处理应符合下列规定：

1 对出现偏斜的图像应进行纠偏处理；对方向不正确的图像应进行旋转还原；

2 对图像页面中出现的影响图像质量的杂质，应进行去污处理。处理过程中应遵循在不影响可懂度的前提下展现资料原貌的原则；

3 对大幅面资料进行分区扫描形成的多幅图像，应进行拼接处理，合并为一个完整的图像；

4 彩色模式扫描的图像应进行裁边处理，去除多余的白边。

数字化图像存储应符合下列规定：

1 采用黑白二值模式扫描的图像材料，宜采用TIF格式存储；采用灰度模式和彩色模式扫描的材料，宜采用JPEG格式存储。存储时的压缩率的选择，应以保证扫描的图像清晰可读为前提。提供网络查询的扫描图像，也可存储为CEB、PDF或其他格式；

2 图像材料的命名应确保其唯一性，并应与电子资料目录形成对应。

数字化成果汇总应当符合下列规定：

资料数字化转换过程中形成的电子资料目录与数字化图像，应通过网络及时加载到数据服务器端汇总、验收，并应实现目录数据对相关联的数字图像的自动搜索，数字图像的排列顺序与纸质资料相符。

19.3.3 电子资料数据验收

电子资料数据验收应符合下列规定：

1 对录入的目录数据和不动产登记簿数据应进行抽查，抽查率不得低于10%，错误率不得高于3%；

2 对纸质材料扫描后形成的图像材料应进行清晰度、污渍、黑边、偏斜等图像质量问题的控制；

3 对图像和目录数据挂接应进行抽查，抽查率不得低于10%，错误率不得高于3%。

19.3.4 电子资料备份和异地保存

电子资料备份和异地保存应符合下列规定：

1 电子资料目录、电子登记簿以及纸质资料的数字化加工处理成果均应进行备份；

2 可选择在线增量备份、定时完全备份以及异地容灾备份的备份方式；

3 应至少每天1次做好增量数据和材料备份；

4 应至少每周1次定时做好完全备份，并应根据自身条件，应至少每年1次离线存放。存放地点应符合防火、防盗、防高温、防尘、防光、防潮、防有害气体和防有害生物的要求，还应采用专用的防磁柜存放；

5 应建立异地容灾体系，应对可能的灾害事故。异地容灾的数据存放地点与源数据存放地点距离不得小于20km，在地震灾害频发地区，间隔距离不宜小于800km；

6 备份数据应定期进行检验。备份数据检验的主要内容宜包括备份数据正常打开、数据信息完整、材料数量准确等；

7 数据与灾备机房的设计应符合现行国家标准《电子信息系统机房设计规范》GB50174的规定。

20 登记资料查询

20.1 查询主体

下列情形可以依法查询不动产登记资料：

1 权利人可以查询、复制其全部的不动产登记资料；

2 因不动产交易、继承、诉讼等涉及的利害关系人可以查询、复制不动产自然状况、权利人及其不动产查封、抵押、预告登记、异议登记等状况；

3 人民法院、人民检察院、国家安全机关、监察机关以及其他因执行公务需要的国家机关可以依法查询、复制与调查和处理事项有关的不动产登记资料；

4 法律、行政法规规定的其他情形。

查询不动产登记资料的单位和个人应当向不动产登记机构说明查询目的，不得将查询获得的不动产登记资料用于其他目的；未经权利人同意，不得泄露查询获得的不动产登记信息。

20.2 申请材料

申请人申请查询不动产登记资料，应当填写不动产登记机构制定的不动产登记资料查询申请书，并应当到不动产登记机构现场提出申请。查询不动产登记资料提交的材料包括：

1 查询申请书；

2 申请人身份证明材料。委托查询的，应当提交授权委托书和代理人的身份证明材料，境外委托人的授权委托书还需经公证或者认证；

3 利害关系人查询的，提交存在利害关系的材料；

4 人民法院、人民检察院、国家安全机关、监察机关以及其他因执行公务需要的国家机关查询的，应当提供本单位出具的协助查询材料和工作人员的工作证和执行公务的证明文件；

5 法律、行政法规规定的其他材料。

不动产登记簿上记载的权利人通过设置在具体办理不动产登记的不动产登记机构的终端自动系统查询登记结果的，可以不提交上述材料。

20.3 查询条件

符合下列条件的，不动产登记机构应当予以查询或复制不动产登记资料：

1 查询主体到不动产登记机构来查询的;
2 查询的不动产属于本不动产登记机构的管辖范围;
3 查询申请材料齐全,且符合形式要求;
4 查询主体及其内容符合本规范第 20.1 条的规定;
5 查询目的明确且不违反法律、行政法规规定;
6 法律、行政法规规定的其他条件。

20.4 出具查询结果

查询人要求出具查询结果证明的,不动产登记机构应当审查申请人的查询目的是否明确,审查是否符合本规范第 20.3 条规定的查询条件。经审查符合查询条件的,按下列程序办理:

1 申请人签字确认申请材料,并承诺查询结果的使用目的和使用范围;
2 向申请人出具查询结果,并在查询结果或者登记资料复印材料上加盖登记资料查询专用章。

20.5 办理时限

符合查询条件的,不动产登记机构应当当场向申请人提供查询结果。因情况特殊,不能当场提供的,应当在 5 个工作日内向申请人提供查询结果。

附录 A

A.1 不动产登记申请书

不动产登记申请书

收件	编号		收件人	
	日期			

单位:□平方米 □公顷(□亩)、万元

申请登记事由	□土地所有权 □国有建设用地使用权 □宅基地使用权 □集体建设用地使用权□土地承包经营权 □林地使用权 □海域使用权 □无居民海岛使用权 □房屋所有权 □构筑物所有权□森林、林木所有权 □森林、林木使用权 □抵押权 □地役权 □其他_________			
	□首次登记 □转移登记 □变更登记 □注销登记 □更正登记 □异议登记 □预告登记□查封登记 □其他_________			
申请人情况	登 记 申 请 人			
	权利人姓名(名称)			
	身份证件种类		证件号	
	通讯地址		邮 编	
	法定代表人或负责人		联系电话	
	代理人姓名		联系电话	
	代理机构名称			
	登 记 申 请 人			
	义务人姓名(名称)			
	身份证件种类		证件号	
	通讯地址		邮 编	
	法定代表人或负责人		联系电话	
	代理人姓名		联系电话	
	代理机构名称			

续　表

<table>
<tr><td rowspan="5">不动产情况</td><td colspan="4">坐　落</td></tr>
<tr><td>不动产单元号</td><td></td><td>不动产类型</td><td></td></tr>
<tr><td>面　积</td><td></td><td>用　途</td><td></td></tr>
<tr><td>原不动产权属证书号</td><td></td><td>用海类型</td><td></td></tr>
<tr><td>构筑物类型</td><td></td><td>林　种</td><td></td></tr>
<tr><td rowspan="2">抵押情况</td><td>被担保债权数额
（最高债权数额）</td><td></td><td>债务履行期限
（债权确定期间）</td><td></td></tr>
<tr><td>在建建筑物抵押范围</td><td></td><td></td><td></td></tr>
<tr><td rowspan="2">地役权情况</td><td>需役地坐落</td><td colspan="3"></td></tr>
<tr><td>需役地不动产单元号</td><td colspan="3"></td></tr>
<tr><td rowspan="7">登记原因及证明</td><td>登记原因</td><td colspan="3"></td></tr>
<tr><td rowspan="6">登记原因
证明文件</td><td colspan="3">1.</td></tr>
<tr><td colspan="3">2.</td></tr>
<tr><td colspan="3">3.</td></tr>
<tr><td colspan="3">4.</td></tr>
<tr><td colspan="3">5.</td></tr>
<tr><td colspan="3">6.</td></tr>
<tr><td colspan="2">申请证书版式</td><td>□单一版　□集成版</td><td>申请分别持证</td><td>□是　□否</td></tr>
<tr><td>备注</td><td colspan="4"></td></tr>
<tr><td colspan="5">本申请人对填写的上述内容及提交的申请材料的真实性负责。如有不实，申请人愿承担法律责任。

申请人（签章）：　　　　申请人（签章）：
代理人（签章）：　　　　代理人（签章）：
年　月　日　　　　年　月　日</td></tr>
</table>

不动产登记申请书使用和填写说明

一、使用说明

不动产登记申请书主要内容包括登记收件情况、申请登记事由、申请人情况、不动产情况、抵押情况、地役权情况、登记原因及其证明情况、申请的证书版式及持证情况、不动产登记情况。

不动产登记申请书为示范表格,各地可参照使用,也可以根据实际情况,从便民利民和方便管理出发,进行适当调整。

二、填写说明

【收件编号、时间】填写登记收件的编号和时间。

【收件人】填写登记收件人的姓名。

【登记申请事由】用勾选的方式,选择申请登记的权利或事项及登记的类型。

【权利人、义务人姓名(名称)】填写权利人和义务人身份证件上的姓名或名称。

【身份证件种类、证件号】填写申请人身份证件的种类及编号。境内自然人一般为《居民身份证》,无《居民身份证》的,可以为《户口簿》《军官证》《士官证》;法人或其他组织一般为《营业执照》《组织机构代码证》《事业单位法人证书》《社会团体法人登记证书》。港澳同胞的为《居民身份证》《港澳居民来往内地通行证》或《港澳同胞回乡证》;台湾同胞的为《台湾居民来往大陆通行证》或其他有效证件。外籍人的身份证件为《护照》和中国政府主管机关签发的居留证件。

【通讯地址、邮编】填写规范的通讯地址、邮政编码。

【法定代表人或负责人】申请人为法人单位的,填写法定代表人姓名;为非法人单位的,填写负责人姓名。

【代理人姓名】填写代权利人申请登记的代理人姓名。

【代理机构名称】代理人为专业登记代理机构的,填写其所属的代理机构名称,否则不填。

【联系电话】填写登记申请人或者登记代理人的联系电话。

【坐落】填写宗地、宗海所在地的地理位置名称。涉及地上房屋的,填写有关部门依法确定的房屋坐落,一般包括街道名称、门牌号、幢号、楼层号、房号等。

【不动产单元号】填写不动产单元的编号。

【不动产类型】填写土地、海域、无居民海岛、房屋、建筑物、构筑物或者森林、林木等。

【面积】填写不动产单元的面积。涉及宗地、宗海及房屋、构筑物的,分别填写宗地、宗海及房屋、构筑物的面积。

【用途】填写不动产单元的用途。涉及宗地、宗海及房屋、构筑物的,分别填写宗地、宗海及房屋、构筑物的用途。

【原不动产权属证书号】填写原来的不动产权证书或者登记证明的编号。

【用海类型】填写《海域使用分类体系》用海类型的二级分类。

【构筑物类型】填写构筑物的类型,包括隧道、桥梁、水塔等地上构筑物类型,透水构筑物、非透水构筑物、跨海桥梁、海底隧道等海上构筑物类型。

【林种】填写森林种类,包括防护林、用材林、经济林、薪炭林、特种用途林等。

【被担保债权数额(最高债权数额)】填写被担保的主债权金额。

【债务履行期限(债权确定期间)】填写主债权合同中约定的债务人履行债务的期限。

【在建建筑物抵押范围】填写抵押合同约定的在建建筑物抵押范围。

【需役地坐落、不动产单元号】填写需役地所在的坐落及其不动产单元号。

【登记原因】填写不动产权利首次登记、转移登记、变更登记、注销登记、更正登记等的具体原因。

【登记原因证明文件】填写申请登记提交的登记原因证明文件。

【申请证书版式】用勾选的方式选择单一版或者集成版。

【申请分别持证】用勾选的方式选择是或者否。

【备注】可以填写登记申请人在申请中认为需要说明的其他事项。

A.2　**通知书、告知书**

A.2.1 不动产登记受理凭证

不动产登记受理凭证

编号：

______：

______年____月____日，收到你（单位）______（不动产坐落及登记类型）______以下申请登记材料，经核查，现予受理。

本申请登记事项办理时限为：自受理之日起至______年____月____日止。请凭本凭证、身份证明领取办理结果。

已提交的申请材料	份　数	材料形式
		□原件　□复印件
		□原件　□复印件
		□原件　□复印件
		□原件　□复印件
		□原件　□复印件
		□原件　□复印件
		□原件　□复印件

登记机构：（印 章）

年　　月　　日

以下内容在领取登记结果时填写

登记结果：

领 取 人：

领取日期：

A.2.2 不动产登记不予受理告知书

不动产登记不予受理告知书

编号：

______：

______年____月____日，你（单位）申请的______（不动产坐落及登记类型）______，提交材料清单如下：

1. ______
2. ______
3. ______
4. ______
5. ______
6. ______
7. ______
8. ______

9. ____________________

经核查,上述申请因□申请登记材料不齐全;□申请登记材料不符合法定形式;□申请登记的不动产不属于本机构登记管辖范围;□不符合法律法规规定的其他情形,按照《不动产登记暂行条例》第十七条的规定,决定不予受理。具体情况如下:____________________

____________________。

若对不予受理的决定不服,可自收到本告知书之日起60日内向行政复议机关申请行政复议,或者在收到本告知书之日起6个月内向人民法院提起行政诉讼。

登记机构:(印 章)
年 月 日

收件人签字:__________
申请人签字:__________

A.2.3 不动产登记补充材料通知书

不动产登记补充材料通知书

编号:

__________:

______年____月____日,收到你(单位)__________(不动产坐落及登记类型)__________申请,受理编号为__________。经核查,因所提交的申请材料尚不足以证明申请登记相关事项,按照《不动产登记暂行条例》第十七条的规定,请补充以下申请材料:

需补充的申请材料	份 数	材料形式
		□原件 □复印件
		□原件 □复印件
		□原件 □复印件
		□原件 □复印件
		□原件 □复印件
		□原件 □复印件
		□原件 □复印件

请按照上述要求补正材料并送达不动产登记机构,补正材料时间不计入登记办理时限。

登记机构:(印 章)
年 月 日

收件人签字:__________
申请人签字:__________

A.2.4 不动产登记补充材料接收凭证

不动产登记补充材料接收凭证

编号：

____________：

______年____月____日，收到你（单位）受理编号为 ______________的补正材料，具体如下：

已补正的文件资料	份 数	材料形式
		□原件 □复印件
		□原件 □复印件
		□原件 □复印件
		□原件 □复印件
		□原件 □复印件
		□原件 □复印件
		□原件 □复印件
		□原件 □复印件
		□原件 □复印件

登记机构：（印 章）

年 月 日

收件人签字：___________

申请人签字：___________

注：登记办理时限自补充申请材料之日起重新计算。

A.2.5 不予登记告知书

不予登记告知书

编号：

____________：

______年____月____日，收到你（单位）__________________（不动产坐落及登记类型）__________________申请，受理编号为：______________。经审查，因□违反法律、行政法规规定 □存在尚未解决的权属争议 □申请登记的不动产权利超过规定期限 □法律、行政法规规定不予登记的其他情形，根据《不动产登记暂行条例》第二十二条的规定，决定不予登记。具体情况如下：____

____。

若对本决定内容不服，可自收到本告知书之日起 60 日内向行政复议机关申请行政复议，或者在收到本告知书之日起 6 个月内向人民法院提起行政诉讼。

登记机构：（印 章）

年 月 日

收件人签字：___________

申请人签字： 年 月 日

注：申请材料已留复印件存档。

A.2.6 不动产登记申请材料退回通知书

不动产登记申请材料退回通知书

编号:

____________:

由于______________,根据《不动产登记暂行条例实施细则》第十三条的规定,本登记机构将你(单位)____________ ________(不动产坐落及登记类型)________________的申请材料退回。

退回的申请材料	份 数	材料形式
		□原件 □复印件
		□原件 □复印件
		□原件 □复印件
		□原件 □复印件
		□原件 □复印件
		□原件 □复印件
		□原件 □复印件
		□原件 □复印件
		□原件 □复印件

登记人员签字:____________

申请人签字:____________

签收日期:____________

注:申请材料已留复印件存档。

A.2.7 不动产更正登记通知书

不动产更正登记通知书

编号:

____________:

因不动产登记簿记载事项错误,请你自接到本通知之日起的30个工作日内持本人身份证明材料和不动产权属证书等申请办理更正登记。逾期未申请办理的,我机构将根据《不动产登记暂行条例实施细则》第八十一条的规定,对不动产登记簿记载的错误事项进行更正登记。

更正内容如下:______________________________(应当说明原错误的具体内容和更正后的内容)____。

登记机构:(印 章)

年 月 日

A.3 **公告文书**

A.3.1 不动产首次登记公告

不动产首次登记公告

编号：

经初步审定，我机构拟对下列不动产权利予以首次登记，根据《不动产登记暂行条例实施细则》第十七条的规定，现予公告。如有异议，请自本公告之日起十五个工作日内（______年____月____日之前）将异议书面材料送达我机构。逾期无人提出异议或者异议不成立的，我机构将予以登记。

异议书面材料送达地址：________________

联系方式：________________

序号	权利人	不动产权利类型	不动产坐落	不动产单元号	不动产面积	用途	备注
1							
2							
3							

公告单位：

年　　月　　日

A.3.2 不动产更正登记公告

不动产更正登记公告

编号：

根据《不动产登记暂行条例实施细则》第八十一条的规定，拟对下列不动产登记簿的部分内容予以更正，现予公告。如有异议，请自本公告之日起十五个工作日内（______年____月____日之前）将异议书面材料送达我机构。逾期无人提出异议或者异议不成立的，我机构将予以更正登记。

异议书面材料送达地址：________________

联系方式：________________

序号	不动产坐落	更正内容	备注
1			
2			
3			

公告单位：

年　　月　　日

A.3.3 不动产权证书/登记证明作废公告

不动产权证书/登记证明作废公告

编号：

因我机构无法收回下列不动产权证书或不动产登记证明，根据《不动产登记暂行条例实施细则》第二十三条的规定，现公告作废。

序号	不动产权证书或不动产登记证明号	权利人	不动产权利类型	不动产单元号	不动产坐落	备注
1						
2						
3						

公告单位：
年 月 日

A.3.4 不动产权证书/登记证明遗失（灭失）声明

不动产权证书/登记证明遗失（灭失）声明

_______________因保管不善，将_______________号不动产权证书或不动产登记证明遗失（灭失），根据《不动产登记暂行条例实施细则》第二十二条的规定申请补发，现声明该不动产权证书或不动产登记证明作废。

特此声明。

声明人：
年 月 日

A.4 不动产实地查看记录表

不动产实地查看记录表

<table>
<tr><td>不动产权利类型</td><td></td><td>申请人申请登记事项</td><td></td><td>业务编号</td><td></td></tr>
<tr><td>不动产坐落(名称)</td><td colspan="5"></td></tr>
<tr><td>查看内容</td><td colspan="5">□ 查看拟登记的房屋等建筑物、构筑物坐落及其建造完成等情况
□ 查看拟抵押的在建建筑物坐落及其建造等情况
□ 查看不动产灭失等情况
□ 因____________________,
查看____________________。</td></tr>
<tr><td>查看结果及其说明</td><td colspan="5"></td></tr>
<tr><td>查看人员签字</td><td colspan="5">年 月 日</td></tr>
<tr><td>备注</td><td colspan="5">1. 现场照片应当能清晰显示被查看不动产的坐落(如永久性的标志物),应能体现查看结果;
2. 现场查看证据材料可粘贴附页;
3. 查看人员需两人,用黑色钢笔或签字笔签字。</td></tr>
</table>

A.5 **询问记录**

询问记录

受理编号:________________ 询问人:________________

1. 申请登记事项是否为申请人的真实意思表示?

回答:(请填写是或否)

2. 申请登记的不动产是共有,还是单独所有?

回答:(请填写共有或单独所有)

3. 申请登记的不动产是按份共有,还是共同共有?

回答:(共有情况下,请填写是按份共有或共同共有)

4. 申请登记的不动产共有份额情况?

回答:(按份共有情况下,请填写具体份额。共同共有人不填写本栏)

5. 申请异议登记时,权利人是否不同意办理更正登记?

回答:(申请异议登记时填写,申请其他登记不填写本栏)

6. 申请异议登记时,是否已知悉异议不当应承担的责任?

回答:(申请异议登记时填写,申请其他登记不填写本栏)

7. 申请本次转移登记时,其他按份共有人是否同意。

回答:(受让人为其他按份共有人以外的第三人时填写)

8. 其他需要询问的有关事项:

经被询问人确认,以上询问事项均回答真实、无误。

被询问人签名(签章):

年 月 日

A.6 不动产登记资料查询文书

A.6.1 不动产登记资料查询申请书

不动产登记资料查询申请书

编号：

<table>
<tr><td rowspan="5">查询申请人</td><td rowspan="2">姓名（名称）</td><td rowspan="2"></td><td>证件类型及号码</td><td rowspan="2"></td></tr>
<tr><td>联系电话</td></tr>
<tr><td rowspan="2">代理人</td><td rowspan="2"></td><td>证件类别及号码</td><td rowspan="2"></td></tr>
<tr><td>联系电话</td></tr>
<tr><td>类别</td><td colspan="3">□不动产权利人
□人民法院、人民检察院、国家安全机关、公安机关、监察机关等国家机关
□利害关系人</td></tr>
<tr><td colspan="2">提交的申请材料</td><td colspan="3">□查询人身份证明 □工作证或执行公务的证明文件（仅适用国家机关）
□授权委托书及代理人身份证明（委托查询的需提交）
□存在利害关系的证明材料（查询人为利害关系人的需提交）
□协助查询文件（仅适用国家机关）
□其他____________________</td></tr>
<tr><td colspan="2">查询目的或用途</td><td colspan="3"></td></tr>
<tr><td colspan="2">需查询的不动产及查询内容</td><td colspan="3">不动产坐落：
不动产权证书或不动产登记证明号：
□不动产自然状况 □不动产权利人 □不动产权利内容
□不动产查封登记 □不动产抵押登记 □不动产预告登记 □不动产异议登记
□其他____________________</td></tr>
<tr><td colspan="2">查询结果要求</td><td colspan="3">□查阅 □抄录 □复制 □出具查询结果证明</td></tr>
<tr><td colspan="5">承诺：本表填写内容以及提交的申请材料真实、合法、有效，并严格按照有关要求查阅、利用不动产登记资料，严格按照查询目的使用查询结果。如有虚假或违反，由本人（单位）承担相关法律责任。

查询申请人：
______年____月____日</td></tr>
</table>

A.6.2 不动产登记资料查询受理凭证

不动产登记资料查询受理凭证

编号:

___________:

______年____月____日,收到你(单位)提交的不动产登记查询申请材料。经核查,申请登记材料齐全且符合法定形式,现予以受理。

已提交的文件资料	件　数	材料介质
		□原件　□复印件
		□原件　□复印件
		□原件　□复印件
		□原件　□复印件
		□原件　□复印件
		□原件　□复印件
		□原件　□复印件
		□原件　□复印件
		□原件　□复印件

办理时限为:自受理之日起5个工作日。请你(单位)凭本受理通知书、身份证明领取查询结果。

登记机构:(印 章)
年　　月　　日

收件人签字:____________
查询人签字:____________

A.6.3 不动产登记资料查询不予受理告知书

不动产登记资料查询不予受理告知书

编号:

___________:

______年____月____日,收到你(单位)提交的不动产登记查询材料,申请查询______________,查询目的为______________。提交的清单如下:

1. ______________________________
2. ______________________________
3. ______________________________
4. ______________________________
5. ______________________________

经核查,上述□不动产不属于本机构管辖范围;□申请材料不符合规定;□申请查询的主体或查询事项不符合规定;□申请查询的目的不合法;□违反法律、行政法规有关规定,决定不予受理。具体情况如下:______________________________

____

____

若对本决定内容不服,可自接到本告知书之日起60日内向行政复议机关申请行政复议,或者在收到本告知书之日起6

个月内向人民法院提起行政诉讼。

登记机构:(印 章)
年　　月　　日

收件人签字:____________
查询人签字:____________

A.6.4 不动产登记资料查询结果证明

不动产登记资料查询结果证明

编号:

____________:

______年____月____日,你(单位)提出不动产登记资料查询申请,受理编号为________________。

经查询,结果如下:____

____。

登记机构:(印 章)
年　　月　　日

领取人:______________
领取日期:____________

A.7 **授权委托书**

授权委托书

委托人:________________________　　法定代表人:____________________
身份证明类型:__________________　　证件号码:______________________
联系地址:______________________　　邮政编码:______________________
电话:__________________________
受托人:________________________　　法定代表人:____________________
身份证明类型:__________________　　证件号码:______________________
联系地址:______________________　　邮政编码:______________________
电话:__________________________
委托期限:______年____月____日至______年____月____日。

现委托人委托__________为合法代理人,代表委托人办理坐落于________________之不动产的以下事项:

1. ____
2. ____
3. ____
4. ____
5. ____

受托人在其权限范围内依法所作的一切行为,接受问询的行为及签署的一切文件,委托人均予以承认。

委托人签名(或盖章):　　　　　　受托人签名(或盖章):
年　　月　　日　　　　　　　　　年　　月　　日

A.8 承诺书

承诺书

监护人:______________	法定代表人:______________
身份证明类型:______________	证件号码:______________
联系地址:______________	邮政编码:______________
电话:______________	
被监护人:______________	法定代表人:______________
身份证明类型:______________	证件号码:______________
联系地址:______________	邮政编码:______________
电话:______________	

监护人现承诺,对被监护人不动产权(不动产坐落:______________)所进行的处分(处分的类型:______________)是为被监护人的利益且自愿承担由此产生的一切法律责任。

签名(盖章):
年　月　日

A.9 继承(受遗赠)不动产登记具结书

继承(受遗赠)不动产登记具结书

申请人:______________身份证明号码______________
被继承人(遗赠人):______________身份证明号码______________

申请人__________因继承(受遗赠)被继承人(遗赠人)的不动产权,于_____年____月____日向________(不动产登记机构)________申请办理不动产登记,并提供了______________________等申请材料,并保证以下事项的真实性:

一、被继承人(遗赠人)__________于_____年____月____日______________死亡。

二、被继承人(遗赠人)的不动产坐落于______________________________________。

三、被继承人(遗赠人)的不动产权由______________继承(受遗赠)。

四、除第三项列举的继承人(受遗赠人)外,其他继承人放弃继承权或者无其他继承人(受遗赠人)。

以上情况如有不实,本人愿承担一切法律责任,特此具结。

具结人签名(盖章):
年　月　日

最高人民法院关于审理房屋登记案件若干问题的规定

（2010年8月2日最高人民法院审判委员会第1491次会议通过 2010年11月5日最高人民法院公告公布 自2010年11月18日起施行 法释〔2010〕15号）

为正确审理房屋登记案件，根据《中华人民共和国物权法》、《中华人民共和国城市房地产管理法》、《中华人民共和国行政诉讼法》等有关法律规定，结合行政审判实际，制定本规定。

第一条 公民、法人或者其他组织对房屋登记机构的房屋登记行为以及与查询、复制登记资料等事项相关的行政行为或者相应的不作为不服，提起行政诉讼的，人民法院应当依法受理。

第二条 房屋登记机构根据人民法院、仲裁委员会的法律文书或者有权机关的协助执行通知书以及人民政府的征收决定办理的房屋登记行为，公民、法人或者其他组织不服提起行政诉讼的，人民法院不予受理，但公民、法人或者其他组织认为登记与有关文书内容不一致的除外。

房屋登记机构作出未改变登记内容的换发、补发权属证书、登记证明或者更新登记簿的行为，公民、法人或者其他组织不服提起行政诉讼的，人民法院不予受理。

房屋登记机构在行政诉讼法施行前作出的房屋登记行为，公民、法人或者其他组织不服提起行政诉讼的，人民法院不予受理。

第三条 公民、法人或者其他组织对房屋登记行为不服提起行政诉讼的，不受下列情形的影响：

（一）房屋灭失；

（二）房屋登记行为已被登记机构改变；

（三）生效法律文书将房屋权属证书、房屋登记簿或者房屋登记证明作为定案证据采用。

第四条 房屋登记机构为债务人办理房屋转移登记，债权人不服提起诉讼，符合下列情形之一的，人民法院应当依法受理：

（一）以房屋为标的物的债权已办理预告登记的；

（二）债权人为抵押权人且房屋转让未经其同意的；

（三）人民法院依债权人申请对房屋采取强制执行措施并已通知房屋登记机构的；

（四）房屋登记机构工作人员与债务人恶意串通的。

第五条 同一房屋多次转移登记，原房屋权利人、原利害关系人对首次转移登记行为提起行政诉讼的，人民法院应当依法受理。

原房屋权利人、原利害关系人对首次转移登记行为及后续转移登记行为一并提起行政诉讼的，人民法院应当依法受理；人民法院判决驳回原告就在先转移登记行为提出的诉讼请求，或者因保护善意第三人确认在先房屋登记行为违法的，应当裁定驳回原告对后续转移登记行为的起诉。

原房屋权利人、原利害关系人未就首次转移登记行为提起行政诉讼，对后续转移登记行为提起行政诉讼的，人民法院不予受理。

第六条 人民法院受理房屋登记行政案件后，应当通知没有起诉的下列利害关系人作为第三人参加行政诉讼：

（一）房屋登记簿上载明的权利人；

（二）被诉异议登记、更正登记、预告登记的权利人；

（三）人民法院能够确认的其他利害关系人。

第七条 房屋登记行政案件由房屋所在地人民法院管辖，但有下列情形之一的也可由被告所在地人民法院管辖：

（一）请求房屋登记机构履行房屋转移登记、查询、复制登记资料等职责的；

（二）对房屋登记机构收缴房产证行为提起行政诉讼的；

（三）对行政复议改变房屋登记行为提起行政诉讼的。

第八条 当事人以作为房屋登记行为基础的买卖、共有、赠与、抵押、婚姻、继承等民事法律关系无效或者应当撤销为由，对房屋登记行为提起行政诉讼的，人民法院应当告知当事人先行解决民事争议，民事争议处理期间不计算在行政诉讼起诉期限内；已经受理的，裁定中止诉讼。

第九条 被告对被诉房屋登记行为的合法性负举证责任。被告保管证据原件的，应当在法庭上出示。被告不保管原件的，应当提交与原件核对一致的复印件、复制件并作出说明。当事人对被告提交的上述证据提出异议的，应当提供相应的证据。

第十条 被诉房屋登记行为合法的，人民法院应当判决驳回原告的诉讼请求。

第十一条 被诉房屋登记行为涉及多个权利主体或者房屋可分，其中部分主体或者房屋的登记违法应予撤销的，可以判决部分撤销。

被诉房屋登记行为违法，但该行为已被登记机构改变的，判决确认被诉行为违法。

被诉房屋登记行为违法，但判决撤销将给公共利益造成重大损失或者房屋已为第三人善意取得的，判决确认被诉行为违法，不撤销登记行为。

第十二条 申请人提供虚假材料办理房屋登记，给原告造成损害，房屋登记机构未尽合理审慎职责的，应当根据其过错程度及其在损害发生中所起作用承担相应的赔偿责任。

第十三条 房屋登记机构工作人员与第三人恶意串通违法登记，侵犯原告合法权益的，房屋登记机构与第三人承担连带赔偿责任。

第十四条 最高人民法院以前所作的相关的司法解释，凡与本规定不一致的，以本规定为准。

农村集体土地上的房屋登记行政案件参照本规定。

最高人民法院关于审理建筑物区分所有权纠纷案件具体应用法律若干问题的解释

（2009 年 5 月 14 日法释〔2009〕7 号公布 自 2009 年 10 月 1 日起施行）

为正确审理建筑物区分所有权纠纷案件，依法保护当事人的合法权益，根据《中华人民共和国物权法》等法律的规定，结合民事审判实践，制定本解释。

第一条 依法登记取得或者根据物权法第二章第三节规定取得建筑物专有部分所有权的人，应当认定为物权法第六章所称的业主。

基于与建设单位之间的商品房买卖民事法律行为，已经合法占有建筑物专有部分，但尚未依法办理所有权登记的人，可以认定为物权法第六章所称的业主。

第二条 建筑区划内符合下列条件的房屋，以及车位、摊位等特定空间，应当认定为物权法第六章所称的专有部分：

（一）具有构造上的独立性，能够明确区分；

（二）具有利用上的独立性，可以排他使用；

（三）能够登记成为特定业主所有权的客体。

规划上专属于特定房屋，且建设单位销售时已经根据规划列入该特定房屋买卖合同中的露台等，应当认定为物权法第六章所称专有部分的组成部分。

本条第一款所称房屋，包括整栋建筑物。

第三条 除法律、行政法规规定的共有部分外，建筑区划内的以下部分，也应当认定为物权法第六章所称的共有部分：

（一）建筑物的基础、承重结构、外墙、屋顶等基本结构部分，通道、楼梯、大堂等公共通行部分，消防、公共照明等附属设施、设备，避难层、设备层或者设备间等结构部分；

（二）其他不属于业主专有部分，也不属于市政公用部分或者其他权利人所有的场所及设施等。

建筑区划内的土地，依法由业主共同享有建设用地使用权，但属于业主专有的整栋建筑物的规划占地或者城镇公共道路、绿地占地除外。

第四条 业主基于对住宅、经营性用房等专有部分特定使用功能的合理需要，无偿利用屋顶以及与其专有部分相对应的外墙面等共有部分的，不应认定为侵权。但违反法律、法规、管理规约，损害他人合法权益的除外。

第五条 建设单位按照配置比例将车位、车库，以出售、附赠或者出租等方式处分给业主的，应当认定其行为符合物权法第七十四条第一款有关"应当首先满足业主的需要"的规定。

前款所称配置比例是指规划确定的建筑区划内规划用于停放汽车的车位、车库与房屋套数的比例。

第六条 建筑区划内在规划用于停放汽车的车位之外，占用业主共有道路或者其他场地增设的车位，应当认定为物权法第七十四条第三款所称的车位。

第七条 改变共有部分的用途、利用共有部分从事经营性活动、处分共有部分，以及业主大会依法决定或者管理规约依法确定应由业主共同决定的事项，应当认定为物权法第七十六条第一款第（七）项规定的有关共有和共同管理权利的"其他重大事项"。

第八条 物权法第七十六条第二款和第八十条规定的专有部分面积和建筑物总面积，可以按照下列方法认定：

（一）专有部分面积，按照不动产登记簿记载的面积计算；尚未进行物权登记的，暂按测绘机构的实测面积计算；尚未进行实测的，暂按房屋买卖合同记载的面积计算；

（二）建筑物总面积，按照前项的统计总和计算。

第九条 物权法第七十六条第二款规定的业主人数和总人数，可以按照下列方法认定：

（一）业主人数，按照专有部分的数量计算，一个专有部分按一人计算。但建设单位尚未出售和虽已出售但尚未交付的部分，以及同一买受人拥有一个以上专有部分的，按一人计算；

（二）总人数，按照前项的统计总和计算。

第十条 业主将住宅改变为经营性用房，未按照物权法第七十七条的规定经有利害关系的业主同意，有利害关系的业主请求排除妨害、消除危险、恢复原状或者赔偿损失的，人民法院应予支持。

将住宅改变为经营性用房的业主以多数有利害关系的业主同意其行为进行抗辩的，人民法院不予支持。

第十一条 业主将住宅改变为经营性用房，本栋建筑物内的其他业主，应当认定为物权法第七十七条所称"有利害关系的业主"。建筑区划内，本栋建筑物之外的业主，主张与自己有利害关系的，应证明其房屋价值、生活质量受到或者可能受到不利影响。

第十二条 业主以业主大会或者业主委员会作出的决定侵害其合法权益或者违反了法律规定的程序为由，依据物权法第七十八条第二款的规定请求人民法院撤销该决定的，应当在知道或者应当知道业主大会或者业主委员会作出决定之日起一年内行使。

第十三条 业主请求公布、查阅下列应当向业主公开的情况和资料的，人民法院应予支持：

（一）建筑物及其附属设施的维修资金的筹集、使用情况；

（二）管理规约、业主大会议事规则，以及业主大会或者业主委员会的决定及会议记录；

（三）物业服务合同、共有部分的使用和收益情况；

（四）建筑区划内规划用于停放汽车的车位、车库的处分情况；

（五）其他应当向业主公开的情况和资料。

第十四条 建设单位或者其他行为人擅自占用、处分业主共有部分、改变其使用功能或者进行经营性活动，权利人请求排除妨害、恢复原状、确认处分行为无效或者赔偿损失的，人民法院应予支持。

属于前款所称擅自进行经营性活动的情形，权利人请求行为人将扣除合理成本之后的收益用于补充专项维修资金或者业主共同决定的其他用途的，人民法院应予支持。行为人对成本的支出及其合理性承担举证责任。

第十五条 业主或者其他行为人违反法律、法规、国家相关强制性标准、管理规约，或者违反业主大会、业主委员会依法作出的决定，实施下列行为的，可以认定为物权法第八十三条第二款所称的其他“损害他人合法权益的行为”：

（一）损害房屋承重结构，损害或者违章使用电力、燃气、消防设施，在建筑物内放置危险、放射性物品等危及建筑物安全或者妨碍建筑物正常使用；

（二）违反规定破坏、改变建筑物外墙面的形状、颜色等损害建筑物外观；

（三）违反规定进行房屋装饰装修；

（四）违章加建、改建，侵占、挖掘公共通道、道路、场地或者其他共有部分。

第十六条 建筑物区分所有权纠纷涉及专有部分的承租人、借用人等物业使用人的，参照本解释处理。

专有部分的承租人、借用人等物业使用人，根据法律、法规、管理规约、业主大会或者业主委员会依法作出的决定，以及其与业主的约定，享有相应权利，承担相应义务。

第十七条 本解释所称建设单位，包括包销期满，按照包销合同约定的包销价格购买尚未销售的物业后，以自己名义对外销售的包销人。

第十八条 人民法院审理建筑物区分所有权案件中，涉及有关物权归属争议的，应当以法律、行政法规为依据。

第十九条 本解释自2009年10月1日起施行。

因物权法施行后实施的行为引起的建筑物区分所有权纠纷案件，适用本解释。

本解释施行前已经终审，本解释施行后当事人申请再审或者按照审判监督程序决定再审的案件，不适用本解释。

房产测绘管理办法

（2001年2月28日建设部、国家测绘局令第83号发布自2001年5月1日起施行）

第一章 总 则

第一条 为加强房产测绘管理，规范房产测绘行为，保护房屋权利人的合法权益，根据《中华人民共和国测绘法》和《中华人民共和国城市房地产管理法》，制定本办法。

第二条 在中华人民共和国境内从事房产测绘活动，实施房产测绘管理，应当遵守本办法。

第三条 房产测绘单位应当严格遵守国家有关法律、法规，执行国家房产测量规范和有关技术标准、规定，对其完成的房产测绘成果质量负责。

房产测绘单位应当采用先进技术和设备，提高测绘技术水平，接受房地产行政主管部门和测绘行政主管部门的技术指导和业务监督。

第四条 房产测绘从业人员应当保证测绘成果的完整、准确，不得违规测绘、弄虚作假，不得损害国家利益、社会公共利益和他人合法权益。

第五条 国务院测绘行政主管部门和国务院建设行政主管部门根据国务院确定的职责分工负责房产测绘及成果应用的监督管理。

省、自治区、直辖市人民政府测绘行政主管部门（以下简称省级测绘行政主管部门）和省、自治区人民政府建设行政主管部门、直辖市人民政府房地产行政主管部门（以下简称省级房地产行政主管部门）根据省、自治区、直辖市人民政府确定的职责分工负责房产测绘及成果应用的监督管理。

第二章 房产测绘的委托

第六条 有下列情形之一的，房屋权利申请人、房屋权利人或者其他利害关系人应当委托房产测绘单位进行房产测绘：

（一）申请产权初始登记的房屋；

（二）自然状况发生变化的房屋；

（三）房屋权利人或者其他利害关系人要求测绘的房屋。

房产管理中需要的房产测绘，由房地产行政主管部门委托房产测绘单位进行。

第七条 房产测绘成果资料应当与房产自然状况保持一致。房产自然状况发生变化时，应当及时实施房产变更测量。

第八条 委托房产测绘的，委托人与房产测绘单位应当签订书面房产测绘合同。

第九条 房产测绘单位应当是独立的经济实体，与委托人不得有利害关系。

第十条 房产测绘所需费用由委托人支付。

房产测绘收费标准按照国家有关规定执行。

第三章 资格管理

第十一条 国家实行房产测绘单位资格审查认证制度。

第十二条 房产测绘单位应当依照《中华人民共和国测绘法》和本办法的规定,取得省级以上人民政府测绘行政主管部门颁发的载明房产测绘业务的《测绘资格证书》。

第十三条 除本办法另有规定外、房产测绘资格审查、分级标准、作业限额、年度检验等按照国家有关规定执行。

第十四条 申请房产测绘资格的单位应当向所在地省级测绘行政主管部门提出书面申请,并按照测绘资格审查管理的要求提交有关材料。

省级测绘行政主管部门在决定受理之日起 5 日内,转省级房地产行政主管部门初审。省级房地产行政主管部门应当在 15 日内,提出书面初审意见,并反馈省级测绘行政主管部门;其中,对申请甲级房产测绘资格的初审意见应当同时报国务院建设行政主管部门备案。

申请甲级房产测绘资格的,由省级测绘行政主管部门报国务院测绘行政主管部门审批发证;申请乙级以下房产测绘资格的,由省级测绘行政主管部门审批发证。

取得甲级房产测绘资格的单位,由国务院测绘行政主管部门和国务院建设行政主管部门联合向社会公告。取得乙级以下房产测绘资格的单位,由省级测绘行政主管部门和省级房地产行政主管部门联合向社会公告。

第十五条 《测绘资格证书》有效期为 5 年,期满 3 个月前,由持证单位提请复审,发证机关负责审查和换证。对有房产测绘项目的,发证机关在审查和换证时,应当征求同级房地产行政主管部门的意见。

在《测绘资格证书》有效期内,房产测绘资格由测绘行政主管部门进行年检。年检时,测绘行政主管部门应当征求同级房地产行政主管部门的意见。对年检中被降级或者取消房产测绘资格的单位,由年检的测绘行政主管部门和同级房地产行政主管部门联合向社会公告。

在《测绘资格证书》有效期内申请房产测绘资格升级的,依照本办法第十四条的规定重新办理资格审查手续。

第四章 成果管理

第十六条 房产测绘成果包括:房产簿册、房产数据和房产图集等。

第十七条 当事人对房产测绘成果有异议的,可以委托国家认定的房产测绘成果鉴定机构鉴定。

第十八条 用于房屋权属登记等房产管理的房产测绘成果,房地产行政主管部门应当对施测单位的资格、测绘成果的适用性、界址点准确性、面积测算依据与方法等内容进行审核。审核后的房产测绘成果纳入房产档案统一管理。

第十九条 向国(境)外团体和个人提供、赠送、出售未公开的房产测绘成果资料,委托国(境)外机构印制房产测绘图件,应当按照《中华人民共和国测绘法》和《中华人民共和国测绘成果管理规定》以及国家安全、保密等有关规定办理。

第五章 法律责任

第二十条 未取得载明房产测绘业务的《测绘资格证书》从事房产测绘业务以及承担房产测绘任务超出《测绘资格证书》所规定的房产测绘业务范围、作业限额的,依照《中华人民共和国测绘法》和《测绘资格审查认证管理规定》的规定处罚。

第二十一条 房产测绘单位有下列情形之一的,由县级以上人民政府房地产行政主管部门给予警告并责令限期改正,并可处以 1 万元以上 3 万元以下的罚款;情节严重的,由发证机关予以降级或者取消其房产测绘资格:

(一)在房产面积测算中不执行国家标准、规范和规定的;

(二)在房产面积测算中弄虚作假、欺骗房屋权利人的;

(三)房产面积测算失误,造成重大损失的。

第二十二条 违反本办法第十九条规定的,根据《中华人民共和国测绘法》、《中华人民共和国测绘成果管理规定》及国家安全、保密法律法规的规定处理。

第二十三条 房产测绘管理人员、工作人员在工作中玩忽职守、滥用职权、徇私舞弊的,给予行政处分;构成犯罪的,依法追究刑事责任。

第六章 附 则

第二十四条 省级房地产行政主管部门和测绘行政主管部门可以根据本办法制定实施细则。

第二十五条 本办法由国务院建设行政主管部门和国务院测绘行政主管部门共同解释。

第二十六条 本办法自 2001 年 5 月 1 日起施行。

建设部关于房屋建筑面积计算与房屋权属登记有关问题的通知

(2002 年 3 月 27 日 建住房〔2002〕74 号)

各省、自治区建设厅,直辖市建委及有关部门:

为了切实做好房屋面积计算和房屋权属登记工作,保护当事人合法权益,现就有关问题通知如下:

一、在房屋权属证书附图中应注明施测的房产测绘单位名称、房屋套内建筑面积(在图上标注尺寸)和房屋分摊的共有建筑面积。

二、根据《房产测绘管理办法》的有关规定,由房产测绘单位对其完成的房产测绘成果的质量负责。

三、房屋权属登记涉及的有关房屋建筑面积计算问题,《房产测量规范》未作规定或规定不明确的,暂按下列规定执行:

(一) 房屋层高

计算建筑面积的房屋,层高(高度)均应在2.20米以上(含2.20米,以下同)。

(二) 外墙墙体

同一楼层外墙,既有主墙,又有玻璃幕墙的,以主墙为准计算建筑面积,墙厚按主墙体厚度计算。

各楼层墙体厚度不同时,分层分别计算。

金属幕墙及其他材料幕墙,参照玻璃幕墙的有关规定处理。

(三) 斜面结构屋顶

房屋屋顶为斜面结构(坡屋顶)的,层高(高度)2.20米以上的部位计算建筑面积。

(四) 不规则围护物

阳台、挑廊、架空通廊的外围水平投影超过其底板外沿的,以底板水平投影计算建筑面积。

(五) 变形缝

与室内任意一边相通,具备房屋的一般条件,并能正常利用的伸缩缝、沉降缝应计算建筑面积。

(六) 非垂直墙体

对倾斜、弧状等非垂直墙体的房屋,层高(高度)2.20米以上的部位计算建筑面积。

房屋墙体向外倾斜,超出底板外沿的,以底板投影计算建筑面积。

(七) 楼梯下方空间

楼梯已计算建筑面积的,其下方空间不论是否利用均不再计算建筑面积。

(八) 公共通道

临街楼房、挑廊下的底层作为公共道路街巷通行的,不论其是否有柱,是否有维护结构,均不计算建筑面积。

(九) 二层及二层以上的房屋建筑面积均按《房产测量规范》中多层房屋建筑面积计算的有关规定执行。

(十) 与室内不相通的类似于阳台、挑廊、檐廊的建筑,不计算建筑面积。

(十一) 室外楼梯的建筑面积,按其在各楼层水平投影面积之和计算。

四、房屋套内具有使用功能但层高(高度)低于2.20米的部分,在房屋权属登记中应明确其相应权利的归属。

五、本通知自2002年5月1日起执行。

建设部办公厅关于《关于房屋权属登记中如何界定不计算建筑面积的公共通道的请示》的复函

(2005年5月27日　建办住房函〔2005〕284号)

湖南省建设厅:

你厅《关于房屋权属登记中如何界定不计算建筑面积的公共通道的请示》(湘建房〔2005〕142号)收悉。经研究,答复如下:

临街商铺依照有关规定分割为不同商业单元的,其底层外走廊不论是否有柱,是否有维护结构,各商业单元的客户和其他不特定的社会公众均可通行。因此,临街商铺底层外走廊属于《关于房屋建筑面积计算和房屋权属登记有关问题的通知》(建住房〔2002〕74号)第三条第(八)项规定的“作为公共道路街巷通行”的情形,在房屋权属登记中,不计算建筑面积。

此复。

商品房销售面积计算及公用建筑面积分摊规则(试行)

(1995年9月8日　建房〔1995〕517号)

第一条　根据国家有关技术标准,制定《商品房销售面积计算及公用建筑面积分摊规则》(试行)。

第二条　本规则适用于商品房的销售和产权登记。

第三条　商品房销售以建筑面积为面积计算单位。建筑面积应按国家现行《建筑面积计算规则》进行计算。

第四条　商品房整栋销售,商品房的销售面积即为整栋商品房的建筑面积(地下室作为人防工程的,应从整栋商品房的建筑面积中扣除)。

第五条　商品房按“套”或“单元”出售,商品房的销售面积即为购房者所购买的套内或单元内建筑面积(以下简称套内建筑面积)与应分摊的公用建筑面积之和。

商品房销售面积 = 套内建筑面积 + 分摊的公用建筑面积

第六条　套内建筑面积由以下三部分组成:

1. 套(单元)内的使用面积;

2. 套内墙体面积;

3. 阳台建筑面积。

第七条　套内建筑面积各部分的计算原则如下:

1. 套(单元)内的使用面积

住宅按《住宅建筑设计规范》(GBJ96—86)规定的方法计算。其他建筑,按照专用建筑设计规范规定的方法或参照《住宅建筑设计规范》计算。

2. 套内墙体面积

商品房各套(单元)内使用空间周围的维护或承重墙体,有共用墙及非共用墙两种。

商品房各套(单元)之间的分隔墙、套(单元)与公用建筑空间之间的分隔墙以及外墙(包括山墙)均为共用墙,共用墙墙体水平投影面积的一半计入套内墙体面积。

非共用墙墙体水平投影面积全部计入套内墙体面积。

3. 阳台建筑面积

按国家现行《建筑面积计算规则》进行计算。

4. 套内建筑面积的计算

套内建筑面积 = 套内使用面积 + 套内墙体面积 + 阳台建筑面积

第八条 公用建筑面积由以下两部分组成:

1. 电梯井、楼梯间、垃圾道、变电室、设备间、公共门厅和过道、地下室、值班警卫室以及其他功能上为整栋建筑服务的公共用房和管理用房建筑面积;

2. 套(单元)与公用建筑空间之间的分隔墙以及外墙(包括山墙)墙体水平投影面积的一半。

第九条 公用建筑面积计算原则

凡已作为独立使用空间销售或出租的地下室、车棚等,不应计入公用建筑面积部分。作为人防工程的地下室也不计入公用建筑面积。

公用建筑面积按以下方法计算:

整栋建筑物的建筑面积扣除整栋建筑物各套(单元)套内建筑面积之和,并扣除已作为独立使用空间销售或出租的地下室、车棚及人防工程等建筑面积,即为整栋建筑物的公用建筑面积。

第十条 公用建筑面积分摊系数计算

将整栋建筑物的公用建筑面积除以整栋建筑物的各套套内建筑面积之和,得到建筑物的公用建筑面积分摊系数。

公用建筑面积分摊系数 = 公用建筑面积/套内建筑面积之和

第十一条 公用建筑面积分摊计算

各套(单元)的套内建筑面积乘以公用建筑面积分摊系数,得到购房者应合理分摊的公用建筑面积。

分摊的公用建筑面积 = 公用建筑面积分摊系数 * 套内建筑面积

第十二条 其他房屋的买卖和房地产权属登记,可参照本规则执行。

第十三条 本规则由建设部解释。

第十四条 本规则自 1995 年 12 月 1 日起施行。

典型案例

1. 张成银诉徐州市人民政府房屋登记行政复议决定案[①]

【裁判要旨】

一、本案所涉及的鼓房字第 1741 号房屋所有权证虽然是徐州市人民政府 1988 年 9 月颁发的,但依据此后相关法律和规章的规定,徐州市人民政府不再具有颁发房屋所有权证的职权。曹春芳申请复议时,徐州市颁发房屋所有权证的职权已由徐州市房产管理局行使,故徐州市人民政府以前颁发房屋权证行为的法律后果应由现在的颁证机关徐州市房产管理局承担。

二、行政复议法虽然没有明确规定行政复议机关必须通知第三人参加复议,但根据正当程序的要求,行政机关在可能作出对他人不利的行政决定时,应当专门听取利害关系人的意见。本案中,复议机关审查的对象是颁发鼓房字第 1741 号房屋所有权证行为,复议的决定结果与现持证人张成银有着直接的利害关系,故复议机关在行政复议时应正式通知张成银参加复议。

【案情】

原告:张成银。

被告:江苏省徐州市人民政府。

第三人:曹春芳,系原告丈夫之妹。

第三人:曹春义,系原告丈夫。

被告江苏省徐州市人民政府 2003 年 10 月 28 日受理了第三人曹春芳的行政复议申请,于 2004 年 4 月 29 日作出徐政行决〔2004〕24 号行政复议决定,以徐州市民安巷 31 号房屋使用者曹陈氏 1986 年死亡时,张成银不是该房产的合法继承人,原徐州市房地产管理局(以下简称房管局)认定张成银对民安巷 31 号房屋产权属原始取得与事实不符,为张成银颁发鼓房字第 1741 号房屋所有权证违反了《城镇房屋所有权登记暂行办法》第八条的规定,将民安巷 31 号房屋产权和国有土地使用权确权给张成银不当等为由,依据《中华人民共和国行政复议法》第二十八条第一款第(三)项第 1 目、第 5 目之规定,确认徐州市房地产管理局将民安巷 31 号房屋产权及国有土地使用权确权给张成银的具体行政行为违法。张成银不服

① 案例来源:《最高人民法院公报》2005 年第 3 期。

该复议决定,向江苏省徐州市中级人民法院提起行政诉讼。

原告诉称:原徐州市房地产管理局向其颁发《房屋所有权证》是1988年,曹春芳申请行政复议的时间是2004年,已超过法定的申请行政复议的期限,复议机关受理无据;徐州市人民政府作为行政复议机关,认定曹陈氏死亡时,曹春芳和曹春义依法有权继承诉争房产,其本人不是该房屋的合法继承人,超出了职权范围;复议决定对于曹陈氏死亡时遗留多少房产未有认定,事实不清。请求撤销徐州市人民政府作出的徐政行决〔2004〕24号行政复议决定。

原告提供的证据有:

1. 徐州市人民政府2004年4月29日作出的徐政行决〔2004〕24号行政复议决定书,用以证明被诉具体行政行为存在。

2. 证人朱德荣、李瑞堂的证词,用以证明诉争的房屋是张成银自建,属原始取得。

3. 1988年9月28日徐州市房管部门颁发给张成银鼓房字第1741号房屋所有权证的档案材料,用以证明该颁证行为合法。

4. 徐州市房管部门1991年9月5日颁发给张成银第104027号房屋所有权证的档案材料、1994年6月1日颁发给张成银第112014号房产证的档案材料、1997年2月19日颁发给张成银市房字第97300783号房屋所有权证的档案材料和1998年12月8日颁发给张成银98301991号房屋所有权证,用以证明民安巷31号房地产及权属登记的演变情况,被告复议审查对象错误,曹春芳应当早已知道民安巷31号房地产权属已登记在张成银名下,申请复议超过了法定期限等。

被告辩称:市政府曾多次电话通知张成银参加复议,但均遭拒绝,故应认定其放弃权利;曹春芳过去一直不知道张成银在1988年办理了民安巷31号房屋的《房屋所有权证》,故未超过申请复议期限;徐州市民安巷31号房屋使用者曹陈氏1986年死亡时,曹春芳、曹春义依法有权继承该处房产,张成银不是该房产的合法继承人,不应成为该房产的所有权人,原徐州市房地产管理局却认定张成银对民安巷31号房屋产权属原始取得,错误地将上述房产登记到张成银名下,违反了《城镇房屋所有权登记暂行办法》第八条规定,属确权不当;徐政行决〔2004〕24号行政复议决定认定事实清楚,适用依据正确。

被告提交的证据有:

1. 曹春芳2003年10月28日书写的行政复议申请书及补充说明,徐州市房管局行政复议答复书及2004年2月26日通知张成银参加行政复议通知书,用以证明作出被诉的行政复议决定程序合法。

2. 徐州市房管局提供的1988年9月28日颁发给张成银鼓房字第1741号房产证的档案材料、徐州市人民政府向徐州市公安局和平派出所调取的民安巷31号户籍证明和曹陈氏的死亡证明,用以证明原徐州市房地产管理局于1988年认定张成银对民安巷31号房地产权属原始取得,而颁发的鼓房字第1741号房屋所有权证,证据不足。

第三人曹春芳提交的证据有:

证人朱振祥、邱玉兰、司学兰、季昌兰的证言,用以证明原徐州市房地产管理局于1988年为张成银颁发的鼓房字第1741号房屋所有权证所登记的房屋属曹陈氏遗产。

第三人曹春义未提交证据。

徐州市中级人民法院经审理查明:

曹春义、曹春芳系兄妹关系。二人之父早逝,一直随其母曹陈氏居住在徐州市民安巷31号,该住处原为3间东草房和1间南草房。1954年,张成银与曹春义结婚后迁入民安巷31号居住。1961年左右,曹春芳出嫁,搬出民安巷31号。1986年1月30日,曹陈氏去世。在曹陈氏与儿媳张成银及其家庭成员共同居住生活期间,民安巷31号的原住处经翻建和新建,先后形成了砖木结构、砖混结构的房屋计7间。其中砖混结构的3间东屋,是1981年12月以张成银的名字办理了第2268号建筑工程施工执照,在原3间东草房的基础上翻建而成。1988年5月31日,张成银向徐州市房产管理机关提出为其办理民安巷31号的上述7间房屋产权和土地使用权登记的书面申请。徐州市鼓楼区房地产登记发证办公室根据张成银提交的申请材料,经调查后于1988年9月28日为张成银填发了鼓房字第1741号房屋所有权证,并加盖徐州市人民政府的印章,将199.78平方米的国有土地使用权登记为张成银使用。

此后,民安巷31号的房屋又历经1991年的新建、1994年的扩建、1997年的赠与和1998年的新建,徐州市房产管理机关经公告征询无产权异议后,相应为张成银办理了产权登记,颁发了房屋所有权证。徐州市土地管理局亦于1996年12月3日向张成银颁发了国有土地使用证。2002年,张成银位于民安巷31号的房屋被依法拆迁。2003年10月28日,曹春芳向徐州市人民政府申请行政复议,请求撤销1988年将民安巷31号房屋产权和土地使用权确权登记给张成银的具体行政行为。徐州市人民政府于2004年4月29日作出了徐政行决〔2004〕24号行政复议决定:确认徐州市房地产管理局(被申请人徐州市房产管理局前身)将民安巷31号房屋产权及国有土地使用权确权给张成银的具体行政行为违法。

【审判】

江苏省徐州市中级人民法院认为,1988年9月,徐州市人民政府根据原城乡建设环境保护部1987年4月21日颁布的《城镇房屋所有权登记暂行办法》,向原告张成银颁发了鼓房字第1741号房屋所有权证,而根据此后的行政规章和法律规定,徐州市颁发房屋所有权证的职权由现徐州市房产管理局行使,徐州市人民政府颁发给张成银的鼓房字第1741号房屋所有权证的行政法律后果,应由现徐州市房产管理局承担责任,故徐州市人民政府对曹春芳的复议申请,有复议管辖权。

本案中,曹春芳之母曹陈氏于1986年1月30日去世后,徐州市民安巷31号的房产一直由张成银及家人居住使用;张成银及家人于90年代在此处又新建了房屋,并对原有房屋进行扩建,原徐州市房地产管理局于1994年为张成银颁发该处房屋所有权证前也进行公告,征询有关当事人有无产权异议,曹春芳应当知道徐州市房地产管理机关已将民安巷31号的房地产确权登记给张成银。故徐州市人民政府受理曹春芳2003年10月28日提出的复议申请并作出复议决定超过了法定期限;曹春芳述称其于2003年10月才得知原徐州市房地产管理机关将民安巷31号房地产登记确权归张成银的主张,依法不予以支持。行政机关在进行行政复议时虽可以采取书面审查的办法,但张成银作为原徐州市房地产管理机关1988年颁发的鼓房字第1741号房屋所有权证的持证人,与徐州市人民政府对该证的复议审查结果有着直接的利害关系,徐州市人民政府应当通知张成银参加行政复议,由于徐州市人民政府无法证明已采取适当的方式通知张成银参加行政复议,应属严重违反行政程序,且作出的徐政行决〔2004〕24号行政复议决定的结论中也有复议审查对象不具体的瑕疵。

综上,徐州市人民政府受理曹春芳的复议申请而作出的徐政行决〔2004〕24号行政复议决定,严重违反法定程序,依法应予撤销。依据《中华人民共和国行政复议法》第九条第一款、第十条第三款及《中华人民共和国行政诉讼法》第五十四条第(二)项第3目的规定,徐州市人民法院于2004年9月30日判决:

撤销徐州市人民政府于2004年4月29日作出的徐政行决〔2004〕24号行政复议决定。

宣判后,曹春芳不服,向江苏省高级人民法院提起上诉。

曹春芳的主要上诉理由是:一审法院认定其在1994年就应当知道民安巷31号房屋已确权给张成银与事实不符,认定其于2003年10月28日申请行政复议超过法定期限有误。一审法院认定徐州市人民政府复议违反法定程序错误。徐州市人民政府复议期间多次通知张成银参加,但遭其拒绝,故徐州市人民政府在张成银故意不参加复议的情形下作出的复议决定不属于违反法定程序。请求撤销一审判决,维持徐州市人民政府的复议决定。

张成银辩称:曹春芳早在1994年就已知道民安巷31号房屋登记在张成银名下,一审法院认定其申请行政复议超过法定期限是正确的。徐州市人民政府没有通过法定的方式通知其参加复议违反法定程序。徐州市民安巷31号现在的房屋均为其自己所盖,与上诉人曹春芳无关。请求驳回上诉,维持原判。

曹春义没有提交书面答辩意见,庭审中表示同意张成银的答辩意见。

徐州市人民政府陈述称:行政复议法关于第三人的规定,属于弹性条款,第三人是否参加行政复议由复议机关视情况决定,本案张成银没有参加复议,不能以此认定复议机关违反法定程序,徐州市人民政府作出的徐政行决〔2004〕24号行政复议决定不违反行政复议法规定的程序。本案所涉及的行政复议受理没有超出法定的期限。请求撤销一审判决,维持徐州市人民政府作出的徐政行决〔2004〕24号行政复议决定。

江苏省高级人民法院经审理查明:

原审法院根据征询产权异议的公告存根,即认定徐州市房产管理局为张成银颁发房屋所有权证前进行过产权公告,并以此推定上诉人曹春芳1994年应当知道徐州市房产管理机关已将民安巷31号房屋确权给张成银的事实。该认定理由不充分,故不予确认。对其他各方当事人无异议的事实,依法予以确认。

本案的主要争议焦点为:行政机关在依照行政复议法复议行政决定时,如果可能直接影响到他人的利益,是否必须以适当的方式通知其参加复议并听取意见?

江苏省高级人民法院认为:

一、本案所涉及的鼓房字第1741号房屋所有权证虽然是徐州市人民政府1988年9月颁发的,但依据此后相关法律和规章的规定,徐州市人民政府不再具有颁发房屋所有权证的职权。曹春芳申请复议时,徐州市颁发房屋所有权证的职权已由徐州市房产管理局行使,故徐州市人民政府以前颁发房屋权证行为的法律后果应由现在的颁证机关徐州市房产管理局承担。曹春芳不服颁发鼓房字第1741号房屋所有权证行为,提出的申请复议,徐州市房产管理局应作为被申请人,一审判决认定徐州市人民政府对曹春芳的复议申请有复议管辖权是正确的。

二、行政复议法虽然没有明确规定行政复议机关必须通知第三人参加复议,但根据正当程序的要求,行政机关在可能作出对他人不利的行政决定时,应当专门听取利害关系人的意见。本案中,复议机关审查的对象是颁发鼓房字第1741号房屋所有权证行为,复议的决定结果与现持证人张成银有着直接的利害关系,故复议机关在行政复议时应正式通知张成银参加复议。本案中,徐州市人民政府虽声明曾采取了电话的方式口头通知张成银参加行政复议,但却无法予以证明,而利害关系人持有异议的,应认定其没有采取了适当的方式正式通知当事人参加行政复议,故徐州市人民政府认定张成银自动放弃参加行政复议的理由欠妥。在此情形下,徐州市人民政府未听取利害关系人的意见即作出于其不利的行政复议决定,构成严重违反法定程序。

三、根据行政复议法和民事诉讼法的有关规定,复议机关在行使行政复议职权时,应针对申请行政复议的具体行政行为的合法性与适当性进行审查,有关民事权益的纠纷应通过民事诉讼程序解决。本案中,徐州市人民政府所作的复议决定中,直接对有关当事人争议的民事权利予以确认的行为,超越了复议机关的职权范围,缺乏法律依据,应予以撤销。

综上，原审判决撤销徐州市人民政府徐政行决〔2004〕24号行政复议决定正确，应予维持，上诉人曹春芳的上诉理由不能成立。

江苏省高级人民法院依照《中华人民共和国行政诉讼法》第六十一条第（一）项之规定，于2004年12月10日判决：

驳回上诉，维持原判。

2. 张一诉郑中伟、中国联合网络通信有限公司武汉市分公司建筑物区分所有权纠纷案①

【裁判摘要】

在审理建筑物区分所有权案件时，即使业主对房屋的使用没有给其他区分所有权人造成噪音、污水、异味等影响，只要房屋的用途发生改变，由专供个人、家庭日常生活居住使用改变为用于商业、工业、旅游、办公等经营性活动，即可认定该行为影响了业主的安宁生活，属于将住宅改变为经营性用房，应依照《物权法》第七十七条关于业主改变住宅用途的规定处理。

房屋使用人将住宅改变为经营性用房的，应承担与业主相同的法定义务，除遵守法律、法规和管理规约外，还应当经有利害关系的业主同意。

【案情】

原告：张一，男，31岁，汉族，住武汉市武昌区中北路。

被告：郑中伟，男，37岁，汉族，住武汉市武昌区中北路。

被告：中国联合网络通信有限公司武汉市分公司，住所地：武汉市东西湖区金银湖马池路。

原告张一因与被告郑中伟、中国联合网络通信有限公司武汉市分公司（以下简称联通武汉分公司）发生建筑物区分所有权纠纷，向湖北省武汉市武昌区人民法院提起诉讼。

原告张一诉称：被告郑中伟系武汉市武昌区中北路白玫瑰花苑X栋X单元A室的业主。2011年12月，被告郑中伟与被告联通武汉分公司未经小区内相关业主的同意，擅自将光纤传输机柜、电源柜、蓄电池等设备安置在A室，将A室建成通信机房，该机房24小时运转，无人值班，存在安全隐患，相关业主及白玫瑰花苑物业管理处曾多次对两被告进行劝阻，但两被告均未予理会。现原告诉至法院要求判令两被告拆除位于武汉市武昌区中北路白玫瑰花苑X栋X单元A室的光纤传输设备，恢复房屋住宅用途，并承担本案诉讼费用。

原告张一提交了如下证据：

1. 产权登记信息查询单1份，证明位于武昌区中北路白玫瑰花苑X栋X单元A室房屋所有权人为被告郑中伟，该房屋的设计用途是住房。

2. 武房权证洪字第2007010794号房屋所有权证1份，证明原告张一的住房在被告郑中伟房屋的楼下，是与本案有利害关系的业主。

3. 照片五张、关于武汉联通在中北路白玫瑰花苑小区放置光纤传输设备的说明1份、违约窃电停（限）电通知书1份，证明中北路白玫瑰花苑X栋X单元A室里放置着光纤传输设备，联通公司将其改建为通信机房，被告郑中伟在A室使用380伏非家用电源。

4. 证人叶国军、证人马占军的证言。证明证人都是与白玫瑰花苑X栋X单元A室房屋有利害关系的业主，证人不同意将白玫瑰花苑X栋X单元A室房屋改为经营性用房，要求拆除相关光纤传输设备。

5. 依原告张一申请法院到武汉武昌供电公司武昌供电营业厅取得的违约窃电停（限）电通知书1份。

被告郑中伟辩称：郑中伟是武昌区中北路白玫瑰花苑X栋X单元A室的业主，依据相关法律规定对此房屋享有使用、处分的权利，将房屋出租给联通武汉分公司的行为是合法合理，并没有给其他业主造成危害，也没有任何的安全隐患；白玫瑰花苑物业管理处确实下了整改通知，但我们认为是无效的，白玫瑰花苑小区另有各种公共服务公司的设备安放在业主共有的公共区域内，而联通公司的设备只放置在本人房屋内，并没有占用任何公摊面积；请求依法驳回原告的诉讼请求，本案诉讼费用由原告承担。

被告联通武汉分公司辩称：依据电信条例和物权法，联通武汉分公司与被告郑中伟签订租赁合同后有权放置电信设备；联通武汉分公司放置电信设备的房间不属于经营性用房，没有对小区居民生活造成任何影响；请求依法驳回原告张一的诉讼请求。

湖北省武汉市武昌区人民法院一审查明：

被告郑中伟于2003年4月28日取得位于武汉市武昌区中北路白玫瑰花苑X栋X单元A室、设计用途住宅的房屋（以下简称A室房屋）的房屋所有权证，张一于2007年取得位于武汉市武昌区中北路白玫瑰花苑X栋X单元B室、设计用途住宅的房屋的房屋所有权证。郑中伟与张一系同一单元上下楼层邻居关系。

被告联通武汉分公司于2010年5月13日与武汉市公安局等签订武汉市城市视频监控系统项目建设、运维服务和租赁合同。

刘保姣（被告郑中伟之嫂）于2011年10月8日与被告联通武汉分公司签订白玫瑰花苑通信机房租赁合同，约定联通武汉分公司利用A室房屋建设通信机房，租期自2011年10

① 案例来源：《最高人民法院公报》2014年第11期。

月8日起至2015年10月7日止,年租金为29 800元;刘保姣负责周边群众的协调工作,保证联通武汉分公司正常施工及日常维护;联通武汉分公司保证改造、装修房屋不影响房屋的建筑结构安全,设备在工作中或因老化等不影响周边群众的生活、休息。

被告联通武汉分公司于2011年12月入驻使用A室房屋至今。与此同时,郑中伟之兄郑中良仍居住使用A室房屋。

白玫瑰花苑物业管理处、白玫瑰花苑业主自2012年3月19日起,多次要求A室房屋业主"停止生产经营、恢复原住房性质、消除安全隐患"。

被告联通武汉分公司于2012年4月8日领取武汉市重大项目认定证书,载明项目名称为无线城市综合项目--"中国联通无线城市",有效期至2014年4月8日。

武汉武昌供电公司于2012年7月17日认为A室房屋业主存在高价低接用电行为,发出违约窃电停(限)电通知。

被告联通武汉分公司在A室房屋内放置光纤传输机柜作为数据传输汇聚节点,用以建设有线光纤传输宽带网络,解决"平安城市"视频监控录像传输、无线城市综合项目WLAN(无线宽带局域网)、周边居民小区宽带、固定电话等接入业务的汇聚、交换需求。

原告张一于2013年1月16日起诉被告郑中伟、联通武汉分公司至法院,请求判令郑中伟、联通武汉分公司拆除位于武汉市武昌区中北路白玫瑰花苑X栋X单元A室房屋内的光纤传输设备,恢复房屋住宅用途。

湖北省武汉市武昌区人民法院一审认为:

本案案由应确定为建筑物区分所有权纠纷。《中华人民共和国物权法》第七十七条的立法目的,实际上主要针对的是利用住宅从事经营生产企业,规模较大的餐饮及娱乐、洗浴或者作为公司办公用房等动辄给其他区分所有权人带来噪音、污水、异味、过多外来人员出入等影响其安宁生活的营业行为,即并非所有将住宅改变的行为都是《中华人民共和国物权法》第七十七条规制的行为。被告郑中伟、武汉联通公司并未改变涉案房屋的住宅性质,即或改变亦是用于公益事业,且原告张一未提供其房屋价值、生活质量受到或者可能受到不利影响的证据。故对原告的诉请,不予支持。

据此,武汉市武昌区人民法院依照《中华人民共和国民事诉讼法》第六十四条的规定,于2013年9月26日判决:

驳回原告张一的诉讼请求。

张一不服一审判决,向湖北省武汉市中级人民法院提起上诉称:一、一审判决遗漏重大事实,且认定事实错误。被上诉人联通武汉分公司在一审提交的证据四即2012年5月13日武汉市城市视频监控系统项目建设、运维服务和租赁合同书中,合同金额高达数亿元,一审判决遗漏此重大事实,导致错误认定被上诉人郑中伟、被上诉人联通武汉分公司没有改变讼争房屋的住宅性质,即或改变也是用于公益事业。被上诉人郑中伟在一审提交的证据二即2013年3月25日照片两张,照片的内容只是一些生活用品,一审以此证据认定郑中伟的哥哥郑中良一直居住使用302室房屋,属于认定事实错误。二、一审判决擅自进行司法解释明显违法。一审判决错误地将《中华人民共和国物权法》第七十七条的立法目的解释为主要针对的是利用住宅从事经营生产企业,规模较大的餐饮及娱乐、洗浴或者公司办公用房等动辄给其他区分所有权人带来噪音、污水、异味、过多外来人员出入等影响其安宁生活的营业行为,而《中华人民共和国立法法》规定,法律解释权属于全国人民代表大会常务委员会,一审的解释行为违背了《中华人民共和国立法法》的规定。三、两被上诉人的行为已经严重侵犯有利害关系业主的权利,人民法院应责令其立即拆除以消除隐患。综上,请求:一、依法撤销一审判决,发回重审,或者查清事实后予以改判;二、判令两被上诉人拆除位于武汉市武昌区中北路白玫瑰花苑X栋X单元A室房屋的光纤传输设备,恢复房屋住宅用途。

上诉人张一在二审中提交了一份证据,即民事上诉状一份,证明全体业主反对被上诉人联通武汉分公司的行为。

被上诉人郑中伟答辩称:一、郑中伟将自有产权房屋租赁给被上诉人联通武汉分公司合理合法。《中华人民共和国物权法》赋予所有权人对自身动产或不动产享有占有、使用、收益权。二、一审判决合情合理。一审法院对《中华人民共和国物权法》第七十七条所作的解释正确。现行法律没有规定答辩人将房屋租赁给联通武汉分公司安装光纤设备的行为违法。三、答辩人不仅在一审中提交照片证明房屋可以正常居住,而且一审法院审判人员也实地查看过讼争房屋,房屋内有人居住生活。四、上诉人张一声称联通武汉分公司侵犯其权利,但没有举出证据证明到底侵犯其何种权利。联通武汉分公司曾请专业人员对辐射进行检测,没有检测出辐射,但上诉人不相信该意见。五、小区公共场所内还有其他通信设备,如果要拆除答辩人家中的通信设备,小区公共场所内的其他通信设备也应当拆除。综上,请求二审法院驳回上诉,维持原判。

被上诉人郑中伟在二审中提交一份证据,即近1年的水、电、燃气的发票一套,证明讼争房屋内一直有人居住生活。

被上诉人联通武汉分公司答辩称:上诉人张一片面理解了公益事业的概念。联通武汉分公司的情况与电力公司、自来水公司相似,虽然对用户收取费用,但仍然是公益事业。请求二审法院驳回上诉,维持原判。

被上诉人联通武汉分公司在二审中提交一份证据,即《武汉市人民政府办公厅关于进一步加强无线城市建设工作的通知》一份,证明武汉市人民政府要求全社会支持基础设施建设,支持无线城市建设,严格落实《住宅区和住宅建筑内光纤到户通信设施工程设计规范》和《住宅区和住宅建筑内光纤到户通信设施工程施工及验收规范》两项国家标准要求。

湖北省武汉市中级人民法院经二审,确认了一审查明的事实。

另查明,被上诉人郑中伟对刘保姣于 2011 年 10 月 8 日与被上诉人联通武汉分公司签订的白玫瑰花苑通信机房租赁合同予以认可。联通武汉分公司于 2010 年 5 月 13 日与武汉市公安局签订的武汉市城市视频监控系统项目建设、运维服务和租赁合同约定,合同基准价即招标采购过程中联通武汉分公司和金鹏电子信息机器有限公司的中标价格为 1.86 亿元。

本案二审的争议焦点是:一、被上诉人联通武汉分公司在讼争房屋内放置光纤传输机柜作为数据传输汇聚节点的行为是否属于将住宅改变为经营性用房;二、如果联通武汉分公司的上述行为属于将住宅改变为经营性用房,是否应当经过上诉人张一的同意。

湖北省武汉市中级人民法院二审认为:

一、关于第一个争议焦点。

被上诉人联通武汉分公司在讼争房屋内放置光纤传输机柜作为数据传输汇聚节点的行为,属于将住宅改变为经营性用房。理由如下:住宅是指专供个人、家庭日常生活居住使用的房屋。经营性用房是指用于商业、工业、旅游、办公等经营性活动的房屋。两者因用途不同而有本质区别。住宅的用途主要是生活居住,经营性用房的用途主要是经营性活动。本案中,联通武汉分公司租赁讼争房屋用于放置光纤传输机柜作为数据传输汇聚节点,以建设有线光纤传输宽带网络,解决“平安城市”视频监控录像传输、无线城市综合项目 WLAN(无线宽带局域网)、周边居民小区宽带、固定电话等接入业务的汇聚、交换需求。从其用途可以看出,其租赁讼争房屋并不是为了生活居住,而是为了从事经营性活动,因此联通武汉分公司的上述行为属于将住宅改变为经营性用房。

二、关于第二个争议焦点。

被上诉人联通武汉分公司在讼争房屋内放置光纤传输机柜作为数据传输汇聚节点的行为,应当经过上诉人张一的同意。理由如下:首先,联通武汉分公司将住宅改变为经营性用房的行为应当经过有利害关系的业主同意。依照《中华人民共和国物权法》第七十七条“业主不得违反法律、法规以及管理规约,将住宅改变为经营性用房。业主将住宅改变为经营性用房的,除遵守法律、法规以及管理规约外,应当经有利害关系的业主同意”的规定,业主将住宅改变为经营性用房,其行为的合法性需要同时满足两个条件:1. 遵守法律、法规以及管理规约;2. 应当经有利害关系的业主同意。即使没有违反法律、法规以及管理规约,只要没有经过有利害关系的业主同意,将住宅改变为经营性用房的行为的合法性仍不具备。《中华人民共和国物权法》第七十七条的条款语义清楚、内涵明确,一审对该条款中的“业主将住宅改变为经营性用房”作限缩性解释不当,予以纠正。依照最高人民法院《关于审理建筑物区分所有权纠纷案件具体应用法律若干问题的解释》第十条第一款“业主将住宅改变为经营性用房,未按照物权法第七十七条的规定经有利害关系的业主同意,有利害关系的业主请求排除妨害、消除危险、恢复原状或者赔偿损失的,人民法院应予支持”和第十六条第一款“建筑物区分所有权纠纷涉及专有部分的承租人、借用人等物业使用人的,参照本解释处理”的规定,联通武汉分公司作为讼争房屋的承租人将住宅改变为经营性用房,应承担与业主相同的法定义务,故也应当经过有利害关系的业主同意。

其次,上诉人张一应认定为有利害关系的业主。依照最高人民法院《关于审理建筑物区分所有权纠纷案件具体应用法律若干问题的解释》第十一条“业主将住宅改变为经营性用房,本栋建筑物内的其他业主,应当认定为物权法第七十七条所称‘有利害关系的业主’。建筑区划内,本栋建筑物之外的业主,主张与自己有利害关系的,应证明其房屋价值、生活质量受到或者可能受到不利影响”的规定,上诉人张一作为本栋建筑物内的业主,无须举证证明其房屋价值、生活质量受到或者可能受到不利影响,即可认定为有利害关系的业主。

综上,被上诉人联通武汉分公司租赁被上诉人郑中伟的房屋用于放置光纤传输机柜作为数据传输汇聚节点的行为属于将住宅改变为经营性用房,该行为未经有利害关系的业主上诉人张一的同意,依照前述最高人民法院《关于审理建筑物区分所有权纠纷案件具体应用法律若干问题的解释》第十条第一款和第十六条第一款的规定,联通武汉分公司应承担相应责任。被上诉人郑中伟明知其嫂子刘保姣将讼争房屋出租给被上诉人联通武汉分公司用于建设通信机房,仍对该房屋租赁合同予以认可,其应与联通武汉分公司共同承担责任。故对于张一关于郑中伟、联通武汉分公司拆除位于武汉市武昌区中北路白玫瑰花苑 X 栋 X 单元 A 室房屋的光纤传输设备、恢复房屋住宅用途的上诉请求,予以支持。一审判决认定事实清楚,但适用法律不当,据此,武汉市中级人民法院依照《中华人民共和国民事诉讼法》第一百七十条第一款第(二)项的规定,于 2014 年 1 月 20 日判决:

一、撤销武汉市武昌区人民法院(2013)鄂武昌民初字第 00444 号民事判决;

二、郑中伟、中国联合网络通信有限公司武汉市分公司于本判决生效后六十日内拆除位于武汉市武昌区中北路白玫瑰花苑 X 栋 X 单元 A 室房屋的光纤传输设备,恢复房屋住宅用途。

本判决为终审判决。

3. 房屋交易

商品房销售管理办法

(2001年4月4日建设部令第88号公布 自2001年6月1日起施行)

第一章 总 则

第一条 【立法宗旨】为了规范商品房销售行为,保障商品房交易双方当事人的合法权益,根据《中华人民共和国城市房地产管理法》、《城市房地产开发经营管理条例》,制定本办法。

第二条 【适用范围】商品房销售及商品房销售管理应当遵守本办法。

第三条 【商品房销售定义】商品房销售包括商品房现售和商品房预售。

本办法所称商品房现售,是指房地产开发企业将竣工验收合格的商品房出售给买受人,并由买受人支付房价款的行为。

本办法所称商品房预售,是指房地产廾发企业将正在建设中的商品房预先出售给买受人,并由买受人支付定金或者房价款的行为。

第四条 【开发企业销售方式】房地产开发企业可以自行销售商品房,也可以委托房地产中介服务机构销售商品房。

第五条 【商品房销售的主管部门】国务院建设行政主管部门负责全国商品房的销售管理工作。

省、自治区人民政府建设行政主管部门负责本行政区域内商品房的销售管理工作。

直辖市、市、县人民政府建设行政主管部门、房地产行政主管部门(以下统称房地产开发主管部门)按照职责分工,负责本行政区域内商品房的销售管理工作。

第二章 销售条件

第六条 【预售许可制】商品房预售实行预售许可制度。

商品房预售条件及商品房预售许可证明的办理程序,按照《城市房地产开发经营管理条例》和《城市商品房预售管理办法》的有关规定执行。

第七条 【商品房现售条件】商品房现售,应当符合以下条件:

(一)现售商品房的房地产开发企业应当具有企业法人营业执照和房地产开发企业资质证书;

(二)取得土地使用权证书或者使用土地的批准文件;

(三)持有建设工程规划许可证和施工许可证;

(四)已通过竣工验收;

(五)拆迁安置已经落实;

(六)供水、供电、供热、燃气、通讯等配套基础设施具备交付使用条件,其他配套基础设施和公共设施具备交付使用条件或者已确定施工进度和交付日期;

(七)物业管理方案已经落实。

第八条 【房地产开发企业备案的资料】房地产开发企业应当在商品房现售前将房地产开发项目手册及符合商品房现售条件的有关证明文件报送房地产开发主管部门备案。

第九条 【销售设有抵押权的商品房】房地产开发企业销售设有抵押权的商品房,其抵押权的处理按照《中华人民共和国担保法》、《城市房地产抵押管理办法》的有关规定执行。

第十条 【商品房不得另售的情形】房地产开发企业不得在未解除商品房买卖合同前,将作为合同标的物的商品房再行销售给他人。

第十一条 【销售时不得采取的方式】房地产开发企业不得采取返本销售或者变相返本销售的方式销售商品房。

房地产开发企业不得采取售后包租或者变相售后包租的方式销售未竣工商品房。

第十二条 【按套销售】商品住宅按套销售,不得分割拆零销售。

第十三条 【签订物业管理协议】商品房销售时,房地产开发企业选聘了物业管理企业的,买受人应当在订立商品房买卖合同时与房地产开发企业选聘的物业管理企业订立有关物业管理的协议。

第三章 广告与合同

第十四条 【发布广告的要求】房地产开发企业、房地产中介服务机构发布商品房销售宣传广告,应当执行《中华人民共和国广告法》、《房地产广告发布暂行规定》等有关规定,广告内容必须真实、合法、科学、准确。

第十五条 【发布的广告所明示的事项,当事人应在合同中约定】房地产开发企业、房地产中介服务机构发布的商品房销售广告和宣传资料所明示的事项,当事人应当在商品房买卖合同中约定。

第十六条 【书面商品房买卖合同】商品房销售时,房地产开发企业和买受人应当订立书面商品房买卖合同。

商品房买卖合同应当明确以下主要内容:

(一)当事人名称或者姓名和住所;

(二)商品房基本状况;

(三)商品房的销售方式;

(四)商品房价款的确定方式及总价款、付款方式、付款时间;

(五)交付使用条件及日期;

(六)装饰、设备标准承诺;

(七)供水、供电、供热、燃气、通讯、道路、绿化等配套基础设施和公共设施的交付承诺和有关权益、责任；

（八）公共配套建筑的产权归属；

（九）面积差异的处理方式；

（十）办理产权登记有关事宜；

（十一）解决争议的方法；

（十二）违约责任；

（十三）双方约定的其他事项。

第十七条 【销售价格】商品房销售价格由当事人协商议定，国家另有规定的除外。

第十八条 【销售计价单位】商品房销售可以按套（单元）计价，也可以按套内建筑面积或者建筑面积计价。

商品房建筑面积由套内建筑面积和分摊的共有建筑面积组成，套内建筑面积部分为独立产权，分摊的共有建筑面积部分为共有产权，买受人按照法律、法规的规定对其享有权利，承担责任。

按套（单元）计价或者按套内建筑面积计价的，商品房买卖合同中应当注明建筑面积和分摊的共有建筑面积。

第十九条 【按套计价】按套（单元）计价的现售房屋，当事人对现售房屋实地勘察后可以在合同中直接约定总价款。

按套（单元）计价的预售房屋，房地产开发企业应当在合同中附所售房屋的平面图。平面图应当标明详细尺寸，并约定误差范围。房屋交付时，套型与设计图纸一致，相关尺寸也在约定的误差范围内，维持总价款不变；套型与设计图纸不一致或者相关尺寸超出约定的误差范围，合同中未约定处理方式的，买受人可以退房或者与房地产开发企业重新约定总价款。买受人退房的，由房地产开发企业承担违约责任。

第二十条 【按面积计价的误差处理方式】按套内建筑面积或者建筑面积计价的，当事人应当在合同中载明合同约定面积与产权登记面积发生误差的处理方式。

合同未作约定的，按以下原则处理：

（一）面积误差比绝对值在3%以内（含3%）的，据实结算房价款；

（二）面积误差比绝对值超出3%时，买受人有权退房。买受人退房的，房地产开发企业应当在买受人提出退房之日起30日内将买受人已付房价款退还给买受人，同时支付已付房价款利息。买受人不退房的，产权登记面积大于合同约定面积时，面积误差比在3%以内（含3%）部分的房价款由买受人补足；超出3%部分的房价款由房地产开发企业承担，产权归买受人。产权登记面积小于合同约定面积时，面积误差比绝对值在3%以内（含3%）部分的房价款由房地产开发企业返还买受人；绝对值超出3%部分的房价款由房地产开发企业双倍返还买受人。

$$\text{面积误差比} = \frac{\text{产权登记面积} - \text{合同约定面积}}{\text{合同约定面积}} \times 100\%$$

因本办法第二十四条规定的规划设计变更造成面积差异，当事人不解除合同的，应当签署补充协议。

第二十一条 【按面积计价的合同约定事项】按建筑面积计价的，当事人应当在合同中约定套内建筑面积和分摊的共有建筑面积，并约定建筑面积不变而套内建筑面积发生误差以及建筑面积与套内建筑面积均发生误差时的处理方式。

第二十二条 【收受预订款】不符合商品房销售条件的，房地产开发企业不得销售商品房，不得向买受人收取任何预订款性质费用。

符合商品房销售条件的，房地产开发企业在订立商品房买卖合同之前向买受人收取预订款性质费用的，订立商品房买卖合同时，所收费用应当抵作房价款；当事人未能订立商品房买卖合同的，房地产开发企业应当向买受人返还所收费用；当事人之间另有约定的，从其约定。

第二十三条 【房地产开发企业须明示的文件】房地产开发企业应当在订立商品房买卖合同之前向买受人明示《商品房销售管理办法》和《商品房买卖合同示范文本》；预售商品房的，还必须明示《城市商品房预售管理办法》。

第二十四条 【房地产开发企业的义务】房地产开发企业应当按照批准的规划、设计建设商品房。商品房销售后，房地产开发企业不得擅自变更规划、设计。

经规划部门批准的规划变更、设计单位同意的设计变更导致商品房的结构型式、户型、空间尺寸、朝向变化，以及出现合同当事人约定的其他影响商品房质量或者使用功能情形的，房地产开发企业应当在变更确立之日起10日内，书面通知买受人。

买受人有权在通知到达之日起15日内做出是否退房的书面答复。买受人在通知到达之日起15日内未作书面答复的，视同接受规划、设计变更以及由此引起的房价款的变更。房地产开发企业未在规定时限内通知买受人的，买受人有权退房；买受人退房的，由房地产开发企业承担违约责任。

第四章 销售代理

第二十五条 【委托中介销售】房地产开发企业委托中介服务机构销售商品房的，受托机构应当是依法设立并取得工商营业执照的房地产中介服务机构。

房地产开发企业应当与受托房地产中介服务机构订立书面委托合同，委托合同应当载明委托期限、委托权限以及委托人和被委托人的权利、义务。

第二十六条 【受托中介出示证书的义务】受托房地产中介服务机构销售商品房时，应当向买受人出示商品房的有关证明文件和商品房销售委托书。

第二十七条 【受托中介如实说明情况的义务】受托房地产中介服务机构销售商品房时，应当如实向买受人介绍所代理销售商品房的有关情况。

受托房地产中介服务机构不得代理销售不符合销售条件的商品房。

第二十八条 【受托中介收费的限制】受托房地产中介服务机构在代理销售商品房时不得收取佣金以外的其他费用。

第二十九条 【销售人员的培训】商品房销售人员应当经过专业培训,方可从事商品房销售业务。

第五章 交 付

第三十条 【房地产开发企业交付房产日期】房地产开发企业应当按照合同约定,将符合交付使用条件的商品房按期交付给买受人。未能按期交付的,房地产开发企业应当承担违约责任。

因不可抗力或者当事人在合同中约定的其他原因,需延期交付的,房地产开发企业应当及时告知买受人。

第三十一条 【设置样板房的销售房的义务】房地产开发企业销售商品房时设置样板房的,应当说明实际交付的商品房质量、设备及装修与样板房是否一致,未作说明的,实际交付的商品房应当与样板房一致。

第三十二条 【销售开发企业应提供的资料】销售商品住宅时,房地产开发企业应当根据《商品住宅实行质量保证书和住宅使用说明书制度的规定》(以下简称《规定》),向买受人提供《住宅质量保证书》、《住宅使用说明书》。

第三十三条 【质量保修责任】房地产开发企业应当对所售商品房承担质量保修责任。当事人应当在合同中就保修范围、保修期限、保修责任等内容做出约定。保修期从交付之日起计算。

商品住宅的保修期限不得低于建设工程承包单位向建设单位出具的质量保修书约定保修期的存续期;存续期少于《规定》中确定的最低保修期限的,保修期不得低于《规定》中确定的最低保修期限。

非住宅商品房的保修期限不得低于建设工程承包单位向建设单位出具的质量保修书约定保修期的存续期。

在保修期限内发生的属于保修范围的质量问题,房地产开发企业应当履行保修义务,并对造成的损失承担赔偿责任。因不可抗力或者使用不当造成的损坏,房地产开发企业不承担责任。

第三十四条 【房屋权属登记】房地产开发企业应当在商品房交付使用前按项目委托具有房产测绘资格的单位实施测绘,测绘成果报房地产行政主管部门审核后用于房屋权属登记。

房地产开发企业应当在商品房交付使用之日起60日内,将需要由其提供的办理房屋权属登记的资料报送房屋所在地房地产行政主管部门。

房地产开发企业应当协助商品房买受人办理土地使用权变更和房屋所有权登记手续。

第三十五条 【质量检测】商品房交付使用后,买受人认为主体结构质量不合格的,可以依照有关规定委托工程质量检测机构重新核验。经核验,确属主体结构质量不合格的,买受人有权退房;给买受人造成损失的,房地产开发企业应当依法承担赔偿责任。

第六章 法 律 责 任

第三十六条 【未取得营业执照,擅自销售商品房的责任】未取得营业执照,擅自销售商品房的,由县级以上人民政府工商行政管理部门依照《城市房地产开发经营管理条例》的规定处罚。

第三十七条 【未取得房地产开发企业资质证书,擅自销售商品房的责任】未取得房地产开发企业资质证书,擅自销售商品房的,责令停止销售活动,处5万元以上10万元以下的罚款。

第三十八条 【违反规定,擅自预售商品房的责任】违反法律、法规规定,擅自预售商品房的,责令停止违法行为,没收违法所得;收取预付款的,可以并处已收取的预付款1%以下的罚款。

第三十九条 【未解除原买卖合同,将商品房再行销售给他人的责任】在未解除商品房买卖合同前,将作为合同标的物的商品房再行销售给他人的,处以警告,责令限期改正,并处2万元以上3万元以下罚款;构成犯罪的,依法追究刑事责任。

第四十条 【开发企业将验收不合格的商品房擅自交付使用的责任】房地产开发企业将未组织竣工验收、验收不合格或者对不合格按合格验收的商品房擅自交付使用的,按照《建设工程质量管理条例》的规定处罚。

第四十一条 【未报送房地产行政部门资料的责任】房地产开发企业未按规定将测绘成果或者需要由其提供的办理房屋权属登记的资料报送房地产行政主管部门的,处以警告,责令限期改正,并可处以2万元以上3万元以下罚款。

第四十二条 【较重处罚的情形】房地产开发企业在销售商品房中有下列行为之一的,处以警告,责令限期改正,并可处以1万元以上3万元以下罚款。

(一)未按照规定的现售条件现售商品房的;

(二)未按照规定在商品房现售前将房地产开发项目手册及符合商品房现售条件的有关证明文件报送房地产开发主管部门备案的;

(三)返本销售或者变相返本销售商品房的;

(四)采取售后包租或者变相售后包租方式销售未竣工商品房的;

(五)分割拆零销售商品住宅的;

(六)不符合商品房销售条件,向买受人收取预订款性质费用的;

（七）未按照规定向买受人明示《商品房销售管理办法》、《商品房买卖合同示范文本》、《城市商品房预售管理办法》的；

（八）委托没有资格的机构代理销售商品房的。

第四十三条　【中介销售不符条件的商品房的责任】房地产中介服务机构代理销售不符合销售条件的商品房的，处以警告，责令停止销售，并可处以2万元以上3万元以下罚款。

第四十四条　【国家机关工作人员的责任】国家机关工作人员在商品房销售管理工作中玩忽职守、滥用职权、徇私舞弊，依法给予行政处分；构成犯罪的，依法追究刑事责任。

第七章　附　　则

第四十五条　【返本销售、售后包租、分割拆零销售、产权登记面积】本办法所称返本销售，是指房地产开发企业以定期向买受人返还购房款的方式销售商品房的行为。

本办法所称售后包租，是指房地产开发企业以在一定期限内承租或者代为出租买受人所购该企业商品房的方式销售商品房的行为。

本办法所称分割拆零销售，是指房地产开发企业以将成套的商品住宅分割为数部分分别出售给买受人的方式销售商品住宅的行为。

本办法所称产权登记面积，是指房地产行政主管部门确认登记的房屋面积。

第四十六条　【地方建设行政部门实施细则】省、自治区、直辖市人民政府建设行政主管部门可以根据本办法制定实施细则。

第四十七条　【解释部门】本办法由国务院建设行政主管部门负责解释。

第四十八条　【施行日期】本办法自2001年6月1日起施行。

城市房地产转让管理规定

（1995年8月7日建设部令第45号发布　根据2001年8月15日《建设部关于修改〈城市房地产转让管理规定〉的决定》修订）

第一条　为了加强对城市房地产转让的管理，维护房地产市场秩序，保障房地产转让当事人的合法权益，根据《中华人民共和国城市房地产管理法》，制定本规定。

第二条　凡在城市规划区国有土地范围内从事房地产转让，实施房地产转让管理，均应遵守本规定。

第三条　本规定所称房地产转让，是指房地产权利人通过买卖、赠与或者其他合法方式将其房地产转移给他人的行为。

前款所称其他合法方式，主要包括下列行为：

（一）以房地产作价入股、与他人成立企业法人，房地产权属发生变更的；

（二）一方提供土地使用权，另一方或者多方提供资金，合资、合作开发经营房地产，而使房地产权属发生变更的；

（三）因企业被收购、兼并或合并，房地产权属随之转移的；

（四）以房地产抵债的；

（五）法律、法规规定的其他情形。

第四条　国务院建设行政主管部门归口管理全国城市房地产转让工作。

省、自治区人民政府建设行政主管部门归口管理本行政区域内的城市房地产转让工作。

直辖市、市、县人民政府房地产行政主管部门（以下简称房地产管理部门）负责本行政区域内的城市房地产转让管理工作。

第五条　房地产转让时，房屋所有权和该房屋占用范围内的土地使用权同时转让。

第六条　下列房地产不得转让：

（一）以出让方式取得土地使用权但不符合本规定第十条规定的条件的；

（二）司法机关和行政机关依法裁定，决定查封或者以其他形式限制房地产权利的；

（三）依法收回土地使用权的；

（四）共有房地产，未经其他共有人书面同意的；

（五）权属有争议的；

（六）未依法登记领取权属证书的；

（七）法律、行政法规规定禁止转让的其他情形。

第七条　房地产转让，应当按照下列程序办理：

（一）房地产转让当事人签订书面转让合同；

（二）房地产转让当事人在房地产转让合同签订后90日内持房地产权属证书、当事人的合法证明、转让合同等有关文件向房地产所在地的房地产管理部门提出申请，并申报成交价格；

（三）房地产管理部门对提供的有关文件进行审查，并在7日内作出是否受理申请的书面答复，7日内未作书面答复的，视为同意受理；

（四）房地产管理部门核实申报的成交价格，并根据需要对转让的房地产进行现场查勘和评估；

（五）房地产转让当事人按照规定缴纳有关税费；

（六）房地产管理部门办理房屋权属登记手续，核发房地产权属证书。

第八条　房地产转让合同应当载明下列主要内容：

（一）双方当事人的姓名或者名称、住所；

（二）房地产权属证书名称和编号；

（三）房地产坐落位置、面积、四至界限；

（四）土地宗地号、土地使用权取得的方式及年限；

（五）房地产的用途或使用性质；

（六）成交价格及支付方式；

（七）房地产交付使用的时间；

（八）违约责任；

（九）双方约定的其他事项。

第九条 以出让方式取得土地使用权的，房地产转让时，土地使用权出让合同载明的权利、义务随之转移。

第十条 以出让方式取得土地使用权的，转让房地产时，应当符合下列条件：

（一）按照出让合同约定已经支付全部土地使用权出让金，并取得土地使用权证书；

（二）按照出让合同约定进行投资开发，属于房屋建设工程的，应完成开发投资总额的25%以上；属于成片开发土地的，依照规划对土地进行开发建设，完成供排水、供电、供热、道路交通、通信等市政基础设施、公用设施的建设，达到场地平整，形成工业用地或者其他建设用地条件。

转让房地产时房屋已经建成的，还应当持有房屋所有权证书。

第十一条 以划拨方式取得土地使用权的，转让房地产时，按照国务院的规定，报有批准权的人民政府审批。有批准权的人民政府准予转让的，除符合本规定第十二条所列的可以不办理土地使用权出让手续的情形外，应当由受让方办理土地使用权出让手续，并依照国家有关规定缴纳土地使用权出让金。

第十二条 以划拨方式取得土地使用权的，转让房地产时，属于下列情形之一的，经有批准权的人民政府批准，可以不办理土地使用权出让手续，但应当将转让房地产所获收益中的土地收益上缴国家或者作其他处理。土地收益的缴纳和处理的办法按照国务院规定办理。

（一）经城市规划行政主管部门批准，转让的土地用于建设《中华人民共和国城市房地产管理法》第二十三条规定的项目的；

（二）私有住宅转让后仍用于居住的；

（三）按照国务院住房制度改革有关规定出售公有住宅的；

（四）同一宗土地上部分房屋转让而土地使用权不可分割转让的；

（五）转让的房地产暂时难以确定土地使用权出让用途、年限和其他条件的；

（六）根据城市规划土地使用权不宜出让的；

（七）县级以上人民政府规定暂时无法或不需要采取土地使用权出让方式的其他情形。依照前款规定缴纳土地收益或作其他处理的，应当在房地产转让合同中注明。

第十三条 依照本规定第十二条规定转让的房地产再转让，需要办理出让手续、补交土地使用权出让金的，应当扣除已经缴纳的土地收益。

第十四条 国家实行房地产成交价格申报制度。

房地产权利人转让房地产，应当如实申报成交价格，不得瞒报或者作不实的申报。

房地产转让应当以申报的房地产成交价格作为缴纳税费的依据。成交价格明显低于正常市场价格的，以评估价格作为缴纳税费的依据。

第十五条 商品房预售按照建设部《城市商品房预售管理办法》执行。

第十六条 房地产管理部门在办理房地产转让时，其收费的项目和标准，必须经有批准权的物价部门和建设行政主管部门批准，不得擅自增加收费项目和提高收费标准。

第十七条 违反本规定第十条第一款和第十一条，未办理土地使用权出让手续，交纳土地使用权出让金的，按照《中华人民共和国城市房地产管理法》的规定进行处罚。

第十八条 房地产管理部门工作人员玩忽职守、滥用职权、徇私舞弊、索贿受贿的，依法给予行政处分；构成犯罪的，依法追究刑事责任。

第十九条 在城市规划区外的国有土地范围内进行房地产转让的，参照本规定执行。

第二十条 省、自治区人民政府建设行政主管部门、直辖市房地产行政主管部门可以根据本规定制定实施细则。

第二十一条 本规定由国务院建设行政主管部门负责解释。

第二十二条 本规定自1995年9月1日起施行。

建设部关于对城市房地产转让有关问题的复函

（2002年9月24日 建法函〔2002〕238号）

湖北省建设厅：

你厅《关于对〈城市房地产转让管理规定〉有关条款内容进行解释的请示》（鄂建文〔2002〕154号）收悉。经研究，答复如下：

一、根据《中华人民共和国民法通则》第六十三条和《城市房屋权属登记管理办法》第十二条规定，房地产转让当事人可以委托代理人办理房屋权属转移手续；委托代理人在代理权限内，以被代理人名义实施民事法律行为；被代理人对代理人的代理行为，承担民事责任。

二、《城市房地产转让管理规定》第七条第二项规定中的“房地产转让当事人”是指房地产转让双方当事人。

特此函复。

城市商品房预售管理办法

（1994年11月15日建设部令第40号发布　根据2001年8月15日《建设部关于修改〈城市商品房预售管理办法〉的决定》第一次修订　根据2004年7月20日《建设部关于修改〈城市商品房预售管理办法〉的决定》第二次修订）

第一条　为加强商品房预售管理，维护商品房交易双方的合法权益，根据《中华人民共和国城市房地产管理法》、《城市房地产开发经营管理条例》，制定本办法。

第二条　本办法所称商品房预售是指房地产开发企业（以下简称开发企业）将正在建设中的房屋预先出售给承购人，由承购人支付定金或房价款的行为。

第三条　本办法适用于城市商品房预售的管理。

第四条　国务院建设行政主管部门归口管理全国城市商品房预售管理；

省、自治区建设行政主管部门归口管理本行政区域内城市商品房预售管理；

市、县人民政府建设行政主管部门或房地产行政主管部门（以下简称房地产管理部门）负责本行政区域内城市商品房预售管理。

第五条　商品房预售应当符合下列条件：

（一）已交付全部土地使用权出让金，取得土地使用权证书；

（二）持有建设工程规划许可证和施工许可证；

（三）按提供预售的商品房计算，投入开发建设的资金达到工程建设总投资的25%以上，并已经确定施工进度和竣工交付日期。

第六条　商品房预售实行许可制度。开发企业进行商品房预售，应当向房地产管理部门申请预售许可，取得《商品房预售许可证》。

未取得《商品房预售许可证》的，不得进行商品房预售。

第七条　开发企业申请预售许可，应当提交下列证件（复印件）及资料：

（一）商品房预售许可申请表；

（二）开发企业的《营业执照》和资质证书；

（三）土地使用权证、建设工程规划许可证、施工许可证；

（四）投入开发建设的资金占工程建设总投资的比例符合规定条件的证明；

（五）工程施工合同及关于施工进度的说明；

（六）商品房预售方案。预售方案应当说明预售商品房的位置、面积、竣工交付日期等内容，并应当附预售商品房分层平面图。

第八条　商品房预售许可依下列程序办理：

（一）受理。开发企业按本办法第七条的规定提交有关材料，材料齐全的，房地产管理部门应当当场出具受理通知书；材料不齐的，应当当场或者5日内一次性书面告知需要补充的材料。

（二）审核。房地产管理部门对开发企业提供的有关材料是否符合法定条件进行审核。

开发企业对所提交材料实质内容的真实性负责。

（三）许可。经审查，开发企业的申请符合法定条件的，房地产管理部门应当在受理之日起10日内，依法作出准予预售的行政许可书面决定，发送开发企业，并自作出决定之日起10日内向开发企业颁发、送达《商品房预售许可证》。

经审查，开发企业的申请不符合法定条件的，房地产管理部门应当在受理之日起10日内，依法作出不予许可的书面决定。书面决定应当说明理由，告知开发企业享有依法申请行政复议或者提起行政诉讼的权利，并送达开发企业。

商品房预售许可决定书、不予商品房预售许可决定书应当加盖房地产管理部门的行政许可专用印章，《商品房预售许可证》应当加盖房地产管理部门的印章。

（四）公示。房地产管理部门作出的准予商品房预售许可的决定，应当予以公开，公众有权查阅。

第九条　开发企业进行商品房预售，应当向承购人出示《商品房预售许可证》。售楼广告和说明书应当载明《商品房预售许可证》的批准文号。

第十条　商品房预售，开发企业应当与承购人签订商品房预售合同。开发企业应当自签约之日起30日内，向房地产管理部门和市、县人民政府土地管理部门办理商品房预售合同登记备案手续。

房地产管理部门应当积极应用网络信息技术，逐步推行商品房预售合同网上登记备案。

商品房预售合同登记备案手续可以委托代理人办理。委托代理人办理的，应当有书面委托书。

第十一条　开发企业预售商品房所得款项应当用于有关的工程建设。

商品房预售款监管的具体办法，由房地产管理部门制定。

第十二条　预售的商品房交付使用之日起90日内，承购人应当依法到房地产管理部门和市、县人民政府土地管理部门办理权属登记手续。开发企业应当予以协助，并提供必要的证明文件。

由于开发企业的原因，承购人未能在房屋交付使用之日起90日内取得房屋权属证书的，除开发企业和承购人有特殊约定外，开发企业应当承担违约责任。

第十三条　开发企业未取得《商品房预售许可证》预售商品房的，依照《城市房地产开发经营管理条例》第三十九条的规定处罚。

第十四条　开发企业不按规定使用商品房预售款项的，

由房地产管理部门责令限期纠正，并可处以违法所得3倍以下但不超过3万元的罚款。

第十五条 开发企业隐瞒有关情况、提供虚假材料，或者采用欺骗、贿赂等不正当手段取得商品房预售许可的，由房地产管理部门责令停止预售，撤销商品房预售许可，并处3万元罚款。

第十六条 省、自治区建设行政主管部门、直辖市建设行政主管部门或房地产行政管理部门可以根据本办法制定实施细则。

第十七条 本办法由国务院建设行政主管部门负责解释。

第十八条 本办法自1995年1月1日起施行。

城市房地产开发经营管理条例

（1998年7月20日中华人民共和国国务院令第248号发布 根据2011年1月8日《国务院关于废止和修改部分行政法规的决定》第一次修订 根据2018年3月19日《国务院关于修改和废止部分行政法规的决定》第二次修订 根据2019年3月24日《国务院关于修改部分行政法规的决定》第三次修订）

第一章 总 则

第一条 为了规范房地产开发经营行为，加强对城市房地产开发经营活动的监督管理，促进和保障房地产业的健康发展，根据《中华人民共和国城市房地产管理法》的有关规定，制定本条例。

第二条 本条例所称房地产开发经营，是指房地产开发企业在城市规划区内国有土地上进行基础设施建设、房屋建设，并转让房地产开发项目或者销售、出租商品房的行为。

第三条 房地产开发经营应当按照经济效益、社会效益、环境效益相统一的原则，实行全面规划、合理布局、综合开发、配套建设。

第四条 国务院建设行政主管部门负责全国房地产开发经营活动的监督管理工作。

县级以上地方人民政府房地产开发主管部门负责本行政区域内房地产开发经营活动的监督管理工作。

县级以上人民政府负责土地管理工作的部门依照有关法律、行政法规的规定，负责与房地产开发经营有关的土地管理工作。

第二章 房地产开发企业

第五条 设立房地产开发企业，除应当符合有关法律、行政法规规定的企业设立条件外，还应当具备下列条件：

（一）有100万元以上的注册资本；

（二）有4名以上持有资格证书的房地产专业、建筑工程专业的专职技术人员，2名以上持有资格证书的专职会计人员。

省、自治区、直辖市人民政府可以根据本地方的实际情况，对设立房地产开发企业的注册资本和专业技术人员的条件作出高于前款的规定。

第六条 外商投资设立房地产开发企业的，除应当符合本条例第五条的规定外，还应当依照外商投资企业法律、行政法规的规定，办理有关审批手续。

第七条 设立房地产开发企业，应当向县级以上人民政府工商行政管理部门申请登记。工商行政管理部门对符合本条例第五条规定条件的，应当自收到申请之日起30日内予以登记；对不符合条件不予登记的，应当说明理由。

工商行政管理部门在对设立房地产开发企业申请登记进行审查时，应当听取同级房地产开发主管部门的意见。

第八条 房地产开发企业应当自领取营业执照之日起30日内，提交下列纸质或者电子材料，向登记机关所在地的房地产开发主管部门备案：

（一）营业执照复印件；

（二）企业章程；

（三）企业法定代表人的身份证明；

（四）专业技术人员的资格证书和聘用合同。

第九条 房地产开发主管部门应当根据房地产开发企业的资产、专业技术人员和开发经营业绩等，对备案的房地产开发企业核定资质等级。房地产开发企业应当按照核定的资质等级，承担相应的房地产开发项目。具体办法由国务院建设行政主管部门制定。

第三章 房地产开发建设

第十条 确定房地产开发项目，应当符合土地利用总体规划、年度建设用地计划和城市规划、房地产开发年度计划的要求；按照国家有关规定需要经计划主管部门批准的，还应当报计划主管部门批准，并纳入年度固定资产投资计划。

第十一条 确定房地产开发项目，应当坚持旧区改建和新区建设相结合的原则，注重开发基础设施薄弱、交通拥挤、环境污染严重以及危旧房屋集中的区域，保护和改善城市生态环境，保护历史文化遗产。

第十二条 房地产开发用地应当以出让方式取得；但是，法律和国务院规定可以采用划拨方式的除外。

土地使用权出让或者划拨前，县级以上地方人民政府城市规划行政主管部门和房地产开发主管部门应当对下列事项提出书面意见，作为土地使用权出让或者划拨的依据之一：

（一）房地产开发项目的性质、规模和开发期限；

（二）城市规划设计条件；

（三）基础设施和公共设施的建设要求；

（四）基础设施建成后的产权界定；

（五）项目拆迁补偿、安置要求。

第十三条 房地产开发项目应当建立资本金制度，资本金占项目总投资的比例不得低于20%。

第十四条 房地产开发项目的开发建设应当统筹安排配套基础设施，并根据先地下、后地上的原则实施。

第十五条 房地产开发企业应当按照土地使用权出让合同约定的土地用途、动工开发期限进行项目开发建设。出让合同约定的动工开发期限满1年未动工开发的，可以征收相当于土地使用权出让金20%以下的土地闲置费；满2年未动工开发的，可以无偿收回土地使用权。但是，因不可抗力或者政府、政府有关部门的行为或者动工开发必需的前期工作造成动工迟延的除外。

第十六条 房地产开发企业开发建设的房地产项目，应当符合有关法律、法规的规定和建筑工程质量、安全标准、建筑工程勘察、设计、施工的技术规范以及合同的约定。

房地产开发企业应当对其开发建设的房地产开发项目的质量承担责任。

勘察、设计、施工、监理等单位应当依照有关法律、法规的规定或者合同的约定，承担相应的责任。

第十七条 房地产开发项目竣工，依照《建设工程质量管理条例》的规定验收合格后，方可交付使用。

第十八条 房地产开发企业应当将房地产开发项目建设过程中的主要事项记录在房地产开发项目手册中，并定期送房地产开发主管部门备案。

第四章　房地产经营

第十九条 转让房地产开发项目，应当符合《中华人民共和国城市房地产管理法》第三十九条、第四十条规定的条件。

第二十条 转让房地产开发项目，转让人和受让人应当自土地使用权变更登记手续办理完毕之日起30日内，持房地产开发项目转让合同到房地产开发主管部门备案。

第二十一条 房地产开发企业转让房地产开发项目时，尚未完成拆迁补偿安置的，原拆迁补偿安置合同中有关的权利、义务随之转移给受让人。项目转让人应当书面通知被拆迁人。

第二十二条 房地产开发企业预售商品房，应当符合下列条件：

（一）已交付全部土地使用权出让金，取得土地使用权证书；

（二）持有建设工程规划许可证和施工许可证；

（三）按提供的预售商品房计算，投入开发建设的资金达到工程建设总投资的25%以上，并已确定施工进度和竣工交付日期；

（四）已办理预售登记，取得商品房预售许可证明。

第二十三条 房地产开发企业申请办理商品房预售登记，应当提交下列文件：

（一）本条例第二十二条第（一）项至第（三）项规定的证明材料；

（二）营业执照和资质等级证书；

（三）工程施工合同；

（四）预售商品房分层平面图；

（五）商品房预售方案。

第二十四条 房地产开发主管部门应当自收到商品房预售申请之日起10日内，作出同意预售或者不同意预售的答复。同意预售的，应当核发商品房预售许可证明；不同意预售的，应当说明理由。

第二十五条 房地产开发企业不得进行虚假广告宣传，商品房预售广告中应当载明商品房预售许可证明的文号。

第二十六条 房地产开发企业预售商品房时，应当向预购人出示商品房预售许可证明。

房地产开发企业应当自商品房预售合同签订之日起30日内，到商品房所在地的县级以上人民政府房地产开发主管部门和负责土地管理工作的部门备案。

第二十七条 商品房销售，当事人双方应当签订书面合同。合同应当载明商品房的建筑面积和使用面积、价格、交付日期、质量要求、物业管理方式以及双方的违约责任。

第二十八条 房地产开发企业委托中介机构代理销售商品房的，应当向中介机构出具委托书。中介机构销售商品房时，应当向商品房购买人出示商品房的有关证明文件和商品房销售委托书。

第二十九条 房地产开发项目转让和商品房销售价格，由当事人协商议定；但是，享受国家优惠政策的居民住宅价格，应当实行政府指导价或者政府定价。

第三十条 房地产开发企业应当在商品房交付使用时，向购买人提供住宅质量保证书和住宅使用说明书。

住宅质量保证书应当列明工程质量监督单位核验的质量等级、保修范围、保修期和保修单位等内容。房地产开发企业应当按照住宅质量保证书的约定，承担商品房保修责任。

保修期内，因房地产开发企业对商品房进行维修，致使房屋原使用功能受到影响，给购买人造成损失的，应当依法承担赔偿责任。

第三十一条 商品房交付使用后，购买人认为主体结构质量不合格的，可以向工程质量监督单位申请重新核验。经核验，确属主体结构质量不合格的，购买人有权退房；给购买人造成损失的，房地产开发企业应当依法承担赔偿责任。

第三十二条 预售商品房的购买人应当自商品房交付使用之日起90日内，办理土地使用权变更和房屋所有权登记手续；现售商品房的购买人应当自销售合同签订之日起90日内，办理土地使用权变更和房屋所有权登记手续。房地产开发企业应当协助商品房购买人办理土地使用权变更和房屋所有权登记手续,并提供必要的证明文件。

第五章 法律责任

第三十三条 违反本条例规定,未取得营业执照,擅自从事房地产开发经营的,由县级以上人民政府工商行政管理部门责令停止房地产开发经营活动,没收违法所得,可以并处违法所得5倍以下的罚款。

第三十四条 违反本条例规定,未取得资质等级证书或者超越资质等级从事房地产开发经营的,由县级以上人民政府房地产开发主管部门责令限期改正,处5万元以上10万元以下的罚款;逾期不改正的,由工商行政管理部门吊销营业执照。

第三十五条 违反本条例规定,擅自转让房地产开发项目的,由县级以上人民政府负责土地管理工作的部门责令停止违法行为,没收违法所得,可以并处违法所得5倍以下的罚款。

第三十六条 违反本条例规定,擅自预售商品房的,由县级以上人民政府房地产开发主管部门责令停止违法行为,没收违法所得,可以并处已收取的预付款1%以下的罚款。

第三十七条 国家机关工作人员在房地产开发经营监督管理工作中玩忽职守、徇私舞弊、滥用职权,构成犯罪的,依法追究刑事责任;尚不构成犯罪的,依法给予行政处分。

第六章 附则

第三十八条 在城市规划区外国有土地上从事房地产开发经营,实施房地产开发经营监督管理,参照本条例执行。

第三十九条 城市规划区内集体所有的土地,经依法征收转为国有土地后,方可用于房地产开发经营。

第四十条 本条例自发布之日起施行。

房地产开发企业资质管理规定

(2000年3月29日建设部令第77号发布 根据2015年5月4日《住房和城乡建设部关于修改〈房地产开发企业资质管理规定〉等部门规章的决定》第一次修订 根据2018年12月22日《住房城乡建设部关于修改〈建筑业企业资质管理规定〉等部门规章的决定》第二次修订)

第一条 为了加强房地产开发企业资质管理,规范房地产开发企业经营行为,根据《中华人民共和国城市房地产管理法》、《城市房地产开发经营管理条例》,制定本规定。

第二条 本规定所称房地产开发企业是指依法设立、具有企业法人资格的经济实体。

第三条 房地产开发企业应当按照本规定申请核定企业资质等级。

未取得房地产开发资质等级证书(以下简称资质证书)的企业,不得从事房地产开发经营业务。

第四条 国务院建设行政主管部门负责全国房地产开发企业的资质管理工作;县级以上地方人民政府房地产开发主管部门负责本行政区域内房地产开发企业的资质管理工作。

第五条 房地产开发企业按照企业条件分为一、二、三、四个资质等级。

各资质等级企业的条件如下:

(一)一级资质:

1. 从事房地产开发经营5年以上;

2. 近3年房屋建筑面积累计竣工30万平方米以上,或者累计完成与此相当的房地产开发投资额;

3. 连续5年建筑工程质量合格率达100%;

4. 上一年房屋建筑施工面积15万平方米以上,或者完成与此相当的房地产开发投资额;

5. 有职称的建筑、结构、财务、房地产及有关经济类的专业管理人员不少于40人,其中具有中级以上职称的管理人员不少于20人,持有资格证书的专职会计人员不少于4人;

6. 工程技术、财务、统计等业务负责人具有相应专业中级以上职称;

7. 具有完善的质量保证体系,商品住宅销售中实行了《住宅质量保证书》和《住宅使用说明书》制度;

8. 未发生过重大工程质量事故。

(二)二级资质:

1. 从事房地产开发经营3年以上;

2. 近3年房屋建筑面积累计竣工15万平方米以上,或者累计完成与此相当的房地产开发投资额;

3. 连续3年建筑工程质量合格率达100%;

4. 上一年房屋建筑施工面积10万平方米以上,或者完成与此相当的房地产开发投资额;

5. 有职称的建筑、结构、财务、房地产及有关经济类的专业管理人员不少于20人,其中具有中级以上职称的管理人员不少于10人,持有资格证书的专职会计人员不少于3人;

6. 工程技术、财务、统计等业务负责人具有相应专业中级以上职称;

7. 具有完善的质量保证体系,商品住宅销售中实行了《住宅质量保证书》和《住宅使用说明书》制度;

8. 未发生过重大工程质量事故。

(三)三级资质:

1. 从事房地产开发经营2年以上;

2. 房屋建筑面积累计竣工5万平方米以上,或者累计完成与此相当的房地产开发投资额;

3. 连续2年建筑工程质量合格率达100%;

4. 有职称的建筑、结构、财务、房地产及有关经济类的专业管理人员不少于10人，其中具有中级以上职称的管理人员不少于5人，持有资格证书的专职会计人员不少于2人；

5. 工程技术、财务等业务负责人具有相应专业中级以上职称，统计等其他业务负责人具有相应专业初级以上职称；

6. 具有完善的质量保证体系，商品住宅销售中实行了《住宅质量保证书》和《住宅使用说明书》制度；

7. 未发生过重大工程质量事故。

（四）四级资质：

1. 从事房地产开发经营1年以上；

2. 已竣工的建筑工程质量合格率达100%；

3. 有职称的建筑、结构、财务、房地产及有关经济类的专业管理人员不少于5人，持有资格证书的专职会计人员不少于2人；

4. 工程技术负责人具有相应专业中级以上职称，财务负责人具有相应专业初级以上职称，配有专业统计人员；

5. 商品住宅销售中实行了《住宅质量保证书》和《住宅使用说明书》制度；

6. 未发生过重大工程质量事故。

第六条 新设立的房地产开发企业应当自领取营业执照之日起30日内，在资质审批部门的网站或平台提出申请备案事项，提交营业执照、企业章程、专业技术人员资格证书和劳动合同的电子材料。

房地产开发主管部门应当在收到备案申请后30日内向符合条件的企业核发《暂定资质证书》。

《暂定资质证书》有效期1年。房地产开发主管部门可以视企业经营情况延长《暂定资质证书》有效期，但延长期限不得超过2年。

自领取《暂定资质证书》之日起1年内无开发项目的，《暂定资质证书》有效期不得延长。

第七条 房地产开发企业应当在《暂定资质证书》有效期满前1个月内向房地产开发主管部门申请核定资质等级。房地产开发主管部门应当根据其开发经营业绩核定相应的资质等级。

第八条 申请《暂定资质证书》的条件不得低于四级资质企业的条件。

第九条 临时聘用或者兼职的管理、技术人员不得计入企业管理、技术人员总数。

第十条 申请核定资质等级的房地产开发企业，应当提交下列证明文件：

（一）企业资质等级申报表；

（二）房地产开发企业资质证书（正、副本）；

（三）企业资产负债表；

（四）企业法定代表人和经济、技术、财务负责人的职称证件；

（五）已开发经营项目的有关证明材料；

（六）房地产开发项目手册及《住宅质量保证书》、《住宅使用说明书》执行情况报告；

（七）其他有关文件、证明。

第十一条 房地产开发企业资质等级实行分级审批。

一级资质由省、自治区、直辖市人民政府建设行政主管部门初审，报国务院建设行政主管部门审批。

二级资质及二级资质以下企业的审批办法由省、自治区、直辖市人民政府建设行政主管部门制定。

经资质审查合格的企业，由资质审批部门发给相应等级的资质证书。

第十二条 资质证书由国务院建设行政主管部门统一制作。资质证书分为正本和副本，资质审批部门可以根据需要核发资质证书副本若干份。

第十三条 任何单位和个人不得涂改、出租、出借、转让、出卖资质证书。

企业遗失资质证书，必须在新闻媒体上声明作废后，方可补领。

第十四条 企业发生分立、合并的，应当在向工商行政管理部门办理变更手续后的30日内，到原资质审批部门申请办理资质证书注销手续，并重新申请资质等级。

第十五条 企业变更名称、法定代表人和主要管理、技术负责人，应当在变更30日内，向原资质审批部门办理变更手续。

第十六条 企业破产、歇业或者因其他原因终止业务时，应当在向工商行政管理部门办理注销营业执照后的15日内，到原资质审批部门注销资质证书。

第十七条 房地产开发企业的资质实行年检制度。对于不符合原定资质条件或者有不良经营行为的企业，由原资质审批部门予以降级或者注销资质证书。

一级资质房地产开发企业的资质年检由国务院建设行政主管部门或者其委托的机构负责。

二级资质及二级资质以下房地产开发企业的资质年检由省、自治区、直辖市人民政府建设行政主管部门制定办法。

房地产开发企业无正当理由不参加资质年检的，视为年检不合格，由原资质审批部门注销资质证书。

房地产开发主管部门应当将房地产开发企业资质年检结果向社会公布。

第十八条 一级资质的房地产开发企业承担房地产项目的建设规模不受限制，可以在全国范围承揽房地产开发项目。

二级资质及二级资质以下的房地产开发企业可以承担建筑面积25万平方米以下的开发建设项目，承担业务的具体范围由省、自治区、直辖市人民政府建设行政主管部门确定。

各资质等级企业应当在规定的业务范围内从事房地产开发经营业务，不得越级承担任务。

第十九条 企业未取得资质证书从事房地产开发经营

的，由县级以上地方人民政府房地产开发主管部门责令限期改正，处5万元以上10万元以下的罚款；逾期不改正的，由房地产开发主管部门提请工商行政管理部门吊销营业执照。

第二十条 企业超越资质等级从事房地产开发经营的，由县级以上地方人民政府房地产开发主管部门责令限期改正，处5万元以上10万元以下的罚款；逾期不改正的，由原资质审批部门吊销资质证书，并提请工商行政管理部门吊销营业执照。

第二十一条 企业有下列行为之一的，由原资质审批部门公告资质证书作废，收回证书，并可处以1万元以上3万元以下的罚款：

（一）隐瞒真实情况、弄虚作假骗取资质证书的；

（二）涂改、出租、出借、转让、出卖资质证书的。

第二十二条 企业开发建设的项目工程质量低劣，发生重大工程质量事故的，由原资质审批部门降低资质等级；情节严重的吊销资质证书，并提请工商行政管理部门吊销营业执照。

第二十三条 企业在商品住宅销售中不按照规定发放《住宅质量保证书》和《住宅使用说明书》的，由原资质审批部门予以警告、责令限期改正、降低资质等级，并可处以1万元以上2万元以下的罚款。

第二十四条 企业不按照规定办理变更手续的，由原资质审批部门予以警告、责令限期改正，并可处以5000元以上1万元以下的罚款。

第二十五条 各级建设行政主管部门工作人员在资质审批和管理中玩忽职守、滥用职权，徇私舞弊的，由其所在单位或者上级主管部门给予行政处分；构成犯罪的，由司法机关依法追究刑事责任。

第二十六条 省、自治区、直辖市人民政府建设行政主管部门可以根据本规定制定实施细则。

第二十七条 本规定由国务院建设行政主管部门负责解释。

第二十八条 本规定自发布之日起施行。1993年11月16日建设部发布的《房地产开发企业资质管理规定》（建设部令第28号）同时废止。

房地产广告发布规定

（2015年12月24日国家工商行政管理总局令第80号公布 自2016年2月1日起施行）

第一条 发布房地产广告，应当遵守《中华人民共和国广告法》（以下简称《广告法》）、《中华人民共和国城市房地产管理法》、《中华人民共和国土地管理法》及国家有关规定。

第二条 本规定所称房地产广告，指房地产开发企业、房地产权利人、房地产中介服务机构发布的房地产项目预售、预租、出售、出租、项目转让以及其他房地产项目介绍的广告。

居民私人及非经营性售房、租房、换房广告，不适用本规定。

第三条 房地产广告必须真实、合法、科学、准确，不得欺骗、误导消费者。

第四条 房地产广告，房源信息应当真实，面积应当表明为建筑面积或者套内建筑面积，并不得含有下列内容：

（一）升值或者投资回报的承诺；

（二）以项目到达某一具体参照物的所需时间表示项目位置；

（三）违反国家有关价格管理的规定；

（四）对规划或者建设中的交通、商业、文化教育设施以及其他市政条件作误导宣传。

第五条 凡下列情况的房地产，不得发布广告：

（一）在未经依法取得国有土地使用权的土地上开发建设的；

（二）在未经国家征用的集体所有的土地上建设的；

（三）司法机关和行政机关依法裁定、决定查封或者以其他形式限制房地产权利的；

（四）预售房地产，但未取得该项目预售许可证的；

（五）权属有争议的；

（六）违反国家有关规定建设的；

（七）不符合工程质量标准，经验收不合格的；

（八）法律、行政法规规定禁止的其他情形。

第六条 发布房地产广告，应当具有或者提供下列相应真实、合法、有效的证明文件：

（一）房地产开发企业、房地产权利人、房地产中介服务机构的营业执照或者其他主体资格证明；

（二）建设主管部门颁发的房地产开发企业资质证书；

（三）土地主管部门颁发的项目土地使用权证明；

（四）工程竣工验收合格证明；

（五）发布房地产项目预售、出售广告，应当具有地方政府建设主管部门颁发的预售、销售许可证证明；出租、项目转让广告，应当具有相应的产权证明；

（六）中介机构发布所代理的房地产项目广告，应当提供业主委托证明；

（七）确认广告内容真实性的其他证明文件。

第七条 房地产预售、销售广告，必须载明以下事项：

（一）开发企业名称；

（二）中介服务机构代理销售的，载明该机构名称；

（三）预售或者销售许可证书号。

广告中仅介绍房地产项目名称的，可以不必载明上述事项。

第八条 房地产广告不得含有风水、占卜等封建迷信内容,对项目情况进行的说明、渲染,不得有悖社会良好风尚。

第九条　房地产广告中涉及所有权或者使用权的,所有或者使用的基本单位应当是有实际意义的完整的生产、生活空间。

第十条　房地产广告中对价格有表示的,应当清楚表示为实际的销售价格,明示价格的有效期限。

第十一条　房地产广告中的项目位置示意图,应当准确、清楚,比例恰当。

第十二条　房地产广告中涉及的交通、商业、文化教育设施及其他市政条件等,如在规划或者建设中,应当在广告中注明。

第十三条　房地产广告涉及内部结构、装修装饰的,应当真实、准确。

第十四条　房地产广告中不得利用其他项目的形象、环境作为本项目的效果。

第十五条　房地产广告中使用建筑设计效果图或者模型照片的,应当在广告中注明。

第十六条　房地产广告中不得出现融资或者变相融资的内容。

第十七条　房地产广告中涉及贷款服务的,应当载明提供贷款的银行名称及贷款额度、年期。

第十八条　房地产广告中不得含有广告主能够为入住者办理户口、就业、升学等事项的承诺。

第十九条　房地产广告中涉及物业管理内容的,应当符合国家有关规定;涉及尚未实现的物业管理内容,应当在广告中注明。

第二十条　房地产广告中涉及房地产价格评估的,应当表明评估单位、估价师和评估时间;使用其他数据、统计资料、文摘、引用语的,应当真实、准确,表明出处。

第二十一条　违反本规定发布广告,《广告法》及其他法律法规有规定的,依照有关法律法规规定予以处罚。法律法规没有规定的,对负有责任的广告主、广告经营者、广告发布者,处以违法所得三倍以下但不超过三万元的罚款;没有违法所得的,处以一万元以下的罚款。

第二十二条　本规定自2016年2月1日起施行。1998年12月3日国家工商行政管理局令第86号公布的《房地产广告发布暂行规定》同时废止。

住房和城乡建设部关于印发房屋交易合同网签备案业务规范(试行)的通知

(2019年8月1日　建房规〔2019〕5号)

各省、自治区住房和城乡建设厅,直辖市住房和城乡建设(管)委,新疆生产建设兵团住房和城乡建设局:

《房屋交易合同网签备案业务规范(试行)》已经2019年7月16日召开的第11次部常务会议审议通过,现印发给你们,请认真贯彻执行。

房屋交易合同网签备案业务规范(试行)

为贯彻落实经国务院同意印发的《住房城乡建设部关于进一步规范和加强房屋网签备案工作的指导意见》(建房〔2018〕128号),规范房屋交易合同网上签约备案(以下简称房屋网签备案)工作,制定以下规范。

一、明确房屋网签备案适用范围

在城市规划区国有土地范围内开展房屋转让、租赁和抵押等交易活动,实行房屋网签备案,实现新建商品房和存量房买卖合同、房屋租赁合同、房屋抵押合同网签备案全覆盖。

二、完善房屋网签备案系统

各地房地产主管部门应按照房地产市场监测指标体系和数据标准,建立和完善房屋网签备案系统。

直辖市、设区的市房屋网签备案系统,应包含所辖全部行政区(县)房屋网签备案信息,包括新建商品房买卖、存量房买卖、房屋租赁和房屋抵押等业务模块,具备交易资金监管功能。

开展房屋网签备案,应使用统一的交易合同示范文本。

三、强化房屋网签备案数据基础

各地应按照《房屋交易与产权管理工作导则》(建办房〔2015〕45号)要求建立和完善楼盘表,并作为实行房屋网签备案的业务基础。

新建房屋楼盘表,通过预(实)测绘等获取房屋物理状态信息,经预售许可或现房销售备案的,标注为可销售房屋;存量房屋楼盘表,以实测绘建立的楼盘表为基础,通过各项交易业务获取并实时更新房屋相关信息。

未建立楼盘表的,可通过一次性集中补录、随同房屋网签备案等业务补录方式补建楼盘表。

四、实行房屋网签备案系统用户管理

房地产开发企业、房地产经纪机构、住房租赁企业、银行业金融机构、交易当事人等办理房屋网签备案的,应当进行房屋网签备案系统用户注册,取得新建商品房买卖、存量房买卖、房屋租赁、房屋抵押等相应的房屋网签备案系统操作资格。

五、明确房屋网签备案条件

(一)办理房屋网签备案的房屋交易当事人,应具备相应的交易主体资格。以下情形不得进行房屋网签备案:买受人属于失信被执行人的;买受人和出卖人不具备购房、售房条件的。

(二)办理房屋网签备案的房屋,应具备相应的交易条件。以下情形不得进行房屋网签备案:新建商品房未取得预售许可或者现售备案的;存在查封等限制交易情形的;政策性住房未满足上市交易条件的;按政策限制转让的;租赁房屋存在禁止出租情形的;属于禁止抵押范围的。

房屋网签备案系统应通过与自然资源、公安、财政、民政、人力资源社会保障、金融、税务、市场监管、统计等部门联网,通过人脸识别、信息共享等手段,自动核验交易当事人和房屋是否具备房屋网签备案条件。

六、规范房屋网签备案基本流程

(一)开展房屋网签备案,应符合及时、准确、全覆盖的原则,遵循先房屋网签备案再登记的基本要求。

(二)房屋网签备案基本流程包括:

1. 房屋网签备案系统用户注册;

2. 提交房屋网签备案所需资料;

3. 核验交易当事人和房屋是否具备交易条件;

4. 网上录入房屋交易合同;

5. 主管部门备案赋码。

各地房地产主管部门可结合实际,依据上述基本流程建立和完善符合本地实际的房屋网签备案程序。

(三)各地房地产主管部门应明确可变更和注销的情形,规定相应的变更、注销程序和时限,防止利用房屋网签备案恶意占用房源。

七、提高房屋网签备案服务水平

(一)各地房地产主管部门应简化房屋网签备案办理程序,优化房屋网签备案系统,配置自助办理设备,引入人脸识别、电子签章等技术手段,实现自助终端设备办理和业务窗口办理并行,提高办理效率,逐步纳入政务服务"一网通办"。

(二)各地房地产主管部门应延伸窗口服务,在房地产开发企业、房地产经纪机构、住房租赁企业、银行业金融机构等场所设立服务点,方便当事人就近办理房屋网签备案。对办理房屋网签备案确有困难的特殊群体,可提供上门服务。

(三)积极推进"互联网大厅"模式,利用"互联网+"、大数据、人脸识别、手机应用软件(APP)、电子签名等手段,实现房屋网签备案"掌上办理、不见面办理"。

附件:1. 新建商品房买卖合同网签备案业务流程(略)

2. 存量房买卖合同网签备案业务流程(略)

3. 租赁合同网签备案业务流程(略)

4. 抵押合同网签备案业务流程(略)

国家发展改革委、最高人民法院、国土资源部关于对失信被执行人实施限制不动产交易惩戒措施的通知

(2018 年 3 月 1 日　发改财金〔2018〕370 号)

各省、自治区、直辖市、新疆生产建设兵团社会信用体系建设牵头单位、高级人民法院、国土资源厅(局):

为深入学习贯彻习近平新时代中国特色社会主义思想和党的十九大精神,进一步落实《中共中央办公厅 国务院办公厅关于加快推进失信被执行人信用监督、警示和惩戒机制建设的意见》(中办发〔2016〕64 号)、《国务院关于建立完善守信联合激励和失信联合惩戒制度加快推进社会诚信建设的指导意见》(国发〔2016〕33 号)和《最高人民法院关于限制被执行人高消费的若干规定》(法释〔2010〕8 号)等有关要求,加大对失信被执行人的惩戒力度,建立健全联合奖惩机制,国家发展改革委、最高人民法院、国土资源部共同对失信被执行人及失信被执行人的法定代表人、主要负责人、实际控制人、影响债务履行的直接责任人员,采取限制不动产交易的惩戒措施。现将有关事项通知如下。

一、各级人民法院限制失信被执行人及失信被执行人的法定代表人、主要负责人、实际控制人、影响债务履行的直接责任人员参与房屋司法拍卖。

二、市、县国土资源部门限制失信被执行人及失信被执行人的法定代表人、主要负责人、实际控制人、影响债务履行的直接责任人员取得政府供应土地。

三、各地国土资源部门与人民法院要积极推进建立同级不动产登记信息和失信被执行人名单信息互通共享机制,有条件的地区,国土资源部门在为失信被执行人及失信被执行人的法定代表人、主要负责人、实际控制人、影响债务履行的直接责任人员办理转移、抵押、变更等涉及不动产产权变化的不动产登记时,应将相关信息通报给人民法院,便于人民法院依法采取执行措施。

四、建立健全全国信用信息共享平台与国家不动产登记信息平台信息互通共享机制。全国信用信息共享平台将最高人民法院提供的失信被执行人名单信息及时推送至国家不动产登记信息平台;国家不动产登记信息平台将失信被执行人名下的不动产登记信息及时反馈至全国信用信息共享平台。

住房和城乡建设部关于进一步加强房地产市场监管完善商品住房预售制度有关问题的通知

(2010 年 4 月 13 日　建房〔2010〕53 号)

各省、自治区住房和城乡建设厅,直辖市建委(房地局),新疆生产建设兵团建设局:

为贯彻落实《国务院办公厅关于促进房地产市场平稳健康发展的通知》(国办发〔2010〕4 号)要求,进一步加强房地产市场监管,完善商品住房预售制度,整顿和规范房地产市场秩序,维护住房消费者合法权益,现就有关问题通知如下:

一、进一步加强房地产市场监管

(一)加强商品住房预售行为监管。未取得预售许可的商品住房项目,房地产开发企业不得进行预售,不得以认购、预

订、排号、发放 VIP 卡等方式向买受人收取或变相收取定金、预定款等性质的费用,不得参加任何展销活动。取得预售许可的商品住房项目,房地产开发企业要在 10 日内一次性公开全部准售房源及每套房屋价格,并严格按照申报价格,明码标价对外销售。房地产开发企业不得将企业自留房屋在房屋所有权初始登记前对外销售,不得采取返本销售、售后包租的方式预售商品住房,不得进行虚假交易。

(二)严肃查处捂盘惜售等违法违规行为。各地要加大对捂盘惜售、哄抬房价等违法违规行为的查处力度。对已经取得预售许可,但未在规定时间内对外公开销售或未将全部准售房源对外公开销售,以及故意采取畸高价格销售或通过签订虚假商品住房买卖合同等方式人为制造房源紧张的行为,要严肃查处。

(三)加强房地产销售代理和房地产经纪监管。实行代理销售商品住房的,应当委托在房地产主管部门备案的房地产经纪机构代理。房地产经纪机构应当将经纪服务项目、服务内容和收费标准在显著位置公示;额外提供的延伸服务项目,需事先向当事人说明,并在委托合同中明确约定,不得分解收费项目和强制收取代书费、银行按揭服务费等费用。房地产经纪机构和执业人员不得炒卖房号,不得在代理过程中赚取差价,不得通过签订"阴阳合同"违规交易,不得发布虚假信息和未经核实的信息,不得采取内部认购、雇人排队等手段制造销售旺盛的虚假氛围。

(四)加强商品住房买卖合同管理。各地要完善商品住房买卖合同示范文本,积极推行商品住房买卖合同网上签订和备案制度。商品住房买卖合同示范文本应对商品住房质量性能,物业会所、车位等设施归属,交付使用条件及其违约责任做出明确约定,并将《住宅质量保证书》、《住宅使用说明书》作为合同附件。房地产开发企业应当将商品住房买卖合同在合同订立前向购房人明示。

(五)健全房地产信息公开机制。各地要加强和完善房地产市场信息系统建设,及时准确地向社会公布市场信息。市、县房地产主管部门要及时将批准的预售信息、可售楼盘及房源信息、违法违规行为查处情况等向社会公开。房地产开发企业应将预售许可情况、商品住房预售方案、开发建设单位资质、代理销售的房地产经纪机构备案情况等信息,在销售现场清晰明示。

(六)鼓励推行商品住房现售试点。各地可结合当地实际,制定商品住房现售管理办法,鼓励和引导房地产开发企业现售商品住房。实行现售的商品住房,应符合《商品房销售管理办法》规定的现售条件;在商品住房现售前,房地产开发企业应当将符合现售条件的有关证明文件和房地产开发项目手册报送房地产开发主管部门备案。

二、完善商品住房预售制度

(七)严格商品住房预售许可管理。各地要结合当地实际,合理确定商品住房项目预售许可的最低规模和工程形象进度要求,预售许可的最低规模不得小于栋,不得分层、分单元办理预售许可。住房供应不足的地区,要建立商品住房预售许可绿色通道,提高行政办事效率,支持具备预售条件的商品住房项目尽快办理预售许可。

(八)强化商品住房预售方案管理。房地产开发企业应当按照商品住房预售方案销售商品住房。预售方案应当包括项目基本情况、建设进度安排、预售房屋套数、面积预测及分摊情况、公共部位和公共设施的具体范围、预售价格及变动幅度、预售资金监管落实情况、住房质量责任承担主体和承担方式、住房能源消耗指标和节能措施等。预售方案中主要内容发生变更的,应当报主管部门备案并公示。

(九)完善预售资金监管机制。各地要加快完善商品住房预售资金监管制度。尚未建立监管制度的地方,要加快制定本地区商品住房预售资金监管办法。商品住房预售资金要全部纳入监管账户,由监管机构负责监管,确保预售资金用于商品住房项目工程建设;预售资金可按建设进度进行核拨,但必须留有足够的资金保证建设工程竣工交付。

(十)严格预售商品住房退房管理。商品住房严格实行购房实名制,认购后不得擅自更改购房者姓名。各地要规范商品住房预订行为,对可售房源预订次数做出限制规定。购房人预订商品住房后,未在规定时间内签订预售合同的,预订应予以解除,解除的房源应当公开销售。已签订商品住房买卖合同并网上备案、经双方协商一致需解除合同的,双方应递交申请并说明理由,所退房源应当公开销售。

三、加强预售商品住房交付和质量管理

(十一)明确商品住房交付使用条件。各地要依据法律法规及有关建设标准,制定本地商品住房交付使用条件。商品住房交付使用条件应包括工程经竣工验收合格并在当地主管部门备案、配套基础设施和公共设施已建成并满足使用要求、北方地区住宅分户热计量装置安装符合设计要求、住宅质量保证书和住宅使用说明书制度已落实、商品住房质量责任承担主体已明确、前期物业管理已落实。房地产开发企业在商品住房交付使用时,应当向购房人出示上述相关证明资料。

(十二)完善商品住房交付使用制度。各地要建立健全商品住房交付使用管理制度,确保商品住房项目单体工程质量、节能环保性能、配套基础设施和公共设施符合交付使用的基本要求。有条件的地方可借鉴上海、山东等地经验,通过地方立法,完善新建商品住房交付使用制度。各地要加强商品住房竣工验收管理,积极推行商品住房工程质量分户验收制度。北方地区要加强商品住房分户热计量装置安装的验收管理。

(十三)落实预售商品住房质量责任。房地产开发企业应当对其开发建设的商品住房质量承担首要责任,勘察、设计、施工、监理等单位应当依据有关法律、法规的规定或者合同的约定承担相应责任。房地产开发企业、勘察、设计、施工、监理等单位的法定代表人、工程项目负责人、工程技术负责人、注册执业人员按各自职责承担相应责任。预售商品住房存在质量问题的,购房人有权依照法律、法规及合同约定要求房地产开发企业承担责任并赔偿相应损失。房地产开发企业承担责任后,有权向造成质量问题的相关单位和个人追责。

(十四)强化预售商品住房质量保证机制。暂定资质的房地产开发企业在申请商品住房预售许可时提交的预售方案,应当明确企业破产、解散等清算情况发生后的商品住房质量责任承担主体,由质量责任承担主体提供担保函。质量责任承担主体必须具备独立的法人资格和相应的赔偿能力。各地要将房地产开发企业是否建立商品住房质量保证制度作为企业资质管理的重要内容。各地要鼓励推行预售商品住房质量保证金制度,研究建立专业化维修制度。

四、健全房地产市场监督管理机制

(十五)全面开展预售商品住房项目清理。各地近期要对所有在建的商品住房项目进行一次清理和整治。对已取得预售许可的商品住房项目逐一排查,准确掌握已预售的商品住房数量、正在预售的商品住房数量和尚未开盘的商品住房数量等情况,并将清理情况向社会公开;对尚未开盘的商品住房项目,要责成房地产开发企业限期公开销售。直辖市、省会城市(自治区首府城市)、计划单列市要将清理结果于今年6月底前报住房城乡建设部。

(十六)加大对违法违规行为的查处力度。各地要通过房地产信息网络公开、设立举报投诉电话、现场巡查等措施,加强房地产市场行为监管,加大对违法违规行为的查处力度。对退房率高、价格异常以及消费者投诉集中的项目,要重点核查。对存在违法违规行为的,要责令限期整改,记入房地产信用档案,并可暂停商品住房网上签约;对拒不整改的,要依法从严查处,直至取消其开发企业资质,并将有关信息通报土地、税收、金融、工商等相关部门,限制其参加土地购置、金融信贷等活动。

(十七)加强房地产信用管理。各地要积极拓展房地产信用档案功能和覆盖面,发挥信用档案作用,将销售行为、住房质量、交付使用、信息公开等方面内容纳入房地产信用体系,信用档案应当作为考核企业资质的依据。对违法违规销售、存在较为严重的质量问题、将不符合交付条件的住房交付使用、信息公开不及时不准确等行为,应当记入房地产开发企业信用档案,公开予以曝光。

(十八)严格相关人员责任追究制度。各地要加强对违法违规企业相关责任人的责任追究。对造成重大工程质量事故的房地产开发企业法定代表人、负责人,无论其在何职何岗,身居何处,都要依法追究相应责任。对在预售商品住房管理中工作不力、失职渎职的有关工作人员,要依法追究行政责任;对以权谋私、玩忽职守的,依法依规追究有关责任人的行政和法律责任。

(十九)落实监督检查责任制度。各地要强化房地产主管部门管理职能,加强房地产市场执法队伍建设。省级住房和城乡建设主管部门要加强对市、县(区)房地产市场监管工作的指导和检查。市、县(区)房地产主管部门要建立商品住房市场动态监管制度,加强销售现场巡查;建设、规划等部门要按照各自职责加强监管。各部门要加强协作、沟通和配合,建立健全信息共享、情况通报以及违法违规行为的联合查处机制。各地要畅通举报投诉渠道,重视和支持舆论监督,积极妥善处理矛盾纠纷,并及时公布处理结果。

其他商品房的市场监管参照本通知执行。

住房城乡建设部关于进一步规范房地产开发企业经营行为维护房地产市场秩序的通知

(2016年10月10日 建房〔2016〕223号)

各省、自治区住房城乡建设厅,直辖市建委、房地局:

为净化房地产市场环境,维护房地产市场秩序,保护消费者合法权益,促进房地产市场平稳健康发展,现就进一步规范房地产开发企业经营行为有关工作通知如下:

一、积极引导房地产开发企业规范经营

各级房地产主管部门要充分认识规范房地产开发企业经营行为,维护房地产市场秩序对稳定房地产市场的重大意义,通过推进简政放权、放管结合、优化服务改革,加强监管创新,加快构建事中事后监管体系,依法保护合法经营房地产开发企业的正当利益,严肃查处房地产开发企业违法违规等不正当经营行为,营造公平竞争的房地产市场环境。

房地产开发企业要遵纪守法,诚实守信,恪守对消费者在商品和服务质量方面的承诺;要发布真实房源信息和广告,严格执行商品房销售的有关规定,实行明码标价制度,维护消费者合法权益;要接受政府和公众监督,积极履行企业社会责任,通过向消费者提供优质的商品和服务赢得市场。

二、依法查处房地产开发企业不正当经营行为

一些房地产开发企业为了追求不正当利益,存在违法违规等不正当经营行为,其中包括:

(一)发布虚假房源信息和广告;

(二)通过捏造或者散布涨价信息等方式恶意炒作、哄抬房价;

(三)未取得预售许可证销售商品房;

(四)不符合商品房销售条件,以认购、预订、排号、发卡等方式向买受人收取或者变相收取定金、预订款等费用,借机抬高价格;

(五)捂盘惜售或者变相囤积房源;

（六）商品房销售不予明码标价，在标价之外加价出售房屋或者收取未标明的费用；

（七）以捆绑搭售或者附加条件等限定方式，迫使购房人接受商品或者服务价格；

（八）将已作为商品房销售合同标的物的商品房再销售给他人；

（九）其他不正当经营行为。

对存在上述行为的房地产开发企业，各级房地产主管部门要加大执法检查力度，依法严肃查处。不正当经营行为应当由其他部门处理的，及时移交有关部门依法处理。涉嫌犯罪的，移交司法机关依法追究刑事责任。

在此基础上，各级房地产主管部门应当视情节轻重，对房地产开发企业采取以下措施：

（一）书面警示；

（二）约谈企业主要负责人；

（三）公开通报企业不正当经营行为；

（四）列入严重违法失信房地产开发企业名单；

（五）由资质许可机关在资质审查中重点审核。

各地要按照本通知要求，认真抓好落实，并结合实际制定相关办法。

已购公有住房和经济适用住房上市出售管理暂行办法[①]

（1999 年 4 月 19 日建设部令第 69 号发布　自 1999 年 5 月 1 日起施行）

第一条　为规范已购公有住房和经济适用住房的上市出售活动，促进房地产市场的发展和存量住房的流通，满足居民改善居住条件的需要，根据《国务院关于进一步深化城镇住房制度改革加快住房建设的通知》及有关规定，制定本办法。

第二条　本办法适用于已购公有住房和经济适用住房首次进入市场出售的管理。

第三条　本办法所称已购公有住房和经济适用住房，是指城镇职工根据国家和县级以上地方人民政府有关城镇住房制度改革政策规定，按照成本价（或者标准价）购买的公有住房，或者按照地方人民政府指导价购买的经济适用住房。

本办法所称经济适用住房包括安居工程住房和集资合作建设的住房。

第四条　经省、自治区、直辖市人民政府批准，具备下列条件的市、县可以开放已购公有住房和经济适用住房上市出售的交易市场：

（一）已按照个人申报、单位审核、登记立档的方式对城镇职工家庭住房状况进行了普查，并对申报人在住房制度改革中有违法、违纪行为的进行了处理；

（二）已制定了已购公有住房和经济适用住房上市出售收益分配管理办法；

（三）已制定了已购公有住房和经济适用住房上市出售的具体实施办法；

（四）法律、法规规定的其他条件。

第五条　已取得合法产权证书的已购公有住房和经济适用住房可以上市出售，但有下列情形之一的已购公有住房和经济适用住房不得上市出售：

（一）以低于房改政策规定的价格购买且没有按照规定补足房价款的；

（二）住房面积超过省、自治区、直辖市人民政府规定的控制标准，或者违反规定利用公款超标准装修，且超标部分未按照规定退回或者补足房价款及装修费用的；

（三）处于户籍冻结地区并已列入拆迁公告范围内的；

（四）产权共有的房屋，其他共有人不同意出售的；

（五）已抵押且未经抵押权人书面同意转让的；

（六）上市出售后形成新的住房困难的；

（七）擅自改变房屋使用性质的；

（八）法律、法规以及县级以上人民政府规定其他不宜出售的。

第六条　已购公有住房和经济适用住房所有权人要求将已购公有住房和经济适用住房上市出售的，应当向房屋所在地的县级以上人民政府房地产行政主管部门提出申请，并提交下列材料：

（一）职工已购公有住房和经济适用住房上市出售申请表；

（二）房屋所有权证书、土地使用权证书或者房地产权证书；

（三）身份证及户籍证明或者其他有效身份证件；

（四）同住成年人同意上市出售的书面意见；

（五）个人拥有部分产权的住房，还应当提供原产权单位在同等条件下保留或者放弃优先购买权的书面意见。

第七条　房地产行政主管部门对已购公有住房和经济适用住房所有权人提出的上市出售申请进行审核，并自收到申请之日起 15 日内作出是否准予其上市出售的书面意见。

第八条　经房地产行政主管部门审核，准予出售的房屋，由买卖当事人向房屋所在地房地产交易管理部门申请办理交易过户手续，如实申报成交价格。并按照规定到有关部门缴纳有关税费和土地收益。

成交价格按照政府宏观指导下的市场原则，由买卖双方协商议定。房地产交易管理部门对所申报的成交价格进行核

① 《国务院关于取消第一批行政审批项目决定》取消行政审批。

实,对需要评估的房屋进行现场查勘和评估。

第九条 买卖当事人在办理完毕交易过户手续之日起30日内,应当向房地产行政主管部门申请办理房屋所有权转移登记手续,并凭变更后的房屋所有权证书向同级人民政府土地行政主管部门申请土地使用权变更登记手续。

在本办法实施前,尚未领取土地使用权证书的已购公有住房和经济适用住房在2000年底以前需要上市出售的,房屋产权人可以凭房屋所有权证书先行办理交易过户手续,办理完毕房屋所有权转移登记手续之日起30日内由受让人持变更后的房屋所有权证书到房屋所在地的市、县人民政府土地行政主管部门办理土地使用权变更登记手续。

第十条 城镇职工以成本价购买、产权归个人所有的已购公有住房和经济适用住房上市出售的,其收入在按照规定交纳有关税费和土地收益后归职工个人所有。

以标准价购买、职工拥有部分产权的已购公有住房和经济适用住房上市出售的,可以先按照成本价补足房价款及利息,原购住房全部产权归个人所有后,该已购公有住房和经济适用住房上市出售收入按照本条前款的规定处理;也可以直接上市出售,其收入在按照规定交纳有关税费和土地收益后,由职工与原产权单位按照产权比例分成。原产权单位撤销的,其应当所得部分由房地产交易管理部门代收后,纳入地方住房基金专户管理。

第十一条 鼓励城镇职工家庭为改善居住条件,将已购公有住房和经济适用住房上市出售换购住房。已购公有住房和经济适用住房上市出售后1年内该户家庭按照市场价购买住房,或者已购公有住房和经济适用住房上市出售前一年内该户家庭已按照市场价购买住房的,可以视同房屋产权交换。

第十二条 已购公有住房和经济适用住房上市出售后,房屋维修仍按照上市出售前公有住房售后维修管理的有关规定执行。个人缴交的住房共用部位、共用设施设备维修基金的结余部分不予退还,随房屋产权同时过户。

第十三条 已购公有住房和经济适用住房上市出售后,该户家庭不得再按照成本价或者标准价购买公有住房,也不得再购买经济适用住房等政府提供优惠政策建设的住房。

第十四条 违反本办法第五条的规定,将不准上市出售的已购公有住房和经济适用住房上市出售的,处以1万元以上3万元以下罚款。

第十五条 违反本办法第十三条的规定,将已购公有住房和经济适用住房上市出售后,该户家庭又以非法手段按照成本价(或者标准价)购买公有住房或者政府提供优惠政策建设的住房的,由房地产行政主管部门责令退回所购房屋,不予办理产权登记手续,并处以1万元以上3万元以下罚款;或者按照商品房市场价格补齐房价款,并处以1万元以上3万元以下罚款。

第十六条 房地产行政主管部门工作人员玩忽职守、滥用职权、徇私舞弊、贪污受贿的,由其所在单位或者上级主管部门给予行政处分;情节严重、构成犯罪的,依法追究刑事责任。

第十七条 省、自治区、直辖市人民政府可以根据本办法的规定和当地实际情况,选择部分条件比较成熟的市、县先行试点。

第十八条 已购公有住房和经济适用住房上市出售补交土地收益的具体办法另行规定。

第十九条 本办法由国务院建设行政主管部门负责解释。

第二十条 本办法自1999年5月1日起施行。

建设部关于已购公有住房和经济适用住房上市出售若干问题的说明

(1999年7月27日)

最近,针对目前的经济形势,中央对扩大住房消费进一步作出了部署,特别要求加快开放住房二级市场。目前国务院有关部门及各地方人民政府正积极研究制定有关具体措施。建设部就已购公有住房和经济适用住房上市出售若干问题向大家作一介绍。

一、关于开放已购公有住房和经济适用住房交易市场的现实意义

加快开放已购公房和经济适用住房的交易市场,既是深化城镇住房制度改革的需要,也是完善我国社会主义市场经济体系,培育新的经济增长点的需要。从部分省、市试点的情况看,开放已购公房和经济适用住房的交易市场有着十分积极的现实意义。

第一,有利于搞活市场,扩大住房有效需求,推动住房消费。职工按房改政策购买公有住房时,一般是根据单位分房情况,先住后买,没有多少可选择的余地。随着居民家庭收入和生活水平的不断提高,相当一部分已购公房居民急于进一步改善居住条件,希望通过以小换大、以旧换新,实现住房的升级换代。但这部分居民单靠家庭积蓄来购买商品房往往又是不现实的。开放住房二级市场后,将这部分存量房屋资产转化为货币资金,加上家庭的存款及政策性和商业性的贷款支持,就可以大大增强这部分居民的住房购买力,从而使这部分原来游离于市场之外的住房消费群体进入市场,更广泛地调动起群众住房消费的积极性,进而促进增量住房的消化和住宅建设的发展。因此,在停止住房实物分配后,开放已购公房和经济适用住房的交易市场将成为拉动住房消费的一个重要方面。

第二,有利于保持房改政策的连续性,推动住房制度改革的深入发展。向城镇职工出售公有住房和向中低收入居民出售经济适用住房是住房制度改革的一项重要内容。经过十多年的房改实践,越来越多的职工家庭住房已成为私有财产。而房改的目的是实现住房的商品化、社会化,已购公有住房和经济适用住房只有经过市场这一环节,才能最终实现住房的商品属性。同时,随着人们产权意识、市场意识的增强,职工在购买住房时,除了考虑其经济承受能力外,也会更多地考虑其所能获得的权益。如果长期不能解决再交易的问题,必然会使职工对购买住房特别是经济适用住房产生后顾之忧。因此,当前稳步开放已购公房和经济适用住房的交易市场,是住房制度改革发展到一定阶段的必然要求。

第三,有利于促进存量住房资源的合理使用,满足不同层次居民的住房需求。由于城镇居民家庭收入水平、住房消费能力等差异较大,开放住房二级市场后,就等于把住房市场中最大的一块资产盘活了。由于住房二级市场量大面广,在价格、区位、户型等方面选择余地大,有利于满足不同层次居民的住房即期消费需求。如,刚步入社会的青年家庭需要的是小户型住房;住房困难家庭需要的就是面积大一些的住房;而有些家庭住房虽然不困难,但因位置不合适,希望调整住房;等等。开放住房二级市场后,通过市场机制的作用,将在相当程度上促进存住房的有效配置,满足不同层次的住房需求。

第四,有利于相关产业的延伸和发展。将加快房地产中介服务、装饰装修、物业管理、房屋租赁等的发展,增加更多的就业岗位。如上海市开放住房二级市场后,住房置换、住房置业担保等新兴业务应运而生,房地产经纪活动也异常活跃。仅房屋置换公司就吸纳了800名下岗纺织女工担当"房嫂",为买卖双方牵线搭桥,带来了良好的社会效果。

从部分省市的试点情况看,广大居民对开放已购公房和经济适用住房交易市场是积极支持的,这一举措对促进市场流通、刺激住房消费的作用也是十分明显的。如,上海市共有20069户(其中仅今年上半年就达8963户)职工家庭将已购公有住房上市出售,其中有约90%家庭又重新购房,平均每个家庭通过换购增加住房建筑面积43平方米,增加投入15.91万元,仅此一项就增加住房消费量近83万平方米,新增个人直接住房投资22.54亿元。江苏省南通、常熟、江阴三个城市自去年4季度开展已购公房上市试点以来,已有4360户居民出售已购公有住房,其中3850户(占总数的88%)以旧换新、以小换大,平均每户增加住房面积40多平方米,新增的购房支出总计6亿元,带动的装修、家具等间接消费总计5.67亿元。青岛市自今年3月开放二级市场以来,房地产交易中心受理的已购公房上市出售登记已达1.3万户,96万平方米。(注:上述数据统计截止时间均为今年6月底)

二、关于最近出台的有关政策文件

为了贯彻落实《国务院关于进一步深化城镇住房制度改革,促进住宅建设发展的通知》(国发〔1998〕23号文件)关于"培育和规范住房交易市场"、"稳步开放已购公有住房和经济适用住房的交易市场"的精神,在总结部分省市试点经验的基础上,建设部经会签国土资源部,于今年四月发布了《已购公有住房和经济适用住房上市出售管理暂行办法》(建设部第69号令),该办法主要规定了开放二级市场的基本条件和上市交易程序,明确了上市准入制度。最近,经国务院原则同意,财政部、国土资源部、建设部又联合下发了《已购公有住房和经济适用住房上市出售土地出让金和收益分配管理的若干规定》(财综字〔1999〕113号),进一步明确了已购公有住房和经济适用住房上市出售中所涉及的土地出让金缴纳和收益分配的有关政策。这两个文件的发布,是促进和规范住房二级市场开放的指导性文件。鉴于北京市的特殊地位,国务院有关部门还参与制定了北京市的相关政策(即将由北京市人民政府公布),这是三部文件在北京市的具体化。

三、关于已购公有住房和经济适用住房的产权问题

产权明晰是已购公有住房和经济适用住房上市出售的基本条件,也是群众最关心的问题。三部文件及我部69号令明确规定:职工个人购买的经济适用住房和按成本价购买的公有住房,房屋产权归职工个人所有;已取得合法产权证书,即房屋所有权证、土地使用权证或房地产权证,可依法进入二级市场交易。同时规定,对《已购公有住房和经济适用住房上市出售管理暂行办法》实施前,个人已领取房屋所有权,但尚未领取土地使用权证书,在2000年底以前需要上市出售的,产权人可以凭房屋所有权证书上市出售;土地使用权证书的办理两步合并为一步,即在该住房出售后,由购买人凭变更登记后的房屋所有权证直接办理土地使用权变更登记手续。

对因各种原因,尚未取得房屋产权证书的,当事人可向房屋所在地房屋权属登记发证机关申请办理。公有住房出售单位应当及时履行有关房改审批等手续,并提供相关资料,积极协助买房个人办理房产权登记工作。房屋权属登记发证机关应按照规定的产权登记发证时限要求抓紧办理。任何单位和个人都不得以任何理由阻止或妨碍个人住房产权登记发证工作,也不得扣压个人住房产权证书。对此,建设部曾专门下发《关于进一步转变工作作风,切实加强和改善房屋权属登记发证工作的通知》(建住房〔1999〕119号),进行了部署。

四、关于不得上市的几种情况

为了保护二级市场权益人的利益,防止在实物分配体制下形成的住房分配不公现象通过二级市场合法化,《已购公有住房和经济适用住房上市出售管理暂行办法》规定了八种不得上市的情形。即;1. 以低于房改政策规定的价格购买且没有按照规定补足房价款的;2. 住房面积超过各省、自治区、直辖市人民政府规定的控制标准,或者违反规定利用公款高标准装修,且超标部分未按照规定退回或者补足房价款及装修费用的;3. 处于户籍冻结地区并已列入拆迁公告范围的;4. 产权共有的房屋,其他共有人不同意出售的;5. 已抵押且未经抵押权人书面同意转让的;6. 上市出售后形成新的住房困难的;7. 擅自改变房屋使用性质;8. 其他按照法律、法规及县以上人民政府规定不宜出售的。

五、关于已购公有住房和经济适用住房上市出售需要履行的必要手续

1. 由产权人向房屋所在地县级以上人民政府房地产行政主管部门提出申请,并提交相关材料。房地产行政主管部门按照有关规定对其申请进行审核后,十五日内作出是否准予其上市出售的书面意见。

2. 经审核,符合上市出售条件,准予上市出售的,由买卖当事人向房屋所在地房地产交易管理部门申请办理交易过户手续,缴纳有关税费。

3. 买卖当事人在办理完成交易过户手续之日起三十日内,向房地产行政主管部门申请房屋所有权转移登记手续,并凭变更后的房屋所有权证书向同级土地管理部门申请土地使用权变更登记手续。

已购公有住房和经济适用住房上市出售,原则上应当尽可能简化程序,降低收费,以方便群众,减轻负担。建设部在《关于进一步转变工作作风,切实加强和改善房屋权属登记发证工作的通知》对有关问题已提出了相应要求。

六、关于上市出售价格确定及其管理问题

已购公有住房和经济适用住房上市出售成交价格,按照政府宏观指导下的市场原则,由交易双方协商议定。(根据三部文件规定,土地出让金或相当于土地出让金的价款需由购买人交纳。)按照《城市房地产管理法》的规定,应向房地产交易管理部门如实申报成交价格。房地产交易管理部门要对所申报的成交价格进行核实,对需要评估的房屋进行现场查勘和评估,并以核实的价格作为计征有关税费和收费分配的依据。

七、关于土地出让金或相当于土地出让金的价款的缴纳问题

由于房改成本价及经济适用住房价格中均不含土地使用权价款,因此根据现行法律制度,三部文件明确:已购公有住房和经济适用住房上市出售时,均需由购买人缴纳土地出让金或相当于土地出让金的价款。

对于经济适用住房,由于其土地使用权是以划拨方式取得的,个人购买时价格中不含土地出让金,因此已购经济适用住房上市出售时,应当按照《城市房地产管理法》的规定,由购买人向国家补交土地出让金。

对于已购公有住房,则有两种情况。一种是其原土地使用权以划拨方式取得的,应当按规定由购买人向国家补交土地出让金。另一种是原土地使用权以出让方式取得的,如原单位购买了商品住房(价格中包含了开发商已向国家缴纳的土地出让金)再根据房改政策按房改成本价出售给职工,按现行的法律规定,其上市出售时,不需要再向国家补交土地出让金。但因为应由新的购买人缴纳相当于土地出让金的价款,所不同的是这部分价款应当根据原投资渠道分别上交财政或返还原产权单位。

土地出让金和相当于土地出让金的价款在缴纳标准上是一致的,即均为不低于该住房坐落位置的标定地价的10%,具体比例由各地确定。考虑到目前多数地方尚没有标定地价资料,而二级市场的开放又是当务之急,实际操作中各地可根据具体情况确定征收方式。如北京市经研究论证,并经国务院房改五人小组原则同意,拟按房屋成交价的3%(相当于标定地价的10%)作为应缴纳土地出让金或相当于土地出让金的价款,以便操作执行。

购买人缴纳土地出让金或相当于土地出让金的价款后,按出让土地使用权的商品住宅办理产权登记。

八、关于已购经济适用住房上市出售收益分配

经济适用住房出售价格是按保本微利原则确定的政府指导价,因此,三部文件明确:居民购买的经济适用住房上市出售时,除按规定交纳有关税费外,出售收益全部归出售人所有。这一点与已购公有住房上市出售收益分配在政策上是有所区别的。

九、关于已购公有住房上市出售收益分配

由于职工按房改成本价购买公有住房时享受了各种不同程度政策,已购公有住房上市出售带来的经济利益关系较为复杂。这些住房客观上存在着地段、标准等方面的差异,在个人按房改政策购买时,价格上基本上没有考虑或很少考虑这些因素。但再按市场价上市出售时,这些因素必然会变化。因此,为了解决已购公有住房上市出售时,因成交价格差异过大来的收入不公平问题,三部文件对已购有住房上市出售收益分配作了相应规定。按照这一规定,职工个人上市出售已购公有住房取得的价款中,除按规定交纳有关税费外,出售人实际应得收益主要包括两部分:一部分是出售人应得的基本收益,另一部分则是净收益分成。

1. 基本收益。是相当于其住房面积标准部分的经济适用住房价款,即该家庭中职务较高一方应享受的住房面积标准与上市出售时当地经济适用住房基准价格之乘积。这一基本思路的确定,主要是考虑保持新、老房改方案之间的衔接和新、老职工利益的平衡。经济适用住房基准价格是住房货币化方案中老职工计发一次性补贴的基础,也是新参加工作职工按月计发住房补贴的依据。因此,已购公有住房上市出售时,把住房面积标准以内的经济适用住房价款确定为出售人应得收益基数,相对而言比较合理的。

2. 净收益分成。若因上市出售价格高于经济适用住房基准价格等原因,出售收入高于出售人应得基本收益的,三部文件规定:净收益部分应按超额累进比例或一定比例缴纳所得收益,剩余部分归出售人。所得收益由房地产交易管理部门代收后,按规定上交财政或返还原产权单位。净收益分成的两种处理办法具体采用哪一种,由地方确定,但原则上房屋成交价格差异较大的应当采用超额累进方式,房屋成交价格差异相对较小的一般适用于按一定比例缴纳。北京市采取了按超额累进比例缴纳的方式,即:成交价在4000－5000元/平方米的部分,20%缴纳所得收益,80%归出售人;成交价在5000元/平方米以上的部分,50%缴纳所得收益,50%归出售人。

净收益实际上相当于原产权单位购建该住房时实际支付的配套费等土地收益,理论上应当全部返还原产权单位或财政(原由中央财政或地方财政投资的行政机关、事业单位住房)。但考虑到已购公有住房上市出售后,该户家庭按规定不得再按照成本价或标准价购买公有住房,也不得再购买经济适用住房,而只能按市场价购买商品房,因此,为了保证其必要的购房能力,调动其购房积极性,将部分净收益留给出售人是必要的,总的精神是这部分收益越高,单位分成的比例也越高。

十、关地超标住房的处理

超过面积标准的住房须于上市出售前按规定进行相应处理后,方可上市出售。上市出售时,除个人已支付的房价款归出售人外,超标部分的净收益全额缴纳所得收益,出售人不得参与分成。

十一、关于物业管理

已购公有住房和经济适用住房上市出售后,房屋维修仍按照上市出售前公有住房售后维修管理的有关规定执行。个人缴交的住房共用部位、共用设施设备维修基金的结余部分,经双方结算后随房屋产权同时过户。

十二、关于税收政策问题

为了进一步搞活住房交易市场,鼓励和支持住房建设、消费和流通,国家将于近期出台相应的税收优惠政策,具体办法由财政部、国家税务总局另行规定。

十三、关于违规行为的处罚

根据《已购公有住房和经济适用住房上市出售管理暂行办法》,违反规定将不准上市出售的已购公有住房和经济适用住房上市出售的,没收违法所得,并处以10000元以上30000元以下罚款。违反规定,将已购公有住房和经济适用住房上市出售后,又以非法手段按成本价购买公有住房或政府提供优惠政策建设的住房的,由房地产行政主管部门责令退回所购房屋,不予办理产权登记手续,并处以10000元以上30000元以下罚款;或者按照商品房市场价格补齐房价款,并处以10000元以上30000元以下罚款。

商品房销售明码标价规定

(2011年3月16日　发改价检〔2011〕548号)

第一条　为了规范商品房销售价格行为,建立和维护公开、公正、透明的市场价格秩序,保护消费者和经营者合法权益,根据《中华人民共和国价格法》、原国家发展计划委员会《关于商品和服务实行明码标价的规定》,制定本规定。

第二条　中华人民共和国境内的房地产开发企业和中介服务机构(以下统称商品房经营者)销售新建商品房,应当按照本规定实行明码标价。

中介服务机构销售二手房的明码标价参照本规定执行。

第三条　本规定所称明码标价,是指商品房经营者在销售商品房时按照本规定的要求公开标示商品房价格、相关收费以及影响商品房价格的其他因素。

第四条　各级政府价格主管部门是商品房明码标价的管理机关,依法对商品房经营者执行明码标价和收费公示规定的情况进行监督检查。

第五条　已取得预售许可和销售现房的房地产经营者,要在公开房源时,按照本规定实行明码标价。

第六条　商品房经营者应当在商品房交易场所的醒目位置放置标价牌、价目表或者价格手册,有条件的可同时采取电子信息屏、多媒体终端或电脑查询等方式。采取上述多种方式明码标价的,标价内容应当保持一致。

第七条　商品房销售明码标价应当做到价目齐全,标价内容真实明确、字迹清晰、标示醒目,并标示价格主管部门投诉举报电话。

第八条　商品房销售明码标价实行一套一标。商品房经营者应当对每套商品房进行明码标价。按照建筑面积或者套内建筑面积计价的,还应当标示建筑面积单价或者套内建筑面积单价。

第九条　对取得预售许可或者办理现房销售备案的房地产开发项目,商品房经营者要在规定时间内一次性公开全部销售房源,并严格按照申报价格明码标价对外销售。

第十条　商品房经营者应当明确标示以下与商品房价格密切相关的因素:

(一)开发企业名称、预售许可证、土地性质、土地使用起止年限、楼盘名称、坐落位置、容积率、绿化率、车位配比率。

(二)楼盘的建筑结构、装修状况以及水、电、燃气、供暖、通讯等基础设施配套情况。

(三)当期销售的房源情况以及每套商品房的销售状态、房号、楼层、户型、层高、建筑面积、套内建筑面积和分摊的共有建筑面积。

(四)优惠折扣及享受优惠折扣的条件。

(五)商品房所在地省级价格主管部门规定的其他内容。

第十一条　商品房销售应当公示以下收费:

(一)商品房交易及产权转移等代收代办的收费项目、收费标准。代收代办收费应当标明由消费者自愿选择。

(二)商品房销售时选聘了物业管理企业的,商品房经营者应当同时公示前期物业服务内容、服务标准及收费依据、收费标准。

(三)商品房所在地省级价格主管部门规定的其他内容。

第十二条 对已销售的房源，商品房经营者应当予以明确标示。如果同时标示价格的，应当标示所有已销售房源的实际成交价格。

第十三条 商品房经营者不得在标价之外加价销售商品房，不得收取任何未予标明的费用。

第十四条 商品房经营者在广告宣传中涉及的价格信息，必须真实、准确、严谨。

第十五条 商品房经营者不得使用虚假或者不规范的价格标示误导购房者，不得利用虚假或者使人误解的标价方式进行价格欺诈。

第十六条 商品房经营者不按照本规定明码标价和公示收费，或者利用标价形式和价格手段进行价格欺诈的，由县级以上各级人民政府价格主管部门依据《中华人民共和国价格法》、《价格违法行为行政处罚规定》、《关于商品和服务实行明码标价的规定》、《禁止价格欺诈行为的规定》等法律、法规和规章实施行政处罚。

第十七条 价格主管部门发现商品房经营者明码标价的内容不符合国家相关政策的，要及时移送相关部门处理。

第十八条 省、自治区、直辖市价格主管部门可根据本规定制定商品房销售明码标价实施细则。

第十九条 本规定自2011年5月1日起施行。

国家发展改革委办公厅、住房城乡建设部办公厅关于开展商品房销售明码标价专项检查的通知

（2016年11月4日　发改办价监〔2016〕2329号）

各省、自治区、直辖市及计划单列市、副省级省会城市发展改革委、物价局，住房城乡建设厅、建委、房地局，深圳市市场监督管理局：

近年来，各级价格、住房城乡建设部门加强房地产市场监管，净化房地产市场环境，营造公开、透明的房地产市场价格秩序。但在一些地方，未按规定实行“一套一标”、未一次性公开全部销售房源等损害消费者利益、扰乱市场秩序的行为依然存在，群众对此反映强烈。为落实国务院关于促进房地产市场平稳健康发展的要求，进一步规范商品房明码标价行为，维护消费者合法权益，经研究，决定开展商品房销售明码标价专项检查。现将有关事项通知如下：

一、检查时间和对象

专项检查的时间为11月10日至12月10日。检查对象为房地产开发企业和房地产中介机构，对房地产开发企业在售楼盘和房地产中介机构门店明码标价情况进行检查。

二、检查的组织实施

专项检查由国家发展改革委、住房城乡建设部统一部署，各省级价格主管部门具体组织实施，地方各级住房城乡建设部门予以配合。各省级价格主管部门按照“双随机”的要求，直接抽查50家在售楼盘、50家房地产中介机构门店，组织市级价格主管部门全面检查其他在售楼盘、各自抽查50家房地产中介机构门店，并及时向社会公布抽查情况及查处结果。

三、检查的重点内容

此次专项检查重点查处下列行为：

（一）销售商品房不明码标价、未在交易场所醒目位置明码标价；

（二）未按规定实行“一套一标”；

（三）未一次性公开全部销售房源；

（四）商品房交易及产权转移等代收代办的收费未标明由消费者自愿选择；

（五）标示信息不全，没有按照规定内容明码标价、公示相关收费以及影响商品房价格的其他因素；

（六）采取多种方式明码标价，标价内容不一致；

（七）在标价和公示的收费之外加价、另行收取未予标明的费用；

（八）其他违反明码标价规定销售商品房的行为。

四、检查工作要求

此次专项检查时间紧、任务重，各级价格主管部门、住房城乡建设部门要高度重视、密切配合、扎实推进，确保检查工作取得实效。

（一）组织提醒告诫。各级价格主管部门、住房城乡建设部门要组织本辖区内所有房地产开发企业和房地产中介机构进行提醒告诫，要求各企业严格按照《商品房销售明码标价规定》（发改价检〔2011〕548号）进行明码标价，严格执行“一套一标”，不得使用虚假或不规范的价格标示误导购房者等。

（二）充分发挥12358价格监管平台作用。各级价格主管部门、住房城乡建设部门要加大对专项检查的宣传力度，广泛告知购房者对明码标价不规范行为可以通过12358价格监管平台举报，价格主管部门将及时查处。对于群众反映的问题，要高度重视、及时反馈，并作为违法线索对相关楼盘重点进行检查。

（三）严厉查处价格违法行为。各级价格主管部门要集中骨干力量，加紧进行培训，迅速铺开检查，重点采取下查一级、交叉检查等方式，明查与暗访相结合。要主动与媒体加强协调配合，约请新闻媒体直接参与检查工作全程跟踪报道，及时曝光典型案例，形成强大舆论震慑。

（四）及时上报信息。各省级价格主管部门、住房城乡建设部门要在11月25日、12月10日将阶段性检查情况（每次上报3件典型案例，共6件）分别报送国家发展改革委价监局、住房城乡建设部房地产市场监管司，12月20日前报送专项检查总结。

商品住宅性能认定管理办法(试行)

(1999年4月29日　建设住房〔1999〕114号)

第一章　总　　则

第一条　为适应社会主义市场经济体制,实行住宅商品化的需要,促进住宅技术进步,提高住宅功能质量,规范商品住宅市场,保障住宅消费者的利益,推行商品住宅性能认定制度,制定本办法。

第二条　本办法所称的商品住宅性能认定,系指商品住宅按照国务院建社行政主管部门发布的商品住宅性能评定办法和标准及统一规定的认定程序,经评审委员会进行技术审查和认定委员会确认,并获得认定证书和认定标志以证明商品住宅的性能等级。

第三条　本办法适用于新建的商品住宅。

凡列入国家、省级住宅试点(示范)工程的新建住宅小区商品住宅应申请认定。其他商品住宅可申请认定。

第四条　商品住宅性能根据住宅的适用性能、安全性能、耐久性能、环境性能和经济性能划分等级,按照商品住宅性能评定方法和标准由低至高依次划分为"1A(A)"、"2A(AA)"、"3A(AAA)"三级。

第五条　房地产开发企业申请商品住宅性能认定,应具备下列条件:

(一)房地产开发企业经资质审查合格,有资质审批部门颁发的资质等级证书;

(二)住宅的开发建设符合国家的法律、法规和技术、经济政策以及房地产开发建设程序的规定;

(三)住宅的工程质量验收合格,并经建设行政主管部门认可的质量监督机构的核验,具备入住条件。

第六条　凡拟申请商品住宅性能认定的预售商品住宅,房地产开发企业在销售期房前应在相应的商品住宅性能认定委员会备案,并落实相应的技术措施。

第七条　国务院建设行政主管部门负责指导和管理全国的商品住宅性能认定工作。县级以上地方人民政府建设行政主管部门负责指导和管理本行政区域内的商品住宅性能认定工作。

第二章　组 织 管 理

第八条　商品住宅性能认定工作由各级认定委员会和评审委员会分别组织实施。

第九条　国务院建设行政主管部门指定负责住宅产业化工作的机构组建全国商品住宅性能认定委员会,该认定委员会的职责是:

(一)组织具体实施全国商品住宅性能认定工作;

(二)组织起草全国商品住宅性能认定工作的规章制度、商品住宅性能评定方法的标准;

(三)负责全国统一的商品住宅性能认定证书和认定标志的制作和管理;

(四)组织制定商品住宅性能认定委员会章程和评审委员会章程;

(五)负责组织和管理全国商品住宅性能评审委员会和国家住宅试点(示范)工程的性能认定工作;

(六)负责3A级商品住宅性能认定的复审工作;

(七)对全国商品住宅性能认定管理工作实行监督、检查。

第十条　省、自治区、直辖市人民政府建设行政主管部门指定负责住宅产业化工作的机构组建本地区商品住宅性能认定委员会,该认定委员会的职责是:

(一)负责具体实施本地区的商品住宅性能认定工作;

(二)负责组织起草本地区商品住宅性能认定工作的实施细则;

(三)负责组织和管理本地区商品住宅性能评审委员会和省级试点(示范)工程及其他商品住宅性能认定工作;

(四)对本地区的商品住宅性能认定管理工作实行监督、检查。

第十一条　各级商品住宅性能认定委员会应由有关专业具有高级职称的专家组成。认定委员采用聘任制,由负责住宅产业化工作的相应机构聘任,每届四年,可以连聘连任。

各地方的认定委员会应报全国商品住宅性能认定委员会备案。

第十二条　全国商品住宅性能评审委员会可接受各级认定委员会的委托,承担商品住宅性能的评审工作。各省、自治区、直辖市商品住宅性能评审委员会可接受本地区商品住宅性能认定委员会的委托,承担本地区商品住宅性能评审工作。

第十三条　各级商品住宅性能评审委员会应由具有一定技术条件和技术力量的科学研究院(所)、设计或大专院校等单位申请组建,并经相应的认定委员会按规定审查批准。

第十四条　各级商品住宅性能评审委员会应由有关专业具有高级职称的专家组成。评审委员采用聘任制,由负责组建的单位聘任,每届四年,可以连聘连任。

第十五条　设区的市或县人民政府建设行政主管部门商品住宅性能认定和评审工作的管理,按照省、自治区、直辖市人民政府建设行政主管部门的规定执行。

第十六条　商品住宅性能检测工作应由取得检测资质的法定检测机构承担,并经全国商品住宅性能认定委员会确认。

对于建设行政主管部门认可的质量监督机构已核验的项目,不做重复检测。

第三章　认定的主要内容

第十七条　商品住宅性能认定应遵循科学、公正、公平和公开的原则。

第十八条　商品住宅性能认定的内容应按照商品住宅性能评定方法和标准确定。其主要内容包括住宅的适用性能、安全性能、耐久性能、环境性能和经济性能。

第十九条　商品住宅的适用性能主要包括下列内容：

(一)平面与空间布置；

(二)设备、设施的配置与性能；

(三)住宅的可改造性；

(四)保温隔热与建筑节能；

(五)隔音与隔振；

(六)采光与照明；

(七)通风换气。

第二十条　商品住宅的安全性能主要包括下列内容：

(一)建筑结构安全；

(二)建筑防火安全；

(三)燃气、电气设施安全；

(四)日常安全与防范措施；

(五)室内空气和供水有毒有害物质的危害性。

第二十一条　商品住宅的耐久性能主要包括下列内容：

(一)结构耐久性；

(二)防水性能；

(三)设备、设施防腐性能；

(四)设备耐久性。

第二十二条　商品住宅的环境性能主要包括下列内容：

(一)用地的合理性；

(二)室外环境；

(三)水资源的合理利用；

(四)生活垃圾的收集和运送。

第二十三条　商品住宅的经济性能主要包括下列内容：

(一)住宅的性能成本比；

(二)住宅日常运行耗能指数。

第二十四条　3A级商品住宅性能认定的主要内容应包括住宅的适用性能、安全性能、耐久性能、环境性能和经济性能；2A级、1A级商品住宅性能认定的主要内容应包括住宅的适用性能、安全性能和耐久性能。

第四章　认 定 程 序

第二十五条　房地产开发企业申请商品住宅性能认定之前，要按照商品住宅性能评定方法和标准规定的商品住宅性能检测项目，委托具有资格的商品住宅性能检测单位进行现场测试或检验。

第二十六条　申请商品住宅性能认定应提供下列资料：

(一)商品住宅性能认定申请表；

(二)住宅竣工图及全套技术文件；

(三)原材料、半成品和成品、设备合格证书及检验报告；

(四)试件等试验检测报告；

(五)隐蔽工程验收记录和分部分项工程质量检查记录；

(六)竣工报告和工程验收单；

(七)商品住宅性能检测项目检测结果单；

(八)认定委员会认为需要提交的其他资料。

第二十七条　商品住宅性能认定工作应分为申请、评审、审批和公布四个阶段，并应符合下列程序：

(一)房地产开发企业应在商品住宅竣工验收后，向相应的商品住宅性能认定委员会提出书面申请。

(二)商品住宅性能认定委员会接到书面申请后，对企业的资格和认定的条件进行审核。对符合条件的交由评审委员会批审。

(三)评审委员会遵照全国统一规定的商品住宅性能评定方法和标准进行评审。在一个月内提出评审结果，并推荐该商品住宅的性能等级，报认定委员会。

(四)认定委员会对评审委员会的评审结果和商品住宅性能等级进行审批，并报相应的建设行政主管部门公布。

3A级商品住宅性能认定结果，由地方认定委员会审批后报全国认定委员会复审，并报国务院建设行政主管部门公布。

第五章　认定证书和认定标志

第二十八条　经各级建设行政主管部门公布商品住宅性能认定等级之后，由各级认定委员会颁发相应等级的认定证书和认定标志。

第二十九条　经认定的商品住宅应镶贴性能认定标志。

第三十条　商品住宅性能认定证书和认定标志由全国商品住宅性能认定委员会统一制作和管理。

第六章　认定的变更和撤销

第三十一条　申请者对认定结果有异议时，可向上一级认定委员会提出申请，经核查认定结果确有疑义者，应由原认定委员会重新组织认定。

第三十二条　以假冒手段或其他不正当手段取得认定结果时，一经查出，撤销其认定结果并予以公布。

第七章　附　　则

第三十三条　商品住宅性能评定方法和标准另行制定。

第三十四条　本办法由国务院建设行政主管部门负责解释。

第三十五条　本办法自一九九九年七月一日起试行。

商品住宅实行住宅质量保证书和住宅使用说明书制度的规定

(1998年5月20日 建房〔1998〕102号)

第一条 为加强商品住宅质量管理,确保商品住宅售后服务质量和水平,维护商品住宅消费者的合法权益,制定本规定。

第二条 本规定适用于房地产开发企业出售的商品住宅。

第三条 房地产开发企业在向用户交付销售的新建商品住宅时,必须提供《住宅质量保证书》和《住宅使用说明书》。《住宅质量保证书》可以作为商品房购销合同的补充约定。

第四条 《住宅质量保证书》是房地产开发企业对销售的商品住宅承担质量责任的法律文件,房地产开发企业应当按《住宅质量保证书》的约定,承担保修责任。

商品住宅售出后,委托物业管理公司等单位维修的,应在《住宅质量保证书》中明示所委托的单位。

第五条 《住宅质量保证书》应当包括以下内容:

1. 工程质量监督部门核验的质量等级;

2. 地基基础和主体结构在合理使用寿命年限内承担保修;

3. 正常使用情况下各部位、部件保修内容与保修期:屋面防水3年;墙面、厨房和卫生间地面、地下室、管道渗漏1年;墙面、顶棚抹灰层脱落1年;地面空鼓开裂、大面积起砂1年;门窗翘裂、五金件损坏1年;管道堵塞2个月;供热、供冷系统和设备1个采暖期或供冷期;卫生洁具1年;灯具、电器开关6个月;其他部位、部件的保修期限,由房地产开发企业与用户自行约定。

4. 用户报修的单位,答复和处理的时限。

第六条 住宅保修期从开发企业将竣工验收的住宅交付用户使用之日起计算,保修期限不应低于本规定第五条规定的期限。房地产开发企业可以延长保修期。

国家对住宅工程质量保修期另有规定的,保修期限按照国家规定执行。

第七条 房地产开发企业向用户交付商品住宅时,应当有交付验收手续,并由用户对住宅设备、设施的正常运行签字认可。用户验收后自行添置、改动的设施、设备,由用户自行承担维修责任。

第八条 《住宅使用说明书》应当对住宅的结构、性能和各部位(部件)的类型、性能、标准等作出说明,并提出使用注意事项,一般应当包含以下内容:

1. 开发单位、设计单位、施工单位,委托监理的应注明监理单位;

2. 结构类型;

3. 装修、装饰注意事项;

4. 上水、下水、电、燃气、热力、通讯、消防等设施配置的说明;

5. 有关设备、设施安装预留位置的说明和安装注意事项;

6. 门、窗类型,使用注意事项;

7. 配电负荷;

8. 承重墙、保温墙、防水层、阳台等部位注意事项的说明;

9. 其他需说明的问题。

第九条 住宅中配置的设备、设施,生产厂家另有使用说明书的,应附于《住宅使用说明书》中。

第十条 《住宅质量保证书》和《住宅使用说明书》应在住宅交付用户的同时提供给用户。

第十一条 《住宅质量保证书》和《住宅使用说明书》以购买者购买的套(幢)发放。每套(幢)住宅均应附有各自的《住宅质量保证书》和《住宅使用说明书》。

第十二条 房地产开发企业在《住宅使用说明书》中对住户合理使用住宅应有提示。因用户使用不当或擅自改动结构、设备位置和不当装修等造成的质量问题,开发企业不承担保修责任;因住户使用不当或擅自改动结构,造成房屋质量受损或其他用户损失,由责任人承担相应责任。

第十三条 其他住宅和非住宅的商品房屋,可参照本规定执行。

第十四条 本规定由建设部负责解释。

第十五条 本规定从1998年9月1日起实施。

贷款通则

(1996年6月28日中国人民银行令〔1996〕第2号发布 自1996年8月1日起施行)

第一章 总 则

第一条 为了规范贷款行为,维护借贷双方的合法权益,保证信贷资产的安全,提高贷款使用的整体效益,促进社会经济的持续发展,根据《中华人民共和国中国人民银行法》、《中华人民共和国商业银行法》等有关法律规定,制定本通则。

第二条 本通则所称贷款人,系指在中国境内依法设立的经营贷款业务的中资金融机构。

本通则所称借款人,系指从经营贷款业务的中资金融机构取得贷款的法人、其他经济组织、个体工商户和自然人。

本通则中所称贷款系指贷款人对借款人提供的并按约定的利率和期限还本付息的货币资金。

本通则中的贷款币种包括人民币和外币。

第三条 贷款的发放和使用应当符合国家的法律、行政法规和中国人民银行发布的行政规章，应当遵循效益性、安全性和流动性的原则。

第四条 借款人与贷款人的借贷活动应当遵循平等、自愿、公平和诚实信用的原则。

第五条 贷款人开展贷款业务，应当遵循公平竞争、密切协作的原则，不得从事不正当竞争。

第六条 中国人民银行及其分支机构是实施《贷款通则》的监管机关。

第二章 贷款种类

第七条 自营贷款、委托贷款和特定贷款：

自营贷款，系指贷款人以合法方式筹集的资金自主发放的贷款，其风险由贷款人承担，并由贷款人收回本金和利息。

委托贷款，系指由政府部门、企事业单位及个人等委托人提供资金，由贷款人（即受托人）根据委托人确定的贷款对象、用途、金额期限、利率等代为发放、监督使用并协助收回的贷款。贷款人（受托人）只收取手续费，不承担贷款风险。

特定贷款，系指经国务院批准并对贷款可能造成的损失采取相应补救措施后责成国有独资商业银行发放的贷款。

第八条 短期贷款、中期贷款和长期贷款：

短期贷款，系指贷款期限在1年以内（含1年）的贷款。

中期贷款，系指贷款期限在1年以上（不含1年）5年以下（含5年）的贷款。

长期贷款，系指贷款期限在5年（不含5年）以上的贷款。

第九条 信用贷款、担保贷款和票据贴现：

信用贷款，系指以借款人的信誉发放的贷款。

担保贷款，系指保证贷款、抵押贷款、质押贷款。

保证贷款，系指按《中华人民共和国担保法》规定的保证方式以第三人承诺在借款人不能偿还贷款时，按约定承担一般保证责任或者连带责任而发放的贷款。

抵押贷款，系指按《中华人民共和国担保法》规定的抵押方式以借款人或第三人的财产作为抵押物发放的贷款。

质押贷款，系指按《中华人民共和国担保法》规定的质押方式以借款人或第三人的动产或权利作为质物发放的贷款。

票据贴现，系指贷款人以购买借款人未到期商业票据的方式发放的贷款。

第十条 除委托贷款以外，贷款人发放贷款，借款人应当提供担保。贷款人应当对保证人的偿还能力，抵押物、质物的权属和价值以及实现抵押权、质权的可行性进行严格审查。

经贷款审查、评估，确认借款人资信良好，确能偿还贷款的，可以不提供担保。

第三章 贷款期限和利率

第十一条 贷款期限：

贷款期限根据借款人的生产经营周期、还款能力和贷款人的资金供给能力由借贷双方共同商议后确定，并在借款合同中载明。

自营贷款期限最长一般不得超过10年，超过10年应当报中国人民银行备案。

票据贴现的贴现期限最长不得超过6个月，贴现期限为从贴现之日起到票据到期日止。

第十二条 贷款展期：

不能按期归还贷款的，借款人应当在贷款到期日之前，向贷款人申请贷款展期。是否展期由贷款人决定。申请保证贷款、抵押贷款、质押贷款展期的，还应当由保证人、抵押人、出质人出具同意的书面证明。已有约定的，按照约定执行。

短期贷款展期期限累计不得超过原贷款期限；中期贷款展期期限累计不得超过原贷款期限的一半；长期贷款展期期限累计不得超过3年。国家另有规定者除外。借款人未申请展期或申请展期未得到批准，其贷款从到期日次日起，转入逾期贷款账户。

第十三条 贷款利率的确定：

贷款人应当按照中国人民银行规定的贷款利率的上下限，确定每笔贷款利率，并在借款合同中载明。

第十四条 贷款利息的计收：

贷款人和借款人应当按借款合同和中国人民银行有关计息规定按期计收或交付利息。

贷款的展期期限加上原期限达到新的利率期限档次时，从展期之日起，贷款利息按新的期限档次利率计收。

逾期贷款按规定计收罚息。

第十五条 贷款的贴息：

根据国家政策，为了促进某些产业和地区经济的发展，有关部门可以对贷款补贴利息。

对有关部门贴息的贷款，承办银行应当自主审查发放，并根据本通则有关规定严格管理。

第十六条 贷款停息、减息、缓息和免息：

除国务院决定外，任何单位和个人无权决定停息、减息、缓息和免息。贷款人应当依据国务院决定，按照职责权限范围具体办理停息、减息、缓息和免息。

第四章 借款人

第十七条 借款人应当是经工商行政管理机关（或主管机关）核准登记的企（事）业法人、其他经济组织、个体工商户或具有中华人民共和国国籍的具有完全民事行为能力的自然人。

借款人申请贷款，应当具备产品有市场、生产经营有效益、不挤占挪用信贷资金、恪守信用等基本条件，并且应当符合以下要求：

一、有按期还本付息的能力，原应付贷款利息和到期贷款已清偿；没有清偿的，已经做了贷款人认可的偿还计划；

二、除自然人和不需要经工商部门核准登记的事业法人外，应当经过工商部门办理年检手续；

三、已开立基本账户或一般存款账户；

四、除国务院规定外，有限责任公司和股份有限公司对外股本权益性投资累计额未超过其净资产总额的50%；

五、借款人的资产负债率符合贷款人的要求；

六、申请中期、长期贷款的，新建项目的企业法人所有者权益与项目所需总投资的比例不低于国家规定的投资项目的资本金比例。

第十八条 借款人的权利：

一、可以自主向主办银行或者其他银行的经办机构申请贷款并依条件取得贷款；

二、有权按合同约定提取和使用全部贷款；

三、有权拒绝借款合同以外的附加条件；

四、有权向贷款人的上级和中国人民银行反映、举报有关情况；

五、在征得贷款人同意后，有权向第三人转让债务。

第十九条 借款人的义务：

一、应当如实提供贷款人要求的资料（法律规定不能提供者除外），应当向贷款人如实提供所有开户行、账号及存贷款余额情况，配合贷款人的调查、审查和检查；

二、应当接受贷款人对其使用信贷资金情况和有关生产经营、财务活动的监督；

三、应当按借款合同约定用途使用贷款；

四、应当按借款合同约定及时清偿贷款本息；

五、将债务全部或部分转让给第三人的，应当取得贷款人的同意；

六、有危及贷款人债权安全情况时，应当及时通知贷款人，同时采取保全措施。

第二十条 对借款人的限制：

一、不得在一个贷款人同一辖区内的两个或两个以上同级分支机构取得贷款；

二、不得向贷款人提供虚假的或者隐瞒重要事实的资产负债表、损益表等；

三、不得用贷款从事股本权益性投资，国家另有规定的除外；

四、不得用贷款在有价证券、期货等方面从事投机经营；

五、除依法取得经营房地产资格的借款人以外，不得用贷款经营房地产业务；依法取得经营房地产资格的借款人，不得用贷款从事房地产投机；

六、不得套取贷款用于借贷牟取非法收入；

七、不得违反国家外汇管理规定使用外币贷款；

八、不得采取欺诈手段骗取贷款。

第五章 贷 款 人

第二十一条 贷款人必须经中国人民银行批准经营贷款业务，持有中国人民银行颁发的《金融机构法人许可证》或《金融机构营业许可证》，并经工商行政管理部门核准登记。

第二十二条 贷款人的权利：

根据贷款条件和贷款程序自主审查和决定贷款，除国务院批准的特定贷款外，有权拒绝任何单位和个人强令其发放贷款或者提供担保。

一、要求借款人提供与借款有关的资料；

二、根据借款人的条件，决定贷与不贷、贷款金额、期限和利率等；

三、了解借款人的生产经营活动和财务活动；

四、依合同约定从借款人账户上划收贷款本金和利息；

五、借款人未能履行借款合同规定义务的，贷款人有权依合同约定要求借款人提前归还贷款或停止支付借款人尚未使用的贷款；

六、在贷款将受或已受损失时，可依据合同规定，采取使贷款免受损失的措施。

第二十三条 贷款人的义务：

一、应当公布所经营的贷款的种类、期限和利率，并向借款人提供咨询；

二、应当公开贷款审查的资信内容和发放贷款的条件；

三、贷款人应当审议借款人的借款申请，并及时答复贷与不贷。短期贷款答复时间不得超过1个月，中期、长期贷款答复时间不得超过6个月；国家另有规定者除外；

四、应当对借款人的债务、财务、生产、经营情况保密，但对依法查询者除外。

第二十四条 对贷款人的限制：

一、贷款的发放必须严格执行《中华人民共和国商业银行法》第三十九条关于资产负债比例管理的有关规定，第四十条关于不得向关系人发放信用贷款、向关系人发放担保贷款的条件不得优于其他借款人同类贷款条件的规定。

二、借款人有下列情形之一者，不得对其发放贷款：

（一）不具备本通则第四章第十七条所规定的资格和条件的；

（二）生产、经营或投资国家明文禁止的产品、项目的；

（三）违反国家外汇管理规定的；

（四）建设项目按国家规定应当报有关部门批准而未取得批准文件的；

（五）生产经营或投资项目未取得环境保护部门许可的；

（六）在实行承包、租赁、联营、合并（兼并）、合作、分立、产权有偿转让、股份制改造等体制变更过程中，未清偿原有贷款债务、落实原有贷款债务或提供相应担保的；

（七）有其他严重违法经营行为的。

三、未经中国人民银行批准,不得对自然人发放外币币种的贷款。

四、自营贷款和特定贷款,除按中国人民银行规定计收利息之外,不得收取其他任何费用;委托贷款,除按中国人民银行规定计收手续费之外,不得收取其他任何费用。

五、不得给委托人垫付资金,国家另有规定的除外。

六、严格控制信用贷款,积极推广担保贷款。

第六章　贷款程序

第二十五条　贷款申请:

借款人需要贷款,应当向主办银行或者其他银行的经办机构直接申请。

借款人应当填写包括借款金额、借款用途、偿还能力及还款方式等主要内容的《借款申请书》并提供以下资料:

一、借款人及保证人基本情况;

二、财政部门或会计(审计)事务所核准的上年度财务报告,以及申请借款前一期的财务报告;

三、原有不合理占用的贷款的纠正情况;

四、抵押物、质物清单和有处分权人的同意抵押、质押的证明及保证人拟同意保证的有关证明文件;

五、项目建议书和可行性报告;

六、贷款人认为需要提供的其他有关资料。

第二十六条　对借款人的信用等级评估:

应当根据借款人的领导者素质、经济实力、资金结构、履约情况、经营效益和发展前景等因素,评定借款人的信用等级。评级可由贷款人独立进行,内部掌握,也可由有权部门批准的评估机构进行。

第二十七条　贷款调查:

贷款人受理借款人申请后,应当对借款人的信用等级以及借款的合法性、安全性、盈利性等情况进行调查,核实抵押物、质物、保证人情况,测定贷款的风险度。

第二十八条　贷款审批:

贷款人应当建立审贷分离、分级审批的贷款管理制度。审查人员应当对调查人员提供的资料进行核实、评定,复测贷款风险度,提出意见,按规定权限报批。

第二十九条　签订借款合同:

所有贷款应当由贷款人与借款人签订借款合同。借款合同应当约定借款种类,借款用途、金额、利率,借款期限,还款方式,借、贷双方的权利、义务,违约责任和双方认为需要约定的其他事项。

保证贷款应当由保证人与贷款人签订保证合同,或保证人在借款合同上载明与贷款人协商一致的保证条款,加盖保证人的法人公章,并由保证人的法定代表人或其授权代理人签署姓名。抵押贷款、质押贷款应当由抵押人、出质人与贷款人签订抵押合同、质押合同,需要办理登记的,应依法办理登记。

第三十条　贷款发放:

贷款人要按借款合同规定按期发放贷款。贷款人不按合同约定按期发放贷款的,应偿付违约金。借款人不按合同约定用款的,应偿付违约金。

第三十一条　贷后检查:

贷款发放后,贷款人应当对借款人执行借款合同情况及借款人的经营情况进行追踪调查和检查。

第三十二条　贷款归还:

借款人应当按照借款合同规定按时足额归还贷款本息。

贷款人在短期贷款到期1个星期之前、中长期贷款到期1个月之前,应当向借款人发送还本付息通知单;借款人应当及时筹备资金,按时还本付息。

贷款人对逾期的贷款要及时发出催收通知单,做好逾期贷款本息的催收工作。

贷款人对不能按借款合同约定期限归还的贷款,应当按规定加罚利息;对不能归还或者不能落实还本付息事宜的,应当督促归还或者依法起诉。

借款人提前归还贷款,应当与贷款人协商。

第七章　不良贷款监管

第三十三条　贷款人应当建立和完善贷款的质量监管制度,对不良贷款进行分类、登记、考核和催收。

第三十四条　不良贷款系指呆账贷款、呆滞贷款、逾期贷款。

呆账贷款,系指按财政部有关规定列为呆账的贷款。

呆滞贷款,系指按财政部有关规定,逾期(含展期后到期)超过规定年限以上仍未归还的贷款,或虽未逾期或逾期不满规定年限但生产经营已终止、项目已停建的贷款(不含呆账贷款)。

逾期贷款,系指借款合同约定到期(含展期后到期)未归还的贷款(不含呆滞贷款和呆账贷款)。

第三十五条　不良贷款的登记:

不良贷款由会计、信贷部门提供数据,由稽核部门负责审核并按规定权限认定,贷款人应当按季填报不良贷款情况表。在报上级行的同时,应当报中国人民银行当地分支机构。

第三十六条　不良贷款的考核:

贷款人的呆账贷款、呆滞贷款、逾期贷款不得超过中国人民银行规定的比例。贷款人应当对所属分支机构下达和考核呆账贷款、呆滞贷款和逾期贷款的有关指标。

第三十七条　不良贷款的催收和呆账贷款的冲销:

信贷部门负责不良贷款的催收,稽核部门负责对催收情况的检查。贷款人应当按照国家有关规定提取呆账准备金,并按照呆账冲销的条件和程序冲销呆账贷款。

未经国务院批准,贷款人不得豁免贷款。除国务院批准外,任何单位和个人不得强令贷款人豁免贷款。

第八章 贷款管理责任制

第三十八条 贷款管理实行行长(经理、主任,下同)负责制。

贷款实行分级经营管理,各级行长应当在授权范围内对贷款的发放和收回负全部责任。行长可以授权副行长或贷款管理部门负责审批贷款,副行长或贷款管理部门负责人应当对行长负责。

第三十九条 贷款人各级机构应当建立有行长或副行长(经理、主任,下同)和有关部门负责人参加的贷款审查委员会(小组),负责贷款的审查。

第四十条 建立审贷分离制:

贷款调查评估人员负责贷款调查评估,承担调查失误和评估失准的责任;贷款审查人员负责贷款风险的审查,承担审查失误的责任;贷款发放人员负责贷款的检查和清收,承担检查失误、清收不力的责任。

第四十一条 建立贷款分级审批制:

贷款人应当根据业务量大小、管理水平和贷款风险度确定各级分支机构的审批权限,超过审批权限的贷款,应当报上级审批。各级分支机构应当根据贷款种类、借款人的信用等级和抵押物、质物、保证人等情况确定每一笔贷款的风险度。

第四十二条 建立和健全信贷工作岗位责任制:

各级贷款管理部门应将贷款管理的每一个环节的管理责任落实到部门、岗位、个人,严格划分各级信贷工作人员的职责。

第四十三条 贷款人对大额借款人建立驻厂信贷员制度。

第四十四条 建立离职审计制:

贷款管理人员在调离原工作岗位时,应当对其在任职期间和权限内所发放的贷款风险情况进行审计。

第九章 贷款债权保全和清偿的管理

第四十五条 借款人不得违反法律规定,借兼并、破产或者股份制改造等途径,逃避银行债务,侵吞信贷资金;不得借承包、租赁等途径逃避贷款人的信贷监管以及偿还贷款本息的责任。

第四十六条 贷款人有权参与处于兼并、破产或股份制改造等过程中的借款人的债务重组,应当要求借款人落实贷款还本付息事宜。

第四十七条 贷款人应当要求实行承包、租赁经营的借款人,在承包、租赁合同中明确落实原贷款债务的偿还责任。

第四十八条 贷款人对实行股份制改造的借款人,应当要求其重新签订借款合同,明确原贷款债务的清偿责任。

对实行整体股份制改造的借款人,应当明确其所欠贷款债务由改造后公司全部承担;对实行部分股份制改造的借款人,应当要求改造后的股份公司按占用借款人的资本金或资产的比例承担原借款人的贷款债务。

第四十九条 贷款人对联营后组成新的企业法人的借款人,应当要求其依据所占用的资本金或资产的比例将贷款债务落实到新的企业法人。

第五十条 贷款人对合并(兼并)的借款人,应当要求其在合并(兼并)前清偿贷款债务或提供相应的担保。

借款人不清偿贷款债务或未提供相应担保,贷款人应当要求合并(兼并)企业或合并后新成立的企业承担归还原借款人贷款的义务,并与之重新签订有关合同或协议。

第五十一条 贷款人对与外商合资(合作)的借款人,应当要求其继续承担合资(合作)前的贷款归还责任,并要求其将所得收益优先归还贷款。借款人用已作为贷款抵押、质押的财产与外商合资(合作)时必须征求贷款人同意。

第五十二条 贷款人对分立的借款人,应当要求其在分立前清偿贷款债务或提供相应的担保。

借款人不清偿贷款债务或未提供相应担保,贷款人应当要求分立后的各企业,按照分立时所占资本或资产比例或协议,对原借款人所欠贷款承担清偿责任。对设立子公司的借款人,应当要求其子公司按所得资本或资产的比例承担和偿还母公司相应的贷款债务。

第五十三条 贷款人对产权有偿转让或申请解散的借款人,应当要求其在产权转让或解散前必须落实贷款债务的清偿。

第五十四条 贷款人应当按照有关法律参与借款人破产财产的认定与债权债务的处置,对于破产借款人已设定财产抵押、质押或其他担保的贷款债权,贷款人依法享有优先受偿权;无财产担保的贷款债权按法定程序和比例受偿。

第十章 贷款管理特别规定

第五十五条 建立贷款主办行制度:

借款人应按中国人民银行的规定与其开立基本账户的贷款人建立贷款主办行关系。

借款人发生企业分立、股份制改造、重大项目建设等涉及信贷资金使用和安全的重大经济活动,事先应当征求主办行的意见。一个借款人只能有一个贷款主办行,主办行应当随基本账户的变更而变更。

主办行不包资金,但应当按规定有计划地对借款人提供贷款,为借款人提供必要的信息咨询、代理等金融服务。

贷款主办行制度与实施办法,由中国人民银行另行规定。

第五十六条 银团贷款应当确定一个贷款人为牵头行,并签订银团贷款协议,明确各贷款人的权利和义务,共同评审贷款项目。牵头行应当按协议确定的比例监督贷款的偿还。银团贷款管理办法由中国人民银行另行规定。

第五十七条 特定贷款管理:

国有独资商业银行应当按国务院规定发放和管理特定贷款。

特定贷款管理办法另行规定。

第五十八条 非银行金融机构贷款的种类、对象、范围，应当符合中国人民银行规定。

第五十九条 贷款人发放异地贷款，或者接受异地存款，应当报中国人民银行当地分支机构备案。

第六十条 信贷资金不得用于财政支出。

第六十一条 各级行政部门和企事业单位、供销合作社等合作经济组织、农村合作基金会和其他基金会，不得经营存贷款等金融业务。企业之间不得违反国家规定办理借贷或者变相借贷融资业务。

第十一章 罚 则

第六十二条 贷款人违反资产负债比例管理有关规定发放贷款的，应当依照《中华人民共和国商业银行法》第七十五条，由中国人民银行责令改正，处以罚款，有违法所得的没收违法所得，并且应当依照第七十六条对直接负责的主管人员和其他直接责任人员给予处罚。

第六十三条 贷款人违反规定向关系人发放信用贷款或者发放担保贷款的条件优于其他借款人同类贷款条件的，应当依照《中华人民共和国商业银行法》第七十四条处罚，并且应当依照第七十六条对有关直接责任人员给予处罚。

第六十四条 贷款人的工作人员对单位或者个人强令其发放贷款或者提供担保未予拒绝的，应当依照《中华人民共和国商业银行法》第八十五条给予纪律处分，造成损失的应当承担相应的赔偿责任。

第六十五条 贷款人的有关责任人员违反本通则有关规定，应当给予纪律处分和罚款；情节严重或屡次违反的，应当调离工作岗位，取消任职资格；造成严重经济损失或者构成其他经济犯罪的，应当依照有关法律规定追究刑事责任。

第六十六条 贷款人有下列情形之一，由中国人民银行责令改正；逾期不改正的，中国人民银行可以处以5000元以上1万元以下罚款：

一、没有公布所经营贷款的种类、期限、利率的；

二、没有公开贷款条件和发放贷款时要审查的内容的；

三、没有在规定期限内答复借款人贷款申请的。

第六十七条 贷款人有下列情形之一，由中国人民银行责令改正；有违法所得的，没收违法所得，并处以违法所得1倍以上3倍以下罚款；没有违法所得的，处以5万元以上30万元以下罚款；构成犯罪的，依法追究刑事责任：

一、贷款人违反规定代垫委托贷款资金的；

二、未经中国人民银行批准，对自然人发放外币贷款的；

三、贷款人违反中国人民银行规定，对自营贷款或者特定贷款在计收利息之外收取其他任何费用的，或者对委托贷款在计收手续费之外收取其他任何费用的。

第六十八条 任何单位和个人强令银行发放贷款或者提供担保的，应当依照《中华人民共和国商业银行法》第八十五条，对直接负责的主管人员和其他直接责任人员或者个人给予纪律处分；造成经济损失的，承担全部或者部分赔偿责任。

第六十九条 借款人采取欺诈手段骗取贷款，构成犯罪的，应当依照《中华人民共和国商业银行法》第八十条等法律规定处以罚款并追究刑事责任。

第七十条 借款人违反本通则第九章第四十二条规定，蓄意通过兼并、破产或者股份制改造等途径侵吞信贷资金的，应当依据有关法律规定承担相应部分的赔偿责任并处以罚款；造成贷款人重大经济损失的，应当依照有关法律规定追究直接责任人员的刑事责任。

借款人违反本通则第九章其他条款规定，致使贷款债务落空，由贷款人停止发放新贷款，并提前收回原发放的贷款。造成信贷资产损失的，借款人及其主管人员或其他个人，应当承担部分或全部赔偿责任。在未履行赔偿责任之前，其他任何贷款人不得对其发放贷款。

第七十一条 借款人有下列情形之一，由贷款人对其部分或全部贷款加收利息；情节特别严重的，由贷款人停止支付借款人尚未使用的贷款，并提前收回部分或全部贷款：

一、不按借款合同规定用途使用贷款的。

二、用贷款进行股本权益性投资的。

三、用贷款在有价证券、期货等方面从事投机经营的。

四、未依法取得经营房地产资格的借款人用贷款经营房地产业务的；依法取得经营房地产资格的借款人，用贷款从事房地产投机的。

五、不按借款合同规定清偿贷款本息的。

六、套取贷款相互借贷牟取非法收入的。

第七十二条 借款人有下列情形之一，由贷款人责令改正。情节特别严重或逾期不改正的，由贷款人停止支付借款人尚未使用的贷款，并提前收回部分或全部贷款：

一、向贷款人提供虚假或者隐瞒重要事实的资产负债表、损益表等资料的；

二、不如实向贷款人提供所有开户行、账号及存贷款余额等资料的；

三、拒绝接受贷款人对其使用信贷资金情况和有关生产经营、财务活动监督的。

第七十三条 行政部门、企事业单位、股份合作经济组织、供销合作社、农村合作基金会和其他基金会擅自发放贷款的；企业之间擅自办理借贷或者变相借贷的，由中国人民银行对出借方按违规收入处以1倍以上至5倍以下罚款，并由中国人民银行予以取缔。

第七十四条 当事人对中国人民银行处罚决定不服的，

可按《中国人民银行行政复议办法（试行）》的规定申请复议，复议期间仍按原处罚执行。

第十二章　附　　则

第七十五条　国家政策性银行、外资金融机构（含外资、中外合资、外资金融机构的分支机构等）的贷款管理办法，由中国人民银行另行制定。

第七十六条　有关外国政府贷款、出口信贷、外商贴息贷款、出口信贷项下的对外担保以及与上述贷款配套的国际商业贷款的管理办法，由中国人民银行另行制定。

第七十七条　贷款人可根据本通则制定实施细则，报中国人民银行备案。

第七十八条　本通则自实施之日起，中国人民银行和各贷款人在此以前制定的各种规定，与本通则有抵触者，以本通则为准。

第七十九条　本通则由中国人民银行负责解释。

第八十条　本通则自1996年8月1日起施行。

个人贷款管理暂行办法

（2010年2月12日中国银行业监督管理委员会令2010年第2号公布　自发布之日起施行）

第一章　总　　则

第一条　为规范银行业金融机构个人贷款业务行为，加强个人贷款业务审慎经营管理，促进个人贷款业务健康发展，依据《中华人民共和国银行业监督管理法》、《中华人民共和国商业银行法》等法律法规，制定本办法。

第二条　中华人民共和国境内经中国银行业监督管理委员会批准设立的银行业金融机构（以下简称贷款人）经营个人贷款业务，应遵守本办法。

第三条　本办法所称个人贷款，是指贷款人向符合条件的自然人发放的用于个人消费、生产经营等用途的本外币贷款。

第四条　个人贷款应当遵循依法合规、审慎经营、平等自愿、公平诚信的原则。

第五条　贷款人应建立有效的个人贷款全流程管理机制，制订贷款管理制度及每一贷款品种的操作规程，明确相应贷款对象和范围，实施差别风险管理，建立贷款各操作环节的考核和问责机制。

第六条　贷款人应按区域、品种、客户群等维度建立个人贷款风险限额管理制度。

第七条　个人贷款用途应符合法律法规规定和国家有关政策，贷款人不得发放无指定用途的个人贷款。

贷款人应加强贷款资金支付管理，有效防范个人贷款业务风险。

第八条　个人贷款的期限和利率应符合国家相关规定。

第九条　贷款人应建立借款人合理的收入偿债比例控制机制，结合借款人收入、负债、支出、贷款用途、担保情况等因素，合理确定贷款金额和期限，控制借款人每期还款额不超过其还款能力。

第十条　中国银行业监督管理委员会依照本办法对个人贷款业务实施监督管理。

第二章　受理与调查

第十一条　个人贷款申请应具备以下条件：

（一）借款人为具有完全民事行为能力的中华人民共和国公民或符合国家有关规定的境外自然人；

（二）贷款用途明确合法；

（三）贷款申请数额、期限和币种合理；

（四）借款人具备还款意愿和还款能力；

（五）借款人信用状况良好，无重大不良信用记录；

（六）贷款人要求的其他条件。

第十二条　贷款人应要求借款人以书面形式提出个人贷款申请，并要求借款人提供能够证明其符合贷款条件的相关资料。

第十三条　贷款人受理借款人贷款申请后，应履行尽职调查职责，对个人贷款申请内容和相关情况的真实性、准确性、完整性进行调查核实，形成调查评价意见。

第十四条　贷款调查包括但不限于以下内容：

（一）借款人基本情况；

（二）借款人收入情况；

（三）借款用途；

（四）借款人还款来源、还款能力及还款方式；

（五）保证人担保意愿、担保能力或抵（质）押物价值及变现能力。

第十五条　贷款调查应以实地调查为主、间接调查为辅，采取现场核实、电话查问以及信息咨询等途径和方法。

第十六条　贷款人在不损害借款人合法权益和风险可控的前提下，可将贷款调查中的部分特定事项审慎委托第三方代为办理，但必须明确第三方的资质条件。

贷款人不得将贷款调查的全部事项委托第三方完成。

第十七条　贷款人应建立并严格执行贷款面谈制度。

通过电子银行渠道发放低风险质押贷款的，贷款人至少应当采取有效措施确定借款人真实身份。

第三章　风险评价与审批

第十八条　贷款审查应对贷款调查内容的合法性、合理性、准确性进行全面审查，重点关注调查人的尽职情况和借款人的偿还能力、诚信状况、担保情况、抵（质）押比率、风险程度等。

第十九条　贷款风险评价应以分析借款人现金收入为基础,采取定量和定性分析方法,全面、动态地进行贷款审查和风险评估。

贷款人应建立和完善借款人信用记录和评价体系。

第二十条　贷款人应根据审慎性原则,完善授权管理制度,规范审批操作流程,明确贷款审批权限,实行审贷分离和授权审批,确保贷款审批人员按照授权独立审批贷款。

第二十一条　对未获批准的个人贷款申请,贷款人应告知借款人。

第二十二条　贷款人应根据重大经济形势变化、违约率明显上升等异常情况,对贷款审批环节进行评价分析,及时、有针对性地调整审批政策,加强相关贷款的管理。

第四章　协议与发放

第二十三条　贷款人应与借款人签订书面借款合同,需担保的应同时签订担保合同。贷款人应要求借款人当面签订借款合同及其他相关文件,但电子银行渠道办理的贷款除外。

第二十四条　借款合同应符合《中华人民共和国合同法》的规定,明确约定各方当事人的诚信承诺和贷款资金的用途、支付对象(范围)、支付金额、支付条件、支付方式等。

借款合同应设立相关条款,明确借款人不履行合同或怠于履行合同时应当承担的违约责任。

第二十五条　贷款人应建立健全合同管理制度,有效防范个人贷款法律风险。

借款合同采用格式条款的,应当维护借款人的合法权益,并予以公示。

第二十六条　贷款人应依照《中华人民共和国物权法》、《中华人民共和国担保法》等法律法规的相关规定,规范担保流程与操作。

按合同约定办理抵押物登记的,贷款人应当参与。贷款人委托第三方办理的,应对抵押物登记情况予以核实。

以保证方式担保的个人贷款,贷款人应由不少于两名信贷人员完成。

第二十七条　贷款人应加强对贷款的发放管理,遵循审贷与放贷分离的原则,设立独立的放款管理部门或岗位,负责落实放款条件、发放满足约定条件的个人贷款。

第二十八条　借款合同生效后,贷款人应按合同约定及时发放贷款。

第五章　支付管理

第二十九条　贷款人应按照借款合同约定,通过贷款人受托支付或借款人自主支付的方式对贷款资金的支付进行管理与控制。

贷款人受托支付是指贷款人根据借款人的提款申请和支付委托,将贷款资金支付给符合合同约定用途的借款人交易对象。

借款人自主支付是指贷款人根据借款人的提款申请将贷款资金直接发放至借款人账户,并由借款人自主支付给符合合同约定用途的借款人交易对象。

第三十条　个人贷款资金应当采用贷款人受托支付方式向借款人交易对象支付,但本办法第三十三条规定的情形除外。

第三十一条　采用贷款人受托支付的,贷款人应要求借款人在使用贷款时提出支付申请,并授权贷款人按合同约定方式支付贷款资金。

贷款人应在贷款资金发放前审核借款人相关交易资料和凭证是否符合合同约定条件,支付后做好有关细节的认定记录。

第三十二条　贷款人受托支付完成后,应详细记录资金流向,归集保存相关凭证。

第三十三条　有下列情形之一的个人贷款,经贷款人同意可以采取借款人自主支付方式:

(一)借款人无法事先确定具体交易对象且金额不超过三十万元人民币的;

(二)借款人交易对象不具备条件有效使用非现金结算方式的;

(三)贷款资金用于生产经营且金额不超过五十万元人民币的;

(四)法律法规规定的其他情形的。

第三十四条　采用借款人自主支付的,贷款人应与借款人在借款合同中事先约定,要求借款人定期报告或告知贷款人贷款资金支付情况。

贷款人应当通过账户分析、凭证查验或现场调查等方式,核查贷款支付是否符合约定用途。

第六章　贷后管理

第三十五条　个人贷款支付后,贷款人应采取有效方式对贷款资金使用、借款人的信用及担保情况变化等进行跟踪检查和监控分析,确保贷款资产安全。

第三十六条　贷款人应区分个人贷款的品种、对象、金额等,确定贷款检查的相应方式、内容和频度。贷款人内部审计等部门应对贷款检查职能部门的工作质量进行抽查和评价。

第三十七条　贷款人应定期跟踪分析评估借款人履行借款合同约定内容的情况,并作为与借款人后续合作的信用评价基础。

第三十八条　贷款人应当按照法律法规规定和借款合同的约定,对借款人未按合同承诺提供真实、完整信息和未按合同约定用途使用、支付贷款等行为追究违约责任。

第三十九条　经贷款人同意,个人贷款可以展期。

一年以内(含)的个人贷款,展期期限累计不得超过原贷款期限;一年以上的个人贷款,展期期限累计与原贷款期限相加，不得超过该贷款品种规定的最长贷款期限。

第四十条　贷款人应按照借款合同约定，收回贷款本息。

对于未按照借款合同约定偿还的贷款，贷款人应采取措施进行清收，或者协议重组。

第七章　法律责任

第四十一条　贷款人违反本办法规定办理个人贷款业务的，中国银行业监督管理委员会应当责令其限期改正。贷款人有下列情形之一的，中国银行业监督管理委员会可采取《中华人民共和国银行业监督管理法》第三十七条规定的监管措施：

（一）贷款调查、审查未尽职的；

（二）未按规定建立、执行贷款面谈、借款合同面签制度的；

（三）借款合同采用格式条款未公示的；

（四）违反本办法第二十七条规定的；

（五）支付管理不符合本办法要求的。

第四十二条　贷款人有下列情形之一的，中国银行业监督管理委员会除按本办法第四十一条采取监管措施外，还可根据《中华人民共和国银行业监督管理法》第四十六条、第四十八条规定对其进行处罚：

（一）发放不符合条件的个人贷款的；

（二）签订的借款合同不符合本办法规定的；

（三）违反本办法第七条规定的；

（四）将贷款调查的全部事项委托第三方完成的；

（五）超越或变相超越贷款权限审批贷款的；

（六）授意借款人虚构情节获得贷款的；

（七）对借款人违背借款合同约定的行为应发现而未发现，或虽发现但未采取有效措施的；

（八）严重违反本办法规定的审慎经营规则的其他情形的。

第八章　附　　则

第四十三条　以存单、国债或者中国银行业监督管理委员会认可的其他金融产品作质押发放的个人贷款，消费金融公司、汽车金融公司等非银行金融机构发放的个人贷款，可参照本办法执行。

银行业金融机构发放给农户用于生产性贷款等国家有专门政策规定的特殊类个人贷款，暂不执行本办法。

信用卡透支，不适用本办法。

第四十四条　个体工商户和农村承包经营户申请个人贷款用于生产经营且金额超过五十万元人民币的，按贷款用途适用相关贷款管理办法的规定。

第四十五条　贷款人应依照本办法制定个人贷款业务管理细则及操作规程。

第四十六条　本办法由中国银行业监督管理委员会负责解释。

第四十七条　本办法自发布之日起施行。

住房和城乡建设部、中国人民银行、中国银行业监督管理委员会关于规范商业性个人住房贷款中第二套住房认定标准的通知

（2010年5月26日　建房〔2010〕83号）

各省、自治区、直辖市、计划单列市和省会（首府）城市住房城乡建设厅（建委、房地局），人民银行上海总部，各分行、营业管理部、省会（首府）城市中心支行、副省级城市中心支行，各银监局，各国有商业银行、股份制商业银行，中国邮政储蓄银行：

为贯彻落实《国务院关于坚决遏制部分城市房价过快上涨的通知》（国发〔2010〕10号），规范商业性个人住房贷款中贷款申请人（以下简称借款人）第二套住房认定标准，现就有关事项通知如下：

一、商业性个人住房贷款中居民家庭住房套数，应依据拟购房家庭（包括借款人、配偶及未成年子女，下同）成员名下实际拥有的成套住房数量进行认定。

二、应借款人的申请或授权，直辖市、计划单列市、省会（首府）城市及其他具备查询条件的城市房地产主管部门应通过房屋登记信息系统进行借款人家庭住房登记记录查询，并出具书面查询结果。

如因当地暂不具备查询条件而不能提供家庭住房登记查询结果的，借款人应向贷款人提交家庭住房实有套数书面诚信保证。贷款人查实诚信保证不实的，应将其记作不良记录。

三、有下列情形之一的，贷款人应对借款人执行第二套（及以上）差别化住房信贷政策：

（一）借款人首次申请利用贷款购买住房，如在拟购房所在地房屋登记信息系统（含预售合同登记备案系统，下同）中其家庭已登记有一套（及以上）成套住房的；

（二）借款人已利用贷款购买过一套（及以上）住房，又申请贷款购买住房的；

（三）贷款人通过查询征信记录、面测、面谈（必要时居访）等形式的尽责调查，确信借款人家庭已有一套（及以上）住房的。

四、对能提供1年以上当地纳税证明或社会保险缴纳证明的非本地居民申请住房贷款的，贷款人按本通知第三条执行差别化住房信贷政策。

对不能提供1年以上当地纳税证明或社会保险缴纳证明的非本地居民申请住房贷款的，贷款人按第二套（及以上）的差别化住房信贷政策执行；商品住房价格过高、上涨过快、供应紧张的地区，商业银行可根据风险状况和地方政府有关政策规定，对其暂停发放住房贷款。

五、各地要把城市房屋登记信息系统建设作为落实国发〔2010〕10号文件的一项重要工作抓紧抓好。数据不完备的城市，要进一步完善系统；尚未建立房屋登记系统的城市，要加快建设。2010年年底前各设区城市要基本建立房屋登记信息系统。

要加强住房信息查询管理工作。房地产主管部门应严格按照《房屋权属登记信息查询暂行办法》（建住房〔2006〕244号）及《房屋登记簿管理试行办法》（建住房〔2008〕84号）进行查询，并出具书面查询结果。对提供虚假查询信息的，按有关规定严肃处理。

城市房地产抵押管理办法

（1997年5月9日建设部令第56号发布　根据2001年8月15日《建设部关于修改〈城市房地产抵押管理办法〉的决定》修订）

第一章　总　　则

第一条　为了加强房地产抵押管理，维护房地产市场秩序，保障房地产抵押当事人的合法权益，根据《中华人民共和国城市房地产管理法》、《中华人民共和国担保法》，制定本办法。

第二条　凡在城市规划区国有土地范围内从事房地产抵押活动的，应当遵守本办法。

地上无房屋（包括建筑物、构筑物及在建工程）的国有土地使用权设定抵押的，不适用本办法。

第三条　本办法所称房地产抵押，是指抵押人以其合法的房地产以不转移占有的方式向抵押权人提供债务履行担保的行为。债务人不履行债务时，债权人有权依法以抵押的房地产拍卖所得的价款优先受偿。

本办法所称抵押人，是指将依法取得的房地产提供给抵押权人，作为本人或者第三人履行债务担保的公民、法人或者其他组织。

本办法所称抵押权人，是指接受房地产抵押作为债务人履行债务担保的公民、法人或者其他组织。

本办法所称预购商品房贷款抵押，是指购房人在支付首期规定的房价款后，由贷款银行代其支付其余的购房款，将所购商品房抵押给贷款银行作为偿还贷款履行担保的行为。

本办法所称在建工程抵押，是指抵押人为取得在建工程继续建造资金的贷款，以其合法方式取得的土地使用权连同在建工程的投入资产，以不转移占有的方式抵押给贷款银行作为偿还贷款履行担保的行为。

第四条　以依法取得的房屋所有权抵押的，该房屋占用范围内的土地使用权必须同时抵押。

第五条　房地产抵押，应当遵循自愿、互利、公平和诚实信用的原则。

依法设定的房地产抵押，受国家法律保护。

第六条　国家实行房地产抵押登记制度。

第七条　国务院建设行政主管部门归口管理全国城市房地产抵押管理工作。

省、自治区建设行政主管部门归口管理本行政区域内的城市房地产抵押管理工作。

直辖市、市、县人民政府房地产行政主管部门（以下简称房地产管理部门）负责管理本行政区域内的房地产抵押管理工作。

第二章　房地产抵押权的设定

第八条　下列房地产不得设定抵押：

（一）权属有争议的房地产；

（二）用于教育、医疗、市政等公共福利事业的房地产；

（三）列入文物保护的建筑物和有重要纪念意义的其他建筑物；

（四）已依法公告列入拆迁范围的房地产；

（五）被依法查封、扣押、监管或者以其他形式限制的房地产；

（六）依法不得抵押的其他房地产。

第九条　同一房地产设定两个以上抵押权的，抵押人应当将已经设定过的抵押情况告知抵押权人。

抵押人所担保的债权不得超出其抵押物的价值。

房地产抵押后，该抵押房地产的价值大于所担保债权的余额部分，可以再次抵押，但不得超出余额部分。

第十条　以两宗以上房地产设定同一抵押权的，视为同一抵押房地产。但抵押当事人另有约定的除外。

第十一条　以在建工程已完工部分抵押的，其土地使用权随之抵押。

第十二条　以享受国家优惠政策购买的房地产抵押的，其抵押额以房地产权利人可以处分和收益的份额比例为限。

第十三条　国有企业、事业单位法人以国家授予其经营管理的房地产抵押的，应当符合国有资产管理的有关规定。

第十四条　以集体所有制企业的房地产抵押的，必须经集体所有制企业职工（代表）大会通过，并报其上级主管机关备案。

第十五条　以中外合资企业、合作经营企业和外商独资企业的房地产抵押的，必须经董事会通过，但企业章程另有规定的除外。

第十六条　以有限责任公司、股份有限公司的房地产抵押的，必须经董事会或者股东大会通过，但企业章程另有规定的除外。

第十七条　有经营期限的企业以其所有的房地产设定抵押的，所担保债务的履行期限不应当超过该企业的经营期限。

第十八条 以具有土地使用年限的房地产设定抵押的，所担保债务的履行期限不得超过土地使用权出让合同规定的使用年限减去已经使用年限后的剩余年限。

第十九条 以共有的房地产抵押的，抵押人应当事先征得其他共有人的书面同意。

第二十条 预购商品房贷款抵押的，商品房开发项目必须符合房地产转让条件并取得商品房预售许可证。

第二十一条 以已出租的房地产抵押的，抵押人应当将租赁情况告知抵押权人，并将抵押情况告知承租人。原租赁合同继续有效。

第二十二条 设定房地产抵押时，抵押房地产的价值可以由抵押当事人协商议定，也可以由房地产价格评估机构评估确定。

法律、法规另有规定的除外。

第二十三条 抵押当事人约定对抵押房地产保险的，由抵押人为抵押的房地产投保，保险费由抵押人负担。抵押房地产投保的，抵押人应当将保险单移送抵押权人保管。在抵押期间，抵押权人为保险赔偿的第一受益人。

第二十四条 企业、事业单位法人分立或者合并后，原抵押合同继续有效，其权利和义务由变更后的法人享有和承担。

抵押人死亡、依法被宣告死亡或者被宣告失踪时，其房地产合法继承人或者代管人应当继续履行原抵押合同。

第三章 房地产抵押合同的订立

第二十五条 房地产抵押，抵押当事人应当签订书面抵押合同。

第二十六条 房地产抵押合同应当载明下列主要内容：

（一）抵押人、抵押权人的名称或者个人姓名、住所；

（二）主债权的种类、数额；

（三）抵押房地产的处所、名称、状况、建筑面积、用地面积以及四至等；

（四）抵押房地产的价值；

（五）抵押房地产的占用管理人、占用管理方式、占用管理责任以及意外损毁、灭失的责任；

（六）债务人履行债务的期限；

（七）抵押权灭失的条件；

（八）违约责任；

（九）争议解决方式；

（十）抵押合同订立的时间与地点；

（十一）双方约定的其他事项。

第二十七条 以预购商品房贷款抵押的，须提交生效的预购房屋合同。

第二十八条 以在建工程抵押的，抵押合同还应当载明以下内容：

（一）《国有土地使用权证》、《建设用地规划许可证》和《建设工程规划许可证》编号；

（二）已交纳的土地使用权出让金或需交纳的相当于土地使用权出让金的款额；

（三）已投入在建工程的工程款；

（四）施工进度及工程竣工日期；

（五）已完成的工作量和工程量。

第二十九条 抵押权人要求抵押房地产保险的，以及要求在房地产抵押后限制抵押人出租、转让抵押房地产或者改变抵押房地产用途的，抵押当事人应当在抵押合同中载明。

第四章 房地产抵押登记

第三十条 房地产抵押合同自签订之日起30日内，抵押当事人应当到房地产所在地的房地产管理部门办理房地产抵押登记。

第三十一条 房地产抵押合同自抵押登记之日起生效。

第三十二条 办理房地产抵押登记，应当向登记机关交验下列文件：

（一）抵押当事人的身份证明或法人资格证明；

（二）抵押登记申请书；

（三）抵押合同；

（四）《国有土地使用权证》、《房屋所有权证》或《房地产权证》，共有的房屋还必须提交《房屋共有权证》和其他共有人同意抵押的证明；

（五）可以证明抵押人有权设定抵押权的文件与证明材料；

（六）可以证明抵押房地产价值的资料；

（七）登记机关认为必要的其他文件。

第三十三条 登记机关应当对申请人的申请进行审核。凡权属清楚、证明材料齐全的，应当在受理登记之日起7日内决定是否予以登记，对不予登记的，应当书面通知申请人。

第三十四条 以依法取得的房屋所有权证书的房地产抵押的，登记机关应当在原《房屋所有权证》上作他项权利记载后，由抵押人收执。并向抵押权人颁发《房屋他项权证》。

以预售商品房或者在建工程抵押的，登记机关应当在抵押合同上作记载。抵押的房地产在抵押期间竣工的，当事人应当在抵押人领取房地产权属证书后，重新办理房地产抵押登记。

第三十五条 抵押合同发生变更或者抵押关系终止时，抵押当事人应当在变更或者终止之日起15日内，到原登记机关办理变更或者注销抵押登记。

因依法处分抵押房地产而取得土地使用权和土地建筑物、其他附着物所有权的，抵押当事人应当自处分行为生效之日起30日内，到县级以上地方人民政府房地产管理部门申请房屋所有权转移登记，并凭变更后的房屋所有权证书向同级人民政府土地管理部门申请土地使用权变更登记。

第五章 抵押房地产的占用与管理

第三十六条 已作抵押的房地产,由抵押人占用与管理。

抵押人在抵押房地产占用与管理期间应当维护抵押房地产的安全与完好。抵押权人有权按照抵押合同的规定监督、检查抵押房地产的管理情况。

第三十七条 抵押权可以随债权转让。抵押权转让时,应当签订抵押权转让合同,并办理抵押权变更登记。抵押权转让后,原抵押权人应当告知抵押人。

经抵押权人同意,抵押房地产可以转让或者出租。

抵押房地产转让或者出租所得价款,应当向抵押权人提前清偿所担保的债权。超过债权数额的部分,归抵押人所有,不足部分由债务人清偿。

第三十八条 因国家建设需要,将已设定抵押权的房地产列入拆迁范围的,抵押人应当及时书面通知抵押权人;抵押双方可以重新设定抵押房地产,也可以依法清理债权债务,解除抵押合同。

第三十九条 抵押人占用与管理的房地产发生损毁、灭失的,抵押人应当及时将情况告知抵押权人,并应当采取措施防止损失的扩大。抵押的房地产因抵押人的行为造成损失使抵押房地产价值不足以作为履行债务的担保时,抵押权人有权要求抵押人重新提供或者增加担保以弥补不足。

抵押人对抵押房地产价值减少无过错的,抵押权人只能在抵押人因损害而得到的赔偿的范围内要求提供担保。抵押房地产价值未减少的部分,仍作为债务的担保。

第六章 抵押房地产的处分

第四十条 有下列情况之一的,抵押权人有权要求处分抵押的房地产:

(一)债务履行期满,抵押权人未受清偿的,债务人又未能与抵押权人达成延期履行协议的;

(二)抵押人死亡,或者被宣告死亡而无人代为履行到期债务的;或者抵押人的合法继承人、受遗赠人拒绝履行到期债务的;

(三)抵押人被依法宣告解散或者破产的;

(四)抵押人违反本办法的有关规定,擅自处分抵押房地产的;

(五)抵押合同约定的其他情况。

第四十一条 有本办法第四十条规定情况之一的,经抵押当事人协商可以通过拍卖等合法方式处分抵押房地产。协议不成的,抵押权人可以向人民法院提起诉讼。

第四十二条 抵押权人处分抵押房地产时,应当事先书面通知抵押人;抵押房地产为共有或者出租的,还应当同时书面通知共有人或承租人;在同等条件下,共有人或承租人依法享有优先购买权。

第四十三条 同一房地产设定两个以上抵押权时,以抵押登记的先后顺序受偿。

第四十四条 处分抵押房地产时,可以依法将土地上新增的房屋与抵押财产一同处分,但对处分新增房屋所得,抵押权人无权优先受偿。

第四十五条 以划拨方式取得的土地使用权连同地上建筑物设定的房地产抵押进行处分时,应当从处分所得的价款中缴纳相当于应当缴纳的土地使用权出让金的款额后,抵押权人方可优先受偿。

法律、法规另有规定的依照其规定。

第四十六条 抵押权人对抵押房地产的处分,因下列情况而中止:

(一)抵押权人请求中止的;

(二)抵押人申请愿意并证明能够及时履行债务,并经抵押权人同意的;

(三)发现被拍卖抵押物有权属争议的;

(四)诉讼或仲裁中的抵押房地产;

(五)其他应当中止的情况。

第四十七条 处分抵押房地产所得金额,依下列顺序分配:

(一)支付处分抵押房地产的费用;

(二)扣除抵押房地产应缴纳的税款;

(三)偿还抵押权人债权本息及支付违约金;

(四)赔偿由债务人违反合同而对抵押权人造成的损害;

(五)剩余金额交还抵押人。

处分抵押房地产所得金额不足以支付债务和违约金、赔偿金时,抵押权人有权向债务人追索不足部分。

第七章 法律责任

第四十八条 抵押人隐瞒抵押的房地产存在共有、产权争议或者被查封、扣押等情况的,抵押人应当承担由此产生的法律责任。

第四十九条 抵押人擅自以出售、出租、交换、赠与或者以其他方式处分抵押房地产的,其行为无效;造成第三人损失的,由抵押人予以赔偿。

第五十条 抵押当事人因履行抵押合同或者处分抵押房地产发生争议的,可以协商解决;协商不成的,抵押当事人可以根据双方达成的仲裁协议向仲裁机构申请仲裁;没有仲裁协议的,也可以直接向人民法院提起诉讼。

第五十一条 因国家建设需要,将已设定抵押权的房地产列入拆迁范围时,抵押人违反前述第三十八条的规定,不依法清理债务,也不重新设定抵押房地产的,抵押权人可以向人民法院提起诉讼。

第五十二条 登记机关工作人员玩忽职守、滥用职权,或者利用职务上的便利,索取他人财物,或者非法收受他人财物为他人谋取利益的，依法给予行政处分；构成犯罪的，依法追究刑事责任。

第八章　附　　则

第五十三条　在城市规划区外国有土地上进行房地产抵押活动的，参照本办法执行。

第五十四条　本办法由国务院建设行政主管部门负责解释。

第五十五条　本办法自1997年6月1日起施行。

农民住房财产权抵押贷款试点暂行办法

（2016年3月15日　银发〔2016〕78号）

第一条　为依法稳妥规范推进农民住房财产权抵押贷款试点，加大金融对"三农"的有效支持，保护借贷当事人合法权益，根据《国务院关于开展农村承包土地的经营权和农民住房财产权抵押贷款试点的指导意见》（国发〔2015〕45号）和《全国人民代表大会常务委员会关于授权国务院在北京市大兴区等232个试点县（市、区）、天津市蓟县等59个试点县（市、区）行政区域分别暂时调整实施有关法律规定的决定》等政策规定，制定本办法。

第二条　本办法所称农民住房财产权抵押贷款，是指在不改变宅基地所有权性质的前提下，以农民住房所有权及所占宅基地使用权作为抵押、由银行业金融机构（以下称贷款人）向符合条件的农民住房所有人（以下称借款人）发放的、在约定期限内还本付息的贷款。

第三条　本办法所称试点地区是指《全国人民代表大会常务委员会关于授权国务院在北京市大兴区等232个试点县（市、区）、天津市蓟县等59个试点县（市、区）行政区域分别暂时调整实施有关法律规定的决定》明确授权开展农民住房财产权抵押贷款试点的县（市、区）。

第四条　借款人以农民住房所有权及所占宅基地使用权作抵押申请贷款的，应同时符合以下条件：

（一）具有完全民事行为能力，无不良信用记录；

（二）用于抵押的房屋所有权及宅基地使用权没有权属争议，依法拥有政府相关主管部门颁发的权属证明，未列入征地拆迁范围；

（三）除用于抵押的农民住房外，借款人应有其他长期稳定居住场所，并能够提供相关证明材料；

（四）所在的集体经济组织书面同意宅基地使用权随农民住房一并抵押及处置。

以共有农民住房抵押的，还应当取得其他共有人的书面同意。

第五条　借款人获得的农民住房财产权抵押贷款，应当优先用于农业生产经营等贷款人认可的合法用途。

第六条　贷款人应当统筹考虑借款人信用状况、借款需求与偿还能力、用于抵押的房屋所有权及宅基地使用权价值等因素，合理自主确定农民住房财产权抵押贷款抵押率和实际贷款额度。鼓励贷款人对诚实守信、有财政贴息、农业保险或农民住房保险等增信手段支持的借款人，适当提高贷款抵押率。

第七条　贷款人应参考人民银行公布的同期同档次基准利率，结合借款人的实际情况合理自主确定农民住房财产权抵押贷款的利率。

第八条　贷款人应综合考虑借款人的年龄、贷款金额、贷款用途、还款能力和用于抵押的农民住房及宅基地状况等因素合理自主确定贷款期限。

第九条　借贷双方可采取委托第三方房地产评估机构评估、贷款人自评估或者双方协商等方式，公平、公正、客观地确定房屋所有权及宅基地使用权价值。

第十条　鼓励贷款人因地制宜，针对借款人需求积极创新信贷产品和服务方式，简化贷款手续，加强贷款风险控制，全面提高贷款服务质量和效率。在农民住房财产权抵押合同约定的贷款利率之外不得另外或变相增加其他借款费用。

第十一条　借贷双方要按试点地区规定，在试点地区政府确定的不动产登记机构办理房屋所有权及宅基地使用权抵押登记。

第十二条　因借款人不履行到期债务，或者按借贷双方约定的情形需要依法行使抵押权的，贷款人应当结合试点地区实际情况，配合试点地区政府在保障农民基本居住权的前提下，通过贷款重组、按序清偿、房产变卖或拍卖等多种方式处置抵押物，抵押物处置收益应由贷款人优先受偿。变卖或拍卖抵押的农民住房，受让人范围原则上应限制在相关法律法规和国务院规定的范围内。

第十三条　试点地区政府要加快推进行政辖区内房屋所有权及宅基地使用权调查确权登记颁证工作，积极组织做好集体建设用地基准地价制定、价值评估、抵押物处置机制等配套工作。

第十四条　鼓励试点地区政府设立农民住房财产权抵押贷款风险补偿基金，用于分担自然灾害等不可抗力造成的贷款损失和保障抵押物处置期间农民基本居住权益，或根据地方财力对农民住房财产权抵押贷款给予适当贴息，增强贷款人放贷激励。

第十五条　鼓励试点地区通过政府性担保公司提供担保的方式，为农民住房财产权抵押贷款主体融资增信。

第十六条　试点地区人民银行分支机构要对开展农民住房财产权抵押贷款业务取得良好效果的贷款人加大支农再贷

款支持力度。

第十七条 银行业监督管理机构要统筹研究，合理确定农民住房财产权抵押贷款的风险权重、资本计提、贷款分类等方面的计算规则和激励政策，支持金融机构开展农民住房财产权抵押贷款业务。

第十八条 保险监督管理机构要加快完善农业保险和农民住房保险政策，通过探索开展农民住房财产权抵押贷款保证保险业务等多种方式，为借款人提供增信支持。

第十九条 各试点地区试点工作小组要加强统筹协调，靠实职责分工，扎实做好辖内试点组织实施、跟踪指导和总结评估。试点期间各省年末形成年度试点总结报告，要于每年1月底前(遇节假日顺延)以省级人民政府名义送试点指导小组。

第二十条 人民银行分支机构会同银行业监督管理机构等部门加强试点监测、业务指导和评估总结。试点县(市、区)应提交季度总结报告和政策建议，由人民银行副省级城市中心支行以上分支机构会同银监局汇总于季后20个工作日内报送试点指导小组办公室，印送指导小组各成员单位。

第二十一条 各银行业金融机构可根据本办法有关规定制定农民住房财产权抵押贷款管理制度及实施细则，并抄报人民银行和银行业监督管理机构。

第二十二条 对于以农民住房财产权为他人贷款提供担保的，可参照本办法执行。

第二十三条 本办法由人民银行、银监会会同试点指导小组相关成员单位负责解释。

第二十四条 本办法自发布之日起施行。

建设部关于个人住房抵押贷款证券化涉及的抵押权变更登记有关问题的试行通知

(2005年5月16日 建住房〔2005〕77号)

各省、自治区建设厅，直辖市房地局(建委)，新疆生产建设兵团建设局：

国务院已经批准个人住房抵押贷款证券化试点方案。为配合做好个人住房抵押贷款证券化试点工作，根据《中华人民共和国担保法》、《中华人民共和国城市房地产管理法》和《城市房地产抵押管理办法》(建设部令第98号)的有关规定，现就个人住房抵押贷款证券化涉及的抵押权变更登记的条件、程序和时限等问题，通知如下：

一、金融机构发放或持有个人住房贷款，借款人以住房抵押给金融机构作为偿还借款担保，并依法到房地产管理部门办理了抵押登记的住房抵押权，随主债权一同转让的，可以申请办理住房抵押权变更登记。

二、有下列情形之一的，可以按照本通知的规定，批量办理个人住房抵押权变更登记：

(一)金融机构与依法设立的信托投资公司或中国银监会批准的其他机构按照有关规定，以个人住房抵押贷款证券化为目的设立信托时，需要将金融机构发放或持有的个人住房抵押贷款债权及相应的住房抵押权批量转让给受托机构的；

(二)前述特定目的信托存续期间，金融机构根据合同的约定进行债权回购，或受托机构发生更换的。

三、批量办理个人住房抵押权变更登记的，由个人住房抵押权转让人和受让人共同申请。

四、申请批量办理个人住房抵押权变更登记的，应当提供以下资料：

(一)抵押权变更登记申请表；

(二)规定了个人住房贷款抵押权转让事项的合同或相关协议；

(三)经批准的个人住房抵押贷款证券化方案(复印件)；

(四)拟转让的个人住房抵押权清单和相应的《房屋他项权证》；

(五)个人住房抵押权转让人和受让人的营业执照(复印件)。

拟转让的个人住房抵押权清单应载明抵押房产坐落、抵押人、借款期限、房屋所有权证号、他项权证号等项目，并加盖抵押权转让双方当事人的印章。

五、申请个人住房抵押权变更登记，资料齐全的，房地产管理部门应当在3日内决定受理，并出具受理通知书；资料不齐全的，房地产管理部门应当及时通知申请人补齐，以申请人补齐资料之日作为受理日。

六、房地产管理部门应当对申请人提交的资料进行审核。

凡资料齐全、与权属登记信息一致、抵押物不存在权利限制或权利负担的，予以登记，即将个人住房抵押权变更的情况逐一记载在房屋权属登记管理信息系统和纸介质的权属登记信息的相应记录中。抵押权以权属登记信息为准，原则上不再颁发新的《房屋他项权证》。

抵押物存在权利限制或权利负担的，暂不登记，并告知申请人。申请人仍书面要求办理的，可以办理；申请人要求替换的，应当允许。

个人住房抵押权清单中项目不齐或与权属登记信息不一致的，不予登记，并在规定时限内书面说明理由。

七、个人住房抵押贷款证券化是一项金融创新业务，其住房抵押权转让具有特殊性。房地产管理部门办理批量个人住房抵押权变更登记时，只对抵押权人做变更处理，其他登记事项不作变更。

八、批量办理个人住房抵押权变更登记，以一份他项权证或一笔抵押登记为一起业务计算，一次受理200起以下的，5

个工作日内完成；200 起以上的，可适当增加工作日，但最长不得超过 15 日。

九、房地产管理部门要加快房屋权属登记信息化建设，向社会公众提供高效、便捷的登记信息查询服务。

各地在执行中有什么具体问题，请及时向我部住宅与房地产业司反映。

建设部、中国人民银行、中国银行业监督管理委员会关于规范与银行信贷业务相关的房地产抵押估价管理有关问题的通知

（2006 年 1 月 13 日 建住房〔2006〕8 号）

各省、自治区建设厅，直辖市房地局（建委），中国人民银行各分行、营业管理部、各省会（自治区首府）城市中心支行、副省级城市中心支行，各银监局，各国有商业银行、股份制商业银行：

为了加强房地产抵押估价管理，防范房地产信贷风险，维护房地产抵押当事人的合法权益，根据有关法律法规，现就有关问题通知如下：

一、房地产管理部门要建立和完善房地产估价机构、注册房地产估价师信用档案，完善商品房预售合同登记备案、房屋权属登记等信息系统，为公众提供便捷的查询服务。

房屋权属档案和有关原始凭证的查阅，按照《城市房地产权属档案管理办法》的有关规定办理。

二、商业银行在发放房地产抵押贷款前，应当确定房地产抵押价值。房地产抵押价值由抵押当事人协商议定，或者由房地产估价机构进行评估。

房地产抵押价值由抵押当事人协商议定的，应当向房地产管理部门提供确定房地产抵押价值的书面协议；由房地产估价机构评估的，应当向房地产管理部门提供房地产抵押估价报告。

房地产管理部门不得要求抵押当事人委托评估房地产抵押价值，不得指定房地产估价机构评估房地产抵押价值。

三、房地产抵押估价原则上由商业银行委托，但商业银行与借款人另有约定的，从其约定。估价费用由委托人承担。

四、房地产估价机构的选用，由商业银行内信贷决策以外的部门，按照公正、公开、透明的原则，择优决定。

商业银行内部对房地产抵押价值进行审核的人员，应当具备房地产估价专业知识和技能，不得参与信贷决策。

房地产估价机构的选用办法由商业银行制定。

五、商业银行及其工作人员不得以任何形式向房地产估价机构收取中间业务费、业务协作费、回扣以及具有类似性质的不合理或非法费用。

六、任何单位和个人不得非法干预房地产抵押估价活动和估价结果。

七、房地产估价机构应当坚持独立、客观、公正的原则，严格执行房地产估价规范和标准，不得以迎合高估或者低估要求、给予“回扣”、恶意压低收费等不正当方式承揽房地产抵押估价业务。

八、商业银行应当加强对已抵押房地产市场价格变化的监测，及时掌握抵押价值变化情况。可以委托房地产估价机构定期或者在市场价格变化较快时，评估房地产抵押价值。

处置抵押房地产前，应当委托房地产估价机构进行评估，了解房地产的市场价值。

九、房地产管理部门要定期对房地产估价报告进行抽检，对有高估或低估等禁止行为的房地产估价机构和注册房地产估价师，要依法严肃查处，并记入其信用档案，向社会公示。

十、房地产抵押价值评估应当按照《房地产抵押估价指导意见》的要求进行。

十一、违反本通知规定的，由相关部门按照有关规定进行查处，并依法追究有关责任人的责任。

附：《房地产抵押估价指导意见》

房地产抵押估价指导意见

第一条 为了规范房地产抵押估价行为，保证房地产抵押估价质量，维护房地产抵押当事人的合法权益，防范房地产信贷风险，根据《中华人民共和国城市房地产管理法》、《中华人民共和国担保法》以及《房地产估价规范》、《商业银行房地产贷款风险管理指引》，制定本意见。

第二条 本意见适用于各类房地产抵押估价活动。

第三条 本意见所称房地产抵押估价，是指为确定房地产抵押贷款额度提供价值参考依据，对房地产抵押价值进行分析、估算和判定的活动。

第四条 房地产抵押价值为抵押房地产在估价时点的市场价值，等于假定未设立法定优先受偿权利下的市场价值减去房地产估价师知悉的法定优先受偿款。

本意见所称抵押房地产，包括拟抵押房地产和已抵押房地产。

法定优先受偿款是指假定在估价时点实现抵押权时，法律规定优先于本次抵押贷款受偿的款额，包括发包人拖欠承包人的建筑工程价款，已抵押担保的债权数额，以及其他法定优先受偿款。

第五条 房地产抵押估价应当遵守独立、客观、公正、合法、谨慎的原则。

第六条 房地产估价机构、房地产估价人员与房地产抵押当事人有利害关系或者是房地产抵押当事人的，应当回避。

第七条 从事房地产抵押估价的房地产估价师,应当具备相关金融专业知识和相应的房地产市场分析能力。

第八条 委托人应当向房地产估价机构如实提供房地产抵押估价所必需的情况和资料,并对所提供情况和资料的真实性、合法性和完整性负责。

房地产估价师应当勤勉尽责,了解抵押房地产的法定优先受偿权利等情况;必要时,应当对委托人提供的有关情况和资料进行核查。

第九条 房地产抵押估价目的,应当表述为"为确定房地产抵押贷款额度提供参考依据而评估房地产抵押价值"。

第十条 房地产抵押估价时点,原则上为完成估价对象实地查勘之日,但估价委托合同另有约定的除外。

估价时点不是完成实地查勘之日的,应当在"估价的假设和限制条件"中假定估价对象在估价时点的状况与在完成实地查勘之日的状况一致,并在估价报告中提醒估价报告使用者注意。

第十一条 法律、法规规定不得抵押的房地产,不应作为抵押估价对象。

第十二条 房地产抵押估价报告应当全面、详细地界定估价对象的范围和在估价时点的法定用途、实际用途以及区位、实物、权益状况。

第十三条 房地产估价师了解估价对象在估价时点是否存在法定优先受偿权利等情况的,房地产抵押相关当事人应当协助。

法定优先受偿权利等情况的书面查询资料和调查记录,应当作为估价报告的附件。

第十四条 房地产估价师应当对估价对象进行实地查勘,将估价对象现状与相关权属证明材料上记载的内容逐一进行对照,全面、细致地了解估价对象,做好实地查勘记录,拍摄能够反映估价对象外观、内部状况和周围环境、景观的照片。

内外部状况照片应当作为估价报告的附件。由于各种原因不能拍摄内外部状况照片的,应当在估价报告中予以披露。

实地查勘记录应当作为估价档案资料妥善保管。

第十五条 在存在不确定因素的情况下,房地产估价师作出估价相关判断时,应当保持必要的谨慎,充分估计抵押房地产在处置时可能受到的限制、未来可能发生的风险和损失,不高估市场价值,不低估知悉的法定优先受偿款,并在估价报告中作出必要的风险提示。

在运用市场比较法估价时,不应选取成交价格明显高于市场价格的交易实例作为可比实例,并应当对可比实例进行必要的实地查勘。

在运用成本法估价时,不应高估土地取得成本、开发成本、有关费税和利润,不应低估折旧。

在运用收益法估价时,不应高估收入或者低估运营费用,选取的报酬率或者资本化率不应偏低。

在运用假设开发法估价时,不应高估未来开发完成后的价值,不应低估开发成本、有关费税和利润。

房地产估价行业组织已公布报酬率、资本化率、利润率等估价参数值的,应当优先选用;不选用的,应当在估价报告中说明理由。

第十六条 估价对象的土地使用权是以划拨方式取得的,应当选择下列方式之一评估其抵押价值:

(一)直接评估在划拨土地使用权下的市场价值;

(二)评估假设在出让土地使用权下的市场价值,然后扣除划拨土地使用权应缴纳的土地使用权出让金或者相当于土地使用权出让金的价款。

选择上述方式评估抵押价值,均应当在估价报告中注明划拨土地使用权应缴纳的土地使用权出让金或者相当于土地使用权出让金价款的数额。该数额按照当地政府规定的标准测算;当地政府没有规定的,参照类似房地产已缴纳的标准估算。

第十七条 评估在建工程的抵押价值时,在建工程发包人与承包人应当出具在估价时点是否存在拖欠建筑工程价款的书面说明;存在拖欠建筑工程价款的,应当以书面形式提供拖欠的数额。

第十八条 房地产估价师知悉估价对象已设定抵押权的,应当在估价报告中披露已抵押及其担保的债权情况。

第十九条 房地产估价师不得滥用假设和限制条件,应当针对房地产抵押估价业务的具体情况,在估价报告中合理且有依据地明确相关假设和限制条件。

已作为假设和限制条件,对估价结果有重大影响的因素,应当在估价报告中予以披露,并说明其对估价结果可能产生的影响。

第二十条 房地产抵押估价报告应当包含估价的依据、原则、方法、相关数据来源与确定、相关参数选取与运用、主要计算过程等必要信息,使委托人和估价报告使用者了解估价对象的范围,合理理解估价结果。

第二十一条 房地产抵押估价报告应当确定估价对象的抵押价值,并分别说明假定未设立法定优先受偿权利下的市场价值,以及房地产估价师知悉的各项法定优先受偿款。

第二十二条 房地产抵押估价报告应当向估价报告使用者作如下提示:

(一)估价对象状况和房地产市场状况因时间变化对房地产抵押价值可能产生的影响;

(二)在抵押期间可能产生的房地产信贷风险关注点;

(三)合理使用评估价值;

(四)定期或者在房地产市场价格变化较快时对房地产抵押价值进行再评估。

第二十三条 房地产抵押估价应当关注房地产抵押价值

未来下跌的风险,对预期可能导致房地产抵押价值下跌的因素予以分析和说明。

在评估续贷房地产的抵押价值时,应当对房地产市场已经发生的变化予以充分考虑和说明。

第二十四条 房地产抵押估价报告应当包括估价对象的变现能力分析。

变现能力是指假定在估价时点实现抵押权时,在没有过多损失的条件下,将抵押房地产 转换为现金的可能性。

变现能力分析应当包括抵押房地产的通用性、独立使用性或者可分割转让性,假定在估价时点拍卖或者变卖时最可能实现的价格与评估的市场价值的差异程度,变现的时间长短以及费用、税金的种类、数额和清偿顺序。

第二十五条 在处置房地产时,应当评估房地产的公开市场价值,同时给出快速变现价值意见及其理由。

第二十六条 估价报告应用有效期从估价报告出具之日起计,不得超过一年;房地产估价师预计估价对象的市场价格将有较大变化的,应当缩短估价报告应用有效期。

超过估价报告应用有效期使用估价报告的,相关责任由使用者承担。在估价报告应用有效期内使用估价报告的,相关责任由出具估价报告的估价机构承担,但使用者不当使用的除外。

第二十七条 房地产抵押估价报告的名称,应当为"房地产抵押估价报告",由房地产估价机构出具,加盖房地产估价机构公章,并有至少二名专职注册房地产估价师签字。

第二十八条 在房地产抵押估价活动中,本意见未作规定的事宜,应当按照《房地产估价规范》执行。

第二十九条 本意见由中国房地产估价师与房地产经纪人学会负责解释。

第三十条 本意见自2006年3月1日起施行。

最高人民法院关于人民法院网络司法拍卖若干问题的规定

(2016年8月2日法释〔2016〕18号公布 自2017年1月1日起施行)

为了规范网络司法拍卖行为,保障网络司法拍卖公开、公平、公正、安全、高效,维护当事人的合法权益,根据《中华人民共和国民事诉讼法》等法律的规定,结合人民法院执行工作的实际,制定本规定。

第一条 本规定所称的网络司法拍卖,是指人民法院依法通过互联网拍卖平台,以网络电子竞价方式公开处置财产的行为。

第二条 人民法院以拍卖方式处置财产的,应当采取网络司法拍卖方式,但法律、行政法规和司法解释规定必须通过其他途径处置,或者不宜采用网络拍卖方式处置的除外。

第三条 网络司法拍卖应当在互联网拍卖平台上向社会全程公开,接受社会监督。

第四条 最高人民法院建立全国性网络服务提供者名单库。网络服务提供者申请纳入名单库的,其提供的网络司法拍卖平台应当符合下列条件:

(一)具备全面展示司法拍卖信息的界面;

(二)具备本规定要求的信息公示、网上报名、竞价、结算等功能;

(三)具有信息共享、功能齐全、技术拓展等功能的独立系统;

(四)程序运作规范、系统安全高效、服务优质价廉;

(五)在全国具有较高的知名度和广泛的社会参与度。

最高人民法院组成专门的评审委员会,负责网络服务提供者的选定、评审和除名。最高人民法院每年引入第三方评估机构对已纳入和新申请纳入名单库的网络服务提供者予以评审并公布结果。

第五条 网络服务提供者由申请执行人从名单库中选择;未选择或者多个申请执行人的选择不一致的,由人民法院指定。

第六条 实施网络司法拍卖的,人民法院应当履行下列职责:

(一)制作、发布拍卖公告;

(二)查明拍卖财产现状、权利负担等内容,并予以说明;

(三)确定拍卖保留价、保证金的数额、税费负担等;

(四)确定保证金、拍卖款项等支付方式;

(五)通知当事人和优先购买权人;

(六)制作拍卖成交裁定;

(七)办理财产交付和出具财产权证照转移协助执行通知书;

(八)开设网络司法拍卖专用账户;

(九)其他依法由人民法院履行的职责。

第七条 实施网络司法拍卖的,人民法院可以将下列拍卖辅助工作委托社会机构或者组织承担:

(一)制作拍卖财产的文字说明及视频或者照片等资料;

(二)展示拍卖财产,接受咨询,引领查看,封存样品等;

(三)拍卖财产的鉴定、检验、评估、审计、仓储、保管、运输等;

(四)其他可以委托的拍卖辅助工作。

社会机构或者组织承担网络司法拍卖辅助工作所支出的必要费用由被执行人承担。

第八条 实施网络司法拍卖的,下列事项应当由网络服务提供者承担:

(一)提供符合法律、行政法规和司法解释规定的网络司法拍卖平台,并保障安全正常运行;

（二）提供安全便捷配套的电子支付对接系统；

（三）全面、及时展示人民法院及其委托的社会机构或者组织提供的拍卖信息；

（四）保证拍卖全程的信息数据真实、准确、完整和安全；

（五）其他应当由网络服务提供者承担的工作。

网络服务提供者不得在拍卖程序中设置阻碍适格竞买人报名、参拍、竞价以及监视竞买人信息等后台操控功能。

网络服务提供者提供的服务无正当理由不得中断。

第九条 网络司法拍卖服务提供者从事与网络司法拍卖相关的行为，应当接受人民法院的管理、监督和指导。

第十条 网络司法拍卖应当确定保留价，拍卖保留价即为起拍价。

起拍价由人民法院参照评估价确定；未作评估的，参照市价确定，并征询当事人意见。起拍价不得低于评估价或者市价的百分之七十。

第十一条 网络司法拍卖不限制竞买人数量。一人参与竞拍，出价不低于起拍价的，拍卖成交。

第十二条 网络司法拍卖应当先期公告，拍卖公告除通过法定途径发布外，还应同时在网络司法拍卖平台发布。拍卖动产的，应当在拍卖十五日前公告；拍卖不动产或者其他财产权的，应当在拍卖三十日前公告。

拍卖公告应当包括拍卖财产、价格、保证金、竞买人条件、拍卖财产已知瑕疵、相关权利义务、法律责任、拍卖时间、网络平台和拍卖法院等信息。

第十三条 实施网络司法拍卖的，人民法院应当在拍卖公告发布当日通过网络司法拍卖平台公示下列信息：

（一）拍卖公告；

（二）执行所依据的法律文书，但法律规定不得公开的除外；

（三）评估报告副本，或者未经评估的定价依据；

（四）拍卖时间、起拍价以及竞价规则；

（五）拍卖财产权属、占有使用、附随义务等现状的文字说明、视频或者照片等；

（六）优先购买权主体以及权利性质；

（七）通知或者无法通知当事人、已知优先购买权人的情况；

（八）拍卖保证金、拍卖款项支付方式和账户；

（九）拍卖财产产权转移可能产生的税费及承担方式；

（十）执行法院名称，联系、监督方式等；

（十一）其他应当公示的信息。

第十四条 实施网络司法拍卖的，人民法院应当在拍卖公告发布当日通过网络司法拍卖平台对下列事项予以特别提示：

（一）竞买人应当具备完全民事行为能力，法律、行政法规和司法解释对买受人资格或者条件有特殊规定的，竞买人应当具备规定的资格或者条件；

（二）委托他人代为竞买的，应当在竞价程序开始前经人民法院确认，并通知网络服务提供者；

（三）拍卖财产已知瑕疵和权利负担；

（四）拍卖财产以实物现状为准，竞买人可以申请实地看样；

（五）竞买人决定参与竞买的，视为对拍卖财产完全了解，并接受拍卖财产一切已知和未知瑕疵；

（六）载明买受人真实身份的拍卖成交确认书在网络司法拍卖平台上公示；

（七）买受人悔拍后保证金不予退还。

第十五条 被执行人应当提供拍卖财产品质的有关资料和说明。

人民法院已按本规定第十三条、第十四条的要求予以公示和特别提示，且在拍卖公告中声明不能保证拍卖财产真伪或者品质的，不承担瑕疵担保责任。

第十六条 网络司法拍卖的事项应当在拍卖公告发布三日前以书面或者其他能够确认收悉的合理方式，通知当事人、已知优先购买权人。权利人书面明确放弃权利的，可以不通知。无法通知的，应当在网络司法拍卖平台公示并说明无法通知的理由，公示满五日视为已经通知。

优先购买权人经通知未参与竞买的，视为放弃优先购买权。

第十七条 保证金数额由人民法院在起拍价的百分之五至百分之二十范围内确定。

竞买人应当在参加拍卖前以实名交纳保证金，未交纳的，不得参加竞买。申请执行人参加竞买的，可以不交保证金；但债权数额小于保证金数额的按差额部分交纳。

交纳保证金，竞买人可以向人民法院指定的账户交纳，也可以由网络服务提供者在其提供的支付系统中对竞买人的相应款项予以冻结。

第十八条 竞买人在拍卖竞价程序结束前交纳保证金经人民法院或者网络服务提供者确认后，取得竞买资格。网络服务提供者应当向取得资格的竞买人赋予竞买代码、参拍密码；竞买人以该代码参与竞买。

网络司法拍卖竞价程序结束前，人民法院及网络服务提供者对竞买人以及其他能够确认竞买人真实身份的信息、密码等，应当予以保密。

第十九条 优先购买权人经人民法院确认后，取得优先竞买资格以及优先竞买代码、参拍密码，并以优先竞买代码参与竞买；未经确认的，不得以优先购买权人身份参与竞买。

顺序不同的优先购买权人申请参与竞买的，人民法院应当确认其顺序，赋予不同顺序的优先竞买代码。

第二十条 网络司法拍卖从起拍价开始以递增出价方式竞价，增价幅度由人民法院确定。竞买人以低于起拍价出价的无效。

网络司法拍卖的竞价时间应当不少于二十四小时。竞价程序结束前五分钟内无人出价的，最后出价即为成交价；有出价的，竞价时间自该出价时点顺延五分钟。竞买人的出价时间以进入网络司法拍卖平台服务系统的时间为准。

竞买代码及其出价信息应当在网络竞买页面实时显示，并储存、显示竞价全程。

第二十一条 优先购买权人参与竞买的，可以与其他竞买人以相同的价格出价，没有更高出价的，拍卖财产由优先购买权人竞得。

顺序不同的优先购买权人以相同价格出价的，拍卖财产由顺序在先的优先购买权人竞得。

顺序相同的优先购买权人以相同价格出价的，拍卖财产由出价在先的优先购买权人竞得。

第二十二条 网络司法拍卖成交的，由网络司法拍卖平台以买受人的真实身份自动生成确认书并公示。

拍卖财产所有权自拍卖成交裁定送达买受人时转移。

第二十三条 拍卖成交后，买受人交纳的保证金可以充抵价款；其他竞买人交纳的保证金应当在竞价程序结束后二十四小时内退还或者解冻。拍卖未成交的，竞买人交纳的保证金应当在竞价程序结束后二十四小时内退还或者解冻。

第二十四条 拍卖成交后买受人悔拍的，交纳的保证金不予退还，依次用于支付拍卖产生的费用损失、弥补重新拍卖价款低于原拍卖价款的差价、冲抵本案被执行人的债务以及与拍卖财产相关的被执行人的债务。

悔拍后重新拍卖的，原买受人不得参加竞买。

第二十五条 拍卖成交后，买受人应当在拍卖公告确定的期限内将剩余价款交付人民法院指定账户。拍卖成交后二十四小时内，网络服务提供者应当将冻结的买受人交纳的保证金划入人民法院指定账户。

第二十六条 网络司法拍卖竞价期间无人出价的，本次拍卖流拍。流拍后应当在三十日内在同一网络司法拍卖平台再次拍卖，拍卖动产的应当在拍卖七日前公告；拍卖不动产或者其他财产权的应当在拍卖十五日前公告。再次拍卖的起拍价降价幅度不得超过前次起拍价的百分之二十。

再次拍卖流拍的，可以依法在同一网络司法拍卖平台变卖。

第二十七条 起拍价及其降价幅度、竞价增价幅度、保证金数额和优先购买权人竞买资格及其顺序等事项，应当由人民法院依法组成合议庭评议确定。

第二十八条 网络司法拍卖竞价程序中，有依法应当暂缓、中止执行等情形的，人民法院应当决定暂缓或者裁定中止拍卖；人民法院可以自行或者通知网络服务提供者停止拍卖。

网络服务提供者发现系统故障、安全隐患等紧急情况的，可以先行暂缓拍卖，并立即报告人民法院。

暂缓或者中止拍卖的，应当及时在网络司法拍卖平台公告原因或者理由。

暂缓拍卖期限届满或者中止拍卖的事由消失后，需要继续拍卖的，应当在五日内恢复拍卖。

第二十九条 网络服务提供者对拍卖形成的电子数据，应当完整保存不少于十年，但法律、行政法规另有规定的除外。

第三十条 因网络司法拍卖本身形成的税费，应当依照相关法律、行政法规的规定，由相应主体承担；没有规定或者规定不明的，人民法院可以根据法律原则和案件实际情况确定税费承担的相关主体、数额。

第三十一条 当事人、利害关系人提出异议请求撤销网络司法拍卖，符合下列情形之一的，人民法院应当支持：

（一）由于拍卖财产的文字说明、视频或者照片展示以及瑕疵说明严重失实，致使买受人产生重大误解，购买目的无法实现的，但拍卖时的技术水平不能发现或者已经就相关瑕疵以及责任承担予以公示说明的除外；

（二）由于系统故障、病毒入侵、黑客攻击、数据错误等原因致使拍卖结果错误，严重损害当事人或者其他竞买人利益的；

（三）竞买人之间，竞买人与网络司法拍卖服务提供者之间恶意串通，损害当事人或者其他竞买人利益的；

（四）买受人不具备法律、行政法规和司法解释规定的竞买资格的；

（五）违法限制竞买人参加竞买或者对享有同等权利的竞买人规定不同竞买条件的；

（六）其他严重违反网络司法拍卖程序且损害当事人或者竞买人利益的情形。

第三十二条 网络司法拍卖被人民法院撤销，当事人、利害关系人、案外人认为人民法院的拍卖行为违法致使其合法权益遭受损害的，可以依法申请国家赔偿；认为其他主体的行为违法致使其合法权益遭受损害的，可以另行提起诉讼。

第三十三条 当事人、利害关系人、案外人认为网络司法拍卖服务提供者的行为违法致使其合法权益遭受损害的，可以另行提起诉讼；理由成立的，人民法院应当支持，但具有法定免责事由的除外。

第三十四条 实施网络司法拍卖的，下列机构和人员不得竞买并不得委托他人代为竞买与其行为相关的拍卖财产：

（一）负责执行的人民法院；

（二）网络服务提供者；

（三）承担拍卖辅助工作的社会机构或者组织；

（四）第（一）至（三）项规定主体的工作人员及其近亲属。

第三十五条 网络服务提供者有下列情形之一的，应当将其从名单库中除名：

（一）存在违反本规定第八条第二款规定操控拍卖程序、修改拍卖信息等行为的；

（二）存在恶意串通、弄虚作假、泄漏保密信息等行为的；

（三）因违反法律、行政法规和司法解释等规定受到处罚，不适于继续从事网络司法拍卖的；

（四）存在违反本规定第三十四条规定行为的；

（五）其他应当除名的情形。

网络服务提供者有前款规定情形之一，人民法院可以依照《中华人民共和国民事诉讼法》的相关规定予以处理。

第三十六条 当事人、利害关系人认为网络司法拍卖行为违法侵害其合法权益的，可以提出执行异议。异议、复议期间，人民法院可以决定暂缓或者裁定中止拍卖。

案外人对网络司法拍卖的标的提出异议的，人民法院应当依据《中华人民共和国民事诉讼法》第二百二十七条及相关司法解释的规定处理，并决定暂缓或者裁定中止拍卖。

第三十七条 人民法院通过互联网平台以变卖方式处置财产的，参照本规定执行。

执行程序中委托拍卖机构通过互联网平台实施网络拍卖的，参照本规定执行。

本规定对网络司法拍卖行为没有规定的，适用其他有关司法拍卖的规定。

第三十八条 本规定自2017年1月1日起施行。施行前最高人民法院公布的司法解释和规范性文件与本规定不一致的，以本规定为准。

最高人民法院关于审理商品房买卖合同纠纷案件适用法律若干问题的解释

（2003年4月28日法释〔2003〕7号公布　自2003年6月1日起施行）

为正确、及时审理商品房买卖合同纠纷案件，根据《中华人民共和国民法通则》、《中华人民共和国合同法》、《中华人民共和国城市房地产管理法》、《中华人民共和国担保法》等相关法律，结合民事审判实践，制定本解释。

第一条 本解释所称的商品房买卖合同，是指房地产开发企业（以下统称为出卖人）将尚未建成或者已竣工的房屋向社会销售并转移房屋所有权于买受人，买受人支付价款的合同。

第二条 出卖人未取得商品房预售许可证明，与买受人订立的商品房预售合同，应当认定无效，但是在起诉前取得商品房预售许可证明的，可以认定有效。

第三条 商品房的销售广告和宣传资料为要约邀请，但是出卖人就商品房开发规划范围内的房屋及相关设施所作的说明和允诺具体确定，并对商品房买卖合同的订立以及房屋价格的确定有重大影响的，应当视为要约。该说明和允诺即使未载入商品房买卖合同，亦应当视为合同内容，当事人违反的，应当承担违约责任。

第四条 出卖人通过认购、订购、预订等方式向买受人收受定金作为订立商品房买卖合同担保的，如果因当事人一方原因未能订立商品房买卖合同，应当按照法律关于定金的规定处理；因不可归责于当事人双方的事由，导致商品房买卖合同未能订立的，出卖人应当将定金返还买受人。

第五条 商品房的认购、订购、预订等协议具备《商品房销售管理办法》第十六条规定的商品房买卖合同的主要内容，并且出卖人已经按照约定收受购房款的，该协议应当认定为商品房买卖合同。

第六条 当事人以商品房预售合同未按照法律、行政法规规定办理登记备案手续为由，请求确认合同无效的，不予支持。

当事人约定以办理登记备案手续为商品房预售合同生效条件的，从其约定，但当事人一方已经履行主要义务，对方接受的除外。

第七条 拆迁人与被拆迁人按照所有权调换形式订立拆迁补偿安置协议，明确约定拆迁人以位置、用途特定的房屋对被拆迁人予以补偿安置，如果拆迁人将该补偿安置房屋另行出卖给第三人，被拆迁人请求优先取得补偿安置房屋的，应予支持。

被拆迁人请求解除拆迁补偿安置协议的，按照本解释第八条的规定处理。

第八条 具有下列情形之一的，导致商品房买卖合同目的不能实现的，无法取得房屋的买受人可以请求解除合同、返还已付购房款及利息、赔偿损失，并可以请求出卖人承担不超过已付购房款一倍的赔偿责任：

（一）商品房买卖合同订立后，出卖人未告知买受人又将该房屋抵押给第三人；

（二）商品房买卖合同订立后，出卖人又将该房屋出卖给第三人。

第九条 出卖人订立商品房买卖合同时，具有下列情形之一，导致合同无效或者被撤销、解除的，买受人可以请求返还已付购房款及利息、赔偿损失，并可以请求出卖人承担不超过已付购房款一倍的赔偿责任：

（一）故意隐瞒没有取得商品房预售许可证明的事实或者提供虚假商品房预售许可证明；

（二）故意隐瞒所售房屋已经抵押的事实；

（三）故意隐瞒所售房屋已经出卖给第三人或者为拆迁补偿安置房屋的事实。

第十条 买受人以出卖人与第三人恶意串通，另行订立商品房买卖合同并将房屋交付使用，导致其无法取得房屋为由,请求确认出卖人与第三人订立的商品房买卖合同无效的,应予支持。

第十一条 对房屋的转移占有,视为房屋的交付使用,但当事人另有约定的除外。

房屋毁损、灭失的风险,在交付使用前由出卖人承担,交付使用后由买受人承担;买受人接到出卖人的书面交房通知,无正当理由拒绝接收的,房屋毁损、灭失的风险自书面交房通知确定的交付使用之日起由买受人承担,但法律另有规定或者当事人另有约定的除外。

第十二条 因房屋主体结构质量不合格不能交付使用,或者房屋交付使用后,房屋主体结构质量经核验确属不合格,买受人请求解除合同和赔偿损失的,应予支持。

第十三条 因房屋质量问题严重影响正常居住使用,买受人请求解除合同和赔偿损失的,应予支持。

交付使用的房屋存在质量问题,在保修期内,出卖人应当承担修复责任;出卖人拒绝修复或者在合理期限内拖延修复的,买受人可以自行或者委托他人修复。修复费用及修复期间造成的其他损失由出卖人承担。

第十四条 出卖人交付使用的房屋套内建筑面积或者建筑面积与商品房买卖合同约定面积不符,合同有约定的,按照约定处理;合同没有约定或者约定不明确的,按照以下原则处理:

(一)面积误差比绝对值在3%以内(含3%),按照合同约定的价格据实结算,买受人请求解除合同的,不予支持;

(二)面积误差比绝对值超出3%,买受人请求解除合同、返还已付购房款及利息的,应予支持。买受人同意继续履行合同,房屋实际面积大于合同约定面积的,面积误差比在3%以内(含3%)部分的房价款由买受人按照约定的价格补足,面积误差比超出3%部分的房价款由出卖人承担,所有权归买受人;房屋实际面积小于合同约定面积的,面积误差比在3%以内(含3%)部分的房价款及利息由出卖人返还买受人,面积误差比超过3%部分的房价款由出卖人双倍返还买受人。

第十五条 根据《合同法》第九十四条的规定,出卖人迟延交付房屋或者买受人迟延支付购房款,经催告后在三个月的合理期限内仍未履行,当事人一方请求解除合同的,应予支持,但当事人另有约定的除外。

法律没有规定或者当事人没有约定,经对方当事人催告后,解除权行使的合理期限为三个月。对方当事人没有催告的,解除权应当在解除权发生之日起一年内行使;逾期不行使的,解除权消灭。

第十六条 当事人以约定的违约金过高为由请求减少的,应当以违约金超过造成的损失30%为标准适当减少;当事人以约定的违约金低于造成的损失为由请求增加的,应当以违约造成的损失确定违约金数额。

第十七条 商品房买卖合同没有约定违约金数额或者损失赔偿额计算方法,违约金数额或者损失赔偿额可以参照以下标准确定:

逾期付款的,按照未付购房款总额,参照中国人民银行规定的金融机构计收逾期贷款利息的标准计算。

逾期交付使用房屋的,按照逾期交付使用房屋期间有关主管部门公布或者有资格的房地产评估机构评定的同地段同类房屋租金标准确定。

第十八条 由于出卖人的原因,买受人在下列期限届满未能取得房屋权属证书的,除当事人有特殊约定外,出卖人应当承担违约责任:

(一)商品房买卖合同约定的办理房屋所有权登记的期限;

(二)商品房买卖合同的标的物为尚未建成房屋的,自房屋交付使用之日起90日;

(三)商品房买卖合同的标的物为已竣工房屋的,自合同订立之日起90日。

合同没有约定违约金或者损失数额难以确定的,可以按照已付购房款总额,参照中国人民银行规定的金融机构计收逾期贷款利息的标准计算。

第十九条 商品房买卖合同约定或者《城市房地产开发经营管理条例》第三十三条规定的办理房屋所有权登记的期限届满后超过一年,由于出卖人的原因,导致买受人无法办理房屋所有权登记,买受人请求解除合同和赔偿损失的,应予支持。

第二十条 出卖人与包销人订立商品房包销合同,约定出卖人将其开发建设的房屋交由包销人以出卖人的名义销售的,包销期满未销售的房屋,由包销人按照合同约定的包销价格购买,但当事人另有约定的除外。

第二十一条 出卖人自行销售已经约定由包销人包销的房屋,包销人请求出卖人赔偿损失的,应予支持,但当事人另有约定的除外。

第二十二条 对于买受人因商品房买卖合同与出卖人发生的纠纷,人民法院应当通知包销人参加诉讼;出卖人、包销人和买受人对各自的权利义务有明确约定的,按照约定的内容确定各方的诉讼地位。

第二十三条 商品房买卖合同约定,买受人以担保贷款方式付款,因当事人一方原因未能订立商品房担保贷款合同并导致商品房买卖合同不能继续履行的,对方当事人可以请求解除合同和赔偿损失。因不可归责于当事人双方的事由未能订立商品房担保贷款合同并导致商品房买卖合同不能继续履行的,当事人可以请求解除合同,出卖人应当将收受的购房款本金及其利息或者定金返还买受人。

第二十四条 因商品房买卖合同被确认无效或者被撤销、解除,致使商品房担保贷款合同的目的无法实现,当事人请求解除商品房担保贷款合同的,应予支持。

第二十五条 以担保贷款为付款方式的商品房买卖合同的当事人一方请求确认商品房买卖合同无效或者撤销、解除合同的,如果担保权人作为有独立请求权第三人提出诉讼请求,应当与商品房担保贷款合同纠纷合并审理;未提出诉讼请求的,仅处理商品房买卖合同纠纷。担保权人就商品房担保贷款合同纠纷另行起诉的,可以与商品房买卖合同纠纷合并审理。

商品房买卖合同被确认无效或者被撤销、解除后,商品房担保贷款合同也被解除的,出卖人应当将收受的购房贷款和购房款的本金及利息分别返还担保权人和买受人。

第二十六条 买受人未按照商品房担保贷款合同的约定偿还贷款,亦未与担保权人办理商品房抵押登记手续,担保权人起诉买受人,请求处分商品房买卖合同项下买受人合同权利的,应当通知出卖人参加诉讼;担保权人同时起诉出卖人时,如果出卖人为商品房担保贷款合同提供保证的,应当列为共同被告。

第二十七条 买受人未按照商品房担保贷款合同的约定偿还贷款,但是已经取得房屋权属证书并与担保权人办理了商品房抵押登记手续,抵押权人请求买受人偿还贷款或者就抵押的房屋优先受偿的,不应当追加出卖人为当事人,但出卖人提供保证的除外。

第二十八条 本解释自2003年6月1日起施行。

《中华人民共和国城市房地产管理法》施行后订立的商品房买卖合同发生的纠纷案件,本解释公布施行后尚在一审、二审阶段的,适用本解释。

《中华人民共和国城市房地产管理法》施行后订立的商品房买卖合同发生的纠纷案件,在本解释公布施行前已经终审,当事人申请再审或者按照审判监督程序决定再审的,不适用本解释。

《中华人民共和国城市房地产管理法》施行前发生的商品房买卖行为,适用当时的法律、法规和《最高人民法院〈关于审理房地产管理法施行前房地产开发经营案件若干问题的解答〉》。

4. 住房公积金

住房公积金管理条例

(1999年4月3日中华人民共和国国务院令第262号发布 根据2002年3月24日《国务院关于修改〈住房公积金管理条例〉的决定》第一次修订 根据2019年3月24日《国务院关于修改部分行政法规的决定》第二次修订)

第一章 总 则

第一条 为了加强对住房公积金的管理,维护住房公积金所有者的合法权益,促进城镇住房建设,提高城镇居民的居住水平,制定本条例。

第二条 本条例适用于中华人民共和国境内住房公积金的缴存、提取、使用、管理和监督。

本条例所称住房公积金,是指国家机关、国有企业、城镇集体企业、外商投资企业、城镇私营企业及其他城镇企业、事业单位、民办非企业单位、社会团体(以下统称单位)及其在职职工缴存的长期住房储金。

第三条 职工个人缴存的住房公积金和职工所在单位为职工缴存的住房公积金,属于职工个人所有。

第四条 住房公积金的管理实行住房公积金管理委员会决策、住房公积金管理中心运作、银行专户存储、财政监督的原则。

第五条 住房公积金应当用于职工购买、建造、翻建、大修自住住房,任何单位和个人不得挪作他用。

第六条 住房公积金的存、贷利率由中国人民银行提出,经征求国务院建设行政主管部门的意见后,报国务院批准。

第七条 国务院建设行政主管部门会同国务院财政部门、中国人民银行拟定住房公积金政策,并监督执行。

省、自治区人民政府建设行政主管部门会同同级财政部门以及中国人民银行分支机构,负责本行政区域内住房公积金管理法规、政策执行情况的监督。

第二章 机构及其职责

第八条 直辖市和省、自治区人民政府所在地的市以及其他设区的市(地、州、盟),应当设立住房公积金管理委员会,作为住房公积金管理的决策机构。住房公积金管理委员会的成员中,人民政府负责人和建设、财政、人民银行等有关部门负责人以及有关专家占1/3,工会代表和职工代表占1/3,单位代表占1/3。

住房公积金管理委员会主任应当由具有社会公信力的人士担任。

第九条 住房公积金管理委员会在住房公积金管理方面履行下列职责:

(一)依据有关法律、法规和政策,制定和调整住房公积金的具体管理措施,并监督实施;

(二)根据本条例第十八条的规定,拟订住房公积金的具体缴存比例;

(三)确定住房公积金的最高贷款额度;

(四)审批住房公积金归集、使用计划;

(五)审议住房公积金增值收益分配方案;

(六)审批住房公积金归集、使用计划执行情况的报告。

第十条 直辖市和省、自治区人民政府所在地的市以及其他设区的市(地、州、盟)应当按照精简、效能的原则,设立一个住房公积金管理中心,负责住房公积金的管理运作。县(市)不设立住房公积金管理中心。

前款规定的住房公积金管理中心可以在有条件的县(市)设立分支机构。住房公积金管理中心与其分支机构应当实行统一的规章制度,进行统一核算。

住房公积金管理中心是直属城市人民政府的不以营利为目的的独立的事业单位。

第十一条　住房公积金管理中心履行下列职责:

(一)编制、执行住房公积金的归集、使用计划;

(二)负责记载职工住房公积金的缴存、提取、使用等情况;

(三)负责住房公积金的核算;

(四)审批住房公积金的提取、使用;

(五)负责住房公积金的保值和归还;

(六)编制住房公积金归集、使用计划执行情况的报告;

(七)承办住房公积金管理委员会决定的其他事项。

第十二条　住房公积金管理委员会应当按照中国人民银行的有关规定,指定受委托办理住房公积金金融业务的商业银行(以下简称受委托银行);住房公积金管理中心应当委托受委托银行办理住房公积金贷款、结算等金融业务和住房公积金账户的设立、缴存、归还等手续。

住房公积金管理中心应当与受委托银行签订委托合同。

第三章　缴　　存

第十三条　住房公积金管理中心应当在受委托银行设立住房公积金专户。

单位应当向住房公积金管理中心办理住房公积金缴存登记,并为本单位职工办理住房公积金账户设立手续。每个职工只能有一个住房公积金账户。

住房公积金管理中心应当建立职工住房公积金明细账,记载职工个人住房公积金的缴存、提取等情况。

第十四条　新设立的单位应当自设立之日起30日内向住房公积金管理中心办理住房公积金缴存登记,并自登记之日起20日内,为本单位职工办理住房公积金账户设立手续。

单位合并、分立、撤销、解散或者破产的,应当自发生上述情况之日起30日内由原单位或者清算组织向住房公积金管理中心办理变更登记或者注销登记,并自办妥变更登记或者注销登记之日起20日内,为本单位职工办理住房公积金账户转移或者封存手续。

第十五条　单位录用职工的,应当自录用之日起30日内向住房公积金管理中心办理缴存登记,并办理职工住房公积金账户的设立或者转移手续。

单位与职工终止劳动关系的,单位应当自劳动关系终止之日起30日内向住房公积金管理中心办理变更登记,并办理职工住房公积金账户转移或者封存手续。

第十六条　职工住房公积金的月缴存额为职工本人上一年度月平均工资乘以职工住房公积金缴存比例。

单位为职工缴存的住房公积金的月缴存额为职工本人上一年度月平均工资乘以单位住房公积金缴存比例。

第十七条　新参加工作的职工从参加工作的第二个月开始缴存住房公积金,月缴存额为职工本人当月工资乘以职工住房公积金缴存比例。

单位新调入的职工从调入单位发放工资之日起缴存住房公积金,月缴存额为职工本人当月工资乘以职工住房公积金缴存比例。

第十八条　职工和单位住房公积金的缴存比例均不得低于职工上一年度月平均工资的5%;有条件的城市,可以适当提高缴存比例。具体缴存比例由住房公积金管理委员会拟订,经本级人民政府审核后,报省、自治区、直辖市人民政府批准。

第十九条　职工个人缴存的住房公积金,由所在单位每月从其工资中代扣代缴。

单位应当于每月发放职工工资之日起5日内将单位缴存的和为职工代缴的住房公积金汇缴到住房公积金专户内,由受委托银行计入职工住房公积金账户。

第二十条　单位应当按时、足额缴存住房公积金,不得逾期缴存或者少缴。

对缴存住房公积金确有困难的单位,经本单位职工代表大会或者工会讨论通过,并经住房公积金管理中心审核,报住房公积金管理委员会批准后,可以降低缴存比例或者缓缴;待单位经济效益好转后,再提高缴存比例或者补缴缓缴。

第二十一条　住房公积金自存入职工住房公积金账户之日起按照国家规定的利率计息。

第二十二条　住房公积金管理中心应当为缴存住房公积金的职工发放缴存住房公积金的有效凭证。

第二十三条　单位为职工缴存的住房公积金,按照下列规定列支:

(一)机关在预算中列支;

(二)事业单位由财政部门核定收支后,在预算或者费用中列支;

(三)企业在成本中列支。

第四章　提取和使用

第二十四条　职工有下列情形之一的,可以提取职工住房公积金账户内的存储余额:

(一)购买、建造、翻建、大修自住住房的;

(二)离休、退休的;

(三)完全丧失劳动能力,并与单位终止劳动关系的;

(四)出境定居的;

(五)偿还购房贷款本息的;

(六)房租超出家庭工资收入的规定比例的。

依照前款第(二)、(三)、(四)项规定,提取职工住房公积金的，应当同时注销职工住房公积金账户。

职工死亡或者被宣告死亡的，职工的继承人、受遗赠人可以提取职工住房公积金账户内的存储余额；无继承人也无受遗赠人的，职工住房公积金账户内的存储余额纳入住房公积金的增值收益。

第二十五条 职工提取住房公积金账户内的存储余额的，所在单位应当予以核实，并出具提取证明。

职工应当持提取证明向住房公积金管理中心申请提取住房公积金。住房公积金管理中心应当自受理申请之日起3日内作出准予提取或者不准提取的决定，并通知申请人；准予提取的，由受委托银行办理支付手续。

第二十六条 缴存住房公积金的职工，在购买、建造、翻建、大修自住住房时，可以向住房公积金管理中心申请住房公积金贷款。

住房公积金管理中心应当自受理申请之日起15日内作出准予贷款或者不准贷款的决定，并通知申请人；准予贷款的，由受委托银行办理贷款手续。

住房公积金贷款的风险，由住房公积金管理中心承担。

第二十七条 申请人申请住房公积金贷款的，应当提供担保。

第二十八条 住房公积金管理中心在保证住房公积金提取和贷款的前提下，经住房公积金管理委员会批准，可以将住房公积金用于购买国债。

住房公积金管理中心不得向他人提供担保。

第二十九条 住房公积金的增值收益应当存入住房公积金管理中心在受委托银行开立的住房公积金增值收益专户，用于建立住房公积金贷款风险准备金、住房公积金管理中心的管理费用和建设城市廉租住房的补充资金。

第三十条 住房公积金管理中心的管理费用，由住房公积金管理中心按照规定的标准编制全年预算支出总额，报本级人民政府财政部门批准后，从住房公积金增值收益中上交本级财政，由本级财政拨付。

住房公积金管理中心的管理费用标准，由省、自治区、直辖市人民政府建设行政主管部门会同同级财政部门按照略高于国家规定的事业单位费用标准制定。

第五章 监 督

第三十一条 地方有关人民政府财政部门应当加强对本行政区域内住房公积金归集、提取和使用情况的监督，并向本级人民政府的住房公积金管理委员会通报。

住房公积金管理中心在编制住房公积金归集、使用计划时，应当征求财政部门的意见。

住房公积金管理委员会在审批住房公积金归集、使用计划和计划执行情况的报告时，必须有财政部门参加。

第三十二条 住房公积金管理中心编制的住房公积金年度预算、决算，应当经财政部门审核后，提交住房公积金管理委员会审议。

住房公积金管理中心应当每年定期向财政部门和住房公积金管理委员会报送财务报告，并将财务报告向社会公布。

第三十三条 住房公积金管理中心应当依法接受审计部门的审计监督。

第三十四条 住房公积金管理中心和职工有权督促单位按时履行下列义务：

（一）住房公积金的缴存登记或者变更、注销登记；

（二）住房公积金账户的设立、转移或者封存；

（三）足额缴存住房公积金。

第三十五条 住房公积金管理中心应当督促受委托银行及时办理委托合同约定的业务。

受委托银行应当按照委托合同的约定，定期向住房公积金管理中心提供有关的业务资料。

第三十六条 职工、单位有权查询本人、本单位住房公积金的缴存、提取情况，住房公积金管理中心、受委托银行不得拒绝。

职工、单位对住房公积金账户内的存储余额有异议的，可以申请受委托银行复核；对复核结果有异议的，可以申请住房公积金管理中心重新复核。受委托银行、住房公积金管理中心应当自收到申请之日起5日内给予书面答复。

职工有权揭发、检举、控告挪用住房公积金的行为。

第六章 罚 则

第三十七条 违反本条例的规定，单位不办理住房公积金缴存登记或者不为本单位职工办理住房公积金账户设立手续的，由住房公积金管理中心责令限期办理；逾期不办理的，处1万元以上5万元以下的罚款。

第三十八条 违反本条例的规定，单位逾期不缴或者少缴住房公积金的，由住房公积金管理中心责令限期缴存；逾期仍不缴存的，可以申请人民法院强制执行。

第三十九条 住房公积金管理委员会违反本条例规定审批住房公积金使用计划的，由国务院建设行政主管部门会同国务院财政部门或者由省、自治区人民政府建设行政主管部门会同同级财政部门，依据管理职权责令限期改正。

第四十条 住房公积金管理中心违反本条例规定，有下列行为之一的，由国务院建设行政主管部门或者省、自治区人民政府建设行政主管部门依据管理职权，责令限期改正；对负有责任的主管人员和其他直接责任人员，依法给予行政处分：

（一）未按照规定设立住房公积金专户的；

（二）未按照规定审批职工提取、使用住房公积金的；

（三）未按照规定使用住房公积金增值收益的；

（四）委托住房公积金管理委员会指定的银行以外的机

构办理住房公积金金融业务的；

（五）未建立职工住房公积金明细账的；

（六）未为缴存住房公积金的职工发放缴存住房公积金的有效凭证的；

（七）未按照规定用住房公积金购买国债的。

第四十一条 违反本条例规定，挪用住房公积金的，由国务院建设行政主管部门或者省、自治区人民政府建设行政主管部门依据管理职权，追回挪用的住房公积金，没收违法所得；对挪用或者批准挪用住房公积金的人民政府负责人和政府有关部门负责人以及住房公积金管理中心负有责任的主管人员和其他直接责任人员，依照刑法关于挪用公款罪或者其他罪的规定，依法追究刑事责任；尚不够刑事处罚的，给予降级或者撤职的行政处分。

第四十二条 住房公积金管理中心违反财政法规的，由财政部门依法给予行政处罚。

第四十三条 违反本条例规定，住房公积金管理中心向他人提供担保的，对直接负责的主管人员和其他直接责任人员依法给予行政处分。

第四十四条 国家机关工作人员在住房公积金监督管理工作中滥用职权、玩忽职守、徇私舞弊，构成犯罪的，依法追究刑事责任；尚不构成犯罪的，依法给予行政处分。

第七章 附 则

第四十五条 住房公积金财务管理和会计核算的办法，由国务院财政部门商国务院建设行政主管部门制定。

第四十六条 本条例施行前尚未办理住房公积金缴存登记和职工住房公积金账户设立手续的单位，应当自本条例施行之日起60日内到住房公积金管理中心办理缴存登记，并到受委托银行办理职工住房公积金账户设立手续。

第四十七条 本条例自发布之日起施行。

建设部、财政部、中国人民银行关于住房公积金管理若干具体问题的指导意见

（2005年1月10日 建金管〔2005〕5号）

为进一步完善住房公积金管理，规范归集使用业务，健全风险防范机制，维护缴存人的合法权益，发挥住房公积金制度的作用，现就住房公积金管理若干具体问题提出如下意见：

一、国家机关、国有企业、城镇集体企业、外商投资企业、城镇私营企业及其他城镇企业、事业单位、民办非企业单位、社会团体（以下统称单位）及其在职职工，应当按《住房公积金管理条例》（国务院令第350号，以下简称《条例》）的规定缴存住房公积金。有条件的地方，城镇单位聘用进城务工人员，单位和职工可缴存住房公积金；城镇个体工商户、自由职业人员可申请缴存住房公积金，月缴存额的工资基数按照缴存人上一年度月平均纳税收入计算。

二、设区城市（含地、州、盟，下同）应当结合当地经济、社会发展情况，统筹兼顾各方面承受能力，严格按照《条例》规定程序，合理确定住房公积金缴存比例。单位和职工缴存比例不应低于5%，原则上不高于12%。采取提高单位住房公积金缴存比例方式发放职工住房补贴的，应当在个人账户中予以注明。未按照规定程序报省、自治区、直辖市人民政府批准的住房公积金缴存比例，应予以纠正。

三、缴存住房公积金的月工资基数，原则上不应超过职工工作地所在设区城市统计部门公布的上一年度职工月平均工资的2倍或3倍。具体标准由各地根据实际情况确定。职工月平均工资应按国家统计局规定列入工资总额统计的项目计算。

四、各地要按照《条例》规定，建立健全单位降低缴存比例或者缓缴住房公积金的审批制度，明确具体条件、需要提供的文件和办理程序。未经本单位职工代表大会或者工会讨论通过的，住房公积金管理委员会和住房公积金管理中心（以下简称管理中心）不得同意降低缴存比例或者缓缴。

五、单位发生合并、分立、撤销、破产、解散或者改制等情形的，应当为职工补缴以前欠缴（包括未缴和少缴）的住房公积金。单位合并、分立和改制时无力补缴住房公积金的，应当明确住房公积金缴存责任主体，才能办理合并、分立和改制等有关事项。新设立的单位，应当按照规定及时办理住房公积金缴存手续。

六、单位补缴住房公积金（包括单位自行补缴和人民法院强制补缴）的数额，可根据实际采取不同方式确定：单位从未缴存住房公积金的，原则上应当补缴自《条例》（国务院令第262号）发布之月起欠缴职工的住房公积金。单位未按照规定的职工范围和标准缴存住房公积金的，应当为职工补缴。单位不提供职工工资情况或者职工对提供的工资情况有异议的，管理中心可依据当地劳动部门、司法部门核定的工资，或所在设区城市统计部门公布的上年职工平均工资计算。

七、职工符合规定情形，申请提取本人住房公积金账户内存储余额的，所在单位核实后，应出具提取证明。单位不为职工出具住房公积金提取证明的，职工可以凭规定的有效证明材料，直接到管理中心或者受委托银行申请提取住房公积金。

八、职工购买、建造、翻建、大修自住住房，未申请个人住房公积金贷款的，原则上职工本人及其配偶在购建和大修住房一年内，可以凭有效证明材料，一次或者分次提取住房公积金账户内的存储余额。夫妻双方累计提取总额不能超过实际发生的住房支出。

九、进城务工人员、城镇个体工商户、自由职业人员购买

自住住房或者在户口所在地购建自住住房的,可以凭购房合同、用地证明及其他有效证明材料,提取本人及其配偶住房公积金账户内的存储余额。

十、职工享受城镇最低生活保障;与单位终止劳动关系未再就业、部分或者全部丧失劳动能力以及遇到其他突发事件,造成家庭生活严重困难的,提供有效证明材料,经管理中心审核,可以提取本人住房公积金账户内的存储余额。

十一、职工调动工作,原工作单位不按规定为职工办理住房公积金变更登记和账户转移手续的,职工可以向管理中心投诉,或者凭有效证明材料,直接向管理中心申请办理账户转移手续。

十二、职工调动工作到另一设区城市的,调入单位为职工办理住房公积金账户设立手续后,新工作地的管理中心应当向原工作地管理中心出具新账户证明及个人要求转账的申请。原工作地管理中心向调出单位核实后,办理变更登记和账户转移手续;原账户已经封存的,可直接办理转移手续。账户转移原则上采取转账方式,不能转账的,也可以电汇或者信汇到新工作地的管理中心。调入单位未建立住房公积金制度的,原工作地管理中心可将职工账户暂时封存。

十三、职工购买、建造、翻建和大修自住住房需申请个人住房贷款的,受委托银行应当首先提供住房公积金贷款。管理中心或者受委托银行要一次性告知职工需要提交的文件和资料,职工按要求提交文件资料后,应当在15个工作日内办完贷款手续。15日内未办完手续的,经管理中心负责人批准,可以延长5个工作日,并应当将延长期限的理由告知申请人。职工没有还清贷款前,不得再次申请住房公积金贷款。

十四、进城务工人员、城镇个体工商户和自由职业人员购买自住住房时,可按规定申请住房公积金贷款。

十五、管理中心和受委托银行应按照委托贷款协议的规定,严格审核借款人身份、还款能力和个人信用,以及购建住房的合法性和真实性,加强对抵押物和保证人担保能力审查。要逐笔审批贷款,逐笔委托银行办理贷款手续。

十六、贷款资金应当划入售房单位(售房人)或者建房、修房承担方在银行开设的账户内,不得直接划入借款人账户或者支付现金给借款人。

十七、借款人委托他人或者中介机构代办手续的,应当签订书面委托书。管理中心要建立借款人面谈制度,核实有关情况,指导借款人在借款合同、担保合同等有关文件上当面签字。

十八、各地要根据当地经济适用住房或者普通商品住房平均价格和居民家庭平均住房水平,拟订住房公积金贷款最高额度。职工个人贷款具体额度的确定,要综合考虑购建住房价格、借款人还款能力及其住房公积金账户存储余额等因素。

十九、职工使用个人住房贷款(包括商业性贷款和住房公积金贷款)的,职工本人及其配偶可按规定提取住房公积金账户内的余额,用于偿还贷款本息。每次提取额不得超过当期应还款付息额,提前还款的提取额不得超过住房公积金贷款余额。

二十、职工在缴存住房公积金所在地以外的设区城市购买自住住房的,可以向住房所在地管理中心申请住房公积金贷款,缴存住房公积金所在地管理中心要积极协助提供职工缴存住房公积金证明,协助调查还款能力和个人信用等情况。

本意见自发布之日起实施。各地可以结合实际制订具体办法。

住房和城乡建设部、财政部、中国人民银行、中国银行业监督管理委员会关于规范住房公积金个人住房贷款政策有关问题的通知

(2010年11月2日 建金〔2010〕179号)

各省、自治区、直辖市人民政府,国务院各有关部门,新疆生产建设兵团:

为规范住房公积金个人住房贷款政策,根据《住房公积金管理条例》和《国务院关于坚决遏制部分城市房价过快上涨的通知》(国发〔2010〕10号)的有关规定,经国务院同意,现就有关问题通知如下:

一、住房公积金个人住房贷款只能用于缴存职工购买、建造、翻建、大修普通自住房,以支持基本住房需求。严禁使用住房公积金个人住房贷款进行投机性购房。

二、保持缴存职工家庭(包括借款人、配偶及未成年子女,下同)使用住房公积金个人住房贷款购买首套普通自住房政策的连续性和稳定性。使用住房公积金个人住房贷款购买首套普通自住房,套型建筑面积在90平方米(含)以下的,贷款首付款比例不得低于20%;套型建筑面积在90平方米以上的,贷款首付款比例不得低于30%。

三、第二套住房公积金个人住房贷款的发放对象,仅限于现有人均住房建筑面积低于当地平均水平的缴存职工家庭,且贷款用途仅限于购买改善居住条件的普通自住房。第二套住房公积金个人住房贷款首付款比例不得低于50%,贷款利率不得低于同期首套住房公积金个人住房贷款利率的1.1倍。

四、停止向购买第三套及以上住房的缴存职工家庭发放住房公积金个人住房贷款。

五、城市住房公积金管理委员会要根据当地住房价格、人

均住房建筑面积和住房公积金业务发展状况，以支持缴存职工购买普通自住房的贷款需求为原则，合理确定住房公积金个人住房贷款最高额度，并报省级住房城乡建设、财政、人民银行、银监部门备案。直辖市、新疆生产建设兵团住房公积金个人住房贷款最高额度报住房城乡建设部、财政部、人民银行和银监会备案。

六、城市住房公积金管理中心和受委托银行要采取有效措施，加强住房公积金个人住房贷款的调查、审核、抵押、发放、回收等工作，切实加强贷款风险管理，保障资金安全。住房公积金管理中心要会同有关主管部门，抓紧建立信息共享机制，防范骗取住房公积金个人住房贷款等行为。同时，要简化办理手续，提高服务水平。

城市人民政府要结合当地实际，抓紧制定落实本通知精神的具体措施，积极做好政策解释工作。各省、自治区、直辖市人民政府和新疆生产建设兵团有关部门要加强工作指导，加大监督检查力度。政策执行中有关问题，及时报住房城乡建设部、财政部、人民银行和银监会。

中央国家机关住房资金管理中心关于调整中央国家机关住房公积金存款利率的通知

（2015 年 10 月 24 日）

中央国家机关各部门、各单位住房公积金管理机构：

根据《中国人民银行关于下调金融机构人民币贷款和存款基准利率并进一步推进利率市场化改革的通知》（银发〔2015〕325 号）和北京住房公积金管理中心《关于调整住房公积金存款利率的通知》（京房公积金发〔2015〕44 号）规定，自2015 年 10 月 24 日起，调整中央国家机关住房公积金存款利率。现就有关事项通知如下：

一、个人住房公积金存款利率调整如下表：

单位：年利率%

项　　目	调整前利率	调整后利率
当年缴存	0.35	0.35
上年结转	1.35	1.10

二、个人住房公积金贷款利率保持不变。

中央国家机关住房资金管理中心关于执行住房公积金个人贷款差别化政策有关问题的通知

（2013 年 4 月 8 日　国机房资〔2013〕117 号）

中央国家机关各部门、各单位住房公积金管理机构：

为贯彻落实国务院关于继续做好房地产市场调控工作的通知要求，充分发挥住房公积金制度保障和改善民生的政策作用，进一步保障职工的基本住房需求，现将北京住房公积金管理中心《关于实行住房公积金个人贷款差别化政策的通知》（京房公积金发〔2013〕10 号）转发给你们，并结合中央国家机关实际，对加强中央国家机关住房公积金个人贷款（以下简称贷款）管理有关问题通知如下。

一、明确贷款申请条件

同时具备以下条件的住房公积金缴存职工（含在职期间缴存住房公积金的离退休职工），可以申请贷款：

（一）借款申请人原则上申请贷款前 12 个月应足额连续缴存，且申请贷款时处于缴存状态。购买政策性住房的借款申请人，原则上应建立住房公积金账户满 12 个月，申请贷款前 6 个月应足额连续缴存，且申请贷款时处于缴存状态。

（二）借款申请人及配偶均无尚未还清的住房公积金个人贷款（含贴息贷款）。

（三）符合中央国家机关住房资金管理中心（以下简称资金中心）规定的其他条件。

二、合理确定月还款额

（一）借款申请人及配偶的收入每月偿还贷款后，保留的人均生活费不得低于北京市的基本生活费标准。购买经济适用住房的低收入借款申请人，其贷款额度可不受月收入限制。

住房公积金月缴存额达到上限的职工和缴存单位的离退休职工采用收入证明确定月收入，其他职工的收入情况根据住房公积金缴存额反推确定。

（二）住房公积金应优先偿还贷款，借款申请人的月还款额不低于本人及配偶住房公积金的月缴存额，且不低于按等额本息法计算的自由还款方式下约定的月最低还款额。

（三）借款申请人及配偶人均月收入超过北京市职工月平均工资 3 倍（含）以上的，月还款额不低于本人及配偶月收入的 50%。

三、严格执行差别化贷款政策

（一）严格住房套数认定标准。首套自住住房的认定实行查住房、查贷款、查购房提取的政策，即通过北京市住房和城乡建设委员会房屋交易权属信息查询系统、中国人民银行征信系统和住房公积金管理信息系统及其他尽责调查，查询借款申请人及配偶无住房记录、无个人住房贷款记录、无住房公积金购房提取记录的,认定为首套自住住房。

严格执行《关于规范商业性个人住房贷款中第二套住房认定标准的通知》(建房〔2010〕83 号)的规定。

(二)严格执行差别化贷款首付款比例。购买首套自住住房,套型建筑面积在 90 平方米(含)以下的,贷款首付款比例不得低于 20%;套型建筑面积在 90 平方米以上的,贷款首付款比例不得低于 30%。购买第二套自住住房,贷款首付款比例不得低于 70%;对于在北京市住房和城乡建设委员会房屋交易权属信息查询系统中显示无房,但通过中国人民银行征信系统、住房公积金管理信息系统查询,有 1 笔个人住房贷款记录或 1 条购房提取记录,符合第二套住房贷款条件的借款申请人,仍执行贷款首付款比例不得低于 60% 的政策。

(三)购买政策性住房或小户型首套住房的上浮贷款额度。购买政策性住房或套型建筑面积在 90 平方米(含)以下的首套自住住房,个人信用等级为 A 级,贷款最高额度上浮 30%;个人信用等级为 B 级,贷款最高额度上浮 15%。购买第二套住房或套型建筑面积在 90 平方米以上的非政策性住房,贷款最高额度不再上浮。

四、优化贷款办理程序

(一)贷款申请与受理

借款申请人到资金中心委托的银行提交贷款申请材料(见附件 2,购买存量商品房的,房屋买卖双方均须到场),符合受理条件的,受委托银行予以受理。

(二)贷款审批

借款申请经审核审批后,受委托银行在规定时间内将审批结果通知借款申请人。

(三)担保及签约

准予贷款的,借款申请人、配偶及共有产权人到担保机构驻受委托银行柜台办理贷款担保,并到面签柜台签订借款合同。

购买存量商品房的,借款申请人须先办理过户,再办理担保及签约手续。

(四)放款

受委托银行于借款合同签订后 4 个工作日内完成放款,借款人于放款 3 个工作日后领取借款合同。

五、加大违规违约行为惩处力度

(一)缴存职工有违规提取等违反住房公积金政策的行为,不享受贷款额度上浮等差别化优惠政策,资金中心有权视违规情节轻重下调其贷款最高额度或拒绝受理其贷款申请。

(二)申请贷款前 2 年内,个人征信系统和住房公积金管理信息系统显示借款申请人及配偶贷款(不含助学贷款)逾期连续达到 6 期的,不予贷款;存在其他逾期情况的,视情节轻重不享受贷款额度上浮,或下调其最高额度。

(三)借款申请人或其配偶采取伪造材料、隐瞒婚姻状况等弄虚作假方式骗取贷款的,拒绝受理其贷款申请,并自发现之日起 3 年内取消贷款申请资格,同时记入个人征信系统。已发放贷款的,资金中心有权提前收回剩余贷款全部本息。给资金中心造成损失的,应予赔偿,资金中心有权追究其法律责任。

(四)借款人在贷款后无故不正常缴存住房公积金的,或贷款存续期间发生违约,经多次催收仍处于违约状态且无正当理由的,资金中心有权提前收回剩余贷款全部本息,并将不良行为记入相关信用记录。

自 2013 年 4 月 8 日起,借款申请人及配偶所购住房通过北京市住房和城乡建设委员会房地产交易系统完成网上签约的,其贷款业务按照本通知规定执行,以前文件有不一致之处,以本通知为准。请及时转发所属在京单位,并做好宣传工作。

附件:1. 关于实行住房公积金个人贷款差别化政策的通知(略)

2. 中央国家机关住房公积金个人贷款申请材料清单(略)

住房城乡建设部、财政部、中国人民银行关于发展住房公积金个人住房贷款业务的通知

(2014 年 10 月 9 日　建金〔2014〕148 号)

各省、自治区、直辖市住房城乡建设厅(建委)、财政厅(局),新疆生产建设兵团建设局、财务局,中国人民银行上海总部、有关分行、营业管理部、省会(首府)城市中心支行,直辖市、新疆生产建设兵团住房公积金管理委员会、住房公积金管理中心:

住房公积金个人住房贷款是提高缴存职工住房消费能力的重要途径,也是缴存职工的基本权益。当前,各地住房公积金个人住房贷款业务发展不平衡,部分城市贷款发放率较高,但多数城市发放率在 85% 以下,影响了缴存职工的合法权益,也削弱了住房公积金制度的作用。为提高住房公积金个人住房贷款发放率,支持缴存职工购买首套和改善型自住住房,现就发展住房公积金个人住房贷款业务的有关问题通知如下。

一、合理确定贷款条件。职工连续足额缴存住房公积金 6 个月(含)以上,可申请住房公积金个人住房贷款。对曾经在异地缴存住房公积金、在现缴存地缴存不满 6 个月的,缴存时间可根据原缴存地住房公积金管理中心出具的缴存证明合并计算。住房公积金贷款对象为购买首套自住住房或第二套改善型普通自住住房的缴存职工。住房公积金管理中心不得向购买第三套及以上住房的缴存职工家庭发放住房公积金个人住房贷款。

二、适当提高首套贷款额度。住房公积金个人住房贷款发放率低于85%的设区城市,住房公积金管理委员会要根据当地商品住房价格和人均住房面积等情况,适当提高首套自住住房贷款额度,加大对购房缴存职工的支持力度。

三、推进异地贷款业务。各省、自治区、直辖市要实现住房公积金缴存异地互认和转移接续。职工在就业地缴存住房公积金,在户籍所在地购买自住住房的,可持就业地住房公积金管理中心出具的缴存证明,向户籍所在地住房公积金管理中心申请住房公积金个人住房贷款。

四、设区城市统筹使用资金。未按照《住房公积金管理条例》规定调整到位的分支机构,要尽快纳入设区城市住房公积金管理中心统一制度、统一决策、统一管理、统一核算。设区城市住房公积金管理中心统筹使用分支机构的住房公积金。

五、盘活存量贷款资产。住房公积金个人住房贷款发放率在85%以上的城市,要主动采取措施,积极协调商业银行发放住房公积金和商业银行的组合贷款。有条件的城市,要积极探索发展住房公积金个人住房贷款资产证券化业务。

六、降低贷款中间费用。住房公积金个人住房贷款担保以所购住房抵押为主。取消住房公积金个人住房贷款保险、公证、新房评估和强制性机构担保等收费项目,减轻贷款职工负担。

七、优化贷款办理流程。各地住房公积金管理中心与房屋产权登记机构应尽快联网,实现信息共享,简化贷款办理程序,缩短贷款办理周期。房屋产权登记机构应在受理抵押登记申请之日起10个工作日内完成抵押权登记手续;住房公积金管理中心应在抵押登记后5个工作日内完成贷款发放。房地产开发企业不得拒绝缴存职工使用住房公积金贷款购房。

八、提高贷款服务效率。各地住房公积金管理中心要健全贷款服务制度,完善服务手段,积极开展网上贷款业务咨询、贷款初审等业务,要全面开通12329服务热线和短信平台,向缴存职工提供数据查询、业务咨询、还款提示、投诉举报等服务。积极探索建立全省统一的12329服务热线和短信平台。

九、加强考核和检查。各省、自治区住房和城乡建设厅要加强对各市住房公积金个人住房贷款业务的考核,加大个人住房贷款业务考核权重。要定期进行现场专项检查,对工作不力的城市,要责令加大工作力度。住房城乡建设部每月通报全国住房公积金个人住房贷款发放情况。

各省、自治区住房城乡建设厅、财政厅、人民银行分支机构,直辖市、新疆生产建设兵团住房公积金管理委员会要按照本通知要求,根据不同城市住房公积金个人住房贷款发放情况,加强分类指导,加大对贷款发放率低的城市督促检查力度,提高资金使用效率,保障住房公积金有效使用和资金安全,并将本通知落实情况于2014年年底前报住房城乡建设部、财政部和人民银行。

中央国家机关住房资金管理中心关于调整中央国家机关住房公积金个人贷款措施的通知

(2015年11月12日)

中央国家机关各部门、各单位住房公积金管理机构:

为贯彻国家宏观经济政策,落实住房城乡建设部等三部门《关于切实提高住房公积金使用效率的通知》(建金〔2015〕150号)要求,进一步发挥住房公积金个人贷款(以下简称贷款)保基本、保刚需的政策作用,支持缴存职工自住和改善性住房需求,现就有关事项通知如下。

一、加大贷款支持力度。职工购买首套自住住房申请贷款的,不再考虑近1年内是否提取过住房公积金,计算贷款额度时,个人住房公积金账户余额不足7万元均按照7万元计算。职工首次贷款结清后,即可再次申请使用贷款;第3次及以后再申请使用贷款的,需上一次贷款结清满5年。外地缴存住房公积金的北京市户籍的中央单位职工,在北京市购买首套自住住房的,可申请使用贷款。职工购买政策性住房和第二套住房的,仍执行原规定。

二、优化贷款服务措施。借款申请人及其配偶住房公积金月缴存额达到上限的,不再提供工作情况证明。职工可通过中央国家机关住房资金管理中心门户网站中的贷款试算器初步估算贷款额度。职工可关注中央国家机关住房资金管理中心官方微信公众号,提前预约贷款办理时间。

三、完善征信记录使用标准。借款申请人及其配偶有尚未偿还的逾期贷款,或有贷记卡、准贷记卡逾期透支未还的,不予受理贷款申请。借款申请人及其配偶在申请贷款前2年内,其他贷款(不含助学贷款)逾期连续达到3至5期的,其贷款最高额度在北京住房公积金管理委员会公布的贷款最高额度基础上下调20%。借款申请人及其配偶在申请贷款前2年内,其他贷款(不含助学贷款)逾期连续6期及以上的,不予贷款。

本通知自印发之日起执行。以前文件有不一致之处,以本通知为准。请及时转发所属在京单位,遇到问题,及时反映。

住房城乡建设部、财政部、中国人民银行关于调整住房公积金个人住房贷款购房最低首付款比例的通知

(2015年8月27日　建金〔2015〕128号)

各省、自治区、直辖市住房城乡建设厅(建委)、财政厅(局),新疆生产建设兵团建设局、财务局,中国人民银行各分行、营业管理部、各省会(首府)城市中心支行、副省级城市中心支

行，直辖市、新疆生产建设兵团住房公积金管理委员会、住房公积金管理中心：

为进一步完善住房公积金个人住房贷款政策，支持缴存职工合理住房需求，对拥有1套住房并已结清相应购房贷款的居民家庭，为改善居住条件再次申请住房公积金委托贷款购买住房的，最低首付款比例由30%降低至20%。北京、上海、广州、深圳可在国家统一政策基础上，结合本地实际，自主决定申请住房公积金委托贷款购买第二套住房的最低首付款比例。

本通知自2015年9月1日起执行。

中央国家机关住房资金管理中心关于调整住房公积金个人贷款最低首付款比例的通知

（2015年9月14日）

中央国家机关各部门、各单位住房公积金管理机构：

为进一步发挥住房公积金对合理住房消费的支持作用，根据住房城乡建设部、财政部、中国人民银行联合发布的《关于调整住房公积金个人住房贷款购房最低首付款比例的通知》（建金〔2015〕128号）和《北京住房公积金管理中心关于调整住房公积金个人贷款最低首付款比例的通知》（京房公积金发〔2015〕36号）规定，结合中央国家机关实际，现就调整中央国家机关住房公积金个人贷款（以下简称贷款）最低首付款比例有关事项通知如下：

一、对在北京市住房和城乡建设委员会房屋交易权属信息系统中显示有1套住房并已结清相应住房公积金个人贷款（含住房公积金政策性贴息贷款）的借款申请人，购买第二套住房时执行第二套住房贷款政策，最低首付款比例由30%降为20%。

二、本通知自9月14日起实施。之前已受理但未签订借款合同的贷款，借款申请人可以根据实际需要重新调整贷款申请。

住房城乡建设部关于住房公积金异地个人住房贷款有关操作问题的通知

（2015年9月15日 建金〔2015〕135号）

各省、自治区住房城乡建设厅，直辖市、新疆生产建设兵团住房公积金管理委员会、住房公积金管理中心：

为落实《关于发展住房公积金个人住房贷款业务的通知》（建金〔2014〕148号）要求，推进住房公积金异地贷款业务，支持缴存职工异地购房需求，保障缴存职工权益，现就有关问题通知如下：

一、职责分工

（一）缴存城市公积金中心（含分中心，下同）负责审核职工缴存和已贷款情况，向贷款城市公积金中心出具书面证明，并配合贷款城市公积金中心核实相关信息。

（二）贷款城市公积金中心及受委托银行负责异地贷款的业务咨询、受理、审核、发放、回收、变更及贷后管理工作，并承担贷款风险。

（三）贷款城市公积金中心与缴存城市公积金中心要定期对异地贷款情况进行核对，掌握提取、还款、变更和逾期情况。

二、办理流程

（一）贷款城市公积金中心接受职工的异地贷款业务咨询，并一次性告知贷款所需审核材料。

（二）职工本人或其委托人向缴存城市公积金中心提出申请，缴存城市公积金中心根据职工申请，核实职工缴存贷款情况，对未使用过住房公积金个人住房贷款或首次住房公积金个人住房贷款已经结清的缴存职工，出具《异地贷款职工住房公积金缴存使用证明》。

（三）贷款城市公积金中心受理职工异地贷款申请后，向缴存城市公积金中心核实《异地贷款职工住房公积金缴存使用证明》信息真实性和完整性。核实无误的，应按规定时限履行贷款审核审批手续，并将结果反馈缴存城市公积金中心。缴存城市公积金中心对职工异地贷款情况进行标识，并建立职工异地贷款情况明细台账。

（四）缴存职工在异地贷款还贷期间，如住房公积金个人账户转移，原缴存城市公积金中心应及时告知贷款城市公积金中心和转入城市公积金中心。转入城市公积金中心应在接收职工住房公积金账户后，及时对异地贷款情况重新标识和记录。

（五）异地贷款出现逾期时，缴存城市公积金中心应配合贷款城市公积金中心开展贷款催收等工作，根据贷款合同可扣划贷款职工公积金账户余额用于归还贷款。

三、相关要求

（一）各省、自治区住房城乡建设厅要加强对住房公积金异地贷款业务的指导监督。各城市和新疆生产建设兵团住房公积金管理委员会要抓紧出台异地贷款业务细则，确保异地贷款业务有序开展。

（二）异地贷款业务缴存信息核实联系人要尽职尽责。缴存城市公积金中心和贷款城市公积金中心要相互配合，认真核实相关信息。如信息核实联系人、联系方式有变动，请以书面形式，及时报我部住房公积金监管司予以更新。

（三）我部将建设全国住房公积金异地贷款业务信息交换系统。各城市和新疆生产建设兵团公积金中心要按照异地贷款政策要求，抓紧开展信息系统升级改造，优化个人住房贷款业务流程，适应全国异地贷款业务信息化要求。

住房城乡建设部、财政部、中国人民银行关于切实提高住房公积金使用效率的通知

（2015年9月29日　建金〔2015〕150号）

各省、自治区、直辖市住房城乡建设厅（建委）、财政厅（局），新疆生产建设兵团建设局、财务局，中国人民银行各分行、营业管理部、各省会（首府）城市中心支行、副省级城市中心支行，直辖市、新疆生产建设兵团住房公积金管理委员会、住房公积金管理中心：

今年以来，各地贯彻落实全国加强住房公积金管理工作电视电话会议精神，按照《关于发展住房公积金个人住房贷款业务的通知》（建金〔2014〕148号）、《关于放宽提取住房公积金支付房租条件的通知》（建金〔2015〕19号）和《关于个人住房贷款政策有关问题的通知》（银发〔2015〕98号）要求，调整住房公积金使用政策，简化业务办理流程，资金使用效率有所提高。但部分地区住房公积金使用条件仍然偏紧，办理手续复杂，结余资金规模较大，制约了住房公积金作用的发挥。为切实提高住房公积金使用效率，按照国务院关于加快落实住房公积金使用政策的督查要求，现就有关事项通知如下：

一、提高实际贷款额度。2015年8月末住房公积金资金运用率低于85%的设区城市，要综合考虑当地房价水平、贷款需求和借款人还款能力，提高住房公积金个人住房贷款实际额度。在保证借款人基本生活费用的前提下，月还款额与月收入比上限控制在50%－60%。贷款偿还期限可延至借款人法定退休年龄后5年，最长贷款期限为30年。推行按月划转住房公积金冲还贷款本息业务。

二、设区城市统筹使用资金。同一设区城市住房公积金管理中心和分中心应当统一住房公积金提取和贷款政策，统筹使用贷款资金。住房公积金管理中心或分中心贷款资金不足时，应允许缴存职工向同城住房公积金管理机构申请贷款。

三、拓宽贷款资金筹集渠道。有条件的城市要积极推行住房公积金个人住房贷款资产证券化业务，盘活住房公积金贷款资产。

四、全面推行异地贷款业务。缴存职工在缴存地以外地区购房，可按购房地住房公积金个人住房贷款政策向购房地住房公积金管理中心申请个人住房贷款。缴存地和购房地住房公积金管理中心应相互配合，及时出具、确认缴存证明等材料，办理贷款手续。具体办法由住房城乡建设部另行制定。

五、简化业务审批要件。缴存职工申请住房公积金个人住房贷款、同意根据本人住房公积金月缴存额推算其月收入的，不需单位出具职工收入证明。缴存职工租住商品住房申请提取住房公积金，除身份证明、本人及配偶无房证明外，不需提供其他证明材料。

六、提高管理效率和服务水平。各地住房公积金管理中心要优化内部人员配置，增加网点工作人员，工资待遇向网点工作人员倾斜。要充分利用受托银行业务网点优势，方便缴存职工就近办理住房公积金提取和贷款手续。

七、加快改造升级信息系统。各地住房公积金管理中心要根据政策调整和流程优化的需要，加快改造升级住房公积金管理信息系统，建立集12329服务热线、短信、微信、手机APP、网上业务大厅等功能于一体的综合服务平台，推进办理网上业务，为缴存职工提供高效便捷的服务。

八、建立考核问责制度。各级住房公积金监管部门要加强对城市住房公积金管理中心业务考核，将住房公积金资金运用率或住房公积金个人住房贷款市场占有率作为重要考核指标，考核结果要通报设区城市人民政府，并作为考核住房公积金管理中心负责人的重要参考。住房公积金资金运用率或住房公积金个人住房贷款市场占有率低的城市，要对住房公积金管理中心主要负责人进行约谈和问责。

本通知自2015年10月8日起执行。

关于贯彻落实“放管服”改革精神做好住房公积金缴存有关工作的通知

（2017年5月23日　国机房资〔2017〕1号）

中央国家机关各部门、各单位住房公积金管理机构：

为进一步贯彻落实国务院“放管服”改革精神，推进“互联网＋住房公积金”建设，根据《住房公积金管理条例》和有关政策规定，中央国家机关住房资金管理中心（以下简称资金中心）将进一步加强和改进住房公积金缴存工作，更好地为各部门、各单位及广大职工服务。现就各部门、各单位配合做好住房公积金缴存有关工作通知如下：

一、夯实住房公积金缴存管理基础

（一）完善基础信息。住房公积金基础信息包括单位基础信息和职工基础信息，是加强精细化管理、实施安全验证、开展精准服务的基石。为切实维护缴存职工合法权益，保证缴存资金安全，提升对缴存职工的服务水平，资金中心按照必要、审慎的原则依法依规采集住房公积金基础信息。单位和职工建立住房公积金账户，须实名登记，全面准确填报基础信息。各部门、各单位要组织和督促所属单位和职工如实填报基础信息，出现调整和变动情况要及时更新。

（二）规范缴存秩序。依据《住房公积金管理条例》，各部门、各单位承担住房公积金缴存主体责任，要健全内部控

制机制，按时、足额缴存住房公积金，定期对所属单位住房公积金缴存情况开展监督检查。资金中心按照国务院“双随机、一公开”监管要求，开展住房公积金执法随机抽查，规范住房公积金事中事后监管。单位无正当理由连续3个月未缴存住房公积金的，资金中心中止单位有关责任人员提取住房公积金，并将相关信息纳入征信系统。资金中心与商业银行合作，为住房公积金缴存守信单位和职工提供增信等增值服务。

（三）清理封存账户。封存账户管理是保障职工权益的重要内容。请各部门、各单位全面梳理住房公积金封存职工情况，做好封存账户分类管理，并协助经办银行联系基础信息不完整不准确的职工。对现有的封存账户，要做好分类标示，职工与单位中止工资关系但仍保留劳动关系的，账户标示为“保留”。封存单位在完成人员清理转移后，要及时办理住房公积金账户注销登记。请于2017年9月1日前完成上述工作，届时资金中心将开展督查。

请各部门、各单位及时将新增的封存账户转移到资金中心集中封存户，职工基础信息完整准确的，不再要求提供职工身份证复印件。逾期不办理的，资金中心直接办理转移，并将相关信息纳入征信系统。

（四）开展集成服务。为提高住房公积金使用的便捷性，资金中心陆续推出短信服务、微信服务平台、集中办理住房公积金联名卡、网上服务大厅等服务措施，请各部门、各单位协助资金中心尽快为职工开通上述服务渠道。新开户单位在办理首次汇缴业务时，请一并办理上述业务。

（五）加强政策宣传。各部门、各单位要加强住房公积金制度宣传，引导职工充分理解住房公积金作为支持基本住房消费的长期住房储金，具有保障性、公平性、互助性，必须依照规定委托住房公积金管理机构管理运作，按照规定用途提取使用，发挥规模和集中优势。要宣传住房公积金“国家免税一部分、单位补贴一部分、个人负担一部分”的分担机制，住房公积金管理遵循权利和义务对等的原则，提取使用单位缴存部分要注重保障性和互助性，提取使用职工个人缴存部分要兼顾职工多层次住房需求。

二、积极为有关改革实施提供配套服务

认真落实全面深化改革要求，进一步抓好各项政策措施的落实，推动住房公积金缴存改革创新，积极为有关改革提供配套服务，全面提升中央国家机关住房公积金管理服务水平。

（一）全力支持河北雄安新区北京非首都功能疏解集中承载地建设。资金中心积极为迁往雄安新区的单位和职工登记缴存住房公积金提供优质服务，保持其住房公积金账户的同一性和缴存连续性，保障其享受与在京单位和职工同等的住房公积金提取、使用权益。通过信息互联互通和住房公积金网上服务平台等打造智慧住房公积金，方便单位和职工办事。

（二）持有《北京市居住证》的在职职工，依法纳入住房公积金缴存范围，与北京户籍在职职工同等享有住房公积金提取、使用权益。

（三）离岗创业的科研人员，与原单位保留人事关系的，享有与正常缴存职工同等的住房公积金提取、使用权益。

（四）科研人员和高校教师经所在单位同意到其他组织兼职，取得的合法报酬可以纳入住房公积金缴存范围。

（五）医师在第一执业地点医疗机构以外的医疗机构执业，取得的合法报酬可以纳入住房公积金缴存范围。

（六）鼓励用人单位为港澳台、外籍的科技创新人才缴存住房公积金，并享有与其他职工同等的住房公积金提取、使用权益。

（七）支持创新型小微企业创业发展，经职工同意，企业可以适当降低住房公积金缴存比例或缓缴住房公积金。

（八）中央企业在推进“瘦身健体”、兼并重组、处置“僵尸企业”过程中，要确保职工住房公积金有序转移接续，维护分流安置职工的住房公积金合法权益。经批准实施破产的企业，为职工补缴的住房公积金，由企业在破产清算资金中解决。

中央国家机关住房资金管理中心关于接入全国住房公积金异地转移接续平台办理住房公积金异地转移接续业务的通知

（2017年6月5日　国机房资〔2017〕2号）

中央国家机关各部门、各单位住房公积金管理机构：

为进一步加强住房公积金管理，保障缴存职工合法权益，按照《住房城乡建设部办公厅关于做好全国住房公积金异地转移接续平台建设使用准备工作的通知》（建办金〔2016〕49号）要求，现就中央国家机关住房公积金异地转移接续业务办理有关事项通知如下：

一、改进住房公积金异地转移接续工作

住房公积金异地转移接续是指职工因跨省市工作调动等原因，将个人住房公积金账户资金及相关信息从原工作地转出，接续至现工作地的业务。中央国家机关住房资金管理中心（以下简称资金中心）已接入住房和城乡建设部开发的全国住房公积金异地转移接续平台（以下简称平台），将按以下规程为职工办理住房公积金异地转移接续业务。

（一）住房公积金由异地转入至资金中心。

1. 职工由异地调入北京，已在资金中心设立住房公积金个人账户并缴存的，可向资金中心申请将职工在异地住房公积金管理中心(以下简称异地中心)累积的住房公积金余额及相关信息转移接续到资金中心,不需返回异地办理。

2. 职工到资金中心合作银行经办网点提出住房公积金异地转移接续业务申请,并提供以下材料:

(1)申请人有效身份证件原件;

(2)《住房公积金异地转移接续申请表》(一式两份)。

同一单位多名职工办理住房公积金异地转移接续的,可一并委托单位经办人集中代为申请,并提供以下材料:

(1)《集中办理住房公积金异地转移接续申请委托书》;

(2)《住房公积金异地转移接续申请表》(一式两份);

(3)职工有效身份证件复印件;

(4)单位经办人有效身份证件原件。

3. 合作银行经办网点当场审核职工信息,信息相符的,予以受理,在《住房公积金异地转移接续申请表》上加盖业务专用章,其中一份交职工或单位经办人,同时生成《住房公积金异地转移接续联系函》,上传平台传递至异地中心;信息不符的,不予受理并告知原因。

4. 异地中心收到《住房公积金异地转移接续联系函》后,核对职工身份信息并依据当地政策审核是否符合转出条件。

审核通过的,生成《住房公积金异地转移接续账户信息表》,上传平台传递至资金中心,同时将职工住房公积金个人账户资金划转至资金中心;审核未通过的,通过平台将原因反馈至资金中心,由合作银行经办网点告知职工。

5. 资金中心合作银行主办行负责接收转入资金,并与平台收到的《住房公积金异地转移接续账户信息表》进行核对。

核对一致的,将转入资金计入职工住房公积金个人账户,通知职工入账情况,并将《住房公积金异地转移接续账户信息表》记账保存;核对不一致或职工对转入资金有疑义的,合作银行主办行向异地中心通报情况,异地中心负责对职工疑义进行解答。

(二)住房公积金由资金中心转出至异地。

1. 在资金中心缴存住房公积金的职工与原单位解除劳动关系离开北京的,应将住房公积金个人账户转移至资金中心集中封存户封存。

2. 未存在住房公积金违规失信记录的职工,在异地重新就业且在异地中心设立住房公积金个人账户并缴存的,可申请将在资金中心累积的住房公积金余额及相关信息转移接续到异地中心。

3. 职工向异地中心提出住房公积金异地转移接续申请,由异地中心通过平台发起住房公积金异地转移接续业务,不需到资金中心办理。

4. 职工务必向异地中心准确提交个人相关信息。合作银行主办行将根据异地中心通过平台传递的《住房公积金异地转移接续联系函》,核对职工身份信息,并审核是否符合转出条件。

审核通过的,生成《住房公积金异地转移接续账户信息表》,上传平台传递至异地中心,同时将职工住房公积金个人账户资金划转至异地中心;审核未通过的,通过平台将原因反馈至异地中心,由异地中心告知职工。

5. 异地中心收到《住房公积金异地转移接续账户信息表》及转入资金后,将两者进行核对。

核对一致的,将转入资金计入职工住房公积金个人账户,通知职工入账情况;核对不一致或职工对转入资金有疑义的,向资金中心通报情况,合作银行主办行负责对职工疑义进行解答。

二、其他事项

(一)资金中心住房公积金内部转移业务和住房公积金其他外部转移业务办理规程不变。

(二)异地中心因特殊情况未正常接入使用平台的,住房公积金异地转移接续业务按照现行外部转移业务规程办理。

(三)资金中心将拓展网络智能化服务,加强信息互联机制,推进住房公积金内部转移业务网上办理,简化业务流程。

本通知自 2017 年 6 月 12 日起施行。

附件 1

住房公积金异地转移接续申请表

<table>
<tr><td rowspan="2">申请职工姓名</td><td rowspan="2"></td><td rowspan="2">身份
证件</td><td>类型</td><td></td></tr>
<tr><td>号码</td><td></td></tr>
<tr><td>手机号码</td><td></td><td colspan="2">现个人住房
公积金账号</td><td></td></tr>
<tr><td>现单位名称</td><td colspan="4"></td></tr>
<tr><td>转出地中心名称</td><td></td><td colspan="2">原个人住房公积金账号</td><td></td></tr>
<tr><td colspan="5">职工声明：
1. 授权__________住房公积金管理中心（转入地中心）将本人以上信息及《住房公积金异地转移接续联系函》传递到住房公积金账户转出地住房公积金管理中心，并将转入资金计入本人住房公积金个人账户。
2. 授权__________住房公积金管理中心（转出地中心）于接收到《住房公积金异地转移接续联系函》后为本人办理住房公积金账户转出手续。
3. 住房公积金转移实际金额以转出地办理账户转出时的账户本金余额及计结利息合计为准。
本人已知晓并同意以上事宜，承诺上述信息真实有效，现提出异地转移接续申请。

申请人签字：
年　月　日

（业务专用章）</td></tr>
</table>

备注：我中心将按您预留的手机号通知资金入账情况。

附件 2

集中办理住房公积金异地转移接续申请委托书

单位名称（签章）：

本单位承诺，提供的所有材料及信息真实、准确、有效，并承担因材料虚假、信息错误引发的相关责任。

受托人姓名：

受托人身份证号：

受托人联系电话：

委托人人数：

委托人明细表			
序号	姓名	身份证件号码 （非身份证的请注明证件类型）	签字
1			
2			
3			
4			
5			
6			
7			
8			

附件3

住房公积金异地转移接续联系函

No：

__________住房公积金管理中心：

今有职工__________，身份证件类型__________，号码__________，已在我中心建立并缴存住房公积金，现申请将其在贵中心缴存的住房公积金账户资金转入我中心。

原工作单位：__________________

原住房公积金个人账号：__________________

我中心联系方式：

联系电话/传真：__________________

资金接收账户信息：

收款户名：__________________

收款账号：__________________

收款银行：__________________

（业务专用章）

年　　月　　日

注：联系函编号规则为"机构编号+6位日期+4位序列号"且不重复。机构编号由住房城乡建设部统一发布。

附件 4

住房公积金异地转移接续账户信息表

年　月　日

<table>
<tr><td rowspan="2">职工姓名</td><td rowspan="2"></td><td rowspan="2">身份证件</td><td>类型</td><td></td></tr>
<tr><td>号码</td><td></td></tr>
<tr><td>《住房公积金异地转移接续联系函》编号</td><td></td><td colspan="2">转移金额</td><td></td></tr>
<tr><td>本金</td><td></td><td colspan="2">利息</td><td></td></tr>
<tr><td>开户日期</td><td></td><td colspan="2">缴至年月</td><td></td></tr>
<tr><td colspan="4">缴至月份之前 6 个月是否连续缴存</td><td>□是　□否</td></tr>
<tr><td colspan="4">在转出地使用住房公积金贷款次数</td><td>____次</td></tr>
<tr><td colspan="4">是否有未结清的公积金贷款</td><td>□是　□否</td></tr>
</table>

注:开户日期因历史或系统原因难以确定的,以能够查询到的最早日期填写。

（业务专用章）
年　　月　　日

业务办理联系电话:__________

中央国家机关住房资金管理中心关于进一步简化住房公积金提取手续有关事项的通知

（2017 年 6 月 27 日　国机房资〔2017〕3 号）

中央国家机关各部门、各单位住房公积金管理机构:

为进一步贯彻落实国务院“放管服”改革精神,方便职工提取住房公积金,中央国家机关住房资金管理中心(以下简称资金中心)积极推进与相关部门的信息共享,深入落实住房公积金提取承诺制,简化提取手续,现就有关事项通知如下:

一、简化购买北京地区新建商品房提取住房公积金申请材料

职工购买北京地区新建商品房(含自住型商品房、限价商品房)提取住房公积金的,应当签署《住房公积金提取承诺书》,并提供购房合同编号、网签密码等信息。全款购买的,不再提供购房合同原件及复印件;贷款购买的,不再提供借款合同原件及复印件。

二、取消职工购房提取住房公积金顺序限制

职工购房提取住房公积金时,对本人提取住房公积金限额作出承诺并同意备查的,可以不再按照购房人(或产权人)顺序办理提取手续。

资金中心将定期核对职工提取信息,加大监管力度,对于违规提取住房公积金的职工,将终止其提取行为,要求其在规定期限内退还违规提取金额,并将相关信息纳入征信系统。

本通知自 2017 年 7 月 1 日起执行。

中央国家机关住房资金管理中心关于做好住房公积金封存账户清理工作的通告

（2017 年 7 月 12 日）

为建立健全住房公积金封存账户管理的长效机制,加强缴存管理,保障职工合法权益,根据《住房公积金管理条例》和有关政策规定,现就做好住房公积金封存账户清理工作通告如下。

一、现有封存账户清理步骤

（一）封存账户分类标示转移。

1. G系统已完成了更新升级，职工个人账户信息中增设了“保留”字段。

2017年7月31日前，单位负责完成对封存账户的分类标示确认。职工因公外派等情形与单位中止工资关系但保留劳动关系的，其住房公积金账户标示为“保留”。

G系统上线前形成的封存账户，由建设银行负责比对账户信息，存在疑义的，通知职工所在单位，请单位配合联系职工核对确认账户信息。G系统上线后形成的非“保留”封存账户，由资金中心将转移至集中封存户。

2. 2017年8月31日前，单位完成职工信息核对确认工作。

3. 2017年9月初，资金中心将G系统上线前形成的非“保留”封存账户转移至集中封存户。

（二）完成封存账户分类销户处置。

1. 2017年9月20日前，建设银行负责通知集中封存户职工办理转移或销户提取手续。同时提示已在外地住房公积金管理中心开立账户的职工，可由所在地住房公积金管理机构通过异地转移接续平台完成资金转移。

2. 2017年9月30日前，资金中心通过门户网站等渠道，向社会发布关于逾期不办理上述业务或无法取得联系的职工有关情况公告。公告期满后，仍未办理或无法取得联系的退休人员及“10元户”，由资金中心将其封存账户资金划转至职工住房公积金联名卡，G系统自动注销职工账户。

3. 在集中封存户管理的职工，符合提取条件的，可办理正常提取业务，直至最后一笔非满额销户提取。

4. 零人零余额封存单位要及时办理单位账户注销登记。

二、增量封存账户常态化管理

即日起新增的封存账户，由单位负责做好分类标示，自办理内部封存之日起30日内，将非“保留”封存账户转移至集中封存户。职工基础信息完整准确的，办理转移业务不再需要提供身份证复印件。

G系统对未按期办理转移的内部封存账户予以警示，逾期5日仍未办理的，系统将自动办理转移。资金中心将相关信息纳入征信管理系统。

特此通告。

住房城乡建设部关于印发住房公积金信息化建设导则的通知

（2016年6月17日 建金〔2016〕124号）

各省、自治区住房城乡建设厅，直辖市、新疆生产建设兵团住房公积金管理委员会、住房公积金管理中心：

现将《住房公积金信息化建设导则》印发给你们，请遵照执行。执行过程中的有关情况和意见，请及时函告我部住房公积金监管司。

附件：

住房公积金信息化建设导则

1 总则

1.1 为指导各地住房公积金管理中心（以下简称公积金中心）信息化建设，依据《住房公积金基础数据标准》、《住房公积金信息系统技术规范》及相关法律法规、政策规定和标准规范，制定本导则。

1.2 本导则适用于各地住房公积金信息化建设工作。

1.3 本导则所指的住房公积金信息化建设包括公积金中心信息系统建设和运行维护管理、项目管理、数据资源管理、服务外包等工作。

1.4 住房公积金信息化建设应以缴存职工为中心，以便捷服务为导向，在保证资金和信息安全的前提下，组织开展工作。

2 基本要求

2.1 住房公积金信息化建设应满足规范性、实用性、安全性和可扩展性的要求。

2.2 规范性。住房公积金信息化建设应符合国家、地方信息化建设的方针、政策和相关标准规范要求。

2.3 实用性。公积金中心在系统建设中，应充分考虑未来五年业务发展，配置与业务规模相适应的经济、实用的基础设施；在系统升级改造中，应注意保护既有投资成果，避免重复建设、过度投资。

2.4 安全性。住房公积金信息化建设应符合国家有关的安全标准规范，建立安全管理制度，安排专业人员或专业机构，保证系统安全、稳定运行。

2.5 可扩展性。公积金中心信息系统可根据住房公积金业务发展的变化，及时增加相应的系统功能，满足业务管理和服务的需求。

3 建设要点

3.1 公积金中心信息系统建设应包括便捷服务、高效业务处理、支持异地转移接续和贷款、风险防控、辅助决策支持、安全保障六方面内容。

3.2 应建立综合服务平台，提供多渠道、多形式的便捷服务，满足缴存职工个性化服务要求。

3.3 应建立简明高效的归集、提取、贷款业务处理系统，采用全国统一的银行结算应用系统，实现业务驱动财务、自动对账、自动平衡检查的会计核算机制。

3.4 应通过统一接口，接入全国住房公积金结算应用系统，实现异地转移接续和贷款功能（附录一）。

3.5 应建立风险防控体系，确保住房公积金资金规范安全运作。

3.6 应建立基于数据分析的辅助决策支持体系，为住房公积金管理决策以及日常工作持续改善提供依据。

3.7 应建立住房公积金信息化安全管理体系，确保住房公积金信息系统安全稳健运行。

4 技术架构

4.1 公积金中心信息系统应采用面向服务的架构（SOA）设计，能够通过可配置的服务接口接入组件化的服务模块，支持业务的快速发展变化。

4.2 系统架构应按照国家电子政务总体框架要求进行分层设计，满足综合服务要求，实现业务应用逻辑统一，数据统一管理。系统架构应符合图4.2系统架构图的要求。

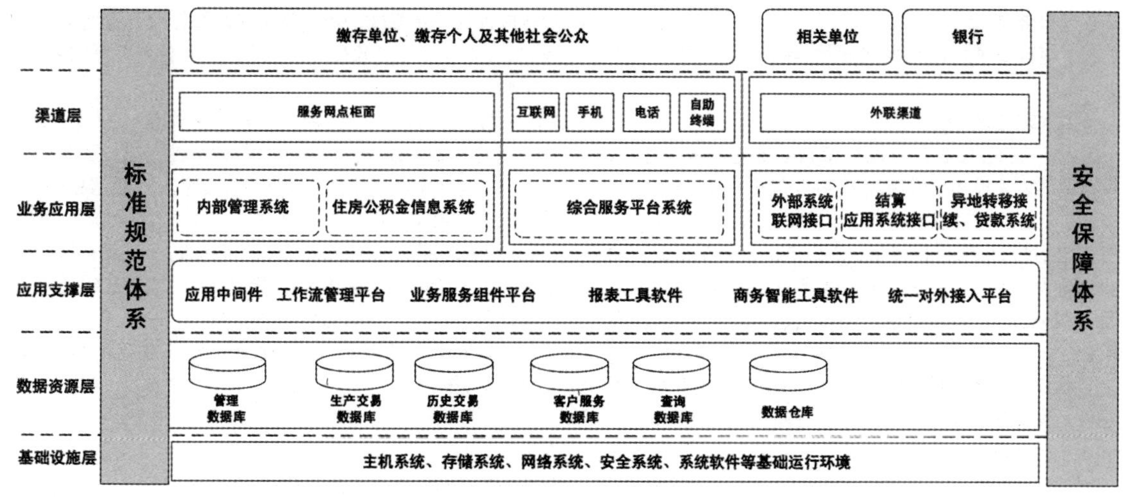

图4.2 系统架构图

4.2.1 系统设计层次应划分为渠道层、业务应用层、应用支撑层、数据资源层、基础设施层五个层次，保障系统的充分可扩展性和易维护性。

4.2.2 网络区域应划分为业务网、服务网、外联网三个网络，实现各区域系统相对独立，便于网络系统的安全管理。

4.2.3 整体设计应符合国家、行业标准规范和信息安全保障体系的要求。

4.3 根据服务和业务处理的需要，应建立规范的综合服务平台、柜面服务以及外联的渠道。

4.4 业务应用层应包括综合服务平台系统、住房公积金信息系统、内部管理系统，资金结算接口、异地转移接续和贷款系统接口、外联单位联网接口等。

4.4.1 住房公积金综合服务平台系统应按照行业统一要求建设，可采用云平台技术满足多渠道提供服务的要求。

4.4.2 住房公积金信息系统应严格按照《住房公积金信息系统技术规范》建设。

4.4.3 内部管理系统可包括行政执法支持、稽核审计、统计分析、辅助决策、电子档案、办公自动化（OA）、绩效考核等方面功能。

4.4.4 应按照《住房公积金信息系统技术规范》“5 资金结算”的规定，通过全国统一的结算应用系统接口，实现与银行联网结算。

4.4.5 应按照行业统一标准接入异地转移接续和贷款系统。

4.4.6 外部系统联网接口应实现与当地房产交易、产权产籍、质量监督、工商、税务、社保、公安、民政等相关部门进行信息资源共享。

4.5 应用支撑层应由应用中间件、业务服务组件平台、工作流管理平台、报表工具、商务智能工具、统一对外接入平台等组成。

4.5.1 应通过应用中间件支持应用系统的快速部署、实时发布。

4.5.2 应通过组件化设计和工作流管理平台实现功能组件复用和灵活配置，能够有效满足业务变化的需求。

4.5.3 应通过报表工具提供灵活的统计查询功能，满足日常管理、统计、查询相关的各类报表需求。

4.5.4 应通过商业智能工具，支持数据分析处理功能，满足辅助决策支持的功能需求。

4.5.5 应通过统一对外接入平台提供与外联单位的对接服务，包括外联渠道管理、联网协议管理、接入安全管理等。

4.6 数据资源层应包含管理数据库、生产交易数据库、历史生产交易数据库、综合服务数据库、查询数据库、数据仓库等。

4.7 基础设施层应包括主机系统(含操作系统、数据库软件、群集软件和系统监控软件)、存储系统(含备份软件)、网络系统、安全系统与容灾系统等。

4.8 应满足上级监管和廉政风险防控的相关要求。

5 项目管理

5.1 项目管理应包括方案规划、建设、运行维护三个阶段。

5.2 方案规划阶段

5.2.1 公积金中心应对既有信息系统进行客观评估,确定系统是重新建设还是升级改造,并开展可行性分析。

5.2.2 应根据系统重要性、业务发生量,充分考虑未来业务发展,进行系统容量评估,配置与业务规模相适应的主机设备和存储容量,设备应优先选择国产品牌、技术成熟的产品和服务,其中密码设备产品须符合国家密码管理要求(附录二)。

自购设备应考虑通过集群或双机热备来实现高可用性和可靠性。优先考虑采用具备横向扩展能力集群部署方案,充分利用主机资源。并可根据业务发展需要分批次投入主机设备,提升服务能力。

5.2.3 应按照网络安全要求,合理规划业务网、服务网、外联网等网络;根据系统业务发生量,结合业务发展需要,评估网络建设需求,配置合适的网络带宽。

5.2.4 系统软件应选择成熟可靠的操作系统、数据库软件、中间件等,推荐选择国产品牌。

5.2.5 应用软件应按照“4 技术架构”要求进行规划设计。

5.2.6 公积金中心信息系统及其运行环境宜遵循《计算机信息安全等级保护三级》要求进行安全规划设计。

5.2.7 公积金中心至少应建立数据级备份机制;有条件的可建设异地应用级容灾系统,支持远程数据容灾和应用快速切换。在确保数据安全的情况下,按照经济性、集约化原则,可以在符合安全和保密等条件下,利用政府和社会数据中心建立住房公积金数据容灾中心。

5.3 建设阶段

5.3.1 系统建设应将基础设施系统集成与信息系统开发和实施分开招标:

1 招标过程应符合《中华人民共和国政府采购法》要求。招标要求必须将贯彻《住房公积金基础数据标准》和《住房公积金信息系统技术规范》作为招标的条件之一。

2 为保障建设的质量与进度,可以引进熟悉住房公积金业务,且具备信息系统工程监理资质的信息化监理公司进行项目监理。

5.3.2 系统实施阶段可包括需求分析、系统设计、开发、测试、试运行、上线、验收环节:

1 需求分析阶段,应形成《业务功能需求说明书》和《技术需求说明书》《客户需求确认单》。

2 系统设计阶段,应形成《概要设计说明书》《详细设计说明书》。

3 开发阶段,应先编制《开发计划》,并按计划执行;开发过程应进行单元测试,形成《单元测试报告》;开发完毕,应形成《软件安装程序》《软件安装手册》《用户使用手册》《系统维护手册》。

4 测试阶段,应形成《测试方案》《测试记录》《集成测试报告》《业务测试报告》《非功能性测试报告》《操作手册》。

5 试运行阶段,应制定《数据移植方案》,在数据移植完成后,应形成《数据分析报告》《试运行风险预案》《试运行方案》《试运行申请》《试运行记录》《试运行报告》。试运行期间,应进行信息安全风险评估和等级保护测评工作,形成《信息安全风险评估报告》和《等级保护测评报告》。

6 上线阶段,应制定《上线保障方案》《应急预案》,形成《上线运行报告》。

7 项目验收阶段,应依据《招标文件》《住房公积金基础数据标准》《住房公积金信息系统技术规范》,检查系统开发设计和系统运行维护等文档,形成验收报告。

5.4 运行维护阶段

5.4.1 公积金中心应建立健全运行维护管理组织体系,明确组织结构和组织人员,选择适合的运行维护管理方式。

1 自主运行维护的,应设置运行维护管理岗位,明确岗位职责,安排专人负责运行维护工作。运行维护人员应经过培训,考试合格,具有运行维护管理专业知识和能力。

2 运行维护外包的,宜通过招标方式确定运行维护单位,签订运行维护合同,明确各方职责、工作内容和权限。

5.4.2 运行维护管理制度应包含以下内容:

1 建立日常检查制度,明确责任人和检查内容,检查情况应及时记录、签字。

2 建立常规巡检制度,每月进行一次系统运行情况检查,每季度进行一次专项检查。

3 建立运行维护应急机制,明确应急工作流程,每年至少进行一次应急演练并持续改进。

4 建立运行维护监控系统,辅助运行维护管理,编制运行维护手册,明确运行维护工作事项和内容,对系统运行状况进行 7×24 小时监控,及时发现异常并自动告警。

5 持续改进运行维护管理制度,及时更新运行维护手册。

5.4.3 运行维护资金应列为专项费用。

6 数据资源管理

6.1 数据资源管理。数据资源是公积金中心最重要的资产之一,公积金中心应做好分类、组织、存储、共享、利用和安全管理工作。

6.2 住房公积金数据资源分类应包括:

1 生产交易数据。各类业务活动过程中直接产生的基础数据;

2 综合服务数据。支撑各服务渠道运行的综合服务知识库信息,服务过程中产生的信息和日志记录;

3 内部管理数据。支撑内部管理相关数据信息,包括:政策规范类文件、统计数据、档案管理数据、协同办公数据等。

4 外部共享数据。从外部相关单位引入的并符合公积金中心信息标准的各类共享数据;

5 辅助决策分析数据。根据管理要求按照不同主题整合后的分析数据。分析主题应包括:业务指标分析、财务指标分析、资金风险分析、效益分析等。

6 系统安全审计数据。包括但不限于防火墙、路由器等网络和网络安全设备日志,操作系统、数据库日志等。

6.3 数据资源组织和存储管理

6.3.1 应按照《住房公积金基础数据标准》的要求建立生成交易数据库,存储日常生产需要的基础数据和交易过程数据以及相关日志记录。

6.3.2 应建立综合服务数据库,存储综合服务知识库、各项服务信息与日志记录。

6.3.3 应建立管理数据库,存放内部管理相关数据信息。

6.3.4 可建立历史生产交易数据库和查询数据库,以提高生产运行效率。

6.3.5 可建立数据仓库辅助公积金中心运营决策。

6.4 住房公积金数据资源共享和利用

6.4.1 应与房产交易、产权产籍、质量检验、工商、税务、社保、公安、民政等部门进行数据信息资源共享,提高业务办理效率。

6.4.2 应以公积金中心的数据资源为基础,汇聚从外联单位采集的数据信息,分析各项服务记录和行为信息,综合应用数据处理、关联、挖掘等技术,辅助支持科学决策,提升运行、服务、管理水平。

6.5 数据资源安全要求。

6.5.1 应制定数据安全管理制度,至少包含以下内容:

1 明确数据库管理员职责。

2 严禁在运行维护过程中直接修改数据信息。

3 严格控制数据库访问权限、定期更换密码。

4 加强日常数据备份管理、建立异地容灾管理制度。

6.5.2 公积金中心在为外部单位、外部系统提供涉及个人隐私的数据资源信息前,必须进行脱敏处理。

6.5.3 应对住房公积金信息系统建立安全审计系统,保障数据库安全。

6.5.4 应对住房公积金信息系统中的各子系统建立角色分配体系,确保整个系统登录的安全合规,并能留下各角色的使用痕迹,辅助审计系统的审计核查。

7 服务外包

7.1 服务外包的范围

在确保住房公积金数据资产归属公积金中心,并有切实措施保障信息安全的前提下,公积金中心可以选择主机托管、主机租用、购买运行维护服务等外包服务方式。

7.2 主机托管

支撑住房公积金信息系统运行的主机和存储设备应自主建设,运行管理可以托管。主机托管费用应列为专项费用。

7.3 主机租用

主机租用应优先考虑政务云。

租用主机所在机房的建设标准应符合信息安全等级保护三级要求;机房管理的服务质量标准应满足 ISO27001 要求;网络环境应具备与银行专网连接条件。

7.4 运行维护服务外包

公积金中心可通过购买运行维护服务方式选择专业服务单位保障系统正常运行。

7.5 选择外包服务单位条件

服务外包应选择具有专业资质、技术成熟、抗风险能力强、信誉良好的服务单位。服务外包形式可采用驻场服务、临时现场支持、远程网络服务等方式。在服务外包合同中应明确外包服务范围和服务要求。

7.6 外包服务单位管理

服务单位应按合同约定提供住房公积金信息系统的运行情况报告,主要包括系统运行状态(CPU、内存、存储、网络等)、系统预警、系统故障、安全事件、日志审计等,并随时接受公积金中心监督、考核。

7.7 服务外包相关费用应列为专项费用。

8 附则

8.1 本导则由住房和城乡建设部负责解释。

8.2 本导则自印发之日起施行。

附录:(略)

住房城乡建设部、财政部、人民银行关于改进住房公积金缴存机制进一步降低企业成本的通知

(2018 年 4 月 28 日 建金〔2018〕45 号)

各省、自治区住房城乡建设厅、财政厅,直辖市、新疆生产建设兵团财务局,中国人民银行上海总部、各分行、营业管理部、省会(首府)城市中心支行、副省级城市中心支行,直辖市、新疆生产建设兵团住房公积金管理委员会、住房公积金管理中心:

为贯彻落实党中央、国务院决策部署,降低实体经济成

本,减轻企业非税负担,现就改进住房公积金缴存机制,进一步降低企业成本有关事项通知如下:

一、延长阶段性适当降低企业住房公积金缴存比例政策的期限

各地区2016年出台的阶段性适当降低企业住房公积金缴存比例政策到期后,继续延长执行期至2020年4月30日。各地区要对政策实施效果进行评估,并可结合当地实际进一步降低企业住房公积金缴存比例。

二、切实规范住房公积金缴存基数上限

缴存住房公积金的月工资基数,不得高于职工工作地所在设区城市统计部门公布的上一年度职工月平均工资的3倍。凡超过3倍的,一律予以规范调整。

三、扩大住房公积金缴存比例浮动区间

住房公积金缴存比例下限为5%,上限由各地区按照《住房公积金管理条例》规定的程序确定,最高不得超过12%。缴存单位可在5%至当地规定的上限区间内,自主确定住房公积金缴存比例。

四、提高降低住房公积金缴存比例和缓缴的审批效率

生产经营困难的企业,经职工代表大会或工会讨论通过,可申请降低住房公积金缴存比例或者缓缴。住房公积金管理委员会应授权住房公积金管理中心审批,审批时限不得超过10个工作日。

改进住房公积金缴存机制,进一步降低企业成本工作涉及面广,政策性强。各部门各单位要将思想和行动统一到党中央、国务院决策部署上来,按照职责分工,周密组织实施,加强政策解读,切实抓好落实。各省、自治区住房城乡建设厅和直辖市、新疆生产建设兵团住房公积金管理委员会要于2018年6月底前,将本通知落实情况报住房城乡建设部。

中央国家机关住房资金管理中心关于简化住房公积金业务部分申请材料的公告

(2018年5月14日)

为深化住房公积金"放管服"改革,进一步方便职工办事,自2018年5月15日起,职工办理住房公积金归集业务(包括开户、提取、转移、封存、销户等)时,不再需要提供身份证明材料复印件。在办理住房公积金个人贷款(含住房公积金贷款、组合贷款中的住房公积金贷款部分、住房公积金政策性贴息贷款)申请和贷后业务时,不再需要提供身份证明、婚姻证明、离退休证明和购房首付款证明的复印件。

中央国家机关住房资金管理中心关于简化住房公积金转移业务有关手续的公告

(2018年5月11日)

为深化住房公积金"放管服"改革,中央国家机关住房资金管理中心(北京住房公积金管理中心中央国家机关分中心)进一步简化职工在北京住房公积金管理中心及中央直属机关分中心、北京铁路分中心间的住房公积金转移业务手续。即日起,职工办理个人住房公积金账户转移业务,不需提供《个人住房公积金查询书》或《转移开户证明》。

特此公告。

住房城乡建设部、财政部、人民银行、公安部关于开展治理违规提取住房公积金工作的通知

(2018年5月2日 建金〔2018〕46号)

各省、自治区、直辖市住房城乡建设厅(建委)、财政厅(局)、公安厅(局),新疆生产建设兵团建设局、财务局、公安局,中国人民银行上海总部、各分行、营业管理部、省会(首府)城市中心支行、副省级城市中心支行,直辖市、新疆生产建设兵团住房公积金管理委员会、住房公积金管理中心:

党的十八大以来,全国住房公积金系统深入贯彻落实党中央、国务院决策部署和监管部门工作要求,在防范资金风险、提高使用效率、改进服务质量等方面取得显著成效。但一些机构和个人通过伪造证明材料、虚构住房消费行为等手段违规提取住房公积金,有的甚至形成骗提套取住房公积金"黑色产业链",扰乱了住房公积金管理秩序,削弱了住房公积金制度的互助性和保障性。为保证住房公积金制度稳健运行,依法维护缴存职工权益,决定开展治理违规提取住房公积金工作,现就有关事项通知如下:

一、规范改进提取政策

各地要按照"房子是用来住的,不是用来炒的"定位及建立租购并举住房制度的精神,规范改进住房公积金提取政策。优先支持提取住房公积金支付房租,提取额度要根据当地租金水平合理确定并及时调整。重点支持提取住房公积金在缴存地或户籍地购买首套普通住房和第二套改善型住房,防止提取住房公积金用于炒房投机。缴存职工与单位解除或终止劳动关系的,先办理个人账户封存。账户封存期间,在异地开立住房公积金账户并稳定缴存半年以上的,办理异地转移接续手续。未在异地继续缴存的,封存满半年后可提取。各地

要按照上述要求，于2018年6月底前完成当地政策的规范调整工作。

二、优化提取审核流程

对缴存职工在缴存地租赁或购买自住住房、偿还自住住房贷款本息、离休退休等申请提取住房公积金的，要进一步简化审核流程，积极开展提取住房公积金业务网上咨询，大力推行网上审核和业务办理，缩短审核时限。缴存职工提取申请材料齐全的，审核无误后应即时办理。需对申请材料进一步核查的，应在受理提取申请之日起3个工作日内办结。对同一人多次变更婚姻关系购房、多人频繁买卖同一套住房、异地购房尤其是非户籍地非缴存地购房、非配偶或非直系亲属共同购房等申请提取住房公积金的，要严格审核住房消费行为和证明材料的真实性。

三、实施失信联合惩戒

对违规提取住房公积金的缴存职工，住房公积金管理中心要记载其失信记录，并随个人账户一并转移；对已提取资金的，要责令限期全额退回，在一定期限内限制其住房公积金提取和贷款。对逾期仍不退回的，列为严重失信行为，并依法依规向相关管理部门报送失信信息，实施联合惩戒。机关、事业单位及国有企业缴存职工违规提取住房公积金情节严重的，要向其所在单位通报。

四、加强内部风险管理

住房公积金管理中心要合理设置住房公积金提取受理、审核岗位，明确岗位职责，加强岗位制约，实行定期轮岗。完善内审稽核机制，形成前台受理审核、后台重点复核、内审部门稽核“三道防线”。委托商业银行受理审核的，要将防控违规提取住房公积金纳入业务考核，与受托资格和手续费挂钩。健全廉政风险防控制度，开展专题业务培训，提升廉政意识和鉴别能力。对相关管理人员玩忽职守、失职渎职的，给予党纪政纪处分；对为违规提取住房公积金提供便利，涉及职务犯罪的，移交司法机关处理。

五、推进部门信息共享

各地要全面落实国务院“放管服”改革要求，建立住房公积金管理中心与公安、住房城乡建设、人力资源社会保障、民政、不动产登记等部门及人民银行分支机构的信息共享机制，联网核查住房公积金提取申请人的个人身份、户籍、房产交易、就业、社保、婚姻登记、不动产登记等信息，确保提取住房公积金的行为和要件真实准确。有条件的省（区）要积极研究建立省级跨部门信息共享机制。住房公积金管理中心要积极主动提出信息共享需求，相关信息管理部门要予以支持。同时要做好信息安全和保密工作。

六、建立跨地协查机制

住房公积金管理中心要加强协同，密切配合，尽快建立防范违规提取住房公积金跨地协查机制。住房公积金管理中心进行提取业务审核，需核查申请人异地房产交易、不动产登记、户籍等相关信息的，可商请信息产生地住房公积金管理中心向相关信息管理部门代为核查。信息产生地住房公积金管理中心要予以支持，及时核查信息并反馈结果。人员跨地区流动频繁的京津冀、长三角、珠三角等城市群，要率先建立更加紧密的信息协查机制，共同防控违规提取住房公积金行为。

七、集中开展治理工作

住房公积金管理中心要主动协调当地公安、通信、城管、网信等部门，集中开展治理违规提取住房公积金工作。要全面清理违规提取住房公积金的有关信息，依法关停发布违规提取住房公积金信息的网站和涉嫌违法电话，净化美化社会环境。对违规提取住房公积金的中介机构和其他组织，依法予以查处。对涉嫌伪造及使用购房合同、发票、不动产权证书、结婚证等虚假证明材料的组织和个人，要及时向公安等部门移交问题线索，严肃依法惩治。

八、广泛开展宣传引导

各地要通过报纸、电视、网络等多种形式，向社会公开住房公积金提取业务办理要件、流程及时限，向缴存职工告知违规提取住房公积金的法律风险和责任。要深入单位、社区广泛宣传住房公积金政策，发挥缴存单位住房公积金经办人员的宣传员作用。公开曝光违规提取住房公积金案例，引导缴存职工依法合规提取住房公积金。

典型案例

1. 黄颖诉美晟房产公司商品房预售合同纠纷案①

【裁判要旨】

对所购房屋显而易见的瑕疵，业主主张已经在开发商收执的《业主入住验收单》上明确提出书面异议。开发商拒不提交有业主签字的《业主入住验收单》，却以业主已经入住为由，主张业主对房屋现状认可。根据最高人民法院《关于民事诉讼证据的若干规定》，可以推定业主关于已提出异议的主张成立。

根据合同法第一百零七条规定，交付房屋不符合商品房预售合同中的约定，应由开发商向业主承担违约责任。交付房屋改变的建筑事项，无论是否经过行政机关审批或者是否符合建筑规范，均属另一法律关系，不能成为开发商不违约或者免除违约责任的理由。

【案情】

原告：黄颖。

被告：北京美晟房地产开发有限公司。

原告黄颖因与被告北京美晟房地产开发有限公司（以下简称美晟房产公司）发生商品房预售合同纠纷，向北京市大兴区人民法院提起诉讼。

原告诉称：原告通过签订合同，购买了被告预售的一套房屋。在办理入住手续时原告发现，该房屋客厅窗外有一根用于装饰的钢梁。这个钢梁不仅遮挡窗户，给原告造成视觉和心理障碍，还威胁原告的人身、财产安全和隐私权。在原告与被告签订合同过程中，被告没有以售楼处的沙盘图、展示的样板间或者其他任何宣传资料，向原告明示窗外有这个钢梁，更没有在购房合同中约定窗外有钢梁。原告多次以书面方式要求被告解决这个问题，但被告均以各种借口拒绝。请求判令被告拆除原告窗外的装饰钢梁，并负担本案诉讼费用。

被告辩称：原告所诉窗外有钢梁情况属实。这个钢梁是从整个小区的美观与协调考虑，按照经政府相关部门批准的小区建设设计图纸安装的，且符合建筑规范。现在整个小区已经竣工，并经验收合格。原告应该考虑整个小区的利益，况且现在原告已入住，表明其对房屋的现状也认可。不同意原告的诉讼请求。

北京市大兴区人民法院经审理查明：

2003 年 8 月 17 日，原告黄颖与被告美晟房产公司签订一份《商品房买卖合同》，约定：黄颖（买受人）购买美晟房产公司（出卖人）预售的美然·北美态度（又名“美利新世界”）E－7 幢 2 单元 502 号商品房一套，建筑面积 143.4 平方米，总金额 567 864 元。2004 年 8 月 16 日，美晟房产公司给黄颖发出《入住通知书》，现在黄颖已办理入住手续，并已交纳所购房屋价款。同月，黄颖给美晟房产公司发函反映窗外钢梁一事。

另查明，2003 年 6 月 30 日，北京市建筑设计研究院审查批准的被告美晟房产公司施工图中，诉争房屋外设计有装饰钢梁。在美晟房产公司为预售房屋而展示的沙盘图上，诉争房屋外无装饰钢梁。双方当事人签订的《商品房买卖合同》中，对客厅外存在钢梁一事未约定。现诉争房屋经验收合格，竣工图也经政府有关部门审核批准。

上述事实，有双方当事人陈述、《商品房买卖合同》、沙盘图照片、北京市建筑工程施工图、设计文件审查报告、竣工图等证据证实。

【审判】

北京市大兴区人民法院认为：

原告黄颖与被告美晟房产公司签订的《商品房买卖合同》，是双方当事人的真实意思表示，内容不违反法律法规，应当确认合法有效。美晟房产公司为预售房屋展示的沙盘图，只能反映整个小区外部的总体概况，不能反映建筑设施的各个细节。因此，预售房屋外墙及室内装修的标准，应以经政府有关部门审核批准的施工图、竣工图以及《商品房买卖合同》中的约定为准。经政府有关部门审核批准的竣工图表明，诉争房屋的设计不违反法律法规的强制性规定，且建造符合相应建筑规范。在交接房屋时，黄颖未提出异议，并实际办理了入住手续，现以窗外钢梁侵犯其人身、财产安全和隐私权，造成视觉和心理障碍为由，诉请美晟房产公司拆除该钢梁，因无合同依据及损害后果，不予支持。

据此，北京市大兴区人民法院于 2005 年 3 月 20 日判决：

驳回原告黄颖的诉讼请求。

诉讼费 50 元，由原告黄颖负担。

黄颖不服一审判决，向北京市第一中级人民法院提起上诉称：1. 本案是合同纠纷，双方都应当按合同约定行事，法院也应当按合同约定解决纠纷。一审既然承认双方在合同中对有无横梁并未约定，就不能对这个合同未约定的问题添附“政府有关部门审核批准”等条款；2. 上诉人购买的是期房而非现房，故只能依照宣传册、沙盘的展示来签订购买房屋合同，这是合同中未提及钢梁一事的根本原因。而在签订合同前，被上诉人对有无钢梁是清楚的，却故意隐瞒了这一情节，已经

① 案例来源：《最高人民法院公报》2006 年第 2 期。

违约在先。以无合同依据驳回上诉人的诉讼请求，是颠倒黑白；3. 在入住前，被上诉人并未将该房屋外有横梁一事告知上诉人。入住时，上诉人是在没有任何选择余地的情况下，才在《业主入住验收单》上签字，但同时在此单上对窗外有装饰钢梁一事提出明确的书面异议。一审认定上诉人在房屋交接时未提出异议，不是事实。请求：1. 撤销一审判决；2. 判令被上诉人将装饰横梁上移55厘米。

美晟房产公司同意一审判决。

北京市第一中级人民法院经审理查明：

上诉人黄颖所购房屋之楼号，已经由《商品房买卖合同》中表述的E-7幢2单元502号，变更为10号楼2单元502号。对此处房屋窗外的钢梁，黄颖在一审中一再陈述，其已通过《业主入住验收单》明确提出书面异议，该《业主入住验收单》由被上诉人美晟房产公司保存。二审中，经法院要求，美晟房产公司拒不交出有黄颖签名的《业主入住验收单》。

经实地观察，诉争房屋窗外的钢梁，纯属该幢楼房外立面的装饰造型，对楼房主体结构没有影响。装饰造型底部的横梁位于5楼与6楼之间，对5楼部分房屋的窗户造成一定程度且永久性遮挡，从而影响窗内人的视觉感受。

除此以外，二审确认一审查明的其他事实。

二审中，上诉人黄颖提交由有资质证书的北京首都工程建筑设计有限公司出具的一份报告。报告主要内容为：为不影响黄颖、王永旗、吴卫兵、韩峻巍、莫莉、刘羽、赵远昭等5楼住户的采光，美利新世界D户型5层房屋外装饰钢梁的底部横梁以从现位置上移55厘米重新焊接为宜。经质证，对北京首都工程建筑设计有限公司的上述报告，双方当事人均无异议。

本案争议焦点为：1. 对诉争房屋窗外的钢梁，黄颖入住时是否认可？2. 钢梁的存在是否构成美晟房产公司违约？美晟房产公司对此应否承担违约责任？

北京市第一中级人民法院认为：

房屋是价值昂贵的不动产，日常生活经验法则说明，对所购房屋显而易见的瑕疵，业主收房时一般不会轻易忽视。上诉人黄颖在一审中一再陈述，收房时对窗外有装饰钢梁一事，其已在《业主入住验收单》上明确提出书面异议。《业主入住验收单》是被上诉人美晟房产公司单方保存的证据，经法院要求，美晟房产公司拒不提交。最高人民法院《关于民事诉讼证据的若干规定》第七十五条规定："有证据证明一方当事人持有证据无正当理由拒不提供，如果对方当事人主张该证据的内容不利于证据持有人，可以推定该主张成立。"据此，可以推定黄颖关于收房时已对窗外有钢梁一事提出书面异议的主张成立。一审认定黄颖在交接房屋时未提出异议，不符合事实，应当纠正。

本案是商品房预售合同纠纷，双方当事人签订的《商品房买卖合同》合法有效。《中华人民共和国合同法》第一百零七条规定："当事人一方不履行合同义务或者履行合同义务不符合约定的，应当承担继续履行、采取补救措施或者赔偿损失等违约责任。"因装饰钢梁影响窗内人的视觉感受，上诉人黄颖诉请判令被上诉人美晟房产公司承担将装饰横梁上移55厘米的责任；美晟房产公司坚称，是从整个小区的美观与协调考虑，且在经过政府有关部门批准与符合建筑规范的情况下才安装这个钢梁，黄颖应顾及整个小区的利益。在美晟房产公司与黄颖签订的合同中，没有约定预售的房屋外有装饰钢梁；在美晟房产公司给黄颖展示的沙盘上，房屋模型外也没有装饰钢梁；而美晟房产公司交付给黄颖的房屋，窗外却有装饰钢梁遮挡。美晟房产公司履行合同义务不符合约定，依法应承担违约责任。至于安装钢梁是否经过行政审批与是否符合建筑规范，属另一法律关系，不能成为美晟房产公司不构成违约或者免除违约责任的理由。业主花费巨额资金购买房屋，注重的不是房屋外墙立面美观，而是房屋内各项设施是否有利于居住使用。只有在这一前提下，黄颖才可能与美晟房产公司签订《商品房买卖合同》。衡法酌理，不能为保全钢梁的装饰功能，而牺牲业主签订《商品房买卖合同》要达到的合同目的。黄颖主张将装饰横梁上移55厘米，既有北京首都工程建筑设计有限公司证明在技术上可行，又可以用较低的成本补救装饰钢梁带来的不当影响，此意见应予采纳。

综上所述，一审判决认定事实不清，导致判决结果失当，应当纠正。据此，北京市第一中级人民法院依照《中华人民共和国民事诉讼法》第一百五十三条第一款第（三）项规定，于2005年7月8日判决：

一、撤销一审民事判决；

二、本判决生效后10日内，被上诉人美晟房产公司将上诉人黄颖所购房屋窗外的装饰钢梁横梁上移55厘米并重新焊接。

一、二审案件受理费各50元，由被上诉人美晟房产公司负担。

2. 戴雪飞诉华新公司商品房订购协议定金纠纷案①

【裁判要旨】

购房者对开发商的样板房表示满意，与开发商签订订购协议并向其交付了定金，约定双方于某日订立商品房预售合同。后由于开发商提供的商品房预售格式合同中有样板房仅供参考等不利于购房者的条款，购房者对该格式条款提出异

① 案例来源：《最高人民法院公报》2006年第8期。

议要求删除，开发商不能立即给予答复，以致商品房预售合同没有在订购协议约定的日期订立的，属于最高人民法院《关于审理商品房买卖合同纠纷案件适用法律若干问题的解释》第四条规定的“不可归责于当事人双方的事由”，开发商应当将收取的定金返还给购房者。

【案情】

原告：戴雪飞。

被告：江苏省苏州工业园区华新国际城市发展有限公司。

原告戴雪飞因与被告江苏省苏州工业园区华新国际城市发展有限公司（以下简称华新公司）发生商品房订购协议定金纠纷，向江苏省苏州工业园区人民法院提起诉讼。

原告戴雪飞诉称：2004年4月18日，原告与被告华新公司签订一份协议，约定由原告支付定金5万元，订购被告开发的房屋一套；如果原告在被告通知的时间不与被告签订正式的商品房预售合同，5万元定金不返还；如果被告在此之前卖出房屋，应当双倍返还定金。收到被告的签订合同通知后，原告于4月25日至被告处，与被告商定，待原告的丈夫5月7日从香港回来后再签合同。5月7日原告至被告处签合同时，由于被告出具的格式合同中有样板房仅供参考的条款，原告对此持有异议，与被告协商未果，特以书面表达了由于被告“不能给予明确答复，需要另择日签约”的意见，希望与被告继续协商，被告的工作人员表示同意。不料被告竟于5月9日通知原告，要没收原告的定金，并要将房屋售与他人。请求判令被告双倍返还定金，并负担本案诉讼费。

被告华新公司辩称：4月18日签订的协议，是双方当事人的真实意思表示。签订该协议的目的，是要约束双方当事人签订正式商品房预售合同的行为。双方当事人应当在4月25日签订正式商品房预售合同。但到了该日，原告戴雪飞并未就签约事宜与被告进行磋商。由于原告违约在先，被告已决定拒绝与其签约，故对原告5月7日所写的“客户意见”，被告工作人员仅作“已收到”处理。原告所称5月7日双方就合同上的样板房装修条款未能达成一致意见，不是签约不成的理由，其诉讼请求应当驳回。

苏州工业园区人民法院经审理查明：

2004年4月18日，原告戴雪飞以戴雪飞及其夫丘荣的名义作为乙方，与作为甲方的被告华新公司签订《都市花园·天域住宅订购协议（红表）》（以下简称订购协议）一份，约定：乙方向甲方交付定金5万元，订购甲方的苏州工业园区星汉街189号都市花园·天域2幢203室住宅一套，面积约为248.26平方米，销售单价7720元/平方米；乙方若在甲方通知的签约日前选择放弃已取得的物业购买权，或者到期不签约，5万元定金不退还；甲方若在签约日前将该房屋转售他人，应当向乙方双倍返还定金。当日华新公司开具收据，言明收到戴雪飞、丘荣定金5万元，并通知戴雪飞于4月25日至华新公司处签订正式商品房预售合同。5月7日，戴雪飞向华新公司提交一份书面意见，内容是：“本人于2004年5月7日与华新公司签约时，要求所购房屋的装修标准与样板房一致，删除合同附件二中‘样板房仅供参考，华新公司保留最终解释权’字样，华新公司不能给予明确答复，需另择日签约。”华新公司销售部副经理廖庆在该书面意见上注明：“该客户意见已收到。”5月9日，华新公司通知戴雪飞，因其未按约于4月25日到华新公司签订商品房预售合同，已违反订购协议之约定，特将原协议项下的定金没收。双方为此发生纠纷后协商未果，戴雪飞提起诉讼。

【审判】

苏州工业园区人民法院认为：《中华人民共和国担保法》第八十九条规定：“当事人可以约定一方向对方给付定金作为债权的担保。债务人履行债务后，定金应当抵作价款或者收回。给付定金的一方不履行约定的债务的，无权要求返还定金；收受定金的一方不履行约定的债务的，应当双倍返还定金。”订购协议是双方当事人的真实意思表示，合法有效，对双方当事人产生拘束力。按照订购协议约定，双方当事人承诺在将来签订商品房预售合同，5万元定金是履行这一承诺的担保。原告戴雪飞应当在被告华新公司通知的2004年4月25日到华新公司处协商签订商品房预售合同。在华新公司否认戴雪飞当日有订约行为，指陈戴雪飞违约的情况下，戴雪飞不能证明其已于当日实践了签订合同的承诺。戴雪飞以证人胡永明的证言主张其已与华新公司商定将订约日期推迟至5月7日。胡永明是戴雪飞的姻亲，其证言缺乏强有力的证明力。戴雪飞不能以其他证据印证胡永明证言的真实性，该证言不能采信，故戴雪飞关于订约日期推迟的主张不能成立。根据订购协议的约定，戴雪飞既然在4月25日未能与华新公司协商订约，应当承担违约的民事责任，即无权要求返还其交付的定金，当然更不得要求双倍返还定金。据此，苏州工业园区人民法院于2004年9月10日判决：

驳回原告戴雪飞的诉讼请求。

案件受理费3510元，由原告戴雪飞负担。

一审宣判后，戴雪飞不服，向江苏省苏州市中级人民法院提出上诉。理由是：2004年4月25日，上诉人戴雪飞到过被上诉人华新公司处。对这一事实，被上诉人并不否认，只是认为上诉人当日没有与其磋商签约。购置商品房是家庭中的一件大事，上诉人表示要等丈夫丘荣5月7日从香港回来后再签合同，被上诉人的工作人员表示理解上诉人的这一要求，因此4月25日被上诉人的工作人员并未给上诉人看商品房预售合同文本。这个合同文本是5月7日上诉人再到被上诉人处时才看到的，故双方当事人磋商签订商品房预售合同的时间应该是5月7日。一审忽略了本案中的这一重要事实，以上诉人不能证明自己在4月25日实践了签订合同的承诺，错误地认定上诉人违约，与事实不符。5月7日，在双方洽谈签订商品房预售合同时，由于被上诉人在其提供的商品房预售格式合同中，以附件二的形式添加了“样板房供参考，华新公司保留最终解释权”的格式条款，上诉人对此有不同意见，认为这个格式条款违背了平等协商的原则，要求删除，在被上诉人的工作人员表示不能立即给予明确答复的情况下，上诉人将自己的意见写成书面材料，并强调希望与被上诉人继续协商。而被上诉人置上诉人的合理合法要求于不顾，5月9日就通知没收上诉人交付的定金，还要将房屋另售他人，简直是霸道行径。请求撤销一审判决，改判被上诉人给上诉人双倍返还定金，并由被上诉人负担本案的一、二审诉讼费用。

被上诉人华新公司辩称：2004年4月25日，上诉人戴雪飞虽然到达被上诉人处，但只是试图压低约定的房价，遭到被上诉人的拒绝。根据订购协议约定，此日是双方当事人签订正式商品房预售合同的日期。上诉人此日前来无论是谈价格还是要求延期，其行为均是对订购协议约定内容进行变更，显然违反了订购协议的约定。在此情况下被上诉人没收上诉人的定金，合理合法。一审认定上诉人违反订购协议，理应适用定金罚则承担违约责任，事实清楚，适用法律正确。二审应当驳回上诉，维持原判。

苏州市中级人民法院经审理查明：

2004年4月25日，上诉人戴雪飞曾前往被上诉人华新公司的售楼处，如约与华新公司洽谈。对此次洽谈的内容，双方当事人的陈述不一致。戴雪飞主张，其要求待丈夫从香港回来后再签订合同，但在该延期请求是否得到华新公司同意一事上，前后陈述不一致；华新公司主张，戴雪飞此日前来是要求降低房价，因遭到拒绝故未订约。对各自的主张，双方当事人均不能以证据证实。除此以外，二审确认一审查明的其他事实。

二审应解决的争议焦点是：4月25日双方当事人洽谈后未能签订《商品房预售合同》的原因何在？双方当事人是否存在违反订购协议约定的行为？

苏州市中级人民法院认为：

《中华人民共和国合同法》（以下简称合同法）第三条规定：“合同当事人的法律地位平等，一方不得将自己的意志强加给另一方。”第五条规定：“当事人应当遵循公平原则确定各方的权利和义务。”第六条规定：“当事人行使权利、履行义务应当遵循诚实信用原则。”最高人民法院《关于审理商品房买卖合同纠纷案件适用法律若干问题的解释》第四条规定：“出卖人通过认购、订购、预订等方式向买受人收受定金作为订立商品房买卖合同担保的，如果因当事人一方原因未能订立商品房买卖合同，应当按照法律关于定金的规定处理；因不可归责于当事人双方的事由，导致商品房买卖合同未能订立的，出卖人应当将定金返还买受人。”相对商品房预售合同来说，订购协议是本约订立之前先行订立的预约合同。订立预约合同的目的，是在本约订立前先行约明部分条款，将双方一致的意思表示以合同条款的形式固定下来，并约定后续谈判其他条款，直至本约订立。预约合同的意义，是为在公平、诚信原则下继续进行磋商，最终订立正式的、条款完备的本约创造条件。因此在继续进行的磋商中，如果一方违背公平、诚信原则，或者否认预约合同中的已决条款，或者提出令对方无法接受的不合理条件，或者拒绝继续进行磋商以订立本约，都构成对预约合同的违约，应当承担预约合同中约定的违约责任。反之，如果双方在公平、诚信原则下继续进行了磋商，只是基于各自利益考虑，无法就其他条款达成一致的意思表示，致使本约不能订立，则属于不可归责于双方的原因，不在预约合同所指的违约情形内。这种情况下，预约合同应当解除，已付定金应当返还。

本案是因被上诉人华新公司没收了上诉人戴雪飞交付的定金而引发纠纷。华新公司没收定金的理由，是认为戴雪飞没有在4月25日与华新公司签订商品房预售合同，违反了订购协议的约定。订购协议此条约定的全文是：“乙方（戴雪飞）若在甲方（华新公司）通知的签约日前选择放弃已取得的物业购买权，或者到期不签约，5万元定金不退还。”从此可以看出，华新公司不退还定金的情形有两种，第一种即是戴雪飞在签约日前放弃房屋购买权。本案事实证明，直至5月7日，戴雪飞仍在书面意见中表达着“需另择日签约”的愿望，自始没有放弃房屋购买权的意思表示，因此不存在此种情形。戴雪飞到期不签订商品房预售合同是华新公司可以不退还定金的第二种情形。4月25日是商品房预售合同的签订到期日。此日戴雪飞曾到达华新公司处，双方进行过洽谈，对这些事实双方当事人认识一致。确定是否存在不退还定金的第二种情形，涉及双方当事人此日的洽谈内容，而对此双方当事人有不同的陈述，进而也在是否发生违约事实上存在认识分歧。戴雪飞说，由于其要待丈夫回来后再签订合同，故请求延期签约，华新公司亦表示同意，未向其出示商品房预售合同文本，当日的签约活动被取消，因此不存在违约。华新公司主张，戴雪飞此日前来是要求降低房价，因遭到拒绝故未订约，进而认为订购协议约定的内容是“乙方到期不签约，5万元定金不退还”，此日戴雪飞前来无论是谈价格还是要求延期，都是对订购协议约定内容进行变更，均属于到期不签约，显然违反订购协议的约定。能否将订购协议中“到期不签约”一语理解为无论存在何种理由，只要不签约就是违约，双方当事人显然有不同解释。

合同法第四十一条规定：“对格式条款的理解发生争议的，应当按照通常理解予以解释。对格式条款有两种以上解释的，应当作出不利于提供格式条款一方的解释。格式条款和非格式条款不一致的，应当采用非格式条款。”第一百二十五条第一款规定：“当事人对合同条款的理解有争议的，应当按照合同所使用的词句、合同的有关条款、合同的目的、交易习惯以及诚实信用原则，确定该条款的真实意思。”无论是订购协议还是双方当事人拟订立的商品房预售合同，都是被上诉人华新公司提供的格式合同。当对格式条款有两种以上解释时，应当作出不利于华新公司的解释。预约合同的作用，只是为在公平、诚信原则下订立本约创造条件。从这一认识出发来理解订购协议中的"到期不签约"一语，显然不包括由于不可归责于双方的原因而到期不签约的情形。在买受方只见过出售方提供的样板房，尚未见过商品房预售合同文本的情形下，若将此语理解为无论出于何种原因，只要买受方到期不签本约均是违约，势必将买受方置于要么损失定金，要么被迫无条件全部接受出售方提供的商品房预售格式合同的不利境地，出售方则可以籍此获利。双方在订立本约时的地位极不平等，显然违背公平、诚信原则。

就本案说，首先，尽管对4月25日的洽谈内容双方当事人有不同陈述，但在此日，上诉人戴雪飞到被上诉人华新公司处，与华新公司进行过商谈，是可以认定的事实。这一情节证明，戴雪飞有守约如期前往磋商的表现，有别于到期不去签约。其次，从5月7日戴雪飞仍在与华新公司进行磋商的情节看，其没有拒签商品房预售合同的明确表现。第三，对4月25日的洽谈内容双方虽有不同陈述，但都不能举证证明自己的陈述属实，应合理推定为磋商未成。第四，按照戴雪飞的陈述，其是要待丈夫丘荣回来而未在4月25日签约。购买商品房乃一个家庭中的重大事件，理当由家庭成员共同协商确定。鉴于仅见过样板房、还不知商品房预售合同内容，戴雪飞提出等丈夫回来后签约，这个要求合情合理，不违反订立预约合同是为本约创造公平磋商条件的本意。华新公司既然收受了以戴雪飞、丘荣二人名义交付的定金，就应当对戴雪飞关于等丘荣回来订约的要求表示理解。第五，按照华新公司的陈述，戴雪飞4月25日来是要求减让房价。房价属订购协议中的已决条款，戴雪飞如果在本约磋商中提出减价，华新公司当然有权拒绝减价，但在戴雪飞愿意继续磋商本约的情形下，华新公司不能以此为由拒绝与戴雪飞继续磋商本约，更不得以此为由将4月25日没有订立本约的责任强加给戴雪飞承担。第六，5月7日戴雪飞看过商品房预售合同后写下一纸书面意见，华新公司工作人员在这纸书面意见上签署了"该客户意见已收到"。华新公司的这一签署，当然不能证明华新公司同意并接受了戴雪飞的意见，但可以证明戴雪飞在此日与华新公司进行了订立本约的磋商，见到了商品房预售格式合同的原文，并有与华新公司继续进行磋商的愿望。华新公司在以样板房获取购房者满意并与之订立预约合同后，却在商品房预售合同中以附件形式列入样板房仅供参考和合同解释权归华新公司的格式条款，这对购房者来说显失公平。戴雪飞对这样显失公平的格式条款提出异议，是合理的。戴雪飞提出异议的行为，间接证明直至5月7日，双方当事人仍在对本约进行协商，但未协商一致，华新公司关于此前已决定拒绝与戴雪飞签约的主张不能成立，同时也反证出4月25日戴雪飞即使不要求等丈夫回来后签合同，也不可能同意并签署这个含有显失公平的格式条款的商品房预售合同。因此，在双方当事人均不能以证据证明自己陈述真实的情形下，应当认定4月25日未能订立商品房预售合同的原因是双方当事人磋商不成，并非哪一方当事人对订购协议无故反悔。

综上，由于磋商未成是导致双方当事人未能在4月25日订立商品房预售合同的真正原因，上诉人戴雪飞按订购协议交付给被上诉人华新公司的5万元定金，依法应当由华新公司返还，故戴雪飞关于华新公司返还5万元定金的上诉请求予以支持，但对华新公司恶意违约应当双倍返还定金的上诉请求不予支持。华新公司关于戴雪飞压价使本约不能订立已构成违约的抗辩主张，因无证据，不予支持。一审对本案的定性处理失当，应当纠正。据此，苏州市中级人民法院依照《中华人民共和国民事诉讼法》第一百五十三条第一款第（二）项规定，于2005年5月18日判决：

一、撤销一审民事判决；

二、被上诉人华新公司于本判决生效后3日内，给上诉人戴雪飞返还定金5万元。

一、二审案件受理费各3510元，由双方当事人各半负担。

本判决为终审判决。

3. 邓虎诉孔春能房屋买卖合同纠纷案①

【裁判要旨】

1. 国家实行房产新政，当事人已预见到购房存在巨大商业风险，并在合同中对国家房贷政策变化导致按揭不能作出了自己的承诺。这种情形不属于情事变更，不能解除房屋买卖合同。

2. 当事人在房屋买卖合同中既约定了违约金又同时约定了定金罚则，根据《合同法》第116条的规定，违约金条款和定金罚则不能同时适用，一方违约时，另一方可以选择违约金条款或者定金条款。

【案情】

原告（反诉被告，二审上诉人）：邓虎

被告（反诉原告，二审被上诉人）：孔春能

宁波市鄞州区人民法院经审理查明：2010年4月6日，邓虎（乙方）、孔春能（甲方）与中介方宁波诚发房地产信息有限公司（丙方）签订存量房屋买卖中介合同一份，合同约定：孔春能将其所有的位于宁波市中河街道金地国际公馆6号1幢3

① 案例来源：《人民法院案例选》，2011年第2辑。

单元1902室房屋转让给邓虎;价款为人民币185万元,签约日付定金10万元,2010年5月15日付50万元并过户,余款125万元办理按揭贷款,于银行正式放贷和甲方交房后当天支付给甲方;如因银行放贷政策或乙方个人资信,影响按揭额度或不能批下,不足部分或全额按揭款由乙方在接到丙方通知、法定放贷时间三日内现金补足;除甲方、丙方原因外,乙方违约不能履行合同的,承担以下违约责任:(1)乙方不得退回已支付的定金;(2)乙方延期付款10天内,需支付甲方每天500元,超过10天以上则按第一条作违约处理,并另外支付甲方违约金10万元。双方签订合同后,邓虎向孔春能支付了10万元定金。2010年4月下旬,邓虎通知孔春能因房贷新政限制无法履行合同,要求解除双方合同,退回已付定金。

邓虎起诉称请求判令解除双方房屋转让协议,由孔春能返还邓虎购房定金10万元。

孔春能反诉称:双方合同约定,允许购房一方更名,则邓虎贷款是否受房产新政限制并不影响合同履行。事实上,房产新政出台后,邓虎也曾联系买家接手,但因买家亦采取观望态度拒绝接手,导致邓虎没有能力履行合同。邓虎属于炒房行为,正是国家政策调控的对象,应当风险自理。邓虎违约不履行合同义务,按合同约定,除定金不得退还外,并需另外支付孔春能违约金10万元。现其也同意合同解除请求法院判令驳回邓虎退还定金的本诉请求,判令邓虎支付孔春能违约金10万元。

【审判】

宁波市鄞州区人民法院经审理认为:邓虎和孔春能订立的房屋买卖合同成立有效,双方均须按约履行。双方合同虽约定部分价款由邓虎申请银行按揭贷款支付,但亦明确约定因银行放贷政策或邓虎个人资信,无法申请按揭贷款时,邓虎应以现金支付。故房产新政对邓虎是否造成申请按揭贷款的限制,不成为邓虎拒绝履行合同的合理理由。邓虎请求解除合同,现因孔春能亦同意解除合同,原审法院准许双方解除合同。邓虎在双方约定的期限未按约支付价款,逾宽限期仍未履行付款义务,构成根本违约,根据双方合同约定,除不能退还定金外,还应另行支付10万元违约金,该条款相当于约定在一方构成根本违约时,须支付包括定金在内的违约金20万元。故邓虎请求退还定金,原审法院不予支持;孔春能请求另行支付10万元违约金,原审法院予以支持。据此,判决:一、解除邓虎与孔春能于2010年4月6日签订的存量房屋买卖中介合同;二、邓虎支付孔春能违约金10万元,限在本判决生效后十日内付清;三、驳回邓虎的其他诉讼请求。

上诉人邓虎上诉称:原判认定事实不清,适用法律不当。(1)本案应适用情事变更原则。原审法院把《国务院关于坚决遏制部分城市房价过快上涨的通知》(以下简称新国十条)的出台导致银行按揭政策的变化直接等同于银行房贷政策的原因,属错误理解合同条款。引起按揭不能办理的原因系国家政策的变化,故从情事变更的角度看,邓虎自发现不能办理按揭之日起及时通知孔春能要求解除合同的行为是法律所允许的,并不构成违约。由于新国十条的出台,导致银行按揭不能办理,所以非邓虎原因不能履行合同。故邓虎未支付第二期房款的行为也不构成违约,更不构成根本性违约。(2)即使邓虎构成违约,也不应当支付20万元的违约金。根据《合同法》第116条之规定,当事人既约定违约金,又约定定金的,一方违约时,只能选择一种违约方式。原审法院既适用定金罚则,又要邓虎支付违约金,系适用法律不当。请求二审法院维持原判第一项;撤销原判第二项,驳回孔春能一审中提出的全部反诉请求;撤销原判第三项,支持邓虎在一审中提出的全部诉讼请求。

被上诉人孔春能辩称:银行作为国家重要的金融机构,其政策与国家的政策时刻联系在一起,邓虎把银行政策和国家政策加以割裂是错误的。邓虎以政策为由未履行合同,违反合同约定,况且邓虎也有更改户主的权利,并不简单受政策限制,违约是其个人问题,并属根本性违约,造成孔春能巨大损失,邓虎应承担相应的违约责任。请求二审法院维持原判。

宁波市中级人民法院经审理认为:邓虎与孔春能之间签订的房屋买卖合同,系双方真实意思表示,又不违反法律、行政法规的强制性规定,依法确认有效,双方均应按约履行。该合同第3条第4项约定,如银行房贷政策或乙方(邓虎)个人资信,影响按揭额度或不能批下的,不足部分或全额按揭款由乙方在接到丙方(房产中介公司)通知、法定放贷时间三日内现金补足。故根据双方合同约定,国家政策的改变,导致银行房贷政策的变化,并非邓虎贷款不成拒绝履行合同的法定事由。邓虎未按约履行付款义务,应承担违约责任。现双方一致同意解除合同,予以准许。《合同法》第115条规定:"当事人可以依照《中华人民共和国担保法》约定一方向对方给付定金作为债权的担保。债务人履行债务后,定金应当抵作价款或者收回。给付定金的一方不履行约定的债务的,无权要求返还定金;收受定金的一方不履行约定的债务的,应当双倍返还定金。"《合同法》第116条规定:"当事人既约定违约金,又约定定金的,一方违约时,对方可以选择适用违约金或者定金条款。"本案双方当事人在合同违约责任中既约定不得退回已支付定金,又约定支付违约金10万元,该约定违反法律规定。故原审法院判决驳回邓虎请求返还10万元定金诉讼请求的同时又判决邓虎支付孔春能违约金10万元,属适用法律错误。邓虎不履行合同约定的债务,无权要求返还定金,对孔春能反诉请求另行支付10万元违约金,不予支持。据此判决:

一、维持原审判决第一、三项;

二、撤销原审判决第二项;

三、驳回孔春能的其他诉讼请求。

4. 洪秀凤与昆明安钡佳房地产开发有限公司房屋买卖合同纠纷案[①]

【案情】

上诉人(原审原告):洪秀凤。

委托代理人:万秋琴,北京市中伦律师事务所律师。

委托代理人:沈汉卿,云南八谦律师事务所律师。

被上诉人(原审被告):昆明安钡佳房地产开发有限公司,住所地云南省昆明市吴井路32号。

法定代表人:张晓霞,该公司总经理。

委托代理人:杨小平,云南睿信律师事务所律师。

上诉人洪秀凤与被上诉人昆明安钡佳房地产开发有限公司(以下简称安钡佳公司)房屋买卖合同纠纷一案,云南省高级人民法院于2014年12月17日作出(2014)云高民一初字第9号民事判决。洪秀凤不服该判决,向本院提起上诉。本院受理后,依法组成合议庭,于2015年4月23日公开开庭审理了本案。洪秀凤的委托代理人万秋琴、沈汉卿,安钡佳公司的委托代理人杨小平到庭参加诉讼。本案现已审理终结。

一审法院查明:2013年8月21日,安钡佳公司(甲方)与洪秀凤(乙方)签订两份《商品房购销合同》,就洪秀凤购买安钡佳公司开发建设的百富琪商业广场一、二层商铺的具体事项进行了约定。001号《商品房购销合同》约定:一层商业用房按套内建筑面积计价,该商品房套内建筑面积为3143.02平方米,单价为每平方米2万元(已包含分摊的共有建筑面积的价格),总金额62860400元;乙方应在2013年8月18日前支付56574360元,2014年1月20日前支付6286040元;交房时间为2013年12月14日;甲方逾期交房,自交房时间届满次日起至实际交房之日止30天内,按每天314302元向乙方支付违约金,合同继续履行。逾期30天后,甲方按购房款总金额的千分之五支付违约金,合同继续履行。002号《商品房购销合同》约定:二层商业用房按套内建筑面积计价,该商品房套内建筑面积为3601.29平方米,单价为每平方米9869元(已包含分摊的共有建筑面积的价格),总金额35541130元;乙方应在2013年8月18日前支付31987017元,2014年1月20日前支付3554113元;交房时间和违约责任与001号合同约定相同。同日,双方当事人对上述两份合同进行了登记备案。洪秀凤按照安钡佳公司出具的付款委托书载明的收款账户,于当日通过银行转账方式向安钡佳公司汇款56574360元和22825640元,同时还向安钡佳公司法定代表人张晓霞汇款1900万元,共计汇款9840万元。安钡佳公司向洪秀凤出具十张收据,每张金额984万元,共计9840万元。2013年8月26日、9月18日,张晓霞向洪秀凤各汇款368万元。

一审法院另查明,2011年10月28日,百富琪商业广场竣工验收。2013年6月2日,安钡佳公司与昆明力邦房屋折迁有限公司(以下简称力邦公司)签订《商铺租赁合同》,将百富琪商业广场一、二层商铺出租给力邦公司,租期自2013年6月1日起至2033年5月31日止。

洪秀凤起诉称,双方当事人于2013年8月21日签订两份《商品房购销合同》后,洪秀凤依约付清了全部购房款,但安钡佳公司拒不履行合同义务。故请求:1. 判令安钡佳公司交付昆明百富琪商业广场a幢一层和二层整层商铺,并于交付之日起40日内协助洪秀凤办理所有权证;2. 判令安钡佳公司承担逾期交房的违约责任,支付违约金19350128元;3. 案件受理费、律师费(300万元)等相关费用由安钡佳公司承担。

安钡佳公司答辩称,本案实际是民间借贷纠纷,房屋买卖合同仅是民间借贷的担保形式,应为无效。洪秀凤主张的逾期交房违约责任,没有合同及法律依据。案件受理费由法院判定,而律师费不是必须发生的费用。

一审法院经审理认为,(一)双方当事人虽然形式上签订了《商品房购销合同》,但百富琪商业广场已于2011年10月28日完成竣工验收,案涉房产于双方签约前也整体出租给力邦公司,且洪秀凤明知上述情况。在已经具备交付条件的情况下,双方却将交房时间约定为2013年12月14日,有违常理。(二)从安钡佳公司提交的2010年4月9日其与案外人张琳婕签订的《商品房购销合同》看,双方约定的百富琪商业广场第四层商铺的买卖价格为每平方米40936.06元,而案涉一层、二层房产交易价格为每平方米2万元及9869元,明显低于安钡佳公司与案外人约定的价格。(三)洪秀凤按约应在2014年1月20日前,分两期支付全部房价款,但其在签约当日就分别向安钡佳公司汇款56574360元和22825640元,同时还向安钡佳公司法定代表人张晓霞汇款1900万元(共计9840万元),已经付清了全部房款,这与正常买房人的付款习惯不符。安钡佳公司在收到上述款项后出具给洪秀凤的是十张收据而非购房发票,此亦违背房屋买卖的交易习惯。(四)在洪秀凤与安钡佳公司无其他业务往来的情况下,安钡佳公司法定代表人张晓霞于2013年8月26日、9月18日向洪秀凤各汇款368万元。对该款项,安钡佳公司认为其与洪秀凤之间实际的借款金额是8000万元,月息4.6%,每月利息即368万元。洪秀凤则认为736万元是安钡佳公司给洪秀凤的销售返点,但双方在合同中并无约定,也无其他证据予以证实。双方当事人上述一系列行为明显不符合房屋买卖的一般交易习惯,故应认定双方所签《商品房购销合同》名为房屋买卖实为借款担保,双方之间系名为房屋买卖实为借贷民事法律关系。洪秀凤主张其与安钡佳公司之间是房屋买卖关系,与法院认

① 案例来源:中华人民共和国最高人民法院民事判决书(2015)民一终字第78号。

定的法律关系不一致。一审法院向洪秀凤进行了释明，洪秀凤仍坚持其诉讼请求不予变更。综上，一审法院依照《中华人民共和国民事诉讼法》第一百五十二条和《最高人民法院关于民事诉讼证据的若干规定》第二条、第三十五条之规定，判决驳回洪秀凤的诉讼请求。案件受理费630558.30元，由洪秀凤负担。

洪秀凤不服一审判决，向本院提起上诉。

洪秀凤上诉称，一审法院将非常清晰的买卖合同法律关系认定为名为房屋买卖实为借贷民事法律关系，属认定事实和适用法律错误。一审判决所依据的四点理由无任何事实和法律依据。故请求撤销一审判决，支持洪秀凤全部诉讼请求。

安钡佳公司答辩称，一审法院认定本案法律关系名为房屋买卖实为借贷客观真实，驳回洪秀凤诉请认定事实清楚。故请求驳回上诉，维持原判。

本院二审查明：安钡佳公司于2013年8月14日出具付款委托书，委托洪秀凤将购房款9840万元汇至张晓霞及该公司账户。中国农业银行股份有限公司昆明吴井路支行银行卡取款业务回单记载，张晓霞于2013年8月21日向吴基协账户内转款1840万元。2013年8月21日，安钡佳公司出具十张收据，载明内容为收到洪秀凤购房款共计9840万元。2013年8月26日、9月18日，张晓霞向洪秀凤汇款各368万元，款项用途一栏均记载为私人汇款。

2014年9月23日一审庭审中，安钡佳公司述称，百富琪商业广场共有四层商铺，有些对外出租，有些对外出让，出让的单价是每平方米1.8万元。二审庭审中，安钡佳公司述称，百富琪商业广场四层商铺在开盘时的价格是1.8万元。本院就"张晓霞向吴基协付款1840万元的原因为何，是否基于洪秀凤的指令，有无证据"、"吴基协是什么人"等问题询问安钡佳公司，安钡佳公司称，该款是返还给吴基协，没有证据证明该汇款是基于洪秀凤的指令；张晓霞在借款之前认识吴基协，不认识洪秀凤；吴基协是联恒投资总经理，洪建华是联恒投资董事长，洪秀凤和洪建华是亲属关系。本院就洪秀凤与洪建华之间的关系问题询问洪秀凤，其称需要核实。

洪秀凤当庭向本院提交十一份"二审新证据"，分别为：1. 洪秀凤实地考察案涉房产所拍摄的照片，证明目的：在签约前，洪秀凤进行了实地考察，其真实意思就是购房；2. 安钡佳公司向洪秀凤提供的各项开发建设手续和证照，证明目的：洪秀凤非常关注案涉房产的合法性；3. 洪秀凤一审代理律师沈汉卿2014年11月份手机通话详单，沈汉卿与安钡佳公司法定代表人张晓霞2014年11月10日手机通话录音的光盘及文字整理稿（时间为当日12时12分，时长4分54秒），通话内容主要为，商谈向承租人转售案涉房产事宜。张晓霞在通话中称："因为我们换产权人了嘛，他的想法能不能就是要不他来买，然后呢我跟他说，原来也提出过他要买，我才跟你们说赶快做准备卖给他嘛"。证明目的：一审庭审结束后，张晓霞自认洪秀凤系案涉房产的产权人，有权决定将案涉房产转售他人或向承租人收取租金；4. 安钡佳公司向洪秀凤提供的昆明奥佳物业服务有限公司（以下简称奥佳公司）与平安银行股份有限公司昆明分行于2013年5月13日签订的《营业机构房屋租赁合同》，证明目的：在洽商房屋买卖过程中，安钡佳公司提供该份租赁合同以说明案涉房产具有投资价值；5. 关于百富琪商业广场涉嫌违规建设的新闻报道，证明目的：因洪秀凤在购房前了解到该问题，双方才对案涉房产交易价格和交付日期作出符合实际情况的约定；6. 张晓霞与张传文户口准予迁入证明、户口迁移证存根，以及张传文公民身份证号查询信息网页打印件，该证据显示，张传文（女，身份证号……，升位后为……）与张晓霞于1998年3月20日，将户籍由"东川市汤丹镇314队"迁入"西南有色地质局309队"，迁移原因系"家属随迁"。证明目的：张琳婕与张传文为同一人，其与安钡佳公司法定代表人张晓霞存在亲属关系，双方所签《商品房购销合同》的真实性存疑；7. 张琳婕与安钡佳公司《商品房购销合同》被注销的买卖合同登记备案表（合同登记号：km2010042018568），证明目的：（1）张琳婕所购房屋总金额为842.725万元，折算每平方米仅5000元，并非一审判决所认定的每平方米40936.06元。（2）该《商品房购销合同》已于2014年4月22日（一审开庭前）被注销（注销类型为退房注销），安钡佳公司故意隐瞒事实，误导一审法院作出错误判决；8-9. 一审法院2014年9月23日、10月23日庭审笔录。根据记载，安钡佳公司对其支付吴基协的1840万元款项的性质作出"本金"、"利息"的不同陈述，另对借款期限、计息标准、付息时间等情况的陈述也存在矛盾。证明目的：安钡佳公司对其主张的借贷关系不能自圆其说；10. 昆明市人民政府办公厅关于转发昆明市进一步加强商品房预售管理实施意见的通知，该意见第二条第一项规定："取得预售许可的商品住房项目，房地产开发企业要在10日内一次性向社会公布经住房和城乡建设行政主管部门审核确认的全部准售房源及每套房屋价格，并严格按照申报价格，明码标价对外销售。实际销售价格与申报价格上下波动超出15%的，必须及时重新申报，重新申报次数为一次，否则，房产登记机关不予登记备案。"证明目的：案涉合同已在房管部门登记备案，约定价格符合安钡佳公司在房管部门申报备案的价格区间；11. 安钡佳公司与力邦公司于2013年6月2日签订的《商铺租赁合同》、力邦公司于2013年6月10日委托奥佳公司对外租赁百富琪商业广场的授权委托书及三家公司的登记卡片，证明目的：安钡佳公司与奥佳公司之间存在关联关系，安钡佳公司与力邦公司约定的租金价格仅为实际承租人的百分之一，且奥佳公司与实际承租人的签约时间早于《商铺租赁合同》，该份合同的交易价格和交易时间不符合逻辑。

上述证据8-9为一审法院庭审笔录，不属于二审程序中新的证据。其余证据在一审期间亦已存在，但综合本案情况，洪秀凤逾期提供该等证据难谓存在故意或者重大过失的情形。根据相关证据与案件基本事实的关系，本院当庭要求安钡佳公司在指定期间内就前述证据3、6、7、10提交质证意见。

安钡佳公司在二审庭审中认为上述证据均不属于新证据。对前述相关证据，安钡佳公司在二审庭审后提交质证意见：1. 沈汉卿与张晓霞的通话，产生于双方应一审法官要求就如何还款进行调解的过程中，其内容不能证明洪秀凤就是产权人；2. 张琳婕与张传文身份证号一致，是否与张晓霞系亲属关系不得而知；3. 针对张琳婕买卖合同备案登记表及该房屋价格，安钡佳公司提供张琳婕购房公证书及个人房屋抵押借款合同、首期付款37418000元发票、北京中企华房地产估价有限公司于2014年10月10日作出的《房地产估价报告初评结果》（其结论为：百富琪商业广场一至四层商业、四层全部公寓及负一层地下车位建筑面积19794.54平方米房地产，市场价值初评结果70200万元，价值时点2014年9月24日），认为案涉合同备案登记价格明显低于当时市场价格；4. 昆明市进一步加强商品房预售管理实施意见是真实的，但该意见系2011年1月1日生效，案涉楼盘销售时间为2010年1月3日，当时不需要公布和申报价格。

综合安钡佳公司质证意见，因其对洪秀凤所提供二审证据3、6、7、10的真实性未提出异议，本院确认其真实性。

2014年9月23日一审庭审中，安钡佳公司述称，案涉房产应该是已经竣工验收了，但是房产证还没有办下来，涉及规划方面的问题，是因为楼层问题，规划是25层，后来建了32层，本来增加的楼层要求分两次报批，但是尚未报批的时候就已经建好了。洪秀凤在二审庭审后提交的代理意见中，未向本院说明其与洪建华之间的关系，并称百富琪商业广场无法办理产权的原因系涉嫌违规超建，安钡佳公司依法缴纳罚款后即可办理产权登记。

本院查明的其他案件事实与一审法院查明的案件事实相同。

本院认为，根据当事人上诉、答辩意见，并经其当庭确认，本案二审争议焦点为：一、双方当事人之间法律关系的性质；二、安钡佳公司应否向洪秀凤交付案涉房产并协助办理所有权变更登记；三、安钡佳公司应否以及如何承担逾期交房的违约责任，应否承担洪秀凤支付的律师费。

一、关于双方当事人之间法律关系的性质问题

民事法律关系是民事法律规范调整社会关系过程中形成的民事主体之间的民事权利义务关系。除基于法律特别规定，民事法律关系的产生、变更、消灭，需要通过法律关系参与主体的意思表示一致才能形成。判断民事主体根据法律规范建立一定法律关系时所形成的一致意思表示，目的在于明晰当事人权利义务的边界、内容。一项民事交易特别是类似本案重大交易的达成，往往存在复杂的背景，并非一蹴而就且一成不变。当事人的意思表示于此间历经某种变化并最终明确的情况并不鲜见。有些已经通过合同确立的交易行为，恰恰也经历过当事人对法律关系性质的转换过程。而基于各自诉讼利益考量，当事人交易形成过程中的细节并不都能获得有效诉讼证据的支撑。合同在性质上属于原始证据、直接证据。根据《最高人民法院关于民事诉讼证据的若干规定》第七十七条有关证据证明力认定原则的规定，其应作为确定当事人法律关系性质的逻辑起点和基本依据，应当重视其相对于传来证据、间接证据所具有的较高证明力。仅可在确有充分证据证明当事人实际履行行为与书面合同文件表现的效果意思出现显著差异时，才可依前者确定其间法律关系的性质。亦即，除在基于特定法政策考量，有必要在书面证据之外对相关事实予以进一步查证等情形，推翻书面证据之证明力应仅属例外。民事诉讼中的案件事实，应为能够被有效证据证明的案件事实。此外，透过解释确定争议法律关系的性质，应当秉持使争议法律关系项下之权利义务更加清楚，而不是更加模糊的基本价值取向。在没有充分证据佐证当事人之间存在隐藏法律关系且该隐藏法律关系真实并终局地对当事人产生约束力的场合，不宜简单否定既存外化法律关系对当事人真实意思的体现和反映，避免当事人一方不当摆脱既定权利义务约束的结果出现。此外，即便在两种解读结果具有同等合理性的场合，也应朝着有利于书面证据所代表法律关系成立的方向作出判定，借此传达和树立重诺守信的价值导向。综上，若要否定书面证据所体现的法律关系，并确定当事人之间存在缺乏以书面证据为载体的其他民事法律关系，必须在证据审核方面给予更为审慎的分析研判。

根据《最高人民法院关于适用〈中华人民共和国合同法〉若干问题的解释（二）》第七条规定，"交易习惯"是指，不违反法律、行政法规强制性规定的，在交易行为当地或者某一领域、某一行业通常采用并为交易对方订立合同时所知道或者应当知道的做法，或者当事人双方经常使用的习惯做法。《中华人民共和国合同法》针对"交易习惯"问题作出相关规定，其意旨侧重于完善和补充当事人权利义务的内容，增强当事人合同权利义务的确定性。而本案并不涉及运用交易习惯弥补当事人合同约定不明确、不完整所导致的权利义务确定性不足的问题。在前述立法意旨之外，运用"交易习惯"认定当事人交易行为之"可疑性"，应格外谨慎。首先，关于房屋交付时间问题。案涉房产存在违反规划超建楼层且尚未报批即行出售的事实，在此情况下，当事人约定在合同签订之日后近四个月时交付房产。而即便不考虑前述事实，在现房买卖情形中，如何约定交房期限方符合"交易习惯"，有无必要乃至是否形成"交易习惯"，同类一般交易判断是否已经形成普遍共识，尚存较大疑问。其次，关于房屋价格问题。抛开此节是否属于"交易习惯"的问题，对不合理低价的判断，亦须以当时当地房地产管理部门公布的同等房地产之价格信息为参考依据。虽安钡佳公司称对其法定代表人张晓霞与张琳婕是否为亲属

关系不得而知,但其确认张琳婕同张传文(与张晓霞户籍迁移时间、原因,迁出及迁入地均相同)身份证号相同的事实。张琳婕与安钡佳公司《商品房购销合同》的备案登记,已于2014年4月22日(一审庭审时间为2014年9月23日)因退房原因被注销。一审法院未查明相关事实,亦未对安钡佳公司在一审庭审中所作陈述与前述合同约定单价出现明显差异的事实给予必要关注,径以双方当事人约定价格明显低于安钡佳公司与张琳婕在案涉合同签订之日近30个月前所订合同中约定价格为主要理由,否定本案双方当事人之间存在房屋买卖法律关系,理据不足。此外,至本案当事人签约时(2013年8月21日),昆明市进一步加强商品房预售管理实施意见已经在当地施行(2011年1月1日生效)。根据该意见的前述相关规定,可以认定洪秀凤所持本案交易价格符合合理区间的主张成立。再次,关于付款问题。案涉合同约定的购房款支付方式为分期支付,但在洪秀凤所为一次性支付及安钡佳公司受领给付的共同作用下,应当认定其属于合同履行之变更。将此种合同履行变更视作与正常买房人的付款习惯相悖,理据尚不充分。而洪秀凤向安钡佳公司法定代表人张晓霞付款1900万元,也符合该公司所出具付款委托书的要求。购房发票系当事人办理房地产变更登记过程中所必需,一审法院认定安钡佳公司此前先行开具购房款收据违背房屋买卖"交易习惯",并得出当事人之间不存在房屋买卖法律关系的结论,缺乏足够的事实和法律依据。对本案736万元款项性质,双方所述均无合同依据且无其他证据佐证。然据前所述及,也不宜基此通过解释和推断得出推翻书面证据所反映当事人法律关系存在的结论。最后,关于借贷法律关系问题。洪秀凤与安钡佳公司签订了房屋买卖合同且已经备案登记,在实际履行过程中,虽然有些事实可能引发不同认识和判断,但在没有任何直接证据证明洪秀凤与安钡佳公司之间存在民间借贷法律关系,且安钡佳公司对其所主张民间借贷法律关系诸多核心要素的陈述并不一致的情况下,认定双方当事人之间存在民间借贷法律关系,缺乏充分的事实依据。本案二审庭审时,当庭播放了沈汉卿与安钡佳公司法定代表人张晓霞于2014年11月10日(一审庭审之后)的通话录音。其时,安钡佳公司一审所持抗辩意见已经固定,但安钡佳公司法定代表人张晓霞在通话中对洪秀凤之购房人身份却是认可的。至于安钡佳公司主张支付吴基协的1840万元系其所归还的借款本金问题,因其未提供任何证据支持,本院难予采信。如有争议,当事人可另循法律途径解决。

证明标准是负担证明责任的人提供证据证明其所主张法律事实所要达到的证明程度。本案中,洪秀凤已经完成双方当事人之间存在房屋买卖法律关系的举证证明责任,安钡佳公司主张其与洪秀凤之间存在民间借贷法律关系。按照《最高人民法院关于适用〈中华人民共和国民事诉讼法〉的解释》第一百零八条规定,安钡佳公司之举证应当在证明力上足以使人民法院确信该待证事实的存在具有高度可能性。而基于前述,安钡佳公司为反驳洪秀凤所主张事实所作举证,没有达到高度可能性之证明标准。较之高度可能性这一一般证明标准而言,合理怀疑排除属于特殊证明标准。《最高人民法院关于适用〈中华人民共和国民事诉讼法〉的解释》第一百零九条对排除合理怀疑原则适用的特殊类型民事案件范围有明确规定。一审法院认定双方当事人一系列行为明显不符合房屋买卖的"交易习惯",进而基于合理怀疑得出其间系名为房屋买卖实为借贷民事法律关系的认定结论,没有充分的事实及法律依据,也不符合前述司法解释的规定精神,本院予以纠正。

二、关于安钡佳公司应否向洪秀凤交付案涉房产并协助办理所有权变更登记的问题

安钡佳公司与洪秀凤所签两份《商品房购销合同》,不违反法律、行政法规的效力性强制性规定,应认定有效。《中华人民共和国合同法》第八条、第六十条第一款规定,依法成立的合同,受法律保护,当事人应当按照约定全面履行自己的义务。在洪秀凤已经按约支付全部价款的情况下,安钡佳公司应当依法按约向洪秀凤交付房产并协助办理所有权变更登记。百富琪商业广场存在违规超建的事实,但该行政违法并不针对本案争议房产,安钡佳公司向洪秀凤交付房产并不存在法律上和事实上的障碍,对洪秀凤有关安钡佳公司交付案涉房产的诉请,本院予以支持。而因前述行政违法行为构成案涉房产所有权变更登记之法律障碍,于本案中直接判决安钡佳公司履行办理所有权变更登记义务并不妥当。安钡佳公司应在相关行政违法事项消除后,协助洪秀凤办理所有权变更登记。后续事项如因新的事实出现而再起争议,洪秀凤可另循法律途径解决。

三、关于安钡佳公司应否以及如何承担逾期交房的违约责任,应否承担洪秀凤支付的律师费的问题

《中华人民共和国合同法》第一百零七条规定,当事人一方不履行合同义务或者履行合同义务不符合约定的,应当承担继续履行、采取补救措施或者赔偿损失等违约责任。本案中,安钡佳公司逾期交房构成违约,理应依法承担相应的违约责任。按照双方当事人有关安钡佳公司逾期交房违约责任的约定,安钡佳公司应承担的违约金为:314302元×30日×2=18858120元;62860400元×5‰=314302元;35541130元×5‰=177705.65元;以上合计19350127.65元。洪秀凤要求安钡佳公司承担19350128元的违约责任有合同依据。考虑到洪秀凤对其收取的736万元款项性质的主张未能提供充分证据,为更好平衡当事人利益,该款可从违约金总额中予以相应扣减。据此,安钡佳公司应向洪秀凤支付违约金11990128元。根据《中华人民共和国合同法》第一百一十三条第一款规定,当事人一方不履行合同义务或者履行合同义务不符合约定,给对方造成损失的,损失赔偿额应当相当于因违约所造成的损失。律师费300万元的支出,并非洪秀凤主张权利必然

发生的费用,在当事人对此并无特别约定的情况下,洪秀凤亦未充分证明该损失额与安钡佳公司违约行为之间的直接因果关系,故对洪秀凤此项诉讼请求,本院不予支持。

综上所述,一审判决认定双方当事人之间名为房屋买卖实为借贷法律关系,并据此驳回洪秀凤的诉讼请求,认定事实和适用法律错误,本院予以纠正。洪秀凤上诉主张其与安钡佳公司之间存在房屋买卖法律关系,并要求安钡佳公司承担继续履行等违约责任,有事实和法律依据,对其合理部分,本院予以支持。本院依照《中华人民共和国民事诉讼法》第一百七十条第一款第二项之规定,判决如下:

一、撤销云南省高级人民法院(2014)云高民一初字第9号民事判决;

二、昆明安钡佳房地产开发有限公司于本判决生效后十日内向洪秀凤交付百富琪商业广场一层、二层商业用房;

三、昆明安钡佳房地产开发有限公司于百富琪商业广场所涉行政违法事项消除后四十日内协助洪秀凤办理一层、二层商业用房所有权变更登记;

四、昆明安钡佳房地产开发有限公司于本判决生效之日起十日内向洪秀凤支付违约金11990128元;

五、驳回洪秀凤的其他诉讼请求。

昆明安钡佳房地产开发有限公司如果未按本判决指定的期间履行给付金钱义务,应当按照《中华人民共和国民事诉讼法》第二百五十三条之规定,加倍支付迟延履行期间的债务利息。

一审案件受理费630558.30元,二审案件受理费630558.30元,共计1261116.60元,由昆明安钡佳房地产开发有限公司负担。

本判决为终审判决。

文书范本

商品房买卖合同(预售)①

说　明

1. 本合同文本为示范文本,由中华人民共和国住房和城乡建设部、中华人民共和国国家工商行政管理总局共同制定。各地可在有关法律法规、规定的范围内,结合实际情况调整合同相应内容。

2. 签订本合同前,出卖人应当向买受人出示《商品房预售许可证》及其他有关证书和证明文件。

3. 出卖人应当就合同重大事项对买受人尽到提示义务。买受人应当审慎签订合同,在签订本合同前,要仔细阅读合同条款,特别是审阅其中具有选择性、补充性、修改性的内容,注意防范潜在的市场风险和交易风险。

4. 本合同文本【】中选择内容、空格部位填写内容及其他需要删除或添加的内容,双方当事人应当协商确定。【】中选择内容,以划√方式选定;对于实际情况未发生或双方当事人不作约定时,应当在空格部位打×,以示删除。

5. 出卖人与买受人可以针对本合同文本中没有约定或者约定不明确的内容,根据所售项目的具体情况在相关条款后的空白行中进行补充约定,也可以另行签订补充协议。

6. 双方当事人可以根据实际情况决定本合同原件的份数,并在签订合同时认真核对,以确保各份合同内容一致;在任何情况下,出卖人和买受人都应当至少持有一份合同原件。

专业术语解释

1. 商品房预售:是指房地产开发企业将正在建设中的取得《商品房预售许可证》的商品房预先出售给买受人,并由买受人支付定金或房价款的行为。

2. 法定代理人:是指依照法律规定直接取得代理权的人。

3. 套内建筑面积:是指成套房屋的套内建筑面积,由套内使用面积、套内墙体面积、套内阳台建筑面积三部分组成。

4. 房屋的建筑面积:是指房屋外墙(柱)勒脚以上各层的外围水平投影面积,包括阳台、挑廊、地下室、室外楼梯等,且具备有上盖,结构牢固,层高2.20M以上(含2.20M)的永久性建筑。

5. 不可抗力:是指不能预见、不能避免并不能克服的客观情况。

6. 民用建筑节能:是指在保证民用建筑使用功能和室内热环境质量的前提下,降低其使用过程中能源消耗的活动。民用建筑是指居住建筑、国家机关办公建筑和商业、服务业、教育、卫生等其他公共建筑。

① 工商总局关于印发《商品房买卖合同(示范文本)》的通知发布,原《商品房买卖合同示范文本》(GF－2000－0171)同时废止。

7. 房屋登记:是指房屋登记机构依法将房屋权利和其他应当记载的事项在房屋登记簿上予以记载的行为。
8. 所有权转移登记:是指商品房所有权从出卖人转移至买受人所办理的登记类型。
9. 房屋登记机构:是指直辖市、市、县人民政府建设(房地产)主管部门或者其设置的负责房屋登记工作的机构。
10. 分割拆零销售:是指房地产开发企业将成套的商品住宅分割为数部分分别出售给买受人的销售方式。
11. 返本销售:是指房地产开发企业以定期向买受人返还购房款的方式销售商品房的行为。
12. 售后包租:是指房地产开发企业以在一定期限内承租或者代为出租买受人所购该企业商品房的方式销售商品房的行为。

商品房买卖合同(预售)

2014年4月
住房城乡建设部

出卖人向买受人出售其开发建设的房屋,双方当事人应当在自愿、平等、公平及诚实信用的基础上,根据《中华人民共和国合同法》、《中华人民共和国物权法》、《中华人民共和国城市房地产管理法》等法律、法规的规定,就商品房买卖相关内容协商达成一致意见,签订本商品房买卖合同。

第一章　合同当事人

出卖人:______________________________
通讯地址:______________________________
邮政编码:______________________________
营业执照注册号:______________________________
企业资质证书号:______________________________
法定代表人:______________　联系电话:______________
委托代理人:______________　联系电话:______________
委托销售经纪机构:______________________________
通讯地址:______________________________
邮政编码:______________________________
营业执照注册号:______________________________
经纪机构备案证明号:______________________________
法定代表人:______________　联系电话:______________
买受人:______________________________
【法定代表人】【负责人】:__________
【国籍】【户籍所在地】:______________________________
证件类型:【居民身份证】【护照】【营业执照】【______】,证号:______________
出生日期:________年____月____日,性别:__________
通讯地址:______________________________
邮政编码:______________　联系电话:______________
【委托代理人】【法定代理人】:______________________________
【国籍】【户籍所在地】:______________________________
证件类型:【居民身份证】【护照】【营业执照】【______】,证号:______________
出生日期:________年____月____日,性别:__________
通讯地址:______________________________
邮政编码:______________　联系电话:______________
(买受人为多人时,可相应增加)

第二章 商品房基本状况

第一条 项目建设依据

1. 出卖人以【出让】【划拨】【__________】方式取得坐落于__________地块的建设用地使用权。该地块【国有土地使用证号】【________】为__________,土地使用权面积为______平方米。买受人购买的商品房(以下简称该商品房)所占用的土地用途为__________,土地使用权终止日期为________年____月____日。

2. 出卖人经批准,在上述地块上建设的商品房项目核准名称为__________,建设工程规划许可证号为__________,建筑工程施工许可证号为__________。

第二条 预售依据

该商品房已由__________批准预售,

预售许可证号为__________。

第三条 商品房基本情况

1. 该商品房的规划用途为【住宅】【办公】【商业】【______】。

2. 该商品房所在建筑物的主体结构为__________,建筑总层数为______层,其中地上______层,地下______层。

3. 该商品房为第一条规定项目中的______【幢】【座】【______】______单元______层______号。房屋竣工后,如房号发生改变,不影响该商品房的特定位置。该商品房的平面图见附件一。

4. 该商品房的房产测绘机构为__________,其预测建筑面积共______平方米,其中套内建筑面积______平方米,分摊共有建筑面积______平方米。该商品房共用部位见附件二。

该商品房层高为______米,有______个阳台,其中______个阳台为封闭式,______个阳台为非封闭式。阳台是否封闭以规划设计文件为准。

第四条 抵押情况

与该商品房有关的抵押情况为【抵押】【未抵押】。

抵押类型:________________,抵押人:________________,

抵押权人:________________,抵押登记机构:____________,

抵押登记日期:____________,债务履行期限:____________。

抵押类型:________________,抵押人:________________,

抵押权人:________________,抵押登记机构:____________,

抵押登记日期:____________,债务履行期限:____________。

抵押权人同意该商品房转让的证明及关于抵押的相关约定见附件三。

第五条 房屋权利状况承诺

1. 出卖人对该商品房享有合法权利;

2. 该商品房没有出售给除本合同买受人以外的其他人;

3. 该商品房没有司法查封或其他限制转让的情况;

4. ____;

5. ____。

如该商品房权利状况与上述情况不符,导致不能完成本合同登记备案或房屋所有权转移登记的,买受人有权解除合同。买受人解除合同的,应当书面通知出卖人。出卖人应当自解除合同通知送达之日起15日内退还买受人已付全部房款(含已付贷款部分),并自买受人付款之日起,按照______%(不低于中国人民银行公布的同期贷款基准利率)计算给付利息。给买受人造成损失的,由出卖人支付【已付房价款一倍】【买受人全部损失】的赔偿金。

第三章 商品房价款

第六条 计价方式与价款

出卖人与买受人按照下列第____种方式计算该商品房价款:

1. 按照套内建筑面积计算,该商品房单价为每平方米______(币种)______元,总价款为______(币种)______元(大写__________元整)。

2. 按照建筑面积计算,该商品房单价为每平方米______(币种)______元,总价款为______(币种)______元(大写__________元整)。

3. 按照套计算,该商品房总价款为______(币种)______元(大写__________元整)。

4. 按照__________计算,该商品房总价款为______(币种)______元(大写__________元整)。

第七条 付款方式及期限

(一)签订本合同前,买受人已向出卖人支付定金______(币种)______元(大写),该定金于【本合同签订】【交付首付款】【__________】时【抵作】【______】商品房价款。

(二)买受人采取下列第___种方式付款:

1. 一次性付款。买受人应当在________年____月____日前支付该商品房全部价款。

2. 分期付款。买受人应当在________年____月____日前分______期支付该商品房全部价款,首期房价款______(币种)______元(大写:__________元整),应当于________年____月____日前支付。__________。

3. 贷款方式付款:【公积金贷款】【商业贷款】【______】。买受人应当于________年____月____日前支付首期房价款______(币种)______元(大写__________元整),占全部房价款的______%。

余款______(币种)______元(大写__________元整)向__________(贷款机构)申请贷款支付。

4. 其他方式:

____。

(三)出售该商品房的全部房价款应当存入预售资金监管账户,用于本工程建设。该商品房的预售资金监管机构为__________,预售资金监管账户名称为__________,账号为__________。该商品房价款的计价方式、总价款、付款方式及期限的具体约定见附件四。

第八条 逾期付款责任除不可抗力外,买受人未按照约定时间付款的,双方同意按照下列第____种方式处理:

1. 按照逾期时间,分别处理((1)和(2)不作累加)。

(1)逾期在____日之内,买受人按日计算向出卖人支付逾期应付款万分之____的违约金。

(2)逾期超过____日(该期限应当与本条第(1)项中的期限相同)后,出卖人有权解除合同。出卖人解除合同的,应当书面通知买受人。买受人应当自解除合同通知送达之日起____日内按照累计应付款的______%向出卖人支付违约金,同时,出卖人退还买受人已付全部房款(含已付贷款部分)。

出卖人不解除合同的,买受人按日计算向出卖人支付逾期应付款万分之______(该比率不低于第(1)项中的比率)的违约金。

本条所称逾期应付款是指依照第七条及附件四约定的到期应付款与该期实际已付款的差额;采取分期付款的,按照相应的分期应付款与该期的实际已付款的差额确定。

2. ____。

第四章 商品房交付条件与交付手续

第九条 商品房交付条件

该商品房交付时应当符合下列第1、2、__________、__________项所列条件:

1. 该商品房已取得建设工程竣工验收备案证明文件;

2. 该商品房已取得房屋测绘报告;

3. ____;

4. ____。

该商品房为住宅的,出卖人还需提供《住宅使用说明书》和《住宅质量保证书》。

第十条 商品房相关设施设备交付条件

(一)基础设施设备

1. 供水、排水:交付时供水、排水配套设施齐全,并与城市公共供水、排水管网连接。使用自建设施供水的,供水的水质符合国家规定的饮用水卫生标准,____;

2. 供电:交付时纳入城市供电网络并正式供电,__________________________________;

3. 供暖:交付时供热系统符合供热配建标准,使用城市集中供热的,纳入城市集中供热管网,____________________;

4. 燃气:交付时完成室内燃气管道的敷设,并与城市燃气管网连接,保证燃气供应,____________________;

5. 电话通信:交付时线路敷设到户;

6. 有线电视:交付时线路敷设到户;
7. 宽带网络:交付时线路敷设到户。

以上第1、2、3项由出卖人负责办理开通手续并承担相关费用;第4、5、6、7项需要买受人自行办理开通手续。

如果在约定期限内基础设施设备未达到交付使用条件,双方同意按照下列第____种方式处理:

(1)以上设施中第1、2、3、4项在约定交付日未达到交付条件的,出卖人按照本合同第十二条的约定承担逾期交付责任。

第5项未按时达到交付使用条件的,出卖人按日向买受人支付______元的违约金;第6项未按时达到交付使用条件的,出卖人按日向买受人支付______元的违约金;第7项未按时达到交付使用条件的,出卖人按日向买受人支付______元的违约金。出卖人采取措施保证相关设施于约定交付日后____日之内达到交付使用条件。

(2)____。

(二)公共服务及其他配套设施(以建设工程规划许可为准)

1. 小区内绿地率:________年____月____日达到__________;
2. 小区内非市政道路:________年____月____日达到__________;
3. 规划的车位、车库:________年____月____日达到__________;
4. 物业服务用房:________年____月____日达到__________;
5. 医疗卫生机构:________年____月____日达到__________;
6. 幼儿园:________年____月____日达到__________;
7. 学校:________年____月____日达到__________;
8. ____;
9. ____。

以上设施未达到上述条件的,双方同意按照以下方式处理:

1. 小区内绿地率未达到上述约定条件的,__________。
2. 小区内非市政道路未达到上述约定条件的,______。
3. 规划的车位、车库未达到上述约定条件的,______。
4. 物业服务用房未达到上述约定条件的,__________。
5. 其他设施未达到上述约定条件的,__________。关于本项目内相关设施设备的具体约定见附件五。

第十一条 交付时间和手续

(一)出卖人应当在________年____月____日前向买受人交付该商品房。

(二)该商品房达到第九条、第十条约定的交付条件后,出卖人应当在交付日期届满前____日(不少于10日)将查验房屋的时间、办理交付手续的时间地点以及应当携带的证件材料的通知书面送达买受人。买受人未收到交付通知书的,以本合同约定的交付日期届满之日为办理交付手续的时间,以该商品房所在地为办理交付手续的地点。

____。

交付该商品房时,出卖人应当出示满足第九条约定的证明文件。出卖人不出示证明文件或者出示的证明文件不齐全,不能满足第九条约定条件的,买受人有权拒绝接收,由此产生的逾期交付责任由出卖人承担,并按照第十二条处理。

(三)查验房屋

1. 办理交付手续前,买受人有权对该商品房进行查验,出卖人不得以缴纳相关税费或者签署物业管理文件作为买受人查验和办理交付手续的前提条件。

2. 买受人查验的该商品房存在下列除地基基础和主体结构外的其他质量问题的,由出卖人按照有关工程和产品质量规范、标准自查验次日起____日内负责修复,并承担修复费用,修复后再行交付。

(1)屋面、墙面、地面渗漏或开裂等;

(2)管道堵塞;

(3)门窗翘裂、五金件损坏;

(4)灯具、电器等电气设备不能正常使用;

(5)____;

(6)____。

3. 查验该商品房后，双方应当签署商品房交接单。由于买受人原因导致该商品房未能按期交付的，双方同意按照以下方式处理：

(1)____；

(2)____。

第十二条 逾期交付责任除不可抗力外，出卖人未按照第十一条约定的时间将该商品房交付买受人的，双方同意按照下列第____种方式处理：

1. 按照逾期时间，分别处理((1)和(2)不作累加)。

(1)逾期在____日之内(该期限应当不多于第八条第1(1)项中的期限)，自第十一条约定的交付期限届满之次日起至实际交付之日止，出卖人按日计算向买受人支付全部房价款万分之______的违约金(该违约金比率应当不低于第八条第1(1)项中的比率)。

(2)逾期超过____日(该期限应当与本条第(1)项中的期限相同)后，买受人有权解除合同。买受人解除合同的，应当书面通知出卖人。出卖人应当自解除合同通知送达之日起15日内退还买受人已付全部房款(含已付贷款部分)，并自买受人付款之日起，按照____%(不低于中国人民银行公布的同期贷款基准利率)计算给付利息；同时，出卖人按照全部房价款的____%向买受人支付违约金。

买受人要求继续履行合同的，合同继续履行，出卖人按日计算向买受人支付全部房价款万分之______(该比率应当不低于本条第1(1)项中的比率)的违约金。

2. ____。

第五章 面积差异处理方式

第十三条 面积差异处理该商品房交付时，出卖人应当向买受人出示房屋测绘报告，并向买受人提供该商品房的面积实测数据(以下简称实测面积)。实测面积与第三条载明的预测面积发生误差的，双方同意按照第____种方式处理。

1. 根据第六条按照套内建筑面积计价的约定，双方同意按照下列原则处理：

(1)套内建筑面积误差比绝对值在3%以内(含3%)的，据实结算房价款；

(2)套内建筑面积误差比绝对值超出3%时，买受人有权解除合同。买受人解除合同的，应当书面通知出卖人。出卖人应当自解除合同通知送达之日起15日内退还买受人已付全部房款(含已付贷款部分)，并自买受人付款之日起，按照______%(不低于中国人民银行公布的同期贷款基准利率)计算给付利息。

买受人选择不解除合同的，实测套内建筑面积大于预测套内建筑面积时，套内建筑面积误差比在3%以内(含3%)部分的房价款由买受人补足；超出3%部分的房价款由出卖人承担，产权归买受人所有。实测套内建筑面积小于预测套内建筑面积时，套内建筑面积误差比绝对值在3%以内(含3%)部分的房价款由出卖人返还买受人；绝对值超出3%部分的房价款由出卖人双倍返还买受人。

$$\text{套内建筑面积误差比}=\frac{\text{实测套内建筑面积}-\text{预测套内建筑面积}}{\text{预测套内建筑面积}}\times 100\%$$

2. 根据第六条按照建筑面积计价的约定，双方同意按照下列原则处理：

(1)建筑面积、套内建筑面积误差比绝对值均在3%以内(含3%)的，根据实测建筑面积结算房价款；

(2)建筑面积、套内建筑面积误差比绝对值其中有一项超出3%时，买受人有权解除合同。

买受人解除合同的，应当书面通知出卖人。出卖人应当自解除合同通知送达之日起15日内退还买受人已付全部房款(含已付贷款部分)，并自买受人付款之日起，按照______%(不低于中国人民银行公布的同期贷款基准利率)计算给付利息。

买受人选择不解除合同的，实测建筑面积大于预测建筑面积时，建筑面积误差比在3%以内(含3%)部分的房价款由买受人补足，超出3%部分的房价款由出卖人承担，产权归买受人所有。实测建筑面积小于预测建筑面积时，建筑面积误差比绝对值在3%以内(含3%)部分的房价款由出卖人返还买受人；绝对值超出3%部分的房价款由出卖人双倍返还买受人。

$$\text{建筑面积误差比}=\frac{\text{实测建筑面积}-\text{预测建筑面积}}{\text{预测建筑面积}}\times 100\%$$

(3)因设计变更造成面积差异，双方不解除合同的，应当签署补充协议。

3. 根据第六条按照套计价的，出卖人承诺在房屋平面图中标明详细尺寸，并约定误差范围。该商品房交付时，套型与设计图纸不一致或者相关尺寸超出约定的误差范围，双方约定如下：

____。

4. 双方自行约定：

____。

第六章 规划设计变更

第十四条 规划变更

（一）出卖人应当按照城乡规划主管部门核发的建设工程规划许可证规定的条件建设商品房，不得擅自变更。

双方签订合同后，涉及该商品房规划用途、面积、容积率、绿地率、基础设施、公共服务及其他配套设施等规划许可内容经城乡规划主管部门批准变更的，出卖人应当在变更确立之日起10日内将书面通知送达买受人。出卖人未在规定期限内通知买受人的，买受人有权解除合同。

（二）买受人应当在通知送达之日起15日内做出是否解除合同的书面答复。买受人逾期未予以书面答复的，视同接受变更。

（三）买受人解除合同的，应当书面通知出卖人。出卖人应当自解除合同通知送达之日起15日内退还买受人已付全部房款（含已付贷款部分），并自买受人付款之日起，按照______%（不低于中国人民银行公布的同期贷款基准利率）计算给付利息；同时，出卖人按照全部房价款的______%向买受人支付违约金。

买受人不解除合同的，有权要求出卖人赔偿由此造成的损失，双方约定如下：

____。

第十五条 设计变更

（一）双方签订合同后，出卖人按照法定程序变更建筑工程施工图设计文件，涉及下列可能影响买受人所购商品房质量或使用功能情形的，出卖人应当在变更确立之日起10日内将书面通知送达买受人。出卖人未在规定期限内通知买受人的，买受人有权解除合同。

1. 该商品房结构形式、户型、空间尺寸、朝向；
2. 供热、采暖方式；
3. ____；
4. ____；
5. ____。

（二）买受人应当在通知送达之日起15日内做出是否解除合同的书面答复。买受人逾期未予以书面答复的，视同接受变更。

（三）买受人解除合同的，应当书面通知出卖人。出卖人应当自解除合同通知送达之日起15日内退还买受人已付全部房款（含已付贷款部分），并自买受人付款之日起，按照______%（不低于中国人民银行公布的同期贷款基准利率）计算给付利息；同时，出卖人按照全部房价款的______%向买受人支付违约金。

买受人不解除合同的，有权要求出卖人赔偿由此造成的损失，双方约定如下：

____。

第七章 商品房质量及保修责任

第十六条 商品房质量

（一）地基基础和主体结构出卖人承诺该商品房地基基础和主体结构合格，并符合国家及行业标准。经检测不合格的，买受人有权解除合同。买受人解除合同的，应当书面通知出卖人。出卖人应当自解除合同通知送达之日起15日内退还买受人已付全部房款（含已付贷款部分），并自买受人付款之日起，按照______%（不低于中国人民银行公布的同期贷款基准利率）计算给付利息。给买受人造成损失的，由出卖人支付【已付房价款一倍】【买受人全部损失】的赔偿金。因此而发生的检测费用由出卖人承担。

买受人不解除合同的，____。

（二）其他质量问题该商品房质量应当符合有关工程质量规范、标准和施工图设计文件的要求。发现

除地基基础和主体结构外质量问题的，双方按照以下方式处理：

（1）及时更换、修理；如给买受人造成损失的，还应当承担相应赔偿责任。

____。

（2）经过更换、修理，仍然严重影响正常使用的，买受人有权解除合同。买受人解除合同的，应当书面通知出卖人。出卖人应当自解除合同通知送达之日起15日内退还买受人已付全部房款（含已付贷款部分），并自买受人付款之日起，按照

______%(不低于中国人民银行公布的同期贷款基准利率)计算给付利息。给买受人造成损失的,由出卖人承担相应赔偿责任。因此而发生的检测费用由出卖人承担。

买受人不解除合同的,____。

(三)装饰装修及设备标准

该商品房应当使用合格的建筑材料、构配件和设备,装置、装修、装饰所用材料的产品质量必须符合国家的强制性标准及双方约定的标准。

不符合上述标准的,买受人有权要求出卖人按照下列第(1)、__________、__________方式处理(可多选):

(1)及时更换、修理;

(2)出卖人赔偿双倍的装饰、设备差价;

(3)____;

(4)____。

具体装饰装修及相关设备标准的约定见附件六。

(四)室内空气质量、建筑隔声和民用建筑节能措施

1. 该商品房室内空气质量符合【国家】【地方】标准,标准名称:__________,标准文号:__________。该商品房为住宅的,建筑隔声情况符合【国家】【地方】标准,标准名称:____________,标准文号:__________。该商品房室内空气质量或建筑隔声情况经检测不符合标准,由出卖人负责整改,

整改后仍不符合标准的,买受人有权解除合同。买受人解除合同的,应当书面通知出卖人。出卖人应当自解除合同通知送达之日起15日内退还买受人已付全部房款(含已付贷款部分),并自买受人付款之日起,按照______%(不低于中国人民银行公布的同期贷款基准利率)计算给付利息。给买受人造成损失的,由出卖人承担相应赔偿责任。经检测不符合标准的,检测费用由出卖人承担,整改后再次检测发生的费用仍由出卖人承担。因整改导致该商品房逾期交付的,出卖人应当承担逾期交付责任。

2. 该商品房应当符合国家有关民用建筑节能强制性标准的要求。未达到标准的,出卖人应当按照相应标准要求补做节能措施,并承担全部费用;给买受人造成损失的,出卖人应当承担相应赔偿责任。

____。

第十七条 保修责任

(一)商品房实行保修制度。该商品房为住宅的,出卖人自该商品房交付之日起,按照《住宅质量保证书》承诺的内容承担相应的保修责任。该商品房为非住宅的,双方应当签订补充协议详细约定保修范围、保修期限和保修责任等内容。具体内容见附件七。

(二)下列情形,出卖人不承担保修责任:

1. 因不可抗力造成的房屋及其附属设施的损害;

2. 因买受人不当使用造成的房屋及其附属设施的损害;

3. ____。

(三)在保修期内,买受人要求维修的书面通知送达出卖人____日内,出卖人既不履行保修义务也不提出书面异议的,买受人可以自行或委托他人进行维修,维修费用及维修期间造成的其他损失由出卖人承担。

第十八条 质量担保

出卖人不按照第十六条、第十七条约定承担相关责任的,由__________承担连带责任。

关于质量担保的证明见附件八。

第八章 合同备案与房屋登记

第十九条 预售合同登记备案

(一)出卖人应当自本合同签订之日起【30日内】【____日内】(不超过30日)办理商品房预售合同登记备案手续,并将本合同登记备案情况告知买受人。

(二)有关预售合同登记备案的其他约定如下:

____;

____。

第二十条 房屋登记

（一）双方同意共同向房屋登记机构申请办理该商品房的房屋所有权转移登记。

（二）因出卖人的原因，买受人未能在该商品房交付之日起____日内取得该商品房的房屋所有权证书的，双方同意按照下列第____种方式处理：

1. 买受人有权解除合同。买受人解除合同的，应当书面通知出卖人。出卖人应当自解除合同通知送达之日起15日内退还买受人已付全部房款（含已付贷款部分），并自买受人付款之日起，按照______%（不低于中国人民银行公布的同期贷款基准利率）计算给付利息。买受人不解除合同的，自买受人应当完成房屋所有权登记的期限届满之次日起至实际完成房屋所有权登记之日止，出卖人按日计算向买受人支付全部房价款万分之______的违约金。

2. ____。

（三）因买受人的原因未能在约定期限内完成该商品房的房屋所有权转移登记的，出卖人不承担责任。

第九章　前期物业管理

第二十一条　前期物业管理

（一）出卖人依法选聘的前期物业服务企业为__________。

（二）物业服务时间从________年____月____日到________年____月____日。

（三）物业服务期间，物业收费计费方式为【包干制】【酬金制】【____】。物业服务费为____元/月·平方米（建筑面积）。

（四）买受人同意由出卖人选聘的前期物业服务企业代为查验并承接物业共用部位、共用设施设备，出卖人应当将物业共用部位、共用设施设备承接查验的备案情况书面告知买受人。

（五）买受人已详细阅读前期物业服务合同和临时管理规约，同意由出卖人依法选聘的物业服务企业实施前期物业管理，遵守临时管理规约。业主委员会成立后，由业主大会决定选聘或续聘物业服务企业。

该商品房前期物业服务合同、临时管理规约见附件九。

第十章　其他事项

第二十二条　建筑物区分所有权

（一）买受人对其建筑物专有部分享有占有、使用、收益和处分的权利。

（二）以下部位归业主共有：

1. 建筑物的基础、承重结构、外墙、屋顶等基本结构部分，通道、楼梯、大堂等公共通行部分，消防、公共照明等附属设施、设备，避难层、设备层或者设备间等结构部分；

2. 该商品房所在建筑区划内的道路（属于城镇公共道路的除外）、绿地（属于城镇公共绿地或者明示属于个人的除外）、占用业主共有的道路或者其他场地用于停放汽车的车位、物业服务用房；

3. ____。

（三）双方对其他配套设施约定如下：

1. 规划的车位、车库：____；

2. 会所：____；

3. ____。

第二十三条　税费双方应当按照国家的有关规定，向相应部门缴纳因该商品房买卖发生的税费。因预测面积与实测面积差异，导致买受人不能享受税收优惠政策而增加的税收负担，由__________承担。

第二十四条　销售和使用承诺

1. 出卖人承诺不采取分割拆零销售、返本销售或者变相返本销售的方式销售商品房；不采取售后包租或者变相售后包租的方式销售未竣工商品房。

2. 出卖人承诺按照规划用途进行建设和出售，不擅自改变该商品房使用性质，并按照规划用途办理房屋登记。出卖人不得擅自改变与该商品房有关的共用部位和设施的使用性质。

3. 出卖人承诺对商品房的销售，不涉及依法或者依规划属于买受人共有的共用部位和设施的处分。

4. 出卖人承诺已将遮挡或妨碍房屋正常使用的情况告知买受人。具体内容见附件十。

5. 买受人使用该商品房期间，不得擅自改变该商品房的用途、建筑主体结构和承重结构。

6. ____。

7. ____。

第二十五条　送达出卖人和买受人保证在本合同中记载的通讯地址、联系电话均真实有效。任何根据本合同发出的文件,均应采用书面形式,以【邮政快递】【邮寄挂号信】【__________】方式送达对方。任何一方变更通讯地址、联系电话的,应在变更之日起____日内书面通知对方。变更的一方未履行通知义务导致送达不能的,应承担相应的法律责任。

第二十六条 买受人信息保护出卖人对买受人信息负有保密义务。非因法律、法规规定或国家安全机关、公安机关、检察机关、审判机关、纪检监察部门执行公务的需要,未经买受人书面同意,出卖人及其销售人员和相关工作人员不得对外披露买受人信息,或将买受人信息用于履行本合同之外的其他用途。

第二十七条 争议解决方式本合同在履行过程中发生的争议,由双方当事人协商解决,也可通过消费者协会等相关机构调解;或按照下列第____种方式解决:

1. 依法向房屋所在地人民法院起诉。

2. 提交__________仲裁委员会仲裁。

第二十八条 补充协议对本合同中未约定或约定不明的内容,双方可根据具体情况签订书面补充协议(补充协议见附件十一)。

补充协议中含有不合理的减轻或免除本合同中约定应当由出卖人承担的责任,或不合理的加重买受人责任、排除买受人主要权利内容的,仍以本合同为准。

第二十九条 合同生效

本合同自双方签字或盖章之日起生效。本合同的解除应当采用书面形式。

本合同及附件共____页,一式______份,其中出卖人______份,买受人______份,【__________】______份,【__________】______份。合同附件与本合同具有同等法律效力。

出卖人(签字或盖章):　　　　买受人(签字或盖章):

【法定代表人】(签字或盖章):　　　　【法定代表人】(签字或盖章):

【委托代理人】(签字或盖章):　　　　【委托代理人】(签字或盖章):

　　　　【法定代理人】(签字或盖章):

签订时间:________年____月____日　　　　签订时间:________年____月____日

签订地点:__________　　　　签订地点:__________

附件一 房屋平面图(应当标明方位)

1. 房屋分层分户图(应当标明详细尺寸,并约定误差范围)

2. 建设工程规划方案总平面图

附件二 关于该商品房共用部位的具体说明(可附图说明)

1. 纳入该商品房分摊的共用部位的名称、面积和所在位置

2. 未纳入该商品房分摊的共用部位的名称、所在位置

附件三 抵押权人同意该商品房转让的证明及关于抵押的相关约定

1. 抵押权人同意该商品房转让的证明

2. 解除抵押的条件和时间

3. 关于抵押的其他约定

附件四 关于该商品房价款的计价方式、总价款、付款方式及期限的具体约定

附件五 关于本项目内相关设施、设备的具体约定

1. 相关设施的位置及用途

2. 其他约定

附件六 关于装饰装修及相关设备标准的约定

交付的商品房达不到本附件约定装修标准的,按照本合同第十六条第(三)款约定处理。出卖人未经双方约定增加的装置、装修、装饰,视为无条件赠送给买受人。

双方就装饰装修主要材料和设备的品牌、产地、规格、数量等内容约定如下:

1. 外墙:【瓷砖】【涂料】【玻璃幕墙】【______】;

____。

2. 起居室:

(1)内墙:【涂料】【壁纸】【______】;

____。

(2)顶棚:【石膏板吊顶】【涂料】【______】;

____。

(3)室内地面:【大理石】【花岗岩】【水泥抹面】【实木地板】【______】;

____。

3. 厨房:

(1)地面:【水泥抹面】【瓷砖】【______】;

____。

(2)墙面:【耐水腻子】【瓷砖】【______】;

____。

(3)顶棚:【水泥抹面】【石膏吊顶】【______】;

____。

(4)厨具:____。

4. 卫生间:

(1)地面:【水泥抹面】【瓷砖】【______】;

____。

(2)墙面:【耐水腻子】【瓷砖】【______】;

____。

(3)顶棚:【水泥抹面】【石膏吊顶】【______】;

____。

(4)卫生器具____。

5. 阳台:【塑钢封闭】【铝合金封闭】【断桥铝合金封闭】【不封闭】【______】;

____。

6. 电梯:

(1)品牌:____;

(2)型号:____。

7. 管道:

____。

8. 窗户:

____。

9. ____。

10. ____。

附件七 关于保修范围、保修期限和保修责任的约定

该商品房为住宅的,出卖人应当提供《住宅质量保证书》;该商品房为非住宅的,双方可参照《住宅质量保证书》中的内容对保修范围、保修期限和保修责任等进行约定。

该商品房的保修期自房屋交付之日起计算,关于保修期限的约定不应低于《建设工程质量管理条例》第四十条规定的最低保修期限。

(一)保修项目、期限及责任的约定

1. 地基基础和主体结构:

保修期限为:__________(不得低于设计文件规定的该工程的合理使用年限);

____。

2. 屋面防水工程、有防水要求的卫生间、房间和外墙面的防渗漏:保修期限为:__________(不得低于5年);

____。

3. 供热、供冷系统和设备:

保修期限为:__________(不得低于2个采暖期、供冷期);

____。

4. 电气管线、给排水管道、设备安装：

保修期限为：__________（不得低于2年）；

____。

5. 装修工程：

保修期限为：__________（不得低于2年）；

____。

6. ____；

7. ____；

8. ____。

（二）其他约定

____。

附件八　关于质量担保的证明附件

附件九　关于前期物业管理的约定

1. 前期物业服务合同

2. 临时管理规约

附件十　出卖人关于遮挡或妨碍房屋正常使用情况的说明

（如：该商品房公共管道检修口、柱子、变电箱等有遮挡或妨碍房屋正常使用的情况）

附件十一　补充协议

5. 房地产经纪

房地产经纪管理办法

（2011年1月20日住房和城乡建设部、国家发展和改革委员会、人力资源和社会保障部令第8号公布　根据2016年4月1日《住房城乡建设部、国家发展改革委、人力资源社会保障部关于修改〈房地产经纪管理办法〉的决定》修订）

第一章　总　　则

第一条　为了规范房地产经纪活动，保护房地产交易及经纪活动当事人的合法权益，促进房地产市场健康发展，根据《中华人民共和国城市房地产管理法》、《中华人民共和国合同法》等法律法规，制定本办法。

第二条　在中华人民共和国境内从事房地产经纪活动，应当遵守本办法。

第三条　本办法所称房地产经纪，是指房地产经纪机构和房地产经纪人员为促成房地产交易，向委托人提供房地产居间、代理等服务并收取佣金的行为。

第四条　从事房地产经纪活动应当遵循自愿、平等、公平和诚实信用的原则，遵守职业规范，恪守职业道德。

第五条　县级以上人民政府建设（房地产）主管部门、价格主管部门、人力资源和社会保障主管部门应当按照职责分工，分别负责房地产经纪活动的监督和管理。

第六条　房地产经纪行业组织应当按照章程实行自律管理，向有关部门反映行业发展的意见和建议，促进房地产经纪行业发展和人员素质提高。

第二章　房地产经纪机构和人员

第七条　本办法所称房地产经纪机构，是指依法设立，从事房地产经纪活动的中介服务机构。

房地产经纪机构可以设立分支机构。

第八条　设立房地产经纪机构和分支机构，应当具有足够数量的房地产经纪人员。

本办法所称房地产经纪人员，是指从事房地产经纪活动的房地产经纪人和房地产经纪人协理。

房地产经纪机构和分支机构与其招用的房地产经纪人员，应当按照《中华人民共和国劳动合同法》的规定签订劳动合同。

第九条　国家对房地产经纪人员实行职业资格制度，纳入全国专业技术人员职业资格制度统一规划和管理。

第十条　房地产经纪人协理和房地产经纪人职业资格实行全国统一大纲、统一命题、统一组织的考试制度，由房地产经纪行业组织负责管理和实施考试工作，原则上每年举行一次考试。国务院住房城乡建设主管部门、人力资源社会保障部门负责对房地产经纪人协理和房地产经纪人职业资格考试进行指导、监督和检查。

第十一条　房地产经纪机构及其分支机构应当自领取营

业执照之日起30日内,到所在直辖市、市、县人民政府建设(房地产)主管部门备案。

第十二条 直辖市、市、县人民政府建设(房地产)主管部门应当将房地产经纪机构及其分支机构的名称、住所、法定代表人(执行合伙人)或者负责人、注册资本、房地产经纪人员等备案信息向社会公示。

第十三条 房地产经纪机构及其分支机构变更或者终止的,应当自变更或者终止之日起30日内,办理备案变更或者注销手续。

第三章 房地产经纪活动

第十四条 房地产经纪业务应当由房地产经纪机构统一承接,服务报酬由房地产经纪机构统一收取。分支机构应当以设立该分支机构的房地产经纪机构名义承揽业务。

房地产经纪人员不得以个人名义承接房地产经纪业务和收取费用。

第十五条 房地产经纪机构及其分支机构应当在其经营场所醒目位置公示下列内容:

(一)营业执照和备案证明文件;

(二)服务项目、内容、标准;

(三)业务流程;

(四)收费项目、依据、标准;

(五)交易资金监管方式;

(六)信用档案查询方式、投诉电话及12358价格举报电话;

(七)政府主管部门或者行业组织制定的房地产经纪服务合同、房屋买卖合同、房屋租赁合同示范文本;

(八)法律、法规、规章规定的其他事项。

分支机构还应当公示设立该分支机构的房地产经纪机构的经营地址及联系方式。

房地产经纪机构代理销售商品房项目的,还应当在销售现场明显位置明示商品房销售委托书和批准销售商品房的有关证明文件。

第十六条 房地产经纪机构接受委托提供房地产信息、实地看房、代拟合同等房地产经纪服务的,应当与委托人签订书面房地产经纪服务合同。

房地产经纪服务合同应当包含下列内容:

(一)房地产经纪服务双方当事人的姓名(名称)、住所等情况和从事业务的房地产经纪人员情况;

(二)房地产经纪服务的项目、内容、要求以及完成的标准;

(三)服务费用及其支付方式;

(四)合同当事人的权利和义务;

(五)违约责任和纠纷解决方式。

建设(房地产)主管部门或者房地产经纪行业组织可以制定房地产经纪服务合同示范文本,供当事人选用。

第十七条 房地产经纪机构提供代办贷款、代办房地产登记等其他服务的,应当向委托人说明服务内容、收费标准等情况,经委托人同意后,另行签订合同。

第十八条 房地产经纪服务实行明码标价制度。房地产经纪机构应当遵守价格法律、法规和规章规定,在经营场所醒目位置标明房地产经纪服务项目、服务内容、收费标准以及相关房地产价格和信息。

房地产经纪机构不得收取任何未予标明的费用;不得利用虚假或者使人误解的标价内容和标价方式进行价格欺诈;一项服务可以分解为多个项目和标准的,应当明确标示每一个项目和标准,不得混合标价、捆绑标价。

第十九条 房地产经纪机构未完成房地产经纪服务合同约定事项,或者服务未达到房地产经纪服务合同约定标准的,不得收取佣金。

两家或者两家以上房地产经纪机构合作开展同一宗房地产经纪业务的,只能按照一宗业务收取佣金,不得向委托人增加收费。

第二十条 房地产经纪机构签订的房地产经纪服务合同,应当加盖房地产经纪机构印章,并由从事该业务的一名房地产经纪人或者两名房地产经纪人协理签名。

第二十一条 房地产经纪机构签订房地产经纪服务合同前,应当向委托人说明房地产经纪服务合同和房屋买卖合同或者房屋租赁合同的相关内容,并书面告知下列事项:

(一)是否与委托房屋有利害关系;

(二)应当由委托人协助的事宜、提供的资料;

(三)委托房屋的市场参考价格;

(四)房屋交易的一般程序及可能存在的风险;

(五)房屋交易涉及的税费;

(六)经纪服务的内容及完成标准;

(七)经纪服务收费标准和支付时间;

(八)其他需要告知的事项。

房地产经纪机构根据交易当事人需要提供房地产经纪服务以外的其他服务的,应当事先经当事人书面同意并告知服务内容及收费标准。书面告知材料应当经委托人签名(盖章)确认。

第二十二条 房地产经纪机构与委托人签订房屋出售、出租经纪服务合同,应当查看委托出售、出租的房屋及房屋权属证书,委托人的身份证明等有关资料,并应当编制房屋状况说明书。经委托人书面同意后,方可以对外发布相应的房源信息。

房地产经纪机构与委托人签订房屋承购、承租经纪服务合同,应当查看委托人身份证明等有关资料。

第二十三条 委托人与房地产经纪机构签订房地产经纪服务合同,应当向房地产经纪机构提供真实有效的身份证明。

委托出售、出租房屋的,还应当向房地产经纪机构提供真实有效的房屋权属证书。委托人未提供规定资料或者提供资料与实际不符的,房地产经纪机构应当拒绝接受委托。

第二十四条 房地产交易当事人约定由房地产经纪机构代收代付交易资金的,应当通过房地产经纪机构在银行开设的客户交易结算资金专用存款账户划转交易资金。

交易资金的划转应当经过房地产交易资金支付方和房地产经纪机构的签字和盖章。

第二十五条 房地产经纪机构和房地产经纪人员不得有下列行为:

(一)捏造散布涨价信息,或者与房地产开发经营单位串通捂盘惜售、炒卖房号,操纵市场价格;

(二)对交易当事人隐瞒真实的房屋交易信息,低价收进高价卖(租)出房屋赚取差价;

(三)以隐瞒、欺诈、胁迫、贿赂等不正当手段招揽业务,诱骗消费者交易或者强制交易;

(四)泄露或者不当使用委托人的个人信息或者商业秘密,谋取不正当利益;

(五)为交易当事人规避房屋交易税费等非法目的,就同一房屋签订不同交易价款的合同提供便利;

(六)改变房屋内部结构分割出租;

(七)侵占、挪用房地产交易资金;

(八)承购、承租自己提供经纪服务的房屋;

(九)为不符合交易条件的保障性住房和禁止交易的房屋提供经纪服务;

(十)法律、法规禁止的其他行为。

第二十六条 房地产经纪机构应当建立业务记录制度,如实记录业务情况。

房地产经纪机构应当保存房地产经纪服务合同,保存期不少于5年。

第二十七条 房地产经纪行业组织应当制定房地产经纪从业规程,逐步建立并完善资信评价体系和房地产经纪房源、客源信息共享系统。

第四章 监督管理

第二十八条 建设(房地产)主管部门、价格主管部门应当通过现场巡查、合同抽查、投诉受理等方式,采取约谈、记入信用档案、媒体曝光等措施,对房地产经纪机构和房地产经纪人员进行监督。

房地产经纪机构违反人力资源和社会保障法律法规的行为,由人力资源和社会保障主管部门依法予以查处。

被检查的房地产经纪机构和房地产经纪人员应当予以配合,并根据要求提供检查所需的资料。

第二十九条 建设(房地产)主管部门、价格主管部门、人力资源和社会保障主管部门应当建立房地产经纪机构和房地产经纪人员信息共享制度。建设(房地产)主管部门应当定期将备案的房地产经纪机构情况通报同级价格主管部门、人力资源和社会保障主管部门。

第三十条 直辖市、市、县人民政府建设(房地产)主管部门应当构建统一的房地产经纪网上管理和服务平台,为备案的房地产经纪机构提供下列服务:

(一)房地产经纪机构备案信息公示;

(二)房地产交易与登记信息查询;

(三)房地产交易合同网上签订;

(四)房地产经纪信用档案公示;

(五)法律、法规和规章规定的其他事项。

经备案的房地产经纪机构可以取得网上签约资格。

第三十一条 县级以上人民政府建设(房地产)主管部门应当建立房地产经纪信用档案,并向社会公示。

县级以上人民政府建设(房地产)主管部门应当将在日常监督检查中发现的房地产经纪机构和房地产经纪人员的违法违规行为、经查证属实的被投诉举报记录等情况,作为不良信用记录记入其信用档案。

第三十二条 房地产经纪机构和房地产经纪人员应当按照规定提供真实、完整的信用档案信息。

第五章 法律责任

第三十三条 违反本办法,有下列行为之一的,由县级以上地方人民政府建设(房地产)主管部门责令限期改正,记入信用档案;对房地产经纪人员处以1万元罚款;对房地产经纪机构处以1万元以上3万元以下罚款:

(一)房地产经纪人员以个人名义承接房地产经纪业务和收取费用的;

(二)房地产经纪机构提供代办贷款、代办房地产登记等其他服务,未向委托人说明服务内容、收费标准等情况,并未经委托人同意的;

(三)房地产经纪服务合同未由从事该业务的一名房地产经纪人或者两名房地产经纪人协理签名的;

(四)房地产经纪机构签订房地产经纪服务合同前,不向交易当事人说明和书面告知规定事项的;

(五)房地产经纪机构未按照规定如实记录业务情况或者保存房地产经纪服务合同的。

第三十四条 违反本办法第十八条、第十九条、第二十五条第(一)项、第(二)项,构成价格违法行为的,由县级以上人民政府价格主管部门按照价格法律、法规和规章的规定,责令改正、没收违法所得、依法处以罚款;情节严重的,依法给予停业整顿等行政处罚。

第三十五条 违反本办法第二十二条,房地产经纪机构擅自对外发布房源信息的,由县级以上地方人民政府建设(房地产)主管部门责令限期改正,记入信用档案,取消网上签约资格,并处以1万元以上3万元以下罚款。

第三十六条 违反本办法第二十四条,房地产经纪机构擅自划转客户交易结算资金的,由县级以上地方人民政府建设(房地产)主管部门责令限期改正,取消网上签约资格,处以3万元罚款。

第三十七条 违反本办法第二十五条第(三)项、第(四)项、第(五)项、第(六)项、第(七)项、第(八)项、第(九)项、第(十)项的,由县级以上地方人民政府建设(房地产)主管部门责令限期改正,记入信用档案;对房地产经纪人员处以1万元罚款;对房地产经纪机构,取消网上签约资格,处以3万元罚款。

第三十八条 县级以上人民政府建设(房地产)主管部门、价格主管部门、人力资源和社会保障主管部门的工作人员在房地产经纪监督管理工作中,玩忽职守、徇私舞弊、滥用职权的,依法给予处分;构成犯罪的,依法追究刑事责任。

第六章 附 则

第三十九条 各地可以依据本办法制定实施细则。

第四十条 本办法自2011年4月1日起施行。

住房城乡建设部等部门关于加强房地产中介管理促进行业健康发展的意见

(2016年7月29日 建房〔2016〕168号)

各省、自治区、直辖市住房城乡建设厅(建委、房地局)、发展改革委、物价局、通信管理局、工商局(市场监督管理部门)、银监局,中国人民银行上海总部、各分行、营业管理部、省会(首府)城市中心支行、副省级城市中心支行,各省、自治区、直辖市、计划单列市国家税务局、地方税务局:

房地产中介行业是房地产业的重要组成部分。近年来,房地产中介行业发展较快,在活跃市场、促进交易等方面发挥了重要作用。但部分中介机构和从业人员存在着经营行为不规范、侵害群众合法权益、扰乱市场秩序等问题。为加强房地产中介管理,保护群众合法权益,促进行业健康发展,现提出以下意见:

一、规范中介服务行为

(一)规范中介机构承接业务。中介机构在接受业务委托时,应当与委托人签订书面房地产中介服务合同并归档备查,房地产中介服务合同中应当约定进行房源信息核验的内容。中介机构不得为不符合交易条件的保障性住房和禁止交易的房屋提供中介服务。

(二)加强房源信息尽职调查。中介机构对外发布房源信息前,应当核对房屋产权信息和委托人身份证明等材料,经委托人同意后到房地产主管部门进行房源信息核验,并编制房屋状况说明书。房屋状况说明书要标明房源信息核验情况、房地产中介服务合同编号、房屋坐落、面积、产权状况、挂牌价格、物业服务费、房屋图片等,以及其他应当说明的重要事项。

(三)加强房源信息发布管理。中介机构发布的房源信息应当内容真实、全面、准确,在门店、网站等不同渠道发布的同一房源信息应当一致。房地产中介从业人员应当实名在网站等渠道上发布房源信息。中介机构不得发布未经产权人书面委托的房源信息,不得隐瞒抵押等影响房屋交易的信息。对已出售或出租的房屋,促成交易的中介机构要在房屋买卖或租赁合同签订之日起2个工作日内,将房源信息从门店、网站等发布渠道上撤除;对委托人已取消委托的房屋,中介机构要在2个工作日内将房源信息从各类渠道上撤除。

(四)规范中介服务价格行为。房地产中介服务收费由当事人依据服务内容、服务成本、服务质量和市场供求状况协商确定。中介机构应当严格遵守《中华人民共和国价格法》、《关于商品和服务实行明码标价的规定》及《商品房销售明码标价规定》等法律法规,在经营场所醒目位置标识全部服务项目、服务内容、计费方式和收费标准,各项服务均须单独标价。提供代办产权过户、贷款等服务的,应当由委托人自愿选择,并在房地产中介服务合同中约定。中介机构不得实施违反《中华人民共和国价格法》、《中华人民共和国反垄断法》规定的价格违法行为。

(五)规范中介机构与金融机构业务合作。中介机构提供住房贷款代办服务的,应当由委托人自主选择金融机构,并提供当地的贷款条件、最低首付比例和利率等房地产信贷政策,供委托人参考。中介机构不得强迫委托人选择其指定的金融机构,不得将金融服务与其他服务捆绑,不得提供或与其他机构合作提供首付贷等违法违规的金融产品和服务,不得向金融机构收取或变相收取返佣等费用。金融机构不得与未在房地产主管部门备案的中介机构合作提供金融服务。

(六)规范中介机构涉税服务。中介机构和从业人员在协助房地产交易当事人办理纳税申报等涉税事项时,应当如实告知税收规定和优惠政策,协助交易当事人依法诚信纳税。税务机关对在房地产主管部门备案的中介机构和取得职业资格的从业人员,其协助房地产交易当事人办理申报纳税事项诚信记录良好的,应当提供方便快捷的服务。从业人员在办理涉税业务时,应当主动出示标明姓名、机构名称、国家职业资格等信息的工作牌。中介机构和从业人员不得诱导、唆使、协助交易当事人签订"阴阳合同",低报成交价格;不得帮助或唆使交易当事人伪造虚假证明,骗取税收优惠;不得倒卖纳税预约号码。

二、完善行业管理制度

(七)提供便捷的房源核验服务。市、县房地产主管部门要对房屋产权人、备案的中介机构提供房源核验服务,发放房源核验二维码,并实时更新产权状况。积极推行房地产中介服务合同网签和统一编号管理制度。房地产中介服务合同编号应当与房源核验二维码关联，确保真实房源、真实委托。中介机构应当在发布的房源信息中明确标识房源核验二维码。

（八）全面推行交易合同网签制度。市、县房地产主管部门应当按照《国务院办公厅关于促进房地产市场平稳健康发展的通知》（国办发[2010]4号）要求，全面推进存量房交易合同网签系统建设。备案的中介机构可进行存量房交易合同网上签约。已建立存量房交易合同网签系统的市、县，要进一步完善系统，实现行政区域的全覆盖和交易产权档案的数字化；尚未建立系统的，要按规定完成系统建设并投入使用。住房城乡建设部将开展存量房交易合同网签系统建设和使用情况的专项督查。

（九）健全交易资金监管制度。市、县房地产主管部门要建立健全存量房交易资金监管制度。中介机构及其从业人员不得通过监管账户以外的账户代收代付交易资金，不得侵占、挪用交易资金。已建立存量房交易资金监管制度的市、县，要对制度执行情况进行评估，不断优化监管方式；尚未建立存量房交易资金监管制度的，要在2016年12月31日前出台监管办法，明确监管制度并组织实施。省级住房城乡建设部门要对所辖市、县交易资金监管制度落实情况进行督促检查，并于2016年12月31日前将落实情况报住房城乡建设部。

（十）建立房屋成交价格和租金定期发布制度。市、县房地产主管部门要会同价格主管部门加强房屋成交价格和租金的监测分析工作，指导房屋交易机构、价格监测机构等建立分区域房屋成交价格和租金定期发布制度，合理引导市场预期。

三、加强中介市场监管

（十一）严格落实中介机构备案制度。中介机构及其分支机构应当按规定到房地产主管部门备案。通过互联网提供房地产中介服务的机构，应当到机构所在地省级通信主管部门办理网站备案，并到服务覆盖地的市、县房地产主管部门备案。房地产、通信、工商行政主管部门要建立联动机制，定期交换中介机构工商登记和备案信息，并在政府网站等媒体上公示备案、未备案的中介机构名单，提醒群众防范交易风险，审慎选择中介机构。

（十二）积极推行从业人员实名服务制度。中介机构备案时，要提供本机构所有从事经纪业务的人员信息。市、县房地产主管部门要对中介从业人员实名登记。中介从业人员服务时应当佩戴标明姓名、机构名称、国家职业资格等信息的工作牌。各地房地产主管部门要积极落实房地产经纪专业人员职业资格制度，鼓励中介从业人员参加职业资格考试、接受继续教育和培训，不断提升职业能力和服务水平。

（十三）加强行业信用管理。市、县房地产主管部门要会同价格、通信、金融、税务、工商行政等主管部门加快建设房地产中介行业信用管理平台，定期交换中介机构及从业人员的诚信记录，及时将中介机构及从业人员的基本情况、良好行为以及不良行为记入信用管理平台，并向社会公示。有关部门要不断完善诚信典型"红名单"制度和严重失信主体"黑名单"制度，建立健全守信联合激励和失信联合惩戒制度。对诚实守信的中介机构和从业人员，在办理房源核验、合同网签、代办贷款等业务时，可根据实际情况实施"绿色通道"等便利服务措施；在日常检查、专项检查中优化检查频次；在选择中介机构运营管理政府投资的公租房时，优先考虑诚信中介机构。对违法违规的中介机构和从业人员，有关部门要在依法依规对失信行为作出处理和评价的基础上，通过信息共享，对严重失信行为采取联合惩戒措施，将严重失信主体列为重点监管对象，限制其从事各类房地产中介服务。有关部门对中介机构作出的违法违规决定和"黑名单"情况，要通过企业信用信息公示系统依法公示。对严重失信中介机构及其法定代表人、主要负责人和对失信行为负有直接责任的从业人员等，要联合实施市场和行业禁入措施。逐步建立全国房地产中介行业信用管理平台，并纳入全国社会信用体系。

（十四）强化行业自律管理。充分发挥行业协会作用，建立健全地方行业协会组织。行业协会要建立健全行规行约、职业道德准则、争议处理规则，推行行业质量检查，公开检查和处分的信息，增强行业协会在行业自律、监督、协调、服务等方面的功能。各级行业协会要积极开展行业诚信服务承诺活动，督促房地产中介从业人员遵守职业道德准则，保护消费者权益，及时向主管部门提出行业发展的意见和建议。

（十五）建立多部门联动机制。省级房地产、价格、通信、金融、税务、工商行政等主管部门要加强对市、县工作的监督和指导，建立联动监管机制。市、县房地产主管部门负责房地产中介行业管理和组织协调，加强中介机构和从业人员管理；价格主管部门负责中介价格行为监管，充分发挥12358价格监管平台作用，及时处理投诉举报，依法查处价格违法行为；通信主管部门负责房地产中介网站管理，依法处置违法违规房地产中介网站；工商行政主管部门负责中介机构工商登记，依法查处未办理营业执照从事中介业务的机构；金融、税务等监管部门按照职责分工，配合做好房地产中介行业管理工作。

（十六）强化行业监督检查。市、县房地产主管部门要加强房地产中介行业管理队伍建设，会同有关部门建立健全日常巡查、投诉受理等制度，大力推广随机抽查监管，建立"双随机"抽查机制，开展联合抽查。对存在违法违规行为的中介机构和从业人员，应当责令限期改正，依法给予罚款等行政处罚，记入信用档案；对违法违规的中介机构，应按规定取消其网上签约资格。对严重侵害群众权益、扰乱市场秩序的中介机构，工商行政主管部门要依法将其清出市场。

住房和城乡建设部、国家发展和改革委员会关于加强房地产经纪管理进一步规范房地产交易秩序的通知

（2011年5月11日 建房〔2011〕68号）

各省、自治区住房和城乡建设厅、发展改革委（物价局），直辖市建委（房地局）、发展改革委（物价局）：

为全面落实《国务院办公厅关于进一步做好房地产市场调控工作有关问题的通知》（国办发〔2011〕1号），巩固和扩大调控成果，坚决制止和查处房地产经纪违法违规行为，维护群众合法权益，结合近期实施的《房地产经纪管理办法》、《商品房屋租赁管理办法》等规定，现就有关问题通知如下：

一、加强房地产经纪机构管理。各地要以贯彻落实《房地产经纪管理办法》为契机，依法严肃查处未经备案从事房地产经纪业务、提供或者代办虚假证明材料、协助当事人签订"阴阳合同"、不履行必要告知说明义务，以及不实行明码标价、违规分解收费项目、变相提高收费标准等违法违规行为。对投诉率高、整改不力的房地产经纪机构，要通过限制网签资格、注销备案、公开曝光、记入信用档案等手段进行惩处，并将有关情况通报税收、金融、工商等部门。

二、加强房地产经纪人员管理。房地产经纪服务合同应当加盖房地产经纪机构印章，并由房地产经纪人员签名。通过房地产经纪机构成交的房地产交易，办理交易过户时要提交房地产经纪人员签名的房地产经纪服务合同。未取得房地产经纪人员职业资格的，不得在房地产经纪服务合同上签字；从事辅助工作的人员，要建立实名登记和工作卡制度，挂牌上岗。加大对房地产经纪人员出借证书、虚假注册等违法违规行为的查处力度，建立注册执业人员的诚信记录，并将注册执业人员参加相关培训的情况记入个人执业记录。

三、加强商品房预（销）售行为监管。房地产开发企业和房地产经纪机构要严格按照商品房预（销）售方案和申报价格对外销售。各地对无证售房、捂盘惜售、哄抬房价、发布虚假信息和广告、规避限购政策、违法返本销售和售后包租，以及不按规定明码标价、价外乱收费、价格欺诈等违法违规行为，要依法依规严肃处理；对不按要求公示价格信息、隐瞒真实情况以及群众投诉较多的房地产项目，要及时进行核实处理，情况查实的责令其限期整改，整改期间可暂停网签资格。要加大现场巡查力度，及时发现违法违规和不规范行为，并通过公开曝光、暂缓预售许可等手段加大惩处和监督力度，惩处情况及时通报国土、工商、金融等部门。

四、加强住房租赁市场监管。各地要结合住房租赁行为监管，依法严肃查处房地产经纪机构进行虚假宣传、提供虚假租赁房源、改变房屋内部结构分割出租、隐瞒真实房屋租赁信息，以及为不符合安全、防灾等强制性标准或属于违法建筑的房屋提供租赁经纪服务等违法违规行为。要加大政策宣传和落实力度，采取多种措施控制住房租金过快上涨，维护租赁关系的稳定。

五、建立规范化的日常动态监督管理机制。各地要坚持整顿规范和制度建设并重、专项整治和日常监督并重、加强管理和改善服务并重、受理投诉和主动监管并重，逐步建立规范化的日常动态监督管理机制。在监管理念上，要进一步加强过程监管、行为监管和动态监管；在监管方式上，要进一步加大重点稽查和日常巡查的力度，强化多部门联动，形成监管合力，加大对典型案例及检查结果的曝光力度。要充分发挥举报投诉机制的作用，通过设立举报电话、开通举报信箱等多种方式，提供快速便捷的举报、投诉渠道，及时发现违法违规行为线索。对群众的举报和投诉，要认真接收、快速处理、及时反馈。

六、严格落实监督检查责任。各级房地产、价格主管部门今年5月至11月要集中开展一次专项整治，认真排查房地产经纪违法违规行为，做到"发现一起、查处一起"。各市、县认真制定整治工作方案，明确时间要求，细化工作任务，落实工作责任。省级房地产主管部门、价格主管部门要加强对市、县整治工作的指导和检查。市、县房地产主管部门、价格主管部门要加强协作、沟通和配合，建立健全信息共享、情况通报以及对违法违规行为联合查处机制。

各省、自治区、直辖市建设（房地产）、价格部门要于今年11月底前，将开展专项整治工作的有关情况以及典型案例上报住房城乡建设部、国家发展改革委。

国家发展改革委、住房城乡建设部关于放开房地产咨询收费和下放房地产经纪收费管理的通知

（2014年6月13日 发改价格〔2014〕1289号）

各省、自治区、直辖市发展改革委、物价局、住房城乡建设厅（建委、房地局）、新疆生产建设兵团发展改革委、建设局：

为深入贯彻落实十八届三中全会精神，充分发挥市场在资源配置中的决定性作用，完善房地产中介服务价格形成机制，促进行业健康发展，决定放开目前实行政府指导价管理的房地产咨询服务收费标准，下放房地产经纪服务收费管理权限。现就有关事项通知如下：

一、放开房地产咨询服务收费。房地产中介服务机构接受委托，提供有关房地产政策法规、技术及相关信息等咨询的服务收费，实行市场调节价。

二、下放房地产经纪服务收费定价权限，由省级人民政府价格、住房城乡建设行政主管部门管理，各地可根据当地市场

发育实际情况,决定实行政府指导价管理或市场调节价。实行政府指导价管理的,要制定合理的收费标准并明确收费所对应的服务内容等;实行市场调节价的,房地产经纪服务收费标准由委托和受托双方,依据服务内容、服务成本、服务质量和市场供求状况协商确定。

三、各房地产中介服务机构应按照《价格法》、《房地产经纪管理办法》等法律法规要求,公平竞争、合法经营,诚实守信,为委托人提供价格合理、优质高效服务;严格执行明码标价制度,在其经营场所的醒目位置公示价目表,价目表应包括服务项目、服务内容及完成标准、收费标准、收费对象及支付方式等基本标价要素;一项服务包含多个项目和标准的,应当明确标示每一个项目名称和收费标准,不得混合标价、捆绑标价;代收代付的税、费也应予以标明。房地产中介服务机构不得收取任何未标明的费用。

四、各级价格主管部门要依法加强对房地产中介服务收费行为的监督管理,重点查处收费后不按约定义务履行服务职责,以及串通涨价、利用虚假或者使人误解的标价内容和标价方式进行价格欺诈等乱收费行为,规范房地产中介服务市场价格秩序。

五、上述规定自2014年7月1日起执行。《国家计委、建设部关于房地产中介服务收费的通知》(计价格〔1995〕971号)中有关房地产咨询和经纪服务收费的规定同时废止。

6. 房屋租赁

商品房屋租赁管理办法

(2010年12月1日住房和城乡建设部令第6号公布　自2011年2月1日起施行)

第一条　为加强商品房屋租赁管理,规范商品房屋租赁行为,维护商品房屋租赁双方当事人的合法权益,根据《中华人民共和国城市房地产管理法》等有关法律、法规,制定本办法。

第二条　城市规划区内国有土地上的商品房屋租赁(以下简称房屋租赁)及其监督管理,适用本办法。

第三条　房屋租赁应当遵循平等、自愿、合法和诚实信用原则。

第四条　国务院住房和城乡建设主管部门负责全国房屋租赁的指导和监督工作。

县级以上地方人民政府建设(房地产)主管部门负责本行政区域内房屋租赁的监督管理。

第五条　直辖市、市、县人民政府建设(房地产)主管部门应当加强房屋租赁管理规定和房屋使用安全知识的宣传,定期分区域公布不同类型房屋的市场租金水平等信息。

第六条　有下列情形之一的房屋不得出租:

(一)属于违法建筑的;

(二)不符合安全、防灾等工程建设强制性标准的;

(三)违反规定改变房屋使用性质的;

(四)法律、法规规定禁止出租的其他情形。

第七条　房屋租赁当事人应当依法订立租赁合同。房屋租赁合同的内容由当事人双方约定,一般应当包括以下内容:

(一)房屋租赁当事人的姓名(名称)和住所;

(二)房屋的坐落、面积、结构、附属设施,家具和家电等室内设施状况;

(三)租金和押金数额、支付方式;

(四)租赁用途和房屋使用要求;

(五)房屋和室内设施的安全性能;

(六)租赁期限;

(七)房屋维修责任;

(八)物业服务、水、电、燃气等相关费用的缴纳;

(九)争议解决办法和违约责任;

(十)其他约定。

房屋租赁当事人应当在房屋租赁合同中约定房屋被征收或者拆迁时的处理办法。

建设(房地产)管理部门可以会同工商行政管理部门制定房屋租赁合同示范文本,供当事人选用。

第八条　出租住房的,应当以原设计的房间为最小出租单位,人均租住建筑面积不得低于当地人民政府规定的最低标准。

厨房、卫生间、阳台和地下储藏室不得出租供人员居住。

第九条　出租人应当按照合同约定履行房屋的维修义务并确保房屋和室内设施安全。未及时修复损坏的房屋,影响承租人正常使用的,应当按照约定承担赔偿责任或者减少租金。

房屋租赁合同期内,出租人不得单方面随意提高租金水平。

第十条　承租人应当按照合同约定的租赁用途和使用要求合理使用房屋,不得擅自改动房屋承重结构和拆改室内设施,不得损害其他业主和使用人的合法权益。

承租人因使用不当等原因造成承租房屋和设施损坏的,承租人应当负责修复或者承担赔偿责任。

第十一条　承租人转租房屋的,应当经出租人书面同意。

承租人未经出租人书面同意转租的,出租人可以解除租赁合同,收回房屋并要求承租人赔偿损失。

第十二条　房屋租赁期间内,因赠与、析产、继承或者买卖转让房屋的,原房屋租赁合同继续有效。

承租人在房屋租赁期间死亡的,与其生前共同居住的人可以按照原租赁合同租赁该房屋。

第十三条　房屋租赁期间出租人出售租赁房屋的,应当在出售前合理期限内通知承租人，承租人在同等条件下有优先购买权。

第十四条　房屋租赁合同订立后三十日内，房屋租赁当事人应当到租赁房屋所在地直辖市、市、县人民政府建设（房地产）主管部门办理房屋租赁登记备案。

房屋租赁当事人可以书面委托他人办理房屋租赁登记备案。

第十五条　办理房屋租赁登记备案，房屋租赁当事人应当提交下列材料：

（一）房屋租赁合同；

（二）房屋租赁当事人身份证明；

（三）房屋所有权证书或者其他合法权属证明；

（四）直辖市、市、县人民政府建设（房地产）主管部门规定的其他材料。

房屋租赁当事人提交的材料应当真实、合法、有效，不得隐瞒真实情况或者提供虚假材料。

第十六条　对符合下列要求的，直辖市、市、县人民政府建设（房地产）主管部门应当在三个工作日内办理房屋租赁登记备案，向租赁当事人开具房屋租赁登记备案证明：

（一）申请人提交的申请材料齐全并且符合法定形式；

（二）出租人与房屋所有权证书或者其他合法权属证明记载的主体一致；

（三）不属于本办法第六条规定不得出租的房屋。

申请人提交的申请材料不齐全或者不符合法定形式的，直辖市、市、县人民政府建设（房地产）主管部门应当告知房屋租赁当事人需要补正的内容。

第十七条　房屋租赁登记备案证明应当载明出租人的姓名或者名称，承租人的姓名或者名称、有效身份证件种类和号码，出租房屋的坐落、租赁用途、租金数额、租赁期限等。

第十八条　房屋租赁登记备案证明遗失的，应当向原登记备案的部门补领。

第十九条　房屋租赁登记备案内容发生变化、续租或者租赁终止的，当事人应当在三十日内，到原租赁登记备案的部门办理房屋租赁登记备案的变更、延续或者注销手续。

第二十条　直辖市、市、县建设（房地产）主管部门应当建立房屋租赁登记备案信息系统，逐步实行房屋租赁合同网上登记备案，并纳入房地产市场信息系统。

房屋租赁登记备案记载的信息应当包含以下内容：

（一）出租人的姓名（名称）、住所；

（二）承租人的姓名（名称）、身份证件种类和号码；

（三）出租房屋的坐落、租赁用途、租金数额、租赁期限；

（四）其他需要记载的内容。

第二十一条　违反本办法第六条规定的，由直辖市、市、县人民政府建设（房地产）主管部门责令限期改正，对没有违法所得的，可处以五千元以下罚款；对有违法所得的，可以处以违法所得一倍以上三倍以下，但不超过三万元的罚款。

第二十二条　违反本办法第八条规定的，由直辖市、市、县人民政府建设（房地产）主管部门责令限期改正，逾期不改正的，可处以五千元以上三万元以下罚款。

第二十三条　违反本办法第十四条第一款、第十九条规定的，由直辖市、市、县人民政府建设（房地产）主管部门责令限期改正；个人逾期不改正的，处以一千元以下罚款；单位逾期不改正的，处以一千元以上一万元以下罚款。

第二十四条　直辖市、市、县人民政府建设（房地产）主管部门对符合本办法规定的房屋租赁登记备案申请不予办理、对不符合本办法规定的房屋租赁登记备案申请予以办理，或者对房屋租赁登记备案信息管理不当，给租赁当事人造成损失的，对直接负责的主管人员和其他直接责任人员依法给予处分；构成犯罪的，依法追究刑事责任。

第二十五条　保障性住房租赁按照国家有关规定执行。

第二十六条　城市规划区外国有土地上的房屋租赁和监督管理，参照本办法执行。

第二十七条　省、自治区、直辖市人民政府住房和城乡建设主管部门可以依据本办法制定实施细则。

第二十八条　本办法自2011年2月1日起施行，建设部1995年5月9日发布的《城市房屋租赁管理办法》（建设部令第42号）同时废止。

国务院办公厅关于加快培育和发展住房租赁市场的若干意见

（2016年5月17日　国办发〔2016〕39号）

实行购租并举，培育和发展住房租赁市场，是深化住房制度改革的重要内容，是实现城镇居民住有所居目标的重要途径。改革开放以来，我国住房租赁市场不断发展，对加快改善城镇居民住房条件、推动新型城镇化进程等发挥了重要作用，但市场供应主体发育不充分、市场秩序不规范、法规制度不完善等问题仍较为突出。为加快培育和发展住房租赁市场，经国务院同意，现提出以下意见。

一、总体要求

（一）指导思想。全面贯彻党的十八大和十八届三中、四中、五中全会以及中央城镇化工作会议、中央城市工作会议精神，认真落实国务院决策部署，按照“五位一体”总体布局和“四个全面”战略布局，牢固树立和贯彻落实创新、协调、绿色、开放、共享的发展理念，以建立购租并举的住房制度为主要方向，健全以市场配置为主、政府提供基本保障的住房租赁体系。支持住房租赁消费，促进住房租赁市场健康发展。

（二）发展目标。到2020年，基本形成供应主体多元、经营服务规范、租赁关系稳定的住房租赁市场体系，基本形成保基本、促公平、可持续的公共租赁住房保障体系，基本形成市场规则明晰、政府监管有力、权益保障充分的住房租赁法规制度体系，推动实现城镇居民住有所居的目标。

二、培育市场供应主体

（三）发展住房租赁企业。充分发挥市场作用，调动企业积极性，通过租赁、购买等方式多渠道筹集房源，提高住房租赁企业规模化、集约化、专业化水平，形成大、中、小住房租赁企业协同发展的格局，满足不断增长的住房租赁需求。按照《国务院办公厅关于加快发展生活性服务业促进消费结构升级的指导意见》（国办发〔2015〕85 号）有关规定，住房租赁企业享受生活性服务业的相关支持政策。

（四）鼓励房地产开发企业开展住房租赁业务。支持房地产开发企业拓展业务范围，利用已建成住房或新建住房开展租赁业务；鼓励房地产开发企业出租库存商品住房；引导房地产开发企业与住房租赁企业合作，发展租赁地产。

（五）规范住房租赁中介机构。充分发挥中介机构作用，提供规范的居间服务。努力提高中介服务质量，不断提升从业人员素质，促进中介机构依法经营、诚实守信、公平交易。

（六）支持和规范个人出租住房。落实鼓励个人出租住房的优惠政策，鼓励个人依法出租自有住房。规范个人出租住房行为，支持个人委托住房租赁企业和中介机构出租住房。

三、鼓励住房租赁消费

（七）完善住房租赁支持政策。各地要制定支持住房租赁消费的优惠政策措施，引导城镇居民通过租房解决居住问题。落实提取住房公积金支付房租政策，简化办理手续。非本地户籍承租人可按照《居住证暂行条例》等有关规定申领居住证，享受义务教育、医疗等国家规定的基本公共服务。

（八）明确各方权利义务。出租人应当按照相关法律法规和合同约定履行义务，保证住房和室内设施符合要求。住房租赁合同期限内，出租人无正当理由不得解除合同，不得单方面提高租金，不得随意克扣押金；承租人应当按照合同约定使用住房和室内设施，并按时缴纳租金。

四、完善公共租赁住房

（九）推进公租房货币化。转变公租房保障方式，实物保障与租赁补贴并举。支持公租房保障对象通过市场租房，政府对符合条件的家庭给予租赁补贴。完善租赁补贴制度，结合市场租金水平和保障对象实际情况，合理确定租赁补贴标准。

（十）提高公租房运营保障能力。鼓励地方政府采取购买服务或政府和社会资本合作（PPP）模式，将现有政府投资和管理的公租房交由专业化、社会化企业运营管理，不断提高管理和服务水平。在城镇稳定就业的外来务工人员、新就业大学生和青年医生、青年教师等专业技术人员，凡符合当地城镇居民公租房准入条件的，应纳入公租房保障范围。

五、支持租赁住房建设

（十一）鼓励新建租赁住房。各地应结合住房供需状况等因素，将新建租赁住房纳入住房发展规划，合理确定租赁住房建设规模，并在年度住房建设计划和住房用地供应计划中予以安排，引导土地、资金等资源合理配置，有序开展租赁住房建设。

（十二）允许改建房屋用于租赁。允许将商业用房等按规定改建为租赁住房，土地使用年限和容积率不变，土地用途调整为居住用地，调整后用水、用电、用气价格应当按照居民标准执行。允许将现有住房按照国家和地方的住宅设计规范改造后出租，改造中不得改变原有防火分区、安全疏散和防火分隔设施，必须确保消防设施完好有效。

六、加大政策支持力度

（十三）给予税收优惠。对依法登记备案的住房租赁企业、机构和个人，给予税收优惠政策支持。落实营改增关于住房租赁的有关政策，对个人出租住房的，由按照 5% 的征收率减按 1.5% 计算缴纳增值税；对个人出租住房月收入不超过 3 万元的，2017 年底之前可按规定享受免征增值税政策；对房地产中介机构提供住房租赁经纪代理服务，适用 6% 的增值税税率；对一般纳税人出租在实施营改增试点前取得的不动产，允许选择适用简易计税办法，按照 5% 的征收率计算缴纳增值税。对个人出租住房所得，减半征收个人所得税；对个人承租住房的租金支出，结合个人所得税改革，统筹研究有关费用扣除问题。

（十四）提供金融支持。鼓励金融机构按照依法合规、风险可控、商业可持续的原则，向住房租赁企业提供金融支持。支持符合条件的住房租赁企业发行债券、不动产证券化产品。稳步推进房地产投资信托基金（REITs）试点。

（十五）完善供地方式。鼓励地方政府盘活城区存量土地，采用多种方式增加租赁住房用地有效供应。新建租赁住房项目用地以招标、拍卖、挂牌方式出让的，出让方案和合同中应明确规定持有出租的年限。

七、加强住房租赁监管

（十六）健全法规制度。完善住房租赁法律法规，明确当事人的权利义务，规范市场行为，稳定租赁关系。推行住房租赁合同示范文本和合同网上签约，落实住房租赁合同登记备案制度。

（十七）落实地方责任。省级人民政府要加强本地区住房租赁市场管理，加强工作指导，研究解决重点难点问题。城市人民政府对本行政区域内的住房租赁市场管理负总责，要建立多部门联合监管体制，明确职责分工，充分发挥街道、乡镇等基层组织作用，推行住房租赁网格化管理。加快建设住房租赁信息服务与监管平台，推进部门间信息共享。

（十八）加强行业管理。住房城乡建设部门负责住房租赁市场管理和相关协调工作，要会同有关部门加强住房租赁市场监管，完善住房租赁企业、中介机构和从业人员信用管理制度，全面建立相关市场主体信用记录，纳入全国信用信息共享平台，对严重失信主体实施联合惩戒。公安部门要加强出租住房治安管理和住房租赁当事人居住登记，督促指导居民委员会、村民委员会、物业服务企业以及其他管理单位排查安全隐患。各有关部门要按照职责分工，依法查处利用出租住房从事违法经营活动。

各地区、各有关部门要充分认识加快培育和发展住房租赁市场的重要意义，加强组织领导，健全工作机制，做好宣传引导，营造良好环境。各地区要根据本意见，研究制定具体实施办法，落实工作责任，确保各项工作有序推进。住房城乡建设部要会同有关部门对本意见落实情况进行督促检查。

中国证监会、住房城乡建设部关于推进住房租赁资产证券化相关工作的通知

（2018 年 4 月 24 日 证监发〔2018〕30 号）

中国证监会各派出机构，各省、自治区、直辖市住房城乡建设厅（建委、房地局），新疆生产建设兵团建设局，上海证券交易所、深圳证券交易所，中国证券业协会（报价系统），中国证券投资基金业协会，中国房地产估价师与房地产经纪人学会：

为贯彻落实党的十九大精神和 2017 年中央经济工作会议提出的关于加快建立多主体供给、多渠道保障、租购并举的住房制度要求，按照《国务院办公厅关于加快培育和发展住房租赁市场的若干意见》（国办发〔2016〕39 号）和《关于在人口净流入的大中城市加快发展住房租赁市场的通知》（建房〔2017〕153 号），加快培育和发展住房租赁市场特别是长期租赁，支持专业化、机构化住房租赁企业发展，鼓励发行住房租赁资产证券化产品，现就有关事宜通知如下：

一、总体要求

（一）重要意义。住房租赁资产证券化，有助于盘活住房租赁存量资产、加快资金回收、提高资金使用效率，引导社会资金参与住房租赁市场建设；有利于降低住房租赁企业的杠杆率，服务行业供给侧结构性改革，促进形成金融和房地产的良性循环；可丰富资本市场产品供给，提供中等风险、中等收益的投资品种，满足投资者多元化的投资需求。

（二）基本原则。坚持市场化、法治化原则，充分发挥资本市场服务实体经济和国家战略的积极作用；明确优先和重点支持的领域；加强监管协作，推动业务规范发展；积极履行监管职责，切实保护投资者合法权益，合力防范风险。

二、住房租赁资产证券化业务的开展条件及其优先和重点支持领域

（三）发行住房租赁资产证券化产品应当符合下列条件：一是物业已建成并权属清晰，工程建设质量及安全标准符合相关要求，已按规定办理住房租赁登记备案相关手续；二是物业正常运营，且产生持续、稳定的现金流；三是发起人（原始权益人）公司治理完善，具有持续经营能力及较强运营管理能力，最近 2 年无重大违法违规行为。

（四）优先支持大中城市、雄安新区等国家政策重点支持区域、利用集体建设用地建设租赁住房试点城市的住房租赁项目及国家政策鼓励的其他租赁项目开展资产证券化。

（五）鼓励专业化、机构化住房租赁企业开展资产证券化。支持住房租赁企业建设和运营租赁住房，并通过资产证券化方式盘活资产。支持住房租赁企业依法依规将闲置的商业办公用房等改建为租赁住房并开展资产证券化融资。优先支持项目运营良好的发起人（原始权益人）开展住房租赁资产证券化。

（六）重点支持住房租赁企业发行以其持有不动产物业作为底层资产的权益类资产证券化产品，积极推动多类型具有债权性质的资产证券化产品，试点发行房地产投资信托基金（REITs）。

三、完善住房租赁资产证券化工作程序

（七）支持住房租赁企业开展资产证券化。住房租赁企业可结合自身运营现状和财务需求，自主开展住房租赁资产证券化，配合接受中介机构尽职调查，提供相关材料，协助开展资产证券化方案设计和物业估值等工作，并向证券交易场所提交发行申请。

（八）优化租赁住房建设验收、备案、交易等程序。各地住房建设管理部门应对开展住房租赁资产证券化中涉及的租赁住房建设验收、备案、交易等事项建立绿色通道。对于在租赁住房用地上建设的房屋，允许转让或抵押给资产支持专项计划等特殊目的载体用于开展资产证券化。

（九）优化住房租赁资产证券化审核程序。各证券交易场所和中国证券投资基金业协会应根据资产证券化业务规定，对申报的住房租赁资产证券化项目进行审核、备案和监管，研究建立受理、审核和备案的绿色通道，专人专岗负责，提高审核、发行、备案和挂牌的工作效率。

四、加强住房租赁资产证券化监督管理

（十）建立健全业务合规、风控与管理体系。中国证监会和住房城乡建设部推动建立健全住房租赁资产证券化业务的合规、风控与管理体系，指导相关单位完善自律规则及负面清单，建立住房租赁资产证券化的风险监测、违约处置、信息披露和存续期管理等制度规则，引导相关主体合理设计交易结构，切实做好风险隔离安排，严格遵守执业规范，做好利益冲突防范以及投资者保护，落实各项监管要求。研究探索设立专业住房租赁资产证券化增信机构。

（十一）建立健全自律监管体系。中国证券业协会、中国证券投资基金业协会、中国房地产估价师与房地产经纪人学

会要加强配合,搭建住房租赁资产证券化自律监管协作平台,加强组织协作,加快建立住房租赁企业、资产证券化管理人、物业运营服务机构、房地产估价机构、评级机构等参与人的自律监管体系,研究推动将住房租赁证券化项目运行表现纳入住房租赁企业信用评价体系考核指标,依法依规对严重失信主体采取联合惩戒措施。

(十二)合理评估住房租赁资产价值。房地产估价机构对住房租赁资产证券化底层不动产物业进行评估时,应以收益法作为最主要的评估方法,严格按照房地产资产证券化物业评估有关规定出具房地产估价报告。承担房地产资产证券化物业估值的机构,应当为在住房城乡建设部门备案的专业力量强、声誉良好的房地产估价机构。资产支持证券存续期间,房地产估价机构应按照规定或约定对底层不动产物业进行定期或不定期评估,发生收购或者处置资产等重大事项的,应当重新评估。

(十三)积极做好尽职调查、资产交付与持续运营管理工作。资产证券化管理人、房地产估价机构、评级机构等中介机构应勤勉尽责,对有关交易主体和基础资产进行全面的尽职调查,确保符合相关政策和监管要求。发起人(原始权益人)应切实履行资产证券化法律文件约定的基础资产移交与隔离、现金流归集、信息披露、提供增信措施等相关义务,并积极配合中介机构做好尽职调查。

五、营造良好政策环境

(十四)培育多元化的投资主体,提升资产支持证券流动性。中国证监会、住房城乡建设部将共同努力,积极鼓励证券投资基金、政府引导基金、产业投资基金、保险资金等投资主体参与资产证券化业务,建立多元化、可持续的资金保障机制。

(十五)鼓励相关部门和地方政府通过市场化方式优先选择专业化、机构化或具有资产证券化业务经验的租赁住房建设或运营机构参与住房租赁市场,并就其开展租赁住房资产证券化予以政策支持。

(十六)建立健全监管协作机制。中国证监会、住房城乡建设部建立住房租赁资产证券化项目信息共享、日常监管及违规违约处置的工作机制,协调解决住房租赁资产证券化过程中存在的问题与困难,推动住房租赁资产证券化有序发展。中国证监会各派出机构及上海、深圳证券交易所等单位与各省级住房城乡建设主管部门应加强合作,充分依托资本市场,积极推进符合条件的企业发行住房租赁资产证券化产品,拓宽融资渠道;加强资产证券化的业务过程监管,防范资金违规进入房地产市场,严禁利用特殊目的载体非法转让租赁性质土地使用权或改变土地租赁性质的行为。

公安部、中央社会治安综合治理委员会办公室、民政部等关于进一步加强和改进出租房屋管理工作有关问题的通知

(2004年11月12日 公通字〔2004〕83号)

各省、自治区、直辖市公安厅(局)、综治办、民政厅(局)、建设厅(建委、房地局)、国家税务局、地方税务局、工商行政管理局,新疆生产建设兵团公安局、综治办、民政局、建设局、财务局、工商行政管理局:

近年来,随着我国城乡经济的迅速发展,流动人口日益增多,房屋租赁业发展迅速。由于一些地方管理措施未能有效落实,不法分子利用出租房屋从事违法犯罪活动问题日益突出。随着行政审批制度改革工作的不断深入,原有的出租房屋管理方法、方式和机制受到冲击,出租房屋管理工作面临更大的压力和挑战。为进一步加强和改进出租房屋管理工作,维护社会治安秩序,促进房屋租赁业的健康发展,现就有关问题通知如下:

一、充分认识做好出租房屋管理工作的重要意义,切实加强组织领导。出租房屋管理是社会管理和治安管理的一项重要基础性工作。加强出租房屋管理,及时全面掌握出租房屋的底数和有关情况,严密防范和依法严厉打击不法分子利用出租房屋进行的各类违法犯罪活动,对于保护公民的合法权益,维护社会治安秩序,促进房屋租赁业的健康发展,具有十分重要的意义。各级公安、综合治理、民政、房地产管理、税务、工商行政管理等部门要从实践“三个代表”重要思想和服务经济社会发展的高度,在党委、政府的统一领导下,切实加强组织领导,认真做好出租房屋的管理工作。

二、各司其职,密切配合,齐抓共管。各地公安、综合治理、民政、房地产管理、税务、工商行政管理等部门要充分发挥职能作用,切实履行好各自职责。

公安部门负责登记暂住户口,办理和查验暂住证,了解掌握房屋承租人变动情况。督促出租房主与公安部门签订治安责任保证书。开展经常性的出租房屋治安检查,消除治安隐患,及时查处和依法打击出租房屋中的违法犯罪活动。指导居(村)民委员会、社会治安辅助力量协助开展出租房屋和暂住人口治安管理工作。

综合治理部门负责指导各地推进社会治安防控体系建设,全面落实社会治安综合治理各项措施。加强乡镇、街道综治办和群防群治力量建设,整合各种治安防范力量。组织、协调、督促各有关部门共同做好出租房屋管理工作,定期召集有关部门研究分析管理中存在的问题,及时提出解决措施。对各部门开展出租房屋管理工作情况进行考核。

民政部门负责指导加强基层政权建设,推进社区建设。

协助公安、司法部门抓好居(村)民委员会的治保组织、人民调解组织等群众自治组织建设,协助公安部门完善社区治安网络建设。

房地产管理部门负责房屋租赁登记备案工作,掌握出租房屋的底数和基本情况。加强对房屋租赁中介机构的管理,规范房屋租赁中介机构行为,保护租赁当事人的合法权益。

税务部门负责出租房屋税收征管工作,必要时可以根据有关税收法律法规的规定委托具备条件的暂住人口管理机构或房地产管理部门代征。

工商行政管理部门负责查处利用出租房屋从事的违法经营活动,查处、取缔非法房屋中介机构。

各部门要加强协调配合,建立信息交流制度。房地产管理部门为出租房屋办理租赁登记备案证明后,应定期将有关情况通报给公安、工商、税务等部门;工商部门在办理工商营业执照、公安部门在办理暂住户口登记及暂住证时,对于生产、经营、居住场所为出租房屋的,应查验房地产管理部门出具的房屋租赁登记备案证明。对发现没有办理房屋租赁登记备案的,应将有关情况定期通报给房地产管理部门。

三、依法加强对出租房屋的管理。各部门要加大工作力度,规范房屋租赁活动。对房主违反出租房屋管理规定的行为,按照下列规定严肃查处:

(一)符合出租条件但未办理租赁登记备案手续的,由房地产管理部门责令补办手续。

(二)不符合出租条件而出租的,由房地产管理部门依法给予处罚。

(三)办理房屋租赁登记备案后未到房屋所在地公安派出所签订治安责任保证书,经通知拒不改正的,由公安部门依照《租赁房屋治安管理规定》第九条第(一)项的规定予以处罚。

(四)将房屋出租给无合法有效证件人员的,由公安部门依照《租赁房屋治安管理规定》第九条第(二)项的规定予以处罚。

(五)明知承租人违反爆炸、剧毒、易燃、放射性等危险物品管理规定,利用出租房屋生产、销售、储存、使用危险物品,不及时制止、报告,尚未造成严重后果的,由公安部门依照《租赁房屋治安管理规定》第九条第(三)项的规定予以处罚;构成犯罪的,依照《中华人民共和国刑法》第一百三十六条的规定追究刑事责任。

(六)明知是赃物而窝藏的,由公安部门依照《中华人民共和国治安管理处罚条例》第二十四条第(一)项的规定予以处罚;构成犯罪的,依照《中华人民共和国刑法》第三百一十二条的规定追究刑事责任。

(七)违反消防安全规定,占用防火间距的,由公安消防机构依照《中华人民共和国消防法》第四十八条第(二)项的规定予以处罚。

(八)出租房屋有重大火灾隐患,经公安部门通知不加改正的,由公安部门依照《中华人民共和国治安管理处罚条例》第二十六条第(八)项的规定予以处罚。

(九)不按照规定为暂住人员申报暂住户口登记的,由公安部门依照《中华人民共和国治安管理处罚条例》第二十九条第(五)项的规定予以处罚。

(十)介绍或者容留卖淫的,由公安部门依照《中华人民共和国治安管理处罚条例》第三十条的规定予以处罚;构成犯罪的,依照《中华人民共和国刑法》第三百五十九条的规定追究刑事责任。

(十一)为他人进行赌博活动提供出租房屋的,由公安部门依照《中华人民共和国治安管理处罚条例》第三十二条第(一)项的规定予以处罚;构成犯罪的,依照《中华人民共和国刑法》第三百零三条的规定追究刑事责任。

(十二)为他人制作、贩卖淫秽图书、光盘或者其他淫秽物品提供出租房屋的,由公安部门依照《中华人民共和国治安管理处罚条例》第三十二条第(二)项的规定予以处罚;构成犯罪的,依照《中华人民共和国刑法》第三百六十三条的规定追究刑事责任。

(十三)明知是有犯罪行为的人而为其提供出租房屋,帮助其逃避或者为其作假证明的,由公安部门依照《中华人民共和国刑法》第三百一十条的规定追究刑事责任。

(十四)有税收违法行为的,由税务部门依法给予处罚。

四、依法严厉打击利用出租房屋进行的各类违法犯罪活动。各地公安部门要会同综合治理、房地产管理、工商行政管理等部门,根据本地治安实际,适时组织开展出租房屋的清理整顿专项行动,依法取缔非法出租房屋,整治藏污纳垢场所,严厉打击利用出租房屋进行的各类违法犯罪活动,及时查获犯罪嫌疑人和各类逃犯。要强化侦查手段,在出租房主中建立信息员,拓宽情报信息来源,及时获取深层次、内幕性的情报信息。要认真梳理、研究不法分子利用出租房屋进行违法犯罪活动的特点和规律,提高打击违法犯罪活动的针对性和时效性。

五、积极推行出租房屋社会化管理。各地要紧紧抓住加强基层政权和推进城市社区建设的有利时机,将出租房屋管理工作落实到乡(镇、街道)和社区。要依托乡(镇、街道)等基层组织,广泛发动群众、依靠群众,充分发挥城乡治保组织、单位保卫组织、治安联防队、社区群众治安防范组织等作用,落实好出租房屋管理的各项工作措施。要充分利用现有的暂住人口协管员队伍,协助做好出租房屋管理工作。

国家税务总局关于加强出租房屋税收征管的通知

（2005年8月3日国税发〔2005〕159号公布　根据2018年6月15日《国家税务总局关于修改部分税收规范性文件的公告》修订）

各省、自治区、直辖市和计划单列市地方税务局，扬州税务进修学院：

根据现行税收法律法规，对出租房屋的行为，根据不同情况应分别征收营业税及城市维护建设税与教育费附加、房产税或城市房地产税、个人所得税或企业所得税、印花税。近年来，各级地方税务机关针对房屋租赁市场的实际情况，不断探索切实可行的税收征管方法，在强化管理、组织收入方面做了大量工作，取得了一定成效。但是，出租房屋特别是私房出租点多面广、隐蔽性强，征管难度大，税务机关又缺乏有效的信息来源渠道和控管手段，出租房屋的税收征管基础工作比较薄弱，漏征漏管情况比较普遍。针对这些问题，为进一步贯彻落实《国家税务总局关于进一步加强房地产税收管理的通知》（国税发〔2005〕82号），切实加强出租房屋税收征收管理，现就有关工作通知如下：

一、规范出租房屋的税收征管。各地要高度重视出租房屋税收的征管工作，结合本地实际情况，找准出租房屋税收征收管理的薄弱环节，制定和完善具体征管办法，明确加强出租房屋税收管理的征管措施。对委托有关部门代征出租房屋税收的，要制定委托代征管理办法，明确代征单位和代征人员的职责及工作要求、代征税款缴库和票证管理制度等，规范管理。要针对房屋出租的形式和特点，进行科学分类，明确重点管理对象、重点管理范围和管理的责任人并落实责任制，把出租房屋税收征管工作抓深、抓细，夯实出租房屋税收的征管基础。

二、动态监控出租房屋的税源。要通过对租赁双方的典型调查、专项检查和日常动态监控等方式，加强对出租房屋的税源管理。要建立健全出租房屋税收的税源登记档案，有条件的地区要建立税源数据库，并根据变化情况及时更新。各地要按照总局关于实施房地产税收“一体化”管理的要求，建立和完善税源信息的传递机制，充分利用房地产转让及保有环节有关税种的征管信息，跟踪掌握出租房屋的税源情况，重点查找漏征漏管户并核实其出租房屋的面积和租金情况。要加强与公安、街道办事处、居（家）委会、房屋土地管理部门以及房屋中介机构和住宅小区物业管理部门的沟通，增加税源信息获取渠道，建立税源信息传递制度。特别是要通过外来人口管理部门掌握外地人员承租房屋的情况，进而掌握居民住房的出租情况；通过对写字楼、商住楼开展全面的摸底调查，掌握办公用房的出租情况；通过对企业经营场所情况进行登记，掌握工商业用房的出租情况。要将从各种渠道获得的信息与税务机关掌握的信息进行比对，分析、查找管理的薄弱环节，切实加强税源的监控。

三、构建出租房屋税收征管的部门协作机制。各级税务机关要积极争取当地政府的支持，加强与外来人口管理、乡镇政府、街道办事处、居（家）委会、房地产管理等部门的协作配合，充分利用这些部门熟悉情况、联系广泛的特点，通过联合办公、委托代征等形式，构建出租房屋税收征管的部门协作机制，形成各方面齐抓共管、社会综合治税的局面。

四、进一步优化纳税服务。各级税务机关要采取多种方式，方便纳税人缴纳出租房屋的各项税收。利用各种渠道广泛深入地开展税法宣传，提高纳税人依法纳税的意识和主动申报纳税的自觉性；要耐心解答纳税人提出的问题，做好税收政策的解释工作；要根据本地区的实际情况，通过设立便利纳税人的缴税网点或采取上门征收等方法，为纳税人提供方便快捷的缴税方式，简化纳税人的缴税手续。

五、合理确定出租房屋的应纳税额。对纳税人不申报或者不如实申报租金收入的，应按照《中华人民共和国税收征收管理法》及其实施细则的有关规定实行核定征收。为合理确定出租房屋的应纳税额，各地可采取典型调查等方式，并参考房地产管理部门的有关资料，分区域确定房屋出租的计税租金标准并适时予以调整。对房屋出租人不申报租金收入或申报的租金收入低于计税租金标准又无正当理由的，可按计税租金标准计算征税。

最高人民法院关于审理城镇房屋租赁合同纠纷案件具体应用法律若干问题的解释

（2009年7月30日法释〔2009〕11号公布　自2009年9月1日起施行）

第一条　本解释所称城镇房屋，是指城市、镇规划区内的房屋。

乡、村庄规划区内的房屋租赁合同纠纷案件，可以参照本解释处理。但法律另有规定的，适用其规定。

当事人依照国家福利政策租赁公有住房、廉租住房、经济适用住房产生的纠纷案件，不适用本解释。

第二条　出租人就未取得建设工程规划许可证或者未按照建设工程规划许可证的规定建设的房屋，与承租人订立的租赁合同无效。但在一审法庭辩论终结前取得建设工程规划许可证或者经主管部门批准建设的，人民法院应当认定有效。

第三条　出租人就未经批准或者未按照批准内容建设的临时建筑，与承租人订立的租赁合同无效。但在一审法庭辩论终结前经主管部门批准建设的,人民法院应当认定有效。

租赁期限超过临时建筑的使用期限,超过部分无效。但在一审法庭辩论终结前经主管部门批准延长使用期限的,人民法院应当认定延长使用期限内的租赁期间有效。

第四条 当事人以房屋租赁合同未按照法律、行政法规规定办理登记备案手续为由,请求确认合同无效的,人民法院不予支持。

当事人约定以办理登记备案手续为房屋租赁合同生效条件的,从其约定。但当事人一方已经履行主要义务,对方接受的除外。

第五条 房屋租赁合同无效,当事人请求参照合同约定的租金标准支付房屋占有使用费的,人民法院一般应予支持。

当事人请求赔偿因合同无效受到的损失,人民法院依照合同法的有关规定和本司法解释第九条、第十三条、第十四条的规定处理。

第六条 出租人就同一房屋订立数份租赁合同,在合同均有效的情况下,承租人均主张履行合同的,人民法院按照下列顺序确定履行合同的承租人:

(一)已经合法占有租赁房屋的;

(二)已经办理登记备案手续的;

(三)合同成立在先的。

不能取得租赁房屋的承租人请求解除合同、赔偿损失的,依照合同法的有关规定处理。

第七条 承租人擅自变动房屋建筑主体和承重结构或者扩建,在出租人要求的合理期限内仍不予恢复原状,出租人请求解除合同并要求赔偿损失的,人民法院依照合同法第二百一十九条的规定处理。

第八条 因下列情形之一,导致租赁房屋无法使用,承租人请求解除合同的,人民法院应予支持:

(一)租赁房屋被司法机关或者行政机关依法查封的;

(二)租赁房屋权属有争议的;

(三)租赁房屋具有违反法律、行政法规关于房屋使用条件强制性规定情况的。

第九条 承租人经出租人同意装饰装修,租赁合同无效时,未形成附合的装饰装修物,出租人同意利用的,可折价归出租人所有;不同意利用的,可由承租人拆除。因拆除造成房屋毁损的,承租人应当恢复原状。

已形成附合的装饰装修物,出租人同意利用的,可折价归出租人所有;不同意利用的,由双方各自按照导致合同无效的过错分担现值损失。

第十条 承租人经出租人同意装饰装修,租赁期间届满或者合同解除时,除当事人另有约定外,未形成附合的装饰装修物,可由承租人拆除。因拆除造成房屋毁损的,承租人应当恢复原状。

第十一条 承租人经出租人同意装饰装修,合同解除时,双方对已形成附合的装饰装修物的处理没有约定的,人民法院按照下列情形分别处理:

(一)因出租人违约导致合同解除,承租人请求出租人赔偿剩余租赁期内装饰装修残值损失的,应予支持;

(二)因承租人违约导致合同解除,承租人请求出租人赔偿剩余租赁期内装饰装修残值损失的,不予支持。但出租人同意利用的,应在利用价值范围内予以适当补偿;

(三)因双方违约导致合同解除,剩余租赁期内的装饰装修残值损失,由双方根据各自的过错承担相应的责任;

(四)因不可归责于双方的事由导致合同解除的,剩余租赁期内的装饰装修残值损失,由双方按照公平原则分担。法律另有规定的,适用其规定。

第十二条 承租人经出租人同意装饰装修,租赁期间届满时,承租人请求出租人补偿附合装饰装修费用的,不予支持。但当事人另有约定的除外。

第十三条 承租人未经出租人同意装饰装修或者扩建发生的费用,由承租人负担。出租人请求承租人恢复原状或者赔偿损失的,人民法院应予支持。

第十四条 承租人经出租人同意扩建,但双方对扩建费用的处理没有约定的,人民法院按照下列情形分别处理:

(一)办理合法建设手续的,扩建造价费用由出租人负担;

(二)未办理合法建设手续的,扩建造价费用由双方按照过错分担。

第十五条 承租人经出租人同意将租赁房屋转租给第三人时,转租期限超过承租人剩余租赁期限的,人民法院应当认定超过部分的约定无效。但出租人与承租人另有约定的除外。

第十六条 出租人知道或者应当知道承租人转租,但在六个月内未提出异议,其以承租人未经同意为由请求解除合同或者认定转租合同无效的,人民法院不予支持。

因租赁合同产生的纠纷案件,人民法院可以通知次承租人作为第三人参加诉讼。

第十七条 因承租人拖欠租金,出租人请求解除合同时,次承租人请求代承租人支付欠付的租金和违约金以抗辩出租人合同解除权的,人民法院应予支持。但转租合同无效的除外。

次承租人代为支付的租金和违约金超出其应付的租金数额,可以折抵租金或者向承租人追偿。

第十八条 房屋租赁合同无效、履行期限届满或者解除,出租人请求负有腾房义务的次承租人支付逾期腾房占有使用费的,人民法院应予支持。

第十九条 承租人租赁房屋用于以个体工商户或者个人合伙方式从事经营活动,承租人在租赁期间死亡、宣告失踪或者宣告死亡,其共同经营人或者其他合伙人请求按照原租赁合同租赁该房屋的,人民法院应予支持。

第二十条 租赁房屋在租赁期间发生所有权变动，承租人请求房屋受让人继续履行原租赁合同的，人民法院应予支持。但租赁房屋具有下列情形或者当事人另有约定的除外：

（一）房屋在出租前已设立抵押权，因抵押权人实现抵押权发生所有权变动的；

（二）房屋在出租前已被人民法院依法查封的。

第二十一条 出租人出卖租赁房屋未在合理期限内通知承租人或者存在其他侵害承租人优先购买权情形，承租人请求出租人承担赔偿责任的，人民法院应予支持。但请求确认出租人与第三人签订的房屋买卖合同无效的，人民法院不予支持。

第二十二条 出租人与抵押权人协议折价、变卖租赁房屋偿还债务，应当在合理期限内通知承租人。承租人请求以同等条件优先购买房屋的，人民法院应予支持。

第二十三条 出租人委托拍卖人拍卖租赁房屋，应当在拍卖5日前通知承租人。承租人未参加拍卖的，人民法院应当认定承租人放弃优先购买权。

第二十四条 具有下列情形之一，承租人主张优先购买房屋的，人民法院不予支持：

（一）房屋共有人行使优先购买权的；

（二）出租人将房屋出卖给近亲属，包括配偶、父母、子女、兄弟姐妹、祖父母、外祖父母、孙子女、外孙子女的；

（三）出租人履行通知义务后，承租人在十五日内未明确表示购买的；

（四）第三人善意购买租赁房屋并已经办理登记手续的。

第二十五条 本解释施行前已经终审，本解释施行后当事人申请再审或者按照审判监督程序决定再审的案件，不适用本解释。

住房城乡建设部、国家发展改革委、公安部、财政部、国土资源部、人民银行、税务总局、工商总局、证监会关于在人口净流入的大中城市加快发展住房租赁市场的通知

（2017年7月18日 建房〔2017〕153号）

各省、自治区、直辖市住房城乡建设厅（建委、房地局）、发展改革委、公安厅（局）、国土资源主管部门、工商局（市场监督管理部门）、证监局，中国人民银行上海总部、各分行、营业管理部、省会（首府）城市中心支行、副省级城市中心支行，各省、自治区、直辖市、计划单列市财政厅（局）、国家税务局、地方税务局：

当前人口净流入的大中城市住房租赁市场需求旺盛、发展潜力大，但租赁房源总量不足、市场秩序不规范、政策支持体系不完善，租赁住房解决城镇居民特别是新市民住房问题的作用没有充分发挥。为进一步贯彻落实《国务院办公厅关于加快培育和发展住房租赁市场的若干意见》（国办发〔2016〕39号），加快推进租赁住房建设，培育和发展住房租赁市场，现就有关事项通知如下。

一、充分认识加快发展住房租赁市场的重要意义

党中央、国务院高度重视培育和发展住房租赁市场，近年来作出了一系列决策部署。各地区有关部门要将思想和行动统一到党中央、国务院的决策部署上来，充分认识到加快推进租赁住房建设、培育和发展住房租赁市场，是贯彻落实“房子是用来住的、不是用来炒的”这一定位的重要举措，是加快房地产市场供给侧结构性改革和建立购租并举住房制度的重要内容，是解决新市民住房问题、加快推进新型城镇化的重要方式，是实现全面建成小康社会住有所居目标的重大民生工程。

二、多措并举，加快发展住房租赁市场

（一）培育机构化、规模化住房租赁企业。

鼓励国有、民营的机构化、规模化住房租赁企业发展，鼓励房地产开发企业、经纪机构、物业服务企业设立子公司拓展住房租赁业务。人口净流入的大中城市要充分发挥国有企业的引领和带动作用，支持相关国有企业转型为住房租赁企业。住房租赁企业申请工商登记时，经营范围统一规范为住房租赁经营。公安部门要比照酒店业管理方式，将住房租赁企业登记的非本地户籍租住人员信息接入暂住人口管理信息系统，实现对租客信息的有效对接。加大对住房租赁企业的金融支持力度，拓宽直接融资渠道，支持发行企业债券、公司债券、非金融企业债务融资工具等公司信用类债券及资产支持证券，专门用于发展住房租赁业务。鼓励地方政府出台优惠政策，积极支持并推动发展房地产投资信托基金（REITs）。

（二）建设政府住房租赁交易服务平台。

城市住房城乡建设主管部门要会同有关部门共同搭建政府住房租赁交易服务平台，提供便捷的租赁信息发布服务，推行统一的住房租赁合同示范文本，实现住房租赁合同网上备案；建立住房租赁信息发布标准，确保信息真实准确，规范住房租赁交易流程，保障租赁双方特别是承租人的权益；建立健全住房租赁企业和房地产经纪机构备案制度，强化住房租赁信用管理，建立多部门守信联合激励和失信联合惩戒机制；加强住房租赁市场监测，为政府决策提供数据基础。

（三）增加租赁住房有效供应。

鼓励各地通过新增用地建设租赁住房，在新建商品住房项目中配建租赁住房等方式，多渠道增加新建租赁住房供应，优先面向公租房保障对象和新市民供应。按照国土资源部、住房城乡建设部的统一工作部署，超大城市、特大城市可开展利用集体建设用地建设租赁住房试点工作。鼓励开发性金融等银行业金融机构在风险可控、商业可持续的前提下，加大对

租赁住房项目的信贷支持力度，通过合理测算未来租赁收入现金流，向住房租赁企业提供分期还本等符合经营特点的长期贷款和金融解决方案。支持金融机构创新针对住房租赁项目的金融产品和服务。鼓励住房租赁企业和金融机构运用利率衍生工具对冲利率风险。

积极盘活存量房屋用于租赁。鼓励住房租赁国有企业将闲置和低效利用的国有厂房、商业办公用房等，按规定改建为租赁住房；改建后的租赁住房，水电气执行民用价格，并应具备消防安全条件。探索采取购买服务模式，将公租房、人才公寓等政府或国有企业的房源，委托给住房租赁企业运营管理。

要落实"放管服"改革的总体要求，梳理新建、改建租赁住房项目立项、规划、建设、竣工验收、运营管理等规范性程序，建立快速审批通道，探索实施并联审批。

（四）创新住房租赁管理和服务体制。

各地要建立部门相互协作配合的工作机制，明确住房城乡建设、发展改革、公安、财政、国土资源、金融、税务、工商等部门在规范发展住房租赁市场工作中的职责分工，整顿规范市场秩序，严厉打击住房租赁违法违规行为。推进部门间信息共享，承租人可按照国家有关规定凭登记备案的住房租赁合同等有关证明材料申领居住证，享受相关公共服务。充分发挥街道、乡镇，尤其是居民委员会和村民委员会等基层组织的作用，将住房租赁管理和服务的重心下移，实行住房租赁的网格化管理；建立纠纷调处机制，及时化解租赁矛盾纠纷。

三、工作要求

（一）加强组织领导。各地区有关部门要切实加强组织领导，健全工作机制，做好宣传引导，营造良好环境。要结合当地实际研究制定具体实施办法，落实工作责任，确保各项工作有序推进。

（二）积极开展试点。选取部分人口净流入的大中城市开展试点工作。试点期间，各城市应于每年1、4、7、10月的15日前，定期报送上一季度试点工作进展情况，由省级住房城乡建设部门汇总后报送住房城乡建设部、国家发展改革委、财政部和国土资源部。住房城乡建设部会同有关部门及时总结试点工作取得的经验，形成一批可复制、可推广的试点成果，向全国进行推广。

（三）加强督促指导。各地区有关部门要按照职责分工，加强对人口净流入的大中城市发展住房租赁市场工作的督促指导。要注意分类指导，尊重基层首创精神，健全激励和容错纠错机制，允许进行差别化探索，发现问题及时纠偏。住房城乡建设部、国家发展改革委、财政部和国土资源部会同有关部门，跟踪指导各地工作开展情况，总结经验，不断完善政策。

住房城乡建设部、财政部关于做好城镇住房保障家庭租赁补贴工作的指导意见

（2016年12月8日　建保〔2016〕281号）

各省、自治区住房城乡建设厅、财政厅，北京市住房城乡建设委、财政局，天津市城乡建设委、国土资源房屋管理局、财政局，上海市住房城乡建设管理委、财政局，重庆市城乡建设委、国土资源房屋管理局、财政局，新疆生产建设兵团建设局、财务局：

为贯彻落实《国务院办公厅关于加快培育和发展住房租赁市场的若干意见》（国办发〔2016〕39号），进一步做好城镇住房保障家庭租赁补贴工作，完善住房保障制度，现提出以下意见：

一、总体要求

（一）指导思想。

深入贯彻党的十八大和十八届三中、四中、五中、六中全会以及中央城市工作会议精神，认真落实国务院决策部署，以建立购房与租房并举、市场配置与政府保障相结合的住房制度为主要方向，进一步完善住房保障制度。城镇住房保障采取实物配租与租赁补贴相结合的方式，逐步转向以租赁补贴为主。

（二）基本原则。

1. 因地制宜，因城施策。各地要根据经济发展水平、房地产市场状况、政府财政承受能力、住房保障对象需求等因素，合理确定租赁补贴的发放规模和发放对象。公租房存量较大、租赁补贴需求较小的地区，应加大公租房分配入住力度。

2. 市场导向，动态调整。各地要结合当地住房市场租金水平、人均住房面积等情况，合理确定租赁补贴标准和补贴面积等，建立健全租赁补贴制度，并动态调整。

3. 分类保障，差别补贴。根据住房保障家庭的住房困难程度和支付能力，各地可分类别、分层次对在市场租房居住的住房保障家庭予以差别化的租赁补贴，保障其基本居住需求。

二、明确租赁补贴具体政策

（一）研究制定准入条件。各地要研究制定租赁补贴申请家庭的住房、收入、财产等准入条件，原则上租赁补贴申请家庭的人均可支配收入应低于当地城镇人均可支配收入的一定比例，具体条件和比例由各地研究确定，并动态调整，向社会公布。

（二）分档确定补贴标准。各地要结合当地住房租赁市场的租金水平、补贴申请家庭支付能力以及财力水平等因素，分档确定租赁补贴的标准，具体标准由各地研究确定，并动态调

整，向社会公布。

（三）合理确定租赁补贴面积。各地要结合租赁补贴申请家庭的成员数量和本地区人均住房面积等情况，合理确定租赁补贴面积标准，原则上住房保障家庭应租住中小户型住房，户均租赁补贴面积不超过60平方米，超出部分由住房保障家庭自行承担。

（四）加大政策支持力度。各地发放租赁补贴的户数列入全国城镇保障性安居工程年度计划。市、县财政要安排专项资金发放租赁补贴，省级财政要继续支持市、县租赁补贴工作，中央财政城镇保障性安居工程专项资金可统筹用于发放租赁补贴。

三、强化租赁补贴监督管理

（一）规范合同备案制度。租赁补贴申请家庭应与房屋产权人或其委托人签订租赁合同，并及时将租赁合同、房屋权属证明、租赁发票等材料提交住房城乡建设部门审核。各地要根据轮候排序结果，与补贴申请家庭签订租赁补贴协议，明确补贴标准、发放期限和停发补贴事项及违约责任等，并按月或季度发放租赁补贴，在每年12月25日前完成年度最后一次租赁补贴的核发。租赁补贴发放方式由各地自行确定，确保用于住房保障家庭租赁住房。

（二）建立退出机制。各地要按户建立租赁补贴档案，定期进行复核，及时掌握补贴发放家庭的人口、收入、住房等信息的变动状况。对符合条件的，继续发放租赁补贴；对不再符合租赁补贴保障条件的家庭，应终止发放租赁补贴。领取补贴期间申请实物配租公租房的，配租入住后停止发放租赁补贴。

（三）健全信息公开和监督机制。各地要建立健全租赁补贴的申请、受理、审核、公示和发放机制，全面公开租赁补贴的发放计划、发放对象、申请审核程序、发放结果及退出情况等信息，畅通投诉举报渠道，主动接受社会监督，确保租赁补贴发放的公平、公开、公正。

四、加强组织领导

（一）进一步提高对租赁补贴工作重要性的认识。切实做好城镇住房保障家庭租赁补贴有关工作，是优化住房保障方式，深化住房制度改革，加快改善城镇住房困难家庭居住条件的重要举措；也是引导城镇居民合理住房消费，促进房地产市场平稳健康发展，培育和发展住房租赁市场，推动新型城镇化进程的必然要求。各地要结合实际，研究出台或修订具体实施意见（方案），确保租赁补贴工作的顺利开展。

（二）明确部门职责及协调机制。各地要建立健全租赁补贴申请家庭对申请材料真实性负责的承诺、授权审核制度。住房城乡建设、财政等部门要根据职责，做好租赁补贴申请材料的受理、审核工作，建立信息共享机制，着力提高补贴发放资格审核的准确性，对符合条件的住房保障家庭及时予以公示。财政部门根据审核结果，及时拨付租赁补贴资金，并对资金使用情况履行监管职责。对租赁补贴工作中存在违法违规行为的单位或个人，应依法依规追究相关责任。

国土资源部住房城乡建设部关于印发《利用集体建设用地建设租赁住房试点方案》的通知

（2017年8月21日 国土资发〔2017〕100号）

北京、辽宁、上海、江苏、浙江、安徽、福建、河南、湖北、广东、四川省（市）国土资源主管部门、住房城乡建设主管部门：

为增加租赁住房供应，缓解住房供需矛盾，构建购租并举的住房体系，建立健全房地产平稳健康发展长效机制，国土资源部会同住房城乡建设部根据地方自愿，确定第一批在北京、上海、沈阳、南京、杭州、合肥、厦门、郑州、武汉、广州、佛山、肇庆、成都等13个城市开展利用集体建设用地建设租赁住房试点，制定了《利用集体建设用地建设租赁住房试点方案》，现印发给你们，请指导、督促各有关城市认真执行。

利用集体建设用地建设租赁住房试点方案

利用集体建设用地建设租赁住房，可以增加租赁住房供应，缓解住房供需矛盾，有助于构建购租并举的住房体系，建立健全房地产平稳健康发展长效机制；有助于拓展集体土地用途，拓宽集体经济组织和农民增收渠道；有助于丰富农村土地管理实践，促进集体土地优化配置和节约集约利用，加快城镇化进程。按照中央有关精神，结合当前管理工作实际，制定本试点方案。

一、总体要求

（一）指导思想。全面贯彻党的十八大和十八届三中、四中、五中、六中全会精神，深入学习贯彻习近平总书记系列重要讲话精神，紧紧围绕统筹推进“五位一体”总体布局和协调推进“四个全面”战略布局，牢固树立创新、协调、绿色、开放、共享的发展理念，按照党中央、国务院决策部署，牢牢把握“房子是用来住的，不是用来炒的”定位，以构建购租并举的住房体系为方向，着力构建城乡统一的建设用地市场，推进集体土地不动产登记，完善利用集体建设用地建设租赁住房规则，健全服务和监管体系，提高存量土地节约集约利用水平，为全面建成小康社会提供用地保障，促进建立房地产平稳健康发展长效机制。

（二）基本原则。

把握正确方向。坚持市场经济改革方向，发挥市场配置资源的决定性作用，注重与不动产统一登记、培育和发展住房租赁市场、集体经营性建设用地入市等改革协同，加强部门协作，形成改革合力。

保证有序可控。政府主导,审慎稳妥推进试点。项目用地应当符合城乡规划、土地利用总体规划及村土地利用规划,以存量土地为主,不得占用耕地,增加住房有效供给。以满足新市民合理住房需求为主,强化监管责任,保障依法依规建设、平稳有序运营,做到供需匹配。

坚持自主运作。尊重农民集体意愿,统筹考虑农民集体经济实力,以具体项目为抓手,合理确定项目运作模式,维护权利人合法权益,确保集体经济组织自愿实施、自主运作。

提高服务效能。落实"放管服"要求,强化服务意识,优化审批流程,降低交易成本,提升服务水平,提高办事效率,方便群众办事。

(三)试点目标。通过改革试点,在试点城市成功运营一批集体租赁住房项目,完善利用集体建设用地建设租赁住房规则,形成一批可复制、可推广的改革成果,为构建城乡统一的建设用地市场提供支撑。

(四)试点范围。按照地方自愿原则,在超大、特大城市和国务院有关部委批准的发展住房租赁市场试点城市中,确定租赁住房需求较大,村镇集体经济组织有建设意愿、有资金来源,政府监管和服务能力较强的城市(第一批包括北京市,上海市,辽宁沈阳市,江苏南京市,浙江杭州市,安徽合肥市,福建厦门市,河南郑州市,湖北武汉市,广东广州市、佛山市、肇庆市,四川成都市),开展利用集体建设用地建设租赁住房试点。

除北京、上海外,由省级国土资源主管部门和住房城乡建设主管部门汇总本辖区计划开展试点城市的试点实施方案,报国土资源部和住房城乡建设部批复后启动试点。

二、试点内容

(一)完善试点项目审批程序。试点城市应当梳理项目报批(包括预审、立项、规划、占地、施工)、项目竣工验收、项目运营管理等规范性程序,建立快速审批通道。健全集体建设用地规划许可制度,推进统一规划、统筹布局、统一管理,统一相关建设标准。试点项目区域基础设施完备,医疗、教育等公共设施配套齐全,符合城镇住房规划设计有关规范。

(二)完善集体租赁住房建设和运营机制。村镇集体经济组织可以自行开发运营,也可以通过联营、入股等方式建设运营集体租赁住房。兼顾政府、农民集体、企业和个人利益,理清权利义务关系,平衡项目收益与征地成本关系。完善合同履约监管机制,土地所有权人和建设用地使用权人、出租人和承租人依法履行合同和登记文件中所载明的权利和义务。

(三)探索租赁住房监测监管机制。集体租赁住房出租,应遵守相关法律法规和租赁合同约定,不得以租代售。承租的集体租赁住房,不得转租。探索建立租金形成、监测、指导、监督机制,防止租金异常波动,维护市场平稳运行。国土资源、住房城乡建设部门应与相关部门加强协作、各负其责,在建设用地使用权登记、房屋所有权登记、租赁备案、税务、工商等方面加强联动,构建规范有序的租赁市场秩序。

(四)探索保障承租人获得基本公共服务的权利。承租人可按照国家有关规定凭登记备案的住房租赁合同依法申领居住证,享受规定的基本公共服务。有条件的城市,要进一步建立健全对非本地户籍承租人的社会保障机制。

三、组织实施

(一)加强组织保障。国土资源部和住房城乡建设部共同部署试点。省级国土资源主管部门和住房城乡建设主管部门负责试点工作的督促、检查和指导。城市政府全面负责试点组织领导工作,制定试点工作规则和组织实施方案,建立试点协调决策机构。各地区各有关部门要加强协调配合,稳妥有序推进试点。

(二)推进试点实施。

1. 编制实施方案。试点城市根据本方案编制实施方案,经省级国土资源主管部门和住房城乡建设主管部门汇总后,2017 年 11 月底前报国土资源部和住房城乡建设部批复。

2. 试点实施、跟踪及总结。省级国土资源主管部门和住房城乡建设主管部门负责试点工作的督促、检查和指导,及时研究解决试点中存在的问题。

2019 年 11 月,省级国土资源主管部门和住房城乡建设主管部门组织开展试点中期评估,形成评估报告报国土资源部和住房城乡建设部。

2020 年底前,省级国土资源主管部门和住房城乡建设主管部门总结试点工作,总结报告报国土资源部和住房城乡建设部。

(三)强化指导监督。各地区各有关部门要按照职责分工,加强对试点工作的指导监督,依法规范运行。要加强分类指导,尊重基层首创精神,健全激励和容错纠错机制,允许进行差别化探索,切实做到封闭运行、风险可控,发现问题及时纠偏。

(四)做好宣传引导。试点地区要加强对试点工作的监督管理,密切关注舆情动态,妥善回应社会关切,重大问题及时报告。

典型案例

1. 上海中原物业顾问有限公司诉陶德华居间合同纠纷案[①]

【关键词】 民事 居间合同 二手房买卖 违约

【裁判要点】

房屋买卖居间合同中关于禁止买方利用中介公司提供的房源信息却绕开该中介公司与卖方签订房屋买卖合同的约定合法有效。但是,当卖方将同一房屋通过多个中介公司挂牌出售时,买方通过其他公众可以获知的正当途径获得相同房源信息的,买方有权选择报价低、服务好的中介公司促成房屋买卖合同成立,其行为并没有利用先前与之签约中介公司的房源信息,故不构成违约。

【相关法条】

《中华人民共和国合同法》第四百二十四条

【基本案情】

原告上海中原物业顾问有限公司(简称中原公司)诉称:被告陶德华利用中原公司提供的上海市虹口区株洲路某号房屋销售信息,故意跳过中介,私自与卖方直接签订购房合同,违反了《房地产求购确认书》的约定,属于恶意"跳单"行为,请求法院判令陶德华按约支付中原公司违约金1.65万元。

被告陶德华辩称:涉案房屋原产权人李某某委托多家中介公司出售房屋,中原公司并非独家掌握该房源信息,也非独家代理销售。陶德华并没有利用中原公司提供的信息,不存在"跳单"违约行为。

法院经审理查明:2008年下半年,原产权人李某某到多家房屋中介公司挂牌销售涉案房屋。2008年10月22日,上海某房地产经纪有限公司带陶德华看了该房屋;11月23日,上海某房地产顾问有限公司(简称某房地产顾问公司)带陶德华之妻曹某某看了该房屋;11月27日,中原公司带陶德华看了该房屋,并于同日与陶德华签订了《房地产求购确认书》。该《确认书》第2.4条约定,陶德华在验看过该房地产后六个月内,陶德华或其委托人、代理人、代表人、承办人等与陶德华有关联的人,利用中原公司提供的信息、机会等条件但未通过中原公司而与第三方达成买卖交易的,陶德华应按照与出卖方就该房地产买卖达成的实际成交价的1%,向中原公司支付违约金。当时中原公司对该房屋报价165万元,而某房地产顾问公司报价145万元,并积极与卖方协商价格。11月30日,在某房地产顾问公司居间下,陶德华与卖方签订了房屋买卖合同,成交价138万元。后买卖双方办理了过户手续,陶德华向某房地产顾问公司支付佣金1.38万元。

【裁判结果】

上海市虹口区人民法院于2009年6月23日作出(2009)虹民三(民)初字第912号民事判决:被告陶德华应于判决生效之日起十日内向原告中原公司支付违约金1.38万元。宣判后,陶德华提出上诉。上海市第二中级人民法院于2009年9月4日作出(2009)沪二中民二(民)终字第1508号民事判决:一、撤销上海市虹口区人民法院(2009)虹民三(民)初字第912号民事判决;二、中原公司要求陶德华支付违约金1.65万元的诉讼请求,不予支持。

【裁判理由】

法院生效裁判认为:中原公司与陶德华签订的《房地产求购确认书》属于居间合同性质,其中第2.4条的约定,属于房屋买卖居间合同中常有的禁止"跳单"格式条款,其本意是为防止买方利用中介公司提供的房源信息却"跳"过中介公司购买房屋,从而使中介公司无法得到应得的佣金,该约定并不存在免除一方责任、加重对方责任、排除对方主要权利的情形,应认定有效。根据该条约定,衡量买方是否"跳单"违约的关键,是看买方是否利用了该中介公司提供的房源信息、机会等条件。如果买方并未利用该中介公司提供的信息、机会等条件,而是通过其他公众可以获知的正当途径获得同一房源信息,则买方有权选择报价低、服务好的中介公司促成房屋买卖合同成立,而不构成"跳单"违约。本案中,原产权人通过多家中介公司挂牌出售同一房屋,陶德华及其家人分别通过不同的中介公司了解到同一房源信息,并通过其他中介公司促成了房屋买卖合同成立。因此,陶德华并没有利用中原公司的信息、机会,故不构成违约,对中原公司的诉讼请求不予支持。

2. 新疆维吾尔自治区建筑木材加工总厂与中国民主同盟新疆实业发展总公司房屋租赁纠纷上诉案[②]

【案情】

上诉人(原审被告、反诉原告):新疆维吾尔自治区建筑木材加工总厂,住所地乌鲁木齐市钱塘江路27号。

法定代表人:陈长星,董事长。

委托代主人:吕向辉,该厂职员。

委托代理人:关勇,新疆元正律师事务所律师。

---

① 案例来源:《最高人民法院公报》2012年第2期。

② 案例来源:中华人民共和国最高人民法院民事判决书法(2000)民终字第115号。

上诉人(原审原告、反诉被告):中国民主同盟新疆实业发展总公司,住所地乌鲁木齐市南昌路1号。

法定代表人:王鸿年,经理。

委托代理人:吴仁海,董事长。

委托代主人:吴颖,新程方舟律师事务所律师。

上诉人新疆维吾尔自治区建筑木材加工总厂(以下简称木材总厂)与上诉人中国民主同盟新疆实业发展总公司(以下简称实业公司)房屋租赁纠纷一案,不服新疆维吾尔自治区高级人民法院〔1999〕新民初字第13号民事判决,向本院提起上诉。本院依法组成合议庭公开开庭审理了本案,木材总厂的委托代理人吕向辉、关勇,实业公司的法定代表人王鸿年、委托代理人吴仁海、吴颖到庭参加诉讼,现已审理终结。

经审理查明:1992年10月6日,木材总厂与中国民主同盟新疆乌鲁木齐现代文化交流站(以下简称交流站)签订《营业大楼租赁合同书》,约定:交流站租用木材总厂办公楼左侧式营业大楼共四层(包括地下室),建筑面积3.054平方米,作为办公室、宾馆、餐厅、舞厅等,租期为20年。营业大楼续建的工程费用,交流站投资100万元,应在合同生效后半个月内支付给木材总厂20万元,1993年3月底前再支付40万元,其余投资款;在工程竣工前全部交清。交流站支付的续建费用100万元,抵扣租金,扣完后依合同约定继续向木材总厂支付租金。按建筑面积计算,每平方米每月租金20元;每年度分四次支付,一次按年租金的25%付清,每次付款时间为该季度的第一个月。租金价格在合同生效后三年内不变,逾期后在市场平均水平上另行调整。水、暖、电费用按规定分季度向木材总厂交纳。如实业公司拖欠租金,按日千分之五交纳滞纳金。营业大楼正式交付实业公司使用之日为起租日。木材总厂负责办理营业大楼租赁手续。除交流站投资的100万元,续建大楼所需的其他费用由木材总厂承担。在不影响整体结构前提下,可按交流站需要设计。木材总厂保证承租房内的水、暖、电的正常供应。木材总厂在使用期限内,不干预交流站对承租房的使用权、经营权。双方必须严格遵守合同约定的各项条款,任何一方违约,必须向对方赔偿合同额25%违约全及一切相关的经济损失。

1993年7月26日,交流站向乌鲁木齐市沙依巴克区工商局申请将交流站更名为实业公司,以后工商局给实业公司核发了营业执照,注册资金80万元。

签订合同后,实业公司于1992年11月2日向木材总厂付款20万元,1993年5月18日付款10万元,5月29日付款40万元,6月25日付款15万元,9月30日付款30万元,以上共计115万元。此后从1994年5月至1995年12月实业公司又付给木材总厂款项274,847元。关于付款问题,一审判决还认定:讼争的营业大楼原由长城建筑公司所属史锡宝工程队施工,后变更为乌鲁木齐市天镁建筑公司(以下简称天镁公司)施工。经实业公司、木材总厂与史锡宝协商,由实业公司支付给史锡宝前期工程费用4万元,史锡宝收款后向实业公司出具了收条并向一审法院出具了证明。1994年5月1日营业大楼1-3层由天镁公司施工完毕后交付给实业公司,地下室于1995年1月1日交付给实业公司。施工中木材总厂共支付给天镁公司工程款984,081.17元,其余款项由实业公司支付。1998年7月,实业公司与木材总厂在《建筑与安装工程审核情况说明书》中最后审定的营业大楼工程造价2,235,789.81元,实业公司实际直接支付给天镁公司工程款为1,251,708.64元。实业公司付给木材总厂、史锡宝、天镁公司款项共计2,716,555.64元。实业公司为建设营业大楼实际超付资金1,716,555.64元。对一审判决认定的这一事实,双方在二审期间中均未提出异议。一审期间,双方子1999年11月16日签署了两份付款清单,对账结论为实业公司支付给木材总厂的款项为1,424,847元,双方无争议。另付给史锡宝40,000元和搬迁费10,000元双方有争议,由法庭确认。木材总厂支付984,081.17元双方无争议,另有四笔费用计95,230元,双方有争议,由法庭确认。同日,双方还签订了《中国民主同盟新疆实业发展有限公司欠新疆建筑木材加工总厂款项清单》,确认实业公司欠木材总厂64,005元。

此外,交流站与木材总厂在1993年3月签订了《协议书》约定:木材总厂同意为交流站向银行贷款150万元提供担保。交流站同意在银行贷款落实到位时,提前将租赁营业大楼合同书中约定应支付的续建工程款80万元一次付清,并同时付足50万元,作为信誉保证金。1997年4月,乌鲁木齐市沙依巴克区税务局(以下简称沙区税务局)无偿使用承租房二楼约325.32平方米房屋作该局办公室,二上诉人均未与沙区税务局签订允许该局无偿使用部分讼争房向书面协议。一审判决认定,1996年1月1日至1999年5月18日,木材总厂反租实业公司两间房,每间每年按1.8万元计算,木材总厂应付实业公司租金121,500元;1997年3月18日至1998年2月16日,木材总厂又租实业公司房屋一间,每间每年1.8万元,应付租金1.65万元;1998年7月17日至1999年5月18日,木材总厂又租实业公司房屋一问,每间每年仍为1.8万元,应付租金1.5万元。木材总厂反租实业公司四间房屋,共应支付实业公司租金15.3万元。对上述认定,双方当事人在二审期间均未提出异议。

1997年6月10日,木材总厂与实业公司签订《关于收交金三角租金的协议》,约定:根据双方签订营业大楼租赁合同,经双方充分协商,既考虑到原合同生效之日起三年内租金不变,逾期后在市场平均价水平上另行调整的条款,又考虑到实业公司存在困难的实际情况,同意对实业公司按优惠方案计算租金,即1996年应收租金3,054平方米×50元×9个月=137.43万元,1997年应收租金3,054平方米×50元×12个月=182.24万元,1996年的租金于1997年7月底前交清,1997年的租金于12月底前分三期付清。不再按期付清,按原合同

第7条办理，即违约拖欠租金以日按千分之五计滞纳金。对于这份协议的效力，一审判决认定木材总厂清算小组写给该厂的清算报告中并未出现和涉及该协议，说明在1998年8月以前双方未就租金价格调整达成一致意见。清算小组负责人俞新元证实报告真实。木材总厂反租实业公司的四间房自1996年至1999年租金价格未作调整，也说明双方末就调整租金价格达成一致。实业公司认为，木材总厂是为了应付上级检查才要求与其签订该协议，该协议是虚假的，不是双方当事人的真实立思表示，应无效。木材总厂清算小组负责人俞新元向一审法院提供的书面《补充说明》称：清算报告反映的是个人观点，未经集体讨论，未形成领导班子集体意见，报告文本上未加盖单位公章。该报告不具备法律效力，一审法院以该报告作证据不尊重客观事实。木材总厂参与合同签订的工作人员向一审法院提供书面证言证明该合同真实、合法。

另查明，双方在1998年6月28日签订了实业公司欠木材总厂水电费清单。实业公司已支付水电费163,710.5元，共欠441,631.54元，尚欠441,631.54元－163,710.5元＝277,921.04元。1998年11月，木材总厂在讼争房一侧临窗采光处不足5公分间距处另建一栋楼，影响营业大楼部分场地采光、通风，影响承租房屋的正常经营使用。1982年9月15日木材总厂取得厂区占地的《国有土地使用证》，土地性质为行政划拨，用途为生产和生活用地。承建讼争房屋先后取得立项批文、建设工程规划许可证、建设工程施工许可证。新疆自治区人民政府办公厅发文同意木材总厂建立属社会服务性大型综合市场商贸城。乌鲁木齐市市场建设领导小组办公室发文同意实业公司开办“金三角大市场”，并到工商、消防、税务等部门办理开办登记证。

又查明，1997年1月6日实业公司给乌鲁木齐市鑫源商贸有限公司（以下简称鑫源公司，以后更名为乌鲁木齐市海阔商贸有限公司）出具了委托书，记明：鑫源公司代理实业公司在承租楼内收取租金、水、电、暖费、物业管理、还贷。受托方与木材总厂签订租赁合同如与实业公司、木材总厂签订的合同相抵触，以后一个为准。代理期限为1997年1月6日至2000年1月5日。以后代理期限延期至2005年1月4日。1997年1月6日，木材总厂与鑫源公司签订《营业大楼租赁合同书》约定：自签字盖章生效后，租金按建筑面积每月每平方米20元计，三年内不变，逾期后在市场平均水平上另行调整。同日，双方签订的《补充合同》约定、上述协议如与1992年10月6日木材总厂与交流站签订的《营业大楼租赁合同书》相抵触，则以后一协议为准。实业公司以木材总厂、鑫源公司签订的二份协议作为证据否认实业公司、木材总厂签订的《关于收关金三角租金的协议》中有关提租的内容。

实业公司以木材总厂违约、影响其正常使用和经营房屋为由向一审法院起诉，要求木材总厂承担违约金，赔偿损失和利息。木材总厂提起反诉称：依租赁合同约定，实业公司投入的100万元折抵完租金后应按约定继续交纳租金，但事实上自1994年该楼竣工交付使用后，未交纳分文租金，截止到1998年8月31日已累计欠租6,641,972元，拖欠水、电、卫生费计331,683.34元。实业公司承租期间将承租房一层窗户全部改造成门面，造成该楼严重安全隐患。承租期间，实业公司在承担房内从事色情表演，被社会传媒披露因此严重损害了木材总厂的名誉。据此请求：解除双方签订的《营业大楼租赁合同书》。实业公司支付拖欠房屋租金6,441,972元，水、电、暖、卫生费331,683.34元，利息57,851.32元。

司承担违约金3,579,159.64元。实业公司将擅造的楼层恢复原状，在报纸上公开道歉，消除因从事色情表演给木材总厂带来的不良影响。实业公司承担全部诉讼费用。

一审法院审理认为，双方当事人签订的《营业大楼租赁合同签订合同书》为有效合同。签订合同后，实业公司已依约投入100万元的情况下，追加投入全部营业大楼建设款将房建成。木材总厂未依约履行100万元以上的补充投资义务，已构成违约。木材总厂为实业公司贷款担保与木材总厂和实业公司间的房屋在租行为，是两个不同的法律关系，木材总厂提出改变投资方式不构成违约的理由不成立。1998年12月木材总厂在实业公司承租的营业大楼旁另建大楼，致使营业大楼600平方米的房产不能采光，严重影响了实业公司对营业大楼的正常使用，给实业公司造成较大的经济损失，也违反了合同约定，构成违约。木材总厂违约行为给实业公司造成的经济损失，用支付违约金的方式即可补偿，实业公司要求木材总厂赔偿经济损失的请求不予支持。沙区税务局无偿占用营业大楼325.12平方米房产而造成的损失，实业公司建设营业大楼中多支付的1,716,555.64元，应从1994年5月1日木材总厂交付房屋时起算利息，并按照折抵租金递减本金的方法计算。实业公司应支付给木材总厂的租金3,445,274.4元，同实业公司已付款项2,716,555.64元及多付款1,716,555.64元的利息相折抵，基本抵平。实业公司未逾期支付租金，因木材总厂反诉请求实业公司支付延期付款违约金并解除合同的请求，一审法院不予支持。实业公司拖欠木材总厂的水、电、暖费277,921.04元应予给付，同时应承担延期付款利息56,511.28元。实业公司拖欠木材总厂的借款64,005元应一并给付。实业公司使用营业大楼中因经营需要对一楼窗户所做的改动，符合合同要求；木材总厂以此主张实业公司违约，要求其恢复原状，一审法院不予支持。据此判决：一、木材总厂与实业公司签订的《营业大楼租赁合同书》有效；二、实业公司投入款2,716,555.64元（预付租金），及实业公司多投入款1,716,555.64元的利息731,428元，共计3,447,984元；截止到1999年8月31日实业公司应付木材总厂租金3,445,274.4元，两项折抵，实业公司尚余款2,709.6元可继续折抵租金；三、木材总厂偿付实业公司违约金3,664,800元；四、实业公司给付木材总厂水、电、暖费277,921.04元，偿付利息

56,511.28 元；五、实业公司给付木材总厂欠款 64,005 元；六、驳回实业公司的其他诉讼请求；七、驳回木材总厂的其他反诉请求。案件受理费本诉费 60,210.4 元，实业公司负担 30%，即 18,063.12 元，木材总厂负担 70%，即 42,147.28 元；反诉费 58,076.33 元，实业公司负担 40%，即 23,230.53 元，木材总厂负担 60%，即 34,845.80 元。

一审判决主文第二项 731,428 元利息的计算方法是：1994 年 5 月 1 日木材总厂交付出租房 1－3 层时，实业公司超付资金 1,716,555.64 元已全部投入到出租房建设中。从 1994 年 5 月 1 日至 1995 年 11 月 30 日租金 100 万元折抵完毕，这期间超付资金 1,716,555.64 元不分段计息，利率按当时平均利率 13.95%（年利率）计息，共计 431,027 元。从 1995 年 11 月 30 日以后每季度扣除租金 179,430 元。本金递减后计租，利息共计 300,401 元时，本金折抵完毕。两项利息合计 731,428 元，一审法院对一审判决主文第三项违约金 3,664,800 元，是按下列方法计算出来的，即：20 元（每月每平方米租金标准）×3,054 平方米（实业公司承租房屋总面积）×12 个月×0.25（违约金标准）×20 年〈合同约定的程斯〉＝3,664,800 元。

木材总厂与实业公司均不服一审判决，向本院提起上诉。木材总厂上诉请求：撤销一审判决，判令实业公司承担违约责任并赔偿因违约给其造成的经济损失。事实和理由如下：一审判决认定木材总厂违约缺乏事实和法律依据。实业公司未按合同约定的时间支付租金已构成违约。实业公司向银行贷款支付房租，木材总厂为贷款提供担保，双方改变了合同约定的付款方式，不能认定木材总厂支付续建资金不足构成违约。按合同约定，三年内房租为每月每平方米 20 元，三年后双方按市场价格商定；一审判决以此价格作为三年后租金标准违反了合同约定，侵犯了木材总厂权益。应认定《关于收交金三角租金的协议》有效。一审判决将实业公司多交的续建承租房的投资款抵作租金，又计算利息，违反了财务原则，而且也不知道利息数额是如何计算出来的。一审判决木材总厂承担 3.664,800 元违约金，既不符合合同约定，也没有法律依据，且不知是如何计算出来的。一审判决认定实业公司改建承租房不违约与合同约定不符，违背了意思自治原则。一审判决驳回木材总厂反诉请求缺乏事实和法律依据，请求二审法院支持反诉请求。实业公司亦不服一审判决，向本院提起上诉请求：改判木材总厂承担因其违约给实业公司造成的经济损失 3,877,894.08 元；改判木材总厂承担因其违约占用实业公司利息、2,497,386.74 元。事实和理由为：木材总厂多次违约给实业公司造成巨大经济损失，依据《经济合同法》第 31 条规定：当事人一方违反经济合同时，应向对方支付违约会。如果由于违约已给对方造成的损失超过违约金的，还应当赔偿，补偿违约金不足的部分。按法律规定，利息的计算应以银行同期利率作为标准，银行同期利率分别为月利率 16.5%、15%、13.725%、12.24%。平均利率为 13.9%，以此为标准计算木材总厂应向实业公司支付利息的数额为 2,222,076.3 元，而非一审判决认定的利息 731,428 元。

本院认为，木材总厂与交流站签订的《营业大楼租赁合同书》是双方当事人真实自愿的意思表示。出租房屋所占用的土地性质为国有划拨用地，《城市房地产管理法》第 55 条规定，房屋所有人以营利为目的，将以划拨方式取得使用权的国有土地上建成的房屋出租的，应当将租金中所含土地收益上缴国家。由于房屋租赁合同成立、生效后，出租人才可能收取租金并将其中土地收益部分上缴国库；缴纳土地收益并不是合同成立并生效的前提条件。木材总厂应根据法律规定将收取的房租中所含的土地收益部分上缴国家并办理出租登记备案、领取租赁许可证。实业公司承租讼争房屋开办金三角大市场获得乌鲁木齐市人民政府有关部门批准，并已办妥营业、税收、消防审批手续，据此，一审判决认定《营业大楼租赁合同书》；有效、是正确的，应予维持。关于《关于收交金三角租金的协议》的效力问题。《营业大楼租赁合同书》约定：按建筑面积计算每月每平方米 20 元的租金价格在合同生效后三年内不变，这期后在市场平均水平上另行调整。《关于收交金三角租金的协议》的内容与主合同关于三年后调整租金标准的内容是连贯的、相互衔接的，是租赁合同的补充协议。木材总厂的内部清算报告未署名、未签章、未经厂领导讨论，是木材总厂的内部材料，对外不产生证据效力，实业公司以此作为主张该协议不成立或不生效的证据．理由不成立。木材总厂反租实业公司四间房屋与实业公司承租木材总厂营业大楼是两个法律关系，二者没有必然的因果关系，实业公司上诉主张以反租房屋未提租来否认《关于收交金三角租金的协议》的效力、亦缺乏事实和法律依据。1997 年 1 月 6 日木材总厂与鑫源公司签订了《营业大楼租赁合同书》和《补充合同》，就《补充合同》内容看，约定如 1997 年 1 月 6 日签订的租赁合同与 1992 年 10 月 6 日签订的租赁合同相抵触，应以 1992 年 10 月 6 日租赁合同为准；后一租赁合同约定按建筑面积每月每平方米 20 元，自合同生效之日起三年内不变，合同经双方签字盖章后即生效；前一租赁合同约定营业大楼正式交付使用之日为起租日；两份合同约定的起租日相矛盾，应以前一约定为准。实业公司以前后两个合同约定的租金标准相同来证明《关于收交金三角租金的协议》不成立或无效，也是没有道理的，因后一合同约定的起租日无效而不具备证明力。《关于收取金三角租金的协议》上盖有交流站的印鉴，还有实业公司董事长吴仁海的签字，实业公司未能举出签订该协议时存在意思表示不自愿、不自由的法定情形，应认定《关于收取金三角租金的协议》有效。根据《营业大楼租赁合同书》和《关于收取金三角租金的协议》约定的租金标准，实业公司投入的 100 万元资金折抵租金至 1995 年 9 月 12 日，1,716,555.64 元折抵租金至 1997 年 4 月 8 日。木材总厂未对实业公司履行《关于收取金三角租金的协议》是否存在违约事实以及如何承担违约责任提出明确、具体的诉讼请求,对履行该协议涉及的违约问题,本院不予审理。1993 年 3 月,木材总厂与交流站签订的《协议书》将木材总厂为实业公司贷款提供担保与实业公司向木材总厂提前支付 80 万元联系起来,但未约定提前付款时间,参照《中华人民共和国合同法》第 78 条规定,当事人对合同变更的内容约定不明确的,推定为未变更,据此应推定原合同的履行方式未因签订该协议而变更。木材总厂为实业公司向银行贷款提供担保而签订的其他合同,与本案的房屋租赁纠纷是各自独立的两个法律关系,且与本案合同主体亦不同,木材总厂上诉主张因签订贷款担保合同而改变了《营业大楼租赁合同书》的履行方式,从而应免除木材总厂不支付续建投资款的违约责任,其理由不成立,本院不予支持。

依《营业大楼租赁合同书》的约定,实业公司应于 1993 年 10 月 21 日前支付承租房屋续建投资款 20 万元,实际于 1993 年 11 月 2 日付清;应于 1993 年 3 月底前支付 40 万元,实际在 5 月 18 日支付 10 万元,5 月 29 日支付 30 万元,其延期付款行为已构成违约。合同中有关拖欠租金以日千分之五交付滞纳金的约定,其法律性质为专项违约金,仅对拖欠租金产生法律效力,实业公司应以此为标准承担违约责任。木材总厂未依合同约定支付营业大楼续建投资款已构成违约,应承担违约责任并赔偿实业公司因此造成的损失。实业公司多投入的资金产生的利息应视为木材总厂违约给其造成的损失,由木材总厂予以赔偿。一审判决在计算利息上存在两方面缺陷,应予纠正,其一,一审判决按年利率 13.95% 作为计息利率明显高于国家规定的同期最高类别的利率(即固定资产贷款利率),从而违反了《中华人民共和国中国人民银行法》规定的利率法定原则,应以同期固定资产贷款利率计息。其二,一审判决以实业公司多投入资金折抵租金期间作为计息期间,未考虑《关于收交金三角租金的协议》生效后提租的事实。实业公司拖欠木材总厂水、电、暖费已构成违约,应承担违约责任;一审判决其承担延期付款利息而不承担违约责任,缺乏法律依据,应予纠正。《营业大楼租赁合同书》约定:任何一方违反合同约定的条款,必须向对方赔偿合同额的 25% 违约金,即任何一方违约,按比例向对方支付违约金;由于本案双方当事人均违约,违约金比例相同,相互抵消。木材总厂上诉主张实业公司承租期间擅自改变房屋结构、从事色情表演,因证据不足,本院不予认定。沙区税务局无偿使用营业大楼中 325.32 平方米的房屋是由出租人同意还是承租人同意的,双方各执一词、说法不一,因双方或其中一方均未与沙区税务局签订书面协议而难以查清,根据公平原则,由双方合同约定、法院判令的租金标准,按 50% 的比例分摊租金。木材总厂在实业公司承租的营业大楼旁近距离建楼房,影响实业公司承租房屋的采光、通风,给其正常经营造成损失,这一行为既是违约行为又是侵犯相邻权的侵权行为,参照《中华人民共和国合同法》第一百二十二条规定:因当事人一方的违约行为,侵害对方人身、财产权益的,受损害的有权选择依照本法要求其承担违约责任或者依照其他法律要求其承担侵权责任。实业公司已选择追究木材总厂的违约责任,对该违约行为经实业公司造成的损失是否超过违约金,是否应对超出违约金的损失予以赔偿,缺乏定量化的证据,本院难以对是否应赔偿损失或应当赔偿多少作出判断;由于这一事实有相对独立性,权利人可就此另行提起诉讼。

《关于收交金三角租金的协议》仅对 1996 年 4 月 1 日至 1997 年年底的租金标准等作出约定,对 1998 年 1 月 1 日以后的租金标准没有约定,在合同履行过程中以致在诉讼中双方当事人就租金标准不能协商达成一致意见,导致租赁合同难以继续履行,木材总厂请求解除《营业大楼租赁合同书》,本院准许。本院根据《营业大楼租赁合同书》、《关于收交金三角租金的协议》的约定、当地房屋租赁的市场行情、双方房屋租赁关系提前解除以及实业公司出资承运讼争房屋的情况、当事人提出的上诉请求,将 1998 年 1 月 1 日至租赁合同解除之日的租金标准确定为每月每建筑平方米 30 元。据此,依据《中华人民共和国民事诉讼法》第一百五十三条第一款第(二)项之规定,判决如下:

一、维持新疆维吾尔自治区高级人民法院〔1999〕新民初字第 13 号民事判决第一、五、六项;

二、撤销新疆维吾尔自治区高级人民法院〔1999〕新民初字第 13 号民事判决第二、三、七项;

三、解除木材总厂与实业公司签订的《营业大楼租赁合同书》,自本判决生效后 90 日内实业公司将承租房屋交还木材总厂。

四、自判决生效之日起 30 日内,实业公司向木材总厂支付 1997 年 4 月 9 日至 1997 年 12 月 30 日租金(其中 2,728.68 平方米按建筑面积每月每平方米 50 元计租,325.32 平方米按建筑面积每月每平方米 25 元计租)。

五、自本判决生效之日起 30 日内,实业公司向木材总厂支付自 1998 年 1 月 1 日至本判决生效之日租金(其中 2,728.68 平方米按建筑面积每月每平方米 30 元计租,325.32 平方米按建筑面积每月每平方米 15 元计租)。

六、自本判决生效之日起 30 日内,木材总厂向实业公司支付 1,716,555.64 元利息(自 1995 年 9 月 13 日至 1997 年 4 月 8 日,按中国人民银行公布的同期固定资产贷款利率计息)。

七、自本判决生效之日起 30 日内,实业公司向木材总厂支付延期支付租金的违约金 123,500 元。

八、变更新疆维吾尔自治区高级人民法院〔1999〕新民初字第 13 号民事判决第四项为:自本判决生效之日起 30 日内,实业公司向木材总厂支付水、电、暖费 277,921.04 元。

九、驳回上诉人的其他上诉请求。

一审案件受理费按一审判决执行。二审案件受理费 118,

286.73 元,由实业公司负担82,800.71 元,木材总厂负担35,486.02 元。

本判决为终审判决。

7. 物业管理

物业管理条例

(2003 年6 月8 日中华人民共和国国务院令第379 号公布　根据2007 年8 月26 日《国务院关于修改〈物业管理条例〉的决定》第一次修订　根据2016 年2 月6 日《国务院关于修改部分行政法规的决定》第二次修订　根据2018 年3 月19 日《国务院关于修改和废止部分行政法规的决定》第三次修订)

第一章　总　　则

第一条　【立法宗旨】为了规范物业管理活动,维护业主和物业服务企业的合法权益,改善人民群众的生活和工作环境,制定本条例。

第二条　【物业管理定义】本条例所称物业管理,是指业主通过选聘物业服务企业,由业主和物业服务企业按照物业服务合同约定,对房屋及配套的设施设备和相关场地进行维修、养护、管理,维护物业管理区域内的环境卫生和相关秩序的活动。

第三条　【选择物业服务企业的方式】国家提倡业主通过公开、公平、公正的市场竞争机制选择物业服务企业。

第四条　【物业管理发展的途径】国家鼓励采用新技术、新方法,依靠科技进步提高物业管理和服务水平。

第五条　【物业管理的监管机关】国务院建设行政主管部门负责全国物业管理活动的监督管理工作。

县级以上地方人民政府房地产行政主管部门负责本行政区域内物业管理活动的监督管理工作。

第二章　业主及业主大会

第六条　【业主定义及权利】房屋的所有权人为业主。

业主在物业管理活动中,享有下列权利:

(一)按照物业服务合同的约定,接受物业服务企业提供的服务;

(二)提议召开业主大会会议,并就物业管理的有关事项提出建议;

(三)提出制定和修改管理规约、业主大会议事规则的建议;

(四)参加业主大会会议,行使投票权;

(五)选举业主委员会成员,并享有被选举权;

(六)监督业主委员会的工作;

(七)监督物业服务企业履行物业服务合同;

(八)对物业共用部位、共用设施设备和相关场地使用情况享有知情权和监督权;

(九)监督物业共用部位、共用设施设备专项维修资金(以下简称专项维修资金)的管理和使用;

(十)法律、法规规定的其他权利。

第七条　【业主的义务】业主在物业管理活动中,履行下列义务:

(一)遵守管理规约、业主大会议事规则;

(二)遵守物业管理区域内物业共用部位和共用设施设备的使用、公共秩序和环境卫生的维护等方面的规章制度;

(三)执行业主大会的决定和业主大会授权业主委员会作出的决定;

(四)按照国家有关规定交纳专项维修资金;

(五)按时交纳物业服务费用;

(六)法律、法规规定的其他义务。

第八条　【业主大会代表业主合法权益】物业管理区域内全体业主组成业主大会。

业主大会应当代表和维护物业管理区域内全体业主在物业管理活动中的合法权益。

第九条　【物业管理区域的划分】一个物业管理区域成立一个业主大会。

物业管理区域的划分应当考虑物业的共用设施设备、建筑物规模、社区建设等因素。具体办法由省、自治区、直辖市制定。

第十条　【业主大会成立方式】同一个物业管理区域内的业主,应当在物业所在地的区、县人民政府房地产行政主管部门或者街道办事处、乡镇人民政府的指导下成立业主大会,并选举产生业主委员会。但是,只有一个业主的,或者业主人数较少且经全体业主一致同意,决定不成立业主大会的,由业主共同履行业主大会、业主委员会职责。

第十一条　【业主共同决定事项】下列事项由业主共同决定:

(一)制定和修改业主大会议事规则;

(二)制定和修改管理规约;

(三)选举业主委员会或者更换业主委员会成员;

(四)选聘和解聘物业服务企业;

(五)筹集和使用专项维修资金;

(六)改建、重建建筑物及其附属设施;

(七)有关共有和共同管理权利的其他重大事项。

第十二条　【业主大会会议的召开方式及决定】业主大会会议可以采用集体讨论的形式,也可以采用书面征求意见的形式;但是,应当有物业管理区域内专有部分占建筑物总面积过半数的业主且占总人数过半数的业主参加。

业主可以委托代理人参加业主大会会议。

业主大会决定本条例第十一条第（五）项和第（六）项规定的事项，应当经专有部分占建筑物总面积2/3以上的业主且占总人数2/3以上的业主同意；决定本条例第十一条规定的其他事项，应当经专有部分占建筑物总面积过半数的业主且占总人数过半数的业主同意。

业主大会或者业主委员会的决定，对业主具有约束力。

业主大会或者业主委员会作出的决定侵害业主合法权益的，受侵害的业主可以请求人民法院予以撤销。

第十三条 【业主大会的会议类型及其启动方式】业主大会会议分为定期会议和临时会议。

业主大会定期会议应当按照业主大会议事规则的规定召开。经20%以上的业主提议，业主委员会应当组织召开业主大会临时会议。

第十四条 【业主大会会议的通知及记录】召开业主大会会议，应当于会议召开15日以前通知全体业主。

住宅小区的业主大会会议，应当同时告知相关的居民委员会。

业主委员会应当做好业主大会会议记录。

第十五条 【业主委员会的性质和职责】业主委员会执行业主大会的决定事项，履行下列职责：

（一）召集业主大会会议，报告物业管理的实施情况；

（二）代表业主与业主大会选聘的物业服务企业签订物业服务合同；

（三）及时了解业主、物业使用人的意见和建议，监督和协助物业服务企业履行物业服务合同；

（四）监督管理规约的实施；

（五）业主大会赋予的其他职责。

第十六条 【业主委员会的登记备案制度及其成员资格】业主委员会应当自选举产生之日起30日内，向物业所在地的区、县人民政府房地产行政主管部门和街道办事处、乡镇人民政府备案。

业主委员会委员应当由热心公益事业、责任心强、具有一定组织能力的业主担任。

业主委员会主任、副主任在业主委员会成员中推选产生。

第十七条 【管理规约】管理规约应当对有关物业的使用、维护、管理，业主的共同利益，业主应当履行的义务，违反管理规约应当承担的责任等事项依法作出约定。

管理规约应当尊重社会公德，不得违反法律、法规或者损害社会公共利益。

管理规约对全体业主具有约束力。

第十八条 【业主大会议事规则】业主大会议事规则应当就业主大会的议事方式、表决程序、业主委员会的组成和成员任期等事项作出约定。

第十九条 【业主大会、业主委员会的职责限制】业主大会、业主委员会应当依法履行职责，不得作出与物业管理无关的决定，不得从事与物业管理无关的活动。

业主大会、业主委员会作出的决定违反法律、法规的，物业所在地的区、县人民政府房地产行政主管部门或者街道办事处、乡镇人民政府，应当责令限期改正或者撤销其决定，并通告全体业主。

第二十条 【业主大会、业主委员会与相关单位的关系】业主大会、业主委员会应当配合公安机关，与居民委员会相互协作，共同做好维护物业管理区域内的社会治安等相关工作。

在物业管理区域内，业主大会、业主委员会应当积极配合相关居民委员会依法履行自治管理职责，支持居民委员会开展工作，并接受其指导和监督。

住宅小区的业主大会、业主委员会作出的决定，应当告知相关的居民委员会，并认真听取居民委员会的建议。

第三章 前期物业管理

第二十一条 【前期物业服务合同】在业主、业主大会选聘物业服务企业之前，建设单位选聘物业服务企业的，应当签订书面的前期物业服务合同。

第二十二条 【临时管理规约】建设单位应当在销售物业之前，制定临时管理规约，对有关物业的使用、维护、管理，业主的共同利益，业主应当履行的义务，违反临时管理规约应当承担的责任等事项依法作出约定。

建设单位制定的临时管理规约，不得侵害物业买受人的合法权益。

第二十三条 【关于对临时管理规约的说明义务以及承诺遵守的义务】建设单位应当在物业销售前将临时管理规约向物业买受人明示，并予以说明。

物业买受人在与建设单位签订物业买卖合同时，应当对遵守临时管理规约予以书面承诺。

第二十四条 【前期物业管理招投标】国家提倡建设单位按照房地产开发与物业管理相分离的原则，通过招投标的方式选聘物业服务企业。

住宅物业的建设单位，应当通过招投标的方式选聘物业服务企业；投标人少于3个或者住宅规模较小的，经物业所在地的区、县人民政府房地产行政主管部门批准，可以采用协议方式选聘物业服务企业。

第二十五条 【买卖合同内容包含前期物业服务合同内容】建设单位与物业买受人签订的买卖合同应当包含前期物业服务合同约定的内容。

第二十六条 【前期物业服务合同期限】前期物业服务合同可以约定期限；但是，期限未满、业主委员会与物业服务企业签订的物业服务合同生效的，前期物业服务合同终止。

第二十七条 【建设单位不得擅自处分业主共有或者共用的物业】业主依法享有的物业共用部位、共用设施设备的所有权或者使用权，建设单位不得擅自处分。

第二十八条　【共用物业的承接验收】物业服务企业承接物业时，应当对物业共用部位、共用设施设备进行查验。

第二十九条　【物业承接验收时应移交的资料】在办理物业承接验收手续时，建设单位应当向物业服务企业移交下列资料：

（一）竣工总平面图，单体建筑、结构、设备竣工图，配套设施、地下管网工程竣工图等竣工验收资料；

（二）设施设备的安装、使用和维护保养等技术资料；

（三）物业质量保修文件和物业使用说明文件；

（四）物业管理所必需的其他资料。

物业服务企业应当在前期物业服务合同终止时将上述资料移交给业主委员会。

第三十条　【物业管理用房】建设单位应当按照规定在物业管理区域内配置必要的物业管理用房。

第三十一条　【建设单位的物业保修责任】建设单位应当按照国家规定的保修期限和保修范围，承担物业的保修责任。

第四章　物业管理服务

第三十二条　【物业服务企业】从事物业管理活动的企业应当具有独立的法人资格。

国务院建设行政主管部门应当会同有关部门建立守信联合激励和失信联合惩戒机制，加强行业诚信管理。

第三十三条　【物业管理区域统一管理】一个物业管理区域由一个物业服务企业实施物业管理。

第三十四条　【物业服务合同】业主委员会应当与业主大会选聘的物业服务企业订立书面的物业服务合同。

物业服务合同应当对物业管理事项、服务质量、服务费用、双方的权利义务、专项维修资金的管理与使用、物业管理用房、合同期限、违约责任等内容进行约定。

第三十五条　【物业服务企业的义务和责任】物业服务企业应当按照物业服务合同的约定，提供相应的服务。

物业服务企业未能履行物业服务合同的约定，导致业主人身、财产安全受到损害的，应当依法承担相应的法律责任。

第三十六条　【物业验收和资料移交】物业服务企业承接物业时，应当与业主委员会办理物业验收手续。

业主委员会应当向物业服务企业移交本条例第二十九条第一款规定的资料。

第三十七条　【物业管理用房所有权属和用途】物业管理用房的所有权依法属于业主。未经业主大会同意，物业服务企业不得改变物业管理用房的用途。

第三十八条　【合同终止时物业服务企业的义务】物业服务合同终止时，物业服务企业应当将物业管理用房和本条例第二十九条第一款规定的资料交还给业主委员会。

物业服务合同终止时，业主大会选聘了新的物业服务企业的，物业服务企业之间应当做好交接工作。

第三十九条　【专项服务业务的转委托】物业服务企业可以将物业管理区域内的专项服务业务委托给专业性服务企业，但不得将该区域内的全部物业管理一并委托给他人。

第四十条　【物业服务收费】物业服务收费应当遵循合理、公开以及费用与服务水平相适应的原则，区别不同物业的性质和特点，由业主和物业服务企业按照国务院价格主管部门会同国务院建设行政主管部门制定的物业服务收费办法，在物业服务合同中约定。

第四十一条　【物业服务费交纳】业主应当根据物业服务合同的约定交纳物业服务费用。业主与物业使用人约定由物业使用人交纳物业服务费用的，从其约定，业主负连带交纳责任。

已竣工但尚未出售或者尚未交给物业买受人的物业，物业服务费用由建设单位交纳。

第四十二条　【物业服务收费监督】县级以上人民政府价格主管部门会同同级房地产行政主管部门，应当加强对物业服务收费的监督。

第四十三条　【业主特约服务】物业服务企业可以根据业主的委托提供物业服务合同约定以外的服务项目，服务报酬由双方约定。

第四十四条　【公用事业单位收费】物业管理区域内，供水、供电、供气、供热、通信、有线电视等单位应当向最终用户收取有关费用。

物业服务企业接受委托代收前款费用的，不得向业主收取手续费等额外费用。

第四十五条　【对违法行为的制止、报告】对物业管理区域内违反有关治安、环保、物业装饰装修和使用等方面法律、法规规定的行为，物业服务企业应当制止，并及时向有关行政管理部门报告。

有关行政管理部门在接到物业服务企业的报告后，应当依法对违法行为予以制止或者依法处理。

第四十六条　【物业服务企业的安全防范义务及保安人员的职责】物业服务企业应当协助做好物业管理区域内的安全防范工作。发生安全事故时，物业服务企业在采取应急措施的同时，应当及时向有关行政管理部门报告，协助做好救助工作。

物业服务企业雇请保安人员的，应当遵守国家有关规定。保安人员在维护物业管理区域内的公共秩序时，应当履行职责，不得侵害公民的合法权益。

第四十七条　【物业使用人的权利义务】物业使用人在物业管理活动中的权利义务由业主和物业使用人约定，但不得违反法律、法规和管理规约的有关规定。

物业使用人违反本条例和管理规约的规定，有关业主应当承担连带责任。

第四十八条　【关于物业管理的投诉】县级以上地方人民政府房地产行政主管部门应当及时处理业主、业主委员会、物业使用人和物业服务企业在物业管理活动中的投诉。

第五章　物业的使用与维护

第四十九条　【改变公共建筑及共用设施用途的程序】物业管理区域内按照规划建设的公共建筑和共用设施，不得改变用途。

业主依法确需改变公共建筑和共用设施用途的，应当在依法办理有关手续后告知物业服务企业；物业服务企业确需改变公共建筑和共用设施用途的，应当提请业主大会讨论决定同意后，由业主依法办理有关手续。

第五十条　【公共道路、场地的占用、挖掘】业主、物业服务企业不得擅自占用、挖掘物业管理区域内的道路、场地，损害业主的共同利益。

因维修物业或者公共利益，业主确需临时占用、挖掘道路、场地的，应当征得业主委员会和物业服务企业的同意；物业服务企业确需临时占用、挖掘道路、场地的，应当征得业主委员会的同意。

业主、物业服务企业应当将临时占用、挖掘的道路、场地，在约定期限内恢复原状。

第五十一条　【公用事业设施维护责任】供水、供电、供气、供热、通信、有线电视等单位，应当依法承担物业管理区域内相关管线和设施设备维修、养护的责任。

前款规定的单位因维修、养护等需要，临时占用、挖掘道路、场地的，应当及时恢复原状。

第五十二条　【关于房屋装饰、装修的告知义务】业主需要装饰装修房屋的，应当事先告知物业服务企业。

物业服务企业应当将房屋装饰装修中的禁止行为和注意事项告知业主。

第五十三条　【专项维修资金】住宅物业、住宅小区内的非住宅物业或者与单幢住宅楼结构相连的非住宅物业的业主，应当按照国家有关规定交纳专项维修资金。

专项维修资金属于业主所有，专项用于物业保修期满后物业共用部位、共用设施设备的维修和更新、改造，不得挪作他用。

专项维修资金收取、使用、管理的办法由国务院建设行政主管部门会同国务院财政部门制定。

第五十四条　【对共用部位、共用设备设施经营的收益】利用物业共用部位、共用设施设备进行经营的，应当在征得相关业主、业主大会、物业服务企业的同意后，按照规定办理有关手续。业主所得收益应当主要用于补充专项维修资金，也可以按照业主大会的决定使用。

第五十五条　【责任人的维修养护义务】物业存在安全隐患，危及公共利益及他人合法权益时，责任人应当及时维修养护，有关业主应当给予配合。

责任人不履行维修养护义务的，经业主大会同意，可以由物业服务企业维修养护，费用由责任人承担。

第六章　法律责任

第五十六条　【建设单位违法选聘物业服务企业的责任】违反本条例的规定，住宅物业的建设单位未通过招投标的方式选聘物业服务企业或者未经批准，擅自采用协议方式选聘物业服务企业的，由县级以上地方人民政府房地产行政主管部门责令限期改正，给予警告，可以并处10万元以下的罚款。

第五十七条　【建设单位擅自处分共用部位的责任】违反本条例的规定，建设单位擅自处分属于业主的物业共用部位、共用设施设备的所有权或者使用权的，由县级以上地方人民政府房地产行政主管部门处5万元以上20万元以下的罚款；给业主造成损失的，依法承担赔偿责任。

第五十八条　【拒不移交资料的行政责任】违反本条例的规定，不移交有关资料的，由县级以上地方人民政府房地产行政主管部门责令限期改正；逾期仍不移交有关资料的，对建设单位、物业服务企业予以通报，处1万元以上10万元以下的罚款。

第五十九条　【违反委托管理限制的责任】违反本条例的规定，物业服务企业将一个物业管理区域内的全部物业管理一并委托给他人的，由县级以上地方人民政府房地产行政主管部门责令限期改正，处委托合同价款30%以上50%以下的罚款。委托所得收益，用于物业管理区域内物业共用部位、共用设施设备的维修、养护，剩余部分按照业主大会的决定使用；给业主造成损失的，依法承担赔偿责任。

第六十条　【挪用专项维修资金的责任】违反本条例的规定，挪用专项维修资金的，由县级以上地方人民政府房地产行政主管部门追回挪用的专项维修资金，给予警告，没收违法所得，可以并处挪用数额2倍以下的罚款；构成犯罪的，依法追究直接负责的主管人员和其他直接责任人员的刑事责任。

第六十一条　【建设单位不配置物业管理用房的责任】违反本条例的规定，建设单位在物业管理区域内不按照规定配置必要的物业管理用房的，由县级以上地方人民政府房地产行政主管部门责令限期改正，给予警告，没收违法所得，并处10万元以上50万元以下的罚款。

第六十二条　【擅自改变物业管理用房的用途的责任】违反本条例的规定，未经业主大会同意，物业服务企业擅自改变物业管理用房的用途的，由县级以上地方人民政府房地产行政主管部门责令限期改正，给予警告，并处1万元以上10万元以下的罚款；有收益的，所得收益用于物业管理区域内物业共用部位、共用设施设备的维修、养护，剩余部分按照业主大会的决定使用。

第六十三条 **【擅自行为的责任】**违反本条例的规定，有下列行为之一的，由县级以上地方人民政府房地产行政主管部门责令限期改正，给予警告，并按照本条第二款的规定处以罚款；所得收益，用于物业管理区域内物业共用部位、共用设施设备的维修、养护，剩余部分按照业主大会的决定使用：

（一）擅自改变物业管理区域内按照规划建设的公共建筑和共用设施用途的；

（二）擅自占用、挖掘物业管理区域内道路、场地，损害业主共同利益的；

（三）擅自利用物业共用部位、共用设施设备进行经营的。

个人有前款规定行为之一的，处1000元以上1万元以下的罚款；单位有前款规定行为之一的，处5万元以上20万元以下的罚款。

第六十四条 **【逾期不交纳物业服务费的责任】**违反物业服务合同约定，业主逾期不交纳物业服务费用的，业主委员会应当督促其限期交纳；逾期仍不交纳的，物业服务企业可以向人民法院起诉。

第六十五条 **【业主以业主大会或者业主委员会的名义从事违法活动的责任】**业主以业主大会或者业主委员会的名义，从事违反法律、法规的活动，构成犯罪的，依法追究刑事责任；尚不构成犯罪的，依法给予治安管理处罚。

第六十六条 **【公务人员违法行为的责任】**违反本条例的规定，国务院建设行政主管部门、县级以上地方人民政府房地产行政主管部门或者其他有关行政管理部门的工作人员利用职务上的便利，收受他人财物或者其他好处，不依法履行监督管理职责，或者发现违法行为不予查处，构成犯罪的，依法追究刑事责任；尚不构成犯罪的，依法给予行政处分。

第七章 附 则

第六十七条 **【施行时间】**本条例自2003年9月1日起施行。

建设部办公厅关于对《物业管理条例》有关条款理解适用问题的批复

（2003年10月17日 建办法函〔2003〕509号）

黑龙江省建设厅：

你厅《关于〈物业管理条例〉有关条款解释的请示》（黑建函〔2003〕121号）收悉。经研究，批复如下：

一、根据我国《立法法》的规定，地方性法规可以作为《物业管理条例》第五十二条规定中“依法承担物业管理区域内相关管线和设施设备的维修、养护责任”的依据。

二、根据《物业管理条例》第五十二条的规定，物业管理区域内相关管线和设施设备的维修、养护责任的划分，法律法规有规定的，依照其规定；法律法规没有规定的，应当通过合同约定来确定；没有合同或者合同没有约定的，由当事人协商解决；如果供水、供电、供气、供热、通讯、有线电视等供应价格已包含了物业管理区域内相关管线和设施设备的维修、养护费用的，物业管理区域内相关管线和设施设备的维修、养护责任由相应的供应单位承担。

物业服务收费管理办法

（2003年11月13日 发改价格〔2003〕1864号）

第一条 为规范物业服务收费行为，保障业主和物业管理企业的合法权益，根据《中华人民共和国价格法》和《物业管理条例》，制定本办法。

第二条 本办法所称物业服务收费，是指物业管理企业按照物业服务合同的约定，对房屋及配套的设施设备和相关场地进行维修、养护、管理，维护相关区域内的环境卫生和秩序，向业主所收取的费用。

第三条 国家提倡业主通过公开、公平、公正的市场竞争机制选择物业管理企业；鼓励物业管理企业开展正当的价格竞争，禁止价格欺诈，促进物业服务收费通过市场竞争形成。

第四条 国务院价格主管部门会同国务院建设行政主管部门负责全国物业服务收费的监督管理工作。

县级以上地方人民政府价格主管部门会同同级房地产行政主管部门负责本行政区域内物业服务收费的监督管理工作。

第五条 物业服务收费应当遵循合理、公开以及费用与服务水平相适应的原则。

第六条 物业服务收费应当区分不同物业的性质和特点分别实行政府指导价和市场调节价。具体定价形式由省、自治区、直辖市人民政府价格主管部门会同房地产行政主管部门确定。

第七条 物业服务收费实行政府指导价的，有定价权限的人民政府价格主管部门应当会同房地产行政主管部门根据物业管理服务等级标准等因素，制定相应的基准价及其浮动幅度，并定期公布。具体收费标准由业主与物业管理企业根据规定的基准价和浮动幅度在物业服务合同中约定。

实行市场调节价的物业服务收费，由业主与物业管理企业在物业服务合同中约定。

第八条 物业管理企业应当按照政府价格主管部门的规定实行明码标价，在物业管理区域内的显著位置，将服务内容、服务标准以及收费项目、收费标准等有关情况进行公示。

第九条 业主与物业管理企业可以采取包干制或者酬金制等形式约定物业服务费用。

包干制是指由业主向物业管理企业支付固定物业服务费

用,盈余或者亏损均由物业管理企业享有或者承担的物业服务计费方式。

酬金制是指在预收的物业服务资金中按约定比例或者约定数额提取酬金支付给物业管理企业,其余全部用于物业服务合同约定的支出,结余或者不足均由业主享有或者承担的物业服务计费方式。

第十条 建设单位与物业买受人签订的买卖合同,应当约定物业管理服务内容、服务标准、收费标准、计费方式及计费起始时间等内容,涉及物业买受人共同利益的约定应当一致。

第十一条 实行物业服务费用包干制的,物业服务费用的构成包括物业服务成本、法定税费和物业管理企业的利润。

实行物业服务费用酬金制的,预收的物业服务资金包括物业服务支出和物业管理企业的酬金。

物业服务成本或者物业服务支出构成一般包括以下部分:

1. 管理服务人员的工资、社会保险和按规定提取的福利费等;
2. 物业共用部位、共用设施设备的日常运行、维护费用;
3. 物业管理区域清洁卫生费用;
4. 物业管理区域绿化养护费用;
5. 物业管理区域秩序维护费用;
6. 办公费用;
7. 物业管理企业固定资产折旧;
8. 物业共用部位、共用设施设备及公众责任保险费用;
9. 经业主同意的其他费用。

物业共用部位、共用设施设备的大修、中修和更新、改造费用,应当通过专项维修资金予以列支,不得计入物业服务支出或者物业服务成本。

第十二条 实行物业服务费用酬金制的,预收的物业服务支出属于代管性质,为所交纳的业主所有,物业管理企业不得将其用于物业服务合同约定以外的支出。

物业管理企业应当向业主大会或者全体业主公布物业服务资金年度预决算并每年不少于一次公布物业服务资金的收支情况。

业主或者业主大会对公布的物业服务资金年度预决算和物业服务资金的收支情况提出质询时,物业管理企业应当及时答复。

第十三条 物业服务收费采取酬金制方式,物业管理企业或者业主大会可以按照物业服务合同约定聘请专业机构对物业服务资金年度预决算和物业服务资金的收支情况进行审计。

第十四条 物业管理企业在物业服务中应当遵守国家的价格法律法规,严格履行物业服务合同,为业主提供质价相符的服务。

第十五条 业主应当按照物业服务合同的约定按时足额交纳物业服务费用或者物业服务资金。业主违反物业服务合同约定逾期不交纳服务费用或者物业服务资金的,业主委员会应当督促其限期交纳;逾期仍不交纳的,物业管理企业可以依法追缴。

业主与物业使用人约定由物业使用人交纳物业服务费用或者物业服务资金的,从其约定,业主负连带交纳责任。

物业发生产权转移时,业主或者物业使用人应当结清物业服务费用或者物业服务资金。

第十六条 纳入物业管理范围的已竣工但尚未出售,或者因开发建设单位原因未按时交给物业买受人的物业,物业服务费用或者物业服务资金由开发建设单位全额交纳。

第十七条 物业管理区域内,供水、供电、供气、供热、通讯、有线电视等单位应当向最终用户收取有关费用。物业管理企业接受委托代收上述费用的,可向委托单位收取手续费,不得向业主收取手续费等额外费用。

第十八条 利用物业共用部位、共用设施设备进行经营的,应当在征得相关业主、业主大会、物业管理企业的同意后,按照规定办理有关手续。业主所得收益应当主要用于补充专项维修资金,也可以按照业主大会的决定使用。

第十九条 物业管理企业已接受委托实施物业服务并相应收取服务费用的,其他部门和单位不得重复收取性质和内容相同的费用。

第二十条 物业管理企业根据业主的委托提供物业服务合同约定以外的服务,服务收费由双方约定。

第二十一条 政府价格主管部门会同房地产行政主管部门,应当加强对物业管理企业的服务内容、标准和收费项目、标准的监督。物业管理企业违反价格法律、法规和规定,由政府价格主管部门依据《中华人民共和国价格法》和《价格违法行为行政处罚规定》予以处罚。

第二十二条 各省、自治区、直辖市人民政府价格主管部门、房地产行政主管部门可以依据本办法制定具体实施办法,并报国家发展和改革委员会、建设部备案。

第二十三条 本办法由国家发展和改革委员会会同建设部负责解释。

第二十四条 本办法自2004年1月1日起执行,原国家计委、建设部印发的《城市住宅小区物业管理服务收费暂行办法》(计价费〔1996〕266号)同时废止。

物业服务收费明码标价规定

(2004年7月19日 发改价检〔2004〕1428号)

第一条 为进一步规范物业服务收费行为,提高物业服务收费透明度,维护业主和物业管理企业的合法权益,促进物业管理行业的健康发展，根据《中华人民共和国价格法》、《物业管理条例》和《关于商品和服务实行明码标价的规定》，制定本规定。

第二条　物业管理企业向业主提供服务（包括按照物业服务合同约定提供物业服务以及根据业主委托提供物业服务合同约定以外的服务），应当按照本规定实行明码标价，标明服务项目、收费标准等有关情况。

第三条　物业管理企业实行明码标价，应当遵循公开、公平和诚实信用的原则，遵守国家价格法律、法规、规章和政策。

第四条　政府价格主管部门应当会同同级房地产主管部门对物业服务收费明码标价进行管理。政府价格主管部门对物业管理企业执行明码标价规定的情况实施监督检查。

第五条　物业管理企业实行明码标价应当做到价目齐全，内容真实，标示醒目，字迹清晰。

第六条　物业服务收费明码标价的内容包括：物业管理企业名称、收费对象、服务内容、服务标准、计费方式、计费起始时间、收费项目、收费标准、价格管理形式、收费依据、价格举报电话12358等。

实行政府指导价的物业服务收费应当同时标明基准收费标准、浮动幅度，以及实际收费标准。

第七条　物业管理企业在其服务区域内的显著位置或收费地点，可采取公示栏、公示牌、收费表、收费清单、收费手册、多媒体终端查询等方式实行明码标价。

第八条　物业管理企业接受委托代收供水、供电、供气、供热、通讯、有线电视等有关费用的，也应当依照本规定第六条、第七条的有关内容和方式实行明码标价。

第九条　物业管理企业根据业主委托提供的物业服务合同约定以外的服务项目，其收费标准在双方约定后应当以适当的方式向业主进行明示。

第十条　实行明码标价的物业服务收费的标准等发生变化时，物业管理企业应当在执行新标准前一个月，将所标示的相关内容进行调整，并应标示新标准开始实行的日期。

第十一条　物业管理企业不得利用虚假的或者使人误解的标价内容、标价方式进行价格欺诈。不得在标价之外，收取任何未予标明的费用。

第十二条　对物业管理企业不按规定明码标价或者利用标价进行价格欺诈的行为，由政府价格主管部门依照《中华人民共和国价格法》、《价格违法行为行政处罚规定》、《关于商品和服务实行明码标价的规定》、《禁止价格欺诈行为的规定》进行处罚。

第十三条　本规定自2004年10月1日起施行。

物业服务定价成本监审办法（试行）

（2007年9月10日　发改价格〔2007〕2285号）

第一条　为提高政府制定物业服务收费的科学性、合理性，根据《政府制定价格成本监审办法》、《物业服务收费管理办法》等有关规定，制定本办法。

第二条　本办法适用于政府价格主管部门制定或者调整实行政府指导价的物业服务收费标准，对相关物业服务企业实施定价成本监审的行为。

本办法所称物业服务，是指物业服务企业按照物业服务合同的约定，对房屋及配套的设施设备和相关场地进行维修、养护、管理，维护物业管理区域内的环境卫生和秩序的活动。

本办法所称物业服务定价成本，是指价格主管部门核定的物业服务社会平均成本。

第三条　物业服务定价成本监审工作由政府价格主管部门负责组织实施，房地产主管部门应当配合价格主管部门开展工作。

第四条　在本行政区域内物业服务企业数量众多的，可以选取一定数量、有代表性的物业服务企业进行成本监审。

第五条　物业服务定价成本监审应当遵循以下原则：

（一）合法性原则。计入定价成本的费用应当符合有关法律、行政法规和国家统一的会计制度的规定；

（二）相关性原则。计入定价成本的费用应当为与物业服务直接相关或者间接相关的费用。

（三）对应性原则。计入定价成本的费用应当与物业服务内容及服务标准相对应。

（四）合理性原则。影响物业服务定价成本各项费用的主要技术、经济指标应当符合行业标准或者社会公允水平。

第六条　核定物业服务定价成本，应当以经会计师事务所审计的年度财务会计报告、原始凭证与账册或者物业服务企业提供的真实、完整、有效的成本资料为基础。

第七条　物业服务定价成本由人员费用、物业共用部位共用设施设备日常运行和维护费用、绿化养护费用、清洁卫生费用、秩序维护费用、物业共用部位共用设施设备及公众责任保险费用、办公费用、管理费分摊、固定资产折旧以及经业主同意的其他费用组成。

第八条　人员费用是指管理服务人员工资、按规定提取的工会经费、职工教育经费，以及根据政府有关规定应当由物业服务企业缴纳的住房公积金和养老、医疗、失业、工伤、生育保险等社会保险费用。

第九条　物业共用部位共用设施设备日常运行和维护费用是指为保障物业管理区域内共用部位共用设施设备的正常使用和运行、维护保养所需的费用。不包括保修期内应由建设单位履行保修责任而支出的维修费、应由住宅专项维修资金支出的维修和更新、改造费用。

第十条　绿化养护费是指管理、养护绿化所需的绿化工具购置费、绿化用水费、补苗费、农药化肥费等。不包括应由建设单位支付的种苗种植费和前期维护费。

第十一条　清洁卫生费是指保持物业管理区域内环境卫生所需的购置工具费、消杀防疫费、化粪池清理费、管道疏通费、清洁用料费、环卫所需费用等。

第十二条　秩序维护费是指维护物业管理区域秩序所需的器材装备费、安全防范人员的人身保险费及由物业服务企业支付的服装费等。其中器材装备不包括共用设备中已包括的监控设备。

第十三条　物业共用部位共用设施设备及公众责任保险费用是指物业管理企业购买物业共用部位共用设施设备及公众责任保险所支付的保险费用，以物业服务企业与保险公司签订的保险单和所交纳的保险费为准。

第十四条　办公费是指物业服务企业为维护管理区域正常的物业管理活动所需的办公用品费、交通费、房租、水电费、取暖费、通讯费、书报费及其他费用。

第十五条　管理费分摊是指物业服务企业在管理多个物业项目情况下，为保证相关的物业服务正常运转而由各物业服务小区承担的管理费用。

第十六条　固定资产折旧是指按规定折旧方法计提的物业服务固定资产的折旧金额。物业服务固定资产指在物业服务小区内由物业服务企业拥有的、与物业服务直接相关的、使用年限在一年以上的资产。

第十七条　经业主同意的其他费用是指业主或者业主大会按规定同意由物业服务费开支的费用。

第十八条　物业服务定价成本相关项目按本办法第十九条至第二十二条规定的方法和标准审核。

第十九条　工会经费、职工教育经费、住房公积金以及医疗保险费、养老保险费、失业保险费、工伤保险费、生育保险费等社会保险费的计提基数按照核定的相应工资水平确定；工会经费、职工教育经费的计提比例按国家统一规定的比例确定，住房公积金和社会保险费的计提比例按当地政府规定比例确定，超过规定计提比例的不得计入定价成本。医疗保险费用应在社会保险费中列支，不得在其他项目中重复列支；其他应在工会经费和职工教育经费中列支的费用，也不得在相关费用项目中重复列支。

第二十条　固定资产折旧采用年限平均法，折旧年限根据固定资产的性质和使用情况合理确定。企业确定的固定资产折旧年限明显低于实际可使用年限的，成本监审时应当按照实际可使用年限调整折旧年限。固定资产残值率按3%—5%计算；个别固定资产残值较低或者较高的，按照实际情况合理确定残值率。

第二十一条　物业服务企业将专业性较强的服务内容外包给有关专业公司的，该项服务的成本按照外包合同所确定的金额核定。

第二十二条　物业服务企业只从事物业服务的，其所发生费用按其所管辖的物业项目的物业服务计费面积或者应收物业服务费加权分摊；物业服务企业兼营其他业务的，应先按实现收入的比重在其他业务和物业服务之间分摊，然后按上述方法在所管辖的各物业项目之间分摊。

第二十三条　本办法未具体规定审核标准的其他费用项目按照有关财务制度和政策规定审核，原则上据实核定，但应符合一定范围内社会公允的平均水平。

第二十四条　各省、自治区、直辖市价格主管部门可根据本办法，结合本地实际制定具体实施细则。

第二十五条　本办法由国家发展和改革委员会解释。

第二十六条　本办法自2007年10月1日起施行。

附：物业服务定价成本监审表（略）

保安服务管理条例

（2009年9月28日国务院第82次常务会议通过　2009年10月13日中华人民共和国国务院令第564号公布　自2010年1月1日起施行）

第一章　总　　则

第一条　为了规范保安服务活动，加强对从事保安服务的单位和保安员的管理，保护人身安全和财产安全，维护社会治安，制定本条例。

第二条　本条例所称保安服务是指：

（一）保安服务公司根据保安服务合同，派出保安员为客户单位提供的门卫、巡逻、守护、押运、随身护卫、安全检查以及安全技术防范、安全风险评估等服务；

（二）机关、团体、企业、事业单位招用人员从事的本单位门卫、巡逻、守护等安全防范工作；

（三）物业服务企业招用人员在物业管理区域内开展的门卫、巡逻、秩序维护等服务。

前款第（二）项、第（三）项中的机关、团体、企业、事业单位和物业服务企业，统称自行招用保安员的单位。

第三条　国务院公安部门负责全国保安服务活动的监督管理工作。县级以上地方人民政府公安机关负责本行政区域内保安服务活动的监督管理工作。

保安服务行业协会在公安机关的指导下，依法开展保安服务行业自律活动。

第四条　保安服务公司和自行招用保安员的单位（以下统称保安从业单位）应当建立健全保安服务管理制度、岗位责任制度和保安员管理制度，加强对保安员的管理、教育和培训,提高保安员的职业道德水平、业务素质和责任意识。

第五条　保安从业单位应当依法保障保安员在社会保险、劳动用工、劳动保护、工资福利、教育培训等方面的合法权益。

第六条　保安服务活动应当文明、合法,不得损害社会公共利益或者侵犯他人合法权益。

保安员依法从事保安服务活动,受法律保护。

第七条　对在保护公共财产和人民群众生命财产安全、预防和制止违法犯罪活动中有突出贡献的保安从业单位和保安员,公安机关和其他有关部门应当给予表彰、奖励。

第二章　保安服务公司

第八条　保安服务公司应当具备下列条件:

(一)有不低于人民币100万元的注册资本;

(二)拟任的保安服务公司法定代表人和主要管理人员应当具备任职所需的专业知识和有关业务工作经验,无被刑事处罚、劳动教养、收容教育、强制隔离戒毒或者被开除公职、开除军籍等不良记录;

(三)有与所提供的保安服务相适应的专业技术人员,其中法律、行政法规有资格要求的专业技术人员,应当取得相应的资格;

(四)有住所和提供保安服务所需的设施、装备;

(五)有健全的组织机构和保安服务管理制度、岗位责任制度、保安员管理制度。

第九条　申请设立保安服务公司,应当向所在地设区的市级人民政府公安机关提交申请书以及能够证明其符合本条例第八条规定条件的材料。

受理的公安机关应当自收到申请材料之日起15日内进行审核,并将审核意见报所在地的省、自治区、直辖市人民政府公安机关。省、自治区、直辖市人民政府公安机关应当自收到审核意见之日起15日内作出决定,对符合条件的,核发保安服务许可证;对不符合条件的,书面通知申请人并说明理由。

第十条　从事武装守护押运服务的保安服务公司,应当符合国务院公安部门对武装守护押运服务的规划、布局要求,具备本条例第八条规定的条件,并符合下列条件:

(一)有不低于人民币1000万元的注册资本;

(二)国有独资或者国有资本占注册资本总额的51%以上;

(三)有符合《专职守护押运人员枪支使用管理条例》规定条件的守护押运人员;

(四)有符合国家标准或者行业标准的专用运输车辆以及通信、报警设备。

第十一条　申请设立从事武装守护押运服务的保安服务公司,应当向所在地设区的市级人民政府公安机关提交申请书以及能够证明其符合本条例第八条、第十条规定条件的材料。保安服务公司申请增设武装守护押运业务的,无需再次提交证明其符合本条例第八条规定条件的材料。

受理的公安机关应当自收到申请材料之日起15日内进行审核,并将审核意见报所在地的省、自治区、直辖市人民政府公安机关。省、自治区、直辖市人民政府公安机关应当自收到审核意见之日起15日内作出决定,对符合条件的,核发从事武装守护押运业务的保安服务许可证或者在已有的保安服务许可证上增注武装守护押运服务;对不符合条件的,书面通知申请人并说明理由。

第十二条　取得保安服务许可证的申请人,凭保安服务许可证到工商行政管理机关办理工商登记。取得保安服务许可证后超过6个月未办理工商登记的,取得的保安服务许可证失效。

保安服务公司设立分公司的,应当向分公司所在地设区的市级人民政府公安机关备案。备案应当提供总公司的保安服务许可证和工商营业执照,总公司法定代表人、分公司负责人和保安员的基本情况。

保安服务公司的法定代表人变更的,应当经原审批公安机关审核,持审核文件到工商行政管理机关办理变更登记。

第三章　自行招用保安员的单位

第十三条　自行招用保安员的单位应当具有法人资格,有符合本条例规定条件的保安员,有健全的保安服务管理制度、岗位责任制度和保安员管理制度。

娱乐场所应当依照《娱乐场所管理条例》的规定,从保安服务公司聘用保安员,不得自行招用保安员。

第十四条　自行招用保安员的单位,应当自开始保安服务之日起30日内向所在地设区的市级人民政府公安机关备案,备案应当提供下列材料:

(一)法人资格证明;

(二)法定代表人(主要负责人)、分管负责人和保安员的基本情况;

(三)保安服务区域的基本情况;

(四)建立保安服务管理制度、岗位责任制度、保安员管理制度的情况。

自行招用保安员的单位不再招用保安员进行保安服务的,应当自停止保安服务之日起30日内到备案的公安机关撤销备案。

第十五条　自行招用保安员的单位不得在本单位以外或者物业管理区域以外提供保安服务。

第四章　保　安　员

第十六条　年满18周岁,身体健康,品行良好,具有初中以上学历的中国公民可以申领保安员证,从事保安服务工作。

申请人经设区的市级人民政府公安机关考试、审查合格并留存指纹等人体生物信息的,发给保安员证。

提取、留存保安员指纹等人体生物信息的具体办法,由国务院公安部门规定。

第十七条 有下列情形之一的,不得担任保安员:

(一)曾被收容教育、强制隔离戒毒、劳动教养或者3次以上行政拘留的;

(二)曾因故意犯罪被刑事处罚的;

(三)被吊销保安员证未满3年的;

(四)曾两次被吊销保安员证的。

第十八条 保安从业单位应当招用符合保安员条件的人员担任保安员,并与被招用的保安员依法签订劳动合同。保安从业单位及其保安员应当依法参加社会保险。

保安从业单位应当根据保安服务岗位需要定期对保安员进行法律、保安专业知识和技能培训。

第十九条 保安从业单位应当定期对保安员进行考核,发现保安员不合格或者严重违反管理制度,需要解除劳动合同的,应当依法办理。

第二十条 保安从业单位应当根据保安服务岗位的风险程度为保安员投保意外伤害保险。

保安员因工伤亡的,依照国家有关工伤保险的规定享受工伤保险待遇;保安员牺牲被批准为烈士的,依照国家有关烈士褒扬的规定享受抚恤优待。

第五章 保安服务

第二十一条 保安服务公司提供保安服务应当与客户单位签订保安服务合同,明确规定服务的项目、内容以及双方的权利义务。保安服务合同终止后,保安服务公司应当将保安服务合同至少留存2年备查。

保安服务公司应当对客户单位要求提供的保安服务的合法性进行核查,对违法的保安服务要求应当拒绝,并向公安机关报告。

第二十二条 设区的市级以上地方人民政府确定的关系国家安全、涉及国家秘密等治安保卫重点单位不得聘请外商独资、中外合资、中外合作的保安服务公司提供保安服务。

第二十三条 保安服务公司派出保安员跨省、自治区、直辖市为客户单位提供保安服务的,应当向服务所在地设区的市级人民政府公安机关备案。备案应当提供保安服务公司的保安服务许可证和工商营业执照、保安服务合同、服务项目负责人和保安员的基本情况。

第二十四条 保安服务公司应当按照保安服务业服务标准提供规范的保安服务,保安服务公司派出的保安员应当遵守客户单位的有关规章制度。客户单位应当为保安员从事保安服务提供必要的条件和保障。

第二十五条 保安服务中使用的技术防范产品,应当符合有关的产品质量要求。保安服务中安装监控设备应当遵守国家有关技术规范,使用监控设备不得侵犯他人合法权益或者个人隐私。

保安服务中形成的监控影像资料、报警记录,应当至少留存30日备查,保安从业单位和客户单位不得删改或者扩散。

第二十六条 保安从业单位对保安服务中获知的国家秘密、商业秘密以及客户单位明确要求保密的信息,应当予以保密。

保安从业单位不得指使、纵容保安员阻碍依法执行公务、参与追索债务、采用暴力或者以暴力相威胁的手段处置纠纷。

第二十七条 保安员上岗应当着保安员服装,佩带全国统一的保安服务标志。保安员服装和保安服务标志应当与人民解放军、人民武装警察和人民警察、工商税务等行政执法机关以及人民法院、人民检察院工作人员的制式服装、标志服饰有明显区别。

保安员服装由全国保安服务行业协会推荐式样,由保安服务从业单位在推荐式样范围内选用。保安服务标志式样由全国保安服务行业协会确定。

第二十八条 保安从业单位应当根据保安服务岗位的需要为保安员配备所需的装备。保安服务岗位装备配备标准由国务院公安部门规定。

第二十九条 在保安服务中,为履行保安服务职责,保安员可以采取下列措施:

(一)查验出入服务区域的人员的证件,登记出入的车辆和物品;

(二)在服务区域内进行巡逻、守护、安全检查、报警监控;

(三)在机场、车站、码头等公共场所对人员及其所携带的物品进行安全检查,维护公共秩序;

(四)执行武装守护押运任务,可以根据任务需要设立临时隔离区,但应当尽可能减少对公民正常活动的妨碍。

保安员应当及时制止发生在服务区域内的违法犯罪行为,对制止无效的违法犯罪行为应当立即报警,同时采取措施保护现场。

从事武装守护押运服务的保安员执行武装守护押运任务使用枪支,依照《专职守护押运人员枪支使用管理条例》的规定执行。

第三十条 保安员不得有下列行为:

(一)限制他人人身自由、搜查他人身体或者侮辱、殴打他人;

(二)扣押、没收他人证件、财物;

(三)阻碍依法执行公务;

(四)参与追索债务、采用暴力或者以暴力相威胁的手段处置纠纷;

(五)删改或者扩散保安服务中形成的监控影像资料、报警记录;

（六）侵犯个人隐私或者泄露在保安服务中获知的国家秘密、商业秘密以及客户单位明确要求保密的信息；

（七）违反法律、行政法规的其他行为。

第三十一条 保安员有权拒绝执行保安从业单位或者客户单位的违法指令。保安从业单位不得因保安员不执行违法指令而解除与保安员的劳动合同，降低其劳动报酬和其他待遇，或者停缴、少缴依法应当为其缴纳的社会保险费。

第六章 保安培训单位

第三十二条 保安培训单位应当具备下列条件：

（一）是依法设立的保安服务公司或者依法设立的具有法人资格的学校、职业培训机构；

（二）有保安培训所需的师资力量，其中保安专业师资人员应当具有大学本科以上学历或者10年以上治安保卫管理工作经历；

（三）有保安培训所需的场所、设施等教学条件。

第三十三条 申请从事保安培训的单位，应当向所在地设区的市级人民政府公安机关提交申请书以及能够证明其符合本条例第三十二条规定条件的材料。

受理的公安机关应当自收到申请材料之日起15日内进行审核，并将审核意见报所在地的省、自治区、直辖市人民政府公安机关。省、自治区、直辖市人民政府公安机关应当自收到审核意见之日起15日内作出决定，对符合条件的，核发保安培训许可证；对不符合条件的，书面通知申请人并说明理由。

第三十四条 从事武装守护押运服务的保安员的枪支使用培训，应当由人民警察院校、人民警察培训机构负责。承担培训工作的人民警察院校、人民警察培训机构应当向所在地的省、自治区、直辖市人民政府公安机关备案。

第三十五条 保安培训单位应当按照保安员培训教学大纲制订教学计划，对接受培训的人员进行法律、保安专业知识和技能培训以及职业道德教育。

保安员培训教学大纲由国务院公安部门审定。

第七章 监督管理

第三十六条 公安机关应当指导保安从业单位建立健全保安服务管理制度、岗位责任制度、保安员管理制度和紧急情况应急预案，督促保安从业单位落实相关管理制度。

保安从业单位、保安培训单位和保安员应当接受公安机关的监督检查。

第三十七条 公安机关建立保安服务监督管理信息系统，记录保安从业单位、保安培训单位和保安员的相关信息。

公安机关应当对提取、留存的保安员指纹等人体生物信息予以保密。

第三十八条 公安机关的人民警察对保安从业单位、保安培训单位实施监督检查应当出示证件，对监督检查中发现的问题，应当督促其整改。监督检查的情况和处理结果应当如实记录，并由公安机关的监督检查人员和保安从业单位、保安培训单位的有关负责人签字。

第三十九条 县级以上人民政府公安机关应当公布投诉方式，受理社会公众对保安从业单位、保安培训单位和保安员的投诉。接到投诉的公安机关应当及时调查处理，并反馈查处结果。

第四十条 国家机关及其工作人员不得设立保安服务公司，不得参与或者变相参与保安服务公司的经营活动。

第八章 法律责任

第四十一条 任何组织或者个人未经许可，擅自从事保安服务、保安培训的，依法给予治安管理处罚，并没收违法所得；构成犯罪的，依法追究刑事责任。

第四十二条 保安从业单位有下列情形之一的，责令限期改正，给予警告；情节严重的，并处1万元以上5万元以下的罚款；有违法所得的，没收违法所得：

（一）保安服务公司法定代表人变更未经公安机关审核的；

（二）未按照本条例的规定进行备案或者撤销备案的；

（三）自行招用保安员的单位在本单位以外或者物业管理区域以外开展保安服务的；

（四）招用不符合本条例规定条件的人员担任保安员的；

（五）保安服务公司未对客户单位要求提供的保安服务的合法性进行核查的，或者未将违法的保安服务要求向公安机关报告的；

（六）保安服务公司未按照本条例的规定签订、留存保安服务合同的；

（七）未按照本条例的规定留存保安服务中形成的监控影像资料、报警记录的。

客户单位未按照本条例的规定留存保安服务中形成的监控影像资料、报警记录的，依照前款规定处罚。

第四十三条 保安从业单位有下列情形之一的，责令限期改正，处2万元以上10万元以下的罚款；违反治安管理的，依法给予治安管理处罚；构成犯罪的，依法追究直接负责的主管人员和其他直接责任人员的刑事责任：

（一）泄露在保安服务中获知的国家秘密、商业秘密以及客户单位明确要求保密的信息的；

（二）使用监控设备侵犯他人合法权益或者个人隐私的；

（三）删改或者扩散保安服务中形成的监控影像资料、报警记录的；

（四）指使、纵容保安员阻碍依法执行公务、参与追索债务、采用暴力或者以暴力相威胁的手段处置纠纷的；

（五）对保安员疏于管理、教育和培训，发生保安员违法犯罪案件，造成严重后果的。

客户单位删改或者扩散保安服务中形成的监控影像资料、报警记录的，依照前款规定处罚。

第四十四条 保安从业单位因保安员不执行违法指令而解除与保安员的劳动合同，降低其劳动报酬和其他待遇，或者停缴、少缴依法应当为其缴纳的社会保险费的，对保安从业单位的处罚和对保安员的赔偿依照有关劳动合同和社会保险的法律、行政法规的规定执行。

第四十五条 保安员有下列行为之一的，由公安机关予以训诫；情节严重的，吊销其保安员证；违反治安管理的，依法给予治安管理处罚；构成犯罪的，依法追究刑事责任：

（一）限制他人人身自由、搜查他人身体或者侮辱、殴打他人的；

（二）扣押、没收他人证件、财物的；

（三）阻碍依法执行公务的；

（四）参与追索债务、采用暴力或者以暴力相威胁的手段处置纠纷的；

（五）删改或者扩散保安服务中形成的监控影像资料、报警记录的；

（六）侵犯个人隐私或者泄露在保安服务中获知的国家秘密、商业秘密以及客户单位明确要求保密的信息的；

（七）有违反法律、行政法规的其他行为的。

从事武装守护押运的保安员违反规定使用枪支的，依照《专职守护押运人员枪支使用管理条例》的规定处罚。

第四十六条 保安员在保安服务中造成他人人身伤亡、财产损失的，由保安从业单位赔付；保安员有故意或者重大过失的，保安从业单位可以依法向保安员追偿。

第四十七条 保安培训单位未按照保安员培训教学大纲的规定进行培训的，责令限期改正，给予警告；情节严重的，并处1万元以上5万元以下的罚款；以保安培训为名进行诈骗活动的，依法给予治安管理处罚；构成犯罪的，依法追究刑事责任。

第四十八条 国家机关及其工作人员设立保安服务公司，参与或者变相参与保安服务公司经营活动的，对直接负责的主管人员和其他直接责任人员依法给予处分。

第四十九条 公安机关的人民警察在保安服务活动监督管理工作中滥用职权、玩忽职守、徇私舞弊的，依法给予处分；构成犯罪的，依法追究刑事责任。

第九章 附　　则

第五十条 保安服务许可证、保安培训许可证以及保安员证的式样由国务院公安部门规定。

第五十一条 本条例施行前已经设立的保安服务公司、保安培训单位，应当自本条例施行之日起6个月内重新申请保安服务许可证、保安培训许可证。本条例施行前自行招用保安员的单位，应当自本条例施行之日起3个月内向公安机关备案。

本条例施行前已经从事保安服务的保安员，自本条例施行之日起1年内由保安员所在单位组织培训，经设区的市级人民政府公安机关考试、审查合格并留存指纹等人体生物信息的，发给保安员证。

第五十二条 本条例自2010年1月1日起施行。

业主大会和业主委员会指导规则

（2009年12月1日　建房〔2009〕274号）

第一章 总　　则

第一条 为了规范业主大会和业主委员会的活动，维护业主的合法权益，根据《中华人民共和国物权法》、《物业管理条例》等法律法规的规定，制定本规则。

第二条 业主大会由物业管理区域内的全体业主组成，代表和维护物业管理区域内全体业主在物业管理活动中的合法权利，履行相应的义务。

第三条 业主委员会由业主大会依法选举产生，履行业主大会赋予的职责，执行业主大会决定的事项，接受业主的监督。

第四条 业主大会或者业主委员会的决定，对业主具有约束力。

业主大会和业主委员会应当依法履行职责，不得作出与物业管理无关的决定，不得从事与物业管理无关的活动。

第五条 业主大会和业主委员会，对业主损害他人合法权益和业主共同利益的行为，有权依照法律、法规以及管理规约，要求停止侵害、消除危险、排除妨害、赔偿损失。

第六条 物业所在地的区、县房地产行政主管部门和街道办事处、乡镇人民政府负责对设立业主大会和选举业主委员会给予指导和协助，负责对业主大会和业主委员会的日常活动进行指导和监督。

第二章 业主大会

第七条 业主大会根据物业管理区域的划分成立，一个物业管理区域成立一个业主大会。

只有一个业主的，或者业主人数较少且经全体业主同意，不成立业主大会的，由业主共同履行业主大会、业主委员会职责。

第八条 物业管理区域内，已交付的专有部分面积超过建筑物总面积50%时，建设单位应当按照物业所在地的区、县房地产行政主管部门或者街道办事处、乡镇人民政府的要求，及时报送下列筹备首次业主大会会议所需的文件资料：

（一）物业管理区域证明；

（二）房屋及建筑物面积清册；

（三）业主名册；

（四）建筑规划总平面图；

（五）交付使用共用设施设备的证明；

（六）物业服务用房配置证明；

（七）其他有关的文件资料。

第九条 符合成立业主大会条件的，区、县房地产行政主管部门或者街道办事处、乡镇人民政府应当在收到业主提出筹备业主大会书面申请后60日内，负责组织、指导成立首次业主大会会议筹备组。

第十条 首次业主大会会议筹备组由业主代表、建设单位代表、街道办事处、乡镇人民政府代表和居民委员会代表组成。筹备组成员人数应为单数，其中业主代表人数不低于筹备组总人数的一半，筹备组组长由街道办事处、乡镇人民政府代表担任。

第十一条 筹备组中业主代表的产生，由街道办事处、乡镇人民政府或者居民委员会组织业主推荐。

筹备组应当将成员名单以书面形式在物业管理区域内公告。业主对筹备组成员有异议的，由街道办事处、乡镇人民政府协调解决。

建设单位和物业服务企业应当配合协助筹备组开展工作。

第十二条 筹备组应当做好以下筹备工作：

（一）确认并公示业主身份、业主人数以及所拥有的专有部分面积；

（二）确定首次业主大会会议召开的时间、地点、形式和内容；

（三）草拟管理规约、业主大会议事规则；

（四）依法确定首次业主大会会议表决规则；

（五）制定业主委员会委员候选人产生办法，确定业主委员会委员候选人名单；

（六）制定业主委员会选举办法；

（七）完成召开首次业主大会会议的其他准备工作。

前款内容应当在首次业主大会会议召开15日前以书面形式在物业管理区域内公告。业主对公告内容有异议的，筹备组应当记录并作出答复。

第十三条 依法登记取得或者根据物权法第二章第三节规定取得建筑物专有部分所有权的人，应当认定为业主。

基于房屋买卖等民事法律行为，已经合法占有建筑物专有部分，但尚未依法办理所有权登记的人，可以认定为业主。

业主的投票权数由专有部分面积和业主人数确定。

第十四条 业主委员会委员候选人由业主推荐或者自荐。筹备组应当核查参选人的资格，根据物业规模、物权份额、委员的代表性和广泛性等因素，确定业主委员会委员候选人名单。

第十五条 筹备组应当自组成之日起90日内完成筹备工作，组织召开首次业主大会会议。

业主大会自首次业主大会会议表决通过管理规约、业主大会议事规则，并选举产生业主委员会之日起成立。

第十六条 划分为一个物业管理区域的分期开发的建设项目，先期开发部分符合条件的，可以成立业主大会，选举产生业主委员会。首次业主大会会议应当根据分期开发的物业面积和进度等因素，在业主大会议事规则中明确增补业主委员会委员的办法。

第十七条 业主大会决定以下事项：

（一）制定和修改业主大会议事规则；

（二）制定和修改管理规约；

（三）选举业主委员会或者更换业主委员会委员；

（四）制定物业服务内容、标准以及物业服务收费方案；

（五）选聘和解聘物业服务企业；

（六）筹集和使用专项维修资金；

（七）改建、重建建筑物及其附属设施；

（八）改变共有部分的用途；

（九）利用共有部分进行经营以及所得收益的分配与使用；

（十）法律法规或者管理规约确定应由业主共同决定的事项。

第十八条 管理规约应当对下列主要事项作出规定：

（一）物业的使用、维护、管理；

（二）专项维修资金的筹集、管理和使用；

（三）物业共用部分的经营与收益分配；

（四）业主共同利益的维护；

（五）业主共同管理权的行使；

（六）业主应尽的义务；

（七）违反管理规约应当承担的责任。

第十九条 业主大会议事规则应当对下列主要事项作出规定：

（一）业主大会名称及相应的物业管理区域；

（二）业主委员会的职责；

（三）业主委员会议事规则；

（四）业主大会会议召开的形式、时间和议事方式；

（五）业主投票权数的确定方法；

（六）业主代表的产生方式；

（七）业主大会会议的表决程序；

（八）业主委员会委员的资格、人数和任期等；

（九）业主委员会换届程序、补选办法等；

（十）业主大会、业主委员会工作经费的筹集、使用和管理；

（十一）业主大会、业主委员会印章的使用和管理。

第二十条 业主拒付物业服务费，不缴存专项维修资金以及实施其他损害业主共同权益行为的，业主大会可以在管理规约和业主大会议事规则中对其共同管理权的行使予以限制。

第二十一条 业主大会会议分为定期会议和临时会议。

业主大会定期会议应当按照业主大会议事规则的规定由业主委员会组织召开。

有下列情况之一的，业主委员会应当及时组织召开业主大会临时会议：

（一）经专有部分占建筑物总面积20%以上且占总人数20%以上业主提议的；

（二）发生重大事故或者紧急事件需要及时处理的；

（三）业主大会议事规则或者管理规约规定的其他情况。

第二十二条 业主大会会议可以采用集体讨论的形式，也可以采用书面征求意见的形式；但应当有物业管理区域内专有部分占建筑物总面积过半数的业主且占总人数过半数的业主参加。

采用书面征求意见形式的，应当将征求意见书送交每一位业主；无法送达的，应当在物业管理区域内公告。凡需投票表决的，表决意见应由业主本人签名。

第二十三条 业主大会确定业主投票权数，可以按照下列方法认定专有部分面积和建筑物总面积：

（一）专有部分面积按照不动产登记簿记载的面积计算；尚未进行登记的，暂按测绘机构的实测面积计算；尚未进行实测的，暂按房屋买卖合同记载的面积计算；

（二）建筑物总面积，按照前项的统计总和计算。

第二十四条 业主大会确定业主投票权数，可以按照下列方法认定业主人数和总人数：

（一）业主人数，按照专有部分的数量计算，一个专有部分按一人计算。但建设单位尚未出售和虽已出售但尚未交付的部分，以及同一买受人拥有一个以上专有部分的，按一人计算；

（二）总人数，按照前项的统计总和计算。

第二十五条 业主大会应当在业主大会议事规则中约定车位、摊位等特定空间是否计入用于确定业主投票权数的专有部分面积。

一个专有部分有两个以上所有权人的，应当推选一人行使表决权，但共有人所代表的业主人数为一人。

业主为无民事行为能力人或者限制民事行为能力人的，由其法定监护人行使投票权。

第二十六条 业主因故不能参加业主大会会议的，可以书面委托代理人参加业主大会会议。

未参与表决的业主，其投票权数是否可以计入已表决的多数票，由管理规约或者业主大会议事规则规定。

第二十七条 物业管理区域内业主人数较多的，可以幢、单元、楼层为单位，推选一名业主代表参加业主大会会议，推选及表决办法应当在业主大会议事规则中规定。

第二十八条 业主可以书面委托的形式，约定由其推选的业主代表在一定期限内代其行使共同管理权，具体委托内容、期限、权限和程序由业主大会议事规则规定。

第二十九条 业主大会会议决定筹集和使用专项维修资金以及改造、重建建筑物及其附属设施的，应当经专有部分占建筑物总面积三分之二以上的业主且占总人数三分之二以上的业主同意；决定本规则第十七条规定的其他共有和共同管理权利事项的，应当经专有部分占建筑物总面积过半数且占总人数过半数的业主同意。

第三十条 业主大会会议应当由业主委员会作出书面记录并存档。

业主大会的决定应当以书面形式在物业管理区域内及时公告。

第三章 业主委员会

第三十一条 业主委员会由业主大会会议选举产生，由5至11人单数组成。业主委员会委员应当是物业管理区域内的业主，并符合下列条件：

（一）具有完全民事行为能力；

（二）遵守国家有关法律、法规；

（三）遵守业主大会议事规则、管理规约，模范履行业主义务；

（四）热心公益事业，责任心强，公正廉洁；

（五）具有一定的组织能力；

（六）具备必要的工作时间。

第三十二条 业主委员会委员实行任期制，每届任期不超过5年，可连选连任，业主委员会委员具有同等表决权。

业主委员会应当自选举之日起7日内召开首次会议，推选业主委员会主任和副主任。

第三十三条 业主委员会应当自选举产生之日起30日内，持下列文件向物业所在地的区、县房地产行政主管部门和街道办事处、乡镇人民政府办理备案手续：

（一）业主大会成立和业主委员会选举的情况；

（二）管理规约；

（三）业主大会议事规则；

（四）业主大会决定的其他重大事项。

第三十四条 业主委员会办理备案手续后，可持备案证明向公安机关申请刻制业主大会印章和业主委员会印章。

业主委员会任期内，备案内容发生变更的，业主委员会应当自变更之日起30日内将变更内容书面报告备案部门。

第三十五条 业主委员会履行以下职责：

（一）执行业主大会的决定和决议；

（二）召集业主大会会议，报告物业管理实施情况；

（三）与业主大会选聘的物业服务企业签订物业服务合同；

（四）及时了解业主、物业使用人的意见和建议，监督和协助物业服务企业履行物业服务合同；

（五）监督管理规约的实施；

（六）督促业主交纳物业服务费及其他相关费用；

（七）组织和监督专项维修资金的筹集和使用；

（八）调解业主之间因物业使用、维护和管理产生的纠纷；

（九）业主大会赋予的其他职责。

第三十六条 业主委员会应当向业主公布下列情况和资料：

（一）管理规约、业主大会议事规则；

（二）业主大会和业主委员会的决定；

（三）物业服务合同；

（四）专项维修资金的筹集、使用情况；

（五）物业共有部分的使用和收益情况；

（六）占用业主共有的道路或者其他场地用于停放汽车车位的处分情况；

（七）业主大会和业主委员会工作经费的收支情况；

（八）其他应当向业主公开的情况和资料。

第三十七条 业主委员会应当按照业主大会议事规则的规定及业主大会的决定召开会议。经三分之一以上业主委员会委员的提议，应当在7日内召开业主委员会会议。

第三十八条 业主委员会会议由主任召集和主持，主任因故不能履行职责，可以委托副主任召集。

业主委员会会议应有过半数的委员出席，作出的决定必须经全体委员半数以上同意。

业主委员会委员不能委托代理人参加会议。

第三十九条 业主委员会应当于会议召开7日前，在物业管理区域内公告业主委员会会议的内容和议程，听取业主的意见和建议。

业主委员会会议应当制作书面记录并存档，业主委员会会议作出的决定，应当有参会委员的签字确认，并自作出决定之日起3日内在物业管理区域内公告。

第四十条 业主委员会应当建立工作档案，工作档案包括以下主要内容：

（一）业主大会、业主委员会的会议记录；

（二）业主大会、业主委员会的决定；

（三）业主大会议事规则、管理规约和物业服务合同；

（四）业主委员会选举及备案资料；

（五）专项维修资金筹集及使用账目；

（六）业主及业主代表的名册；

（七）业主的意见和建议。

第四十一条 业主委员会应当建立印章管理规定，并指定专人保管印章。

使用业主大会印章，应当根据业主大会议事规则的规定或者业主大会会议的决定；使用业主委员会印章，应当根据业主委员会会议的决定。

第四十二条 业主大会、业主委员会工作经费由全体业主承担。工作经费可以由业主分摊，也可以从物业共有部分经营所得收益中列支。工作经费的收支情况，应当定期在物业管理区域内公告，接受业主监督。

工作经费筹集、管理和使用的具体办法由业主大会决定。

第四十三条 有下列情况之一的，业主委员会委员资格自行终止：

（一）因物业转让、灭失等原因不再是业主的；

（二）丧失民事行为能力的；

（三）依法被限制人身自由的；

（四）法律、法规以及管理规约规定的其他情形。

第四十四条 业主委员会委员有下列情况之一的，由业主委员会三分之一以上委员或者持有20%以上投票权数的业主提议，业主大会或者业主委员会根据业主大会的授权，可以决定是否终止其委员资格：

（一）以书面方式提出辞职请求的；

（二）不履行委员职责的；

（三）利用委员资格谋取私利的；

（四）拒不履行业主义务的；

（五）侵害他人合法权益的；

（六）因其他原因不宜担任业主委员会委员的。

第四十五条 业主委员会委员资格终止的，应当自终止之日起3日内将其保管的档案资料、印章及其他属于全体业主所有的财物移交业主委员会。

第四十六条 业主委员会任期内，委员出现空缺时，应当及时补足。业主委员会委员候补办法由业主大会决定或者在业主大会议事规则中规定。业主委员会委员人数不足总数的二分之一时，应当召开业主大会临时会议，重新选举业主委员会。

第四十七条 业主委员会任期届满前3个月，应当组织召开业主大会会议，进行换届选举，并报告物业所在地的区、县房地产行政主管部门和街道办事处、乡镇人民政府。

第四十八条 业主委员会应当自任期届满之日起10日内，将其保管的档案资料、印章及其他属于业主大会所有的财物移交新一届业主委员会。

第四章 指导和监督

第四十九条 物业所在地的区、县房地产行政主管部门和街道办事处、乡镇人民政府应当积极开展物业管理政策法规的宣传和教育活动，及时处理业主、业主委员会在物业管理活动中的投诉。

第五十条 已交付使用的专有部分面积超过建筑物总面积50%，建设单位未按要求报送筹备首次业主大会会议相关文件资料的，物业所在地的区、县房地产行政主管部门或者街道办事处、乡镇人民政府有权责令建设单位限期改正。

第五十一条 业主委员会未按业主大会议事规则的规定

组织召开业主大会定期会议，或者发生应当召开业主大会临时会议的情况，业主委员会不履行组织召开会议职责的，物业所在地的区、县房地产行政主管部门或者街道办事处、乡镇人民政府可以责令业主委员会限期召开；逾期仍不召开的，可以由物业所在地的居民委员会在街道办事处、乡镇人民政府的指导和监督下组织召开。

第五十二条　按照业主大会议事规则的规定或者三分之一以上委员提议，应当召开业主委员会会议的，业主委员会主任、副主任无正当理由不召集业主委员会会议的，物业所在地的区、县房地产行政主管部门或者街道办事处、乡镇人民政府可以指定业主委员会其他委员召集业主委员会会议。

第五十三条　召开业主大会会议，物业所在地的区、县房地产行政主管部门和街道办事处、乡镇人民政府应当给予指导和协助。

第五十四条　召开业主委员会会议，应当告知相关的居民委员会，并听取居民委员会的建议。

在物业管理区域内，业主大会、业主委员会应当积极配合相关居民委员会依法履行自治管理职责，支持居民委员会开展工作，并接受其指导和监督。

第五十五条　违反业主大会议事规则或者未经业主大会会议和业主委员会会议的决定，擅自使用业主大会印章、业主委员会印章的，物业所在地的街道办事处、乡镇人民政府应当责令限期改正，并通告全体业主；造成经济损失或者不良影响的，应当依法追究责任人的法律责任。

第五十六条　业主委员会委员资格终止，拒不移交所保管的档案资料、印章及其他属于全体业主所有的财物的，其他业主委员会委员可以请求物业所在地的公安机关协助移交。

业主委员会任期届满后，拒不移交所保管的档案资料、印章及其他属于全体业主所有的财物的，新一届业主委员会可以请求物业所在地的公安机关协助移交。

第五十七条　业主委员会在规定时间内不组织换届选举的，物业所在地的区、县房地产行政主管部门或者街道办事处、乡镇人民政府应当责令其限期组织换届选举；逾期仍不组织的，可以由物业所在地的居民委员会在街道办事处、乡镇人民政府的指导和监督下，组织换届选举工作。

第五十八条　因客观原因未能选举产生业主委员会或者业主委员会委员人数不足总数的二分之一的，新一届业主委员会产生之前，可以由物业所在地的居民委员会在街道办事处、乡镇人民政府的指导和监督下，代行业主委员会的职责。

第五十九条　业主大会、业主委员会作出的决定违反法律法规的，物业所在地的区、县房地产行政主管部门和街道办事处、乡镇人民政府应当责令限期改正或者撤销其决定，并通告全体业主。

第六十条　业主不得擅自以业主大会或者业主委员会的名义从事活动。业主以业主大会或者业主委员会的名义，从事违反法律、法规的活动，构成犯罪的，依法追究刑事责任；尚不构成犯罪的，依法给予治安管理处罚。

第六十一条　物业管理区域内，可以召开物业管理联席会议。物业管理联席会议由街道办事处、乡镇人民政府负责召集，由区、县房地产行政主管部门、公安派出所、居民委员会、业主委员会和物业服务企业等方面的代表参加，共同协调解决物业管理中遇到的问题。

第五章　附　　则

第六十二条　业主自行管理或者委托其他管理人管理物业，成立业主大会，选举业主委员会的，可参照执行本规则。

第六十三条　物业所在地的区、县房地产行政主管部门与街道办事处、乡镇人民政府在指导、监督业主大会和业主委员会工作中的具体职责分工，按各省、自治区、直辖市人民政府有关规定执行。

第六十四条　本规则自2010年1月1日起施行。《业主大会规程》（建住房［2003］131号）同时废止。

前期物业管理招标投标管理暂行办法

（2003年6月26日　建住房〔2003〕130号）

第一章　总　　则

第一条　为了规范前期物业管理招标投标活动，保护招标投标当事人的合法权益，促进物业管理市场的公平竞争，制定本办法。

第二条　前期物业管理，是指在业主、业主大会选聘物业管理企业之前，由建设单位选聘物业管理企业实施的物业管理。

建设单位通过招投标的方式选聘具有相应资质的物业管理企业和行政主管部门对物业管理招投标活动实施监督管理，适用本办法。

第三条　住宅及同一物业管理区域内非住宅的建设单位，应当通过招投标的方式选聘具有相应资质的物业管理企业；投标人少于3个或者住宅规模较小的，经物业所在地的区、县人民政府房地产行政主管部门批准，可以采用协议方式选聘具有相应资质的物业管理企业。

国家提倡其他物业的建设单位通过招投标的方式，选聘具有相应资质的物业管理企业。

第四条　前期物业管理招标投标应当遵循公开、公平、公正和诚实信用的原则。

第五条　国务院建设行政主管部门负责全国物业管理招标投标活动的监督管理。

省、自治区人民政府建设行政主管部门负责本行政区域内物业管理招标投标活动的监督管理。

直辖市、市、县人民政府房地产行政主管部门负责本行政区域内物业管理招标投标活动的监督管理。

第六条 任何单位和个人不得违反法律、行政法规规定，限制或者排斥具备投标资格的物业管理企业参加投标，不得以任何方式非法干涉物业管理招标投标活动。

第二章 招 标

第七条 本办法所称招标人是指依法进行前期物业管理招标的物业建设单位。

前期物业管理招标由招标人依法组织实施。招标人不得以不合理条件限制或者排斥潜在投标人，不得对潜在投标人实行歧视待遇，不得对潜在投标人提出与招标物业管理项目实际要求不符的过高的资格等要求。

第八条 前期物业管理招标分为公开招标和邀请招标。

招标人采取公开招标方式的，应当在公共媒介上发布招标公告，并同时在中国住宅与房地产信息网和中国物业管理协会网上发布免费招标公告。

招标公告应当载明招标人的名称和地址，招标项目的基本情况以及获取招标文件的办法等事项。

招标人采取邀请招标方式的，应当向3个以上物业管理企业发出投标邀请书，投标邀请书应当包含前款规定的事项。

第九条 招标人可以委托招标代理机构办理招标事宜；有能力组织和实施招标活动的，也可以自行组织实施招标活动。

物业管理招标代理机构应当在招标人委托的范围内办理招标事宜，并遵守本办法对招标人的有关规定。

第十条 招标人应当根据物业管理项目的特点和需要，在招标前完成招标文件的编制。

招标文件应包括以下内容：

（一）招标人及招标项目简介，包括招标人名称、地址、联系方式、项目基本情况、物业管理用房的配备情况等；

（二）物业管理服务内容及要求，包括服务内容、服务标准等；

（三）对投标人及投标书的要求，包括投标人的资格、投标书的格式、主要内容等；

（四）评标标准和评标方法；

（五）招标活动方案，包括招标组织机构、开标时间及地点等；

（六）物业服务合同的签订说明；

（七）其他事项的说明及法律法规规定的其他内容。

第十一条 招标人应当在发布招标公告或者发出投标邀请书的10日前，提交以下材料报物业项目所在地的县级以上地方人民政府房地产行政主管部门备案：

（一）与物业管理有关的物业项目开发建设的政府批件；

（二）招标公告或者招标邀请书；

（三）招标文件；

（四）法律、法规规定的其他材料。

房地产行政主管部门发现招标有违反法律、法规规定的，应当及时责令招标人改正。

第十二条 公开招标的招标人可以根据招标文件的规定，对投标申请人进行资格预审。

实行投标资格预审的物业管理项目，招标人应当在招标公告或者投标邀请书中载明资格预审的条件和获取资格预审文件的办法。

资格预审文件一般应当包括资格预审申请书格式、申请人须知，以及需要投标申请人提供的企业资格文件、业绩、技术装备、财务状况和拟派出的项目负责人与主要管理人员的简历、业绩等证明材料。

第十三条 经资格预审后，公开招标的招标人应当向资格预审合格的投标申请人发出资格预审合格通知书，告知获取招标文件的时间、地点和方法，并同时向资格不合格的投标申请人告知资格预审结果。

在资格预审合格的投标申请人过多时，可以由招标人从中选择不少于5家资格预审合格的投标申请人。

第十四条 招标人应当确定投标人编制投标文件所需要的合理时间。公开招标的物业管理项目，自招标文件发出之日起至投标人提交投标文件截止之日止，最短不得少于20日。

第十五条 招标人对已发出的招标文件进行必要的澄清或者修改的，应当在招标文件要求提交投标文件截止时间至少15日前，以书面形式通知所有的招标文件收受人。该澄清或者修改的内容为招标文件的组成部分。

第十六条 招标人根据物业管理项目的具体情况，可以组织潜在的投标申请人踏勘物业项目现场，并提供隐蔽工程图纸等详细资料。对投标申请人提出的疑问应当予以澄清并以书面形式发送给所有的招标文件收受人。

第十七条 招标人不得向他人透露已获取招标文件的潜在投标人的名称、数量以及可能影响公平竞争的有关招标投标的其他情况。

招标人设有标底的，标底必须保密。

第十八条 在确定中标人前，招标人不得与投标人就投标价格、投标方案等实质内容进行谈判。

第十九条 通过招标投标方式选择物业管理企业的，招标人应当按照以下规定时限完成物业管理招标投标工作：

（一）新建现售商品房项目应当在现售前30日完成；

（二）预售商品房项目应当在取得《商品房预售许可证》之前完成；

（三）非出售的新建物业项目应当在交付使用前90日完成。

第三章 投 标

第二十条 本办法所称投标人是指响应前期物业管理招标、参与投标竞争的物业管理企业。

投标人应当具有相应的物业管理企业资质和招标文件要求的其他条件。

第二十一条 投标人对招标文件有疑问需要澄清的,应当以书面形式向招标人提出。

第二十二条 投标人应当按照招标文件的内容和要求编制投标文件,投标文件应当对招标文件提出的实质性要求和条件作出响应。

投标文件应当包括以下内容:

(一)投标函;

(二)投标报价;

(三)物业管理方案;

(四)招标文件要求提供的其他材料。

第二十三条 投标人应当在招标文件要求提交投标文件的截止时间前,将投标文件密封送达投标地点。招标人收到投标文件后,应当向投标人出具标明签收人和签收时间的凭证,并妥善保存投标文件。在开标前,任何单位和个人均不得开启投标文件。在招标文件要求提交投标文件的截止时间后送达的投标文件,为无效的投标文件,招标人应当拒收。

第二十四条 投标人在招标文件要求提交投标文件的截止时间前,可以补充、修改或者撤回已提交的投标文件,并书面通知招标人。补充、修改的内容为投标文件的组成部分,并应当按照本办法第二十三条的规定送达、签收和保管。在招标文件要求提交投标文件的截止时间后送达的补充或者修改的内容无效。

第二十五条 投标人不得以他人名义投标或者以其他方式弄虚作假,骗取中标。

投标人不得相互串通投标,不得排挤其他投标人的公平竞争,不得损害招标人或者其他投标人的合法权益。

投标人不得与招标人串通投标,损害国家利益、社会公共利益或者他人的合法权益。

禁止投标人以向招标人或者评标委员会成员行贿等不正当手段谋取中标。

第四章 开标、评标和中标

第二十六条 开标应当在招标文件确定的提交投标文件截止时间的同一时间公开进行;开标地点应当为招标文件中预先确定的地点。

第二十七条 开标由招标人主持,邀请所有投标人参加。开标应当按照下列规定进行:

由投标人或者其推选的代表检查投标文件的密封情况,也可以由招标人委托的公证机构进行检查并公证。经确认无误后,由工作人员当众拆封,宣读投标人名称、投标价格和投标文件的其他主要内容。

招标人在招标文件要求提交投标文件的截止时间前收到的所有投标文件,开标时都应当当众予以拆封。

开标过程应当记录,并由招标人存档备查。

第二十八条 评标由招标人依法组建的评标委员会负责。

评标委员会由招标人代表和物业管理方面的专家组成,成员为 5 人以上单数,其中招标人代表以外的物业管理方面的专家不得少于成员总数的三分之二。

评标委员会的专家成员,应当由招标人从房地产行政主管部门建立的专家名册中采取随机抽取的方式确定。

与投标人有利害关系的人不得进入相关项目的评标委员会。

第二十九条 房地产行政主管部门应当建立评标的专家名册。省、自治区、直辖市人民政府房地产行政主管部门可以将专家数量少的城市的专家名册予以合并或者实行专家名册计算机联网。

房地产行政主管部门应当对进入专家名册的专家进行有关法律和业务培训,对其评标能力、廉洁公正等进行综合考评,及时取消不称职或者违法违规人员的评标专家资格。被取消评标专家资格的人员,不得再参加任何评标活动。

第三十条 评标委员会成员应当认真、公正、诚实、廉洁地履行职责。

评标委员会成员不得与任何投标人或者与招标结果有利害关系的人进行私下接触,不得收受投标人、中介人、其他利害关系人的财物或者其他好处。

评标委员会成员和与评标活动有关的工作人员不得透露对投标文件的评审和比较、中标候选人的推荐情况以及与评标有关的其他情况。

前款所称与评标活动有关的工作人员,是指评标委员会成员以外的因参与评标监督工作或者事务性工作而知悉有关评标情况的所有人员。

第三十一条 评标委员会可以用书面形式要求投标人对投标文件中含义不明确的内容作必要的澄清或者说明。投标人应当采用书面形式进行澄清或者说明,其澄清或者说明不得超出投标文件的范围或者改变投标文件的实质性内容。

第三十二条 在评标过程中召开现场答辩会的,应当事先在招标文件中说明,并注明所占的评分比重。

评标委员会应当按照招标文件的评标要求,根据标书评分、现场答辩等情况进行综合评标。

除了现场答辩部分外,评标应当在保密的情况下进行。

第三十三条 评标委员会应当按照招标文件确定的评标标准和方法,对投标文件进行评审和比较,并对评标结果签字确认。

第三十四条　评标委员会经评审，认为所有投标文件都不符合招标文件要求的，可以否决所有投标。

依法必须进行招标的物业管理项目的所有投标被否决的，招标人应当重新招标。

第三十五条　评标委员会完成评标后，应当向招标人提出书面评标报告，阐明评标委员会对各投标文件的评审和比较意见，并按照招标文件规定的评标标准和评标方法，推荐不超过3名有排序的合格的中标候选人。

招标人应当按照中标候选人的排序确定中标人。当确定中标的中标候选人放弃中标或者因不可抗力提出不能履行合同的，招标人可以依序确定其他中标候选人为中标人。

第三十六条　招标人应当在投标有效期截止时限30日前确定中标人。投标有效期应当在招标文件中载明。

第三十七条　招标人应当向中标人发出中标通知书，同时将中标结果通知所有未中标的投标人，并应当返还其投标书。

招标人应当自确定中标人之日起15日内，向物业项目所在地的县级以上地方人民政府房地产行政主管部门备案。备案资料应当包括开标评标过程、确定中标人的方式及理由、评标委员会的评标报告、中标人的投标文件等资料。委托代理招标的，还应当附招标代理委托合同。

第三十八条　招标人和中标人应当自中标通知书发出之日起30日内，按照招标文件和中标人的投标文件订立书面合同；招标人和中标人不得再行订立背离合同实质性内容的其他协议。

第三十九条　招标人无正当理由不与中标人签订合同，给中标人造成损失的，招标人应当给予赔偿。

第五章　附　　则

第四十条　投标人和其他利害关系人认为招标投标活动不符合本办法有关规定的，有权向招标人提出异议，或者依法向有关部门投诉。

第四十一条　招标文件或者投标文件使用两种以上语言文字的，必须有一种是中文；如对不同文本的解释发生异议的，以中文文本为准。用文字表示的数额与数字表示的金额不一致的，以文字表示的金额为准。

第四十二条　本办法第三条规定住宅规模较小的，经物业所在地的区、县人民政府房地产行政主管部门批准，可以采用协议方式选聘物业管理企业的，其规模标准由省、自治区、直辖市人民政府房地产行政主管部门确定。

第四十三条　业主和业主大会通过招投标的方式选聘具有相应资质的物业管理企业的，参照本办法执行。

第四十四条　本办法自2003年9月1日起施行。

最高人民法院关于审理物业服务纠纷案件具体应用法律若干问题的解释

（2009年5月15日法释〔2009〕8号公布　自2009年10月1日起施行）

为正确审理物业服务纠纷案件，依法保护当事人的合法权益，根据《中华人民共和国民法通则》、《中华人民共和国物权法》、《中华人民共和国合同法》等法律规定，结合民事审判实践，制定本解释。

第一条　建设单位依法与物业服务企业签订的前期物业服务合同，以及业主委员会与业主大会依法选聘的物业服务企业签订的物业服务合同，对业主具有约束力。业主以其并非合同当事人为由提出抗辩的，人民法院不予支持。

第二条　符合下列情形之一，业主委员会或者业主请求确认合同或者合同相关条款无效的，人民法院应予支持：

（一）物业服务企业将物业服务区域内的全部物业服务业务一并委托他人而签订的委托合同；

（二）物业服务合同中免除物业服务企业责任、加重业主委员会或者业主责任、排除业主委员会或者业主主要权利的条款。

前款所称物业服务合同包括前期物业服务合同。

第三条　物业服务企业不履行或者不完全履行物业服务合同约定的或者法律、法规规定以及相关行业规范确定的维修、养护、管理和维护义务，业主请求物业服务企业承担继续履行、采取补救措施或者赔偿损失等违约责任的，人民法院应予支持。

物业服务企业公开作出的服务承诺及制定的服务细则，应当认定为物业服务合同的组成部分。

第四条　业主违反物业服务合同或者法律、法规、管理规约，实施妨害物业服务与管理的行为，物业服务企业请求业主承担恢复原状、停止侵害、排除妨害等相应民事责任的，人民法院应予支持。

第五条　物业服务企业违反物业服务合同约定或者法律、法规、部门规章规定，擅自扩大收费范围、提高收费标准或者重复收费，业主以违规收费为由提出抗辩的，人民法院应予支持。

业主请求物业服务企业退还其已收取的违规费用的，人民法院应予支持。

第六条　经书面催交，业主无正当理由拒绝交纳或者在催告的合理期限内仍未交纳物业费，物业服务企业请求业主支付物业费的，人民法院应予支持。物业服务企业已经按照合同约定以及相关规定提供服务，业主仅以未享受或者无需接受相关物业服务为抗辩理由的，人民法院不予支持。

第七条 业主与物业的承租人、借用人或者其他物业使用人约定由物业使用人交纳物业费，物业服务企业请求业主承担连带责任的，人民法院应予支持。

第八条 业主大会按照物权法第七十六条规定的程序作出解聘物业服务企业的决定后，业主委员会请求解除物业服务合同的，人民法院应予支持。

物业服务企业向业主委员会提出物业费主张的，人民法院应当告知其向拖欠物业费的业主另行主张权利。

第九条 物业服务合同的权利义务终止后，业主请求物业服务企业退还已经预收，但尚未提供物业服务期间的物业费的，人民法院应予支持。

物业服务企业请求业主支付拖欠的物业费的，按照本解释第六条规定处理。

第十条 物业服务合同的权利义务终止后，业主委员会请求物业服务企业退出物业服务区域、移交物业服务用房和相关设施，以及物业服务所必需的相关资料和由其代管的专项维修资金的，人民法院应予支持。

物业服务企业拒绝退出、移交，并以存在事实上的物业服务关系为由，请求业主支付物业服务合同权利义务终止后的物业费的，人民法院不予支持。

第十一条 本解释涉及物业服务企业的规定，适用于物权法第七十六条、第八十一条、第八十二条所称其他管理人。

第十二条 因物业的承租人、借用人或者其他物业使用人实施违反物业服务合同，以及法律、法规或者管理规约的行为引起的物业服务纠纷，人民法院应当参照本解释关于业主的规定处理。

第十三条 本解释自2009年10月1日起施行。

本解释施行前已经终审，本解释施行后当事人申请再审或者按照审判监督程序决定再审的案件，不适用本解释。

典型案例

1. 陈书豪与南京武宁房地产开发有限公司、南京青和物业管理有限公司财产损害赔偿纠纷案①

【裁判摘要】物业服务企业对小区共有部分负有保养、维护义务，对于可能对业主财产造成损害的小区共用部分的安全隐患，应当及时消除，否则致业主财产损害后，物业服务企业应承担违约责任，对业主的损失进行赔偿。即便该安全隐患是第三人造成，也不能免除物业服务企业的违约责任，因第三人侵权致小区共用部分对业主财产造成损害的，物业服务企业可以负责的情形是物业服务企业已履行了保养维护义务，而第三人侵权是不可预见、不可避免的。

价值较大的财物在受损后，虽经修复，但与原物相比，不仅在客观价值上可能降低，而且在人们心理上价值降低，这就是价值贬损，按照违约责任理论，承担违约责任的方式首先是恢复原状，而恢复原状肯定要求赔偿财物的价值贬损。

房地产开发企业作为商品房的出卖人，在出售房屋、转移房屋所有权，并且商品房小区已经封园后，在所售房屋及共用部分没有质量瑕疵的情形下，对于小区业主的义务已经履行完毕，不需要承担责任。

【案例】原告：陈书豪，男，30岁，汉族，住南京市鼓楼区广州路。

被告：南京武宁房地产开发有限公司，住所地：南京市江宁区科学园天元中路。

法定代表人：赵崇希，该公司董事长。

被告：南京青和物业管理有限公司，住所地：溧水县永阳镇大东门商业步行街。

法定代表人：符丽娟，该公司董事长。

原告陈书豪与被告南京武宁房地产开发有限公司（以下简称武宁公司）、南京青和物业管理有限公司（以下简称青和公司）发生财产损害赔偿纠纷，向南京市江宁区人民法院提起诉讼。

原告陈书豪诉称：2011年6月25日早晨，被告武宁公司开发的南京市江宁区武夷绿洲小区观竹苑的围墙倒塌，其停在由被告青和公司负责管理的小区正规车位上的车辆（苏A856S3）遭受严重损害。原告车辆所投保的保险公司经过实地查看后表示，围墙倒塌是由于围墙外的土堆长期受雨水浸泡挤压所致，属于人为因素，车主无责，在事故责任方明确并且可以被找到的情况下，根据相关保险条款拒绝赔偿。后经查，此围墙属武宁公司负责管理，倒塌的原因系管理不善造成。在了解情况后，武宁公司给出书面承诺，同意承担原告的修车费用和物价定损费用，但是对于原告车辆的折损费拒不赔偿。在这起事故中，青和公司没有尽到对车辆的管理责任，故也应承担责任。现依据其和武宁公司、青和公司的合同关系要求：1. 两被告支付原告车辆修理费22 309元；2. 两被告支付原告物价定损费720元；3. 两被告支付原告车辆折损费20 000元；4. 两被告支付这起事故给原告造成的误工费、交通费1000元；5. 两被告承担本案的诉讼费；6. 两被告承担连带

① 案例来源：《最高人民法院公报》2013年第5期。

责任。

被告武宁公司辩称：原告陈书豪与武宁公司之间存在商品房买卖合同关系，武宁公司已经按照商品房买卖合同的约定向原告交付了经竣工验收合格的房屋及相关附属设施，不存在违约行为。围墙倒塌属于围墙之外他人土地上堆放的土堆因遭遇大暴雨倒塌而冲毁围墙，并非该围墙本身质量原因而倒塌，即武宁公司不存在任何违约行为，不承担责任。

被告青和公司辩称：其和原告陈书豪之间仅有一份停车服务协议，按该协议约定，其公司仅为陈书豪提供车辆管理服务所产生的秩序维护、卫生、环境保洁、停车服务，小区的楼盘、公共设施的产权均不属于其公司所有，故要其公司赔偿没有法律依据。

南京市江宁区人民法院一审查明：

原告陈书豪购买了被告武宁公司开发的位于南京市江宁区天元中路武夷绿洲小区观竹苑24幢906室房屋，并于2009年7月取得房屋的所有权证，现观竹苑已封园。武宁公司于2009年7月27日和被告青和公司签订了一份武夷绿洲前期物业服务合同，约定青和公司对武夷绿洲小区提供前期物业管理服务。双方还约定，青和公司对武夷绿洲小区物业共用部位进行维修养护。2010年12月，青和公司与陈书豪签订了一份停车服务协议，约定将小区地面105号车位交由陈书豪停车。2011年6月24日、25日本区大雨，同年6月25日上午，陈书豪停车位旁围墙外堆放的泥土坍塌，致围墙倒塌，压坏了陈书豪的苏A856S3车辆。陈书豪的车辆被压坏后，产生维修费用20 654元、定损费720元。2011年11月，陈书豪诉至法院。法院在审理过程中，经陈书豪申请，法院委托南京市鼓楼区物价局价格认证中心对车辆苏A856S3的折损情况进行鉴定评估，经鉴定，该车在2011年6月25日的贬值损失鉴证价格为9770元。

本案在审理过程中，原告陈书豪向两被告主张了误工费、交通费1000元、汽车配件费559.83元、汽车美容费1000元。就误工费其仅提供了工资表，但工资表中无法反映其因误工产生的损失；就交通费其仅提供了四张打车费的发票，但未证明打车的用途；就汽车配件费、美容费其仅提供了发票，未提供证据证明该费用的产生系2011年6月25日车辆损坏所致。

南京市江宁区人民法院一审认为：

被告青和公司在因第三人侵权致原告陈书豪车辆受损，陈书豪选择合同之诉，要求其赔偿损失时，应承担违约责任。其理由如下：

一、致原告陈书豪车辆受损的原因，是被告青和公司对按约应由其管理的小区共用部分（围墙）管理不善所致。按照一般情况及本案中青和公司与武宁公司的前期物业服务合同，青和公司对小区的共用部分，如围墙、道路、公共管道等负有保养维护的义务。小区内的物业通常分为共用部分和专用部分，专用部分的保养维修因物业服务企业无法进入和控制，一般由业主自行负责（有特别约定的储藏室、业主有产权的地下车库等特殊部分例外），而共用部分的维修、养护通常由物业服务企业负责，这是由业主、物业服务企业的能力、社会分工及合同约定所决定的，而小区的共用部分致业主财物受损，对共有部分有维护、保养义务的物业服务企业应当承担违约责任。如该损失系第三人侵权所致，物业服务企业在承担违约责任后可向第三人追偿。

二、被告青和公司对小区的共同部分－－围墙的管理不善，体现在对围墙没有进行日常的保养和维护。从本案的案情来看，围墙倒塌系墙外堆土过多、雨天倒塌所致。而按案件实际情况，并不是土刚刚堆好，就遇雨倒塌，也就是说，只要青和公司按照合同的约定，对围墙进行日常保养维护，是能够发现并消除安全隐患的，也就能够避免陈书豪的车辆受损。

三、被告青和公司辩称其只对停车位的秩序进行管理，对停车位的安全只有一般人的注意义务，故不同意承担违约责任，法院认为，物业服务企业在第三人对小区共用部分侵权致业主财产受损的免责事由只能是在按合同履行了物业服务的义务后，对第三人实施的侵权行为不可预知也不可控制。可预知的或可控制的第三人侵权是小区共用部分的安全隐患，物业服务企业有义务消除该隐患，由此产生的费用可由第三人负担。

对于原告陈书豪的车辆受损后的价值贬损，法院经审理认为被告青和公司应当赔偿。所谓价值贬损，既指价值较大的财物在受损后，虽经修复，与原物相比，不仅客观价值有所降低，在人们心理上价值的降低，后一种价值的降低，虽系人们主观心理上的降低，但在财物所有权人实现该财物的价值时（比如出售），是客观存在的，根据违约责任的理论，合同一方当事人在违约时，首先考虑应当承担的责任是恢复原状，而对于财物来说，恢复原状显然不是仅指恢复财物的原来物理上的形状，肯定包括恢复财物原来的价值，故青和公司应当赔偿陈书豪车辆价值贬损的损失。

此外，法院还认为，被告武宁公司作为商品房的出卖人，在出售商品房并转移房屋所有权商品房小区已经封园后，在房屋质量没有瑕疵的情形下，对房屋的买受人原告陈书豪的义务已履行完毕。综上，对陈书豪要求武宁公司赔偿其损失的诉讼请求，法院不予支持。对陈书豪要求被告青和公司赔偿其损失的诉讼请求，予以支持。陈书豪主张的车辆维修费20 654元、定损费720元，有车辆损失鉴定清单、定损费票据等证据印证，法院予以采信。其主张的车辆配件费、汽车美容费、误工费、交通费，因无充分证据证明系车辆受损所致，法院不予支持。对其主张的车辆折损费20 000元，因车辆贬值损失价格鉴证价格为9770元，故部分予以支持。

据此，南京市江宁区人民法院于2012年3月22日判决：

一、被告青和公司于本判决发生法律效力之日起10日内赔偿原告陈书豪车辆维修费20 654元、定损费720元、车辆折损费9770元,合计31 144元。

二、驳回原告陈书豪的其他诉讼请求。

青和公司不服一审判决,向南京市中级人民法院上诉称:1. 陈书豪与青和公司之间建立的仅为物业服务合同法律关系,根据《物业管理条例》第四十七条的规定,这一注意义务为“物业管理企业应当协助做好物业管理区域内的安全防范工作”,青和公司承担的只是一般人的注意义务,即物业公司对小区及停车场只需尽到基本的安全义务;2. 围墙倒塌造成车辆损失的原因并未查清,一审判决认定小区围墙外堆有泥土,2011年6月25日大雨致围墙倒塌并无事实依据,即便是上述原因,青和公司也只是管理不到位,只应承担很小的责任,而不应承担全部责任。故应当依法撤销一审判决,依法改判青和公司不承担赔偿责任,诉讼费用由陈书豪承担。

被上诉人陈书豪辩称:一审法院判决有事实和法律依据,上诉人青和公司提出的《物业管理条例》中的规定与青和公司负有养护义务并不矛盾。综上,一审法院认定事实清楚,适用法律正确,请求维持原判。

被上诉人武宁公司辩称:1. 武宁公司已经完全履行了其与被上诉人陈书豪约定的商品房买卖合同中的义务,不存在任何违约行为,不应承担任何违约责任,一审法院判决驳回陈书豪要求武宁公司赔偿其损失的诉讼请求正确;2. 武宁公司已经将涉案小区委托给上诉人青和公司提供物业管理和服务,对小区提供物业管理和服务的责任主体为青和公司,武宁公司不应承担因小区物业服务问题而产生的责任;3. 一审判决驳回陈书豪要求武宁公司向其承担赔偿责任的诉讼请求,陈书豪并未就此提出上诉。综上,请法院维持一审判决驳回陈书豪要求武宁公司向其承担赔偿责任诉讼请求的判项。

南京市中级人民法院经二审,确认了一审查明的事实。

南京市中级人民法院二审认为:

建设单位依法与物业服务企业签订的前期物业服务合同,对业主有约束力。本案一审中,被上诉人陈书豪选择合同之诉,故本案应为物业服务合同纠纷。被上诉人武宁公司与上诉人青和公司签订的前期物业服务合同合法有效,当事人应当履行合同中约定的权利义务。根据该合同的约定,青和公司负责物业共用部分的维修养护。陈书豪的车辆停放在青和公司提供的车位上,被倒塌的围墙致损,青和公司未尽到维修养护义务,应当承担赔偿责任。综上,青和公司的上诉请求与理由均不能成立,不予支持。

据此,南京市中级人民法院依照《中华人民共和国民事诉讼法》第一百五十三条第一款第(一)项之规定,于2012年6月19日作出判决:

驳回上诉,维持原判。

本判决为终审判决。

2. 厦门东方设计装修工程有限公司与福建省实华房地产开发有限公司商品房包销合同纠纷案①

【裁判摘要】

当事人签订的合同中,对某一具体事项使用了不同的词语进行表述,在发生纠纷后双方当事人对这些词语的理解产生分歧的,人民法院在审判案件时应当结合合同全文、双方当事人经济往来的全过程,对当事人订立合同时的真实意思表示作出判断,在此基础上根据诚实信用的原则,对这些词语加以解释。不能简单、片面地强调词语文义上存在的差别。

【案情】

上诉人(原审原告、原审反诉被告):厦门东方设计装修工程有限公司,住所地福建省厦门市鹭江道海光大厦23楼。

法定代表人:许腾辉,该公司董事长。

委托代理人:于宁杰,福建天泽广业律师事务所律师。

委托代理人:郑水园,福建天衡联合律师事务所律师。

上诉人(原审被告、原审反诉原告):福建省实华房地产开发有限公司,住所地福建省福州市鼓楼区东街33号武夷中心10层。

法定代表人:李立明,该公司董事长。

委托代理人:吴妙华,福建君立律师事务所律师。

委托代理人:张健,福建君立律师事务所北京分所律师。

上诉人厦门东方设计装修工程有限公司(以下简称东方公司)与上诉人福建省实华房地产开发有限公司(以下简称实华公司)因商品房包销合同纠纷一案,不服福建省高级人民法院(2004)闽民初字第59号民事判决,向本院提起上诉。本院依法组成合议庭于2005年7月28日公开开庭审理了本案。上诉人东方公司的委托代理人于宁杰、郑水园,上诉人实华公司的委托代理人吴妙华、张健到庭参加了诉讼。本案现已审理终结。

一审法院经审理查明:2003年8月,东方公司与实华公司签订了一份《房产包销合同》,双方约定:一、实华公司将其开发建设的“实华公寓”楼盘全部交由东方公司包销,该楼盘建筑面积93602.7平方米,其中店面5174.4平方米,住宅85727.1平方米,车位224个。二、包销权限:东方公司作为该物业的包销商,全权负责该楼盘的销售及销售过程中的广告实施及整个楼盘园林景观、绿化的设计施工。三、包销期限:自《商品房预售许可证》签发之日起30个月内,车位包销期限为42个月。四、包销保证金:东方公司应向实华公司支付200万元人民币的包销保证金。在本合同签订之日起五个工作日

① 案例来源:中华人民共和国最高人民法院民事判决书(2005)民一终字第51号。

内,支付第一期保证金100万元,余下100万元待《商品房预售许可证》颁发之日起一个月内付清。逾期三个工作日未交足第二笔保证金,实华公司有权没收第一笔保证金并终止合同。上述保证金在房屋销售和交房后退还。五、包销底价及包销利润:住宅2600元/平方米,店面6000元/平方米,车位7万元/个,合同销售价超出上述底价的溢价部分,作为东方公司的包销利润全部归其所有。六、双方的权利义务:实华公司在东方公司售楼人员填定合同后,最终对售楼合同签章确认(合同样本经实华公司认可后生效);东方公司在《商品房预售许可证》下达之日起45天内,景观绿化投入量达20%,半年内达40%,一年内达80%,一年半内投入量达100%。七、包销业绩确认:购房人与实华公司签订《商品房预售合同》,并付首期款(分期或按揭),分期付款的首期款不低于总房款的30%,按揭付款在银行正式收件前,即确认成交,计入东方公司业绩,但东方公司不得就该部分溢价款主张权利。银行正式收件后,则按本合同约定执行。八、包销进度及期限:第一阶段,东方公司在取得预售许可证后60天内完成已取得预售许可证楼体销售面积的20%的销售业绩。第二阶段,东方公司保证在预售许可证颁发后180天内完成已取得预售许可证楼体销售面积的50%的销售业绩。第三阶段,东方公司保证在预售许可证颁发后240天内完成已取得预售许可证楼体销售面积的60%的销售业绩。第四阶段,东方公司保证在预售许可证颁发后15个月内完成已取得预售许可证楼体销售面积的70%的销售业绩。第五阶段,东方公司保证在预售许可证颁发后18个月内完成已取得预售许可证楼体销售面积的85%的销售业绩。第六阶段,东方公司保证在预售许可证颁发后24个月内完成已取得预售许可证楼体销售面积的95%的销售业绩。第七阶段,东方公司保证在预售许可证颁发后30个月内完成已取得预售许可证楼体销售面积的100%的销售业绩。第八阶段,车位自《商品房预售许可证》签发之日起三年零六个月完成80%的销售业绩。九、违约事项:实华公司应在2003年11月30日前办妥该楼盘的《商品房预售许可证》,否则逾期三个月,实华公司应双倍返还东方公司已付保证金,东方公司有权终止合同,或继续履约。

合同签订后,东方公司于2003年7月23日向实华公司支付了第一笔包销保证金100万元,并委托他人进行景观设计、绿化施工和广告发布,投入费用达603100元。实华公司分别于2004年2月12日、3月18日、5月11日分三批取得该楼盘19幢楼体的《商品房预售许可证》,东方公司对实华公司迟延办理《商品房预售许可证》未提出异议,但对销售业绩计算起始日及其确定的开盘日期提出异议。2004年2月23日,实华公司与东方公司召开"实华·蓝湾雅境"楼盘包销等相关事宜协调会,并形成福建省实华房地产开发有限公司"关于'实华·蓝湾雅境'楼盘包销等相关事宜协调会会议纪要"。该纪要第一条载明:实华公司分批向东方公司提供《商品房预售许可证》。实华公司根据"实华·蓝湾雅境"项目建设进展情况,分批申办《商品房预售许可证》,并将分批所取得的《商品房预售许可证》提供给东方公司;实华公司以实际所取得预售楼盘幢数考核东方公司销售业绩。在此期间,东方公司与部分购房者签订了《商品房预售合同》,并收取了部分购房者的定金。此外,实华公司与东方公司还对部分房产的售价、购房款的银行按揭贷款及销售业绩的确认等问题产生争议,双方以函件形式进行过协商。

2004年3月30日,福州市房地产管理局分别致函实华公司与东方公司,函称:根据购房者的投诉,实华公司与东方公司签订了商品房包销合同。经查,东方公司未在该局进行房地产中介企业资质登记备案,根据建设部《城市房地产中介服务管理规定》和《福建省房地产经纪人管理办法》的有关规定,凡没有取得房地产中介企业资格的企业不得从事房地产中介业务,请两公司终止双方签订的商品房包销合同。同日,实华公司函告东方公司,除依照福州市房地产管理局通知必须终止《房产包销合同》外,东方公司未按合同约定支付第二笔保证金,实华公司可以终止合同。东方公司收到实华公司解除合同的通知后直至起诉前未提出异议。2004年7月29日,福州市房地产管理局致函东方公司和实华公司,撤销了其2004年3月30日向上述两公司的致函。

东方公司于2004年10月27日以实华公司严重违约、应承担全部违约责任为由,将实华公司诉至福建省高级人民法院,请求判令实华公司承担违约责任并赔偿东方公司经济损失5000万元人民币;请求判令实华公司退还东方公司包销保证金100万元,并由实华公司承担本案所发生的一切诉讼费用。实华公司辩称,东方公司的违约是导致《房产包销合同》终止和无法继续履行的主要原因,实华公司对此并无过错;东方公司要求实华公司赔偿经济损失5000万元没有事实依据,既然双方签订的《房产包销合同》已于2004年3月30日终止,东方公司则不得依据已经终止的合同主张未实际包销房产的可得利益;东方公司要求返还包销保证金100万元违背了《房产包销合同》的约定。据此,实华公司请求驳回东方公司的诉讼请求。

实华公司在一审中提起反诉,请求判决实华公司与东方公司签订的《房产包销合同》已经依约终止;判决实华公司对东方公司已交的第一笔包销保证金100万元不予返还;判决东方公司承担本案的全部诉讼费用。东方公司辩称,双方约定的全额支付包销保证金的条件没有成立,根据包销合同第十条约定,实华公司应于2003年11月30日办妥全部的《商品房预售许可证》,直至2004年2月和3月实华公司才办好部分房屋的预售许可证,合同约定的交房时间是2005年6月,而实际交房是2005年8月,由于实华公司没有履行办理预售许可证的义务,导致东方公司无法履行保证金的交付义务;由于实华公司的违约行为,导致东方公司的绿化设计和绿化施工无法进行;福州市房地产管理局的通知从形式到内容均违法,对当事人不具有强制力,该局已自行撤销了该行政行为,故应驳回实华公司的反诉请求。

一审法院审理认为:从东方公司与实华公司签订的《房产包销合同》中对包销期限、包销保证金以及违约事项的约定来看,东方公司应当自第一份预售许可证颁发后即支付第二笔包销保证金。如果将包销保证金的支付时间理解为全部预售许可证颁发之后,显然与约定保证金的目的和保证金的属性相悖。实华公司未在《房产包销合同》的约定时间内办妥实华公寓楼盘的《商品房预售许可证》,东方公司未选择解除合同,也未请求实华公司双倍支付包销保证金,而是选择了继续履行合同,即应履行合同约定的支付第二笔包销保证金的义务。东方公司在接到实华公司通知后,未在第一次《商品房预售许可证》颁发之日起约定的时间内支付第二笔包销保证金,实华公司依合同约定可以行使解除合同的权利。依据《房产包销合同》第四条的约定,东方公司未如期支付包销保证金,实华公司可以终止合同并没收东方公司已交的第一笔包销保证金100万元。《房产包销合同》终止前,东方公司已经与他人签订商品房预售合同并收取定金的部分房产,可依照合同的约定,予以计算包销溢价。合同终止后,原合同约定的内容均不发生法律效力,即不依原合同约定计算包销溢价。东方公司主张实华公司违约应承担违约责任,应退还包销保证金,并赔偿合同解除时未包销部分房产溢价损失的请求,缺乏事实和法律依据,不予支持。实华公司反诉东方公司未按约支付第二笔包销保证金,致双方签订的合同终止,其已支付的第一笔包销保证金不予返还的请求有理,应予支持。根据《中华人民共和国合同法》第九十一条第一款第七项、第九十三条、第九十六条第一款、第九十七条的规定,遂判决:一、东方公司与实华公司签订的《房产包销合同》从2004年3月30日起就已解除的事实予以确认;二、东方公司已经支付给实华公司的第一笔包销保证金100万元不予返还;三、实华公司应支付给东方公司在《房产包销合同》解除前,已签订《商品房预售合同》、交纳定金,并在《房产包销合同》解除后实际支付首期款的部分房产的溢价3776601.8元;四、驳回东方公司的其他诉讼请求。本诉案件受理费265010元,由东方公司负担240010元,实华公司负担25000元;反诉案件受理费15010元,由东方公司负担。

东方公司与实华公司均不服一审判决,向本院提起上诉。

东方公司上诉称:第一、一审法院以东方公司未支付第二笔包销保证金为由,认定实华公司有权解除合同,认定事实和适用法律均有错误。根据合同约定,东方公司支付第二笔100万元包销保证金的期限是包销楼盘的预售许可证颁发之日起一个月,一审判决已经认定实华公司直至违约终止合同履行时,尚未取得全部楼盘的预售许可证,故东方公司支付第二笔包销保证金的条件一直未成就。保证金是履行全部楼盘包销义务的保证,而取得全部楼盘的预售许可证是包销合同能够全部履行的前提。根据合同约定,实华公司未能在2003年11月30日前办妥预售许可证,东方公司有权解除合同,而东方公司不行使解除权并不等于支付保证金的条件也同时改变。因此,一审判决东方公司应当履行合同约定的支付第二笔包销保证金的义务,违反法律规定。第二、一审判决认定该合同符合约定的解除条件,违背事实和法律。实华公司通知解约的理由是房管部门要求解约和东方公司未支付第二笔包销保证金,东方公司收到该通知后即申请行政复议,福州市房管局已正式发文撤销了该通知。实华公司作为违约一方,根本不享有通知对方解约的权利,且东方公司已在时效内提起诉讼,故一审判决认定东方公司未提出异议,与事实不符。此外,合同解除必须具备法定条件,将一方当事人未提出异议作为符合约定解除条件的理由没有依据。第三,一审判决关于东方公司实际销售事实的认定错误。一审期间,东方公司提交了厦门宏隆升房地产代理有限公司出具的有关房屋实际销售情况的相关证据,并提交了315套住宅和51户店面的定金收据,还申请法院对商品房预售登记的情况进行了调查。实华公司对此未提交任何反证,并对定金收据等证据当庭确认。故一审判决认定实际销售184套住宅和41户店面的情况不符合事实。据此请求:1. 撤销福建省高级人民法院(2004)闽民初字第59号民事判决;2. 依法改判实华公司承担违约责任,赔偿东方公司损失5000万元,退还东方公司所付包销保证金100万元,驳回实华公司的反诉请求;3. 一、二审诉讼费用均由被上诉人承担。

实华公司上诉称:一审判决东方公司可以对合同终止前已经与他人签订商品房预售合同并收取定金的部分房产计算包销溢价,与《房产包销合同》第八条的约定是自相矛盾的。根据《房产包销合同》的约定,东方公司主张已售房产的溢价款必须同时具备两个条件:一是与他人签订正式的《商品房预售合同》;二是收取不低于30%的首付款。此外,根据《房产包销合同》的其他条款规定,东方公司主张已售房产的溢价款还必须完成整个楼盘的全部广告和景观绿化并承担其所需的一切费用,以及支付第二笔保证金100万元等。但根据一审查明的事实,东方公司在《房产包销合同》终止前,仅签订了部分《商品房预售合同》,并未依约收取已签《商品房预售合同》部分30%的首付款,也没有依约履行整个楼盘的销售广告及景观绿化等合同义务,根本不具备主张已售房产的溢价款的条件。据此请求:1. 撤销一审判决第三项并改判驳回东方公司的诉讼请求;2. 判令东方公司承担本案一、二审全部诉讼费用。

本院二审查明:

一、东方公司于2004年2月19日接到实华公司关于第一批《商品房预售许可证》已经办妥的通知后,当日即向实华公司提出书面异议,明确指出:"该《商品房预售许可证》仅为实华·蓝湾雅境楼盘的部分许可证,而非全部。”

二、2004年2月23日,实华公司与东方公司在“关于‘实华·蓝湾雅境’楼盘包销等相关事宜协调会会议纪要”中,经双方协商,对实华公司分批向东方公司提供《商品房预售许可证》达成了共识,但对实华公司“分批提供”的时间和东方公司支付第二笔保证金的时间未明确约定。

三、截至2005年8月5日,实华公司承认由东方公司实际销售的住宅189套、店面42户,按照《房产包销合同》中双方约定计算房屋销售溢价的标准和方法,东方公司共计实现销售溢价为3896074元。此外,双方还一致确认:由东方公司收取定金但实华公司没有出具合同签收单而合同实际履行的有住宅65套、店面2户;由东方公司收取定金但实华公司没有出具合同签收单并由实华公司转售他人的有住宅58套、店面7户。

本院二审查明的其他事实与一审法院查明的事实相同。

本院认为:东方公司与实华公司在本案二审中的争议焦点主要有以下三点:

第一,实华公司终止合同的条件是否已经成就。东方公司认为,由于实华公司直至“违约终止合同履行时”尚未能取得全部楼盘的预售许可证,故东方公司支付第二笔包销保证金的条件一直未成就。实华公司认为,根据《房产包销合同》第四条的约定:“……余下100万元人民币待《商品房预售许可证》颁发之日起一个月内付清。逾期三个工作日内未交足第二笔保证金,甲方(实华公司)有权没收第一笔保证金,并终止本合同。”而第一期《商品房预售许可证》于2004年2月12日颁发,东方公司也于2004年2月19日知道了颁发的事实,故东方公司应当在2004年3月19日之前支付第二笔保证金。

东方公司与实华公司关于合同终止条件是否已经成就的争议,缘起于双方对“《商品房预售许可证》颁发之日”的不同理解。根据《房产包销合同》第四条的约定,东方公司应当在《商品房预售许可证》颁发之日起的一个月内支付第二笔包销保证金,逾期三个工作日内未交足第二笔保证金,实华公司有权没收第一笔保证金,并终止该合同。这里强调“颁发之日”的《商品房预售许可证》是指整个楼盘的《商品房预售许可证》,还是指单个楼体的《商品房预售许可证》,仅凭该条款中的文字表述尚难以准确判定。在《房产包销合同》中,当事人双方曾多次使用“签发”、“颁发”、“下达”和“办妥”来表述《商品房预售许可证》的办理情况,双方除对“办妥”是指“整个楼盘”的《商品房预售许可证》不存异议外,对其他“签发”、“颁发”和“下达”因约定不明而存在分歧。从《房产包销合同》第九条、第十条关于“包销进度”和“违约事项”的约定来看,合同约定本身存在一定的矛盾。因此,如何理解“颁发之日”的真实意思表示,即成为判断实华公司终止合同的条件是否已经成就的重要标准。

本院认为,对《房产包销合同》第四条关于“《商品房预售许可证》颁发之日”的约定应当结合该合同的全文、尊重当事人在订立合同时的意思表示以及诚实信用的原则予以解释。首先,从《房产包销合同》第三条关于包销期限的约定来看,双方一致确认包销期限自《商品房预售许可证》签发之日起30个月内,其中车位包销期限延长一年即车位包销期限为42个月。因此,《商品房预售许可证》签发之日也就是开始计算东方公司包销期限之日,办妥整个楼盘的《商品房预售许可证》是东方公司在包销期限内履行全部包销义务的必要条件。其次,从《房产包销合同》中关于违约事项的约定来看,双方一致确认“甲方(实华公司)应在2003年11月30日前办妥该楼盘的《商品房预售许可证》”,这一条明确约定了实华公司办妥整个楼盘的《商品房预售许可证》的具体期限,而这一期限应当成为解释合同中关于《商品房预售许可证》“签发”、“颁发”、“下达”等不同用语的逻辑基础,也是当事人双方计算包销期限、确定包销保证金支付条件以及判断一方是否违约的时间界限。由于实华公司在2003年11月30日之前不仅未能办妥整个楼盘的《商品房预售许可证》,而且在此之前也未能办妥该楼盘中任何一份单个楼体的《商品房预售许可证》,故实华公司率先违约已成为本案中不争的事实,在此基础上探究“颁发之日”的真实意思表示已失去意义。再次,从东方公司于2004年2月19日给实华公司的回函中可以看出,东方公司对双方在《房产包销合同》第四条中所约定的“颁发之日”,一直主张是指整个楼盘《商品房预售许可证》的办妥之日。东方公司于2004年2月19日接到实华公司“关于‘实华·蓝湾雅境’《商品房预售许可证》已批准发出的通知”,后当日即提出了异议,明确表示了该《商品房预售许可证》仅为部分而非全部,由于该异议的提出是在双方诉讼发生之前,所以应当成为判断当事人真实意思表示的重要证据。一审认定东方公司对实华公司未按合同约定在2003年11月30日前办妥“实华公寓”楼盘的《商品房预售许可证》的事实未曾提出异议,属于认定事实错误。故此,一审判决仅凭《房产包销合同》中个别用语的不同,将“签发”、“颁发”解释为“单份”《商品房预售许可证》的签发或颁发,而将“办妥”解释为整个楼盘《商品房预售许可证》的办妥,无充分的证据支持。

实华公司与东方公司关于《商品房预售许可证》“颁发之日”的争议源于《房产包销合同》的约定不明。2004年2月23日,实华公司与东方公司就“实华·蓝湾雅境”,楼盘包销所出现的问题及“商品房买卖合同”补充条款进行协商后达成了共识,并形成了“关于‘实华·蓝湾雅境’楼盘包销等相关事宜协调会会议纪要”。在该纪要中,双方对实华公司分批向东方公司提供《商品房预售许可证》的事项达成了共识,但对实华公司“分批提供”,的具体时间、最后期限以及东方公司支付第二笔包销保证金的条件未明确约定。如前所述,实华公司向东方公司提供《商品房预售许可证》是东方公司完成包销义务和支付第二笔包销保证金的必要条件，而“一次性提供”和“分批提供”又直接决定东方公司支付第二笔包销保证金的条件是否已经成就。由于双方对东方公司支付第二笔包销保证金的条件约定不明，故根据《房产包销合同》第四条的约定，尚不能认定东方公司支付第二笔包销保证金的条件已经成就。据上所述，实华公司在双方对支付第二笔包销保证金的条件存在分歧且争议未解决的前提下，即以东方公司未支付第二笔包销保证金为由单方宣布终止合同，显属不当。因此，实华公司应当对其因未能在合同约定的最后期限内办妥该楼盘的《商品房预售许可证》的违约行为以及单方宣布终止合同给东方公司造成的损失承担赔偿责任。

第二，东方公司已交付给实华公司的100万元包销保证金应否返还。根据《房产包销合同》第四条的约定，东方公司应当在该合同签订之日起五个工作日内向实华公司支付第一笔包销保证金100万元，该保证金是东方公司对自己履行合同的保证。2004年3月30日，实华公司以福州市房地产管理局通知要求终止合同以及东方公司未按合同约定支付第二笔包销保证金为由，单方以书面形式宣布终止了与东方公司的《房产包销合同》后，东方公司即申请行政复议，福州市房地产管理局于2004年7月29日以书面通知的形式撤销了由其于2004年3月30日做出的关于要求实华公司与东方公司终止《房产包销合同》的函件。东方公司又于2004年10月27日以实华公司违约为由将实华公司诉至福建省高级人民法院，请求判令实华公司承担违约责任并赔偿东方公司经济损失共计5000万元，请求实华公司退还东方公司所付包销保证金100万元，并以此作为对实华公司单方终止合同的一种异议。

本院认为，东方公司要求实华公司返还第一笔包销保证金的请求及理由能否成立，取决于东方公司支付第二笔包销保证金的条件是否成就。根据《房产包销合同》第四条的约定，东方公司应当在《商品房预售许可证》颁发之日起的一个月内付清第二笔包销保证金，逾期三个工作日内未交足第二笔保证金，实华公司有权没收第一笔保证金，并终止该合同。因此，东方公司未按约定交付第二笔保证金，是实华公司没收第一笔保证金的必要条件。如第一个问题所述，由于双方在《房产包销合同》中对单个楼体还是整个楼盘的《商品房预售许可证》“颁发之日”约定不明，故东方公司对支付第二笔保证金的条件是否成就持有异议。在异议未解决之前，双方之间的包销合同因实华公司的单方终止行为而无法继续履行，包销保证金作为对东方公司的一种履约保证已失去意义，实华公司理应返还东方公司已经支付的第一笔包销保证金100万元。一审判决以东方公司未如期支付第二笔包销保证金为由，认定实华公司可以终止合同并没收东方公司已交付的第一笔包销保证金100万元，认定事实错误，适用法律不当。

第三，东方公司主张溢价款和赔偿损失的权利应否得到保护。实华公司以福州市房地产管理局的通知为由，在合同约定的终止条件成就之前，单方终止《房产包销合同》，应当承担违约责任并赔偿东方公司因合同不能实际履行所造成的损失。在本案中，福州市房地产管理局作为房地产业的行政主管部门于2004年3月30日以书面通知的形式要求实华公司终止与东方公司的包销合同，其具体行政行为导致合同不能实际履行的后果也不能完全由实华公司承担。此外，东方公司也认可了合同在客观上已无法实际履行的事实，故在本案诉讼中未提出实际履行合同的诉讼请求。同时，在实华公司单方宣布终止合同之前，东方公司在广告投入、景观绿化等方面也未能完全按照《房产包销合同》的约定履行自己的义务。综合以上因素，对东方公司主张溢价款和赔偿损失的范围应当限定在《房产包销合同》已经履行和已经部分履行的范围之内，并参酌当事人双方的过错程度以及东方公司实际损失的程度来确定实华公司的赔偿范围。

根据本院二审查明的事实，在实华公司单方宣布终止合同之前，由东方公司实际收取购房定金的有住宅312套和店面51户，扣除购房人退房并由实华公司转售他人的住宅58套和店面7户之外，应当认定由东方公司完成销售和已完成前期销售工作的有住宅254套和店面44户。参照《房产包销合同》中双方计算包销溢价的标准，东方公司可以实现的包销溢价款为7310061元。虑及东方公司在广告投入、景观绿化等方面履约不足以及实华公司在后期销售过程中需要支出的费用和付出的劳动等综合因素，应当在东方公司可以实现的包销溢价款7310061元中酌减80万元。

综上所述，根据《中华人民共和国民事诉讼法》第一百五十三条第一款第（二）项、第（三）项，《中华人民共和国合同法》第一百二十条之规定，判决如下：

一、撤销福建省高级人民法院（2004）闽民初字第59号民事判决；

二、终止福建省实华房地产开发有限公司与厦门东方设计装修工程有限公司在本案中的房产包销合同关系；

三、福建省实华房地产开发有限公司于本判决生效后三十日内向厦门东方设计装修工程有限公司返还包销保证金100万元，并向厦门东方设计装修工程有限公司支付包销溢价款和其他损失费共计6510061元。

四、驳回厦门东方设计装修工程有限公司、福建省实华房地产开发有限公司的其他诉讼请求。

一审本诉案件受理费、二审案件受理费共计530020元，由福建省实华房地产开发有限公司负担30万元，厦门东方设计装修工程有限公司负担230020元。一审反诉案件受理费15010元，由福建省实华房地产开发有限公司负担。

本判决为终审判决。

3. 无锡市春江花园业主委员会诉上海陆家嘴物业管理有限公司等物业管理纠纷案①

【裁判摘要】

根据《中华人民共和国物权法》第七十二条的规定，业主对建筑物专有部分以外的共有部分，享有权利，承担义务。共有部分在物业服务企业物业管理（包括前期物业管理）期间所产生的收益，在没有特别约定的情况下，应属全体业主所有，并主要用于补充小区的专项维修资金。物业服务企业对共有部分进行经营管理的，可以享有一定比例的收益。

【案情】

原告：江苏省无锡市春江花园业主委员会，住所地：江苏省无锡市学前东路延伸段。

代表人：常本靖，该业主委员会主任。

被告：上海陆家嘴物业管理有限公司无锡分公司，住所地：江苏省无锡市锡山区锡山经济开发区春江花园B区。

代表人：袁国栋，该公司经理。

被告：上海陆家嘴物业管理有限公司，住所地：上海市浦东新区锦安东路。

法定代表人：徐而进，该公司董事长。

原告江苏省无锡市春江花园业主委员会（以下简称业委会）因与被告上海陆家嘴物业管理有限公司无锡分公司（以下简称无锡分公司）、被告上海陆家嘴物业管理有限公司（以下简称物业公司）发生物业管理纠纷，向江苏省无锡市锡山区人民法院提起诉讼。

原告业委会诉称：2002年11月25日，被告物业公司与无锡市春江花园住宅小区的开发商无锡聚江房地产开发有限责任公司（以下简称聚江公司）签订前期物业管理委托合同一份，约定聚江公司委托物业公司对春江花园进行物业管理，管理期限为2002年11月25日起至春江花园小区业委会成立时止。合同成立后，物业公司安排被告无锡分公司具体对春江花园实施物业管理。2007年12月22日，原告业委会依法成立。2008年6月21日，业委会根据春江花园业主大会作出的业主自治决议，致函物业公司，明确不再与其签订物业管理合同，并要求物业公司及时办理移交。2008年7月17日，物业公司即派员与业委会正式办理移交，并签订了移交清单一份，明确物业公司应向业委会移交的物业管理费等费用总额为2 327 931.87元，其中小区共有部分收益结算的期间为2008年1月至6月。业委会经审查物业公司移交的资料发现，无锡分公司在2004年至2007年间，收取了小区共有部分收入5 967 370.31元未列入移交。为维护全体业主的利益，遂诉至法院，要求物业公司和无锡分公司立即返还移交清单确认的2327931.87元中的2 273 872.32元（差额部分54 059.55元为双方协议订立后业委会认可应返还给物业公司部分），及2004年至2007年共有部分收益的70%即4 177 159.22元，两项合计6 451 031.54元。

原告业委会提交了以下证据：

1. 原告业委会备案证明及无锡市物业管理区域内业主委员会备案回执各一份，用以证明业委会依法成立的事实。

2. 2008年1月11日原告业委会和被告无锡分公司的会议纪要一份，用以证明业委会与无锡分公司开会要求进行资料移交。

3. 2008年6月23日被告物业公司与原告业委会的会议纪要一份，用以证明双方协议商谈春江花园业主自治后双方的交接事宜。

4. 通知一份，用以证明原告业委会向被告物业公司发出通知，告知其春江花园业主大会决议实施业主自治，要求物业公司移交相关资料和结算相关工人工资和日常费用的事实。

5. 2008年6月29日的物资移交协议、2008年6月29日的资料移交协议、2008年6月30日无锡春江花园对外合同修正协议，用以证明原告业委会和被告物业公司协议商定进行相关物资和材料的移交。

6. 2008年6月29日，原告业委会和被告物业公司签订的无锡春江花园退盘人事关系处理协议，用以证明双方对相关人员进行安置的事实。

7. 2008年7月17日“关于无锡春江花园退盘移交协议”一份，用以证明被告物业公司同意于2008年6月23日退出对春江花园的物业管理，进行有关资料的移交。

8. 2008年7月17日“物业公司春江花园一期、二期结算款项移交清单”一份。证明双方就2008年间被告物业公司应移交给原告业委会的财物达成协议的事实。

9. 2008年7月21日原告业委会致被告物业公司的书函。证明业委会要求物业公司确认其经办人于2008年6月23日至2008年7月17日期间，与业委会签订的一系列协议的事实。

10. 2008年7月29日被告物业公司对原告业委会的回函，用以证明物业公司对双方签订的人事关系处理、资料移交、对外合同签订、物资移交四个方面的协议无异议，并要求在费用结算上双方应继续协商的事实。佐证2008年7月17日的移交清单并不是双方对所有事项的全部了结。

11. 2005年至2007年被告无锡分公司制作的当年的收支

① 案例来源：《最高人民法院公报》2010年第5期。

情况表,以及2004年部分收退费日报表等,用以证明被告物业公司2004年至2007年的共有部分收入共计5 967 370.31元应当移交。

被告物业公司、无锡分公司辩称:2002年11月25日,物业公司与聚江公司协商签订前期物业管理合同,并由无锡分公司具体实施对春江花园的物业管理属实。在原告业委会成立后,双方已陆续办理了资料等的移交,并通过结算,于2008年7月17日订立移交清单,该清单明确截止到2008年6月30日,物业公司应结算给业委会的款项总额为2 327 931.87元。这是双方对实施前期物业管理期间的总结算,是对应当移交给业委会所有资料和财产的一揽子处理方案。移交清单第十条也明确:"双方约定,在各自管理期限内的应由各自承担的收入、支出由各自承担。"依据该约定可以看出,双方之间已经全部解决了所有争议,故现业委会的诉讼请求,超出了双方协议的范围,其超出部分的诉讼主张,不应得到法院的支持。根据协议,物业公司、无锡分公司应当移交给业委会的款项总额为2 327 931.87元,扣除业委会诉讼请求中已认可给物业公司的54 059.55元,现已实际支付了1 857 995.72元,故尚需移交业委会415 876.6元。对该部分款项,同意及时移交。

退一步讲,即使移交清单未包括2004年至2007年的共有部分收益,原告业委会的诉讼请求也无事实和法律依据,应予驳回。主要理由是:根据相关法规和地方性规章,该共有部分的收入应首先去除成本计算出收益,对该收益应当首先弥补物业公司的管理成本,超出部分还应当保证物业公司8%的利润,在此之后如还存余额的,才能按照一定的比例由物业管理企业和业主共享。就本案而言,物业公司和无锡分公司对春江花园的管理,本来就是微利,根本达不到8%的利润额,故对2004至2007年春江花园业主共有部分管理所得,在按照上述方法计算后,已经不存在可分配利润。此外,因小区部分业主尚结欠2008年6月30日之前的物业管理费131万元,而业委会系全体业主的代表,故要求对该部分欠款行使抵销权,从物业公司应向业委会移交的款项中扣除。

被告物业公司、无锡分公司提交了以下证据:

1. 2002年11月25日,被告物业公司与聚江公司签订的春江花园前期物业管理委托合同一份,用以证明物业公司取得对春江花园实施前期物业管理资格。

2. 建设银行电子转账凭证一份,用以证明双方在2008年7月17日签订"物业公司春江花园一期、二期结算款项移交清单"后,被告物业公司已经履行557 995.72元付款义务的事实。

3. 2006年7月至2008年6月"春江花园管理处经营情况表",用以证明被告物业公司在春江花园的物业管理经营为微利经营,仅取得63 539.46元的利润,原告业委会的主张没有根据。

无锡市锡山区人民法院一审查明:

2002年11月25日,被告物业公司与开发商聚江公司协商签订春江花园前期物业管理合同一份,约定由物业公司对聚江公司开发的春江花园住宅小区实施前期物业管理,管理范围为春江花园一、二、三期,占地面积为32.3万平方米,建筑面积为60万平方米;约定管理期间,物业公司按照物价局批准的标准,按建筑面积向业主和物业使用人收取物业管理服务费;对物业范围内的商铺、地下停车库、会所的物业成本不计入向业主所收取的物业费用中,须单列。合同约定的管理期限为2002年11月25日(即合同签订日)起至业委会成立时止。合同还约定有其他相关事项。合同成立后,物业公司指派其下属分支机构被告无锡分公司具体实施春江花园的前期物业管理。

2007年12月22日,原告春江花园业委会成立。业委会成立后,于2008年1月2日在无锡市锡山区东亭街道办理了登记备案手续。2008年6月21日,业委会根据业主大会作出的实施业主自治的决议,致函被告物业公司明确与其终止物业管理服务合同,同时要求物业公司在接函后15天内,向业委会移交相关资料和财产,并交接完毕。物业公司接函后即派其副总经理朱继丰,于2008年7月17日与业委会主任常本靖协商,并达成了移交协议性质的"移交清单"一份。该协议确认:物业公司截止2008年6月30日,应当返还业委会预收的2008年7月1日后的物业管理费、保管的业主各类押金、2008年1月至6月的小区共有部分收益等合计2 327 931.87元。其中1 890 931.87元于2008年7月31日前全部付清,另437 000元于2009年4月30日前付清。协议第十条还约定,"双方约定,在各自管理期限内的应由各自承担的收入、支出由各自承担"。该协议附有双方确认的"结算项目表"和"支付协议"各一份。其中"结算项目表"记载2008年收取的春江花园小区共有部分停车费为629 035元,2007年预收2008年共有部分停车费160 180元。该部分停车费的70%归业委会管理,由物业公司将此款移交给业委会。

本案在审理中,被告物业公司于2008年8月26日主动履行了557 995.72元的付款义务。后经原告业委会申请,法院裁定先予执行了物业公司的银行存款130万元,合计物业公司实际支付了1 85799532元。

另查明:根据被告无锡分公司进行前期物业管理期间的财务报表显示:无锡分公司对春江花园业主共有部分物业实施管理的收入包括场地租赁费、停车管理费、会所收入三项,具体为:2005年度1 415 112.82元,2006年度1 808 004.50元,2007年度2 144 933元,共有部分物业管理的支出为2005年度298 155.95元,2006年度497 204.12元,2007年度430 131.07元,收入和支出的差额为4 142 559.18元。上述支出项目中,包括物业服务支出、停车管理费用、会所支出(包括泳池支出、维修支出、其他支出)、其他业务税金(包括营业税、城建税、教育费附加、物价调解基金、粮食风险基金、防洪保安基金)等。双方对财务报表确认的上述事实均无异议。

上述事实,有原告业委会和被告物业公司、无锡分公司所供证据材料,以及本案开庭笔录等在卷佐证,足以认定。

本案一审的争议焦点是:一、2008年7月17日双方移交协议是否已包含了所有结算事项,特别是是否包含2004年至2007年业主共有部分的共有部分收益;二、2004年至2007年业主共有部分收益的界定和分配问题;三、被告物业公司能否对部分业主结欠的物业管理费行使抵销权。

无锡市锡山区人民法院一审认为:

关于争议焦点一,移交协议所体现的内容。法院认为,2008年7月17日的移交协议系双方真实意思的表示,该协议对被告物业公司2008年度实施管理期间应当返还给原告业委会的款项以及在整个前期物业管理期间代管的业主押金等事项和交付时间均作出了详细的规定。根据该协议记载,物业公司应当返还业委会的款项为2 327 931.87元。但值得注意的是,该协议对2004年至2007年间,物业公司、被告无锡分公司实施业主共有部分物业管理的收益没有具体记载,而该部分收益依据无锡分公司的财务报表数目相当巨大。物业公司、无锡分公司在本案审理中将该协议第十条"双方约定,在各自管理期限内的应由各自承担的收入、支出由各自承担"解释为:通过签订该条款,双方就移交内容作出了一揽子解决,已经不存有其他纠葛,即使还有纠纷,双方也应各自承受,而不应向对方主张。而业委会则认为,该条款仅表明就清单列明的移交内容不再存在纠葛,并不表明其已经放弃了共有部分收益的分配请求权。法院认为,双方的移交协议,明确移交的是2008年1-6月的共有部分收益,而协议第十条内容,也无法理解为业委会对2008年前春江花园业主共有部分收益作出放弃的意思表示。故该协议应为一个不完全的移交协议,其没有将2004年至2007年共有部分收益纳入其中。且依据无锡分公司的报表记载,2004年至2007年共有部分收益数目巨大,业委会作为代表全体业主行使权利的组织,其权限来自于业主大会的授权,在无全体业主授权的情形下,其不能以自己的意志对业主的重大权利作出放弃,即使作出放弃的意思表示,该行为也为无效民事行为。据此,法院认为,2004年至2007年共有部分物业的收益,在上述移交协议中没有得到体现,该部分收益应当在物管企业和全体业主之间依法分配。

关于争议焦点二,2004年至2007年业主共有部分收益的界定和分配问题。法院认为,本案中所谓共有部分的物业管理收益应为共有部分收入与成本支出的差额,双方在本案审理中已经达成一致,即2004年至2007年春江花园小区业主共有部分的收入和支出以被告无锡分公司的报表为准。该双方的民事行为不违反法律法规的禁止性规定,法院予以确认。经法院审查该部分报表,2005年至2007年小区业主共有部分的总收入为5 368 050.32元,期间的总支出为1 225 491.14元,故总收益为4 142 559.18元。原告业委会主张的2004年的收益,因其提供的报表对该收益无法判断,双方对该年度共有部分的收益也无法统一,业委会作为主张权利方对此负有举证义务,应当对其举证不能承担不利后果。故因证据不足,法院对业委会主张的2004年度收益分配的诉讼请求不予支持。

关于收益的分配,法院认为,本案中争讼收益之产生,一方面得益于被告物业公司、无锡分公司的管理行为,另一方面也应注意到物管企业管理的物业属于全体业主共有。共有人对共有物享有收益权,这是一项法定权利。对该部分的收益分配,全体业主和物管企业可以通过合同约定进行分配,在没有约定的情形下,应当依法分配。本案中双方对该部分收益的分配没有合同根据,故应当按照法律规定进行分配。由于我国法律对此没有具体规定,故法院认为应当在不违反法律原则的前提下,公平合理分配共有部分物业的管理收益。物业管理有其特殊性,物管企业在实施物业管理期间其服务的对象为小区业主,而其对共有部分进行管理时业主并不给予报酬。如物管企业付出管理成本后不能获得经济回报,这对物管企业是不公平的。同时,小区共有部分作为小区全体业主的共有物,全体业主才是该物的所有权人,如果在收益分配上排除业主的权利,显而易见,这有悖法律原则。据此,在存有小区共有部分管理收益的情形下,该收益应主要归属于全体业主享有,同时物管企业付出了管理成本,也应享有合理的回报。综上,根据公平原则的要求,并参照《江苏省物业管理条例》第三十三条"经批准设置的经营性设施的收益,在扣除物业管理企业代办费用后,应当将收益的30%用于补贴物业管理公共服务费,收益的70%纳入维修基金,但合同另有约定的除外"的精神。同时考虑到原被告双方自行协商确定的2008年上半年共有部分收益的分配方案,即业主得七成,物管企业得三成。法院认为本案对共有部分收益分配的比例,确定为原告业委会得70%、物业公司得30%较为合理。据此,业委会代表春江花园全体业主对4 142 559.18元的收益享有其中的2 899 791.43元。值得注意的是,该部分款项,业委会不具有自行处置的权利,依据相关法律法规,该款应用作小区的维修基金,业委会作为执行机构,使用该款应按照业主的意志和法律的规定行使。关于物业公司提出的对上述收益应当首先弥补物管企业管理费用开支,多余部分还应满足物管企业8%的利润,余额再行分配的意见,因缺乏法律依据和双方合意,法院不予采纳。

关于争议焦点三,被告物业公司能否对部分业主结欠的物业管理费行使抵销权的问题。物业公司提出有部分业主尚结欠2008年6月30日以前的物业管理费131万元,并未提交充分证据予以证明,更重要的是,《中华人民共和国合同法》第九十九条规定:"当事人互负到期债务,该债务的标的物种类、品质相同的,任何一方可以将自己的债务与对方的债务抵销,但依照法律规定或者按照合同性质不得抵销的除外。”根据该规定,要进行债务抵销,当事人之间应当互负债务,互享债权。本案中诉讼的双方当事人为原告业委会和物业公司、被告无锡分公司,而结欠物业管理费的为部分业主,为单个的主体。业委会系代表小区全体业主提起诉讼,虽然包括了该部分欠费业主,但两者有本质的区别。因此,双方债权债务主体不同,不符合法定抵销的规定,因此,对物业公司行使抵销权的主张不予支持。

综上所述,被告物业公司应当将移交清单确认的款项(扣除54 059.55元)和2005年至2007年间小区共有部分收益的70%返还给原告业委会,即双方确认的2 273 872.32元,以及应当返还给业主的共有部分收益2 899 791.43元,合计5 173 663.75元。鉴于物业公司已经履行了1 857 995.72元,其仍应返还给业委会3 315 668.03元。因被告无锡分公司系物业公司下属不具有法人资格的分支机构,其合法成立并有一定的组织机构和财产,也具体实施了物业管理行为,故其应与物业公司共同承担上述返还之责。据此,无锡市锡山区人民法院依照《中华人民共和国物权法》第七十条、第七十三条、第七十四条第三款、第七十九条,国务院《物业管理条例》第五十四条第二款、第五十五条,参照适用《江苏省物业管理条例》第三十三条的规定,于2009年6月12日判决如下:

一、被告物业公司、无锡分公司共同于本判决生效后三日内返还原告业委会3 315 668.03元。

二、驳回原告业委会的其他诉讼请求。

一审宣判后,双方当事人在法定期限内均未提出上诉,判决已经发生法律效力。

8. 住房保障

经济适用住房管理办法

(2007年11月19日 建住房〔2007〕258号)

第一章 总 则

第一条 为改进和规范经济适用住房制度,保护当事人合法权益,制定本办法。

第二条 本办法所称经济适用住房,是指政府提供政策优惠,限定套型面积和销售价格,按照合理标准建设,面向城市低收入住房困难家庭供应,具有保障性质的政策性住房。

本办法所称城市低收入住房困难家庭,是指城市和县人民政府所在地镇的范围内,家庭收入、住房状况等符合市、县人民政府规定条件的家庭。

第三条 经济适用住房制度是解决城市低收入家庭住房困难政策体系的组成部分。经济适用住房供应对象要与廉租住房保障对象相衔接。经济适用住房的建设、供应、使用及监督管理,应当遵守本办法。

第四条 发展经济适用住房应当在国家统一政策指导下,各地区因地制宜,政府主导、社会参与。市、县人民政府要根据当地经济社会发展水平、居民住房状况和收入水平等因素,合理确定经济适用住房的政策目标、建设标准、供应范围和供应对象等,并组织实施。省、自治区、直辖市人民政府对本行政区域经济适用住房工作负总责,对所辖市、县人民政府实行目标责任制管理。

第五条 国务院建设行政主管部门负责对全国经济适用住房工作的指导和实施监督。县级以上地方人民政府建设或房地产行政主管部门(以下简称“经济适用住房主管部门”)负责本行政区域内经济适用住房管理工作。

县级以上人民政府发展改革(价格)、监察、财政、国土资源、税务及金融管理等部门根据职责分工,负责经济适用住房有关工作。

第六条 市、县人民政府应当在解决城市低收入家庭住房困难发展规划和年度计划中,明确经济适用住房建设规模、项目布局和用地安排等内容,并纳入本级国民经济与社会发展规划和住房建设规划,及时向社会公布。

第二章 优惠和支持政策

第七条 经济适用住房建设用地以划拨方式供应。经济适用住房建设用地应纳入当地年度土地供应计划,在申报年度用地指标时单独列出,确保优先供应。

第八条 经济适用住房建设项目免收城市基础设施配套费等各种行政事业性收费和政府性基金。经济适用住房项目外基础设施建设费用,由政府负担。经济适用住房建设单位可以以在建项目作抵押向商业银行申请住房开发贷款。

第九条 购买经济适用住房的个人向商业银行申请贷款,除符合《个人住房贷款管理办法》规定外,还应当出具市、县人民政府经济适用住房主管部门准予购房的核准通知。

购买经济适用住房可提取个人住房公积金和优先办理住房公积金贷款。

第十条 经济适用住房的贷款利率按有关规定执行。

第十一条 经济适用住房的建设和供应要严格执行国家规定的各项税费优惠政策。

第十二条 严禁以经济适用住房名义取得划拨土地后,以补交土地出让金等方式,变相进行商品房开发。

第三章 建 设 管 理

第十三条 经济适用住房要统筹规划、合理布局、配套建设,充分考虑城市低收入住房困难家庭对交通等基础设施条件的要求,合理安排区位布局。

第十四条 在商品住房小区中配套建设经济适用住房

的,应当在项目出让条件中,明确配套建设的经济适用住房的建设总面积、单套建筑面积、套数、套型比例、建设标准以及建成后移交或者回购等事项,并以合同方式约定。

第十五条 经济适用住房单套的建筑面积控制在60平方米左右。市、县人民政府应当根据当地经济发展水平、群众生活水平、住房状况、家庭结构和人口等因素,合理确定经济适用住房建设规模和各种套型的比例,并进行严格管理。

第十六条 经济适用住房建设按照政府组织协调、市场运作的原则,可以采取项目法人招标的方式,选择具有相应资质和良好社会责任的房地产开发企业实施;也可以由市、县人民政府确定的经济适用住房管理实施机构直接组织建设。在经济适用住房建设中,应注重发挥国有大型骨干建筑企业的积极作用。

第十七条 经济适用住房的规划设计和建设必须按照发展节能省地环保型住宅的要求,严格执行《住宅建筑规范》等国家有关住房建设的强制性标准,采取竞标方式优选规划设计方案,做到在较小的套型内实现基本的使用功能。积极推广应用先进、成熟、适用、安全的新技术、新工艺、新材料、新设备。

第十八条 经济适用住房建设单位对其建设的经济适用住房工程质量负最终责任,向买受人出具《住宅质量保证书》和《住宅使用说明书》,并承担保修责任,确保工程质量和使用安全。有关住房质量和性能等方面的要求,应在建设合同中予以明确。

经济适用住房的施工和监理,应当采取招标方式,选择具有资质和良好社会责任的建筑企业和监理公司实施。

第十九条 经济适用住房项目可采取招标方式选择物业服务企业实施前期物业服务,也可以在社区居委会等机构的指导下,由居民自我管理,提供符合居住区居民基本生活需要的物业服务。

第四章 价格管理

第二十条 确定经济适用住房的价格应当以保本微利为原则。其销售基准价格及浮动幅度,由有定价权的价格主管部门会同经济适用住房主管部门,依据经济适用住房价格管理的有关规定,在综合考虑建设、管理成本和利润的基础上确定并向社会公布。房地产开发企业实施的经济适用住房项目利润率按不高于3%核定;市、县人民政府直接组织建设的经济适用住房只能按成本价销售,不得有利润。

第二十一条 经济适用住房销售应当实行明码标价,销售价格不得高于基准价格及上浮幅度,不得在标价之外收取任何未予标明的费用。经济适用住房价格确定后应当向社会公布。价格主管部门应依法进行监督管理。

第二十二条 经济适用住房实行收费卡制度,各有关部门收取费用时,必须填写价格主管部门核发的交费登记卡。任何单位不得以押金、保证金等名义,变相向经济适用住房建设单位收取费用。

第二十三条 价格主管部门要加强成本监审,全面掌握经济适用住房成本及利润变动情况,确保经济适用住房做到质价相符。

第五章 准入和退出管理

第二十四条 经济适用住房管理应建立严格的准入和退出机制。经济适用住房由市、县人民政府按限定的价格,统一组织向符合购房条件的低收入家庭出售。经济适用住房供应实行申请、审核、公示和轮候制度。市、县人民政府应当制定经济适用住房申请、审核、公示和轮候的具体办法,并向社会公布。

第二十五条 城市低收入家庭申请购买经济适用住房应同时符合下列条件:

(一)具有当地城镇户口;

(二)家庭收入符合市、县人民政府划定的低收入家庭收入标准;

(三)无房或现住房面积低于市、县人民政府规定的住房困难标准。

经济适用住房供应对象的家庭收入标准和住房困难标准,由市、县人民政府根据当地商品住房价格、居民家庭可支配收入、居住水平和家庭人口结构等因素确定,实行动态管理,每年向社会公布一次。

第二十六条 经济适用住房资格申请采取街道办事处(镇人民政府)、市(区)、县人民政府逐级审核并公示的方式认定。审核单位应当通过入户调查、邻里访问以及信函索证等方式对申请人的家庭收入和住房状况等情况进行核实。申请人及有关单位、组织或者个人应当予以配合,如实提供有关情况。

第二十七条 经审核公示通过的家庭,由市、县人民政府经济适用住房主管部门发放准予购买经济适用住房的核准通知,注明可以购买的面积标准。然后按照收入水平、住房困难程度和申请顺序等因素进行轮候。

第二十八条 符合条件的家庭,可以持核准通知购买一套与核准面积相对应的经济适用住房。购买面积原则上不得超过核准面积。购买面积在核准面积以内的,按核准的价格购买;超过核准面积的部分,不得享受政府优惠,由购房人按照同地段同类普通商品住房的价格补交差价。

第二十九条 居民个人购买经济适用住房后,应当按照规定办理权属登记。房屋、土地登记部门在办理权属登记时,应当分别注明经济适用住房、划拨土地。

第三十条 经济适用住房购房人拥有有限产权。

购买经济适用住房不满5年,不得直接上市交易,购房人因特殊原因确需转让经济适用住房的,由政府按照原价格并考虑折旧和物价水平等因素进行回购。

购买经济适用住房满5年，购房人上市转让经济适用住房的，应按照届时同地段普通商品住房与经济适用住房差价的一定比例向政府交纳土地收益等相关价款，具体交纳比例由市、县人民政府确定，政府可优先回购；购房人也可以按照政府所定的标准向政府交纳土地收益等相关价款后，取得完全产权。

上述规定应在经济适用住房购买合同中予以载明，并明确相关违约责任。

第三十一条 已经购买经济适用住房的家庭又购买其他住房的，原经济适用住房由政府按规定及合同约定回购。政府回购的经济适用住房，仍应用于解决低收入家庭的住房困难。

第三十二条 已参加福利分房的家庭在退回所分房屋前不得购买经济适用住房，已购买经济适用住房的家庭不得再购买经济适用住房。

第三十三条 个人购买的经济适用住房在取得完全产权以前不得用于出租经营。

第六章 单位集资合作建房

第三十四条 距离城区较远的独立工矿企业和住房困难户较多的企业，在符合土地利用总体规划、城市规划、住房建设规划的前提下，经市、县人民政府批准，可以利用单位自用土地进行集资合作建房。参加单位集资合作建房的对象，必须限定在本单位符合市、县人民政府规定的低收入住房困难家庭。

第三十五条 单位集资合作建房是经济适用住房的组成部分，其建设标准、优惠政策、供应对象、产权关系等均按照经济适用住房的有关规定严格执行。单位集资合作建房应当纳入当地经济适用住房建设计划和用地计划管理。

第三十六条 任何单位不得利用新征用或新购买土地组织集资合作建房；各级国家机关一律不得搞单位集资合作建房。单位集资合作建房不得向不符合经济适用住房供应条件的家庭出售。

第三十七条 单位集资合作建房在满足本单位低收入住房困难家庭购买后，房源仍有少量剩余的，由市、县人民政府统一组织向符合经济适用住房购房条件的家庭出售，或由市、县人民政府以成本价收购后用作廉租住房。

第三十八条 向职工收取的单位集资合作建房款项实行专款管理、专项使用，并接受当地财政和经济适用住房主管部门的监督。

第三十九条 已参加福利分房、购买经济适用住房或参加单位集资合作建房的人员，不得再次参加单位集资合作建房。严禁任何单位借集资合作建房名义，变相实施住房实物分配或商品房开发。

第四十条 单位集资合作建房原则上不收取管理费用，不得有利润。

第七章 监督管理

第四十一条 市、县人民政府要加强对已购经济适用住房的后续管理，经济适用住房主管部门要切实履行职责，对已购经济适用住房家庭的居住人员、房屋的使用等情况进行定期检查，发现违规行为及时纠正。

第四十二条 市、县人民政府及其有关部门应当加强对经济适用住房建设、交易中违纪违法行为的查处。

（一）擅自改变经济适用住房或集资合作建房用地性质的，由国土资源主管部门按有关规定处罚。

（二）擅自提高经济适用住房或集资合作建房销售价格等价格违法行为的，由价格主管部门依法进行处罚。

（三）未取得资格的家庭购买经济适用住房或参加集资合作建房的，其所购买或集资建设的住房由经济适用住房主管部门限期按原价格并考虑折旧等因素作价收购；不能收购的，由经济适用住房主管部门责成其补缴经济适用住房或单位集资合作建房与同地段同类普通商品住房价格差，并对相关责任单位和责任人依法予以处罚。

第四十三条 对弄虚作假、隐瞒家庭收入和住房条件，骗购经济适用住房或单位集资合作建房的个人，由市、县人民政府经济适用住房主管部门限期按原价格并考虑折旧等因素作价收回所购住房，并依法和有关规定追究责任。对出具虚假证明的，依法追究相关责任人的责任。

第四十四条 国家机关工作人员在经济适用住房建设、管理过程中滥用职权、玩忽职守、徇私舞弊的，依法依纪追究责任；涉嫌犯罪的，移送司法机关处理。

第四十五条 任何单位和个人有权对违反本办法规定的行为进行检举和控告。

第八章 附 则

第四十六条 省、自治区、直辖市人民政府经济适用住房主管部门会同发展改革（价格）、监察、财政、国土资源、金融管理、税务主管部门根据本办法，可以制定具体实施办法。

第四十七条 本办法由建设部会同发展改革委、监察部、财政部、国土资源部、人民银行、税务总局负责解释。

第四十八条 本办法下发后尚未销售的经济适用住房，执行本办法有关准入和退出管理、价格管理、监督管理等规定；已销售的经济适用住房仍按原有规定执行。此前已审批但尚未开工的经济适用住房项目，凡不符合本办法规定内容的事项，应按本办法做相应调整。

第四十九条 建设部、发展改革委、国土资源部、人民银行《关于印发〈经济适用住房管理办法〉的通知》（建住房〔2004〕77号）同时废止。

经济适用住房价格管理办法

（2002 年 11 月 17 日　计价格〔2002〕2503 号）

第一条　为规范经济适用住房价格管理，促进经济适用住房健康发展，根据《中华人民共和国价格法》和国务院关于经济适用住房建设的规定，制定本办法。

第二条　本办法适用于在城市规划区内经济适用住房的价格管理。

第三条　本办法所称经济适用住房，是指纳入政府经济适用住房建设计划，建设用地实行行政划拨，享受政府提供的优惠政策，向城镇中低收入家庭供应的普通居民住房。

第四条　县级以上政府价格主管部门是经济适用住房价格的主管部门，依法对本地区经济适用住房价格实施管理。

县级以上政府建设主管部门应协助政府价格主管部门做好经济适用住房价格的监督和管理工作。

第五条　经济适用住房价格实行政府指导价。

制定经济适用住房价格，应当与城镇中低收入家庭经济承受能力相适应，以保本微利为原则，与同一区域内的普通商品住房价格保持合理差价，切实体现政府给予的各项优惠政策。

第六条　经济适用住房基准价格由开发成本、税金和利润三部分构成。

（一）开发成本

1. 按照法律、法规规定用于征用土地和拆迁补偿等所支付的征地和拆迁安置补偿费。

2. 开发项目前期工作所发生的工程勘察、规划及建筑设计、施工通水、通电、通气、通路及平整场地等勘察设计和前期工程费。

3. 列入施工图预（决）算项目的主体房屋建筑安装工程费，包括房屋主体部分的土建（含桩基）工程费、水暖电气安装工程费及附属工程费。

4. 在小区用地规划红线以内，与住房同步配套建设的住宅小区基础设施建设费，以及按政府批准的小区规划要求建设的不能有偿转让的非营业性公共配套设施建设费。

5. 管理费按照不超过本条（一）项 1 至 4 目费用之和的 2% 计算。

6. 贷款利息按照房地产开发经营企业为住房建设筹措资金所发生的银行贷款利息计算。

7. 行政事业性收费按照国家有关规定计收。

（二）税金

依照国家规定的税目和税率计算。

（三）利润

按照不超过本条（一）项 1 至 4 目费用之和的 3% 计算。

第七条　下列费用不得计入经济适用住房价格：

（一）住宅小区内经营性设施的建设费用；

（二）开发经营企业留用的办公用房、经营用房的建筑安装费用及应分摊的各种费用；

（三）各种与住房开发经营无关的集资、赞助、捐赠和其他费用；

（四）各种赔偿金、违约金、滞纳金和罚款；

（五）按规定已经减免及其他不应计入价格的费用。

第八条　经济适用住房价格由有定价权的政府价格主管部门会同建设（房地产）主管部门，按照本办法有关规定，在项目开工之前确定，并向社会公布。

凡不具备在开工前确定公布新建经济适用住房价格的，以及已开发建设的商品房项目经批准转为经济适用住房项目的，房地产开发经营企业应当在经济适用住房销售前，核算住房成本并提出书面定价申请，按照价格管理权限报送有定价权的政府价格主管部门确定。

第九条　按本办法第八条第二款确定价格的，房地产开发经营企业定价申请应附以下材料：

（一）经济适用住房价格申报表和价格构成项目审核表；

（二）经济适用住房建设的立项、用地批文及规划、拆迁、施工许可证复印件；

（三）建筑安装工程预（决）算书及工程设计、监理、施工合同复印件；

（四）政府价格主管部门规定的其他应当提供的材料。

第十条　政府价格主管部门在接到房地产开发经营企业的定价申请后，应会同建设（房地产）主管部门审查成本费用，核定销售（预售）价格。对申报手续、材料齐全的，应在接到定价申请报告后 30 个工作日内作出制定或调整价格的决定。

第十一条　按照本办法确定或审批的经济适用住房价格，为同一期工程开发住房的基准价格。分割零售单套住房，应当以基准价格为基础，计算楼层、朝向差价。楼层、朝向差价按整幢（单元）增减的代数和为零的原则确定。

第十二条　经济适用住房价格的上浮幅度，由有定价权的政府价格主管部门在核定价格时确定，下浮幅度不限。

第十三条　经济适用住房价格经政府价格主管部门确定公布或审批后，任何单位和个人不得擅自提高。

第十四条　房地产开发经营企业销售经济适用住房，不得在批准的房价外加收任何费用或强行推销及搭售商品；凡未按本办法规定确定或审批价格的，建设主管部门或房地产管理部门不予核发销售（预售）许可证。

第十五条　房地产开发经营企业应当按照政府价格主管部门的规定实行明码标价，在销售场所显著位置公布价格主管部门批准的价格及批准文号，自觉接受社会监督。

第十六条　建立房地产开发经营企业负担卡制度。凡涉及房地产开发经营企业的建设项目收费,收费的部门和单位必须按规定在企业负担卡上如实填写收费项目、标准、收费依据、执收单位等内容,并加盖单位公章。拒绝填写或不按规定要求填写的,房地产开发经营企业有权拒交,并向政府价格主管部门举报。

第十七条 政府价格主管部门要加强对涉及房地产建设项目收费的监督检查,对不按国家及地方政府规定的经济适用住房收费政策,超标准收费以及其他乱收费行为要依法处理。

第十八条 政府价格主管部门要加强对经济适用住房价格的监督检查。房地产开发经营企业违反价格法律、法规和本办法规定的价格行为的,由政府价格主管部门依据《中华人民共和国价格法》和《价格违法行为行政处罚规定》予以处罚。

第十九条 本办法由国家计委负责解释。

第二十条 各省、自治区、直辖市政府价格主管部门可根据本办法制定实施细则,并报国家计委备案。

第二十一条 本办法自2003年1月1日起施行。

经济适用住房开发贷款管理办法

(2008年1月18日 银发〔2008〕13号发布)

第一条 为支持经济适用住房建设,维护借贷双方的合法权益,根据《中华人民共和国中国人民银行法》、《中华人民共和国银行业监督管理法》、《中华人民共和国商业银行法》、《中华人民共和国物权法》、《中华人民共和国担保法》、《经济适用住房管理办法》等国家有关法律和政策规定制定本办法。

第二条 本办法所称经济适用住房开发贷款是指贷款人向借款人发放的专项用于经济适用住房项目开发建设的贷款。

第三条 本办法所称贷款人是指中华人民共和国境内依法设立的商业银行和其他银行业金融机构。

本办法所称借款人是指具有法人资格,并取得房地产开发资质的房地产开发企业。

各政策性银行未经批准,不得从事经济适用住房开发贷款业务。

第四条 经济适用住房开发贷款条件:

(一)借款人已取得贷款证(卡)并在贷款银行开立基本存款账户或一般存款账户。

(二)借款人产权清晰,法人治理结构健全,经营管理规范,财务状况良好,核心管理人员素质较高。

(三)借款人实收资本不低于人民币1000万元,信用良好,具有按期偿还贷款本息的能力。

(四)建设项目已列入当地经济适用住房年度建设投资计划和土地供应计划,能够进行实质性开发建设。

(五)借款人已取得建设项目所需的《国有土地使用证》、《建设用地规划许可证》、《建设工程规划许可证》和《建设工程开工许可证》。

(六)建设项目资本金(所有者权益)不低于项目总投资的30%,并在贷款使用前已投入项目建设。

(七)建设项目规划设计符合国家相关规定。

(八)贷款人规定的其他条件。

第五条 经济适用住房开发贷款必须专项用于经济适用住房项目建设,不得挪作他用。

严禁以流动资金贷款形式发放经济适用住房开发贷款。

第六条 经济适用住房开发贷款期限一般为3年,最长不超过5年。

第七条 经济适用住房开发贷款利率按中国人民银行利率政策执行,可适当下浮,但下浮比例不得超过10%。

第八条 经济适用住房开发贷款应以项目销售收入及借款人其他经营收入作为还款来源。

第九条 贷款人应当依法开展经济适用住房开发贷款业务。

贷款人应对借款人和建设项目进行调查、评估,加强贷款审查。借款人应按要求向贷款人提供有关资料。

任何单位和个人不得强令贷款人发放经济适用住房开发贷款。

第十条 借款人申请经济适用住房贷款应提供贷款人认可的有效担保。

第十一条 贷款人应与借款人签订书面合同,办妥担保手续。采用抵(质)押担保方式的,贷款人应及时办理抵(质)押登记。

第十二条 经济适用住房开发贷款实行封闭管理。借贷双方应签订资金监管协议,设定资金监管账户。贷款人应通过资金监管账户对资金的流出和流入等情况进行有效监控管理。

第十三条 贷款人应对经济适用住房开发贷款使用情况进行有效监督和检查,借款人应定期向贷款人提供项目建设进度、贷款使用、项目销售等方面的信息以及财务会计报表等有关资料。

第十四条 中国银行业监督管理委员会及其派出机构依法对相关借贷经营活动实施监管。中国人民银行及其分支机构可以建议中国银行业监督管理委员会及其派出机构对相关借贷经营活动进行监督检查。

第十五条 经济适用住房开发贷款列入房地产贷款科目核算。

第十六条 经有关管理部门批准,符合相关政策规定的单位集资合作建房项目的贷款业务参照本办法执行。

第十七条　本办法由中国人民银行、中国银行业监督管理委员会负责解释。

第十八条　本办法自发布之日起30日后实施。《经济适用住房开发贷款管理暂行规定》(银发〔1999〕129号文印发)同时废止。

住房和城乡建设部关于加强经济适用住房管理有关问题的通知

(2010年4月22日　建保〔2010〕59号)

各省、自治区住房城乡建设厅,直辖市建委(住房保障和房屋管理局、房地局),新疆生产建设兵团建设局:

根据《国务院关于解决城市低收入家庭住房困难的若干意见》(国发〔2007〕24号)、《国务院办公厅关于促进房地产市场平稳健康发展的通知》(国办发〔2010〕4号)、《国务院关于坚决遏制部分城市房价过快上涨的通知》(国发〔2010〕10号)和《经济适用住房管理办法》(建住房〔2007〕258号)的有关规定,为加强经济适用住房管理,现就有关问题通知如下:

一、严格建设管理

(一)经济适用住房建设项目必须严格按照有关规划建设管理的规定程序报批、建设,不得变更批准的项目规模、套型结构和用途。要严格执行施工图审查、工程招标、施工许可、质量监督、工程监理、竣工验收备案等建设程序,严格执行国家有关保障性住房建设的技术标准和强制性条文。

(二)严格执行经济适用住房单套建筑面积标准控制在60平方米左右的要求。住房供需矛盾突出的城市,可适当减小套型建筑面积,以增加供应套数。委托房地产开发企业建设的经济适用住房项目,住房保障部门要明确套型面积等控制性要求,作为项目法人招标的前置条件。

(三)各地可结合当地居民收入、住房状况等实际情况,自行确定经济适用住房的建设规模。商品住房价格过高、上涨过快的城市,要大幅度增加经济适用住房供应。

二、规范准入审核

(四)经济适用住房供应对象为城市低收入住房困难家庭。商品住房价格较高的城市,可以适当扩大经济适用住房的供应范围。

(五)经济适用住房申请人应当如实申报家庭收入、财产和住房状况,并对申报信息的真实性负责。

(六)市、县住房保障部门要会同有关部门建立健全经济适用住房申请、审核、公示、轮候制度和工作机制,认真履行审核责任,确保配售过程公开透明,配售结果公平公正,主动接受社会监督。严禁委托开发企业、中介机构和其他组织、个人代理购房资格审核和房源分配等政府职责。

三、强化使用监督

(七)市、县住房保障部门应当定期或不定期对经济适用住房使用情况(包括自住、闲置、出租、出借、出售以及住房用途等)进行检查,也可委托经济适用住房管理单位定期对上述情况进行调查。新建经济适用住房小区(包括配建经济适用住房)进行前期物业管理招投标时,可以将相关委托内容作为招标条件,并在临时管理规约和前期物业服务合同中明示。

(八)在取得完全产权前,经济适用住房购房人只能用于自住,不得出售、出租、闲置、出借,也不得擅自改变住房用途。

(九)在取得完全产权前,经济适用住房购房人有与其申报收入明显不符的高消费行为时,应当主动向住房保障部门作出说明,并配合对其资产进行核查、公示。

(十)已购买经济适用住房的家庭,再购买其他住房的,必须办理经济适用住房退出手续,或者通过补交土地收益等价款取得已购经济适用住房的完全产权。

四、加强交易管理

(十一)经济适用住房上市交易,必须符合有关政策规定并取得完全产权。住房保障部门应当对个人是否已缴纳相应土地收益等价款取得完全产权、成交价格是否符合正常交易、政府是否行使优先购买权等情况出具书面意见。

房屋登记、租赁管理机构办理房屋权属登记、租赁备案登记时,要比对住房保障部门提供的有关信息。对已购经济适用住房的家庭,不能提供住房保障部门出具的书面意见的,任何中介机构不得代理买卖、出租其经济适用住房;房屋租赁备案管理机构应当暂停办理其经济适用住房的租赁备案,房屋登记机构应当暂停办理该家庭购买其他房屋的权属登记,并及时通报住房保障部门。

(十二)住房保障部门应当会同有关部门结合各地段普通商品住房交易指导价格,定期制订经济适用住房上市补交土地收益等价款的标准,报经市、县人民政府同意后公布实施。

经济适用住房交易价格低于政府公布的同地段、同类普通商品住房交易指导价格的,依指导价格缴纳相应的土地收益等价款。

(十三)各地要结合实际情况完善经济适用住房上市交易分配机制,健全上市交易管理办法。要按照配售经济适用住房时承购人与政府的出资比例,确定上市所得价款的分配比例、政府优先购买权等管理事项。其中,政府出资额为土地出让金减让、税费减免等政策优惠额之和。

五、完善监督机制

(十四)市、县住房保障部门要依法履行监督管理职责,建立经济适用住房管理信息系统,积极推动建立住房保障、房地产、民政、公安、金融等部门的信息共享机制,增强审核工作的准确性,提高监管工作效率。同时,要设立并公布举报电话、信箱、电子邮箱等,采取多种方式接受群众举报、投诉,加强社会监督。

（十五）经济适用住房管理的相关内容纳入住房保障规范化管理考核范围。省级住房城乡建设部门要督促各市、县完善经济适用住房管理制度，健全住房保障实施机构，配备专门力量负责经济适用住房使用情况的监督检查，并对市、县经济适用住房管理情况进行定期检查。

（十六）购房人违反本通知第（五）条规定，以虚假资料骗购经济适用住房的，一经查实，立即责令退还；违反本通知第（八）条规定，违规出售、出租、闲置、出借经济适用住房，或者擅自改变住房用途且拒不整改的，按照有关规定或者合同约定收回；违反本通知第（九）条规定，对其高消费行为不作出说明，不配合资产核查、公示，或不能作出合理解释的，视同以虚假资料骗购经济适用住房。

对有上述情形的购房人，取消其在5年内再次申请购买或租赁各类政策性、保障性住房的资格。

（十七）经济适用住房建设单位、中介机构和其他组织、个人有违法违规行为的，要依法依规予以处理，并记入诚信档案。

国家机关工作人员在经济适用住房建设、管理过程中滥用职权、玩忽职守、徇私舞弊的，依法依纪追究责任；涉嫌犯罪的，移送司法机关处理。

（十八）各地要根据本通知要求，完善经济适用住房管理办法，并制订经济适用住房配售合同示范文本。

（十九）本通知自印发之日起施行。

廉租住房保障办法

（2007年11月8日建设部、国家发展和改革委员会、监察部、民政部、财政部、国土资源部、中国人民银行、国家税务总局、国家统计局令第162号公布　自2007年12月1日起施行）

第一章　总　　则

第一条　为促进廉租住房制度建设，逐步解决城市低收入家庭的住房困难，制定本办法。

第二条　城市低收入住房困难家庭的廉租住房保障及其监督管理，适用本办法。

本办法所称城市低收入住房困难家庭，是指城市和县人民政府所在地的镇范围内，家庭收入、住房状况等符合市、县人民政府规定条件的家庭。

第三条　市、县人民政府应当在解决城市低收入家庭住房困难的发展规划及年度计划中，明确廉租住房保障工作目标、措施，并纳入本级国民经济与社会发展规划和住房建设规划。

第四条　国务院建设主管部门指导和监督全国廉租住房保障工作。县级以上地方人民政府建设（住房保障）主管部门负责本行政区域内廉租住房保障管理工作。廉租住房保障的具体工作可以由市、县人民政府确定的实施机构承担。

县级以上人民政府发展改革（价格）、监察、民政、财政、国土资源、金融管理、税务、统计等部门按照职责分工，负责廉租住房保障的相关工作。

第二章　保 障 方 式

第五条　廉租住房保障方式实行货币补贴和实物配租相结合。货币补贴是指县级以上地方人民政府向申请廉租住房保障的城市低收入住房困难家庭发放租赁住房补贴，由其自行承租住房。实物配租是指县级以上地方人民政府向申请廉租住房保障的城市低收入住房困难家庭提供住房，并按照规定标准收取租金。

实施廉租住房保障，主要通过发放租赁补贴，增强城市低收入住房困难家庭承租住房的能力。廉租住房紧缺的城市，应当通过新建和收购等方式，增加廉租住房实物配租的房源。

第六条　市、县人民政府应当根据当地家庭平均住房水平、财政承受能力以及城市低收入住房困难家庭的人口数量、结构等因素，以户为单位确定廉租住房保障面积标准。

第七条　采取货币补贴方式的，补贴额度按照城市低收入住房困难家庭现住房面积与保障面积标准的差额、每平方米租赁住房补贴标准确定。

每平方米租赁住房补贴标准由市、县人民政府根据当地经济发展水平、市场平均租金、城市低收入住房困难家庭的经济承受能力等因素确定。其中对城市居民最低生活保障家庭，可以按照当地市场平均租金确定租赁住房补贴标准；对其他城市低收入住房困难家庭，可以根据收入情况等分类确定租赁住房补贴标准。

第八条　采取实物配租方式的，配租面积为城市低收入住房困难家庭现住房面积与保障面积标准的差额。

实物配租的住房租金标准实行政府定价。实物配租住房的租金，按照配租面积和市、县人民政府规定的租金标准确定。有条件的地区，对城市居民最低生活保障家庭，可以免收实物配租住房中住房保障面积标准内的租金。

第三章　保障资金及房屋来源

第九条　廉租住房保障资金采取多种渠道筹措。

廉租住房保障资金来源包括：

（一）年度财政预算安排的廉租住房保障资金；

（二）提取贷款风险准备金和管理费用后的住房公积金增值收益余额；

（三）土地出让净收益中安排的廉租住房保障资金；

（四）政府的廉租住房租金收入；

（五）社会捐赠及其他方式筹集的资金。

第十条　提取贷款风险准备金和管理费用后的住房公积金增值收益余额，应当全部用于廉租住房建设。

土地出让净收益用于廉租住房保障资金的比例，不得低于10%。

政府的廉租住房租金收入应当按照国家财政预算支出和财务制度的有关规定，实行收支两条线管理，专项用于廉租住房的维护和管理。

第十一条　对中西部财政困难地区，按照中央预算内投资补助和中央财政廉租住房保障专项补助资金的有关规定给予支持。

第十二条　实物配租的廉租住房来源主要包括：

（一）政府新建、收购的住房；

（二）腾退的公有住房；

（三）社会捐赠的住房；

（四）其他渠道筹集的住房。

第十三条　廉租住房建设用地，应当在土地供应计划中优先安排，并在申报年度用地指标时单独列出，采取划拨方式，保证供应。

廉租住房建设用地的规划布局，应当考虑城市低收入住房困难家庭居住和就业的便利。

廉租住房建设应当坚持经济、适用原则，提高规划设计水平，满足基本使用功能，应当按照发展节能省地环保型住宅的要求，推广新材料、新技术、新工艺。廉租住房应当符合国家质量安全标准。

第十四条　新建廉租住房，应当采取配套建设与相对集中建设相结合的方式，主要在经济适用住房、普通商品住房项目中配套建设。

新建廉租住房，应当将单套的建筑面积控制在50平方米以内，并根据城市低收入住房困难家庭的居住需要，合理确定套型结构。

配套建设廉租住房的经济适用住房或者普通商品住房项目，应当在用地规划、国有土地划拨决定书或者国有土地使用权出让合同中，明确配套建设的廉租住房总建筑面积、套数、布局、套型以及建成后的移交或回购等事项。

第十五条　廉租住房建设免征行政事业性收费和政府性基金。

鼓励社会捐赠住房作为廉租住房房源或捐赠用于廉租住房的资金。

政府或经政府认定的单位新建、购买、改建住房作为廉租住房，社会捐赠廉租住房房源、资金，按照国家规定的有关税收政策执行。

第四章　申请与核准

第十六条　申请廉租住房保障，应当提供下列材料：

（一）家庭收入情况的证明材料；

（二）家庭住房状况的证明材料；

（三）家庭成员身份证和户口簿；

（四）市、县人民政府规定的其他证明材料。

第十七条　申请廉租住房保障，按照下列程序办理：

（一）申请廉租住房保障的家庭，应当由户主向户口所在地街道办事处或者镇人民政府提出书面申请；

（二）街道办事处或者镇人民政府应当自受理申请之日起30日内，就申请人的家庭收入、家庭住房状况是否符合规定条件进行审核，提出初审意见并张榜公布，将初审意见和申请材料一并报送市（区）、县人民政府建设（住房保障）主管部门；

（三）建设（住房保障）主管部门应当自收到申请材料之日起15日内，就申请人的家庭住房状况是否符合规定条件提出审核意见，并将符合条件的申请人的申请材料转同级民政部门；

（四）民政部门应当自收到申请材料之日起15日内，就申请人的家庭收入是否符合规定条件提出审核意见，并反馈同级建设（住房保障）主管部门；

（五）经审核，家庭收入、家庭住房状况符合规定条件的，由建设（住房保障）主管部门予以公示，公示期限为15日；对经公示无异议或者异议不成立的，作为廉租住房保障对象予以登记，书面通知申请人，并向社会公开登记结果。

经审核，不符合规定条件的，建设（住房保障）主管部门应当书面通知申请人，说明理由。申请人对审核结果有异议的，可以向建设（住房保障）主管部门申诉。

第十八条　建设（住房保障）主管部门、民政等有关部门以及街道办事处、镇人民政府，可以通过入户调查、邻里访问以及信函索证等方式对申请人的家庭收入和住房状况等进行核实。申请人及有关单位和个人应当予以配合，如实提供有关情况。

第十九条　建设（住房保障）主管部门应当综合考虑登记的城市低收入住房困难家庭的收入水平、住房困难程度和申请顺序以及个人申请的保障方式等，确定相应的保障方式及轮候顺序，并向社会公开。

对已经登记为廉租住房保障对象的城市居民最低生活保障家庭，凡申请租赁住房货币补贴的，要优先安排发放补贴，基本做到应保尽保。

实物配租应当优先面向已经登记为廉租住房保障对象的孤、老、病、残等特殊困难家庭，城市居民最低生活保障家庭以及其他急需救助的家庭。

第二十条　对轮候到位的城市低收入住房困难家庭，建设（住房保障）主管部门或者具体实施机构应当按照已确定的保障方式，与其签订租赁住房补贴协议或者廉租住房租赁合同，予以发放租赁住房补贴或者配租廉租住房。

发放租赁住房补贴和配租廉租住房的结果，应当予以公布。

第二十一条　租赁住房补贴协议应当明确租赁住房补贴额度、停止发放租赁住房补贴的情形等内容。

廉租住房租赁合同应当明确下列内容：

（一）房屋的位置、朝向、面积、结构、附属设施和设备状况；

（二）租金及其支付方式；

（三）房屋用途和使用要求；

（四）租赁期限；

（五）房屋维修责任；

（六）停止实物配租的情形，包括承租人已不符合规定条件的，将所承租的廉租住房转借、转租或者改变用途，无正当理由连续6个月以上未在所承租的廉租住房居住或者未交纳廉租住房租金等；

（七）违约责任及争议解决办法，包括退回廉租住房、调整租金、依照有关法律法规规定处理等；

（八）其他约定。

第五章　监督管理

第二十二条　国务院建设主管部门、省级建设（住房保障）主管部门应当会同有关部门，加强对廉租住房保障工作的监督检查，并公布监督检查结果。

市、县人民政府应当定期向社会公布城市低收入住房困难家庭廉租住房保障情况。

第二十三条　市（区）、县人民政府建设（住房保障）主管部门应当按户建立廉租住房档案，并采取定期走访、抽查等方式，及时掌握城市低收入住房困难家庭的人口、收入及住房变动等有关情况。

第二十四条　已领取租赁住房补贴或者配租廉租住房的城市低收入住房困难家庭，应当按年度向所在地街道办事处或者镇人民政府如实申报家庭人口、收入及住房等变动情况。

街道办事处或者镇人民政府可以对申报情况进行核实、张榜公布，并将申报情况及核实结果报建设（住房保障）主管部门。

建设（住房保障）主管部门应当根据城市低收入住房困难家庭人口、收入、住房等变化情况，调整租赁住房补贴额度或实物配租面积、租金等；对不再符合规定条件的，应当停止发放租赁住房补贴，或者由承租人按照合同约定退回廉租住房。

第二十五条　城市低收入住房困难家庭不得将所承租的廉租住房转借、转租或者改变用途。

城市低收入住房困难家庭违反前款规定或者有下列行为之一的，应当按照合同约定退回廉租住房：

（一）无正当理由连续6个月以上未在所承租的廉租住房居住的；

（二）无正当理由累计6个月以上未交纳廉租住房租金的。

第二十六条　城市低收入住房困难家庭未按照合同约定退回廉租住房的，建设（住房保障）主管部门应当责令其限期退回；逾期未退回的，可以按照合同约定，采取调整租金等方式处理。

城市低收入住房困难家庭拒绝接受前款规定的处理方式的，由建设（住房保障）主管部门或者具体实施机构依照有关法律法规规定处理。

第二十七条　城市低收入住房困难家庭的收入标准、住房困难标准等以及住房保障面积标准，实行动态管理，由市、县人民政府每年向社会公布一次。

第二十八条　任何单位和个人有权对违反本办法规定的行为进行检举和控告。

第六章　法律责任

第二十九条　城市低收入住房困难家庭隐瞒有关情况或者提供虚假材料申请廉租住房保障的，建设（住房保障）主管部门不予受理，并给予警告。

第三十条　对以欺骗等不正当手段，取得审核同意或者获得廉租住房保障的，由建设（住房保障）主管部门给予警告；对已经登记但尚未获得廉租住房保障的，取消其登记；对已经获得廉租住房保障的，责令其退还已领取的租赁住房补贴，或者退出实物配租的住房并按市场价格补交以前房租。

第三十一条　廉租住房保障实施机构违反本办法规定，不执行政府规定的廉租住房租金标准的，由价格主管部门依法查处。

第三十二条　违反本办法规定，建设（住房保障）主管部门及有关部门的工作人员或者市、县人民政府确定的实施机构的工作人员，在廉租住房保障工作中滥用职权、玩忽职守、徇私舞弊的，依法给予处分；构成犯罪的，依法追究刑事责任。

第七章　附　　则

第三十三条　对承租直管公房的城市低收入家庭，可以参照本办法有关规定，对住房保障面积标准范围内的租金予以适当减免。

第三十四条　本办法自2007年12月1日起施行。2003年12月31日发布的《城镇最低收入家庭廉租住房管理办法》（建设部、财政部、民政部、国土资源部、国家税务总局令第120号）同时废止。

城镇廉租住房租金管理办法

（2005年3月14日　发改价格〔2005〕405号）

第一条　为规范城镇廉租住房租金管理，保障城镇最低收入家庭的基本住房权益，根据《价格法》及相关规定，制定本办法。

第二条　本办法适用于城镇规划区内城镇廉租住房的租金管理。

第三条　本办法所称廉租住房租金，是指享受廉租住房待遇的城镇最低收入家庭承租廉租住房应当交纳的住房租金。

第四条　县级以上地方人民政府价格主管部门是廉租住房租金的主管部门，依法对本地区廉租住房租金实施管理。

县级以上地方人民政府房地产行政主管部门应协助价格主管部门做好廉租住房租金管理工作。

第五条　廉租住房租金实行政府定价。具体定价权限按照地方定价目录的规定执行。

第六条　廉租住房租金标准原则上由房屋的维修费和管理费两项因素构成，并与城镇最低收入家庭的经济承受能力相适应。

维修费是指维持廉租住房在预定使用期限内正常使用所必需的修理、养护等费用。

管理费是指实施廉租住房管理所需的人员、办公等正常开支费用。

第七条　廉租住房的计租单位应当与当地公有住房租金计租单位一致。

第八条　制定和调整廉租住房租金标准，应当遵循公正、公开的原则，充分听取社会各有关方面的意见。

第九条　廉租住房租金标准制定或调整，应当在媒体上公布，并通过政府公报、政府网站或政府信息公告栏等方式进行公示。

第十条　因收入等情况变化而不再符合租住廉租住房条件而继续租住的，应当按商品住房的市场租金补交租金差额。

第十一条　廉租住房管理单位应严格按照规定或合同约定提供相应的服务，政府价格主管部门要加强对廉租住房租金的监督检查。廉租住房管理单位违反价格法律、法规和本办法规定的价格行为，由政府价格主管部门依据《价格法》和《价格违法行为行政处罚规定》予以处罚。

第十二条　本办法由国家发展改革委会同建设部负责解释。

第十三条　各省、自治区、直辖市政府价格主管部门可会同房地产行政主管部门根据本办法制定实施细则，并抄报国家发展改革委、建设部。

第十四条　本办法自2005年5月1日起施行。

城镇最低收入家庭廉租住房申请、审核及退出管理办法

（2005年7月7日　建住房〔2005〕122号）

第一条　为规范城镇最低收入家庭廉租住房管理，完善廉租住房工作机制，根据《城镇最低收入家庭廉租住房管理办法》（建设部令第120号），制定本办法。

第二条　城镇最低收入家庭廉租住房的申请、审核及退出管理，适用本办法。

第三条　市、县人民政府房地产行政主管部门负责城镇最低收入家庭廉租住房的申请、审核及退出管理工作。

第四条　申请廉租住房的家庭（以下简称申请家庭）应当同时具备下列条件：

（一）申请家庭人均收入符合当地廉租住房政策确定的收入标准；

（二）申请家庭人均现住房面积符合当地廉租住房政策确定的面积标准；

（三）申请家庭成员中至少有1人为当地非农业常住户口；

（四）申请家庭成员之间有法定的赡养、扶养或者抚养关系；

（五）符合当地廉租住房政策规定的其他标准。

第五条　申请廉租住房，应当由申请家庭的户主作为申请人；户主不具有完全民事行为能力的，申请家庭推举具有完全民事行为能力的家庭成员作为申请人。

申请人应当向户口所在地街道办事处或乡镇人民政府（以下简称受理机关）提出书面申请，并提供下列申请材料：

（一）民政部门出具的最低生活保障、救助证明或政府认定有关部门或单位出具的收入证明；

（二）申请家庭成员所在单位或居住地街道办事处出具的现住房证明；

（三）申请家庭成员身份证和户口簿；

（四）地方政府或房地产行政主管部门规定需要提交的其他证明材料。

申请人为非户主的，还应当出具其他具有完全行为能力的家庭成员共同签名的书面委托书。

第六条　受理机关收到廉租住房申请材料后，应当及时作出是否受理的决定，并向申请人出具书面凭证。申请资料不齐全或者不符合法定形式的，应当在5日内书面告知申请人需要补正的全部内容，受理时间从申请人补齐资料的次日起计算；逾期不告知的，自收到申请材料之日起即为受理。

材料齐备后，受理机关应当及时签署意见并将全部申请资料移交房地产行政主管部门。

第七条 接到受理机关移交的申请资料后，房地产行政主管部门应当会同民政等部门组成审核小组予以审核。并可以通过查档取证、入户调查、邻里访问以及信函索证等方式对申请家庭收入、家庭人口和住房状况进行调查。申请家庭及有关单位、组织或者个人应当如实提供有关情况。房地产行政主管部门应当自收到申请材料之日起15日内向申请人出具审核决定。

经审核不符合条件的，房地产行政主管部门应当书面通知申请人，说明理由。经审核符合条件的，房地产行政主管部门应当在申请人的户口所在地、居住地或工作单位将审核决定予以公示，公示期限为15日。

第八条 经公示无异议或者异议不成立的，由房地产行政主管部门予以登记，并书面通知申请人。

经公示有异议的，房地产行政主管部门应在10日内完成核实。经核实异议成立的，不予登记。对不予登记的，应当书面通知申请人，说明不予登记的理由。

第九条 对于已登记的、申请租赁住房补贴或者实物配租的家庭，由房地产行政主管部门按照规定条件排队轮候。经民政等部门认定的由于无劳动能力、无生活来源、无法定赡养人、扶养人或抚养人、优抚对象、重度残疾等原因造成困难的家庭可优先予以解决。

轮候期间，申请家庭收入、人口、住房等情况发生变化，申请人应当及时告知房地产行政主管部门，经审核后，房地产行政主管部门应对变更情况进行变更登记，不再符合廉租住房条件的，由房地产行政主管部门取消资格。

第十条 已准予租赁住房补贴的家庭，应当与房地产行政主管部门签订《廉租住房租赁补贴协议》。协议应当明确租赁住房补贴标准、停止廉租住房补贴的规定及违约责任。租赁补贴家庭根据协议约定，可以根据居住需要，选择适当的住房，在与出租人达成租赁意向后，报房地产行政主管部门审查。经审查同意后，方可与出租人签订房屋租赁合同，并报房地产行政主管部门备案。房地产行政主管部门按规定标准向该家庭发放租赁补贴，用于冲减房屋租金。

第十一条 已准予实物配租的家庭，应当与廉租住房产权人签订廉租住房租赁合同。合同应当明确廉租住房情况、租金标准、腾退住房方式及违约责任等内容。承租人应当按照合同约定的标准缴纳租金，并按约定的期限腾退原有住房。

确定实物配租的最低收入家庭不接受配租方案的，原则上不再享有实物配租资格，房地产行政主管部门可视情况采取发放租赁住房补贴或其他保障方式对其实施住房保障。

第十二条 已准予租金核减的家庭，由房地产行政主管部门出具租金核减认定证明，到房屋产权单位办理租金核减手续。

第十三条 房地产行政主管部门应当在发放租赁住房补贴、配租廉租住房或租金核减后一个月内将结果在一定范围内予以公布。

第十四条 享受廉租住房保障的最低收入家庭应当按年度向房地产行政主管部门如实申报家庭收入、人口及住房变动情况。

房地产行政主管部门应当每年会同民政等相关部门对享受廉租住房保障家庭的收入、人口及住房等状况进行复核，并根据复核结果对享受廉租住房保障的资格、方式、额度等进行及时调整并书面告知当事人。

第十五条 享受廉租住房保障的家庭有下列情况之一的，由房地产行政主管部门作出取消保障资格的决定，收回承租的廉租住房，或者停止发放租赁补贴，或者停止租金核减：

（一）未如实申报家庭收入、家庭人口及住房状况的；

（二）家庭人均收入连续一年以上超出当地廉租住房政策确定的收入标准的；

（三）因家庭人数减少或住房面积增加，人均住房面积超出当地廉租住房政策确定的住房标准的；

（四）擅自改变房屋用途的；

（五）将承租的廉租住房转借、转租的；

（六）连续六个月以上未在廉租住房居住的。

第十六条 房地产行政主管部门作出取消保障资格的决定后，应当在5日内书面通知当事人，说明理由。享受实物配租的家庭应当将承租的廉租住房在规定的期限内退回。逾期不退回的，房地产行政主管部门可以依法申请人民法院强制执行。

第十七条 房地产行政主管部门或者其他有关行政管理部门工作人员，违反本办法规定，在廉租住房管理工作中利用职务上的便利，收受他人财物或者其他好处的，对已批准的廉租住房不依法履行监督管理职责的，或者发现违法行为不予查处的，依法给予行政处分；构成犯罪的，依法追究刑事责任。

第十八条 各地可根据当地的实际情况制定具体细则。

第十九条 纳入廉租住房管理的其他家庭的申请、审核及退出管理办法，由各地结合当地实际情况，比照本办法自行制定。

第二十条 本办法自2005年10月1日之日起施行。

住房和城乡建设部、民政部、财政部关于加强廉租住房管理有关问题的通知

（2010年4月23日 建保〔2010〕62号）

各省、自治区住房和城乡建设厅、民政厅、财政厅，直辖市建委（房地局、住房保障房屋管理局）、民政局、财政局，新疆生产建

设兵团建设局、民政局、财务局：

为加强廉租住房管理，确保廉租住房公平配租和有效使用，根据《国务院关于解决城镇低收入家庭住房困难的若干意见》（国发〔2007〕24号）和住房城乡建设部等九部委《廉租住房保障办法》（建设部令第162号）等有关规定，现就有关问题通知如下：

一、严格建设和准入管理

（一）各地区要通过新建、改建、购置、租赁等方式多渠道筹集廉租住房房源。新建廉租住房坚持集中建设和在经济适用住房、商品住房、棚户区改造项目中配建相结合，以配建为主。新建廉租住房项目要尽可能安排在交通便利、公共设施较为齐全的区域，同步做好小区内外市政配套设施建设，方便低收入家庭生活、就业、就医和子女入学。

（二）严格执行廉租住房单套建筑面积控制在50平方米以内的规定。要根据低收入家庭人口结构情况，合理安排不同套型面积住房的比例。对房地产开发企业承建的配建廉租住房，住房保障部门要提出套型面积等控制要求，作为项目法人招标的前置条件。

（三）优化廉租住房户型设计，加大建筑节能技术的推广应用，力求在较小的户型内满足基本居住需要，努力做到功能齐全、布局合理、节能环保和经济适用。

（四）各市、县人民政府要落实经国务院同意印发的《城市低收入家庭认定办法》（民发〔2008〕156号）的有关规定，明确廉租住房保障申请人的收入和资产申报义务，抓紧建立住房保障、公安（车辆和户籍管理）、人力资源和社会保障（社会保险）、房地产、金融、工商、税务、住房公积金等部门和机构的信息共享机制，着力提高廉租住房保障资格审核工作的准确性。

（五）各市、县住房保障部门要会同有关部门完善廉租住房申请、审核、公示、轮候、配租程序，确保廉租住房配租过程公开透明，配租结果公平公正。

二、强化租赁管理和服务

（六）各市、县住房保障部门要切实履行廉租住房产权人的权利和义务，加强廉租住房合同管理，明确承租对象的权利和义务，载明租金水平、租赁期限、转借或转租的处罚以及其他违反使用规定的责任等事项。

（七）集中建设的廉租住房小区的管理和服务，可由租户自我管理、自我服务，也可以选择专业化的物业服务企业或原公有住房管理机构承担。在其他项目中配建的廉租住房管理和服务，要纳入项目统一的物业管理。

（八）强化廉租住房租金管理，提高廉租住房租金和服务收费的缴交率。对不按合同约定缴纳租金并经催交无效的，可以通报承租人所在单位并从承租人工资收入中直接划扣。

（九）廉租住房租金要严格执行“收支两条线”管理，全额用于廉租住房及配套设施的维修养护和管理，不足部分由市、县财政预算安排。按规定落实对低保家庭的供暖费补贴、水电气开户费减免政策。

（十）完善廉租住房租赁补贴发放和管理制度，确保补贴资金专款用于改善居住条件。

（十一）正在享受实物配租廉租住房或领取廉租住房租赁补贴的家庭，再购买其他住房的，应当办理廉租住房保障退出手续。

（十二）房屋登记机构办理房屋权属登记时，应根据住房保障部门提供的信息，比对申请登记人家庭成员是否正在享受廉租住房保障的信息。

三、切实落实监管责任

（十三）解决城市低收入家庭住房困难是政府公共服务的重要职责，市、县人民政府住房保障部门是廉租住房管理的责任主体。要健全管理机制和实施机构，充实人员，落实工作经费，切实履行政府资产管理和对低收入家庭公共服务的职责。

（十四）市、县住房保障部门要通过定期入户调查等方式，及时了解保障对象家庭成员变动情况及廉租住房使用情况。住房保障部门可以通过政府购买服务的方式，委托廉租住房物业服务企业承担廉租住房使用情况的检查等工作。

（十五）对骗取廉租住房保障、恶意欠租、无正当理由长期闲置，违规转租、出借、调换和转让廉租住房等行为，市、县住房保障部门要按照有关规定或合同约定责令限期退回；逾期未退回的，可以按照合同约定，采取调整租金等方式处理，直至收回廉租住房，并取消该家庭再次申请廉租住房保障的资格；对拒不执行处理决定的，市、县住房保障部门可向当地人民法院申请强制执行。

（十六）充分发挥社会监督作用，畅通投诉举报渠道。通过各种形式主动接受媒体和公众的监督。对社会各界举报投诉的骗取廉租住房保障及违规使用廉租住房的行为，要及时处理，并公布结果。

（十七）国家机关工作人员在廉租住房建设、管理过程中滥用职权、玩忽职守、徇私舞弊的，依法依纪追究责任；涉嫌犯罪的，移送司法机关处理。

（十八）本通知自印发之日起施行。

公共租赁住房管理办法

（2012年5月28日住房和城乡建设部令第11号公布自2012年7月15日起施行）

第一章　总　　则

第一条　为了加强对公共租赁住房的管理，保障公平分配，规范运营与使用，健全退出机制，制定本办法。

第二条　公共租赁住房的分配、运营、使用、退出和管理，适用本办法。

第三条　本办法所称公共租赁住房，是指限定建设标准和租金水平，面向符合规定条件的城镇中等偏下收入住房困难家庭、新就业无房职工和在城镇稳定就业的外来务工人员出租的保障性住房。

公共租赁住房通过新建、改建、收购、长期租赁等多种方式筹集，可以由政府投资，也可以由政府提供政策支持、社会力量投资。

公共租赁住房可以是成套住房，也可以是宿舍型住房。

第四条　国务院住房和城乡建设主管部门负责全国公共租赁住房的指导和监督工作。

县级以上地方人民政府住房城乡建设（住房保障）主管部门负责本行政区域内的公共租赁住房管理工作。

第五条　直辖市和市、县级人民政府住房保障主管部门应当加强公共租赁住房管理信息系统建设，建立和完善公共租赁住房管理档案。

第六条　任何组织和个人对违反本办法的行为都有权进行举报、投诉。

住房城乡建设（住房保障）主管部门接到举报、投诉，应当依法及时核实、处理。

第二章　申请与审核

第七条　申请公共租赁住房，应当符合以下条件：

（一）在本地无住房或者住房面积低于规定标准；

（二）收入、财产低于规定标准；

（三）申请人为外来务工人员的，在本地稳定就业达到规定年限。

具体条件由直辖市和市、县级人民政府住房保障主管部门根据本地区实际情况确定，报本级人民政府批准后实施并向社会公布。

第八条　申请人应当根据市、县级人民政府住房保障主管部门的规定，提交申请材料，并对申请材料的真实性负责。申请人应当书面同意市、县级人民政府住房保障主管部门核实其申报信息。

申请人提交的申请材料齐全的，市、县级人民政府住房保障主管部门应当受理，并向申请人出具书面凭证；申请材料不齐全的，应当一次性书面告知申请人需要补正的材料。

对在开发区和园区集中建设面向用工单位或者园区就业人员配租的公共租赁住房，用人单位可以代表本单位职工申请。

第九条　市、县级人民政府住房保障主管部门应当会同有关部门，对申请人提交的申请材料进行审核。

经审核，对符合申请条件的申请人，应当予以公示，经公示无异议或者异议不成立的，登记为公共租赁住房轮候对象，并向社会公开；对不符合申请条件的申请人，应当书面通知并说明理由。

申请人对审核结果有异议，可以向市、县级人民政府住房保障主管部门申请复核。市、县级人民政府住房保障主管部门应当会同有关部门进行复核，并在15个工作日内将复核结果书面告知申请人。

第三章　轮候与配租

第十条　对登记为轮候对象的申请人，应当在轮候期内安排公共租赁住房。

直辖市和市、县级人民政府住房保障主管部门应当根据本地区经济发展水平和公共租赁住房需求，合理确定公共租赁住房轮候期，报本级人民政府批准后实施并向社会公布。轮候期一般不超过5年。

第十一条　公共租赁住房房源确定后，市、县级人民政府住房保障主管部门应当制定配租方案并向社会公布。

配租方案应当包括房源的位置、数量、户型、面积，租金标准，供应对象范围，意向登记时限等内容。

企事业单位投资的公共租赁住房的供应对象范围，可以规定为本单位职工。

第十二条　配租方案公布后，轮候对象可以按照配租方案，到市、县级人民政府住房保障主管部门进行意向登记。

市、县级人民政府住房保障主管部门应当会同有关部门，在15个工作日内对意向登记的轮候对象进行复审。对不符合条件的，应当书面通知并说明理由。

第十三条　对复审通过的轮候对象，市、县级人民政府住房保障主管部门可以采取综合评分、随机摇号等方式，确定配租对象与配租排序。

综合评分办法、摇号方式及评分、摇号的过程和结果应当向社会公开。

第十四条　配租对象与配租排序确定后应当予以公示。公示无异议或者异议不成立的，配租对象按照配租排序选择公共租赁住房。

配租结果应当向社会公开。

第十五条　复审通过的轮候对象中享受国家定期抚恤补助的优抚对象、孤老病残人员等，可以优先安排公共租赁住房。优先对象的范围和优先安排的办法由直辖市和市、县级人民政府住房保障主管部门根据本地区实际情况确定，报本级人民政府批准后实施并向社会公布。

社会力量投资和用人单位代表本单位职工申请的公共租赁住房，只能向经审核登记为轮候对象的申请人配租。

第十六条　配租对象选择公共租赁住房后，公共租赁住房所有权人或者其委托的运营单位与配租对象应当签订书面租赁合同。

租赁合同签订前，所有权人或者其委托的运营单位应当将租赁合同中涉及承租人责任的条款内容和应当退回公共租赁住房的情形向承租人明确说明。

第十七条　公共租赁住房租赁合同一般应当包括以下内容：

（一）合同当事人的名称或姓名；

（二）房屋的位置、用途、面积、结构、室内设施和设备，以及使用要求；

（三）租赁期限、租金数额和支付方式；

（四）房屋维修责任；

（五）物业服务、水、电、燃气、供热等相关费用的缴纳责任；

（六）退回公共租赁住房的情形；

（七）违约责任及争议解决办法；

（八）其他应当约定的事项。

省、自治区、直辖市人民政府住房城乡建设（住房保障）主管部门应当制定公共租赁住房租赁合同示范文本。

合同签订后，公共租赁住房所有权人或者其委托的运营单位应当在30日内将合同报市、县级人民政府住房保障主管部门备案。

第十八条　公共租赁住房租赁期限一般不超过5年。

第十九条　市、县级人民政府住房保障主管部门应当会同有关部门，按照略低于同地段住房市场租金水平的原则，确定本地区的公共租赁住房租金标准，报本级人民政府批准后实施。

公共租赁住房租金标准应当向社会公布，并定期调整。

第二十条　公共租赁住房租赁合同约定的租金数额，应当根据市、县级人民政府批准的公共租赁住房租金标准确定。

第二十一条　承租人应当根据合同约定，按时支付租金。

承租人收入低于当地规定标准的，可以依照有关规定申请租赁补贴或者减免。

第二十二条　政府投资的公共租赁住房的租金收入按照政府非税收入管理的有关规定缴入同级国库，实行收支两条线管理，专项用于偿还公共租赁住房贷款本息及公共租赁住房的维护、管理等。

第二十三条　因就业、子女就学等原因需要调换公共租赁住房的，经公共租赁住房所有权人或者其委托的运营单位同意，承租人之间可以互换所承租的公共租赁住房。

第四章　使用与退出

第二十四条　公共租赁住房的所有权人及其委托的运营单位应当负责公共租赁住房及其配套设施的维修养护，确保公共租赁住房的正常使用。

政府投资的公共租赁住房维修养护费用主要通过公共租赁住房租金收入以及配套商业服务设施租金收入解决，不足部分由财政预算安排解决；社会力量投资建设的公共租赁住房维修养护费用由所有权人及其委托的运营单位承担。

第二十五条　公共租赁住房的所有权人及其委托的运营单位不得改变公共租赁住房的保障性住房性质、用途及其配套设施的规划用途。

第二十六条　承租人不得擅自装修所承租公共租赁住房。确需装修的，应当取得公共租赁住房的所有权人或其委托的运营单位同意。

第二十七条　承租人有下列行为之一的，应当退回公共租赁住房：

（一）转借、转租或者擅自调换所承租公共租赁住房的；

（二）改变所承租公共租赁住房用途的；

（三）破坏或者擅自装修所承租公共租赁住房，拒不恢复原状的；

（四）在公共租赁住房内从事违法活动的；

（五）无正当理由连续6个月以上闲置公共租赁住房的。

承租人拒不退回公共租赁住房的，市、县级人民政府住房保障主管部门应当责令其限期退回；逾期不退回的，市、县级人民政府住房保障主管部门可以依法申请人民法院强制执行。

第二十八条　市、县级人民政府住房保障主管部门应当加强对公共租赁住房使用的监督检查。

公共租赁住房的所有权人及其委托的运营单位应当对承租人使用公共租赁住房的情况进行巡查，发现有违反本办法规定行为的，应当及时依法处理或者向有关部门报告。

第二十九条　承租人累计6个月以上拖欠租金的，应当腾退所承租的公共租赁住房；拒不腾退的，公共租赁住房的所有权人或者其委托的运营单位可以向人民法院提起诉讼，要求承租人腾退公共租赁住房。

第三十条　租赁期届满需要续租的，承租人应当在租赁期满3个月前向市、县级人民政府住房保障主管部门提出申请。

市、县级人民政府住房保障主管部门应当会同有关部门对申请人是否符合条件进行审核。经审核符合条件的，准予续租，并签订续租合同。

未按规定提出续租申请的承租人，租赁期满应当腾退公共租赁住房；拒不腾退的，公共租赁住房的所有权人或者其委托的运营单位可以向人民法院提起诉讼，要求承租人腾退公共租赁住房。

第三十一条　承租人有下列情形之一的，应当腾退公共租赁住房：

（一）提出续租申请但经审核不符合续租条件的；

（二）租赁期内，通过购买、受赠、继承等方式获得其他住房并不再符合公共租赁住房配租条件的；

（三）租赁期内，承租或者承购其他保障性住房的。

承租人有前款规定情形之一的，公共租赁住房的所有权人或者其委托的运营单位应当为其安排合理的搬迁期，搬迁期内租金按照合同约定的租金数额缴纳。

搬迁期满不腾退公共租赁住房，承租人确无其他住房的，应当按照市场价格缴纳租金;承租人有其他住房的,公共租赁住房的所有权人或者其委托的运营单位可以向人民法院提起诉讼,要求承租人腾退公共租赁住房。

第三十二条 房地产经纪机构及其经纪人员不得提供公共租赁住房出租、转租、出售等经纪业务。

第五章 法律责任

第三十三条 住房城乡建设(住房保障)主管部门及其工作人员在公共租赁住房管理工作中不履行本办法规定的职责,或者滥用职权、玩忽职守、徇私舞弊的,对直接负责的主管人员和其他直接责任人员依法给予处分;构成犯罪的,依法追究刑事责任。

第三十四条 公共租赁住房的所有权人及其委托的运营单位违反本办法,有下列行为之一的,由市、县级人民政府住房保障主管部门责令限期改正,并处以3万元以下罚款:

(一)向不符合条件的对象出租公共租赁住房的;

(二)未履行公共租赁住房及其配套设施维修养护义务的;

(三)改变公共租赁住房的保障性住房性质、用途,以及配套设施的规划用途的。

公共租赁住房的所有权人为行政机关的,按照本办法第三十三条处理。

第三十五条 申请人隐瞒有关情况或者提供虚假材料申请公共租赁住房的,市、县级人民政府住房保障主管部门不予受理,给予警告,并记入公共租赁住房管理档案。

以欺骗等不正当手段,登记为轮候对象或者承租公共租赁住房的,由市、县级人民政府住房保障主管部门处以1000元以下罚款,记入公共租赁住房管理档案;登记为轮候对象的,取消其登记;已承租公共租赁住房的,责令限期退回所承租公共租赁住房,并按市场价格补缴租金,逾期不退回的,可以依法申请人民法院强制执行,承租人自退回公共租赁住房之日起五年内不得再次申请公共租赁住房。

第三十六条 承租人有下列行为之一的,由市、县级人民政府住房保障主管部门责令按市场价格补缴从违法行为发生之日起的租金,记入公共租赁住房管理档案,处以1000元以下罚款;有违法所得的,处以违法所得3倍以下但不超过3万元的罚款:

(一)转借、转租或者擅自调换所承租公共租赁住房的;

(二)改变所承租公共租赁住房用途的;

(三)破坏或者擅自装修所承租公共租赁住房,拒不恢复原状的;

(四)在公共租赁住房内从事违法活动的;

(五)无正当理由连续6个月以上闲置公共租赁住房的。

有前款所列行为,承租人自退回公共租赁住房之日起五年内不得再次申请公共租赁住房;造成损失的,依法承担赔偿责任。

第三十七条 违反本办法第三十二条的,依照《房地产经纪管理办法》第三十七条,由县级以上地方人民政府住房城乡建设(房地产)主管部门责令限期改正,记入房地产经纪信用档案;对房地产经纪人员,处以1万元以下罚款;对房地产经纪机构,取消网上签约资格,处以3万元以下罚款。

第六章 附 则

第三十八条 省、自治区、直辖市住房城乡建设(住房保障)主管部门可以根据本办法制定实施细则。

第三十九条 本办法自2012年7月15日起施行。

住房和城乡建设部、国家发展和改革委员会、财政部、国土资源部、中国人民银行、国家税务总局、中国银行业监督管理委员会关于加快发展公共租赁住房的指导意见

(2010年6月8日 建保〔2010〕87号)

各省、自治区、直辖市人民政府,国务院各有关部门:

根据《国务院关于坚决遏制部分城市房价过快上涨的通知》(国发〔2010〕10号)和《国务院办公厅关于促进房地产市场平稳健康发展的通知》(国办发〔2010〕4号)精神,为加快发展公共租赁住房,经国务院同意,现提出以下意见:

一、加快发展公共租赁住房的重要意义

近年来,随着廉租住房、经济适用住房建设和棚户区改造力度的逐步加大,城市低收入家庭的住房条件得到较大改善。但是,由于有的地区住房保障政策覆盖范围比较小,部分大中城市商品住房价格较高、上涨过快、可供出租的小户型住房供应不足等原因,一些中等偏下收入住房困难家庭无力通过市场租赁或购买住房的问题比较突出。同时,随着城镇化快速推进,新职工的阶段性住房支付能力不足矛盾日益显现,外来务工人员居住条件也亟需改善。大力发展公共租赁住房,是完善住房供应体系,培育住房租赁市场,满足城市中等偏下收入家庭基本住房需求的重要举措,是引导城镇居民合理住房消费,调整房地产市场供应结构的必然要求。各地区、各部门要统一思想,提高认识,精心组织,加大投入,积极稳妥地推进公共租赁住房建设。

二、基本原则

(一)政府组织,社会参与。各地区在加大政府对公共租赁住房投入的同时,要切实采取土地、财税、金融等支持政策,充分调动各类企业和其他机构投资和经营公共租赁住房的积极性。

（二）因地制宜，分别决策。各地区要根据当地经济发展水平和市场小户型租赁住房供需情况等因素，合理确定公共租赁住房的供应规模和供应对象。商品住房价格较高、小户型租赁住房供应紧张的城市，应加大公共租赁住房建设力度。

（三）统筹规划，分步实施。各地区要制订公共租赁住房发展规划和年度计划，并纳入2010－2012年保障性住房建设规划和“十二五”住房保障规划，分年度组织实施。

三、租赁管理

（一）公共租赁住房供应对象主要是城市中等偏下收入住房困难家庭。有条件的地区，可以将新就业职工和有稳定职业并在城市居住一定年限的外来务工人员纳入供应范围。公共租赁住房的供应范围和供应对象的收入线标准、住房困难条件，由市、县人民政府确定。已享受廉租住房实物配租和经济适用住房政策的家庭，不得承租公共租赁住房。

（二）公共租赁住房租金水平，由市、县人民政府统筹考虑住房市场租金水平和供应对象的支付能力等因素合理确定，并按年度实行动态调整。符合廉租住房保障条件的家庭承租公共租赁住房的，可以申请廉租住房租赁补贴。

（三）公共租赁住房出租人与承租人应当签订书面租赁合同。公共租赁住房租赁合同期限一般为3至5年，合同示范文本由省、自治区、直辖市住房城乡建设（住房保障）部门制订。承租人应当按照合同约定合理使用住房，及时缴纳租金和其他费用。租赁合同期满后承租人仍符合规定条件的，可以申请续租。

（四）公共租赁住房只能用于承租人自住，不得出借、转租或闲置，也不得用于从事其他经营活动。承租人违反规定使用公共租赁住房的，应当责令退出。承租人购买、受赠、继承或者租赁其他住房的，应当退出。对承租人拖欠租金和其他费用的，可以通报其所在单位，从其工资收入中直接划扣。

四、房源筹集

（一）公共租赁住房房源通过新建、改建、收购、在市场上长期租赁住房等方式多渠道筹集。新建公共租赁住房以配建为主，也可以相对集中建设。要科学规划，合理布局，尽可能安排在交通便利、公共设施较为齐全的区域，同步做好小区内外市政配套设施建设。

（二）在外来务工人员集中的开发区和工业园区，市、县人民政府应当按照集约用地的原则，统筹规划，引导各类投资主体建设公共租赁住房，面向用工单位或园区就业人员出租。

（三）新建公共租赁住房主要满足基本居住需求，应符合安全卫生标准和节能环保要求，确保工程质量安全。成套建设的公共租赁住房，单套建筑面积要严格控制在60平方米以下。以集体宿舍形式建设的公共租赁住房，应认真落实宿舍建筑设计规范的有关规定。

五、政策支持

（一）各地要把公共租赁住房建设用地纳入年度土地供应计划，予以重点保障。面向经济适用住房对象供应的公共租赁住房，建设用地实行划拨供应。其他方式投资的公共租赁住房，建设用地可以采用出让、租赁或作价入股等方式有偿使用，并将所建公共租赁住房的租金水平、套型结构、建设标准和设施条件等作为土地供应的前置条件，所建住房只能租赁，不得出售。

（二）市、县人民政府要通过直接投资、资本金注入、投资补助、贷款贴息等方式，加大对公共租赁住房建设和运营的投入。省、自治区人民政府要给予资金支持。中央以适当方式给予资金补助。

（三）对公共租赁住房的建设和运营给予税收优惠，具体办法由财政部、税务总局制订。公共租赁住房建设涉及的行政事业性收费和政府性基金，按照经济适用住房的相关政策执行。

（四）鼓励金融机构发放公共租赁住房中长期贷款，具体办法由人民银行、银监会制订。支持符合条件的企业通过发行中长期债券等方式筹集资金，专项用于公共租赁住房建设和运营。探索运用保险资金、信托资金和房地产信托投资基金拓展公共租赁住房融资渠道。政府投资建设的公共租赁住房，纳入住房公积金贷款支持保障性住房建设试点范围。

（五）公共租赁住房建设实行“谁投资、谁所有”，投资者权益可依法转让。

六、监督管理

（一）发展公共租赁住房实行省级人民政府负总责、市县人民政府抓落实的责任制。各级住房城乡建设（住房保障）部门负责公共租赁住房的行政管理工作，发展改革、监察、财政、国土资源、规划等有关部门按照各自职责负责相关工作。地方各级人民政府要加强组织领导，明确工作责任，健全住房保障管理机制和工作机构，落实人员和经费，确保公共租赁住房工作顺利实施。

（二）市、县人民政府要建立健全公共租赁住房申请、审核、公示、轮候、配租和租后管理制度。住房保障部门要按照规定的程序严格准入审批，加强对公共租赁住房运营的监督管理，做到配租过程公开透明、配租结果公平公正。对存在滥用职权、玩忽职守、徇私舞弊等违法违规行为的，要依法依纪严肃追究相关单位和人员的责任。

（三）政府投资建设公共租赁住房的租金收入，应按照政府非税收入管理的规定缴入同级国库，实行“收支两条线”管理。租金收入专项用于偿还公共租赁住房贷款，以及公共租赁住房的维护、管理和投资补助。

（四）各地可根据本意见，制订具体实施办法。各地已经出台的政策性租赁住房、租赁型经济适用住房、经济租赁住房、农民工公寓（集体宿舍）等政策，统一按本意见规定进行调整。

国务院机关事务管理局等关于在京中央单位职工住宅建设中搬迁安置住房上市交易有关问题的通知

（2012年1月20日　国管房改〔2012〕23号）

在京中央和国家机关各部门、各单位：

为推进在京中央单位职工住宅建设，维护搬迁户合法权益，根据国家和北京市有关房改政策，现就职工住宅建设中涉及的搬迁安置住房上市交易有关问题通知如下：

一、搬迁安置住房及产权性质

本通知所称搬迁安置住房，是指在京中央单位在职工住宅建设中用于安置搬迁户的住房，包括回迁安置住房和异地安置住房。搬迁安置住房统一纳入职工住宅体系，按经济适用住房产权管理。

二、搬迁安置住房上市交易政策

（一）搬迁户原住房属于房改房或者商品房（含私房）的，搬迁安置住房上市交易不受时间限制。交易时，房屋买受人应当按照房屋买卖成交价格的3%缴纳土地出让金或者相当于土地出让金的价款。搬迁户原住房属于职工住宅的，搬迁安置住房暂时不得上市交易。

（二）搬迁安置住房原产权单位与搬迁户对搬迁安置住房上市交易另有限制性约定的，从其约定。搬迁安置住房原产权单位应当填写《在京中央单位搬迁安置住房不宜上市交易登记表》，报在京中央和国家机关住房交易办公室（以下简称交易办公室）备案后，在住房档案中注记“不宜上市交易”。

三、搬迁安置住房上市交易流程

（一）产权人向搬迁安置住房原产权单位提出上市交易申请，原产权单位对该住房是否属于搬迁安置住房及产权人原住房产权性质进行审核。符合上市交易条件的，原产权单位出具《搬迁安置住房上市交易证明》，并在住房档案中注记“允许上市交易”。

（二）产权人填写《在京中央单位搬迁安置住房上市交易登记表》（以下简称《登记表》），报交易办公室审核，并提供以下材料：

1. 身份证或者其他有效身份证明；
2. 搬迁安置住房房屋所有权证书；
3. 搬迁安置住房购房合同；
4. 搬迁安置住房上市交易证明。

交易办公室核对无误后，在《登记表》上加盖交易办公室印章。

（三）产权人持加盖交易办公室印章的《登记表》以及北京市有关部门要求提供的材料，到房屋所在区、县房屋管理部门办理网上签约及房屋转移登记手续。

四、其他事项

安置单位在售房时统一收回搬迁户原住房的房屋所有权证书，并在搬迁安置住房购房合同中明确由搬迁户授权安置单位在原房屋拆迁灭失后，向房屋登记部门申请办理房屋注销登记。

本通知所称在京中央单位，包括党中央各部门，全国人大机关，全国政协机关，国务院各部门、各直属事业单位，最高人民法院，最高人民检察院，各人民团体，以及在京中央企事业单位。

附件：1. 在京中央单位搬迁安置住房不宜上市交易登记表（略）

2. 搬迁安置住房上市交易证明（略）

3. 在京中央单位搬迁安置住房上市交易登记表（略）

住房城乡建设部、财政部、国家发展和改革委员会关于公共租赁住房和廉租住房并轨运行的通知

（2013年12月2日　建保〔2013〕178号）

各省、自治区住房城乡建设厅、财政厅、发展改革委，北京市住房城乡建设委、财政局、发展改革委，上海市城乡建设交通委、住房保障房屋管理局、财政局、发展改革委，天津市城乡建设交通委、国土资源房屋管理局、财政局、发展改革委，重庆市国土资源房屋管理局、财政局、发展改革委，新疆生产建设兵团建设局、财务局、发展改革委：

根据《国务院批转发展改革委关于2013年深化经济体制改革重点工作意见的通知》（国发〔2013〕20号）和《国务院办公厅关于保障性安居工程建设和管理的指导意见》（国办发〔2011〕45号）等文件精神，从2014年起，各地公共租赁住房和廉租住房并轨运行，并轨后统称为公共租赁住房。现就有关事宜通知如下：

一、调整公共租赁住房年度建设计划

从2014年起，各地廉租住房（含购改租等方式筹集，下同）建设计划调整并入公共租赁住房年度建设计划。2014年以前年度已列入廉租住房年度建设计划的在建项目可继续建设，建成后统一纳入公共租赁住房管理。

二、整合公共租赁住房政府资金渠道

廉租住房并入公共租赁住房后，地方政府原用于廉租住房建设的资金来源渠道，调整用于公共租赁住房（含2014年以前在建廉租住房）建设。原用于租赁补贴的资金，继续用于补贴在市场租赁住房的低收入住房保障对象。

从2014年起，中央补助公共租赁住房建设资金以及租赁补贴资金继续由财政部安排，国家发展改革委原安排的中央用于新建廉租住房补助投资调整为公共租赁住房配套基础设

施建设补助投资，并向西藏及青海、甘肃、四川、云南四省藏区、新疆自治区及新疆建设兵团所辖的南疆三地州等财力困难地区倾斜。

三、进一步完善公共租赁住房租金定价机制

各地要结合本地区经济发展水平、财政承受能力、住房市场租金水平、建设与运营成本、保障对象支付能力等因素，进一步完善公共租赁住房的租金定价机制，动态调整租金。

公共租赁住房租金原则上按照适当低于同地段、同类型住房市场租金水平确定。政府投资建设并运营管理的公共租赁住房，各地可根据保障对象的支付能力实行差别化租金，对符合条件的保障对象采取租金减免。社会投资建设并运营管理的公共租赁住房，各地可按规定对符合条件的低收入住房保障对象予以适当补贴。

各地可根据保障对象支付能力的变化，动态调整租金减免或补贴额度，直至按照市场价格收取租金。

四、健全公共租赁住房分配管理制度

各地要进一步完善公共租赁住房的申请受理渠道、审核准入程序，提高效率，方便群众。各地可以在综合考虑保障对象的住房困难程度、收入水平、申请顺序、保障需求以及房源等情况的基础上，合理确定轮候排序规则，统一轮候配租。已建成并分配入住的廉租住房统一纳入公共租赁住房管理，其租金水平仍按原有租金标准执行；已建成未入住的廉租住房以及在建的廉租住房项目建成后，要优先解决原廉租住房保障对象住房困难，剩余房源统一按公共租赁住房分配。

五、加强组织领导，有序推进并轨运行工作

公共租赁住房和廉租住房并轨运行是完善住房保障制度体系，提高保障性住房资源配置效率的有效措施；是改善住房保障公共服务的重要途径；是维护社会公平正义的具体举措。各地要进一步加强领导，精心组织，完善住房保障机构，充实人员，落实经费，理顺体制机制，扎实有序推进并轨运行工作。各地可根据本通知，结合实际情况，制定具体实施办法。

住房城乡建设部关于支持北京市、上海市开展共有产权住房试点的意见

（2017年9月14日　建保〔2017〕210号）

北京市住房城乡建设委、上海市住房城乡建设管理委：

习近平总书记指出，加快推进住房保障和供应体系建设，是满足群众基本住房需求、实现全体人民住有所居目标的重要任务，是促进社会公平正义、保证人民群众共享改革发展成果的必然要求。发展共有产权住房，是加快推进住房保障和供应体系建设的重要内容。目前，北京市、上海市积极发展共有产权住房，取得了阶段性成效。北京市制定《共有产权住房管理暂行办法》，明确了未来五年供应25万套共有产权住房的目标，着力满足城镇户籍无房家庭及符合条件新市民的基本住房需求。上海市截至2016年底已供应共有产权保障住房8.9万套，并明确了下一步发展目标，着力改善城镇中低收入住房困难家庭居住条件。经研究，决定在北京市、上海市开展共有产权住房试点。为支持两市开展共有产权住房试点工作，现提出以下意见：

一、总体要求。认真贯彻落实党中央、国务院决策部署，坚持“房子是用来住的、不是用来炒的”的定位，以满足新市民住房需求为主要出发点，以建立购租并举的住房制度为主要方向，以市场为主满足多层次需求，以政府为主提供基本保障，通过推进住房供给侧结构性改革，加快解决住房困难家庭的基本住房问题。

二、基本原则。坚持政府引导、政策支持，充分发挥市场机制的推动作用；坚持因地制宜、分类施策，满足基本住房需求。

三、供应对象。面向符合规定条件的住房困难群体供应，优先供应无房家庭，具体供应对象范围由两市人民政府确定。

四、管理制度。要制定共有产权住房具体管理办法，核心是建立完善的共有产权住房管理机制，包括配售定价、产权划分、使用管理、产权转让等规则，确保共有产权住房是用来住的，不是用来炒的。同时，要明确相关主体在共有产权住房使用、维护等方面的权利和义务。

五、运营管理主体。要明确由国有机构代表政府持有共有产权住房政府份额，并承担与承购人签订配售合同、日常使用管理、回购及再上市交易等事项。

六、政策支持。要确保共有产权住房用地供应，并落实好现有的财政、金融、税费等优惠政策。

七、规划建设。共有产权住房应以中小套型为主，要优化规划布局、设施配套和户型设计，抓好工程质量。

八、组织实施。要高度重视开展共有产权住房试点工作，在市委、市政府的统一部署和领导下，按照已经确定的工作目标和重点任务，扎实有序推进发展共有产权住房工作。同时，要以制度创新为核心，在建设模式、产权划分、使用管理、产权转让等方面进行大胆探索，力争形成可复制、可推广的试点经验。对共有产权住房试点工作中遇到的问题，请及时总结并报我部。

住房城乡建设部、财政部、国务院扶贫办关于加强和完善建档立卡贫困户等重点对象农村危房改造若干问题的通知

（2017年8月28日　建村〔2017〕192号）

各省、自治区、直辖市住房城乡建设厅（建委）、财政厅、扶贫办（局），新疆生产建设兵团建设局、财务局、扶贫局：

做好建档立卡贫困户等重点对象农村危房改造是实现中央脱贫攻坚"两不愁、三保障"总体目标中住房安全有保障的重点工作，必须提高政治站位，高度重视，加大投入，全力以赴按时保质完成。目前各地推进农村危房改造工作取得明显进展，但实施过程中也存在危房改造对象认定不准确、深度贫困户无力建房、补助资金拨付和使用不规范等问题。为进一步加强和完善建档立卡贫困户等重点对象农村危房改造工作，现就有关要求通知如下。

一、危房改造对象认定标准和程序

（一）危房改造对象认定。中央支持的农村危房改造对象应在建档立卡贫困户、低保户、农村分散供养特困人员和贫困残疾人家庭等4类重点对象（以下简称4类重点对象）中根据住房危险程度确定。建档立卡贫困户身份识别以扶贫部门认定为准，低保户和农村分散供养特困人员身份识别以民政部门认定为准，贫困残疾人家庭身份识别应由残联商扶贫或民政部门联合认定为准。县级住房城乡建设部门要依据上述部门提供的4类重点对象名单组织开展房屋危险性评定，根据《农村危险房屋鉴定技术导则（试行）》（建村函〔2009〕69号）制定简明易行的评定办法，少数确实难以评定的可通过购买服务方式请专业机构鉴定。经评定为C级和D级危房的4类重点对象列为危房改造对象。已纳入易地扶贫搬迁计划的4类重点对象不得列为农村危房改造对象。

（二）危房信息的录入、确定和动态调整。县级住房城乡建设部门要逐户填写危房改造对象认定表（附件），相关信息录入住房城乡建设部农村危房改造信息系统（以下简称信息系统）。完成录入工作后信息系统将自动生成4类重点对象农村危房改造台账（以下简称危房改造台账）。县级住房城乡建设部门将危房改造台账送扶贫、民政、残联部门复核确认后，报省级住房城乡建设部门联合扶贫、民政、残联部门审核确定。省级住房城乡建设部门汇总本地区危房改造台账后报住房城乡建设部备案，信息数据与相关部门共享。农户身份及危房信息发生变化的，每年年底按照上述程序进行调整。

二、贫困户"住房安全有保障"的认定标准和程序

建档立卡贫困户退出时住房应满足以下基本质量要求：选址安全，地基坚实；基础牢靠，结构稳定，强度满足要求；抗震构造措施齐全、符合规定；围护结构和非结构构件与主体结构连接牢固；建筑材料质量合格。省级住房城乡建设部门要按照上述要求，明确"住房安全有保障"的具体要求或标准，配合扶贫部门确定贫困户退出的实施办法和工作程序。县级住房城乡建设部门负责认定住房安全性并出具房屋安全性评定结果。

三、减轻深度贫困户负担

（一）加大资金投入力度。省、市、县要落实危房改造责任，加大资金投入力度，根据农户贫困程度、房屋危险程度和改造方式等制定分类补助标准，切实加大对深度贫困户的倾斜支持。要引导社会力量资助，鼓励志愿者帮扶和村民互助，对纳入贫困县涉农资金整合试点范围的，可统筹整合财政涉农资金予以支持，构建多渠道的农村危房改造资金投入机制。

（二）推广低成本改造方式。加固改造是低成本解决农民住房安全问题最为有效的措施之一，可有效避免因建房而致贫返贫。各地务必高度重视，制定鼓励政策，加大推广力度，引导农户优先选择加固方式改造危房。要按照消除直接危险，同步提高房屋整体强度的要求科学实施，确保质量安全。原则上C级危房必须加固改造，鼓励具备条件的D级危房除险加固。鼓励通过统建农村集体公租房及幸福大院、修缮加固现有闲置公房、置换或长期租赁村内闲置农房等方式，兜底解决自筹资金和投工投料能力极弱深度贫困户住房安全问题。要充分调动农户积极性，通过投工投劳和互助等方式降低改造成本。鼓励运用当地建材，建设造价低、功能好的农房。

（三）为贫困户建房提供便利。县级住房城乡建设部门要主动协调组织主要建材的采购与运输，降低贫困户危房改造成本。要向农户推荐培训合格的建筑工匠或施工队伍并指导双方签订协议。要积极协调施工方，采取垫资建设等方式帮助无启动资金的特困户改造危房。要发挥组织协调作用，帮助自建确有困难且有统建意愿的农户选择有资质的施工队伍统建。对于政府组织实施加固改造，以及统建集体公租房等兜底解决特困户住房的，可在明确改造标准、征得农户同意并签订协议的基础上，将补助资金直接支付给施工单位。

四、加强工作管理

（一）防止补助资金拨付不及时、挤占挪用和滞留。县级住房城乡建设部门要及时组织竣工验收并将验收合格达到补助资金拨付条件的农户名单提供财政部门。县级财政部门要严格执行《中央财政农村危房改造补助资金管理办法》（财社〔2016〕216号）有关规定，支付给农户的补助资金要在竣工验收后30日内足额拨付到户，不得以任何形式挤占挪用和滞留。补助资金拨付情况纳入绩效评价考核内容。

（二）防止套取骗取、重复申领补助资金及基层工作人员吃拿卡要、索要好处费。中央下达的4类重点对象农村危房改造任务必须在危房改造台账范围内进行分配。要落实信息公开制度，县级住房城乡建设部门要及时公开危房改造任务分配结果和改造任务完成情况。省级住房城乡建设部门要建立畅通的反映问题渠道，公布举报电话并对群众反映问题及时调查处理。各级住房城乡建设部门要积极会同、配合财政、审计、纪检、监察等部门开展专项检查，查实问题处理到人。要加大警示教育宣传力度，定期通报有关问题及处理结果。

（三）防止虚报改造任务。要严格执行"一户一档"的农村危房改造农户档案管理制度,改造信息包括改造前、改造中及改造后照片必须全部录入信息系统。要加强对信息系统中已录入信息的管理和检查,及时整改错误及重复信息,设定抽查比例下限实地检查工程实施情况,严肃处理弄虚作假、虚报改造任务的行为。

(四)防止做表面文章。农村危房改造解决的是住房安全问题,改造后房屋必须满足农村危房改造抗震安全基本要求,禁止单纯将补助资金用于房屋粉刷、装饰等与提升住房安全性无关的用途。对于往年已享受过农村危房改造补助但住房安全性未达到要求的,各地要自筹资金解决其住房安全问题,并对违反农村危房改造竣工验收有关规定的行为追究责任。

五、提高农户满意度

(一)提升改造效果。改造后的农房应具备卫生厕所,满足人畜分离等基本居住卫生条件,这是农村危房改造的底线要求。北方地区要结合农村危房改造积极推动建筑节能改造和清洁供暖。要根据村庄规划实施风貌管控,开展院落整治,整体改善村庄人居环境。

(二)实施到户技术指导、简化申请审批程序。各地要编制农村危房改造通用设计图集等基本的结构设计及建设施工要点简明手册并免费发放到户。县级住房城乡建设部门要在施工关键环节派员到场进行技术指导与检查,发现问题督促整改。要发动社会专业人员及机构为农户免费提供技术咨询与帮扶。要优化审批程序,加强上门服务,最大限度地降低农户提交申请材料的难度,不得向补助对象收取任何管理费用。

(三)加强政策宣传。各地要制作农村危房改造政策明白卡并免费发放到每一户危房改造对象,利用多种渠道加大政策宣传力度。要及时向有关部门提供农村危房改造工作进展,利用媒体广泛宣传工作成效,营造积极的舆论氛围。

4类重点对象农村危房改造力争到2019年基本完成,2020年做好扫尾工作。各地要在确保房屋质量和改造效果的前提下,结合本地实际科学安排4类重点对象农村危房改造进度计划并报住房城乡建设部、财政部备案。要在任务资金安排上向深度贫困地区倾斜,确保这些地区同步完成4类重点对象危房改造任务。住房城乡建设部会同财政部,对于中央下达年度任务未完成的,将在安排下一年度农村危房改造中央任务和补助资金时对相应省份予以扣减(纳入贫困县涉农资金整合试点的,按整合试点有关要求执行);对于中央下达年度任务之外垫付资金先行实施4类重点对象危房改造的,将在以后年度农村危房改造中央任务和补助资金安排中给予考虑。

附件:危房改造对象认定表(略)

9. 房产税费

中华人民共和国房产税暂行条例

(1986年9月15日国务院发布 根据2011年1月8日《国务院关于废止和修改部分行政法规的决定》修订)

第一条 房产税在城市、县城、建制镇和工矿区征收。

第二条 房产税由产权所有人缴纳。产权属于全民所有的,由经营管理的单位缴纳。产权出典的,由承典人缴纳。产权所有人、承典人不在房产所在地的,或者产权未确定及租典纠纷未解决的,由房产代管人或者使用人缴纳。

前款列举的产权所有人、经营管理单位、承典人、房产代管人或者使用人,统称为纳税义务人(以下简称纳税人)。

第三条 房产税依照房产原值一次减除10%至30%后的余值计算缴纳。具体减除幅度,由省、自治区、直辖市人民政府规定。

没有房产原值作为依据的,由房产所在地税务机关参考同类房产核定。

房产出租的,以房产租金收入为房产税的计税依据。

第四条 房产税的税率,依照房产余值计算缴纳的,税率为1.2%;依照房产租金收入计算缴纳的,税率为12%。

第五条 下列房产免纳房产税:

一、国家机关、人民团体、军队自用的房产;

二、由国家财政部门拨付事业经费的单位自用的房产;

三、宗教寺庙、公园、名胜古迹自用的房产;

四、个人所有非营业用的房产;

五、经财政部批准免税的其他房产。

第六条 除本条例第五条规定者外,纳税人纳税确有困难的,可由省、自治区、直辖市人民政府确定,定期减征或者免征房产税。

第七条 房产税按年征收、分期缴纳。纳税期限由省、自治区、直辖市人民政府规定。

第八条 房产税的征收管理,依照《中华人民共和国税收征收管理法》的规定办理。

第九条 房产税由房产所在地的税务机关征收。

第十条 本条例由财政部负责解释;施行细则由省、自治区、直辖市人民政府制定,抄送财政部备案。

第十一条 本条例自1986年10月1日起施行。

中华人民共和国契税暂行条例

（1997年7月7日中华人民共和国国务院令第224号发布 根据2019年3月2日《国务院关于修改部分行政法规的决定》修订）

第一条 在中华人民共和国境内转移土地、房屋权属，承受的单位和个人为契税的纳税人，应当依照本条例的规定缴纳契税。

第二条 本条例所称转移土地、房屋权属是指下列行为：

（一）国有土地使用权出让；

（二）土地使用权转让，包括出售、赠与和交换；

（三）房屋买卖；

（四）房屋赠与；

（五）房屋交换。

前款第二项土地使用权转让，不包括农村集体土地承包经营权的转移。

第三条 契税税率为3～5%。

契税的适用税率，由省、自治区、直辖市人民政府在前款规定的幅度内按照本地区的实际情况确定，并报财政部和国家税务总局备案。

第四条 契税的计税依据：

（一）国有土地使用权出让、土地使用权出售、房屋买卖，为成交价格；

（二）土地使用权赠与、房屋赠与，由征收机关参照土地使用权出售、房屋买卖的市场价格核定；

（三）土地使用权交换、房屋交换，为所交换的土地使用权、房屋的价格的差额。

前款成交价格明显低于市场价格并且无正当理由的，或者所交换土地使用权、房屋的价格的差额明显不合理并且无正当理由的，由征收机关参照市场价格核定。

第五条 契税应纳税额，依照本条例第三条规定的税率和第四条规定的计税依据计算征收。应纳税额计算公式：

应纳税额＝计税依据×税率

应纳税额以人民币计算。转移土地、房屋权属以外汇结算的，按照纳税义务发生之日中国人民银行公布的人民币市场汇率中间价折合成人民币计算。

第六条 有下列情形之一的，减征或者免征契税：

（一）国家机关、事业单位、社会团体、军事单位承受土地、房屋用于办公、教学、医疗、科研和军事设施的，免征；

（二）城镇职工按规定第一次购买公有住房的，免征；

（三）因不可抗力灭失住房而重新购买住房的，酌情准予减征或者免征；

（四）财政部规定的其他减征、免征契税的项目。

第七条 经批准减征、免征契税的纳税人改变有关土地、房屋的用途，不再属于本条例第六条规定的减征、免征契税范围的，应当补缴已经减征、免征的税款。

第八条 契税的纳税义务发生时间，为纳税人签订土地、房屋权属转移合同的当天，或者纳税人取得其他具有土地、房屋权属转移合同性质凭证的当天。

第九条 纳税人应当自纳税义务发生之日起10日内，向土地、房屋所在地的契税征收机关办理纳税申报，并在契税征收机关核定的期限内缴纳税款。

第十条 纳税人办理纳税事宜后，契税征收机关应当向纳税人开具契税完税凭证。

第十一条 纳税人应当持契税完税凭证和其他规定的文件材料，依法向土地管理部门、房产管理部门办理有关土地、房屋的权属变更登记手续。

纳税人未出具契税完税凭证的，土地管理部门、房产管理部门不予办理有关土地、房屋的权属变更登记手续。

第十二条 契税征收机关为土地、房屋所在地的税务机关。

土地管理部门、房产管理部门应当向契税征收机关提供有关资料，并协助契税征收机关依法征收契税。

第十三条 契税的征收管理，依照本条例和有关法律、行政法规的规定执行。

第十四条 财政部根据本条例制定细则。

第十五条 本条例自1997年10月1日起施行。1950年4月3日中央人民政府政务院发布的《契税暂行条例》同时废止。

中华人民共和国契税暂行条例细则

（1997年10月28日 财法字〔1997〕52号）

第一条 根据《中华人民共和国契税暂行条例》（以下简称条例）的规定，制定本细则。

第二条 条例所称土地、房屋权属，是指土地使用权、房屋所有权。

第三条 条例所称承受，是指以受让、购买、受赠、交换等方式取得土地、房屋权属的行为。

第四条 条例所称单位，是指企业单位、事业单位、国家机关、军事单位和社会团体以及其他组织。

条例所称个人，是指个体经营者及其他个人。

第五条 条例所称国有土地使用权出让，是指土地使用者向国家交付土地使用权出让费用，国家将国有土地使用权在一定年限内让予土地使用者的行为。

第六条 条例所称土地使用权转让，是指土地使用者以出售、赠与、交换或者其他方式将土地使用权转移给其他单位和个人的行为。

条例所称土地使用权出售，是指土地使用者以土地使用权作为交易条件，取得货币、实物、无形资产或者其他经济利益的行为。

条例所称土地使用权赠与，是指土地使用者将其土地使用权无偿转让给受赠者的行为。

条例所称土地使用权交换，是指土地使用者之间相互交换土地使用权的行为。

第七条　条例所称房屋买卖，是指房屋所有者将其房屋出售，由承受者交付货币、实物、无形资产或者其他经济利益的行为。

条例所称房屋赠与，是指房屋所有者将其房屋无偿转让给受赠者的行为。

条例所称房屋交换，是指房屋所有者之间相互交换房屋的行为。

第八条　土地、房屋权属以下列方式转移的，视同土地使用权转让、房屋买卖或者房屋赠与征税：

（一）以土地、房屋权属作价投资、入股；

（二）以土地、房屋权属抵债；

（三）以获奖方式承受土地、房屋权属；

（四）以预购方式或者预付集资建房款方式承受土地、房屋权属。

第九条　条例所称成交价格，是指土地、房屋权属转移合同确定的价格。包括承受者应交付的货币、实物、无形资产或者其他经济利益。

第十条　土地使用权交换、房屋交换，交换价格不相等的，由多交付货币、实物、无形资产或者其他经济利益的一方缴纳税款。交换价格相等的，免征契税。

土地使用权与房屋所有权之间相互交换，按照前款征税。

第十一条　以划拨方式取得土地使用权的，经批准转让房地产时，应由房地产转让者补缴契税。其计税依据为补缴的土地使用权出让费用或者土地收益。

第十二条　条例所称用于办公的，是指办公室（楼）以及其他直接用于办公的土地、房屋。

条例所称用于教学的，是指教室（教学楼）以及其他直接用于教学的土地、房屋。

条例所称用于医疗的，是指门诊部以及其他直接用于医疗的土地、房屋。

条例所称用于科研的，是指科学试验的场所以及其他直接用于科研的土地、房屋。

条例所称用于军事设施的，是指：

（一）地上和地下的军事指挥作战工程；

（二）军用的机场、港口、码头；

（三）军用的库房、营区、训练场、试验场；

（四）军用的通信、导航、观测台站；

（五）其他直接用于军事设施的土地、房屋。

本条所称其他直接用于办公、教学、医疗、科研的以及其他直接用于军事设施的土地、房屋的具体范围，由省、自治区、直辖市人民政府确定。

第十三条　条例所称城镇职工按规定第一次购买公有住房的，是指经县以上人民政府批准，在国家规定标准面积以内购买的公有住房。城镇职工享受免征契税，仅限于第一次购买的公有住房。超过国家规定标准面积的部分，仍应按照规定缴纳契税。

第十四条　条例所称不可抗力，是指自然灾害、战争等不能预见、不能避免并不能克服的客观情况。

第十五条　根据条例第六条的规定，下列项目减征、免征契税：

（一）土地、房屋被县级以上人民政府征用、占用后，重新承受土地、房屋权属的，是否减征或者免征契税，由省、自治区、直辖市人民政府确定；

（二）纳税人承受荒山、荒沟、荒丘、荒滩土地使用权，用于农、林、牧、渔业生产的，免征契税；

（三）依照我国有关法律规定以及我国缔结或参加的双边和多边条约或协定的规定应当予以免税的外国驻华使馆、领事馆、联合国驻华机构及其外交代表、领事官员和其他外交人员承受土地、房屋权属的，经外交部确认，可以免征契税。

第十六条　纳税人符合减征或者免征契税规定的，应当在签订土地、房屋权属转移合同后10日内，向土地、房屋所在地的契税征收机关办理减征或者免征契税手续。

第十七条　纳税人因改变土地、房屋用途应当补缴已经减征、免征契税的，其纳税义务发生时间为改变有关土地、房屋用途的当天。

第十八条　条例所称其他具有土地、房屋权属转移合同性质凭证，是指具有合同效力的契约、协议、合约、单据、确认书以及由省、自治区、直辖市人民政府确定的其他凭证。

第十九条　条例所称有关资料，是指土地管理部门、房产管理部门办理土地、房屋权属变更登记手续的有关土地、房屋权属、土地出让费用、成交价格以及其他权属变更方面的资料。

第二十条　征收机关可以根据征收管理的需要，委托有关单位代征契税，具体代征单位由省、自治区、直辖市人民政府确定。

代征手续费的支付比例，由财政部另行规定。

第二十一条　省、自治区、直辖市人民政府根据条例和本细则的规定制定实施办法，并报财政部和国家税务总局备案。

第二十二条　本细则自1997年10月1日起施行。此前财政部关于契税的各项规定同时废止。

中华人民共和国印花税暂行条例

（1988 年 8 月 6 日中华人民共和国国务院令第 11 号发布 根据 2011 年 1 月 8 日《国务院关于废止和修改部分行政法规的决定》修订）

第一条 在中华人民共和国境内书立、领受本条例所列举凭证的单位和个人，都是印花税的纳税义务人（以下简称纳税人），应当按照本条例规定缴纳印花税。

第二条 下列凭证为应纳税凭证：

（一）购销、加工承揽、建设工程承包、财产租赁、货物运输、仓储保管、借款、财产保险、技术合同或者具有合同性质的凭证；

（二）产权转移书据；

（三）营业账簿；

（四）权利、许可证照；

（五）经财政部确定征税的其他凭证。

第三条 纳税人根据应纳税凭证的性质，分别按比例税率或者按件定额计算应纳税额。具体税率、税额的确定，依照本条例所附《印花税税目税率表》执行。

应纳税额不足 1 角的，免纳印花税。

应纳税额在 1 角以上的，其税额尾数不满 5 分的不计，满 5 分的按 1 角计算缴纳。

第四条 下列凭证免纳印花税：

（一）已缴纳印花税的凭证的副本或者抄本；

（二）财产所有人将财产赠给政府、社会福利单位、学校所立的书据；

（三）经财政部批准免税的其他凭证。

第五条 印花税实行由纳税人根据规定自行计算应纳税额，购买并一次贴足印花税票（以下简称贴花）的缴纳办法。

为简化贴花手续，应纳税额较大或者贴花次数频繁的，纳税人可向税务机关提出申请，采取以缴款书代替贴花或者按期汇总缴纳的办法。

第六条 印花税票应当粘贴在应纳税凭证上，并由纳税人在每枚税票的骑缝处盖戳注销或者画销。

已贴用的印花税票不得重用。

第七条 应纳税凭证应当于书立或者领受时贴花。

第八条 同一凭证，由两方或者两方以上当事人签订并各执一份的，应当由各方就所执的一份各自全额贴花。

第九条 已贴花的凭证，修改后所载金额增加的，其增加部分应当补贴印花税票。

第十条 印花税由税务机关负责征收管理。

第十一条 印花税票由国家税务局监制。票面金额以人民币为单位。

第十二条 发放或者办理应纳税凭证的单位，负有监督纳税人依法纳税的义务。

第十三条 纳税人有下列行为之一的，由税务机关根据情节轻重，予以处罚：

（一）在应纳税凭证上未贴或者少贴印花税票的，税务机关除责令其补贴印花税票外，可处以应补贴印花税票金额 20 倍以下的罚款；

（二）违反本条例第六条第一款规定的，税务机关可处以未注销或者画销印花税票金额 10 倍以下的罚款；

（三）违反本条例第六条第二款规定的，税务机关可处以重用印花税票金额 30 倍以下的罚款。

伪造印花税票的，由税务机关提请司法机关依法追究刑事责任。

第十四条 印花税的征收管理，除本条例规定者外，依照《中华人民共和国税收征收管理法》的有关规定执行。

第十五条 本条例由财政部负责解释；施行细则由财政部制定。

第十六条 本条例自 1988 年 10 月 1 日起施行。

附：

印花税税目税率表

税　目	范　围	税　率	纳税义务人	说　明
1. 购销合同	包括供应、预购、采购、购销结合及协作、调剂、补偿、易货等合同	按购销金额万分之三贴花	立合同人	
2. 加工承揽合同	包括加工、定作、修缮、修理、印刷、广告、测绘、测试等合同	按加工或承揽收入万分之五贴花	立合同人	

续表

3. 建设工程勘察设计合同	包括勘察、设计合同	按收取费用万分之五贴花	立合同人	
4. 建筑安装工程承包合同	包括建筑、安装工程承包合同	按承包金额万分之三贴花	立合同人	
5. 财产租赁合同	包括租赁房屋、船舶、飞机、机动车辆、机械、器具、设备等合同	按租赁金额千分之一贴花。税额不足1元的按1元贴花	立合同人	
6. 货物运输合同	包括民用航空、铁路运输、海上运输、内河运输、公路运输和联运合同	按运输费用万分之五贴花	立合同人	单据作为合同使用的,按合同贴花
7. 仓储保管合同	包括仓储、保管合同	按仓储保管费用千分之一贴花	立合同人	仓单或栈单作为合同使用的,按合同贴花
8. 借款合同	银行及其他金融组织和借款人(不包括银行同业拆借)所签订的借款合同	按借款金额万分之零点五贴花	立合同人	单据作为合同使用的,按合同贴花
9. 财产保险合同	包括财产、责任、保证、信用等保险合同	按投保金额万分之零点三贴花	立合同人	单据作为合同使用的,按合同贴花
10. 技术合同	包括技术开发、转让、咨询、服务等合同	按所载金额万分之三贴花	立合同人	
11. 产权转移书据	包括财产所有权和版权、商标专用权、专利权、专有技术使用权等转移书据	按所载金额万分之五贴花	立据人	
12. 营业账簿	生产经营用账册	记载资金的账簿,按固定资产原值与自有流动资金总额万分之五贴花。其他账簿按件贴花5元	立账簿人	
13. 权利、许可证照	包括政府部门发给的房屋产权证、工商营业执照、商标注册证、专利证、土地使用证	按件贴花5元	领受人	

中华人民共和国印花税暂行条例施行细则

(1988年9月29日 〔88〕财税字第255号)

第一条 本施行细则依据《中华人民共和国印花税暂行条例》(以下简称条例)第十五条的规定制定。

第二条 条例第一条所说的在中华人民共和国境内书立、领受本条例所列举凭证,是指在中国境内具有法律效力,受中国法律保护的凭证。

上述凭证无论在中国境内或者境外书立,均应依照条例规定贴花。

条例第一条所说的单位和个人,是指国内各类企业、事业、机关、团体、部队以及中外合资企业、合作企业、外资企业、外国公司企业和其他经济组织及其在华机构等单位和个人。

凡是缴纳工商统一税的中外合资企业、合作企业、外资企业、外国公司企业和其他经济组织,其缴纳的印花税,可以从所缴纳的工商统一税中如数抵扣。

第三条 条例第二条所说的建设工程承包合同,是指建设工程勘察设计合同和建筑安装工程承包合同。

建设工程承包合同包括总包合同、分包合同和转包合同。

第四条 条例第二条所说的合同，是指根据《中华人民共和国经济合同法》、《中华人民共和国涉外经济合同法》和其他有关合同法规订立的合同。

具有合同性质的凭证，是指具有合同效力的协议、契约、合约、单据、确认书及其他各种名称的凭证。

第五条 条例第二条所说的产权转移书据，是指单位和个人产权的买卖、继承、赠与、交换、分割等所立的书据。

第六条 条例第二条所说的营业账簿，是指单位或者个人记载生产经营活动的财务会计核算账簿。

第七条 税目税率表中的记载资金的账簿，是指载有固定资产原值和自有流动资金的总分类账簿，或者专门设置的记载固定资产原值和自有流动资金的账簿。

其他账簿，是指除上述账簿以外的账簿，包括日记账簿和各明细分类账簿。

第八条 记载资金的账簿按固定资产原值和自有流动资金总额贴花后，以后年度资金总额比已贴花资金总额增加的，增加部分应按规定贴花。

第九条 税目税率表中自有流动资金的确定，按有关财务会计制度的规定执行。

第十条 印花税只对税目税率表中列举的凭证和经财政部确定征税的其他凭证征税。

第十一条 条例第四条所说的已缴纳印花税的凭证的副本或者抄本免纳印花税，是指凭证的正式签署本已按规定缴纳了印花税，其副本或者抄本对外不发生权利义务关系，仅备存查的免贴印花。

以副本或者抄本视同正本使用的，应另贴印花。

第十二条 条例第四条所说的社会福利单位，是指抚养孤老伤残的社会福利单位。

第十三条 根据条例第四条第(3)款规定，对下列凭证免纳印花税：

1. 国家指定的收购部门与村民委员会、农民个人书立的农副产品收购合同；

2. 无息、贴息贷款合同；

3. 外国政府或者国际金融组织向我国政府及国家金融机构提供优惠贷款所书立的合同。

第十四条 条例第七条所说的书立或者领受时贴花，是指在合同的签订时、书据的立据时、账簿的启用时和证照的领受时贴花。

如果合同在国外签订的，应在国内使用时贴花。

第十五条 条例第八条所说的当事人，是指对凭证有直接权利义务关系的单位和个人，不包括保人、证人、鉴定人。

税目税率表中的立合同人，是指合同的当事人。

当事人的代理人有代理纳税的义务。

第十六条 产权转移书据由立据人贴花，如未贴或者少贴印花，书据的持有人应负责补贴印花。所立书据以合同方式签订的，应由持有书据的各方分别按全额贴花。

第十七条 同一凭证，因载有两个或者两个以上经济事项而适用不同税目税率，如分别记载金额的，应分别计算应纳税额，相加后按合计税额贴花；如未分别记载金额的，按税率高的计税贴花。

第十八条 按金额比例贴花的应税凭证，未标明金额的，应按照凭证所载数量及国家牌价计算金额；没有国家牌价的，按市场价格计算金额，然后按规定税率计算应纳税额。

第十九条 应纳税凭证所载金额为外国货币的，纳税人应按照凭证书立当日的中华人民共和国国家外汇管理局公布的外汇牌价折合人民币，计算应纳税额。

第二十条 应纳税凭证粘贴印花税票后应即注销。纳税人有印章的，加盖印章注销；纳税人没有印章的，可用钢笔(圆珠笔)画几条横线注销。注销标记应与骑缝处相交。骑缝处是指粘贴的印花税票与凭证及印花税票之间的交接处。

第二十一条 一份凭证应纳税额超过五百元的，应向当地税务机关申请填写缴款书或者完税证，将其中一联粘贴在凭证上或者由税务机关在凭证上加注完税标记代替贴花。

第二十二条 同一种类应纳税凭证，需频繁贴花的，应当向地税务机关申请按期汇总缴纳印花税。

税务机关对核准汇总缴纳印花税的单位，应发给汇缴许可证。汇总缴纳的限期限额由当地税务机关确定，但最长期限不得超过一个月。

第二十三条 凡汇总缴纳印花税的凭证，应加注税务机关指定的汇缴戳记、编号并装订成册后，将已贴印花或者缴款书的一联粘附册后，盖章注销，保存备查。

第二十四条 凡多贴印花税票者，不得申请退税或者抵用。

第二十五条 纳税人对纳税凭证应妥善保存。凭证的保存期限，凡国家已有明确规定的，按规定办；其余凭证均应在履行完毕后保存一年。

第二十六条 纳税人对凭证不能确定是否应当纳税的，应及时携带凭证，到当地税务机关鉴别。

纳税人同税务机关对凭证的性质发生争议的，应检附该凭证报请上一级税务机关核定。

第二十七条 条例第十二条所说的发放或者办理应纳税凭证的单位，是指发放权利、许可证照的单位和办理凭证的鉴证、公证及其他有关事项的单位。

第二十八条 条例第十二条所说的负有监督纳税人依法纳税的义务，是指发放或者办理应纳税凭证的单位应对以下纳税事项监督：

1. 应纳税凭证是否已粘贴印花；

2. 粘贴的印花是否足额；

3. 粘贴的印花是否按规定注销。

对未完成以上纳税手续的，应督促纳税人当场贴花。

第二十九条　印花税票的票面金额以人民币为单位，分为壹角、贰角、伍角、壹元、贰元、伍元、拾元、伍拾元、壹佰元九种。

第三十条　印花税票为有价证券，各地税务机关应按照国家税务局制定的管理办法严格管理，具体管理办法另定。

第三十一条　印花税票可以委托单位或者个人代售，并由税务机关付给代售金额5%的手续费。支付来源从实征印花税款中提取。

第三十二条　凡代售印花税票者，应先向当地税务机关提出代售申请，必要时须提供保证人。税务机关调查核准后，应与代售户签订代售合同，发给代售许可证。

第三十三条　代售户所售印花税票取得的税款，须专户存储，并按照规定的期限，向当地税务机关结报，或者填开专用缴款书直接向银行缴纳。不得逾期不缴或者挪作他用。

第三十四条　代售户领存的印花税票及所售印花税票的税款，如有损失，应负责赔偿。

第三十五条　代售户所领印花税票，除合同另有规定者外，不得转托他人代售或者转至其他地区销售。

第三十六条　对代售户代售印花税票的工作，税务机关应经常进行指导、检查和监督。代售户须详细提供领售印花税票的情况，不得拒绝。

第三十七条　印花税的检查，由税务机关执行。税务人员进行检查时，应当出示税务检查证。纳税人不得以任何借口加以拒绝。

第三十八条　税务人员查获违反条例规定的凭证，应按有关规定处理。如需将凭证带回的，应出具收据，交被检查人收执。

第三十九条　纳税人违反本细则第二十二条规定，超过税务机关核定的纳税期限，未缴或者少缴印花税款的，税务机关除令其限期补缴税款外，并从滞纳之日起，按日加收5‰的滞纳金。

第四十条　纳税人违反本细则第二十三条规定的，酌情处以5000元以下罚款；情节严重的，撤销其汇缴许可证。

第四十一条　纳税人违反本细则第二十五条规定的，酌情处以5000元以下罚款。

第四十二条　代售户违反本细则第三十三条、第三十五条、第三十六条规定的，视其情节轻重，给予警告处分或者取消其代售资格。

第四十三条　纳税人不按规定贴花，逃避纳税的，任何单位和个人都有权检举揭发，经税务机关查实处理后，可按规定奖励检举揭发人，并为其保密。

第四十四条　本细则由国家税务局负责解释。

第四十五条　本细则与条例同时施行。

中华人民共和国土地增值税暂行条例

（1993年12月13日中华人民共和国国务院令第138号发布　根据2011年1月8日《国务院关于废止和修改部分行政法规的决定》修订）

第一条　为了规范土地、房地产市场交易秩序，合理调节土地增值收益，维护国家权益，制定本条例。

第二条　转让国有土地使用权、地上的建筑物及其附着物（以下简称转让房地产）并取得收入的单位和个人，为土地增值税的纳税义务人（以下简称纳税人），应当依照本条例缴纳土地增值税。

第三条　土地增值税按照纳税人转让房地产所取得的增值额和本条例第七条规定的税率计算征收。

第四条　纳税人转让房地产所取得的收入减除本条例第六条规定扣除项目金额后的余额，为增值额。

第五条　纳税人转让房地产所取得的收入，包括货币收入、实物收入和其他收入。

第六条　计算增值额的扣除项目：

（一）取得土地使用权所支付的金额；

（二）开发土地的成本、费用；

（三）新建房及配套设施的成本、费用，或者旧房及建筑物的评估价格；

（四）与转让房地产有关的税金；

（五）财政部规定的其他扣除项目。

第七条　土地增值税实行四级超率累进税率：

增值额未超过扣除项目金额百分之五十的部分，税率为百分之三十。

增值额超过扣除项目金额百分之五十、未超过扣除项目金额百分之一百的部分，税率为百分之四十。

增值额超过扣除项目金额100%、未超过扣除项目金额200%的部分，税率为50%。

增值额超过扣除项目金额200%的部分，税率为60%。

第八条　有下列情形之一的，免征土地增值税：

（一）纳税人建造普通标准住宅出售，增值额未超过扣除项目金额20%的；

（二）因国家建设需要依法征收、收回的房地产。

第九条　纳税人有下列情形之一的，按照房地产评估价格计算征收：

（一）隐瞒、虚报房地产成交价格的；

（二）提供扣除项目金额不实的；

（三）转让房地产的成交价格低于房地产评估价格，又无正当理由的。

第十条　纳税人应当自转让房地产合同签订之日起7日

内向房地产所在地主管税务机关办理纳税申报，并在税务机关核定的期限内缴纳土地增值税。

第十一条 土地增值税由税务机关征收。土地管理部门、房产管理部门应当向税务机关提供有关资料，并协助税务机关依法征收土地增值税。

第十二条 纳税人未按照本条例缴纳土地增值税的，土地管理部门、房产管理部门不得办理有关的权属变更手续。

第十三条 土地增值税的征收管理，依据《中华人民共和国税收征收管理法》及本条例有关规定执行。

第十四条 本条例由财政部负责解释，实施细则由财政部制定。

第十五条 本条例自1994年1月1日起施行。各地区的土地增值费征收办法，与本条例相抵触的，同时停止执行。

中华人民共和国土地增值税暂行条例实施细则

（1995年1月27日 财法字〔1995〕6号）

第一条 根据《中华人民共和国土地增值税暂行条例》（以下简称条例）第十四条规定，制定本细则。

第二条 条例第二条所称的转让国有土地使用权、地上的建筑物及其附着物并取得收入，是指以出售或者其他方式有偿转让房地产的行为。不包括以继承、赠与方式无偿转让房地产的行为。

第三条 条例第二条所称的国有土地，是指按国家法律规定属于国家所有的土地。

第四条 条例第二条所称的地上的建筑物，是指建于土地上的一切建筑物，包括地上地下的各种附属设施。

条例第二条所称的附着物，是指附着于土地上的不能移动，一经移动即遭损坏的物品。

第五条 条例第二条所称的收入，包括转让房地产的全部价款及有关的经济收益。

第六条 条例第二条所称的单位，是指各类企业单位、事业单位、国家机关和社会团体及其他组织。

条例第二条所称个人，包括个体经营者。

第七条 条例第六条所列的计算增值额的扣除项目，具体为：

（一）取得土地使用权所支付的金额，是指纳税人为取得土地使用权所支付的地价款和按国家统一规定交纳的有关费用。

（二）开发土地和新建房及配套设施（以下简称房地产开发）的成本，是指纳税人房地产开发项目实际发生的成本（以下简称房地产开发成本），包括土地征用及拆迁补偿费、前期工程费、建筑安装工程费、基础设施费、公共配套设施费、开发间接费用。

土地征用及拆迁补偿费，包括土地征用费、耕地占用税、劳动力安置费及有关地上、地下附着物拆迁补偿的净支出、安置动迁用房支出等。

前期工程费，包括规划、设计、项目可行性研究和水文、地质、勘察、测绘、“三通一平”等支出。

建筑安装工程费，是指以出包方式支付给承包单位的建筑安装工程费，以自营方式发生的建筑安装工程费。

基础设施费，包括开发小区内道路、供水、供电、供气、排污、排洪、通讯、照明、环卫、绿化等工程发生的支出。

公共配套设施费，包括不能有偿转让的开发小区内公共配套设施发生的支出。

开发间接费用，是指直接组织、管理开发项目发生的费用，包括工资、职工福利费、折旧费、修理费、办公费、水电费、劳动保护费、周转房摊销等。

（三）开发土地和新建房及配套设施的费用（以下简称房地产开发费用），是指与房地产开发项目有关的销售费用、管理费用、财务费用。

财务费用中的利息支出，凡能够按转让房地产项目计算分摊并提供金融机构证明的，允许据实扣除，但最高不能超过按商业银行同类同期贷款利率计算的金额。其他房地产开发费用，按本条（一）、（二）项规定计算的金额之和的5%以内计算扣除。

凡不能按转让房地产项目计算分摊利息支出或不能提供金融机构证明的，房地产开发费用按本条（一）、（二）项规定计算的金额之和的10%以内计算扣除。

上述计算扣除的具体比例，由各省、自治区、直辖市人民政府规定。

（四）旧房及建筑物的评估价格，是指在转让已使用的房屋及建筑物时，由政府批准设立的房地产评估机构评定的重置成本价乘以成新度折扣率后的价格。评估价格须经当地税务机关确认。

（五）与转让房地产有关的税金，是指在转让房地产时缴纳的营业税、城市维护建设税、印花税。因转让房地产交纳的教育费附加，也可视同税金予以扣除。

（六）根据条例第六条（五）项规定，对从事房地产开发的纳税人可按本条（一）、（二）项规定计算的金额之和，加计20%的扣除。

第八条 土地增值税以纳税人房地产成本核算的最基本的核算项目或核算对象为单位计算。

第九条 纳税人成片受让土地使用权后，分期分批开发、转让房地产的，其扣除项目金额的确定，可按转让土地使用权的面积占总面积的比例计算分摊，或按建筑面积计算分摊，也可按税务机关确认的其他方式计算分摊。

第十条 条例第七条所列四级超率累进税率，每级“增值额未超过扣除项目金额”的比例，均包括本比例数。

计算土地增值税税额，可按增值额乘以适用的税率减去扣除项目金额乘以速算扣除系数的简便方法计算，具体公式如下：

（一）增值额未超过扣除项目金额50%

土地增值税税额＝增值额×30%

（二）增值额超过扣除项目金额50%，未超过100%的

土地增值税税额＝增值额×40%－扣除项目金额×5%

（三）增值额超过扣除项目金额100%，未超过200%

土地增值税税额＝增值额×50%－扣除项目金额×15%

（四）增值额超过扣除项目金额200%

土地增值税税额＝增值额×60%－扣除项目金额×35%

公式中的5%、15%、35%为速算扣除系数。

第十一条　条例第八条（一）项所称的普通标准住宅，是指按所在地一般民用住宅标准建造的居住用住宅。高级公寓、别墅、度假村等不属于普通标准住宅。普通标准住宅与其他住宅的具体划分界限由各省、自治区、直辖市人民政府规定。

纳税人建造普通标准住宅出售，增值额未超过本细则第七条（一）、（二）、（三）、（五）、（六）项扣除项目金额之和20%的，免征土地增值税；增值额超过扣除项目金额之和20%的，应就其全部增值额按规定计税。

条例第八条（二）项所称的因国家建设需要依法征用、收回的房地产，是指因城市实施规划、国家建设的需要而被政府批准征用的房产或收回的土地使用权。

因城市实施规划、国家建设的需要而搬迁，由纳税人自行转让原房地产的，比照本规定免征土地增值税。

符合上述免税规定的单位和个人，须向房地产所在地税务机关提出免税申请，经税务机关审核后，免予征收土地增值税。

第十二条　个人因工作调动或改善居住条件而转让原自用住房，经向税务机关申报核准，凡居住满5年或5年以上的，免予征收土地增值税；居住满3年未满5年的，减半征收土地增值税。居住未满3年的，按规定计征土地增值税。

第十三条　条例第九条所称的房地产评估价格，是指由政府批准设立的房地产评估机构根据相同地段、同类房地产进行综合评定的价格。评估价格须经当地税务机关确认。

第十四条　条例第九条（一）项所称的隐瞒、虚报房地产成交价格，是指纳税人不报或有意低报转让土地使用权、地上建筑物及其附着物价款的行为。

条例第九条（二）项所称的提供扣除项目金额不实的，是指纳税人在纳税申报时不据实提供扣除项目金额的行为。

条例第九条（三）项所称的转让房地产的成交价格低于房地产评估价格，又无正当理由的，是指纳税人申报的转让房地产的实际成交价低于房地产评估机构评定的交易价，纳税人又不能提供凭据或无正当理由的行为。

隐瞒、虚报房地产成交价格，应由评估机构参照同类房地产的市场交易价格进行评估。税务机关根据评估价格确定转让房地产的收入。

提供扣除项目金额不实的，应由评估机构按照房屋重置成本价乘以成新度折扣率计算的房屋成本价和取得土地使用权时的基准地价进行评估。税务机关根据评估价格确定扣除项目金额。

转让房地产的成交价格低于房地产评估价格，又无正当理由的，由税务机关参照房地产评估价格确定转让房地产的收入。

第十五条　根据条例第十条的规定，纳税人应按照下列程序办理纳税手续：

（一）纳税人应在转让房地产合同签订后的7日内，到房地产所在地主管税务机关办理纳税申报，并向税务机关提交房屋及建筑物产权、土地使用权证书，土地转让、房产买卖合同，房地产评估报告及其他与转让房地产有关的资料。

纳税人因经常发生房地产转让而难以在每次转让后申报的，经税务机关审核同意后，可以定期进行纳税申报，具体期限由税务机关根据情况确定。

（二）纳税人按照税务机关核定的税额及规定的期限缴纳土地增值税。

第十六条　纳税人在项目全部竣工结算前转让房地产取得的收入，由于涉及成本确定或其他原因，而无法据以计算土地增值税的，可以预征土地增值税，待该项目全部竣工、办理结算后再进行清算，多退少补。具体办法由各省、自治区、直辖市地方税务局根据当地情况制定。

第十七条　条例第十条所称的房地产所在地，是指房地产的座落地。纳税人转让房地产座落在两个或两个以上地区的，应按房地产所在地分别申报纳税。

第十八条　条例第十一条所称的土地管理部门、房产管理部门应当向税务机关提供有关资料，是指向房地产所在地主管税务机关提供有关房屋及建筑物产权、土地使用权、土地出让金数额、土地基准地价、房地产市场交易价格及权属变更等方面的资料。

第十九条　纳税人未按规定提供房屋及建筑物产权、土地使用权证书，土地转让、房产买卖合同，房地产评估报告及其他与转让房地产有关资料的，按照《中华人民共和国税收征收管理法》（以下简称《征管法》）第三十九条的规定进行处理。

纳税人不如实申报房地产交易额及规定扣除项目金额造成少缴或未缴税款的，按照《征管法》第四十条的规定进行处理。

第二十条　土地增值税以人民币为计算单位。转让房地产所取得的收入为外国货币的，以取得收入当天或当月1日国家公布的市场汇价折合成人民币，据以计算应纳土地增值税税额。

第二十一条　条例第十五条所称的各地区的土地增值费

征收办法是指与本条例规定的计征对象相同的土地增值费、土地收益金等征收办法。

第二十二条　本细则由财政部解释，或者由国家税务总局解释。

第二十三条　本细则自发布之日起施行。

第二十四条　1994 年 1 月 1 日至本细则发布之日期间的土地增值税参照本细则的规定计算征收。

房地产开发企业销售自行开发的房地产项目增值税征收管理暂行办法

（2016 年 3 月 31 日国家税务总局公告 2016 年第 18 号公布　根据 2018 年 6 月 15 日《国家税务总局关于修改部分税收规范性文件的公告》修订）

第一章　适用范围

第一条　根据《财政部 国家税务总局关于全面推开营业税改征增值税试点的通知》（财税〔2016〕36 号）及现行增值税有关规定，制定本办法。

第二条　房地产开发企业销售自行开发的房地产项目，适用本办法。

自行开发，是指在依法取得土地使用权的土地上进行基础设施和房屋建设。

第三条　房地产开发企业以接盘等形式购入未完工的房地产项目继续开发后，以自己的名义立项销售的，属于本办法规定的销售自行开发的房地产项目。

第二章　一般纳税人征收管理

第一节　销售额

第四条　房地产开发企业中的一般纳税人（以下简称一般纳税人）销售自行开发的房地产项目，适用一般计税方法计税，按照取得的全部价款和价外费用，扣除当期销售房地产项目对应的土地价款后的余额计算销售额。销售额的计算公式如下：

销售额 =（全部价款和价外费用 − 当期允许扣除的土地价款）÷（1 + 11%）

第五条　当期允许扣除的土地价款按照以下公式计算：

当期允许扣除的土地价款 =（当期销售房地产项目建筑面积 ÷ 房地产项目可供销售建筑面积）× 支付的土地价款

当期销售房地产项目建筑面积，是指当期进行纳税申报的增值税销售额对应的建筑面积。

房地产项目可供销售建筑面积，是指房地产项目可以出售的总建筑面积，不包括销售房地产项目时未单独作价结算的配套公共设施的建筑面积。

支付的土地价款，是指向政府、土地管理部门或受政府委托收取土地价款的单位直接支付的土地价款。

第六条　在计算销售额时从全部价款和价外费用中扣除土地价款，应当取得省级以上（含省级）财政部门监（印）制的财政票据。

第七条　一般纳税人应建立台账登记土地价款的扣除情况，扣除的土地价款不得超过纳税人实际支付的土地价款。

第八条　一般纳税人销售自行开发的房地产老项目，可以选择适用简易计税方法按照 5% 的征收率计税。一经选择简易计税方法计税的，36 个月内不得变更为一般计税方法计税。

房地产老项目，是指：

（一）《建筑工程施工许可证》注明的合同开工日期在 2016 年 4 月 30 日前的房地产项目；

（二）《建筑工程施工许可证》未注明合同开工日期或者未取得《建筑工程施工许可证》但建筑工程承包合同注明的开工日期在 2016 年 4 月 30 日前的建筑工程项目。

第九条　一般纳税人销售自行开发的房地产老项目适用简易计税方法计税的，以取得的全部价款和价外费用为销售额，不得扣除对应的土地价款。

第二节　预缴税款

第十条　一般纳税人采取预收款方式销售自行开发的房地产项目，应在收到预收款时按照 3% 的预征率预缴增值税。

第十一条　应预缴税款按照以下公式计算：

应预缴税款 = 预收款 ÷（1 + 适用税率或征收率）× 3%

适用一般计税方法计税的，按照 11% 的适用税率计算；适用简易计税方法计税的，按照 5% 的征收率计算。

第十二条　一般纳税人应在取得预收款的次月纳税申报期向主管税务机关预缴税款。

第三节　进项税额

第十三条　一般纳税人销售自行开发的房地产项目，兼有一般计税方法计税、简易计税方法计税、免征增值税的房地产项目而无法划分不得抵扣的进项税额的，应以《建筑工程施工许可证》注明的“建设规模”为依据进行划分。

不得抵扣的进项税额 = 当期无法划分的全部进项税额 ×（简易计税、免税房地产项目建设规模 ÷ 房地产项目总建设规模）

第四节　纳税申报

第十四条　一般纳税人销售自行开发的房地产项目适用一般计税方法计税的，应按照《营业税改征增值税试点实施办法》（财税〔2016〕36 号文件印发，以下简称《试点实施办法》）第四十五条规定的纳税义务发生时间，以当期销售额和 11% 的适用税率计算当期应纳税额，抵减已预缴税款后，向主管税务机关申报纳税。未抵减完的预缴税款可以结转下期继续抵减。

第十五条　一般纳税人销售自行开发的房地产项目适用简易计税方法计税的，应按照《试点实施办法》第四十五条规定的纳税义务发生时间，以当期销售额和5%的征收率计算当期应纳税额，抵减已预缴税款后，向主管税务机关申报纳税。未抵减完的预缴税款可以结转下期继续抵减。

第五节　发票开具

第十六条　一般纳税人销售自行开发的房地产项目，自行开具增值税发票。

第十七条　一般纳税人销售自行开发的房地产项目，其2016年4月30日前收取并已向主管地税机关申报缴纳营业税的预收款，未开具营业税发票的，可以开具增值税普通发票，不得开具增值税专用发票。

第十八条　一般纳税人向其他个人销售自行开发的房地产项目，不得开具增值税专用发票。

第三章　小规模纳税人征收管理

第一节　预缴税款

第十九条　房地产开发企业中的小规模纳税人（以下简称小规模纳税人）采取预收款方式销售自行开发的房地产项目，应在收到预收款时按照3%的预征率预缴增值税。

第二十条　应预缴税款按照以下公式计算：

应预缴税款＝预收款÷（1＋5%）×3%

第二十一条　小规模纳税人应在取得预收款的次月纳税申报期或主管税务机关核定的纳税期限向主管税务机关预缴税款。

第二节　纳税申报

第二十二条　小规模纳税人销售自行开发的房地产项目，应按照《试点实施办法》第四十五条规定的纳税义务发生时间，以当期销售额和5%的征收率计算当期应纳税额，抵减已预缴税款后，向主管税务机关申报纳税。未抵减完的预缴税款可以结转下期继续抵减。

第三节　发票开具

第二十三条　小规模纳税人销售自行开发的房地产项目，自行开具增值税普通发票。购买方需要增值税专用发票的，小规模纳税人向主管税务机关申请代开。

第二十四条　小规模纳税人销售自行开发的房地产项目，其2016年4月30日前收取并已向主管地税机关申报缴纳营业税的预收款，未开具营业税发票的，可以开具增值税普通发票，不得申请代开增值税专用发票。

第二十五条　小规模纳税人向其他个人销售自行开发的房地产项目，不得申请代开增值税专用发票。

第四章　其他事项

第二十六条　房地产开发企业销售自行开发的房地产项目，按照本办法规定预缴税款时，应填报《增值税预缴税款表》。

第二十七条　房地产开发企业以预缴税款抵减应纳税额，应以完税凭证作为合法有效凭证。

第二十八条　房地产开发企业销售自行开发的房地产项目，未按本办法规定预缴或缴纳税款的，由主管税务机关按照《中华人民共和国税收征收管理法》及相关规定进行处理。

国家税务总局关于土地增值税清算有关问题的通知

（2010年5月19日　国税函〔2010〕220号）

各省、自治区、直辖市地方税务局，宁夏、西藏、青海省（自治区）国家税务局：

为了进一步做好土地增值税清算工作，根据《中华人民共和国土地增值税暂行条例》及实施细则的规定，现将土地增值税清算工作中有关问题通知如下：

一、关于土地增值税清算时收入确认的问题

土地增值税清算时，已全额开具商品房销售发票的，按照发票所载金额确认收入；未开具发票或未全额开具发票的，以交易双方签订的销售合同所载的售房金额及其他收益确认收入。销售合同所载商品房面积与有关部门实际测量面积不一致，在清算前已发生补、退房款的，应在计算土地增值税时予以调整。

二、房地产开发企业未支付的质量保证金，其扣除项目金额的确定问题

房地产开发企业在工程竣工验收后，根据合同约定，扣留建筑安装施工企业一定比例的工程款，作为开发项目的质量保证金，在计算土地增值税时，建筑安装施工企业就质量保证金对房地产开发企业开具发票的，按发票所载金额予以扣除；未开具发票的，扣留的质保金不得计算扣除。

三、房地产开发费用的扣除问题

（一）财务费用中的利息支出，凡能够按转让房地产项目计算分摊并提供金融机构证明的，允许据实扣除，但最高不能超过按商业银行同类同期贷款利率计算的金额。其他房地产开发费用，在按照“取得土地使用权所支付的金额”与“房地产开发成本”金额之和的5%以内计算扣除。

（二）凡不能按转让房地产项目计算分摊利息支出或不能提供金融机构证明的，房地产开发费用在按“取得土地使用权所支付的金额”与“房地产开发成本”金额之和的10%以内计算扣除。

全部使用自有资金，没有利息支出的，按照以上方法扣除。

上述具体适用的比例按省级人民政府此前规定的比例执行。

（三）房地产开发企业既向金融机构借款，又有其他借款的，其房地产开发费用计算扣除时不能同时适用本条（一）、（二）项所述两种办法。

（四）土地增值税清算时，已经计入房地产开发成本的利息支出，应调整至财务费用中计算扣除。

四、房地产企业逾期开发缴纳的土地闲置费的扣除问题

房地产开发企业逾期开发缴纳的土地闲置费不得扣除。

五、房地产开发企业取得土地使用权时支付的契税的扣除问题

房地产开发企业为取得土地使用权所支付的契税，应视同“按国家统一规定交纳的有关费用”，计入“取得土地使用权所支付的金额”中扣除。

六、关于拆迁安置土地增值税计算问题

（一）房地产企业用建造的本项目房地产安置回迁户的，安置用房视同销售处理，按《国家税务总局关于房地产开发企业土地增值税清算管理有关问题的通知》（国税发〔2006〕187号）第三条第（一）款规定确认收入，同时将此确认为房地产开发项目的拆迁补偿费。房地产开发企业支付给回迁户的补差价款，计入拆迁补偿费；回迁户支付给房地产开发企业的补差价款，应抵减本项目拆迁补偿费。

（二）开发企业采取异地安置，异地安置的房屋属于自行开发建造的，房屋价值按国税发〔2006〕187号第三条第（一）款的规定计算，计入本项目的拆迁补偿费；异地安置的房屋属于购入的，以实际支付的购房支出计入拆迁补偿费。

（三）货币安置拆迁的，房地产开发企业凭合法有效凭据计入拆迁补偿费。

七、关于转让旧房准予扣除项目的加计问题

《财政部 国家税务总局关于土地增值税若干问题的通知》（财税〔2006〕21号）第二条第一款规定“纳税人转让旧房及建筑物，凡不能取得评估价格，但能提供购房发票的，经当地税务部门确认，《条例》第六条第（一）、（三）项规定的扣除项目的金额，可按发票所载金额并从购买年度起至转让年度止每年加计5%计算”。计算扣除项目时“每年”按购房发票所载日期起至售房发票开具之日止，每满12个月计一年；超过一年，未满12个月但超过6个月的，可以视同为一年。

八、土地增值税清算后应补缴的土地增值税加收滞纳金问题

纳税人按规定预缴土地增值税后，清算补缴的土地增值税，在主管税务机关规定的期限内补缴的，不加收滞纳金。

中华人民共和国城镇土地使用税暂行条例

（1988年9月27日中华人民共和国国务院令第17号发布　根据2006年12月31日《国务院关于修改〈中华人民共和国城镇土地使用税暂行条例〉的决定》第一次修订　根据2011年1月8日《国务院关于废止和修改部分行政法规的决定》第二次修订　根据2013年12月7日《国务院关于修改部分行政法规的决定》第三次修订　根据2019年3月2日《国务院关于修改部分行政法规的决定》第四次修订）

第一条　为了合理利用城镇土地，调节土地级差收入，提高土地使用效益，加强土地管理，制定本条例。

第二条　在城市、县城、建制镇、工矿区范围内使用土地的单位和个人，为城镇土地使用税（以下简称土地使用税）的纳税人，应当依照本条例的规定缴纳土地使用税。

前款所称单位，包括国有企业、集体企业、私营企业、股份制企业、外商投资企业、外国企业以及其他企业和事业单位、社会团体、国家机关、军队以及其他单位；所称个人，包括个体工商户以及其他个人。

第三条　土地使用税以纳税人实际占用的土地面积为计税依据，依照规定税额计算征收。

前款土地占用面积的组织测量工作，由省、自治区、直辖市人民政府根据实际情况确定。

第四条　土地使用税每平方米年税额如下：

（一）大城市1.5元至30元；

（二）中等城市1.2元至24元；

（三）小城市0.9元至18元；

（四）县城、建制镇、工矿区0.6元至12元。

第五条　省、自治区、直辖市人民政府，应当在本条例第四条规定的税额幅度内，根据市政建设状况、经济繁荣程度等条件，确定所辖地区的适用税额幅度。

市、县人民政府应当根据实际情况，将本地区土地划分为若干等级，在省、自治区、直辖市人民政府确定的税额幅度内，制定相应的适用税额标准，报省、自治区、直辖市人民政府批准执行。

经省、自治区、直辖市人民政府批准，经济落后地区土地使用税的适用税额标准可以适当降低，但降低额不得超过本条例第四条规定最低税额的30%。经济发达地区土地使用税的适用税额标准可以适当提高，但须报经财政部批准。

第六条　下列土地免缴土地使用税：

（一）国家机关、人民团体、军队自用的土地；

（二）由国家财政部门拨付事业经费的单位自用的土地；

（三）宗教寺庙、公园、名胜古迹自用的土地；

（四）市政街道、广场、绿化地带等公共用地；

（五）直接用于农、林、牧、渔业的生产用地；

（六）经批准开山填海整治的土地和改造的废弃土地，从使用的月份起免缴土地使用税5年至10年；

（七）由财政部另行规定免税的能源、交通、水利设施用地和其他用地。

第七条 除本条例第六条规定外，纳税人缴纳土地使用税确有困难需要定期减免的，由县以上税务机关批准。

第八条 土地使用税按年计算、分期缴纳。缴纳期限由省、自治区、直辖市人民政府确定。

第九条 新征收的土地，依照下列规定缴纳土地使用税：

（一）征收的耕地，自批准征收之日起满1年时开始缴纳土地使用税；

（二）征收的非耕地，自批准征收次月起缴纳土地使用税。

第十条 土地使用税由土地所在地的税务机关征收。土地管理机关应当向土地所在地的税务机关提供土地使用权属资料。

第十一条 土地使用税的征收管理，依照《中华人民共和国税收征收管理法》及本条例的规定执行。

第十二条 土地使用税收入纳入财政预算管理。

第十三条 本条例的实施办法由省、自治区、直辖市人民政府制定。

第十四条 本条例自1988年11月1日起施行，各地制定的土地使用费办法同时停止执行。

财政部、国家税务总局关于房产税城镇土地使用税有关问题的通知

（2009年11月22日 财税〔2009〕128号）

各省、自治区、直辖市、计划单列市财政厅（局）、地方税务局，西藏、宁夏、青海省（自治区）国家税务局，新疆生产建设兵团财务局：

为完善房产税、城镇土地使用税政策，堵塞税收征管漏洞，现将房产税、城镇土地使用税有关问题明确如下：

一、关于无租使用其他单位房产的房产税问题

无租使用其他单位房产的应税单位和个人，依照房产余值代缴纳房产税。

二、关于出典房产的房产税问题

产权出典的房产，由承典人依照房产余值缴纳房产税。

三、关于融资租赁房产的房产税问题

融资租赁的房产，由承租人自融资租赁合同约定开始日的次月起依照房产余值缴纳房产税。合同未约定开始日的，由承租人自合同签订的次月起依照房产余值缴纳房产税。

四、关于地下建筑用地的城镇土地使用税问题

对在城镇土地使用税征税范围内单独建造的地下建筑用地，按规定征收城镇土地使用税。其中，已取得地下土地使用权证的，按土地使用权证确认的土地面积计算应征税款；未取得地下土地使用权证或地下土地使用权证上未标明土地面积的，按地下建筑垂直投影面积计算应征税款。

对上述地下建筑用地暂按应征税款的50%征收城镇土地使用税。

五、本通知自2009年12月1日起执行。《财政部税务总局关于房产税若干具体问题的解释和暂行规定》（（86）财税地字第008号）第七条、《国家税务总局关于安徽省若干房产税业务问题的批复》（国税函发〔1993〕368号）第二条同时废止。

财政部、国家税务总局关于房产税、城镇土地使用税有关政策的通知

（2006年12月25日 财税〔2006〕186号）

各省、自治区、直辖市、计划单列市财政厅（局）、地方税务局，新疆生产建设兵团财务局：源自中华会计网校

经研究，现对房产税、城镇土地使用税有关政策明确如下：

一、关于居民住宅区内业主共有的经营性房产缴纳房产税问题

对居民住宅区内业主共有的经营性房产，由实际经营（包括自营和出租）的代管人或使用人缴纳房产税。其中自营的，依照房产原值减除10%至30%后的余值计征，没有房产原值或不能将业主共有房产与其他房产的原值准确划分开的，由房产所在地地方税务机关参照同类房产核定房产原值；出租的，依照租金收入计征。

二、关于有偿取得土地使用权城镇土地使用税纳税义务发生时间问题

以出让或转让方式有偿取得土地使用权的，应由受让方从合同约定交付土地时间的次月起缴纳城镇土地使用税；合同未约定交付土地时间的，由受让方从合同签订的次月起缴纳城镇土地使用税。

国家税务总局《关于房产税 城镇土地使用税有关政策规定的通知》（国税发〔2003〕89号）第二条第四款中有关房地产开发企业城镇土地使用税纳税义务发生时间的规定同时废止。

三、关于经营采摘、观光农业的单位和个人征免城镇土地使用税问题

在城镇土地使用税征收范围内经营采摘、观光农业的单位和个人，其直接用于采摘、观光的种植、养殖、饲养的土地，根据《中华人民共和国城镇土地使用税暂行条例》第六条中"直接用于农、林、牧、渔业的生产用地"的规定，免征城镇土地使用税。

四、关于林场中度假村等休闲娱乐场所征免城镇土地使用税问题

在城镇土地使用税征收范围内，利用林场土地兴建度假

村等休闲娱乐场所，其经营、办公和生活用地，应按规定征收城镇土地使用税。

五、本通知自2007年1月1日起执行。

房地产开发经营业务企业所得税处理办法

（2009年3月6日国税发〔2009〕31号公布　根据2018年6月15日《国家税务总局关于修改部分税收规范性文件的公告》修订）

第一章　总　　则

第一条　根据《中华人民共和国企业所得税法》及其实施条例、《中华人民共和国税收征收管理法》及其实施细则等有关税收法律、行政法规的规定，制定本办法。

第二条　本办法适用于中国境内从事房地产开发经营业务的企业（以下简称企业）。

第三条　企业房地产开发经营业务包括土地的开发，建造、销售住宅、商业用房以及其他建筑物、附着物、配套设施等开发产品。除土地开发之外，其他开发产品符合下列条件之一的，应视为已经完工：

（一）开发产品竣工证明材料已报房地产管理部门备案。

（二）开发产品已开始投入使用。

（三）开发产品已取得了初始产权证明。

第四条　企业出现《中华人民共和国税收征收管理法》第三十五条规定的情形，税务机关可对其以往应缴的企业所得税按核定征收方式进行征收管理，并逐步规范，同时按《中华人民共和国税收征收管理法》等税收法律、行政法规的规定进行处理，但不得事先确定企业的所得税按核定征收方式进行征收、管理。

第二章　收入的税务处理

第五条　开发产品销售收入的范围为销售开发产品过程中取得的全部价款，包括现金、现金等价物及其他经济利益。企业代有关部门、单位和企业收取的各种基金、费用和附加等，凡纳入开发产品价内或由企业开具发票的，应按规定全部确认为销售收入；未纳入开发产品价内并由企业之外的其他收取部门、单位开具发票的，可作为代收代缴款项进行管理。

第六条　企业通过正式签订《房地产销售合同》或《房地产预售合同》所取得的收入，应确认为销售收入的实现，具体按以下规定确认：

（一）采取一次性全额收款方式销售开发产品的，应于实际收讫价款或取得索取价款凭据（权利）之日，确认收入的实现。

（二）采取分期收款方式销售开发产品的，应按销售合同或协议约定的价款和付款日确认收入的实现。付款方提前付款的，在实际付款日确认收入的实现。

（三）采取银行按揭方式销售开发产品的，应按销售合同或协议约定的价款确定收入额，其首付款应于实际收到日确认收入的实现，余款在银行按揭贷款办理转账之日确认收入的实现。

（四）采取委托方式销售开发产品的，应按以下原则确认收入的实现：

1. 采取支付手续费方式委托销售开发产品的，应按销售合同或协议中约定的价款于收到受托方已销开发产品清单之日确认收入的实现。

2. 采取视同买断方式委托销售开发产品的，属于企业与购买方签订销售合同或协议，或企业、受托方、购买方三方共同签订销售合同或协议的，如果销售合同或协议中约定的价格高于买断价格，则应按销售合同或协议中约定的价格计算的价款于收到受托方已销开发产品清单之日确认收入的实现；如果属于前两种情况中销售合同或协议中约定的价格低于买断价格，以及属于受托方与购买方签订销售合同或协议的，则应按买断价格计算的价款于收到受托方已销开发产品清单之日确认收入的实现。

3. 采取基价（保底价）并实行超基价双方分成方式委托销售开发产品的，属于由企业与购买方签订销售合同或协议，或企业、受托方、购买方三方共同签订销售合同或协议的，如果销售合同或协议中约定的价格高于基价，则应按销售合同或协议中约定的价格计算的价款于收到受托方已销开发产品清单之日确认收入的实现，企业按规定支付受托方的分成额，不得直接从销售收入中减除；如果销售合同或协议约定的价格低于基价的，则应按基价计算的价款于收到受托方已销开发产品清单之日确认收入的实现。属于由受托方与购买方直接签订销售合同的，则应按基价加上按规定取得的分成额于收到受托方已销开发产品清单之日确认收入的实现。

4. 采取包销方式委托销售开发产品的，包销期内可根据包销合同的有关约定，参照上述1至3项规定确认收入的实现；包销期满后尚未出售的开发产品，企业应根据包销合同或协议约定的价款和付款方式确认收入的实现。

第七条　企业将开发产品用于捐赠、赞助、职工福利、奖励、对外投资、分配给股东或投资人、抵偿债务、换取其他企事业单位和个人的非货币性资产等行为，应视同销售，于开发产品所有权或使用权转移，或于实际取得利益权利时确认收入（或利润）的实现。确认收入（或利润）的方法和顺序为：

（一）按本企业近期或本年度最近月份同类开发产品市场销售价格确定；

（二）由主管税务机关参照当地同类开发产品市场公允价值确定；

（三）按开发产品的成本利润率确定。开发产品的成本利润率不得低于15%，具体比例由主管税务机关确定。

第八条 企业销售未完工开发产品的计税毛利率由各省、自治、直辖市税务局按下列规定进行确定：

（一）开发项目位于省、自治区、直辖市和计划单列市人民政府所在地城市城区和郊区的，不得低于15%。

（二）开发项目位于地及地级市城区及郊区的，不得低于10%。

（三）开发项目位于其他地区的，不得低于5%。

（四）属于经济适用房、限价房和危改房的，不得低于3%。

第九条 企业销售未完工开发产品取得的收入，应先按预计计税毛利率分季（或月）计算出预计毛利额，计入当期应纳税所得额。开发产品完工后，企业应及时结算其计税成本并计算此前销售收入的实际毛利额，同时将其实际毛利额与其对应的预计毛利额之间的差额，计入当年度企业本项目与其他项目合并计算的应纳税所得额。

在年度纳税申报时，企业须出具对该项开发产品实际毛利额与预计毛利额之间差异调整情况的报告以及税务机关需要的其他相关资料。

第十条 企业新建的开发产品在尚未完工或办理房地产初始登记、取得产权证前，与承租人签订租赁预约协议的，自开发产品交付承租人使用之日起，出租方取得的预租价款按租金确认收入的实现。

第三章 成本、费用扣除的税务处理

第十一条 企业在进行成本、费用的核算与扣除时，必须按规定区分期间费用和开发产品计税成本、已销开发产品计税成本与未销开发产品计税成本。

第十二条 企业发生的期间费用、已销开发产品计税成本、营业税金及附加、土地增值税准予当期按规定扣除。

第十三条 开发产品计税成本的核算应按第四章的规定进行处理。

第十四条 已销开发产品的计税成本，按当期已实现销售的可售面积和可售面积单位工程成本确认。可售面积单位工程成本和已销开发产品的计税成本按下列公式计算确定：

可售面积单位工程成本 = 成本对象总成本 ÷ 成本对象总可售面积

已销开发产品的计税成本 = 已实现销售的可售面积 × 可售面积单位工程成本

第十五条 企业对尚未出售的已完工开发产品和按照有关法律、法规或合同规定对已售开发产品（包括共用部位、共用设施设备）进行日常维护、保养、修理等实际发生的维修费用，准予在当期据实扣除。

第十六条 企业将已计入销售收入的共用部位、共用设施设备维修基金按规定移交给有关部门、单位的，应于移交时扣除。

第十七条 企业在开发区内建造的会所、物业管理场所、电站、热力站、水厂、文体场馆、幼儿园等配套设施，按以下规定进行处理：

（一）属于非营利性且产权属于全体业主的，或无偿赠与地方政府、公用事业单位的，可将其视为公共配套设施，其建造费用按公共配套设施费的有关规定进行处理。

（二）属于营利性的，或产权归企业所有的，或未明确产权归属的，或无偿赠与地方政府、公用事业单位以外其他单位的，应当单独核算其成本。除企业自用应按建造固定资产进行处理外，其他一律按建造开发产品进行处理。

第十八条 企业在开发区内建造的邮电通讯、学校、医疗设施应单独核算成本，其中，由企业与国家有关业务管理部门、单位合资建设，完工后有偿移交的，国家有关业务管理部门、单位给予的经济补偿可直接抵扣该项目的建造成本，抵扣后的差额应调整当期应纳税所得额。

第十九条 企业采取银行按揭方式销售开发产品的，凡约定企业为购买方的按揭贷款提供担保的，其销售开发产品时向银行提供的保证金（担保金）不得从销售收入中减除，也不得作为费用在当期税前扣除，但实际发生损失时可据实扣除。

第二十条 企业委托境外机构销售开发产品的，其支付境外机构的销售费用（含佣金或手续费）不超过委托销售收入10%的部分，准予据实扣除。

第二十一条 企业的利息支出按以下规定进行处理：

（一）企业为建造开发产品借入资金而发生的符合税收规定的借款费用，可按企业会计准则的规定进行归集和分配，其中属于财务费用性质的借款费用，可直接在税前扣除。

（二）企业集团或其成员企业统一向金融机构借款分摊集团内部其他成员企业使用的，借入方凡能出具从金融机构取得借款的证明文件，可以在使用借款的企业间合理的分摊利息费用，使用借款的企业分摊的合理利息准予在税前扣除。

第二十二条 企业因国家无偿收回土地使用权而形成的损失，可作为财产损失按有关规定在税前扣除。

第二十三条 企业开发产品（以成本对象为计量单位）整体报废或毁损，其净损失按有关规定审核确认后准予在税前扣除。

第二十四条 企业开发产品转为自用的，其实际使用时间累计未超过12个月又销售的，不得在税前扣除折旧费用。

第四章 计税成本的核算

第二十五条 计税成本是指企业在开发、建造开发产品（包括固定资产，下同）过程中所发生的按照税收规定进行核算与计量的应归入某项成本对象的各项费用。

第二十六条 成本对象是指为归集和分配开发产品开发、建造过程中的各项耗费而确定的费用承担项目。计税成本对象的确定原则如下：

（一）可否销售原则。开发产品能够对外经营销售的，应作为独立的计税成本对象进行成本核算；不能对外经营销售的，可先作为过渡性成本对象进行归集，然后再将其相关成本摊入能够对外经营销售的成本对象。

（二）分类归集原则。对同一开发地点、竣工时间相近、产品结构类型没有明显差异的群体开发的项目，可作为一个成本对象进行核算。

（三）功能区分原则。开发项目某组成部分相对独立，且具有不同使用功能时，可以作为独立的成本对象进行核算。

（四）定价差异原则。开发产品因其产品类型或功能不同等而导致其预期售价存在较大差异的，应分别作为成本对象进行核算。

（五）成本差异原则。开发产品因建筑上存在明显差异可能导致其建造成本出现较大差异的，要分别作为成本对象进行核算。

（六）权益区分原则。开发项目属于受托代建的或多方合作开发的，应结合上述原则分别划分成本对象进行核算。

成本对象由企业在开工之前合理确定，并报主管税务机关备案。成本对象一经确定，不能随意更改或相互混淆，如确需改变成本对象的，应征得主管税务机关同意。①

第二十七条 开发产品计税成本支出的内容如下：

（一）土地征用费及拆迁补偿费。指为取得土地开发使用权（或开发权）而发生的各项费用，主要包括土地买价或出让金、大市政配套费、契税、耕地占用税、土地使用费、土地闲置费、土地变更用途和超面积补交的地价及相关税费、拆迁补偿支出、安置及动迁支出、回迁房建造支出、农作物补偿费、危房补偿费等。

（二）前期工程费。指项目开发前期发生的水文地质勘察、测绘、规划、设计、可行性研究、筹建、场地通平等前期费用。

（三）建筑安装工程费。指开发项目开发过程中发生的各项建筑安装费用。主要包括开发项目建筑工程费和开发项目安装工程费等。

（四）基础设施建设费。指开发项目在开发过程中所发生的各项基础设施支出，主要包括开发项目内道路、供水、供电、供气、排污、排洪、通讯、照明等社区管网工程费和环境卫生、园林绿化等园林环境工程费。

（五）公共配套设施费：指开发项目内发生的、独立的、非营利性的，且产权属于全体业主的，或无偿赠与地方政府、政府公用事业单位的公共配套设施支出。

（六）开发间接费。指企业为直接组织和管理开发项目所发生的，且不能将其归属于特定成本对象的成本费用性支出。主要包括管理人员工资、职工福利费、折旧费、修理费、办公费、水电费、劳动保护费、工程管理费、周转房摊销以及项目营销设施建造费等。

第二十八条 企业计税成本核算的一般程序如下：

（一）对当期实际发生的各项支出，按其性质、经济用途及发生的地点、时间区进行整理、归类，并将其区分为应计入成本对象的成本和应在当期税前扣除的期间费用。同时还应按规定对在有关预提费用和待摊费用进行计量与确认。

（二）对应计入成本对象中的各项实际支出、预提费用、待摊费用等合理的划分为直接成本、间接成本和共同成本，并按规定将其合理的归集、分配至已完工成本对象、在建成本对象和未建成本对象。

（三）对期前已完工成本对象应负担的成本费用按已销开发产品、未销开发产品和固定资产进行分配，其中应由已销开发产品负担的部分，在当期纳税申报时进行扣除，未销开发产品应负担的成本费用待其实际销售时再予扣除。

（四）对本期已完工成本对象分类为开发产品和固定资产并对其计税成本进行结算。其中属于开发产品的，应按可售面积计算其单位工程成本，据此再计算已销开发产品计税成本和未销开发产品计税成本。对本期已销开发产品的计税成本，准予在当期扣除，未销开发产品计税成本待其实际销售时再予扣除。

（五）对本期未完工和尚未建造的成本对象应当负担的成本费用，应按分别建立明细台账，待开发产品完工后再予结算。

第二十九条 企业开发、建造的开发产品应按制造成本法进行计量与核算。其中，应计入开发产品成本中的费用属于直接成本和能够分清成本对象的间接成本，直接计入成本对象，共同成本和不能分清负担对象的间接成本，应按受益的原则和配比的原则分配至各成本对象，具体分配方法可按以下规定选择其一：

（一）占地面积法。指按已动工开发成本对象占地面积占开发用地总面积的比例进行分配。

1. 一次性开发的，按某一成本对象占地面积占全部成本对象占地总面积的比例进行分配。

2. 分期开发的，首先按本期全部成本对象占地面积占开发用地总面积的比例进行分配，然后再按某一成本对象占地面积占期内全部成本对象占地总面积的比例进行分配。

期内全部成本对象应负担的占地面积为期内开发用地占地面积减除应由各期成本对象共同负担的占地面积。

（二）建筑面积法。指按已动工开发成本对象建筑面积占开发用地总建筑面积的比例进行分配。

1. 一次性开发的，按某一成本对象建筑面积占全部成本

① 根据2014年6月16日《国家税务总局关于印发〈房地产开发经营业务企业所得税处理办法〉的通知》（国税发〔2009〕31号）第二十六条第二款同时废止。

对象建筑面积的比例进行分配。

2. 分期开发的，首先按期内成本对象建筑面积占开发用地计划建筑面积的比例进行分配，然后再按某一成本对象建筑面积占期内成本对象总建筑面积的比例进行分配。

（三）直接成本法。指按期内某一成本对象的直接开发成本占期内全部成本对象直接开发成本的比例进行分配。

（四）预算造价法。指按期内某一成本对象预算造价占期内全部成本对象预算造价的比例进行分配。

第三十条 企业下列成本应按以下方法进行分配：

（一）土地成本，一般按占地面积法进行分配。如果确需结合其他方法进行分配的，应商税务机关同意。

土地开发同时连结房地产开发的，属于一次性取得土地分期开发房地产的情况，其土地开发成本经商税务机关同意后可先按土地整体预算成本进行分配，待土地整体开发完毕再行调整。

（二）单独作为过渡性成本对象核算的公共配套设施开发成本，应按建筑面积法进行分配。

（三）借款费用属于不同成本对象共同负担的，按直接成本法或按预算造价法进行分配。

（四）其他成本项目的分配法由企业自行确定。

第三十一条 企业以非货币交易方式取得土地使用权的，应按下列规定确定其成本：

（一）企业、单位以换取开发产品为目的，将土地使用权投资企业的，按下列规定进行处理：

1. 换取的开发产品如为该项土地开发、建造的，接受投资的企业在接受土地使用权时暂不确认其成本，待首次分出开发产品时，再按应分出开发产品（包括首次分出的和以后应分出的）的市场公允价值和土地使用权转移过程中应支付的相关税费计算确认该项土地使用权的成本。如涉及补价，土地使用权的取得成本还应加上应支付的补价款或减除应收到的补价款。

2. 换取的开发产品如为其他土地开发、建造的，接受投资的企业在投资交易发生时，按应付出开发产品市场公允价值和土地使用权转移过程中应支付的相关税费计算确认该项土地使用权的成本。如涉及补价，土地使用权的取得成本还应加上应支付的补价款或减除应收到的补价款。

（二）企业、单位以股权的形式，将土地使用权投资企业的，接受投资的企业应在投资交易发生时，按该项土地使用权的市场公允价值和土地使用权转移过程中应支付的相关税费计算确认该项土地使用权的取得成本。如涉及补价，土地使用权的取得成本还应加上应支付的补价款或减除应收到的补价款。

第三十二条 除以下几项预提（应付）费用外，计税成本均应为实际发生的成本。

（一）出包工程未最终办理结算而未取得全额发票的，在证明资料充分的前提下，其发票不足金额可以预提，但最高不得超过合同总金额的10%。

（二）公共配套设施尚未建造或尚未完工的，可按预算造价合理预提建造费用。此类公共配套设施必须符合已在售房合同、协议或广告、模型中明确承诺建造且不可撤销，或按照法律法规规定必须配套建造的条件。

（三）应向政府上交但尚未上交的报批报建费用、物业完善费用可以按规定预提。物业完善费用是指按规定应由企业承担的物业管理基金、公建维修基金或其他专项基金。

第三十三条 企业单独建造的停车场所，应作为成本对象单独核算。利用地下基础设施形成的停车场所，作为公共配套设施进行处理。

第三十四条 企业在结算计税成本时其实际发生的支出应当取得但未取得合法凭据的，不得计入计税成本，待实际取得合法凭据时，再按规定计入计税成本。

第三十五条 开发产品完工以后，企业可在完工年度企业所得税汇算清缴前选择确定计税成本核算的终止日，不得滞后。凡已完工开发产品在完工年度未按规定结算计税成本，主管税务机关有权确定或核定其计税成本，据此进行纳税调整，并按《中华人民共和国税收征收管理法》的有关规定对其进行处理。

第五章 特定事项的税务处理

第三十六条 企业以本企业为主体联合其他企业、单位、个人合作或合资开发房地产项目，且该项目未成立独立法人公司的，按下列规定进行处理：

（一）凡开发合同或协议中约定向投资各方（即合作、合资方，下同）分配开发产品的，企业在首次分配开发产品时，如该项目已经结算计税成本，其应分配给投资方开发产品的计税成本与其投资额之间的差额计入当期应纳税所得额；如未结算计税成本，则将投资方的投资额视同销售收入进行相关的税务处理。

（二）凡开发合同或协议中约定分配项目利润的，应按以下规定进行处理：

1. 企业应将该项目形成的营业利润额并入当期应纳税所得额统一申报缴纳企业所得税，不得在税前分配该项目的利润。同时不能因接受投资方投资额而在成本中摊销或在税前扣除相关的利息支出。

2. 投资方取得该项目的营业利润应视同股息、红利进行相关的税务处理。

第三十七条 企业以换取开发产品为目的，将土地使用权投资其他企业房地产开发项目的，按以下规定进行处理：

企业应在首次取得开发产品时，将其分解为转让土地使用权和购入开发产品两项经济业务进行所得税处理，并按应从该项目取得的开发产品（包括首次取得的和以后应取得的）的市场公允价值计算确认土地使用权转让所得或损失。

第六章　附　　则

第三十八条　从事房地产开发经营业务的外商投资企业在2007年12月31日前存有销售未完工开发产品取得的收入，至该项开发产品完工后，一律按本办法第九条规定的办法进行税务处理。

第三十九条　本通知自2008年1月1日起执行。

国家税务总局、财政部、建设部关于加强房地产税收管理的通知

（2005年5月27日国税发〔2005〕89号公布　根据2018年6月15日《国家税务总局关于修改部分税收规范性文件的公告》修订）

各省、自治区、直辖市财政厅（局）、地方税务局、建设厅（建委、房地局），计划单列市财政局、地方税务局、建委（建设局、房地局），扬州税务进修学院，新疆生产建设兵团建设局：

为贯彻落实《国务院办公厅转发建设部等部门关于做好稳定住房价格工作意见的通知》（国办发〔2005〕26号），进一步加强房地产税收征管，促进房地产市场的健康发展，现将有关事项及要求通知如下：

一、各级地方税务、财政部门和房地产管理部门，要认真贯彻执行房地产税收有关法律、法规和政策规定，建立和完善信息共享、情况通报制度，加强部门间的协作配合。各级地方税务、财政部门要切实加强房地产税收征管，并主动与当地的房地产管理部门取得联系；房地产管理部门要积极配合。

二、2005年5月31日以前，各地要根据国办发〔2005〕26号文件规定，公布本地区享受优惠政策的普通住房标准（以下简称普通住房）。其中，住房平均交易价格，是指报告期内同级别土地上住房交易的平均价格，经加权平均后形成的住房综合平均价格。由市、县房地产管理部门会同有关部门测算，报当地人民政府确定，每半年公布一次。各级别土地上住房平均交易价格的测算，依据房地产市场信息系统生成数据；没有建立房地产市场信息系统的，依据房地产交易登记管理系统生成数据。

对单位或个人将购买住房对外销售的，市、县房地产管理部门应在办理房屋权属登记的当月，向同级地方税务、财政部门提供权属登记房屋的坐落、产权人、房屋面积、成交价格等信息。

市、县规划管理部门要将已批准的容积率在1.0以下的住宅项目清单，一次性提供给同级地方税务、财政部门。新批住宅项目中容积率在1.0以下的，按月提供。

地方税务、财政部门要将当月房地产税收征管的有关信息向市、县房地产管理部门提供。

各级地方税务、财政部门从房地产管理部门获得的房地产交易登记资料，只能用于征税之目的，并有责任予以保密。违反规定的，要追究责任。

三、各级税务、财政部门要严格执行调整后的个人住房营业税税收政策。

（一）2005年6月1日后，个人将购买不足2年的住房对外销售的，应全额征收营业税。

（二）2005年6月1日后，个人将购买超过2年（含2年）的符合当地公布的普通住房标准的住房对外销售，应持该住房的坐落、容积率、房屋面积、成交价格等证明材料及地方税务部门要求的其他材料，向地方税务部门申请办理免征营业税手续。地方税务部门应根据当地公布的普通住房标准，利用房地产管理部门和规划管理部门提供的相关信息，对纳税人申请免税的有关材料进行审核，凡符合规定条件的，给予免征营业税。

（三）2005年6月1日后，个人将购买超过2年（含2年）的住房对外销售不能提供属于普通住房的证明材料或经审核不符合规定条件的，一律按非普通住房的有关营业税政策征收营业税。

（四）个人购买住房以取得的房屋产权证或契税完税证明上注明的时间作为其购买房屋的时间。

（五）个人对外销售住房，应持依法取得的房屋权属证书，并到税务部门申请开具发票。

（六）对个人购买的非普通住房超过2年（含2年）对外销售的，在向税务部门申请按其售房收入减去购买房屋价款后的差额缴纳营业税时，需提供购买房屋时取得的税务部门监制的发票作为差额征税的扣除凭证。

（七）各级税务、财政部门要严格执行税收政策，对不符合规定条件的个人对外销售住房，不得减免营业税，确保调整后的营业税政策落实到位；对个人承受不享受优惠政策的住房，不得减免契税。对擅自变通政策、违反规定，不符合规定条件的个人住房给予税收优惠，影响调整后的税收政策落实的，要追究当事人的责任。对政策执行中出现的问题和有关情况，应及时上报国家税务总局。

四、各级地方税务、财政部门要充分利用房地产交易与权属登记信息，加强房地产税收管理。要建立、健全房地产税收税源登记档案和税源数据库，并根据变化情况及时更新税源登记档案和税源数据库的信息；要定期将从房地产管理部门取得的权属登记资料等信息，与房地产税收征管信息进行比对，查找漏征税款，建立催缴制度，及时查补税款。

各级地方税务、财政部门在房地产税收征管工作中，如发现纳税人未进行权属登记的，应及时将有关信息告知当地房地产管理部门，以便房地产管理部门加强房地产权属管理。

五、各级地方税务、财政部门和房地产管理部门要积极协商，创造条件，在房地产交易和权属登记等场所，设立房地产税收征收窗口，方便纳税人。

六、市、县房地产管理部门在办理房地产权属登记时，应严格按照《中华人民共和国契税暂行条例》、《中华人民共和国土地增值税暂行条例》的规定，要求出具完税（或减免）凭证；对于未出具完税（或减免）凭证的，房地产管理部门不得办理权属登记。

七、各级地方税务、财政部门应努力改进征缴税款的办法，减少现金收取，逐步实现税银联网、划卡缴税。由于种种原因，仍需收取现金税款的，应规范解缴程序，加强安全管理。

八、对于房地产管理部门配合税收管理增加的支出，地方财税部门应给予必要的经费支持。

九、各省级地方税务部门要积极参与本地区房地产市场分析监测工作，密切关注营业税税收政策调整后的政策执行效果，及时做出营业税政策调整对本地区的房地产市场产生影响的评估报告，并将分析评估报告按季上报国家税务总局。

十、各地地方税务、财政部门和房地产管理部门，可结合本地情况，共同协商研究制定贯彻落实本通知的具体办法。

财政部、国家税务总局关于调整房地产交易环节税收政策的通知①

（2008 年 10 月 22 日　财税〔2008〕137 号）

各省、自治区、直辖市、计划单列市财政厅（局）、地方税务局，新疆生产建设兵团财务局：

为适当减轻个人住房交易的税收负担，支持居民首次购买普通住房，经国务院批准，现就房地产交易环节有关税收政策问题通知如下：

一、对个人首次购买 90 平方米及以下普通住房的，契税税率暂统一下调到 1%。首次购房证明由住房所在地县（区）住房建设主管部门出具。②

二、对个人销售或购买住房暂免征收印花税。

三、对个人销售住房暂免征收土地增值税。

本通知自 2008 年 11 月 1 日起实施。

财政部、国家税务总局关于城镇房屋拆迁有关税收政策的通知③

（2005 年 3 月 22 日　财税〔2005〕45 号）

各省、自治区、直辖市、计划单列市财政厅（局）、地方税务局，新疆生产建设兵团财务局：

经国务院批准，现将城镇房屋拆迁有关税收政策通知如下：

一、对被拆迁人按照国家有关城镇房屋拆迁管理办法规定的标准取得的拆迁补偿款，免征个人所得税。

二、对拆迁居民因拆迁重新购置住房的，对购房成交价格中相当于拆迁补偿款的部分免征契税，成交价格超过拆迁补偿款的，对超过部分征收契税。

请遵照执行。

国家税务总局关于个人转让房屋有关税收征管问题的通知

（2007 年 3 月 21 日　国税发〔2007〕33 号）

各省、自治区、直辖市和计划单列市地方税务局，宁夏、西藏自治区国家税务局，河北、黑龙江、江苏、浙江、山东、安徽、福建、江西、河南、湖南、广东、广西、重庆、贵州、青海、宁夏、新疆、甘肃省（自治区、直辖市）财政厅（局），青岛、宁波、厦门市财政局：

近年来，各地认真落实"房地产税收管理一体化"工作要求，积极采取有效措施，加强房地产税收征管，进一步堵塞了管理漏洞，但一些地区反映，个人房屋交易环节税收征管仍有一些问题不够明确。为了更好地落实房地产税收管理一体化工作要求，规范管理工作，根据个人所得税法和税收征收管理法等有关规定，现就有关问题通知如下：

一、建立房屋交易最低计税价格管理制度。针对一些地区买卖双方通过订立虚假合同低报房屋交易价格，不如实申报缴纳有关税收的问题，各地要根据税收征收管理法的有关规定，建立房屋交易最低计税价格管理制度，加强房屋交易计税价格管理。

（一）确定合理的房屋交易最低计税价格办法。工作基础较好，具备直接制定最低计税价格条件的，可直接制定房屋交易最低计税价格，但定价时要考虑房屋的座落地点、建筑结构、建筑年限、历史交易价格或建造价格、同类房屋先期交易价格等因素。不具备直接制定最低计税价格条件的，可参照下列一种方法确定最低计税价格。

1. 当地政府公布的拆迁补偿标准、房屋交易指导价、基准地价。政府公布的上述信息未及时调整的，确定最低计税价格时应考虑房地产市场价格上涨因素。

2. 房地产交易资金托管金额或者房地产交易网上报价。

3. 信誉良好的房地产价格评估机构的评估价格。

（二）各地区要加强与房地产管理部门的联系，及时获得有关信息，按照规定的管理制度，确定有关交易房屋的最低计税价格，避免在办税窗口纳税人申报纳税时即时确定计税价格。

---

① 本篇法规中的第一条已被财政部、国家税务总局、住房和城乡建设部关于调整房地产交易环节契税个人所得税优惠政策的通知废止。

② 该条已被《财政部、国家税务总局、住房和城乡建设部关于调整房地产交易环节契税个人所得税优惠政策的通知》（财税〔2010〕94 号）废止。

③ 本通知中第二条已被 2012 年 12 月 6 日发布的《财政部、国家税务总局关于企业以售后回租方式进行融资等有关契税政策的通知》废止。

（三）纳税人申报的房屋销售价格高于各地区确定的最低计税价格的，应按纳税人申报的销售价格计算征税；纳税人申报的房屋销售价格低于各地区确定的最低计税价格的，应按最低计税价格计算征税。

（四）对于财政部门负责契税征管的地区，由省级财税部门制定房屋交易最低价格管理办法；地市级及以下财税部门制定本地区房屋交易最低计税价格。对于税务部门负责契税征管的地区，由省级税务部门制定房屋交易最低价格管理办法；地市级及以下税务部门制定本地区房屋交易最低计税价格。

二、个人出售商业用房取得的所得，应按规定缴纳个人所得税，不得享受1年内换购住房退还保证金和自用5年以上的家庭唯一生活用房免税的政策。

三、根据《财政部、国家税务总局、建设部关于个人住房所得征收个人所得税有关问题的通知》（财税字〔1999〕278号）的规定，个人转让自用5年以上，并且是家庭唯一生活用房，取得的所得免征个人所得税。

（一）上述文件所称“自用5年以上”，是指个人购房至转让房屋的时间达5年以上。

1. 个人购房日期的确定。个人按照国家房改政策购买的公有住房，以其购房合同的生效时间、房款收据开具日期或房屋产权证上注明的时间，依照孰先原则确定；个人购买的其他住房，以其房屋产权证注明日期或契税完税凭证注明日期，按照孰先原则确定。

2. 个人转让房屋的日期，以销售发票上注明的时间为准。

（二）“家庭唯一生活用房”是指在同一省、自治区、直辖市范围内纳税人（有配偶的为夫妻双方）仅拥有一套住房。

四、《国家税务总局关于个人住房转让所得征收个人所得税的有关问题的通知》（国税发〔2006〕108号）第三条所称“未提供完整、准确的房屋原值凭证”，是指纳税人不能提供房屋购买合同、发票或建造成本、费用支出的有效凭证，或契税征管档案中没有上次交易价格或建造成本、费用支出金额等记录。凡纳税人能提供房屋购买合同、发票或建造成本、费用支出的有效凭证，或契税征管档案中有上次交易价格或建造成本、费用支出金额等记录的，均应按照核实征收方式计征个人所得税。

五、税务机关应加强住房装修费用扣除的管理

（一）凡有下列情况之一的，在计算缴纳转让住房所得个人所得税时不得扣除装修费用：

1. 纳税人提供的装修费用凭证不是有效发票的；

2. 发票上注明的付款人姓名与房屋产权人或产权共有人的姓名不一致的；

3. 发票由建材市场、批发市场管理机构开具，且未附所购商品清单的。

（二）纳税人申报扣除装修费用，应当填写《房屋装修费用发票汇总表》（式样附后），在《房屋装修费用发票汇总表》上如实、完整地填写每份发票的开具人、受领人、发票字号、建材产品或服务项目、发票金额等信息。同时将有关装修发票原件提交征收人员审核。

（三）征收人员受理申报时，应认真审核装修费用发票真伪、《房屋装修费用发票汇总表》与有关装修发票信息是否一致，对不符合要求的发票不准扣除装修费用。审核完毕后，有关装修发票退还纳税人。

主管税务机关应定期对《房屋装修费用发票汇总表》所记载有关发票信息进行分析，视情况选取一些发票到开票单位比对核实，对疑点较大的发票移交稽查部门实施稽查。同时，要加强对建材市场和装修单位的税收管理。

六、各级税务机关要做好纳税服务工作，保障纳税人的知情权。要在房地产税收征收场所公示房地产税收法律、法规及相关规定，公开办税流程及所需资料，以及虚假申报、偷税行为应承担的法律责任。

附件：《房屋装修费用发票汇总表》（略）

财政部、国家税务总局关于个人无偿受赠房屋有关个人所得税问题的通知

（2009年5月25日　财税〔2009〕78号）

各省、自治区、直辖市、计划单列市财政厅（局）、地方税务局，宁夏、西藏、青海省（自治区）国家税务局，新疆生产建设兵团财务局：

为了加强个人所得税征管，堵塞税收漏洞，根据《中华人民共和国个人所得税法》有关规定，现就个人无偿受赠房屋有关个人所得税问题通知如下：

一、以下情形的房屋产权无偿赠与，对当事双方不征收个人所得税：

（一）房屋产权所有人将房屋产权无偿赠与配偶、父母、子女、祖父母、外祖父母、孙子女、外孙子女、兄弟姐妹；

（二）房屋产权所有人将房屋产权无偿赠与对其承担直接抚养或者赡养义务的抚养人或者赡养人；

（三）房屋产权所有人死亡，依法取得房屋产权的法定继承人、遗嘱继承人或者受遗赠人。

二、赠与双方办理免税手续时，应向税务机关提交以下资料：

（一）《国家税务总局关于加强房地产交易个人无偿赠与不动产税收管理有关问题的通知》（国税发〔2006〕144号）第一条规定的相关证明材料；

（二）赠与双方当事人的有效身份证件；

（三）属于本通知第一条第（一）项规定情形的，还须提供公证机构出具的赠与人和受赠人亲属关系的公证书（原件）。

（四）属于本通知第一条第（二）项规定情形的，还须提供公证机构出具的抚养关系或者赡养关系公证书（原件），或者乡镇政府或街道办事处出具的抚养关系或者赡养关系证明。

税务机关应当认真审核赠与双方提供的上述资料，资料齐全并且填写正确的，在提交的《个人无偿赠与不动产登记表》上签字盖章后复印留存，原件退还提交人，同时办理个人所得税不征税手续。

三、除本通知第一条规定情形以外，房屋产权所有人将房屋产权无偿赠与他人的，受赠人因无偿受赠房屋取得的受赠所得，按照“经国务院财政部门确定征税的其他所得”项目缴纳个人所得税，税率为20%。

四、对受赠人无偿受赠房屋计征个人所得税时，其应纳税所得额为房地产赠与合同上标明的赠与房屋价值减除赠与过程中受赠人支付的相关税费后的余额。赠与合同标明的房屋价值明显低于市场价格或房地产赠与合同未标明赠与房屋价值的，税务机关可依据受赠房屋的市场评估价格或采取其他合理方式确定受赠人的应纳税所得额。

五、受赠人转让受赠房屋的，以其转让受赠房屋的收入减除原捐赠人取得该房屋的实际购置成本以及赠与和转让过程中受赠人支付的相关税费后的余额，为受赠人的应纳税所得额，依法计征个人所得税。受赠人转让受赠房屋价格明显偏低且无正当理由的，税务机关可以依据该房屋的市场评估价格或其他合理方式确定的价格核定其转让收入。

六、本通知自发布之日起执行。

国家税务总局关于个人转租房屋取得收入征收个人所得税问题的通知

（2009年11月18日　国税函〔2009〕639号）

各省、自治区、直辖市和计划单列市地方税务局，西藏、宁夏、青海省（自治区）国家税务局：

为规范和加强个人所得税管理，根据《中华人民共和国个人所得税法》及其实施条例的规定，现对个人取得转租房屋收入有关个人所得税问题通知如下：

一、个人将承租房屋转租取得的租金收入，属于个人所得税应税所得，应按“财产租赁所得”项目计算缴纳个人所得税。

二、取得转租收入的个人向房屋出租方支付的租金，凭房屋租赁合同和合法支付凭据允许在计算个人所得税时，从该项转租收入中扣除。

三、《国家税务总局关于个人所得税若干业务问题的批复》（国税函〔2002〕146号）有关财产租赁所得个人所得税前扣除税费的扣除次序调整为：

（一）财产租赁过程中缴纳的税费；

（二）向出租方支付的租金；

（三）由纳税人负担的租赁财产实际开支的修缮费用；

（四）税法规定的费用扣除标准。

财政部、国家税务总局关于调整个人住房转让营业税政策的通知

（2015年3月30日　财税〔2015〕39号）

各省、自治区、直辖市、计划单列市财政厅（局）、地方税务局，西藏、宁夏、青海省（自治区）国家税务局，新疆生产建设兵团财务局：

为促进房地产市场健康发展，经国务院批准，现将个人住房转让营业税政策通知如下：

一、个人将购买不足2年的住房对外销售的，全额征收营业税；个人将购买2年以上（含2年）的非普通住房对外销售的，按照其销售收入减去购买房屋的价款后的差额征收营业税；个人将购买2年以上（含2年）的普通住房对外销售的，免征营业税。

二、上述普通住房和非普通住房的标准、办理免税的具体程序、购买房屋的时间、开具发票、差额征税扣除凭证、非购买形式取得住房行为及其他相关税收管理规定，按照《国务院办公厅转发建设部等部门关于做好稳定住房价格工作意见的通知》（国办发〔2005〕26号）、《国家税务总局 财政部 建设部关于加强房地产税收管理的通知》（国税发〔2005〕89号）和《国家税务总局关于房地产税收政策执行中几个具体问题的通知》（国税发〔2005〕172号）的有关规定执行。

三、本通知自2015年3月31日起执行，《财政部 国家税务总局关于调整个人住房转让营业税政策的通知》（财税〔2011〕12号）同时废止。

国家税务总局关于个人住房转让所得征收个人所得税有关问题的通知

（2006年7月18日国税发〔2006〕108号公布　根据2018年6月15日《国家税务总局关于修改部分税收规范性文件的公告》修订）

各省、自治区、直辖市和计划单列市地方税务局，河北、黑龙江、江苏、浙江、山东、安徽、福建、江西、河南、湖南、广东、广西、重庆、贵州、青海、宁夏、新疆、甘肃省（自治区、直辖市）财政厅（局），青岛、宁波、厦门市财政局：

《中华人民共和国个人所得税法》及其实施条例规定，个人转让住房，以其转让收入额减除财产原值和合理费用后的余额为应纳税所得额，按照“财产转让所得”项目缴纳个人所得税。之后，根据我国经济形势发展需要，《财政部 国家税务

总局 建设部关于个人出售住房所得征收个人所得税有关问题的通知》(财税字〔1999〕278 号)对个人转让住房的个人所得税应纳税所得额计算和换购住房的个人所得税有关问题做了具体规定。目前,在征收个人转让住房的个人所得税中,各地又反映出一些需要进一步明确的问题。为完善制度,加强征管,根据个人所得税法和税收征收管理法的有关规定精神,现就有关问题通知如下:

一、对住房转让所得征收个人所得税时,以实际成交价格为转让收入。纳税人申报的住房成交价格明显低于市场价格且无正当理由的,征收机关依法有权根据有关信息核定其转让收入,但必须保证各税种计税价格一致。

二、对转让住房收入计算个人所得税应纳税所得额时,纳税人可凭原购房合同、发票等有效凭证,经税务机关审核后,允许从其转让收入中减除房屋原值、转让住房过程中缴纳的税金及有关合理费用。

(一)房屋原值具体为:

1. 商品房:购置该房屋时实际支付的房价款及交纳的相关税费。

2. 自建住房:实际发生的建造费用及建造和取得产权时实际交纳的相关税费。

3. 经济适用房(含集资合作建房、安居工程住房):原购房人实际支付的房价款及相关税费,以及按规定交纳的土地出让金。

4. 已购公有住房:原购公有住房标准面积按当地经济适用房价格计算的房价款,加上原购公有住房超标准面积实际支付的房价款以及按规定向财政部门(或原产权单位)交纳的所得收益及相关税费。

已购公有住房是指城镇职工根据国家和县级(含县级)以上人民政府有关城镇住房制度改革政策规定,按照成本价(或标准价)购买的公有住房。

经济适用房价格按县级(含县级)以上地方人民政府规定的标准确定。

5. 城镇拆迁安置住房:根据《城市房屋拆迁管理条例》(国务院令第 305 号)和《建设部关于印发〈城市房屋拆迁估价指导意见〉的通知》(建住房〔2003〕234 号)等有关规定,其原值分别为:

(1)房屋拆迁取得货币补偿后购置房屋的,为购置该房屋实际支付的房价款及交纳的相关税费;

(2)房屋拆迁采取产权调换方式的,所调换房屋原值为《房屋拆迁补偿安置协议》注明的价款及交纳的相关税费;

(3)房屋拆迁采取产权调换方式,被拆迁人除取得所调换房屋,又取得部分货币补偿的,所调换房屋原值为《房屋拆迁补偿安置协议》注明的价款和交纳的相关税费,减去货币补偿后的余额;

(4)房屋拆迁采取产权调换方式,被拆迁人取得所调换房屋,又支付部分货币的,所调换房屋原值为《房屋拆迁补偿安置协议》注明的价款,加上所支付的货币及交纳的相关税费。

(二)转让住房过程中缴纳的税金是指:纳税人在转让住房时实际缴纳的营业税、城市维护建设税、教育费附加、土地增值税、印花税等税金。

(三)合理费用是指:纳税人按照规定实际支付的住房装修费用、住房贷款利息、手续费、公证费等费用。

1. 支付的住房装修费用。纳税人能提供实际支付装修费用的税务统一发票,并且发票上所列付款人姓名与转让房屋产权人一致的,经税务机关审核,其转让的住房在转让前实际发生的装修费用,可在以下规定比例内扣除:

(1)已购公有住房、经济适用房:最高扣除限额为房屋原值的 15%;

(2)商品房及其他住房:最高扣除限额为房屋原值的 10%。

纳税人原购房为装修房,即合同注明房价款中含有装修费(铺装了地板,装配了洁具、厨具等)的,不得再重复扣除装修费用。

2. 支付的住房贷款利息。纳税人出售以按揭贷款方式购置的住房的,其向贷款银行实际支付的住房贷款利息,凭贷款银行出具的有效证明据实扣除。

3. 纳税人按照有关规定实际支付的手续费、公证费等,凭有关部门出具的有效证明据实扣除。

本条规定自 2006 年 8 月 1 日起执行。

三、纳税人未提供完整、准确的房屋原值凭证,不能正确计算房屋原值和应纳税额的,税务机关可根据《中华人民共和国税收征收管理法》第三十五条的规定,对其实行核定征税,即按纳税人住房转让收入的一定比例核定应纳个人所得税额。具体比例由省级地方税务局或者省级地方税务局授权的地市级地方税务局根据纳税人出售住房的所处区域、地理位置、建造时间、房屋类型、住房平均价格水平等因素,在住房转让收入 1% -3% 的幅度内确定。

四、各级税务机关要严格执行《国家税务总局关于进一步加强房地产税收管理的通知》(国税发〔2005〕82 号)和《国家税务总局关于实施房地产税收一体化管理若干具体问题的通知》(国税发〔2005〕156 号)的规定。为方便出售住房的个人依法履行纳税义务,加强税收征管,主管税务机关要在房地产交易场所设置税收征收窗口,个人转让住房应缴纳的个人所得税,应与转让环节应缴纳的营业税、契税、土地增值税等税收一并办理;税务机关暂没有条件在房地产交易场所设置税收征收窗口的,应委托契税征收部门一并征收个人所得税等税收。

五、各级税务机关要认真落实有关住房转让个人所得税优惠政策。按照《财政部 国家税务总局 建设部关于个人出售住房所得征收个人所得税有关问题的通知》(财税字〔1999〕278 号)的规定,对出售自有住房并拟在现住房出售 1 年内按市场价重新购房的纳税人,其出售现住房所缴纳的个人所得税，先以纳税保证金形式缴纳，再视其重新购房的金额与原住房销售额的关系，全部或部分退还纳税保证金；对个人转让自用5年以上，并且是家庭唯一生活用房取得的所得，免征个人所得税。要不折不扣地执行上述优惠政策，确保维护纳税人的合法权益。

六、各级税务机关要做好住房转让的个人所得税纳税保证金收取、退还和有关管理工作。要按照《财政部 国家税务总局 建设部关于个人出售住房所得征收个人所得税有关问题的通知》(财税字〔1999〕278号)和《国家税务总局 财政部 中国人民银行关于印发〈税务代保管资金账户管理办法〉的通知》(国税发〔2005〕181号)要求，按规定建立个人所得税纳税保证金专户，为缴纳纳税保证金的纳税人建立档案，加强对纳税保证金信息的采集、比对、审核；向纳税人宣传解释纳税保证金的征收、退还政策及程序；认真做好纳税保证金退还事宜，符合条件的确保及时办理。

七、各级税务机关要认真宣传和落实有关税收政策，维护纳税人的各项合法权益。一是要持续、广泛地宣传个人所得税法及有关税收政策，加强对纳税人和征收人员如何缴纳住房交易所得个人所得税的纳税辅导；二是要加强与房地产管理部门、中介机构的协调、沟通，充分发挥中介机构协税护税作用，促使其协助纳税人准确计算税款；三是严格执行住房交易所得的减免税条件和审批程序，明确纳税人应报送的有关资料，做好涉税资料审查鉴定工作；四是对于符合减免税政策的个人住房交易所得，要及时办理减免税审批手续。

国家税务总局关于加强房地产交易个人无偿赠与不动产税收管理有关问题通知①

(2006年9月14日　国税发〔2006〕144号)

各省、自治区、直辖市和计划单列市地方税务局，西藏自治区国家税务局：

为加强房地产交易中个人无偿赠与不动产行为的税收管理，现将有关问题通知如下：

一、关于加强个人无偿赠与不动产税收管理问题

(一)关于加强个人无偿赠与不动产营业税税收管理问题

1. 个人向他人无偿赠与不动产，包括继承、遗产处分及其他无偿赠与不动产等三种情况，在办理营业税免税申请手续时，纳税人应区分不同情况向税务机关提交相关证明材料：

(1)属于继承不动产的，继承人应当提交公证机关出具的“继承权公证书”、房产所有权证和《个人无偿赠与不动产登记表》(见附件)；

(2)属于遗嘱人处分不动产的，遗嘱继承人或者受遗赠人须提交公证机关出具的“遗嘱公证书”和“遗嘱继承权公证书”或“接受遗赠公证书”、房产所有权证以及《个人无偿赠与不动产登记表》；

(3)属于其他情况无偿赠与不动产的，受赠人应当提交房产所有人“赠与公证书”和受赠人“接受赠与公证书”，或持双方共同办理的“赠与合同公证书”，以及房产所有权证和《个人无偿赠与不动产登记表》。

上述证明材料必须提交原件。

税务机关应当认真审核上述材料，资料齐全并且填写正确规范的，在提交的《个人无偿赠与不动产登记表》上签字盖章后退提交人，将有关公证证书复印件留存，同时办理营业税免税手续。

2. 对个人无偿赠与不动产的，税务机关不得向其发售发票或者代为开具发票。

(二)关于个人无偿赠与不动产契税、印花税税收管理问题

对于个人无偿赠与不动产行为，应对受赠人全额征收契税，在缴纳契税和印花税时，纳税人须提交经税务机关审核并签字盖章的《个人无偿赠与不动产登记表》，税务机关(或其他征收机关)应在纳税人的契税和印花税完税凭证上加盖“个人无偿赠与”印章，在《个人无偿赠与不动产登记表》中签字并将该表格留存。税务机关应积极与房管部门沟通协调，争取房管部门对持有加盖“个人无偿赠与”印章契税完税凭证的个人，办理赠与产权转移登记手续，对未持有加盖“个人无偿赠与”印章契税完税凭证的个人，不予办理赠与产权转移登记手续。

二、关于加强个人将受赠不动产对外销售税收管理问题

(一)关于加强个人将受赠不动产对外销售营业税税收管理问题

个人将通过无偿受赠方式取得的住房对外销售征收营业税时，对通过继承、遗嘱、离婚、赡养关系、直系亲属赠与方式

① 本篇法规中第二条(二)中“受赠人取得赠与人无偿赠与的不动产后，再次转让该项不动产的，在缴纳个人所得税时，以财产转让收入减除受赠、转让住房过程中缴纳的税金及有关合理费用后的余额为应纳税所得额，按20%的适用税率计算缴纳个人所得税”已被国家税务总局公告2011年第2号——全文失效废止、部分条款失效废止的税收规范性文件目录废止、本篇法规第一条中“属于其他情况无偿赠与不动产的，受赠人应当提交房产所有人‘赠与公证书’和受赠人‘接受赠与公证书’，或持双方共同办理的‘赠与合同公证书’”已被国家税务总局公告2015年第50号——关于简化个人无偿赠与不动产土地使用权免征营业税手续的公告废止、本篇法规中第一条第一款“关于加强个人无偿赠与不动产营业税税收管理问题”的规定已被国家税务总局公告2015年第75号——关于进一步简化和规范个人无偿赠与或受赠不动产免征营业税、个人所得税所需证明资料的公告废止。

取得的住房,该住房的购房时间按照《国家税务总局关于房地产税收政策执行中几个具体问题的通知》(国税发〔2005〕172号)中第四条有关购房时间的规定执行;对通过其他无偿受赠方式取得的住房,该住房的购房时间按照发生受赠行为后新的房屋产权证或契税完税证明上注明的时间确定,不再执行(国税发〔2005〕172号)中第四条有关购房时间的规定。

(二)关于加强个人将受赠不动产对外销售个人所得税税收管理问题

受赠人取得赠与人无偿赠与的不动产后,再次转让该项不动产的,在缴纳个人所得税时,以财产转让收入减除受赠、转让住房过程中缴纳的税金及有关合理费用后的余额为应纳税所得额,按20%的适用税率计算缴纳个人所得税。①

在计征个人受赠不动产个人所得税时,不得核定征收,必须严格按照税法规定据实征收。

三、关于加强对个人无偿赠与不动产后续管理的问题

(一)税务机关应对无偿赠与不动产的纳税人分户归档管理,定期将留存的公证证书复印件有关信息与公证机关核对,保证公证证书的真实、合法性。

(二)税务机关应加强与房管部门的合作,定期将《个人无偿赠与不动产登记表》中的有关信息与房管部门的赠与房产所有权转移登记信息进行核对,强化对个人无偿赠与不动产的后续管理。

(三)税务机关应加强对个人无偿赠与不动产的营业税纳税评估,将本期无偿赠与不动产的有关数据与历史数据(如上年同期)进行比较,出现异常情况的,要做进一步检查和核对,对确有问题的赠与行为,应按有关规定进行处理。

(四)对个人赠与不动产过程中,向受赠人收取了货物、货币或其他经济利益,但提供虚假资料,申请办理无偿赠与的相关手续,没有按规定缴纳营业税的纳税人,由税务机关按照《中华人民共和国税收征收管理法》的有关规定追缴税款、滞纳金并进行相关处罚。

(五)税务机关应向房屋中介机构做好税法宣传工作,使其协助做好无偿赠与不动产的税收管理工作。

附件:个人无偿赠与不动产登记表(略)

财政部、国家税务总局关于调整个人住房转让营业税政策的通知

(2015年3月30日　财税〔2015〕39号)

各省、自治区、直辖市、计划单列市财政厅(局)、地方税务局,西藏、宁夏、青海省(自治区)国家税务局,新疆生产建设兵团财务局:

为促进房地产市场健康发展,经国务院批准,现将个人住房转让营业税政策通知如下:

一、个人将购买不足2年的住房对外销售的,全额征收营业税;个人将购买2年以上(含2年)的非普通住房对外销售的,按照其销售收入减去购买房屋的价款后的差额征收营业税;个人将购买2年以上(含2年)的普通住房对外销售的,免征营业税。

二、上述普通住房和非普通住房的标准、办理免税的具体程序、购买房屋的时间、开具发票、差额征税扣除凭证、非购买形式取得住房行为及其他相关税收管理规定,按照《国务院办公厅转发建设部等部门关于做好稳定住房价格工作意见的通知》(国办发〔2005〕26号)、《国家税务总局 财政部 建设部关于加强房地产税收管理的通知》(国税发〔2005〕89号)和《国家税务总局关于房地产税收政策执行中几个具体问题的通知》(国税发〔2005〕172号)的有关规定执行。

三、本通知自2015年3月31日起执行,《财政部 国家税务总局关于调整个人住房转让营业税政策的通知》(财税〔2011〕12号)同时废止。

国家税务总局关于承受装修房屋契税计税价格问题的批复

(2007年6月1日　国税函〔2007〕606号)

江苏省财政厅:

你厅《关于对房屋买卖契税计税价格构成问题的请示》(苏财基层〔2007〕4号)收悉,批复如下:房屋买卖的契税计税价格为房屋买卖合同的总价款,买卖装修的房屋,装修费用应包括在内。

国家税务总局关于个人销售拆迁补偿住房征收营业税问题的批复

(2007年7月16日　国税函〔2007〕768号)

广东省地方税务局:

你局《关于个人销售拆迁补偿住房征收营业税问题的请示》(粤地税发〔2007〕125号)收悉。经研究,批复如下:

一、关于拆迁补偿住房取得方式问题

房地产开发公司对被拆迁户实行房屋产权调换时,其实质是以不动产所有权为表现形式的经济利益的交换。房地产

① 该条款被2011年1月4日发布的《国家税务总局公告》2011年第2号废止。

开发公司将所拥有的不动产所有权转移给了被拆迁户，并获得了相应的经济利益，根据现行营业税有关规定，应按“销售不动产”税目缴纳营业税；被拆迁户以其原拥有的不动产所有权从房地产开发公司处获得了另一处不动产所有权，该行为不属于通过受赠、继承、离婚财产分割等非购买形式取得的住房。

二、关于购买时间确定问题

被拆迁户销售与房地产开发公司产权调换而取得的拆迁补偿住房时，应按《国家税务总局财政部建设部关于加强房地产税收管理的通知》（国税发〔2005〕89 号）文件的规定确定该住房的购买时间。

财政部、国家税务总局关于廉租住房经济适用住房和住房租赁有关税收政策的通知①

（2008 年 3 月 3 日　财税〔2008〕24 号）

各省、自治区、直辖市、计划单列市财政厅（局）、国家税务局、地方税务局，新疆生产建设兵团财务局：

为贯彻落实《国务院关于解决城市低收入家庭住房困难的若干意见》（国发〔2007〕24 号）精神，促进廉租住房、经济适用住房制度建设和住房租赁市场的健康发展，经国务院批准，现将有关税收政策通知如下：

一、支持廉租住房、经济适用住房建设的税收政策

（一）对廉租住房经营管理单位按照政府规定价格、向规定保障对象出租廉租住房的租金收入，免征营业税、房产税。

（二）对廉租住房、经济适用住房建设用地以及廉租住房经营管理单位按照政府规定价格、向规定保障对象出租的廉租住房用地，免征城镇土地使用税。

开发商在经济适用住房、商品住房项目中配套建造廉租住房，在商品住房项目中配套建造经济适用住房，如能提供政府部门出具的相关材料，可按廉租住房、经济适用住房建筑面积占总建筑面积的比例免征开发商应缴纳的城镇土地使用税。

（三）企事业单位、社会团体以及其他组织转让旧房作为廉租住房、经济适用住房房源且增值额未超过扣除项目金额 20% 的，免征土地增值税。

（四）对廉租住房、经济适用住房经营管理单位与廉租住房、经济适用住房相关的印花税以及廉租住房承租人、经济适用住房购买人涉及的印花税予以免征。

开发商在经济适用住房、商品住房项目中配套建造廉租住房，在商品住房项目中配套建造经济适用住房，如能提供政府部门出具的相关材料，可按廉租住房、经济适用住房建筑面积占总建筑面积的比例免征开发商应缴纳的印花税。

（五）对廉租住房经营管理单位购买住房作为廉租住房、经济适用住房经营管理单位回购经济适用住房继续作为经济适用住房房源的，免征契税。

（六）对个人购买经济适用住房，在法定税率基础上减半征收契税。

（七）对个人按《廉租住房保障办法》（建设部等 9 部委令第 162 号）规定取得的廉租住房货币补贴，免征个人所得税；对于所在单位以廉租住房名义发放的不符合规定的补贴，应征收个人所得税。

（八）企事业单位、社会团体以及其他组织于 2008 年 1 月 1 日前捐赠住房作为廉租住房的，按《中华人民共和国企业所得税暂行条例》（国务院令第 137 号）、《中华人民共和国外商投资企业和外国企业所得税法》有关公益性捐赠政策执行；2008 年 1 月 1 日后捐赠的，按《中华人民共和国企业所得税法》有关公益性捐赠政策执行。个人捐赠住房作为廉租住房的，捐赠额未超过其申报的应纳税所得额 30% 的部分，准予从其应纳税所得额中扣除。

廉租住房、经济适用住房、廉租住房承租人、经济适用住房购买人以及廉租住房租金、货币补贴标准等须符合国发〔2007〕24 号文件及《廉租住房保障办法》（建设部等 9 部委令第 162 号）、《经济适用住房管理办法》（建住房〔2007〕258 号）的规定；廉租住房、经济适用住房经营管理单位为县级以上人民政府主办或确定的单位。

二、支持住房租赁市场发展的税收政策

（一）对个人出租住房取得的所得减按 10% 的税率征收个人所得税。

（二）对个人出租、承租住房签订的租赁合同，免征印花税。

（三）对个人出租住房，不区分用途，在 3% 税率的基础上减半征收营业税，按 4% 的税率征收房产税，免征城镇土地使用税。

（四）对企事业单位、社会团体以及其他组织按市场价格向个人出租用于居住的住房，减按 4% 的税率征收房产税。

上述与廉租住房、经济适用住房相关的新的优惠政策自 2007 年 8 月 1 日起执行，文到之日前已征税款在以后应缴税款中抵减。与住房租赁相关的新的优惠政策自 2008 年 3 月 1 日起执行。其他政策仍按现行规定继续执行。

各地要严格执行税收政策，加强管理，对执行过程中发现

① 本篇法规中“有关廉租住房税收政策的规定”已被财政部、国家税务总局关于促进公共租赁住房发展有关税收优惠政策的通知废止，废止日期为 2014 年 8 月 11 日。

的问题，及时上报财政部、国家税务总局。

特此通知。

国家税务总局关于个人与房地产开发企业签订有条件优惠价格协议购买商店征收个人所得税问题的批复

（2008年6月15日　国税函〔2008〕576号）

福建省地方税务局：

你局《关于个人与房地产开发企业签订有条件价格优惠协议购买商店征收个人所得税问题的请示》（闽地税发〔2008〕67号）收悉。经研究，批复如下：

房地产开发企业与商店购买者个人签订协议规定，房地产开发企业按优惠价格出售其开发的商店给购买者个人，但购买者个人在一定期限内必须将购买的商店无偿提供给房地产开发企业对外出租使用。其实质是购买者个人以所购商店交由房地产开发企业出租而取得的房屋租赁收入支付了部分购房价款。

根据个人所得税法的有关规定精神，对上述情形的购买者个人少支出的购房价款，应视同个人财产租赁所得，按照“财产租赁所得”项目征收个人所得税。每次财产租赁所得的收入额，按照少支出的购房价款和协议规定的租赁月份数平均计算确定。

国家税务总局关于房地产开发企业开发产品完工条件确认问题的通知

（2010年5月12日　国税函〔2010〕201号）

各省、自治区、直辖市和计划单列市国家税务局、地方税务局：

现就房地产开发企业开发产品完工条件确认有关问题，通知如下：

根据《国家税务总局关于房地产开发经营业务征收企业所得税问题的通知》（国税发〔2006〕31号）规定精神和《国家税务总局关于印发〈房地产开发经营业务企业所得税处理办法〉的通知》（国税发〔2009〕31号）第三条规定，房地产开发企业建造、开发的开发产品，无论工程质量是否通过验收合格，或是否办理完工（竣工）备案手续以及会计决算手续，当企业开始办理开发产品交付手续（包括入住手续）、或已开始实际投入使用时，为开发产品开始投入使用，应视为开发产品已经完工。房地产开发企业应按规定及时结算开发产品计税成本，并计算企业当年度应纳税所得额。

财政部、国家税务总局、住房和城乡建设部关于调整房地产交易环节契税个人所得税优惠政策的通知

（2010年9月29日　财税〔2010〕94号）

各省、自治区、直辖市、计划单列市财政厅（局）、地方税务局、住房城乡建设厅（建委、房地局），西藏、宁夏、青海省（自治区）国税局，新疆生产建设兵团财务局、建设局：

经国务院批准，现就调整房地产交易环节契税、个人所得税有关优惠政策通知如下：

一、关于契税政策

（一）对个人购买普通住房，且该住房属于家庭（成员范围包括购房人、配偶以及未成年子女，下同）唯一住房的，减半征收契税。对个人购买90平方米及以下普通住房，且该住房属于家庭唯一住房的，减按1%税率征收契税。

征收机关应查询纳税人契税纳税记录；无记录或有记录但有疑义的，根据纳税人的申请或授权，由房地产主管部门通过房屋登记信息系统查询纳税人家庭住房登记记录，并出具书面查询结果。如因当地暂不具备查询条件而不能提供家庭住房登记查询结果的，纳税人应向征收机关提交家庭住房实有套数书面诚信保证。诚信保证不实的，属于虚假纳税申报，按照《中华人民共和国税收征收管理法》的有关规定处理。

具体操作办法由各省、自治区、直辖市财政、税务、房地产主管部门共同制定。

（二）个人购买的普通住房，凡不符合上述规定的，不得享受上述优惠政策。

二、关于个人所得税政策

对出售自有住房并在1年内重新购房的纳税人不再减免个人所得税。

本通知自2010年10月1日起执行。《财政部 国家税务总局关于调整房地产市场若干税收政策的通知》（财税字〔1999〕210号）第一条有关契税的规定、《财政部 国家税务总局关于调整房地产交易环节税收政策的通知》（财税〔2008〕137号）第一条、《财政部 国家税务总局 建设部关于个人出售住房所得征收个人所得税有关问题的通知》（财税字〔1999〕278号）第三条同时废止。

特此通知。

四、建设用地

1. 综　合

中华人民共和国土地管理法

（1986 年 6 月 25 日第六届全国人民代表大会常务委员会第十六次会议通过　根据 1988 年 12 月 29 日第七届全国人民代表大会常务委员会第五次会议《关于修改〈中华人民共和国土地管理法〉的决定》第一次修正　1998 年 8 月 29 日第九届全国人民代表大会常务委员会第四次会议修订　根据 2004 年 8 月 28 日第十届全国人民代表大会常务委员会第十一次会议《关于修改〈中华人民共和国土地管理法〉的决定》第二次修正　根据 2019 年 8 月 26 日第十三届全国人民代表大会常务委员会第十二次会议《关于修改〈中华人民共和国土地管理法〉、〈中华人民共和国城市房地产管理法〉的决定》第三次修正）

目　录

第一章　总　　则
第二章　土地的所有权和使用权
第三章　土地利用总体规划
第四章　耕地保护
第五章　建设用地
第六章　监督检查
第七章　法律责任
第八章　附　　则

第一章　总　　则

第一条　为了加强土地管理，维护土地的社会主义公有制，保护、开发土地资源，合理利用土地，切实保护耕地，促进社会经济的可持续发展，根据宪法，制定本法。

第二条　中华人民共和国实行土地的社会主义公有制，即全民所有制和劳动群众集体所有制。

全民所有，即国家所有土地的所有权由国务院代表国家行使。

任何单位和个人不得侵占、买卖或者以其他形式非法转让土地。土地使用权可以依法转让。

国家为了公共利益的需要，可以依法对土地实行征收或者征用并给予补偿。

国家依法实行国有土地有偿使用制度。但是，国家在法律规定的范围内划拨国有土地使用权的除外。

第三条　十分珍惜、合理利用土地和切实保护耕地是我国的基本国策。各级人民政府应当采取措施，全面规划，严格管理，保护、开发土地资源，制止非法占用土地的行为。

第四条　国家实行土地用途管制制度。

国家编制土地利用总体规划，规定土地用途，将土地分为农用地、建设用地和未利用地。严格限制农用地转为建设用地，控制建设用地总量，对耕地实行特殊保护。

前款所称农用地是指直接用于农业生产的土地，包括耕地、林地、草地、农田水利用地、养殖水面等；建设用地是指建造建筑物、构筑物的土地，包括城乡住宅和公共设施用地、工矿用地、交通水利设施用地、旅游用地、军事设施用地等；未利用地是指农用地和建设用地以外的土地。

使用土地的单位和个人必须严格按照土地利用总体规划确定的用途使用土地。

第五条　国务院自然资源主管部门统一负责全国土地的管理和监督工作。

县级以上地方人民政府自然资源主管部门的设置及其职责，由省、自治区、直辖市人民政府根据国务院有关规定确定。

第六条　国务院授权的机构对省、自治区、直辖市人民政府以及国务院确定的城市人民政府土地利用和土地管理情况进行督察。

第七条　任何单位和个人都有遵守土地管理法律、法规的义务，并有权对违反土地管理法律、法规的行为提出检举和控告。

第八条　在保护和开发土地资源、合理利用土地以及进行有关的科学研究等方面成绩显著的单位和个人，由人民政府给予奖励。

第二章　土地的所有权和使用权

第九条　城市市区的土地属于国家所有。

农村和城市郊区的土地，除由法律规定属于国家所有的以外，属于农民集体所有；宅基地和自留地、自留山，属于农民集体所有。

第十条　国有土地和农民集体所有的土地，可以依法确定给单位或者个人使用。使用土地的单位和个人，有保护、管理和合理利用土地的义务。

第十一条 农民集体所有的土地依法属于村农民集体所有的，由村集体经济组织或者村民委员会经营、管理；已经分别属于村内两个以上农村集体经济组织的农民集体所有的，由村内各该农村集体经济组织或者村民小组经营、管理；已经属于乡（镇）农民集体所有的，由乡（镇）农村集体经济组织经营、管理。

第十二条 土地的所有权和使用权的登记，依照有关不动产登记的法律、行政法规执行。

依法登记的土地的所有权和使用权受法律保护，任何单位和个人不得侵犯。

第十三条 农民集体所有和国家所有依法由农民集体使用的耕地、林地、草地，以及其他依法用于农业的土地，采取农村集体经济组织内部的家庭承包方式承包，不宜采取家庭承包方式的荒山、荒沟、荒丘、荒滩等，可以采取招标、拍卖、公开协商等方式承包，从事种植业、林业、畜牧业、渔业生产。家庭承包的耕地的承包期为三十年，草地的承包期为三十年至五十年，林地的承包期为三十年至七十年；耕地承包期届满后再延长三十年，草地、林地承包期届满后依法相应延长。

国家所有依法用于农业的土地可以由单位或者个人承包经营，从事种植业、林业、畜牧业、渔业生产。

发包方和承包方应当依法订立承包合同，约定双方的权利和义务。承包经营土地的单位和个人，有保护和按照承包合同约定的用途合理利用土地的义务。

第十四条 土地所有权和使用权争议，由当事人协商解决；协商不成的，由人民政府处理。

单位之间的争议，由县级以上人民政府处理；个人之间、个人与单位之间的争议，由乡级人民政府或者县级以上人民政府处理。

当事人对有关人民政府的处理决定不服的，可以自接到处理决定通知之日起三十日内，向人民法院起诉。

在土地所有权和使用权争议解决前，任何一方不得改变土地利用现状。

第三章 土地利用总体规划

第十五条 各级人民政府应当依据国民经济和社会发展规划、国土整治和资源环境保护的要求、土地供给能力以及各项建设对土地的需求，组织编制土地利用总体规划。

土地利用总体规划的规划期限由国务院规定。

第十六条 下级土地利用总体规划应当依据上一级土地利用总体规划编制。

地方各级人民政府编制的土地利用总体规划中的建设用地总量不得超过上一级土地利用总体规划确定的控制指标，耕地保有量不得低于上一级土地利用总体规划确定的控制指标。

省、自治区、直辖市人民政府编制的土地利用总体规划，应当确保本行政区域内耕地总量不减少。

第十七条 土地利用总体规划按照下列原则编制：

（一）落实国土空间开发保护要求，严格土地用途管制；

（二）严格保护永久基本农田，严格控制非农业建设占用农用地；

（三）提高土地节约集约利用水平；

（四）统筹安排城乡生产、生活、生态用地，满足乡村产业和基础设施用地合理需求，促进城乡融合发展；

（五）保护和改善生态环境，保障土地的可持续利用；

（六）占用耕地与开发复垦耕地数量平衡、质量相当。

第十八条 国家建立国土空间规划体系。编制国土空间规划应当坚持生态优先，绿色、可持续发展，科学有序统筹安排生态、农业、城镇等功能空间，优化国土空间结构和布局，提升国土空间开发、保护的质量和效率。

经依法批准的国土空间规划是各类开发、保护、建设活动的基本依据。已经编制国土空间规划的，不再编制土地利用总体规划和城乡规划。

第十九条 县级土地利用总体规划应当划分土地利用区，明确土地用途。

乡（镇）土地利用总体规划应当划分土地利用区，根据土地使用条件，确定每一块土地的用途，并予以公告。

第二十条 土地利用总体规划实行分级审批。

省、自治区、直辖市的土地利用总体规划，报国务院批准。

省、自治区人民政府所在地的市、人口在一百万以上的城市以及国务院指定的城市的土地利用总体规划，经省、自治区人民政府审查同意后，报国务院批准。

本条第二款、第三款规定以外的土地利用总体规划，逐级上报省、自治区、直辖市人民政府批准；其中，乡（镇）土地利用总体规划可以由省级人民政府授权的设区的市、自治州人民政府批准。

土地利用总体规划一经批准，必须严格执行。

第二十一条 城市建设用地规模应当符合国家规定的标准，充分利用现有建设用地，不占或者尽量少占农用地。

城市总体规划、村庄和集镇规划，应当与土地利用总体规划相衔接，城市总体规划、村庄和集镇规划中建设用地规模不得超过土地利用总体规划确定的城市和村庄、集镇建设用地规模。

在城市规划区内、村庄和集镇规划区内，城市和村庄、集镇建设用地应当符合城市规划、村庄和集镇规划。

第二十二条 江河、湖泊综合治理和开发利用规划，应当与土地利用总体规划相衔接。在江河、湖泊、水库的管理和保护范围以及蓄洪滞洪区内，土地利用应当符合江河、湖泊综合治理和开发利用规划，符合河道、湖泊行洪、蓄洪和输水的要求。

第二十三条 各级人民政府应当加强土地利用计划管理，实行建设用地总量控制。

土地利用年度计划，根据国民经济和社会发展计划、国家产业政策、土地利用总体规划以及建设用地和土地利用的实际状况编制。土地利用年度计划应当对本法第六十三条规定的集体经营性建设用地作出合理安排。土地利用年度计划的编制审批程序与土地利用总体规划的编制审批程序相同，一经审批下达，必须严格执行。

第二十四条 省、自治区、直辖市人民政府应当将土地利用年度计划的执行情况列为国民经济和社会发展计划执行情况的内容，向同级人民代表大会报告。

第二十五条 经批准的土地利用总体规划的修改，须经原批准机关批准；未经批准，不得改变土地利用总体规划确定的土地用途。

经国务院批准的大型能源、交通、水利等基础设施建设用地，需要改变土地利用总体规划的，根据国务院的批准文件修改土地利用总体规划。

经省、自治区、直辖市人民政府批准的能源、交通、水利等基础设施建设用地，需要改变土地利用总体规划的，属于省级人民政府土地利用总体规划批准权限内的，根据省级人民政府的批准文件修改土地利用总体规划。

第二十六条 国家建立土地调查制度。

县级以上人民政府自然资源主管部门会同同级有关部门进行土地调查。土地所有者或者使用者应当配合调查，并提供有关资料。

第二十七条 县级以上人民政府自然资源主管部门会同同级有关部门根据土地调查成果、规划土地用途和国家制定的统一标准，评定土地等级。

第二十八条 国家建立土地统计制度。

县级以上人民政府统计机构和自然资源主管部门依法进行土地统计调查，定期发布土地统计资料。土地所有者或者使用者应当提供有关资料，不得拒报、迟报，不得提供不真实、不完整的资料。

统计机构和自然资源主管部门共同发布的土地面积统计资料是各级人民政府编制土地利用总体规划的依据。

第二十九条 国家建立全国土地管理信息系统，对土地利用状况进行动态监测。

第四章 耕地保护

第三十条 国家保护耕地，严格控制耕地转为非耕地。

国家实行占用耕地补偿制度。非农业建设经批准占用耕地的，按照“占多少，垦多少”的原则，由占用耕地的单位负责开垦与所占用耕地的数量和质量相当的耕地；没有条件开垦或者开垦的耕地不符合要求的，应当按照省、自治区、直辖市的规定缴纳耕地开垦费，专款用于开垦新的耕地。

省、自治区、直辖市人民政府应当制定开垦耕地计划，监督占用耕地的单位按照计划开垦耕地或者按照计划组织开垦耕地，并进行验收。

第三十一条 县级以上地方人民政府可以要求占用耕地的单位将所占用耕地耕作层的土壤用于新开垦耕地、劣质地或者其他耕地的土壤改良。

第三十二条 省、自治区、直辖市人民政府应当严格执行土地利用总体规划和土地利用年度计划，采取措施，确保本行政区域内耕地总量不减少、质量不降低。耕地总量减少的，由国务院责令在规定期限内组织开垦与所减少耕地的数量与质量相当的耕地；耕地质量降低的，由国务院责令在规定期限内组织整治。新开垦和整治的耕地由国务院自然资源主管部门会同农业农村主管部门验收。

个别省、直辖市确因土地后备资源匮乏，新增建设用地后，新开垦耕地的数量不足以补偿所占用耕地的数量的，必须报经国务院批准减免本行政区域内开垦耕地的数量，易地开垦数量和质量相当的耕地。

第三十三条 国家实行永久基本农田保护制度。下列耕地应当根据土地利用总体规划划为永久基本农田，实行严格保护：

（一）经国务院农业农村主管部门或者县级以上地方人民政府批准确定的粮、棉、油、糖等重要农产品生产基地内的耕地；

（二）有良好的水利与水土保持设施的耕地，正在实施改造计划以及可以改造的中、低产田和已建成的高标准农田；

（三）蔬菜生产基地；

（四）农业科研、教学试验田；

（五）国务院规定应当划为永久基本农田的其他耕地。

各省、自治区、直辖市划定的永久基本农田一般应当占本行政区域内耕地的百分之八十以上，具体比例由国务院根据各省、自治区、直辖市耕地实际情况规定。

第三十四条 永久基本农田划定以乡（镇）为单位进行，由县级人民政府自然资源主管部门会同同级农业农村主管部门组织实施。永久基本农田应当落实到地块，纳入国家永久基本农田数据库严格管理。

乡（镇）人民政府应当将永久基本农田的位置、范围向社会公告，并设立保护标志。

第三十五条 永久基本农田经依法划定后，任何单位和个人不得擅自占用或者改变其用途。国家能源、交通、水利、军事设施等重点建设项目选址确实难以避让永久基本农田，涉及农用地转用或者土地征收的，必须经国务院批准。

禁止通过擅自调整县级土地利用总体规划、乡（镇）土地利用总体规划等方式规避永久基本农田农用地转用或者土地征收的审批。

第三十六条 各级人民政府应当采取措施，引导因地制宜轮作休耕,改良土壤,提高地力,维护排灌工程设施,防止土地荒漠化、盐渍化、水土流失和土壤污染。

第三十七条 非农业建设必须节约使用土地,可以利用荒地的,不得占用耕地;可以利用劣地的,不得占用好地。

禁止占用耕地建窑、建坟或者擅自在耕地上建房、挖砂、采石、采矿、取土等。

禁止占用永久基本农田发展林果业和挖塘养鱼。

第三十八条 禁止任何单位和个人闲置、荒芜耕地。已经办理审批手续的非农业建设占用耕地,一年内不用而又可以耕种并收获的,应当由原耕种该幅耕地的集体或者个人恢复耕种,也可以由用地单位组织耕种;一年以上未动工建设的,应当按照省、自治区、直辖市的规定缴纳闲置费;连续二年未使用的,经原批准机关批准,由县级以上人民政府无偿收回用地单位的土地使用权;该幅土地原为农民集体所有的,应当交由原农村集体经济组织恢复耕种。

在城市规划区范围内,以出让方式取得土地使用权进行房地产开发的闲置土地,依照《中华人民共和国城市房地产管理法》的有关规定办理。

第三十九条 国家鼓励单位和个人按照土地利用总体规划,在保护和改善生态环境、防止水土流失和土地荒漠化的前提下,开发未利用的土地;适宜开发为农用地的,应当优先开发成农用地。

国家依法保护开发者的合法权益。

第四十条 开垦未利用的土地,必须经过科学论证和评估,在土地利用总体规划划定的可开垦的区域内,经依法批准后进行。禁止毁坏森林、草原开垦耕地,禁止围湖造田和侵占江河滩地。

根据土地利用总体规划,对破坏生态环境开垦、围垦的土地,有计划有步骤地退耕还林、还牧、还湖。

第四十一条 开发未确定使用权的国有荒山、荒地、荒滩从事种植业、林业、畜牧业、渔业生产的,经县级以上人民政府依法批准,可以确定给开发单位或者个人长期使用。

第四十二条 国家鼓励土地整理。县、乡(镇)人民政府应当组织农村集体经济组织,按照土地利用总体规划,对田、水、路、林、村综合整治,提高耕地质量,增加有效耕地面积,改善农业生产条件和生态环境。

地方各级人民政府应当采取措施,改造中、低产田,整治闲散地和废弃地。

第四十三条 因挖损、塌陷、压占等造成土地破坏,用地单位和个人应当按照国家有关规定负责复垦;没有条件复垦或者复垦不符合要求的,应当缴纳土地复垦费,专项用于土地复垦。复垦的土地应当优先用于农业。

第五章 建设用地

第四十四条 建设占用土地,涉及农用地转为建设用地的,应当办理农用地转用审批手续。

永久基本农田转为建设用地的,由国务院批准。

在土地利用总体规划确定的城市和村庄、集镇建设用地规模范围内,为实施该规划而将永久基本农田以外的农用地转为建设用地的,按土地利用年度计划分批次按照国务院规定由原批准土地利用总体规划的机关或者其授权的机关批准。在已批准的农用地转用范围内,具体建设项目用地可以由市、县人民政府批准。

在土地利用总体规划确定的城市和村庄、集镇建设用地规模范围外,将永久基本农田以外的农用地转为建设用地的,由国务院或者国务院授权的省、自治区、直辖市人民政府批准。

第四十五条 为了公共利益的需要,有下列情形之一,确需征收农民集体所有的土地的,可以依法实施征收:

(一)军事和外交需要用地的;

(二)由政府组织实施的能源、交通、水利、通信、邮政等基础设施建设需要用地的;

(三)由政府组织实施的科技、教育、文化、卫生、体育、生态环境和资源保护、防灾减灾、文物保护、社区综合服务、社会福利、市政公用、优抚安置、英烈保护等公共事业需要用地的;

(四)由政府组织实施的扶贫搬迁、保障性安居工程建设需要用地的;

(五)在土地利用总体规划确定的城镇建设用地范围内,经省级以上人民政府批准由县级以上地方人民政府组织实施的成片开发建设需要用地的;

(六)法律规定为公共利益需要可以征收农民集体所有的土地的其他情形。

前款规定的建设活动,应当符合国民经济和社会发展规划、土地利用总体规划、城乡规划和专项规划;第(四)项、第(五)项规定的建设活动,还应当纳入国民经济和社会发展年度计划;第(五)项规定的成片开发并应当符合国务院自然资源主管部门规定的标准。

第四十六条 征收下列土地的,由国务院批准:

(一)永久基本农田;

(二)永久基本农田以外的耕地超过三十五公顷的;

(三)其他土地超过七十公顷的。

征收前款规定以外的土地的,由省、自治区、直辖市人民政府批准。

征收农用地的,应当依照本法第四十四条的规定先行办理农用地转用审批。其中,经国务院批准农用地转用的,同时办理征地审批手续,不再另行办理征地审批;经省、自治区、直辖市人民政府在征地批准权限内批准农用地转用的,同时办理征地审批手续,不再另行办理征地审批,超过征地批准权限的,应当依照本条第一款的规定另行办理征地审批。

第四十七条 国家征收土地的,依照法定程序批准后,由县级以上地方人民政府予以公告并组织实施。

县级以上地方人民政府拟申请征收土地的，应当开展拟征收土地现状调查和社会稳定风险评估，并将征收范围、土地现状、征收目的、补偿标准、安置方式和社会保障等在拟征收土地所在的乡（镇）和村、村民小组范围内公告至少三十日，听取被征地的农村集体经济组织及其成员、村民委员会和其他利害关系人的意见。

多数被征地的农村集体经济组织成员认为征地补偿安置方案不符合法律、法规规定的，县级以上地方人民政府应当组织召开听证会，并根据法律、法规的规定和听证会情况修改方案。

拟征收土地的所有权人、使用权人应当在公告规定期限内，持不动产权属证明材料办理补偿登记。县级以上地方人民政府应当组织有关部门测算并落实有关费用，保证足额到位，与拟征收土地的所有权人、使用权人就补偿、安置等签订协议；个别确实难以达成协议的，应当在申请征收土地时如实说明。

相关前期工作完成后，县级以上地方人民政府方可申请征收土地。

第四十八条 征收土地应当给予公平、合理的补偿，保障被征地农民原有生活水平不降低、长远生计有保障。

征收土地应当依法及时足额支付土地补偿费、安置补助费以及农村村民住宅、其他地上附着物和青苗等的补偿费用，并安排被征地农民的社会保障费用。

征收农用地的土地补偿费、安置补助费标准由省、自治区、直辖市通过制定公布区片综合地价确定。制定区片综合地价应当综合考虑土地原用途、土地资源条件、土地产值、土地区位、土地供求关系、人口以及经济社会发展水平等因素，并至少每三年调整或者重新公布一次。

征收农用地以外的其他土地、地上附着物和青苗等的补偿标准，由省、自治区、直辖市制定。对其中的农村村民住宅，应当按照先补偿后搬迁、居住条件有改善的原则，尊重农村村民意愿，采取重新安排宅基地建房、提供安置房或者货币补偿等方式给予公平、合理的补偿，并对因征收造成的搬迁、临时安置等费用予以补偿，保障农村村民居住的权利和合法的住房财产权益。

县级以上地方人民政府应当将被征地农民纳入相应的养老等社会保障体系。被征地农民的社会保障费用主要用于符合条件的被征地农民的养老保险等社会保险缴费补贴。被征地农民社会保障费用的筹集、管理和使用办法，由省、自治区、直辖市制定。

第四十九条 被征地的农村集体经济组织应当将征收土地的补偿费用的收支状况向本集体经济组织的成员公布，接受监督。

禁止侵占、挪用被征收土地单位的征地补偿费用和其他有关费用。

第五十条 地方各级人民政府应当支持被征地的农村集体经济组织和农民从事开发经营，兴办企业。

第五十一条 大中型水利、水电工程建设征收土地的补偿费标准和移民安置办法，由国务院另行规定。

第五十二条 建设项目可行性研究论证时，自然资源主管部门可以根据土地利用总体规划、土地利用年度计划和建设用地标准，对建设用地有关事项进行审查，并提出意见。

第五十三条 经批准的建设项目需要使用国有建设用地的，建设单位应当持法律、行政法规规定的有关文件，向有批准权的县级以上人民政府自然资源主管部门提出建设用地申请，经自然资源主管部门审查，报本级人民政府批准。

第五十四条 建设单位使用国有土地，应当以出让等有偿使用方式取得；但是，下列建设用地，经县级以上人民政府依法批准，可以以划拨方式取得：

（一）国家机关用地和军事用地；

（二）城市基础设施用地和公益事业用地；

（三）国家重点扶持的能源、交通、水利等基础设施用地；

（四）法律、行政法规规定的其他用地。

第五十五条 以出让等有偿使用方式取得国有土地使用权的建设单位，按照国务院规定的标准和办法，缴纳土地使用权出让金等土地有偿使用费和其他费用后，方可使用土地。

自本法施行之日起，新增建设用地的土地有偿使用费，百分之三十上缴中央财政，百分之七十留给有关地方人民政府。具体使用管理办法由国务院财政部门会同有关部门制定，并报国务院批准。

第五十六条 建设单位使用国有土地的，应当按照土地使用权出让等有偿使用合同的约定或者土地使用权划拨批准文件的规定使用土地；确需改变该幅土地建设用途的，应当经有关人民政府自然资源主管部门同意，报原批准用地的人民政府批准。其中，在城市规划区内改变土地用途的，在报批前，应当先经有关城市规划行政主管部门同意。

第五十七条 建设项目施工和地质勘查需要临时使用国有土地或者农民集体所有的土地的，由县级以上人民政府自然资源主管部门批准。其中，在城市规划区内的临时用地，在报批前，应当先经有关城市规划行政主管部门同意。土地使用者应当根据土地权属，与有关自然资源主管部门或者农村集体经济组织、村民委员会签订临时使用土地合同，并按照合同的约定支付临时使用土地补偿费。

临时使用土地的使用者应当按照临时使用土地合同约定的用途使用土地，并不得修建永久性建筑物。

临时使用土地期限一般不超过二年。

第五十八条 有下列情形之一的，由有关人民政府自然资源主管部门报经原批准用地的人民政府或者有批准权的人民政府批准，可以收回国有土地使用权：

（一）为实施城市规划进行旧城区改建以及其他公共利益需要，确需使用土地的；

（二）土地出让等有偿使用合同约定的使用期限届满，土地使用者未申请续期或者申请续期未获批准的；

（三）因单位撤销、迁移等原因，停止使用原划拨的国有土地的；

（四）公路、铁路、机场、矿场等经核准报废的。

依照前款第（一）项的规定收回国有土地使用权的，对土地使用权人应当给予适当补偿。

第五十九条 乡镇企业、乡（镇）村公共设施、公益事业、农村村民住宅等乡（镇）村建设，应当按照村庄和集镇规划，合理布局，综合开发，配套建设；建设用地，应当符合乡（镇）土地利用总体规划和土地利用年度计划，并依照本法第四十四条、第六十条、第六十一条、第六十二条的规定办理审批手续。

第六十条 农村集体经济组织使用乡（镇）土地利用总体规划确定的建设用地兴办企业或者与其他单位、个人以土地使用权入股、联营等形式共同举办企业的，应当持有关批准文件，向县级以上地方人民政府自然资源主管部门提出申请，按照省、自治区、直辖市规定的批准权限，由县级以上地方人民政府批准；其中，涉及占用农用地的，依照本法第四十四条的规定办理审批手续。

按照前款规定兴办企业的建设用地，必须严格控制。省、自治区、直辖市可以按照乡镇企业的不同行业和经营规模，分别规定用地标准。

第六十一条 乡（镇）村公共设施、公益事业建设，需要使用土地的，经乡（镇）人民政府审核，向县级以上地方人民政府自然资源主管部门提出申请，按照省、自治区、直辖市规定的批准权限，由县级以上地方人民政府批准；其中，涉及占用农用地的，依照本法第四十四条的规定办理审批手续。

第六十二条 农村村民一户只能拥有一处宅基地，其宅基地的面积不得超过省、自治区、直辖市规定的标准。

人均土地少、不能保障一户拥有一处宅基地的地区，县级人民政府在充分尊重农村村民意愿的基础上，可以采取措施，按照省、自治区、直辖市规定的标准保障农村村民实现户有所居。

农村村民建住宅，应当符合乡（镇）土地利用总体规划、村庄规划，不得占用永久基本农田，并尽量使用原有的宅基地和村内空闲地。编制乡（镇）土地利用总体规划、村庄规划应当统筹并合理安排宅基地用地，改善农村村民居住环境和条件。

农村村民住宅用地，由乡（镇）人民政府审核批准；其中，涉及占用农用地的，依照本法第四十四条的规定办理审批手续。

农村村民出卖、出租、赠与住宅后，再申请宅基地的，不予批准。

国家允许进城落户的农村村民依法自愿有偿退出宅基地，鼓励农村集体经济组织及其成员盘活利用闲置宅基地和闲置住宅。

国务院农业农村主管部门负责全国农村宅基地改革和管理有关工作。

第六十三条 土地利用总体规划、城乡规划确定为工业、商业等经营性用途，并经依法登记的集体经营性建设用地，土地所有权人可以通过出让、出租等方式交由单位或者个人使用，并应当签订书面合同，载明土地界址、面积、动工期限、使用期限、土地用途、规划条件和双方其他权利义务。

前款规定的集体经营性建设用地出让、出租等，应当经本集体经济组织成员的村民会议三分之二以上成员或者三分之二以上村民代表的同意。

通过出让等方式取得的集体经营性建设用地使用权可以转让、互换、出资、赠与或者抵押，但法律、行政法规另有规定或者土地所有权人、土地使用权人签订的书面合同另有约定的除外。

集体经营性建设用地的出租，集体建设用地使用权的出让及其最高年限、转让、互换、出资、赠与、抵押等，参照同类用途的国有建设用地执行。具体办法由国务院制定。

第六十四条 集体建设用地的使用者应当严格按照土地利用总体规划、城乡规划确定的用途使用土地。

第六十五条 在土地利用总体规划制定前已建的不符合土地利用总体规划确定的用途的建筑物、构筑物，不得重建、扩建。

第六十六条 有下列情形之一的，农村集体经济组织报经原批准用地的人民政府批准，可以收回土地使用权：

（一）为乡（镇）村公共设施和公益事业建设，需要使用土地的；

（二）不按照批准的用途使用土地的；

（三）因撤销、迁移等原因而停止使用土地的。

依照前款第（一）项规定收回农民集体所有的土地的，对土地使用权人应当给予适当补偿。

收回集体经营性建设用地使用权，依照双方签订的书面合同办理，法律、行政法规另有规定的除外。

第六章 监督检查

第六十七条 县级以上人民政府自然资源主管部门对违反土地管理法律、法规的行为进行监督检查。

县级以上人民政府农业农村主管部门对违反农村宅基地管理法律、法规的行为进行监督检查的，适用本法关于自然资源主管部门监督检查的规定。

土地管理监督检查人员应当熟悉土地管理法律、法规，忠于职守、秉公执法。

第六十八条 县级以上人民政府自然资源主管部门履行监督检查职责时，有权采取下列措施：

（一）要求被检查的单位或者个人提供有关土地权利的文件和资料，进行查阅或者予以复制；

（二）要求被检查的单位或者个人就有关土地权利的问题作出说明；

（三）进入被检查单位或者个人非法占用的土地现场进行勘测；

（四）责令非法占用土地的单位或者个人停止违反土地管理法律、法规的行为。

第六十九条 土地管理监督检查人员履行职责，需要进入现场进行勘测、要求有关单位或者个人提供文件、资料和作出说明的，应当出示土地管理监督检查证件。

第七十条 有关单位和个人对县级以上人民政府自然资源主管部门就土地违法行为进行的监督检查应当支持与配合，并提供工作方便，不得拒绝与阻碍土地管理监督检查人员依法执行职务。

第七十一条 县级以上人民政府自然资源主管部门在监督检查工作中发现国家工作人员的违法行为，依法应当给予处分的，应当依法予以处理；自己无权处理的，应当依法移送监察机关或者有关机关处理。

第七十二条 县级以上人民政府自然资源主管部门在监督检查工作中发现土地违法行为构成犯罪的，应当将案件移送有关机关，依法追究刑事责任；尚不构成犯罪的，应当依法给予行政处罚。

第七十三条 依照本法规定应当给予行政处罚，而有关自然资源主管部门不给予行政处罚的，上级人民政府自然资源主管部门有权责令有关自然资源主管部门作出行政处罚决定或者直接给予行政处罚，并给予有关自然资源主管部门的负责人处分。

第七章 法律责任

第七十四条 买卖或者以其他形式非法转让土地的，由县级以上人民政府自然资源主管部门没收违法所得；对违反土地利用总体规划擅自将农用地改为建设用地的，限期拆除在非法转让的土地上新建的建筑物和其他设施，恢复土地原状，对符合土地利用总体规划的，没收在非法转让的土地上新建的建筑物和其他设施；可以并处罚款；对直接负责的主管人员和其他直接责任人员，依法给予处分；构成犯罪的，依法追究刑事责任。

第七十五条 违反本法规定，占用耕地建窑、建坟或者擅自在耕地上建房、挖砂、采石、采矿、取土等，破坏种植条件的，或者因开发土地造成土地荒漠化、盐渍化的，由县级以上人民政府自然资源主管部门、农业农村主管部门等按照职责责令限期改正或者治理，可以并处罚款；构成犯罪的，依法追究刑事责任。

第七十六条 违反本法规定，拒不履行土地复垦义务的，由县级以上人民政府自然资源主管部门责令限期改正；逾期不改正的，责令缴纳复垦费，专项用于土地复垦，可以处以罚款。

第七十七条 未经批准或者采取欺骗手段骗取批准，非法占用土地的，由县级以上人民政府自然资源主管部门责令退还非法占用的土地，对违反土地利用总体规划擅自将农用地改为建设用地的，限期拆除在非法占用的土地上新建的建筑物和其他设施，恢复土地原状，对符合土地利用总体规划的，没收在非法占用的土地上新建的建筑物和其他设施，可以并处罚款；对非法占用土地单位的直接负责的主管人员和其他直接责任人员，依法给予处分；构成犯罪的，依法追究刑事责任。

超过批准的数量占用土地，多占的土地以非法占用土地论处。

第七十八条 农村村民未经批准或者采取欺骗手段骗取批准，非法占用土地建住宅的，由县级以上人民政府农业农村主管部门责令退还非法占用的土地，限期拆除在非法占用的土地上新建的房屋。

超过省、自治区、直辖市规定的标准，多占的土地以非法占用土地论处。

第七十九条 无权批准征收、使用土地的单位或者个人非法批准占用土地的，超越批准权限非法批准占用土地的，不按照土地利用总体规划确定的用途批准用地的，或者违反法律规定的程序批准占用、征收土地的，其批准文件无效，对非法批准征收、使用土地的直接负责的主管人员和其他直接责任人员，依法给予处分；构成犯罪的，依法追究刑事责任。非法批准、使用的土地应当收回，有关当事人拒不归还的，以非法占用土地论处。

非法批准征收、使用土地，对当事人造成损失的，依法应当承担赔偿责任。

第八十条 侵占、挪用被征收土地单位的征地补偿费用和其他有关费用，构成犯罪的，依法追究刑事责任；尚不构成犯罪的，依法给予处分。

第八十一条 依法收回国有土地使用权当事人拒不交出土地的，临时使用土地期满拒不归还的，或者不按照批准的用途使用国有土地的，由县级以上人民政府自然资源主管部门责令交还土地，处以罚款。

第八十二条 擅自将农民集体所有的土地通过出让、转让使用权或者出租等方式用于非农业建设，或者违反本法规定，将集体经营性建设用地通过出让、出租等方式交由单位或者个人使用的，由县级以上人民政府自然资源主管部门责令限期改正，没收违法所得，并处罚款。

第八十三条 依照本法规定，责令限期拆除在非法占用的土地上新建的建筑物和其他设施的，建设单位或者个人必须立即停止施工，自行拆除；对继续施工的，作出处罚决定的机关有权制止。建设单位或者个人对责令限期拆除的行政处罚决定不服的，可以在接到责令限期拆除决定之日起十五日内，向人民法院起诉；期满不起诉又不自行拆除的，由作出处罚决定的机关依法申请人民法院强制执行，费用由违法者承担。

第八十四条 自然资源主管部门、农业农村主管部门的工作人员玩忽职守、滥用职权、徇私舞弊，构成犯罪的，依法追究刑事责任；尚不构成犯罪的，依法给予处分。

第八章 附 则

第八十五条 外商投资企业使用土地的，适用本法；法律另有规定的，从其规定。

第八十六条 在根据本法第十八条的规定编制国土空间规划前，经依法批准的土地利用总体规划和城乡规划继续执行。

第八十七条 本法自1999年1月1日起施行。

中华人民共和国土地管理法实施条例

（1998年12月27日中华人民共和国国务院令第256号发布 根据2011年1月8日《国务院关于废止和修改部分行政法规的决定》第一次修订 根据2014年7月29日《国务院关于修改部分行政法规的决定》第二次修订）

第一章 总 则

第一条 根据《中华人民共和国土地管理法》（以下简称《土地管理法》），制定本条例。

第二章 土地的所有权和使用权

第二条 下列土地属于全民所有即国家所有：

（一）城市市区的土地；

（二）农村和城市郊区中已经依法没收、征收、征购为国有的土地；

（三）国家依法征收的土地；

（四）依法不属于集体所有的林地、草地、荒地、滩涂及其他土地；

（五）农村集体经济组织全部成员转为城镇居民的，原属于其成员集体所有的土地；

（六）因国家组织移民、自然灾害等原因，农民成建制地集体迁移后不再使用的原属于迁移农民集体所有的土地。

第三条 国家依法实行土地登记发证制度。依法登记的土地所有权和土地使用权受法律保护，任何单位和个人不得侵犯。

土地登记内容和土地权属证书式样由国务院土地行政主管部门统一规定。

土地登记资料可以公开查询。

确认林地、草原的所有权或者使用权，确认水面、滩涂的养殖使用权，分别依照《森林法》、《草原法》和《渔业法》的有关规定办理。

第四条 农民集体所有的土地，由土地所有者向土地所在地的县级人民政府土地行政主管部门提出土地登记申请，由县级人民政府登记造册，核发集体土地所有权证书，确认所有权。

农民集体所有的土地依法用于非农业建设的，由土地使用者向土地所在地的县级人民政府土地行政主管部门提出土地登记申请，由县级人民政府登记造册，核发集体土地使用权证书，确认建设用地使用权。

设区的市人民政府可以对市辖区内农民集体所有的土地实行统一登记。

第五条 单位和个人依法使用的国有土地，由土地使用者向土地所在地的县级以上人民政府土地行政主管部门提出土地登记申请，由县级以上人民政府登记造册，核发国有土地使用权证书，确认使用权。其中，中央国家机关使用的国有土地的登记发证，由国务院土地行政主管部门负责，具体登记发证办法由国务院土地行政主管部门会同国务院机关事务管理局等有关部门制定。

未确定使用权的国有土地，由县级以上人民政府登记造册，负责保护管理。

第六条 依法改变土地所有权、使用权的，因依法转让地上建筑物、构筑物等附着物导致土地使用权转移的，必须向土地所在地的县级以上人民政府土地行政主管部门提出土地变更登记申请，由原土地登记机关依法进行土地所有权、使用权变更登记。土地所有权、使用权的变更，自变更登记之日起生效。

依法改变土地用途的，必须持批准文件，向土地所在地的县级以上人民政府土地行政主管部门提出土地变更登记申请，由原土地登记机关依法进行变更登记。

第七条 依照《土地管理法》的有关规定，收回用地单位的土地使用权的，由原土地登记机关注销土地登记。

土地使用权有偿使用合同约定的使用期限届满，土地使用者未申请续期或者虽申请续期未获批准的，由原土地登记机关注销土地登记。

第三章 土地利用总体规划

第八条 全国土地利用总体规划，由国务院土地行政主管部门会同国务院有关部门编制，报国务院批准。

省、自治区、直辖市的土地利用总体规划，由省、自治区、直辖市人民政府组织本级土地行政主管部门和其他有关部门编制，报国务院批准。

省、自治区人民政府所在地的市、人口在100万以上的城市以及国务院指定的城市的土地利用总体规划，由各该市人民政府组织本级土地行政主管部门和其他有关部门编制，经省、自治区人民政府审查同意后，报国务院批准。

本条第一款、第二款、第三款规定以外的土地利用总体规划，由有关人民政府组织本级土地行政主管部门和其他有关部门编制，逐级上报省、自治区、直辖市人民政府批准；其中，乡（镇）土地利用总体规划，由乡（镇）人民政府编制，逐级上报省、自治区、直辖市人民政府或者省、自治区、直辖市人民政府授权的设区的市、自治州人民政府批准。

第九条　土地利用总体规划的规划期限一般为15年。

第十条　依照《土地管理法》规定，土地利用总体规划应当将土地划分为农用地、建设用地和未利用地。

县级和乡（镇）土地利用总体规划应当根据需要，划定基本农田保护区、土地开垦区、建设用地区和禁止开垦区等；其中，乡（镇）土地利用总体规划还应当根据土地使用条件，确定每一块土地的用途。

土地分类和划定土地利用区的具体办法，由国务院土地行政主管部门会同国务院有关部门制定。

第十一条　乡（镇）土地利用总体规划经依法批准后，乡（镇）人民政府应当在本行政区域内予以公告。

公告应当包括下列内容：

（一）规划目标；

（二）规划期限；

（三）规划范围；

（四）地块用途；

（五）批准机关和批准日期。

第十二条　依照《土地管理法》第二十六条第二款、第三款规定修改土地利用总体规划的，由原编制机关根据国务院或者省、自治区、直辖市人民政府的批准文件修改。修改后的土地利用总体规划应当报原批准机关批准。

上一级土地利用总体规划修改后，涉及修改下一级土地利用总体规划的，由上一级人民政府通知下一级人民政府作出相应修改，并报原批准机关备案。

第十三条　各级人民政府应当加强土地利用年度计划管理，实行建设用地总量控制。土地利用年度计划一经批准下达，必须严格执行。

土地利用年度计划应当包括下列内容：

（一）农用地转用计划指标；

（二）耕地保有量计划指标；

（三）土地开发整理计划指标。

第十四条　县级以上人民政府土地行政主管部门应当会同同级有关部门进行土地调查。

土地调查应当包括下列内容：

（一）土地权属；

（二）土地利用现状；

（三）土地条件。

地方土地利用现状调查结果，经本级人民政府审核，报上一级人民政府批准后，应当向社会公布；全国土地利用现状调查结果，报国务院批准后，应当向社会公布。土地调查规程，由国务院土地行政主管部门会同国务院有关部门制定。

第十五条　国务院土地行政主管部门会同国务院有关部门制定土地等级评定标准。

县级以上人民政府土地行政主管部门应当会同同级有关部门根据土地等级评定标准，对土地等级进行评定。地方土地等级评定结果，经本级人民政府审核，报上一级人民政府土地行政主管部门批准后，应当向社会公布。

根据国民经济和社会发展状况，土地等级每6年调整1次。

第四章　耕地保护

第十六条　在土地利用总体规划确定的城市和村庄、集镇建设用地范围内，为实施城市规划和村庄、集镇规划占用耕地，以及在土地利用总体规划确定的城市建设用地范围外的能源、交通、水利、矿山、军事设施等建设项目占用耕地的，分别由市、县人民政府、农村集体经济组织和建设单位依照《土地管理法》第三十一条的规定负责开垦耕地；没有条件开垦或者开垦的耕地不符合要求的，应当按照省、自治区、直辖市的规定缴纳耕地开垦费。

第十七条　禁止单位和个人在土地利用总体规划确定的禁止开垦区内从事土地开发活动。

在土地利用总体规划确定的土地开垦区内，开发未确定土地使用权的国有荒山、荒地、荒滩从事种植业、林业、畜牧业、渔业生产的，应当向土地所在地的县级以上地方人民政府土地行政主管部门提出申请，按照省、自治区、直辖市规定的权限，由县级以上地方人民政府批准。

开发未确定土地使用权的国有荒山、荒地、荒滩从事种植业、林业、畜牧业或者渔业生产的，经县级以上地方人民政府依法批准，可以确定给开发单位或者个人长期使用，使用期限最长不得超过50年。

第十八条　县、乡（镇）人民政府应当按照土地利用总体规划，组织农村集体经济组织制定土地整理方案，并组织实施。

地方各级人民政府应当采取措施，按照土地利用总体规划推进土地整理。土地整理新增耕地面积的60%可以用作折抵建设占用耕地的补偿指标。

土地整理所需费用，按照谁受益谁负担的原则，由农村集体经济组织和土地使用者共同承担。

第五章　建设用地

第十九条　建设占用土地，涉及农用地转为建设用地的，应当符合土地利用总体规划和土地利用年度计划中确定的农用地转用指标；城市和村庄、集镇建设占用土地，涉及农用地转用的，还应当符合城市规划和村庄、集镇规划。不符合规定的，不得批准农用地转为建设用地。

第二十条 在土地利用总体规划确定的城市建设用地范围内，为实施城市规划占用土地的，按照下列规定办理：

（一）市、县人民政府按照土地利用年度计划拟订农用地转用方案、补充耕地方案、征收土地方案，分批次逐级上报有批准权的人民政府。

（二）有批准权的人民政府土地行政主管部门对农用地转用方案、补充耕地方案、征收土地方案进行审查，提出审查意见，报有批准权的人民政府批准；其中，补充耕地方案由批准农用地转用方案的人民政府在批准农用地转用方案时一并批准。

（三）农用地转用方案、补充耕地方案、征收土地方案经批准后，由市、县人民政府组织实施，按具体建设项目分别供地。

在土地利用总体规划确定的村庄、集镇建设用地范围内，为实施村庄、集镇规划占用土地的，由市、县人民政府拟订农用地转用方案、补充耕地方案，依照前款规定的程序办理。

第二十一条 具体建设项目需要使用土地的，建设单位应当根据建设项目的总体设计一次申请，办理建设用地审批手续；分期建设的项目，可以根据可行性研究报告确定的方案分期申请建设用地，分期办理建设用地有关审批手续。

第二十二条 具体建设项目需要占用土地利用总体规划确定的城市建设用地范围内的国有建设用地的，按照下列规定办理：

（一）建设项目可行性研究论证时，由土地行政主管部门对建设项目用地有关事项进行审查，提出建设项目用地预审报告；可行性研究报告报批时，必须附具土地行政主管部门出具的建设项目用地预审报告。

（二）建设单位持建设项目的有关批准文件，向市、县人民政府土地行政主管部门提出建设用地申请，由市、县人民政府土地行政主管部门审查，拟订供地方案，报市、县人民政府批准；需要上级人民政府批准的，应当报上级人民政府批准。

（三）供地方案经批准后，由市、县人民政府向建设单位颁发建设用地批准书。有偿使用国有土地的，由市、县人民政府土地行政主管部门与土地使用者签订国有土地有偿使用合同；划拨使用国有土地的，由市、县人民政府土地行政主管部门向土地使用者核发国有土地划拨决定书。

（四）土地使用者应当依法申请土地登记。

通过招标、拍卖方式提供国有建设用地使用权的，由市、县人民政府土地行政主管部门会同有关部门拟订方案，报市、县人民政府批准后，由市、县人民政府土地行政主管部门组织实施，并与土地使用者签订土地有偿使用合同。土地使用者应当依法申请土地登记。

第二十三条 具体建设项目需要使用土地的，必须依法申请使用土地利用总体规划确定的城市建设用地范围内的国有建设用地。能源、交通、水利、矿山、军事设施等建设项目确需使用土地利用总体规划确定的城市建设用地范围外的土地，涉及农用地的，按照下列规定办理：

（一）建设项目可行性研究论证时，由土地行政主管部门对建设项目用地有关事项进行审查，提出建设项目用地预审报告；可行性研究报告报批时，必须附具土地行政主管部门出具的建设项目用地预审报告。

（二）建设单位持建设项目的有关批准文件，向市、县人民政府土地行政主管部门提出建设用地申请，由市、县人民政府土地行政主管部门审查，拟订农用地转用方案、补充耕地方案、征收土地方案和供地方案（涉及国有农用地的，不拟订征收土地方案），经市、县人民政府审核同意后，逐级上报有批准权的人民政府批准；其中，补充耕地方案由批准农用地转用方案的人民政府在批准农用地转用方案时一并批准；供地方案由批准征收土地的人民政府在批准征收土地方案时一并批准（涉及国有农用地的，供地方案由批准农用地转用的人民政府在批准农用地转用方案时一并批准）。

（三）农用地转用方案、补充耕地方案、征收土地方案和供地方案经批准后，由市、县人民政府组织实施，向建设单位颁发建设用地批准书。有偿使用国有土地的，由市、县人民政府土地行政主管部门与土地使用者签订国有土地有偿使用合同；划拨使用国有土地的，由市、县人民政府土地行政主管部门向土地使用者核发国有土地划拨决定书。

（四）土地使用者应当依法申请土地登记。

建设项目确需使用土地利用总体规划确定的城市建设用地范围外的土地，涉及农民集体所有的未利用地的，只报批征收土地方案和供地方案。

第二十四条 具体建设项目需要占用土地利用总体规划确定的国有未利用地的，按照省、自治区、直辖市的规定办理；但是，国家重点建设项目、军事设施和跨省、自治区、直辖市行政区域的建设项目以及国务院规定的其他建设项目用地，应当报国务院批准。

第二十五条 征收土地方案经依法批准后，由被征收土地所在地的市、县人民政府组织实施，并将批准征地机关、批准文号、征收土地的用途、范围、面积以及征地补偿标准、农业人员安置办法和办理征地补偿的期限等，在被征收土地所在地的乡（镇）、村予以公告。

被征收土地的所有权人、使用权人应当在公告规定的期限内，持土地权属证书到公告指定的人民政府土地行政主管部门办理征地补偿登记。

市、县人民政府土地行政主管部门根据经批准的征收土地方案，会同有关部门拟订征地补偿、安置方案，在被征收土地所在地的乡（镇）、村予以公告，听取被征收土地的农村集体经济组织和农民的意见。征地补偿、安置方案报市、县人民政府批准后，由市、县人民政府土地行政主管部门组织实施。对补偿标准有争议的，由县级以上地方人民政府协调；协调不成的，由批准征收土地的人民政府裁决。征地补偿、安置争议不影响征收土地方案的实施。

征收土地的各项费用应当自征地补偿、安置方案批准之日起3个月内全额支付。

第二十六条　土地补偿费归农村集体经济组织所有；地上附着物及青苗补偿费归地上附着物及青苗的所有者所有。

征收土地的安置补助费必须专款专用，不得挪作他用。需要安置的人员由农村集体经济组织安置的，安置补助费支付给农村集体经济组织，由农村集体经济组织管理和使用；由其他单位安置的，安置补助费支付给安置单位；不需要统一安置的，安置补助费发放给被安置人员个人或者征得被安置人员同意后用于支付被安置人员的保险费用。

市、县和乡（镇）人民政府应当加强对安置补助费使用情况的监督。

第二十七条　抢险救灾等急需使用土地的，可以先行使用土地。其中，属于临时用地的，灾后应当恢复原状并交还原土地使用者使用，不再办理用地审批手续；属于永久性建设用地的，建设单位应当在灾情结束后6个月内申请补办建设用地审批手续。

第二十八条　建设项目施工和地质勘查需要临时占用耕地的，土地使用者应当自临时用地期满之日起1年内恢复种植条件。

第二十九条　国有土地有偿使用的方式包括：

（一）国有土地使用权出让；

（二）国有土地租赁；

（三）国有土地使用权作价出资或者入股。

第三十条　《土地管理法》第五十五条规定的新增建设用地的土地有偿使用费，是指国家在新增建设用地中应取得的平均土地纯收益。

第六章　监督检查

第三十一条　土地管理监督检查人员应当经过培训，经考核合格后，方可从事土地管理监督检查工作。

第三十二条　土地行政主管部门履行监督检查职责，除采取《土地管理法》第六十七条规定的措施外，还可以采取下列措施：

（一）询问违法案件的当事人、嫌疑人和证人；

（二）进入被检查单位或者个人非法占用的土地现场进行拍照、摄像；

（三）责令当事人停止正在进行的土地违法行为；

（四）对涉嫌土地违法的单位或者个人，停止办理有关土地审批、登记手续；

（五）责令违法嫌疑人在调查期间不得变卖、转移与案件有关的财物。

第三十三条　依照《土地管理法》第七十二条规定给予行政处分的，由责令作出行政处罚决定或者直接给予行政处罚决定的上级人民政府土地行政主管部门作出。对于警告、记过、记大过的行政处分决定，上级土地行政主管部门可以直接作出；对于降级、撤职、开除的行政处分决定，上级土地行政主管部门应当按照国家有关人事管理权限和处理程序的规定，向有关机关提出行政处分建议，由有关机关依法处理。

第七章　法律责任

第三十四条　违反本条例第十七条的规定，在土地利用总体规划确定的禁止开垦区内进行开垦的，由县级以上人民政府土地行政主管部门责令限期改正；逾期不改正的，依照《土地管理法》第七十六条的规定处罚。

第三十五条　在临时使用的土地上修建永久性建筑物、构筑物的，由县级以上人民政府土地行政主管部门责令限期拆除；逾期不拆除的，由作出处罚决定的机关依法申请人民法院强制执行。

第三十六条　对在土地利用总体规划制定前已建的不符合土地利用总体规划确定的用途的建筑物、构筑物重建、扩建的，由县级以上人民政府土地行政主管部门责令限期拆除；逾期不拆除的，由作出处罚决定的机关依法申请人民法院强制执行。

第三十七条　阻碍土地行政主管部门的工作人员依法执行职务的，依法给予治安管理处罚或者追究刑事责任。

第三十八条　依照《土地管理法》第七十三条的规定处以罚款的，罚款额为非法所得的50%以下。

第三十九条　依照《土地管理法》第八十一条的规定处以罚款的，罚款额为非法所得的5%以上20%以下。

第四十条　依照《土地管理法》第七十四条的规定处以罚款的，罚款额为耕地开垦费的2倍以下。

第四十一条　依照《土地管理法》第七十五条的规定处以罚款的，罚款额为土地复垦费的2倍以下。

第四十二条　依照《土地管理法》第七十六条的规定处以罚款的，罚款额为非法占用土地每平方米30元以下。

第四十三条　依照《土地管理法》第八十条的规定处以罚款的，罚款额为非法占用土地每平方米10元以上30元以下。

第四十四条　违反本条例第二十八条的规定，逾期不恢复种植条件的，由县级以上人民政府土地行政主管部门责令限期改正，可以处耕地复垦费2倍以下的罚款。

第四十五条　违反土地管理法律、法规规定，阻挠国家建设征收土地的，由县级以上人民政府土地行政主管部门责令交出土地；拒不交出土地的，申请人民法院强制执行。

第八章　附　　则

第四十六条　本条例自 1999 年 1 月 1 日起施行。1991 年 1 月 4 日国务院发布的《中华人民共和国土地管理法实施条例》同时废止。

机关团体建设楼堂馆所管理条例

（2017 年 8 月 18 日国务院第 182 次常务会议通过　2017 年 10 月 5 日中华人民共和国国务院令第 688 号公布　自 2017 年 12 月 1 日起施行）

第一章　总　　则

第一条　为了严格控制机关、团体建设楼堂馆所，厉行节约、反对浪费，制定本条例。

第二条　机关、团体建设楼堂馆所，适用本条例。

本条例所称建设，是指新建、扩建、改建、购置；所称楼堂馆所，是指办公用房以及培训中心等各类具有住宿、会议、餐饮等接待功能的场所和设施。

第三条　建设办公用房应当严格履行审批程序，严格执行建设标准。未经批准，不得建设办公用房。

禁止以技术业务用房等名义建设办公用房或者违反规定在技术业务用房中设置办公用房。

第四条　建设办公用房应当遵循朴素、实用、安全、节能的原则。

国务院发展改革部门会同国务院住房城乡建设部门、财政部门制定办公用房建设标准，并向社会公布。

第五条　机关、团体不得建设培训中心等各类具有住宿、会议、餐饮等接待功能的场所和设施。

第二章　项目审批

第六条　建设办公用房的，应当向负责项目审批的机关（以下简称审批机关）报送项目建议书、可行性研究报告、初步设计；购置办公用房的，不报送初步设计。

根据办公用房项目的具体情况，经审批机关同意，项目建议书、可行性研究报告、初步设计可以合并编制报送。

第七条　办公用房项目的审批机关及其审批权限，按照国家有关规定执行。

第八条　审批机关应当严格审核办公用房项目，按照建设标准核定建设内容、建设规模和投资概算。

第九条　办公用房项目有下列情形之一的，审批机关不得批准：

（一）属于禁止建设办公用房的情形；

（二）建设的必要性不充分；

（三）建设资金来源不符合规定；

（四）建设内容、建设规模等不符合建设标准；

（五）其他不得批准的情形。

第十条　对未经批准的办公用房项目，不得办理规划、用地、施工等相关手续，不得安排预算、拨付资金。

第十一条　办公用房项目应当按照审批机关核定的建设内容、建设规模和投资概算进行设计、施工。因国家政策调整、价格上涨、地质条件发生重大变化等原因确需增加投资概算的，应当经原审批机关批准。

第十二条　审批机关应当完善审批工作流程，建立健全审批工作责任制和内部监督机制。

第三章　建设资金

第十三条　办公用房项目的建设资金由预算资金安排。

办公用房项目的建设资金来源不得有下列情形：

（一）挪用各类专项资金；

（二）向单位、个人摊派；

（三）向银行等金融机构借款；

（四）接受赞助或者捐赠；

（五）其他违反规定的情形。

第十四条　办公用房项目的建设资金按照国库集中支付制度的有关规定支付。

第十五条　办公用房项目竣工后，建设单位应当按照规定及时组织编报竣工财务决算，并及时办理固定资产入账手续。

第四章　监督检查

第十六条　审批机关、财政部门、审计机关、监察机关（以下统称监督检查机关）应当按照各自的职责，加强对建设楼堂馆所活动的监督检查和绩效评价。

监督检查机关应当密切配合，建立信息共享机制，并根据实际需要开展联合监督检查、专项监督检查。

第十七条　监督检查机关对建设楼堂馆所活动实施监督检查，有权要求建设单位以及其他相关单位提供有关文件和资料，向有关人员了解情况，进行现场核查。建设单位以及其他相关单位对监督检查应当予以配合，不得拒绝、阻碍。

第十八条　建设单位应当按照有关规定加强办公用房项目档案管理，将项目审批和实施过程中的有关文件、资料存档备查。

第十九条　除依法应当保密的情形外，下列信息应当通过政府网站等便于公众知晓的方式公开：

（一）办公用房项目审批情况，包括建设单位名称、批准的理由以及建设内容、建设规模、投资概算等；增加投资概算的，还应当公开增加投资概算的情况和理由。

（二）监督检查情况，包括发现的违法建设楼堂馆所的单位名称、基本事实以及处理结果等。

第二十条　对违反本条例规定的行为，任何单位和个人有权向监督检查机关举报。

监督检查机关应当通过公开举报电话和邮箱、在政府网站设置举报专栏等方式，接受单位和个人的举报，并及时依法处理。

第五章　法律责任

第二十一条　机关、团体有下列情形之一的，根据具体情况责令停止相关建设活动或者改正，对所涉楼堂馆所予以收缴、拍卖或者责令限期腾退，对负有责任的领导人员和直接责任人员依法给予处分：

（一）建设培训中心等各类具有住宿、会议、餐饮等接待功能的场所和设施；

（二）未经批准建设办公用房；

（三）以技术业务用房等名义建设办公用房，或者违反规定在技术业务用房中设置办公用房；

（四）擅自改变建设内容、扩大建设规模，或者擅自增加投资概算；

（五）办公用房项目建设资金来源不符合规定。

第二十二条　有下列情形之一的，责令改正，对负有责任的领导人员和直接责任人员依法给予处分：

（一）超越审批权限审批办公用房项目；

（二）对不符合规定的办公用房项目予以批准；

（三）对未经批准的办公用房项目办理规划、用地、施工等相关手续，或者安排预算、拨付资金；

（四）其他滥用职权、玩忽职守、徇私舞弊的情形。

第二十三条　建设单位未按照规定将办公用房项目审批和实施过程中的有关文件、资料存档备查，或者转移、隐匿、篡改、毁弃有关文件、资料的，责令改正，对负有责任的领导人员和直接责任人员依法给予处分。

第二十四条　本条例第二十一条至第二十三条规定的处分，由监察机关或者其他有关机关按照管理权限实施，其他处理措施由审批机关实施。

第二十五条　违反本条例规定，构成犯罪的，依法追究刑事责任。

第六章　附　　则

第二十六条　本条例所称团体，是指工会、共青团、妇联等人民团体。

第二十七条　财政给予经费保障的事业单位和人民团体以外的其他团体建设楼堂馆所，参照适用本条例。

第二十八条　机关、人民团体、财政给予经费保障的事业单位和其他团体维修办公用房，应当严格履行审批程序，执行维修标准。禁止进行超标准装修或者配置超标准的设施。

违反前款规定的，根据具体情况责令停止维修活动或者改正，对负有责任的领导人员和直接责任人员依法给予处分。

第二十九条　财政给予经费补助的事业单位和人民团体以外的其他团体建设、维修楼堂馆所的管理办法，由国务院发展改革部门会同国务院财政部门、住房城乡建设部门等有关部门以及有关机关事务管理部门按照确有必要、严格控制的原则制定。

国有企业建设、维修楼堂馆所的管理办法，由国务院发展改革部门会同国务院国有资产监督管理机构、财政部门、住房城乡建设部门等有关部门，按照前款规定的原则制定。

第三十条　军队单位建设、维修楼堂馆所，按照军队的有关规定执行。

第三十一条　本条例自2017年12月1日起施行。国务院1988年9月22日发布施行的《楼堂馆所建设管理暂行条例》同时废止。

住房和城乡建设部关于规范城乡规划行政处罚裁量权的指导意见

（2012年6月25日　建法〔2012〕99号）

第一条　为了规范城乡规划行政处罚裁量权，维护城乡规划的严肃性和权威性，促进依法行政，根据《中华人民共和国城乡规划法》、《中华人民共和国行政处罚法》和《中华人民共和国行政强制法》，制定本意见。

第二条　本意见所称城乡规划行政处罚裁量权，是指城乡规划主管部门或者其他依法实施城乡规划行政处罚的部门（以下简称处罚机关），依据《中华人民共和国城乡规划法》第六十四条规定，对违法建设行为实施行政处罚时享有的自主决定权。

本意见所称违法建设行为，是指未取得建设工程规划许可证或者未按照建设工程规划许可证的规定进行建设的行为。

第三条　对违法建设行为实施行政处罚时，应当区分尚可采取改正措施消除对规划实施影响的情形和无法采取改正措施消除对规划实施影响的情形。

第四条　违法建设行为有下列情形之一的，属于尚可采取改正措施消除对规划实施影响的情形：

（一）取得建设工程规划许可证，但未按建设工程规划许可证的规定进行建设，在限期内采取局部拆除等整改措施，能够使建设工程符合建设工程规划许可证要求的。

（二）未取得建设工程规划许可证即开工建设，但已取得城乡规划主管部门的建设工程设计方案审查文件，且建设内容符合或采取局部拆除等整改措施后能够符合审查文件要求的。

第五条　对尚可采取改正措施消除对规划实施影响的情形，按以下规定处理：

（一）以书面形式责令停止建设；不停止建设的，依法查封施工现场；

（二）以书面形式责令限期改正；对尚未取得建设工程规划许可证即开工建设的，同时责令其及时取得建设工程规划许可证；

（三）对按期改正违法建设部分的，处建设工程造价5%的罚款；对逾期不改正的，依法采取强制拆除等措施，并处建设工程造价10%的罚款。

违法行为轻微并及时自行纠正，没有造成危害后果的，不予行政处罚。

第六条 处罚机关按照第五条规定处以罚款，应当在违法建设行为改正后实施，不得仅处罚款而不监督改正。

第七条 第四条规定以外的违法建设行为，均为无法采取改正措施消除对规划实施影响的情形。

第八条 对无法采取改正措施消除对规划实施影响的情形，按以下规定处理：

（一）以书面形式责令停止建设；不停止建设的，依法查封施工现场；

（二）对存在违反城乡规划事实的建筑物、构筑物单体，依法下发限期拆除决定书；

（三）对按期拆除的，不予罚款；对逾期不拆除的，依法强制拆除，并处建设工程造价10%的罚款；

（四）对不能拆除的，没收实物或者违法收入，可以并处建设工程造价10%以下的罚款。

第九条 第八条所称不能拆除的情形，是指拆除违法建设可能影响相邻建筑安全、损害无过错利害关系人合法权益或者对公共利益造成重大损害的情形。

第十条 第八条所称没收实物，是指没收新建、扩建、改建的存在违反城乡规划事实的建筑物、构筑物单体。

第十一条 第八条所称违法收入，按照新建、扩建、改建的存在违反城乡规划事实的建筑物、构筑物单体出售所得价款计算；出售所得价款明显低于同类房地产市场价格的，处罚机关应当委托有资质的房地产评估机构评估确定。

第十二条 对违法建设行为处以罚款，应当以新建、扩建、改建的存在违反城乡规划事实的建筑物、构筑物单体造价作为罚款基数。

已经完成竣工结算的违法建设，应当以竣工结算价作为罚款基数；尚未完成竣工结算的违法建设，可以根据工程已完工部分的施工合同价确定罚款基数；未依法签订施工合同或者当事人提供的施工合同价明显低于市场价格的，处罚机关应当委托有资质的造价咨询机构评估确定。

第十三条 处罚机关按照第八条规定处以罚款，应当在依法强制拆除或者没收实物或者没收违法收入后实施，不得仅处罚款而不强制拆除或者没收。

第十四条 对违法建设行为进行行政处罚，应当在违反城乡规划事实存续期间和违法行为得到纠正之日起两年内实施。

第十五条 本意见自2012年9月1日起施行。

国务院关于深化改革严格土地管理的决定

（2004年10月21日 国发〔2004〕28号）

实行最严格的土地管理制度，是由我国人多地少的国情决定的，也是贯彻落实科学发展观，保证经济社会可持续发展的必然要求。去年以来，各地区、各部门认真贯彻党中央、国务院部署，全面清理各类开发区，切实落实暂停审批农用地转用的决定，土地市场治理整顿取得了积极进展，有力地促进了宏观调控政策的落实。但是，土地市场治理整顿的成效还是初步的、阶段性的，盲目投资、低水平重复建设，圈占土地、乱占滥用耕地等问题尚未根本解决。因此，必须正确处理保障经济社会发展与保护土地资源的关系，严格控制建设用地增量，努力盘活土地存量，强化节约利用土地，深化改革，健全法制，统筹兼顾，标本兼治，进一步完善符合我国国情的最严格的土地管理制度。现决定如下：

一、严格执行土地管理法律法规

（一）牢固树立遵守土地法律法规的意识。各地区、各有关部门要深入持久地开展土地法律法规的学习教育活动，深刻认识我国国情和保护耕地的极端重要性，本着对人民、对历史负责的精神，严格依法管理土地，积极推进经济增长方式的转变，实现土地利用方式的转变，走符合中国国情的新型工业化、城市化道路。进一步提高依法管地用地的意识，要在法律法规允许的范围内合理用地。对违反法律法规批地、占地的，必须承担法律责任。

（二）严格依照法定权限审批土地。农用地转用和土地征收的审批权在国务院和省、自治区、直辖市人民政府，各省、自治区、直辖市人民政府不得违反法律和行政法规的规定下放土地审批权。严禁规避法定审批权限，将单个建设项目用地拆分审批。

（三）严格执行占用耕地补偿制度。各类非农业建设经批准占用耕地的，建设单位必须补充数量、质量相当的耕地，补充耕地的数量、质量实行按等级折算，防止占多补少、占优补劣。不能自行补充的，必须按照各省、自治区、直辖市的规定缴纳耕地开垦费。耕地开垦费要列入专户管理，不得减免和挪作他用。政府投资的建设项目也必须将补充耕地费用列入工程概算。

（四）禁止非法压低地价招商。省、自治区、直辖市人民政府要依照基准地价制定并公布协议出让土地最低价标准。协议出让土地除必须严格执行规定程序外，出让价格不得低于最低价标准。违反规定出让土地造成国有土地资产流失的,要依法追究责任;情节严重的,依照《中华人民共和国刑法》的规定,以非法低价出让国有土地使用权罪追究刑事责任。

（五）严格依法查处违反土地管理法律法规的行为。当前要着重解决有法不依、执法不严、违法不究和滥用行政权力侵犯农民合法权益的问题。要加大土地管理执法力度,严肃查处非法批地、占地等违法案件。建立国土资源与监察等部门联合办案和案件移送制度,既查处土地违法行为,又查处违法责任人。典型案件,要公开处理。对非法批准占用土地、征收土地和非法低价出让国有土地使用权的国家机关工作人员,依照《监察部国土资源部关于违反土地管理规定行为行政处分暂行办法》给予行政处分;构成犯罪的,依照《中华人民共和国刑法》、《中华人民共和国土地管理法》、《最高人民法院关于审理破坏土地资源刑事案件具体应用法律若干问题的解释》和最高人民检察院关于渎职犯罪案件立案标准的规定,追究刑事责任。对非法批准征收、使用土地,给当事人造成损失的,还必须依法承担赔偿责任。

二、加强土地利用总体规划、城市总体规划、村庄和集镇规划实施管理

（六）严格土地利用总体规划、城市总体规划、村庄和集镇规划修改的管理。在土地利用总体规划和城市总体规划确定的建设用地范围外,不得设立各类开发区（园区）和城市新区（小区）。对清理后拟保留的开发区,必须依据土地利用总体规划和城市总体规划,按照布局集中、用地集约和产业集聚的原则严格审核。严格土地利用总体规划的修改,凡涉及改变土地利用方向、规模、重大布局等原则性修改,必须报原批准机关批准。城市总体规划、村庄和集镇规划也不得擅自修改。

（七）加强土地利用计划管理。农用地转用的年度计划实行指令性管理,跨年度结转使用计划指标必须严格规范。改进农用地转用年度计划下达和考核办法,对国家批准的能源、交通、水利、矿山、军事设施等重点建设项目用地和城、镇、村的建设用地实行分类下达,并按照定额指标、利用效益等分别考核。

（八）从严从紧控制农用地转为建设用地的总量和速度。加强农用地转用审批的规划和计划审查,强化土地利用总体规划和土地利用年度计划对农用地转用的控制和引导,凡不符合规划、没有农用地转用年度计划指标的,不得批准用地。为巩固土地市场治理整顿成果,2004 年农用地转用计划指标不再追加;对过去拖欠农民的征地补偿安置费在 2004 年年底前不能足额偿还的地方,暂缓下达该地区 2005 年农用地转用计划。

（九）加强建设项目用地预审管理。凡不符合土地利用总体规划、没有农用地转用计划指标的建设项目,不得通过项目用地预审。发展改革等部门要通过适当方式告知项目单位开展前期工作,项目单位提出用地预审申请后,国土资源部门要依法对建设项目用地进行审查。项目建设单位向发展改革等部门申报核准或审批建设项目时,必须附国土资源部门预审意见;没有预审意见或预审未通过的,不得核准或批准建设项目。

（十）加强村镇建设用地的管理。要按照控制总量、合理布局、节约用地、保护耕地的原则,编制乡（镇）土地利用总体规划、村庄和集镇规划,明确小城镇和农村居民点的数量、布局和规模。鼓励农村建设用地整理,城镇建设用地增加要与农村建设用地减少相挂钩。农村集体建设用地,必须符合土地利用总体规划、村庄和集镇规划,并纳入土地利用年度计划,凡占用农用地的必须依法办理审批手续。禁止擅自通过"村改居"等方式将农民集体所有土地转为国有土地。禁止农村集体经济组织非法出让、出租集体土地用于非农业建设。改革和完善宅基地审批制度,加强农村宅基地管理,禁止城镇居民在农村购置宅基地。引导新办乡村工业向建制镇和规划确定的小城镇集中。在符合规划的前提下,村庄、集镇、建制镇中的农民集体所有建设用地使用权可以依法流转。

（十一）严格保护基本农田。基本农田是确保国家粮食安全的基础。土地利用总体规划修编,必须保证现有基本农田总量不减少,质量不降低。基本农田要落实到地块和农户,并在土地所有权证书和农村土地承包经营权证书中注明。基本农田保护图件备案工作,应在新一轮土地利用总体规划修编后三个月内完成。基本农田一经划定,任何单位和个人不得擅自占用,或者擅自改变用途,这是不可逾越的"红线"。符合法定条件,确需改变和占用基本农田的,必须报国务院批准;经批准占用基本农田的,征地补偿按法定最高标准执行,对以缴纳耕地开垦费方式补充耕地的,缴纳标准按当地最高标准执行。禁止占用基本农田挖鱼塘、种树和其他破坏耕作层的活动,禁止以建设"现代农业园区"或者"设施农业"等任何名义,占用基本农田变相从事房地产开发。

三、完善征地补偿和安置制度

（十二）完善征地补偿办法。县级以上地方人民政府要采取切实措施,使被征地农民生活水平不因征地而降低。要保证依法足额和及时支付土地补偿费、安置补助费以及地上附着物和青苗补偿费。依照现行法律规定支付土地补偿费和安置补助费,尚不能使被征地农民保持原有生活水平的,不足以支付因征地而导致无地农民社会保障费用的,省、自治区、直辖市人民政府应当批准增加安置补助费。土地补偿费和安置补助费的总和达到法定上限,尚不足以使被征地农民保持原有生活水平的,当地人民政府可以用国有土地有偿使用收入予以补贴。省、自治区、直辖市人民政府要制订并公布各市县征地的统一年产值标准或区片综合地价,征地补偿做到同地同价,国家重点建设项目必须将征地费用足额列入概算。大中型水利、水电工程建设征地的补偿费标准和移民安置办法,由国务院另行规定。

（十三）妥善安置被征地农民。县级以上地方人民政府应当制定具体办法,使被征地农民的长远生计有保障。对有稳定收益的项目,农民可以经依法批准的建设用地土地使用权入股。在城市规划区内，当地人民政府应当将因征地而导致无地的农民，纳入城镇就业体系，并建立社会保障制度；在城市规划区外，征收农民集体所有土地时，当地人民政府要在本行政区域内为被征地农民留有必要的耕作土地或安排相应的工作岗位；对不具备基本生产生活条件的无地农民，应当异地移民安置。劳动和社会保障部门要会同有关部门尽快提出建立被征地农民的就业培训和社会保障制度的指导性意见。

（十四）健全征地程序。在征地过程中，要维护农民集体土地所有权和农民土地承包经营权的权益。在征地依法报批前，要将拟征地的用途、位置、补偿标准、安置途径告知被征地农民；对拟征土地现状的调查结果须经被征地农村集体经济组织和农户确认；确有必要的，国土资源部门应当依照有关规定组织听证。要将被征地农民知情、确认的有关材料作为征地报批的必备材料。要加快建立和完善征地补偿安置争议的协调和裁决机制，维护被征地农民和用地者的合法权益。经批准的征地事项，除特殊情况外，应予以公示。

（十五）加强对征地实施过程监管。征地补偿安置不落实的，不得强行使用被征土地。省、自治区、直辖市人民政府应当根据土地补偿费主要用于被征地农户的原则，制订土地补偿费在农村集体经济组织内部的分配办法。被征地的农村集体经济组织应当将征地补偿费用的收支和分配情况，向本集体经济组织成员公布，接受监督。农业、民政等部门要加强对农村集体经济组织内部征地补偿费用分配和使用的监督。

四、健全土地节约利用和收益分配机制

（十六）实行强化节约和集约用地政策。建设用地要严格控制增量，积极盘活存量，把节约用地放在首位，重点在盘活存量上下功夫。新上建设项目首先要利用现有建设用地，严格控制建设占用耕地、林地、草原和湿地。开展对存量建设用地资源的普查，研究制定鼓励盘活存量的政策措施。各地区、各有关部门要按照集约用地的原则，调整有关厂区绿化率的规定，不得圈占土地搞“花园式工厂”。在开发区（园区）推广多层标准厂房。对工业用地在符合规划、不改变原用途的前提下，提高土地利用率和增加容积率的，原则上不再收取或调整土地有偿使用费。基础设施和公益性建设项目，也要节约合理用地。今后，供地时要将土地用途、容积率等使用条件的约定写入土地使用合同。对工业项目用地必须有投资强度、开发进度等控制性要求。土地使用权人不按照约定条件使用土地的，要承担相应的违约责任。在加强耕地占用税、城镇土地使用税、土地增值税征收管理的同时，进一步调整和完善相关税制，加大对建设用地取得和保有环节的税收调节力度。

（十七）推进土地资源的市场化配置。严格控制划拨用地范围，经营性基础设施用地要逐步实行有偿使用。运用价格机制抑制多占、滥占和浪费土地。除按现行规定必须实行招标、拍卖、挂牌出让的用地外，工业用地也要创造条件逐步实行招标、拍卖、挂牌出让。经依法批准利用原有划拨土地进行经营性开发建设的，应当按照市场价补缴土地出让金。经依法批准转让原划拨土地使用权的，应当在土地有形市场公开交易，按照市场价补缴土地出让金；低于市场价交易的，政府应当行使优先购买权。

（十八）制订和实施新的土地使用标准。依照国家产业政策，国土资源部门对淘汰类、限制类项目分别实行禁止和限制用地，并会同有关部门制订工程项目建设用地定额标准，省、自治区、直辖市人民政府可以根据实际情况制订具体实施办法。继续停止高档别墅类房地产、高尔夫球场等用地的审批。

（十九）严禁闲置土地。农用地转用批准后，满两年未实施具体征地或用地行为的，批准文件自动失效；已实施征地，满两年未供地的，在下达下一年度的农用地转用计划时扣减相应指标，对具备耕作条件的土地，应当交原土地使用者继续耕种，也可以由当地人民政府组织耕种。对用地单位闲置的土地，严格依照《中华人民共和国土地管理法》的有关规定处理。

（二十）完善新增建设用地土地有偿使用费收缴办法。新增建设用地土地有偿使用费实行先缴后分，按规定的标准就地全额缴入国库，不得减免，并由国库按规定的比例就地分成划缴。审计部门要加强对新增建设用地土地有偿使用费征收和使用的监督检查。对减免和欠缴的，要依法追缴。财政部、国土资源部要适时调整新增建设用地土地有偿使用费收取标准。新增建设用地土地有偿使用费要严格按法定用途使用，由中央支配的部分，要向粮食主产区倾斜。探索建立国有土地收益基金，遏制片面追求土地收益的短期行为。

五、建立完善耕地保护和土地管理的责任制度

（二十一）明确土地管理的权力和责任。调控新增建设用地总量的权力和责任在中央，盘活存量建设用地的权力和利益在地方，保护和合理利用土地的责任在地方各级人民政府，省、自治区、直辖市人民政府应负主要责任。在确保严格实施土地利用总体规划，不突破土地利用年度计划的前提下，省、自治区、直辖市人民政府可以统筹本行政区域内的用地安排，依照法定权限对农用地转用和土地征收进行审批，按规定用途决定新增建设用地土地有偿使用费地方分成部分的分配和使用，组织本行政区域内耕地占补平衡，并对土地管理法律法规执行情况进行监督检查。地方各级人民政府要对土地利用总体规划确定的本行政区域内的耕地保有量和基本农田保护面积负责，政府主要领导是第一责任人。地方各级人民政府都要建立相应的工作制度，采取多种形式，确保耕地保护目标落实到基层。

（二十二）建立耕地保护责任的考核体系。国务院定期向各省、自治区、直辖市下达耕地保护责任考核目标。各省、自治区、直辖市人民政府每年要向国务院报告耕地保护责任目标的履行情况。实行耕地保护责任考核的动态监测和预警制度。国土资源部会同农业部、监察部、审计署、统计局等部门定期对各省、自治区、直辖市耕地保护责任目标履行情况进行检查和考核,并向国务院报告。对认真履行责任目标,成效突出的,要给予表彰,并在安排中央支配的新增建设用地土地有偿使用费时予以倾斜。对没有达到责任目标的,要在全国通报,并责令限期补充耕地和补划基本农田。对土地开发整理补充耕地的情况也要定期考核。

(二十三)严格土地管理责任追究制。对违反法律规定擅自修改土地利用总体规划的、发生非法占用基本农田的、未完成耕地保护责任考核目标的、征地侵害农民合法权益引发群体性事件且未能及时解决的、减免和欠缴新增建设用地土地有偿使用费的、未按期完成基本农田图件备案工作的,要严肃追究责任,对有关责任人员由上级主管部门或监察机关依法定权限给予行政处分。同时,上级政府要责令限期整改,整改期间暂停农用地转用和征地审批。具体办法由国土资源部会同有关部门另行制订。实行补充耕地监督的责任追究制,国土资源部门和农业部门负责对补充耕地的数量和质量进行验收,并对验收结果承担责任。省、自治区、直辖市国土资源部门和农业部门要加强监督检查。

(二十四)强化对土地执法行为的监督。建立公开的土地违法立案标准。对有案不查、执法不严的,上级国土资源部门要责令其作出行政处罚决定或直接给予行政处罚。坚决纠正违法用地只通过罚款就补办合法手续的行为。对违法用地及其建筑物和其他设施,按法律规定应当拆除或没收的,不得以罚款、补办手续取代;确需补办手续的,依法处罚后,从新从高进行征地补偿和收取土地出让金及有关规费。完善土地执法监察体制,建立国家土地督察制度,设立国家土地总督察,向地方派驻土地督察专员,监督土地执法行为。

(二十五)加强土地管理行政能力建设。2004 年年底以前要完成省级以下国土资源管理体制改革,理顺领导干部管理体制、工作机制和加强基层队伍建设。市、县人民政府要保证基层国土资源管理所机构、编制、经费到位,切实发挥基层国土资源管理所在土地管理执法中的作用。国土资源部要会同有关部门抓紧建立和完善统一的土地分类、调查、登记和统计制度,启动新一轮土地调查,保证土地数据的真实性。组织实施"金土工程"。充分利用现代高新技术加强土地利用动态监测,建立土地利用总体规划实施、耕地保护、土地市场的动态监测网络。

各地区、各有关部门要以"三个代表"重要思想为指导,牢固树立科学发展观和正确的政绩观,把落实好最严格的土地管理制度作为对执政能力和依法行政能力的检验。高度重视土地的保护和合理利用,认真总结经验,积极推进土地管理体制改革,不断完善土地法制,建立严格、科学、有效的土地管理制度,维护好广大人民群众的根本利益,确保经济社会的可持续发展。

国务院关于加强土地调控有关问题的通知

(2006 年 8 月 31 日　国发〔2006〕31 号)

党中央、国务院高度重视土地管理和调控。2004 年印发的《国务院关于深化改革严格土地管理的决定》(国发〔2004〕28 号),在严格土地执法、加强规划管理、保障农民权益、促进集约用地、健全责任制度等方面,作出了全面系统的规定。各地区、各部门采取措施,积极落实,取得了初步成效。但是,当前土地管理特别是土地调控中出现了一些新动向、新问题,建设用地总量增长过快,低成本工业用地过度扩张,违法违规用地、滥占耕地现象屡禁不止,严把土地"闸门"任务仍然十分艰巨。为进一步贯彻落实科学发展观,保证经济社会可持续发展,必须采取更严格的管理措施,切实加强土地调控。现就有关问题通知如下:

一、进一步明确土地管理和耕地保护的责任

地方各级人民政府主要负责人应对本行政区域内耕地保有量和基本农田保护面积、土地利用总体规划和年度计划执行情况负总责。将新增建设用地控制指标(包括占用农用地和未利用地)纳入土地利用年度计划,以实际耕地保有量和新增建设用地面积,作为土地利用年度计划考核、土地管理和耕地保护责任目标考核的依据;实际用地超过计划的,扣减下一年度相应的计划指标。国土资源部要加强对各地实际建设用地和土地征收情况的核查。

按照权责一致的原则,调整城市建设用地审批方式。在土地利用总体规划确定的城市建设用地范围内,依法由国务院分批次审批的农用地转用和土地征收,调整为每年由省级人民政府汇总后一次申报,经国土资源部审核,报国务院批准后由省级人民政府具体组织实施,实施方案报国土资源部备案。

严格实行问责制。对本行政区域内发生土地违法违规案件造成严重后果的,对土地违法违规行为不制止、不组织查处的,对土地违法违规问题隐瞒不报、压案不查的,应当追究有关地方人民政府负责人的领导责任。监察部、国土资源部要抓紧完善土地违法违规领导责任追究办法。

二、切实保障被征地农民的长远生计

征地补偿安置必须以确保被征地农民原有生活水平不降低、长远生计有保障为原则。各地要认真落实国办发〔2006〕29 号文件的规定,做好被征地农民就业培训和社会保障工作。被征地农民的社会保障费用,按有关规定纳入征地补偿安置费用,不足部分由当地政府从国有土地有偿使用收入中解决。社会保障费用不落实的不得批准征地。

三、规范土地出让收支管理

国有土地使用权出让总价款全额纳入地方预算,缴入地方国库,实行"收支两条线"管理。土地出让总价款必须首先按规定足额安排支付土地补偿费、安置补助费、地上附着物和青苗补偿费、拆迁补偿费以及补助被征地农民社会保障所需资金的不足,其余资金应逐步提高用于农业土地开发和农村基础设施建设的比重,以及用于廉租住房建设和完善国有土地使用功能的配套设施建设。

四、调整建设用地有关税费政策

提高新增建设用地土地有偿使用费缴纳标准。新增建设用地土地有偿使用费缴纳范围,以当地实际新增建设用地面积为准。新增建设用地土地有偿使用费专项用于基本农田建设和保护、土地整理、耕地开发。对违规减免和欠缴的新增建设用地土地有偿使用费,要进行清理,限期追缴。其中,国发〔2004〕28号文件下发后减免和欠缴的,要在今年年底前全额清缴;逾期未缴的,暂不办理用地审批。财政部会同国土资源部要抓紧制订新增建设用地土地有偿使用费缴纳标准和适时调整的具体办法,并进一步改进和完善新增建设用地土地有偿使用费的分配使用管理。

提高城镇土地使用税和耕地占用税征收标准,财政部、税务总局会同国土资源部、法制办要抓紧制订具体办法。财税部门要加强税收征管,严格控制减免税。

五、建立工业用地出让最低价标准统一公布制度

国家根据土地等级、区域土地利用政策等,统一制订并公布各地工业用地出让最低价标准。工业用地出让最低价标准不得低于土地取得成本、土地前期开发成本和按规定收取的相关费用之和。工业用地必须采用招标拍卖挂牌方式出让,其出让价格不得低于公布的最低价标准。低于最低价标准出让土地,或以各种形式给予补贴或返还的,属非法低价出让国有土地使用权的行为,要依法追究有关人员的法律责任。

六、禁止擅自将农用地转为建设用地

农用地转为建设用地,必须符合土地利用总体规划、城市总体规划、村庄和集镇规划,纳入年度土地利用计划,并依法办理农用地转用审批手续。禁止通过“以租代征”等方式使用农民集体所有农用地进行非农业建设,擅自扩大建设用地规模。农民集体所有建设用地使用权流转,必须符合规划并严格限定在依法取得的建设用地范围内。未依法办理农用地转用审批,国家机关工作人员批准通过“以租代征”等方式占地建设的,属非法批地行为;单位和个人擅自通过“以租代征”等方式占地建设的,属非法占地行为,要依法追究有关人员的法律责任。

七、强化对土地管理行为的监督检查

国家土地督察机构要认真履行国务院赋予的职责,加强对地方人民政府土地管理行为的监督检查。对监督检查中发现的违法违规问题,要及时提出纠正或整改意见。对纠正整改不力的,依照有关规定责令限期纠正整改。纠正整改期间,暂停该地区农用地转用和土地征收。

国土资源管理部门及其工作人员要严格执行国家土地管理的法律法规和方针政策,依法行政,对土地利用情况的真实性和合法性负责。凡玩忽职守、滥用职权、徇私舞弊、不执行和不遵守土地管理法律法规的,依照有关法律法规追究有关领导和人员的责任。

八、严肃惩处土地违法违规行为

国家机关工作人员非法批准征收、占用土地,或者非法低价出让国有土地使用权,触犯刑律的,依法追究刑事责任。对不执行国家土地调控政策、超计划批地用地、未按期缴纳新增建设用地土地有偿使用费及其他规定税费、未按期足额支付征地补偿安置费而征占土地,以及通过调整土地利用总体规划擅自改变基本农田位置,以规避建设占用基本农田应依法上报国务院审批的,要追究有关人员的行政责任。

完善土地违法案件的查处协调机制,加大对土地违法违规行为的查处力度。监察部要会同国土资源部等有关部门,在近期集中开展一次以查处非法批地、未批先用、批少用多、非法低价出让国有土地使用权等行为为重点的专项行动。对重大土地违法违规案件要公开处理,涉嫌犯罪的,要移送司法机关依法追究刑事责任。

各地区、各部门要以邓小平理论和“三个代表”重要思想为指导,全面落实科学发展观,充分认识实行最严格土地管理制度的重要性,认真贯彻、坚决执行中央关于加强土地调控的各项措施。各地区要结合执行本通知,对国发〔2004〕28号文件实施以来的土地管理和利用情况进行全面自查,对清查出的土地违法违规行为必须严肃处理。发展改革委、监察部、财政部、劳动保障部、国土资源部、建设部、农业部、人民银行、税务总局、统计局、法制办等部门要各司其职、密切配合,尽快制定本通知实施的配套文件,共同做好加强土地调控的各项工作。国土资源部要会同监察部等有关部门做好对本通知贯彻执行情况的监督检查。各地区、各部门要在2006年年底前将贯彻执行本通知的情况向国务院报告。

国土资源部关于加强房地产用地供应和监管有关问题的通知

(2010年3月8日　国土资发〔2010〕34号)

各省、自治区、直辖市国土资源厅(国土环境资源厅、国土资源局、国土资源和房屋管理局、规划和国土资源管理局),副省级城市国土资源行政主管部门,新疆生产建设兵团国土资源局,各派驻地方的国家土地督察局:

为贯彻落实《国务院办公厅关于促进房地产市场平稳健康发展的通知》(国办发〔2010〕4号)要求,依法加强监管,切实落实房地产土地管理的各项规定,增强土地政策参与房地产市场宏观调控的针对性和灵活性,增加保障性为重点的住房建设用地有效供应,提高土地供应和开发利用效率,促进地产市场健康平稳有序运行，现将有关问题通知如下：

一、加快住房建设用地供应计划编制

（一）科学编制住房特别是保障性住房用地供应计划。市、县国土资源管理部门要依据土地利用总体规划和年度计划、住房建设规划和计划及棚户区改造规划，结合本地区已供土地开发利用情况和闲置土地处置情况，科学编制住房特别是保障性住房用地供应计划，合理确定住房用地供应总量和结构。确保保障性住房、棚户改造和自住性中小套型商品房建房用地，确保上述用地不低于住房建设用地供应总量的70%。要严格控制大套型住房建设用地，严禁向别墅供地。省级国土资源管理部门应及时对市、县房地产用地年度计划作出预安排，并于3月底前，将本年度住房和保障性住房用地供应计划汇总报部，并抄送各派驻地方的国家土地督察局。

（二）协调推进住房用地供应计划实施。市、县国土资源管理部门应按照经政府批准的供地计划，结合政府收购储备地块开发和房地产市场土地供需的情况，确定年度计划中拟供应的地块，合理安排供地时序。应主动与有关部门联系协调，依据投资到位情况和方便群众工作生活要求，优先确定保障性住房用地地块，确保保障性住房用地计划落实。城市和国有工矿棚户区改建原则上应实行原址改造，盘活存量土地，优化用地结构，完善服务功能，节约集约用地。落实住房和保障性住房用地供应计划涉及占用农用地的，要优先安排农转用计划指标，按部审批改革要求，及时组织申报，加快审批征收。

二、促进住房建设用地有效供应

（三）确保保障性住房用地供应。各地对列入年度供地计划的保障性住房用地，要应保尽保、及时供地。保障性住房以及城市和国有工矿棚户区改造中符合保障性住房条件的安置用地，应以划拨方式供应。保障性住房建设项目中配建的商服等经营性项目用地，应按市场价有偿使用。商品房建设项目中配建保障性住房的，必须在土地出让合同中明确保障性住房的建筑总面积、分摊的土地面积、套数、套型建筑面积、建成后由政府收回或收购的条件、保障性住房与商品住房同步建设等约束性条件。

（四）严格规范商品房用地出让行为。严格土地出让条件。市、县国土资源管理部门应依据城市规划部门出具的宗地规划设计条件，拟定出让方案，确定为中低价位普通商品房用地的，方案中要增加房地产主管部门提出的住房销售价位、套数、套型面积等控制性要求，并写入出让合同，约定违约处罚条款。土地使用权人违约的，要追究相应违约责任。各地要按照《限制用地项目目录(2006年增补本)》要求，严格控制商品房用地单宗出让面积。条件具备的地方，可以探索房地产用地出让预申请制度。

严格规范土地出让底价。各地应按规定及时更新基准地价并向社会公布。招标、拍卖、挂牌和协议出让底价应当依据土地估价结果、供地政策和土地市场行情等，集体决策，综合确定。土地出让最低价不得低于出让地块所在地级别基准地价的70%，竞买保证金不得低于出让最低价的20%。

严格土地竞买人资格审查。对用地者欠缴土地出让价款、闲置土地、囤地炒地、土地开发规模超过实际开发能力以及不履行土地使用合同的，市、县国土资源管理部门要禁止其在一定期限内参加土地竞买。对存在的违法违规用地行为，要严肃查处。

严格土地出让合同管理。土地出让成交后，必须在10个工作日内签订出让合同，合同签订后1个月内必须缴纳出让价款50%的首付款，余款要按合同约定及时缴纳，最迟付款时间不得超过一年。出让合同必须明确约定土地面积、用途、容积率、建筑密度、套型面积及比例、定金、交地时间及方式、价款缴纳时间及方式、开竣工时间及具体认定标准、违约责任处理。上述条款约定不完备的，不得签订合同，违规签订合同的，必须追究出让人责任。受让人逾期不签订合同的，终止供地、不得退还定金。已签合同不缴纳出让价款的，必须收回土地。

（五）坚持和完善土地招拍挂制度。各地要按照公开、公平、公正的原则和统一、规范的市场建设要求，坚持和完善招拍挂出让制度。房价过高、上涨过快的城市，市、县国土资源管理部门可选择部分地块，按照政府确定的限价房项目采用竞地价办法招拍挂出让土地，发挥抑制房价上涨过快的调节作用。要按照提高土地开发利用效率的原则，探索综合评标的具体方法。在确定土地出让最低价的基础上，将土地价款交付、开发建设周期、中小套型建设要求、土地节约集约程度等影响土地开发利用的因素作为评标条件，科学量化标准，合理确定各因素权重，完善评标专家库，细化评标规则，规范运作，依法依纪严格监督。

三、切实加强房地产用地监管

（六）实施住房用地开发利用申报制度。从2010年4月1日起，市、县国土资源管理部门要建立房地产用地开竣工申报制度。用地者应当在项目开工、竣工时，向国土资源管理部门书面申报，各地应对合同约定内容进行核验。在合同约定期限内未开工、竣工的，用地者要在到期前15日内，申报延迟原由，市、县国土资源管理部门应按合同约定认真处理后，可通过增加出让合同和划拨决定书条款或签订补充协议等方式，对申报内容进行约定监管。对不执行申报制度的，要向社会公示，并限制其至少在一年内不得参加土地购置活动。

（七）加强土地开发利用动态监测。市、县国土资源管理部门必须将每一宗土地的出让合同或划拨决定书，通过网络在线上报，经部统一配号后方可作为正式文本签订，并将出让合同或划拨决定书的电子监管号作为土地登记的要件。各地要对已供土地的开竣工、开发建设进度等情况进行实地巡查，及时更新开发利用信息，加强统计分析，并入网上传部门户网站（中国土地市场网页）。

（八）强化保障性住房用地供后监管。保障性住房用地不得从事商业性房地产开发，因城市规划调整需要改变的，应由政府收回，另选地块供应。对没有按约定配建保障性住房的，要按照出让合同或划拨决定书约定处理。对违法违规的企业，要依法查处。查处不落实的，依据《违反土地管理规定行为处分办法》（监察部 人力资源和社会保障部 国土资源部令第15号），追究相关人员责任。

（九）严格依法处置闲置房地产用地。各省（区、市）国土资源管理部门要全面掌握本地区闲置房地产用地查处情况，对未查处的闲置土地，实行挂牌督办，依法依规处置。对政府及政府有关部门原因造成闲置土地且未查处的，各派驻地方的国家土地督察局要及时向当地人民政府提出督察整改意见，限期依法查处。市、县国土资源管理部门要利用监测网络系统，加强对每个房地产项目开工到期申报情况的监测核查，防止产生新的闲置土地。省级国土资源管理部门要将企业闲置土地的情况，及时通报同级金融监管部门。

（十）加强房地产用地开发利用诚信管理。市、县国土资源管理部门要建立房地产企业土地开发利用诚信档案，对招拍挂竞得土地后不及时签订成交确认书或出让合同、未按合同约定缴纳土地价款、未按合同约定开竣工的，要依法依规处理，向社会公示，计入诚信档案，作为土地竞买人资格审查的依据，并入网上传部房地产用地开发利用诚信体系，部将及时向有关部门通报。

四、建立健全信息公开制度

（十一）公开住房供地计划。各地应及时将住房特别是保障性住房用地供应计划在部门户网站（中国土地市场网页）及当地土地有形市场公开，接受社会监督。部将于4月上旬在部门户网站（中国土地市场网页）公开通报各地供地计划情况。省级国土资源管理部门应分别于每年7月5日和次年1月5日前，将住房和保障性住房用地供应计划落实情况汇总报部并抄送各派驻地方的国家土地督察局，部每半年在部门户网站（中国土地市场网页）向社会公布。

（十二）公开土地出让公告。市、县国土资源管理部门必须在部门户网站（中国土地市场网页）发布土地出让公告，按照部规定的规范格式，公告拟出让宗地的位置、面积、用途、套型要求、容积率、出让年限、投标（竞买）保证金、提交申请时间、出让时间等内容。公告不规范的，部将予以通报批评，限期纠正。

（十三）公开土地出让和划拨结果。市、县国土资源管理部门要及时将出让成交和已划拨土地的位置、面积、用途、土地价款、容积率、开竣工时间等，在入网上传部的同时，在当地土地有形市场及媒体公开。没有公开出让和划拨供地结果的，省级国土资源管理部门要通报批评，限期纠正。部将从土地市场动态监测监管系统中，生成供地结果信息，并向社会发布。

（十四）公开土地开发利用信息。自今年起，部将每季度向社会公布未按出让合同和划拨决定书约定时间开竣工的宗地信息。对社会关注的典型地块信息，在部门户网站“出让信息”专栏及时公开。地方各级国土资源管理部门要通过各自门户网站，或召开新闻发布会等形式，定期或不定期向社会公开土地供应和开发利用情况及闲置土地查处信息。

（十五）公开违法违规用地查处结果。各地要将挂牌督办和社会关注的案件处理结果及时向社会公开。省级国土资源管理部门要加强对重点案件处理结果落实情况的监督检查，及时公开查处结果，接受社会监督。部将不定期对重大违法案件挂牌督办，公开查处结果。

五、开展房地产用地突出问题专项检查

（十六）明确房地产用地专项检查的重点内容。部决定，今年3月至7月，在全国组织开展对房地产用地突出问题的专项检查。检查重点是：房地产用地特别是保障性住房用地未经批准擅自改变用途，违规供应土地建设别墅，违反法律法规闲置土地、囤地炒地等。各省级国土资源管理部门要按照专项检查工作要求，及时向政府汇报，统一部署，认真实施。

（十七）结合出让合同清理制定专项检查方案。各地要根据《国有建设用地使用权出让合同专项清理工作方案》（国土资厅发〔2009〕86号）要求，抓紧开展出让合同和划拨决定书专项清理，全面掌握本地房地产用地供应及开发利用情况，加快信息进网上传，于3月31日前完成数据填报。在合同清理基础上，省级国土资源管理部门要指导各地制定专项检查方案，细化工作措施，切实抓好落实，加强检查督办。各地必须在7月中旬前完成专项检查和处理工作，由省级国土资源管理部门汇总情况，形成书面报告，连同出让合同清理报告于7月底前一并报部。

（十八）严肃查处房地产用地中的违法违规行为。各地要按照本通知要求，严格履行职责，认真开展专项检查，对房地产用地供应和开发利用中的不规范行为，要认真整改；对违法违规用地行为，要依法依纪坚决查处。对瞒案不报、压案不查的，要严肃追究责任。4月份，中央工程建设领域突出问题专项治理领导小组将组织监察部、国土资源部等部门，对中央扩大内需促进经济增长政策落实和工程建设领域突出问题专项治理情况开展联合检查，同时，一并检查房地产开发中突出问题的清查情况。

（十九）切实加强对专项检查工作的组织领导和政策指导。各省（区、市）国土资源管理部门要高度重视，认真组织实施，严格落实共同责任，切实加强对房地产用地突出问题专项检查的组织领导和政策指导，督促市、县国土资源管理部门严格执行房地产用地的法规和政策，健全完善制度，规范供地用地行为，确保专项检查取得实效。

国土资源部、住房和城乡建设部关于进一步加强房地产用地和建设管理调控的通知

（2010年9月21日　国土资发〔2010〕151号）

各省、自治区、直辖市国土资源厅（国土环境资源厅、国土资源局、国土资源和房屋管理局、规划和国土资源管理局）、住房城乡建设厅（建委、房地局、规划局），副省级城市国土资源行政主管部门、住房城乡建设（房地产、规划）行政主管部门，新疆生产建设兵团国土资源局、建设局，各派驻地方的国家土地督察局：

为贯彻落实《国务院关于坚决遏制部分城市房价过快上涨的通知》（国发〔2010〕10号，以下简称"国发10号文件"）确定的工作任务，进一步加强房地产用地和建设的管理调控，积极促进房地产市场继续向好发展，现就有关工作通知如下：

一、统一思想，加强部门协调配合

地方各级国土资源、住房城乡建设（房地产、规划、住房保障）主管部门要深入学习领会国发10号文件的指导思想、任务要求和政策规定，充分认识进一步加强房地产用地和建设的管理调控，是坚决贯彻落实国发10号文件政策、继续抑制房价上涨、促进房价地价合理调整的重要任务，是增加群众住房有效供给、维护群众切身利益的迫切需要，是促进城市建设节约用地、科学发展的重要举措。各级国土资源、住房城乡建设（房地产、规划、住房保障）主管部门要统一思想认识，明确工作职责和任务，在政府统一领导下，加强协作、形成合力，从当地房地产市场实际出发，在严格执行法规政策、加强管理监督、认真查处违法违规行为等各项工作中主动协调配合，落实各部门责任，努力开展工作，促进房地产市场持续向好发展。

二、强化住房用地和住房建设的年度计划管理

地方各级住房城乡建设（房地产、规划、住房保障）、国土资源主管部门要按照住房建设规划和编制计划的要求，共同商定城市住房供地和建设的年度计划，并根据年度计划实行宗地供应预安排，共同商定将确定的保障性住房、棚户区改造住房、公共租赁住房和中小套型普通商品住房年度建设任务落实到地块。省级市和市县国土资源主管部门应及时向社会公布供地计划、供地时序、宗地情况和供地条件，接受社会公众监督，正确引导市场预期。要根据住房建设计划落实情况，及时合理调整供地计划。要在确保保障性住房、棚户区改造住房和中小套型普通商品住房用地不低于住房用地供应总量70%的基础上，结合各地实际，选择地块，探索以划拨和出让方式加大公共租赁住房供地建房、逐步与廉租住房并轨、简化并实施租赁住房分类保障的途径。在房价高的地区，应增加中小套型限价住房建设供地数量。要在盘活利用存量土地的同时，对依法收回的闲置土地和具备"净地"供应的储备土地以及农转用计划指标，应优先确保以保障性住房为主的上述各类住房用地的供应。没有完成上述住房供地计划的地方，不得向大户型高档住房建设供地。

三、加快推进住房用地供应和建设项目的审批

（一）加强保障性住房用地监管。省级住房城乡建设主管部门要监督市、县按确定的保障性住房、政策性住房的建设任务，尽快编制建设项目、落实资金。省级国土资源主管部门要督促市、县依据项目确定和资金落实情况，及时办理供地手续。对已供应的保障性住房建设用地，市、县住房城乡建设（房地产、规划、住房保障）等部门要督促建设单位抓紧做好开工前期工作，促其按期开工建设。要加强对保障性住房项目建筑设计方案的审查，严格落实国家关于保障性住房的建筑面积控制标准，严格按照规划要求同步建设公共配套设施。

对已供应的各类保障性住房用地，不得改变土地性质和土地用途，不得提高建设标准、增加套型面积。对改变上述内容的保障性住房建设项目，有关主管部门不得办理相关手续，已作为商品住房销售的，要依法没收违法所得并处以罚款。

（二）加快住房建设项目的行政审批。市、县国土资源、住房城乡建设（房地产、规划）主管部门要共同建立保障性住房、棚户区改造住房、公共租赁住房、中小套型普通商品住房建设项目行政审批快速通道，规划主管部门要在受理后10天内核发建设用地规划许可证，国土资源主管部门要在受理后10天内核发国有土地使用证，规划主管部门要在受理后60天内核发建设工程规划许可证，建设主管部门应当要求限时进行施工图审查和核发施工许可证，房地产主管部门要严格按规定及时核发商品房预售许可证。各部门要及时互通办理结果，主动衔接，提高行政办事效率，加快住房项目的供地、建设和上市，尽快形成住房的有效供应。

四、严格住房建设用地出让管理

（一）规范编制拟供地块出让方案。市、县国土资源主管部门要会同住房城乡建设（房地产、规划、住房保障）主管部门，依据土地利用规划和城镇控制性详细规划协调拟定住房用地出让方案。对具备供地条件的地块，规划、房地产主管部门要在接到国土资源主管部门书面函件后30日内分别提出规划和建设条件。拟出让宗地规划条件出具的时间逾期一年的，国土资源主管部门应当重新征求相关部门意见，并完善出让方案。

土地出让必须以宗地为单位提供规划条件、建设条件和土地使用标准，严格执行商品住房用地单宗出让面积规定，不得将两宗以上地块捆绑出让，不得"毛地"出让。拟出让地块要依法进行土地调查和确权登记，确保地类清楚、面积准确、权属合法，没有纠纷。

（二）严格制定土地出让的规划和建设条件。市、县规划主管部门应当会同国土资源主管部门，严格依据经批准的控

制性详细规划和节约集约用地要求，确定拟出让地块的位置、使用性质、开发强度、住宅建筑套数、套型建筑面积等套型结构比例条件，作为土地出让的规划条件，列入出让合同。对于中小套型普通商品住房建设项目，要明确提出平均套型建筑面积的控制标准，并制定相应的套型结构比例条件。要严格限制低密度大户型住宅项目的开发建设，住宅用地的容积率指标必须大于1。

市、县住房城乡建设（房地产、住房保障）主管部门要提出限价商品住房的控制性销售价位，商品住房建设项目中保障性住房的配建比例、配建套数、套型面积、设施条件和项目开竣工时间及建设周期等建设条件，作为土地出让的依据，并纳入出让合同。

土地出让后，任何单位和个人无权擅自更改规划和建设条件。因非企业原因确需调整的，必须依据《城乡规划法》规定的公开程序进行。由开发建设单位提出申请调整规划建设条件而不按期开工的，必须收回土地使用权，重新按招标拍卖挂牌方式出让土地。

（三）严格土地竞买人资格审查。国土资源主管部门对竞买人参加招拍挂出让土地时，除应要求提供有效身份证明文件、缴纳竞买（投标）保证金外，还应提交竞买（投标）保证金不属于银行贷款、股东借款、转贷和募集资金的承诺书及商业金融机构的资信证明。

根据国发10号文件规定，对发现并核实竞买人存在下列违法违规违约行为的，在结案和问题查处整改到位前，国土资源主管部门必须禁止竞买人及其控股股东参加土地竞买活动：

1. 存在伪造公文骗取用地和非法倒卖土地等犯罪行为的；

2. 存在非法转让土地使用权等违法行为的；

3. 因企业原因造成土地闲置一年以上的；

4. 开发建设企业违背出让合同约定条件开发利用土地的。

各级国土资源主管部门必须严格执行国发10号文件有关规定和上述规定，要及时将发现并核实有违法违规违约企业的名单、问题和查处结果入网上传到国土资源部门户网站的中国土地市场网页，不执行或弄虚作假的，按有关法规纪律规定严肃追究有关人员责任。

（四）严格划拨决定书和出让合同管理。各类住房建设项目应当在划拨决定书和出让合同中约定土地交付之日起一年内开工建设，自开工之日起三年内竣工。综合用地的，必须在合同中分别载明商业、住房等规划、建设及各相关条件。市、县国土资源主管部门要会同住房城乡建设（房地产、规划、住房保障）主管部门，研究制定违反土地划拨决定书和出让合同应约定的条件、规定和要求的违约责任及处罚条款，连同土地受让人对上述内容的承诺一并写入土地划拨决定书和出让合同，确保以保障性为重点的各类住房用地、建设和销售等按照国家政策落实到位。

五、加强对住房用地供地和建设的监管

（一）加强房地产用地供应监管。各省（区、市）国土资源主管部门要加强对住房用地出让公告和合同约定内容的适时监管，对市、县发布的公告中存在捆绑出让、超用地规模、“毛地”出让、超三年开发周期出让土地的，要责令立即撤销公告，调整出让方案重新出让。土地出让成交后，要协商规范合同约定内容，统一电子配号后方可签订合同。市、县国土资源主管部门要严格执行房地产用地开竣工申报制度，依托土地市场动态监测和监管系统，及时清理开工、竣工的房地产项目，定期对已供房地产用地的开竣工、开发建设条件执行等情况进行实地巡查，发现有违法违规问题的，必须依法依纪追究责任。

（二）加强住房建设项目开发过程的动态监管。市、县国土资源、住房城乡建设（房地产、规划、住房保障）主管部门要加强对房地产开发企业在土地开发利用、住房建设和销售的全程动态监管。应按照各自职责，认真审核审批，发现有违法违规违约行为的，必须终止企业相关行为、停办相关手续，及时通告并由业务主管部门负责，共同依法依规查处。房地产开发项目竣工验收时，住房城乡建设主管部门要会同国土资源主管部门对开发企业及建设项目履行用地合同约定的各类条件及承诺情况进行核查。

市、县住房城乡建设主管部门要全面加强对住宅工程、特别是保障性安居工程的质量监管，重点对勘察、设计、施工、监理等参建单位执行工程建设强制性标准的情况进行监督检查，强化住宅工程质量责任落实。在工程质量监管中发现的问题，要及时查处，并告知国土资源主管部门。

六、加大违法违规行为清理查处力度

（一）严格查处囤地炒地闲置土地行为。省级国土资源主管部门要采取得力措施，督促市、县国土资源主管部门加快查清处理闲置土地。对企业自身原因造成土地闲置的，必须依法坚决查处。对政府及部门原因造成土地闲置的，住房城乡建设部门要积极配合国土资源主管部门，联合限期查办。对未达到法律法规规定的土地转让条件转让房地产用地等囤地炒地的行为，要及时依法依规严肃查处，应当依法没收违法所得，并处罚款。对违规违法办理相关用地手续的部门和人员，省级国土资源主管部门要按有关规定追究责任人责任。

（二）严格查处擅自调整容积率行为。市、县规划主管部门应会同国土资源主管部门，严格按照已确定的容积率指标对开发宗地进行规划许可和建设项目竣工核验。对已供土地分期开发的建设项目，应统一规划设计，各期建设工程规划许可确定的建筑面积的总和，必须符合容积率指标要求。坚决制止擅自调整容积率等问题，严肃查处国家机关工作人员在建设用地规划变更、容积率调整中玩忽职守、权钱交易等违纪违法行为。

（三）严格查处商品住房建设和销售的违法违规行为。市、县住房城乡建设（房地产、规划、住房保障）主管部门要依据法律法规，对房地产开发企业擅自突破住房套型结构比例、不按要求配建保障性住房、无故拖延开竣工时间、违反预销售时限和方式要求等行为进行处罚，并及时向国土资源、价格、金融等主管部门通报违法违约企业名单。房地产主管部门要会同有关部门建立市场动态监管制度，开展商品住房销售现场的日常巡查和实地检查，在商品住房预售环节及时发现并严肃查处捂盘惜售、囤积房源、虚假宣传、哄抬房价等违法违约行为。

市、县国土资源主管部门要联合住房城乡建设主管等部门，及时查处违反规定向别墅项目供地和未经批准改变项目规划建设条件建设别墅的行为。

（四）加大违法违规房地产用地信息公开。省（区、市）国土资源主管部门要按季度将发现和查处违法违规房地产用地的情况，在当地媒体和国土资源部门户网站的中国土地市场网页上向社会公布，接受公众监督，同时将有违法违规行为的房地产企业名单，及时抄送住房城乡建设、国有资产、工商、金融及监管、证券等部门，配合相关部门认真落实国发10号文件有关规定。每季度末，各省（区、市）国土资源主管部门要将有关情况报国土资源部，由国土资源部统一向社会通报。

国土资源部、住房和城乡建设部将按照国发10号文件的要求，对本通知贯彻落实情况进行指导监督和检查。

国土资源部、住房城乡建设部关于进一步严格房地产用地管理巩固房地产市场调控成果的紧急通知

（2012年7月19日　国土资电发〔2012〕87号）

各省、自治区、直辖市国土资源主管部门，住房城乡建设（房地产、城乡规划）主管部门：

去年以来，各级国土资源主管部门、住房城乡建设（房地产、城乡规划）主管部门按照中央要求，认真贯彻落实国务院有关房地产调控政策，做了大量工作，发挥了应有的作用，促进了房地产和土地市场平稳运行。但今年5月份以来，部分城市商品房销售量明显回升，新建住宅价格出现环比上涨，土地市场也随之出现了一些波动，部分城市再现高价地，引发社会热议。为更好地落实中央要求，巩固已有调控成果，切实维护好房地产和土地市场的稳定，现就有关工作通知如下：

一、进一步提高认识，坚持房地产市场调控不放松

近期房地产和土地市场出现的一些波动，虽并未改变市场整体格局，但市场运行的复杂性和不稳定性在增加，房地产市场调控仍然处在关键时期，任务还很艰巨。对此，各级国土资源主管部门、住房城乡建设（房地产、城乡规划）主管部门要有清醒认识，要坚持调控不放松，密切配合做好各项工作，不断巩固调控成果，坚决防止房价反弹。

二、加大住房用地供应力度，提高计划完成率

各地要把落实住房用地供应计划作为下半年的重点工作切实抓好，应保尽保保障性安居工程用地，并以提高计划完成率、增加有效供应为首要目标，进一步加大普通商品住房用地的供应力度。省级国土资源主管部门接到本通知后，要根据市县保障性安居工程用地和普通商品住房用地计划的落实情况，分别制订督促措施，按月跟进。从7月开始，国土资源部将对保障性安居工程用地和普通商品住房用地供应实行月度指导，对落实情况较差的将予以公开通报，年底对各省（区、市）进行目标责任考核。

三、继续探索完善土地交易方式，严防高价地扰乱市场预期

地价是衡量房地产状况的重要指标，过高过快的地价变化影响市场预期。下半年，各地要密切跟踪市场形势，切实把握好土地出让节奏、时序和价格，防止出现商服和住宅高价地，扰乱市场预期，破坏市场稳定。市县国土资源主管部门要进一步完善地价专业评估和集体决策程序，合理确定起始价、底价，在土地出让前还应全面分析、研判市场形势，对可能出现高价地的要及时调整竞价方式，制定出让方案和现场预案。对预判成交价创历史总价最高，或单价最高，或溢价率超过50%的房地产用地，包括商服、住宅或商住综合，要及时调整出让方案，采用“限房价、竞地价”或配建保障房、公共设施等办法出让土地。省级国土资源主管部门要密切关注市县出让公告，及时掌握拟出让宗地的具体情况，督促市县严格执行异常交易宗地备案制度。市县应在成交确认书签订（中标通知书发出）后2个工作日内，在土地市场动态监测监管系统在线填写《房地产用地交易异常情况一览表》，分别上报国土资源部和省级国土资源主管部门。对不及时上报、错报、漏报或瞒报的，国土资源部将予以通报或约谈。

四、严格执行现有政策，加强监管增加住房有效供给

各地要严格执行房地产市场调控政策，不得擅自调整放松要求。已放松的，要立即纠正。房地产用地出让不能超过面积上限，不得捆绑出让、“毛地”出让。住宅用地容积率不得小于1。各类住房建设项目要在划拨决定书和出让合同中约定土地交付之日起一年内开工建设，自开工之日起三年内竣工。严格实施竞买人资格审查，落实不得使用银行贷款缴交土地出让价款的规定。土地出让竞买保证金不得低于出让最低价的20%。土地出让成交后，必须在10个工作日内签订出让合同，合同签订后1个月内必须缴纳出让价款50%的首付款，余款要按合同约定及时缴纳，最迟付款时间不得超过一年。土地出让后，任何单位和个人无权擅自更改规划和建设

条件。

各级住房城乡建设(房地产、城乡规划)主管部门要建立保障性住房和普通商品住房建设项目审批快速通道,提高行政办事效率,加快此类项目的建设和上市,尽快形成保障性住房和普通商品住房的有效供应。城乡规划主管部门要优先办理建设用地规划许可、建设工程规划许可手续,建设主管部门应当要求施工图审查机构优先进行施工图审查,优先办理施工许可手续,房地产主管部门要优先办理商品房预售许可手续。要鼓励和引导开发企业将在建的大套型、高档住房依法依规转化为中小套型普通商品住房。

各地要严格落实《闲置土地处置办法》(国土资源部第53号令),及时处理土地市场动态监测监管系统显示的闲置土地预警信息,做到早发现、早制止,促进已供土地及时形成有效供给。接到本通知后,市、县国土资源主管部门要逐宗清理超期1年未开工构成闲置的土地,按照53号令的要求及时调查认定,并在监测监管系统中确认并据实填写闲置原因,进一步加大处置力度,同时在国土资源部门户网站的中国土地市场网上公开。对用地者欠缴土地出让价款、闲置土地、囤地炒地、土地开发规模超过实际开发能力以及不履行土地使用合同的,市、县国土资源管理部门要禁止其在一定期限内参加土地竞买。

五、强化监测分析和新闻宣传,积极引导市场

各级国土资源主管部门、住房城乡建设(房地产、城乡规划)主管部门要密切关注市场变化,加强部门联动,发挥政策合力。要加强对增量存量土地供应、用地结构、开发利用和价格变化等指标的分析研判,进一步提高敏锐性,密切关注市场动向,及时采取措施应对新情况新问题。要加大主动宣传力度,及时回应人民群众关心关注的热点难点问题,全面客观地向社会公布各类监测信息,努力引导和稳定市场预期。

2. 审查报批

建设项目用地预审管理办法

(2001年7月25日国土资源部令第7号公布 2004年11月1日国土资源部令第27号修订 2008年11月29日国土资源部令第42号第一次修正 2016年11月29日国土资源部令第68号第二次修正)

第一条 为保证土地利用总体规划的实施,充分发挥土地供应的宏观调控作用,控制建设用地总量,根据《中华人民共和国土地管理法》、《中华人民共和国土地管理法实施条例》和《国务院关于深化改革严格土地管理的决定》,制定本办法。

第二条 本办法所称建设项目用地预审,是指国土资源主管部门在建设项目审批、核准、备案阶段,依法对建设项目涉及的土地利用事项进行的审查。

第三条 预审应当遵循下列原则:

(一)符合土地利用总体规划;

(二)保护耕地,特别是基本农田;

(三)合理和集约节约利用土地;

(四)符合国家供地政策。

第四条 建设项目用地实行分级预审。

需人民政府或有批准权的人民政府发展和改革等部门审批的建设项目,由该人民政府的国土资源主管部门预审。

需核准和备案的建设项目,由与核准、备案机关同级的国土资源主管部门预审。

第五条 需审批的建设项目在可行性研究阶段,由建设用地单位提出预审申请。

需核准的建设项目在项目申请报告核准前,由建设单位提出用地预审申请。

需备案的建设项目在办理备案手续后,由建设单位提出用地预审申请。

第六条 依照本办法第四条规定应当由国土资源部预审的建设项目,国土资源部委托项目所在地的省级国土资源主管部门受理,但建设项目占用规划确定的城市建设用地范围内土地的,委托市级国土资源主管部门受理。受理后,提出初审意见,转报国土资源部。

涉密军事项目和国务院批准的特殊建设项目用地,建设用地单位可直接向国土资源部提出预审申请。

应当由国土资源部负责预审的输电线塔基、钻探井位、通讯基站等小面积零星分散建设项目用地,由省级国土资源主管部门预审,并报国土资源部备案。

第七条 申请用地预审的项目建设单位,应当提交下列材料:

(一)建设项目用地预审申请表;

(二)建设项目用地预审申请报告,内容包括拟建项目的基本情况、拟选址占地情况、拟用地是否符合土地利用总体规划、拟用地面积是否符合土地使用标准、拟用地是否符合供地政策等;

(三)审批项目建议书的建设项目提供项目建议书批复文件,直接审批可行性研究报告或者需核准的建设项目提供建设项目列入相关规划或者产业政策的文件。

前款规定的用地预审申请表样式由国土资源部制定。

第八条 建设单位应当对单独选址建设项目是否位于地质灾害易发区、是否压覆重要矿产资源进行查询核实;位于地质灾害易发区或者压覆重要矿产资源的,应当依据相关法律法规的规定,在办理用地预审手续后,完成地质灾害危险性评估、压覆矿产资源登记等。

第九条 负责初审的国土资源主管部门在转报用地预审

申请时，应当提供下列材料：

（一）依据本办法第十一条有关规定，对申报材料作出的初步审查意见；

（二）标注项目用地范围的土地利用总体规划图、土地利用现状图及其他相关图件；

（三）属于《土地管理法》第二十六条规定情形，建设项目用地需修改土地利用总体规划的，应当出具规划修改方案。

第十条　符合本办法第七条规定的预审申请和第九条规定的初审转报件，国土资源主管部门应当受理和接收。不符合的，应当场或在五日内书面通知申请人和转报人，逾期不通知的，视为受理和接收。

受国土资源部委托负责初审的国土资源主管部门应当自受理之日起二十日内完成初审工作，并转报国土资源部。

第十一条　预审应当审查以下内容：

（一）建设项目用地是否符合国家供地政策和土地管理法律、法规规定的条件；

（二）建设项目选址是否符合土地利用总体规划，属《土地管理法》第二十六条规定情形，建设项目用地需修改土地利用总体规划的，规划修改方案是否符合法律、法规的规定；

（三）建设项目用地规模是否符合有关土地使用标准的规定；对国家和地方尚未颁布土地使用标准和建设标准的建设项目，以及确需突破土地使用标准确定的规模和功能分区的建设项目，是否已组织建设项目节地评价并出具评审论证意见。

占用基本农田或者其他耕地规模较大的建设项目，还应当审查是否已经组织踏勘论证。

第十二条　国土资源主管部门应当自受理预审申请或者收到转报材料之日起二十日内，完成审查工作，并出具预审意见。二十日内不能出具预审意见的，经负责预审的国土资源主管部门负责人批准，可以延长十日。

第十三条　预审意见应当包括对本办法第十一条规定内容的结论性意见和对建设用地单位的具体要求。

第十四条　预审意见是有关部门审批项目可行性研究报告、核准项目申请报告的必备文件。

第十五条　建设项目用地预审文件有效期为三年，自批准之日起计算。已经预审的项目，如需对土地用途、建设项目选址等进行重大调整的，应当重新申请预审。

未经预审或者预审未通过的，不得批复可行性研究报告、核准项目申请报告；不得批准农用地转用、土地征收，不得办理供地手续。预审审查的相关内容在建设用地报批时，未发生重大变化的，不再重复审查。

第十六条　本办法自2009年1月1日起施行。

建设用地审查报批管理办法

（1999年3月2日国土资源部令第3号发布　2010年11月30日国土资源部令第49号第一次修正　根据2016年11月29日国土资源部令第69号《国土资源部关于修改〈建设用地审查报批管理办法〉的决定》第二次修正）

第一条　为加强土地管理，规范建设用地审查报批工作，根据《中华人民共和国土地管理法》（以下简称《土地管理法》）、《中华人民共和国土地管理法实施条例》（以下简称《土地管理法实施条例》），制定本办法。

第二条　依法应当报国务院和省、自治区、直辖市人民政府批准的建设用地的申请、审查、报批和实施，适用本办法。

第三条　县级以上国土资源主管部门负责建设用地的申请受理、审查、报批工作。

第四条　在建设项目审批、核准、备案阶段，建设单位应当向建设项目批准机关的同级国土资源主管部门提出建设项目用地预审申请。

受理预审申请的国土资源主管部门应当依据土地利用总体规划、土地使用标准和国家土地供应政策，对建设项目的有关事项进行预审，出具建设项目用地预审意见。

第五条　在土地利用总体规划确定的城市建设用地范围外单独选址的建设项目使用土地的，建设单位应当向土地所在地的市、县国土资源主管部门提出用地申请。

建设单位提出用地申请时，应当填写《建设用地申请表》，并附具下列材料：

（一）建设项目用地预审意见；

（二）建设项目批准、核准或者备案文件；

（三）建设项目初步设计批准或者审核文件。

建设项目拟占用耕地的，还应当提出补充耕地方案；建设项目位于地质灾害易发区的，还应当提供地质灾害危险性评估报告。

第六条　国家重点建设项目中的控制工期的单体工程和因工期紧或者受季节影响急需动工建设的其他工程，可以由省、自治区、直辖市国土资源主管部门向国土资源部申请先行用地。

申请先行用地，应当提交下列材料：

（一）省、自治区、直辖市国土资源主管部门先行用地申请；

（二）建设项目用地预审意见；

（三）建设项目批准、核准或者备案文件；

（四）建设项目初步设计批准文件、审核文件或者有关部门确认工程建设的文件；

（五）国土资源部规定的其他材料。

经批准先行用地的，应当在规定期限内完成用地报批手续。

第七条 市、县国土资源主管部门对材料齐全、符合条件的建设用地申请，应当受理，并在收到申请之日起30日内拟订农用地转用方案、补充耕地方案、征收土地方案和供地方案，编制建设项目用地呈报说明书，经同级人民政府审核同意后，报上一级国土资源主管部门审查。

第八条 在土地利用总体规划确定的城市建设用地范围内，为实施城市规划占用土地的，由市、县国土资源主管部门拟订农用地转用方案、补充耕地方案和征收土地方案，编制建设项目用地呈报说明书，经同级人民政府审核同意后，报上一级国土资源主管部门审查。

在土地利用总体规划确定的村庄和集镇建设用地范围内，为实施村庄和集镇规划占用土地的，由市、县国土资源主管部门拟订农用地转用方案、补充耕地方案，编制建设项目用地呈报说明书，经同级人民政府审核同意后，报上一级国土资源主管部门审查。

报国务院批准的城市建设用地，农用地转用方案、补充耕地方案和征收土地方案可以合并编制，一年申报一次；国务院批准城市建设用地后，由省、自治区、直辖市人民政府对设区的市人民政府分期分批申报的农用地转用和征收土地实施方案进行审核并回复。

第九条 建设只占用国有农用地的，市、县国土资源主管部门只需拟订农用地转用方案、补充耕地方案和供地方案。

建设只占用农民集体所有建设用地的，市、县国土资源主管部门只需拟订征收土地方案和供地方案。

建设只占用国有未利用地，按照《土地管理法实施条例》第二十四条规定应由国务院批准的，市、县国土资源主管部门只需拟订供地方案；其他建设项目使用国有未利用地的，按照省、自治区、直辖市的规定办理。

第十条 建设项目用地呈报说明书应当包括用地安排情况、拟使用土地情况等，并应附具下列材料：

（一）经批准的市、县土地利用总体规划图和分幅土地利用现状图，占用基本农田的，同时提供乡级土地利用总体规划图；

（二）有资格的单位出具的勘测定界图及勘测定界技术报告书；

（三）地籍资料或者其他土地权属证明材料；

（四）为实施城市规划和村庄、集镇规划占用土地的，提供城市规划图和村庄、集镇规划图。

第十一条 农用地转用方案，应当包括占用农用地的种类、面积、质量等，以及符合规划计划、基本农田占用补划等情况。

补充耕地方案，应当包括补充耕地的位置、面积、质量，补充的期限，资金落实情况等，以及补充耕地项目备案信息。

征收土地方案，应当包括征收土地的范围、种类、面积、权属，土地补偿费和安置补助费标准，需要安置人员的安置途径等。

供地方案，应当包括供地方式、面积、用途等。

第十二条 有关国土资源主管部门收到上报的建设项目用地呈报说明书和有关方案后，对材料齐全、符合条件的，应当在5日内报经同级人民政府审核。同级人民政府审核同意后，逐级上报有批准权的人民政府，并将审查所需的材料及时送该级国土资源主管部门审查。

对依法应由国务院批准的建设项目用地呈报说明书和有关方案，省、自治区、直辖市人民政府必须提出明确的审查意见，并对报送材料的真实性、合法性负责。

省、自治区、直辖市人民政府批准农用地转用、国务院批准征收土地的，省、自治区、直辖市人民政府批准农用地转用方案后，应当将批准文件和下级国土资源主管部门上报的材料一并上报。

第十三条 有批准权的国土资源主管部门应当自收到上报的农用地转用方案、补充耕地方案、征收土地方案和供地方案并按规定征求有关方面意见后30日内审查完毕。

建设用地审查应当实行国土资源主管部门内部会审制度。

第十四条 农用地转用方案和补充耕地方案符合下列条件的，国土资源主管部门方可报人民政府批准：

（一）符合土地利用总体规划；

（二）确属必需占用农用地且符合土地利用年度计划确定的控制指标；

（三）占用耕地的，补充耕地方案符合土地整理开发专项规划且面积、质量符合规定要求；

（四）单独办理农用地转用的，必须符合单独选址条件。

第十五条 征收土地方案符合下列条件的，国土资源主管部门方可报人民政府批准：

（一）被征收土地界址、地类、面积清楚，权属无争议的；

（二）被征收土地的补偿标准符合法律、法规规定的；

（三）被征收土地上需要安置人员的安置途径切实可行。

建设项目施工和地质勘查需要临时使用农民集体所有的土地的，依法签订临时使用土地合同并支付临时使用土地补偿费，不得办理土地征收。

第十六条 供地方案符合下列条件的，国土资源主管部门方可报人民政府批准：

（一）符合国家的土地供应政策；

（二）申请用地面积符合建设用地标准和集约用地的要求；

（三）只占用国有未利用地的，符合规划、界址清楚、面积准确。

第十七条 农用地转用方案、补充耕地方案、征收土地方案和供地方案经有批准权的人民政府批准后，同级国土资源主管部门应当在收到批件后5日内将批复发出。

未按规定缴纳新增建设用地土地有偿使用费的，不予批复建设用地。其中，报国务院批准的城市建设用地，省、自治区、直辖市人民政府在设区的市人民政府按照有关规定缴纳新增建设用地土地有偿使用费后办理回复文件。

第十八条 经批准的农用地转用方案、补充耕地方案、征收土地方案和供地方案,由土地所在地的市、县人民政府组织实施。

第十九条 建设项目补充耕地方案经批准下达后,在土地利用总体规划确定的城市建设用地范围外单独选址的建设项目,由市、县国土资源主管部门负责监督落实;在土地利用总体规划确定的城市和村庄、集镇建设用地范围内,为实施城市规划和村庄、集镇规划占用土地的,由省、自治区、直辖市国土资源主管部门负责监督落实。

第二十条 征收土地公告和征地补偿、安置方案公告,按照《征收土地公告办法》的有关规定执行。

征地补偿、安置方案确定后,市、县国土资源主管部门应当依照征地补偿、安置方案向被征收土地的农村集体经济组织和农民支付土地补偿费、地上附着物和青苗补偿费,并落实需要安置农业人口的安置途径。

第二十一条 在土地利用总体规划确定的城市建设用地范围内,为实施城市规划占用土地的,经依法批准后,市、县国土资源主管部门应当公布规划要求,设定使用条件,确定使用方式,并组织实施。

第二十二条 以有偿使用方式提供国有土地使用权的,由市、县国土资源主管部门与土地使用者签订土地有偿使用合同,并向建设单位颁发《建设用地批准书》。土地使用者缴纳土地有偿使用费后,依照规定办理土地登记。

以划拨方式提供国有土地使用权的,由市、县国土资源主管部门向建设单位颁发《国有土地划拨决定书》和《建设用地批准书》,依照规定办理土地登记。《国有土地划拨决定书》应当包括划拨土地面积、土地用途、土地使用条件等内容。

建设项目施工期间,建设单位应当将《建设用地批准书》公示于施工现场。

市、县国土资源主管部门应当将提供国有土地的情况定期予以公布。

第二十三条 各级国土资源主管部门应当对建设用地进行跟踪检查。

对违反本办法批准建设用地或者未经批准非法占用土地的,应当依法予以处罚。

第二十四条 本办法自发布之日起施行。

建设部机关实施行政许可工作规程

(2004年6月30日 建法〔2004〕111号)

第一条 为规范建设部机关实施行政许可的工作程序,依据《中华人民共和国行政许可法》,结合部机关工作实际,制定本规程。

第二条 本规程适用于部机关直接实施的行政许可事项的办理。

第三条 部机关主管有关行政许可事项的各业务司局(以下简称主管司局),应当在办公场所、建设部网站公示以下内容:

(一)行政许可事项的依据、条件、数量、程序、期限;

(二)申请行政许可需要提交的全部资料目录;

(三)申请书示范文本;

(四)法律、法规、规章规定的其他内容。

申请人要求对公示内容予以说明、解释的,主管司局应当说明、解释,提供准确、可靠的信息。

第四条 主管司局应当创造条件,方便申请人通过信函、电报、电传、传真、电子数据交换和电子邮件等方式提出行政许可申请。

主管司局应当在建设部网站提供申请书格式文本免费下载服务。

第五条 主管司局收到行政许可申请后,应当根据下列情况分别作出处理:

(一)对依法不需要取得行政许可或者不属于本机关职权范围的行政许可申请,申请人隐瞒有关情况或者提供虚假材料申请行政许可的,即时制作《建设行政许可不予受理通知书》,发送申请人。

(二)对申请材料存在可以当场更正的错误的,应当允许申请人当场更正。

(三)对属于本机关受理的行政许可申请,即时制作《建设行政许可申请材料接收凭证》,发送申请人。

(四)对材料不齐全或者不符合法定形式的行政许可申请,应当当场或者在五日内制作《建设行政许可补正材料通知书》,发送申请人。逾期不告知的,自收到申请材料之日起即为受理。

(五)对属于本机关职权范围,材料(或补正材料)齐全、符合法定形式的行政许可申请,在五日内制作《建设行政许可受理通知书》,发送申请人。

申请人对其申请材料实质内容的真实性负责。主管司局不得要求申请人提交与其申请的行政许可事项无关的技术资料和其他材料。

第六条 依法应当先经省、自治区建设厅和直辖市建委及有关部门(以下简称省级主管部门)初审的行政许可,省级主管部门应当自受理申请之日起二十日内审查完毕,并在审查完毕后7日内将初审意见和全部申请材料直接报送建设部。

第七条 主管司局收到省级主管部门初审意见和全部申请材料,应即时制作《建设行政许可申请材料接收凭证》,发送初审机关经办人。

主管司局审查经初审后的申请材料,对材料齐全、符合法定形式的行政许可申请,自收到省级主管部门初审意见和全部申请材料之日起即为受理。主管司局不得要求申请人重复提供申请材料。如果经初审的申请材料仍不齐全或者不符合法定形式,主管司局应当在五日内制作《建设行政许可补正材料通知书》,直接发送申请人。

第八条 依法需要对申请材料的实质内容进行核实的,主管司局应当指派两名以上工作人员进行核查,并制作核查笔录。笔录应当场交当事人核对,并签名盖章。

第九条 实施行政许可需要听证的,按照《建设行政许可听证工作规定》的程序办理。

第十条 主管司局审查建设行政许可申请,对依法需要听证、检验、检测、鉴定、咨询评估、评审的,应当制作《建设行政许可特别程序通知书》,告知申请人所需时间,所需时间不计算在许可期限内。

第十一条 主管司局应当自受理行政许可申请之日起二十日内作出行政许可决定。情况复杂,不能在规定期限内作出决定的,经分管部长批准,可以延长十日,并制作《建设行政许可延期通知书》,发送申请人,说明延期理由。但是,法律、行政法规另有规定的,依照其规定。

第十二条 主管司局对行政许可申请进行审查后提出处理意见,报分管部长同意后,依法作出行政许可决定:

(一)对符合法定条件、标准的行政许可申请,制作《准予建设行政许可决定书》,发送申请人。

(二)对不符合法定条件、标准的或者申请人隐瞒有关情况或者提供虚假材料申请行政许可的,制作《不予建设行政许可决定书》,说明理由,并告知申请人享有依法申请行政复议或者提起行政诉讼的权利。

第十三条 建设部作出准予行政许可决定,需要颁发行政许可证件的,主管司局应当自作出决定之日起十日内向申请人颁发、送达行政许可证件。行政许可证件应加盖本行政机关印章。

第十四条 建设部作出的准予行政许可决定,主管司局应当在建设部网站等媒体予以公告,公众有权查阅。

第十五条 被许可人提出变更行政许可事项申请的,主管司局应当在二十日内依法办理变更手续。对不符合变更条件的,应当制作《不予变更建设行政许可决定书》,发送当事人。

第十六条 被许可人在行政许可有效期届满三十日前提出延续申请的,主管司局应当在该行政许可有效期届满前提出是否准予延续的意见,报分管部长同意后,制作《准予延续建设行政许可决定书》或《不予延续建设行政许可决定书》,发送当事人。逾期未作决定的,视为准予延续。

第十七条 建设部应当加强对省级主管部门实施行政许可的监督检查,及时纠正行政许可实施中的违法行为。

第十八条 主管司局应当按照《建设部机关对被许可人监督检查的规定》,加强对被许可人从事行政许可事项活动情况的监督检查。

第十九条 主管司局根据利害关系人的请求或者依据职权,可以依法撤销、注销行政许可,制作《撤销建设行政许可决定书》、《注销建设行政许可决定书》,发送当事人。

撤销建设行政许可涉及应当由建设部行政赔偿的,赔偿费用按照国家有关规定办理。

第二十条 发生下列情形之一的,主管司局可以依法变更或者撤回已经生效的行政许可,制作《变更、撤回建设行政许可决定书》,发送被许可人。

(一)建设行政许可所依据的法律、法规、规章修改或者废止。

(二)准予行政许可所依据的客观情况发生重大变化的。

变更、撤回建设行政许可给被许可人造成财产损失的,应当依法给予补偿。

第二十一条 部机关工作人员违法实施行政许可,依照《建设部机关行政许可责任追究办法》予以处理。

第二十二条 主管司局应当听取公民、法人或者其他组织就建设行政许可的设定和实施提出的意见和建议,适时组织专家对建设行政许可的实施情况及存在的必要性进行评价。

第二十三条 建设行政许可各类文书中,《建设行政许可申请材料接收凭证》、《建设行政许可不予受理通知书》、《建设行政许可补正材料通知书》、《建设行政许可受理通知书》、《建设行政许可特别程序告知书》、《建设行政许可听证公告》、《建设行政许可听证告知书》、《建设行政许可听证通知书》由主管司局司长签发,其他由分管部长签发。

第二十四条 主管司局实施行政许可和对被许可人进行监督检查,不得收取任何费用。但法律、行政法规另有规定的,依照其规定。

第二十五条 主管司局制作建设行政许可各类文书,应当执行《建设行政许可文书示范文本》(见附件),由主管司局统一编号,并加盖建设部行政许可专用印章。

第二十六条 本规程自2004年7月1日起实施。

附件:建设行政许可文书示范文本(略)

一、建设行政许可申请材料接收凭证

二、建设行政许可不予受理通知书(许可法第三十二条)

三、建设行政许可补正材料通知书(许可法第三十二条)

四、建设行政许可受理通知书(许可法第三十二条)

五、建设行政许可延期通知书(许可法第四十二条)

六、建设行政许可特别程序告知书(许可法第四十五条)

七、建设行政许可听证公告(许可法第四十六条)

八、建设行政许可听证告知书(许可法第四十七条)

九、建设行政许可听证通知书(许可法第四十八条)

十、准予建设行政许可决定书(许可法第三十八条)

十一、不予建设行政许可决定书（许可法第三十八条）

十二、不予变更建设行政许可决定书（许可法第四十九条）

十三、准予延续建设行政许可决定书（许可法第五十条）

十四、不予延续建设行政许可决定书（许可法第五十条）

十五、撤销建设行政许可决定书（许可法第六十九条）

十六、注销建设行政许可决定书（许可法第七十条）

十七、变更、撤回建设行政许可决定书（许可法第八条）

建设部机关对被许可人监督检查的规定

（2004年6月30日　建法〔2004〕110号）

第一条　为加强对被许可人从事行政许可事项活动情况的监督检查，及时制止和纠正违法从事行政许可事项的活动，维护公共利益和社会秩序，依据《中华人民共和国行政许可法》和有关法律法规，结合部机关工作实际，制定本规定。

第二条　本规定适用于建设部机关实施的行政许可事项。

第三条　部机关直接承办行政许可事项的司局和部稽查特派员办公室（以下简称承办司局）负责对被许可人的监督检查，并依据法律、法规和有关规定，会同有关部门处理被许可人从事行政许可事项活动的违法、违规行为。

第四条　承办司局应当主要通过书面检查，核查反映被许可人从事行政许可事项活动情况的有关资料，履行监督检查职责。

通过书面检查方式尚不能满足监督检查要求，或者根据对具体事项监督检查的实际需要，承办司局可以依法进行抽样检查、检验、检测或实地检查。

第五条　承办司局应当创造条件，充分利用公共信息网络资源和电子政务系统，实现与被许可人、地方建设行政主管部门和其他有关行政机关的计算机档案系统互联，核查被许可人从事行政许可事项活动情况。

承办司局实施对被许可人的监督检查，需要被许可人提供相关材料的，应当允许被许可人通过信函、电报、电传、传真、电子数据交换和电子邮件等方式提供。

第六条　承办司局要建立对被许可人从事行政许可事项活动实施监督检查情况的书面记录和归档制度。书面记录应登载以下信息：

（一）被许可人名称、地址；

（二）准予许可的事项；

（三）准予许可的有效期；

（四）被许可人申报的业绩、资历等有关材料；

（五）实施监督检查情况；

（六）监督检查结果；

（七）承办司局认为需要登载的其他信息。

书面记录由监督检查人员签字后归档。公众有权查阅监督检查书面记录档案。

承办司局应当指定人员管理监督检查记录档案，并负责接待公众查阅的工作。

第七条　承办司局要在书面记录和归档制度的基础上，建立被许可人从事行政许可事项活动的不良信用公告制度。凡经核实的被许可人违法从事行政许可事项活动的情况，均应载入该被许可人的不良信用记录，并依法予以公开披露。

第八条　承办司局要建立健全与省级建设主管部门之间有关被许可人从事行政许可事项情况的书面告知工作机制。省级建设主管部门应当将由建设部许可的被许可人违法从事行政许可事项活动的事实、处理结果及建议等，及时报告建设部，由建设部对该许可事项依法作出处理。

第九条　建立健全公众举报制度。承办司局要公布专门的监督举报电话、电子信箱等，并指定人员负责受理公众有关被许可人从事行政许可事项情况的举报。承办司局在接到举报后，应当及时组织对有关事项进行核实和处理。

第十条　承办司局要建立健全依法撤销、注销行政许可的工作机制，对各项准予行政许可的事项实施动态管理，及时根据利害关系人的请求或依据职权，撤销有关行政许可，及时依法办理有关行政许可的注销手续。

第十一条　对被许可人实施监督检查，应当本着公开、公平、公正的原则，着眼于提高管理效能。不得妨碍被许可人正常的生产经营活动，不得索取或者收受被许可人的财物，不得谋取其他利益。工作人员对被许可人实施监督检查中的违法违规行为，依照法律法规和《建设部机关行政许可责任追究办法》的有关规定处理。

第十二条　本规定自2004年7月1日起实施。

建设部机关行政许可责任追究办法

（2004年6月30日　建法〔2004〕109号）

第一条　为加强对建设部机关实施行政许可的管理和监督，保证部机关及其工作人员公正、廉洁、高效地实施行政许可，依据《中华人民共和国行政许可法》和有关法律法规，结合部机关的工作实际，制定本办法。

第二条　本办法适用于部机关国家公务员和法律、行政法规授权实施建设行政许可组织的工作人员。

第三条　部机关党委、人事司受理对部机关国家公务员和部机关任命的其他人员实施行政许可的违法违纪行为的举报和投诉。

举报和投诉的受理电话、电子信箱应当公开。

第四条　部机关党委、人事司负责对有关举报、投诉的调查，根据对举报、投诉的查实结果，依照本办法提出对直接负责的主管人员和其他直接责任人的责任追究意见，会同有关部门按照干部管理权限和行政处分审批权限的规定，实施责任追究。

第五条　行政许可责任追究方式分为：

（一）责令作出书面检查；

（二）通报批评；

（三）当年考评为基本称职或不称职；

（四）调离工作岗位；

（五）给予行政处分。

以上追究方式可以单处或并处。

第六条　实施行政许可过程中有下列情形之一的，责令改正；对直接负责的主管人员和其他直接责任人追究责任：

（一）对符合法定条件的行政许可申请不予受理的；

（二）不在办公场所公示依法应当公示的材料的；

（三）在受理、审查、决定行政许可过程中，未向申请人、利害关系人履行法定告知义务的；

（四）申请人提交的申请材料不齐全、不符合法定形式，不一次告知申请人必须补正的全部内容的；

（五）未依法说明不受理行政许可申请或者不予行政许可的理由的；

（六）依法应当举行听证而不举行听证的。

第七条　本办法第六条所列情形中，工作人员主动发现并及时纠正错误、未给部机关和行政管理相对人造成损失或不良影响的，经批评教育，可免予追究责任。

第八条　本办法第六条所列情形中，情节较轻，经责令改正后，给机关和行政管理相对人造成损害和影响较小的，对直接负责的主管人员和其他直接责任人，责令作出书面检查，给予通报批评，当年考评为基本称职。

第九条　本办法第六条所列情形中，情节严重，虽经责令改正，仍给部机关和行政管理相对人造成损害和不良影响的，对直接负责的主管人员和其他直接责任人，当年考评为不称职，调离工作岗位，给予行政警告处分。

第十条　实施行政许可过程中有下列情形之一的，责令改正，对直接负责的主管人员和其他直接责任人，当年考评为不称职，调离工作岗位，给予行政警告至记大过处分；情节严重的，给予行政降级至开除处分；构成犯罪的，依法追究刑事责任：

（一）对不符合法定条件的申请人准予行政许可或者超越法定职权作出准予行政许可决定的；

（二）对符合法定条件的申请人不予行政许可或者不在法定期限内作出准予行政许可决定的；

（三）依法应当根据招标、拍卖结果或者考试成绩择优作出准予行政许可决定，未经招标、拍卖或者考试，或者不根据招标、拍卖结果或者考试成绩择优作出准予行政许可决定的。

第十一条　机关工作人员办理行政许可、实施监督检查，索取或者收受他人财物或者谋取其他利益，构成犯罪的，依法追究刑事责任；尚不构成犯罪的，对直接负责的主管人员和其他直接责任人，给予行政撤职至开除处分。

第十二条　实施行政许可，擅自收费或者不按照法定项目和标准收费的，责令退还非法收取的费用；对直接负责的主管人员和其他直接责任人，调离工作岗位，给予行政记过至记大过处分。

截留、挪用、私分或者变相私分实施行政许可依法收取的费用的，依法予以追缴；对直接负责的主管人员和其他直接责任人，给予行政降级至开除处分；构成犯罪的，依法追究刑事责任。

第十三条　主管司局不依法履行监督职责或者监督不力，造成严重后果的，责令改正，对直接负责的主管人员和其他直接责任人，给予行政降级至撤职处分；构成犯罪的，依法追究刑事责任。

第十四条　领导干部利用职权或者职务上的影响，授意、指示、强令实施行政许可的机关、单位及其工作人员违反规定许可，或者违反规定插手干预行政许可事项，情节较轻的，给予行政警告至记大过处分；情节较重的，给予行政降级至撤职处分；情节严重的，给予行政开除处分。

第十五条　有下列情形之一的，工作人员不承担行政许可责任：

（一）行政管理相对人弄虚作假，致使工作人员无法作出正确判断的；

（二）法律、法规、规章和内部行政管理制度未作规定或规定不具体，致使行政机关工作人员理解错误的；

（三）因不可抗力导致行政许可过错发生的；

（四）其他不承担行政许可责任的情形。

第十六条　行政许可责任人，干扰、阻碍、不配合对其实施行政许可行为进行调查的，或者对投诉人、检举人、控告人打击、报复、陷害的，依照有关法律法规的规定处理。

第十七条　行政许可责任人，有陈述权和申辩权。行政许可责任人对行政处分决定不服的，依照《中华人民共和国行政监察法》和《国家公务员暂行条例》的有关规定办理。

第十八条　本办法自2004年7月1日起施行。

建设行政许可听证工作规定

（2004年6月30日　建法〔2004〕108号）

第一条　为规范建设行政管理行为，促进科学决策和民主决策，保护公民、法人和其他组织的合法权益，依据《中华人民共和国行政许可法》和有关法律法规，制定本规定。

第二条　县级以上人民政府建设主管部门及有关部门或法律法规授权的组织(以下简称主管机关),实施行政许可组织听证的,适用本规定。

第三条　法律、法规、规章规定实施行政许可应当听证的事项,或者主管机关认为需要听证的其他涉及公共利益的重大行政许可事项,主管机关应当向社会公告,并举行听证。

第四条　主管机关在作出行政许可决定前,应当审查该许可事项是否直接涉及申请人与他人之间重大利益关系;直接涉及的,应当告知申请人、利害关系人享有要求听证的权利,必要时可发布公告。

申请人、利害关系人在被告知听证权利或公告发布之日起五日内,提出听证申请的,主管机关应当在二十日内组织听证。

第五条　主管机关对第三条规定的事项举行听证的,应当在举行听证会三十日前,向社会公告听证会的时间、地点、内容、听证会代表产生办法、申请参加听证会须知。

符合主管机关规定条件的公民、法人和其他组织,均可申请或推选代表申请参加听证会。

主管机关按照听证公告规定的代表产生办法,根据拟听证事项及公民、法人和其他组织的申请情况,确定听证会代表;确定的听证会代表应当具有广泛性、代表性。

第六条　主管机关对第四条规定的事项组织听证的,应当公布确定利害关系人的原则。拟听证的许可事项涉及利害关系人较多的,可由利害关系人推举或通过抽签等方式确定参加听证的代表。

第七条　听证由主管机关内经办行政许可事项的机构或法制工作机构具体组织。

第八条　组织听证,应当遵循公开、公平、公正和便民的原则,充分听取公民、法人和其他组织的意见,保证其陈述意见、质证和申辩的权利。

第九条　行政许可听证,除涉及国家秘密、商业秘密或者个人隐私外,应公开举行。

第十条　听证工作人员包括听证主持人、记录员,必要时可设一至三名听证员。

第十一条　听证主持人、记录员以及必要的听证员由主管机关指定。主管机关应当指定直接审查该行政许可申请的工作人员以外的人员为听证主持人。

听证主持人与听证事项有直接利害关系的,应当主动申请回避。申请人、利害关系人认为听证主持人与听证事项有直接利害关系的,有权申请回避。申请人、利害关系人申请听证主持人回避,听证主持人与听证事项确有直接利害关系的,听证主持人应当回避。

第十二条　主管机关应制作《听证通知书》,并在举行听证七日前将《听证通知书》送听证会代表或许可申请人、利害关系人。

《听证通知书》应当载明下列事项:

(一)听证的事由与依据;

(二)听证的时间、地点;

(三)听证主持人、记录员、听证员的姓名、职务;

(四)听证会代表或许可申请人和利害关系人的权利与义务;

(五)注意事项;

第十三条　听证所需时间不计算在行政许可办理期限内。主管机关应当将所需时间书面告知许可申请人。

第十四条　听证会按下列程序进行:

(一)听证主持人核实听证参加人的身份和到场情况;

(二)听证主持人介绍记录员、听证员的姓名、工作单位及职务,告知听证参加人的权利和义务,宣布听证开始;

(三)听证主持人宣读听证纪律和听证会场有关注意事项;

(四)审查该行政许可事项的工作人员提出审查意见并陈述理由,提供有关依据、证据等材料。

(五)许可申请人、利害关系人提出维护其合法权益的事实、理由和依据,或者听证会代表对听证事项发表意见;

(六)有关各方进行申辩和质证;

(七)最后陈述;

(八)听证笔录交听证参加人确认无误或者补正后签字或者盖章。无正当理由又拒绝签字或者盖章的,记录员应记明情况;

(九)听证主持人宣布听证结束。

第十五条　听证笔录应当载明下列内容:

(一)听证事项名称;

(二)听证主持人、记录员、听证员的姓名、职务;

(三)听证参加人的姓名或名称、地址以及职业、职务等基本情况;

(四)听证会举行的时间、地点、方式;

(五)经办机构工作人员提出的审查意见及陈述的理由;

(六)许可申请人、利害关系人提出的事实、理由和依据,或者听证会代表发表的意见;

(七)有关各方进行申辩和质证的内容;

(八)听证参加人的签字或者盖章,或者听证参加人拒绝签字或者盖章的情况说明;

(九)听证主持人对听证活动中有关事项的处理情况;

(十)听证主持人认为需载明的其他事项。

第十六条　主管机关应当根据听证笔录作出行政许可决定,听证参加人有权查阅听证笔录。

第十七条　有下列情形之一的,可以延期举行听证:

(一)因不可抗力导致听证无法按期举行的;

(二)当事人申请延期,有正当理由的;

(三)可以延期的其他情形。

延期听证的，主管机关应当书面通知听证参加人，说明理由。

延期听证的情形消失后，主管机关应当在五日内举行听证，并书面通知听证参加人。

第十八条 有下列情形之一的，中止听证：

（一）听证主持人认为听证过程中提出新的事实、理由和依据或者提出的事实有待调查核实的；

（二）因不可抗力导致听证参加人无法继续参加听证的；

（三）应当中止听证的其他情形。

中止听证的，主管部门应当书面通知听证参加人，说明理由。

中止听证的情形消失后，主管机关应当在五日内恢复听证，并书面通知听证参加人。

第十九条 有下列情形之一的，终止听证：

（一）申请人撤回听证申请或在听证过程中声明退出的；

（二）申请人无正当理由不到场的，或者未经听证主持人允许中途退场的；

（三）有权申请听证的公民死亡，没有继承人，或者继承人放弃听证权利的；

（四）有权申请听证的法人或者其他组织终止，承受其权利的法人或者组织放弃听证权利的；

（五）需要终止听证的其他情形。

终止听证的，主管机关应当书面通知听证参加人。

终止听证后，由主管机关依法作出行政许可决定。

第二十条 组织听证所需经费由主管机关承担，列入主管部门预算；组织听证必需的场地、设备、工作条件，由主管机关给予保障。听证事项的申请人、利害关系人不承担主管机关组织听证的费用；主管机关不得向听证参加人收取或者变相收取任何费用。

第二十一条 对违反行政许可法和本规定，不履行法定告知听证义务、不举行依法或依申请应当举行的听证，以及组织听证中的违法违规行为，依照法律法规和行政许可责任追究的有关规定，追究有关人员的责任。

第二十二条 本规定自2004年7月1日起施行。

住房城乡建设行政复议办法

（2015年9月7日住房和城乡建设部令第25号公布 自2015年11月1日起施行）

第一章 总 则

第一条 为规范住房城乡建设行政复议工作，防止和纠正违法或者不当的行政行为，保护公民、法人和其他组织的合法权益，根据《中华人民共和国行政复议法》和《中华人民共和国行政复议法实施条例》等相关规定，制定本办法。

第二条 公民、法人和其他组织（以下统称申请人）依法向住房城乡建设行政复议机关申请行政复议，住房城乡建设行政复议机关（以下简称行政复议机关）开展行政复议工作，适用本办法。

第三条 行政复议机关应当认真履行行政复议职责，遵循合法、公正、公开、及时、便民的原则，坚持有错必纠，保障法律、法规和规章的正确实施。

行政复议机关应当依照有关规定配备专职行政复议人员，为行政复议工作提供必要的物质和经费保障。

第四条 行政复议机关负责法制工作的机构作为行政复议机构，办理行政复议有关事项，履行下列职责：

（一）受理行政复议申请；

（二）向有关组织和人员调查取证，查阅文件和资料，组织行政复议听证；

（三）通知第三人参加行政复议；

（四）主持行政复议调解，审查行政复议和解协议；

（五）审查申请行政复议的行政行为是否合法与适当，提出处理建议，拟订行政复议决定；

（六）法律、法规、规章规定的其他职责。

第五条 行政复议机关可以根据行政复议工作的需要，设立行政复议委员会，其主要职责是：

（一）制定行政复议工作的规则、程序；

（二）对重大、复杂、疑难的行政复议案件提出处理意见；

（三）对行政复议涉及的有权处理的规范性文件的审查提出处理意见；

（四）其他需要决定的重大行政复议事项。

第六条 专职行政复议人员应当具备与履行行政复议职责相适应的品行、专业知识和业务能力，定期参加业务培训。

第七条 国务院住房城乡建设主管部门对全国住房城乡建设行政复议工作进行指导。

县级以上地方人民政府住房城乡建设主管部门对本行政区域内的住房城乡建设行政复议工作进行指导。

第八条 各级行政复议机关应当定期总结行政复议工作，对在行政复议工作中做出显著成绩的单位和个人，依照有关规定给予表彰和奖励。

第二章 行政复议申请

第九条 有下列情形之一的，申请人可以依法向住房城乡建设行政复议机关提出行政复议申请：

（一）不服县级以上人民政府住房城乡建设主管部门作出的警告，罚款，没收违法所得，没收违法建筑物、构筑物和其他设施，责令停业整顿，责令停止执业，降低资质等级，吊销资质证书，吊销执业资格证书和其他许可证、执照等行政处罚的；

（二）不服县级以上人民政府住房城乡建设主管部门作

出的限期拆除决定和强制拆除违法建筑物、构筑物、设施以及其他住房城乡建设相关行政强制行为的；

（三）不服县级以上人民政府住房城乡建设主管部门作出的行政许可决定以及行政许可的变更、延续、中止、撤销、撤回和注销决定的；

（四）向县级以上人民政府住房城乡建设主管部门申请履行法律、法规和规章规定的法定职责，但认为县级以上人民政府住房城乡建设主管部门没有依法履行的；

（五）认为县级以上人民政府住房城乡建设主管部门违法要求履行其他义务的；

（六）认为县级以上人民政府住房城乡建设主管部门的其他具体行政行为侵犯其合法权益的。

第十条　有下列情形之一的，申请人提出行政复议申请，行政复议机关不予受理：

（一）不服县级以上人民政府住房城乡建设主管部门作出的行政处分、人事任免有关决定，或者认为住房城乡建设主管部门应当履行但未依法履行有关行政处分、人事任免职责的；

（二）不服县级以上人民政府住房城乡建设主管部门对有权处理的信访事项，根据《信访条例》作出的处理意见、复查意见、复核意见和不再受理决定的；

（三）不服县级以上人民政府住房城乡建设主管部门制定的规范性文件，以及作出的行政调解行为、行政和解行为、行政复议决定的；

（四）以行政复议申请名义，向行政复议机关提出批评、意见、建议、控告、检举、投诉，以及其他信访请求的；

（五）申请人已就同一事项先向其他有权受理的行政复议机关提出行政复议申请的，或者人民法院已就该事项立案登记的；

（六）被复议的行政行为已为其他生效法律文书的效力所羁束的；

（七）法律、法规规定的不应纳入行政复议范围的其他情形。

第十一条　申请人书面申请行政复议的，可以采取当面递交、邮寄等方式，向行政复议机关提交行政复议申请书及有关材料；书面申请确有困难的，可以口头申请，由行政复议机关记入笔录，经由申请人核实后签名或者盖章确认。有条件的行政复议机关，可以提供行政复议网上申请的有关服务。

申请人不服县级以上人民政府住房城乡建设主管部门作出的两个及两个以上行政行为的，应当分别提出行政复议申请。

第十二条　申请人以书面方式申请行政复议的，应当提交行政复议申请书正本副本各一份。复议申请书应当载明下列内容：

（一）申请人姓名或者名称、地址；

（二）被申请人的名称、地址；

（三）行政复议请求；

（四）主要事实和理由（包括知道行政行为的时间）；

（五）提出行政复议申请的日期。

复议申请书应当由申请人或者申请人的法定代表人签字或者盖章，并附有必要的证据。申请人为自然人的，应当提交身份证件复印件；申请人为法人或者其他组织的，应当提交有效营业执照或者其他有效证件的复印件、法定代表人身份证明等。申请人授权委托人代为申请的，应当提交申请人与委托人的合法身份证明和授权委托书。

第十三条　申请人认为行政行为侵犯其合法权益的，可以自知道或者应当知道该行政行为之日起60日内提出行政复议申请；但是法律规定的申请期限超过60日的除外。因不可抗力或者其他正当理由耽误法定申请期限的，申请期限自障碍消除之日起继续计算。

申请人认为行政机关不履行法定职责的，可以在法律、法规、规章规定的履行期限届满后，按照前款规定提出行政复议申请；法律、法规、规章没有规定履行期限的，可以自向行政机关提出申请满60日后，按照前款规定提出行政复议申请。

对涉及不动产的行政行为从作出之日起超过20年、其他行政行为从作出之日起超过5年申请行政复议的，行政复议机关不予受理。

第十四条　有下列情形之一的，申请人应当提供相应的证明材料：

（一）认为被申请人行政不作为的，应当提供曾经要求被申请人履行法定职责而被申请人未履行的证明材料；

（二）行政复议申请超出本办法第十三条规定的行政复议申请期限的，应当提供因不可抗力或者其他正当理由耽误法定申请期限的证明材料；

（三）提出行政赔偿请求的，应当提供受行政行为侵害而造成损害的证明材料；

（四）法律、法规和规章规定需要申请人提供证明材料的其他情形。

第十五条　与行政行为有利害关系的其他公民、法人或者其他组织以书面形式提出申请，经行政复议机关审查同意，可以作为第三人参加行政复议。

行政复议机关认为必要时，也可以通知与行政行为有利害关系的其他公民、法人或者其他组织作为第三人参加行政复议。

第三人不参加行政复议的，不影响行政复议审查。

第十六条　申请人、被申请人、第三人可以委托一至两人作为复议代理人。下列人员可以被委托为复议代理人：

（一）律师、基层法律服务工作者；

（二）申请人、第三人的近亲属或者工作人员；

（三）申请人、第三人所在社区、单位及有关社会团体推荐的公民。

申请人、被申请人、第三人委托代理人参加行政复议的，应当向行政复议机关提交由委托人签字或者盖章的委托书，委托书应当载明委托事项和具体权限；解除或者变更委托的，应当书面通知行政复议机关。

第三章　行政复议受理

第十七条　行政复议机关收到行政复议申请后，应当在5日内进行审查，对不符合本办法第十八条规定的行政复议申请，决定不予受理，并书面告知申请人；对不属于本机关受理的行政复议申请，应当告知申请人向有关行政复议机关提出。

除前款规定外，行政复议申请自行政复议机构收到之日起即为受理。

第十八条　行政复议机关对符合下列条件的行政复议申请，应当予以受理：

（一）有明确的申请人和符合规定的被申请人；

（二）申请人与行政行为有利害关系；

（三）有具体的行政复议请求和理由；

（四）在法定申请期限内提出；

（五）属于本办法规定的行政复议范围；

（六）属于收到行政复议申请的行政复议机构的职责范围；

（七）申请人尚未就同一事项向其他有权受理的行政复议机关提出行政复议申请，人民法院尚未就申请人同一事项立案登记的；

（八）符合法律、法规规定的其他条件。

第十九条　行政复议申请材料不齐全或者表述不清楚的，行政复议机构可以自收到该行政复议申请之日起5日内书面通知申请人补正。补正通知书应当载明下列事项：

（一）行政复议申请书中需要补充、说明、修改的具体内容；

（二）需要补正的材料、证据；

（三）合理的补正期限；

（四）逾期未补正的法律后果。

申请人应当按照补正通知书要求提交补正材料。申请人无正当理由逾期不补正的，视为放弃行政复议申请。申请人超过补正通知书载明的补正期限补正，或者补正材料不符合补正通知书要求的，行政复议机关可以不予受理其行政复议申请。

补正申请材料所用时间不计入行政复议审理期限。

第二十条　行政复议机关应当自行政复议申请受理之日起7日内，向被申请人发出答复通知书，并将行政复议申请书副本或者行政复议申请笔录复印件发送被申请人。被申请人应当自收到答复通知书之日起10日内，提出书面答复。

第二十一条　被申请人的书面答复应当载明以下内容：

（一）被申请人的基本情况；

（二）作出行政行为的过程和相关情况；

（三）作出行政行为的事实依据和有关证据材料；

（四）对申请人提出的事实和理由进行答辩；

（五）作出行政行为所依据的法律、法规、规章和规范性文件；

（六）作出答复的时间。

第四章　行政复议审查

第二十二条　行政复议案件原则上采取书面审查的办法。行政复议机关认为必要，或者申请人提出听证要求经行政复议机关同意的，可以采取听证的方式审查。听证所需时间不计入行政复议审理期限。

行政复议机关决定举行听证的，应当于举行听证5日前将举行听证的时间、地点、具体要求等事项，通知申请人、被申请人和第三人。申请人超过5人的，应当推选1至5名代表参加听证。申请人无正当理由不参加听证或者未经许可中途退出听证的，视为自动放弃听证权利，听证程序终止；第三人不参加听证的，不影响听证的举行；被申请人必须参加听证。

行政复议机关认为必要的，可以实地调查核实。被调查单位和人员应当予以配合，不得拒绝或者阻挠。

第二十三条　两个及两个以上的复议申请人不服县级以上人民政府住房城乡建设主管部门作出的一个行政行为或者基本相同的多个行政行为，向行政复议机关分别提起多件行政复议申请的，行政复议机关可以合并审理。

第二十四条　在行政复议中，被申请人应当对其作出的行政行为承担举证责任，对其提交的证据材料应当分类编号，对证据材料的来源、证明对象和内容作简要说明。

第二十五条　行政复议机关审查行政复议案件，应当以证据证明的案件事实为依据。定案证据应当具有合法性、真实性和关联性。

第二十六条　行政复议机关应当对被申请人作出的行政行为的下列事项进行审查：

（一）是否具有相应的法定职责；

（二）主要事实是否清楚，证据是否确凿；

（三）适用依据是否正确；

（四）是否符合法定程序；

（五）是否超越或者滥用职权；

（六）是否存在明显不当。

第二十七条　行政复议机关对申请人认为被申请人不履行法定职责的行政复议案件，应当审查下列事项：

（一）申请人是否曾经要求被申请人履行法定职责；

（二）被申请人是否具有法律、法规或者规章明确规定的具体法定职责；

（三）被申请人是否明确表示拒绝履行或者不予答复；

（四）是否超过法定履行期限；

（五）被申请人提出不能在法定期限内履行或者不能及时履行的理由是否正当。

第二十八条　行政复议决定作出前，申请人可以撤回行政复议申请。

申请人撤回行政复议申请的，不得再以同一事实和理由提出行政复议申请。但是，申请人能够证明撤回行政复议申请违背其真实意思表示的除外。

第二十九条　行政复议机关中止、恢复行政复议案件的审理，或者终止行政复议的，应当书面通知申请人、被申请人和第三人。

第五章　行政复议决定

第三十条　行政行为认定事实清楚，证据确凿，适用依据正确，程序合法，内容适当的，行政复议机关应当决定维持。

第三十一条　行政行为有下列情形之一的，行政复议机关应当决定撤销：

（一）主要事实不清，证据不足的；

（二）适用依据错误的；

（三）违反法定程序的；

（四）超越或者滥用职权的；

（五）行政行为明显不当的。

第三十二条　行政行为有下列情形之一的，行政复议机关可以决定变更该行政行为：

（一）认定事实清楚，证据确凿，程序合法，但是明显不当或者适用依据错误的；

（二）认定事实不清，证据不足，经行政复议程序审理查明事实清楚，证据确凿的。

第三十三条　有下列情形之一的，行政复议机关应当决定驳回行政复议申请：

（一）申请人认为被申请人不履行法定职责申请行政复议，行政复议机关受理后发现被申请人没有相应法定职责或者在受理前已经履行法定职责的；

（二）行政复议机关受理行政复议申请后，发现该行政复议申请不属于本办法规定的行政复议受案范围或者不符合受理条件的；

（三）被复议的行政行为，已为人民法院或者行政复议机关作出的生效法律文书的效力所羁束的；

（四）法律、法规和规章规定的其他情形。

第三十四条　有下列情形之一的，行政复议机关应当决定被申请人在一定期限内履行法定职责：

（一）属于被申请人的法定职责，被申请人明确表示拒绝履行或者不予答复的；

（二）属于被申请人的法定职责，并有法定履行期限，被申请人无正当理由逾期未履行或者未予答复的；

（三）属于被申请人的法定职责，没有履行期限规定，被申请人自收到申请满60日起无正当理由未履行或者未予答复的。

前款规定的法定职责，是指县级以上人民政府住房城乡建设主管部门根据法律、法规或者规章的明确规定，在接到申请人的履责申请后应当履行的职责。

第三十五条　行政行为有下列情形之一的，行政复议机关应当确认违法，但不撤销或者变更行政行为：

（一）行政行为依法应当撤销或者变更，但撤销或者变更该行政行为将会给国家利益、社会公共利益造成重大损害的；

（二）行政行为程序轻微违法，但对申请人权利不产生实际影响的；

（三）被申请人不履行法定职责或者拖延履行法定职责，判令履行没有意义的；

（四）行政行为违法，但不具有可撤销、变更内容的；

（五）法律、法规和规章规定的其他情形。

第三十六条　被申请人在复议期间改变原行政行为的，应当书面告知行政复议机关。

被申请人改变原行政行为，申请人撤回行政复议申请的，行政复议机关准予撤回的，行政复议终止；申请人不撤回行政复议申请的，行政复议机关经审查认为原行政行为违法的，应当作出确认其违法的行政复议决定；认为原行政行为合法的，应当驳回行政复议申请。

第三十七条　行政复议机关决定撤销行政行为，可以责令被申请人在一定期限内重新作出行政行为。重新作出行政行为的期限自《行政复议决定书》送达之日起最长不超过60日，法律、法规、规章另有规定的除外。

行政复议机关确认行政行为违法的，可以责令被申请人采取相应的补救措施。

申请人对行政机关重新作出的行政行为不服，可以依法申请行政复议或者提起行政诉讼。

第三十八条　行政复议机关在申请人的行政复议请求范围内，不得作出对申请人更为不利的行政复议决定。但利害关系人同为申请人，且行政复议请求相反的除外。

第三十九条　申请人与被申请人在行政复议决定作出前，依法自愿达成和解的，由申请人按照本办法规定向行政复议机关撤回行政复议申请。和解内容不得损害国家利益、社会公共利益和他人合法权益。

第四十条　有下列情形之一的，行政复议机关可以按照自愿、合法的原则进行调解：

（一）申请人对行政机关行使法律、法规规定的自由裁量权作出的行政行为不服申请行政复议的；

（二）当事人之间的行政赔偿或者行政补偿纠纷。

经调解达成协议的，行政复议机关应当制作行政复议调解书。行政复议调解书经双方当事人签字，即具有法律效力。调解未达成协议或者调解书送达前一方反悔的，行政复议机关应当及时作出行政复议决定。

第四十一条 行政复议文书有笔误的，行政复议机关可以对笔误进行更正。

第四十二条 申请人、第三人在行政复议期间以及行政复议决定作出之日起 90 日内，可以向行政复议机关申请查阅被申请人提出的书面答复、作出行政行为的证据、依据和其他有关材料，除涉及国家秘密、商业秘密或者个人隐私外，行政复议机关不得拒绝。查阅应当依照下列程序办理：

（一）申请人、第三人应当至少提前 5 日向行政复议机关预约时间；

（二）查阅时，申请人、第三人应当出示身份证件，行政复议机关工作人员应当在场；

（三）申请人、第三人不得涂改、毁损、拆换、取走、增添查阅材料；未经复议机关同意，不得进行复印、翻拍、翻录。

申请人、第三人通过政府信息公开方式，向县级以上人民政府住房城乡建设部门申请公开被申请人提出的书面答复、作出行政行为的证据、依据和其他有关材料的，县级以上人民政府住房城乡建设部门可以告知申请人、第三人按照前款规定申请查阅。

申请人、第三人以外的其他人，或者申请人、第三人超过规定期限申请查阅被申请人提出的书面答复、作出行政行为的证据、依据和其他有关材料的，行政复议机关可以不予提供查阅。

第四十三条 行政复议机关应当推进信息化建设，研究开发行政复议信息系统，逐步实现行政复议办公自动化和行政复议档案电子化。

第四十四条 行政复议案件审查结束后，行政复议机关应当及时将案卷进行整理归档。

第六章 行政复议监督

第四十五条 被申请人应当履行行政复议决定。被申请人不履行或者无正当理由拖延履行行政复议决定的，作出复议决定的行政复议机关可以责令其在规定期限内履行。

第四十六条 被责令重新作出行政行为的，被申请人不得以同一事实和理由作出与原行政行为相同或者基本相同的行政行为，但因违反法定程序被责令重新作出行政行为的除外。

第四十七条 行政复议期间行政复议机关发现被申请人或者其他下级行政机关有下列情形之一的，可以制作行政复议意见书；有关机关应当自收到行政复议意见书之日起 60 日内将纠正相关行政违法行为或者做好善后工作的情况报告行政复议机关：

（一）具体行政行为有违法或者不当情形，导致被撤销、变更或者确认违法的；

（二）行政机关不依法履行法定职责，存在不作为的；

（三）具体行政行为存在瑕疵或者其他问题的；

（四）具体行政行为依据的规范性文件存在问题的；

（五）行政机关在行政管理中存在问题和制度漏洞的；

（六）行政机关需要做好相关善后工作的；

（七）其他需要制作行政复议意见书的。

行政复议期间，行政复议机构发现法律、法规、规章实施中带有普遍性的问题，可以制作行政复议建议书，向有关机关提出完善制度和改进行政执法的建议。

第四十八条 国务院住房城乡建设主管部门可以对县级以上地方人民政府住房城乡建设主管部门的行政复议工作和制度执行情况进行监督检查。

省、自治区、直辖市人民政府住房城乡建设主管部门可以通过定期检查、抽查等方式，对本行政区域内行政复议工作和制度执行情况进行监督检查。

不履行行政复议决定，或者在收到行政复议意见书之日起 60 日内未将纠正相关行政违法行为的情况报告行政复议机关的，行政复议机关可以通报批评。

第四十九条 行政复议工作、行政复议决定的执行情况纳入县级以上地方人民政府住房城乡建设主管部门依法行政的考核范围。

第五十条 行政复议机关应当建立行政复议案件统计制度，并按规定向上级行政复议主管部门报送本行政区的行政复议情况。

第七章 附 则

第五十一条 本办法所称“涉及不动产的行政行为”，是指直接发生设立、变更、转让和消灭不动产物权效力的行政行为。

第五十二条 行政复议机关可以使用行政复议专用章。行政复议专用章用于办理行政复议事项，与行政复议机关印章具有同等效力。

第五十三条 行政复议文书直接送达的，复议申请人在送达回证上的签收日期为送达日期。行政复议文书邮寄送达的，邮寄地址为复议申请人在行政复议申请书中写明的地址，送达日期为复议申请人收到邮件的日期。因复议申请人自己提供的地址不准确、地址变更未及时告知行政复议机关、复议申请人本人或者其指定的代收人拒绝签收以及逾期签收，导致行政复议文书被国家邮政机构退回的，文书退回之日视为送达之日。

行政复议文书送达第三人的，适用前款规定。

第五十四条 期间开始之日不计算在期间内。期间届满的最后一日是节假日的，以节假日后的第一日为期间届满的日期。

本办法关于行政复议期间有关“5 日”、“7 日”的规定是指工作日，不含节假日和当日。

第五十五条　外国人、无国籍人、外国组织在中华人民共和国境内向行政复议机关申请行政复议，参照适用本办法。

第五十六条　本办法未规定事项，依照《中华人民共和国行政复议法》和《中华人民共和国行政复议法实施条例》的规定执行。

第五十七条　本办法自 2015 年 11 月 1 日起实施。

建设部关于纳入国务院决定的十五项行政许可的条件的规定

（2004 年 10 月 15 日建设部令第 135 号发布　2011 年 1 月 26 日住房和城乡建设部令第 9 号第一次修订　2011 年 9 月 7 日住房和城乡建设部令第 10 号第二次修订）

根据《行政许可法》和《国务院对确需保留的行政审批项目设定行政许可的决定》（国务院令第 412 号）的有关规定，现就国务院决定所列涉及建设部职能的十五项行政许可条件规定如下，自 2004 年 12 月 1 日起施行。本规定施行前建设部规章和规范性文件有关该十五项行政许可条件的规定与本规定内容不一致的，适用本规定。

一、城市规划师执业资格注册条件

1. 初始注册登记

（1）在取得注册城市规划师执业资格证书 3 年内；

（2）经所在单位同意。

2. 续期注册登记

（1）注册登记有效期满前 3 个月；

（2）具备建设部认可的城市规划继续教育证明；

（3）经所在单位同意。

3. 具备下列条件之一可申请变更注册登记

（1）在注册登记有效期内离退休且所在单位不再聘用；

（2）所在单位名称发生变化；

（3）工作调动。

二、城市规划编制单位资质认定条件

1. 甲级资质

（1）具有高级技术职称的人员占全部专业技术人员的比例不低于 20%，其中具有高级技术职称的城市规划专业人员不少于 4 人，具有其他专业高级技术职称的人员不少于 4 人（建筑、道路交通、给排水专业各不少于 1 人）；具有中级技术职称的城市规划专业人员不少于 8 人，具有其他专业中级技术职称的人员不少于 15 人；

（2）专业技术人员每人配备一台计算机，具备相关输入输出设备及软件；

（3）有健全的技术、质量、经营、财务管理制度并得到有效执行；

（4）注册资本不少于人民币 80 万元；

（5）有固定的工作场所，人均建筑面积不少于 10 平方米。

2. 乙级资质

（1）具有高级技术职称的人员占全部专业技术人员的比例不低于 15%，其中具有高级技术职称的城市规划专业人员不少于 2 人，高级建筑师不少于 1 人，高级工程师不少于 1 人；具有中级技术职称的城市规划专业人员不少于 5 人，具有中级职称的其他专业人员不少于 10 人；

（2）达到省、自治区建设厅、直辖市规划局（规委）规定的技术装备及应用水平标准；

（3）有健全的技术、质量、经营、财务管理制度并得到有效执行；

（4）注册资本不少于人民币 50 万元；

（5）有固定的工作场所，人均建筑面积不少于 10 平方米。

3. 丙级资质

（1）专业技术人员不少于 20 人，其中具有中级职称的城市规划专业人员不少于 2 人，具有中级技术职称的建筑、道路交通、园林绿化、给排水等专业的人员不少于 5 人；

（2）有健全的技术、质量、经营、财务管理制度并得到有效执行；

（3）达到省、自治区建设厅、直辖市规划局（规委）规定的技术装备及应用水平标准；

（4）注册资本不少于人民币 20 万元；

（5）有固定的工作场所，人均建筑面积不少于 10 平方米。

三、城市建筑垃圾处置核准条件

建设单位、施工单位或者建筑垃圾运输单位申请城市建筑垃圾处置核准，需具备以下条件：

（1）提交书面申请（包括建筑垃圾运输的时间、路线和处置地点名称、施工单位与运输单位签订的合同、建筑垃圾消纳场的土地用途证明）；

（2）有消纳场的场地平面图、进场路线图、具有相应的摊铺、碾压、除尘、照明等机械和设备，有排水、消防等设施，有健全的环境卫生和安全管理制度并得到有效执行；

（3）具有建筑垃圾分类处置的方案和对废混凝土、金属、木材等回收利用的方案；

（4）具有合法的道路运输经营许可证、车辆行驶证；

（5）具有健全的运输车辆运营、安全、质量、保养、行政管理制度并得到有效执行；

（6）运输车辆具备全密闭运输机械装置或密闭苫盖装置、安装行驶及装卸记录仪和相应的建筑垃圾分类运输设备。

四、外商投资企业城市规划服务资格证书核发条件

1. 外方是在其所在国家或者地区从事城市规划服务的企业或者专业技术人员；

2. 具有城市规划、建筑、道路交通、园林绿化以及相关工程等方面的专业技术人员20人以上，其中外籍专业技术人员占全部专业技术人员的比例不低于25%，城市规划、建筑、道路交通、园林绿化专业的外籍专业技术人员分别不少于1人；

3. 有符合国家规定的技术装备和固定的工作场所，包括：专业技术人员每人配备一台计算机，管理部门计算机普及率不低于60%；数字化仪或者扫描仪；宽幅绘图仪、高分辨率彩色打印机和普通彩色、黑白打印机及较完善的网络系统及相关软件；工作场所人均建筑面积不少于10平方米。

五、风景名胜区建设项目选址审批条件

在国家级风景名胜区内修建缆车、索道等重大建设工程，项目的选址应当报国务院建设主管部门核准，并符合以下条件：

1. 有经批准的风景名胜区规划文件及批件；

2. 有省、自治区建设厅或直辖市园林行政主管部门的初审报告；

3. 有建设项目专家论证报告。

六、改变绿化规划、绿化用地的使用性质审批条件

1. 符合城市总体规划和城市绿地系统规划，与城市绿线一致；

2. 绿地使用功能的改变或局部使用功能的改变并未改变绿化用地使用性质；

3. 源于城市总体规划调整、城市重大基础设施建设、国家重点工程建设、城市重大防灾救灾项目的需要；

4. 专家组论证、公众听证会意见一致。

七、超限高层建筑工程抗震设防审批条件

经超限高层建筑工程抗震设防审查专家委员会审查，且结论为“通过”。

八、城市桥梁上架设各类市政管线审批条件

1. 有建设工程规划许可证；

2. 有建筑工程施工许可证；

3. 有施工组织设计方案；

4. 有安全评估报告；

5. 有事故预警和应急抢救方案；

6. 有管线架设设计图纸；

7. 有桥梁专家审查委员会的审查意见。

九、出租汽车经营资格证、车辆运营证和驾驶员客运资格证核发条件①

核发出租汽车经营资格证、车辆运营证和驾驶员客运资格证的，应当有符合国家有关规定的城市出租汽车发展规划。

1. 经营资格证

企业应当具备的条件：

(1)具备企业法人资格且注册资本达到规定标准；

(2)有符合规定质量、数量要求的出租车辆、配套设施、设备、标志；

(3)出租车辆及配套设施、设备、标志符合国家标准、建设部有关行业标准和地方有关规定；

(4)有符合规定的固定的停车场所；

(5)有良好的银行资信、财务状况及相应的偿债能力；

(6)有与经营业务相适应的并经培训考试合格的驾驶员，有与经营业务相适应的技术、财务和经营管理人员；

(7)符合地方性法规规定的其他条件。

个体工商户应当具备的条件：

(1)经营方式符合有关规定；

(2)有符合规定质量要求的客运车辆、设施和设备；

(3)车辆及配套设施、设备、标志符合国家、建设部有关行业标准和地方有关规定；

(4)有符合规定的资金；

(5)有符合规定的固定停车场所；

(6)有独立承担民事责任的能力；

(7)符合地方性法规规定的其他条件。

2. 车辆运营证

(1)已取得出租汽车经营资格证；

(2)有符合经营资格证要求的车辆及配套设施、设备、标志。

3. 驾驶员客运资格证

(1)男性年龄在60周岁以下，女性年龄在55周岁以下，初中毕业以上文化程度，身体健康；

(2)有当地公安部门核发的机动车驾驶证并有3年以上驾龄，并安全行车，无重大交通事故责任记录；

(3)经培训考试合格；

(4)被吊销客运资格的驾驶员，从吊销之日起已经满5年。

关于调整报国务院批准城市建设用地审批方式有关问题的通知

（2006年12月31日　国土资发〔2006〕320号）

各省、自治区、直辖市国土资源厅（国土环境资源厅、国土资源局、国土资源和房屋管理局、房屋土地资源管理局），解放军土地管理局，新疆生产建设兵团国土资源局：

《国务院关于加强土地调控有关问题的通知》（国发〔2006〕31号，以下简称《通知》），按照权责一致的原则，对报国务院批准的城市建设用地审批方式进行了调整。为贯彻落实国务院《通知》精神，规范城市建设用地审查报批工作，经国

① 该项行政许可被2011年1月26日发布的《住房和城乡建设部关于废止和修改部分规章的决定》删除。

务院同意，现就调整报国务院批准城市建设用地审批方式有关问题通知如下：

一、审查报批工作总体要求

按照《通知》规定，在土地利用总体规划确定的城市建设用地范围内，依法由国务院分批次审批的农用地转用和土地征收，从2007年起调整为每年由省级人民政府汇总后一次申报，经国土资源部审核，报国务院批准后由省级人民政府具体组织实施，实施方案报国土资源部备案。报国务院批准城市建设用地审批方式调整后，省级人民政府将对城市建设用地负总责，有利于加强土地宏观调控，强化省级政府责任；有利于减少审批环节，提高行政效能；有利于国土资源部转变职能，强化用地监管。各级国土资源管理部门要高度重视，恪尽职守，共同做好城市建设用地审查报批工作。

国土资源部依据规划和计划，对城市农用地转用和土地征收方案审查把关；指导、监督与核查地方组织实施工作。省级国土资源管理部门按照有关规定和省级人民政府要求，负责本行政区内城市农用地转用和土地征收方案的审查汇总上报；农用地转用和土地征收实施方案的审核、实施、监督检查和报国土资源部备案等工作。有关城市国土资源管理部门按规定要求，负责农用地转用和土地征收方案与实施方案的编制与报批；具体实施征地与供地及报省（区）、国土资源部备案等工作。

二、报批程序与实施步骤

报国务院批准城市建设用地审批方式调整后，城市建设用地报批和实施，按照报国务院批准农用地转用和土地征收、省级人民政府负责组织实施、城市人民政府具体实施三个阶段组织进行。

（一）报国务院批准农用地转用和土地征收

1. 依法需报国务院批准建设用地的城市国土资源管理部门，在提出土地利用年度计划建议时，就根据土地利用总体规划确定的中心城市建设用地范围内实施城市规划的用地需求，编制农用地转用和土地征收方案，在上级机关正式下达计划指标后，填报《××市××年度农用地转用和土地征收方案表》（表样式见附件1），报城市人民政府审核同意后，由城市人民政府一次性向省级人民政府申报，同时抄送省级国土资源管理部门。

2. 省级国土资源管理部门依据国家产业政策、经国务院批准的城市土地利用总体规划、下达的中心城市年度用地计划指标以及新增建设用地的有关规定，对农用地转用和土地征收方案进行审查，提出书面审查意见。

省级国土资源管理部门将本行政区域内所有需报国务院批准的城市建设用地请示汇总，填报《××省××年度国务院批准建设用地城市农用地转用和土地征收方案申报汇总表》（表样式见附件2），连同对各城市农用地转用和土地征收方案书面审查意见，报省级人民政府同意后，由省级人民政府一年一次性呈报国务院，同时抄送国土资源部和派驻地区的国家土地督察局。

3. 国土资源部收到国务院办公厅转来的省级人民政府关于城市建设用地请示后，根据国家宏观经济政策、土地管理法律法规和有关规定要求，依据土地利用总体规划与城市总体规划及年度用地计划，重点对农用地转用和土地征收方案中涉及的城市新增建设用地的规模、区位、规划用途以及征地补偿安置、补充耕地进行总体审查，形成审查报告，呈报国务院审批。

4. 城市建设用地经国务院批准后，国土资源部办理建设用地批复文件，有针对性地批复有关省级人民政府，同时抄送派驻地区的国家土地督察局。省级人民政府应及时通知有关城市人民政府，组织实施农用地转用和土地征收方案。

（二）省级人民政府组织实施农用地转用和土地征收

1. 根据国务院已批准的农用地转用和土地征收方案，城市国土资源管理部门按照城市人民政府的要求，分期分批地确定划拨用地项目和有偿出让土地范围，落实具体地块或区位，在进行建设用地勘测定界、履行征地前期规定程序、落实征地补偿资金、确定征地安置方案、完成先行补充耕地、拟定供地方式后，填报《××市农用地转用和土地征收实施方案表》（参考表，表样式见附件3），由城市人民政府审定后上报省级人民政府，同时抄送省级国土资源管理部门。

2. 省级国土资源管理部门根据国家产业政策、土地征收和土地利用等有关规定，对城市人民政府报送的农用地转用和土地征收实施方案进行审核；符合国务院批准的农用地转用和土地征收方案与有关要求的，建议省级人民政府予以同意；在城市人民政府按有关规定缴纳了新增建设用地土地有偿使用费后办理回复文件。

3. 省级人民政府在审核同意城市农用地转用和土地征收实施方案后，应将有关情况报国土资源部备案，同时抄送派驻地区的国家土地督察局。由省级国土资源管理部门于每季度第一个月10日以前，汇总城市上一季度实施方案审核同意情况，填报《××省××年××季度国务院批准建设用地城市农用地转用和土地征收实施方案备案表》（表样式见附件4）并附标注申请用地和补充耕地位置的标准分幅土地利用现状图、建设用地勘测定界技术报告和勘测定界图（电子软盘）报国土资源部。

（三）城市人民政府具体实施征地和供地

1. 城市农用地转用和土地征收实施方案经省级人民政府审核同意后，由城市人民政府予以公告，国土资源管理部门具体实施，按国家有关政策组织征地和供地。

2. 城市国土资源管理部门按照《关于进一步完善和严格执行建设用地备案制度的通知》（国土资发〔2003〕400号）和《关于报送建设用地备案数据有关要求的通知》（国土资厅发〔2004〕38号）规定要求，按季度汇总城市建设用地的具体供应情况，填报城市建设用地供应情况有关备案表，由城市人民政府于当年第二、三、四季度第一个月的10日前和下一年度1月15日前将上一季度汇总情况和备案表分别报省级人民政府和国土资源部备案。

三、报批与实施必需材料

（一）省级人民政府向国务院呈报城市建设用地请示时，需提交以下材料（随抄送的请示送国土资源部，文字资料2套、图件1套）：

1. 省级人民政府关于××年度城市建设用地请示文件；

2. 省级国土资源管理部门对××市××年度建设用地审查意见；

3. ××省××年度国务院批准建设用地城市农用地转用和土地征收方案申报汇总表；

4. ××市××年度农用地转用和土地征收方案表；

5. 注申请用地位置的标准分幅土地利用现状图；

6. 标注申请用地位置的土地利用总体规划确定的中心城市建设用地范围控制图；

7. 上一年度城市农用地转用和土地征收方案的实施情况说明。

（二）城市人民政府向省级人民政府申报农用地转用和土地征收实施方案时，需提交以下材料：

1. ××市建设用地请示文件；

2. ××市农用地转用和土地征收实施方案表（参考表）；

3. 标注申请用地和补充耕地位置的标准分幅土地利用现状图；

4. 建设拟征（占）地土地权属情况汇总表；

5. 建设用地勘测定界技术报告和勘测定界图；

6. 其他有关资料（由省、自治区、直辖市确定）。

四、有关工作具体要求

（一）抓紧组织制定贯彻落实措施

报国务院批准的城市建设用地审批方式调整后，在城市建设用地审查报批工作中，各省（区、市）和有关城市的国土资源管理部门负有重要责任，应认真贯彻落实国务院《通知》精神，按照本通知要求，结合本地区实际情况，进一步研究制定加强城市建设用地审查报批工作措施，确定具体操作办法。对相关机构和业务人员要充实力量，加强培训，明确要求，确保新的城市建设用地审批方式顺利施行。

（二）严格依据规划计划审查报批用地

报国务院批准的城市建设用地审批方式调整后，城市国土资源管理部门要根据土地利用总体规划和城市规划、城市发展需要以及存量土地的利用状况，做好用地预测工作，统筹协调，区分轻重缓急，科学合理确定新增建设用地规模和布局。申报城市新增建设用地应严格控制在当年中心城市土地利用计划指标内。申报居住用地的，要贯彻落实《国务院办公厅转发建设部等部门关于调整住房供应结构稳定住房价格意见的通知》（国办发〔2006〕37号）要求，切实保证经济适用住房、廉租住房和中低价位、中小套型普通住房用地不低于居住用地供应总量的70%。所有申报用地区位不得突破土地利用总体规划确定的中心城市建设用地范围。省级国土资源管理部门对城市申报用地要严格审核把关，必要时组织实地踏勘论证，以确保用地的合法性、合规性和合理性。

（三）切实搞好用地批后实施管理

省级国土资源管理部门要在城市农用地转用和土地征收方案依法批准后，及时指导城市国土资源管理部门组织编制和申报实施方案。征地补偿安置、补充耕地、土地用途、供地方式、利用程度、依法缴费等是实施方案的重要内容。对于不符合国家产业政策的用地，征地补偿标准不合理、安置途径不可行、被征地农民社会保障费用不落实、补充耕地不到位、土地供应和利用等不符合有关规定以及未缴纳新增建设用地土地有偿使用费的，不得审核同意实施方案和办理回复文件。在编制实施方案时，由于建设项目选址或工程设计特殊，或规划依法进行了调整，可以对原批准的用地区位作局部调整或改变土地用途，省级人民政府在审核同意后，将调整和改变情况报国土资源部备案。

（四）大力加强城市用地监督检查

国土资源部和省级国土资源管理部门在严格城市新增建设用地审查报批的同时，要通过土地变更调查、遥感监测、批后核查等方式和手段，及时、准确掌握城市用地批后实施动态，同时充分发挥派驻各地的国家土地督察局的作用，切实加大城市建设用地的监督检查力度，发现问题及时采取措施。农用地转用和土地征收实施方案经省级人民政府审核同意后，3个月内未实施征地或实施征地后2年内未供地的，应暂缓受理该城市申报新增建设用地。对于未按规定要求将国务院批准的城市农用地转用和土地征收方案实施情况报部备案的，暂缓受理该省份申报城市新增建设用地；对于城市未按规定要求将建设用地批后供地情况报国土资源部备案的，暂缓受理有关省份申报该城市新增建设用地。

报国务院批准的城市建设用地审批方式调整后，依法由省级人民政府批准城市建设用地的审批方式不得改变。各省（区、市）和有关城市国土资源管理部门，要按照国家法律规定和有关要求，切实搞好城市建设用地审查报批工作，加强批后监督管理。

附件：1. ××市××年度农用地转用和土地征收方案表（略）

2. ××省××年度国务院批准建设用地城市农用地转用和土地征收方案申报汇总表（略）

3. ××市农用地转用和土地征收实施方案表（参考表）（略）

4. ××省××年××季度国务院批准建设用地城市农用地转用和土地征收实施方案备案表（略）

3. 出让转让

中华人民共和国城镇国有土地使用权出让和转让暂行条例

（1990年5月19日国务院令第55号发布　自发布之日起施行）

第一章　总　　则

第一条　为了改革城镇国有土地使用制度，合理开发、利用、经营土地，加强土地管理，促进城市建设和经济发展，制定本条例。

第二条　国家按照所有权与使用权分离的原则，实行城镇国有土地使用权出让、转让制度，但地下资源、埋藏物和市政公用设施除外。

前款所称城镇国有土地是指市、县城、建制镇、工矿区范围内属于全民所有的土地（以下简称土地）。

第三条　中华人民共和国境内外的公司、企业、其他组织和个人，除法律另有规定者外，均可依照本条例的规定取得土地使用权，进行土地开发、利用、经营。

第四条　依照本条例的规定取得土地使用权的土地使用者，其使用权在使用年限内可以转让、出租、抵押或者用于其他经济活动。合法权益受国家法律保护。

第五条　土地使用者开发、利用、经营土地的活动，应当遵守国家法律、法规的规定，并不得损害社会公共利益。

第六条　县级以上人民政府土地管理部门依法对土地使用权的出让、转让、出租、抵押、终止进行监督检查。

第七条　土地使用权出让、转让、出租、抵押、终止及有关的地上建筑物、其他附着物的登记，由政府土地管理部门、房产管理部门依照法律和国务院的有关规定办理。

登记文件可以公开查阅。

第二章　土地使用权出让

第八条　土地使用权出让是指国家以土地所有者的身份将土地使用权在一定年限内让与土地使用者，并由土地使用者向国家支付土地使用权出让金的行为。

土地使用权出让应当签订出让合同。

第九条　土地使用权的出让，由市、县人民政府负责，有计划、有步骤地进行。

第十条　土地使用权出让的地块、用途、年限和其他条件，由市、县人民政府土地管理部门会同城市规划和建设管理部门、房产管理部门共同拟定方案，按照国务院规定的批准权限报经批准后，由土地管理部门实施。

第十一条　土地使用权出让合同应当按照平等、自愿、有偿的原则，由市、县人民政府土地管理部门（以下简称出让方）与土地使用者签订。

第十二条　土地使用权出让最高年限按下列用途确定：

（一）居住用地70年；

（二）工业用地50年；

（三）教育、科技、文化、卫生、体育用地50年；

（四）商业、旅游、娱乐用地40年；

（五）综合或者其他用地50年。

第十三条　土地使用权出让可以采取下列方式：

（一）协议；

（二）招标；

（三）拍卖。

依照前款规定方式出让土地使用权的具体程序和步骤，由省、自治区、直辖市人民政府规定。

第十四条　土地使用者应当在签订土地使用权出让合同后60日内，支付全部土地使用权出让金。逾期未全部支付的，出让方有权解除合同，并可请求违约赔偿。

第十五条　出让方应当按照合同规定，提供出让的土地使用权。未按合同规定提供土地使用权的，土地使用者有权解除合同，并可请求违约赔偿。

第十六条　土地使用者在支付全部土地使用权出让金后，应当依照规定办理登记，领取土地使用证，取得土地使用权。

第十七条　土地使用者应当按照土地使用权出让合同的规定和城市规划的要求，开发、利用、经营土地。

未按合同规定的期限和条件开发、利用土地的，市、县人民政府土地管理部门应当予以纠正，并根据情节可以给予警告、罚款直至无偿收回土地使用权的处罚。

第十八条　土地使用者需要改变土地使用权出让合同规定的土地用途的，应当征得出让方同意并经土地管理部门和城市规划部门批准，依照本章的有关规定重新签订土地使用权出让合同，调整土地使用权出让金，并办理登记。

第三章　土地使用权转让

第十九条　土地使用权转让是指土地使用者将土地使用权再转移的行为，包括出售、交换和赠与。

未按土地使用权出让合同规定的期限和条件投资开发、利用土地的，土地使用权不得转让。

第二十条　土地使用权转让应当签订转让合同。

第二十一条　土地使用权转让时，土地使用权出让合同和登记文件中所载明的权利、义务随之转移。

第二十二条　土地使用者通过转让方式取得的土地使用权，其使用年限为土地使用权出让合同规定的使用年限减去原土地使用者已使用年限后的剩余年限。

第二十三条　土地使用权转让时，其地上建筑物、其他附着物所有权随之转让。

第二十四条 地上建筑物、其他附着物的所有人或者共有人，享有该建筑物、附着物使用范围内的土地使用权。

土地使用者转让地上建筑物、其他附着物所有权时，其使用范围内的土地使用权随之转让，但地上建筑物、其他附着物作为动产转让的除外。

第二十五条 土地使用权和地上建筑物、其他附着物所有权转让，应当依照规定办理过户登记。

土地使用权和地上建筑物、其他附着物所有权分割转让的，应当经市、县人民政府土地管理部门和房产管理部门批准，并依照规定办理过户登记。

第二十六条 土地使用权转让价格明显低于市场价格的，市、县人民政府有优先购买权。

土地使用权转让的市场价格不合理上涨时，市、县人民政府可以采取必要的措施。

第二十七条 土地使用权转让后，需要改变土地使用权出让合同规定的土地用途的，依照本条例第十八条的规定办理。

第四章 土地使用权出租

第二十八条 土地使用权出租是指土地使用者作为出租人将土地使用权随同地上建筑物、其他附着物租赁给承租人使用，由承租人向出租人支付租金的行为。

未按土地使用权出让合同规定的期限和条件投资开发、利用土地的，土地使用权不得出租。

第二十九条 土地使用权出租，出租人与承租人应当签订租赁合同。

租赁合同不得违背国家法律、法规和土地使用权出让合同的规定。

第三十条 土地使用权出租后，出租人必须继续履行土地使用权出让合同。

第三十一条 土地使用权和地上建筑物、其他附着物出租，出租人应当依照规定办理登记。

第五章 土地使用权抵押

第三十二条 土地使用权可以抵押。

第三十三条 土地使用权抵押时，其地上建筑物、其他附着物随之抵押。

地上建筑物、其他附着物抵押时，其使用范围内的土地使用权随之抵押。

第三十四条 土地使用权抵押，抵押人与抵押权人应当签订抵押合同。

抵押合同不得违背国家法律、法规和土地使用权出让合同的规定。

第三十五条 土地使用权和地上建筑物、其他附着物抵押，应当依照规定办理抵押登记。

第三十六条 抵押人到期未能履行债务或者在抵押合同期间宣告解散、破产的，抵押权人有权依照国家法律、法规和抵押合同的规定处分抵押财产。

因处分抵押财产而取得土地使用权和地上建筑物、其他附着物所有权的，应当依照规定办理过户登记。

第三十七条 处分抵押财产所得，抵押权人有优先受偿权。

第三十八条 抵押权因债务清偿或者其他原因而消灭的，应当依照规定办理注销抵押登记。

第六章 土地使用权终止

第三十九条 土地使用权因土地使用权出让合同规定的使用年限届满、提前收回及土地灭失等原因而终止。

第四十条 土地使用权期满，土地使用权及其地上建筑物、其他附着物所有权由国家无偿取得。土地使用者应当交还土地使用证，并依照规定办理注销登记。

第四十一条 土地使用权期满，土地使用者可以申请续期。需要续期的，应当依照本条例第二章的规定重新签订合同，支付土地使用权出让金，并办理登记。

第四十二条 国家对土地使用者依法取得的土地使用权不提前收回。在特殊情况下，根据社会公共利益的需要，国家可以依照法律程序提前收回，并根据土地使用者已使用的年限和开发、利用土地的实际情况给予相应的补偿。

第七章 划拨土地使用权

第四十三条 划拨土地使用权是指土地使用者通过各种方式依法无偿取得的土地使用权。

前款土地使用者应当依照《中华人民共和国城镇土地使用税暂行条例》的规定缴纳土地使用税。

第四十四条 划拨土地使用权，除本条例第四十五条规定的情况外，不得转让、出租、抵押。

第四十五条 符合下列条件的，经市、县人民政府土地管理部门和房产管理部门批准，其划拨土地使用权和地上建筑物，其他附着物所有权可以转让、出租、抵押：

（一）土地使用者为公司、企业、其他经济组织和个人；

（二）领有国有土地使用证；

（三）具有地上建筑物、其他附着物合法的产权证明；

（四）依照本条例第二章的规定签订土地使用权出让合同，向当地市、县人民政府补交土地使用权出让金或者以转让、出租、抵押所获收益抵交土地使用权出让金。

转让、出租、抵押前款划拨土地使用权的，分别依照本条例第三章、第四章和第五章的规定办理。

第四十六条 对未经批准擅自转让、出租、抵押划拨土地使用权的单位和个人，市、县人民政府土地管理部门应当没收其非法收入，并根据情节处以罚款。

第四十七条 无偿取得划拨土地使用权的土地使用者，

因迁移、解散、撤销、破产或者其他原因而停止使用土地的，市、县人民政府应当无偿收回其划拨土地使用权，并可依照本条例的规定予以出让。

对划拨土地使用权，市、县人民政府根据城市建设发展需要和城市规划的要求，可以无偿收回，并可依照本条例的规定予以出让。

无偿收回划拨土地使用权时，对其地上建筑物、其他附着物，市、县人民政府应当根据实际情况给予适当补偿。

第八章　附　　则

第四十八条　依照本条例的规定取得土地使用权的个人，其土地使用权可以继承。

第四十九条　土地使用者应当依照国家税收法规的规定纳税。

第五十条　依照本条例收取的土地使用权出让金列入财政预算，作为专项基金管理，主要用于城市建设和土地开发。具体使用管理办法，由财政部另行制定。

第五十一条　各省、自治区、直辖市人民政府应当根据本条例的规定和当地的实际情况选择部分条件比较成熟的城镇先行试点。

第五十二条　外商投资从事开发经营成片土地的，其土地使用权的管理依照国务院的有关规定执行。

第五十三条　本条例由国家土地管理局负责解释；实施办法由省、自治区、直辖市人民政府制定。

第五十四条　本条例自发布之日起施行。

城市国有土地使用权出让转让规划管理办法

（1992年12月4日建设部令第22号发布　根据2011年1月26日《住房和城乡建设部关于废止和修改规章的决定》修订）

第一条　为了加强城市国有土地使用权出让、转让的规划管理，保证城市规划实施，科学、合理利用城市土地，根据《中华人民共和国城乡规划法》、《中华人民共和国土地管理法》、《中华人民共和国城镇国有土地使用权出让和转让暂行条例》和《外商投资开发经营成片土地暂行管理办法》等制定本办法。

第二条　在城市规划区内城市国有土地使用权出让、转让必须符合城市规划，有利于城市经济社会的发展，并遵守本办法。

第三条　国务院城市规划行政主管部门负责全国城市国有土地使用权出让、转让规划管理的指导工作。

省、自治区、直辖市人民政府城市规划行政主管部门负责本省、自治区、直辖市行政区域内城市国有土地使用权出让、转让规划管理的指导工作。

直辖市、市和县人民政府城市规划行政主管部门负责城市规划区内城市国有土地使用权出让、转让的规划管理工作。

第四条　城市国有土地使用权出让的投放量应当与城市土地资源、经济社会发展和市场需求相适应。土地使用权出让、转让应当与建设项目相结合。城市规划行政主管部门和有关部门要根据城市规划实施的步骤和要求，编制城市国有土地使用权出让规划和计划，包括地块数量、用地面积、地块位置、出让步骤等，保证城市国有土地使用权的出让有规划、有步骤、有计划地进行。

第五条　出让城市国有土地使用权，出让前应当制定控制性详细规划。

出让的地块，必须具有城市规划行政主管部门提出的规划设计条件及附图。

第六条　规划设计条件应当包括：地块面积，土地使用性质，容积率，建筑密度，建筑高度，停车泊位，主要出入口，绿地比例，须配置的公共设施、工程设施，建筑界线，开发期限以及其他要求。

附图应当包括：地块区位和现状，地块坐标、标高，道路红线坐标、标高，出入口位置，建筑界线以及地块周围地区环境与基础设施条件。

第七条　城市国有土地使用权出让、转让合同必须附具规划设计条件及附图。

规划设计条件及附图，出让方和受让方不得擅自变更。在出让转让过程中确需变更的，必须经城市规划行政主管部门批准。

第八条　城市用地分等定级应当根据城市各地段的现状和规划要求等因素确定。土地出让金的测算应当把出让地块的规划设计条件作为重要依据之一。在城市政府的统一组织下，城市规划行政主管部门应当和有关部门进行城市用地分等定级和土地出让金的测算。

第九条　已取得土地出让合同的，受让方应当持出让合同依法向城市规划行政主管部门申请建设用地规划许可证。在取得建设用地规划许可证后，方可办理土地使用权属证明。

第十条　通过出让获得的土地使用权再转让时，受让方应当遵守原出让合同附具的规划设计条件，并由受让方向城市规划行政主管部门办理登记手续。

受让方如需改变原规划设计条件，应当先经城市规划行政主管部门批准。

第十一条　受让方在符合规划设计条件外为公众提供公共使用空间或设施的，经城市规划行政主管部门批准后，可给予适当提高容积率的补偿。

受让方经城市规划行政主管部门批准变更规划设计条件而获得的收益，应当按规定比例上交城市政府。

第十二条　城市规划行政主管部门有权对城市国有土地

使用权出让、转让过程是否符合城市规划进行监督检查。

第十三条 凡持未附具城市规划行政主管部门提供的规划设计条件及附图的出让、转让合同,或擅自变更的,城市规划行政主管部门不予办理建设用地规划许可证。

凡未取得或擅自变更建设用地规划许可证而办理土地使用权属证明的,土地权属证明无效。

第十四条 各级人民政府城市规划行政主管部门,应当对本行政区域内的城市国有土地使用权出让、转让规划管理情况逐项登记,定期汇总。

第十五条 城市规划行政主管部门应当深化城市土地利用规划,加强规划管理工作。城市规划行政主管部门必须提高办事效率,对申领规划设计条件及附图、建设用地规划许可证的应当在规定的期限内完成。

第十六条 各省、自治区、直辖市城市规划行政主管部门可以根据本办法制定实施细则,报当地人民政府批准后执行。

第十七条 本办法由建设部负责解释。

第十八条 本办法自1993年1月1日起施行。

最高人民法院关于审理涉及国有土地使用权合同纠纷案件适用法律问题的解释

(2005年6月18日 法释〔2005〕5号)

根据《中华人民共和国民法通则》、《中华人民共和国合同法》、《中华人民共和国土地管理法》、《中华人民共和国城市房地产管理法》等法律规定,结合民事审判实践,就审理涉及国有土地使用权合同纠纷案件适用法律的问题,制定本解释。

一、土地使用权出让合同纠纷

第一条 本解释所称的土地使用权出让合同,是指市、县人民政府土地管理部门作为出让方将国有土地使用权在一定年限内让与受让方,受让方支付土地使用权出让金的协议。

第二条 开发区管理委员会作为出让方与受让方订立的土地使用权出让合同,应当认定无效。

本解释实施前,开发区管理委员会作为出让方与受让方订立的土地使用权出让合同,起诉前经市、县人民政府土地管理部门追认的,可以认定合同有效。

第三条 经市、县人民政府批准同意以协议方式出让的土地使用权,土地使用权出让金低于订立合同时当地政府按照国家规定确定的最低价的,应当认定土地使用权出让合同约定的价格条款无效。

当事人请求按照订立合同时的市场评估价格交纳土地使用权出让金的,应予支持;受让方不同意按照市场评估价格补足,请求解除合同的,应予支持。因此造成的损失,由当事人按照过错承担责任。

第四条 土地使用权出让合同的出让方因未办理土地使用权出让批准手续而不能交付土地,受让方请求解除合同的,应予支持。

第五条 受让方经出让方和市、县人民政府城市规划行政主管部门同意,改变土地使用权出让合同约定的土地用途,当事人请求按照起诉时同种用途的土地出让金标准调整土地出让金的,应予支持。

第六条 受让方擅自改变土地使用权出让合同约定的土地用途,出让方请求解除合同的,应予支持。

二、土地使用权转让合同纠纷

第七条 本解释所称的土地使用权转让合同,是指土地使用权人作为转让方将出让土地使用权转让于受让方,受让方支付价款的协议。

第八条 土地使用权人作为转让方与受让方订立土地使用权转让合同后,当事人一方以双方之间未办理土地使用权变更登记手续为由,请求确认合同无效的,不予支持。

第九条 转让方未取得出让土地使用权证书与受让方订立合同转让土地使用权,起诉前转让方已经取得出让土地使用权证书或者有批准权的人民政府同意转让的,应当认定合同有效。

第十条 土地使用权人作为转让方就同一出让土地使用权订立数个转让合同,在转让合同有效的情况下,受让方均要求履行合同的,按照以下情形分别处理:

(一)已经办理土地使用权变更登记手续的受让方,请求转让方履行交付土地等合同义务的,应予支持;

(二)均未办理土地使用权变更登记手续,已先行合法占有投资开发土地的受让方请求转让方履行土地使用权变更登记等合同义务的,应予支持;

(三)均未办理土地使用权变更登记手续,又未合法占有投资开发土地,先行支付土地转让款的受让方请求转让方履行交付土地和办理土地使用权变更登记等合同义务的,应予支持;

(四)合同均未履行,依法成立在先的合同受让方请求履行合同的,应予支持。

未能取得土地使用权的受让方请求解除合同、赔偿损失的,按照《中华人民共和国合同法》的有关规定处理。

第十一条 土地使用权人未经有批准权的人民政府批准,与受让方订立合同转让划拨土地使用权的,应当认定合同无效。但起诉前经有批准权的人民政府批准办理土地使用权出让手续的,应当认定合同有效。

第十二条 土地使用权人与受让方订立合同转让划拨土地使用权,起诉前经有批准权的人民政府同意转让,并由受让方办理土地使用权出让手续的,土地使用权人与受让方订立的合同可以按照补偿性质的合同处理。

第十三条　土地使用权人与受让方订立合同转让划拨土地使用权,起诉前经有批准权的人民政府决定不办理土地使用权出让手续,并将该划拨土地使用权直接划拨给受让方使用的,土地使用权人与受让方订立的合同可以按照补偿性质的合同处理。

三、合作开发房地产合同纠纷

第十四条　本解释所称的合作开发房地产合同,是指当事人订立的以提供出让土地使用权、资金等作为共同投资,共享利润、共担风险合作开发房地产为基本内容的协议。

第十五条　合作开发房地产合同的当事人一方具备房地产开发经营资质的,应当认定合同有效。

当事人双方均不具备房地产开发经营资质的,应当认定合同无效。但起诉前当事人一方已经取得房地产开发经营资质或者已依法合作成立具有房地产开发经营资质的房地产开发企业的,应当认定合同有效。

第十六条　土地使用权人未经有批准权的人民政府批准,以划拨土地使用权作为投资与他人订立合同合作开发房地产的,应当认定合同无效。但起诉前已经办理批准手续的,应当认定合同有效。

第十七条　投资数额超出合作开发房地产合同的约定,对增加的投资数额的承担比例,当事人协商不成的,按照当事人的过错确定;因不可归责于当事人的事由或者当事人的过错无法确定的,按照约定的投资比例确定;没有约定投资比例的,按照约定的利润分配比例确定。

第十八条　房屋实际建筑面积少于合作开发房地产合同的约定,对房屋实际建筑面积的分配比例,当事人协商不成的,按照当事人的过错确定;因不可归责于当事人的事由或者当事人过错无法确定的,按照约定的利润分配比例确定。

第十九条　在下列情形下,合作开发房地产合同的当事人请求分配房地产项目利益的,不予受理;已经受理的,驳回起诉:

（一）依法需经批准的房地产建设项目未经有批准权的人民政府主管部门批准;

（二）房地产建设项目未取得建设工程规划许可证;

（三）擅自变更建设工程规划。

因当事人隐瞒建设工程规划变更的事实所造成的损失,由当事人按照过错承担。

第二十条　房屋实际建筑面积超出规划建筑面积,经有批准权的人民政府主管部门批准后,当事人对超出部分的房屋分配比例协商不成的,按照约定的利润分配比例确定。对增加的投资数额的承担比例,当事人协商不成的,按照约定的投资比例确定;没有约定投资比例的,按照约定的利润分配比例确定。

第二十一条　当事人违反规划开发建设的房屋,被有批准权的人民政府主管部门认定为违法建筑责令拆除,当事人对损失承担协商不成的,按照当事人过错确定责任;过错无法确定的,按照约定的投资比例确定责任;没有约定投资比例的,按照约定的利润分配比例确定责任。

第二十二条　合作开发房地产合同约定仅以投资数额确定利润分配比例,当事人未足额交纳出资的,按照当事人的实际投资比例分配利润。

第二十三条　合作开发房地产合同的当事人要求将房屋预售款充抵投资参与利润分配的,不予支持。

第二十四条　合作开发房地产合同约定提供土地使用权的当事人不承担经营风险,只收取固定利益的,应当认定为土地使用权转让合同。

第二十五条　合作开发房地产合同约定提供资金的当事人不承担经营风险,只分配固定数量房屋的,应当认定为房屋买卖合同。

第二十六条　合作开发房地产合同约定提供资金的当事人不承担经营风险,只收取固定数额货币的,应当认定为借款合同。

第二十七条　合作开发房地产合同约定提供资金的当事人不承担经营风险,只以租赁或者其他形式使用房屋的,应当认定为房屋租赁合同。

四、其　　他

第二十八条　本解释自 2005 年 8 月 1 日起施行;施行后受理的第一审案件适用本解释。

本解释施行前最高人民法院发布的司法解释与本解释不一致的,以本解释为准。

招标拍卖挂牌出让国有建设用地使用权规定

（2007 年 9 月 28 日国土资源部令第 39 号公布　自 2007 年 11 月 1 日起施行）

第一条　为规范国有建设用地使用权出让行为,优化土地资源配置,建立公开、公平、公正的土地使用制度,根据《中华人民共和国物权法》、《中华人民共和国土地管理法》、《中华人民共和国城市房地产管理法》和《中华人民共和国土地管理法实施条例》,制定本规定。

第二条　在中华人民共和国境内以招标、拍卖或者挂牌出让方式在土地的地表、地上或者地下设立国有建设用地使用权的,适用本规定。

本规定所称招标出让国有建设用地使用权,是指市、县人民政府国土资源行政主管部门(以下简称出让人)发布招标公告,邀请特定或者不特定的自然人、法人和其他组织参加国有建设用地使用权投标,根据投标结果确定国有建设用地使用权人的行为。

本规定所称拍卖出让国有建设用地使用权,是指出让人发布拍卖公告,由竞买人在指定时间、地点进行公开竞价,根据出价结果确定国有建设用地使用权人的行为。

本规定所称挂牌出让国有建设用地使用权,是指出让人发布挂牌公告,按公告规定的期限将拟出让宗地的交易条件在指定的土地交易场所挂牌公布,接受竞买人的报价申请并更新挂牌价格,根据挂牌期限截止时的出价结果或者现场竞价结果确定国有建设用地使用权人的行为。

第三条 招标、拍卖或者挂牌出让国有建设用地使用权,应当遵循公开、公平、公正和诚信的原则。

第四条 工业、商业、旅游、娱乐和商品住宅等经营性用地以及同一宗地有两个以上意向用地者的,应当以招标、拍卖或者挂牌方式出让。

前款规定的工业用地包括仓储用地,但不包括采矿用地。

第五条 国有建设用地使用权招标、拍卖或者挂牌出让活动,应当有计划地进行。

市、县人民政府国土资源行政主管部门根据经济社会发展计划、产业政策、土地利用总体规划、土地利用年度计划、城市规划和土地市场状况,编制国有建设用地使用权出让年度计划,报经同级人民政府批准后,及时向社会公开发布。

第六条 市、县人民政府国土资源行政主管部门应当按照出让年度计划,会同城市规划等有关部门共同拟订拟招标拍卖挂牌出让地块的出让方案,报经市、县人民政府批准后,由市、县人民政府国土资源行政主管部门组织实施。

前款规定的出让方案应当包括出让地块的空间范围、用途、年限、出让方式、时间和其他条件等。

第七条 出让人应当根据招标拍卖挂牌出让地块的情况,编制招标拍卖挂牌出让文件。

招标拍卖挂牌出让文件应当包括出让公告、投标或者竞买须知、土地使用条件、标书或者竞买申请书、报价单、中标通知书或者成交确认书、国有建设用地使用权出让合同文本。

第八条 出让人应当至少在投标、拍卖或者挂牌开始日前20日,在土地有形市场或者指定的场所、媒介发布招标、拍卖或者挂牌公告,公布招标拍卖挂牌出让宗地的基本情况和招标拍卖挂牌的时间、地点。

第九条 招标拍卖挂牌公告应当包括下列内容:

(一)出让人的名称和地址;

(二)出让宗地的面积、界址、空间范围、现状、使用年期、用途、规划指标要求;

(三)投标人、竞买人的资格要求以及申请取得投标、竞买资格的办法;

(四)索取招标拍卖挂牌出让文件的时间、地点和方式;

(五)招标拍卖挂牌时间、地点、投标挂牌期限、投标和竞价方式等;

(六)确定中标人、竞得人的标准和方法;

(七)投标、竞买保证金;

(八)其他需要公告的事项。

第十条 市、县人民政府国土资源行政主管部门应当根据土地估价结果和政府产业政策综合确定标底或者底价。标底或者底价不得低于国家规定的最低价标准。

确定招标标底,拍卖和挂牌的起叫价、起始价、底价,投标、竞买保证金,应当实行集体决策。

招标标底和拍卖挂牌的底价,在招标开标前和拍卖挂牌出让活动结束之前应当保密。

第十一条 中华人民共和国境内外的自然人、法人和其他组织,除法律、法规另有规定外,均可申请参加国有建设用地使用权招标拍卖挂牌出让活动。

出让人在招标拍卖挂牌出让公告中不得设定影响公平、公正竞争的限制条件。挂牌出让的,出让公告中规定的申请截止时间,应当为挂牌出让结束日前2天。对符合招标拍卖挂牌公告规定条件的申请人,出让人应当通知其参加招标拍卖挂牌活动。

第十二条 市、县人民政府国土资源行政主管部门应当为投标人、竞买人查询拟出让土地的有关情况提供便利。

第十三条 投标、开标依照下列程序进行:

(一)投标人在投标截止时间前将标书投入标箱。招标公告允许邮寄标书的,投标人可以邮寄,但出让人在投标截止时间前收到的方为有效。

标书投入标箱后,不可撤回。投标人应当对标书和有关书面承诺承担责任。

(二)出让人按照招标公告规定的时间、地点开标,邀请所有投标人参加。由投标人或者其推选的代表检查标箱的密封情况,当众开启标箱,点算标书。投标人少于三人的,出让人应当终止招标活动。投标人不少于三人的,应当逐一宣布投标人名称、投标价格和投标文件的主要内容。

(三)评标小组进行评标。评标小组由出让人代表、有关专家组成,成员人数为五人以上的单数。

评标小组可以要求投标人对投标文件作出必要的澄清或者说明,但是澄清或者说明不得超出投标文件的范围或者改变投标文件的实质性内容。

评标小组应当按照招标文件确定的评标标准和方法,对投标文件进行评审。

(四)招标人根据评标结果,确定中标人。

按照价高者得的原则确定中标人的,可以不成立评标小组,由招标主持人根据开标结果,确定中标人。

第十四条 对能够最大限度地满足招标文件中规定的各项综合评价标准,或者能够满足招标文件的实质性要求且价格最高的投标人，应当确定为中标人。

第十五条 拍卖会依照下列程序进行：

（一）主持人点算竞买人；

（二）主持人介绍拍卖宗地的面积、界址、空间范围、现状、用途、使用年期、规划指标要求、开工和竣工时间以及其他有关事项；

（三）主持人宣布起叫价和增价规则及增价幅度。没有底价的，应当明确提示；

（四）主持人报出起叫价；

（五）竞买人举牌应价或者报价；

（六）主持人确认该应价或者报价后继续竞价；

（七）主持人连续三次宣布同一应价或者报价而没有再应价或者报价的，主持人落槌表示拍卖成交；

（八）主持人宣布最高应价或者报价者为竞得人。

第十六条 竞买人的最高应价或者报价未达到底价时，主持人应当终止拍卖。

拍卖主持人在拍卖中可以根据竞买人竞价情况调整拍卖增价幅度。

第十七条 挂牌依照以下程序进行：

（一）在挂牌公告规定的挂牌起始日，出让人将挂牌宗地的面积、界址、空间范围、现状、用途、使用年期、规划指标要求、开工时间和竣工时间、起始价、增价规则及增价幅度等，在挂牌公告规定的土地交易场所挂牌公布；

（二）符合条件的竞买人填写报价单报价；

（三）挂牌主持人确认该报价后，更新显示挂牌价格；

（四）挂牌主持人在挂牌公告规定的挂牌截止时间确定竞得人。

第十八条 挂牌时间不得少于10日。挂牌期间可根据竞买人竞价情况调整增价幅度。

第十九条 挂牌截止应当由挂牌主持人主持确定。挂牌期限届满，挂牌主持人现场宣布最高报价及其报价者，并询问竞买人是否愿意继续竞价。有竞买人表示愿意继续竞价的，挂牌出让转入现场竞价，通过现场竞价确定竞得人。挂牌主持人连续三次报出最高挂牌价格，没有竞买人表示愿意继续竞价的，按照下列规定确定是否成交：

（一）在挂牌期限内只有一个竞买人报价，且报价不低于底价，并符合其他条件的，挂牌成交；

（二）在挂牌期限内有两个或者两个以上的竞买人报价的，出价最高者为竞得人；报价相同的，先提交报价单者为竞得人，但报价低于底价者除外；

（三）在挂牌期限内无应价者或者竞买人的报价均低于底价或者均不符合其他条件的，挂牌不成交。

第二十条 以招标、拍卖或者挂牌方式确定中标人、竞得人后，中标人、竞得人支付的投标、竞买保证金，转作受让地块的定金。出让人应当向中标人发出中标通知书或者与竞得人签订成交确认书。

中标通知书或者成交确认书应当包括出让人和中标人或者竞得人的名称，出让标的，成交时间、地点、价款以及签订国有建设用地使用权出让合同的时间、地点等内容。

中标通知书或者成交确认书对出让人和中标人或者竞得人具有法律效力。出让人改变竞得结果，或者中标人、竞得人放弃中标宗地、竞得宗地的，应当依法承担责任。

第二十一条 中标人、竞得人应当按照中标通知书或者成交确认书约定的时间，与出让人签订国有建设用地使用权出让合同。中标人、竞得人支付的投标、竞买保证金抵作土地出让价款；其他投标人、竞买人支付的投标、竞买保证金，出让人必须在招标拍卖挂牌活动结束后5个工作日内予以退还，不计利息。

第二十二条 招标拍卖挂牌活动结束后，出让人应在10个工作日内将招标拍卖挂牌出让结果在土地有形市场或者指定的场所、媒介公布。

出让人公布出让结果，不得向受让人收取费用。

第二十三条 受让人依照国有建设用地使用权出让合同的约定付清全部土地出让价款后，方可申请办理土地登记，领取国有建设用地使用权证书。

未按出让合同约定缴清全部土地出让价款的，不得发放国有建设用地使用权证书，也不得按出让价款缴纳比例分割发放国有建设用地使用权证书。

第二十四条 应当以招标拍卖挂牌方式出让国有建设用地使用权而擅自采用协议方式出让的，对直接负责的主管人员和其他直接责任人员依法给予处分；构成犯罪的，依法追究刑事责任。

第二十五条 中标人、竞得人有下列行为之一的，中标、竞得结果无效；造成损失的，应当依法承担赔偿责任：

（一）提供虚假文件隐瞒事实的；

（二）采取行贿、恶意串通等非法手段中标或者竞得的。

第二十六条 国土资源行政主管部门的工作人员在招标拍卖挂牌出让活动中玩忽职守、滥用职权、徇私舞弊的，依法给予处分；构成犯罪的，依法追究刑事责任。

第二十七条 以招标拍卖挂牌方式租赁国有建设用地使用权的，参照本规定执行。

第二十八条 本规定自2007年11月1日起施行。

协议出让国有土地使用权规定

（2003年6月11日国土资源部令第21号公布　自2003年8月1日起施行）

第一条 为加强国有土地资产管理，优化土地资源配置，规范协议出让国有土地使用权行为，根据《中华人民共和国城市房地产管理法》、《中华人民共和国土地管理法》和《中华人民共和国土地管理法实施条例》，制定本规定。

第二条 在中华人民共和国境内以协议方式出让国有土地使用权的，适用本规定。

本规定所称协议出让国有土地使用权，是指国家以协议方式将国有土地使用权在一定年限内出让给土地使用者，由土地使用者向国家支付土地使用权出让金的行为。

第三条 出让国有土地使用权，除依照法律、法规和规章的规定应当采用招标、拍卖或者挂牌方式外，方可采取协议方式。

第四条 协议出让国有土地使用权，应当遵循公开、公平、公正和诚实信用的原则。

以协议方式出让国有土地使用权的出让金不得低于按国家规定所确定的最低价。

第五条 协议出让最低价不得低于新增建设用地的土地有偿使用费、征地（拆迁）补偿费用以及按照国家规定应当缴纳的有关税费之和有基准地价的地区，协议出让最低价不得低于出让地块所在级别基准地价的70%。

低于最低价时国有土地使用权不得出让。

第六条 省、自治区、直辖市人民政府国土资源行政主管部门应当依据本规定第五条的规定拟定协议出让最低价，报同级人民政府批准后公布，由市、县人民政府国土资源行政主管部门实施。

第七条 市、县人民政府国土资源行政主管部门应当根据经济社会发展计划、国家产业政策、土地利用总体规划、土地利用年度计划、城市规划和土地市场状况，编制国有土地使用权出让计划，报同级人民政府批准后组织实施。

国有土地使用权出让计划经批准后，市、县人民政府国土资源行政主管部门应当在土地有形市场等指定场所，或者通过报纸、互联网等媒介向社会公布。

因特殊原因，需要对国有土地使用权出让计划进行调整的，应当报原批准机关批准，并按照前款规定及时向社会公布。

国有土地使用权出让计划应当包括年度土地供应总量、不同用途土地供应面积、地段以及供地时间等内容。

第八条 国有土地使用权出让计划公布后，需要使用土地的单位和个人可以根据国有土地使用权出让计划，在市、县人民政府国土资源行政主管部门公布的时限内，向市、县人民政府国土资源行政主管部门提出意向用地申请。

市、县人民政府国土资源行政主管部门公布计划接受申请的时间不得少于30日。

第九条 在公布的地段上，同一地块只有一个意向用地者的，市、县人民政府国土资源行政主管部门方可按照本规定采取协议方式出让；但商业、旅游、娱乐和商品住宅等经营性用地除外。

同一地块有两个或者两个以上意向用地者的，市、县人民政府国土资源行政主管部门应当按照《招标拍卖挂牌出让国有土地使用权规定》，采取招标、拍卖或者挂牌方式出让。

第十条 对符合协议出让条件的，市、县人民政府国土资源行政主管部门会同城市规划等有关部门，依据国有土地使用权出让计划、城市规划和意向用地者申请的用地项目类型、规模等，制定协议出让土地方案。

协议出让土地方案应当包括拟出让地块的具体位置、界址、用途、面积、年限、土地使用条件、规划设计条件、供地时间等。

第十一条 市、县人民政府国土资源行政主管部门应当根据国家产业政策和拟出让地块的情况，按照《城镇土地估价规程》的规定，对拟出让地块的土地价格进行评估，经市、县人民政府国土资源行政主管部门集体决策合理确定协议出让底价。

协议出让底价不得低于协议出让最低价。

协议出让底价确定后应当保密，任何单位和个人不得泄露。

第十二条 协议出让土地方案和底价经有批准权的人民政府批准后，市、县人民政府国土资源行政主管部门应当与意向用地者就土地出让价格等进行充分协商，协商一致且议定的出让价格不低于出让底价的，方可达成协议。

第十三条 市、县人民政府国土资源行政主管部门应当根据协议结果，与意向用地者签订《国有土地使用权出让合同》。

第十四条 《国有土地使用权出让合同》签订后7日内，市、县人民政府国土资源行政主管部门应当将协议出让结果在土地有形市场等指定场所，或者通过报纸、互联网等媒介向社会公布，接受社会监督。

公布协议出让结果的时间不得少于15日。

第十五条 土地使用者按照《国有土地使用权出让合同》的约定，付清土地使用权出让金、依法办理土地登记手续后，取得国有土地使用权。

第十六条 以协议出让方式取得国有土地使用权的土地使用者，需要将土地使用权出让合同约定的土地用途改变为商业、旅游、娱乐和商品住宅等经营性用途的，应当取得出让方和市、县人民政府城市规划部门的同意，签订土地使用权出让合同变更协议或者重新签订土地使用权出让合同，按变更后的土地用途，以变更时的土地市场价格补交相应的土地使用权出让金，并依法办理土地使用权变更登记手续。

第十七条 违反本规定，有下列行为之一的，对直接负责的主管人员和其他直接责任人员依法给予行政处分：

（一）不按照规定公布国有土地使用权出让计划或者协议出让结果的；

（二）确定出让底价时未经集体决策的；

（三）泄露出让底价的；

（四）低于协议出让最低价出让国有土地使用权的；

（五）减免国有土地使用权出让金的。

违反前款有关规定，情节严重构成犯罪的，依法追究刑事责任。

第十八条　国土资源行政主管部门工作人员在协议出让国有土地使用权活动中玩忽职守、滥用职权、徇私舞弊的，依法给予行政处分；构成犯罪的，依法追究刑事责任。

第十九条　采用协议方式租赁国有土地使用权的，参照本规定执行。

第二十条　本规定自2003年8月1日起施行。原国家土地管理局1995年6月28日发布的《协议出让国有土地使用权最低价确定办法》同时废止。

规范国有土地租赁若干意见

（1999年8月1日　国土资发〔1999〕222号）

一、严格依照《中华人民共和国城市房地产管理法》、《中华人民共和国土地管理法》的有关规定，确定国有土地租赁的适用范围。

国有土地租赁是指国家将国有土地出租给使用者使用，由使用者与县级以上人民政府土地行政主管部门签订一定年期的土地租赁合同，并支付租金的行为。国有土地租赁是国有土地有偿使用的一种形式，是出让方式的补充。当前应以完善国有土地出让为主，稳妥地推行国有土地租赁。

对原有建设用地，法律规定可以划拨使用的仍维持划拨，不实行有偿使用，也不实行租赁；对因发生土地转让、场地出租、企业改制和改变土地用途后依法应当有偿使用的，可以实行租赁。对于新增建设用地，重点仍应是推行和完善国有土地出让，租赁只作为出让方式的补充。对于经营性房地产开发用地，无论是利用原有建设用地，还是利用新增建设用地，都必须实行出让，不实行租赁。

二、国有土地租赁，可以采用招标、拍卖或者双方协议的方式，有条件的，必须采取招标、拍卖方式。采用双方协议方式出租国有土地的租金，不得低于出租底价和按国家规定的最低地价折算的最低租金标准，协议出租结果要报上级土地行政主管部门备案，并向社会公开披露，接受上级土地行政主管部门和社会监督。

三、国有土地租赁的租金标准应与地价标准相均衡。承租人取得土地使用权时未支付其他土地费用的，租金标准应按全额地价折算；承租人取得土地使用权时支付了征地、拆迁等土地费用的，租金标准应按扣除有关费用后的地价余额折算。

采用短期租赁的，一般按年度或季度支付租金；采用长期租赁的，应在国有土地租赁合同中明确约定土地租金支付时间、租金调整的时间间隔和调整方式。

四、国有土地租赁可以根据具体情况实行短期租赁和长期租赁。对短期使用或用于修建临时建筑物的土地，应实行短期租赁，短期租赁年限一般不超过5年；对需要进行地上建筑物、构筑物建设后长期使用的土地，应实行长期租赁，具体租赁期限由租赁合同约定，但最长租赁期限不得超过法律规定的同类用途土地出让最高年期。

五、租赁期限6个月以上的国有土地租赁，应当由市、县土地行政主管部门与土地使用者签订租赁合同。租赁合同内容应当包括出租方、承租方、出租宗地的位置、范围、面积、用途、租赁期限、土地使用条件、土地租金标准、支付时间和支付方式、土地租金标准调整的时间和调整幅度、出租方和承租方的权利义务等。

六、国有土地租赁，承租人取得承租土地使用权。承租人在按规定支付土地租金并完成开发建设后，经土地行政主管部门同意或根据租赁合同约定，可将承租土地使用权转租、转让或抵押。承租土地使用权转租、转让或抵押，必须依法登记。

承租人将承租土地转租或分租给第三人的，承租土地使用权仍由原承租人持有，承租人与第三人建立了附加租赁关系，第三人取得土地的他项权利。

承租人转让土地租赁合同的，租赁合同约定的权利义务随之转给第三人，承租土地使用权由第三人取得，租赁合同经更名后继续有效。

地上房屋等建筑物、构筑物依法抵押的，承租土地使用权可随之抵押，但承租土地使用权只能按合同租金与市场租金的差值及租期估价，抵押权实现时土地租赁合同同时转让。

在使用年期内，承租人有优先受让权，租赁土地在办理出让手续后，终止租赁关系。

七、国家对土地使用者依法取得的承租土地使用权，在租赁合同约定的使用年限届满前不收回；因社会公共利益的需要，依照法律程序提前收回的，应对承租人给予合理补偿。

承租土地使用权期满，承租人可申请续期，除根据社会公共利益需要收回该幅土地的，应予以批准。未申请续期或者虽申请续期但未获批准的，承租土地使用权由国家依法无偿收回，并可要求承租人拆除地上建筑物、构筑物，恢复土地原状。

承租人未按合同约定开发建设、未经土地行政主管部门同意转让、转租或不按合同约定按时交纳土地租金的，土地行政主管部门可以解除合同，依法收回承租土地使用权。

八、各级土地行政主管部门要切实加强国有土地租金的征收工作，协助财政部门作好土地租金的使用管理。收取的土地租金应当参照国有土地出让金的管理办法进行管理，按规定纳入当地国有土地有偿使用收入，专项用于城市基础设施建设和土地开发。

九、各省、市在本《意见》下发前对国有土地租赁适用范围已有规定或各地已签订《国有土地租赁合同》的，暂按已有规定及《国有土地租赁合同》的约定执行，并在今后工作中逐步规范；本《意见》下发后实施国有土地租赁的，一律按本《意见》要求规范办理。

闲置土地处置办法

（2012年6月1日国土资源部令第53号公布 自2012年7月1日起施行）

第一章 总 则

第一条 为有效处置和充分利用闲置土地，规范土地市场行为，促进节约集约用地，根据《中华人民共和国土地管理法》、《中华人民共和国城市房地产管理法》及有关法律、行政法规，制定本办法。

第二条 本办法所称闲置土地，是指国有建设用地使用权人超过国有建设用地使用权有偿使用合同或者划拨决定书约定、规定的动工开发日期满一年未动工开发的国有建设用地。

已动工开发但开发建设用地面积占应动工开发建设用地总面积不足三分之一或者已投资额占总投资额不足百分之二十五，中止开发建设满一年的国有建设用地，也可以认定为闲置土地。

第三条 闲置土地处置应当符合土地利用总体规划和城乡规划，遵循依法依规、促进利用、保障权益、信息公开的原则。

第四条 市、县国土资源主管部门负责本行政区域内闲置土地的调查认定和处置工作的组织实施。

上级国土资源主管部门对下级国土资源主管部门调查认定和处置闲置土地工作进行监督管理。

第二章 调查和认定

第五条 市、县国土资源主管部门发现有涉嫌构成本办法第二条规定的闲置土地的，应当在三十日内开展调查核实，向国有建设用地使用权人发出《闲置土地调查通知书》。

国有建设用地使用权人应当在接到《闲置土地调查通知书》之日起三十日内，按照要求提供土地开发利用情况、闲置原因以及相关说明等材料。

第六条 《闲置土地调查通知书》应当包括下列内容：

（一）国有建设用地使用权人的姓名或者名称、地址；

（二）涉嫌闲置土地的基本情况；

（三）涉嫌闲置土地的事实和依据；

（四）调查的主要内容及提交材料的期限；

（五）国有建设用地使用权人的权利和义务；

（六）其他需要调查的事项。

第七条 市、县国土资源主管部门履行闲置土地调查职责，可以采取下列措施：

（一）询问当事人及其他证人；

（二）现场勘测、拍照、摄像；

（三）查阅、复制与被调查人有关的土地资料；

（四）要求被调查人就有关土地权利及使用问题作出说明。

第八条 有下列情形之一，属于政府、政府有关部门的行为造成动工开发延迟的，国有建设用地使用权人应当向市、县国土资源主管部门提供土地闲置原因说明材料，经审核属实的，依照本办法第十二条和第十三条规定处置：

（一）因未按照国有建设用地使用权有偿使用合同或者划拨决定书约定、规定的期限、条件将土地交付给国有建设用地使用权人，致使项目不具备动工开发条件的；

（二）因土地利用总体规划、城乡规划依法修改，造成国有建设用地使用权人不能按照国有建设用地使用权有偿使用合同或者划拨决定书约定、规定的用途、规划和建设条件开发的；

（三）因国家出台相关政策，需要对约定、规定的规划和建设条件进行修改的；

（四）因处置土地上相关群众信访事项等无法动工开发的；

（五）因军事管制、文物保护等无法动工开发的；

（六）政府、政府有关部门的其他行为。

因自然灾害等不可抗力导致土地闲置的，依照前款规定办理。

第九条 经调查核实，符合本办法第二条规定条件，构成闲置土地的，市、县国土资源主管部门应当向国有建设用地使用权人下达《闲置土地认定书》。

第十条 《闲置土地认定书》应当载明下列事项：

（一）国有建设用地使用权人的姓名或者名称、地址；

（二）闲置土地的基本情况；

（三）认定土地闲置的事实、依据；

（四）闲置原因及认定结论；

（五）其他需要说明的事项。

第十一条 《闲置土地认定书》下达后，市、县国土资源主管部门应当通过门户网站等形式向社会公开闲置土地的位置、国有建设用地使用权人名称、闲置时间等信息；属于政府或者政府有关部门的行为导致土地闲置的，应当同时公开闲置原因，并书面告知有关政府或者政府部门。

上级国土资源主管部门应当及时汇总下级国土资源主管部门上报的闲置土地信息，并在门户网站上公开。

闲置土地在没有处置完毕前，相关信息应当长期公开。闲置土地处置完毕后，应当及时撤销相关信息。

第三章 处置和利用

第十二条 因本办法第八条规定情形造成土地闲置的，市、县国土资源主管部门应当与国有建设用地使用权人协商，选择下列方式处置：

（一）延长动工开发期限。签订补充协议，重新约定动工开发、竣工期限和违约责任。从补充协议约定的动工开发日期起，延长动工开发期限最长不得超过一年；

（二）调整土地用途、规划条件。按照新用途或者新规划条件重新办理相关用地手续，并按照新用途或者新规划条件核算、收缴或者退还土地价款。改变用途后的土地利用必须符合土地利用总体规划和城乡规划；

（三）由政府安排临时使用。待原项目具备开发建设条件，国有建设用地使用权人重新开发建设。从安排临时使用之日起，临时使用期限最长不得超过两年；

（四）协议有偿收回国有建设用地使用权；

（五）置换土地。对已缴清土地价款、落实项目资金，且因规划依法修改造成闲置的，可以为国有建设用地使用权人置换其他价值相当、用途相同的国有建设用地进行开发建设。涉及出让土地的，应当重新签订土地出让合同，并在合同中注明为置换土地；

（六）市、县国土资源主管部门还可以根据实际情况规定其他处置方式。

除前款第四项规定外，动工开发时间按照新约定、规定的时间重新起算。

符合本办法第二条第二款规定情形的闲置土地，依照本条规定的方式处置。

第十三条 市、县国土资源主管部门与国有建设用地使用权人协商一致后，应当拟订闲置土地处置方案，报本级人民政府批准后实施。

闲置土地设有抵押权的，市、县国土资源主管部门在拟订闲置土地处置方案时，应当书面通知相关抵押权人。

第十四条 除本办法第八条规定情形外，闲置土地按照下列方式处理：

（一）未动工开发满一年的，由市、县国土资源主管部门报经本级人民政府批准后，向国有建设用地使用权人下达《征缴土地闲置费决定书》，按照土地出让或者划拨价款的百分之二十征缴土地闲置费。土地闲置费不得列入生产成本；

（二）未动工开发满两年的，由市、县国土资源主管部门按照《中华人民共和国土地管理法》第三十七条和《中华人民共和国城市房地产管理法》第二十六条的规定，报经有批准权的人民政府批准后，向国有建设用地使用权人下达《收回国有建设用地使用权决定书》，无偿收回国有建设用地使用权。闲置土地设有抵押权的，同时抄送相关土地抵押权人。

第十五条 市、县国土资源主管部门在依照本办法第十四条规定作出征缴土地闲置费、收回国有建设用地使用权决定前，应当书面告知国有建设用地使用权人有申请听证的权利。国有建设用地使用权人要求举行听证的，市、县国土资源主管部门应当依照《国土资源听证规定》依法组织听证。

第十六条 《征缴土地闲置费决定书》和《收回国有建设用地使用权决定书》应当包括下列内容：

（一）国有建设用地使用权人的姓名或者名称、地址；

（二）违反法律、法规或者规章的事实和证据；

（三）决定的种类和依据；

（四）决定的履行方式和期限；

（五）申请行政复议或者提起行政诉讼的途径和期限；

（六）作出决定的行政机关名称和作出决定的日期；

（七）其他需要说明的事项。

第十七条 国有建设用地使用权人应当自《征缴土地闲置费决定书》送达之日起三十日内，按照规定缴纳土地闲置费；自《收回国有建设用地使用权决定书》送达之日起三十日内，到市、县国土资源主管部门办理国有建设用地使用权注销登记，交回土地权利证书。

国有建设用地使用权人对《征缴土地闲置费决定书》和《收回国有建设用地使用权决定书》不服的，可以依法申请行政复议或者提起行政诉讼。

第十八条 国有建设用地使用权人逾期不申请行政复议、不提起行政诉讼，也不履行相关义务的，市、县国土资源主管部门可以采取下列措施：

（一）逾期不办理国有建设用地使用权注销登记，不交回土地权利证书的，直接公告注销国有建设用地使用权登记和土地权利证书；

（二）申请人民法院强制执行。

第十九条 对依法收回的闲置土地，市、县国土资源主管部门可以采取下列方式利用：

（一）依据国家土地供应政策，确定新的国有建设用地使用权人开发利用；

（二）纳入政府土地储备；

（三）对耕作条件未被破坏且近期无法安排建设项目的，由市、县国土资源主管部门委托有关农村集体经济组织、单位或者个人组织恢复耕种。

第二十条 闲置土地依法处置后土地权属和土地用途发生变化的，应当依据实地现状在当年土地变更调查中进行变更，并依照有关规定办理土地变更登记。

第四章 预防和监管

第二十一条 市、县国土资源主管部门供应土地应当符合下列要求，防止因政府、政府有关部门的行为造成土地闲置：

（一）土地权利清晰；

（二）安置补偿落实到位；

（三）没有法律经济纠纷；

（四）地块位置、使用性质、容积率等规划条件明确；

（五）具备动工开发所必需的其他基本条件。

第二十二条 国有建设用地使用权有偿使用合同或者划

拨决定书应当就项目动工开发、竣工时间和违约责任等作出明确约定、规定。约定、规定动工开发时间应当综合考虑办理动工开发所需相关手续的时限规定和实际情况，为动工开发预留合理时间。

因特殊情况，未约定、规定动工开发日期，或者约定、规定不明确的，以实际交付土地之日起一年为动工开发日期。实际交付土地日期以交地确认书确定的时间为准。

第二十三条 国有建设用地使用权人应当在项目开发建设期间，及时向市、县国土资源主管部门报告项目动工开发、开发进度、竣工等情况。

国有建设用地使用权人应当在施工现场设立建设项目公示牌，公布建设用地使用权人、建设单位、项目动工开发、竣工时间和土地开发利用标准等。

第二十四条 国有建设用地使用权人违反法律法规规定和合同约定、划拨决定书规定恶意囤地、炒地的，依照本办法规定处理完毕前，市、县国土资源主管部门不得受理该国有建设用地使用权人新的用地申请，不得办理被认定为闲置土地的转让、出租、抵押和变更登记。

第二十五条 市、县国土资源主管部门应当将本行政区域内的闲置土地信息按宗录入土地市场动态监测与监管系统备案。闲置土地按照规定处置完毕后，市、县国土资源主管部门应当及时更新该宗土地相关信息。

闲置土地未按照规定备案的，不得采取本办法第十二条规定的方式处置。

第二十六条 市、县国土资源主管部门应当将国有建设用地使用权人闲置土地的信息抄送金融监管等部门。

第二十七条 省级以上国土资源主管部门可以根据情况，对闲置土地情况严重的地区，在土地利用总体规划、土地利用年度计划、建设用地审批、土地供应等方面采取限制新增加建设用地、促进闲置土地开发利用的措施。

第五章　法律责任

第二十八条 市、县国土资源主管部门未按照国有建设用地使用权有偿使用合同或者划拨决定书约定、规定的期限、条件将土地交付给国有建设用地使用权人，致使项目不具备动工开发条件的，应当依法承担违约责任。

第二十九条 县级以上国土资源主管部门及其工作人员违反本办法规定，有下列情形之一的，依法给予处分；构成犯罪的，依法追究刑事责任：

（一）违反本办法第二十一条的规定供应土地的；

（二）违反本办法第二十四条的规定受理用地申请和办理土地登记的；

（三）违反本办法第二十五条的规定处置闲置土地的；

（四）不依法履行闲置土地监督检查职责，在闲置土地调查、认定和处置工作中徇私舞弊、滥用职权、玩忽职守的。

第六章　附　则

第三十条 本办法中下列用语的含义：

动工开发：依法取得施工许可证后，需挖深基坑的项目，基坑开挖完毕；使用桩基的项目，打入所有基础桩；其他项目，地基施工完成三分之一。

已投资额、总投资额：均不含国有建设用地使用权出让价款、划拨价款和向国家缴纳的相关税费。

第三十一条 集体所有建设用地闲置的调查、认定和处置，参照本办法有关规定执行。

第三十二条 本办法自2012年7月1日起施行。

典型案例

1. 梁昌运与霍邱县人民政府国土资源局建设用地使用权出让合同纠纷案①

（一）基本案情

2014年，梁昌运通过招投标竞得霍国土出［2011］82号国有建设用地使用权，与霍邱县人民政府国土资源局签订的《国有建设用地使用权挂牌成交确认书》《国有建设用地使用权出让合同》约定：霍邱县人民政府国土资源局在2014年9月17日前将出让宗地交付给梁昌运，用地使用权出让金为5953350元，定金为400万元，定金抵作土地出让价款，自合同签订之日起60日内一次性付清。合同约定出让人未按时提供出让土地超过60日，经催交后仍不能交付土地的，受让人有权解除合同，出让人应当双倍返还定金，并退还已经支付国有建设用地使用权出让价款的其余部分，受让人并可请求出让人赔偿损失。合同签订后，梁昌运交纳定金400万元，并交清余下1953350元，但霍邱县人民政府国土资源局未依约交付土地。梁昌运提起诉讼，请求人民法院判决霍邱县人民政府国土资源局双倍返还定金800万元、退还已支付土地出让金1953350元，赔偿损失100万元。

① 案例来源：最高人民法院2016年4月8日发布十起依法平等保护公有制经济典型案例。

（二）裁判结果

安徽省六安市中级人民法院一审认为，本案《建设用地使用权出让合同》合法有效。梁昌运依照合同约定的期限交清了全部土地出让金，霍邱县人民政府国土资源局未在合同约定的期限内交付适合开发的建设用地已构成违约，依法应当承担违约责任。根据合同约定，梁昌运有权解除合同，要求霍邱县人民政府国土资源局双倍返还定金、返还已交付的土地出让金，并承担赔偿责任。但本案合同约定的定金数额明显过高，依法应当调整。梁昌运主张的损失无充分证据证实，其虽确实存在运营及融资成本，但考虑双倍返还定金的数额并未过份高于或低于其实际损失，故对其要求另行支付利息及赔偿损失的诉讼请求依法不予支持。判决：一、解除梁昌运与霍邱县人民政府国土资源局签订的《国有建设用地使用权出让合同》；二、霍邱县人民政府国土资源局双倍返还梁昌运定金238.134万元；三、霍邱县人民政府国土资源局返还梁昌运已交纳的土地出让金476.268万元；三、驳回梁昌运的其他诉讼请求。一审宣判后，双方当事人均未上诉。

（三）典型意义

本案是关于违反国有土地使用权出让合同约定应当承担相应违约责任的典型性案例。实践中，在国有土地使用权出让过程中，由于一些地方政府的不规范行为，造成与非公有制企业签订国有土地使用权出让合同后，不能按约交付土地，侵害了非公有制经济主体的合法权益。在此情况下，依法维护非公有制经济主体的合同权益，是对其民事权利平等保护原则的重要体现。本案中，霍邱县人民政府国土资源局通过公开招投标程序与梁昌运签订了土地使用权出让合同，梁昌运也按照合同约定交纳了土地出让金，但霍邱县人民政府国土资源局没有依约交付土地构成违约，梁昌运根据合同约定要求解除合同、返还土地出让金、双倍返还定金等合理请求，均得到了人民法院的支持。人民法院审理该案件时，平等对待政府机关和非公有制经济主体，准确适用《合同法》相关规定，依法支持梁昌运的相关诉讼请求，妥善维护了非公有制经济的合法权益。

2. 定安城东建筑装修工程公司与海南省定安县人民政府、第三人中国农业银行定安支行收回国有土地使用权及撤销土地证案①

【裁判摘要】

行政机关作出对当事人不利的行政行为，未听取其陈述、申辩，违反正当程序原则的，属于行政诉讼法第五十四条第（二）项第3目“违反法定程序”的情形。行政机关根据《土地管理法》第五十八条第一款第（一）、（二）项规定，依法收回国有土地使用权的，对土地使用权人应当按照作出收回土地使用权决定时的市场评估价给予补偿。因行政补偿决定违法造成逾期付补偿款的，人民法院可以根据当事人的实际损失等情况，判决其承担逾期支付补偿款期间的同期银行利息损失。

【案情】

申请再审人（一审原告、二审被上诉人）定安城东建筑装修工程公司。住所地：海南省定安县定城镇大众中路克泽大厦一楼。

法定代表人莫克瑞，经理。

委托代理人吴昌平，海南鹏达律师事务所律师。

委托代理人莫克泽，定安县工商局退休干部。

被申请人（一审被告、二审上诉人）海南省定安县人民政府。住所地：定安县定城镇兴安大道。

法定代表人符立东，县长。

委托代理人周义桀，海南东方国信律师事务所律师。

委托代理人曾萍，定安县国土环境资源局公务员。

原审第三人中国农业银行定安支行。

负责人何日高，行长。

委托代理人何壮，海南省金裕律师事务所律师。

委托代理人钟冲，该行法律顾问。

申请再审人海南省定安城东建筑装修工程公司（以下简称城东公司）因诉被申请人海南省定安县人民政府（以下简称县政府）及原审第三人中国农业银行定安支行（以下简称定安支行）收回国有土地使用权及撤销土地证一案，不服海南省高级人民法院（以下简称海南高院）作出的（2008）琼行终字第159号行政判决，向本院申请再审。经审查，本院作出（2011）行监字第91号行政裁定，决定提审本案，并依法组成合议庭，于2013年8月30日在海南省高级人民法院第三法庭公开开庭审理本案，申请再审人的委托代理人吴昌平、莫克泽，被申请人的委托代理人周义桀、曾萍，原审第三人的委托代理人何壮、钟冲到庭参加诉讼。审理期间，本院依法委托杜鸣联合房地产评估（北京）有限公司对涉案土地价值进行评估，并组织各方当事人进行协调，但协调未果。本案现已审理终结。

一审经审理查明：1994年9月10日，定安县建设委员会（以下简称县建委）就定城人民北路东横街排水和路面建设工程与城东公司签订《工程承包合同》。后因县建委拖欠城东公司工程款80.472万元，县政府同意在该县塔岭工业开发区划出10亩土地作为补偿。1995年10月27日，县政府根据城东公司递交的《关于给人民北路东横街续建工程重新调整补

① 案例来源：最高人民法院行政判决书（2012）行提字第26号。

偿用地问题的请示》，作出定府函[1995]117号《关于重新调整城东建筑装修工程公司补偿用地的批复》，决定在见龙路旁以每亩8万元的价格重新调整10亩土地给城东公司。同年12月8日，定安县土地管理局（以下简称县土地局）给城东公司颁发第14号《建设用地规划许可证》。同月27日，县政府作出定府[1995]299号《关于出让国有土地使用权给定安城东建筑装修工程公司的决定》，将位于塔岭开发区东北侧的6706平方米土地，以总价款80.472万元，出让给城东公司作为建设用地。随后城东公司与县土地局签订《国有土地使用权出让合同》。1995年12月28日，城东公司就出让所得6706平方米土地申请登记发证，但其填报申请土地登记时未写明土地用途，县土地局在审核过程中亦未在《地籍调查表》、《土地登记审批表》等文书上载明土地用途。1996年1月22日，县政府根据城东公司的申请和县土地局的审核，在城东公司缴纳土地登记费后，给该公司颁发了定安国用（96）字第6号《国有土地使用证》（以下简称第6号国土证）。此后，城东公司在该宗土地上开办了水泥预制厂。2001年11月9日，城东公司以该宗土地作为抵押物向定安支行贷款，并在定安县建设与国土环境资源局（原县土地局）办理抵押登记。2004年1月4日，县政府以城东公司土地闲置为由，在《海南日报》发布公告，拟无偿收回城东公司第6号国土证项下的土地使用权，但县政府并未实施无偿收地行为。2007年11月5日，县政府为落实塔岭规划新区城市规划用地的需要，作出定府[2007]112号《关于有偿收回国有土地使用权的通知》（以下简称112号通知），决定按原登记成本价80.6072万元有偿收回城东公司第6号国土证项下的土地使用权，并于11月8日送达城东公司。同年12月6日，县建设局（原定安县建设与国土环境资源局拆分为建设局、国土环境资源局）以海南省政府2007年1月27日已批准将城东公司受让的6706平方米综合公建用地调整为行政办公用地为由，决定撤销第14号《建设用地规划许可证》。同年12月7日，定安县国土环境资源局（以下简称县国土资源局）就有偿收回城东公司国有土地使用权事宜通知该公司和定安支行于12月11日举行听证会，城东公司没有参加听证。同年12月14日，县政府以城东公司申请土地登记发证未填写土地用途、县土地局在审核过程中亦未在《地籍调查登记表》、《土地登记审批表》等有关文书上载明土地用途导致错误登记发证为由，告知城东公司拟撤销第6号国土证。同年12月29日，县政府作出定府[2007]150号《关于撤销定安国用（96）字第6号〈国有土地使用证〉的决定》（以下简称150号撤证决定），撤销第6号国土证。城东公司不服该决定，向原海南省海南中级人民法院（现更名为海南省第一中级人民法院）提起行政诉讼。

一审判决认为：涉诉土地是县政府1996年为抵偿工程款而补偿给城东公司并颁证的土地。根据《中华人民共和国土地管理法》第五十八条的规定，县政府为公共利益的需要，可以有偿收回涉案土地使用权。但县政府112号通知决定按原抵偿价有偿收回其土地使用权，未考虑土地增值的因素，其收地行为显然是不适当的。县政府在作出112号通知前，没有提出有偿收回国有土地使用权的方案，并存在先决定收回后举行听证的情形，违反法定程序。鉴于本案涉讼土地现已由县政府作为行政办公用地使用，撤销112号通知将会给国家利益造成损失，故不宜判决撤销而应确认违法。《土地登记规则》第十一条规定，申请土地登记时应在土地登记申请书上载明土地用途。但土地登记申请书未载明土地用途并不是注销土地登记的法定事由。因此，县政府以城东公司申请土地登记时未填写土地用途为由撤销第6号国土证没有法律依据。但撤销该行为无实际意义，故应确认150号撤证决定违法。依照最高人民法院《关于执行〈中华人民共和国行政诉讼法〉若干问题的解释》第五十八条规定判决：一、确认县政府作出的112号通知违法。二、确认县政府作出的150号撤证决定违法。三、责令县政府对收回城东公司国有土地使用权的损失采取补救措施。县政府不服一审判决提起上诉。

海南高院二审判决对一审判决认定事实予以确认，但认为城东公司自1996年1月取得争议土地后，未对该土地进行实质性的开发，只是在该土地上办了简易的水泥预制厂。2004年1月，县政府根据争议土地闲置两年以上的事实，拟无偿收回争议土地。但为使城东公司合法权益不受损害，结合本案诉争土地已经海南省人民政府批准作为县政府行政办公用地的实际情况，县政府根据《中华人民共和国土地管理法》第五十八条第一款规定，作出有偿收回涉案土地的决定，其做法已经充分维护了城东公司的合法权益。因此，县政府作出的112号通知认定事实清楚，适用法律正确，应予维持。县政府作出的150号撤证决定是对112号通知有关事宜的完善，撤销第6号国土证并不意味着城东公司的合法权益无法得到保护，其可依据112号通知就有偿收地具体方案与县政府协商。依照《中华人民共和国行政诉讼法》第六十一条第（三）项和最高人民法院《关于执行〈中华人民共和国行政诉讼法〉若干问题的解释》第五十六条第（四）项和第七十条之规定判决：一、撤销（2008）海南行初字第69号行政判决。二、驳回城东公司的诉讼请求。

申请再审人称：海南高院判决的认定有悖法律与事实。一是涉案土地在1996年是一片尚未开发的土地，属工业商业住宅综合性建设用地。申诉人进行土地平整建水泥预制厂符合规划，已进行了实质性开发和利用。二是土地闲置两年以上不是事实。该土地抵偿给申诉人后就建了水泥预制厂从未闲置，不适用闲置土地法律规定，更不适用无偿收回，这也是被申诉人公告无偿收回后，又以公共利益为由有偿收回的原因所在。三是县政府为自己建设办公大楼，不能认定是“公共利益”，这与《中华人民共和国土地管理法》是背道而驰的。四是“适当补偿”要根据市场评估定价。海南高院（2008）琼行终字第159号行政判决适用法律错误，请求予以撤销。

被申请人答辩称：一、城东公司闲置土地事实明确。按照县国土部门与城东公司签订的《国有土地出让合同》约定，城东公司应当在1997年12月20日前完成项目建设，而城东公司建设与规划不相符的水泥预制厂项目，明显违反《中华人民共和国城市规划法》第二十九条的规定，构成闲置土地。二、行政办公用地可以界定为"公共利益"。参照《国有土地上房屋征收与补偿条例》第八条规定，政府组织的市政公用等公共事业需要属于公共利益范畴。三、有偿收回土地的补偿标准并无不当。县政府以80.6万元的价格有偿收回涉案土地使用权，此价格与当时土地价格差距不大。城东公司在长达10年的时间里未对涉案土地进行实质开发建设，属于严重闲置土地行为，本可无偿收回土地，但考虑社会和谐，选择了有偿收回。闲置土地的增值部分不应由县政府承担，城东公司这种意图通过囤积土地待价而沽的行为也是不值得提倡的。

原审第三人答辩称：一、涉案土地已经办理抵押登记手续，取得他项权利证书，抵押权合法有效，抵押优先受偿权应受法律保护。二、定安支行是善意抵押权人，没有过错，若涉案土地使用权被收回，将导致抵押权消灭，显失公平，也对交易安全造成巨大风险。县政府应当基于公平原则维护银行抵押权。三、就算县政府112号通知和150号撤证决定合法，依照《中华人民共和国担保法》第五十八条、最高人民法院《关于适用〈中华人民共和国担保法〉若干问题的解释》第八十条，以及《中华人民共和国物权法》第一百七十四条之规定，定安支行也有从城东公司的土地补偿金中优先受偿的权利。四、县政府112号通知和150号撤证决定存在违法，且严重损害抵押权人的合法权益，依法应予撤销。请求支持城东公司的诉讼请求，维护定安支行的主债权和抵押权。

本院庭审中，除以下三项事实外，各方当事人对原审判决认定主要事实均无异议，本院予以确认。

（一）城东公司对原审判决认定其"申请土地登记发证时未填报土地用途"提出异议，认为涉案土地是县政府因欠工程款抵债而来，应当由县政府办理，未填写土地用途不是该公司的错误。县政府辩称，涉案土地当时应当属于工业用地，但确实没有申报项目、没有规划，土地证上也未注明用途，未注明用途的原因不清楚。定安支行表示，对颁证过程不清楚。

本院认为，原审判决认定"申请土地登记发证时未填报土地用途"仅仅是一个事实陈述，各方当事人对此事实并无异议，未填写的过错责任不属于本案事实认定问题。因此，对原审判决认定的该项事实予以确认。

（二）城东公司对原审判决认定其未参加听证会的事实提出异议，称其代表提前10分钟到会场，但因会议室门未开，等了约一小时离开，并认为一审县政府提交的听证会记录是伪造的。县政府辩称：举证有听证会通知书、送达回证、会议记录等证据证明，已书面通知城东公司、定安支行参加听证会。定安支行到会，城东公司未到会。定安支行表示，参加听证会的人确是该行工作人员，但对听证会记录的真实性不予表态。

本院认为，根据一审县政府所举听证会通知书、送达回证及城东公司的陈述，可以认定事先通知城东公司和定安支行参加听证会；根据听证会会议记录和听证会签到单及定安支行对到会人员身份的认可，可以证明2007年12月11日就收回土地事宜举行听证会。城东公司认为听证会记录系伪造，没有提供相应证据证明，其抗辩理由不能成立。本院对原审判决认定的该项事实予以确认。

（三）县政府对原审判决认定城东公司取得土地证后在该宗土地上办了水泥预制厂的事实提出异议，认为没有证据证明该公司在涉案土地上建了水泥预制厂。城东公司辩称，公司营业执照及拆除前的现场照片可以证明建水泥预制厂的事实。定安支行认可城东公司的意见。

本院认为，城东公司2007年营业执照经营范围主营项目栏中有"室内外装修工程"和"建筑材料销售"的内容，现场照片可见与涉案土地相邻的楼房及空地堆放大量预制水泥管，两者与城东公司及定安支行的陈述相互印证，可以认定涉案土地上建有水泥预制厂的事实。县政府否定该项事实，没有提供充分证据，本院不予支持。

审理过程中，本院委托杜鸣评估公司以住宅用地用途对涉案土地在2007年11月5日县政府决定收回土地使用权时的市场价格进行评估。杜鸣评估公司作出京杜鸣估F字［2013］第91292号《房地产估价报告》，评估结果为：估价对象在估价基准日的市场价值为人民币135万元。庭审中，本院对该项证据进行了质证。城东公司对评估主体、程序等无异议，但对评估结果有异议，认为以2007年11月5日作为评估基准日不当。县政府对该评估报告无异议。定安支行提出，庭后咨询相关人士后再发表意见。其在庭后提交书面意见认为，该评估价明显低于当地市场价。

本院认为，杜鸣评估公司及其评估人员具有法定的土地价格评估资质，评估主体合法；评估过程中，本院组织评估机构及各方当事人对评估材料进行质证、认证，并进行现场勘查；评估机构按照本院委托书要求和法定程序依法作出评估。以申请再审人合法权益受到具体行政行为影响即县政府决定收回土地使用权时的市场价格进行评估，并无不当。定安支行认为评估价明显低于当地市场价，但并未提出评估报告错误的理由和证据，经与评估时点定安县同区域同类土地市场价格相比较，涉案土地评估价格并不存在明显偏低的事实。城东公司及定安支行的抗辩理由不能成立。评估报告合法有效，本院予以采信。

本案争议焦点主要有：一是被诉112号通知中收回土地使用权决定的合法性问题；二是被诉112号通知中行政补偿决定的合法性问题；三是150号撤证决定的合法性问题。

（一）关于被诉112号通知中收回土地使用权决定的合法性问题。根据《中华人民共和国土地管理法》第五十八条第一款规定，县政府有偿收回涉案土地使用权，具有法定职权。但县政府在作出被诉112号通知之前，未听取当事人的陈述和申辩意见，事后通知城东公司和定安支行举行听证，违反"先听取意见后作决定"的基本程序规则。国务院国发[2004]10号《全面推进依法行政实施纲要》明确要求，行政机关实施行政管理要"程序正当"，"除涉及国家秘密和依法受到保护的商业秘密、个人隐私的外，应当公开，注意听取公民、法人和其他组织的意见；要严格遵循法定程序，依法保障行政管理相对人、利害关系人的知情权、参与权和救济权。"县政府作出112号通知前，未听取当事人意见，违反正当程序原则，本应依法撤销，但考虑到县政府办公楼已经建成并投入使用，撤销112号通知中有偿收回涉案土地使用权决定已无实际意义，且可能会损害公共利益。依据最高人民法院《关于执行〈中华人民共和国行政诉讼法〉若干问题的解释》第五十八条规定，应当依法判决确认该行政行为违法。

（二）关于112号通知中行政补偿内容的合法性问题。根据《中华人民共和国土地管理法》第五十八条第二款规定，因公共利益需要使用土地收回国有土地使用权的，对土地使用权人应当给予适当补偿。县政府根据省政府批准的总体规划要求为建设县政府办公楼需要使用涉案土地，收回城东公司的土地使用权，应当依法给予"适当补偿"。所谓"适当补偿"应当是公平合理的补偿，即按照被收回土地的性质、用途、区位等，以作出收地决定之日的市场评估价予以补偿。县政府按土地原成本价予以补偿于法无据。城东公司以收地决定违法，涉案土地使用权至今仍属于其享有为由，主张应以最终判决时的市场评估价予以补偿，其理由不能成立。本案收地决定属于违反程序，判决确认收地决定违法并未否定其法律效力。根据《中华人民共和国物权法》第二十八条规定，涉案土地使用权自收地决定生效之日已经发生物权转移的效力。考虑到涉案土地登记资料中"土地用途"栏系空白，结合当地土地交易市场情况，对涉案土地以使用年限最长、市场价值最高的"住宅用地"用途进行评估，有利于维护行政相对人的合法权益。鉴于县政府收回土地使用权行为违法，补偿价格明显不公，且收地决定作出后涉案土地升值较大，而当事人因不能以转让土地使用权方式及时偿还银行贷款，存在贷款利息损失，县政府在支付补偿款的同时，还应当支付自决定收回土地使用权之日起至实际支付全部补偿款之日的同期银行贷款利息。

（三）关于150号撤证决定的合法性问题。县政府作出112号通知后，并未要求城东公司持有关证明文件到土地管理部门申请注销土地登记，而是以该公司持有的《国有土地使用证》未按《土地登记规则》第十一条规定载明土地用途，土地管理部门也未按《土地登记规则》第十四条规定全面审核并填写土地登记审批表，造成错误登记发证为由，作出150号撤证决定。当初未填写土地用途，并非城东公司的原因所致，本可以补正方式解决，县政府却以此为由撤销城东公司合法持有的《国有土地使用证》，属于滥用行政职权，依法应予撤销。考虑到涉案土地已经收回并建成办公楼投入使用，根据最高人民法院《关于执行〈中华人民共和国行政诉讼法〉若干问题的解释》第五十八条规定，亦应依法确认该行政行为违法。

综上，112号通知中收地决定行为违反法定程序，被诉150号撤证决定滥用职权，应当依法判决确认违法；112号通知中行政补偿决定适用法律错误、违反法定程序，并显失公正，依法应予纠正。二审判决驳回原告诉讼请求错误，依法应予撤销。一审判决确认112号通知中行政补偿决定违法，并责令县政府对城东公司的损失采取补救措施，判决内容不具体，依法应予撤销和改判。城东公司申请再审理由部分成立，依法应予支持。原审定安支行对抵押物享有优先受偿权的主张成立，县政府在支付补偿款时应依法予以保护。依照最高人民法院《关于执行〈中华人民共和国行政诉讼法〉若干问题的解释》第五十八条、第七十八条规定，判决如下：

一、撤销海南省高级人民法院（2008）琼行终字第159号行政判决。

二、维持原海南省海南中级人民法院（2008）海南行初字第69号行政判决第一项对定安县人民政府2007年11月5日作出的定府[2007]112号《关于有偿收回国有土地使用权的通知》确认违法中有关收回国有土地使用权部分的内容；维持该判决第二项对定安县人民政府2007年12月29日作出的定府[2007]150号《关于撤销定国用（96）字第6号〈国有土地使用证〉的决定》确认违法的内容。

三、撤销原海南省海南中级人民法院（2008）海南行初字第69号行政判决第一项确认定安县人民政府2007年11月5日作出的定府[2007]112号《关于有偿收回国有土地使用权的通知》中有关"按成本价80.6072万元"对定安城东建筑装修工程公司进行行政补偿部分的内容。

四、撤销原海南省海南中级人民法院（2008）海南行初字第69号行政判决第三项责令定安县人民政府对收回定安城东建筑装修工程公司国有土地使用权的损失采取补救措施的判决；责令定安县人民政府自本判决送达之日起15日内一次性向定安城东建筑装修工程公司支付收回土地使用权补偿款135万元及同期银行贷款利息（贷款利息自2007年11月5日起计算，至本息实际支付完毕止）。

一、二审案件受理费共计100元，土地评估及其他费用16 776元，合计16 876元，由定安县人民政府负担。上述费用定安城东建筑装修工程公司已经支付，定安县人民政府在支付补偿款及贷款利息同时将上述款项一并支付给定安城东建筑装修工程公司。

本判决为终审判决。

五、建筑工程

1. 综　合

中华人民共和国建筑法

（1997年11月1日第八届全国人民代表大会常务委员会第二十八次会议通过　根据2011年4月22日第十一届全国人民代表大会常务委员会第二十次会议《关于修改〈中华人民共和国建筑法〉的决定》第一次修正　根据2019年4月23日第十三届全国人民代表大会常务委员会第十次会议《关于修改〈中华人民共和国建筑法〉等八部法律的决定》第二次修正）

目　录

第一章　总　则
第二章　建筑许可
　第一节　建筑工程施工许可
　第二节　从业资格
第三章　建筑工程发包与承包
　第一节　一般规定
　第二节　发　包
　第三节　承　包
第四章　建筑工程监理
第五章　建筑安全生产管理
第六章　建筑工程质量管理
第七章　法律责任
第八章　附　则

第一章　总　则

第一条　【立法目的】为了加强对建筑活动的监督管理，维护建筑市场秩序，保证建筑工程的质量和安全，促进建筑业健康发展，制定本法。

第二条　【适用范围】在中华人民共和国境内从事建筑活动，实施对建筑活动的监督管理，应当遵守本法。

本法所称建筑活动，是指各类房屋建筑及其附属设施的建造和与其配套的线路、管道、设备的安装活动。

第三条　【建设活动要求】建筑活动应当确保建筑工程质量和安全，符合国家的建筑工程安全标准。

第四条　【国家扶持】国家扶持建筑业的发展，支持建筑科学技术研究，提高房屋建筑设计水平，鼓励节约能源和保护环境，提倡采用先进技术、先进设备、先进工艺、新型建筑材料和现代管理方式。

第五条　【从业要求】从事建筑活动应当遵守法律、法规，不得损害社会公共利益和他人的合法权益。

任何单位和个人都不得妨碍和阻挠依法进行的建筑活动。

第六条　【管理部门】国务院建设行政主管部门对全国的建筑活动实施统一监督管理。

第二章　建筑许可

第一节　建筑工程施工许可

第七条　【许可证的领取】建筑工程开工前，建设单位应当按照国家有关规定向工程所在地县级以上人民政府建设行政主管部门申请领取施工许可证；但是，国务院建设行政主管部门确定的限额以下的小型工程除外。

按照国务院规定的权限和程序批准开工报告的建筑工程，不再领取施工许可证。

第八条　【申领条件】申请领取施工许可证，应当具备下列条件：

（一）已经办理该建筑工程用地批准手续；

（二）依法应当办理建设工程规划许可证的，已经取得建设工程规划许可证；

（三）需要拆迁的，其拆迁进度符合施工要求；

（四）已经确定建筑施工企业；

（五）有满足施工需要的资金安排、施工图纸及技术资料；

（六）有保证工程质量和安全的具体措施。

建设行政主管部门应当自收到申请之日起七日内，对符合条件的申请颁发施工许可证。

第九条　【开工期限】建设单位应当自领取施工许可证之日起三个月内开工。因故不能按期开工的，应当向发证机关申请延期；延期以两次为限，每次不超过三个月。既不开工又不申请延期或者超过延期时限的，施工许可证自行废止。

第十条　【施工中止与恢复】在建的建筑工程因故中止施工的，建设单位应当自中止施工之日起一个月内，向发证机关报告，并按照规定做好建筑工程的维护管理工作。

建筑工程恢复施工时，应当向发证机关报告；中止施工满一年的工程恢复施工前，建设单位应当报发证机关核验施工许可证。

第十一条 【不能按期施工处理】按照国务院有关规定批准开工报告的建筑工程，因故不能按期开工或者中止施工的，应当及时向批准机关报告情况。因故不能按期开工超过六个月的，应当重新办理开工报告的批准手续。

第二节 从业资格

第十二条 【从业条件】从事建筑活动的建筑施工企业、勘察单位、设计单位和工程监理单位，应当具备下列条件：

（一）有符合国家规定的注册资本；

（二）有与其从事的建筑活动相适应的具有法定执业资格的专业技术人员；

（三）有从事相关建筑活动所应有的技术装备；

（四）法律、行政法规规定的其他条件。

第十三条 【资质等级】从事建筑活动的建筑施工企业、勘察单位、设计单位和工程监理单位，按照其拥有的注册资本、专业技术人员、技术装备和已完成的建筑工程业绩等资质条件，划分为不同的资质等级，经资质审查合格，取得相应等级的资质证书后，方可在其资质等级许可的范围内从事建筑活动。

第十四条 【执业资格的取得】从事建筑活动的专业技术人员，应当依法取得相应的执业资格证书，并在执业资格证书许可的范围内从事建筑活动。

第三章 建筑工程发包与承包

第一节 一般规定

第十五条 【承包合同】建筑工程的发包单位与承包单位应当依法订立书面合同，明确双方的权利和义务。

发包单位和承包单位应当全面履行合同约定的义务。不按照合同约定履行义务的，依法承担违约责任。

第十六条 【活动原则】建筑工程发包与承包的招标投标活动，应当遵循公开、公正、平等竞争的原则，择优选择承包单位。

建筑工程的招标投标，本法没有规定的，适用有关招标投标法律的规定。

第十七条 【禁止行贿、索贿】发包单位及其工作人员在建筑工程发包中不得收受贿赂、回扣或者索取其他好处。

承包单位及其工作人员不得利用向发包单位及其工作人员行贿、提供回扣或者给予其他好处等不正当手段承揽工程。

第十八条 【造价约定】建筑工程造价应当按照国家有关规定，由发包单位与承包单位在合同中约定。公开招标发包的，其造价的约定，须遵守招标投标法律的规定。

发包单位应当按照合同的约定，及时拨付工程款项。

第二节 发 包

第十九条 【发包方式】建筑工程依法实行招标发包，对不适于招标发包的可以直接发包。

第二十条 【公开招标、开标方式】建筑工程实行公开招标的，发包单位应当依照法定程序和方式，发布招标公告，提供载有招标工程的主要技术要求、主要的合同条款、评标的标准和方法以及开标、评标、定标的程序等内容的招标文件。

开标应当在招标文件规定的时间、地点公开进行。开标后应当按照招标文件规定的评标标准和程序对标书进行评价、比较，在具备相应资质条件的投标者中，择优选定中标者。

第二十一条 【招标组织和监督】建筑工程招标的开标、评标、定标由建设单位依法组织实施，并接受有关行政主管部门的监督。

第二十二条 【发包约束】建筑工程实行招标发包的，发包单位应当将建筑工程发包给依法中标的承包单位。建筑工程实行直接发包的，发包单位应当将建筑工程发包给具有相应资质条件的承包单位。

第二十三条 【禁止限定发包】政府及其所属部门不得滥用行政权力，限定发包单位将招标发包的建筑工程发包给指定的承包单位。

第二十四条 【总承包原则】提倡对建筑工程实行总承包，禁止将建筑工程肢解发包。

建筑工程的发包单位可以将建筑工程的勘察、设计、施工、设备采购一并发包给一个工程总承包单位，也可以将建筑工程勘察、设计、施工、设备采购的一项或者多项发包给一个工程总承包单位；但是，不得将应当由一个承包单位完成的建筑工程肢解成若干部分发包给几个承包单位。

第二十五条 【建筑材料采购】按照合同约定，建筑材料、建筑构配件和设备由工程承包单位采购的，发包单位不得指定承包单位购入用于工程的建筑材料、建筑构配件和设备或者指定生产厂、供应商。

第三节 承 包

第二十六条 【资质等级许可】承包建筑工程的单位应当持有依法取得的资质证书，并在其资质等级许可的业务范围内承揽工程。

禁止建筑施工企业超越本企业资质等级许可的业务范围或者以任何形式用其他建筑施工企业的名义承揽工程。禁止建筑施工企业以任何形式允许其他单位或者个人使用本企业的资质证书、营业执照，以本企业的名义承揽工程。

第二十七条 【共同承包】大型建筑工程或者结构复杂的建筑工程，可以由两个以上的承包单位联合共同承包。共同承包的各方对承包合同的履行承担连带责任。

两个以上不同资质等级的单位实行联合共同承包的，应当按照资质等级低的单位的业务许可范围承揽工程。

第二十八条　【禁止转包、分包】禁止承包单位将其承包的全部建筑工程转包给他人，禁止承包单位将其承包的全部建筑工程肢解以后以分包的名义分别转包给他人。

第二十九条　【分包认可和责任制】建筑工程总承包单位可以将承包工程中的部分工程发包给具有相应资质条件的分包单位；但是，除总承包合同中约定的分包外，必须经建设单位认可。施工总承包的，建筑工程主体结构的施工必须由总承包单位自行完成。

建筑工程总承包单位按照总承包合同的约定对建设单位负责；分包单位按照分包合同的约定对总承包单位负责。总承包单位和分包单位就分包工程对建设单位承担连带责任。

禁止总承包单位将工程分包给不具备相应资质条件的单位。禁止分包单位将其承包的工程再分包。

第四章　建筑工程监理

第三十条　【监理制度推行】国家推行建筑工程监理制度。

国务院可以规定实行强制监理的建筑工程的范围。

第三十一条　【监理委托】实行监理的建筑工程，由建设单位委托具有相应资质条件的工程监理单位监理。建设单位与其委托的工程监理单位应当订立书面委托监理合同。

第三十二条　【监理监督】建筑工程监理应当依照法律、行政法规及有关的技术标准、设计文件和建筑工程承包合同，对承包单位在施工质量、建设工期和建设资金使用等方面，代表建设单位实施监督。

工程监理人员认为工程施工不符合工程设计要求、施工技术标准和合同约定的，有权要求建筑施工企业改正。

工程监理人员发现工程设计不符合建筑工程质量标准或者合同约定的质量要求的，应当报告建设单位要求设计单位改正。

第三十三条　【监理事项通知】实施建筑工程监理前，建设单位应当将委托的工程监理单位、监理的内容及监理权限，书面通知被监理的建筑施工企业。

第三十四条　【监理范围与职责】工程监理单位应当在其资质等级许可的监理范围内，承担工程监理业务。

工程监理单位应当根据建设单位的委托，客观、公正地执行监理任务。

工程监理单位与被监理工程的承包单位以及建筑材料、建筑构配件和设备供应单位不得有隶属关系或者其他利害关系。

工程监理单位不得转让工程监理业务。

第三十五条　【违约责任】工程监理单位不按照委托监理合同的约定履行监理义务，对应当监督检查的项目不检查或者不按照规定检查，给建设单位造成损失的，应当承担相应的赔偿责任。

工程监理单位与承包单位串通，为承包单位谋取非法利益，给建设单位造成损失的，应当与承包单位承担连带赔偿责任。

第五章　建筑安全生产管理

第三十六条　【管理方针、目标】建筑工程安全生产管理必须坚持安全第一、预防为主的方针，建立健全安全生产的责任制度和群防群治制度。

第三十七条　【工程设计要求】建筑工程设计应当符合按照国家规定制定的建筑安全规程和技术规范，保证工程的安全性能。

第三十八条　【安全措施编制】建筑施工企业在编制施工组织设计时，应当根据建筑工程的特点制定相应的安全技术措施；对专业性较强的工程项目，应当编制专项安全施工组织设计，并采取安全技术措施。

第三十九条　【现场安全防范】建筑施工企业应当在施工现场采取维护安全、防范危险、预防火灾等措施；有条件的，应当对施工现场实行封闭管理。

施工现场对毗邻的建筑物、构筑物和特殊作业环境可能造成损害的，建筑施工企业应当采取安全防护措施。

第四十条　【地下管线保护】建设单位应当向建筑施工企业提供与施工现场相关的地下管线资料，建筑施工企业应当采取措施加以保护。

第四十一条　【污染控制】建筑施工企业应当遵守有关环境保护和安全生产的法律、法规的规定，采取控制和处理施工现场的各种粉尘、废气、废水、固体废物以及噪声、振动对环境的污染和危害的措施。

第四十二条　【须审批事项】有下列情形之一的，建设单位应当按照国家有关规定办理申请批准手续：

（一）需要临时占用规划批准范围以外场地的；

（二）可能损坏道路、管线、电力、邮电通讯等公共设施的；

（三）需要临时停水、停电、中断道路交通的；

（四）需要进行爆破作业的；

（五）法律、法规规定需要办理报批手续的其他情形。

第四十三条　【安全生产管理部门】建设行政主管部门负责建筑安全生产的管理，并依法接受劳动行政主管部门对建筑安全生产的指导和监督。

第四十四条　【施工企业安全责任】建筑施工企业必须依法加强对建筑安全生产的管理，执行安全生产责任制度，采取有效措施，防止伤亡和其他安全生产事故的发生。

建筑施工企业的法定代表人对本企业的安全生产负责。

第四十五条　【现场安全责任单位】施工现场安全由建筑施工企业负责。实行施工总承包的，由总承包单位负责。

分包单位向总承包单位负责，服从总承包单位对施工现场的安全生产管理。

第四十六条 【安全生产教育培训】建筑施工企业应当建立健全劳动安全生产教育培训制度，加强对职工安全生产的教育培训；未经安全生产教育培训的人员，不得上岗作业。

第四十七条 【施工安全保障】建筑施工企业和作业人员在施工过程中，应当遵守有关安全生产的法律、法规和建筑行业安全规章、规程，不得违章指挥或者违章作业。作业人员有权对影响人身健康的作业程序和作业条件提出改进意见，有权获得安全生产所需的防护用品。作业人员对危及生命安全和人身健康的行为有权提出批评、检举和控告。

第四十八条 【企业承保】建筑施工企业应当依法为职工参加工伤保险缴纳工伤保险费。鼓励企业为从事危险作业的职工办理意外伤害保险，支付保险费。

第四十九条 【变动设计方案】涉及建筑主体和承重结构变动的装修工程，建设单位应当在施工前委托原设计单位或者具有相应资质条件的设计单位提出设计方案；没有设计方案的，不得施工。

第五十条 【房屋拆除安全】房屋拆除应当由具备保证安全条件的建筑施工单位承担，由建筑施工单位负责人对安全负责。

第五十一条 【事故应急处理】施工中发生事故时，建筑施工企业应当采取紧急措施减少人员伤亡和事故损失，并按照国家有关规定及时向有关部门报告。

第六章 建筑工程质量管理

第五十二条 【工程质量管理】建筑工程勘察、设计、施工的质量必须符合国家有关建筑工程安全标准的要求，具体管理办法由国务院规定。

有关建筑工程安全的国家标准不能适应确保建筑安全的要求时，应当及时修订。

第五十三条 【质量体系认证】国家对从事建筑活动的单位推行质量体系认证制度。从事建筑活动的单位根据自愿原则可以向国务院产品质量监督管理部门或者国务院产品质量监督管理部门授权的部门认可的认证机构申请质量体系认证。经认证合格的，由认证机构颁发质量体系认证证书。

第五十四条 【工程质量保证】建设单位不得以任何理由，要求建筑设计单位或者建筑施工企业在工程设计或者施工作业中，违反法律、行政法规和建筑工程质量、安全标准，降低工程质量。

建筑设计单位和建筑施工企业对建设单位违反前款规定提出的降低工程质量的要求，应当予以拒绝。

第五十五条 【工程质量责任制】建筑工程实行总承包的，工程质量由工程总承包单位负责，总承包单位将建筑工程分包给其他单位的，应当对分包工程的质量与分包单位承担连带责任。分包单位应当接受总承包单位的质量管理。

第五十六条 【工程勘察、设计职责】建筑工程的勘察、设计单位必须对其勘察、设计的质量负责。勘察、设计文件应当符合有关法律、行政法规的规定和建筑工程质量、安全标准、建筑工程勘察、设计技术规范以及合同的约定。设计文件选用的建筑材料、建筑构配件和设备，应当注明其规格、型号、性能等技术指标，其质量要求必须符合国家规定的标准。

第五十七条 【建筑材料供给】建筑设计单位对设计文件选用的建筑材料、建筑构配件和设备，不得指定生产厂、供应商。

第五十八条 【施工质量责任制】建筑施工企业对工程的施工质量负责。

建筑施工企业必须按照工程设计图纸和施工技术标准施工，不得偷工减料。工程设计的修改由原设计单位负责，建筑施工企业不得擅自修改工程设计。

第五十九条 【建设材料设备检验】建筑施工企业必须按照工程设计要求、施工技术标准和合同的约定，对建筑材料、建筑构配件和设备进行检验，不合格的不得使用。

第六十条 【地基和主体结构质量保证】建筑物在合理使用寿命内，必须确保地基基础工程和主体结构的质量。

建筑工程竣工时，屋顶、墙面不得留有渗漏、开裂等质量缺陷；对已发现的质量缺陷，建筑施工企业应当修复。

第六十一条 【工程验收】交付竣工验收的建筑工程，必须符合规定的建筑工程质量标准，有完整的工程技术经济资料和经签署的工程保修书，并具备国家规定的其他竣工条件。

建筑工程竣工经验收合格后，方可交付使用；未经验收或者验收不合格的，不得交付使用。

第六十二条 【工程质量保修】建筑工程实行质量保修制度。

建筑工程的保修范围应当包括地基基础工程、主体结构工程、屋面防水工程和其他土建工程，以及电气管线、上下水管线的安装工程，供热、供冷系统工程等项目；保修的期限应当按照保证建筑物合理寿命年限内正常使用，维护使用者合法权益的原则确定。具体的保修范围和最低保修期限由国务院规定。

第六十三条 【质量投诉】任何单位和个人对建筑工程的质量事故、质量缺陷都有权向建设行政主管部门或者其他有关部门进行检举、控告、投诉。

第七章 法律责任

第六十四条 【擅自施工处罚】违反本法规定，未取得施工许可证或者开工报告未经批准擅自施工的，责令改正，对不符合开工条件的责令停止施工，可以处以罚款。

第六十五条 【非法发包、承揽处罚】发包单位将工程发包给不具有相应资质条件的承包单位的，或者违反本法规定将建筑工程肢解发包的，责令改正，处以罚款。

超越本单位资质等级承揽工程的，责令停止违法行为，处以罚款，可以责令停业整顿，降低资质等级；情节严重的，吊销资质证书；有违法所得的，予以没收。

未取得资质证书承揽工程的，予以取缔，并处罚款；有违法所得的，予以没收。

以欺骗手段取得资质证书的，吊销资质证书，处以罚款；构成犯罪的，依法追究刑事责任。

第六十六条 【非法转让承揽工程处罚】建筑施工企业转让、出借资质证书或者以其他方式允许他人以本企业的名义承揽工程的，责令改正，没收违法所得，并处罚款，可以责令停业整顿，降低资质等级；情节严重的，吊销资质证书。对因该项承揽工程不符合规定的质量标准造成的损失，建筑施工企业与使用本企业名义的单位或者个人承担连带赔偿责任。

第六十七条 【转包处罚】承包单位将承包的工程转包的，或者违反本法规定进行分包的，责令改正，没收违法所得，并处罚款，可以责令停业整顿，降低资质等级；情节严重的，吊销资质证书。

承包单位有前款规定的违法行为的，对因转包工程或者违法分包的工程不符合规定的质量标准造成的损失，与接受转包或者分包的单位承担连带赔偿责任。

第六十八条 【行贿、索贿刑事责任】在工程发包与承包中索贿、受贿、行贿，构成犯罪的，依法追究刑事责任；不构成犯罪的，分别处以罚款，没收贿赂的财物，对直接负责的主管人员和其他直接责任人员给予处分。

对在工程承包中行贿的承包单位，除依照前款规定处罚外，可以责令停业整顿，降低资质等级或者吊销资质证书。

第六十九条 【非法监理处罚】工程监理单位与建设单位或者建筑施工企业串通，弄虚作假、降低工程质量的，责令改正，处以罚款，降低资质等级或者吊销资质证书；有违法所得的，予以没收；造成损失的，承担连带赔偿责任；构成犯罪的，依法追究刑事责任。

工程监理单位转让监理业务的，责令改正，没收违法所得，可以责令停业整顿，降低资质等级；情节严重的，吊销资质证书。

第七十条 【擅自变动施工处罚】违反本法规定，涉及建筑主体或者承重结构变动的装修工程擅自施工的，责令改正，处以罚款；造成损失的，承担赔偿责任；构成犯罪的，依法追究刑事责任。

第七十一条 【安全事故处罚】建筑施工企业违反本法规定，对建筑安全事故隐患不采取措施予以消除的，责令改正，可以处以罚款；情节严重的，责令停业整顿，降低资质等级或者吊销资质证书；构成犯罪的，依法追究刑事责任。

建筑施工企业的管理人员违章指挥、强令职工冒险作业，因而发生重大伤亡事故或者造成其他严重后果的，依法追究刑事责任。

第七十二条 【质量降低处罚】建设单位违反本法规定，要求建筑设计单位或者建筑施工企业违反建筑工程质量、安全标准，降低工程质量的，责令改正，可以处以罚款；构成犯罪的，依法追究刑事责任。

第七十三条 【非法设计处罚】建筑设计单位不按照建筑工程质量、安全标准进行设计的，责令改正，处以罚款；造成工程质量事故的，责令停业整顿，降低资质等级或者吊销资质证书，没收违法所得，并处罚款；造成损失的，承担赔偿责任；构成犯罪的，依法追究刑事责任。

第七十四条 【非法施工处罚】建筑施工企业在施工中偷工减料的，使用不合格的建筑材料、建筑构配件和设备的，或者有其他不按照工程设计图纸或者施工技术标准施工的行为的，责令改正，处以罚款；情节严重的，责令停业整顿，降低资质等级或者吊销资质证书；造成建筑工程质量不符合规定的质量标准的，负责返工、修理，并赔偿因此造成的损失；构成犯罪的，依法追究刑事责任。

第七十五条 【不保修处罚及赔偿】建筑施工企业违反本法规定，不履行保修义务或者拖延履行保修义务的，责令改正，可以处以罚款，并对在保修期内因屋顶、墙面渗漏、开裂等质量缺陷造成的损失，承担赔偿责任。

第七十六条 【行政处罚机关】本法规定的责令停业整顿、降低资质等级和吊销资质证书的行政处罚，由颁发资质证书的机关决定；其他行政处罚，由建设行政主管部门或者有关部门依照法律和国务院规定的职权范围决定。

依照本法规定被吊销资质证书的，由工商行政管理部门吊销其营业执照。

第七十七条 【非法颁证处罚】违反本法规定，对不具备相应资质等级条件的单位颁发该等级资质证书的，由其上级机关责令收回所发的资质证书，对直接负责的主管人员和其他直接责任人员给予行政处分；构成犯罪的，依法追究刑事责任。

第七十八条 【限包处罚】政府及其所属部门的工作人员违反本法规定，限定发包单位将招标发包的工程发包给指定的承包单位的，由上级机关责令改正；构成犯罪的，依法追究刑事责任。

第七十九条 【非法颁证、验收处罚】负责颁发建筑工程施工许可证的部门及其工作人员对不符合施工条件的建筑工程颁发施工许可证的，负责工程质量监督检查或者竣工验收的部门及其工作人员对不合格的建筑工程出具质量合格文件或者按合格工程验收的，由上级机关责令改正，对责任人员给予行政处分；构成犯罪的，依法追究刑事责任；造成损失的，由该部门承担相应的赔偿责任。

第八十条 【损害赔偿】在建筑物的合理使用寿命内，因建筑工程质量不合格受到损害的，有权向责任者要求赔偿。

第八章　附　　则

第八十一条　【适用范围补充】本法关于施工许可、建筑施工企业资质审查和建筑工程发包、承包、禁止转包，以及建筑工程监理、建筑工程安全和质量管理的规定，适用于其他专业建筑工程的建筑活动，具体办法由国务院规定。

第八十二条　【监管收费】建设行政主管部门和其他有关部门在对建筑活动实施监督管理中，除按照国务院有关规定收取费用外，不得收取其他费用。

第八十三条　【适用范围特别规定】省、自治区、直辖市人民政府确定的小型房屋建筑工程的建筑活动，参照本法执行。

依法核定作为文物保护的纪念建筑物和古建筑等的修缮，依照文物保护的有关法律规定执行。

抢险救灾及其他临时性房屋建筑和农民自建低层住宅的建筑活动，不适用本法。

第八十四条　【军用工程特别规定】军用房屋建筑工程建筑活动的具体管理办法，由国务院、中央军事委员会依据本法制定。

第八十五条　【施行日期】本法自1998年3月1日起施行。

中华人民共和国安全生产法

（2002年6月29日第九届全国人民代表大会常务委员会第二十八次会议通过　根据2009年8月27日第十一届全国人民代表大会常务委员会第十次会议《关于修改部分法律的决定》第一次修正　根据2014年8月31日第十二届全国人民代表大会常务委员会第十次会议《关于修改〈中华人民共和国安全生产法〉的决定》第二次修正）

目　　录

第一章　总　　则
第二章　生产经营单位的安全生产保障
第三章　从业人员的安全生产权利义务
第四章　安全生产的监督管理
第五章　生产安全事故的应急救援与调查处理
第六章　法律责任
第七章　附　　则

第一章　总　　则

第一条　【立法目的】为了加强安全生产工作，防止和减少生产安全事故，保障人民群众生命和财产安全，促进经济社会持续健康发展，制定本法。

第二条　【适用范围和调整事项】在中华人民共和国领域内从事生产经营活动的单位（以下统称生产经营单位）的安全生产，适用本法；有关法律、行政法规对消防安全和道路交通安全、铁路交通安全、水上交通安全、民用航空安全以及核与辐射安全、特种设备安全另有规定的，适用其规定。

第三条　【安全生产工作方针和工作机制】安全生产工作应当以人为本，坚持安全发展，坚持安全第一、预防为主、综合治理的方针，强化和落实生产经营单位的主体责任，建立生产经营单位负责、职工参与、政府监管、行业自律和社会监督的机制。

第四条　【生产经营单位基本义务】生产经营单位必须遵守本法和其他有关安全生产的法律、法规，加强安全生产管理，建立、健全安全生产责任制和安全生产规章制度，改善安全生产条件，推进安全生产标准化建设，提高安全生产水平，确保安全生产。

第五条　【生产经营单位主要负责人的主体责任】生产经营单位的主要负责人对本单位的安全生产工作全面负责。

第六条　【从业人员安全生产的权利和义务】生产经营单位的从业人员有依法获得安全生产保障的权利，并应当依法履行安全生产方面的义务。

第七条　【工会职责】工会依法对安全生产工作进行监督。

生产经营单位的工会依法组织职工参加本单位安全生产工作的民主管理和民主监督，维护职工在安全生产方面的合法权益。生产经营单位制定或者修改有关安全生产的规章制度，应当听取工会的意见。

第八条　【各级人民政府在安全生产方面的职责】国务院和县级以上地方各级人民政府应当根据国民经济和社会发展规划制定安全生产规划，并组织实施。安全生产规划应当与城乡规划相衔接。

国务院和县级以上地方各级人民政府应当加强对安全生产工作的领导，支持、督促各有关部门依法履行安全生产监督管理职责，建立健全安全生产工作协调机制，及时协调、解决安全生产监督管理中存在的重大问题。

乡、镇人民政府以及街道办事处、开发区管理机构等地方人民政府的派出机关应当按照职责，加强对本行政区域内生产经营单位安全生产状况的监督检查，协助上级人民政府有关部门依法履行安全生产监督管理职责。

第九条　【安全生产监督管理体制】国务院安全生产监督管理部门依照本法，对全国安全生产工作实施综合监督管理；县级以上地方各级人民政府安全生产监督管理部门依照本法，对本行政区域内安全生产工作实施综合监督管理。

国务院有关部门依照本法和其他有关法律、行政法规的规定，在各自的职责范围内对有关行业、领域的安全生产工作实施监督管理；县级以上地方各级人民政府有关部门依照本法和其他有关法律、法规的规定，在各自的职责范围内对有关行业、领域的安全生产工作实施监督管理。

安全生产监督管理部门和对有关行业、领域的安全生产工作实施监督管理的部门,统称负有安全生产监督管理职责的部门。

第十条　【安全生产国家标准、行业标准的制定和执行】国务院有关部门应当按照保障安全生产的要求,依法及时制定有关的国家标准或者行业标准,并根据科技进步和经济发展适时修订。

生产经营单位必须执行依法制定的保障安全生产的国家标准或者行业标准。

第十一条　【加强安全生产的宣传教育】各级人民政府及其有关部门应当采取多种形式,加强对有关安全生产的法律、法规和安全生产知识的宣传,增强全社会的安全生产意识。

第十二条　【协会组织在安全生产方面的职责】有关协会组织依照法律、行政法规和章程,为生产经营单位提供安全生产方面的信息、培训等服务,发挥自律作用,促进生产经营单位加强安全生产管理。

第十三条　【为安全生产提供技术、管理服务的机构】依法设立的为安全生产提供技术、管理服务的机构,依照法律、行政法规和执业准则,接受生产经营单位的委托为其安全生产工作提供技术、管理服务。

生产经营单位委托前款规定的机构提供安全生产技术、管理服务的,保证安全生产的责任仍由本单位负责。

第十四条　【生产安全事故责任追究制度】国家实行生产安全事故责任追究制度,依照本法和有关法律、法规的规定,追究生产安全事故责任人员的法律责任。

第十五条　【支持发展】国家鼓励和支持安全生产科学技术研究和安全生产先进技术的推广应用,提高安全生产水平。

第十六条　【奖励】国家对在改善安全生产条件、防止生产安全事故、参加抢险救护等方面取得显著成绩的单位和个人,给予奖励。

第二章　生产经营单位的安全生产保障

第十七条　【安全生产条件】生产经营单位应当具备本法和有关法律、行政法规和国家标准或者行业标准规定的安全生产条件;不具备安全生产条件的,不得从事生产经营活动。

第十八条　【生产经营单位主要负责人安全生产职责】生产经营单位的主要负责人对本单位安全生产工作负有下列职责:

(一)建立、健全本单位安全生产责任制;

(二)组织制定本单位安全生产规章制度和操作规程;

(三)组织制定并实施本单位安全生产教育和培训计划;

(四)保证本单位安全生产投入的有效实施;

(五)督促、检查本单位的安全生产工作,及时消除生产安全事故隐患;

(六)组织制定并实施本单位的生产安全事故应急救援预案;

(七)及时、如实报告生产安全事故。

第十九条　【安全生产责任制】生产经营单位的安全生产责任制应当明确各岗位的责任人员、责任范围和考核标准等内容。

生产经营单位应当建立相应的机制,加强对安全生产责任制落实情况的监督考核,保证安全生产责任制的落实。

第二十条　【资金投入及安全生产费用】生产经营单位应当具备的安全生产条件所必需的资金投入,由生产经营单位的决策机构、主要负责人或者个人经营的投资人予以保证,并对由于安全生产所必需的资金投入不足导致的后果承担责任。

有关生产经营单位应当按照规定提取和使用安全生产费用,专门用于改善安全生产条件。安全生产费用在成本中据实列支。安全生产费用提取、使用和监督管理的具体办法由国务院财政部门会同国务院安全生产监督管理部门征求国务院有关部门意见后制定。

第二十一条　【安全生产管理机构及人员】矿山、金属冶炼、建筑施工、道路运输单位和危险物品的生产、经营、储存单位,应当设置安全生产管理机构或者配备专职安全生产管理人员。

前款规定以外的其他生产经营单位,从业人员超过一百人的,应当设置安全生产管理机构或者配备专职安全生产管理人员;从业人员在一百人以下的,应当配备专职或者兼职的安全生产管理人员。

第二十二条　【安全生产管理机构及人员的职责】生产经营单位的安全生产管理机构以及安全生产管理人员履行下列职责:

(一)组织或者参与拟订本单位安全生产规章制度、操作规程和生产安全事故应急救援预案;

(二)组织或者参与本单位安全生产教育和培训,如实记录安全生产教育和培训情况;

(三)督促落实本单位重大危险源的安全管理措施;

(四)组织或者参与本单位应急救援演练;

(五)检查本单位的安全生产状况,及时排查生产安全事故隐患,提出改进安全生产管理的建议;

(六)制止和纠正违章指挥、强令冒险作业、违反操作规程的行为;

(七)督促落实本单位安全生产整改措施。

第二十三条　【安全生产管理机构以及安全生产管理人员履职要求和履职保障】生产经营单位的安全生产管理机构以及安全生产管理人员应当恪尽职守,依法履行职责。

生产经营单位作出涉及安全生产的经营决策，应当听取安全生产管理机构以及安全生产管理人员的意见。

生产经营单位不得因安全生产管理人员依法履行职责而降低其工资、福利等待遇或者解除与其订立的劳动合同。

危险物品的生产、储存单位以及矿山、金属冶炼单位的安全生产管理人员的任免，应当告知主管的负有安全生产监督管理职责的部门。

第二十四条 【主要负责人和安全生产管理人员的知识、管理能力要求】生产经营单位的主要负责人和安全生产管理人员必须具备与本单位所从事的生产经营活动相应的安全生产知识和管理能力。

危险物品的生产、经营、储存单位以及矿山、金属冶炼、建筑施工、道路运输单位的主要负责人和安全生产管理人员，应当由主管的负有安全生产监督管理职责的部门对其安全生产知识和管理能力考核合格。考核不得收费。

危险物品的生产、储存单位以及矿山、金属冶炼单位应当有注册安全工程师从事安全生产管理工作。鼓励其他生产经营单位聘用注册安全工程师从事安全生产管理工作。注册安全工程师按专业分类管理，具体办法由国务院人力资源和社会保障部门、国务院安全生产监督管理部门会同国务院有关部门制定。

第二十五条 【从业人员的教育和培训】生产经营单位应当对从业人员进行安全生产教育和培训，保证从业人员具备必要的安全生产知识，熟悉有关的安全生产规章制度和安全操作规程，掌握本岗位的安全操作技能，了解事故应急处理措施，知悉自身在安全生产方面的权利和义务。未经安全生产教育和培训合格的从业人员，不得上岗作业。

生产经营单位使用被派遣劳动者的，应当将被派遣劳动者纳入本单位从业人员统一管理，对被派遣劳动者进行岗位安全操作规程和安全操作技能的教育和培训。劳务派遣单位应当对被派遣劳动者进行必要的安全生产教育和培训。

生产经营单位接收中等职业学校、高等学校学生实习的，应当对实习学生进行相应的安全生产教育和培训，提供必要的劳动防护用品。学校应当协助生产经营单位对实习学生进行安全生产教育和培训。

生产经营单位应当建立安全生产教育和培训档案，如实记录安全生产教育和培训的时间、内容、参加人员以及考核结果等情况。

第二十六条 【技术更新的教育和培训】生产经营单位采用新工艺、新技术、新材料或者使用新设备，必须了解、掌握其安全技术特性，采取有效的安全防护措施，并对从业人员进行专门的安全生产教育和培训。

第二十七条 【特种作业人员的资格要求】生产经营单位的特种作业人员必须按照国家有关规定经专门的安全作业培训，取得相应资格，方可上岗作业。

特种作业人员的范围由国务院安全生产监督管理部门会同国务院有关部门确定。

第二十八条 【建设项目的安全设施“三同时”原则】生产经营单位新建、改建、扩建工程项目（以下统称建设项目）的安全设施，必须与主体工程同时设计、同时施工、同时投入生产和使用。安全设施投资应当纳入建设项目概算。

第二十九条 【特殊建设项目的安全评价】矿山、金属冶炼建设项目和用于生产、储存、装卸危险物品的建设项目，应当按照国家有关规定进行安全评价。

第三十条 【设计和审查人员的责任】建设项目安全设施的设计人、设计单位应当对安全设施设计负责。

矿山、金属冶炼建设项目和用于生产、储存、装卸危险物品的建设项目的安全设施设计应当按照国家有关规定报经有关部门审查，审查部门及其负责审查的人员对审查结果负责。

第三十一条 【建设项目安全设施的施工和竣工验收及其监督检查】矿山、金属冶炼建设项目和用于生产、储存、装卸危险物品的建设项目的施工单位必须按照批准的安全设施设计施工，并对安全设施的工程质量负责。

矿山、金属冶炼建设项目和用于生产、储存危险物品的建设项目竣工投入生产或者使用前，应当由建设单位负责组织对安全设施进行验收；验收合格后，方可投入生产和使用。安全生产监督管理部门应当加强对建设单位验收活动和验收结果的监督核查。

第三十二条 【安全警示标志】生产经营单位应当在有较大危险因素的生产经营场所和有关设施、设备上，设置明显的安全警示标志。

第三十三条 【生产经营单位安全设备管理】安全设备的设计、制造、安装、使用、检测、维修、改造和报废，应当符合国家标准或者行业标准。

生产经营单位必须对安全设备进行经常性维护、保养，并定期检测，保证正常运转。维护、保养、检测应当作好记录，并由有关人员签字。

第三十四条 【危险物品的容器、运输工具以及部分特种设备的特殊管理】生产经营单位使用的危险物品的容器、运输工具，以及涉及人身安全、危险性较大的海洋石油开采特种设备和矿山井下特种设备，必须按照国家有关规定，由专业生产单位生产，并经具有专业资质的检测、检验机构检测、检验合格，取得安全使用证或者安全标志，方可投入使用。检测、检验机构对检测、检验结果负责。

第三十五条 【淘汰制度】国家对严重危及生产安全的工艺、设备实行淘汰制度，具体目录由国务院安全生产监督管理部门会同国务院有关部门制定并公布。法律、行政法规对目录的制定另有规定的，适用其规定。

省、自治区、直辖市人民政府可以根据本地区实际情况制定并公布具体目录，对前款规定以外的危及生产安全的工艺、设备予以淘汰。

生产经营单位不得使用应当淘汰的危及生产安全的工艺、设备。

第三十六条 【危险物品的监管】生产、经营、运输、储存、使用危险物品或者处置废弃危险物品的，由有关主管部门依照有关法律、法规的规定和国家标准或者行业标准审批并实施监督管理。

生产经营单位生产、经营、运输、储存、使用危险物品或者处置废弃危险物品，必须执行有关法律、法规和国家标准或者行业标准，建立专门的安全管理制度，采取可靠的安全措施，接受有关主管部门依法实施的监督管理。

第三十七条 【重大危险源管理】生产经营单位对重大危险源应当登记建档，进行定期检测、评估、监控，并制定应急预案，告知从业人员和相关人员在紧急情况下应当采取的应急措施。

生产经营单位应当按照国家有关规定将本单位重大危险源及有关安全措施、应急措施报有关地方人民政府安全生产监督管理部门和有关部门备案。

第三十八条 【生产经营单位事故隐患治理】生产经营单位应当建立健全生产安全事故隐患排查治理制度，采取技术、管理措施，及时发现并消除事故隐患。事故隐患排查治理情况应当如实记录，并向从业人员通报。

县级以上地方各级人民政府负有安全生产监督管理职责的部门应当建立健全重大事故隐患治理督办制度，督促生产经营单位消除重大事故隐患。

第三十九条 【生产经营场所和员工宿舍的安全要求】生产、经营、储存、使用危险物品的车间、商店、仓库不得与员工宿舍在同一座建筑物内，并应当与员工宿舍保持安全距离。

生产经营场所和员工宿舍应当设有符合紧急疏散要求、标志明显、保持畅通的出口。禁止锁闭、封堵生产经营场所或者员工宿舍的出口。

第四十条 【危险作业现场的安全管理】生产经营单位进行爆破、吊装以及国务院安全生产监督管理部门会同国务院有关部门规定的其他危险作业，应当安排专门人员进行现场安全管理，确保操作规程的遵守和安全措施的落实。

第四十一条 【从业人员的安全管理】生产经营单位应当教育和督促从业人员严格执行本单位的安全生产规章制度和安全操作规程；并向从业人员如实告知作业场所和工作岗位存在的危险因素、防范措施以及事故应急措施。

第四十二条 【劳动防护用品】生产经营单位必须为从业人员提供符合国家标准或者行业标准的劳动防护用品，并监督、教育从业人员按照使用规则佩戴、使用。

第四十三条 【安全检查和报告义务】生产经营单位的安全生产管理人员应当根据本单位的生产经营特点，对安全生产状况进行经常性检查；对检查中发现的安全问题，应当立即处理；不能处理的，应当及时报告本单位有关负责人，有关负责人应当及时处理。检查及处理情况应当如实记录在案。

生产经营单位的安全生产管理人员在检查中发现重大事故隐患，依照前款规定向本单位有关负责人报告，有关负责人不及时处理的，安全生产管理人员可以向主管的负有安全生产监督管理职责的部门报告，接到报告的部门应当依法及时处理。

第四十四条 【经费保障】生产经营单位应当安排用于配备劳动防护用品、进行安全生产培训的经费。

第四十五条 【生产经营单位间的安全生产管理协议】两个以上生产经营单位在同一作业区域内进行生产经营活动，可能危及对方生产安全的，应当签订安全生产管理协议，明确各自的安全生产管理职责和应当采取的安全措施，并指定专职安全生产管理人员进行安全检查与协调。

第四十六条 【生产经营项目、场所、设备发包或出租的安全生产责任】生产经营单位不得将生产经营项目、场所、设备发包或者出租给不具备安全生产条件或者相应资质的单位或者个人。

生产经营项目、场所发包或者出租给其他单位的，生产经营单位应当与承包单位、承租单位签订专门的安全生产管理协议，或者在承包合同、租赁合同中约定各自的安全生产管理职责；生产经营单位对承包单位、承租单位的安全生产工作统一协调、管理，定期进行安全检查，发现安全问题的，应当及时督促整改。

第四十七条 【生产安全事故的处理】生产经营单位发生生产安全事故时，单位的主要负责人应当立即组织抢救，并不得在事故调查处理期间擅离职守。

第四十八条 【工伤保险】生产经营单位必须依法参加工伤保险，为从业人员缴纳保险费。

国家鼓励生产经营单位投保安全生产责任保险。

第三章 从业人员的安全生产权利义务

第四十九条 【劳动合同的安全条款】生产经营单位与从业人员订立的劳动合同，应当载明有关保障从业人员劳动安全、防止职业危害的事项，以及依法为从业人员办理工伤保险的事项。

生产经营单位不得以任何形式与从业人员订立协议，免除或者减轻其对从业人员因生产安全事故伤亡依法应承担的责任。

第五十条 【知情权和建议权】生产经营单位的从业人员有权了解其作业场所和工作岗位存在的危险因素、防范措施及事故应急措施，有权对本单位的安全生产工作提出建议。

第五十一条 【批评、检举、控告权】从业人员有权对本单位安全生产工作中存在的问题提出批评、检举、控告；有权拒绝违章指挥和强令冒险作业。

生产经营单位不得因从业人员对本单位安全生产工作提出批评、检举、控告或者拒绝违章指挥、强令冒险作业而降低其工资、福利等待遇或者解除与其订立的劳动合同。

第五十二条 【紧急情况处置权】从业人员发现直接危及人身安全的紧急情况时，有权停止作业或者在采取可能的应急措施后撤离作业场所。

生产经营单位不得因从业人员在前款紧急情况下停止作业或者采取紧急撤离措施而降低其工资、福利等待遇或者解除与其订立的劳动合同。

第五十三条 【获得赔偿权】因生产安全事故受到损害的从业人员，除依法享有工伤保险外，依照有关民事法律尚有获得赔偿的权利的，有权向本单位提出赔偿要求。

第五十四条 【服从安全管理的义务】从业人员在作业过程中，应当严格遵守本单位的安全生产规章制度和操作规程，服从管理，正确佩戴和使用劳动防护用品。

第五十五条 【接受教育和培训的义务】从业人员应当接受安全生产教育和培训，掌握本职工作所需的安全生产知识，提高安全生产技能，增强事故预防和应急处理能力。

第五十六条 【事故隐患或者不安全因素的报告义务】从业人员发现事故隐患或者其他不安全因素，应当立即向现场安全生产管理人员或者本单位负责人报告；接到报告的人员应当及时予以处理。

第五十七条 【工会对安全生产工作的职责】工会有权对建设项目的安全设施与主体工程同时设计、同时施工、同时投入生产和使用进行监督，提出意见。

工会对生产经营单位违反安全生产法律、法规，侵犯从业人员合法权益的行为，有权要求纠正；发现生产经营单位违章指挥、强令冒险作业或者发现事故隐患时，有权提出解决的建议，生产经营单位应当及时研究答复；发现危及从业人员生命安全的情况时，有权向生产经营单位建议组织从业人员撤离危险场所，生产经营单位必须立即作出处理。

工会有权依法参加事故调查，向有关部门提出处理意见，并要求追究有关人员的责任。

第五十八条 【劳务派遣的用工形式】生产经营单位使用被派遣劳动者的，被派遣劳动者享有本法规定的从业人员的权利，并应当履行本法规定的从业人员的义务。

第四章 安全生产的监督管理

第五十九条 【政府及安全生产监督管理部门的职责】县级以上地方各级人民政府应当根据本行政区域内的安全生产状况，组织有关部门按照职责分工，对本行政区域内容易发生重大生产安全事故的生产经营单位进行严格检查。

安全生产监督管理部门应当按照分类分级监督管理的要求，制定安全生产年度监督检查计划，并按照年度监督检查计划进行监督检查，发现事故隐患，应当及时处理。

第六十条 【安全生产事项的审批】负有安全生产监督管理职责的部门依照有关法律、法规的规定，对涉及安全生产的事项需要审查批准（包括批准、核准、许可、注册、认证、颁发证照等，下同）或者验收的，必须严格依照有关法律、法规和国家标准或者行业标准规定的安全生产条件和程序进行审查；不符合有关法律、法规和国家标准或者行业标准规定的安全生产条件的，不得批准或者验收通过。对未依法取得批准或者验收合格的单位擅自从事有关活动的，负责行政审批的部门发现或者接到举报后应当立即予以取缔，并依法予以处理。对已经依法取得批准的单位，负责行政审批的部门发现其不再具备安全生产条件的，应当撤销原批准。

第六十一条 【政府监管的限制】负有安全生产监督管理职责的部门对涉及安全生产的事项进行审查、验收，不得收取费用；不得要求接受审查、验收的单位购买其指定品牌或者指定生产、销售单位的安全设备、器材或者其他产品。

第六十二条 【监督检查的职权范围】安全生产监督管理部门和其他负有安全生产监督管理职责的部门依法开展安全生产行政执法工作，对生产经营单位执行有关安全生产的法律、法规和国家标准或者行业标准的情况进行监督检查，行使以下职权：

（一）进入生产经营单位进行检查，调阅有关资料，向有关单位和人员了解情况；

（二）对检查中发现的安全生产违法行为，当场予以纠正或者要求限期改正；对依法应当给予行政处罚的行为，依照本法和其他有关法律、行政法规的规定作出行政处罚决定；

（三）对检查中发现的事故隐患，应当责令立即排除；重大事故隐患排除前或者排除过程中无法保证安全的，应当责令从危险区域内撤出作业人员，责令暂时停产停业或者停止使用相关设施、设备；重大事故隐患排除后，经审查同意，方可恢复生产经营和使用；

（四）对有根据认为不符合保障安全生产的国家标准或者行业标准的设施、设备、器材以及违法生产、储存、使用、经营、运输的危险物品予以查封或者扣押，对违法生产、储存、使用、经营危险物品的作业场所予以查封，并依法作出处理决定。

监督检查不得影响被检查单位的正常生产经营活动。

第六十三条 【监督检查的配合】生产经营单位对负有安全生产监督管理职责的部门的监督检查人员（以下统称安全生产监督检查人员）依法履行监督检查职责，应当予以配合，不得拒绝、阻挠。

第六十四条 【监督检查的要求】安全生产监督检查人员应当忠于职守，坚持原则，秉公执法。

安全生产监督检查人员执行监督检查任务时，必须出示有效的监督执法证件；对涉及被检查单位的技术秘密和业务秘密，应当为其保密。

第六十五条 【监督检查的记录】安全生产监督检查人员应当将检查的时间、地点、内容、发现的问题及其处理情况，作出书面记录，并由检查人员和被检查单位的负责人签字；被检查单位的负责人拒绝签字的，检查人员应当将情况记录在案，并向负有安全生产监督管理职责的部门报告。

第六十六条 【联合检查与分别检查】负有安全生产监督管理职责的部门在监督检查中，应当互相配合，实行联合检查；确需分别进行检查的，应当互通情况，发现存在的安全问题应当由其他有关部门进行处理的，应当及时移送其他有关部门并形成记录备查，接受移送的部门应当及时进行处理。

第六十七条 【强制措施】负有安全生产监督管理职责的部门依法对存在重大事故隐患的生产经营单位作出停产停业、停止施工、停止使用相关设施或者设备的决定，生产经营单位应当依法执行，及时消除事故隐患。生产经营单位拒不执行，有发生生产安全事故的现实危险的，在保证安全的前提下，经本部门主要负责人批准，负有安全生产监督管理职责的部门可以采取通知有关单位停止供电、停止供应民用爆炸物品等措施，强制生产经营单位履行决定。通知应当采用书面形式，有关单位应当予以配合。

负有安全生产监督管理职责的部门依照前款规定采取停止供电措施，除有危及生产安全的紧急情形外，应当提前二十四小时通知生产经营单位。生产经营单位依法履行行政决定、采取相应措施消除事故隐患的，负有安全生产监督管理职责的部门应当及时解除前款规定的措施。

第六十八条 【安全生产行政监察】监察机关依照行政监察法的规定，对负有安全生产监督管理职责的部门及其工作人员履行安全生产监督管理职责实施监察。

第六十九条 【检评机构的条件和责任】承担安全评价、认证、检测、检验的机构应当具备国家规定的资质条件，并对其作出的安全评价、认证、检测、检验的结果负责。

第七十条 【举报制度】负有安全生产监督管理职责的部门应当建立举报制度，公开举报电话、信箱或者电子邮件地址，受理有关安全生产的举报；受理的举报事项经调查核实后，应当形成书面材料；需要落实整改措施的，报经有关负责人签字并督促落实。

第七十一条 【举报权】任何单位或者个人对事故隐患或者安全生产违法行为，均有权向负有安全生产监督管理职责的部门报告或者举报。

第七十二条 【举报义务】居民委员会、村民委员会发现其所在区域内的生产经营单位存在事故隐患或者安全生产违法行为时，应当向当地人民政府或者有关部门报告。

第七十三条 【举报奖励】县级以上各级人民政府及其有关部门对报告重大事故隐患或者举报安全生产违法行为的有功人员，给予奖励。具体奖励办法由国务院安全生产监督管理部门会同国务院财政部门制定。

第七十四条 【舆论监督】新闻、出版、广播、电影、电视等单位有进行安全生产公益宣传教育的义务，有对违反安全生产法律、法规的行为进行舆论监督的权利。

第七十五条 【安全生产违法行为信息库】负有安全生产监督管理职责的部门应当建立安全生产违法行为信息库，如实记录生产经营单位的安全生产违法行为信息；对违法行为情节严重的生产经营单位，应当向社会公告，并通报行业主管部门、投资主管部门、国土资源主管部门、证券监督管理机构以及有关金融机构。

第五章 生产安全事故的应急救援与调查处理

第七十六条 【生产安全事故应急能力建设】国家加强生产安全事故应急能力建设，在重点行业、领域建立应急救援基地和应急救援队伍，鼓励生产经营单位和其他社会力量建立应急救援队伍，配备相应的应急救援装备和物资，提高应急救援的专业化水平。

国务院安全生产监督管理部门建立全国统一的生产安全事故应急救援信息系统，国务院有关部门建立健全相关行业、领域的生产安全事故应急救援信息系统。

第七十七条 【政府职责】县级以上地方各级人民政府应当组织有关部门制定本行政区域内生产安全事故应急救援预案，建立应急救援体系。

第七十八条 【生产安全事故应急预案及演练】生产经营单位应当制定本单位生产安全事故应急救援预案，与所在地县级以上地方人民政府组织制定的生产安全事故应急救援预案相衔接，并定期组织演练。

第七十九条 【组织和设备的要求】危险物品的生产、经营、储存单位以及矿山、金属冶炼、城市轨道交通运营、建筑施工单位应当建立应急救援组织；生产经营规模较小的，可以不建立应急救援组织，但应当指定兼职的应急救援人员。

危险物品的生产、经营、储存、运输单位以及矿山、金属冶炼、城市轨道交通运营、建筑施工单位应当配备必要的应急救援器材、设备和物资，并进行经常性维护、保养，保证正常运转。

第八十条 【生产经营单位的事故报告】生产经营单位发生生产安全事故后，事故现场有关人员应当立即报告本单位负责人。

单位负责人接到事故报告后，应当迅速采取有效措施，组织抢救，防止事故扩大，减少人员伤亡和财产损失，并按照国家有关规定立即如实报告当地负有安全生产监督管理职责的部门，不得隐瞒不报、谎报或者迟报，不得故意破坏事故现场、毁灭有关证据。

第八十一条 【安全监管部门的事故报告】负有安全生产监督管理职责的部门接到事故报告后，应当立即按照国家有关规定上报事故情况。负有安全生产监督管理职责的部门和有关地方人民政府对事故情况不得隐瞒不报、谎报或者迟报。

第八十二条 【事故抢救】有关地方人民政府和负有安全生产监督管理职责的部门的负责人接到生产安全事故报告后，应当按照生产安全事故应急救援预案的要求立即赶到事故现场，组织事故抢救。

参与事故抢救的部门和单位应当服从统一指挥，加强协同联动，采取有效的应急救援措施，并根据事故救援的需要采取警戒、疏散等措施，防止事故扩大和次生灾害的发生，减少人员伤亡和财产损失。

事故抢救过程中应当采取必要措施，避免或者减少对环境造成的危害。

任何单位和个人都应当支持、配合事故抢救，并提供一切便利条件。

第八十三条 【事故调查与处理】事故调查处理应当按照科学严谨、依法依规、实事求是、注重实效的原则，及时、准确地查清事故原因，查明事故性质和责任，总结事故教训，提出整改措施，并对事故责任者提出处理意见。事故调查报告应当依法及时向社会公布。事故调查和处理的具体办法由国务院制定。

事故发生单位应当及时全面落实整改措施，负有安全生产监督管理职责的部门应当加强监督检查。

第八十四条 【有关行政部门的法律责任】生产经营单位发生生产安全事故，经调查确定为责任事故的，除了应当查明事故单位的责任并依法予以追究外，还应当查明对安全生产的有关事项负有审查批准和监督职责的行政部门的责任，对有失职、渎职行为的，依照本法第八十七条的规定追究法律责任。

第八十五条 【事故调查处理不得干涉】任何单位和个人不得阻挠和干涉对事故的依法调查处理。

第八十六条 【事故定期统计分析和定期公布制度】县级以上地方各级人民政府安全生产监督管理部门应当定期统计分析本行政区域内发生生产安全事故的情况，并定期向社会公布。

第六章 法律责任

第八十七条 【审批监管工作人员的法律责任】负有安全生产监督管理职责的部门的工作人员，有下列行为之一的，给予降级或者撤职的处分；构成犯罪的，依照刑法有关规定追究刑事责任：

（一）对不符合法定安全生产条件的涉及安全生产的事项予以批准或者验收通过的；

（二）发现未依法取得批准、验收的单位擅自从事有关活动或者接到举报后不予取缔或者不依法予以处理的；

（三）对已经依法取得批准的单位不履行监督管理职责，发现其不再具备安全生产条件而不撤销原批准或者发现安全生产违法行为不予查处的；

（四）在监督检查中发现重大事故隐患，不依法及时处理的。

负有安全生产监督管理职责的部门的工作人员有前款规定以外的滥用职权、玩忽职守、徇私舞弊行为的，依法给予处分；构成犯罪的，依照刑法有关规定追究刑事责任。

第八十八条 【监管部门的法律责任】负有安全生产监督管理职责的部门，要求被审查、验收的单位购买其指定的安全设备、器材或者其他产品的，在对安全生产事项的审查、验收中收取费用的，由其上级机关或者监察机关责令改正，责令退还收取的费用；情节严重的，对直接负责的主管人员和其他直接责任人员依法给予处分。

第八十九条 【检评机构违法】承担安全评价、认证、检测、检验工作的机构，出具虚假证明的，没收违法所得；违法所得在十万元以上的，并处违法所得二倍以上五倍以下的罚款；没有违法所得或者违法所得不足十万元的，单处或者并处十万元以上二十万元以下的罚款；对其直接负责的主管人员和其他直接责任人员处二万元以上五万元以下的罚款；给他人造成损害的，与生产经营单位承担连带赔偿责任；构成犯罪的，依照刑法有关规定追究刑事责任。

对有前款违法行为的机构，吊销其相应资质。

第九十条 【资金投入违法】生产经营单位的决策机构、主要负责人或者个人经营的投资人不依照本法规定保证安全生产所必需的资金投入，致使生产经营单位不具备安全生产条件的，责令限期改正，提供必需的资金；逾期未改正的，责令生产经营单位停产停业整顿。

有前款违法行为，导致发生生产安全事故的，对生产经营单位的主要负责人给予撤职处分，对个人经营的投资人处二万元以上二十万元以下的罚款；构成犯罪的，依照刑法有关规定追究刑事责任。

第九十一条 【单位负责人违法】生产经营单位的主要负责人未履行本法规定的安全生产管理职责的，责令限期改正；逾期未改正的，处二万元以上五万元以下的罚款，责令生产经营单位停产停业整顿。

生产经营单位的主要负责人有前款违法行为，导致发生生产安全事故的，给予撤职处分；构成犯罪的，依照刑法有关规定追究刑事责任。

生产经营单位的主要负责人依照前款规定受刑事处罚或者撤职处分的，自刑罚执行完毕或者受处分之日起，五年内不得担任任何生产经营单位的主要负责人；对重大、特别重大生产安全事故负有责任的，终身不得担任本行业生产经营单位的主要负责人。

第九十二条 【对主要负责人的罚款】生产经营单位的

主要负责人未履行本法规定的安全生产管理职责，导致发生生产安全事故的，由安全生产监督管理部门依照下列规定处以罚款：

（一）发生一般事故的，处上一年年收入百分之三十的罚款；

（二）发生较大事故的，处上一年年收入百分之四十的罚款；

（三）发生重大事故的，处上一年年收入百分之六十的罚款；

（四）发生特别重大事故的，处上一年年收入百分之八十的罚款。

第九十三条 【对安全生产管理人员的处罚】生产经营单位的安全生产管理人员未履行本法规定的安全生产管理职责的，责令限期改正；导致发生生产安全事故的，暂停或者撤销其与安全生产有关的资格；构成犯罪的，依照刑法有关规定追究刑事责任。

第九十四条 【对生产经营单位的处罚】生产经营单位有下列行为之一的，责令限期改正，可以处五万元以下的罚款；逾期未改正的，责令停产停业整顿，并处五万元以上十万元以下的罚款，对其直接负责的主管人员和其他直接责任人员处一万元以上二万元以下的罚款：

（一）未按照规定设置安全生产管理机构或者配备安全生产管理人员的；

（二）危险物品的生产、经营、储存单位以及矿山、金属冶炼、建筑施工、道路运输单位的主要负责人和安全生产管理人员未按照规定经考核合格的；

（三）未按照规定对从业人员、被派遣劳动者、实习学生进行安全生产教育和培训，或者未按照规定如实告知有关的安全生产事项的；

（四）未如实记录安全生产教育和培训情况的；

（五）未将事故隐患排查治理情况如实记录或者未向从业人员通报的；

（六）未按照规定制定生产安全事故应急救援预案或者未定期组织演练的；

（七）特种作业人员未按照规定经专门的安全作业培训并取得相应资格，上岗作业的。

第九十五条 【生产经营单位建设项目违法（一）】生产经营单位有下列行为之一的，责令停止建设或者停产停业整顿，限期改正；逾期未改正的，处五十万元以上一百万元以下的罚款，对其直接负责的主管人员和其他直接责任人员处二万元以上五万元以下的罚款；构成犯罪的，依照刑法有关规定追究刑事责任：

（一）未按照规定对矿山、金属冶炼建设项目或者用于生产、储存、装卸危险物品的建设项目进行安全评价的；

（二）矿山、金属冶炼建设项目或者用于生产、储存、装卸危险物品的建设项目没有安全设施设计或者安全设施设计未按照规定报经有关部门审查同意的；

（三）矿山、金属冶炼建设项目或者用于生产、储存、装卸危险物品的建设项目的施工单位未按照批准的安全设施设计施工的；

（四）矿山、金属冶炼建设项目或者用于生产、储存危险物品的建设项目竣工投入生产或者使用前，安全设施未经验收合格的。

第九十六条 【生产经营单位建设项目违法（二）】生产经营单位有下列行为之一的，责令限期改正，可以处五万元以下的罚款；逾期未改正的，处五万元以上二十万元以下的罚款，对其直接负责的主管人员和其他直接责任人员处一万元以上二万元以下的罚款；情节严重的，责令停产停业整顿；构成犯罪的，依照刑法有关规定追究刑事责任：

（一）未在有较大危险因素的生产经营场所和有关设施、设备上设置明显的安全警示标志的；

（二）安全设备的安装、使用、检测、改造和报废不符合国家标准或者行业标准的；

（三）未对安全设备进行经常性维护、保养和定期检测的；

（四）未为从业人员提供符合国家标准或者行业标准的劳动防护用品的；

（五）危险物品的容器、运输工具，以及涉及人身安全、危险性较大的海洋石油开采特种设备和矿山井下特种设备未经具有专业资质的机构检测、检验合格，取得安全使用证或者安全标志，投入使用的；

（六）使用应当淘汰的危及生产安全的工艺、设备的。

第九十七条 【违法经营危险物品】未经依法批准，擅自生产、经营、运输、储存、使用危险物品或者处置废弃危险物品的，依照有关危险物品安全管理的法律、行政法规的规定予以处罚；构成犯罪的，依照刑法有关规定追究刑事责任。

第九十八条 【生产经营单位危险物品违法】生产经营单位有下列行为之一的，责令限期改正，可以处十万元以下的罚款；逾期未改正的，责令停产停业整顿，并处十万元以上二十万元以下的罚款，对其直接负责的主管人员和其他直接责任人员处二万元以上五万元以下的罚款；构成犯罪的，依照刑法有关规定追究刑事责任：

（一）生产、经营、运输、储存、使用危险物品或者处置废弃危险物品，未建立专门安全管理制度、未采取可靠的安全措施的；

（二）对重大危险源未登记建档，或者未进行评估、监控，或者未制定应急预案的；

（三）进行爆破、吊装以及国务院安全生产监督管理部门会同国务院有关部门规定的其他危险作业，未安排专门人员进行现场安全管理的；

（四）未建立事故隐患排查治理制度的。

第九十九条 【消除事故隐患的责任】生产经营单位未采取措施消除事故隐患的，责令立即消除或者限期消除；生产经营单位拒不执行的，责令停产停业整顿，并处十万元以上五十万元以下的罚款，对其直接负责的主管人员和其他直接责任人员处二万元以上五万元以下的罚款。

第一百条 【生产经营单位违法发包、出租的法律责任】生产经营单位将生产经营项目、场所、设备发包或者出租给不具备安全生产条件或者相应资质的单位或者个人的，责令限期改正，没收违法所得；违法所得十万元以上的，并处违法所得二倍以上五倍以下的罚款；没有违法所得或者违法所得不足十万元的，单处或者并处十万元以上二十万元以下的罚款；对其直接负责的主管人员和其他直接责任人员处一万元以上二万元以下的罚款；导致发生生产安全事故给他人造成损害的，与承包方、承租方承担连带赔偿责任。

生产经营单位未与承包单位、承租单位签订专门的安全生产管理协议或者未在承包合同、租赁合同中明确各自的安全生产管理职责，或者未对承包单位、承租单位的安全生产统一协调、管理的，责令限期改正，可以处五万元以下的罚款，对其直接负责的主管人员和其他直接责任人员可以处一万元以下的罚款；逾期未改正的，责令停产停业整顿。

第一百零一条 【同一作业区域内违法行为的法律责任】两个以上生产经营单位在同一作业区域内进行可能危及对方安全生产的生产经营活动，未签订安全生产管理协议或者未指定专职安全生产管理人员进行安全检查与协调的，责令限期改正，可以处五万元以下的罚款，对其直接负责的主管人员和其他直接责任人员可以处一万元以下的罚款；逾期未改正的，责令停产停业。

第一百零二条 【生产经营场所和员工宿舍不符合有关安全要求的法律责任】生产经营单位有下列行为之一的，责令限期改正，可以处五万元以下的罚款，对其直接负责的主管人员和其他直接责任人员可以处一万元以下的罚款；逾期未改正的，责令停产停业整顿；构成犯罪的，依照刑法有关规定追究刑事责任：

（一）生产、经营、储存、使用危险物品的车间、商店、仓库与员工宿舍在同一座建筑内，或者与员工宿舍的距离不符合安全要求的；

（二）生产经营场所和员工宿舍未设有符合紧急疏散需要、标志明显、保持畅通的出口，或者锁闭、封堵生产经营场所或者员工宿舍出口的。

第一百零三条 【免责协议违法】生产经营单位与从业人员订立协议，免除或者减轻其对从业人员因生产安全事故伤亡依法应承担的责任的，该协议无效；对生产经营单位的主要负责人、个人经营的投资人处二万元以上十万元以下的罚款。

第一百零四条 【从业人员违章操作的法律责任】生产经营单位的从业人员不服从管理，违反安全生产规章制度或者操作规程的，由生产经营单位给予批评教育，依照有关规章制度给予处分；构成犯罪的，依照刑法有关规定追究刑事责任。

第一百零五条 【拒绝、阻碍监督检查的责任】违反本法规定，生产经营单位拒绝、阻碍负有安全生产监督管理职责的部门依法实施监督检查的，责令改正；拒不改正的，处二万元以上二十万元以下的罚款；对其直接负责的主管人员和其他直接责任人员处一万元以上二万元以下的罚款；构成犯罪的，依照刑法有关规定追究刑事责任。

第一百零六条 【单位负责人事故处理违法】生产经营单位的主要负责人在本单位发生生产安全事故时，不立即组织抢救或者在事故调查处理期间擅离职守或者逃匿的，给予降级、撤职的处分，并由安全生产监督管理部门处上一年年收入百分之六十至百分之一百的罚款；对逃匿的处十五日以下拘留；构成犯罪的，依照刑法有关规定追究刑事责任。

生产经营单位的主要负责人对生产安全事故隐瞒不报、谎报或者迟报的，依照前款规定处罚。

第一百零七条 【政府部门事故处理违法】有关地方人民政府、负有安全生产监督管理职责的部门，对生产安全事故隐瞒不报、谎报或者迟报的，对直接负责的主管人员和其他直接责任人员依法给予处分；构成犯罪的，依照刑法有关规定追究刑事责任。

第一百零八条 【不具备安全生产条件的生产经营单位的法律责任】生产经营单位不具备本法和其他有关法律、行政法规和国家标准或者行业标准规定的安全生产条件，经停产停业整顿仍不具备安全生产条件的，予以关闭；有关部门应当依法吊销其有关证照。

第一百零九条 【对事故责任单位的处罚】发生生产安全事故，对负有责任的生产经营单位除要求其依法承担相应的赔偿等责任外，由安全生产监督管理部门依照下列规定处以罚款：

（一）发生一般事故的，处二十万元以上五十万元以下的罚款；

（二）发生较大事故的，处五十万元以上一百万元以下的罚款；

（三）发生重大事故的，处一百万元以上五百万元以下的罚款；

（四）发生特别重大事故的，处五百万元以上一千万元以下的罚款；情节特别严重的，处一千万元以上二千万元以下的罚款。

第一百一十条 【行政处罚】本法规定的行政处罚，由安全生产监督管理部门和其他负有安全生产监督管理职责的部门按照职责分工决定。予以关闭的行政处罚由负有安全生产监督管理职责的部门报请县级以上人民政府按照国务院规定的权限决定；给予拘留的行政处罚由公安机关依照治安管理处罚法的规定决定。

第一百一十一条　【赔偿责任】生产经营单位发生生产安全事故造成人员伤亡、他人财产损失的，应当依法承担赔偿责任；拒不承担或者其负责人逃匿的，由人民法院依法强制执行。

生产安全事故的责任人未依法承担赔偿责任，经人民法院依法采取执行措施后，仍不能对受害人给予足额赔偿的，应当继续履行赔偿义务；受害人发现责任人有其他财产的，可以随时请求人民法院执行。

第七章　附　　则

第一百一十二条　【用语解释】本法下列用语的含义：

危险物品，是指易燃易爆物品、危险化学品、放射性物品等能够危及人身安全和财产安全的物品。

重大危险源，是指长期地或者临时地生产、搬运、使用或者储存危险物品，且危险物品的数量等于或者超过临界量的单元（包括场所和设施）。

第一百一十三条　【重大事故及隐患的划分及判定标准】本法规定的生产安全一般事故、较大事故、重大事故、特别重大事故的划分标准由国务院规定。

国务院安全生产监督管理部门和其他负有安全生产监督管理职责的部门应当根据各自的职责分工，制定相关行业、领域重大事故隐患的判定标准。

第一百一十四条　【生效日期】本法自2002年11月1日起施行。

建设工程安全生产管理条例

（2003年11月24日国务院令第393号公布　自2004年2月1日起施行）

第一章　总　　则

第一条　为了加强建设工程安全生产监督管理，保障人民群众生命和财产安全，根据《中华人民共和国建筑法》、《中华人民共和国安全生产法》，制定本条例。

第二条　在中华人民共和国境内从事建设工程的新建、扩建、改建和拆除等有关活动及实施对建设工程安全生产的监督管理，必须遵守本条例。

本条例所称建设工程，是指土木工程、建筑工程、线路管道和设备安装工程及装修工程。

第三条　建设工程安全生产管理，坚持安全第一、预防为主的方针。

第四条　建设单位、勘察单位、设计单位、施工单位、工程监理单位及其他与建设工程安全生产有关的单位，必须遵守安全生产法律、法规的规定，保证建设工程安全生产，依法承担建设工程安全生产责任。

第五条　国家鼓励建设工程安全生产的科学技术研究和先进技术的推广应用，推进建设工程安全生产的科学管理。

第二章　建设单位的安全责任

第六条　建设单位应当向施工单位提供施工现场及毗邻区域内供水、排水、供电、供气、供热、通信、广播电视等地下管线资料，气象和水文观测资料，相邻建筑物和构筑物、地下工程的有关资料，并保证资料的真实、准确、完整。

建设单位因建设工程需要，向有关部门或者单位查询前款规定的资料时，有关部门或者单位应当及时提供。

第七条　建设单位不得对勘察、设计、施工、工程监理等单位提出不符合建设工程安全生产法律、法规和强制性标准规定的要求，不得压缩合同约定的工期。

第八条　建设单位在编制工程概算时，应当确定建设工程安全作业环境及安全施工措施所需费用。

第九条　建设单位不得明示或者暗示施工单位购买、租赁、使用不符合安全施工要求的安全防护用具、机械设备、施工机具及配件、消防设施和器材。

第十条　建设单位在申请领取施工许可证时，应当提供建设工程有关安全施工措施的资料。

依法批准开工报告的建设工程，建设单位应当自开工报告批准之日起15日内，将保证安全施工的措施报送建设工程所在地的县级以上地方人民政府建设行政主管部门或者其他有关部门备案。

第十一条　建设单位应当将拆除工程发包给具有相应资质等级的施工单位。

建设单位应当在拆除工程施工15日前，将下列资料报送建设工程所在地的县级以上地方人民政府建设行政主管部门或者其他有关部门备案：

（一）施工单位资质等级证明；

（二）拟拆除建筑物、构筑物及可能危及毗邻建筑的说明；

（三）拆除施工组织方案；

（四）堆放、清除废弃物的措施。

实施爆破作业的，应当遵守国家有关民用爆炸物品管理的规定。

第三章　勘察、设计、工程监理及其他有关单位的安全责任

第十二条　勘察单位应当按照法律、法规和工程建设强制性标准进行勘察，提供的勘察文件应当真实、准确，满足建设工程安全生产的需要。

勘察单位在勘察作业时，应当严格执行操作规程，采取措施保证各类管线、设施和周边建筑物、构筑物的安全。

第十三条　设计单位应当按照法律、法规和工程建设强制性标准进行设计，防止因设计不合理导致生产安全事故的发生。

设计单位应当考虑施工安全操作和防护的需要，对涉及施工安全的重点部位和环节在设计文件中注明，并对防范生产安全事故提出指导意见。

采用新结构、新材料、新工艺的建设工程和特殊结构的建设工程，设计单位应当在设计中提出保障施工作业人员安全和预防生产安全事故的措施建议。

设计单位和注册建筑师等注册执业人员应当对其设计负责。

第十四条　工程监理单位应当审查施工组织设计中的安全技术措施或者专项施工方案是否符合工程建设强制性标准。

工程监理单位在实施监理过程中，发现存在安全事故隐患的，应当要求施工单位整改；情况严重的，应当要求施工单位暂时停止施工，并及时报告建设单位。施工单位拒不整改或者不停止施工的，工程监理单位应当及时向有关主管部门报告。

工程监理单位和监理工程师应当按照法律、法规和工程建设强制性标准实施监理，并对建设工程安全生产承担监理责任。

第十五条　为建设工程提供机械设备和配件的单位，应当按照安全施工的要求配备齐全有效的保险、限位等安全设施和装置。

第十六条　出租的机械设备和施工机具及配件，应当具有生产（制造）许可证、产品合格证。

出租单位应当对出租的机械设备和施工机具及配件的安全性能进行检测，在签订租赁协议时，应当出具检测合格证明。

禁止出租检测不合格的机械设备和施工机具及配件。

第十七条　在施工现场安装、拆卸施工起重机械和整体提升脚手架、模板等自升式架设设施，必须由具有相应资质的单位承担。

安装、拆卸施工起重机械和整体提升脚手架、模板等自升式架设设施，应当编制拆装方案、制定安全施工措施，并由专业技术人员现场监督。

施工起重机械和整体提升脚手架、模板等自升式架设设施安装完毕后，安装单位应当自检，出具自检合格证明，并向施工单位进行安全使用说明，办理验收手续并签字。

第十八条　施工起重机械和整体提升脚手架、模板等自升式架设设施的使用达到国家规定的检验检测期限的，必须经具有专业资质的检验检测机构检测。经检测不合格的，不得继续使用。

第十九条　检验检测机构对检测合格的施工起重机械和整体提升脚手架、模板等自升式架设设施，应当出具安全合格证明文件，并对检测结果负责。

第四章　施工单位的安全责任

第二十条　施工单位从事建设工程的新建、扩建、改建和拆除等活动，应当具备国家规定的注册资本、专业技术人员、技术装备和安全生产等条件，依法取得相应等级的资质证书，并在其资质等级许可的范围内承揽工程。

第二十一条　施工单位主要负责人依法对本单位的安全生产工作全面负责。施工单位应当建立健全安全生产责任制度和安全生产教育培训制度，制定安全生产规章制度和操作规程，保证本单位安全生产条件所需资金的投入，对所承担的建设工程进行定期和专项安全检查，并做好安全检查记录。

施工单位的项目负责人应当由取得相应执业资格的人员担任，对建设工程项目的安全施工负责，落实安全生产责任制度、安全生产规章制度和操作规程，确保安全生产费用的有效使用，并根据工程的特点组织制定安全施工措施，消除安全事故隐患，及时、如实报告生产安全事故。

第二十二条　施工单位对列入建设工程概算的安全作业环境及安全施工措施所需费用，应当用于施工安全防护用具及设施的采购和更新、安全施工措施的落实、安全生产条件的改善，不得挪作他用。

第二十三条　施工单位应当设立安全生产管理机构，配备专职安全生产管理人员。

专职安全生产管理人员负责对安全生产进行现场监督检查。发现安全事故隐患，应当及时向项目负责人和安全生产管理机构报告；对于违章指挥、违章操作的，应当立即制止。

专职安全生产管理人员的配备办法由国务院建设行政主管部门会同国务院其他有关部门制定。

第二十四条　建设工程实行施工总承包的，由总承包单位对施工现场的安全生产负总责。

总承包单位应当自行完成建设工程主体结构的施工。

总承包单位依法将建设工程分包给其他单位的，分包合同中应当明确各自的安全生产方面的权利、义务。总承包单位和分包单位对分包工程的安全生产承担连带责任。

分包单位应当服从总承包单位的安全生产管理，分包单位不服从管理导致生产安全事故的，由分包单位承担主要责任。

第二十五条　垂直运输机械作业人员、安装拆卸工、爆破作业人员、起重信号工、登高架设作业人员等特种作业人员，必须按照国家有关规定经过专门的安全作业培训，并取得特种作业操作资格证书后，方可上岗作业。

第二十六条　施工单位应当在施工组织设计中编制安全技术措施和施工现场临时用电方案，对下列达到一定规模的危险性较大的分部分项工程编制专项施工方案，并附具安全验算结果，经施工单位技术负责人、总监理工程师签字后实施，由专职安全生产管理人员进行现场监督：

（一）基坑支护与降水工程；

（二）土方开挖工程；

（三）模板工程；

（四）起重吊装工程；

（五）脚手架工程；

（六）拆除、爆破工程；

（七）国务院建设行政主管部门或者其他有关部门规定的其他危险性较大的工程。

对前款所列工程中涉及深基坑、地下暗挖工程、高大模板工程的专项施工方案，施工单位还应当组织专家进行论证、审查。

本条第一款规定的达到一定规模的危险性较大工程的标准，由国务院建设行政主管部门会同国务院其他有关部门制定。

第二十七条　建设工程施工前，施工单位负责项目管理的技术人员应当对有关安全施工的技术要求向施工作业班组、作业人员作出详细说明，并由双方签字确认。

第二十八条　施工单位应当在施工现场入口处、施工起重机械、临时用电设施、脚手架、出入通道口、楼梯口、电梯井口、孔洞口、桥梁口、隧道口、基坑边沿、爆破物及有害危险气体和液体存放处等危险部位，设置明显的安全警示标志。安全警示标志必须符合国家标准。

施工单位应当根据不同施工阶段和周围环境及季节、气候的变化，在施工现场采取相应的安全施工措施。施工现场暂时停止施工的，施工单位应当做好现场防护，所需费用由责任方承担，或者按照合同约定执行。

第二十九条　施工单位应当将施工现场的办公、生活区与作业区分开设置，并保持安全距离；办公、生活区的选址应当符合安全性要求。职工的膳食、饮水、休息场所等应当符合卫生标准。施工单位不得在尚未竣工的建筑物内设置员工集体宿舍。

施工现场临时搭建的建筑物应当符合安全使用要求。施工现场使用的装配式活动房屋应当具有产品合格证。

第三十条　施工单位对因建设工程施工可能造成损害的毗邻建筑物、构筑物和地下管线等，应当采取专项防护措施。

施工单位应当遵守有关环境保护法律、法规的规定，在施工现场采取措施，防止或者减少粉尘、废气、废水、固体废物、噪声、振动和施工照明对人和环境的危害和污染。

在城市市区内的建设工程，施工单位应当对施工现场实行封闭围挡。

第三十一条　施工单位应当在施工现场建立消防安全责任制度，确定消防安全责任人，制定用火、用电、使用易燃易爆材料等各项消防安全管理制度和操作规程，设置消防通道、消防水源，配备消防设施和灭火器材，并在施工现场入口处设置明显标志。

第三十二条　施工单位应当向作业人员提供安全防护用具和安全防护服装，并书面告知危险岗位的操作规程和违章操作的危害。

作业人员有权对施工现场的作业条件、作业程序和作业方式中存在的安全问题提出批评、检举和控告，有权拒绝违章指挥和强令冒险作业。

在施工中发生危及人身安全的紧急情况时，作业人员有权立即停止作业或者在采取必要的应急措施后撤离危险区域。

第三十三条　作业人员应当遵守安全施工的强制性标准、规章制度和操作规程，正确使用安全防护用具、机械设备等。

第三十四条　施工单位采购、租赁的安全防护用具、机械设备、施工机具及配件，应当具有生产（制造）许可证、产品合格证，并在进入施工现场前进行查验。

施工现场的安全防护用具、机械设备、施工机具及配件必须由专人管理，定期进行检查、维修和保养，建立相应的资料档案，并按照国家有关规定及时报废。

第三十五条　施工单位在使用施工起重机械和整体提升脚手架、模板等自升式架设设施前，应当组织有关单位进行验收，也可以委托具有相应资质的检验检测机构进行验收；使用承租的机械设备和施工机具及配件的，由施工总承包单位、分包单位、出租单位和安装单位共同进行验收。验收合格的方可使用。

《特种设备安全监察条例》规定的施工起重机械，在验收前应当经有相应资质的检验检测机构监督检验合格。

施工单位应当自施工起重机械和整体提升脚手架、模板等自升式架设设施验收合格之日起30日内，向建设行政主管部门或者其他有关部门登记。登记标志应当置于或者附着于该设备的显著位置。

第三十六条　施工单位的主要负责人、项目负责人、专职安全生产管理人员应当经建设行政主管部门或者其他有关部门考核合格后方可任职。

施工单位应当对管理人员和作业人员每年至少进行一次安全生产教育培训，其教育培训情况记入个人工作档案。安全生产教育培训考核不合格的人员，不得上岗。

第三十七条　作业人员进入新的岗位或者新的施工现场前，应当接受安全生产教育培训。未经教育培训或者教育培训考核不合格的人员，不得上岗作业。

施工单位在采用新技术、新工艺、新设备、新材料时，应当对作业人员进行相应的安全生产教育培训。

第三十八条　施工单位应当为施工现场从事危险作业的人员办理意外伤害保险。

意外伤害保险费由施工单位支付。实行施工总承包的，由总承包单位支付意外伤害保险费。意外伤害保险期限自建设工程开工之日起至竣工验收合格止。

第五章 监督管理

第三十九条 国务院负责安全生产监督管理的部门依照《中华人民共和国安全生产法》的规定，对全国建设工程安全生产工作实施综合监督管理。

县级以上地方人民政府负责安全生产监督管理的部门依照《中华人民共和国安全生产法》的规定，对本行政区域内建设工程安全生产工作实施综合监督管理。

第四十条 国务院建设行政主管部门对全国的建设工程安全生产实施监督管理。国务院铁路、交通、水利等有关部门按照国务院规定的职责分工，负责有关专业建设工程安全生产的监督管理。

县级以上地方人民政府建设行政主管部门对本行政区域内的建设工程安全生产实施监督管理。县级以上地方人民政府交通、水利等有关部门在各自的职责范围内，负责本行政区域内的专业建设工程安全生产的监督管理。

第四十一条 建设行政主管部门和其他有关部门应当将本条例第十条、第十一条规定的有关资料的主要内容抄送同级负责安全生产监督管理的部门。

第四十二条 建设行政主管部门在审核发放施工许可证时，应当对建设工程是否有安全施工措施进行审查，对没有安全施工措施的，不得颁发施工许可证。

建设行政主管部门或者其他有关部门对建设工程是否有安全施工措施进行审查时，不得收取费用。

第四十三条 县级以上人民政府负有建设工程安全生产监督管理职责的部门在各自的职责范围内履行安全监督检查职责时，有权采取下列措施：

（一）要求被检查单位提供有关建设工程安全生产的文件和资料；

（二）进入被检查单位施工现场进行检查；

（三）纠正施工中违反安全生产要求的行为；

（四）对检查中发现的安全事故隐患，责令立即排除；重大安全事故隐患排除前或者排除过程中无法保证安全的，责令从危险区域内撤出作业人员或者暂时停止施工。

第四十四条 建设行政主管部门或者其他有关部门可以将施工现场的监督检查委托给建设工程安全监督机构具体实施。

第四十五条 国家对严重危及施工安全的工艺、设备、材料实行淘汰制度。具体目录由国务院建设行政主管部门会同国务院其他有关部门制定并公布。

第四十六条 县级以上人民政府建设行政主管部门和其他有关部门应当及时受理对建设工程生产安全事故及安全事故隐患的检举、控告和投诉。

第六章 生产安全事故的应急救援和调查处理

第四十七条 县级以上地方人民政府建设行政主管部门应当根据本级人民政府的要求，制定本行政区域内建设工程特大生产安全事故应急救援预案。

第四十八条 施工单位应当制定本单位生产安全事故应急救援预案，建立应急救援组织或者配备应急救援人员，配备必要的应急救援器材、设备，并定期组织演练。

第四十九条 施工单位应当根据建设工程施工的特点、范围，对施工现场易发生重大事故的部位、环节进行监控，制定施工现场生产安全事故应急救援预案。实行施工总承包的，由总承包单位统一组织编制建设工程生产安全事故应急救援预案，工程总承包单位和分包单位按照应急救援预案，各自建立应急救援组织或者配备应急救援人员，配备救援器材、设备，并定期组织演练。

第五十条 施工单位发生生产安全事故，应当按照国家有关伤亡事故报告和调查处理的规定，及时、如实地向负责安全生产监督管理的部门、建设行政主管部门或者其他有关部门报告；特种设备发生事故的，还应当同时向特种设备安全监督管理部门报告。接到报告的部门应当按照国家有关规定，如实上报。

实行施工总承包的建设工程，由总承包单位负责上报事故。

第五十一条 发生生产安全事故后，施工单位应当采取措施防止事故扩大，保护事故现场。需要移动现场物品时，应当做出标记和书面记录，妥善保管有关证物。

第五十二条 建设工程生产安全事故的调查、对事故责任单位和责任人的处罚与处理，按照有关法律、法规的规定执行。

第七章 法律责任

第五十三条 违反本条例的规定，县级以上人民政府建设行政主管部门或者其他有关行政管理部门的工作人员，有下列行为之一的，给予降级或者撤职的行政处分；构成犯罪的，依照刑法有关规定追究刑事责任：

（一）对不具备安全生产条件的施工单位颁发资质证书的；

（二）对没有安全施工措施的建设工程颁发施工许可证的；

（三）发现违法行为不予查处的；

（四）不依法履行监督管理职责的其他行为。

第五十四条 违反本条例的规定，建设单位未提供建设工程安全生产作业环境及安全施工措施所需费用的，责令限期改正；逾期未改正的，责令该建设工程停止施工。

建设单位未将保证安全施工的措施或者拆除工程的有关资料报送有关部门备案的，责令限期改正，给予警告。

第五十五条 违反本条例的规定，建设单位有下列行为之一的，责令限期改正，处20万元以上50万元以下的罚款；造成重大安全事故，构成犯罪的，对直接责任人员，依照刑法有关规定追究刑事责任；造成损失的，依法承担赔偿责任：

（一）对勘察、设计、施工、工程监理等单位提出不符合安全生产法律、法规和强制性标准规定的要求的；

（二）要求施工单位压缩合同约定的工期的；

（三）将拆除工程发包给不具有相应资质等级的施工单位的。

第五十六条 违反本条例的规定，勘察单位、设计单位有下列行为之一的，责令限期改正，处10万元以上30万元以下的罚款；情节严重的，责令停业整顿，降低资质等级，直至吊销资质证书；造成重大安全事故，构成犯罪的，对直接责任人员，依照刑法有关规定追究刑事责任；造成损失的，依法承担赔偿责任：

（一）未按照法律、法规和工程建设强制性标准进行勘察、设计的；

（二）采用新结构、新材料、新工艺的建设工程和特殊结构的建设工程，设计单位未在设计中提出保障施工作业人员安全和预防生产安全事故的措施建议的。

第五十七条 违反本条例的规定，工程监理单位有下列行为之一的，责令限期改正；逾期未改正的，责令停业整顿，并处10万元以上30万元以下的罚款；情节严重的，降低资质等级，直至吊销资质证书；造成重大安全事故，构成犯罪的，对直接责任人员，依照刑法有关规定追究刑事责任；造成损失的，依法承担赔偿责任：

（一）未对施工组织设计中的安全技术措施或者专项施工方案进行审查的；

（二）发现安全事故隐患未及时要求施工单位整改或者暂时停止施工的；

（三）施工单位拒不整改或者不停止施工，未及时向有关主管部门报告的；

（四）未依照法律、法规和工程建设强制性标准实施监理的。

第五十八条 注册执业人员未执行法律、法规和工程建设强制性标准的，责令停止执业3个月以上1年以下；情节严重的，吊销执业资格证书，5年内不予注册；造成重大安全事故的，终身不予注册；构成犯罪的，依照刑法有关规定追究刑事责任。

第五十九条 违反本条例的规定，为建设工程提供机械设备和配件的单位，未按照安全施工的要求配备齐全有效的保险、限位等安全设施和装置的，责令限期改正，处合同价款1倍以上3倍以下的罚款；造成损失的，依法承担赔偿责任。

第六十条 违反本条例的规定，出租单位出租未经安全性能检测或者经检测不合格的机械设备和施工机具及配件的，责令停业整顿，并处5万元以上10万元以下的罚款；造成损失的，依法承担赔偿责任。

第六十一条 违反本条例的规定，施工起重机械和整体提升脚手架、模板等自升式架设设施安装、拆卸单位有下列行为之一的，责令限期改正，处5万元以上10万元以下的罚款；情节严重的，责令停业整顿，降低资质等级，直至吊销资质证书；造成损失的，依法承担赔偿责任：

（一）未编制拆装方案、制定安全施工措施的；

（二）未由专业技术人员现场监督的；

（三）未出具自检合格证明或者出具虚假证明的；

（四）未向施工单位进行安全使用说明，办理移交手续的。

施工起重机械和整体提升脚手架、模板等自升式架设设施安装、拆卸单位有前款规定的第（一）项、第（三）项行为，经有关部门或者单位职工提出后，对事故隐患仍不采取措施，因而发生重大伤亡事故或者造成其他严重后果，构成犯罪的，对直接责任人员，依照刑法有关规定追究刑事责任。

第六十二条 违反本条例的规定，施工单位有下列行为之一的，责令限期改正；逾期未改正的，责令停业整顿，依照《中华人民共和国安全生产法》的有关规定处以罚款；造成重大安全事故，构成犯罪的，对直接责任人员，依照刑法有关规定追究刑事责任：

（一）未设立安全生产管理机构、配备专职安全生产管理人员或者分部分项工程施工时无专职安全生产管理人员现场监督的；

（二）施工单位的主要负责人、项目负责人、专职安全生产管理人员、作业人员或者特种作业人员，未经安全教育培训或者经考核不合格即从事相关工作的；

（三）未在施工现场的危险部位设置明显的安全警示标志，或者未按照国家有关规定在施工现场设置消防通道、消防水源、配备消防设施和灭火器材的；

（四）未向作业人员提供安全防护用具和安全防护服装的；

（五）未按照规定在施工起重机械和整体提升脚手架、模板等自升式架设设施验收合格后登记的；

（六）使用国家明令淘汰、禁止使用的危及施工安全的工艺、设备、材料的。

第六十三条 违反本条例的规定，施工单位挪用列入建设工程概算的安全生产作业环境及安全施工措施所需费用的，责令限期改正，处挪用费用20%以上50%以下的罚款；造成损失的，依法承担赔偿责任。

第六十四条 违反本条例的规定，施工单位有下列行为之一的，责令限期改正；逾期未改正的，责令停业整顿，并处5万元以上10万元以下的罚款；造成重大安全事故，构成犯罪的，对直接责任人员，依照刑法有关规定追究刑事责任：

（一）施工前未对有关安全施工的技术要求作出详细说明的；

（二）未根据不同施工阶段和周围环境及季节、气候的变化，在施工现场采取相应的安全施工措施，或者在城市市区内的建设工程的施工现场未实行封闭围挡的；

（三）在尚未竣工的建筑物内设置员工集体宿舍的；

（四）施工现场临时搭建的建筑物不符合安全使用要求的；

（五）未对因建设工程施工可能造成损害的毗邻建筑物、构筑物和地下管线等采取专项防护措施的。

施工单位有前款规定第（四）项、第（五）项行为，造成损失的，依法承担赔偿责任。

第六十五条 违反本条例的规定，施工单位有下列行为之一的，责令限期改正；逾期未改正的，责令停业整顿，并处10万元以上30万元以下的罚款；情节严重的，降低资质等级，直至吊销资质证书；造成重大安全事故，构成犯罪的，对直接责任人员，依照刑法有关规定追究刑事责任；造成损失的，依法承担赔偿责任：

（一）安全防护用具、机械设备、施工机具及配件在进入施工现场前未经查验或者查验不合格即投入使用的；

（二）使用未经验收或者验收不合格的施工起重机械和整体提升脚手架、模板等自升式架设设施的；

（三）委托不具有相应资质的单位承担施工现场安装、拆卸施工起重机械和整体提升脚手架、模板等自升式架设设施的；

（四）在施工组织设计中未编制安全技术措施、施工现场临时用电方案或者专项施工方案的。

第六十六条 违反本条例的规定，施工单位的主要负责人、项目负责人未履行安全生产管理职责的，责令限期改正；逾期未改正的，责令施工单位停业整顿；造成重大安全事故、重大伤亡事故或者其他严重后果，构成犯罪的，依照刑法有关规定追究刑事责任。

作业人员不服管理、违反规章制度和操作规程冒险作业造成重大伤亡事故或者其他严重后果，构成犯罪的，依照刑法有关规定追究刑事责任。

施工单位的主要负责人、项目负责人有前款违法行为，尚不够刑事处罚的，处2万元以上20万元以下的罚款或者按照管理权限给予撤职处分；自刑罚执行完毕或者受处分之日起，5年内不得担任任何施工单位的主要负责人、项目负责人。

第六十七条 施工单位取得资质证书后，降低安全生产条件的，责令限期改正；经整改仍未达到与其资质等级相适应的安全生产条件的，责令停业整顿，降低其资质等级直至吊销资质证书。

第六十八条 本条例规定的行政处罚，由建设行政主管部门或者其他有关部门依照法定职权决定。

违反消防安全管理规定的行为，由公安消防机构依法处罚。

有关法律、行政法规对建设工程安全生产违法行为的行政处罚决定机关另有规定的，从其规定。

第八章　附　　则

第六十九条 抢险救灾和农民自建低层住宅的安全生产管理，不适用本条例。

第七十条 军事建设工程的安全生产管理，按照中央军事委员会的有关规定执行。

第七十一条 本条例自2004年2月1日起施行。

安全生产许可证条例

（2004年1月13日中华人民共和国国务院令第397号公布　根据2013年7月18日《国务院关于废止和修改部分行政法规的决定》第一次修订　根据2014年7月29日《国务院关于修改部分行政法规的决定》第二次修订）

第一条 为了严格规范安全生产条件，进一步加强安全生产监督管理，防止和减少生产安全事故，根据《中华人民共和国安全生产法》的有关规定，制定本条例。

第二条 国家对矿山企业、建筑施工企业和危险化学品、烟花爆竹、民用爆炸物品生产企业（以下统称企业）实行安全生产许可制度。

企业未取得安全生产许可证的，不得从事生产活动。

第三条 国务院安全生产监督管理部门负责中央管理的非煤矿矿山企业和危险化学品、烟花爆竹生产企业安全生产许可证的颁发和管理。

省、自治区、直辖市人民政府安全生产监督管理部门负责前款规定以外的非煤矿矿山企业和危险化学品、烟花爆竹生产企业安全生产许可证的颁发和管理，并接受国务院安全生产监督管理部门的指导和监督。

国家煤矿安全监察机构负责中央管理的煤矿企业安全生产许可证的颁发和管理。

在省、自治区、直辖市设立的煤矿安全监察机构负责前款规定以外的其他煤矿企业安全生产许可证的颁发和管理，并接受国家煤矿安全监察机构的指导和监督。

第四条 省、自治区、直辖市人民政府建设主管部门负责建筑施工企业安全生产许可证的颁发和管理，并接受国务院建设主管部门的指导和监督。

第五条 省、自治区、直辖市人民政府民用爆炸物品行业主管部门负责民用爆炸物品生产企业安全生产许可证的颁发和管理，并接受国务院民用爆炸物品行业主管部门的指导和监督。

第六条　企业取得安全生产许可证，应当具备下列安全生产条件：

（一）建立、健全安全生产责任制，制定完备的安全生产规章制度和操作规程；

（二）安全投入符合安全生产要求；

（三）设置安全生产管理机构，配备专职安全生产管理人员；

（四）主要负责人和安全生产管理人员经考核合格；

（五）特种作业人员经有关业务主管部门考核合格，取得特种作业操作资格证书；

（六）从业人员经安全生产教育和培训合格；

（七）依法参加工伤保险，为从业人员缴纳保险费；

（八）厂房、作业场所和安全设施、设备、工艺符合有关安全生产法律、法规、标准和规程的要求；

（九）有职业危害防治措施，并为从业人员配备符合国家标准或者行业标准的劳动防护用品；

（十）依法进行安全评价；

（十一）有重大危险源检测、评估、监控措施和应急预案；

（十二）有生产安全事故应急救援预案、应急救援组织或者应急救援人员，配备必要的应急救援器材、设备；

（十三）法律、法规规定的其他条件。

第七条　企业进行生产前，应当依照本条例的规定向安全生产许可证颁发管理机关申请领取安全生产许可证，并提供本条例第六条规定的相关文件、资料。安全生产许可证颁发管理机关应当自收到申请之日起45日内审查完毕，经审查符合本条例规定的安全生产条件的，颁发安全生产许可证；不符合本条例规定的安全生产条件的，不予颁发安全生产许可证，书面通知企业并说明理由。

煤矿企业应当以矿（井）为单位，依照本条例的规定取得安全生产许可证。

第八条　安全生产许可证由国务院安全生产监督管理部门规定统一的式样。

第九条　安全生产许可证的有效期为3年。安全生产许可证有效期满需要延期的，企业应当于期满前3个月向原安全生产许可证颁发管理机关办理延期手续。

企业在安全生产许可证有效期内，严格遵守有关安全生产的法律法规，未发生死亡事故的，安全生产许可证有效期届满时，经原安全生产许可证颁发管理机关同意，不再审查，安全生产许可证有效期延期3年。

第十条　安全生产许可证颁发管理机关应当建立、健全安全生产许可证档案管理制度，并定期向社会公布企业取得安全生产许可证的情况。

第十一条　煤矿企业安全生产许可证颁发管理机关、建筑施工企业安全生产许可证颁发管理机关、民用爆炸物品生产企业安全生产许可证颁发管理机关，应当每年向同级安全生产监督管理部门通报其安全生产许可证颁发和管理情况。

第十二条　国务院安全生产监督管理部门和省、自治区、直辖市人民政府安全生产监督管理部门对建筑施工企业、民用爆炸物品生产企业、煤矿企业取得安全生产许可证的情况进行监督。

第十三条　企业不得转让、冒用安全生产许可证或者使用伪造的安全生产许可证。

第十四条　企业取得安全生产许可证后，不得降低安全生产条件，并应当加强日常安全生产管理，接受安全生产许可证颁发管理机关的监督检查。

安全生产许可证颁发管理机关应当加强对取得安全生产许可证的企业的监督检查，发现其不再具备本条例规定的安全生产条件的，应当暂扣或者吊销安全生产许可证。

第十五条　安全生产许可证颁发管理机关工作人员在安全生产许可证颁发、管理和监督检查工作中，不得索取或者接受企业的财物，不得谋取其他利益。

第十六条　监察机关依照《中华人民共和国行政监察法》的规定，对安全生产许可证颁发管理机关及其工作人员履行本条例规定的职责实施监察。

第十七条　任何单位或者个人对违反本条例规定的行为，有权向安全生产许可证颁发管理机关或者监察机关等有关部门举报。

第十八条　安全生产许可证颁发管理机关工作人员有下列行为之一的，给予降级或者撤职的行政处分；构成犯罪的，依法追究刑事责任：

（一）向不符合本条例规定的安全生产条件的企业颁发安全生产许可证的；

（二）发现企业未依法取得安全生产许可证擅自从事生产活动，不依法处理的；

（三）发现取得安全生产许可证的企业不再具备本条例规定的安全生产条件，不依法处理的；

（四）接到对违反本条例规定行为的举报后，不及时处理的；

（五）在安全生产许可证颁发、管理和监督检查工作中，索取或者接受企业的财物，或者谋取其他利益的。

第十九条　违反本条例规定，未取得安全生产许可证擅自进行生产的，责令停止生产，没收违法所得，并处10万元以上50万元以下的罚款；造成重大事故或者其他严重后果，构成犯罪的，依法追究刑事责任。

第二十条　违反本条例规定，安全生产许可证有效期满未办理延期手续，继续进行生产的，责令停止生产，限期补办延期手续，没收违法所得，并处5万元以上10万元以下的罚款；逾期仍不办理延期手续，继续进行生产的，依照本条例第十九条的规定处罚。

第二十一条 违反本条例规定,转让安全生产许可证的,没收违法所得,处10万元以上50万元以下的罚款,并吊销其安全生产许可证;构成犯罪的,依法追究刑事责任;接受转让的,依照本条例第十九条的规定处罚。

冒用安全生产许可证或者使用伪造的安全生产许可证的,依照本条例第十九条的规定处罚。

第二十二条 本条例施行前已经进行生产的企业,应当自本条例施行之日起1年内,依照本条例的规定向安全生产许可证颁发管理机关申请办理安全生产许可证;逾期不办理安全生产许可证,或者经审查不符合本条例规定的安全生产条件,未取得安全生产许可证,继续进行生产的,依照本条例第十九条的规定处罚。

第二十三条 本条例规定的行政处罚,由安全生产许可证颁发管理机关决定。

第二十四条 本条例自公布之日起施行。

生产安全事故报告和调查处理条例

(2007年4月9日国务院令第493号公布 自2007年6月1日起施行)

第一章 总 则

第一条 为了规范生产安全事故的报告和调查处理,落实生产安全事故责任追究制度,防止和减少生产安全事故,根据《中华人民共和国安全生产法》和有关法律,制定本条例。

第二条 生产经营活动中发生的造成人身伤亡或者直接经济损失的生产安全事故的报告和调查处理,适用本条例;环境污染事故、核设施事故、国防科研生产事故的报告和调查处理不适用本条例。

第三条 根据生产安全事故(以下简称事故)造成的人员伤亡或者直接经济损失,事故一般分为以下等级:

(一)特别重大事故,是指造成30人以上死亡,或者100人以上重伤(包括急性工业中毒,下同),或者1亿元以上直接经济损失的事故;

(二)重大事故,是指造成10人以上30人以下死亡,或者50人以上100人以下重伤,或者5000万元以上1亿元以下直接经济损失的事故;

(三)较大事故,是指造成3人以上10人以下死亡,或者10人以上50人以下重伤,或者1000万元以上5000万元以下直接经济损失的事故;

(四)一般事故,是指造成3人以下死亡,或者10人以下重伤,或者1000万元以下直接经济损失的事故。

国务院安全生产监督管理部门可以会同国务院有关部门,制定事故等级划分的补充性规定。

本条第一款所称的"以上"包括本数,所称的"以下"不包括本数。

第四条 事故报告应当及时、准确、完整,任何单位和个人对事故不得迟报、漏报、谎报或者瞒报。

事故调查处理应当坚持实事求是、尊重科学的原则,及时、准确地查清事故经过、事故原因和事故损失,查明事故性质,认定事故责任,总结事故教训,提出整改措施,并对事故责任者依法追究责任。

第五条 县级以上人民政府应当依照本条例的规定,严格履行职责,及时、准确地完成事故调查处理工作。

事故发生地有关地方人民政府应当支持、配合上级人民政府或者有关部门的事故调查处理工作,并提供必要的便利条件。

参加事故调查处理的部门和单位应当互相配合,提高事故调查处理工作的效率。

第六条 工会依法参加事故调查处理,有权向有关部门提出处理意见。

第七条 任何单位和个人不得阻挠和干涉对事故的报告和依法调查处理。

第八条 对事故报告和调查处理中的违法行为,任何单位和个人有权向安全生产监督管理部门、监察机关或者其他有关部门举报,接到举报的部门应当依法及时处理。

第二章 事故报告

第九条 事故发生后,事故现场有关人员应当立即向本单位负责人报告;单位负责人接到报告后,应当于1小时内向事故发生地县级以上人民政府安全生产监督管理部门和负有安全生产监督管理职责的有关部门报告。

情况紧急时,事故现场有关人员可以直接向事故发生地县级以上人民政府安全生产监督管理部门和负有安全生产监督管理职责的有关部门报告。

第十条 安全生产监督管理部门和负有安全生产监督管理职责的有关部门接到事故报告后,应当依照下列规定上报事故情况,并通知公安机关、劳动保障行政部门、工会和人民检察院:

(一)特别重大事故、重大事故逐级上报至国务院安全生产监督管理部门和负有安全生产监督管理职责的有关部门;

(二)较大事故逐级上报至省、自治区、直辖市人民政府安全生产监督管理部门和负有安全生产监督管理职责的有关部门;

(三)一般事故上报至设区的市级人民政府安全生产监督管理部门和负有安全生产监督管理职责的有关部门。

安全生产监督管理部门和负有安全生产监督管理职责的有关部门依照前款规定上报事故情况,应当同时报告本级人民政府。国务院安全生产监督管理部门和负有安全生产监督管理职责的有关部门以及省级人民政府接到发生特别重大事故、重大事故的报告后，应当立即报告国务院。

必要时，安全生产监督管理部门和负有安全生产监督管理职责的有关部门可以越级上报事故情况。

第十一条　安全生产监督管理部门和负有安全生产监督管理职责的有关部门逐级上报事故情况，每级上报的时间不得超过2小时。

第十二条　报告事故应当包括下列内容：

（一）事故发生单位概况；

（二）事故发生的时间、地点以及事故现场情况；

（三）事故的简要经过；

（四）事故已经造成或者可能造成的伤亡人数（包括下落不明的人数）和初步估计的直接经济损失；

（五）已经采取的措施；

（六）其他应当报告的情况。

第十三条　事故报告后出现新情况的，应当及时补报。

自事故发生之日起30日内，事故造成的伤亡人数发生变化的，应当及时补报。道路交通事故、火灾事故自发生之日起7日内，事故造成的伤亡人数发生变化的，应当及时补报。

第十四条　事故发生单位负责人接到事故报告后，应当立即启动事故相应应急预案，或者采取有效措施，组织抢救，防止事故扩大，减少人员伤亡和财产损失。

第十五条　事故发生地有关地方人民政府、安全生产监督管理部门和负有安全生产监督管理职责的有关部门接到事故报告后，其负责人应当立即赶赴事故现场，组织事故救援。

第十六条　事故发生后，有关单位和人员应当妥善保护事故现场以及相关证据，任何单位和个人不得破坏事故现场、毁灭相关证据。

因抢救人员、防止事故扩大以及疏通交通等原因，需要移动事故现场物件的，应当做出标志，绘制现场简图并做出书面记录，妥善保存现场重要痕迹、物证。

第十七条　事故发生地公安机关根据事故的情况，对涉嫌犯罪的，应当依法立案侦查，采取强制措施和侦查措施。犯罪嫌疑人逃匿的，公安机关应当迅速追捕归案。

第十八条　安全生产监督管理部门和负有安全生产监督管理职责的有关部门应当建立值班制度，并向社会公布值班电话，受理事故报告和举报。

第三章　事故调查

第十九条　特别重大事故由国务院或者国务院授权有关部门组织事故调查组进行调查。

重大事故、较大事故、一般事故分别由事故发生地省级人民政府、设区的市级人民政府、县级人民政府负责调查。省级人民政府、设区的市级人民政府、县级人民政府可以直接组织事故调查组进行调查，也可以授权或者委托有关部门组织事故调查组进行调查。

未造成人员伤亡的一般事故，县级人民政府也可以委托事故发生单位组织事故调查组进行调查。

第二十条　上级人民政府认为必要时，可以调查由下级人民政府负责调查的事故。

自事故发生之日起30日内（道路交通事故、火灾事故自发生之日起7日内），因事故伤亡人数变化导致事故等级发生变化，依照本条例规定应当由上级人民政府负责调查的，上级人民政府可以另行组织事故调查组进行调查。

第二十一条　特别重大事故以下等级事故，事故发生地与事故发生单位不在同一个县级以上行政区域的，由事故发生地人民政府负责调查，事故发生单位所在地人民政府应当派人参加。

第二十二条　事故调查组的组成应当遵循精简、效能的原则。

根据事故的具体情况，事故调查组由有关人民政府、安全生产监督管理部门、负有安全生产监督管理职责的有关部门、监察机关、公安机关以及工会派人组成，并应当邀请人民检察院派人参加。

事故调查组可以聘请有关专家参与调查。

第二十三条　事故调查组成员应当具有事故调查所需要的知识和专长，并与所调查的事故没有直接利害关系。

第二十四条　事故调查组组长由负责事故调查的人民政府指定。事故调查组组长主持事故调查组的工作。

第二十五条　事故调查组履行下列职责：

（一）查明事故发生的经过、原因、人员伤亡情况及直接经济损失；

（二）认定事故的性质和事故责任；

（三）提出对事故责任者的处理建议；

（四）总结事故教训，提出防范和整改措施；

（五）提交事故调查报告。

第二十六条　事故调查组有权向有关单位和个人了解与事故有关的情况，并要求其提供相关文件、资料，有关单位和个人不得拒绝。

事故发生单位的负责人和有关人员在事故调查期间不得擅离职守，并应当随时接受事故调查组的询问，如实提供有关情况。

事故调查中发现涉嫌犯罪的，事故调查组应当及时将有关材料或者其复印件移交司法机关处理。

第二十七条　事故调查中需要进行技术鉴定的，事故调查组应当委托具有国家规定资质的单位进行技术鉴定。必要时，事故调查组可以直接组织专家进行技术鉴定。技术鉴定所需时间不计入事故调查期限。

第二十八条　事故调查组成员在事故调查工作中应当诚

信公正、恪尽职守，遵守事故调查组的纪律，保守事故调查的秘密。

未经事故调查组组长允许，事故调查组成员不得擅自发布有关事故的信息。

第二十九条 事故调查组应当自事故发生之日起60日内提交事故调查报告；特殊情况下，经负责事故调查的人民政府批准，提交事故调查报告的期限可以适当延长，但延长的期限最长不超过60日。

第三十条 事故调查报告应当包括下列内容：

（一）事故发生单位概况；

（二）事故发生经过和事故救援情况；

（三）事故造成的人员伤亡和直接经济损失；

（四）事故发生的原因和事故性质；

（五）事故责任的认定以及对事故责任者的处理建议；

（六）事故防范和整改措施。

事故调查报告应当附具有关证据材料。事故调查组成员应当在事故调查报告上签名。

第三十一条 事故调查报告报送负责事故调查的人民政府后，事故调查工作即告结束。事故调查的有关资料应当归档保存。

第四章 事故处理

第三十二条 重大事故、较大事故、一般事故，负责事故调查的人民政府应当自收到事故调查报告之日起15日内做出批复；特别重大事故，30日内做出批复，特殊情况下，批复时间可以适当延长，但延长的时间最长不超过30日。

有关机关应当按照人民政府的批复，依照法律、行政法规规定的权限和程序，对事故发生单位和有关人员进行行政处罚，对负有事故责任的国家工作人员进行处分。

事故发生单位应当按照负责事故调查的人民政府的批复，对本单位负有事故责任的人员进行处理。

负有事故责任的人员涉嫌犯罪的，依法追究刑事责任。

第三十三条 事故发生单位应当认真吸取事故教训，落实防范和整改措施，防止事故再次发生。防范和整改措施的落实情况应当接受工会和职工的监督。

安全生产监督管理部门和负有安全生产监督管理职责的有关部门应当对事故发生单位落实防范和整改措施的情况进行监督检查。

第三十四条 事故处理的情况由负责事故调查的人民政府或者其授权的有关部门、机构向社会公布，依法应当保密的除外。

第五章 法律责任

第三十五条 事故发生单位主要负责人有下列行为之一的，处上一年年收入40%至80%的罚款；属于国家工作人员的，并依法给予处分；构成犯罪的，依法追究刑事责任：

（一）不立即组织事故抢救的；

（二）迟报或者漏报事故的；

（三）在事故调查处理期间擅离职守的。

第三十六条 事故发生单位及其有关人员有下列行为之一的，对事故发生单位处100万元以上500万元以下的罚款；对主要负责人、直接负责的主管人员和其他直接责任人员处上一年年收入60%至100%的罚款；属于国家工作人员的，并依法给予处分；构成违反治安管理行为的，由公安机关依法给予治安管理处罚；构成犯罪的，依法追究刑事责任：

（一）谎报或者瞒报事故的；

（二）伪造或者故意破坏事故现场的；

（三）转移、隐匿资金、财产，或者销毁有关证据、资料的；

（四）拒绝接受调查或者拒绝提供有关情况和资料的；

（五）在事故调查中作伪证或者指使他人作伪证的；

（六）事故发生后逃匿的。

第三十七条 事故发生单位对事故发生负有责任的，依照下列规定处以罚款：

（一）发生一般事故的，处10万元以上20万元以下的罚款；

（二）发生较大事故的，处20万元以上50万元以下的罚款；

（三）发生重大事故的，处50万元以上200万元以下的罚款；

（四）发生特别重大事故的，处200万元以上500万元以下的罚款。

第三十八条 事故发生单位主要负责人未依法履行安全生产管理职责，导致事故发生的，依照下列规定处以罚款；属于国家工作人员的，并依法给予处分；构成犯罪的，依法追究刑事责任：

（一）发生一般事故的，处上一年年收入30%的罚款；

（二）发生较大事故的，处上一年年收入40%的罚款；

（三）发生重大事故的，处上一年年收入60%的罚款；

（四）发生特别重大事故的，处上一年年收入80%的罚款。

第三十九条 有关地方人民政府、安全生产监督管理部门和负有安全生产监督管理职责的有关部门有下列行为之一的，对直接负责的主管人员和其他直接责任人员依法给予处分；构成犯罪的，依法追究刑事责任：

（一）不立即组织事故抢救的；

（二）迟报、漏报、谎报或者瞒报事故的；

（三）阻碍、干涉事故调查工作的；

（四）在事故调查中作伪证或者指使他人作伪证的。

第四十条 事故发生单位对事故发生负有责任的，由有关部门依法暂扣或者吊销其有关证照；对事故发生单位负有事故责任的有关人员,依法暂停或者撤销其与安全生产有关的执业资格、岗位证书;事故发生单位主要负责人受到刑事处罚或者撤职处分的,自刑罚执行完毕或者受处分之日起,5年内不得担任任何生产经营单位的主要负责人。

为发生事故的单位提供虚假证明的中介机构,由有关部门依法暂扣或者吊销其有关证照及其相关人员的执业资格;构成犯罪的,依法追究刑事责任。

第四十一条　参与事故调查的人员在事故调查中有下列行为之一的,依法给予处分;构成犯罪的,依法追究刑事责任:

(一)对事故调查工作不负责任,致使事故调查工作有重大疏漏的;

(二)包庇、袒护负有事故责任的人员或者借机打击报复的。

第四十二条　违反本条例规定,有关地方人民政府或者有关部门故意拖延或者拒绝落实经批复的对事故责任人的处理意见的,由监察机关对有关责任人员依法给予处分。

第四十三条　本条例规定的罚款的行政处罚,由安全生产监督管理部门决定。

法律、行政法规对行政处罚的种类、幅度和决定机关另有规定的,依照其规定。

第六章　附　　则

第四十四条　没有造成人员伤亡,但是社会影响恶劣的事故,国务院或者有关地方人民政府认为需要调查处理的,依照本条例的有关规定执行。

国家机关、事业单位、人民团体发生的事故的报告和调查处理,参照本条例的规定执行。

第四十五条　特别重大事故以下等级事故的报告和调查处理,有关法律、行政法规或者国务院另有规定的,依照其规定。

第四十六条　本条例自2007年6月1日起施行。国务院1989年3月29日公布的《特别重大事故调查程序暂行规定》和1991年2月22日公布的《企业职工伤亡事故报告和处理规定》同时废止。

建筑施工企业安全生产许可证管理规定

(2004年7月5日建设部令第128号公布　根据2015年1月22日《住房和城乡建设部关于修改〈市政公用设施抗灾设防管理规定〉等部门规章的决定》修订)

第一章　总　　则

第一条　为了严格规范建筑施工企业安全生产条件,进一步加强安全生产监督管理,防止和减少生产安全事故,根据《安全生产许可证条例》、《建设工程安全生产管理条例》等有关行政法规,制定本规定。

第二条　国家对建筑施工企业实行安全生产许可制度。

建筑施工企业未取得安全生产许可证的,不得从事建筑施工活动。

本规定所称建筑施工企业,是指从事土木工程、建筑工程、线路管道和设备安装工程及装修工程的新建、扩建、改建和拆除等有关活动的企业。

第三条　国务院住房城乡建设主管部门负责对全国建筑施工企业安全生产许可证的颁发和管理工作进行监督指导。

省、自治区、直辖市人民政府住房城乡建设主管部门负责本行政区域内建筑施工企业安全生产许可证的颁发和管理工作。

市、县人民政府住房城乡建设主管部门负责本行政区域内建筑施工企业安全生产许可证的监督管理,并将监督检查中发现的企业违法行为及时报告安全生产许可证颁发管理机关。

第二章　安全生产条件

第四条　建筑施工企业取得安全生产许可证,应当具备下列安全生产条件:

(一)建立、健全安全生产责任制,制定完备的安全生产规章制度和操作规程;

(二)保证本单位安全生产条件所需资金的投入;

(三)设置安全生产管理机构,按照国家有关规定配备专职安全生产管理人员;

(四)主要负责人、项目负责人、专职安全生产管理人员经住房城乡建设主管部门或者其他有关部门考核合格;

(五)特种作业人员经有关业务主管部门考核合格,取得特种作业操作资格证书;

(六)管理人员和作业人员每年至少进行一次安全生产教育培训并考核合格;

(七)依法参加工伤保险,依法为施工现场从事危险作业的人员办理意外伤害保险,为从业人员交纳保险费;

(八)施工现场的办公、生活区及作业场所和安全防护用具、机械设备、施工机具及配件符合有关安全生产法律、法规、标准和规程的要求;

(九)有职业危害防治措施,并为作业人员配备符合国家标准或者行业标准的安全防护用具和安全防护服装;

(十)有对危险性较大的分部分项工程及施工现场易发生重大事故的部位、环节的预防、监控措施和应急预案;

(十一)有生产安全事故应急救援预案、应急救援组织或者应急救援人员,配备必要的应急救援器材、设备;

(十二)法律、法规规定的其他条件。

第三章 安全生产许可证的申请与颁发

第五条 建筑施工企业从事建筑施工活动前，应当依照本规定向企业注册所在地省、自治区、直辖市人民政府住房城乡建设主管部门申请领取安全生产许可证。

第六条 建筑施工企业申请安全生产许可证时，应当向住房城乡建设主管部门提供下列材料：

（一）建筑施工企业安全生产许可证申请表；

（二）企业法人营业执照；

（三）第四条规定的相关文件、材料。

建筑施工企业申请安全生产许可证，应当对申请材料实质内容的真实性负责，不得隐瞒有关情况或者提供虚假材料。

第七条 住房城乡建设主管部门应当自受理建筑施工企业的申请之日起45日内审查完毕；经审查符合安全生产条件的，颁发安全生产许可证；不符合安全生产条件的，不予颁发安全生产许可证，书面通知企业并说明理由。企业自接到通知之日起应当进行整改，整改合格后方可再次提出申请。

住房城乡建设主管部门审查建筑施工企业安全生产许可证申请，涉及铁路、交通、水利等有关专业工程时，可以征求铁路、交通、水利等有关部门的意见。

第八条 安全生产许可证的有效期为3年。安全生产许可证有效期满需要延期的，企业应当于期满前3个月向原安全生产许可证颁发管理机关申请办理延期手续。

企业在安全生产许可证有效期内，严格遵守有关安全生产的法律法规，未发生死亡事故的，安全生产许可证有效期届满时，经原安全生产许可证颁发管理机关同意，不再审查，安全生产许可证有效期延期3年。

第九条 建筑施工企业变更名称、地址、法定代表人等，应当在变更后10日内，到原安全生产许可证颁发管理机关办理安全生产许可证变更手续。

第十条 建筑施工企业破产、倒闭、撤销的，应当将安全生产许可证交回原安全生产许可证颁发管理机关予以注销。

第十一条 建筑施工企业遗失安全生产许可证，应当立即向原安全生产许可证颁发管理机关报告，并在公众媒体上声明作废后，方可申请补办。

第十二条 安全生产许可证申请表采用建设部规定的统一式样。

安全生产许可证采用国务院安全生产监督管理部门规定的统一式样。

安全生产许可证分正本和副本，正、副本具有同等法律效力。

第四章 监督管理

第十三条 县级以上人民政府住房城乡建设主管部门应当加强对建筑施工企业安全生产许可证的监督管理。住房城乡建设主管部门在审核发放施工许可证时，应当对已经确定的建筑施工企业是否有安全生产许可证进行审查，对没有取得安全生产许可证的，不得颁发施工许可证。

第十四条 跨省从事建筑施工活动的建筑施工企业有违反本规定行为的，由工程所在地的省级人民政府住房城乡建设主管部门将建筑施工企业在本地区的违法事实、处理结果和处理建议抄告原安全生产许可证颁发管理机关。

第十五条 建筑施工企业取得安全生产许可证后，不得降低安全生产条件，并应当加强日常安全生产管理，接受住房城乡建设主管部门的监督检查。安全生产许可证颁发管理机关发现企业不再具备安全生产条件的，应当暂扣或者吊销安全生产许可证。

第十六条 安全生产许可证颁发管理机关或者其上级行政机关发现有下列情形之一的，可以撤销已经颁发的安全生产许可证：

（一）安全生产许可证颁发管理机关工作人员滥用职权、玩忽职守颁发安全生产许可证的；

（二）超越法定职权颁发安全生产许可证的；

（三）违反法定程序颁发安全生产许可证的；

（四）对不具备安全生产条件的建筑施工企业颁发安全生产许可证的；

（五）依法可以撤销已经颁发的安全生产许可证的其他情形。

依照前款规定撤销安全生产许可证，建筑施工企业的合法权益受到损害的，住房城乡建设主管部门应当依法给予赔偿。

第十七条 安全生产许可证颁发管理机关应当建立、健全安全生产许可证档案管理制度，定期向社会公布企业取得安全生产许可证的情况，每年向同级安全生产监督管理部门通报建筑施工企业安全生产许可证颁发和管理情况。

第十八条 建筑施工企业不得转让、冒用安全生产许可证或者使用伪造的安全生产许可证。

第十九条 住房城乡建设主管部门工作人员在安全生产许可证颁发、管理和监督检查工作中，不得索取或者接受建筑施工企业的财物，不得谋取其他利益。

第二十条 任何单位或者个人对违反本规定的行为，有权向安全生产许可证颁发管理机关或者监察机关等有关部门举报。

第五章 罚 则

第二十一条 违反本规定，住房城乡建设主管部门工作人员有下列行为之一的，给予降级或者撤职的行政处分；构成犯罪的，依法追究刑事责任：

（一）向不符合安全生产条件的建筑施工企业颁发安全生产许可证的；

（二）发现建筑施工企业未依法取得安全生产许可证擅自从事建筑施工活动，不依法处理的；

（三）发现取得安全生产许可证的建筑施工企业不再具备安全生产条件，不依法处理的；

（四）接到对违反本规定行为的举报后，不及时处理的；

（五）在安全生产许可证颁发、管理和监督检查工作中，索取或者接受建筑施工企业的财物，或者谋取其他利益的。

由于建筑施工企业弄虚作假，造成前款第（一）项行为的，对住房城乡建设主管部门工作人员不予处分。

第二十二条 取得安全生产许可证的建筑施工企业，发生重大安全事故的，暂扣安全生产许可证并限期整改。

第二十三条 建筑施工企业不再具备安全生产条件的，暂扣安全生产许可证并限期整改；情节严重的，吊销安全生产许可证。

第二十四条 违反本规定，建筑施工企业未取得安全生产许可证擅自从事建筑施工活动的，责令其在建项目停止施工，没收违法所得，并处10万元以上50万元以下的罚款；造成重大安全事故或者其他严重后果，构成犯罪的，依法追究刑事责任。

第二十五条 违反本规定，安全生产许可证有效期满未办理延期手续，继续从事建筑施工活动的，责令其在建项目停止施工，限期补办延期手续，没收违法所得，并处5万元以上10万元以下的罚款；逾期仍不办理延期手续，继续从事建筑施工活动的，依照本规定第二十四条的规定处罚。

第二十六条 违反本规定，建筑施工企业转让安全生产许可证的，没收违法所得，处10万元以上50万元以下的罚款，并吊销安全生产许可证；构成犯罪的，依法追究刑事责任；接受转让的，依照本规定第二十四条的规定处罚。

冒用安全生产许可证或者使用伪造的安全生产许可证的，依照本规定第二十四条的规定处罚。

第二十七条 违反本规定，建筑施工企业隐瞒有关情况或者提供虚假材料申请安全生产许可证的，不予受理或者不予颁发安全生产许可证，并给予警告，1年内不得申请安全生产许可证。

建筑施工企业以欺骗、贿赂等不正当手段取得安全生产许可证的，撤销安全生产许可证，3年内不得再次申请安全生产许可证；构成犯罪的，依法追究刑事责任。

第二十八条 本规定的暂扣、吊销安全生产许可证的行政处罚，由安全生产许可证的颁发管理机关决定；其他行政处罚，由县级以上地方人民政府住房城乡建设主管部门决定。

第六章 附 则

第二十九条 本规定施行前已依法从事建筑施工活动的建筑施工企业，应当自《安全生产许可证条例》施行之日起（2004年1月13日起）1年内向住房城乡建设主管部门申请办理建筑施工企业安全生产许可证；逾期不办理安全生产许可证，或者经审查不符合本规定的安全生产条件，未取得安全生产许可证，继续进行建筑施工活动的，依照本规定第二十四条的规定处罚。

第三十条 本规定自公布之日起施行。

建筑施工企业安全生产许可证管理规定实施意见

（2004年8月27日 建质〔2004〕148号）

为了贯彻落实《建筑施工企业安全生产许可证管理规定》（建设部令第128号，以下简称《规定》），制定本实施意见。

一、安全生产许可证的适用对象

（一）建筑施工企业安全生产许可证的适用对象为：在中华人民共和国境内从事土木工程、建筑工程、线路管道和设备安装工程及装修工程的新建、扩建、改建和拆除等有关活动，依法取得工商行政管理部门颁发的《企业法人营业执照》，符合《规定》要求的安全生产条件的建筑施工企业。

二、安全生产许可证的申请

（二）安全生产许可证颁发管理机关应当在办公场所、本机关网站上公示审批安全生产许可证的依据、条件、程序、期限，申请所需提交的全部资料目录以及申请书示范文本等。

（三）建筑施工企业从事建筑施工活动前，应当按照分级、属地管理的原则，向企业注册地省级以上人民政府建设主管部门申请领取安全生产许可证。

（四）中央管理的建筑施工企业（集团公司、总公司）应当向建设部申请领取安全生产许可证，建设部主管业务司局为工程质量安全监督与行业发展司。中央管理的建筑施工企业（集团公司、总公司）是指国资委代表国务院履行出资人职责的建筑施工类企业总部（名单见附件一）。

（五）中央管理的建筑施工企业（集团公司、总公司）下属的建筑施工企业，以及其他建筑施工企业向注册所在地省、自治区、直辖市人民政府建设主管部门申请领取安全生产许可证。

三、申请材料

（六）申请人申请安全生产许可证时，应当按照《规定》第六条的要求，向安全生产许可证颁发管理机关提供下列材料（括号里为材料的具体要求）：

1. 建筑施工企业安全生产许可证申请表（一式三份，样式见附件二）；

2. 企业法人营业执照（复印件）；

3. 各级安全生产责任制和安全生产规章制度目录及文件，操作规程目录；

4. 保证安全生产投入的证明文件(包括企业保证安全生产投入的管理办法或规章制度、年度安全资金投入计划及实施情况);

5. 设置安全生产管理机构和配备专职安全生产管理人员的文件(包括企业设置安全管理机构的文件、安全管理机构的工作职责、安全机构负责人的任命文件、安全管理机构组成人员明细表);

6. 主要负责人、项目负责人、专职安全生产管理人员安全生产考核合格名单及证书(复印件);

7. 本企业特种作业人员名单及操作资格证书(复印件);

8. 本企业管理人员和作业人员年度安全培训教育材料(包括企业培训计划、培训考核记录);

9. 从业人员参加工伤保险以及施工现场从事危险作业人员参加意外伤害保险有关证明;

10. 施工起重机械设备检测合格证明;

11. 职业危害防治措施(要针对本企业业务特点可能会导致的职业病种类制定相应的预防措施);

12. 危险性较大分部分项工程及施工现场易发生重大事故的部位、环节的预防监控措施和应急预案(根据本企业业务特点,详细列出危险性较大分部分项工程和事故易发部位、环节及有针对性和可操作性的控制措施和应急预案);

13. 生产安全事故应急救援预案(应本着事故发生后有效救援原则,列出救援组织人员详细名单、救援器材、设备清单和救援演练记录)。

其中,第2至第13项统一装订成册。企业在申请安全生产许可证时,需要交验所有证件、凭证原件。

(七)申请人应对申请材料实质内容的真实性负责。

四、安全生产许可证申请的受理和颁发

(八)安全生产许可证颁发管理机关对申请人提交的申请,应当按照下列规定分别处理:

1. 对申请事项不属于本机关职权范围的申请,应当及时作出不予受理的决定,并告知申请人向有关安全生产许可证颁发管理机关申请;

2. 对申请材料存在可以当场更正的错误的,应当允许申请人当场更正;

3. 申请材料不齐全或者不符合要求的,应当当场或者在5个工作日内书面一次告知申请人需要补正的全部内容,逾期不告知的,自收到申请材料之日起即为受理。

4. 申请材料齐全、符合要求或者按照要求全部补正的,自收到申请材料或者全部补正之日起为受理。

(九)对于隐瞒有关情况或者提供虚假材料申请安全生产许可证的,安全生产许可证颁发管理机关不予受理,该企业一年之内不得再次申请安全生产许可证。

(十)对已经受理的申请,安全生产许可证颁发管理机关对申请材料进行审查,必要时应到企业施工现场进行抽查。涉及铁路、交通、水利等有关专业工程时,可以征求铁道、交通、水利等部门的意见。安全生产许可证颁发管理机关在受理申请之日起45个工作日内应作出颁发或者不予颁发安全生产许可证的决定。

安全生产许可证颁发管理机关作出准予颁发申请人安全生产许可证决定的,应当自决定之日起10个工作日内向申请人颁发、送达安全生产许可证;对作出不予颁发决定的,应当在10个工作日内书面通知申请人并说明理由。

(十一)安全生产许可证有效期为3年。安全生产许可证有效期满需要延期的,企业应当于期满前3个月向原安全生产许可证颁发管理机关提出延期申请,并提交本意见第6条规定的文件、资料以及原安全生产许可证。

建筑施工企业在安全生产许可证有效期内,严格遵守有关安全生产法律、法规和规章,未发生死亡事故的,安全生产许可证有效期届满时,经原安全生产许可证颁发管理机关同意,不再审查,直接办理延期手续。

对于本条第二款规定情况以外的建筑施工企业,安全生产许可证颁发管理机关应当对其安全生产条件重新进行审查,审查合格的,办理延期手续。

(十二)对申请延期的申请人审查合格或有效期满经原安全生产许可证颁发管理机关同意不再审查直接办理延期手续的企业,安全生产许可证颁发管理机关收回原安全生产许可证,换发新的安全生产许可证。

五、安全生产许可证证书

(十三)建筑施工企业安全生产许可证采用国家安全生产监督管理局规定的统一样式。证书分为正本和副本,正本为悬挂式,副本为折页式,正、副本具有同等法律效力。建筑施工企业安全生产许可证证书由建设部统一印制,实行全国统一编码。证书式样、编码方法和证书订购等有关事宜见附件三。

(十四)中央管理的建筑施工企业(集团公司、总公司)的安全生产许可证加盖建设部公章有效。中央管理的建筑施工企业(集团公司、总公司)下属的建筑施工企业,以及其他建筑施工企业的安全生产许可证加盖省、自治区、直辖市人民政府建设主管部门公章有效。由建设部以及各省、自治区、直辖市人民政府建设主管部门颁发的安全生产许可证均在全国范围内有效。

(十五)每个具有独立企业法人资格的建筑施工企业只能取得一套安全生产许可证,包括一个正本,两个副本。企业需要增加副本的,经原安全生产许可证颁发管理机关批准,可以适当增加。

(十六)建筑施工企业的名称、地址、法定代表人等内容发生变化的,应当自工商营业执照变更之日起10个工作日内提出申请,持原安全生产许可证和变更后的工商营业执照、变更批准文件等相关证明材料,向原安全生产许可证颁发管理机关申请变更安全生产许可证。安全生产许可证颁发管理机关在对申请人提交的相关文件、资料审查后，及时办理安全生产许可证变更手续。

（十七）建筑施工企业遗失安全生产许可证，应持申请补办的报告及在公众媒体上刊登的遗失作废声明向原安全生产许可证颁发管理机关申请补办。

六、对取得安全生产许可证单位的监督管理

（十八）2005 年 1 月 13 日以后，建设主管部门在向建设单位审核发放施工许可证时，应当对已经确定的建筑施工企业是否取得安全生产许可证进行审查，没有取得安全生产许可证的，不得颁发施工许可证。对于依法批准开工报告的建设工程，在建设单位报送建设工程所在地县级以上地方人民政府或者其他有关部门备案的安全施工措施资料中，应包括承接工程项目的建筑施工企业的安全生产许可证。

（十九）市、县级人民政府建设主管部门负责本行政区域内取得安全生产许可证的建筑施工企业的日常监督管理工作。在监督检查过程中发现企业有违反《规定》行为的，市、县级人民政府建设主管部门应及时、逐级向本地安全生产许可证颁发管理机关报告。本行政区域内取得安全生产许可证的建筑施工企业既包括在本地区注册的建筑施工企业，也包括跨省在本地区从事建筑施工活动的建筑施工企业。

跨省从事建筑施工活动的建筑施工企业有违反《规定》行为的，由工程所在地的省级人民政府建设主管部门将其在本地区的违法事实、处理建议和处理结果抄告其安全生产许可证颁发管理机关。

安全生产许可证颁发管理机关根据下级建设主管部门报告或者其他省级人民政府建设主管部门抄告的违法事实、处理建议和处理结果，按照《规定》对企业进行相应处罚，并将处理结果通告原报告或抄告部门。

（二十）根据《建设工程安全生产管理条例》，县级以上地方人民政府交通、水利等有关部门负责本行政区域内有关专业建设工程安全生产的监督管理，对从事有关专业建设工程的建筑施工企业违反《规定》的，将其违法事实抄告同级建设主管部门；铁路建设安全生产监督管理机构负责铁路建设工程安全生产监督管理，对从事铁路建设工程的建筑施工企业违反《规定》的，将其违法事实抄告省级以上人民政府建设主管部门。

（二十一）安全生产许可证颁发管理机关或者其上级行政机关发现有下列情形之一的，可以撤销已经颁发的安全生产许可证：

1. 安全生产许可证颁发管理机关工作人员滥用职权、玩忽职守颁发安全生产许可证的；

2. 超越法定职权颁发安全生产许可证的；

3. 违反法定程序颁发安全生产许可证的；

4. 对不具备安全生产条件的建筑施工企业颁发安全生产许可证的；

5. 依法可以撤销已经颁发的安全生产许可证的其他情形。

依照前款规定撤销安全生产许可证，建筑施工企业的合法权益受到损害的，建设主管部门应当依法给予赔偿。

（二十二）发生下列情形之一的，安全生产许可证颁发管理机关应当依法注销已经颁发的安全生产许可证：

1. 企业依法终止的；

2. 安全生产许可证有效期届满未延续的；

3. 安全生产许可证依法被撤销、吊销的；

4. 因不可抗力导致行政许可事项无法实施的；

5. 依法应当注销安全生产许可证的其他情形。

（二十三）安全生产许可证颁发管理机关应当建立健全安全生产许可证档案，定期通过报纸、网络等公众媒体向社会公布企业取得安全生产许可证的情况，以及暂扣、吊销安全生产许可证等行政处罚情况。

七、对取得安全生产许可证单位的行政处罚

（二十四）安全生产许可证颁发管理机关或市、县级人民政府建设主管部门发现取得安全生产许可证的建筑施工企业不再具备《规定》第四条规定安全生产条件的，责令限期改正；经整改仍未达到规定安全生产条件的，处以暂扣安全生产许可证 7 日至 30 日的处罚；安全生产许可证暂扣期间，拒不整改或经整改仍未达到规定安全生产条件的，处以延长暂扣期 7 至 15 天直至吊销安全生产许可证的处罚。

（二十五）企业发生死亡事故的，安全生产许可证颁发管理机关应当立即对企业安全生产条件进行复查，发现企业不再具备《规定》第四条规定安全生产条件的，处以暂扣安全生产许可证 30 日至 90 日的处罚；安全生产许可证暂扣期间，拒不整改或经整改仍未达到规定安全生产条件的，处以延长暂扣期 30 日至 60 日直至吊销安全生产许可证的处罚。

（二十六）企业安全生产许可证被暂扣期间，不得承揽新的工程项目，发生问题的在建项目停工整改，整改合格后方可继续施工；企业安全生产许可证被吊销后，该企业不得进行任何施工活动，且一年之内不得重新申请安全生产许可证。

八、附则

（二十七）由建设部直接实施的建筑施工企业安全生产许可证审批，按照《关于印发〈建设部机关实施行政许可工作规程〉的通知》（建法〔2004〕111 号）进行，使用规范许可文书并加盖建设部行政许可专用章。各省、自治区、直辖市人民政府建设主管部门参照上述文件规定，规范许可程序和各项许可文书。

（二十八）各省、自治区、直辖市人民政府建设主管部门可依照《规定》和本意见，制定本地区的实施细则。

附件一：中央管理的建筑施工企业（集团公司、总公司）名单（略）

附件二:建筑施工企业安全生产许可证申请表样式(略)

附件三:关于建筑施工企业安全生产许可证的有关事宜(略)

建筑施工企业安全生产许可证动态监管暂行办法

(2008 年 6 月 30 日　建质〔2008〕121 号)

第一条　为加强建筑施工企业安全生产许可证的动态监管,促进建筑施工企业保持和改善安全生产条件,控制和减少生产安全事故,根据《安全生产许可证条例》、《建设工程安全生产管理条例》和《建筑施工企业安全生产许可证管理规定》等法规规章,制定本办法。

第二条　建设单位或其委托的工程招标代理机构在编制资格预审文件和招标文件时,应当明确要求建筑施工企业提供安全生产许可证,以及企业主要负责人、拟担任该项目负责人和专职安全生产管理人员(以下简称"三类人员")相应的安全生产考核合格证书。

第三条　建设主管部门在审核发放施工许可证时,应当对已经确定的建筑施工企业是否具有安全生产许可证以及安全生产许可证是否处于暂扣期内进行审查,对未取得安全生产许可证及安全生产许可证处于暂扣期内的,不得颁发施工许可证。

第四条　建设工程实行施工总承包的,建筑施工总承包企业应当依法将工程分包给具有安全生产许可证的专业承包企业或劳务分包企业,并加强对分包企业安全生产条件的监督检查。

第五条　工程监理单位应当查验承建工程的施工企业安全生产许可证和有关"三类人员"安全生产考核合格证书持证情况,发现其持证情况不符合规定的或施工现场降低安全生产条件的,应当要求其立即整改。施工企业拒不整改的,工程监理单位应当向建设单位报告。建设单位接到工程监理单位报告后,应当责令施工企业立即整改。

第六条　建筑施工企业应当加强对本企业和承建工程安全生产条件的日常动态检查,发现不符合法定安全生产条件的,应当立即进行整改,并做好自查和整改记录。

第七条　建筑施工企业在"三类人员"配备、安全生产管理机构设置及其他法定安全生产条件发生变化以及因施工资质升级、增项而使得安全生产条件发生变化时,应当向安全生产许可证颁发管理机关(以下简称颁发管理机关)和当地建设主管部门报告。

第八条　颁发管理机关应当建立建筑施工企业安全生产条件的动态监督检查制度,并将安全生产管理薄弱、事故频发的企业作为监督检查的重点。

颁发管理机关根据监管情况、群众举报投诉和企业安全生产条件变化报告,对相关建筑施工企业及其承建工程项目的安全生产条件进行核查,发现企业降低安全生产条件的,应当视其安全生产条件降低情况对其依法实施暂扣或吊销安全生产许可证的处罚。

第九条　市、县级人民政府建设主管部门或其委托的建筑安全监督机构在日常安全生产监督检查中,应当查验承建工程施工企业的安全生产许可证。发现企业降低施工现场安全生产条件的或存在事故隐患的,应立即提出整改要求;情节严重的,应责令工程项目停止施工并限期整改。

第十条　依据本办法第九条责令停止施工符合下列情形之一的,市、县级人民政府建设主管部门应当于作出最后一次停止施工决定之日起 15 日内以书面形式向颁发管理机关(县级人民政府建设主管部门同时抄报设区市级人民政府建设主管部门;工程承建企业跨省施工的,通过省级人民政府建设主管部门抄告)提出暂扣企业安全生产许可证的建议,并附具企业及有关工程项目违法违规事实和证明安全生产条件降低的相关询问笔录或其他证据材料。

(一)在 12 个月内,同一企业同一项目被两次责令停止施工的。

(二)在 12 个月内,同一企业在同一市、县内三个项目被责令停止施工的;

(三)施工企业承建工程经责令停止施工后,整改仍达不到要求或拒不停工整改的。

第十一条　颁发管理机关接到本办法第十条规定的暂扣安全生产许可证建议后,应当于 5 个工作日内立案,并根据情节轻重依法给予企业暂扣安全生产许可证 30 日至 60 日的处罚。

第十二条　工程项目发生一般及以上生产安全事故的,工程所在地市、县级人民政府建设主管部门应当立即按照事故报告要求向本地区颁发管理机关报告。

工程承建企业跨省施工的,工程所在地省级建设主管部门应当在事故发生之日起 15 日内将事故基本情况书面通报颁发管理机关,同时附具企业及有关项目违法违规事实和证明安全生产条件降低的相关询问笔录或其他证据材料。

第十三条　颁发管理机关接到本办法第十二条规定的报告或通报后,应立即组织对相关建筑施工企业(含施工总承包企业和与发生事故直接相关的分包企业)安全生产条件进行复核,并于接到报告或通报之日起 20 日内复核完毕。

颁发管理机关复核施工企业及其工程项目安全生产条件,可以直接复核或委托工程所在地建设主管部门复核。被委托的建设主管部门应严格按照法规规章和相关标准进行复核,并及时向颁发管理机关反馈复核结果。

第十四条　依据本办法第十三条进行复核,对企业降低安全生产条件的,颁发管理机关应当依法给予企业暂扣安全生产许可证的处罚;属情节特别严重的或者发生特别重大事故的,依法吊销安全生产许可证。

暂扣安全生产许可证处罚视事故发生级别和安全生产条件降低情况,按下列标准执行:

(一)发生一般事故的,暂扣安全生产许可证30至60日;

(二)发生较大事故的,暂扣安全生产许可证60至90日;

(三)发生重大事故的,暂扣安全生产许可证90至120日。

第十五条 建筑施工企业在12个月内第二次发生生产安全事故的,视事故级别和安全生产条件降低情况,分别按下列标准进行处罚:

(一)发生一般事故的,暂扣时限为在上一次暂扣时限的基础上再增加30日;

(二)发生较大事故的,暂扣时限为在上一次暂扣时限的基础上再增加60日;

(三)发生重大事故的,或按本条(一)、(二)处罚暂扣时限超过120日的,吊销安全生产许可证。

12个月内同一企业连续发生三次生产安全事故的,吊销安全生产许可证。

第十六条 建筑施工企业瞒报、谎报、迟报或漏报事故的,在本办法第十四条、第十五条处罚的基础上,再处延长暂扣期30日至60日的处罚。暂扣时限超过120日的,吊销安全生产许可证。

第十七条 建筑施工企业在安全生产许可证暂扣期内,拒不整改的,吊销其安全生产许可证。

第十八条 建筑施工企业安全生产许可证被暂扣期间,企业在全国范围内不得承揽新的工程项目。发生问题或事故的工程项目停工整改,经工程所在地有关建设主管部门核查合格后方可继续施工。

第十九条 建筑施工企业安全生产许可证被吊销后,自吊销决定作出之日起一年内不得重新申请安全生产许可证。

第二十条 建筑施工企业安全生产许可证暂扣期满前10个工作日,企业需向颁发管理机关提出发还安全生产许可证申请。颁发管理机关接到申请后,应当对被暂扣企业安全生产条件进行复查,复查合格的,应当在暂扣期满时发还安全生产许可证;复查不合格的,增加暂扣期限直至吊销安全生产许可证。

第二十一条 颁发管理机关应建立建筑施工企业安全生产许可动态监管激励制度。对于安全生产工作成效显著、连续三年及以上未被暂扣安全生产许可证的企业,在评选各级各类安全生产先进集体和个人、文明工地、优质工程等时可以优先考虑,并可根据本地实际情况在监督管理时采取有关优惠政策措施。

第二十二条 颁发管理机关应将建筑施工企业安全生产许可证审批、延期、暂扣、吊销情况,于做出有关行政决定之日起5个工作日内录入全国建筑施工企业安全生产许可证管理信息系统,并对录入信息的真实性和准确性负责。

第二十三条 在建筑施工企业安全生产许可证动态监管中,涉及有关专业建设工程主管部门的,依照有关职责分工实施。

各省、自治区、直辖市人民政府建设主管部门可根据本办法,制定本地区的实施细则。

建筑工程施工许可管理办法

(2014年6月25日住房和城乡建设部令第18号公布 根据2018年9月28日《住房城乡建设部关于修改〈建筑工程施工许可管理办法〉的决定》修正)

第一条 为了加强对建筑活动的监督管理,维护建筑市场秩序,保证建筑工程的质量和安全,根据《中华人民共和国建筑法》,制定本办法。

第二条 在中华人民共和国境内从事各类房屋建筑及其附属设施的建造、装修装饰和与其配套的线路、管道、设备的安装,以及城镇市政基础设施工程的施工,建设单位在开工前应当依照本办法的规定,向工程所在地的县级以上地方人民政府住房城乡建设主管部门(以下简称发证机关)申请领取施工许可证。

工程投资额在30万元以下或者建筑面积在300平方米以下的建筑工程,可以不申请办理施工许可证。省、自治区、直辖市人民政府住房城乡建设主管部门可以根据当地的实际情况,对限额进行调整,并报国务院住房城乡建设主管部门备案。

按照国务院规定的权限和程序批准开工报告的建筑工程,不再领取施工许可证。

第三条 本办法规定应当申请领取施工许可证的建筑工程未取得施工许可证的,一律不得开工。

任何单位和个人不得将应当申请领取施工许可证的工程项目分解为若干限额以下的工程项目,规避申请领取施工许可证。

第四条 建设单位申请领取施工许可证,应当具备下列条件,并提交相应的证明文件:

(一)依法应当办理用地批准手续的,已经办理该建筑工程用地批准手续。

(二)在城市、镇规划区的建筑工程,已经取得建设工程规划许可证。

(三)施工场地已经基本具备施工条件,需要征收房屋的,其进度符合施工要求。

(四)已经确定施工企业。按照规定应当招标的工程没有招标,应当公开招标的工程没有公开招标,或者肢解发包工程,以及将工程发包给不具备相应资质条件的企业的,所确定的施工企业无效。

(五)有满足施工需要的技术资料,施工图设计文件已按规定审查合格。

(六)有保证工程质量和安全的具体措施。施工企业编制的施工组织设计中有根据建筑工程特点制定的相应质量、安全技术措施。建立工程质量安全责任制并落实到人。专业性较强的工程项目编制了专项质量、安全施工组织设计,并按照规定办理了工程质量、安全监督手续。

(七)建设资金已经落实。建设单位应当提供建设资金已经落实承诺书。

(八)法律、行政法规规定的其他条件。

县级以上地方人民政府住房城乡建设主管部门不得违反法律法规规定,增设办理施工许可证的其他条件。

第五条 申请办理施工许可证,应当按照下列程序进行:

(一)建设单位向发证机关领取《建筑工程施工许可证申请表》。

(二)建设单位持加盖单位及法定代表人印鉴的《建筑工程施工许可证申请表》,并附本办法第四条规定的证明文件,向发证机关提出申请。

(三)发证机关在收到建设单位报送的《建筑工程施工许可证申请表》和所附证明文件后,对于符合条件的,应当自收到申请之日起七日内颁发施工许可证;对于证明文件不齐全或者失效的,应当当场或者五日内一次告知建设单位需要补正的全部内容,审批时间可以自证明文件补正齐全后作相应顺延;对于不符合条件的,应当自收到申请之日起七日内书面通知建设单位,并说明理由。

建筑工程在施工过程中,建设单位或者施工单位发生变更的,应当重新申请领取施工许可证。

第六条 建设单位申请领取施工许可证的工程名称、地点、规模,应当符合依法签订的施工承包合同。

施工许可证应当放置在施工现场备查,并按规定在施工现场公开。

第七条 施工许可证不得伪造和涂改。

第八条 建设单位应当自领取施工许可证之日起三个月内开工。因故不能按期开工的,应当在期满前向发证机关申请延期,并说明理由;延期以两次为限,每次不超过三个月。既不开工又不申请延期或者超过延期次数、时限的,施工许可证自行废止。

第九条 在建的建筑工程因故中止施工的,建设单位应当自中止施工之日起一个月内向发证机关报告,报告内容包括中止施工的时间、原因、在施部位、维修管理措施等,并按照规定做好建筑工程的维护管理工作。

建筑工程恢复施工时,应当向发证机关报告;中止施工满一年的工程恢复施工前,建设单位应当报发证机关核验施工许可证。

第十条 发证机关应当将办理施工许可证的依据、条件、程序、期限以及需要提交的全部材料和申请表示范文本等,在办公场所和有关网站予以公示。

发证机关作出的施工许可决定,应当予以公开,公众有权查阅。

第十一条 发证机关应当建立颁发施工许可证后的监督检查制度,对取得施工许可证后条件发生变化、延期开工、中止施工等行为进行监督检查,发现违法违规行为及时处理。

第十二条 对于未取得施工许可证或者为规避办理施工许可证将工程项目分解后擅自施工的,由有管辖权的发证机关责令停止施工,限期改正,对建设单位处工程合同价款1%以上2%以下罚款;对施工单位处3万元以下罚款。

第十三条 建设单位采用欺骗、贿赂等不正当手段取得施工许可证的,由原发证机关撤销施工许可证,责令停止施工,并处1万元以上3万元以下罚款;构成犯罪的,依法追究刑事责任。

第十四条 建设单位隐瞒有关情况或者提供虚假材料申请施工许可证的,发证机关不予受理或者不予许可,并处1万元以上3万元以下罚款;构成犯罪的,依法追究刑事责任。

建设单位伪造或者涂改施工许可证的,由发证机关责令停止施工,并处1万元以上3万元以下罚款;构成犯罪的,依法追究刑事责任。

第十五条 依照本办法规定,给予单位罚款处罚的,对单位直接负责的主管人员和其他直接责任人员处单位罚款数额5%以上10%以下罚款。

单位及相关责任人受到处罚的,作为不良行为记录予以通报。

第十六条 发证机关及其工作人员,违反本办法,有下列情形之一的,由其上级行政机关或者监察机关责令改正;情节严重的,对直接负责的主管人员和其他直接责任人员,依法给予行政处分:

(一)对不符合条件的申请人准予施工许可的;

(二)对符合条件的申请人不予施工许可或者未在法定期限内作出准予许可决定的;

(三)对符合条件的申请不予受理的;

(四)利用职务上的便利,收受他人财物或者谋取其他利益的;

(五)不依法履行监督职责或者监督不力,造成严重后果的。

第十七条 建筑工程施工许可证由国务院住房城乡建设主管部门制定格式,由各省、自治区、直辖市人民政府住房城乡建设主管部门统一印制。

施工许可证分为正本和副本,正本和副本具有同等法律效力。复印的施工许可证无效。

第十八条　本办法关于施工许可管理的规定适用于其他专业建筑工程。有关法律、行政法规有明确规定的，从其规定。

《建筑法》第八十三条第三款规定的建筑活动，不适用本办法。

军事房屋建筑工程施工许可的管理，按国务院、中央军事委员会制定的办法执行。

第十九条　省、自治区、直辖市人民政府住房城乡建设主管部门可以根据本办法制定实施细则。

第二十条　本办法自2014年10月25日起施行。1999年10月15日建设部令第71号发布、2001年7月4日建设部令第91号修正的《建筑工程施工许可管理办法》同时废止。

住房城乡建设部办公厅关于进一步加强建筑工程施工许可管理工作的通知

（2014年9月4日建办市〔2014〕34号公布　根据2018年9月30日《住房城乡建设部关于修改和废止有关文件的决定》修订）

各省、自治区住房城乡建设厅，直辖市建委，新疆生产建设兵团建设局：

为贯彻《建筑工程施工许可管理办法》（住房城乡建设部令第18号，以下简称《办法》），落实施工许可管理制度，严格执行基本建设程序，确保工程质量安全，现就有关事项通知如下：

一、依法实施施工许可

（一）严格许可条件。各级住房城乡建设主管部门要严格执行建筑法和《办法》等法律法规，依法审查和颁发施工许可证，不得"搭车"增设施工许可条件和审核程序。要依照建筑法、《办法》和本通知要求，全面清理施工许可相关文件，对于没有法律法规依据设置的许可条件和要求，一律取消。要严格依法行政，对符合条件的申请及时发放施工许可证；对于申请材料不齐全或不符合法定形式的，要一次告知建设单位需要补正的全部内容。

（二）落实建设资金。各级住房城乡建设主管部门要加强对建设资金落实情况的监督检查，要求建设单位申请领取施工许可证时，提供建设资金已经落实承诺书。建设单位要确保建设资金落实到位，不得提供虚假承诺。

（三）加大公开力度。各级住房城乡建设主管部门要进一步加大施工许可信息公开力度，将许可依据、条件、程序、期限、申请材料和示范文本等，在办公场所和有关网站予以公示。建设单位要在施工现场显著位置设置施工许可公告牌，公告牌内容应与施工许可证内容一致，主动接受社会监督。

（四）加强监督检查。各级住房城乡建设主管部门要加大颁发施工许可证后的监督检查力度，对取得施工许可证后不再符合许可条件、延期开工、中止施工等行为进行监督检查。对存在未取得施工许可证擅自施工、以隐瞒有关情况或者提供虚假材料申请施工许可证以及伪造或者涂改施工许可证等违法违规行为的单位及相关责任人，要严格按照《办法》的规定进行惩处，并将处罚信息作为不良行为信息上报全国建筑市场监管公共服务平台曝光。

（五）加快信息化建设。各级住房城乡建设主管部门要加快推进施工许可管理信息系统建设，进一步完善许可制度，优化审批程序，规范运行流程，逐步实现电子化申报、审批和管理，实行证书网上统一打印、查询和统计，不断提高工作效率和监管效能，为申请人提供方便。

二、关于施工许可条件及相应证明文件的说明

建设单位领取施工许可证必须具备建筑法、《办法》等法律法规规定的许可条件，其中：

（一）"施工场地已经基本具备施工条件，需要征收房屋的，其进度符合施工要求"，是指施工场地已经基本具备了交通、水电等条件，能够满足施工企业进场的需要。一般应由施工企业主要技术负责人签署是否已经具备施工条件的意见。发证机关可在审批前到施工场地进行现场踏勘。

（二）"已经确定施工企业"，是指依法必须招标的工程项目提交中标通知书和施工合同；直接发包的工程项目提交直接发包批准手续和施工合同。

（三）"有满足施工需要的技术资料，施工图设计文件已按规定审查合格"，是指建设单位提交由施工图审查机构出具的审查合格书。

（四）关于建设资金落实情况，实行建设资金已经落实承诺制，发证机关应当在施工许可证核发后一个月内对申请人履行承诺的情况进行检查，对申请人未履行承诺的，撤销施工许可决定并追究申请人的相应责任。同时，建立黑名单制度，将申请人不履行承诺的不良行为向社会公开，构建"一处失信、处处受限"的联合惩戒机制。

三、统一证书编号规则

各省级住房城乡建设主管部门要明确施工许可证编号规则和方法，统一本地区的施工许可证编号。施工许可证编号由数字组成，其中前6位为行政区划代码，按照《中华人民共和国行政区划代码》（GB/T2260）执行；7-14位为日期代码，代表颁发施工许可证的日期；15-16位为工程序列码，代表同一日期内证书发放序列号；17-18位为工程分类代码，01代表房屋建筑工程，02代表市政工程。各省级住房城乡建设主管部门可以根据地方管理需要，进一步细化工程分类代码。

四、关于施工许可证样本

为更好适应工程管理需要，健全完善施工许可证信息，我部制定了新版施工许可证(附件1)及其申请表(附件2)的样本。新版施工许可证增设附件,可根据需要随施工许可证一并核发,与施工许可证同时使用方可有效。需核发附件的要在施工许可证备注栏注明。

施工许可证样本由住房城乡建设部统一规定,各发证机关不得更改。自2014年10月25日起,统一使用新版施工许可证及其申请表。

五、工作要求

各级住房城乡建设主管部门要高度重视施工许可管理工作,认真贯彻落实《办法》,通过多种形式对施工许可的申请条件、审批流程、监督管理和法律责任等进行大力宣传,引导建筑市场各方主体严格遵守工程建设程序。要精心组织,周密安排,充分做好施工许可证改版的各项衔接准备,组织好本地区新版证书和申请表的印制和发放工作。要进一步加大执法力度,把施工许可制度执行情况纳入到日常巡查和专项检查中,严肃整治未批先建、无证施工等突出问题,维护正常的建筑市场秩序。

本通知发布实施后,《建设部关于加强建筑工程施工许可管理工作的通知》(建办建[1999]67号)同时废止。

附件:1. 中华人民共和国建筑工程施工许可证(样本)(略)

2. 建筑工程施工许可证申请表(样本)(略)

3. 建设资金已经落实承诺书(样本)

建设资金已经落实承诺书(样本)

建设单位________________现对____________________项目(施工中标通知书中项目名称)在建设过程中作如下承诺:

建设资金已经落实,为________万元。

我在此所作的承诺真实有效。如不履行承诺,本企业愿接受住房城乡建设主管部门及其他部门依据有关法律法规等给予的行政处罚及处理。

建设单位(公章):

法定代表人(签章):

日期: 年 月 日

中华人民共和国产品质量法

(1993年2月22日第七届全国人民代表大会常务委员会第三十次会议通过 根据2000年7月8日第九届全国人民代表大会常务委员会第十六次会议《关于修改〈中华人民共和国产品质量法〉的决定》第一次修正 根据2009年8月27日第十一届全国人民代表大会常务委员会第十次会议《关于修改部分法律的决定》第二次修正 根据2018年12月29日第十三届全国人民代表大会常务委员会第七次会议《关于修改〈中华人民共和国产品质量法〉等五部法律的决定》第三次修正)

目 录

第一章 总 则
第二章 产品质量的监督
第三章 生产者、销售者的产品质量责任和义务
第一节 生产者的产品质量责任和义务
第二节 销售者的产品质量责任和义务
第四章 损害赔偿
第五章 罚 则
第六章 附 则

第一章 总 则

第一条 【立法目的】为了加强对产品质量的监督管理,提高产品质量水平,明确产品质量责任,保护消费者的合法权益,维护社会经济秩序,制定本法。

第二条 【适用范围】在中华人民共和国境内从事产品生产、销售活动,必须遵守本法。

本法所称产品是指经过加工、制作,用于销售的产品。

建设工程不适用本法规定;但是,建设工程使用的建筑材料、建筑构配件和设备,属于前款规定的产品范围的,适用本法规定。

第三条 【建立健全内部产品质量管理制度】生产者、销售者应当建立健全内部产品质量管理制度,严格实施岗位质量规范、质量责任以及相应的考核办法。

第四条 【依法承担产品质量责任】生产者、销售者依照本法规定承担产品质量责任。

第五条 【禁止行为】禁止伪造或者冒用认证标志等质量标志;禁止伪造产品的产地,伪造或者冒用他人的厂名、厂址;禁止在生产、销售的产品中掺杂、掺假,以假充真,以次充好。

第六条 【鼓励推行先进科学技术】国家鼓励推行科学的质量管理方法,采用先进的科学技术,鼓励企业产品质量达到并且超过行业标准、国家标准和国际标准。

对产品质量管理先进和产品质量达到国际先进水平、成绩显著的单位和个人，给予奖励。

第七条 【各级人民政府保障本法的施行】各级人民政府应当把提高产品质量纳入国民经济和社会发展规划，加强对产品质量工作的统筹规划和组织领导，引导、督促生产者、销售者加强产品质量管理，提高产品质量，组织各有关部门依法采取措施，制止产品生产、销售中违反本法规定的行为，保障本法的施行。

第八条 【监管部门的监管权限】国务院市场监督管理部门主管全国产品质量监督工作。国务院有关部门在各自的职责范围内负责产品质量监督工作。

县级以上地方市场监督管理部门主管本行政区域内的产品质量监督工作。县级以上地方人民政府有关部门在各自的职责范围内负责产品质量监督工作。

法律对产品质量的监督部门另有规定的，依照有关法律的规定执行。

第九条 【各级政府的禁止行为】各级人民政府工作人员和其他国家机关工作人员不得滥用职权、玩忽职守或者徇私舞弊，包庇、放纵本地区、本系统发生的产品生产、销售中违反本法规定的行为，或者阻挠、干预依法对产品生产、销售中违反本法规定的行为进行查处。

各级地方人民政府和其他国家机关有包庇、放纵产品生产、销售中违反本法规定的行为的，依法追究其主要负责人的法律责任。

第十条 【公众检举权】任何单位和个人有权对违反本法规定的行为，向市场监督管理部门或者其他有关部门检举。

市场监督管理部门和有关部门应当为检举人保密，并按照省、自治区、直辖市人民政府的规定给予奖励。

第十一条 【禁止产品垄断经营】任何单位和个人不得排斥非本地区或者非本系统企业生产的质量合格产品进入本地区、本系统。

第二章 产品质量的监督

第十二条 【产品质量要求】产品质量应当检验合格，不得以不合格产品冒充合格产品。

第十三条 【工业产品质量标准要求】可能危及人体健康和人身、财产安全的工业产品，必须符合保障人体健康和人身、财产安全的国家标准、行业标准；未制定国家标准、行业标准的，必须符合保障人体健康和人身、财产安全的要求。

禁止生产、销售不符合保障人体健康和人身、财产安全的标准和要求的工业产品。具体管理办法由国务院规定。

第十四条 【企业质量体系认证制度】国家根据国际通用的质量管理标准，推行企业质量体系认证制度。企业根据自愿原则可以向国务院市场监督管理部门认可的或者国务院市场监督管理部门授权的部门认可的认证机构申请企业质量体系认证。经认证合格的，由认证机构颁发企业质量体系认证证书。

国家参照国际先进的产品标准和技术要求，推行产品质量认证制度。企业根据自愿原则可以向国务院市场监督管理部门认可的或者国务院市场监督管理部门授权的部门认可的认证机构申请产品质量认证。经认证合格的，由认证机构颁发产品质量认证证书，准许企业在产品或者其包装上使用产品质量认证标志。

第十五条 【以抽查为主要方式的组织领导监督检查制度】国家对产品质量实行以抽查为主要方式的监督检查制度，对可能危及人体健康和人身、财产安全的产品，影响国计民生的重要工业产品以及消费者、有关组织反映有质量问题的产品进行抽查。抽查的样品应当在市场上或者企业成品仓库内的待销产品中随机抽取。监督抽查工作由国务院市场监督管理部门规划和组织。县级以上地方市场监督管理部门在本行政区域内也可以组织监督抽查。法律对产品质量的监督检查另有规定的，依照有关法律的规定执行。

国家监督抽查的产品，地方不得另行重复抽查；上级监督抽查的产品，下级不得另行重复抽查。

根据监督抽查的需要，可以对产品进行检验。检验抽取样品的数量不得超过检验的合理需要，并不得向被检查人收取检验费用。监督抽查所需检验费用按照国务院规定列支。

生产者、销售者对抽查检验的结果有异议的，可以自收到检验结果之日起十五日内向实施监督抽查的市场监督管理部门或者其上级市场监督管理部门申请复检，由受理复检的市场监督管理部门作出复检结论。

第十六条 【质量监督检查】对依法进行的产品质量监督检查，生产者、销售者不得拒绝。

第十七条 【违反监督抽查规定的行政责任】依照本法规定进行监督抽查的产品质量不合格的，由实施监督抽查的市场监督管理部门责令其生产者、销售者限期改正。逾期不改正的，由省级以上人民政府市场监督管理部门予以公告；公告后经复查仍不合格的，责令停业，限期整顿；整顿期满后经复查产品质量仍不合格的，吊销营业执照。

监督抽查的产品有严重质量问题的，依照本法第五章的有关规定处罚。

第十八条 【县级以上市场监督管理部门查违职权】县级以上市场监督管理部门根据已经取得的违法嫌疑证据或者举报，对涉嫌违反本法规定的行为进行查处时，可以行使下列职权：

（一）对当事人涉嫌从事违反本法的生产、销售活动的场所实施现场检查；

（二）向当事人的法定代表人、主要负责人和其他有关人员调查、了解与涉嫌从事违反本法的生产、销售活动有关的情况；

（三）查阅、复制当事人有关的合同、发票、账簿以及其他有关资料；

（四）对有根据认为不符合保障人体健康和人身、财产安全的国家标准、行业标准的产品或者有其他严重质量问题的产品，以及直接用于生产、销售该项产品的原辅材料、包装物、生产工具，予以查封或者扣押。

第十九条 【产品质量检验机构设立条件】产品质量检验机构必须具备相应的检测条件和能力，经省级以上人民政府市场监督管理部门或者其授权的部门考核合格后，方可承担产品质量检验工作。法律、行政法规对产品质量检验机构另有规定的，依照有关法律、行政法规的规定执行。

第二十条 【产品质量检验、认证中介机构依法设立】从事产品质量检验、认证的社会中介机构必须依法设立，不得与行政机关和其他国家机关存在隶属关系或者其他利益关系。

第二十一条 【产品质量检验、认证机构必须依法出具检验结果、认证证明】产品质量检验机构、认证机构必须依法按照有关标准，客观、公正地出具检验结果或者认证证明。

产品质量认证机构应当依照国家规定对准许使用认证标志的产品进行认证后的跟踪检查；对不符合认证标准而使用认证标志的，要求其改正；情节严重的，取消其使用认证标志的资格。

第二十二条 【消费者的查询、申诉权】消费者有权就产品质量问题，向产品的生产者、销售者查询；向市场监督管理部门及有关部门申诉，接受申诉的部门应当负责处理。

第二十三条 【消费者权益组织的职能】保护消费者权益的社会组织可以就消费者反映的产品质量问题建议有关部门负责处理，支持消费者对因产品质量造成的损害向人民法院起诉。

第二十四条 【抽查产品质量状况定期公告】国务院和省、自治区、直辖市人民政府的市场监督管理部门应当定期发布其监督抽查的产品的质量状况公告。

第二十五条 【监管机构的禁止行为】市场监督管理部门或者其他国家机关以及产品质量检验机构不得向社会推荐生产者的产品；不得以对产品进行监制、监销等方式参与产品经营活动。

第三章 生产者、销售者的产品质量责任和义务

第一节 生产者的产品质量责任和义务

第二十六条 【生产者的产品质量要求】生产者应当对其生产的产品质量负责。

产品质量应当符合下列要求：

（一）不存在危及人身、财产安全的不合理的危险，有保障人体健康和人身、财产安全的国家标准、行业标准的，应当符合该标准；

（二）具备产品应当具备的使用性能，但是，对产品存在使用性能的瑕疵作出说明的除外；

（三）符合在产品或者其包装上注明采用的产品标准，符合以产品说明、实物样品等方式表明的质量状况。

第二十七条 【产品及其包装上的标识要求】产品或者其包装上的标识必须真实，并符合下列要求：

（一）有产品质量检验合格证明；

（二）有中文标明的产品名称、生产厂厂名和厂址；

（三）根据产品的特点和使用要求，需要标明产品规格、等级、所含主要成份的名称和含量的，用中文相应予以标明；需要事先让消费者知晓的，应当在外包装上标明，或者预先向消费者提供有关资料；

（四）限期使用的产品，应当在显著位置清晰地标明生产日期和安全使用期或者失效日期；

（五）使用不当，容易造成产品本身损坏或者可能危及人身、财产安全的产品，应当有警示标志或者中文警示说明。

裸装的食品和其他根据产品的特点难以附加标识的裸装产品，可以不附加产品标识。

第二十八条 【危险物品包装质量要求】易碎、易燃、易爆、有毒、有腐蚀性、有放射性等危险物品以及储运中不能倒置和其他有特殊要求的产品，其包装质量必须符合相应要求，依照国家有关规定作出警示标志或者中文警示说明，标明储运注意事项。

第二十九条 【禁止生产国家明令淘汰的产品】生产者不得生产国家明令淘汰的产品。

第三十条 【禁止伪造产地、伪造或者冒用他人的厂名、厂址】生产者不得伪造产地，不得伪造或者冒用他人的厂名、厂址。

第三十一条 【禁止伪造或者冒用认证标志等质量标志】生产者不得伪造或者冒用认证标志等质量标志。

第三十二条 【生产者的禁止行为】生产者生产产品，不得掺杂、掺假，不得以假充真、以次充好，不得以不合格产品冒充合格产品。

第二节 销售者的产品质量责任和义务

第三十三条 【进货检查验收制度】销售者应当建立并执行进货检查验收制度，验明产品合格证明和其他标识。

第三十四条 【保持销售产品质量的义务】销售者应当采取措施，保持销售产品的质量。

第三十五条 【禁止销售的产品范围】销售者不得销售国家明令淘汰并停止销售的产品和失效、变质的产品。

第三十六条 【销售产品的标识要求】销售者销售的产品的标识应当符合本法第二十七条的规定。

第三十七条　【禁止伪造产地、伪造或者冒用他人的厂名、厂址】销售者不得伪造产地，不得伪造或者冒用他人的厂名、厂址。

第三十八条　【禁止伪造或者冒用认证标志等质量标志】销售者不得伪造或者冒用认证标志等质量标志。

第三十九条　【销售者的禁止行为】销售者销售产品，不得掺杂、掺假，不得以假充真、以次充好，不得以不合格产品冒充合格产品。

第四章　损害赔偿

第四十条　【销售者的损害赔偿责任】售出的产品有下列情形之一的，销售者应当负责修理、更换、退货；给购买产品的消费者造成损失的，销售者应当赔偿损失：

（一）不具备产品应当具备的使用性能而事先未作说明的；

（二）不符合在产品或者其包装上注明采用的产品标准的；

（三）不符合以产品说明、实物样品等方式表明的质量状况的。

销售者依照前款规定负责修理、更换、退货、赔偿损失后，属于生产者的责任或者属于向销售者提供产品的其他销售者（以下简称供货者）的责任的，销售者有权向生产者、供货者追偿。

销售者未按照第一款规定给予修理、更换、退货或者赔偿损失的，由市场监督管理部门责令改正。

生产者之间，销售者之间，生产者与销售者之间订立的买卖合同、承揽合同有不同约定的，合同当事人按照合同约定执行。

第四十一条　【人身、他人财产的损害赔偿责任】因产品存在缺陷造成人身、缺陷产品以外的其他财产（以下简称他人财产）损害的，生产者应当承担赔偿责任。

生产者能够证明有下列情形之一的，不承担赔偿责任：

（一）未将产品投入流通的；

（二）产品投入流通时，引起损害的缺陷尚不存在的；

（三）将产品投入流通时的科学技术水平尚不能发现缺陷的存在的。

第四十二条　【销售者的过错赔偿责任】由于销售者的过错使产品存在缺陷，造成人身、他人财产损害的，销售者应当承担赔偿责任。

销售者不能指明缺陷产品的生产者也不能指明缺陷产品的供货者的，销售者应当承担赔偿责任。

第四十三条　【受害者的选择赔偿权】因产品存在缺陷造成人身、他人财产损害的，受害人可以向产品的生产者要求赔偿，也可以向产品的销售者要求赔偿。属于产品的生产者的责任，产品的销售者赔偿的，产品的销售者有权向产品的生产者追偿。属于产品的销售者的责任，产品的生产者赔偿的，产品的生产者有权向产品的销售者追偿。

第四十四条　【人身伤害的赔偿范围】因产品存在缺陷造成受害人人身伤害的，侵害人应当赔偿医疗费、治疗期间的护理费、因误工减少的收入等费用；造成残疾的，还应当支付残疾者生活自助具费、生活补助费、残疾赔偿金以及由其扶养的人所必需的生活费等费用；造成受害人死亡的，并应当支付丧葬费、死亡赔偿金以及由死者生前扶养的人所必需的生活费等费用。

因产品存在缺陷造成受害人财产损失的，侵害人应当恢复原状或者折价赔偿。受害人因此遭受其他重大损失的，侵害人应当赔偿损失。

第四十五条　【诉讼时效期间】因产品存在缺陷造成损害要求赔偿的诉讼时效期间为二年，自当事人知道或者应当知道其权益受到损害时起计算。

因产品存在缺陷造成损害要求赔偿的请求权，在造成损害的缺陷产品交付最初消费者满十年丧失；但是，尚未超过明示的安全使用期的除外。

第四十六条　【缺陷的含义】本法所称缺陷，是指产品存在危及人身、他人财产安全的不合理的危险；产品有保障人体健康和人身、财产安全的国家标准、行业标准的，是指不符合该标准。

第四十七条　【纠纷解决方式】因产品质量发生民事纠纷时，当事人可以通过协商或者调解解决。当事人不愿通过协商、调解解决或者协商、调解不成的，可以根据当事人各方的协议向仲裁机构申请仲裁；当事人各方没有达成仲裁协议或者仲裁协议无效的，可以直接向人民法院起诉。

第四十八条　【仲裁机构或者人民法院对产品质量检验的规定】仲裁机构或者人民法院可以委托本法第十九条规定的产品质量检验机构，对有关产品质量进行检验。

第五章　罚　　则

第四十九条　【生产、销售不符合安全标准的产品的行政处罚、刑事责任】生产、销售不符合保障人体健康和人身、财产安全的国家标准、行业标准的产品的，责令停止生产、销售，没收违法生产、销售的产品，并处违法生产、销售产品（包括已售出和未售出的产品，下同）货值金额等值以上三倍以下的罚款；有违法所得的，并处没收违法所得；情节严重的，吊销营业执照；构成犯罪的，依法追究刑事责任。

第五十条　【假冒产品的行政处罚、刑事责任】在产品中掺杂、掺假，以假充真，以次充好，或者以不合格产品冒充合格产品的，责令停止生产、销售，没收违法生产、销售的产品，并处违法生产、销售产品货值金额百分之五十以上三倍以下的罚款；有违法所得的，并处没收违法所得；情节严重的，吊销营业执照；构成犯罪的，依法追究刑事责任。

第五十一条 【生产、销售淘汰产品的行政处罚规定】生产国家明令淘汰的产品的，销售国家明令淘汰并停止销售的产品的，责令停止生产、销售，没收违法生产、销售的产品，并处违法生产、销售产品货值金额等值以下的罚款；有违法所得的，并处没收违法所得；情节严重的，吊销营业执照。

第五十二条 【销售失效、变质的产品的行政处罚、刑事责任】销售失效、变质的产品的，责令停止销售，没收违法销售的产品，并处违法销售产品货值金额二倍以下的罚款；有违法所得的，并处没收违法所得；情节严重的，吊销营业执照；构成犯罪的，依法追究刑事责任。

第五十三条 【伪造、冒用产品产地、厂名、厂址、标志的行政处罚规定】伪造产品产地的，伪造或者冒用他人厂名、厂址的，伪造或者冒用认证标志等质量标志的，责令改正，没收违法生产、销售的产品，并处违法生产、销售产品货值金额等值以下的罚款；有违法所得的，并处没收违法所得；情节严重的，吊销营业执照。

第五十四条 【不符合产品包装、标识要求的行政处罚规定】产品标识不符合本法第二十七条规定的，责令改正；有包装的产品标识不符合本法第二十七条第（四）项、第（五）项规定，情节严重的，责令停止生产、销售，并处违法生产、销售产品货值金额百分之三十以下的罚款；有违法所得的，并处没收违法所得。

第五十五条 【销售者的从轻或者减轻处罚情节】销售者销售本法第四十九条至第五十三条规定禁止销售的产品，有充分证据证明其不知道该产品为禁止销售的产品并如实说明其进货来源的，可以从轻或者减轻处罚。

第五十六条 【违反依法接受产品质量监督检查义务的行政处罚规定】拒绝接受依法进行的产品质量监督检查的，给予警告，责令改正；拒不改正的，责令停业整顿；情节特别严重的，吊销营业执照。

第五十七条 【产品质量中介机构的行政处罚、刑事责任规定】产品质量检验机构、认证机构伪造检验结果或者出具虚假证明的，责令改正，对单位处五万元以上十万元以下的罚款，对直接负责的主管人员和其他直接责任人员处一万元以上五万元以下的罚款；有违法所得的，并处没收违法所得；情节严重的，取消其检验资格、认证资格；构成犯罪的，依法追究刑事责任。

产品质量检验机构、认证机构出具的检验结果或者证明不实，造成损失的，应当承担相应的赔偿责任；造成重大损失的，撤销其检验资格、认证资格。

产品质量认证机构违反本法第二十一条第二款的规定，对不符合认证标准而使用认证标志的产品，未依法要求其改正或者取消其使用认证标志资格的，对因产品不符合认证标准给消费者造成的损失，与产品的生产者、销售者承担连带责任；情节严重的，撤销其认证资格。

第五十八条 【社会团体、社会中介机构的连带赔偿责任】社会团体、社会中介机构对产品质量作出承诺、保证，而该产品又不符合其承诺、保证的质量要求，给消费者造成损失的，与产品的生产者、销售者承担连带责任。

第五十九条 【虚假广告的责任承担】在广告中对产品质量作虚假宣传，欺骗和误导消费者的，依照《中华人民共和国广告法》的规定追究法律责任。

第六十条 【生产伪劣产品的材料、包装、工具的没收】对生产者专门用于生产本法第四十九条、第五十一条所列的产品或者以假充真的产品的原辅材料、包装物、生产工具，应当予以没收。

第六十一条 【运输、保管、仓储部门的责任承担】知道或者应当知道属于本法规定禁止生产、销售的产品而为其提供运输、保管、仓储等便利条件的，或者为以假充真的产品提供制假生产技术的，没收全部运输、保管、仓储或者提供制假生产技术的收入，并处违法收入百分之五十以上三倍以下的罚款；构成犯罪的，依法追究刑事责任。

第六十二条 【服务业经营者的责任承担】服务业的经营者将本法第四十九条至第五十二条规定禁止销售的产品用于经营性服务的，责令停止使用；对知道或者应当知道所使用的产品属于本法规定禁止销售的产品的，按照违法使用的产品（包括已使用和尚未使用的产品）的货值金额，依照本法对销售者的处罚规定处罚。

第六十三条 【隐匿、转移、变卖、损毁被依法查封、扣押的物品的行政责任】隐匿、转移、变卖、损毁被市场监督管理部门查封、扣押的物品的，处被隐匿、转移、变卖、损毁物品货值金额等值以上三倍以下的罚款；有违法所得的，并处没收违法所得。

第六十四条 【民事赔偿责任优先原则】违反本法规定，应当承担民事赔偿责任和缴纳罚款、罚金，其财产不足以同时支付时，先承担民事赔偿责任。

第六十五条 【国家工作人员的责任承担】各级人民政府工作人员和其他国家机关工作人员有下列情形之一的，依法给予行政处分；构成犯罪的，依法追究刑事责任：

（一）包庇、放纵产品生产、销售中违反本法规定行为的；

（二）向从事违反本法规定的生产、销售活动的当事人通风报信，帮助其逃避查处的；

（三）阻挠、干预市场监督管理部门依法对产品生产、销售中违反本法规定的行为进行查处，造成严重后果的。

第六十六条 【质检部门的检验责任承担】市场监督管理部门在产品质量监督抽查中超过规定的数量索取样品或者向被检查人收取检验费用的，由上级市场监督管理部门或者监察机关责令退还；情节严重的，对直接负责的主管人员和其他直接责任人员依法给予行政处分。

第六十七条 【国家机关推荐产品的责任承担】市场监

督管理部门或者其他国家机关违反本法第二十五条的规定，向社会推荐生产者的产品或者以监制、监销等方式参与产品经营活动的，由其上级机关或者监察机关责令改正，消除影响，有违法收入的予以没收；情节严重的，对直接负责的主管人员和其他直接责任人员依法给予行政处分。

产品质量检验机构有前款所列违法行为的，由市场监督管理部门责令改正，消除影响，有违法收入的予以没收，可以并处违法收入一倍以下的罚款；情节严重的，撤销其质量检验资格。

第六十八条　【监管部门工作人员违法行为的责任承担】市场监督管理部门的工作人员滥用职权、玩忽职守、徇私舞弊，构成犯罪的，依法追究刑事责任；尚不构成犯罪的，依法给予行政处分。

第六十九条　【妨碍监管公务的行政责任】以暴力、威胁方法阻碍市场监督管理部门的工作人员依法执行职务的，依法追究刑事责任；拒绝、阻碍未使用暴力、威胁方法的，由公安机关依照治安管理处罚法的规定处罚。

第七十条　【监管部门的行政处罚权限】本法第四十九条至第五十七条、第六十条至第六十三条规定的行政处罚由市场监督管理部门决定。法律、行政法规对行使行政处罚权的机关另有规定的，依照有关法律、行政法规的规定执行。

第七十一条　【没收产品的处理】对依照本法规定没收的产品，依照国家有关规定进行销毁或者采取其他方式处理。

第七十二条　【货值金额的计算】本法第四十九条至第五十四条、第六十二条、第六十三条所规定的货值金额以违法生产、销售产品的标价计算；没有标价的，按照同类产品的市场价格计算。

第六章　附　　则

第七十三条　【军工产品质量监督管理办法另行制定】军工产品质量监督管理办法，由国务院、中央军事委员会另行制定。

因核设施、核产品造成损害的赔偿责任，法律、行政法规另有规定的，依照其规定。

第七十四条　【施行日期】本法自1993年9月1日起施行。

实施工程建设强制性标准监督规定

（2000年8月25日建设部令第81号发布　根据2015年1月22日《住房和城乡建设部关于修改〈市政公用设施抗灾设防管理规定〉等部门规章的决定》修订）

第一条　为加强工程建设强制性标准实施的监督工作，保证建设工程质量，保障人民的生命、财产安全，维护社会公共利益，根据《中华人民共和国标准化法》、《中华人民共和国标准化法实施条例》、《建设工程质量管理条例》等法律法规，制定本规定。

第二条　在中华人民共和国境内从事新建、扩建、改建等工程建设活动，必须执行工程建设强制性标准。

第三条　本规定所称工程建设强制性标准是指直接涉及工程质量、安全、卫生及环境保护等方面的工程建设标准强制性条文。

国家工程建设标准强制性条文由国务院住房城乡建设主管部门会同国务院有关主管部门确定。

第四条　国务院住房城乡建设主管部门负责全国实施工程建设强制性标准的监督管理工作。

国务院有关主管部门按照国务院的职能分工负责实施工程建设强制性标准的监督管理工作。

县级以上地方人民政府住房城乡建设主管部门负责本行政区域内实施工程建设强制性标准的监督管理工作。

第五条　建设工程勘察、设计文件中规定采用的新技术、新材料，可能影响建设工程质量和安全，又没有国家技术标准的，应当由国家认可的检测机构进行试验、论证，出具检测报告，并经国务院有关主管部门或者省、自治区、直辖市人民政府有关主管部门组织的建设工程技术专家委员会审定后，方可使用。

工程建设中采用国际标准或者国外标准，现行强制性标准未作规定的，建设单位应当向国务院住房城乡建设主管部门或者国务院有关主管部门备案。

第六条　建设项目规划审查机关应当对工程建设规划阶段执行强制性标准的情况实施监督。

施工图设计文件审查单位应当对工程建设勘察、设计阶段执行强制性标准的情况实施监督。

建筑安全监督管理机构应当对工程建设施工阶段执行施工安全强制性标准的情况实施监督。

工程质量监督机构应当对工程建设施工、监理、验收等阶段执行强制性标准的情况实施监督。

第七条　建设项目规划审查机关、施工图设计文件审查单位、建筑安全监督管理机构、工程质量监督机构的技术人员必须熟悉、掌握工程建设强制性标准。

第八条　工程建设标准批准部门应当定期对建设项目规划审查机关、施工图设计文件审查单位、建筑安全监督管理机构、工程质量监督机构实施强制性标准的监督进行检查，对监督不力的单位和个人，给予通报批评，建议有关部门处理。

第九条　工程建设标准批准部门应当对工程项目执行强制性标准情况进行监督检查。监督检查可以采取重点检查、抽查和专项检查的方式。

第十条　强制性标准监督检查的内容包括：

（一）有关工程技术人员是否熟悉、掌握强制性标准；

（二）工程项目的规划、勘察、设计、施工、验收等是否符合强制性标准的规定；

（三）工程项目采用的材料、设备是否符合强制性标准的规定；

（四）工程项目的安全、质量是否符合强制性标准的规定；

（五）工程中采用的导则、指南、手册、计算机软件的内容是否符合强制性标准的规定。

第十一条 工程建设标准批准部门应当将强制性标准监督检查结果在一定范围内公告。

第十二条 工程建设强制性标准的解释由工程建设标准批准部门负责。

有关标准具体技术内容的解释，工程建设标准批准部门可以委托该标准的编制管理单位负责。

第十三条 工程技术人员应当参加有关工程建设强制性标准的培训，并可以计入继续教育学时。

第十四条 住房城乡建设主管部门或者有关主管部门在处理重大工程事故时，应当有工程建设标准方面的专家参加；工程事故报告应当包括是否符合工程建设强制性标准的意见。

第十五条 任何单位和个人对违反工程建设强制性标准的行为有权向住房城乡建设主管部门或者有关部门检举、控告、投诉。

第十六条 建设单位有下列行为之一的，责令改正，并处以20万元以上50万元以下的罚款：

（一）明示或者暗示施工单位使用不合格的建筑材料、建筑构配件和设备的；

（二）明示或者暗示设计单位或者施工单位违反工程建设强制性标准，降低工程质量的。

第十七条 勘察、设计单位违反工程建设强制性标准进行勘察、设计的，责令改正，并处以10万元以上30万元以下的罚款。

有前款行为，造成工程质量事故的，责令停业整顿，降低资质等级；情节严重的，吊销资质证书；造成损失的，依法承担赔偿责任。

第十八条 施工单位违反工程建设强制性标准的，责令改正，处工程合同价款2%以上4%以下的罚款；造成建设工程质量不符合规定的质量标准的，负责返工、修理，并赔偿因此造成的损失；情节严重的，责令停业整顿，降低资质等级或者吊销资质证书。

第十九条 工程监理单位违反强制性标准规定，将不合格的建设工程以及建筑材料、建筑构配件和设备按照合格签字的，责令改正，处50万元以上100万元以下的罚款，降低资质等级或者吊销资质证书；有违法所得的，予以没收；造成损失的，承担连带赔偿责任。

第二十条 违反工程建设强制性标准造成工程质量、安全隐患或者工程质量安全事故的，按照《建设工程质量管理条例》、《建设工程勘察设计管理条例》和《建设工程安全生产管理条例》的有关规定进行处罚。

第二十一条 有关责令停业整顿、降低资质等级和吊销资质证书的行政处罚，由颁发资质证书的机关决定；其他行政处罚，由住房城乡建设主管部门或者有关部门依照法定职权决定。

第二十二条 住房城乡建设主管部门和有关主管部门工作人员，玩忽职守、滥用职权、徇私舞弊的，给予行政处分；构成犯罪的，依法追究刑事责任。

第二十三条 本规定由国务院住房城乡建设主管部门负责解释。

第二十四条 本规定自发布之日起施行。

中华人民共和国防震减灾法

（1997年12月29日第八届全国人民代表大会常务委员会第二十九次会议通过 2008年12月27日第十一届全国人民代表大会常务委员会第六次会议修订）

第一章 总 则

第一条 为了防御和减轻地震灾害，保护人民生命和财产安全，促进经济社会的可持续发展，制定本法。

第二条 在中华人民共和国领域和中华人民共和国管辖的其他海域从事地震监测预报、地震灾害预防、地震应急救援、地震灾后过渡性安置和恢复重建等防震减灾活动，适用本法。

第三条 防震减灾工作，实行预防为主、防御与救助相结合的方针。

第四条 县级以上人民政府应当加强对防震减灾工作的领导，将防震减灾工作纳入本级国民经济和社会发展规划，所需经费列入财政预算。

第五条 在国务院的领导下，国务院地震工作主管部门和国务院经济综合宏观调控、建设、民政、卫生、公安以及其他有关部门，按照职责分工，各负其责，密切配合，共同做好防震减灾工作。

县级以上地方人民政府负责管理地震工作的部门或者机构和其他有关部门在本级人民政府领导下，按照职责分工，各负其责，密切配合，共同做好本行政区域的防震减灾工作。

第六条 国务院抗震救灾指挥机构负责统一领导、指挥和协调全国抗震救灾工作。县级以上地方人民政府抗震救灾指挥机构负责统一领导、指挥和协调本行政区域的抗震救灾工作。

国务院地震工作主管部门和县级以上地方人民政府负责管理地震工作的部门或者机构，承担本级人民政府抗震救灾指挥机构的日常工作。

第七条　各级人民政府应当组织开展防震减灾知识的宣传教育，增强公民的防震减灾意识，提高全社会的防震减灾能力。

第八条　任何单位和个人都有依法参加防震减灾活动的义务。

国家鼓励、引导社会组织和个人开展地震群测群防活动，对地震进行监测和预防。

国家鼓励、引导志愿者参加防震减灾活动。

第九条　中国人民解放军、中国人民武装警察部队和民兵组织，依照本法以及其他有关法律、行政法规、军事法规的规定和国务院、中央军事委员会的命令，执行抗震救灾任务，保护人民生命和财产安全。

第十条　从事防震减灾活动，应当遵守国家有关防震减灾标准。

第十一条　国家鼓励、支持防震减灾的科学技术研究，逐步提高防震减灾科学技术研究经费投入，推广先进的科学研究成果，加强国际合作与交流，提高防震减灾工作水平。

对在防震减灾工作中做出突出贡献的单位和个人，按照国家有关规定给予表彰和奖励。

第二章　防震减灾规划

第十二条　国务院地震工作主管部门会同国务院有关部门组织编制国家防震减灾规划，报国务院批准后组织实施。

县级以上地方人民政府负责管理地震工作的部门或者机构会同同级有关部门，根据上一级防震减灾规划和本行政区域的实际情况，组织编制本行政区域的防震减灾规划，报本级人民政府批准后组织实施，并报上一级人民政府负责管理地震工作的部门或者机构备案。

第十三条　编制防震减灾规划，应当遵循统筹安排、突出重点、合理布局、全面预防的原则，以震情和震害预测结果为依据，并充分考虑人民生命和财产安全及经济社会发展、资源环境保护等需要。

县级以上地方人民政府有关部门应当根据编制防震减灾规划的需要，及时提供有关资料。

第十四条　防震减灾规划的内容应当包括：震情形势和防震减灾总体目标，地震监测台网建设布局，地震灾害预防措施，地震应急救援措施，以及防震减灾技术、信息、资金、物资等保障措施。

编制防震减灾规划，应当对地震重点监视防御区的地震监测台网建设、震情跟踪、地震灾害预防措施、地震应急准备、防震减灾知识宣传教育等作出具体安排。

第十五条　防震减灾规划报送审批前，组织编制机关应当征求有关部门、单位、专家和公众的意见。

防震减灾规划报送审批文件中应当附具意见采纳情况及理由。

第十六条　防震减灾规划一经批准公布，应当严格执行；因震情形势变化和经济社会发展的需要确需修改的，应当按照原审批程序报送审批。

第三章　地震监测预报

第十七条　国家加强地震监测预报工作，建立多学科地震监测系统，逐步提高地震监测预报水平。

第十八条　国家对地震监测台网实行统一规划，分级、分类管理。

国务院地震工作主管部门和县级以上地方人民政府负责管理地震工作的部门或者机构，按照国务院有关规定，制定地震监测台网规划。

全国地震监测台网由国家级地震监测台网、省级地震监测台网和市、县级地震监测台网组成，其建设资金和运行经费列入财政预算。

第十九条　水库、油田、核电站等重大建设工程的建设单位，应当按照国务院有关规定，建设专用地震监测台网或者强震动监测设施，其建设资金和运行经费由建设单位承担。

第二十条　地震监测台网的建设，应当遵守法律、法规和国家有关标准，保证建设质量。

第二十一条　地震监测台网不得擅自中止或者终止运行。

检测、传递、分析、处理、存贮、报送地震监测信息的单位，应当保证地震监测信息的质量和安全。

县级以上地方人民政府应当组织相关单位为地震监测台网的运行提供通信、交通、电力等保障条件。

第二十二条　沿海县级以上地方人民政府负责管理地震工作的部门或者机构，应当加强海域地震活动监测预测工作。海域地震发生后，县级以上地方人民政府负责管理地震工作的部门或者机构，应当及时向海洋主管部门和当地海事管理机构等通报情况。

火山所在地的县级以上地方人民政府负责管理地震工作的部门或者机构，应当利用地震监测设施和技术手段，加强火山活动监测预测工作。

第二十三条　国家依法保护地震监测设施和地震观测环境。

任何单位和个人不得侵占、毁损、拆除或者擅自移动地震监测设施。地震监测设施遭到破坏的，县级以上地方人民政府负责管理地震工作的部门或者机构应当采取紧急措施组织修复，确保地震监测设施正常运行。

任何单位和个人不得危害地震观测环境。国务院地震工作主管部门和县级以上地方人民政府负责管理地震工作的部门或者机构会同同级有关部门，按照国务院有关规定划定地震观测环境保护范围，并纳入土地利用总体规划和城乡规划。

第二十四条　新建、扩建、改建建设工程，应当避免对地震监测设施和地震观测环境造成危害。建设国家重点工程，确实无法避免对地震监测设施和地震观测环境造成危害的，建设单位应当按照县级以上地方人民政府负责管理地震工作的部门或者机构的要求，增建抗干扰设施；不能增建抗干扰设施的，应当新建地震监测设施。

对地震观测环境保护范围内的建设工程项目，城乡规划主管部门在依法核发选址意见书时，应当征求负责管理地震工作的部门或者机构的意见；不需要核发选址意见书的，城乡规划主管部门在依法核发建设用地规划许可证或者乡村建设规划许可证时，应当征求负责管理地震工作的部门或者机构的意见。

第二十五条　国务院地震工作主管部门建立健全地震监测信息共享平台，为社会提供服务。

县级以上地方人民政府负责管理地震工作的部门或者机构，应当将地震监测信息及时报送上一级人民政府负责管理地震工作的部门或者机构。

专用地震监测台网和强震动监测设施的管理单位，应当将地震监测信息及时报送所在地省、自治区、直辖市人民政府负责管理地震工作的部门或者机构。

第二十六条　国务院地震工作主管部门和县级以上地方人民政府负责管理地震工作的部门或者机构，根据地震监测信息研究结果，对可能发生地震的地点、时间和震级作出预测。

其他单位和个人通过研究提出的地震预测意见，应当向所在地或者所预测地的县级以上地方人民政府负责管理地震工作的部门或者机构书面报告，或者直接向国务院地震工作主管部门书面报告。收到书面报告的部门或者机构应当进行登记并出具接收凭证。

第二十七条　观测到可能与地震有关的异常现象的单位和个人，可以向所在地县级以上地方人民政府负责管理地震工作的部门或者机构报告，也可以直接向国务院地震工作主管部门报告。

国务院地震工作主管部门和县级以上地方人民政府负责管理地震工作的部门或者机构接到报告后，应当进行登记并及时组织调查核实。

第二十八条　国务院地震工作主管部门和省、自治区、直辖市人民政府负责管理地震工作的部门或者机构，应当组织召开震情会商会，必要时邀请有关部门、专家和其他有关人员参加，对地震预测意见和可能与地震有关的异常现象进行综合分析研究，形成震情会商意见，报本级人民政府；经震情会商形成地震预报意见的，在报本级人民政府前，应当进行评审，作出评审结果，并提出对策建议。

第二十九条　国家对地震预报意见实行统一发布制度。

全国范围内的地震长期和中期预报意见，由国务院发布。省、自治区、直辖市行政区域内的地震预报意见，由省、自治区、直辖市人民政府按照国务院规定的程序发布。

除发表本人或者本单位对长期、中期地震活动趋势的研究成果及进行相关学术交流外，任何单位和个人不得向社会散布地震预测意见。任何单位和个人不得向社会散布地震预报意见及其评审结果。

第三十条　国务院地震工作主管部门根据地震活动趋势和震害预测结果，提出确定地震重点监视防御区的意见，报国务院批准。

国务院地震工作主管部门应当加强地震重点监视防御区的震情跟踪，对地震活动趋势进行分析评估，提出年度防震减灾工作意见，报国务院批准后实施。

地震重点监视防御区的县级以上地方人民政府应当根据年度防震减灾工作意见和当地的地震活动趋势，组织有关部门加强防震减灾工作。

地震重点监视防御区的县级以上地方人民政府负责管理地震工作的部门或者机构，应当增加地震监测台网密度，组织做好震情跟踪、流动观测和可能与地震有关的异常现象观测以及群测群防工作，并及时将有关情况报上一级人民政府负责管理地震工作的部门或者机构。

第三十一条　国家支持全国地震烈度速报系统的建设。

地震灾害发生后，国务院地震工作主管部门应当通过全国地震烈度速报系统快速判断致灾程度，为指挥抗震救灾工作提供依据。

第三十二条　国务院地震工作主管部门和县级以上地方人民政府负责管理地震工作的部门或者机构，应当对发生地震灾害的区域加强地震监测，在地震现场设立流动观测点，根据震情的发展变化，及时对地震活动趋势作出分析、判定，为余震防范工作提供依据。

国务院地震工作主管部门和县级以上地方人民政府负责管理地震工作的部门或者机构、地震监测台网的管理单位，应当及时收集、保存有关地震的资料和信息，并建立完整的档案。

第三十三条　外国的组织或者个人在中华人民共和国领域和中华人民共和国管辖的其他海域从事地震监测活动，必须经国务院地震工作主管部门会同有关部门批准，并采取与中华人民共和国有关部门或者单位合作的形式进行。

第四章　地震灾害预防

第三十四条　国务院地震工作主管部门负责制定全国地震烈度区划图或者地震动参数区划图。

国务院地震工作主管部门和省、自治区、直辖市人民政府负责管理地震工作的部门或者机构，负责审定建设工程的地震安全性评价报告，确定抗震设防要求。

第三十五条　新建、扩建、改建建设工程，应当达到抗震设防要求。

重大建设工程和可能发生严重次生灾害的建设工程，应当按照国务院有关规定进行地震安全性评价，并按照经审定的地震安全性评价报告所确定的抗震设防要求进行抗震设防。建设工程的地震安全性评价单位应当按照国家有关标准进行地震安全性评价，并对地震安全性评价报告的质量负责。

前款规定以外的建设工程，应当按照地震烈度区划图或者地震动参数区划图所确定的抗震设防要求进行抗震设防；对学校、医院等人员密集场所的建设工程，应当按照高于当地房屋建筑的抗震设防要求进行设计和施工，采取有效措施，增强抗震设防能力。

第三十六条 有关建设工程的强制性标准，应当与抗震设防要求相衔接。

第三十七条 国家鼓励城市人民政府组织制定地震小区划图。地震小区划图由国务院地震工作主管部门负责审定。

第三十八条 建设单位对建设工程的抗震设计、施工的全过程负责。

设计单位应当按照抗震设防要求和工程建设强制性标准进行抗震设计，并对抗震设计的质量以及出具的施工图设计文件的准确性负责。

施工单位应当按照施工图设计文件和工程建设强制性标准进行施工，并对施工质量负责。

建设单位、施工单位应当选用符合施工图设计文件和国家有关标准规定的材料、构配件和设备。

工程监理单位应当按照施工图设计文件和工程建设强制性标准实施监理，并对施工质量承担监理责任。

第三十九条 已经建成的下列建设工程，未采取抗震设防措施或者抗震设防措施未达到抗震设防要求的，应当按照国家有关规定进行抗震性能鉴定，并采取必要的抗震加固措施：

（一）重大建设工程；

（二）可能发生严重次生灾害的建设工程；

（三）具有重大历史、科学、艺术价值或者重要纪念意义的建设工程；

（四）学校、医院等人员密集场所的建设工程；

（五）地震重点监视防御区内的建设工程。

第四十条 县级以上地方人民政府应当加强对农村村民住宅和乡村公共设施抗震设防的管理，组织开展农村实用抗震技术的研究和开发，推广达到抗震设防要求、经济适用、具有当地特色的建筑设计和施工技术，培训相关技术人员，建设示范工程，逐步提高农村村民住宅和乡村公共设施的抗震设防水平。

国家对需要抗震设防的农村村民住宅和乡村公共设施给予必要支持。

第四十一条 城乡规划应当根据地震应急避难的需要，合理确定应急疏散通道和应急避难场所，统筹安排地震应急避难所必需的交通、供水、供电、排污等基础设施建设。

第四十二条 地震重点监视防御区的县级以上地方人民政府应当根据实际需要，在本级财政预算和物资储备中安排抗震救灾资金、物资。

第四十三条 国家鼓励、支持研究开发和推广使用符合抗震设防要求、经济实用的新技术、新工艺、新材料。

第四十四条 县级人民政府及其有关部门和乡、镇人民政府、城市街道办事处等基层组织，应当组织开展地震应急知识的宣传普及活动和必要的地震应急救援演练，提高公民在地震灾害中自救互救的能力。

机关、团体、企业、事业等单位，应当按照所在地人民政府的要求，结合各自实际情况，加强对本单位人员的地震应急知识宣传教育，开展地震应急救援演练。

学校应当进行地震应急知识教育，组织开展必要的地震应急救援演练，培养学生的安全意识和自救互救能力。

新闻媒体应当开展地震灾害预防和应急、自救互救知识的公益宣传。

国务院地震工作主管部门和县级以上地方人民政府负责管理地震工作的部门或者机构，应当指导、协助、督促有关单位做好防震减灾知识的宣传教育和地震应急救援演练等工作。

第四十五条 国家发展有财政支持的地震灾害保险事业，鼓励单位和个人参加地震灾害保险。

第五章 地震应急救援

第四十六条 国务院地震工作主管部门会同国务院有关部门制定国家地震应急预案，报国务院批准。国务院有关部门根据国家地震应急预案，制定本部门的地震应急预案，报国务院地震工作主管部门备案。

县级以上地方人民政府及其有关部门和乡、镇人民政府，应当根据有关法律、法规、规章、上级人民政府及其有关部门的地震应急预案和本行政区域的实际情况，制定本行政区域的地震应急预案和本部门的地震应急预案。省、自治区、直辖市和较大的市的地震应急预案，应当报国务院地震工作主管部门备案。

交通、铁路、水利、电力、通信等基础设施和学校、医院等人员密集场所的经营管理单位，以及可能发生次生灾害的核电、矿山、危险物品等生产经营单位，应当制定地震应急预案，并报所在地的县级人民政府负责管理地震工作的部门或者机构备案。

第四十七条 地震应急预案的内容应当包括：组织指挥体系及其职责，预防和预警机制，处置程序，应急响应和应急保障措施等。

地震应急预案应当根据实际情况适时修订。

第四十八条 地震预报意见发布后，有关省、自治区、直辖市人民政府根据预报的震情可以宣布有关区域进入临震应急期；有关地方人民政府应当按照地震应急预案，组织有关部门做好应急防范和抗震救灾准备工作。

第四十九条 按照社会危害程度、影响范围等因素，地震灾害分为一般、较大、重大和特别重大四级。具体分级标准按照国务院规定执行。

一般或者较大地震灾害发生后，地震发生地的市、县人民政府负责组织有关部门启动地震应急预案；重大地震灾害发生后，地震发生地的省、自治区、直辖市人民政府负责组织有关部门启动地震应急预案；特别重大地震灾害发生后，国务院负责组织有关部门启动地震应急预案。

第五十条 地震灾害发生后，抗震救灾指挥机构应当立即组织有关部门和单位迅速查清受灾情况，提出地震应急救援力量的配置方案，并采取以下紧急措施：

（一）迅速组织抢救被压埋人员，并组织有关单位和人员开展自救互救；

（二）迅速组织实施紧急医疗救护，协调伤员转移和接收与救治；

（三）迅速组织抢修毁损的交通、铁路、水利、电力、通信等基础设施；

（四）启用应急避难场所或者设置临时避难场所，设置救济物资供应点，提供救济物品、简易住所和临时住所，及时转移和安置受灾群众，确保饮用水消毒和水质安全，积极开展卫生防疫，妥善安排受灾群众生活；

（五）迅速控制危险源，封锁危险场所，做好次生灾害的排查与监测预警工作，防范地震可能引发的火灾、水灾、爆炸、山体滑坡和崩塌、泥石流、地面塌陷，或者剧毒、强腐蚀性、放射性物质大量泄漏等次生灾害以及传染病疫情的发生；

（六）依法采取维持社会秩序、维护社会治安的必要措施。

第五十一条 特别重大地震灾害发生后，国务院抗震救灾指挥机构在地震灾区成立现场指挥机构，并根据需要设立相应的工作组，统一组织领导、指挥和协调抗震救灾工作。

各级人民政府及有关部门和单位、中国人民解放军、中国人民武装警察部队和民兵组织，应当按照统一部署，分工负责，密切配合，共同做好地震应急救援工作。

第五十二条 地震灾区的县级以上地方人民政府应当及时将地震震情和灾情等信息向上一级人民政府报告，必要时可以越级上报，不得迟报、谎报、瞒报。

地震震情、灾情和抗震救灾等信息按照国务院有关规定实行归口管理，统一、准确、及时发布。

第五十三条 国家鼓励、扶持地震应急救援新技术和装备的研究开发，调运和储备必要的应急救援设施、装备，提高应急救援水平。

第五十四条 国务院建立国家地震灾害紧急救援队伍。

省、自治区、直辖市人民政府和地震重点监视防御区的市、县人民政府可以根据实际需要，充分利用消防等现有队伍，按照一队多用、专职与兼职相结合的原则，建立地震灾害紧急救援队伍。

地震灾害紧急救援队伍应当配备相应的装备、器材，开展培训和演练，提高地震灾害紧急救援能力。

地震灾害紧急救援队伍在实施救援时，应当首先对倒塌建筑物、构筑物压埋人员进行紧急救援。

第五十五条 县级以上人民政府有关部门应当按照职责分工，协调配合，采取有效措施，保障地震灾害紧急救援队伍和医疗救治队伍快速、高效地开展地震灾害紧急救援活动。

第五十六条 县级以上地方人民政府及其有关部门可以建立地震灾害救援志愿者队伍，并组织开展地震应急救援知识培训和演练，使志愿者掌握必要的地震应急救援技能，增强地震灾害应急救援能力。

第五十七条 国务院地震工作主管部门会同有关部门和单位，组织协调外国救援队和医疗队在中华人民共和国开展地震灾害紧急救援活动。

国务院抗震救灾指挥机构负责外国救援队和医疗队的统筹调度，并根据其专业特长，科学、合理地安排紧急救援任务。

地震灾区的地方各级人民政府，应当对外国救援队和医疗队开展紧急救援活动予以支持和配合。

第六章 地震灾后过渡性安置和恢复重建

第五十八条 国务院或者地震灾区的省、自治区、直辖市人民政府应当及时组织对地震灾害损失进行调查评估，为地震应急救援、灾后过渡性安置和恢复重建提供依据。

地震灾害损失调查评估的具体工作，由国务院地震工作主管部门或者地震灾区的省、自治区、直辖市人民政府负责管理地震工作的部门或者机构和财政、建设、民政等有关部门按照国务院的规定承担。

第五十九条 地震灾区受灾群众需要过渡性安置的，应当根据地震灾区的实际情况，在确保安全的前提下，采取灵活多样的方式进行安置。

第六十条 过渡性安置点应当设置在交通条件便利、方便受灾群众恢复生产和生活的区域，并避开地震活动断层和可能发生严重次生灾害的区域。

过渡性安置点的规模应当适度，并采取相应的防灾、防疫措施，配套建设必要的基础设施和公共服务设施，确保受灾群众的安全和基本生活需要。

第六十一条 实施过渡性安置应当尽量保护农用地，并避免对自然保护区、饮用水水源保护区以及生态脆弱区域造成破坏。

过渡性安置用地按照临时用地安排，可以先行使用，事后依法办理有关用地手续；到期未转为永久性用地的，应当复垦后交还原土地使用者。

第六十二条 过渡性安置点所在地的县级人民政府，应当组织有关部门加强对次生灾害、饮用水水质、食品卫生、疫情等的监测，开展流行病学调查，整治环境卫生，避免对土壤、水环境等造成污染。

过渡性安置点所在地的公安机关，应当加强治安管理，依法打击各种违法犯罪行为，维护正常的社会秩序。

第六十三条 地震灾区的县级以上地方人民政府及其有关部门和乡、镇人民政府，应当及时组织修复毁损的农业生产设施，提供农业生产技术指导，尽快恢复农业生产；优先恢复供电、供水、供气等企业的生产，并对大型骨干企业恢复生产提供支持，为全面恢复农业、工业、服务业生产经营提供条件。

第六十四条 各级人民政府应当加强对地震灾后恢复重建工作的领导、组织和协调。

县级以上人民政府有关部门应当在本级人民政府领导下，按照职责分工，密切配合，采取有效措施，共同做好地震灾后恢复重建工作。

第六十五条 国务院有关部门应当组织有关专家开展地震活动对相关建设工程破坏机理的调查评估，为修订完善有关建设工程的强制性标准、采取抗震设防措施提供科学依据。

第六十六条 特别重大地震灾害发生后，国务院经济综合宏观调控部门会同国务院有关部门与地震灾区的省、自治区、直辖市人民政府共同组织编制地震灾后恢复重建规划，报国务院批准后组织实施；重大、较大、一般地震灾害发生后，由地震灾区的省、自治区、直辖市人民政府根据实际需要组织编制地震灾后恢复重建规划。

地震灾害损失调查评估获得的地质、勘察、测绘、土地、气象、水文、环境等基础资料和经国务院地震工作主管部门复核的地震动参数区划图，应当作为编制地震灾后恢复重建规划的依据。

编制地震灾后恢复重建规划，应当征求有关部门、单位、专家和公众特别是地震灾区受灾群众的意见；重大事项应当组织有关专家进行专题论证。

第六十七条 地震灾后恢复重建规划应当根据地质条件和地震活动断层分布以及资源环境承载能力，重点对城镇和乡村的布局、基础设施和公共服务设施的建设、防灾减灾和生态环境以及自然资源和历史文化遗产保护等作出安排。

地震灾区内需要异地新建的城镇和乡村的选址以及地震灾后重建工程的选址，应当符合地震灾后恢复重建规划和抗震设防、防灾减灾要求，避开地震活动断层或者生态脆弱和可能发生洪水、山体滑坡和崩塌、泥石流、地面塌陷等灾害的区域以及传染病自然疫源地。

第六十八条 地震灾区的地方各级人民政府应当根据地震灾后恢复重建规划和当地经济社会发展水平，有计划、分步骤地组织实施地震灾后恢复重建。

第六十九条 地震灾区的县级以上地方人民政府应当组织有关部门和专家，根据地震灾害损失调查评估结果，制定清理保护方案，明确典型地震遗址、遗迹和文物保护单位以及具有历史价值与民族特色的建筑物、构筑物的保护范围和措施。

对地震灾害现场的清理，按照清理保护方案分区、分类进行，并依照法律、行政法规和国家有关规定，妥善清理、转运和处置有关放射性物质、危险废物和有毒化学品，开展防疫工作，防止传染病和重大动物疫情的发生。

第七十条 地震灾后恢复重建，应当统筹安排交通、铁路、水利、电力、通信、供水、供电等基础设施和市政公用设施，学校、医院、文化、商贸服务、防灾减灾、环境保护等公共服务设施，以及住房和无障碍设施的建设，合理确定建设规模和时序。

乡村的地震灾后恢复重建，应当尊重村民意愿，发挥村民自治组织的作用，以群众自建为主，政府补助、社会帮扶、对口支援，因地制宜，节约和集约利用土地，保护耕地。

少数民族聚居的地方的地震灾后恢复重建，应当尊重当地群众的意愿。

第七十一条 地震灾区的县级以上地方人民政府应当组织有关部门和单位，抢救、保护与收集整理有关档案、资料，对因地震灾害遗失、毁损的档案、资料，及时补充和恢复。

第七十二条 地震灾后恢复重建应当坚持政府主导、社会参与和市场运作相结合的原则。

地震灾区的地方各级人民政府应当组织受灾群众和企业开展生产自救，自力更生、艰苦奋斗、勤俭节约，尽快恢复生产。

国家对地震灾后恢复重建给予财政支持、税收优惠和金融扶持，并提供物资、技术和人力等支持。

第七十三条 地震灾区的地方各级人民政府应当组织做好救助、救治、康复、补偿、抚慰、抚恤、安置、心理援助、法律服务、公共文化服务等工作。

各级人民政府及有关部门应当做好受灾群众的就业工作，鼓励企业、事业单位优先吸纳符合条件的受灾群众就业。

第七十四条 对地震灾后恢复重建中需要办理行政审批手续的事项，有审批权的人民政府及有关部门应当按照方便群众、简化手续、提高效率的原则，依法及时予以办理。

第七章 监督管理

第七十五条 县级以上人民政府依法加强对防震减灾规划和地震应急预案的编制与实施、地震应急避难场所的设置与管理、地震灾害紧急救援队伍的培训、防震减灾知识宣传教育和地震应急救援演练等工作的监督检查。

县级以上人民政府有关部门应当加强对地震应急救援、地震灾后过渡性安置和恢复重建的物资的质量安全的监督检查。

第七十六条 县级以上人民政府建设、交通、铁路、水利、电力、地震等有关部门应当按照职责分工，加强对工程建设强制性标准、抗震设防要求执行情况和地震安全性评价工作的监督检查。

第七十七条 禁止侵占、截留、挪用地震应急救援、地震灾后过渡性安置和恢复重建的资金、物资。

县级以上人民政府有关部门对地震应急救援、地震灾后过渡性安置和恢复重建的资金、物资以及社会捐赠款物的使用情况，依法加强管理和监督，予以公布，并对资金、物资的筹集、分配、拨付、使用情况登记造册，建立健全档案。

第七十八条 地震灾区的地方人民政府应当定期公布地震应急救援、地震灾后过渡性安置和恢复重建的资金、物资以及社会捐赠款物的来源、数量、发放和使用情况，接受社会监督。

第七十九条 审计机关应当加强对地震应急救援、地震灾后过渡性安置和恢复重建的资金、物资的筹集、分配、拨付、使用的审计，并及时公布审计结果。

第八十条 监察机关应当加强对参与防震减灾工作的国家行政机关和法律、法规授权的具有管理公共事务职能的组织及其工作人员的监察。

第八十一条 任何单位和个人对防震减灾活动中的违法行为，有权进行举报。

接到举报的人民政府或者有关部门应当进行调查，依法处理，并为举报人保密。

第八章 法律责任

第八十二条 国务院地震工作主管部门、县级以上地方人民政府负责管理地震工作的部门或者机构，以及其他依照本法规定行使监督管理权的部门，不依法作出行政许可或者办理批准文件的，发现违法行为或者接到对违法行为的举报后不予查处的，或者有其他未依照本法规定履行职责的行为的，对直接负责的主管人员和其他直接责任人员，依法给予处分。

第八十三条 未按照法律、法规和国家有关标准进行地震监测台网建设的，由国务院地震工作主管部门或者县级以上地方人民政府负责管理地震工作的部门或者机构责令改正，采取相应的补救措施；对直接负责的主管人员和其他直接责任人员，依法给予处分。

第八十四条 违反本法规定，有下列行为之一的，由国务院地震工作主管部门或者县级以上地方人民政府负责管理地震工作的部门或者机构责令停止违法行为，恢复原状或者采取其他补救措施；造成损失的，依法承担赔偿责任：

（一）侵占、毁损、拆除或者擅自移动地震监测设施的；

（二）危害地震观测环境的；

（三）破坏典型地震遗址、遗迹的。

单位有前款所列违法行为，情节严重的，处二万元以上二十万元以下的罚款；个人有前款所列违法行为，情节严重的，处二千元以下的罚款。构成违反治安管理行为的，由公安机关依法给予处罚。

第八十五条 违反本法规定，未按照要求增建抗干扰设施或者新建地震监测设施的，由国务院地震工作主管部门或者县级以上地方人民政府负责管理地震工作的部门或者机构责令限期改正；逾期不改正的，处二万元以上二十万元以下的罚款；造成损失的，依法承担赔偿责任。

第八十六条 违反本法规定，外国的组织或者个人未经批准，在中华人民共和国领域和中华人民共和国管辖的其他海域从事地震监测活动的，由国务院地震工作主管部门责令停止违法行为，没收监测成果和监测设施，并处一万元以上十万元以下的罚款；情节严重的，并处十万元以上五十万元以下的罚款。

外国人有前款规定行为的，除依照前款规定处罚外，还应当依照外国人入境出境管理法律的规定缩短其在中华人民共和国停留的期限或者取消其在中华人民共和国居留的资格；情节严重的，限期出境或者驱逐出境。

第八十七条 未依法进行地震安全性评价，或者未按照地震安全性评价报告所确定的抗震设防要求进行抗震设防的，由国务院地震工作主管部门或者县级以上地方人民政府负责管理地震工作的部门或者机构责令限期改正；逾期不改正的，处三万元以上三十万元以下的罚款。

第八十八条 违反本法规定，向社会散布地震预测意见、地震预报意见及其评审结果，或者在地震灾后过渡性安置、地震灾后恢复重建中扰乱社会秩序，构成违反治安管理行为的，由公安机关依法给予处罚。

第八十九条 地震灾区的县级以上地方人民政府迟报、谎报、瞒报地震震情、灾情等信息的，由上级人民政府责令改正；对直接负责的主管人员和其他直接责任人员，依法给予处分。

第九十条 侵占、截留、挪用地震应急救援、地震灾后过渡性安置或者地震灾后恢复重建的资金、物资的，由财政部门、审计机关在各自职责范围内，责令改正，追回被侵占、截留、挪用的资金、物资；有违法所得的，没收违法所得；对单位给予警告或者通报批评；对直接负责的主管人员和其他直接责任人员，依法给予处分。

第九十一条 违反本法规定，构成犯罪的，依法追究刑事责任。

第九章 附 则

第九十二条 本法下列用语的含义：

（一）地震监测设施，是指用于地震信息检测、传输和处理的设备、仪器和装置以及配套的监测场地。

（二）地震观测环境，是指按照国家有关标准划定的保障地震监测设施不受干扰、能够正常发挥工作效能的空间范围。

（三）重大建设工程，是指对社会有重大价值或者有重大影响的工程。

（四）可能发生严重次生灾害的建设工程，是指受地震破坏后可能引发水灾、火灾、爆炸，或者剧毒、强腐蚀性、放射性物质大量泄漏，以及其他严重次生灾害的建设工程，包括水库大坝和贮油、贮气设施，贮存易燃易爆或者剧毒、强腐蚀性、放射性物质的设施，以及其他可能发生严重次生灾害的建设工程。

（五）地震烈度区划图，是指以地震烈度（以等级表示的地震影响强弱程度）为指标，将全国划分为不同抗震设防要求区域的图件。

（六）地震动参数区划图，是指以地震动参数（以加速度表示地震作用强弱程度）为指标，将全国划分为不同抗震设防要求区域的图件。

（七）地震小区划图，是指根据某一区域的具体场地条件，对该区域的抗震设防要求进行详细划分的图件。

第九十三条　本法自2009年5月1日起施行。

建设工程抗震设防要求管理规定

（2002年1月28日中国地震局令第7号公布　自公布之日起施行）

第一条　为了加强对新建、扩建、改建建设工程（以下简称建设工程）抗震设防要求的管理，防御与减轻地震灾害，保护人民生命和财产安全，根据《中华人民共和国防震减灾法》和《地震安全性评价管理条例》，制定本规定。

第二条　在中华人民共和国境内进行建设工程抗震设防要求的确定、使用和监督管理，必须遵守本规定。

本规定所称抗震设防要求，是指建设工程抗御地震破坏的准则和在一定风险水准下抗震设计采用的地震烈度或地震动参数。

第三条　国务院地震工作主管部门负责全国建设工程抗震设防要求的监督管理工作。

县级以上地方人民政府负责管理地震工作的部门或者机构，负责本行政区域内建设工程抗震设防要求的监督管理工作。

第四条　建设工程必须按照抗震设防要求进行抗震设防。

应当进行地震安全性评价的建设工程，其抗震设防要求必须按照地震安全性评价结果确定；其他建设工程的抗震设防要求按照国家颁布的地震动参数区划图或者地震动参数复核、地震小区划结果确定。

第五条　应当进行地震安全性评价的建设工程的建设单位，必须在项目可行性研究阶段，委托具有资质的单位进行地震安全性评价工作，并将地震安全性评价报告报送有关地震工作主管部门或者机构审定。

第六条　国务院地震工作主管部门和省、自治区、直辖市人民政府负责管理地震工作的部门或者机构，应当设立地震安全性评审组织。

地震安全性评审组织应当由15名以上地震行业及有关行业的技术、管理专家组成，其中技术专家不得少于1/2。

第七条　国务院地震工作主管部门和省、自治区、直辖市人民政府负责管理地震工作的部门或者机构，应当委托本级地震安全性评审组织，对地震安全性评价报告进行评审。

地震安全性评审组织应当按照国家地震安全性评价的技术规范和其他有关技术规范，对地震安全性评价报告的基础资料、技术途径和评价结果等进行审查，形成评审意见。

第八条　国务院地震工作主管部门和省、自治区、直辖市人民政府负责管理地震工作的部门或者机构，应当根据地震安全性评审组织的评审意见，结合建设工程特性和其他综合因素，确定建设工程的抗震设防要求。

第九条　下列区域内建设工程的抗震设防要求不应直接采用地震动参数区划图结果，必须进行地震动参数复核：

（一）位于地震动峰值加速度区划图峰值加速度分区界线两侧各4公里区域的建设工程；

（二）位于某些地震研究程度和资料详细程度较差的边远地区的建设工程。

第十条　下列地区应当根据需要和可能开展地震小区划工作：

（一）地震重点监视防御区内的大中城市和地震重点监视防御城市；

（二）位于地震动参数0.15g以上（含0.15g）的大中城市；

（三）位于复杂工程地质条件区域内的大中城市、大型厂矿企业、长距离生命线工程和新建开发区；

（四）其他需要开展地震小区划工作的地区。

第十一条　地震动参数复核和地震小区划工作必须由具有相应地震安全性评价资质的单位进行。

第十二条　地震动参数复核结果一般由省、自治区、直辖市人民政府负责管理地震工作的部门或者机构负责审定，结果变动显著的，报国务院地震工作主管部门审定；地震小区划结果，由国务院地震工作主管部门负责审定。

地震动参数复核和地震小区划结果的审定程序按照本规定第七条、第八条的规定执行。

省、自治区、直辖市人民政府负责管理地震工作的部门或者机构，应当将审定后的地震动参数复核结果报国务院地震工作主管部门备案。

第十三条　经过地震动参数复核或者地震小区划工作的

区域内不需要进行地震安全性评价的建设工程,必须按照地震动参数复核或者地震小区划结果确定的抗震设防要求进行抗震设防。

第十四条　国务院地震工作主管部门和县级以上地方人民政府负责管理地震工作的部门或者机构,应当会同同级政府有关行业主管部门,加强对建设工程抗震设防要求使用的监督检查,确保建设工程按照抗震设防要求进行抗震设防。

第十五条　国务院地震工作主管部门和县级以上地方人民政府负责管理地震工作的部门或者机构,应当按照地震动参数区划图规定的抗震设防要求,加强对村镇房屋建设抗震设防的指导,逐步增强村镇房屋抗御地震破坏的能力。

第十六条　国务院地震工作主管部门和县级以上地方人民政府负责管理地震工作的部门或者机构,应当加强对建设工程抗震设防的宣传教育,提高社会的防震减灾意识,增强社会防御地震灾害的能力。

第十七条　建设单位违反本规定第十三条的规定,由国务院地震工作主管部门或者县级以上地方人民政府负责管理地震工作的部门或者机构,责令改正,并处5000元以上30000元以下的罚款。

第十八条　本规定自公布之日起施行。

中华人民共和国文物保护法

(1982年11月19日第五届全国人民代表大会常务委员会第二十五次会议通过　根据1991年6月29日第七届全国人民代表大会常务委员会第二十次会议《关于修改〈中华人民共和国文物保护法〉第三十条、第三十一条的决定》第一次修正　2002年10月28日第九届全国人民代表大会常务委员会第三十次会议修订　根据2007年12月29日第十届全国人民代表大会常务委员会第三十一次会议《关于修改〈中华人民共和国文物保护法〉的决定》第二次修正　根据2013年6月29日第十二届全国人民代表大会常务委员会第三次会议《关于修改〈中华人民共和国文物保护法〉等十二部法律的决定》第三次修正　根据2015年4月24日第十二届全国人民代表大会常务委员会第十四次会议《关于修改〈中华人民共和国文物保护法〉的决定》第四次修正　根据2017年11月4日第十二届全国人民代表大会常务委员会第三十次会议《关于修改〈中华人民共和国会计法〉等十一部法律的决定》第五次修正)

目　录

第一章　总　　则
第二章　不可移动文物
第三章　考古发掘
第四章　馆藏文物
第五章　民间收藏文物
第六章　文物出境进境
第七章　法律责任
第八章　附　　则

第一章　总　　则

第一条　为了加强对文物的保护,继承中华民族优秀的历史文化遗产,促进科学研究工作,进行爱国主义和革命传统教育,建设社会主义精神文明和物质文明,根据宪法,制定本法。

第二条　在中华人民共和国境内,下列文物受国家保护:

(一)具有历史、艺术、科学价值的古文化遗址、古墓葬、古建筑、石窟寺和石刻、壁画;

(二)与重大历史事件、革命运动或者著名人物有关的以及具有重要纪念意义、教育意义或者史料价值的近代现代重要史迹、实物、代表性建筑;

(三)历史上各时代珍贵的艺术品、工艺美术品;

(四)历史上各时代重要的文献资料以及具有历史、艺术、科学价值的手稿和图书资料等;

(五)反映历史上各时代、各民族社会制度、社会生产、社会生活的代表性实物。

文物认定的标准和办法由国务院文物行政部门制定,并报国务院批准。

具有科学价值的古脊椎动物化石和古人类化石同文物一样受国家保护。

第三条　古文化遗址、古墓葬、古建筑、石窟寺、石刻、壁画、近代现代重要史迹和代表性建筑等不可移动文物,根据它们的历史、艺术、科学价值,可以分别确定为全国重点文物保护单位,省级文物保护单位,市、县级文物保护单位。

历史上各时代重要实物、艺术品、文献、手稿、图书资料、代表性实物等可移动文物,分为珍贵文物和一般文物;珍贵文物分为一级文物、二级文物、三级文物。

第四条　文物工作贯彻保护为主、抢救第一、合理利用、加强管理的方针。

第五条　中华人民共和国境内地下、内水和领海中遗存的一切文物,属于国家所有。

古文化遗址、古墓葬、石窟寺属于国家所有。国家指定保护的纪念建筑物、古建筑、石刻、壁画、近代现代代表性建筑等不可移动文物,除国家另有规定的以外,属于国家所有。

国有不可移动文物的所有权不因其所依附的土地所有权或者使用权的改变而改变。

下列可移动文物,属于国家所有:

(一)中国境内出土的文物,国家另有规定的除外;

(二)国有文物收藏单位以及其他国家机关、部队和国有企业、事业组织等收藏、保管的文物；

（三）国家征集、购买的文物；

（四）公民、法人和其他组织捐赠给国家的文物；

（五）法律规定属于国家所有的其他文物。

属于国家所有的可移动文物的所有权不因其保管、收藏单位的终止或者变更而改变。

国有文物所有权受法律保护，不容侵犯。

第六条　属于集体所有和私人所有的纪念建筑物、古建筑和祖传文物以及依法取得的其他文物，其所有权受法律保护。文物的所有者必须遵守国家有关文物保护的法律、法规的规定。

第七条　一切机关、组织和个人都有依法保护文物的义务。

第八条　国务院文物行政部门主管全国文物保护工作。

地方各级人民政府负责本行政区域内的文物保护工作。县级以上地方人民政府承担文物保护工作的部门对本行政区域内的文物保护实施监督管理。

县级以上人民政府有关行政部门在各自的职责范围内，负责有关的文物保护工作。

第九条　各级人民政府应当重视文物保护，正确处理经济建设、社会发展与文物保护的关系，确保文物安全。

基本建设、旅游发展必须遵守文物保护工作的方针，其活动不得对文物造成损害。

公安机关、工商行政管理部门、海关、城乡建设规划部门和其他有关国家机关，应当依法认真履行所承担的保护文物的职责，维护文物管理秩序。

第十条　国家发展文物保护事业。县级以上人民政府应当将文物保护事业纳入本级国民经济和社会发展规划，所需经费列入本级财政预算。

国家用于文物保护的财政拨款随着财政收入增长而增加。

国有博物馆、纪念馆、文物保护单位等的事业性收入，专门用于文物保护，任何单位或者个人不得侵占、挪用。

国家鼓励通过捐赠等方式设立文物保护社会基金，专门用于文物保护，任何单位或者个人不得侵占、挪用。

第十一条　文物是不可再生的文化资源。国家加强文物保护的宣传教育，增强全民文物保护的意识，鼓励文物保护的科学研究，提高文物保护的科学技术水平。

第十二条　有下列事迹的单位或者个人，由国家给予精神鼓励或者物质奖励：

（一）认真执行文物保护法律、法规，保护文物成绩显著的；

（二）为保护文物与违法犯罪行为作坚决斗争的；

（三）将个人收藏的重要文物捐献给国家或者为文物保护事业作出捐赠的；

（四）发现文物及时上报或者上交，使文物得到保护的；

（五）在考古发掘工作中作出重大贡献的；

（六）在文物保护科学技术方面有重要发明创造或者其他重要贡献的；

（七）在文物面临破坏危险时，抢救文物有功的；

（八）长期从事文物工作，作出显著成绩的。

第二章　不可移动文物

第十三条　国务院文物行政部门在省级、市、县级文物保护单位中，选择具有重大历史、艺术、科学价值的确定为全国重点文物保护单位，或者直接确定为全国重点文物保护单位，报国务院核定公布。

省级文物保护单位，由省、自治区、直辖市人民政府核定公布，并报国务院备案。

市级和县级文物保护单位，分别由设区的市、自治州和县级人民政府核定公布，并报省、自治区、直辖市人民政府备案。

尚未核定公布为文物保护单位的不可移动文物，由县级人民政府文物行政部门予以登记并公布。

第十四条　保存文物特别丰富并且具有重大历史价值或者革命纪念意义的城市，由国务院核定公布为历史文化名城。

保存文物特别丰富并且具有重大历史价值或者革命纪念意义的城镇、街道、村庄，由省、自治区、直辖市人民政府核定公布为历史文化街区、村镇，并报国务院备案。

历史文化名城和历史文化街区、村镇所在地的县级以上地方人民政府应当组织编制专门的历史文化名城和历史文化街区、村镇保护规划，并纳入城市总体规划。

历史文化名城和历史文化街区、村镇的保护办法，由国务院制定。

第十五条　各级文物保护单位，分别由省、自治区、直辖市人民政府和市、县级人民政府划定必要的保护范围，作出标志说明，建立记录档案，并区别情况分别设置专门机构或者专人负责管理。全国重点文物保护单位的保护范围和记录档案，由省、自治区、直辖市人民政府文物行政部门报国务院文物行政部门备案。

县级以上地方人民政府文物行政部门应当根据不同文物的保护需要，制定文物保护单位和未核定为文物保护单位的不可移动文物的具体保护措施，并公告施行。

第十六条　各级人民政府制定城乡建设规划，应当根据文物保护的需要，事先由城乡建设规划部门会同文物行政部门商定对本行政区域内各级文物保护单位的保护措施，并纳入规划。

第十七条　文物保护单位的保护范围内不得进行其他建设工程或者爆破、钻探、挖掘等作业。但是，因特殊情况需要在文物保护单位的保护范围内进行其他建设工程或者爆破、钻探、挖掘等作业的，必须保证文物保护单位的安全，并经核定公布该文物保护单位的人民政府批准，在批准前应当征得上一级人民政府文物行政部门同意；在全国重点文物保护单位的保护范围内进行其他建设工程或者爆破、钻探、挖掘等作业的，必须经省、自治区、直辖市人民政府批准，在批准前应当征得国务院文物行政部门同意。

第十八条 根据保护文物的实际需要，经省、自治区、直辖市人民政府批准，可以在文物保护单位的周围划出一定的建设控制地带，并予以公布。

在文物保护单位的建设控制地带内进行建设工程，不得破坏文物保护单位的历史风貌；工程设计方案应当根据文物保护单位的级别，经相应的文物行政部门同意后，报城乡建设规划部门批准。

第十九条 在文物保护单位的保护范围和建设控制地带内，不得建设污染文物保护单位及其环境的设施，不得进行可能影响文物保护单位安全及其环境的活动。对已有的污染文物保护单位及其环境的设施，应当限期治理。

第二十条 建设工程选址，应当尽可能避开不可移动文物；因特殊情况不能避开的，对文物保护单位应当尽可能实施原址保护。

实施原址保护的，建设单位应当事先确定保护措施，根据文物保护单位的级别报相应的文物行政部门批准；未经批准的，不得开工建设。

无法实施原址保护，必须迁移异地保护或者拆除的，应当报省、自治区、直辖市人民政府批准；迁移或者拆除省级文物保护单位的，批准前须征得国务院文物行政部门同意。全国重点文物保护单位不得拆除；需要迁移的，须由省、自治区、直辖市人民政府报国务院批准。

依照前款规定拆除的国有不可移动文物中具有收藏价值的壁画、雕塑、建筑构件等，由文物行政部门指定的文物收藏单位收藏。

本条规定的原址保护、迁移、拆除所需费用，由建设单位列入建设工程预算。

第二十一条 国有不可移动文物由使用人负责修缮、保养；非国有不可移动文物由所有人负责修缮、保养。非国有不可移动文物有损毁危险，所有人不具备修缮能力的，当地人民政府应当给予帮助；所有人具备修缮能力而拒不依法履行修缮义务的，县级以上人民政府可以给予抢救修缮，所需费用由所有人负担。

对文物保护单位进行修缮，应当根据文物保护单位的级别报相应的文物行政部门批准；对未核定为文物保护单位的不可移动文物进行修缮，应当报登记的县级人民政府文物行政部门批准。

文物保护单位的修缮、迁移、重建，由取得文物保护工程资质证书的单位承担。

对不可移动文物进行修缮、保养、迁移，必须遵守不改变文物原状的原则。

第二十二条 不可移动文物已经全部毁坏的，应当实施遗址保护，不得在原址重建。但是，因特殊情况需要在原址重建的，由省、自治区、直辖市人民政府文物行政部门报省、自治区、直辖市人民政府批准；全国重点文物保护单位需要在原址重建的，由省、自治区、直辖市人民政府报国务院批准。

第二十三条 核定为文物保护单位的属于国家所有的纪念建筑物或者古建筑，除可以建立博物馆、保管所或者辟为参观游览场所外，作其他用途的，市、县级文物保护单位应当经核定公布该文物保护单位的人民政府文物行政部门征得上一级文物行政部门同意后，报核定公布该文物保护单位的人民政府批准；省级文物保护单位应当经核定公布该文物保护单位的省级人民政府的文物行政部门审核同意后，报该省级人民政府批准；全国重点文物保护单位作其他用途的，应当由省、自治区、直辖市人民政府报国务院批准。国有未核定为文物保护单位的不可移动文物作其他用途的，应当报告县级人民政府文物行政部门。

第二十四条 国有不可移动文物不得转让、抵押。建立博物馆、保管所或者辟为参观游览场所的国有文物保护单位，不得作为企业资产经营。

第二十五条 非国有不可移动文物不得转让、抵押给外国人。

非国有不可移动文物转让、抵押或者改变用途的，应当根据其级别报相应的文物行政部门备案。

第二十六条 使用不可移动文物，必须遵守不改变文物原状的原则，负责保护建筑物及其附属文物的安全，不得损毁、改建、添建或者拆除不可移动文物。

对危害文物保护单位安全、破坏文物保护单位历史风貌的建筑物、构筑物，当地人民政府应当及时调查处理，必要时，对该建筑物、构筑物予以拆迁。

第三章 考古发掘

第二十七条 一切考古发掘工作，必须履行报批手续；从事考古发掘的单位，应当经国务院文物行政部门批准。

地下埋藏的文物，任何单位或者个人都不得私自发掘。

第二十八条 从事考古发掘的单位，为了科学研究进行考古发掘，应当提出发掘计划，报国务院文物行政部门批准；对全国重点文物保护单位的考古发掘计划，应当经国务院文物行政部门审核后报国务院批准。国务院文物行政部门在批准或者审核前，应当征求社会科学研究机构及其他科研机构和有关专家的意见。

第二十九条 进行大型基本建设工程，建设单位应当事先报请省、自治区、直辖市人民政府文物行政部门组织从事考古发掘的单位在工程范围内有可能埋藏文物的地方进行考古调查、勘探。

考古调查、勘探中发现文物的，由省、自治区、直辖市人民政府文物行政部门根据文物保护的要求会同建设单位共同商定保护措施；遇有重要发现的，由省、自治区、直辖市人民政府文物行政部门及时报国务院文物行政部门处理。

第三十条　需要配合建设工程进行的考古发掘工作，应当由省、自治区、直辖市文物行政部门在勘探工作的基础上提出发掘计划，报国务院文物行政部门批准。国务院文物行政部门在批准前，应当征求社会科学研究机构及其他科研机构和有关专家的意见。

确因建设工期紧迫或者有自然破坏危险，对古文化遗址、古墓葬急需进行抢救发掘的，由省、自治区、直辖市人民政府文物行政部门组织发掘，并同时补办审批手续。

第三十一条　凡因进行基本建设和生产建设需要的考古调查、勘探、发掘，所需费用由建设单位列入建设工程预算。

第三十二条　在进行建设工程或者在农业生产中，任何单位或者个人发现文物，应当保护现场，立即报告当地文物行政部门，文物行政部门接到报告后，如无特殊情况，应当在二十四小时内赶赴现场，并在七日内提出处理意见。文物行政部门可以报请当地人民政府通知公安机关协助保护现场；发现重要文物的，应当立即上报国务院文物行政部门，国务院文物行政部门应当在接到报告后十五日内提出处理意见。

依照前款规定发现的文物属于国家所有，任何单位或者个人不得哄抢、私分、藏匿。

第三十三条　非经国务院文物行政部门报国务院特别许可，任何外国人或者外国团体不得在中华人民共和国境内进行考古调查、勘探、发掘。

第三十四条　考古调查、勘探、发掘的结果，应当报告国务院文物行政部门和省、自治区、直辖市人民政府文物行政部门。

考古发掘的文物，应当登记造册，妥善保管，按照国家有关规定移交给由省、自治区、直辖市人民政府文物行政部门或者国务院文物行政部门指定的国有博物馆、图书馆或者其他国有收藏文物的单位收藏。经省、自治区、直辖市人民政府文物行政部门批准，从事考古发掘的单位可以保留少量出土文物作为科研标本。

考古发掘的文物，任何单位或者个人不得侵占。

第三十五条　根据保证文物安全、进行科学研究和充分发挥文物作用的需要，省、自治区、直辖市人民政府文物行政部门经本级人民政府批准，可以调用本行政区域内的出土文物；国务院文物行政部门经国务院批准，可以调用全国的重要出土文物。

第四章　馆藏文物

第三十六条　博物馆、图书馆和其他文物收藏单位对收藏的文物，必须区分文物等级，设置藏品档案，建立严格的管理制度，并报主管的文物行政部门备案。

县级以上地方人民政府文物行政部门应当分别建立本行政区域内的馆藏文物档案；国务院文物行政部门应当建立国家一级文物藏品档案和其主管的国有文物收藏单位馆藏文物档案。

第三十七条　文物收藏单位可以通过下列方式取得文物：

（一）购买；

（二）接受捐赠；

（三）依法交换；

（四）法律、行政法规规定的其他方式。

国有文物收藏单位还可以通过文物行政部门指定保管或者调拨方式取得文物。

第三十八条　文物收藏单位应当根据馆藏文物的保护需要，按照国家有关规定建立、健全管理制度，并报主管的文物行政部门备案。未经批准，任何单位或者个人不得调取馆藏文物。

文物收藏单位的法定代表人对馆藏文物的安全负责。国有文物收藏单位的法定代表人离任时，应当按照馆藏文物档案办理馆藏文物移交手续。

第三十九条　国务院文物行政部门可以调拨全国的国有馆藏文物。省、自治区、直辖市人民政府文物行政部门可以调拨本行政区域内其主管的国有文物收藏单位馆藏文物；调拨国有馆藏一级文物，应当报国务院文物行政部门备案。

国有文物收藏单位可以申请调拨国有馆藏文物。

第四十条　文物收藏单位应当充分发挥馆藏文物的作用，通过举办展览、科学研究等活动，加强对中华民族优秀的历史文化和革命传统的宣传教育。

国有文物收藏单位之间因举办展览、科学研究等需借用馆藏文物的，应当报主管的文物行政部门备案；借用馆藏一级文物的，应当同时报国务院文物行政部门备案。

非国有文物收藏单位和其他单位举办展览需借用国有馆藏文物的，应当报主管的文物行政部门批准；借用国有馆藏一级文物，应当经国务院文物行政部门批准。

文物收藏单位之间借用文物的最长期限不得超过三年。

第四十一条　已经建立馆藏文物档案的国有文物收藏单位，经省、自治区、直辖市人民政府文物行政部门批准，并报国务院文物行政部门备案，其馆藏文物可以在国有文物收藏单位之间交换。

第四十二条　未建立馆藏文物档案的国有文物收藏单位，不得依照本法第四十条、第四十一条的规定处置其馆藏文物。

第四十三条　依法调拨、交换、借用国有馆藏文物，取得文物的文物收藏单位可以对提供文物的文物收藏单位给予合理补偿，具体管理办法由国务院文物行政部门制定。

国有文物收藏单位调拨、交换、出借文物所得的补偿费用，必须用于改善文物的收藏条件和收集新的文物，不得挪作他用；任何单位或者个人不得侵占。

调拨、交换、借用的文物必须严格保管，不得丢失、损毁。

第四十四条 禁止国有文物收藏单位将馆藏文物赠与、出租或者出售给其他单位、个人。

第四十五条 国有文物收藏单位不再收藏的文物的处置办法，由国务院另行制定。

第四十六条 修复馆藏文物，不得改变馆藏文物的原状；复制、拍摄、拓印馆藏文物，不得对馆藏文物造成损害。具体管理办法由国务院制定。

不可移动文物的单体文物的修复、复制、拍摄、拓印，适用前款规定。

第四十七条 博物馆、图书馆和其他收藏文物的单位应当按照国家有关规定配备防火、防盗、防自然损坏的设施，确保馆藏文物的安全。

第四十八条 馆藏一级文物损毁的，应当报国务院文物行政部门核查处理。其他馆藏文物损毁的，应当报省、自治区、直辖市人民政府文物行政部门核查处理；省、自治区、直辖市人民政府文物行政部门应当将核查处理结果报国务院文物行政部门备案。

馆藏文物被盗、被抢或者丢失的，文物收藏单位应当立即向公安机关报案，并同时向主管的文物行政部门报告。

第四十九条 文物行政部门和国有文物收藏单位的工作人员不得借用国有文物，不得非法侵占国有文物。

第五章 民间收藏文物

第五十条 文物收藏单位以外的公民、法人和其他组织可以收藏通过下列方式取得的文物：

（一）依法继承或者接受赠与；

（二）从文物商店购买；

（三）从经营文物拍卖的拍卖企业购买；

（四）公民个人合法所有的文物相互交换或者依法转让；

（五）国家规定的其他合法方式。

文物收藏单位以外的公民、法人和其他组织收藏的前款文物可以依法流通。

第五十一条 公民、法人和其他组织不得买卖下列文物：

（一）国有文物，但是国家允许的除外；

（二）非国有馆藏珍贵文物；

（三）国有不可移动文物中的壁画、雕塑、建筑构件等，但是依法拆除的国有不可移动文物中的壁画、雕塑、建筑构件等不属于本法第二十条第四款规定的应由文物收藏单位收藏的除外；

（四）来源不符合本法第五十条规定的文物。

第五十二条 国家鼓励文物收藏单位以外的公民、法人和其他组织将其收藏的文物捐赠给国有文物收藏单位或者出借给文物收藏单位展览和研究。

国有文物收藏单位应当尊重并按照捐赠人的意愿，对捐赠的文物妥善收藏、保管和展示。

国家禁止出境的文物，不得转让、出租、质押给外国人。

第五十三条 文物商店应当由省、自治区、直辖市人民政府文物行政部门批准设立，依法进行管理。

文物商店不得从事文物拍卖经营活动，不得设立经营文物拍卖的拍卖企业。

第五十四条 依法设立的拍卖企业经营文物拍卖的，应当取得省、自治区、直辖市人民政府文物行政部门颁发的文物拍卖许可证。

经营文物拍卖的拍卖企业不得从事文物购销经营活动，不得设立文物商店。

第五十五条 文物行政部门的工作人员不得举办或者参与举办文物商店或者经营文物拍卖的拍卖企业。

文物收藏单位不得举办或者参与举办文物商店或者经营文物拍卖的拍卖企业。

禁止设立中外合资、中外合作和外商独资的文物商店或者经营文物拍卖的拍卖企业。

除经批准的文物商店、经营文物拍卖的拍卖企业外，其他单位或者个人不得从事文物的商业经营活动。

第五十六条 文物商店不得销售、拍卖企业不得拍卖本法第五十一条规定的文物。

拍卖企业拍卖的文物，在拍卖前应当经省、自治区、直辖市人民政府文物行政部门审核，并报国务院文物行政部门备案。

第五十七条 省、自治区、直辖市人民政府文物行政部门应当建立文物购销、拍卖信息与信用管理系统。文物商店购买、销售文物，拍卖企业拍卖文物，应当按照国家有关规定作出记录，并于销售、拍卖文物后三十日内报省、自治区、直辖市人民政府文物行政部门备案。

拍卖文物时，委托人、买受人要求对其身份保密的，文物行政部门应当为其保密；但是，法律、行政法规另有规定的除外。

第五十八条 文物行政部门在审核拟拍卖的文物时，可以指定国有文物收藏单位优先购买其中的珍贵文物。购买价格由文物收藏单位的代表与文物的委托人协商确定。

第五十九条 银行、冶炼厂、造纸厂以及废旧物资回收单位，应当与当地文物行政部门共同负责拣选掺杂在金银器和废旧物资中的文物。拣选文物除供银行研究所必需的历史货币可以由人民银行留用外，应当移交当地文物行政部门。移交拣选文物，应当给予合理补偿。

第六章 文物出境进境

第六十条 国有文物、非国有文物中的珍贵文物和国家规定禁止出境的其他文物,不得出境;但是依照本法规定出境展览或者因特殊需要经国务院批准出境的除外。

第六十一条 文物出境,应当经国务院文物行政部门指定的文物进出境审核机构审核。经审核允许出境的文物,由国务院文物行政部门发给文物出境许可证,从国务院文物行政部门指定的口岸出境。

任何单位或者个人运送、邮寄、携带文物出境,应当向海关申报;海关凭文物出境许可证放行。

第六十二条 文物出境展览,应当报国务院文物行政部门批准;一级文物超过国务院规定数量的,应当报国务院批准。

一级文物中的孤品和易损品,禁止出境展览。

出境展览的文物出境,由文物进出境审核机构审核、登记。海关凭国务院文物行政部门或者国务院的批准文件放行。出境展览的文物复进境,由原文物进出境审核机构审核查验。

第六十三条 文物临时进境,应当向海关申报,并报文物进出境审核机构审核、登记。

临时进境的文物复出境,必须经原审核、登记的文物进出境审核机构审核查验;经审核查验无误的,由国务院文物行政部门发给文物出境许可证,海关凭文物出境许可证放行。

第七章 法律责任

第六十四条 违反本法规定,有下列行为之一,构成犯罪的,依法追究刑事责任:

(一)盗掘古文化遗址、古墓葬的;

(二)故意或者过失损毁国家保护的珍贵文物的;

(三)擅自将国有馆藏文物出售或者私自送给非国有单位或者个人的;

(四)将国家禁止出境的珍贵文物私自出售或者送给外国人的;

(五)以牟利为目的倒卖国家禁止经营的文物的;

(六)走私文物的;

(七)盗窃、哄抢、私分或者非法侵占国有文物的;

(八)应当追究刑事责任的其他妨害文物管理行为。

第六十五条 违反本法规定,造成文物灭失、损毁的,依法承担民事责任。

违反本法规定,构成违反治安管理行为的,由公安机关依法给予治安管理处罚。

违反本法规定,构成走私行为,尚不构成犯罪的,由海关依照有关法律、行政法规的规定给予处罚。

第六十六条 有下列行为之一,尚不构成犯罪的,由县级以上人民政府文物主管部门责令改正,造成严重后果的,处五万元以上五十万元以下的罚款;情节严重的,由原发证机关吊销资质证书:

(一)擅自在文物保护单位的保护范围内进行建设工程或者爆破、钻探、挖掘等作业的;

(二)在文物保护单位的建设控制地带内进行建设工程,其工程设计方案未经文物行政部门同意、报城乡建设规划部门批准,对文物保护单位的历史风貌造成破坏的;

(三)擅自迁移、拆除不可移动文物的;

(四)擅自修缮不可移动文物,明显改变文物原状的;

(五)擅自在原址重建已全部毁坏的不可移动文物,造成文物破坏的;

(六)施工单位未取得文物保护工程资质证书,擅自从事文物修缮、迁移、重建的。

刻划、涂污或者损坏文物尚不严重的,或者损毁依照本法第十五条第一款规定设立的文物保护单位标志的,由公安机关或者文物所在单位给予警告,可以并处罚款。

第六十七条 在文物保护单位的保护范围内或者建设控制地带内建设污染文物保护单位及其环境的设施的,或者对已有的污染文物保护单位及其环境的设施未在规定的期限内完成治理的,由环境保护行政部门依照有关法律、法规的规定给予处罚。

第六十八条 有下列行为之一的,由县级以上人民政府文物主管部门责令改正,没收违法所得,违法所得一万元以上的,并处违法所得二倍以上五倍以下的罚款;违法所得不足一万元的,并处五千元以上二万元以下的罚款:

(一)转让或者抵押国有不可移动文物,或者将国有不可移动文物作为企业资产经营的;

(二)将非国有不可移动文物转让或者抵押给外国人的;

(三)擅自改变国有文物保护单位的用途的。

第六十九条 历史文化名城的布局、环境、历史风貌等遭到严重破坏的,由国务院撤销其历史文化名城称号;历史文化城镇、街道、村庄的布局、环境、历史风貌等遭到严重破坏的,由省、自治区、直辖市人民政府撤销其历史文化街区、村镇称号;对负有责任的主管人员和其他直接责任人员依法给予行政处分。

第七十条 有下列行为之一,尚不构成犯罪的,由县级以上人民政府文物主管部门责令改正,可以并处二万元以下的罚款,有违法所得的,没收违法所得:

(一)文物收藏单位未按照国家有关规定配备防火、防盗、防自然损坏的设施的;

(二)国有文物收藏单位法定代表人离任时未按照馆藏文物档案移交馆藏文物,或者所移交的馆藏文物与馆藏文物档案不符的;

(三)将国有馆藏文物赠与、出租或者出售给其他单位、个人的;

(四)违反本法第四十条、第四十一条、第四十五条规定处置国有馆藏文物的;

（五）违反本法第四十三条规定挪用或者侵占依法调拨、交换、出借文物所得补偿费用的。

第七十一条 买卖国家禁止买卖的文物或者将禁止出境的文物转让、出租、质押给外国人，尚不构成犯罪的，由县级以上人民政府文物主管部门责令改正，没收违法所得，违法经营额一万元以上的，并处违法经营额二倍以上五倍以下的罚款；违法经营额不足一万元的，并处五千元以上二万元以下的罚款。

文物商店、拍卖企业有前款规定的违法行为的，由县级以上人民政府文物主管部门没收违法所得、非法经营的文物，违法经营额五万元以上的，并处违法经营额一倍以上三倍以下的罚款；违法经营额不足五万元的，并处五千元以上五万元以下的罚款；情节严重的，由原发证机关吊销许可证书。

第七十二条 未经许可，擅自设立文物商店、经营文物拍卖的拍卖企业，或者擅自从事文物的商业经营活动，尚不构成犯罪的，由工商行政管理部门依法予以制止，没收违法所得、非法经营的文物，违法经营额五万元以上的，并处违法经营额二倍以上五倍以下的罚款；违法经营额不足五万元的，并处二万元以上十万元以下的罚款。

第七十三条 有下列情形之一的，由工商行政管理部门没收违法所得、非法经营的文物，违法经营额五万元以上的，并处违法经营额一倍以上三倍以下的罚款；违法经营额不足五万元的，并处五千元以上五万元以下的罚款；情节严重的，由原发证机关吊销许可证书：

（一）文物商店从事文物拍卖经营活动的；

（二）经营文物拍卖的拍卖企业从事文物购销经营活动的；

（三）拍卖企业拍卖的文物，未经审核的；

（四）文物收藏单位从事文物的商业经营活动的。

第七十四条 有下列行为之一，尚不构成犯罪的，由县级以上人民政府文物主管部门会同公安机关追缴文物；情节严重的，处五千元以上五万元以下的罚款：

（一）发现文物隐匿不报或者拒不上交的；

（二）未按照规定移交拣选文物的。

第七十五条 有下列行为之一的，由县级以上人民政府文物主管部门责令改正：

（一）改变国有未核定为文物保护单位的不可移动文物的用途，未依照本法规定报告的；

（二）转让、抵押非国有不可移动文物或者改变其用途，未依照本法规定备案的；

（三）国有不可移动文物的使用人拒不依法履行修缮义务的；

（四）考古发掘单位未经批准擅自进行考古发掘，或者不如实报告考古发掘结果的；

（五）文物收藏单位未按照国家有关规定建立馆藏文物档案、管理制度，或者未将馆藏文物档案、管理制度备案的；

（六）违反本法第三十八条规定，未经批准擅自调取馆藏文物的；

（七）馆藏文物损毁未报文物行政部门核查处理，或者馆藏文物被盗、被抢或者丢失，文物收藏单位未及时向公安机关或者文物行政部门报告的；

（八）文物商店销售文物或者拍卖企业拍卖文物，未按照国家有关规定作出记录或者未将所作记录报文物行政部门备案的。

第七十六条 文物行政部门、文物收藏单位、文物商店、经营文物拍卖的拍卖企业的工作人员，有下列行为之一的，依法给予行政处分，情节严重的，依法开除公职或者吊销其从业资格；构成犯罪的，依法追究刑事责任：

（一）文物行政部门的工作人员违反本法规定，滥用审批权限、不履行职责或者发现违法行为不予查处，造成严重后果的；

（二）文物行政部门和国有文物收藏单位的工作人员借用或者非法侵占国有文物的；

（三）文物行政部门的工作人员举办或者参与举办文物商店或者经营文物拍卖的拍卖企业的；

（四）因不负责任造成文物保护单位、珍贵文物损毁或者流失的；

（五）贪污、挪用文物保护经费的。

前款被开除公职或者被吊销从业资格的人员，自被开除公职或者被吊销从业资格之日起十年内不得担任文物管理人员或者从事文物经营活动。

第七十七条 有本法第六十六条、第六十八条、第七十条、第七十一条、第七十四条、第七十五条规定所列行为之一的，负有责任的主管人员和其他直接责任人员是国家工作人员的，依法给予行政处分。

第七十八条 公安机关、工商行政管理部门、海关、城乡建设规划部门和其他国家机关，违反本法规定滥用职权、玩忽职守、徇私舞弊，造成国家保护的珍贵文物损毁或者流失的，对负有责任的主管人员和其他直接责任人员依法给予行政处分；构成犯罪的，依法追究刑事责任。

第七十九条 人民法院、人民检察院、公安机关、海关和工商行政管理部门依法没收的文物应当登记造册，妥善保管，结案后无偿移交文物行政部门，由文物行政部门指定的国有文物收藏单位收藏。

第八章 附　　则

第八十条 本法自公布之日起施行。

国家重点建设项目管理办法

（1996年6月14日国家计划委员会发布 根据2011年1月8日《国务院关于废止和修改部分行政法规的决定》修订）

第一条 为了加强国家重点建设项目的管理，保证国家重点建设项目的工程质量和按期竣工，提高投资效益，促进国民经济持续、快速、健康发展，制定本办法。

第二条 本办法所称国家重点建设项目，是指从下列国家大中型基本建设项目中确定的对国民经济和社会发展有重大影响的骨干项目：

（一）基础设施、基础产业和支柱产业中的大型项目；

（二）高科技并能带动行业技术进步的项目；

（三）跨地区并对全国经济发展或者区域经济发展有重大影响的项目；

（四）对社会发展有重大影响的项目；

（五）其他骨干项目。

第三条 国家重点建设项目的确定，根据国家产业政策、国民经济和社会发展的需要和可能，实行突出重点、量力而行、留有余地、防止资金分散、保证投资落实和资金供应的原则。

第四条 国家重点建设项目由国务院计划主管部门商国务院有关主管部门确定。

第五条 省、自治区、直辖市以及计划单列市的人民政府计划主管部门和国务院有关主管部门（公司），按照本办法第二条规定的范围和第三条规定的原则，对本地区、本部门的基本建设项目进行平衡后，每年可以向国务院计划主管部门提出列为国家重点建设项目的申请。

国务院计划主管部门收到申请后，应当征求国务院有关主管部门的意见，进行综合平衡，在所申请项目的可行性研究报告批准后，确定国家重点建设预备项目；在所申请项目批准开工后，正式确定国家重点建设项目。

国家重点建设项目和国家重点建设预备项目确定后，由国务院计划主管部门公布。

第六条 国务院计划主管部门和有关地方人民政府计划主管部门，应当按照国家重点建设项目的建设工期，安排国家重点建设项目的年度投资计划。

第七条 国家重点建设项目，实行建设项目法人责任制；国家另有规定的，从其规定。

建设项目法人负责国家重点建设项目的筹划、筹资、建设、生产经营、偿还债务和资产的保值增值，依照国家有关规定对国家重点建设项目的建设资金、建设工期、工程质量、生产安全等进行严格管理。

建设项目法人的组织形式、组织机构，依照《中华人民共和国公司法》和国家有关规定执行。

第八条 根据国家重点建设项目的年度投资计划和合同，负有拨付建设资金责任的国务院有关主管部门、有关地方人民政府、银行和企业事业单位，应当按照项目的建设进度，保证拨付建设资金。

第九条 国家重点建设项目的设备储备资金，各有关银行和部门应当优先安排。

第十条 国务院计划主管部门和有关地方人民政府计划主管部门，在安排国家重点建设项目的年度投资计划时，应当预留一定比例的资金，用于国家重点建设项目建设过程中的特殊需要。

第十一条 任何单位和个人不得挪用、截留国家重点建设项目的建设资金以及设备储备资金。

第十二条 地方人民政府负责与国家重点建设项目征地有关的协调工作，并提供必要的便利条件。土地管理部门应当依法保证国家重点建设项目的建设用地。

第十三条 国家重点建设项目主体工程的设计、施工、监理、设备采购，由建设项目法人依法公开进行招标，择优选定中标单位；但是，按照规定经批准可以议标、邀请招标的除外。

国家重点建设项目的投标单位应当具有国家规定的甲级（一级）资格（资质）。

国家重点建设项目的中标单位，未经建设项目法人的同意，不得将合同转包或者分包。

国务院计划主管部门会同国务院有关主管部门、有关地方人民政府、银行，对国家重点建设项目的招标投标工作进行监督检查。

第十四条 电力、交通、邮电、供水、供热等单位，应当优先保证国家重点建设项目对施工和生产用电、物资运输、邮电通信和用水、用热等方面的需要，按照合同的约定履行义务。

第十五条 有关企业事业单位应当优先供应国家重点建设项目所需的设备、材料，按照合同的约定履行义务。

第十六条 任何单位和个人不得向国家重点建设项目收取费用；但是，法律或者国务院另有规定的，从其规定。

第十七条 建设项目法人应当按照国家有关规定，向国务院计划主管部门报送国家重点建设项目的建设情况和资料，并抄报有关主管部门和银行。

第十八条 为国家重点建设项目直接配套的项目，应当按照国家重点建设项目的建设进度，同步进行建设。为配套的项目提供建设资金的部门和单位，应当保证按照项目的建设进度拨付建设资金。

第十九条 国家重点建设项目建成并经过试运营，应当按照批准的设计文件和其他有关文件，由建设项目法人及时组织设计、施工等单位进行初步验收。

初步验收合格的，由国务院计划主管部门或者其委托的机构，组织有关单位进行竣工验收。

第二十条 国家重点建设项目竣工验收合格的，经过运营，应当按照国家有关规定进行项目后评价。

第二十一条 国务院计划主管部门会同国务院有关主管部门、有关地方人民政府，对国家重点建设项目的建设进行协调、指导和监督。

第二十二条 未按照规定拨付国家重点建设项目资金的，由国务院计划主管部门予以通报批评，并提请有关主管部门对负有直接责任的主管人员和其他责任人员依法给予行政处分；地方投资的部分连续两年未按照规定拨付的，国务院计划主管部门有权停止审批该地方下一年度的新开工项目。

未按照合同约定拨付国家重点建设项目资金的，应当承担相应的违约责任。

第二十三条 挪用、截留国家重点建设项目资金的，由审计机关、财政机关追还被挪用、截留的资金，予以通报批评，并提请有关主管部门对负有直接责任的主管人员和其他责任人员依法给予行政处分；构成犯罪的，依法追究刑事责任。

第二十四条 扰乱国家重点建设项目建设、生产经营秩序，致使其不能正常进行的，依照《中华人民共和国治安管理处罚法》的规定给予处罚；构成犯罪的，依法追究刑事责任。

第二十五条 国家重点建设项目工程因管理不善、弄虚作假，造成严重超概算、质量低劣、损失浪费或者责任事故的，由国务院计划主管部门予以通报批评，并提请有关主管部门对负有直接责任的主管人员和其他责任人员依法给予行政处分；构成犯罪的，依法追究刑事责任。

第二十六条 本办法自发布之日起施行。

外商投资建筑业企业管理规定

（2002 年 9 月 27 日建设部、对外贸易经济合作部令第 113 号发布　自 2002 年 12 月 1 日起施行）

第一章　总　　则

第一条 为进一步扩大对外开放，规范对外商投资建筑业企业的管理，根据《中华人民共和国建筑法》、《中华人民共和国招标投标法》、《中华人民共和国中外合资经营企业法》、《中华人民共和国中外合作经营企业法》、《中华人民共和国外资企业法》、《建设工程质量管理条例》等法律、行政法规，制定本规定。

第二条 在中华人民共和国境内设立外商投资建筑业企业，申请建筑业企业资质，实施对外商投资建筑业企业监督管理，适用本规定。

本规定所称外商投资建筑业企业，是指根据中国法律、法规的规定，在中华人民共和国境内投资设立的外资建筑业企业、中外合资经营建筑业企业以及中外合作经营建筑业企业。

第三条 外国投资者在中华人民共和国境内设立外商投资建筑业企业，并从事建筑活动，应当依法取得对外贸易经济行政主管部门颁发的外商投资企业批准证书，在国家工商行政管理总局或者其授权的地方工商行政管理局注册登记，并取得建设行政主管部门颁发的建筑业企业资质证书。

第四条 外商投资建筑业企业在中华人民共和国境内从事建筑活动，应当遵守中国的法律、法规、规章。

外商投资建筑业企业在中华人民共和国境内的合法经营活动及合法权益受中国法律、法规、规章的保护。

第五条 国务院对外贸易经济行政主管部门负责外商投资建筑业企业设立的管理工作；国务院建设行政主管部门负责外商投资建筑业企业资质的管理工作。

省、自治区、直辖市人民政府对外贸易经济行政主管部门在授权范围内负责外商投资建筑业企业设立的管理工作；省、自治区、直辖市人民政府建设行政主管部门按照本规定负责本行政区域内的外商投资建筑业企业资质的管理工作。

第二章　企业设立与资质的申请和审批

第六条 外商投资建筑业企业设立与资质的申请和审批，实行分级、分类管理。

申请设立施工总承包序列特级和一级、专业承包序列一级资质外商投资建筑业企业的，其设立由国务院对外贸易经济行政主管部门审批，其资质由国务院建设行政主管部门审批；申请设立施工总承包序列和专业承包序列二级及二级以下、劳务分包序列资质的，其设立由省、自治区、直辖市人民政府对外贸易经济行政主管部门审批，其资质由省、自治区、直辖市人民政府建设行政主管部门审批。

中外合资经营建筑业企业、中外合作经营建筑业企业的中方投资者为中央管理企业的，其设立由国务院对外贸易经济行政主管部门审批，其资质由国务院建设行政主管部门审批。

第七条 设立外商投资建筑业企业，申请施工总承包序列特级和一级、专业承包序列一级资质的程序：

（一）申请者向拟设立企业所在地的省、自治区、直辖市人民政府对外贸易经济行政主管部门提出设立申请。

（二）省、自治区、直辖市人民政府对外贸易经济行政主管部门在受理申请之日起 30 日内完成初审，初审同意后，报国务院对外贸易经济行政主管部门。

（三）国务院对外贸易经济行政主管部门在收到初审材料之日起 10 日内将申请材料送国务院建设行政主管部门征求意见。国务院建设行政主管部门在收到征求意见函之日起 30 日内提出意见。国务院对外贸易经济行政主管部门在收到国务院建设行政主管部门书面意见之日起 30 日内作出批准或者不批准的书面决定。予以批准的，发给外商投资企业批准证书；不予批准的，书面说明理由。

（四）取得外商投资企业批准证书的，应当在 30 日内到登记主管机关办理企业登记注册。

（五）取得企业法人营业执照后，申请建筑业企业资质的，按照建筑业企业资质管理规定办理。

第八条 设立外商投资建筑业企业，申请施工总承包序列和专业承包序列二级及二级以下、劳务分包序列资质的程序，由各省、自治区、直辖市人民政府建设行政主管部门和对外贸易经济行政主管部门，结合本地区实际情况，参照本规定第七条以及建筑业企业资质管理规定执行。

省、自治区、直辖市人民政府建设行政主管部门审批的外商投资建筑业企业资质，应当在批准之日起30日内报国务院建设行政主管部门备案。

第九条 外商投资建筑业企业申请晋升资质等级或者增加主项以外资质的，应当依照有关规定到建设行政主管部门办理相关手续。

第十条 申请设立外商投资建筑业企业应当向对外贸易经济行政主管部门提交下列资料：

（一）投资方法定代表人签署的外商投资建筑业企业设立申请书；

（二）投资方编制或者认可的可行性研究报告；

（三）投资方法定代表人签署的外商投资建筑业企业合同和章程（其中，设立外资建筑业企业的只需提供章程）；

（四）企业名称预先核准通知书；

（五）投资方法人登记注册证明、投资方银行资信证明；

（六）投资方拟派出的董事长、董事会成员、经理、工程技术负责人等任职文件及证明文件；

（七）经注册会计师或者会计事务所审计的投资方最近三年的资产负债表和损益表。

第十一条 申请外商投资建筑业企业资质应当向建设行政主管部门提交下列资料：

（一）外商投资建筑业企业资质申请表；

（二）外商投资企业批准证书；

（三）企业法人营业执照；

（四）投资方的银行资信证明；

（五）投资方拟派出的董事长、董事会成员、企业财务负责人、经营负责人、工程技术负责人等任职文件及证明文件；

（六）经注册会计师或者会计师事务所审计的投资方最近三年的资产负债表和损益表；

（七）建筑业企业资质管理规定要求提交的资料。

第十二条 中外合资经营建筑业企业、中外合作经营建筑业企业中方合营者的出资总额不得低于注册资本的25%。

第十三条 本规定实施前，已经设立的中外合资经营建筑业企业、中外合作经营建筑业企业，应当按照本规定和建筑业企业资质管理规定重新核定资质等级。

第十四条 本规定中要求申请者提交的资料应当使用中文，证明文件原件是外文的，应当提供中文译本。

第三章 工程承包范围

第十五条 外资建筑业企业只允许在其资质等级许可的范围内承包下列工程：

（一）全部由外国投资、外国赠款、外国投资及赠款建设的工程；

（二）由国际金融机构资助并通过根据贷款条款进行的国际招标授予的建设项目；

（三）外资等于或者超过50%的中外联合建设项目；及外资少于50%，但因技术困难而不能由中国建筑企业独立实施，经省、自治区、直辖市人民政府建设行政主管部门批准的中外联合建设项目；

（四）由中国投资，但因技术困难而不能由中国建筑企业独立实施的建设项目，经省、自治区、直辖市人民政府建设行政主管部门批准，可以由中外建筑企业联合承揽。

第十六条 中外合资经营建筑业企业、中外合作经营建筑业企业应当在其资质等级许可的范围内承包工程。

第四章 监督管理

第十七条 外商投资建筑业企业的资质等级标准执行国务院建设行政主管部门颁发的建筑业企业资质等级标准。

第十八条 承揽施工总承包工程的外商投资建筑业企业，建筑工程主体结构的施工必须由其自行完成。

第十九条 外商投资建筑业企业与其他建筑业企业联合承包，应当按照资质等级低的企业的业务许可范围承包工程。

第二十条 外资建筑业企业违反本规定第十五条，超越资质许可的业务范围承包工程的，处工程合同价款2%以上4%以下的罚款；可以责令停业整顿，降低资质等级；情节严重的，吊销资质证书；有违法所得的，予以没收。

第二十一条 外商投资建筑业企业从事建筑活动，违反《中华人民共和国建筑法》、《中华人民共和国招标投标法》、《建设工程质量管理条例》、《建筑业企业资质管理规定》等有关法律、法规、规章的，依照有关规定处罚。

第五章 附 则

第二十二条 本规定实施前已经取得《外国企业承包工程资质证》的外国企业投资设立外商投资建筑业企业，可以根据其在中华人民共和国境内承包工程业绩等申请相应等级的建筑业企业资质。

根据本条第一款规定已经在中华人民共和国境内设立外商投资建筑业企业的外国企业，设立新的外商投资建筑业企业，其资质等级按照建筑业企业资质管理规定核定。

第二十三条 香港特别行政区、澳门特别行政区和台湾地区投资者在其他省、自治区、直辖市投资设立建筑业企业，从事建筑活动的，参照本规定执行。法律、法规、国务院另有规定的除外。

第二十四条　本规定由国务院建设行政主管部门和国务院对外贸易经济行政主管部门按照各自职责负责解释。

第二十五条　本规定自2002年12月1日起施行。

第二十六条　自2003年10月1日起,1994年3月22日建设部颁布的《在中国境内承包工程的外国企业资质管理暂行办法》(建设部令第32号)废止。

第二十七条　自2002年12月1日起,建设部和对外贸易经济合作部联合颁布的《关于设立外商投资建筑业企业的若干规定》(建建〔1995〕533号)废止。

规范住房和城乡建设部工程建设行政处罚裁量权实施办法

(2019年9月23日　建法规〔2019〕7号)

第一条　为规范住房和城乡建设部工程建设行政处罚行为,促进依法行政,保护公民、法人和其他组织的合法权益,根据《中华人民共和国行政处罚法》《中华人民共和国建筑法》等法律法规,以及《法治政府建设实施纲要(2015—2020年)》,制定本办法。

第二条　本办法所称工程建设行政处罚裁量权,是指住房和城乡建设部在工程建设领域行使法定的行政处罚权时,在法律法规规定的行政处罚种类和幅度范围内享有的自主决定权。

本办法所称规范工程建设行政处罚裁量权,是指住房和城乡建设部在法定的工程建设行政处罚权限范围内,通过制定《住房和城乡建设部工程建设行政处罚裁量基准》(以下简称《裁量基准》),视违法行为的情节轻重程度、后果影响大小,合理划分不同档次违法情形,明确行政处罚的具体标准。

第三条　工程建设法律法规未规定实施行政处罚可以选择处罚种类和幅度的,住房和城乡建设部应当严格依据法律法规的规定作出行政处罚。

第四条　住房和城乡建设部行使工程建设行政处罚裁量权,应当坚持合法合理、过罚相当、程序正当、行政效率、教育处罚相结合的原则。

第五条　依法应当由住房和城乡建设部实施的工程建设行政处罚,包括下列内容:

(一)对住房和城乡建设部核准资质的工程勘察设计企业、建筑施工企业、工程监理企业处以停业整顿、降低资质等级、吊销资质证书的行政处罚。

(二)对住房和城乡建设部核发注册执业证书的工程建设类注册执业人员,处以停止执业、吊销执业资格证书的行政处罚。

(三)其他应当由住房和城乡建设部实施的行政处罚。

第六条　地方各级住房和城乡建设主管部门发现需要由住房和城乡建设部实施行政处罚的工程建设违法行为,应当依据法律法规、本办法和《裁量基准》提出行政处罚建议,并及时将行政处罚建议和相关证据材料逐级上报住房和城乡建设部。

住房和城乡建设部收到省级住房和城乡建设主管部门的行政处罚建议,或者直接发现应当由住房和城乡建设部实施行政处罚的工程建设违法行为,应当依据法律法规、本办法和《裁量基准》确定的行政处罚种类和幅度实施行政处罚。

第七条　住房和城乡建设部依照法律法规、本办法和《裁量基准》实施行政处罚,不影响地方住房和城乡建设主管部门依法实施罚款等其他种类的行政处罚。依法应当由住房和城乡建设部作出行政处罚,并需要处以罚款的,由地方住房和城乡建设主管部门作出罚款的行政处罚。

第八条　工程建设违法行为导致建设工程质量、安全事故,须由住房和城乡建设部实施行政处罚的,事故发生地住房和城乡建设主管部门应当在事故调查报告被批准后7个工作日内向上一级住房和城乡建设主管部门提出行政处罚建议,并移送案件证据材料;省级住房和城乡建设主管部门收到下一级住房和城乡建设主管部门上报的处罚建议后,应当在7个工作日内向住房和城乡建设部提出行政处罚建议,并移送案件证据材料。

第九条　住房和城乡建设部收到省级住房和城乡建设主管部门的行政处罚建议和证据材料后,认为证据不够充分的,可以要求地方住房和城乡建设主管部门补充调查,也可以直接调查取证。

住房和城乡建设部收到省级住房和城乡建设主管部门的行政处罚建议后,应当及时将处理结果告知该省级住房和城乡建设主管部门。

第十条　住房和城乡建设部实施行政处罚,应当按照《住房城乡建设部关于印发集中行使部机关行政处罚权工作规程的通知》(建督〔2017〕96号)履行行政处罚程序。

行政处罚决定依法作出后,应当于7个工作日内在住房和城乡建设部门户网站办事大厅栏目公示,并记入全国建筑市场监管公共服务平台。

第十一条　行政处罚决定书中应当明确履行停业整顿处罚的起止日期,起算日期应当考虑必要的文书制作、送达、合理范围知悉等因素,但不得超过处罚决定作出后7个工作日。

发生安全事故的建筑施工企业已经受到暂扣安全生产许可证处罚的,对其实施责令停业整顿处罚时,应当在折抵暂扣安全生产许可证的期限后,确定停业整顿的履行期限。

第十二条　停业整顿期间,企业在全国范围内不得以承接发生违法行为的工程项目时所用资质类别承接新的工程项目;对于设计、监理综合类资质企业,在全国范围内不得以承接发生违法行为的工程项目时所用工程类别承接新的工程项目。

降低资质等级、吊销资质证书处罚的范围是企业承接发生违法行为的工程项目时所用资质类别。

责令停止执业、吊销执业资格证书处罚的范围是相应执业资格注册的全部专业。

第十三条　当事人有下列情形之一的，应当根据法律法规和《裁量基准》从轻或者减轻处罚：

（一）主动消除或者减轻违法行为危害后果的；

（二）受他人胁迫有违法行为的；

（三）配合行政机关查处违法行为有立功表现的；

（四）其他依法从轻或者减轻行政处罚的。

第十四条　当事人有下列情形之一的，应当依法在《裁量基准》相应档次内从重处罚。情节特别严重的，可以按高一档次处罚。

（一）工程勘察设计企业、建筑施工企业、工程监理企业在发生建设工程质量、安全事故后2年内再次发生建设工程质量、安全事故且负有事故责任的；

（二）工程勘察设计企业、建筑施工企业、工程监理企业对建设工程质量、安全事故负有责任且存在超越资质、转包（转让业务）、违法分包、挂靠、租借资质等行为的；

（三）注册执业人员对建设工程质量、安全事故负有责任且存在注册单位与实际工作单位不一致，或者买卖租借执业资格证书等"挂证"行为的；

（四）工程勘察设计企业、建筑施工企业、工程监理企业和注册执业人员多次实施违法行为，或在有关主管部门责令改正后，拒不改正，继续实施违法行为的。

第十五条　住房和城乡建设部成立规范工程建设行政处罚裁量权专家委员会，对重大的工程建设行政处罚提供咨询意见。

住房和城乡建设部适时对本办法和《裁量基准》的实施情况，以及规范工程建设行政处罚裁量权工作情况进行评估。

第十六条　地方住房和城乡建设主管部门根据权限实施责令停业整顿、降低资质等级、吊销资质证书以及停止执业、吊销执业资格证书等处罚，应当参照本办法和《裁量基准》制定相应基准。

第十七条　在依法查处工程建设违法行为中发现涉嫌犯罪的，应当及时移送有关国家机关依法处理。

第十八条　本办法自2019年11月1日起施行。《规范住房城乡建设部工程建设行政处罚裁量权实施办法（试行）》和《住房城乡建设部工程建设行政处罚裁量基准（试行）》（建法〔2011〕6号）同时废止。《住房城乡建设质量安全事故和其他重大突发事件督办处理办法》（建法〔2015〕37号）与本办法和《裁量基准》规定不一致的，以本办法和《裁量基准》为准。

工程建设工法管理办法

（2014年7月16日　建质〔2014〕103号）

第一条　为促进建筑施工企业技术创新，提升施工技术水平，规范工程建设工法的管理，制定本办法。

第二条　本办法适用于工法的开发、申报、评审和成果管理。

第三条　本办法所称的工法，是指以工程为对象，以工艺为核心，运用系统工程原理，把先进技术和科学管理结合起来，经过一定工程实践形成的综合配套的施工方法。

工法分为房屋建筑工程、土木工程、工业安装工程三个类别。

第四条　工法分为企业级、省（部）级和国家级，实施分级管理。

企业级工法由建筑施工企业（以下简称企业）根据工程特点开发，通过工程实际应用，经企业组织评审和公布。

省（部）级工法由企业自愿申报，经省、自治区、直辖市住房城乡建设主管部门或国务院有关部门（行业协会）、中央管理的有关企业（以下简称省（部）级工法主管部门）组织评审和公布。

国家级工法由企业自愿申报，经省（部）级工法主管部门推荐，由住房和城乡建设部组织评审和公布。

第五条　工法必须符合国家工程建设的方针、政策和标准，具有先进性、科学性和适用性，能保证工程质量安全、提高施工效率和综合效益，满足节约资源、保护环境等要求。

第六条　企业应当建立工法管理制度，根据工程特点制定工法开发计划，定期组织企业级工法评审，并将公布的企业级工法向省（部）级工法主管部门备案。

第七条　企业应在工程建设中积极推广应用工法，推动技术创新成果转化，提升工程施工的科技含量。

第八条　省（部）级工法主管部门应当督促指导企业开展工法开发和推广应用，组织省（部）级工法评审，将公布的省（部）级工法报住房和城乡建设部备案，择优推荐申报国家级工法。

第九条　住房和城乡建设部每两年组织一次国家级工法评审，评审遵循优中选优、总量控制的原则。

第十条　国家级工法申报遵循企业自愿原则，每项工法由一家建筑施工企业申报，主要完成人员不超过5人。申报企业应是开发应用工法的主要完成单位。

第十一条　申报国家级工法应满足以下条件：

（一）已公布为省（部）级工法；

（二）工法的关键性技术达到国内领先及以上水平；工法中采用的新技术、新工艺、新材料尚没有相应的工程建设国家、行业或地方标准的，已经省级及以上住房城乡建设主管部门组织的技术专家委员会审定；

（三）工法已经过2项及以上工程实践应用，安全可靠，具有较高推广应用价值，经济效益和社会效益显著；

（四）工法遵循国家工程建设的方针、政策和工程建设强制性标准，符合国家建筑技术发展方向和节约资源、保护环境等要求；

（五）工法编写内容齐全完整，包括前言、特点、适用范围、工艺原理、工艺流程及操作要点、材料与设备、质量控制、安全措施、环保措施、效益分析和应用实例；

（六）工法内容不得与已公布的有效期内的国家级工法雷同。

第十二条 申报国家级工法按以下程序进行：

（一）申报企业向省（部）级工法主管部门提交申报材料；

（二）省（部）级工法主管部门审核企业申报材料，择优向住房和城乡建设部推荐。

第十三条 企业申报国家级工法，只能向批准该省（部）级工法的主管部门申报，同一工法不得同时向多个省（部）级工法主管部门申报。

第十四条 省（部）级工法主管部门推荐申报国家级工法时，内容不得存在雷同。

第十五条 国家级工法申报资料应包括以下内容：

（一）国家级工法申报表；

（二）工法文本；

（三）省（部）级工法批准文件、工法证书；

（四）省（部）级工法评审意见（包括关键技术的评价）；

（五）建设单位或监理单位出具的工程应用证明、施工许可证或开工报告、工程施工合同；

（六）经济效益证明；

（七）工法应用的有关照片或视频资料；

（八）科技查新报告；

（九）涉及他方专利的无争议声明书；

（十）技术标准、专利证书、科技成果获奖证明等其他有关材料。

第十六条 国家级工法评审分为形式审查、专业组审查、评委会审核三个阶段。形式审查、专业组审查采用网络评审方式，评委会审核采用会议评审方式。

（一）形式审查。对申报资料完整性、符合性进行审查，符合申报条件的列入专业组审查。

（二）专业组审查。对通过形式审查的工法按专业分组，评审专家对工法的关键技术水平、工艺流程和操作要点的科学性、合理性、安全可靠性、推广应用价值、文本编制等进行评审，评审结果提交评委会审核。

（三）评委会审核。评委会分房屋建筑、土木工程、工业安装工程三类进行评议审核、实名投票表决，有效票数达到三分之二及以上的通过审核。

第十七条 住房和城乡建设部负责建立国家级工法评审专家库，评审专家从专家库中选取。专家库专家应具有高级及以上专业技术职称，有丰富的施工实践经验和坚实的专业基础理论知识，担任过大型施工企业技术负责人或大型项目负责人，年龄不超过70周岁。院士、获得省（部）级及以上科技进步奖和优质工程奖的专家优先选任。

第十八条 评审专家应坚持公正、公平的原则，严格按照标准评审，对评审意见负责，遵守评审工作纪律和保密规定，保证工法评审的严肃性和科学性。

第十九条 国家级工法评审实行专家回避制度，专业组评审专家不得评审本企业工法。

第二十条 住房和城乡建设部对审核通过的国家级工法进行公示，公示无异议后予以公布。

第二十一条 对获得国家级工法的单位和个人，由住房和城乡建设部颁发证书。

第二十二条 住房和城乡建设部负责建立国家级工法管理和查询信息系统，省（部）级工法主管部门负责建立本地区（部门）工法信息库。

第二十三条 国家级工法有效期为8年。

对有效期内的国家级工法，其完成单位应注意技术跟踪，注重创新和发展，保持工法技术的先进性和适用性。

超出有效期的国家级工法仍具有先进性的，工法完成单位可重新申报。

第二十四条 获得国家级工法证书的单位为该工法的所有权人。工法所有权人可根据国家有关法律法规的规定有偿转让工法使用权，但工法完成单位、主要完成人员不得变更。未经工法所有权人同意，任何单位和个人不得擅自公开工法的关键技术内容。

第二十五条 鼓励企业采用新技术、新工艺、新材料、新设备，加快技术积累和科技成果转化。鼓励符合专利法、科学技术奖励规定条件的工法及其关键技术申请专利和科学技术发明、进步奖。

第二十六条 各级住房城乡建设主管部门和有关部门应积极推动将技术领先、应用广泛、效益显著的工法纳入相关的国家标准、行业标准和地方标准。

第二十七条 鼓励企业积极开发和推广应用工法。省（部）级工法主管部门应对开发和应用工法有突出贡献的企业和个人给予表彰。企业应对开发和推广应用工法有突出贡献的个人给予表彰和奖励。

第二十八条 企业提供虚假材料申报国家级工法的，予以全国通报，5年内不受理其申报国家级工法。

企业以剽窃作假等欺骗手段获得国家级工法的，撤销其国家级工法称号，予以全国通报，5年内不受理其申报国家级工法。

企业提供虚假材料申报国家级工法，或以剽窃作假等欺骗手段获得国家级工法的，作为不良行为记录，记入企业信用档案。

第二十九条　评审专家存在徇私舞弊、违反回避制度和保密纪律等行为的，取消国家级工法评审专家资格。

第三十条　各地区、各部门可参照本办法制定省（部）级工法管理办法。

第三十一条　本办法自发布之日起施行。原《工程建设工法管理办法》（建质〔2005〕145号）同时废止。

建设行政处罚程序暂行规定

（1999年2月3日建设部令第66号发布　自发布之日起施行）

第一章　总　　则

第一条　为保障和监督建设行政执法机关有效实施行政管理，保护公民、法人和其他组织的合法权益，促进建设行政执法工作程序化、规范化，根据《行政处罚法》的有关规定，结合建设系统实际，制定本规定。

第二条　本规定所称建设行政处罚是指建设行政执法机关对违反建设法律、法规、规章的公民、法人和其他组织而实施的行政处罚。

本规定所称建设行政执法机关（以下简称执法机关），是指依法取得行政处罚权的建设行政主管部门、建设系统的行业管理部门以及依法取得委托执法资格的组织。

本规定所称建设行政执法人员（以下简称执法人员），是指依法从事行政处罚工作的人员。

第三条　本规定所称的行政处罚包括：

（一）警告；

（二）罚款；

（三）没收违法所得、没收违法建筑物、构筑物和其他设施；

（四）责令停业整顿、责令停止执业业务；

（五）降低资质等级、吊销资质证书、吊销执业资格证书和其他许可证、执照；

（六）法律、行政法规规定的其他行政处罚。

第四条　执法机关实施行政处罚，依照法律、法规和本规定执行。

第二章　管　　辖

第五条　执法机关依照法律、法规、规章及地方人民政府的职责分工，在职权范围内行使行政处罚权。

第六条　执法机关发现应当处罚的案件不属于自己管辖的，应当将案件移送有管辖权的执法机关。

行政执法过程中发生的管辖权争议，由双方协商解决；协商不成的，报请共同的上级机关或者当地人民政府决定。

执法机关认为确有必要，需要委托其他机关或者组织行使执法权的，执法机关应当依照《行政处罚法》的有关规定与被委托机关或者组织办理委托手续。

第三章　行政处罚程序

第一节　一般程序

第七条　执法机关依据职权，或者依据当事人的申诉、控告等途径发现违法行为。

执法机关对于发现的违法行为，认为应当给予行政处罚的，应当立案，但适用简易程序的除外。

立案应当填写立案审批表，附上相关材料，报主管领导批准。

第八条　立案后，执法人员应当及时进行调查，收集证据；必要时可依法进行检查。

执法人员调查案件，不得少于2人，并应当出示执法身份证件。

第九条　执法人员对案件进行调查，应当收集以下证据：

书证、物证、证人证言、视听资料、当事人陈述、鉴定结论、勘验笔录和现场笔录。

只有查证属实的证据，才能作为处罚的依据。

第十条　执法人员询问当事人及证明人，应当个别进行。询问应当制作笔录，笔录经被询问人核对无误后，由被询问人逐页在笔录上签名或者盖章。如有差错、遗漏，应当允许补正。

第十一条　执法人员应当收集、调取与案件有关的原始凭证作为书证。调取原始凭证有困难的，可以复制，但复制件应当标明“经核对与原件无误”，并由出具书证人签名或者盖章。

调查取证应当有当事人在场，对所提取的物证要开具物品清单，由执法人员和当事人签名或者盖章，各执一份。

对违法嫌疑物品进行检查时，应当制作现场笔录，并有当事人在场。当事人拒绝到场的，应当在现场笔录中注明。

第十二条　执法机关查处违法行为过程中，在证据可能灭失或者难以取得的情况下，可以对证据先行登记保存。

先行登记保存证据，必须当场清点，开具清单，清单由执法人员和当事人签名或者盖章，各执一份。

第十三条　案件调查终结，执法人员应当出具书面案件调查终结报告。

调查终结报告的内容包括：当事人的基本情况、违法事实、处罚依据、处罚建议等。

第十四条　调查终结报告连同案件材料，由执法人员提交执法机关的法制工作机构，由法制工作机构会同有关单位进行书面核审。

第十五条　执法机关的法制工作机构接到执法人员提交的核审材料后，应当登记，并指定具体人员负责核审。

案件核审的主要内容包括：

（一）对案件是否有管辖权；

（二）当事人的基本情况是否清楚；

（三）案件事实是否清楚，证据是否充分；

（四）定性是否准确；

（五）适用法律、法规、规章是否正确；

（六）处罚是否适当；

（七）程序是否合法。

第十六条　执法机关的法制工作机构对案件核审后，应当提出以下书面意见：

（一）对事实清楚、证据充分、定性准确、程序合法、处理适当的案件，同意执法人员意见。

（二）对定性不准、适用法律不当、处罚不当的案件，建议执法人员修改。

（三）对事实不清、证据不足的案件，建议执法人员补正。

（四）对程序不合法的案件，建议执法人员纠正。

（五）对超出管辖权的案件，按有关规定移送。

第十七条　对执法机关法制工作机构提出的意见，执法人员应当采纳。

第十八条　执法机关法制工作机构与执法人员就有关问题达不成一致意见时，给予较轻处罚的，报请本机关分管负责人决定；给予较重处罚的，报请本机关负责人集体讨论决定或者本机关分管负责人召集的办公会议讨论决定。

第十九条　执法机关对当事人作出行政处罚，必须制作行政处罚决定书。行政处罚决定书的内容包括：

（一）当事人的名称或者姓名、地址；

（二）违法的事实和证据；

（三）行政处罚的种类和依据；

（四）行政处罚的履行方式和期限；

（五）不服行政处罚决定，申请行政复议或者提起行政诉讼的途径和期限；

（六）作出处罚决定的机关和日期。

行政处罚决定书必须盖有作出处罚机关的印章。

第二十条　行政处罚决定生效后，任何人不得擅自变更或者解除。处罚决定确有错误需要变更或者修改的，应当由原执法机关撤销原处罚决定，重新作出处罚决定。

第二节　听证程序

第二十一条　执法机关在作出吊销资质证书、执业资格证书、责令停业整顿（包括属于停业整顿性质的、责令在规定的时限内不得承接新的业务）、责令停止执业业务、没收违法建筑物、构筑物和其他设施以及处以较大数额罚款等行政处罚决定之前，应当告知当事人有要求举行听证的权利。较大数额罚款的幅度，由省、自治区、直辖市人民政府确定。

省、自治区、直辖市人大常委会或者人民政府对听证范围有特殊规定的，从其规定。

第二十二条　当事人要求听证的，应当自接到听证通知之日起3日内以书面或者口头方式向执法机关提出。执法机关应当组织听证。

自听证通知送达之日起3日内，当事人不要求举行听证的，视为放弃要求举行听证的权利。

第二十三条　执法机关应当在听证的7日前，通知当事人举行听证的日期、地点；听证一般由执法机关的法制工作机构人员或者执法机关指定的非本案调查人员主持。

听证规则可以由省、自治区、直辖市建设行政主管部门依据《行政处罚法》的规定制定。

第三节　简易程序

第二十四条　违法事实清楚、证据确凿，对公民处以50元以下、对法人或者其他组织处以1000元以下罚款或者警告的行政处罚，可以当场作出处罚决定。

第二十五条　当场作出处罚决定，执法人员应当向当事人出示执法证件，填写处罚决定书并交付当事人。

第二十六条　当场作出的行政处罚决定书应当载明当事人的违法行为、处罚依据、罚款数额、时间、地点、执法机关名称，并由执法人员签名或者盖章。

第四章　送　　达

第二十七条　执法机关送达行政处罚决定书或者有关文书，应当直接送受送达人。送达必须有送达回执。受送达人应当在送达回执上签名或者盖章，并注明签收日期。签收日期为送达日期。

受送达人拒绝接受行政处罚决定书或者有关文书的，送达人应当邀请有关基层组织的代表或者其他人到场见证，在送达回执上注明拒收事由和日期，由送达人、见证人签名或者盖章，把行政处罚决定书或者有关文书留在受送达人处，即视为送达。

第二十八条　不能直接送达或者直接送达有困难的，按下列规定送达：

（一）受送达人不在的，交其同住的成年家属签收；

（二）受送达人已向执法机关指定代收人的，由代收人签收；

（三）邮寄送达的，以挂号回执上注明的收件日期为送达日期；

（四）受送达人下落不明的，以公告送达，自公告发布之日起3个月即视为送达。

第二十九条　行政处罚决定一经作出即发生法律效力，

当事人应当自觉履行。当事人不履行处罚决定，执法机关可以依法强制执行或者申请人民法院强制执行。

第三十条 当事人不服执法机关作出的行政处罚决定，可以依法向同级人民政府或上一级建设行政主管部门申请行政复议；也可以依法直接向人民法院提起行政诉讼。

行政复议和行政诉讼期间，行政处罚决定不停止执行，但法律、行政法规另有规定的除外。

第五章 监督与管理

第三十一条 行政处罚终结后，执法人员应当及时将立案登记表、案件处理批件、证据材料、行政处罚决定书和执行情况记录等材料立卷归档。

上级交办的行政处罚案件办理终结后，承办单位应当及时将案件的处理结果向交办单位报告。

第三十二条 执法机关及其执法人员应当在法定职权范围内、依法定程序从事执法活动；超越职权范围、违反法定程序所作出的行政处罚无效。

第三十三条 执法机关从事行政执法活动，应当自觉接受地方人民政府法制工作部门和上级执法机关法制工作机构的监督管理。

第三十四条 对当场作出的处罚决定，执法人员应当定期将当场处罚决定书向所属执法机关的法制工作机构或者指定机构备案。

执法机关作出属于听证范围的行政处罚决定之日起7日内，应当向上级建设行政主管部门的法制工作机构或者有关部门备案。

各级建设行政主管部门，要对本行政区域内的执法机关作出的处罚决定的案件进行逐月统计。省、自治区、直辖市建设行政主管部门，应当在每年的二月底以前，向国务院建设行政主管部门的法制工作机构报送上一年度的执法统计报表和执法工作总结。

第三十五条 上级执法机关发现下级执法机关作出的处罚决定确有错误，可以责令其限期纠正。对拒不纠正的，上级机关可以依据职权，作出变更或者撤销行政处罚的决定。

第三十六条 执法人员玩忽职守，滥用职权，徇私舞弊的，由所在单位或者上级机关给予行政处分；构成犯罪的，依法追究刑事责任。

第三十七条 对于无理阻挠、拒绝执法人员依法行使职权，打击报复执法人员的单位或者个人，由建设行政主管部门或者有关部门视情节轻重，根据有关法律、法规的规定依法追究其责任。

第六章 附 则

第三十八条 建设行政处罚的有关文书，由省、自治区、直辖市人民政府或者建设行政主管部门统一制作。

第三十九条 本规定由建设部负责解释。

第四十条 本规定自发布之日起施行。

住房城乡建设领域违法违规行为举报管理办法

（2014年11月19日 建稽〔2014〕166号）

第一条 为规范住房城乡建设领域违法违规行为举报管理，保障公民、法人和其他组织行使举报的权利，依法查处违法违规行为，依据住房城乡建设有关法律、法规，制定本办法。

第二条 本办法所称住房城乡建设领域违法违规行为是指违反住房保障、城乡规划、标准定额、房地产市场、建筑市场、城市建设、村镇建设、工程质量安全、建筑节能、住房公积金、历史文化名城和风景名胜区等方面法律法规的行为。

第三条 各级住房城乡建设主管部门及法律法规授权的管理机构（包括地方人民政府按照职责分工独立设置的城乡规划、房地产市场、建筑市场、城市建设、园林绿化等主管部门和住房公积金、风景名胜区等法律法规授权的管理机构，以下统称主管部门）应当设立并向社会公布违法违规行为举报信箱、网站、电话、传真等，明确专门机构（以下统称受理机构）负责举报受理工作。

第四条 向住房城乡建设部反映违法违规行为的举报，由部稽查办公室归口管理，有关司予以配合。

第五条 举报受理工作坚持属地管理、分级负责、客观公正、便民高效的原则。

第六条 举报人应提供被举报人姓名或单位名称、项目名称、具体位置、违法违规事实及相关证据等。

鼓励实名举报，以便核查有关情况。

第七条 受理机构应在收到举报后进行登记，并在7个工作日内区分下列情形予以处理：

（一）举报内容详细，线索清晰，属于受理机构法定职责或检举下一级主管部门的，由受理机构直接办理。

（二）举报内容详细，线索清晰，属于下级主管部门法定职责的，转下一级主管部门办理；受理机构可进行督办。

（三）举报内容不清，线索不明的，暂存待查。如举报人继续提供有效线索的，区分情形处理。

（四）举报涉及党员领导干部及其他行政监察对象违法违纪行为的，转送纪检监察部门调查处理。

第八条 对下列情形之一的举报，受理机构不予受理，登记后予以存档：

（一）不属于住房城乡建设主管部门职责范围的；

（二）未提供被举报人信息或无具体违法违规事实的；

（三）同一举报事项已经受理，举报人再次举报，但未提供新的违法违规事实的；

（四）已经或者依法应当通过诉讼、仲裁和行政复议等法定途径解决的；

（五）已信访终结的。

第九条　举报件应自受理之日起60个工作日内办结。

上级主管部门转办的举报件，下级主管部门应当按照转办的时限要求办结，并按期上报办理结果；情况复杂的，经上级主管部门批准，可适当延长办理时限，延长时限不得超过30个工作日。实施行政处罚的，依据相关法律法规规定执行。

第十条　上级主管部门应对下级主管部门报送的办理结果进行审核。凡有下列情形之一的，应退回重新办理：

（一）转由被举报单位办理的；

（二）对违法违规行为未作处理或处理不当、显失公正的；

（三）违反法定程序的。

第十一条　举报件涉及重大疑难问题的，各级主管部门可根据实际情况组织集体研判，供定性和处理参考。

第十二条　上级主管部门应当加强对下级主管部门受理举报工作的监督检查，必要时可进行约谈或现场督办。

第十三条　对存在违法违规行为的举报，依法作出处理决定后，方可结案。

第十四条　举报人署名或提供联系方式的，承办单位应当采取书面或口头等方式回复处理情况，并做好相关记录。

第十五条　举报件涉及两个以上行政区域，处理有争议的，由共同的上一级主管部门协调处理或直接调查处理。

第十六条　受理机构应建立举报档案管理制度。

第十七条　受理机构应定期统计分析举报办理情况。

第十八条　各级主管部门应建立违法违规行为预警预报制度。对举报受理工作的情况和典型违法违规案件以适当方式予以通报。

第十九条　负责办理举报的工作人员，严禁泄露举报人的姓名、身份、单位、地址和联系方式等情况；严禁将举报情况透露给被举报人及与举报办理无关人员；严禁私自摘抄、复制、扣压、销毁举报材料，不得故意拖延时间；凡与举报事项有利害关系的工作人员应当回避。

对于违反规定者，根据情节及其造成的后果，依法给予行政处分；构成犯罪的，依法追究刑事责任。

第二十条　任何单位和个人不得打击、报复举报人。对于违反规定者，按照有关规定处理；构成犯罪的，依法追究刑事责任。

第二十一条　举报应当实事求是。对于借举报捏造事实，诬陷他人或者以举报为名，制造事端，干扰主管部门正常工作的，应当依照法律、法规规定处理。

第二十二条　各省、自治区、直辖市主管部门可以结合本地区实际，制定实施办法。

第二十三条　本办法自2015年1月1日起施行。2002年7月11日建设部发布的《建设领域违法违规行为举报管理办法》（建法〔2002〕185号）同时废止。

最高人民法院关于建设工程价款优先受偿权问题的批复

（2002年6月20日　法释〔2002〕16号）

上海市高级人民法院：

你院沪高法〔2001〕14号《关于合同法第286条理解与适用问题的请示》收悉。经研究，答复如下：

一、人民法院在审理房地产纠纷案件和办理执行案件中，应当依照《中华人民共和国合同法》第二百八十六条的规定，认定建筑工程的承包人的优先受偿权优于抵押权和其他债权。

二、消费者交付购买商品房的全部或者大部分款项后，承包人就该商品房享有的工程价款优先受偿权不得对抗买受人。

三、建筑工程价款包括承包人为建设工程应当支付的工作人员报酬、材料款等实际支出的费用，不包括承包人因发包人违约所造成的损失。

四、建设工程承包人行使优先权的期限为6个月，自建设工程竣工之日或者建设工程合同约定的竣工之日起计算。

五、本批复第一条至第三条自公布之日起施行，第四条自公布之日起6个月后施行。

最高人民法院关于审理建设工程施工合同纠纷案件适用法律问题的解释

（2004年9月29日最高人民法院审判委员会第1327次会议通过　2004年10月25日最高人民法院公告公布　自2005年1月1日起施行　法释〔2004〕14号）

根据《中华人民共和国民法通则》、《中华人民共和国合同法》、《中华人民共和国招标投标法》、《中华人民共和国民事诉讼法》等法律规定，结合民事审判实际，就审理建设工程施工合同纠纷案件适用法律的问题，制定本解释。

第一条　建设工程施工合同具有下列情形之一的，应当根据合同法第五十二条第（五）项的规定，认定无效：

（一）承包人未取得建筑施工企业资质或者超越资质等级的；

（二）没有资质的实际施工人借用有资质的建筑施工企业名义的；

（三）建设工程必须进行招标而未招标或者中标无效的。

第二条　建设工程施工合同无效，但建设工程经竣工验收合格,承包人请求参照合同约定支付工程价款的,应予支持。

第三条 建设工程施工合同无效,且建设工程经竣工验收不合格的,按照以下情形分别处理:

(一)修复后的建设工程经竣工验收合格,发包人请求承包人承担修复费用的,应予支持;

(二)修复后的建设工程经竣工验收不合格,承包人请求支付工程价款的,不予支持。

因建设工程不合格造成的损失,发包人有过错的,也应承担相应的民事责任。

第四条 承包人非法转包、违法分包建设工程或者没有资质的实际施工人借用有资质的建筑施工企业名义与他人签订建设工程施工合同的行为无效。人民法院可以根据民法通则第一百三十四条规定,收缴当事人已经取得的非法所得。

第五条 承包人超越资质等级许可的业务范围签订建设工程施工合同,在建设工程竣工前取得相应资质等级,当事人请求按照无效合同处理的,不予支持。

第六条 当事人对垫资和垫资利息有约定,承包人请求按照约定返还垫资及其利息的,应予支持,但是约定的利息计算标准高于中国人民银行发布的同期同类贷款利率的部分除外。

当事人对垫资没有约定的,按照工程欠款处理。

当事人对垫资利息没有约定,承包人请求支付利息的,不予支持。

第七条 具有劳务作业法定资质的承包人与总承包人、分包人签订的劳务分包合同,当事人以转包建设工程违反法律规定为由请求确认无效的,不予支持。

第八条 承包人具有下列情形之一,发包人请求解除建设工程施工合同的,应予支持:

(一)明确表示或者以行为表明不履行合同主要义务的;

(二)合同约定的期限内没有完工,且在发包人催告的合理期限内仍未完工的;

(三)已经完成的建设工程质量不合格,并拒绝修复的;

(四)将承包的建设工程非法转包、违法分包的。

第九条 发包人具有下列情形之一,致使承包人无法施工,且在催告的合理期限内仍未履行相应义务,承包人请求解除建设工程施工合同的,应予支持:

(一)未按约定支付工程价款的;

(二)提供的主要建筑材料、建筑构配件和设备不符合强制性标准的;

(三)不履行合同约定的协助义务的。

第十条 建设工程施工合同解除后,已经完成的建设工程质量合格的,发包人应当按照约定支付相应的工程价款;已经完成的建设工程质量不合格的,参照本解释第三条规定处理。

因一方违约导致合同解除的,违约方应当赔偿因此而给对方造成的损失。

第十一条 因承包人的过错造成建设工程质量不符合约定,承包人拒绝修理、返工或者改建,发包人请求减少支付工程价款的,应予支持。

第十二条 发包人具有下列情形之一,造成建设工程质量缺陷,应当承担过错责任:

(一)提供的设计有缺陷;

(二)提供或者指定购买的建筑材料、建筑构配件、设备不符合强制性标准;

(三)直接指定分包人分包专业工程。

承包人有过错的,也应当承担相应的过错责任。

第十三条 建设工程未经竣工验收,发包人擅自使用后,又以使用部分质量不符合约定为由主张权利的,不予支持;但是承包人应当在建设工程的合理使用寿命内对地基基础工程和主体结构质量承担民事责任。

第十四条 当事人对建设工程实际竣工日期有争议的,按照以下情形分别处理:

(一)建设工程经竣工验收合格的,以竣工验收合格之日为竣工日期;

(二)承包人已经提交竣工验收报告,发包人拖延验收的,以承包人提交验收报告之日为竣工日期;

(三)建设工程未经竣工验收,发包人擅自使用的,以转移占有建设工程之日为竣工日期。

第十五条 建设工程竣工前,当事人对工程质量发生争议,工程质量经鉴定合格的,鉴定期间为顺延工期期间。

第十六条 当事人对建设工程的计价标准或者计价方法有约定的,按照约定结算工程价款。

因设计变更导致建设工程的工程量或者质量标准发生变化,当事人对该部分工程价款不能协商一致的,可以参照签订建设工程施工合同时当地建设行政主管部门发布的计价方法或者计价标准结算工程价款。

建设工程施工合同有效,但建设工程经竣工验收不合格的,工程价款结算参照本解释第三条规定处理。

第十七条 当事人对欠付工程价款利息计付标准有约定的,按照约定处理;没有约定的,按照中国人民银行发布的同期同类贷款利率计息。

第十八条 利息从应付工程价款之日计付。当事人对付款时间没有约定或者约定不明的,下列时间视为应付款时间:

(一)建设工程已实际交付的,为交付之日;

(二)建设工程没有交付的,为提交竣工结算文件之日;

(三)建设工程未交付,工程价款也未结算的,为当事人起诉之日。

第十九条 当事人对工程量有争议的,按照施工过程中形成的签证等书面文件确认。承包人能够证明发包人同意其施工,但未能提供签证文件证明工程量发生的,可以按照当事人提供的其他证据确认实际发生的工程量。

第二十条 当事人约定,发包人收到竣工结算文件后,在约定期限内不予答复,视为认可竣工结算文件的,按照约定处理。承包人请求按照竣工结算文件结算工程价款的,应予支持。

第二十一条 当事人就同一建设工程另行订立的建设工程施工合同与经过备案的中标合同实质性内容不一致的,应当以备案的中标合同作为结算工程价款的根据。

第二十二条 当事人约定按照固定价结算工程价款,一方当事人请求对建设工程造价进行鉴定的,不予支持。

第二十三条 当事人对部分案件事实有争议的,仅对有争议的事实进行鉴定,但争议事实范围不能确定,或者双方当事人请求对全部事实鉴定的除外。

第二十四条 建设工程施工合同纠纷以施工行为地为合同履行地。

第二十五条 因建设工程质量发生争议的,发包人可以以总承包人、分包人和实际施工人为共同被告提起诉讼。

第二十六条 实际施工人以转包人、违法分包人为被告起诉的,人民法院应当依法受理。

实际施工人以发包人为被告主张权利的,人民法院可以追加转包人或者违法分包人为本案当事人。发包人只在欠付工程价款范围内对实际施工人承担责任。

第二十七条 因保修人未及时履行保修义务,导致建筑物毁损或者造成人身、财产损害的,保修人应当承担赔偿责任。

保修人与建筑物所有人或者发包人对建筑物毁损均有过错的,各自承担相应的责任。

第二十八条 本解释自二〇〇五年一月一日起施行。

施行后受理的第一审案件适用本解释。

施行前最高人民法院发布的司法解释与本解释相抵触的,以本解释为准。

最高人民法院关于审理建设工程施工合同纠纷案件适用法律问题的解释(二)

(2018年10月29日最高人民法院审判委员会第1751次会议通过 2018年12月29日最高人民法院公告公布 自2019年2月1日起施行 法释〔2018〕20号)

为正确审理建设工程施工合同纠纷案件,依法保护当事人合法权益,维护建筑市场秩序,促进建筑市场健康发展,根据《中华人民共和国民法总则》《中华人民共和国合同法》《中华人民共和国建筑法》《中华人民共和国招标投标法》《中华人民共和国民事诉讼法》等法律规定,结合审判实践,制定本解释。

第一条 招标人和中标人另行签订的建设工程施工合同约定的工程范围、建设工期、工程质量、工程价款等实质性内容,与中标合同不一致,一方当事人请求按照中标合同确定权利义务的,人民法院应予支持。

招标人和中标人在中标合同之外就明显高于市场价格购买承建房产、无偿建设住房配套设施、让利、向建设单位捐赠财物等另行签订合同,变相降低工程价款,一方当事人以该合同背离中标合同实质性内容为由请求确认无效的,人民法院应予支持。

第二条 当事人以发包人未取得建设工程规划许可证等规划审批手续为由,请求确认建设工程施工合同无效的,人民法院应予支持,但发包人在起诉前取得建设工程规划许可证等规划审批手续的除外。

发包人能够办理审批手续而未办理,并以未办理审批手续为由请求确认建设工程施工合同无效的,人民法院不予支持。

第三条 建设工程施工合同无效,一方当事人请求对方赔偿损失的,应当就对方过错、损失大小、过错与损失之间的因果关系承担举证责任。

损失大小无法确定,一方当事人请求参照合同约定的质量标准、建设工期、工程价款支付时间等内容确定损失大小的,人民法院可以结合双方过错程度、过错与损失之间的因果关系等因素作出裁判。

第四条 缺乏资质的单位或者个人借用有资质的建筑施工企业名义签订建设工程施工合同,发包人请求出借方与借用方对建设工程质量不合格等因出借资质造成的损失承担连带赔偿责任的,人民法院应予支持。

第五条 当事人对建设工程开工日期有争议的,人民法院应当分别按照以下情形予以认定:

(一)开工日期为发包人或者监理人发出的开工通知载明的开工日期;开工通知发出后,尚不具备开工条件的,以开工条件具备的时间为开工日期;因承包人原因导致开工时间推迟的,以开工通知载明的时间为开工日期。

(二)承包人经发包人同意已经实际进场施工的,以实际进场施工时间为开工日期。

(三)发包人或者监理人未发出开工通知,亦无相关证据证明实际开工日期的,应当综合考虑开工报告、合同、施工许可证、竣工验收报告或者竣工验收备案表等载明的时间,并结合是否具备开工条件的事实,认定开工日期。

第六条 当事人约定顺延工期应当经发包人或者监理人签证等方式确认,承包人虽未取得工期顺延的确认,但能够证明在合同约定的期限内向发包人或者监理人申请过工期顺延且顺延事由符合合同约定,承包人以此为由主张工期顺延的,人民法院应予支持。

当事人约定承包人未在约定期限内提出工期顺延申请视为工期不顺延的,按照约定处理,但发包人在约定期限后同意工期顺延或者承包人提出合理抗辩的除外。

第七条 发包人在承包人提起的建设工程施工合同纠纷案件中,以建设工程质量不符合合同约定或者法律规定为由,就承包人支付违约金或者赔偿修理、返工、改建的合理费用等损失提出反诉的,人民法院可以合并审理。

第八条 有下列情形之一,承包人请求发包人返还工程质量保证金的,人民法院应予支持:

(一)当事人约定的工程质量保证金返还期限届满。

(二)当事人未约定工程质量保证金返还期限的,自建设工程通过竣工验收之日起满二年。

(三)因发包人原因建设工程未按约定期限进行竣工验收的,自承包人提交工程竣工验收报告九十日后起当事人约定的工程质量保证金返还期限届满;当事人未约定工程质量保证金返还期限的,自承包人提交工程竣工验收报告九十日后起满二年。

发包人返还工程质量保证金后,不影响承包人根据合同约定或者法律规定履行工程保修义务。

第九条 发包人将依法不属于必须招标的建设工程进行招标后,与承包人另行订立的建设工程施工合同背离中标合同的实质性内容,当事人请求以中标合同作为结算建设工程价款依据的,人民法院应予支持,但发包人与承包人因客观情况发生了在招标投标时难以预见的变化而另行订立建设工程施工合同的除外。

第十条 当事人签订的建设工程施工合同与招标文件、投标文件、中标通知书载明的工程范围、建设工期、工程质量、工程价款不一致,一方当事人请求将招标文件、投标文件、中标通知书作为结算工程价款的依据的,人民法院应予支持。

第十一条 当事人就同一建设工程订立的数份建设工程施工合同均无效,但建设工程质量合格,一方当事人请求参照实际履行的合同结算建设工程价款的,人民法院应予支持。

实际履行的合同难以确定,当事人请求参照最后签订的合同结算建设工程价款的,人民法院应予支持。

第十二条 当事人在诉讼前已经对建设工程价款结算达成协议,诉讼中一方当事人申请对工程造价进行鉴定的,人民法院不予准许。

第十三条 当事人在诉讼前共同委托有关机构、人员对建设工程造价出具咨询意见,诉讼中一方当事人不认可该咨询意见申请鉴定的,人民法院应予准许,但双方当事人明确表示受该咨询意见约束的除外。

第十四条 当事人对工程造价、质量、修复费用等专门性问题有争议,人民法院认为需要鉴定的,应当向负有举证责任的当事人释明。当事人经释明未申请鉴定,虽申请鉴定但未支付鉴定费用或者拒不提供相关材料的,应当承担举证不能的法律后果。

一审诉讼中负有举证责任的当事人未申请鉴定,虽申请鉴定但未支付鉴定费用或者拒不提供相关材料,二审诉讼中申请鉴定,人民法院认为确有必要的,应当依照民事诉讼法第一百七十条第一款第三项的规定处理。

第十五条 人民法院准许当事人的鉴定申请后,应当根据当事人申请及查明案件事实的需要,确定委托鉴定的事项、范围、鉴定期限等,并组织双方当事人对争议的鉴定材料进行质证。

第十六条 人民法院应当组织当事人对鉴定意见进行质证。鉴定人将当事人有争议且未经质证的材料作为鉴定依据的,人民法院应当组织当事人就该部分材料进行质证。经质证认为不能作为鉴定依据的,根据该材料作出的鉴定意见不得作为认定案件事实的依据。

第十七条 与发包人订立建设工程施工合同的承包人,根据合同法第二百八十六条规定请求其承建工程的价款就工程折价或者拍卖的价款优先受偿的,人民法院应予支持。

第十八条 装饰装修工程的承包人,请求装饰装修工程价款就该装饰装修工程折价或者拍卖的价款优先受偿的,人民法院应予支持,但装饰装修工程的发包人不是该建筑物的所有权人的除外。

第十九条 建设工程质量合格,承包人请求其承建工程的价款就工程折价或者拍卖的价款优先受偿的,人民法院应予支持。

第二十条 未竣工的建设工程质量合格,承包人请求其承建工程的价款就其承建工程部分折价或者拍卖的价款优先受偿的,人民法院应予支持。

第二十一条 承包人建设工程价款优先受偿的范围依照国务院有关行政主管部门关于建设工程价款范围的规定确定。

承包人就逾期支付建设工程价款的利息、违约金、损害赔偿金等主张优先受偿的,人民法院不予支持。

第二十二条 承包人行使建设工程价款优先受偿权的期限为六个月,自发包人应当给付建设工程价款之日起算。

第二十三条 发包人与承包人约定放弃或者限制建设工程价款优先受偿权,损害建筑工人利益,发包人根据该约定主张承包人不享有建设工程价款优先受偿权的,人民法院不予支持。

第二十四条 实际施工人以发包人为被告主张权利的,人民法院应当追加转包人或者违法分包人为本案第三人,在查明发包人欠付转包人或者违法分包人建设工程价款的数额后,判决发包人在欠付建设工程价款范围内对实际施工人承担责任。

第二十五条 实际施工人根据合同法第七十三条规定,

以转包人或者违法分包人怠于向发包人行使到期债权,对其造成损害为由,提起代位权诉讼的,人民法院应予支持。

第二十六条 本解释自2019年2月1日起施行。

本解释施行后尚未审结的一审、二审案件,适用本解释。

本解释施行前已经终审、施行后当事人申请再审或者按照审判监督程序决定再审的案件,不适用本解释。

最高人民法院以前发布的司法解释与本解释不一致的,不再适用。

2. 节能减排

中华人民共和国节约能源法

(1997年11月1日第八届全国人民代表大会常务委员会第二十八次会议通过 2007年10月28日第十届全国人民代表大会常务委员会第三十次会议修订 根据2016年7月2日第十二届全国人民代表大会常务委员会第二十一次会议《关于修改〈中华人民共和国节约能源法〉等六部法律的决定》第一次修正 根据2018年10月26日第十三届全国人民代表大会常务委员会第六次会议《关于修改〈中华人民共和国野生动物保护法〉等十五部法律的决定》第二次修正)

目 录

第一章 总 则
第二章 节能管理
第三章 合理使用与节约能源
  第一节 一般规定
  第二节 工业节能
  第三节 建筑节能
  第四节 交通运输节能
  第五节 公共机构节能
  第六节 重点用能单位节能
第四章 节能技术进步
第五章 激励措施
第六章 法律责任
第七章 附 则

第一章 总 则

第一条 为了推动全社会节约能源,提高能源利用效率,保护和改善环境,促进经济社会全面协调可持续发展,制定本法。

第二条 本法所称能源,是指煤炭、石油、天然气、生物质能和电力、热力以及其他直接或者通过加工、转换而取得有用能的各种资源。

第三条 本法所称节约能源(以下简称节能),是指加强用能管理,采取技术上可行、经济上合理以及环境和社会可以承受的措施,从能源生产到消费的各个环节,降低消耗、减少损失和污染物排放、制止浪费,有效、合理地利用能源。

第四条 节约资源是我国的基本国策。国家实施节约与开发并举、把节约放在首位的能源发展战略。

第五条 国务院和县级以上地方各级人民政府应当将节能工作纳入国民经济和社会发展规划、年度计划,并组织编制和实施节能中长期专项规划、年度节能计划。

国务院和县级以上地方各级人民政府每年向本级人民代表大会或者其常务委员会报告节能工作。

第六条 国家实行节能目标责任制和节能考核评价制度,将节能目标完成情况作为对地方人民政府及其负责人考核评价的内容。

省、自治区、直辖市人民政府每年向国务院报告节能目标责任的履行情况。

第七条 国家实行有利于节能和环境保护的产业政策,限制发展高耗能、高污染行业,发展节能环保型产业。

国务院和省、自治区、直辖市人民政府应当加强节能工作,合理调整产业结构、企业结构、产品结构和能源消费结构,推动企业降低单位产值能耗和单位产品能耗,淘汰落后的生产能力,改进能源的开发、加工、转换、输送、储存和供应,提高能源利用效率。

国家鼓励、支持开发和利用新能源、可再生能源。

第八条 国家鼓励、支持节能科学技术的研究、开发、示范和推广,促进节能技术创新与进步。

国家开展节能宣传和教育,将节能知识纳入国民教育和培训体系,普及节能科学知识,增强全民的节能意识,提倡节约型的消费方式。

第九条 任何单位和个人都应当依法履行节能义务,有权检举浪费能源的行为。

新闻媒体应当宣传节能法律、法规和政策,发挥舆论监督作用。

第十条 国务院管理节能工作的部门主管全国的节能监督管理工作。国务院有关部门在各自的职责范围内负责节能监督管理工作,并接受国务院管理节能工作的部门的指导。

县级以上地方各级人民政府管理节能工作的部门负责本行政区域内的节能监督管理工作。县级以上地方各级人民政府有关部门在各自的职责范围内负责节能监督管理工作,并接受同级管理节能工作的部门的指导。

第二章 节能管理

第十一条 国务院和县级以上地方各级人民政府应当加强对节能工作的领导,部署、协调、监督、检查、推动节能工作。

第十二条 县级以上人民政府管理节能工作的部门和有关部门应当在各自的职责范围内,加强对节能法律、法规和节能标准执行情况的监督检查,依法查处违法用能行为。

履行节能监督管理职责不得向监督管理对象收取费用。

第十三条　国务院标准化主管部门和国务院有关部门依法组织制定并适时修订有关节能的国家标准、行业标准，建立健全节能标准体系。

国务院标准化主管部门会同国务院管理节能工作的部门和国务院有关部门制定强制性的用能产品、设备能源效率标准和生产过程中耗能高的产品的单位产品能耗限额标准。

国家鼓励企业制定严于国家标准、行业标准的企业节能标准。

省、自治区、直辖市制定严于强制性国家标准、行业标准的地方节能标准，由省、自治区、直辖市人民政府报经国务院批准；本法另有规定的除外。

第十四条　建筑节能的国家标准、行业标准由国务院建设主管部门组织制定，并依照法定程序发布。

省、自治区、直辖市人民政府建设主管部门可以根据本地实际情况，制定严于国家标准或者行业标准的地方建筑节能标准，并报国务院标准化主管部门和国务院建设主管部门备案。

第十五条　国家实行固定资产投资项目节能评估和审查制度。不符合强制性节能标准的项目，建设单位不得开工建设；已经建成的，不得投入生产、使用。政府投资项目不符合强制性节能标准的，依法负责项目审批的机关不得批准建设。具体办法由国务院管理节能工作的部门会同国务院有关部门制定。

第十六条　国家对落后的耗能过高的用能产品、设备和生产工艺实行淘汰制度。淘汰的用能产品、设备、生产工艺的目录和实施办法，由国务院管理节能工作的部门会同国务院有关部门制定并公布。

生产过程中耗能高的产品的生产单位，应当执行单位产品能耗限额标准。对超过单位产品能耗限额标准用能的生产单位，由管理节能工作的部门按照国务院规定的权限责令限期治理。

对高耗能的特种设备，按照国务院的规定实行节能审查和监管。

第十七条　禁止生产、进口、销售国家明令淘汰或者不符合强制性能源效率标准的用能产品、设备；禁止使用国家明令淘汰的用能设备、生产工艺。

第十八条　国家对家用电器等使用面广、耗能量大的用能产品，实行能源效率标识管理。实行能源效率标识管理的产品目录和实施办法，由国务院管理节能工作的部门会同国务院市场监督管理部门制定并公布。

第十九条　生产者和进口商应当对列入国家能源效率标识管理产品目录的用能产品标注能源效率标识，在产品包装物上或者说明书中予以说明，并按照规定报国务院市场监督管理部门和国务院管理节能工作的部门共同授权的机构备案。

生产者和进口商应当对其标注的能源效率标识及相关信息的准确性负责。禁止销售应当标注而未标注能源效率标识的产品。

禁止伪造、冒用能源效率标识或者利用能源效率标识进行虚假宣传。

第二十条　用能产品的生产者、销售者，可以根据自愿原则，按照国家有关节能产品认证的规定，向经国务院认证认可监督管理部门认可的从事节能产品认证的机构提出节能产品认证申请；经认证合格后，取得节能产品认证证书，可以在用能产品或者其包装物上使用节能产品认证标志。

禁止使用伪造的节能产品认证标志或者冒用节能产品认证标志。

第二十一条　县级以上各级人民政府统计部门应当会同同级有关部门，建立健全能源统计制度，完善能源统计指标体系，改进和规范能源统计方法，确保能源统计数据真实、完整。

国务院统计部门会同国务院管理节能工作的部门，定期向社会公布各省、自治区、直辖市以及主要耗能行业的能源消费和节能情况等信息。

第二十二条　国家鼓励节能服务机构的发展，支持节能服务机构开展节能咨询、设计、评估、检测、审计、认证等服务。

国家支持节能服务机构开展节能知识宣传和节能技术培训，提供节能信息、节能示范和其他公益性节能服务。

第二十三条　国家鼓励行业协会在行业节能规划、节能标准的制定和实施、节能技术推广、能源消费统计、节能宣传培训和信息咨询等方面发挥作用。

第三章　合理使用与节约能源

第一节　一般规定

第二十四条　用能单位应当按照合理用能的原则，加强节能管理，制定并实施节能计划和节能技术措施，降低能源消耗。

第二十五条　用能单位应当建立节能目标责任制，对节能工作取得成绩的集体、个人给予奖励。

第二十六条　用能单位应当定期开展节能教育和岗位节能培训。

第二十七条　用能单位应当加强能源计量管理，按照规定配备和使用经依法检定合格的能源计量器具。

用能单位应当建立能源消费统计和能源利用状况分析制度，对各类能源的消费实行分类计量和统计，并确保能源消费统计数据真实、完整。

第二十八条　能源生产经营单位不得向本单位职工无偿提供能源。任何单位不得对能源消费实行包费制。

第二节　工业节能

第二十九条　国务院和省、自治区、直辖市人民政府推进能源资源优化开发利用和合理配置，推进有利于节能的行业结构调整，优化用能结构和企业布局。

第三十条 国务院管理节能工作的部门会同国务院有关部门制定电力、钢铁、有色金属、建材、石油加工、化工、煤炭等主要耗能行业的节能技术政策,推动企业节能技术改造。

第三十一条 国家鼓励工业企业采用高效、节能的电动机、锅炉、窑炉、风机、泵类等设备,采用热电联产、余热余压利用、洁净煤以及先进的用能监测和控制等技术。

第三十二条 电网企业应当按照国务院有关部门制定的节能发电调度管理的规定,安排清洁、高效和符合规定的热电联产、利用余热余压发电的机组以及其他符合资源综合利用规定的发电机组与电网并网运行,上网电价执行国家有关规定。

第三十三条 禁止新建不符合国家规定的燃煤发电机组、燃油发电机组和燃煤热电机组。

第三节 建筑节能

第三十四条 国务院建设主管部门负责全国建筑节能的监督管理工作。

县级以上地方各级人民政府建设主管部门负责本行政区域内建筑节能的监督管理工作。

县级以上地方各级人民政府建设主管部门会同同级管理节能工作的部门编制本行政区域内的建筑节能规划。建筑节能规划应当包括既有建筑节能改造计划。

第三十五条 建筑工程的建设、设计、施工和监理单位应当遵守建筑节能标准。

不符合建筑节能标准的建筑工程,建设主管部门不得批准开工建设;已经开工建设的,应当责令停止施工、限期改正;已经建成的,不得销售或者使用。

建设主管部门应当加强对在建建筑工程执行建筑节能标准情况的监督检查。

第三十六条 房地产开发企业在销售房屋时,应当向购买人明示所售房屋的节能措施、保温工程保修期等信息,在房屋买卖合同、质量保证书和使用说明书中载明,并对其真实性、准确性负责。

第三十七条 使用空调采暖、制冷的公共建筑应当实行室内温度控制制度。具体办法由国务院建设主管部门制定。

第三十八条 国家采取措施,对实行集中供热的建筑分步骤实行供热分户计量、按照用热量收费的制度。新建建筑或者对既有建筑进行节能改造,应当按照规定安装用热计量装置、室内温度调控装置和供热系统调控装置。具体办法由国务院建设主管部门会同国务院有关部门制定。

第三十九条 县级以上地方各级人民政府有关部门应当加强城市节约用电管理,严格控制公用设施和大型建筑物装饰性景观照明的能耗。

第四十条 国家鼓励在新建建筑和既有建筑节能改造中使用新型墙体材料等节能建筑材料和节能设备,安装和使用太阳能等可再生能源利用系统。

第四节 交通运输节能

第四十一条 国务院有关交通运输主管部门按照各自的职责负责全国交通运输相关领域的节能监督管理工作。

国务院有关交通运输主管部门会同国务院管理节能工作的部门分别制定相关领域的节能规划。

第四十二条 国务院及其有关部门指导、促进各种交通运输方式协调发展和有效衔接,优化交通运输结构,建设节能型综合交通运输体系。

第四十三条 县级以上地方各级人民政府应当优先发展公共交通,加大对公共交通的投入,完善公共交通服务体系,鼓励利用公共交通工具出行;鼓励使用非机动交通工具出行。

第四十四条 国务院有关交通运输主管部门应当加强交通运输组织管理,引导道路、水路、航空运输企业提高运输组织化程度和集约化水平,提高能源利用效率。

第四十五条 国家鼓励开发、生产、使用节能环保型汽车、摩托车、铁路机车车辆、船舶和其他交通运输工具,实行老旧交通运输工具的报废、更新制度。

国家鼓励开发和推广应用交通运输工具使用的清洁燃料、石油替代燃料。

第四十六条 国务院有关部门制定交通运输营运车船的燃料消耗量限值标准;不符合标准的,不得用于营运。

国务院有关交通运输主管部门应当加强对交通运输营运车船燃料消耗检测的监督管理。

第五节 公共机构节能

第四十七条 公共机构应当厉行节约,杜绝浪费,带头使用节能产品、设备,提高能源利用效率。

本法所称公共机构,是指全部或者部分使用财政性资金的国家机关、事业单位和团体组织。

第四十八条 国务院和县级以上地方各级人民政府管理机关事务工作的机构会同同级有关部门制定和组织实施本级公共机构节能规划。公共机构节能规划应当包括公共机构既有建筑节能改造计划。

第四十九条 公共机构应当制定年度节能目标和实施方案,加强能源消费计量和监测管理,向本级人民政府管理机关事务工作的机构报送上年度的能源消费状况报告。

国务院和县级以上地方各级人民政府管理机关事务工作的机构会同同级有关部门按照管理权限,制定本级公共机构的能源消耗定额,财政部门根据该定额制定能源消耗支出标准。

第五十条 公共机构应当加强本单位用能系统管理,保证用能系统的运行符合国家相关标准。

公共机构应当按照规定进行能源审计,并根据能源审计结果采取提高能源利用效率的措施。

第五十一条 公共机构采购用能产品、设备,应当优先采购列入节能产品、设备政府采购名录中的产品、设备。禁止采购国家明令淘汰的用能产品、设备。

节能产品、设备政府采购名录由省级以上人民政府的政府采购监督管理部门会同同级有关部门制定并公布。

第六节 重点用能单位节能

第五十二条 国家加强对重点用能单位的节能管理。

下列用能单位为重点用能单位:

(一)年综合能源消费总量一万吨标准煤以上的用能单位;

(二)国务院有关部门或者省、自治区、直辖市人民政府管理节能工作的部门指定的年综合能源消费总量五千吨以上不满一万吨标准煤的用能单位。

重点用能单位节能管理办法,由国务院管理节能工作的部门会同国务院有关部门制定。

第五十三条 重点用能单位应当每年向管理节能工作的部门报送上年度的能源利用状况报告。能源利用状况包括能源消费情况、能源利用效率、节能目标完成情况和节能效益分析、节能措施等内容。

第五十四条 管理节能工作的部门应当对重点用能单位报送的能源利用状况报告进行审查。对节能管理制度不健全、节能措施不落实、能源利用效率低的重点用能单位,管理节能工作的部门应当开展现场调查,组织实施用能设备能源效率检测,责令实施能源审计,并提出书面整改要求,限期整改。

第五十五条 重点用能单位应当设立能源管理岗位,在具有节能专业知识、实际经验以及中级以上技术职称的人员中聘任能源管理负责人,并报管理节能工作的部门和有关部门备案。

能源管理负责人负责组织对本单位用能状况进行分析、评价,组织编写本单位能源利用状况报告,提出本单位节能工作的改进措施并组织实施。

能源管理负责人应当接受节能培训。

第四章 节能技术进步

第五十六条 国务院管理节能工作的部门会同国务院科技主管部门发布节能技术政策大纲,指导节能技术研究、开发和推广应用。

第五十七条 县级以上各级人民政府应当把节能技术研究开发作为政府科技投入的重点领域,支持科研单位和企业开展节能技术应用研究,制定节能标准,开发节能共性和关键技术,促进节能技术创新与成果转化。

第五十八条 国务院管理节能工作的部门会同国务院有关部门制定并公布节能技术、节能产品的推广目录,引导用能单位和个人使用先进的节能技术、节能产品。

国务院管理节能工作的部门会同国务院有关部门组织实施重大节能科研项目、节能示范项目、重点节能工程。

第五十九条 县级以上各级人民政府应当按照因地制宜、多能互补、综合利用、讲求效益的原则,加强农业和农村节能工作,增加对农业和农村节能技术、节能产品推广应用的资金投入。

农业、科技等有关主管部门应当支持、推广在农业生产、农产品加工储运等方面应用节能技术和节能产品,鼓励更新和淘汰高耗能的农业机械和渔业船舶。

国家鼓励、支持在农村大力发展沼气,推广生物质能、太阳能和风能等可再生能源利用技术,按照科学规划、有序开发的原则发展小型水力发电,推广节能型的农村住宅和炉灶等,鼓励利用非耕地种植能源植物,大力发展薪炭林等能源林。

第五章 激励措施

第六十条 中央财政和省级地方财政安排节能专项资金,支持节能技术研究开发、节能技术和产品的示范与推广、重点节能工程的实施、节能宣传培训、信息服务和表彰奖励等。

第六十一条 国家对生产、使用列入本法第五十八条规定的推广目录的需要支持的节能技术、节能产品,实行税收优惠等扶持政策。

国家通过财政补贴支持节能照明器具等节能产品的推广和使用。

第六十二条 国家实行有利于节约能源资源的税收政策,健全能源矿产资源有偿使用制度,促进能源资源的节约及其开采利用水平的提高。

第六十三条 国家运用税收等政策,鼓励先进节能技术、设备的进口,控制在生产过程中耗能高、污染重的产品的出口。

第六十四条 政府采购监督管理部门会同有关部门制定节能产品、设备政府采购名录,应当优先列入取得节能产品认证证书的产品、设备。

第六十五条 国家引导金融机构增加对节能项目的信贷支持,为符合条件的节能技术研究开发、节能产品生产以及节能技术改造等项目提供优惠贷款。

国家推动和引导社会有关方面加大对节能的资金投入,加快节能技术改造。

第六十六条 国家实行有利于节能的价格政策,引导用能单位和个人节能。

国家运用财税、价格等政策,支持推广电力需求侧管理、合同能源管理、节能自愿协议等节能办法。

国家实行峰谷分时电价、季节性电价、可中断负荷电价制度,鼓励电力用户合理调整用电负荷;对钢铁、有色金属、建材、化工和其他主要耗能行业的企业,分淘汰、限制、允许和鼓励类实行差别电价政策。

第六十七条 各级人民政府对在节能管理、节能科学技术研究和推广应用中有显著成绩以及检举严重浪费能源行为的单位和个人，给予表彰和奖励。

第六章 法律责任

第六十八条 负责审批政府投资项目的机关违反本法规定，对不符合强制性节能标准的项目予以批准建设的，对直接负责的主管人员和其他直接责任人员依法给予处分。

固定资产投资项目建设单位开工建设不符合强制性节能标准的项目或者将该项目投入生产、使用的，由管理节能工作的部门责令停止建设或者停止生产、使用，限期改造；不能改造或者逾期不改造的生产性项目，由管理节能工作的部门报请本级人民政府按照国务院规定的权限责令关闭。

第六十九条 生产、进口、销售国家明令淘汰的用能产品、设备的，使用伪造的节能产品认证标志或者冒用节能产品认证标志的，依照《中华人民共和国产品质量法》的规定处罚。

第七十条 生产、进口、销售不符合强制性能源效率标准的用能产品、设备的，由市场监督管理部门责令停止生产、进口、销售，没收违法生产、进口、销售的用能产品、设备和违法所得，并处违法所得一倍以上五倍以下罚款；情节严重的，吊销营业执照。

第七十一条 使用国家明令淘汰的用能设备或者生产工艺的，由管理节能工作的部门责令停止使用，没收国家明令淘汰的用能设备；情节严重的，可以由管理节能工作的部门提出意见，报请本级人民政府按照国务院规定的权限责令停业整顿或者关闭。

第七十二条 生产单位超过单位产品能耗限额标准用能，情节严重，经限期治理逾期不治理或者没有达到治理要求的，可以由管理节能工作的部门提出意见，报请本级人民政府按照国务院规定的权限责令停业整顿或者关闭。

第七十三条 违反本法规定，应当标注能源效率标识而未标注的，由市场监督管理部门责令改正，处三万元以上五万元以下罚款。

违反本法规定，未办理能源效率标识备案，或者使用的能源效率标识不符合规定的，由市场监督管理部门责令限期改正；逾期不改正的，处一万元以上三万元以下罚款。

伪造、冒用能源效率标识或者利用能源效率标识进行虚假宣传的，由市场监督管理部门责令改正，处五万元以上十万元以下罚款；情节严重的，吊销营业执照。

第七十四条 用能单位未按照规定配备、使用能源计量器具的，由市场监督管理部门责令限期改正；逾期不改正的，处一万元以上五万元以下罚款。

第七十五条 瞒报、伪造、篡改能源统计资料或者编造虚假能源统计数据的，依照《中华人民共和国统计法》的规定处罚。

第七十六条 从事节能咨询、设计、评估、检测、审计、认证等服务的机构提供虚假信息的，由管理节能工作的部门责令改正，没收违法所得，并处五万元以上十万元以下罚款。

第七十七条 违反本法规定，无偿向本单位职工提供能源或者对能源消费实行包费制的，由管理节能工作的部门责令限期改正；逾期不改正的，处五万元以上二十万元以下罚款。

第七十八条 电网企业未按照本法规定安排符合规定的热电联产和利用余热余压发电的机组与电网并网运行，或者未执行国家有关上网电价规定的，由国家电力监管机构责令改正；造成发电企业经济损失的，依法承担赔偿责任。

第七十九条 建设单位违反建筑节能标准的，由建设主管部门责令改正，处二十万元以上五十万元以下罚款。

设计单位、施工单位、监理单位违反建筑节能标准的，由建设主管部门责令改正，处十万元以上五十万元以下罚款；情节严重的，由颁发资质证书的部门降低资质等级或者吊销资质证书；造成损失的，依法承担赔偿责任。

第八十条 房地产开发企业违反本法规定，在销售房屋时未向购买人明示所售房屋的节能措施、保温工程保修期等信息的，由建设主管部门责令限期改正，逾期不改正的，处三万元以上五万元以下罚款；对以上信息作虚假宣传的，由建设主管部门责令改正，处五万元以上二十万元以下罚款。

第八十一条 公共机构采购用能产品、设备，未优先采购列入节能产品、设备政府采购名录中的产品、设备，或者采购国家明令淘汰的用能产品、设备的，由政府采购监督管理部门给予警告，可以并处罚款；对直接负责的主管人员和其他直接责任人员依法给予处分，并予通报。

第八十二条 重点用能单位未按照本法规定报送能源利用状况报告或者报告内容不实的，由管理节能工作的部门责令限期改正；逾期不改正的，处一万元以上五万元以下罚款。

第八十三条 重点用能单位无正当理由拒不落实本法第五十四条规定的整改要求或者整改没有达到要求的，由管理节能工作的部门处十万元以上三十万元以下罚款。

第八十四条 重点用能单位未按照本法规定设立能源管理岗位，聘任能源管理负责人，并报管理节能工作的部门和有关部门备案的，由管理节能工作的部门责令改正；拒不改正的，处一万元以上三万元以下罚款。

第八十五条 违反本法规定，构成犯罪的，依法追究刑事责任。

第八十六条 国家工作人员在节能管理工作中滥用职权、玩忽职守、徇私舞弊，构成犯罪的，依法追究刑事责任；尚不构成犯罪的，依法给予处分。

第七章 附 则

第八十七条 本法自 2008 年 4 月 1 日起施行。

民用建筑节能条例

(2008年8月1日国务院令第530号公布　自公布之日起施行)

第一章　总　　则

第一条　为了加强民用建筑节能管理,降低民用建筑使用过程中的能源消耗,提高能源利用效率,制定本条例。

第二条　本条例所称民用建筑节能,是指在保证民用建筑使用功能和室内热环境质量的前提下,降低其使用过程中能源消耗的活动。

本条例所称民用建筑,是指居住建筑、国家机关办公建筑和商业、服务业、教育、卫生等其他公共建筑。

第三条　各级人民政府应当加强对民用建筑节能工作的领导,积极培育民用建筑节能服务市场,健全民用建筑节能服务体系,推动民用建筑节能技术的开发应用,做好民用建筑节能知识的宣传教育工作。

第四条　国家鼓励和扶持在新建建筑和既有建筑节能改造中采用太阳能、地热能等可再生能源。

在具备太阳能利用条件的地区,有关地方人民政府及其部门应当采取有效措施,鼓励和扶持单位、个人安装使用太阳能热水系统、照明系统、供热系统、采暖制冷系统等太阳能利用系统。

第五条　国务院建设主管部门负责全国民用建筑节能的监督管理工作。县级以上地方人民政府建设主管部门负责本行政区域民用建筑节能的监督管理工作。

县级以上人民政府有关部门应当依照本条例的规定以及本级人民政府规定的职责分工,负责民用建筑节能的有关工作。

第六条　国务院建设主管部门应当在国家节能中长期专项规划指导下,编制全国民用建筑节能规划,并与相关规划相衔接。

县级以上地方人民政府建设主管部门应当组织编制本行政区域的民用建筑节能规划,报本级人民政府批准后实施。

第七条　国家建立健全民用建筑节能标准体系。国家民用建筑节能标准由国务院建设主管部门负责组织制定,并依照法定程序发布。

国家鼓励制定、采用优于国家民用建筑节能标准的地方民用建筑节能标准。

第八条　县级以上人民政府应当安排民用建筑节能资金,用于支持民用建筑节能的科学技术研究和标准制定、既有建筑围护结构和供热系统的节能改造、可再生能源的应用,以及民用建筑节能示范工程、节能项目的推广。

政府引导金融机构对既有建筑节能改造、可再生能源的应用,以及民用建筑节能示范工程等项目提供支持。

民用建筑节能项目依法享受税收优惠。

第九条　国家积极推进供热体制改革,完善供热价格形成机制,鼓励发展集中供热,逐步实行按照用热量收费制度。

第十条　对在民用建筑节能工作中做出显著成绩的单位和个人,按照国家有关规定给予表彰和奖励。

第二章　新建建筑节能

第十一条　国家推广使用民用建筑节能的新技术、新工艺、新材料和新设备,限制使用或者禁止使用能源消耗高的技术、工艺、材料和设备。国务院节能工作主管部门、建设主管部门应当制定、公布并及时更新推广使用、限制使用、禁止使用目录。

国家限制进口或者禁止进口能源消耗高的技术、材料和设备。

建设单位、设计单位、施工单位不得在建筑活动中使用列入禁止使用目录的技术、工艺、材料和设备。

第十二条　编制城市详细规划、镇详细规划,应当按照民用建筑节能的要求,确定建筑的布局、形状和朝向。

城乡规划主管部门依法对民用建筑进行规划审查,应当就设计方案是否符合民用建筑节能强制性标准征求同级建设主管部门的意见;建设主管部门应当自收到征求意见材料之日起10日内提出意见。征求意见时间不计算在规划许可的期限内。

对不符合民用建筑节能强制性标准的,不得颁发建设工程规划许可证。

第十三条　施工图设计文件审查机构应当按照民用建筑节能强制性标准对施工图设计文件进行审查;经审查不符合民用建筑节能强制性标准的,县级以上地方人民政府建设主管部门不得颁发施工许可证。

第十四条　建设单位不得明示或者暗示设计单位、施工单位违反民用建筑节能强制性标准进行设计、施工,不得明示或者暗示施工单位使用不符合施工图设计文件要求的墙体材料、保温材料、门窗、采暖制冷系统和照明设备。

按照合同约定由建设单位采购墙体材料、保温材料、门窗、采暖制冷系统和照明设备的,建设单位应当保证其符合施工图设计文件要求。

第十五条　设计单位、施工单位、工程监理单位及其注册执业人员,应当按照民用建筑节能强制性标准进行设计、施工、监理。

第十六条　施工单位应当对进入施工现场的墙体材料、保温材料、门窗、采暖制冷系统和照明设备进行查验;不符合施工图设计文件要求的,不得使用。

工程监理单位发现施工单位不按照民用建筑节能强制性标准施工的,应当要求施工单位改正;施工单位拒不改正的,工程监理单位应当及时报告建设单位，并向有关主管部门报告。

墙体、屋面的保温工程施工时，监理工程师应当按照工程监理规范的要求，采取旁站、巡视和平行检验等形式实施监理。

未经监理工程师签字，墙体材料、保温材料、门窗、采暖制冷系统和照明设备不得在建筑上使用或者安装，施工单位不得进行下一道工序的施工。

第十七条 建设单位组织竣工验收，应当对民用建筑是否符合民用建筑节能强制性标准进行查验；对不符合民用建筑节能强制性标准的，不得出具竣工验收合格报告。

第十八条 实行集中供热的建筑应当安装供热系统调控装置、用热计量装置和室内温度调控装置；公共建筑还应当安装用电分项计量装置。居住建筑安装的用热计量装置应当满足分户计量的要求。

计量装置应当依法检定合格。

第十九条 建筑的公共走廊、楼梯等部位，应当安装、使用节能灯具和电气控制装置。

第二十条 对具备可再生能源利用条件的建筑，建设单位应当选择合适的可再生能源，用于采暖、制冷、照明和热水供应等；设计单位应当按照有关可再生能源利用的标准进行设计。

建设可再生能源利用设施，应当与建筑主体工程同步设计、同步施工、同步验收。

第二十一条 国家机关办公建筑和大型公共建筑的所有权人应当对建筑的能源利用效率进行测评和标识，并按照国家有关规定将测评结果予以公示，接受社会监督。

国家机关办公建筑应当安装、使用节能设备。

本条例所称大型公共建筑，是指单体建筑面积 2 万平方米以上的公共建筑。

第二十二条 房地产开发企业销售商品房，应当向购买人明示所售商品房的能源消耗指标、节能措施和保护要求、保温工程保修期等信息，并在商品房买卖合同和住宅质量保证书、住宅使用说明书中载明。

第二十三条 在正常使用条件下，保温工程的最低保修期限为 5 年。保温工程的保修期，自竣工验收合格之日起计算。

保温工程在保修范围和保修期内发生质量问题的，施工单位应当履行保修义务，并对造成的损失依法承担赔偿责任。

第三章 既有建筑节能

第二十四条 既有建筑节能改造应当根据当地经济、社会发展水平和地理气候条件等实际情况，有计划、分步骤地实施分类改造。

本条例所称既有建筑节能改造，是指对不符合民用建筑节能强制性标准的既有建筑的围护结构、供热系统、采暖制冷系统、照明设备和热水供应设施等实施节能改造的活动。

第二十五条 县级以上地方人民政府建设主管部门应当对本行政区域内既有建筑的建设年代、结构形式、用能系统、能源消耗指标、寿命周期等组织调查统计和分析，制定既有建筑节能改造计划，明确节能改造的目标、范围和要求，报本级人民政府批准后组织实施。

中央国家机关既有建筑的节能改造，由有关管理机关事务工作的机构制定节能改造计划，并组织实施。

第二十六条 国家机关办公建筑、政府投资和以政府投资为主的公共建筑的节能改造，应当制定节能改造方案，经充分论证，并按照国家有关规定办理相关审批手续方可进行。

各级人民政府及其有关部门、单位不得违反国家有关规定和标准，以节能改造的名义对前款规定的既有建筑进行扩建、改建。

第二十七条 居住建筑和本条例第二十六条规定以外的其他公共建筑不符合民用建筑节能强制性标准的，在尊重建筑所有权人意愿的基础上，可以结合扩建、改建，逐步实施节能改造。

第二十八条 实施既有建筑节能改造，应当符合民用建筑节能强制性标准，优先采用遮阳、改善通风等低成本改造措施。

既有建筑围护结构的改造和供热系统的改造，应当同步进行。

第二十九条 对实行集中供热的建筑进行节能改造，应当安装供热系统调控装置和用热计量装置；对公共建筑进行节能改造，还应当安装室内温度调控装置和用电分项计量装置。

第三十条 国家机关办公建筑的节能改造费用，由县级以上人民政府纳入本级财政预算。

居住建筑和教育、科学、文化、卫生、体育等公益事业使用的公共建筑节能改造费用，由政府、建筑所有权人共同负担。

国家鼓励社会资金投资既有建筑节能改造。

第四章 建筑用能系统运行节能

第三十一条 建筑所有权人或者使用权人应当保证建筑用能系统的正常运行，不得人为损坏建筑围护结构和用能系统。

国家机关办公建筑和大型公共建筑的所有权人或者使用权人应当建立健全民用建筑节能管理制度和操作规程，对建筑用能系统进行监测、维护，并定期将分项用电量报县级以上地方人民政府建设主管部门。

第三十二条 县级以上地方人民政府节能工作主管部门应当会同同级建设主管部门确定本行政区域内公共建筑重点用电单位及其年度用电限额。

县级以上地方人民政府建设主管部门应当对本行政区域内国家机关办公建筑和公共建筑用电情况进行调查统计和评

价分析。国家机关办公建筑和大型公共建筑采暖、制冷、照明的能源消耗情况应当依照法律、行政法规和国家其他有关规定向社会公布。

国家机关办公建筑和公共建筑的所有权人或者使用权人应当对县级以上地方人民政府建设主管部门的调查统计工作予以配合。

第三十三条 供热单位应当建立健全相关制度，加强对专业技术人员的教育和培训。

供热单位应当改进技术装备，实施计量管理，并对供热系统进行监测、维护，提高供热系统的效率，保证供热系统的运行符合民用建筑节能强制性标准。

第三十四条 县级以上地方人民政府建设主管部门应当对本行政区域内供热单位的能源消耗情况进行调查统计和分析，并制定供热单位能源消耗指标；对超过能源消耗指标的，应当要求供热单位制定相应的改进措施，并监督实施。

第五章 法律责任

第三十五条 违反本条例规定，县级以上人民政府有关部门有下列行为之一的，对负有责任的主管人员和其他直接责任人员依法给予处分；构成犯罪的，依法追究刑事责任：

（一）对设计方案不符合民用建筑节能强制性标准的民用建筑项目颁发建设工程规划许可证的；

（二）对不符合民用建筑节能强制性标准的设计方案出具合格意见的；

（三）对施工图设计文件不符合民用建筑节能强制性标准的民用建筑项目颁发施工许可证的；

（四）不依法履行监督管理职责的其他行为。

第三十六条 违反本条例规定，各级人民政府及其有关部门、单位违反国家有关规定和标准，以节能改造的名义对既有建筑进行扩建、改建的，对负有责任的主管人员和其他直接责任人员，依法给予处分。

第三十七条 违反本条例规定，建设单位有下列行为之一的，由县级以上地方人民政府建设主管部门责令改正，处20万元以上50万元以下的罚款：

（一）明示或者暗示设计单位、施工单位违反民用建筑节能强制性标准进行设计、施工的；

（二）明示或者暗示施工单位使用不符合施工图设计文件要求的墙体材料、保温材料、门窗、采暖制冷系统和照明设备的；

（三）采购不符合施工图设计文件要求的墙体材料、保温材料、门窗、采暖制冷系统和照明设备的；

（四）使用列入禁止使用目录的技术、工艺、材料和设备的。

第三十八条 违反本条例规定，建设单位对不符合民用建筑节能强制性标准的民用建筑项目出具竣工验收合格报告的，由县级以上地方人民政府建设主管部门责令改正，处民用建筑项目合同价款2%以上4%以下的罚款；造成损失的，依法承担赔偿责任。

第三十九条 违反本条例规定，设计单位未按照民用建筑节能强制性标准进行设计，或者使用列入禁止使用目录的技术、工艺、材料和设备的，由县级以上地方人民政府建设主管部门责令改正，处10万元以上30万元以下的罚款；情节严重的，由颁发资质证书的部门责令停业整顿，降低资质等级或者吊销资质证书；造成损失的，依法承担赔偿责任。

第四十条 违反本条例规定，施工单位未按照民用建筑节能强制性标准进行施工的，由县级以上地方人民政府建设主管部门责令改正，处民用建筑项目合同价款2%以上4%以下的罚款；情节严重的，由颁发资质证书的部门责令停业整顿，降低资质等级或者吊销资质证书；造成损失的，依法承担赔偿责任。

第四十一条 违反本条例规定，施工单位有下列行为之一的，由县级以上地方人民政府建设主管部门责令改正，处10万元以上20万元以下的罚款；情节严重的，由颁发资质证书的部门责令停业整顿，降低资质等级或者吊销资质证书；造成损失的，依法承担赔偿责任：

（一）未对进入施工现场的墙体材料、保温材料、门窗、采暖制冷系统和照明设备进行查验的；

（二）使用不符合施工图设计文件要求的墙体材料、保温材料、门窗、采暖制冷系统和照明设备的；

（三）使用列入禁止使用目录的技术、工艺、材料和设备的。

第四十二条 违反本条例规定，工程监理单位有下列行为之一的，由县级以上地方人民政府建设主管部门责令限期改正；逾期未改正的，处10万元以上30万元以下的罚款；情节严重的，由颁发资质证书的部门责令停业整顿，降低资质等级或者吊销资质证书；造成损失的，依法承担赔偿责任：

（一）未按照民用建筑节能强制性标准实施监理的；

（二）墙体、屋面的保温工程施工时，未采取旁站、巡视和平行检验等形式实施监理的。

对不符合施工图设计文件要求的墙体材料、保温材料、门窗、采暖制冷系统和照明设备，按照符合施工图设计文件要求签字的，依照《建设工程质量管理条例》第六十七条的规定处罚。

第四十三条 违反本条例规定，房地产开发企业销售商品房，未向购买人明示所售商品房的能源消耗指标、节能措施和保护要求、保温工程保修期等信息，或者向购买人明示的所售商品房能源消耗指标与实际能源消耗不符的，依法承担民事责任；由县级以上地方人民政府建设主管部门责令限期改正；逾期未改正的，处交付使用的房屋销售总额2%以下的罚款；情节严重的，由颁发资质证书的部门降低资质等级或者吊销销资质证书。

第四十四条 违反本条例规定，注册执业人员未执行民用建筑节能强制性标准的，由县级以上人民政府建设主管部门责令停止执业3个月以上1年以下；情节严重的，由颁发资格证书的部门吊销执业资格证书，5年内不予注册。

第六章 附 则

第四十五条 本条例自2008年10月1日起施行。

民用建筑节能管理规定

（2005年11月10日建设部令第143号公布 自2006年1月1日起施行）

第一条 为了加强民用建筑节能管理，提高能源利用效率，改善室内热环境质量，根据《中华人民共和国节约能源法》、《中华人民共和国建筑法》、《建设工程质量管理条例》，制定本规定。

第二条 本规定所称民用建筑，是指居住建筑和公共建筑。

本规定所称民用建筑节能，是指民用建筑在规划、设计、建造和使用过程中，通过采用新型墙体材料，执行建筑节能标准，加强建筑物用能设备的运行管理，合理设计建筑围护结构的热工性能，提高采暖、制冷、照明、通风、给排水和通道系统的运行效率，以及利用可再生能源，在保证建筑物使用功能和室内热环境质量的前提下，降低建筑能源消耗，合理、有效地利用能源的活动。

第三条 国务院建设行政主管部门负责全国民用建筑节能的监督管理工作。

县级以上地方人民政府建设行政主管部门负责本行政区域内民用建筑节能的监督管理工作。

第四条 国务院建设行政主管部门根据国家节能规划，制定国家建筑节能专项规划；省、自治区、直辖市以及设区城市人民政府建设行政主管部门应当根据本地节能规划，制定本地建筑节能专项规划，并组织实施。

第五条 编制城乡规划应当充分考虑能源、资源的综合利用和节约，对城镇布局、功能区设置、建筑特征、基础设施配置的影响进行研究论证。

第六条 国务院建设行政主管部门根据建筑节能发展状况和技术先进、经济合理的原则，组织制定建筑节能相关标准，建立和完善建筑节能标准体系；省、自治区、直辖市人民政府建设行政主管部门应当严格执行国家民用建筑节能有关规定，可以制定严于国家民用建筑节能标准的地方标准或者实施细则。

第七条 鼓励民用建筑节能的科学研究和技术开发，推广应用节能型的建筑、结构、材料、用能设备和附属设施及相应的施工工艺、应用技术和管理技术，促进可再生能源的开发利用。

第八条 鼓励发展下列建筑节能技术和产品：

（一）新型节能墙体和屋面的保温、隔热技术与材料；

（二）节能门窗的保温隔热和密闭技术；

（三）集中供热和热、电、冷联产联供技术；

（四）供热采暖系统温度调控和分户热量计量技术与装置；

（五）太阳能、地热等可再生能源应用技术及设备；

（六）建筑照明节能技术与产品；

（七）空调制冷节能技术与产品；

（八）其他技术成熟、效果显著的节能技术和节能管理技术。

鼓励推广应用和淘汰的建筑节能部品及技术的目录，由国务院建设行政主管部门制定；省、自治区、直辖市建设行政主管部门可以结合该目录，制定适合本区域的鼓励推广应用和淘汰的建筑节能部品及技术的目录。

第九条 国家鼓励多元化、多渠道投资既有建筑的节能改造，投资人可以按照协议分享节能改造的收益；鼓励研究制定本地区既有建筑节能改造资金筹措办法和相关激励政策。

第十条 建筑工程施工过程中，县级以上地方人民政府建设行政主管部门应当加强对建筑物的围护结构（含墙体、屋面、门窗、玻璃幕墙等）、供热采暖和制冷系统、照明和通风等电器设备是否符合节能要求的监督检查。

第十一条 新建民用建筑应当严格执行建筑节能标准要求，民用建筑工程扩建和改建时，应当对原建筑进行节能改造。

既有建筑节能改造应当考虑建筑物的寿命周期，对改造的必要性、可行性以及投入收益比进行科学论证。节能改造要符合建筑节能标准要求，确保结构安全，优化建筑物使用功能。

寒冷地区和严寒地区既有建筑节能改造应当与供热系统节能改造同步进行。

第十二条 采用集中采暖制冷方式的新建民用建筑应当安设建筑物室内温度控制和用能计量设施，逐步实行基本冷热价和计量冷热价共同构成的两部制用能价格制度。

第十三条 供热单位、公共建筑所有权人或者其委托的物业管理单位应当制定相应的节能建筑运行管理制度，明确节能建筑运行状态各项性能指标、节能工作诸环节的岗位目标责任等事项。

第十四条 公共建筑的所有权人或者委托的物业管理单位应当建立用能档案，在供热或者制冷间歇期委托相关检测机构对用能设备和系统的性能进行综合检测评价，定期进行维护、维修、保养及更新置换，保证设备和系统的正常运行。

第十五条 供热单位、房屋产权单位或者其委托的物业管理等有关单位，应当记录并按有关规定上报能源消耗资料。

鼓励新建民用建筑和既有建筑实施建筑能效测评。

第十六条　从事建筑节能及相关管理活动的单位，应当对其从业人员进行建筑节能标准与技术等专业知识的培训。

建筑节能标准和节能技术应当作为注册城市规划师、注册建筑师、勘察设计注册工程师、注册监理工程师、注册建造师等继续教育的必修内容。

第十七条　建设单位应当按照建筑节能政策要求和建筑节能标准委托工程项目的设计。

建设单位不得以任何理由要求设计单位、施工单位擅自修改经审查合格的节能设计文件，降低建筑节能标准。

第十八条　房地产开发企业应当将所售商品住房的节能措施、围护结构保温隔热性能指标等基本信息在销售现场显著位置予以公示，并在《住宅使用说明书》中予以载明。

第十九条　设计单位应当依据建筑节能标准的要求进行设计，保证建筑节能设计质量。

施工图设计文件审查机构在进行审查时，应当审查节能设计的内容，在审查报告中单列节能审查章节；不符合建筑节能强制性标准的，施工图设计文件审查结论应当定为不合格。

第二十条　施工单位应当按照审查合格的设计文件和建筑节能施工标准的要求进行施工，保证工程施工质量。

第二十一条　监理单位应当依照法律、法规以及建筑节能标准、节能设计文件、建设工程承包合同及监理合同对节能工程建设实施监理。

第二十二条　对超过能源消耗指标的供热单位、公共建筑的所有权人或者其委托的物业管理单位，责令限期达标。

第二十三条　对擅自改变建筑围护结构节能措施，并影响公共利益和他人合法权益的，责令责任人及时予以修复，并承担相应的费用。

第二十四条　建设单位在竣工验收过程中，有违反建筑节能强制性标准行为的，按照《建设工程质量管理条例》的有关规定，重新组织竣工验收。

第二十五条　建设单位未按照建筑节能强制性标准委托设计，擅自修改节能设计文件，明示或暗示设计单位、施工单位违反建筑节能设计强制性标准，降低工程建设质量的，处20万元以上50万元以下的罚款。

第二十六条　设计单位未按照建筑节能强制性标准进行设计的，应当修改设计。未进行修改的，给予警告，处10万元以上30万元以下罚款；造成损失的，依法承担赔偿责任；两年内，累计三项工程未按照建筑节能强制性标准设计的，责令停业整顿，降低资质等级或者吊销资质证书。

第二十七条　对未按照节能设计进行施工的施工单位，责令改正；整改所发生的工程费用，由施工单位负责；可以给予警告，情节严重的，处工程合同价款2%以上4%以下的罚款；两年内，累计三项工程未按照符合节能标准要求的设计进行施工的，责令停业整顿，降低资质等级或者吊销资质证书。

第二十八条　本规定的责令停业整顿、降低资质等级和吊销资质证书的行政处罚，由颁发资质证书的机关决定；其他行政处罚，由建设行政主管部门依照法定职权决定。

第二十九条　农民自建低层住宅不适用本规定。

第三十条　本规定自2006年1月1日起施行。原《民用建筑节能管理规定》（建设部令第76号）同时废止。

建设项目环境保护管理条例

（1998年11月29日中华人民共和国国务院令第253号发布　根据2017年7月16日《国务院关于修改〈建设项目环境保护管理条例〉的决定》修订）

第一章　总　　则

第一条　为了防止建设项目产生新的污染、破坏生态环境，制定本条例。

第二条　在中华人民共和国领域和中华人民共和国管辖的其他海域内建设对环境有影响的建设项目，适用本条例。

第三条　建设产生污染的建设项目，必须遵守污染物排放的国家标准和地方标准；在实施重点污染物排放总量控制的区域内，还必须符合重点污染物排放总量控制的要求。

第四条　工业建设项目应当采用能耗物耗小、污染物产生量少的清洁生产工艺，合理利用自然资源，防止环境污染和生态破坏。

第五条　改建、扩建项目和技术改造项目必须采取措施，治理与该项目有关的原有环境污染和生态破坏。

第二章　环境影响评价

第六条　国家实行建设项目环境影响评价制度。

第七条　国家根据建设项目对环境的影响程度，按照下列规定对建设项目的环境保护实行分类管理：

（一）建设项目对环境可能造成重大影响的，应当编制环境影响报告书，对建设项目产生的污染和对环境的影响进行全面、详细的评价；

（二）建设项目对环境可能造成轻度影响的，应当编制环境影响报告表，对建设项目产生的污染和对环境的影响进行分析或者专项评价；

（三）建设项目对环境影响很小，不需要进行环境影响评价的，应当填报环境影响登记表。

建设项目环境影响评价分类管理名录，由国务院环境保护行政主管部门在组织专家进行论证和征求有关部门、行业协会、企事业单位、公众等意见的基础上制定并公布。

第八条　建设项目环境影响报告书，应当包括下列内容：

（一）建设项目概况；

（二）建设项目周围环境现状；

（三）建设项目对环境可能造成影响的分析和预测；

(四)环境保护措施及其经济、技术论证;

(五)环境影响经济损益分析;

(六)对建设项目实施环境监测的建议;

(七)环境影响评价结论。

建设项目环境影响报告表、环境影响登记表的内容和格式,由国务院环境保护行政主管部门规定。

第九条 依法应当编制环境影响报告书、环境影响报告表的建设项目,建设单位应当在开工建设前将环境影响报告书、环境影响报告表报有审批权的环境保护行政主管部门审批;建设项目的环境影响评价文件未依法经审批部门审查或者审查后未予批准的,建设单位不得开工建设。

环境保护行政主管部门审批环境影响报告书、环境影响报告表,应当重点审查建设项目的环境可行性、环境影响分析预测评估的可靠性、环境保护措施的有效性、环境影响评价结论的科学性等,并分别自收到环境影响报告书之日起 60 日内、收到环境影响报告表之日起 30 日内,作出审批决定并书面通知建设单位。

环境保护行政主管部门可以组织技术机构对建设项目环境影响报告书、环境影响报告表进行技术评估,并承担相应费用;技术机构应当对其提出的技术评估意见负责,不得向建设单位、从事环境影响评价工作的单位收取任何费用。

依法应当填报环境影响登记表的建设项目,建设单位应当按照国务院环境保护行政主管部门的规定将环境影响登记表报建设项目所在地县级环境保护行政主管部门备案。

环境保护行政主管部门应当开展环境影响评价文件网上审批、备案和信息公开。

第十条 国务院环境保护行政主管部门负责审批下列建设项目环境影响报告书、环境影响报告表:

(一)核设施、绝密工程等特殊性质的建设项目;

(二)跨省、自治区、直辖市行政区域的建设项目;

(三)国务院审批的或者国务院授权有关部门审批的建设项目。

前款规定以外的建设项目环境影响报告书、环境影响报告表的审批权限,由省、自治区、直辖市人民政府规定。

建设项目造成跨行政区域环境影响,有关环境保护行政主管部门对环境影响评价结论有争议的,其环境影响报告书或者环境影响报告表由共同上一级环境保护行政主管部门审批。

第十一条 建设项目有下列情形之一的,环境保护行政主管部门应当对环境影响报告书、环境影响报告表作出不予批准的决定:

(一)建设项目类型及其选址、布局、规模等不符合环境保护法律法规和相关法定规划;

(二)所在区域环境质量未达到国家或者地方环境质量标准,且建设项目拟采取的措施不能满足区域环境质量改善目标管理要求;

(三)建设项目采取的污染防治措施无法确保污染物排放达到国家和地方排放标准,或者未采取必要措施预防和控制生态破坏;

(四)改建、扩建和技术改造项目,未针对项目原有环境污染和生态破坏提出有效防治措施;

(五)建设项目的环境影响报告书、环境影响报告表的基础资料数据明显不实,内容存在重大缺陷、遗漏,或者环境影响评价结论不明确、不合理。

第十二条 建设项目环境影响报告书、环境影响报告表经批准后,建设项目的性质、规模、地点、采用的生产工艺或者防治污染、防止生态破坏的措施发生重大变动的,建设单位应当重新报批建设项目环境影响报告书、环境影响报告表。

建设项目环境影响报告书、环境影响报告表自批准之日起满 5 年,建设项目方开工建设的,其环境影响报告书、环境影响报告表应当报原审批部门重新审核。原审批部门应当自收到建设项目环境影响报告书、环境影响报告表之日起 10 日内,将审核意见书面通知建设单位;逾期未通知的,视为审核同意。

审核、审批建设项目环境影响报告书、环境影响报告表及备案环境影响登记表,不得收取任何费用。

第十三条 建设单位可以采取公开招标的方式,选择从事环境影响评价工作的单位,对建设项目进行环境影响评价。

任何行政机关不得为建设单位指定从事环境影响评价工作的单位,进行环境影响评价。

第十四条 建设单位编制环境影响报告书,应当依照有关法律规定,征求建设项目所在地有关单位和居民的意见。

第三章 环境保护设施建设

第十五条 建设项目需要配套建设的环境保护设施,必须与主体工程同时设计、同时施工、同时投产使用。

第十六条 建设项目的初步设计,应当按照环境保护设计规范的要求,编制环境保护篇章,落实防治环境污染和生态破坏的措施以及环境保护设施投资概算。

建设单位应当将环境保护设施建设纳入施工合同,保证环境保护设施建设进度和资金,并在项目建设过程中同时组织实施环境影响报告书、环境影响报告表及其审批部门审批决定中提出的环境保护对策措施。

第十七条 编制环境影响报告书、环境影响报告表的建设项目竣工后,建设单位应当按照国务院环境保护行政主管部门规定的标准和程序,对配套建设的环境保护设施进行验收,编制验收报告。

建设单位在环境保护设施验收过程中,应当如实查验、监测、记载建设项目环境保护设施的建设和调试情况,不得弄虚作假。

除按照国家规定需要保密的情形外,建设单位应当依法向社会公开验收报告。

第十八条　分期建设、分期投入生产或者使用的建设项目，其相应的环境保护设施应当分期验收。

第十九条　编制环境影响报告书、环境影响报告表的建设项目，其配套建设的环境保护设施经验收合格，方可投入生产或者使用；未经验收或者验收不合格的，不得投入生产或者使用。

前款规定的建设项目投入生产或者使用后，应当按照国务院环境保护行政主管部门的规定开展环境影响后评价。

第二十条　环境保护行政主管部门应当对建设项目环境保护设施设计、施工、验收、投入生产或者使用情况，以及有关环境影响评价文件确定的其他环境保护措施的落实情况，进行监督检查。

环境保护行政主管部门应当将建设项目有关环境违法信息记入社会诚信档案，及时向社会公开违法者名单。

第四章　法律责任

第二十一条　建设单位有下列行为之一的，依照《中华人民共和国环境影响评价法》的规定处罚：

（一）建设项目环境影响报告书、环境影响报告表未依法报批或者报请重新审核，擅自开工建设；

（二）建设项目环境影响报告书、环境影响报告表未经批准或者重新审核同意，擅自开工建设；

（三）建设项目环境影响登记表未依法备案。

第二十二条　违反本条例规定，建设单位编制建设项目初步设计未落实防治环境污染和生态破坏的措施以及环境保护设施投资概算，未将环境保护设施建设纳入施工合同，或者未依法开展环境影响后评价的，由建设项目所在地县级以上环境保护行政主管部门责令限期改正，处5万元以上20万元以下的罚款；逾期不改正的，处20万元以上100万元以下的罚款。

违反本条例规定，建设单位在项目建设过程中未同时组织实施环境影响报告书、环境影响报告表及其审批部门审批决定中提出的环境保护对策措施的，由建设项目所在地县级以上环境保护行政主管部门责令限期改正，处20万元以上100万元以下的罚款；逾期不改正的，责令停止建设。

第二十三条　违反本条例规定，需要配套建设的环境保护设施未建成、未经验收或者验收不合格，建设项目即投入生产或者使用，或者在环境保护设施验收中弄虚作假的，由县级以上环境保护行政主管部门责令限期改正，处20万元以上100万元以下的罚款；逾期不改正的，处100万元以上200万元以下的罚款；对直接负责的主管人员和其他责任人员，处5万元以上20万元以下的罚款；造成重大环境污染或者生态破坏的，责令停止生产或者使用，或者报经有批准权的人民政府批准，责令关闭。

违反本条例规定，建设单位未依法向社会公开环境保护设施验收报告的，由县级以上环境保护行政主管部门责令公开，处5万元以上20万元以下的罚款，并予以公告。

第二十四条　违反本条例规定，技术机构向建设单位、从事环境影响评价工作的单位收取费用的，由县级以上环境保护行政主管部门责令退还所收费用，处所收费用1倍以上3倍以下的罚款。

第二十五条　从事建设项目环境影响评价工作的单位，在环境影响评价工作中弄虚作假的，由县级以上环境保护行政主管部门处所收费用1倍以上3倍以下的罚款。

第二十六条　环境保护行政主管部门的工作人员徇私舞弊、滥用职权、玩忽职守，构成犯罪的，依法追究刑事责任；尚不构成犯罪的，依法给予行政处分。

第五章　附　　则

第二十七条　流域开发、开发区建设、城市新区建设和旧区改建等区域性开发，编制建设规划时，应当进行环境影响评价。具体办法由国务院环境保护行政主管部门会同国务院有关部门另行规定。

第二十八条　海洋工程建设项目的环境保护管理，按照国务院关于海洋工程环境保护管理的规定执行。

第二十九条　军事设施建设项目的环境保护管理，按照中央军事委员会的有关规定执行。

第三十条　本条例自发布之日起施行。

绿色建筑评价标识管理办法（试行）

（2007年8月21日　建科〔2007〕206号）

第一章　总　　则

第一条　为规范绿色建筑评价标识工作，引导绿色建筑健康发展，制定本办法。

第二条　本办法所称的绿色建筑评价标识（以下简称“评价标识”），是指对申请进行绿色建筑等级评定的建筑物，依据《绿色建筑评价标准》和《绿色建筑评价技术细则（试行）》，按照本办法确定的程序和要求，确认其等级并进行信息性标识的一种评价活动。标识包括证书和标志。

第三条　本办法适用于已竣工并投入使用的住宅建筑和公共建筑评价标识的组织实施与管理。

第四条　评价标识的申请遵循自愿原则，评价标识工作遵循科学、公开、公平和公正的原则。

第五条　绿色建筑等级由低至高分为一星级、二星级和三星级三个等级。

第二章　组织管理

第六条　建设部负责指导和管理绿色建筑评价标识工作，制定管理办法，监督实施，公示、审定、公布通过的项目。

第七条 对审定的项目由建设部公布,并颁发证书和标志。

第八条 建设部委托建设部科技发展促进中心负责绿色建筑评价标识的具体组织实施等日常管理工作,并接受建设部的监督与管理。

第九条 建设部科技发展促进中心负责对申请的项目组织评审,建立并管理评审工作档案,受理查询事务。

第三章 申请条件及程序

第十条 评价标识的申请应由业主单位、房地产开发单位提出,鼓励设计单位、施工单位和物业管理单位等相关单位共同参与申请。

第十一条 申请评价标识的住宅建筑和公共建筑应当通过工程质量验收并投入使用一年以上,未发生重大质量安全事故,无拖欠工资和工程款。

第十二条 申请单位应当提供真实、完整的申报材料,填写评价标识申报书,提供工程立项批件、申报单位的资质证书,工程用材料、产品、设备的合格证书、检测报告等材料,以及必须的规划、设计、施工、验收和运营管理资料。

第十三条 评价标识申请在通过申请材料的形式审查后,由组成的评审专家委员会对其进行评审,并对通过评审的项目进行公示,公示期为30天。

第十四条 经公示后无异议或有异议但已协调解决的项目,由建设部审定。

第十五条 对有异议而且无法协调解决的项目,将不予进行审定并向申请单位说明情况,退还申请资料。

第四章 监督检查

第十六条 标识持有单位应规范使用证书和标志,并制定相应的管理制度。

第十七条 任何单位和个人不得利用标识进行虚假宣传,不得转让、伪造或冒用标识。

第十八条 凡有下列情况之一者,暂停使用标识:

(一)建筑物的个别指标与申请评价标识的要求不符;

(二)证书或标志的使用不符合规定的要求。

凡有下列情况之一者,撤销标识:

(一)建筑物的技术指标与申请评价标识的要求有多项(三项以上)不符的;

(二)标识持有单位暂停使用标识超过一年的;

(三)转让标识或违反有关规定、损害标识信誉的;

(四)以不真实的申请材料通过评价获得标识的;

(五)无正当理由拒绝监督检查的。

被撤销标识的建筑物和有关单位,自撤销之日起三年内不得再次提出评价标识申请。

第十九条 标识持有单位有第十七条、第十八条情况之一时,知情单位或个人可向建设部举报。

第五章 附 则

第二十条 处于规划设计阶段和施工阶段的住宅建筑和公共建筑,可比照本办法对其规划设计进行评价。

《绿色建筑评价标准》未规定的其他类型建筑,可参照本办法开展评价标识工作。

第二十一条 建设部科技发展促进中心应根据本办法制定实施细则。

第二十二条 本办法由建设部科学技术司负责解释。

第二十三条 本办法自发布之日起施行。

全国城镇污水处理信息报告、核查和评估办法

(2007年12月4日 建城〔2007〕277号)

第一条 为加强城镇污水处理设施建设和运行的管理与监督,落实节能减排目标要求,根据国家有关法律法规规定和工作要求,制定本办法。

第二条 组织实施全国城镇污水处理设施建设、运行的信息报告、核查、评估等工作,适用本办法。

本办法所指城镇污水处理设施(项目),是指设市城市(含区)、县城集中(公共)污水处理厂(站)(以下简称"污水处理厂")、再生水利用、污泥处置及管网、涵渠、泵站等设施。

第三条 建设部负责《全国城镇污水处理信息系统》(以下简称信息系统)的平台建设,负责全国城镇污水处理项目建设和运营的信息分析、总体评估和通报工作,对各地相关工作进行指导、监督和专项督察。

建设部信息中心负责信息系统的建设、维护和升级,以及上报信息汇总分析和用户服务等工作。

各省、自治区建设行政主管部门负责组织实施本行政区城镇污水处理的信息报告的督促、核查工作,并利用信息系统对本地地区城镇污水处理情况进行分析和评估。

各城市和县人民政府所在地镇的建设(城市排水)主管部门(以下简称城镇建设主管部门)负责本地区城镇污水处理项目建设信息的统计、整理和上报,以及污水处理运营信息报告的核实和督促工作。

第四条 城镇污水处理设施建设、运行的信息报告、核查、评估等工作应当坚持全面覆盖、责任明确、上下联动、实事求是的原则,做到信息准确、渠道畅通、报送及时、核查规范、评估科学、调控有力。

第五条 信息系统的主要内容包括:

(一)在建项目信息。重点报告在建项目设计规模、工艺类型、设计水质、建设进度、累计完成投资等情况。

(二)已投入运营项目信息。基本信息包括污水处理厂基

本情况、建设运营方式、工艺类型、污水处理费标准等。运行信息包括实际处理水量、进出水水质、污泥产生量、再生水利用量、用电量、运行天数等。

（三）根据各地信息数据，建设部对全国城镇污水处理项目建设、运行情况进行汇总、分析和评估。

第六条 城镇建设主管部门负责在建项目信息的报告。在建项目建设信息为季报，于每季度10日前报送上季度的信息。

城镇污水处理设施运营单位负责已投入运行项目信息的报告工作。项目运行信息为月报，于每月10日前报送上个月的信息。

省级建设主管部门应于每月15日前，完成对报送信息的核准工作，并在每年的7月20日和1月20日前，分别完成本地区内的城镇污水处理半年度和全年度评估上报工作。

城镇污水处理项目建设和运营信息报告的具体格式、内容，按照《全国城镇污水处理信息系统说明》执行。

建设部信息中心负责对上报信息进行汇总分析。

第七条 各级建设主管部门和城镇污水处理项目运营单位应落实责任，明确专人负责信息报告工作。要按照“谁填报，谁负责；谁主管，谁落实”的原则，确保上报信息的及时、全面、准确。

建设部信息中心应做好系统维护，及时解决系统使用中出现的问题，提高系统使用效率。

第八条 各级建设主管部门要加强对城镇污水处理设施建设和运营信息的核查，核实信息的真实性、准确性，对信息中反映的问题及时进行督查，限期整改。

对污水处理的水质、水量要进行重点核查。各设市城市和县建设主管部门应建立或委托具备计量认证资格的监测机构，同时按规定采用在线监测设备对已投运项目的进、出水水质和处理水量进行检测和计量，核实运营单位上报的数据，核查结果将作为核拨污水处理费的重要依据。

第九条 建设部将根据国家总体部署和工作进展情况，组织实施全国范围的或重点地区、重点流域的城镇污水处理专项检查。

省级建设主管部门应建立核查工作制度，完善核查工作体系，并根据各地工作进展和国家要求组织对本区内的污水处理设施建设和运营情况进行不定期检查。

各地应加快城镇污水处理在线监测系统建设，逐步实行远程实时监测和核查。

第十条 发挥行业协会的作用，组织城镇污水处理行业的交流和检查，开展运营单位绩效评价工作，建立行业自律和激励机制。

第十一条 及时充实、调整国家城镇污水处理设施建设和运营专家库，发挥专家才智，搞好信息核查、技术指导。

第十二条 在信息报告、核查的基础上，对城镇污水处理设施建设和运行情况及时做出全面评估。

评估的内容包括：根据规划，评估城镇污水处理设施建设进度、资金到位、政策落实等情况；根据国家规范、标准，评估污水处理设施运行的质量和效益。通过评估，总结经验，找出问题，提出对策。

第十三条 主要评估指标包括：

（一）城镇污水处理设施建成率：指已建成的城镇污水处理项目的数量/本辖区内规划确定的应建项目数量；同时对各地城镇污水处理设施建设的总体情况进行评估，并对污水收集管网建设情况进行专项评估。以省、自治区、直辖市以及城市、县为评估单位。

（二）城镇污水集中处理率：指城镇污水处理厂的污水处理总量/城镇污水排放总量。以省、自治区、直辖市以及设市城市、县城为评估单位。

（三）主要污染物消减率：指（污水处理厂实际进水主要污染物平均浓度—污水处理厂实际出水主要污染物平均浓度）/进水污染物平均浓度；同时评估污水处理厂对主要污染物的削减量。以污水处理厂为评估单位。

（四）污水处理厂运行负荷率：指污水处理厂实际平均日处理水量/设计规模。以污水处理厂为评估单位。

（五）出水水质达标率：指污水处理厂每月（或全年）出水水质达标天数/每月（或全年）正常运行天数。出水水质标准，以经过批准（或核准）的项目初步设计和环境影响评价报告书批复中确定的项目设计标准为依据。以污水处理厂为评估单位。

第十四条 通过评估，对各省、自治区、直辖市，或重点流域、重点地区的城镇污水处理设施建设和运营情况进行排序；对污水处理设施运行情况做出简要绩效评价；对工作中出现的先进典型进行总结，对存在的共性问题进行分析，并提出整改建议。

第十五条 城镇污水处理设施建设和运营情况评估结论每半年通报一次。

根据通报，各级地方建设主管部门应当做出分析与说明，并向同级人民政府做出报告。

第十六条 建设部将评估情况及时与国家相关部门沟通，评估结论将作为国家对城镇污水处理项目支持的依据。对项目建设进度快、质量好、运营效率高、减排效果显著的项目，建设部将建议相关部门通过以奖代补等方式予以鼓励。

第十七条 存在以下问题的，由上级主管部门予以通报批评，必要时可向责任单位下发整改通知，限期进行整改。

（一）城镇污水处理及再生利用设施建设进度慢，城镇污水处理率低、污水处理费不能及时足额拨付的市、县。

（二）污水处理设施运行负荷率、达标率低的，或者不按照本办法要求及时、准确报送数据或谎报、瞒报数据的污水处理运营单位。

第十八条 直接责任单位和相关部门应对整改通知进行

专门研究，拿出具体措施和意见，并将整改情况向通知发出单位做出书面汇报。

对问题突出的地区或项目，有关主管部门应当组织进行专项督察。

第十九条　对于整改不力，造成严重影响和后果的，由上一级主管部门会同监察等部门对有关责任单位和责任人实施责任追究。

第二十条　本办法自颁布之日施行。

3. 资质管理

工程造价咨询企业管理办法

（2006年3月22日建设部令第149号发布　根据2015年5月4日《住房和城乡建设部关于修改〈房地产开发企业资质管理规定〉等部门规章的决定》第一次修订　根据2016年9月13日《住房城乡建设部关于修改〈勘察设计注册工程师管理规定〉等11个部门规章的决定》第二次修订）

第一章　总　　则

第一条　为了加强对工程造价咨询企业的管理，提高工程造价咨询工作质量，维护建设市场秩序和社会公共利益，根据《中华人民共和国行政许可法》、《国务院对确需保留的行政审批项目设定行政许可的决定》，制定本办法。

第二条　在中华人民共和国境内从事工程造价咨询活动，实施对工程造价咨询企业的监督管理，应当遵守本办法。

第三条　本办法所称工程造价咨询企业，是指接受委托，对建设项目投资、工程造价的确定与控制提供专业咨询服务的企业。

第四条　工程造价咨询企业应当依法取得工程造价咨询企业资质，并在其资质等级许可的范围内从事工程造价咨询活动。

第五条　工程造价咨询企业从事工程造价咨询活动，应当遵循独立、客观、公正、诚实信用的原则，不得损害社会公共利益和他人的合法权益。

任何单位和个人不得非法干预依法进行的工程造价咨询活动。

第六条　国务院住房城乡建设主管部门负责全国工程造价咨询企业的统一监督管理工作。

省、自治区、直辖市人民政府住房城乡建设主管部门负责本行政区域内工程造价咨询企业的监督管理工作。

有关专业部门负责对本专业工程造价咨询企业实施监督管理。

第七条　工程造价咨询行业组织应当加强行业自律管理。

鼓励工程造价咨询企业加入工程造价咨询行业组织。

第二章　资质等级与标准

第八条　工程造价咨询企业资质等级分为甲级、乙级。

第九条　甲级工程造价咨询企业资质标准如下：

（一）已取得乙级工程造价咨询企业资质证书满3年；

（二）企业出资人中，注册造价工程师人数不低于出资人总人数的60%，且其出资额不低于企业认缴出资总额的60%；

（三）技术负责人已取得造价工程师注册证书，并具有工程或工程经济类高级专业技术职称，且从事工程造价专业工作15年以上；

（四）专职从事工程造价专业工作的人员（以下简称专职专业人员）不少于20人，其中，具有工程或者工程经济类中级以上专业技术职称的人员不少于16人；取得造价工程师注册证书的人员不少于10人，其他人员具有从事工程造价专业工作的经历；

（五）企业与专职专业人员签订劳动合同，且专职专业人员符合国家规定的职业年龄（出资人除外）；

（六）专职专业人员人事档案关系由国家认可的人事代理机构代为管理；

（七）企业近3年工程造价咨询营业收入累计不低于人民币500万元；

（八）具有固定的办公场所，人均办公建筑面积不少于10平方米；

（九）技术档案管理制度、质量控制制度、财务管理制度齐全；

（十）企业为本单位专职专业人员办理的社会基本养老保险手续齐全；

（十一）在申请核定资质等级之日前3年内无本办法第二十七条禁止的行为。

第十条　乙级工程造价咨询企业资质标准如下：

（一）企业出资人中，注册造价工程师人数不低于出资人总人数的60%，且其出资额不低于认缴出资总额的60%；

（二）技术负责人已取得造价工程师注册证书，并具有工程或工程经济类高级专业技术职称，且从事工程造价专业工作10年以上；

（三）专职专业人员不少于12人，其中，具有工程或者工程经济类中级以上专业技术职称的人员不少于8人；取得造价工程师注册证书的人员不少于6人，其他人员具有从事工程造价专业工作的经历；

（四）企业与专职专业人员签订劳动合同，且专职专业人员符合国家规定的职业年龄（出资人除外）；

（五）专职专业人员人事档案关系由国家认可的人事代理机构代为管理；

（六）具有固定的办公场所，人均办公建筑面积不少于10平方米；

（七）技术档案管理制度、质量控制制度、财务管理制度齐全；

（八）企业为本单位专职专业人员办理的社会基本养老保险手续齐全；

（九）暂定期内工程造价咨询营业收入累计不低于人民币50万元；

（十）申请核定资质等级之日前无本办法第二十七条禁止的行为。

第三章 资质许可

第十一条 甲级工程造价咨询企业资质，由国务院住房城乡建设主管部门审批。

申请甲级工程造价咨询企业资质的，可以向申请人工商注册所在地省、自治区、直辖市人民政府住房城乡建设主管部门或者国务院有关专业部门提交申请材料。

省、自治区、直辖市人民政府住房城乡建设主管部门或者国务院有关专业部门收到申请材料后，应当在5日内将全部申请材料报国务院住房城乡建设主管部门，国务院住房城乡建设主管部门应当自受理之日起20日内作出决定。

组织专家评审所需时间不计算在上述时限内，但应当明确告知申请人。

第十二条 申请乙级工程造价咨询企业资质的，由省、自治区、直辖市人民政府住房城乡建设主管部门审查决定。其中，申请有关专业乙级工程造价咨询企业资质的，由省、自治区、直辖市人民政府住房城乡建设主管部门商同级有关专业部门审查决定。

乙级工程造价咨询企业资质许可的实施程序由省、自治区、直辖市人民政府住房城乡建设主管部门依法确定。

省、自治区、直辖市人民政府住房城乡建设主管部门应当自作出决定之日起30日内，将准予资质许可的决定报国务院住房城乡建设主管部门备案。

第十三条 申请工程造价咨询企业资质，应当提交下列材料并同时在网上申报：

（一）《工程造价咨询企业资质等级申请书》；

（二）专职专业人员（含技术负责人）的造价工程师注册证书、造价员资格证书、专业技术职称证书和身份证；

（三）专职专业人员（含技术负责人）的人事代理合同和企业为其交纳的本年度社会基本养老保险费用的凭证；

（四）企业章程、股东出资协议；

（五）企业缴纳营业收入的营业税发票或税务部门出具的缴纳工程造价咨询营业收入的营业税完税证明；企业营业收入含其他业务收入的，还需出具工程造价咨询营业收入的财务审计报告；

（六）工程造价咨询企业资质证书；

（七）企业营业执照；

（八）固定办公场所的租赁合同或产权证明；

（九）有关企业技术档案管理、质量控制、财务管理等制度的文件；

（十）法律、法规规定的其他材料。

新申请工程造价咨询企业资质的，不需要提交前款第（五）项、第（六）项所列材料。

第十四条 新申请工程造价咨询企业资质的，其资质等级按照本办法第十条第（一）项至第（九）项所列资质标准核定为乙级，设暂定期一年。

暂定期届满需继续从事工程造价咨询活动的，应当在暂定期届满30日前，向资质许可机关申请换发资质证书。符合乙级资质条件的，由资质许可机关换发资质证书。

第十五条 准予资质许可的，资质许可机关应当向申请人颁发工程造价咨询企业资质证书。

工程造价咨询企业资质证书由国务院住房城乡建设主管部门统一印制，分正本和副本。正本和副本具有同等法律效力。

工程造价咨询企业遗失资质证书的，应当在公众媒体上声明作废后，向资质许可机关申请补办。

第十六条 工程造价咨询企业资质有效期为3年。

资质有效期届满，需要继续从事工程造价咨询活动的，应当在资质有效期届满30日前向资质许可机关提出资质延续申请。资质许可机关应当根据申请作出是否准予延续的决定。准予延续的，资质有效期延续3年。

第十七条 工程造价咨询企业的名称、住所、组织形式、法定代表人、技术负责人、注册资本等事项发生变更的，应当自变更确立之日起30日内，到资质许可机关办理资质证书变更手续。

第十八条 工程造价咨询企业合并的，合并后存续或者新设立的工程造价咨询企业可以承继合并前各方中较高的资质等级，但应当符合相应的资质等级条件。

工程造价咨询企业分立的，只能由分立后的一方承继原工程造价咨询企业资质，但应当符合原工程造价咨询企业资质等级条件。

第四章 工程造价咨询管理

第十九条 工程造价咨询企业依法从事工程造价咨询活动，不受行政区域限制。

甲级工程造价咨询企业可以从事各类建设项目的工程造价咨询业务。

乙级工程造价咨询企业可以从事工程造价5000万元人民币以下的各类建设项目的工程造价咨询业务。

第二十条 工程造价咨询业务范围包括：

（一）建设项目建议书及可行性研究投资估算、项目经济评价报告的编制和审核；

（二）建设项目概预算的编制与审核，并配合设计方案比选、优化设计、限额设计等工作进行工程造价分析与控制；

（三）建设项目合同价款的确定（包括招标工程工程量清单和标底、投标报价的编制和审核）；合同价款的签订与调整（包括工程变更、工程洽商和索赔费用的计算）及工程款支付，工程结算及竣工结（决）算报告的编制与审核等；

（四）工程造价经济纠纷的鉴定和仲裁的咨询；

（五）提供工程造价信息服务等。

工程造价咨询企业可以对建设项目的组织实施进行全过程或者若干阶段的管理和服务。

第二十一条 工程造价咨询企业在承接各类建设项目的工程造价咨询业务时，应当与委托人订立书面工程造价咨询合同。

工程造价咨询企业与委托人可以参照《建设工程造价咨询合同》（示范文本）订立合同。

第二十二条 工程造价咨询企业从事工程造价咨询业务，应当按照有关规定的要求出具工程造价成果文件。

工程造价成果文件应当由工程造价咨询企业加盖有企业名称、资质等级及证书编号的执业印章，并由执行咨询业务的注册造价工程师签字、加盖执业印章。

第二十三条 工程造价咨询企业设立分支机构的，应当自领取分支机构营业执照之日起30日内，持下列材料到分支机构工商注册所在地省、自治区、直辖市人民政府住房城乡建设主管部门备案：

（一）分支机构营业执照复印件；

（二）工程造价咨询企业资质证书复印件；

（三）拟在分支机构执业的不少于3名注册造价工程师的注册证书复印件；

（四）分支机构固定办公场所的租赁合同或产权证明。

省、自治区、直辖市人民政府住房城乡建设主管部门应当在接受备案之日起20日内，报国务院住房城乡建设主管部门备案。

第二十四条 分支机构从事工程造价咨询业务，应当由设立该分支机构的工程造价咨询企业负责承接工程造价咨询业务、订立工程造价咨询合同、出具工程造价成果文件。

分支机构不得以自己名义承接工程造价咨询业务、订立工程造价咨询合同、出具工程造价成果文件。

第二十五条 工程造价咨询企业跨省、自治区、直辖市承接工程造价咨询业务的，应当自承接业务之日起30日内到建设工程所在地省、自治区、直辖市人民政府住房城乡建设主管部门备案。

第二十六条 工程造价咨询收费应当按照有关规定，由当事人在建设工程造价咨询合同中约定。

第二十七条 工程造价咨询企业不得有下列行为：

（一）涂改、倒卖、出租、出借资质证书，或者以其他形式非法转让资质证书；

（二）超越资质等级业务范围承接工程造价咨询业务；

（三）同时接受招标人和投标人或两个以上投标人对同一工程项目的工程造价咨询业务；

（四）以给予回扣、恶意压低收费等方式进行不正当竞争；

（五）转包承接的工程造价咨询业务；

（六）法律、法规禁止的其他行为。

第二十八条 除法律、法规另有规定外，未经委托人书面同意，工程造价咨询企业不得对外提供工程造价咨询服务过程中获知的当事人的商业秘密和业务资料。

第二十九条 县级以上地方人民政府住房城乡建设主管部门、有关专业部门应当依照有关法律、法规和本办法的规定，对工程造价咨询企业从事工程造价咨询业务的活动实施监督检查。

第三十条 监督检查机关履行监督检查职责时，有权采取下列措施：

（一）要求被检查单位提供工程造价咨询企业资质证书、造价工程师注册证书，有关工程造价咨询业务的文档，有关技术档案管理制度、质量控制制度、财务管理制度的文件；

（二）进入被检查单位进行检查，查阅工程造价咨询成果文件以及工程造价咨询合同等相关资料；

（三）纠正违反有关法律、法规和本办法及执业规程规定的行为。

监督检查机关应当将监督检查的处理结果向社会公布。

第三十一条 监督检查机关进行监督检查时，应当有两名以上监督检查人员参加，并出示执法证件，不得妨碍被检查单位的正常经营活动，不得索取或者收受财物、谋取其他利益。

有关单位和个人对依法进行的监督检查应当协助与配合，不得拒绝或者阻挠。

第三十二条 有下列情形之一的，资质许可机关或者其上级机关，根据利害关系人的请求或者依据职权，可以撤销工程造价咨询企业资质：

（一）资质许可机关工作人员滥用职权、玩忽职守作出准予工程造价咨询企业资质许可的；

（二）超越法定职权作出准予工程造价咨询企业资质许可的；

（三）违反法定程序作出准予工程造价咨询企业资质许可的；

（四）对不具备行政许可条件的申请人作出准予工程造价咨询企业资质许可的；

（五）依法可以撤销工程造价咨询企业资质的其他情形。

工程造价咨询企业以欺骗、贿赂等不正当手段取得工程造价咨询企业资质的，应当予以撤销。

第三十三条 工程造价咨询企业取得工程造价咨询企业资质后，不再符合相应资质条件的，资质许可机关根据利害关系人的请求或者依据职权，可以责令其限期改正；逾期不改的,可以撤回其资质。

第三十四条 有下列情形之一的,资质许可机关应当依法注销工程造价咨询企业资质:

(一)工程造价咨询企业资质有效期满,未申请延续的;

(二)工程造价咨询企业资质被撤销、撤回的;

(三)工程造价咨询企业依法终止的;

(四)法律、法规规定的应当注销工程造价咨询企业资质的其他情形。

第三十五条 工程造价咨询企业应当按照有关规定,向资质许可机关提供真实、准确、完整的工程造价咨询企业信用档案信息。

工程造价咨询企业信用档案应当包括工程造价咨询企业的基本情况、业绩、良好行为、不良行为等内容。违法行为、被投诉举报处理、行政处罚等情况应当作为工程造价咨询企业的不良记录记入其信用档案。

任何单位和个人有权查阅信用档案。

第五章 法律责任

第三十六条 申请人隐瞒有关情况或者提供虚假材料申请工程造价咨询企业资质的,不予受理或者不予资质许可,并给予警告,申请人在1年内不得再次申请工程造价咨询企业资质。

第三十七条 以欺骗、贿赂等不正当手段取得工程造价咨询企业资质的,由县级以上地方人民政府住房城乡建设主管部门或者有关专业部门给予警告,并处以1万元以上3万元以下的罚款,申请人3年内不得再次申请工程造价咨询企业资质。

第三十八条 未取得工程造价咨询企业资质从事工程造价咨询活动或者超越资质等级承接工程造价咨询业务的,出具的工程造价成果文件无效,由县级以上地方人民政府住房城乡建设主管部门或者有关专业部门给予警告,责令限期改正,并处以1万元以上3万元以下的罚款。

第三十九条 违反本办法第十七条规定,工程造价咨询企业不及时办理资质证书变更手续的,由资质许可机关责令限期办理;逾期不办理的,可处以1万元以下的罚款。

第四十条 有下列行为之一的,由县级以上地方人民政府住房城乡建设主管部门或者有关专业部门给予警告,责令限期改正;逾期未改正的,可处以5000元以上2万元以下的罚款:

(一)违反本办法第二十三条规定,新设立分支机构不备案的;

(二)违反本办法第二十五条规定,跨省、自治区、直辖市承接业务不备案的。

第四十一条 工程造价咨询企业有本办法第二十七条行为之一的,由县级以上地方人民政府住房城乡建设主管部门或者有关专业部门给予警告,责令限期改正,并处以1万元以上3万元以下的罚款。

第四十二条 资质许可机关有下列情形之一的,由其上级行政主管部门或者监察机关责令改正,对直接负责的主管人员和其他直接责任人员依法给予处分;构成犯罪的,依法追究刑事责任:

(一)对不符合法定条件的申请人准予工程造价咨询企业资质许可或者超越职权作出准予工程造价咨询企业资质许可决定的;

(二)对符合法定条件的申请人不予工程造价咨询企业资质许可或者不在法定期限内作出准予工程造价咨询企业资质许可决定的;

(三)利用职务上的便利,收受他人财物或者其他利益的;

(四)不履行监督管理职责,或者发现违法行为不予查处的。

第六章 附 则

第四十三条 本办法自2006年7月1日起施行。2000年1月25日建设部发布的《工程造价咨询单位管理办法》(建设部令第74号)同时废止。

本办法施行前建设部发布的规章与本办法的规定不一致的,以本办法为准。

第四十四条 本办法第九条第(二)项、第(六)项和第十条第(一)项、第(五)项的规定,暂不适用于本办法施行前已取得工程造价咨询资质且尚未进行改制的单位。

建设工程勘察设计资质管理规定

(2007年6月26日建设部令第160号发布 根据2015年5月4日《住房和城乡建设部关于修改〈房地产开发企业资质管理规定〉等部门规章的决定》第一次修订 根据2016年9月13日《住房城乡建设部关于修改〈勘察设计注册工程师管理规定〉等11个部门规章的决定》第二次修订 根据2018年12月22日《住房城乡建设部关于修改〈建筑业企业资质管理规定〉等部门规章的决定》第三次修订)

第一章 总 则

第一条 为了加强对建设工程勘察、设计活动的监督管理,保证建设工程勘察、设计质量,根据《中华人民共和国行政许可法》、《中华人民共和国建筑法》、《建设工程质量管理条例》和《建设工程勘察设计管理条例》等法律、行政法规,制定本规定。

第二条 在中华人民共和国境内申请建设工程勘察、工程设计资质,实施对建设工程勘察、工程设计资质的监督管理,适用本规定。

第三条 从事建设工程勘察、工程设计活动的企业,应当按照其拥有的资产、专业技术人员、技术装备和勘察设计业绩等条件申请资质，经审查合格，取得建设工程勘察、工程设计资质证书后，方可在资质许可的范围内从事建设工程勘察、工程设计活动。

第四条　国务院住房城乡建设主管部门负责全国建设工程勘察、工程设计资质的统一监督管理。国务院铁路、交通、水利、信息产业、民航等有关部门配合国务院住房城乡建设主管部门实施相应行业的建设工程勘察、工程设计资质管理工作。

省、自治区、直辖市人民政府住房城乡建设主管部门负责本行政区域内建设工程勘察、工程设计资质的统一监督管理。省、自治区、直辖市人民政府交通、水利、信息产业等有关部门配合同级住房城乡建设主管部门实施本行政区域内相应行业的建设工程勘察、工程设计资质管理工作。

第二章　资质分类和分级

第五条　工程勘察资质分为工程勘察综合资质、工程勘察专业资质、工程勘察劳务资质。

工程勘察综合资质只设甲级；工程勘察专业资质设甲级、乙级，根据工程性质和技术特点，部分专业可以设丙级；工程勘察劳务资质不分等级。

取得工程勘察综合资质的企业，可以承接各专业（海洋工程勘察除外）、各等级工程勘察业务；取得工程勘察专业资质的企业，可以承接相应等级相应专业的工程勘察业务；取得工程勘察劳务资质的企业，可以承接岩土工程治理、工程钻探、凿井等工程勘察劳务业务。

第六条　工程设计资质分为工程设计综合资质、工程设计行业资质、工程设计专业资质和工程设计专项资质。

工程设计综合资质只设甲级；工程设计行业资质、工程设计专业资质、工程设计专项资质设甲级、乙级。

根据工程性质和技术特点，个别行业、专业、专项资质可以设丙级，建筑工程专业资质可以设丁级。

取得工程设计综合资质的企业，可以承接各行业、各等级的建设工程设计业务；取得工程设计行业资质的企业，可以承接相应行业相应等级的工程设计业务及本行业范围内同级别的相应专业、专项（设计施工一体化资质除外）工程设计业务；取得工程设计专业资质的企业，可以承接本专业相应等级的专业工程设计业务及同级别的相应专项工程设计业务（设计施工一体化资质除外）；取得工程设计专项资质的企业，可以承接本专项相应等级的专项工程设计业务。

第七条　建设工程勘察、工程设计资质标准和各资质类别、级别企业承担工程的具体范围由国务院住房城乡建设主管部门商国务院有关部门制定。

第三章　资质申请和审批

第八条　申请工程勘察甲级资质、工程设计甲级资质，以及涉及铁路、交通、水利、信息产业、民航等方面的工程设计乙级资质的，可以向企业工商注册所在地的省、自治区、直辖市人民政府住房城乡建设主管部门提交申请材料。

省、自治区、直辖市人民政府住房城乡建设主管部门收到申请材料后，应当在5日内将全部申请材料报审批部门。

国务院住房城乡建设主管部门在收到申请材料后，应当依法作出是否受理的决定，并出具凭证；申请材料不齐全或者不符合法定形式的，应当在5日内一次性告知申请人需要补正的全部内容。逾期不告知的，自收到申请材料之日起即为受理。

国务院住房城乡建设主管部门应当自受理之日起20日内完成审查。自作出决定之日起10日内公告审批结果。其中，涉及铁路、交通、水利、信息产业、民航等方面的工程设计资质，由国务院住房城乡建设主管部门送国务院有关部门审核，国务院有关部门应当在15日内审核完毕，并将审核意见送国务院住房城乡建设主管部门。

组织专家评审所需时间不计算在上述时限内，但应当明确告知申请人。

第九条　工程勘察乙级及以下资质、劳务资质、工程设计乙级（涉及铁路、交通、水利、信息产业、民航等方面的工程设计乙级资质除外）及以下资质许可由省、自治区、直辖市人民政府住房城乡建设主管部门实施。具体实施程序由省、自治区、直辖市人民政府住房城乡建设主管部门依法确定。

省、自治区、直辖市人民政府住房城乡建设主管部门应当自作出决定之日起30日内，将准予资质许可的决定报国务院住房城乡建设主管部门备案。

第十条　工程勘察、工程设计资质证书分为正本和副本，正本一份，副本六份，由国务院住房城乡建设主管部门统一印制，正、副本具备同等法律效力。资质证书有效期为5年。

第十一条　企业申请工程勘察、工程设计资质，应在资质许可机关的官方网站或审批平台上提出申请，提交资金、专业技术人员、技术装备和已完成的业绩等电子材料。

第十二条　资质有效期届满，企业需要延续资质证书有效期的，应当在资质证书有效期届满60日前，向原资质许可机关提出资质延续申请。

对在资质有效期内遵守有关法律、法规、规章、技术标准，信用档案中无不良行为记录，且专业技术人员满足资质标准要求的企业，经资质许可机关同意，有效期延续5年。

第十三条　企业在资质证书有效期内名称、地址、注册资本、法定代表人等发生变更的，应当在工商部门办理变更手续后30日内办理资质证书变更手续。

取得工程勘察甲级资质、工程设计甲级资质，以及涉及铁路、交通、水利、信息产业、民航等方面的工程设计乙级资质的企业，在资质证书有效期内发生企业名称变更的，应当向企业工商注册所在地省、自治区、直辖市人民政府住房城乡建设主管部门提出变更申请，省、自治区、直辖市人民政府住房城乡建设主管部门应当自受理申请之日起2日内将有关变更证明材料报国务院住房城乡建设主管部门，由国务院住房城乡建设主管部门在2日内办理变更手续。

前款规定以外的资质证书变更手续，由企业工商注册所在地的省、自治区、直辖市人民政府住房城乡建设主管部门负责办理。省、自治区、直辖市人民政府住房城乡建设主管部门应当自受理申请之日起2日内办理变更手续，并在办理资质证书变更手续后15日内将变更结果报国务院住房城乡建设主管部门备案。

涉及铁路、交通、水利、信息产业、民航等方面的工程设计资质的变更，国务院住房城乡建设主管部门应当将企业资质变更情况告知国务院有关部门。

第十四条　企业申请资质证书变更，应当提交以下材料：

（一）资质证书变更申请；

（二）企业法人、合伙企业营业执照副本复印件；

（三）资质证书正、副本原件；

（四）与资质变更事项有关的证明材料。

企业改制的，除提供前款规定资料外，还应当提供改制重组方案、上级资产管理部门或者股东大会的批准决定、企业职工代表大会同意改制重组的决议。

第十五条　企业首次申请、增项申请工程勘察、工程设计资质，其申请资质等级最高不超过乙级，且不考核企业工程勘察、工程设计业绩。

已具备施工资质的企业首次申请同类别或相近类别的工程勘察、工程设计资质的，可以将相应规模的工程总承包业绩作为工程业绩予以申报。其申请资质等级最高不超过其现有施工资质等级。

第十六条　企业合并的，合并后存续或者新设立的企业可以承继合并前各方中较高的资质等级，但应当符合相应的资质标准条件。

企业分立的，分立后企业的资质按照资质标准及本规定的审批程序核定。

企业改制的，改制后不再符合资质标准的，应按其实际达到的资质标准及本规定重新核定；资质条件不发生变化的，按本规定第十四条办理。

第十七条　从事建设工程勘察、设计活动的企业，申请资质升级、资质增项，在申请之日起前一年内有下列情形之一的，资质许可机关不予批准企业的资质升级申请和增项申请：

（一）企业相互串通投标或者与招标人串通投标承揽工程勘察、工程设计业务的；

（二）将承揽的工程勘察、工程设计业务转包或违法分包的；

（三）注册执业人员未按照规定在勘察设计文件上签字的；

（四）违反国家工程建设强制性标准的；

（五）因勘察设计原因造成过重大生产安全事故的；

（六）设计单位未根据勘察成果文件进行工程设计的；

（七）设计单位违反规定指定建筑材料、建筑构配件的生产厂、供应商的；

（八）无工程勘察、工程设计资质或者超越资质等级范围承揽工程勘察、工程设计业务的；

（九）涂改、倒卖、出租、出借或者以其他形式非法转让资质证书的；

（十）允许其他单位、个人以本单位名义承揽建设工程勘察、设计业务的；

（十一）其他违反法律、法规行为的。

第十八条　企业在领取新的工程勘察、工程设计资质证书的同时，应当将原资质证书交回原发证机关予以注销。

企业需增补（含增加、更换、遗失补办）工程勘察、工程设计资质证书的，应当持资质证书增补申请等材料向资质许可机关申请办理。遗失资质证书的，在申请补办前应当在公众媒体上刊登遗失声明。资质许可机关应当在2日内办理完毕。

第四章　监督与管理

第十九条　国务院住房城乡建设主管部门对全国的建设工程勘察、设计资质实施统一的监督管理。国务院铁路、交通、水利、信息产业、民航等有关部门配合国务院住房城乡建设主管部门对相应的行业资质进行监督管理。

县级以上地方人民政府住房城乡建设主管部门负责对本行政区域内的建设工程勘察、设计资质实施监督管理。县级以上人民政府交通、水利、信息产业等有关部门配合同级住房城乡建设主管部门对相应的行业资质进行监督管理。

上级住房城乡建设主管部门应当加强对下级住房城乡建设主管部门资质管理工作的监督检查，及时纠正资质管理中的违法行为。

第二十条　住房城乡建设主管部门、有关部门履行监督检查职责时，有权采取下列措施：

（一）要求被检查单位提供工程勘察、设计资质证书、注册执业人员的注册执业证书，有关工程勘察、设计业务的文档，有关质量管理、安全生产管理、档案管理、财务管理等企业内部管理制度的文件；

（二）进入被检查单位进行检查，查阅相关资料；

（三）纠正违反有关法律、法规和本规定及有关规范和标准的行为。

住房城乡建设主管部门、有关部门依法对企业从事行政许可事项的活动进行监督检查时，应当将监督检查情况和处理结果予以记录，由监督检查人员签字后归档。

第二十一条　住房城乡建设主管部门、有关部门在实施监督检查时,应当有两名以上监督检查人员参加,并出示执法证件,不得妨碍企业正常的生产经营活动,不得索取或者收受企业的财物,不得谋取其他利益。

有关单位和个人对依法进行的监督检查应当协助与配合,不得拒绝或者阻挠。

监督检查机关应当将监督检查的处理结果向社会公布。

第二十二条　企业违法从事工程勘察、工程设计活动的,其违法行为发生地的住房城乡建设主管部门应当依法将企业的违法事实、处理结果或处理建议告知该企业的资质许可机关。

第二十三条　企业取得工程勘察、设计资质后,不再符合相应资质条件的,住房城乡建设主管部门、有关部门根据利害关系人的请求或者依据职权,可以责令其限期改正;逾期不改的,资质许可机关可以撤回其资质。

第二十四条　有下列情形之一的,资质许可机关或者其上级机关,根据利害关系人的请求或者依据职权,可以撤销工程勘察、工程设计资质:

(一)资质许可机关工作人员滥用职权、玩忽职守作出准予工程勘察、工程设计资质许可的;

(二)超越法定职权作出准予工程勘察、工程设计资质许可;

(三)违反资质审批程序作出准予工程勘察、工程设计资质许可的;

(四)对不符合许可条件的申请人作出工程勘察、工程设计资质许可的;

(五)依法可以撤销资质证书的其他情形。

以欺骗、贿赂等不正当手段取得工程勘察、工程设计资质证书的,应当予以撤销。

第二十五条　有下列情形之一的,企业应当及时向资质许可机关提出注销资质的申请,交回资质证书,资质许可机关应当办理注销手续,公告其资质证书作废:

(一)资质证书有效期届满未依法申请延续的;

(二)企业依法终止的;

(三)资质证书依法被撤销、撤回,或者吊销的;

(四)法律、法规规定的应当注销资质的其他情形。

第二十六条　有关部门应当将监督检查情况和处理意见及时告知住房城乡建设主管部门。资质许可机关应当将涉及铁路、交通、水利、信息产业、民航等方面的资质被撤回、撤销和注销的情况及时告知有关部门。

第二十七条　企业应当按照有关规定,向资质许可机关提供真实、准确、完整的企业信用档案信息。

企业的信用档案应当包括企业基本情况、业绩、工程质量和安全、合同违约等情况。被投诉举报和处理、行政处罚等情况应当作为不良行为记入其信用档案。

企业的信用档案信息按照有关规定向社会公示。

第五章　法律责任

第二十八条　企业隐瞒有关情况或者提供虚假材料申请资质的,资质许可机关不予受理或者不予行政许可,并给予警告,该企业在1年内不得再次申请该资质。

第二十九条　企业以欺骗、贿赂等不正当手段取得资质证书的,由县级以上地方人民政府住房城乡建设主管部门或者有关部门给予警告,并依法处以罚款;该企业在3年内不得再次申请该资质。

第三十条　企业不及时办理资质证书变更手续的,由资质许可机关责令限期办理;逾期不办理的,可处以1000元以上1万元以下的罚款。

第三十一条　企业未按照规定提供信用档案信息的,由县级以上地方人民政府住房城乡建设主管部门给予警告,责令限期改正;逾期未改正的,可处以1000元以上1万元以下的罚款。

第三十二条　涂改、倒卖、出租、出借或者以其他形式非法转让资质证书的,由县级以上地方人民政府住房城乡建设主管部门或者有关部门给予警告,责令改正,并处以1万元以上3万元以下的罚款;造成损失的,依法承担赔偿责任;构成犯罪的,依法追究刑事责任。

第三十三条　县级以上地方人民政府住房城乡建设主管部门依法给予工程勘察、设计企业行政处罚的,应当将行政处罚决定以及给予行政处罚的事实、理由和依据,报国务院住房城乡建设主管部门备案。

第三十四条　住房城乡建设主管部门及其工作人员,违反本规定,有下列情形之一的,由其上级行政机关或者监察机关责令改正;情节严重的,对直接负责的主管人员和其他直接责任人员,依法给予行政处分:

(一)对不符合条件的申请人准予工程勘察、设计资质许可的;

(二)对符合条件的申请人不予工程勘察、设计资质许可或者未在法定期限内作出许可决定的;

(三)对符合条件的申请不予受理或者未在法定期限内初审完毕的;

(四)利用职务上的便利,收受他人财物或者其他好处的;

(五)不依法履行监督职责或者监督不力,造成严重后果的。

第六章　附　　则

第三十五条　本规定所称建设工程勘察包括建设工程项目的岩土工程、水文地质、工程测量、海洋工程勘察等。

第三十六条　本规定所称建设工程设计是指:

(一)建设工程项目的主体工程和配套工程(含厂(矿)区内的自备电站、道路、专用铁路、通信、各种管网管线和配套的建筑物等全部配套工程)以及与主体工程、配套工程相关的工艺、土木、建筑、环境保护、水土保持、消防、安全、卫生、节能、防雷、抗震、照明工程等的设计。

(二)建筑工程建设用地规划许可证范围内的室外工程设计、建筑物构筑物设计、民用建筑修建的地下工程设计及住宅小区、工厂厂前区、工厂生活区、小区规划设计及单体设计等,以及上述建筑工程所包含的相关专业的设计内容(包括总平面布置、竖向设计、各类管网管线设计、景观设计、室内外环境设计及建筑装饰、道路、消防、安保、通信、防雷、人防、供配电、照明、废水治理、空调设施、抗震加固等)。

第三十七条　取得工程勘察、工程设计资质证书的企业,可以从事资质证书许可范围内相应的建设工程总承包业务,可以从事工程项目管理和相关的技术与管理服务。

第三十八条　本规定自2007年9月1日起实施。2001年7月25日建设部颁布的《建设工程勘察设计企业资质管理规定》(建设部令第93号)同时废止。

建筑业企业资质管理规定

(2015年1月22日住房和城乡建设部令第22号公布　根据2016年9月13日《住房城乡建设部关于修改〈勘察设计注册工程师管理规定〉等11个部门规章的决定》第一次修订　根据2018年12月22日《住房城乡建设部关于修改〈建筑业企业资质管理规定〉等部门规章的决定》第二次修订)

第一章　总　　则

第一条　为了加强对建筑活动的监督管理,维护公共利益和规范建筑市场秩序,保证建设工程质量安全,促进建筑业的健康发展,根据《中华人民共和国建筑法》、《中华人民共和国行政许可法》、《建设工程质量管理条例》、《建设工程安全生产管理条例》等法律、行政法规,制定本规定。

第二条　在中华人民共和国境内申请建筑业企业资质,实施对建筑业企业资质监督管理,适用本规定。

本规定所称建筑业企业,是指从事土木工程、建筑工程、线路管道设备安装工程的新建、扩建、改建等施工活动的企业。

第三条　企业应当按照其拥有的资产、主要人员、已完成的工程业绩和技术装备等条件申请建筑业企业资质,经审查合格,取得建筑业企业资质证书后,方可在资质许可的范围内从事建筑施工活动。

第四条　国务院住房城乡建设主管部门负责全国建筑业企业资质的统一监督管理。国务院交通运输、水利、工业信息化等有关部门配合国务院住房城乡建设主管部门实施相关资质类别建筑业企业资质的管理工作。

省、自治区、直辖市人民政府住房城乡建设主管部门负责本行政区域内建筑业企业资质的统一监督管理。省、自治区、直辖市人民政府交通运输、水利、通信等有关部门配合同级住房城乡建设主管部门实施本行政区域内相关资质类别建筑业企业资质的管理工作。

第五条　建筑业企业资质分为施工总承包资质、专业承包资质、施工劳务资质三个序列。

施工总承包资质、专业承包资质按照工程性质和技术特点分别划分为若干资质类别,各资质类别按照规定的条件划分为若干资质等级。施工劳务资质不分类别与等级。

第六条　建筑业企业资质标准和取得相应资质的企业可以承担工程的具体范围,由国务院住房城乡建设主管部门会同国务院有关部门制定。

第七条　国家鼓励取得施工总承包资质的企业拥有全资或者控股的劳务企业。

建筑业企业应当加强技术创新和人员培训,使用先进的建造技术、建筑材料,开展绿色施工。

第二章　申请与许可

第八条　企业可以申请一项或多项建筑业企业资质。

企业首次申请或增项申请资质,应当申请最低等级资质。

第九条　下列建筑业企业资质,由国务院住房城乡建设主管部门许可:

(一)施工总承包资质序列特级资质、一级资质及铁路工程施工总承包二级资质;

(二)专业承包资质序列公路、水运、水利、铁路、民航方面的专业承包一级资质及铁路、民航方面的专业承包二级资质;涉及多个专业的专业承包一级资质。

第十条　下列建筑业企业资质,由企业工商注册所在地省、自治区、直辖市人民政府住房城乡建设主管部门许可:

(一)施工总承包资质序列二级资质及铁路、通信工程施工总承包三级资质;

(二)专业承包资质序列一级资质(不含公路、水运、水利、铁路、民航方面的专业承包一级资质及涉及多个专业的专业承包一级资质);

(三)专业承包资质序列二级资质(不含铁路、民航方面的专业承包二级资质);铁路方面专业承包三级资质;特种工程专业承包资质。

第十一条　下列建筑业企业资质,由企业工商注册所在地设区的市人民政府住房城乡建设主管部门许可:

(一)施工总承包资质序列三级资质(不含铁路、通信工程施工总承包三级资质);

(二)专业承包资质序列三级资质(不含铁路方面专业承包资质)及预拌混凝土、模板脚手架专业承包资质;

(三)施工劳务资质;

(四)燃气燃烧器具安装、维修企业资质。

第十二条　申请本规定第九条所列资质的，可以向企业工商注册所在地省、自治区、直辖市人民政府住房城乡建设主管部门提交申请材料。

省、自治区、直辖市人民政府住房城乡建设主管部门收到申请材料后，应当在5日内将全部申请材料报审批部门。

国务院住房城乡建设主管部门在收到申请材料后，应当依法作出是否受理的决定，并出具凭证；申请材料不齐全或者不符合法定形式的，应当在5日内一次性告知申请人需要补正的全部内容。逾期不告知的，自收到申请材料之日起即为受理。

国务院住房城乡建设主管部门应当自受理之日起20个工作日内完成审查。自作出决定之日起10日内公告审批结果。其中，涉及公路、水运、水利、通信、铁路、民航等方面资质的，由国务院住房城乡建设主管部门会同国务院有关部门审查。

需要组织专家评审的，所需时间不计算在许可时限内，但应当明确告知申请人。

第十三条　本规定第十条规定的资质许可程序由省、自治区、直辖市人民政府住房城乡建设主管部门依法确定，并向社会公布。

本规定第十一条规定的资质许可程序由设区的市级人民政府住房城乡建设主管部门依法确定，并向社会公布。

第十四条　企业申请建筑业企业资质，在资质许可机关的网站或审批平台提出申请事项，提交资金、专业技术人员、技术装备和已完成业绩等电子材料。

第十五条　企业申请建筑业企业资质，应当如实提交有关申请材料。资质许可机关收到申请材料后，应当按照《中华人民共和国行政许可法》的规定办理受理手续。

第十六条　资质许可机关应当及时将资质许可决定向社会公开，并为公众查询提供便利。

第十七条　建筑业企业资质证书分为正本和副本，由国务院住房城乡建设主管部门统一印制，正、副本具备同等法律效力。资质证书有效期为5年。

第三章　延续与变更

第十八条　建筑业企业资质证书有效期届满，企业继续从事建筑施工活动的，应当于资质证书有效期届满3个月前，向原资质许可机关提出延续申请。

资质许可机关应当在建筑业企业资质证书有效期届满前做出是否准予延续的决定；逾期未做出决定的，视为准予延续。

第十九条　企业在建筑业企业资质证书有效期内名称、地址、注册资本、法定代表人等发生变更的，应当在工商部门办理变更手续后1个月内办理资质证书变更手续。

第二十条　由国务院住房城乡建设主管部门颁发的建筑业企业资质证书的变更，企业应当向企业工商注册所在地省、自治区、直辖市人民政府住房城乡建设主管部门提出变更申请，省、自治区、直辖市人民政府住房城乡建设主管部门应当自受理申请之日起2日内将有关变更证明材料报国务院住房城乡建设主管部门，由国务院住房城乡建设主管部门在2日内办理变更手续。

前款规定以外的资质证书的变更，由企业工商注册所在地的省、自治区、直辖市人民政府住房城乡建设主管部门或者设区的市人民政府住房城乡建设主管部门依法另行规定。变更结果应当在资质证书变更后15日内，报国务院住房城乡建设主管部门备案。

涉及公路、水运、水利、通信、铁路、民航等方面的建筑业企业资质证书的变更，办理变更手续的住房城乡建设主管部门应当将建筑业企业资质证书变更情况告知同级有关部门。

第二十一条　企业发生合并、分立、重组以及改制等事项，需承继原建筑业企业资质的，应当申请重新核定建筑业企业资质等级。

第二十二条　企业需更换、遗失补办建筑业企业资质证书的，应当持建筑业企业资质证书更换、遗失补办申请等材料向资质许可机关申请办理。资质许可机关应当在2个工作日内办理完毕。

企业遗失建筑业企业资质证书的，在申请补办前应当在公众媒体上刊登遗失声明。

第二十三条　企业申请建筑业企业资质升级、资质增项，在申请之日起前一年至资质许可决定作出前，有下列情形之一的，资质许可机关不予批准其建筑业企业资质升级申请和增项申请：

（一）超越本企业资质等级或以其他企业的名义承揽工程，或允许其他企业或个人以本企业的名义承揽工程的；

（二）与建设单位或企业之间相互串通投标，或以行贿等不正当手段谋取中标的；

（三）未取得施工许可证擅自施工的；

（四）将承包的工程转包或违法分包的；

（五）违反国家工程建设强制性标准施工的；

（六）恶意拖欠分包企业工程款或者劳务人员工资的；

（七）隐瞒或谎报、拖延报告工程质量安全事故，破坏事故现场、阻碍对事故调查的；

（八）按照国家法律、法规和标准规定需要持证上岗的现场管理人员和技术工种作业人员未取得证书上岗的；

（九）未依法履行工程质量保修义务或拖延履行保修义务的；

（十）伪造、变造、倒卖、出租、出借或者以其他形式非法转让建筑业企业资质证书的；

（十一）发生过较大以上质量安全事故或者发生过两起

以上一般质量安全事故的；

（十二）其他违反法律、法规的行为。

第四章　监督管理

第二十四条　县级以上人民政府住房城乡建设主管部门和其他有关部门应当依照有关法律、法规和本规定，加强对企业取得建筑业企业资质后是否满足资质标准和市场行为的监督管理。

上级住房城乡建设主管部门应当加强对下级住房城乡建设主管部门资质管理工作的监督检查，及时纠正建筑业企业资质管理中的违法行为。

第二十五条　住房城乡建设主管部门、其他有关部门的监督检查人员履行监督检查职责时，有权采取下列措施：

（一）要求被检查企业提供建筑业企业资质证书、企业有关人员的注册执业证书、职称证书、岗位证书和考核或者培训合格证书，有关施工业务的文档，有关质量管理、安全生产管理、合同管理、档案管理、财务管理等企业内部管理制度的文件；

（二）进入被检查企业进行检查，查阅相关资料；

（三）纠正违反有关法律、法规和本规定及有关规范和标准的行为。

监督检查人员应当将监督检查情况和处理结果予以记录，由监督检查人员和被检查企业的有关人员签字确认后归档。

第二十六条　住房城乡建设主管部门、其他有关部门的监督检查人员在实施监督检查时，应当出示证件，并要有两名以上人员参加。

监督检查人员应当为被检查企业保守商业秘密，不得索取或者收受企业的财物，不得谋取其他利益。

有关企业和个人对依法进行的监督检查应当协助与配合，不得拒绝或者阻挠。

监督检查机关应当将监督检查的处理结果向社会公布。

第二十七条　企业违法从事建筑活动的，违法行为发生地的县级以上地方人民政府住房城乡建设主管部门或者其他有关部门应当依法查处，并将违法事实、处理结果或者处理建议及时告知该建筑业企业资质的许可机关。

对取得国务院住房城乡建设主管部门颁发的建筑业企业资质证书的企业需要处以停业整顿、降低资质等级、吊销资质证书行政处罚的，县级以上地方人民政府住房城乡建设主管部门或者其他有关部门，应当通过省、自治区、直辖市人民政府住房城乡建设主管部门或者国务院有关部门，将违法事实、处理建议及时报送国务院住房城乡建设主管部门。

第二十八条　取得建筑业企业资质证书的企业，应当保持资产、主要人员、技术装备等方面满足相应建筑业企业资质标准要求的条件。

企业不再符合相应建筑业企业资质标准要求条件的，县级以上地方人民政府住房城乡建设主管部门、其他有关部门，应当责令其限期改正并向社会公告，整改期限最长不超过3个月；企业整改期间不得申请建筑业企业资质的升级、增项，不能承揽新的工程；逾期仍未达到建筑业企业资质标准要求条件的，资质许可机关可以撤回其建筑业企业资质证书。

被撤回建筑业企业资质证书的企业，可以在资质被撤回后3个月内，向资质许可机关提出核定低于原等级同类别资质的申请。

第二十九条　有下列情形之一的，资质许可机关应当撤销建筑业企业资质：

（一）资质许可机关工作人员滥用职权、玩忽职守准予资质许可的；

（二）超越法定职权准予资质许可的；

（三）违反法定程序准予资质许可的；

（四）对不符合资质标准条件的申请企业准予资质许可的；

（五）依法可以撤销资质许可的其他情形。

以欺骗、贿赂等不正当手段取得资质许可的，应当予以撤销。

第三十条　有下列情形之一的，资质许可机关应当依法注销建筑业企业资质，并向社会公布其建筑业企业资质证书作废，企业应当及时将建筑业企业资质证书交回资质许可机关：

（一）资质证书有效期届满，未依法申请延续的；

（二）企业依法终止的；

（三）资质证书依法被撤回、撤销或吊销的；

（四）企业提出注销申请的；

（五）法律、法规规定的应当注销建筑业企业资质的其他情形。

第三十一条　有关部门应当将监督检查情况和处理意见及时告知资质许可机关。资质许可机关应当将涉及有关公路、水运、水利、通信、铁路、民航等方面的建筑业企业资质许可被撤回、撤销、吊销和注销的情况告知同级有关部门。

第三十二条　资质许可机关应当建立、健全建筑业企业信用档案管理制度。建筑业企业信用档案应当包括企业基本情况、资质、业绩、工程质量和安全、合同履约、社会投诉和违法行为等情况。

企业的信用档案信息按照有关规定向社会公开。

取得建筑业企业资质的企业应当按照有关规定，向资质许可机关提供真实、准确、完整的企业信用档案信息。

第三十三条　县级以上地方人民政府住房城乡建设主管部门或其他有关部门依法给予企业行政处罚的，应当将行政处罚决定以及给予行政处罚的事实、理由和依据，通过省、自治区、直辖市人民政府住房城乡建设主管部门或者国务院有关部门报国务院住房城乡建设主管部门备案。

第三十四条 资质许可机关应当推行建筑业企业资质许可电子化，建立建筑业企业资质管理信息系统。

第五章 法律责任

第三十五条 申请企业隐瞒有关真实情况或者提供虚假材料申请建筑业企业资质的，资质许可机关不予许可，并给予警告，申请企业在1年内不得再次申请建筑业企业资质。

第三十六条 企业以欺骗、贿赂等不正当手段取得建筑业企业资质的，由原资质许可机关予以撤销；由县级以上地方人民政府住房城乡建设主管部门或者其他有关部门给予警告，并处3万元的罚款；申请企业3年内不得再次申请建筑业企业资质。

第三十七条 企业有本规定第二十三条行为之一，《中华人民共和国建筑法》、《建设工程质量管理条例》和其他有关法律、法规对处罚机关和处罚方式有规定的，依照法律、法规的规定执行；法律、法规未作规定的，由县级以上地方人民政府住房城乡建设主管部门或者其他有关部门给予警告，责令改正，并处1万元以上3万元以下的罚款。

第三十八条 企业未按照本规定及时办理建筑业企业资质证书变更手续的，由县级以上地方人民政府住房城乡建设主管部门责令限期办理；逾期不办理的，可处以1000元以上1万元以下的罚款。

第三十九条 企业在接受监督检查时，不如实提供有关材料，或者拒绝、阻碍监督检查的，由县级以上地方人民政府住房城乡建设主管部门责令限期改正，并可以处3万元以下罚款。

第四十条 企业未按照本规定要求提供企业信用档案信息的，由县级以上地方人民政府住房城乡建设主管部门或者其他有关部门给予警告，责令限期改正；逾期未改正的，可处以1000元以上1万元以下的罚款。

第四十一条 县级以上人民政府住房城乡建设主管部门及其工作人员，违反本规定，有下列情形之一的，由其上级行政机关或者监察机关责令改正；对直接负责的主管人员和其他直接责任人员，依法给予行政处分；直接负责的主管人员和其他直接责任人员构成犯罪的，依法追究刑事责任：

（一）对不符合资质标准规定条件的申请企业准予资质许可的；

（二）对符合受理条件的申请企业不予受理或者未在法定期限内初审完毕的；

（三）对符合资质标准规定条件的申请企业不予许可或者不在法定期限内准予资质许可的；

（四）发现违反本规定规定的行为不予查处，或者接到举报后不依法处理的；

（五）在企业资质许可和监督管理中，利用职务上的便利，收受他人财物或者其他好处，以及有其他违法行为的。

第六章 附 则

第四十二条 本规定自2015年3月1日起施行。2007年6月26日建设部颁布的《建筑业企业资质管理规定》（建设部令第159号）同时废止。

工程监理企业资质管理规定

（2007年6月26日建设部令第158号发布　根据2015年5月4日《住房和城乡建设部关于修改〈房地产开发企业资质管理规定〉等部门规章的决定》修订　根据2016年9月13日《住房城乡建设部关于修改〈勘察设计注册工程师管理规定〉等11个部门规章的决定》第二次修订　根据2018年12月22日《住房城乡建设部关于修改〈建筑业企业资质管理规定〉等部门规章的决定》第三次修订）

第一章 总 则

第一条 为了加强工程监理企业资质管理，规范建设工程监理活动，维护建筑市场秩序，根据《中华人民共和国建筑法》、《中华人民共和国行政许可法》、《建设工程质量管理条例》等法律、行政法规，制定本规定。

第二条 在中华人民共和国境内从事建设工程监理活动，申请工程监理企业资质，实施对工程监理企业资质监督管理，适用本规定。

第三条 从事建设工程监理活动的企业，应当按照本规定取得工程监理企业资质，并在工程监理企业资质证书（以下简称资质证书）许可的范围内从事工程监理活动。

第四条 国务院住房城乡建设主管部门负责全国工程监理企业资质的统一监督管理工作。国务院铁路、交通、水利、信息产业、民航等有关部门配合国务院住房城乡建设主管部门实施相关资质类别工程监理企业资质的监督管理工作。

省、自治区、直辖市人民政府住房城乡建设主管部门负责本行政区域内工程监理企业资质的统一监督管理工作。省、自治区、直辖市人民政府交通、水利、信息产业等有关部门配合同级住房城乡建设主管部门实施相关资质类别工程监理企业资质的监督管理工作。

第五条 工程监理行业组织应当加强工程监理行业自律管理。

鼓励工程监理企业加入工程监理行业组织。

第二章 资质等级和业务范围

第六条 工程监理企业资质分为综合资质、专业资质和事务所资质。其中，专业资质按照工程性质和技术特点划分为若干工程类别。

综合资质、事务所资质不分级别。专业资质分为甲级、乙级;其中,房屋建筑、水利水电、公路和市政公用专业资质可设立丙级。

第七条 工程监理企业的资质等级标准如下:

(一)综合资质标准

1. 具有独立法人资格且具有符合国家有关规定的资产;

2. 企业技术负责人应为注册监理工程师,并具有15年以上从事工程建设工作的经历或者具有工程类高级职称;

3. 具有5个以上工程类别的专业甲级工程监理资质;

4. 注册监理工程师不少于60人,注册造价工程师不少于5人,一级注册建造师、一级注册建筑师、一级注册结构工程师或者其他勘察设计注册工程师合计不少于15人次;

5. 企业具有完善的组织结构和质量管理体系,有健全的技术、档案等管理制度;

6. 企业具有必要的工程试验检测设备;

7. 申请工程监理资质之日前一年内没有本规定第十六条禁止的行为;

8. 申请工程监理资质之日前一年内没有因本企业监理责任造成重大质量事故;

9. 申请工程监理资质之日前一年内没有因本企业监理责任发生三级以上工程建设重大安全事故或者发生两起以上四级工程建设安全事故。

(二)专业资质标准

1. 甲级

(1)具有独立法人资格且具有符合国家有关规定的资产;

(2)企业技术负责人应为注册监理工程师,并具有15年以上从事工程建设工作的经历或者具有工程类高级职称;

(3)注册监理工程师、注册造价工程师、一级注册建造师、一级注册建筑师、一级注册结构工程师或者其他勘察设计注册工程师合计不少于25人次;其中,相应专业注册监理工程师不少于《专业资质注册监理工程师人数配备表》(附表1)中要求配备的人数,注册造价工程师不少于2人;

(4)企业近2年内独立监理过3个以上相应专业的二级工程项目,但是,具有甲级设计资质或一级及以上施工总承包资质的企业申请本专业工程类别甲级资质的除外;

(5)企业具有完善的组织结构和质量管理体系,有健全的技术、档案等管理制度;

(6)企业具有必要的工程试验检测设备;

(7)申请工程监理资质之日前一年内没有本规定第十六条禁止的行为;

(8)申请工程监理资质之日前一年内没有因本企业监理责任造成重大质量事故;

(9)申请工程监理资质之日前一年内没有因本企业监理责任发生三级以上工程建设重大安全事故或者发生两起以上四级工程建设安全事故。

2. 乙级

(1)具有独立法人资格且具有符合国家有关规定的资产;

(2)企业技术负责人应为注册监理工程师,并具有10年以上从事工程建设工作的经历;

(3)注册监理工程师、注册造价工程师、一级注册建造师、一级注册建筑师、一级注册结构工程师或者其他勘察设计注册工程师合计不少于15人次。其中,相应专业注册监理工程师不少于《专业资质注册监理工程师人数配备表》(附表1)中要求配备的人数,注册造价工程师不少于1人;

(4)有较完善的组织结构和质量管理体系,有技术、档案等管理制度;

(5)有必要的工程试验检测设备;

(6)申请工程监理资质之日前一年内没有本规定第十六条禁止的行为;

(7)申请工程监理资质之日前一年内没有因本企业监理责任造成重大质量事故;

(8)申请工程监理资质之日前一年内没有因本企业监理责任发生三级以上工程建设重大安全事故或者发生两起以上四级工程建设安全事故。

3. 丙级

(1)具有独立法人资格且具有符合国家有关规定的资产;

(2)企业技术负责人应为注册监理工程师,并具有8年以上从事工程建设工作的经历;

(3)相应专业的注册监理工程师不少于《专业资质注册监理工程师人数配备表》(附表1)中要求配备的人数;

(4)有必要的质量管理体系和规章制度;

(5)有必要的工程试验检测设备。

(三)事务所资质标准

1. 取得合伙企业营业执照,具有书面合作协议书;

2. 合伙人中有3名以上注册监理工程师,合伙人均有5年以上从事建设工程监理的工作经历;

3. 有固定的工作场所;

4. 有必要的质量管理体系和规章制度;

5. 有必要的工程试验检测设备。

第八条 工程监理企业资质相应许可的业务范围如下:

(一)综合资质

可以承担所有专业工程类别建设工程项目的工程监理业务。

(二)专业资质

1. 专业甲级资质:

可承担相应专业工程类别建设工程项目的工程监理业务(见附表2)。

2. 专业乙级资质:

可承担相应专业工程类别二级以下(含二级)建设工程项目的工程监理业务(见附表2)。

3. 专业丙级资质:

可承担相应专业工程类别三级建设工程项目的工程监理业务(见附表2)。

(三)事务所资质

可承担三级建设工程项目的工程监理业务(见附表2),但是,国家规定必须实行强制监理的工程除外。

工程监理企业可以开展相应类别建设工程的项目管理、技术咨询等业务。

第三章　资质申请和审批

第九条　申请综合资质、专业甲级资质的,可以向企业工商注册所在地的省、自治区、直辖市人民政府住房城乡建设主管部门提交申请材料。

省、自治区、直辖市人民政府住房城乡建设主管部门收到申请材料后,应当在5日内将全部申请材料报审批部门。

国务院住房城乡建设主管部门在收到申请材料后,应当依法作出是否受理的决定,并出具凭证;申请材料不齐全或者不符合法定形式的,应当在5日内一次性告知申请人需要补正的全部内容。逾期不告知的,自收到申请材料之日起即为受理。

国务院住房城乡建设主管部门应当自受理之日起20日内作出审批决定。自作出决定之日起10日内公告审批结果。其中,涉及铁路、交通、水利、通信、民航等专业工程监理资质的,由国务院住房城乡建设主管部门送国务院有关部门审核。国务院有关部门应当在15日内审核完毕,并将审核意见报国务院住房城乡建设主管部门。

组织专家评审所需时间不计算在上述时限内,但应当明确告知申请人。

第十条　专业乙级、丙级资质和事务所资质由企业所在地省、自治区、直辖市人民政府住房城乡建设主管部门审批。

专业乙级、丙级资质和事务所资质许可、延续的实施程序由省、自治区、直辖市人民政府住房城乡建设主管部门依法确定。

省、自治区、直辖市人民政府住房城乡建设主管部门应当自作出决定之日起10日内,将准予资质许可的决定报国务院住房城乡建设主管部门备案。

第十一条　工程监理企业资质证书分为正本和副本,每套资质证书包括一本正本,四本副本。正、副本具有同等法律效力。

工程监理企业资质证书的有效期为5年。

工程监理企业资质证书由国务院住房城乡建设主管部门统一印制并发放。

第十二条　企业申请工程监理企业资质,在资质许可机关的网站或审批平台提出申请事项,提交专业技术人员、技术装备和已完成业绩等电子材料。

第十三条　资质有效期届满,工程监理企业需要继续从事工程监理活动的,应当在资质证书有效期届满60日前,向原资质许可机关申请办理延续手续。

对在资质有效期内遵守有关法律、法规、规章、技术标准,信用档案中无不良记录,且专业技术人员满足资质标准要求的企业,经资质许可机关同意,有效期延续5年。

第十四条　工程监理企业在资质证书有效期内名称、地址、注册资本、法定代表人等发生变更的,应当在工商行政管理部门办理变更手续后30日内办理资质证书变更手续。

涉及综合资质、专业甲级资质证书中企业名称变更的,由国务院住房城乡建设主管部门负责办理,并自受理申请之日起3日内办理变更手续。

前款规定以外的资质证书变更手续,由省、自治区、直辖市人民政府住房城乡建设主管部门负责办理。省、自治区、直辖市人民政府住房城乡建设主管部门应当自受理申请之日起3日内办理变更手续,并在办理资质证书变更手续后15日内将变更结果报国务院住房城乡建设主管部门备案。

第十五条　申请资质证书变更,应当提交以下材料:

(一)资质证书变更的申请报告;

(二)企业法人营业执照副本原件;

(三)工程监理企业资质证书正、副本原件。

工程监理企业改制的,除前款规定材料外,还应当提交企业职工代表大会或股东大会关于企业改制或股权变更的决议、企业上级主管部门关于企业申请改制的批复文件。

第十六条　工程监理企业不得有下列行为:

(一)与建设单位串通投标或者与其他工程监理企业串通投标,以行贿手段谋取中标;

(二)与建设单位或者施工单位串通弄虚作假、降低工程质量;

(三)将不合格的建设工程、建筑材料、建筑构配件和设备按照合格签字;

(四)超越本企业资质等级或以其他企业名义承揽监理业务;

(五)允许其他单位或个人以本企业的名义承揽工程;

(六)将承揽的监理业务转包;

(七)在监理过程中实施商业贿赂;

(八)涂改、伪造、出借、转让工程监理企业资质证书;

(九)其他违反法律法规的行为。

第十七条　工程监理企业合并的,合并后存续或者新设立的工程监理企业可以承继合并前各方中较高的资质等级,但应当符合相应的资质等级条件。

工程监理企业分立的,分立后企业的资质等级,根据实际达到的资质条件,按照本规定的审批程序核定。

第十八条　企业需增补工程监理企业资质证书的(含增加、更换、遗失补办),应当持资质证书增补申请及电子文档等材料向资质许可机关申请办理。遗失资质证书的,在申请补办前应当在公众媒体刊登遗失声明。资质许可机关应当自受理申请之日起3日内予以办理。

第四章　监督管理

第十九条　县级以上人民政府住房城乡建设主管部门和其他有关部门应当依照有关法律、法规和本规定，加强对工程监理企业资质的监督管理。

第二十条　住房城乡建设主管部门履行监督检查职责时，有权采取下列措施：

（一）要求被检查单位提供工程监理企业资质证书、注册监理工程师注册执业证书，有关工程监理业务的文档，有关质量管理、安全生产管理、档案管理等企业内部管理制度的文件；

（二）进入被检查单位进行检查，查阅相关资料；

（三）纠正违反有关法律、法规和本规定及有关规范和标准的行为。

第二十一条　住房城乡建设主管部门进行监督检查时，应当有两名以上监督检查人员参加，并出示执法证件，不得妨碍被检查单位的正常经营活动，不得索取或者收受财物、谋取其他利益。

有关单位和个人对依法进行的监督检查应当协助与配合，不得拒绝或者阻挠。

监督检查机关应当将监督检查的处理结果向社会公布。

第二十二条　工程监理企业违法从事工程监理活动的，违法行为发生地的县级以上地方人民政府住房城乡建设主管部门应当依法查处，并将违法事实、处理结果或处理建议及时报告该工程监理企业资质的许可机关。

第二十三条　工程监理企业取得工程监理企业资质后不再符合相应资质条件的，资质许可机关根据利害关系人的请求或者依据职权，可以责令其限期改正；逾期不改的，可以撤回其资质。

第二十四条　有下列情形之一的，资质许可机关或者其上级机关，根据利害关系人的请求或者依据职权，可以撤销工程监理企业资质：

（一）资质许可机关工作人员滥用职权、玩忽职守作出准予工程监理企业资质许可的；

（二）超越法定职权作出准予工程监理企业资质许可的；

（三）违反资质审批程序作出准予工程监理企业资质许可的；

（四）对不符合许可条件的申请人作出准予工程监理企业资质许可的；

（五）依法可以撤销资质证书的其他情形。

以欺骗、贿赂等不正当手段取得工程监理企业资质证书的，应当予以撤销。

第二十五条　有下列情形之一的，工程监理企业应当及时向资质许可机关提出注销资质的申请，交回资质证书，国务院住房城乡建设主管部门应当办理注销手续，公告其资质证书作废：

（一）资质证书有效期届满，未依法申请延续的；

（二）工程监理企业依法终止的；

（三）工程监理企业资质依法被撤销、撤回或吊销的；

（四）法律、法规规定的应当注销资质的其他情形。

第二十六条　工程监理企业应当按照有关规定，向资质许可机关提供真实、准确、完整的工程监理企业的信用档案信息。

工程监理企业的信用档案应当包括基本情况、业绩、工程质量和安全、合同违约等情况。被投诉举报和处理、行政处罚等情况应当作为不良行为记入其信用档案。

工程监理企业的信用档案信息按照有关规定向社会公示，公众有权查阅。

第五章　法律责任

第二十七条　申请人隐瞒有关情况或者提供虚假材料申请工程监理企业资质的，资质许可机关不予受理或者不予行政许可，并给予警告，申请人在1年内不得再次申请工程监理企业资质。

第二十八条　以欺骗、贿赂等不正当手段取得工程监理企业资质证书的，由县级以上地方人民政府住房城乡建设主管部门或者有关部门给予警告，并处1万元以上2万元以下的罚款，申请人3年内不得再次申请工程监理企业资质。

第二十九条　工程监理企业有本规定第十六条第七项、第八项行为之一的，由县级以上地方人民政府住房城乡建设主管部门或者有关部门予以警告，责令其改正，并处1万元以上3万元以下的罚款；造成损失的，依法承担赔偿责任；构成犯罪的，依法追究刑事责任。

第三十条　违反本规定，工程监理企业不及时办理资质证书变更手续的，由资质许可机关责令限期办理；逾期不办理的，可处以1千元以上1万元以下的罚款。

第三十一条　工程监理企业未按照本规定要求提供工程监理企业信用档案信息的，由县级以上地方人民政府住房城乡建设主管部门予以警告，责令限期改正；逾期未改正的，可处以1千元以上1万元以下的罚款。

第三十二条　县级以上地方人民政府住房城乡建设主管部门依法给予工程监理企业行政处罚的，应当将行政处罚决定以及给予行政处罚的事实、理由和依据，报国务院住房城乡建设主管部门备案。

第三十三条　县级以上人民政府住房城乡建设主管部门及有关部门有下列情形之一的，由其上级行政主管部门或者监察机关责令改正，对直接负责的主管人员和其他直接责任人员依法给予处分；构成犯罪的，依法追究刑事责任：

（一）对不符合本规定条件的申请人准予工程监理企业资质许可的；

（二）对符合本规定条件的申请人不予工程监理企业资

质许可或者不在法定期限内作出准予许可决定的;

(三)对符合法定条件的申请不予受理或者未在法定期限内初审完毕的;

(四)利用职务上的便利,收受他人财物或者其他好处的;

(五)不依法履行监督管理职责或者监督不力,造成严重后果的。

第六章 附 则

第三十四条 本规定自2007年8月1日起施行。2001年8月29日建设部颁布的《工程监理企业资质管理规定》(建设部令第102号)同时废止。

附件:1. 专业资质注册监理工程师人数配备表(略)

2. 专业工程类别和等级表(略)

工程监理企业资质管理规定实施意见

(2007年7月31日建市〔2007〕190号发布 根据2016年6月16日《住房城乡建设部关于建设工程企业资质管理资产考核有关问题的通知》修订)

为规范工程监理企业资质管理,依据《工程监理企业资质管理规定》(建设部令第158号,以下简称158号部令)及相关法律法规,制定本实施意见。

一、资质申请条件

(一)新设立的企业申请工程监理企业资质和已具有工程监理企业资质的企业申请综合资质、专业资质升级、增加其他专业资质,自2007年8月1日起应按照158号部令要求提出资质申请。

(二)新设立的企业申请工程监理企业资质,应先取得《企业法人营业执照》或《合伙企业营业执照》,办理完相应的执业人员注册手续后,方可申请资质。

取得《企业法人营业执照》的企业,只可申请综合资质和专业资质,取得《合伙企业营业执照》的企业,只可申请事务所资质。

(三)新设立的企业申请工程监理企业资质和已获得工程监理企业资质的企业申请增加其他专业资质,应从专业乙级、丙级资质或事务所资质开始申请,不需要提供业绩证明材料。申请房屋建筑、水利水电、公路和市政公用工程专业资质的企业,也可以直接申请专业乙级资质。

(四)已具有专业丙级资质企业可直接申请专业乙级资质,不需要提供业绩证明材料。已具有专业乙级资质申请晋升专业甲级资质的企业,应在近2年内独立监理过3个及以上相应专业的二级工程项目。

(五)具有甲级设计资质或一级及以上施工总承包资质的企业可以直接申请与主营业务相对应的专业工程类别甲级工程监理企业资质。具有甲级设计资质或一级及以上施工总承包资质的企业申请主营业务以外的专业工程类别监理企业资质的,应从专业乙级及以下资质开始申请。

主营业务是指企业在具有的甲级设计资质或一级及以上施工总承包资质中主要从事的工程类别业务。

(六)工程监理企业申请专业资质升级、增加其他专业资质的,相应专业的注册监理工程师人数应满足已有监理资质所要求的注册监理工程师等人员标准后,方可申请。申请综合资质的,应至少满足已有资质中的5个甲级专业资质要求的注册监理工程师人员数量。

(七)工程监理企业的注册人员、工程监理业绩(包括境外工程业绩)和技术装备等资质条件,均是以独立企业法人为审核单位。企业(集团)的母、子公司在申请资质时,各项指标不得重复计算。

二、申请材料

(八)申请专业甲级资质或综合资质的工程监理企业需提交以下材料:

1.《工程监理企业资质申请表》(见附件1)一式三份及相应的电子文档;

2. 企业法人营业执照正、副本复印件;

3. 企业章程复印件;

4. 工程监理企业资质证书正、副本复印件;

5. 企业法定代表人、企业负责人的身份证明、工作简历及任命(聘用)文件的复印件;

6. 企业技术负责人的身份证明、工作简历、任命(聘用)文件、毕业证书、相关专业学历证书、职称证书和加盖执业印章的《中华人民共和国注册监理工程师注册执业证书》等复印件;

7.《工程监理企业资质申请表》中所列注册执业人员的身份证明、加盖执业印章的注册执业证书复印件(无执业印章的,须提供注册执业证书复印件);

8. 企业近2年内业绩证明材料的复印件,包括:监理合同、监理规划、工程竣工验收证明、监理工作总结和监理业务手册;

9. 企业必要的工程试验检测设备的购置清单(按申请表要求填写)。

(九)具有甲级设计资质或一级及以上施工总承包资质的企业申请与主营业务对应的专业工程类别甲级监理资质的,除应提供本实施意见第(八)条1、2、3、5、6、7、9所列材料外,还需提供企业具有的甲级设计资质或一级及以上施工总承包资质的资质证书正、副本复印件,不需提供相应的业绩证明。

(十)申请专业乙级和丙级资质的工程监理企业,需提供本实施意见第(八)条1、2、3、5、6、7、9所列材料,不需提供相应的业绩证明。

(十一)申请事务所资质的企业,需提供以下材料:

1.《工程监理企业资质申请表》(见附件1)一式三份及相

应的电子文档；

2. 合伙企业营业执照正、副本复印件；

3. 合伙人协议文本复印件；

4. 合伙人组成名单、身份证明、工作简历以及加盖执业印章的《中华人民共和国注册监理工程师注册执业证书》复印件；

5. 办公场所属于自有产权的，应提供产权证明复印件；办公场所属于租用的，应提供出租方产权证明、双方租赁合同的复印件；

6. 必要的工程试验检测设备的购置清单（按申请表要求填写）。

（十二）申请综合资质、专业资质延续的企业，需提供本实施意见第（八）条1、2、4、7所列材料，不需提供相应的业绩证明；申请事务所资质延续的企业，应提供本实施意见第（十一）条1、2、4所列材料。

（十三）具有综合资质、专业甲级资质的企业申请变更资质证书中企业名称的，由建设部负责办理。企业应向工商注册所在地的省、自治区、直辖市人民政府建设主管部门提出申请，并提交下列材料：

1.《建设工程企业资质证书变更审核表》；

2. 企业法人营业执照副本复印件；

3. 企业原有资质证书正、副本原件及复印件；

4. 企业股东大会或董事会关于变更事项的决议或文件。

上述规定以外的资质证书变更手续，由省、自治区、直辖市人民政府建设主管部门负责办理，具体办理程序由省、自治区、直辖市人民政府建设主管部门依法确定。其中具有综合资质、专业甲级资质的企业其资质证书编号发生变化的，省、自治区、直辖市人民政府建设主管部门需报建设部核准后，方可办理。

（十四）企业改制、分立、合并后设立的工程监理企业申请资质，除提供本实施意见第（八）条所要求的材料外，还应当提供如下证明材料的复印件：

1. 企业改制、分立、合并或重组的情况说明，包括新企业与原企业的产权关系、资本构成及资产负债情况，人员、内部组织机构的分立与合并、工程业绩的分割、合并等情况；

2. 上级主管部门的批复文件，职工代表大会的决议；或股东大会、董事会的决议。

（十五）具有综合资质、专业甲级资质的工程监理企业申请工商注册地跨省、自治区、直辖市变更的，企业应向新注册所在地的省、自治区、直辖市人民政府建设主管部门提出申请，并提交下列材料：

1. 工程监理企业原工商注册地省、自治区、直辖市人民政府建设主管部门同意资质变更的书面意见；

2. 变更前原工商营业执照注销证明及变更后新工商营业执照正、副本复印件；

3. 本实施意见第（八）条1、2、3、4、5、6、7、9所列的材料。

其中涉及到资质证书中企业名称变更的，省、自治区、直辖市人民政府建设主管部门应将受理的申请材料报建设部办理。

具有专业乙级、丙级资质和事务所资质的工程监理企业申请工商注册地跨省、自治区、直辖市变更，由各省、自治区、直辖市人民政府建设主管部门参照上述程序依法制定。

（十六）企业申请工程监理企业资质的申报材料，应符合以下要求：

1. 申报材料应包括：《工程监理企业资质申请表》及相应的附件材料；

2.《工程监理企业资质申请表》一式三份，涉及申请铁路、交通、水利、信息产业、民航等专业资质的，每增加申请一项资质，申报材料应增加二份申请表和一份附件材料；

3. 申请表与附件材料应分开装订，用A4纸打印或复印。附件材料应按《工程监理企业资质申请表》填写顺序编制详细目录及页码范围，以便审查查找。复印材料要求清晰、可辨；

4. 所有申报材料必须填写规范、盖章或印鉴齐全、字迹清晰；

5. 工程监理企业申报材料中如有外文，需附中文译本。

三、资质受理审查程序

（十七）工程监理企业资质申报材料应当齐全，手续完备。对于手续不全、盖章或印鉴不清的，资质管理部门将不予受理。

资质受理部门应对工程监理企业资质申报材料中的附件材料原件进行核验，确认企业附件材料中相关内容与原件相符。对申请综合资质、专业甲级资质的企业，省、自治区、直辖市人民政府建设主管部门应将其《工程监理企业资质申请表》（附件1）及附件材料、报送文件一并报建设部。

（十八）工程监理企业应于资质证书有效期届满60日前，向原资质许可机关提出资质延续申请。逾期不申请资质延续的，有效期届满后，其资质证书自动失效。如需开展工程监理业务，应按首次申请办理。

（十九）工程监理企业的所有申报材料一经建设主管部门受理，未经批准，不得修改。

（二十）各省、自治区、直辖市人民政府建设主管部门可根据本地的实际情况，制定事务所资质的具体实施办法。

（二十一）对企业改制、分立或合并后设立的工程监理企业，资质许可机关按下列规定进行资质核定：

1. 整体改制的企业，按资质变更程序办理；

2. 合并后存续或者新设立的工程监理企业可以承继合并前各方中较高资质等级。合并后不申请资质升级和增加其他专业资质的，按资质变更程序办理；申请资质升级或增加其他专业资质的，资质许可机关应根据其实际达到的资质条件，按照158号部令中的审批程序核定；

3. 企业分立成两个及以上工程监理企业的，应根据其实际达到的资质条件，按照158号部令的审批程序对分立后的企业分别重新核定资质等级。

（二十二）对工程监理企业的所有申请、审查等书面材料，有关建设主管部门应保存5年。

四、资质证书

（二十三）工程监理企业资质证书由建设部统一印制。专业甲级资质、乙级资质、丙级资质证书分别打印，每套资质证书包括一本正本和四本副本。

工程监理企业资质证书有效期为5年，有效期的计算时间以资质证书最后的核定日期为准。

（二十四）工程监理企业资质证书全国通用，各地、各部门不得以任何名义设立158号部令规定以外的其他准入条件，不得违法收取费用。

（二十五）工程监理企业遗失资质证书，应首先在全国性建设行业报刊或省级（含省级）综合类报刊上刊登遗失作废声明，然后再向原资质许可机关申请补办，并提供下列材料：

1. 企业补办资质证书的书面申请；

2. 刊登遗失声明的报刊原件；

3.《建设工程企业资质证书增补审核表》。

五、监督管理

（二十六）县级以上人民政府建设主管部门和有关部门应依法对本辖区内工程监理企业的资质情况实施动态监督管理。重点检查158号部令第十六条和第二十三条的有关内容，并将检查和处理结果记入企业信用档案。

具体抽查企业的数量和比例由县级以上人民政府建设主管部门或者有关部门根据实际情况研究决定。

监督检查可以采取下列形式：

1. 集中监督检查。由县级以上人民政府建设主管部门或者有关部门统一部署的监督检查；

2. 抽查和巡查。县级以上人民政府建设主管部门或者有关部门随机进行的监督检查。

（二十七）县级以上人民政府建设主管部门和有关部门应按以下程序实施监督检查：

1. 制定监督检查方案，其中集中监督检查方案应予以公布；

2. 检查应出具相应的检查文件或证件；

3. 当地建设主管部门和有关部门应当配合上级部门的监督检查；

4. 实施检查时，应首先明确监督检查内容，被检企业应如实提供相关文件资料。对于提供虚假材料的企业，予以通报；对于不符合相应资质条件要求的监理企业，应及时上报资质许可机关，资质许可机关可以责令其限期改正，逾期不改的，撤回其相应工程监理企业资质；对于拒不提供被检资料的企业，予以通报，并责令其限期提供被检资料；

5. 检查人员应当将检查情况予以记录，并由被检企业负责人和检查人员签字确认；

6. 检查人员应当将检查情况汇总，连同有关行政处理或者行政处罚建议书面告知当地建设主管部门。

（二十八）工程监理企业违法从事工程监理活动的，违法行为发生地的县级以上地方人民政府建设主管部门应当依法查处，并将工程监理企业的违法事实、处理结果或处理建议及时报告违法行为发生地的省、自治区、直辖市人民政府建设主管部门；其中对综合资质或专业甲级资质工程监理企业的违法事实、处理结果或处理建议，须通过违法行为发生地的省、自治区、直辖市人民政府建设主管部门报建设部。

六、有关说明

（二十九）工程监理企业的注册监理工程师是指在本企业注册的取得《中华人民共和国注册监理工程师注册执业证书》的人员。注册监理工程师不得同时受聘、注册于两个及以上企业。

注册监理工程师的专业是指《中华人民共和国注册监理工程师注册执业证书》上标注的注册专业。

一人同时具有注册监理工程师、注册造价工程师、一级注册建造师、一级注册建筑师、一级注册结构工程师或者其他勘察设计注册工程师两个及以上执业资格，且在同一监理企业注册的，可以按照取得的注册执业证书个数，累计计算其人次。

申请工程监理企业资质的企业，其注册人数和注册人次应分别满足158号部令中规定的注册人数和注册人次要求。申请综合资质的企业具有一级注册建造师、一级注册建筑师、一级注册结构工程师或者其他勘察设计注册工程师合计应不少于15人次，且具有一级注册建造师不少于1人次、具有一级注册结构工程师或其他勘察设计注册工程师或一级注册建筑师不少于1人次。

（三十）“企业近2年内独立监理过3个以上相应专业的二级工程项目”是指企业自申报之日起前2年内独立监理完成并已竣工验收合格的工程项目。企业申报材料中应提供相应的工程验收证明复印件。

（三十一）因本企业监理责任造成重大质量事故和因本企业监理责任发生安全事故的发生日期，以行政处罚决定书中认定的事故发生日为准。

（三十二）具有事务所资质的企业只可承担房屋建筑、水利水电、公路和市政公用工程专业等级三级且非强制监理的建设工程项目的监理、项目管理、技术咨询等相关服务。

七、过渡期的有关规定

（三十三）158号部令自实施之日起设2年过渡期，即从2007年8月1日起，至2009年7月31日止。过渡期内，已取得工程监理企业资质的企业申请资质升级、增加其他专业资质以及申请企业分立的，按158号部令和本实施意见执行。对于准予资质许可的工程监理企业，核发新的工程监理企业资质证书，旧的资质证书交回原发证机关，予以作废。

（三十四）过渡期内，已取得工程监理企业资质证书的企业申请资质更名、遗失补证、两家及以上企业整体合并等不涉及申请资质升级和增加其他专业资质的，可按资质变更程序办理，并换发新的工程监理企业资质证书，新资质证书有效期至2009年7月31日。

（三十五）建设主管部门在2007年8月1日之前颁发的工程监理企业资质证书，在过渡期内有效，但企业资质条件仍应符合《工程监理企业资质管理规定》（建设部令第102号）的相关要求。过渡期内，各省、自治区、直辖市人民政府建设主管部门应按《工程监理企业资质管理规定》（建设部令第102号）要求的资质条件对本辖区内已取得工程监理企业资质的企业进行监督检查。过渡期届满后，对达不到158号部令要求条件的企业，要重新核定其监理企业资质等级。

对于已取得冶炼、矿山、化工石油、电力、铁路、港口与航道、航天航空和通信工程丙级资质的工程监理企业，过渡期内，企业可继续完成已承揽的工程项目。过渡期届满后，上述专业工程类别的工程监理企业丙级资质证书自行失效。

（三十六）已取得工程监理企业资质证书但未换发新的资质证书的企业，在过渡期届满60日前，应按158号部令要求向资质许可机关提交换发工程监理企业资质证书的申请材料，不需提供相应的业绩证明。对于满足相应资质标准要求的企业，资质许可机关给予换发新的工程监理企业资质证书，旧资质证书交回原发证机关，予以作废；对于不满足相应资质标准要求的企业，由资质许可机关根据其实际达到的资质条件，按照158号部令的审批程序和标准给予重新核定，旧资质证书交回原发证机关，予以作废。过渡期届满后，未申请换发工程监理企业资质证书的企业，其旧资质证书自行失效。

附件：1.《工程监理企业资质申请表》；（略）

2.《工程监理企业资质申请表》填表说明。（略）

注册建造师管理规定

（2006年12月28日建设部令第153号发布　根据2016年9月13日《住房城乡建设部关于修改〈勘察设计注册工程师管理规定〉等11个部门规章的决定》修订）

第一章　总　　则

第一条　为了加强对注册建造师的管理，规范注册建造师的执业行为，提高工程项目管理水平，保证工程质量和安全，依据《建筑法》、《行政许可法》、《建设工程质量管理条例》等法律、行政法规，制定本规定。

第二条　中华人民共和国境内注册建造师的注册、执业、继续教育和监督管理，适用本规定。

第三条　本规定所称注册建造师，是指通过考核认定或考试合格取得中华人民共和国建造师资格证书（以下简称资格证书），并按照本规定注册，取得中华人民共和国建造师注册证书（以下简称注册证书）和执业印章，担任施工单位项目负责人及从事相关活动的专业技术人员。

未取得注册证书和执业印章的，不得担任大中型建设工程项目的施工单位项目负责人，不得以注册建造师的名义从事相关活动。

第四条　国务院住房城乡建设主管部门对全国注册建造师的注册、执业活动实施统一监督管理；国务院铁路、交通、水利、信息产业、民航等有关部门按照国务院规定的职责分工，对全国有关专业工程注册建造师的执业活动实施监督管理。

县级以上地方人民政府住房城乡建设主管部门对本行政区域内的注册建造师的注册、执业活动实施监督管理；县级以上地方人民政府交通、水利、通信等有关部门在各自职责范围内，对本行政区域内有关专业工程注册建造师的执业活动实施监督管理。

第二章　注　　册

第五条　注册建造师实行注册执业管理制度，注册建造师分为一级注册建造师和二级注册建造师。

取得资格证书的人员，经过注册方能以注册建造师的名义执业。

第六条　申请初始注册时应当具备以下条件：

（一）经考核认定或考试合格取得资格证书；

（二）受聘于一个相关单位；

（三）达到继续教育要求；

（四）没有本规定第十五条所列情形。

第七条　取得一级建造师资格证书并受聘于一个建设工程勘察、设计、施工、监理、招标代理、造价咨询等单位的人员，应当通过聘用单位提出注册申请，并可以向单位工商注册所在地的省、自治区、直辖市人民政府住房城乡建设主管部门提交申请材料。

省、自治区、直辖市人民政府住房城乡建设主管部门收到申请材料后，应当在5日内将全部申请材料报国务院住房城乡建设主管部门审批。

国务院住房城乡建设主管部门在收到申请材料后，应当依法作出是否受理的决定，并出具凭证；申请材料不齐全或者不符合法定形式的，应当在5日内一次性告知申请人需要补正的全部内容。逾期不告知的，自收到申请材料之日起即为受理。

涉及铁路、公路、港口与航道、水利水电、通信与广电、民航专业的，国务院住房城乡建设主管部门应当将全部申报材料送同级有关部门审核。符合条件的，由国务院住房城乡建设主管部门核发《中华人民共和国一级建造师注册证书》，并核定执业印章编号。

第八条 对申请初始注册的，国务院住房城乡建设主管部门应当自受理之日起20日内作出审批决定。自作出决定之日起10日内公告审批结果。国务院有关部门收到国务院住房城乡建设主管部门移送的申请材料后，应当在10日内审核完毕，并将审核意见送国务院住房城乡建设主管部门。

对申请变更注册、延续注册的，国务院住房城乡建设主管部门应当自受理之日起10日内作出审批决定。自作出决定之日起10日内公告审批结果。国务院有关部门收到国务院住房城乡建设主管部门移送的申请材料后，应当在5日内审核完毕，并将审核意见送国务院住房城乡建设主管部门。

第九条 取得二级建造师资格证书的人员申请注册，由省、自治区、直辖市人民政府住房城乡建设主管部门负责受理和审批，具体审批程序由省、自治区、直辖市人民政府住房城乡建设主管部门依法确定。对批准注册的，核发由国务院住房城乡建设主管部门统一样式的《中华人民共和国二级建造师注册证书》和执业印章，并在核发证书后30日内送国务院住房城乡建设主管部门备案。

第十条 注册证书和执业印章是注册建造师的执业凭证，由注册建造师本人保管、使用。

注册证书与执业印章有效期为3年。

一级注册建造师的注册证书由国务院住房城乡建设主管部门统一印制，执业印章由国务院住房城乡建设主管部门统一样式，省、自治区、直辖市人民政府住房城乡建设主管部门组织制作。

第十一条 初始注册者，可自资格证书签发之日起3年内提出申请。逾期未申请者，须符合本专业继续教育的要求后方可申请初始注册。

申请初始注册需要提交下列材料：

（一）注册建造师初始注册申请表；

（二）资格证书、学历证书和身份证明复印件；

（三）申请人与聘用单位签订的聘用劳动合同复印件或其他有效证明文件；

（四）逾期申请初始注册的，应当提供达到继续教育要求的证明材料。

第十二条 注册有效期满需继续执业的，应当在注册有效期届满30日前，按照第七条、第八条的规定申请延续注册。延续注册的，有效期为3年。

申请延续注册的，应当提交下列材料：

（一）注册建造师延续注册申请表；

（二）原注册证书；

（三）申请人与聘用单位签订的聘用劳动合同复印件或其他有效证明文件；

（四）申请人注册有效期内达到继续教育要求的证明材料。

第十三条 在注册有效期内，注册建造师变更执业单位，应当与原聘用单位解除劳动关系，并按照第七条、第八条的规定办理变更注册手续，变更注册后仍延续原注册有效期。

申请变更注册的，应当提交下列材料：

（一）注册建造师变更注册申请表；

（二）注册证书和执业印章；

（三）申请人与新聘用单位签订的聘用合同复印件或有效证明文件；

（四）工作调动证明（与原聘用单位解除聘用合同或聘用合同到期的证明文件、退休人员的退休证明）。

第十四条 注册建造师需要增加执业专业的，应当按照第七条的规定申请专业增项注册，并提供相应的资格证明。

第十五条 申请人有下列情形之一的，不予注册：

（一）不具有完全民事行为能力的；

（二）申请在两个或者两个以上单位注册的；

（三）未达到注册建造师继续教育要求的；

（四）受到刑事处罚，刑事处罚尚未执行完毕的；

（五）因执业活动受到刑事处罚，自刑事处罚执行完毕之日起至申请注册之日止不满5年的；

（六）因前项规定以外的原因受到刑事处罚，自处罚决定之日起至申请注册之日止不满3年的；

（七）被吊销注册证书，自处罚决定之日起至申请注册之日止不满2年的；

（八）在申请注册之日前3年内担任项目经理期间，所负责项目发生过重大质量和安全事故的；

（九）申请人的聘用单位不符合注册单位要求的；

（十）年龄超过65周岁的；

（十一）法律、法规规定不予注册的其他情形。

第十六条 注册建造师有下列情形之一的，其注册证书和执业印章失效：

（一）聘用单位破产的；

（二）聘用单位被吊销营业执照的；

（三）聘用单位被吊销或者撤回资质证书的；

（四）已与聘用单位解除聘用合同关系的；

（五）注册有效期满且未延续注册的；

（六）年龄超过65周岁的；

（七）死亡或不具有完全民事行为能力的；

（八）其他导致注册失效的情形。

第十七条 注册建造师有下列情形之一的，由注册机关办理注销手续，收回注册证书和执业印章或者公告注册证书和执业印章作废：

（一）有本规定第十六条所列情形发生的；

（二）依法被撤销注册的；

（三）依法被吊销注册证书的；

（四）受到刑事处罚的；

（五）法律、法规规定应当注销注册的其他情形。

注册建造师有前款所列情形之一的，注册建造师本人和聘用单位应当及时向注册机关提出注销注册申请；有关单位和个人有权向注册机关举报；县级以上地方人民政府住房城乡建设主管部门或者有关部门应当及时告知注册机关。

第十八条 被注销注册或者不予注册的，在重新具备注册条件后，可按第七条、第八条规定重新申请注册。

第十九条 注册建造师因遗失、污损注册证书或执业印章，需要补办的，应当持在公众媒体上刊登的遗失声明的证明，向原注册机关申请补办。原注册机关应当在5日内办理完毕。

第三章 执 业

第二十条 取得资格证书的人员应当受聘于一个具有建设工程勘察、设计、施工、监理、招标代理、造价咨询等一项或者多项资质的单位，经注册后方可从事相应的执业活动。

担任施工单位项目负责人的，应当受聘并注册于一个具有施工资质的企业。

第二十一条 注册建造师的具体执业范围按照《注册建造师执业工程规模标准》执行。

注册建造师不得同时在两个及两个以上的建设工程项目上担任施工单位项目负责人。

注册建造师可以从事建设工程项目总承包管理或施工管理，建设工程项目管理服务，建设工程技术经济咨询，以及法律、行政法规和国务院住房城乡建设主管部门规定的其他业务。

第二十二条 建设工程施工活动中形成的有关工程施工管理文件，应当由注册建造师签字并加盖执业印章。

施工单位签署质量合格的文件上，必须有注册建造师的签字盖章。

第二十三条 注册建造师在每一个注册有效期内应当达到国务院住房城乡建设主管部门规定的继续教育要求。

继续教育分为必修课和选修课，在每一注册有效期内各为60学时。经继续教育达到合格标准的，颁发继续教育合格证书。

继续教育的具体要求由国务院住房城乡建设主管部门会同国务院有关部门另行规定。

第二十四条 注册建造师享有下列权利：

（一）使用注册建造师名称；

（二）在规定范围内从事执业活动；

（三）在本人执业活动中形成的文件上签字并加盖执业印章；

（四）保管和使用本人注册证书、执业印章；

（五）对本人执业活动进行解释和辩护；

（六）接受继续教育；

（七）获得相应的劳动报酬；

（八）对侵犯本人权利的行为进行申述。

第二十五条 注册建造师应当履行下列义务：

（一）遵守法律、法规和有关管理规定，恪守职业道德；

（二）执行技术标准、规范和规程；

（三）保证执业成果的质量，并承担相应责任；

（四）接受继续教育，努力提高执业水准；

（五）保守在执业中知悉的国家秘密和他人的商业、技术等秘密；

（六）与当事人有利害关系的，应当主动回避；

（七）协助注册管理机关完成相关工作。

第二十六条 注册建造师不得有下列行为：

（一）不履行注册建造师义务；

（二）在执业过程中，索贿、受贿或者谋取合同约定费用外的其他利益；

（三）在执业过程中实施商业贿赂；

（四）签署有虚假记载等不合格的文件；

（五）允许他人以自己的名义从事执业活动；

（六）同时在两个或者两个以上单位受聘或者执业；

（七）涂改、倒卖、出租、出借或以其他形式非法转让资格证书、注册证书和执业印章；

（八）超出执业范围和聘用单位业务范围内从事执业活动；

（九）法律、法规、规章禁止的其他行为。

第四章 监督管理

第二十七条 县级以上人民政府住房城乡建设主管部门、其他有关部门应当依照有关法律、法规和本规定，对注册建造师的注册、执业和继续教育实施监督检查。

第二十八条 国务院住房城乡建设主管部门应当将注册建造师注册信息告知省、自治区、直辖市人民政府住房城乡建设主管部门。

省、自治区、直辖市人民政府住房城乡建设主管部门应当将注册建造师注册信息告知本行政区域内市、县、市辖区人民政府住房城乡建设主管部门。

第二十九条 县级以上人民政府住房城乡建设主管部门和有关部门履行监督检查职责时，有权采取下列措施：

（一）要求被检查人员出示注册证书；

（二）要求被检查人员所在聘用单位提供有关人员签署的文件及相关业务文档；

（三）就有关问题询问签署文件的人员；

（四）纠正违反有关法律、法规、本规定及工程标准规范的行为。

第三十条 注册建造师违法从事相关活动的，违法行为发生地县级以上地方人民政府住房城乡建设主管部门或者其他有关部门应当依法查处，并将违法事实、处理结果告知注册机关；依法应当撤销注册的，应当将违法事实、处理建议及有关材料报注册机关。

第三十一条　有下列情形之一的，注册机关依据职权或者根据利害关系人的请求，可以撤销注册建造师的注册：

（一）注册机关工作人员滥用职权、玩忽职守作出准予注册许可的；

（二）超越法定职权作出准予注册许可的；

（三）违反法定程序作出准予注册许可的；

（四）对不符合法定条件的申请人颁发注册证书和执业印章的；

（五）依法可以撤销注册的其他情形。

申请人以欺骗、贿赂等不正当手段获准注册的，应当予以撤销。

第三十二条　注册建造师及其聘用单位应当按照要求，向注册机关提供真实、准确、完整的注册建造师信用档案信息。

注册建造师信用档案应当包括注册建造师的基本情况、业绩、良好行为、不良行为等内容。违法违规行为、被投诉举报处理、行政处罚等情况应当作为注册建造师的不良行为记入其信用档案。

注册建造师信用档案信息按照有关规定向社会公示。

第五章　法律责任

第三十三条　隐瞒有关情况或者提供虚假材料申请注册的，住房城乡建设主管部门不予受理或者不予注册，并给予警告，申请人1年内不得再次申请注册。

第三十四条　以欺骗、贿赂等不正当手段取得注册证书的，由注册机关撤销其注册，3年内不得再次申请注册，并由县级以上地方人民政府住房城乡建设主管部门处以罚款。其中没有违法所得的，处以1万元以下的罚款；有违法所得的，处以违法所得3倍以下且不超过3万元的罚款。

第三十五条　违反本规定，未取得注册证书和执业印章，担任大中型建设工程项目施工单位项目负责人，或者以注册建造师的名义从事相关活动的，其所签署的工程文件无效，由县级以上地方人民政府住房城乡建设主管部门或者其他有关部门给予警告，责令停止违法活动，并可处以1万元以上3万元以下的罚款。

第三十六条　违反本规定，未办理变更注册而继续执业的，由县级以上地方人民政府住房城乡建设主管部门或者其他有关部门责令限期改正；逾期不改正的，可处以5000元以下的罚款。

第三十七条　违反本规定，注册建造师在执业活动中有第二十六条所列行为之一的，由县级以上地方人民政府住房城乡建设主管部门或者其他有关部门给予警告，责令改正，没有违法所得的，处以1万元以下的罚款；有违法所得的，处以违法所得3倍以下且不超过3万元的罚款。

第三十八条　违反本规定，注册建造师或者其聘用单位未按照要求提供注册建造师信用档案信息的，由县级以上地方人民政府住房城乡建设主管部门或者其他有关部门责令限期改正；逾期未改正的，可处以1000元以上1万元以下的罚款。

第三十九条　聘用单位为申请人提供虚假注册材料的，由县级以上地方人民政府住房城乡建设主管部门或者其他有关部门给予警告，责令限期改正；逾期未改正的，可处以1万元以上3万元以下的罚款。

第四十条　县级以上人民政府住房城乡建设主管部门及其工作人员，在注册建造师管理工作中，有下列情形之一的，由其上级行政机关或者监察机关责令改正，对直接负责的主管人员和其他直接责任人员依法给予处分；构成犯罪的，依法追究刑事责任：

（一）对不符合法定条件的申请人准予注册的；

（二）对符合法定条件的申请人不予注册或者不在法定期限内作出准予注册决定的；

（三）对符合法定条件的申请不予受理或者未在法定期限内初审完毕的；

（四）利用职务上的便利，收受他人财物或者其他好处的；

（五）不依法履行监督管理职责或者监督不力，造成严重后果的。

第六章　附　　则

第四十一条　本规定自2007年3月1日起施行。

注册造价工程师管理办法

（2006年12月25日建设部令第150号发布　根据2016年9月13日《住房城乡建设部关于修改〈勘察设计注册工程师管理规定〉等11个部门规章的决定》修订）

第一章　总　　则

第一条　为了加强对注册造价工程师的管理，规范注册造价工程师执业行为，维护社会公共利益，制定本办法。

第二条　中华人民共和国境内注册造价工程师的注册、执业、继续教育和监督管理，适用本办法。

第三条　本办法所称注册造价工程师，是指通过全国造价工程师执业资格统一考试或者资格认定、资格互认，取得中华人民共和国造价工程师资格（以下简称执业资格），并按照本办法注册，取得中华人民共和国造价工程师注册证书（以下简称注册证书）和执业印章，从事工程造价活动的专业人员。

未取得注册证书和执业印章的人员，不得以注册造价工程师的名义从事工程造价活动。

第四条　国务院住房城乡建设主管部门对全国注册造价

工程师的注册、执业活动实施统一监督管理;国务院铁路、交通、水利、信息产业等有关部门按照国务院规定的职责分工,对有关专业注册造价工程师的注册、执业活动实施监督管理。

省、自治区、直辖市人民政府住房城乡建设主管部门对本行政区域内注册造价工程师的注册、执业活动实施监督管理。

第五条 工程造价行业组织应当加强造价工程师自律管理。

鼓励注册造价工程师加入工程造价行业组织。

第二章 注 册

第六条 注册造价工程师实行注册执业管理制度。

取得执业资格的人员,经过注册方能以注册造价工程师的名义执业。

第七条 注册造价工程师的注册条件为:

(一)取得执业资格;

(二)受聘于一个工程造价咨询企业或者工程建设领域的建设、勘察设计、施工、招标代理、工程监理、工程造价管理等单位;

(三)无本办法第十二条不予注册的情形。

第八条 取得执业资格的人员申请注册的,可以向聘用单位工商注册所在地的省、自治区、直辖市人民政府住房城乡建设主管部门或者国务院有关专业部门提交申请材料。

国务院住房城乡建设主管部门在收到申请材料后,应当依法作出是否受理的决定,并出具凭证;申请材料不齐全或者不符合法定形式的,应当在5日内一次性告知申请人需要补正的全部内容。逾期不告知的,自收到申请材料之日起即为受理。

对申请初始注册的,省、自治区、直辖市人民政府住房城乡建设主管部门或者国务院有关专业部门收到申请材料后,应当在5日内将全部申请材料报国务院住房城乡建设主管部门(以下简称注册机关),注册机关应当自受理之日起20日内作出决定。

对申请变更注册、延续注册的,省、自治区、直辖市人民政府住房城乡建设主管部门或者国务院有关专业部门收到申请材料后,应当在5日内将全部申请材料报注册机关,注册机关应当自受理之日起10日内作出决定。

注册造价工程师的初始、变更、延续注册,逐步实行网上申报、受理和审批。

第九条 取得资格证书的人员,可自资格证书签发之日起1年内申请初始注册。逾期未申请者,须符合继续教育的要求后方可申请初始注册。初始注册的有效期为4年。

申请初始注册的,应当提交下列材料:

(一)初始注册申请表;

(二)执业资格证件和身份证件复印件;

(三)与聘用单位签订的劳动合同复印件;

(四)工程造价岗位工作证明;

(五)取得资格证书的人员,自资格证书签发之日起1年后申请初始注册的,应当提供继续教育合格证明;

(六)受聘于具有工程造价咨询资质的中介机构的,应当提供聘用单位为其交纳的社会基本养老保险凭证、人事代理合同复印件,或者劳动、人事部门颁发的离退休证复印件;

(七)外国人、台港澳人员应当提供外国人就业许可证书、台港澳人员就业证书复印件。

第十条 注册造价工程师注册有效期满需继续执业的,应当在注册有效期满30日前,按照本办法第八条规定的程序申请延续注册。延续注册的有效期为4年。

申请延续注册的,应当提交下列材料:

(一)延续注册申请表;

(二)注册证书;

(三)与聘用单位签订的劳动合同复印件;

(四)前一个注册期内的工作业绩证明;

(五)继续教育合格证明。

第十一条 在注册有效期内,注册造价工程师变更执业单位的,应当与原聘用单位解除劳动合同,并按照本办法第八条规定的程序办理变更注册手续。变更注册后延续原注册有效期。

申请变更注册的,应当提交下列材料:

(一)变更注册申请表;

(二)注册证书;

(三)与新聘用单位签订的劳动合同复印件;

(四)与原聘用单位解除劳动合同的证明文件;

(五)受聘于具有工程造价咨询资质的中介机构的,应当提供聘用单位为其交纳的社会基本养老保险凭证、人事代理合同复印件,或者劳动、人事部门颁发的离退休证复印件;

(六)外国人、台港澳人员应当提供外国人就业许可证书、台港澳人员就业证书复印件。

第十二条 有下列情形之一的,不予注册:

(一)不具有完全民事行为能力的;

(二)申请在两个或者两个以上单位注册的;

(三)未达到造价工程师继续教育合格标准的;

(四)前一个注册期内工作业绩达不到规定标准或未办理暂停执业手续而脱离工程造价业务岗位的;

(五)受刑事处罚,刑事处罚尚未执行完毕的;

(六)因工程造价业务活动受刑事处罚,自刑事处罚执行完毕之日起至申请注册之日止不满5年的;

(七)因前项规定以外原因受刑事处罚,自处罚决定之日起至申请注册之日止不满3年的;

(八)被吊销注册证书,自被处罚决定之日起至申请注册之日止不满3年的;

(九)以欺骗、贿赂等不正当手段获准注册被撤销,自被撤销注册之日起至申请注册之日止不满3年的;

（十）法律、法规规定不予注册的其他情形。

第十三条 被注销注册或者不予注册者，在具备注册条件后重新申请注册的，按照本办法第八条第一款、第二款规定的程序办理。

第十四条 准予注册的，由注册机关核发注册证书和执业印章。

注册证书和执业印章是注册造价工程师的执业凭证，应当由注册造价工程师本人保管、使用。

造价工程师注册证书由注册机关统一印制。

注册造价工程师遗失注册证书、执业印章，应当在公众媒体上声明作废后，按照本办法第八条第一款、第三款规定的程序申请补发。

第三章 执 业

第十五条 注册造价工程师执业范围包括：

（一）建设项目建议书、可行性研究投资估算的编制和审核，项目经济评价，工程概、预、结算、竣工结（决）算的编制和审核；

（二）工程量清单、标底（或者控制价）、投标报价的编制和审核，工程合同价款的签订及变更、调整、工程款支付与工程索赔费用的计算；

（三）建设项目管理过程中设计方案的优化、限额设计等工程造价分析与控制，工程保险理赔的核查；

（四）工程经济纠纷的鉴定。

第十六条 注册造价工程师享有下列权利：

（一）使用注册造价工程师名称；

（二）依法独立执行工程造价业务；

（三）在本人执业活动中形成的工程造价成果文件上签字并加盖执业印章；

（四）发起设立工程造价咨询企业；

（五）保管和使用本人的注册证书和执业印章；

（六）参加继续教育。

第十七条 注册造价工程师应当履行下列义务：

（一）遵守法律、法规、有关管理规定，恪守职业道德；

（二）保证执业活动成果的质量；

（三）接受继续教育，提高执业水平；

（四）执行工程造价计价标准和计价方法；

（五）与当事人有利害关系的，应当主动回避；

（六）保守在执业中知悉的国家秘密和他人的商业、技术秘密。

第十八条 注册造价工程师应当在本人承担的工程造价成果文件上签字并盖章。

第十九条 修改经注册造价工程师签字盖章的工程造价成果文件，应当由签字盖章的注册造价工程师本人进行；注册造价工程师本人因特殊情况不能进行修改的，应当由其他注册造价工程师修改，并签字盖章；修改工程造价成果文件的注册造价工程师对修改部分承担相应的法律责任。

第二十条 注册造价工程师不得有下列行为：

（一）不履行注册造价工程师义务；

（二）在执业过程中，索贿、受贿或者谋取合同约定费用外的其他利益；

（三）在执业过程中实施商业贿赂；

（四）签署有虚假记载、误导性陈述的工程造价成果文件；

（五）以个人名义承接工程造价业务；

（六）允许他人以自己名义从事工程造价业务；

（七）同时在两个或者两个以上单位执业；

（八）涂改、倒卖、出租、出借或者以其他形式非法转让注册证书或者执业印章；

（九）法律、法规、规章禁止的其他行为。

第二十一条 在注册有效期内，注册造价工程师因特殊原因需要暂停执业的，应当到注册机关办理暂停执业手续，并交回注册证书和执业印章。

第二十二条 注册造价工程师在每一注册期内应当达到注册机关规定的继续教育要求。

注册造价工程师继续教育分为必修课和选修课，每一注册有效期各为60学时。经继续教育达到合格标准的，颁发继续教育合格证明。

注册造价工程师继续教育，由中国建设工程造价管理协会负责组织。

第四章 监督管理

第二十三条 县级以上人民政府住房城乡建设主管部门和其他有关部门应当依照有关法律、法规和本办法的规定，对注册造价工程师的注册、执业和继续教育实施监督检查。

第二十四条 注册机关应当将造价工程师注册信息告知省、自治区、直辖市人民政府住房城乡建设主管部门和国务院有关专业部门。

省、自治区、直辖市人民政府住房城乡建设主管部门应当将造价工程师注册信息告知本行政区域内市、县人民政府住房城乡建设主管部门。

第二十五条 县级以上人民政府住房城乡建设主管部门和其他有关部门依法履行监督检查职责时，有权采取下列措施：

（一）要求被检查人员提供注册证书；

（二）要求被检查人员所在聘用单位提供有关人员签署的工程造价成果文件及相关业务文档；

（三）就有关问题询问签署工程造价成果文件的人员；

（四）纠正违反有关法律、法规和本办法及工程造价计价标准和计价办法的行为。

第二十六条 注册造价工程师违法从事工程造价活动

的，违法行为发生地县级以上地方人民政府住房城乡建设主管部门或者其他有关部门应当依法查处，并将违法事实、处理结果告知注册机关；依法应当撤销注册的，应当将违法事实、处理建议及有关材料报注册机关。

第二十七条　注册造价工程师有下列情形之一的，其注册证书失效：

（一）已与聘用单位解除劳动合同且未被其他单位聘用的；

（二）注册有效期满且未延续注册的；

（三）死亡或者不具有完全民事行为能力的；

（四）其他导致注册失效的情形。

第二十八条　有下列情形之一的，注册机关或者其上级行政机关依据职权或者根据利害关系人的请求，可以撤销注册造价工程师的注册：

（一）行政机关工作人员滥用职权、玩忽职守作出准予注册许可的；

（二）超越法定职权作出准予注册许可的；

（三）违反法定程序作出准予注册许可的；

（四）对不具备注册条件的申请人作出准予注册许可的；

（五）依法可以撤销注册的其他情形。

申请人以欺骗、贿赂等不正当手段获准注册的，应当予以撤销。

第二十九条　有下列情形之一的，由注册机关办理注销注册手续，收回注册证书和执业印章或者公告其注册证书和执业印章作废：

（一）有本办法第二十七条所列情形发生的；

（二）依法被撤销注册的；

（三）依法被吊销注册证书的；

（四）受到刑事处罚的；

（五）法律、法规规定应当注销注册的其他情形。

注册造价工程师有前款所列情形之一的，注册造价工程师本人和聘用单位应当及时向注册机关提出注销注册申请；有关单位和个人有权向注册机关举报；县级以上地方人民政府建设主管部门或者其他有关部门应当及时告知注册机关。

第三十条　注册造价工程师及其聘用单位应当按照有关规定，向注册机关提供真实、准确、完整的注册造价工程师信用档案信息。

注册造价工程师信用档案应当包括造价工程师的基本情况、业绩、良好行为、不良行为等内容。违法违规行为、被投诉举报处理、行政处罚等情况应当作为造价工程师的不良行为记入其信用档案。

注册造价工程师信用档案信息按有关规定向社会公示。

第五章　法律责任

第三十一条　隐瞒有关情况或者提供虚假材料申请造价工程师注册的，不予受理或者不予注册，并给予警告，申请人在1年内不得再次申请造价工程师注册。

第三十二条　聘用单位为申请人提供虚假注册材料的，由县级以上地方人民政府住房城乡建设主管部门或者其他有关部门给予警告，并可处以1万元以上3万元以下的罚款。

第三十三条　以欺骗、贿赂等不正当手段取得造价工程师注册的，由注册机关撤销其注册，3年内不得再次申请注册，并由县级以上地方人民政府住房城乡建设主管部门处以罚款。其中，没有违法所得的，处以1万元以下罚款；有违法所得的，处以违法所得3倍以下且不超过3万元的罚款。

第三十四条　违反本办法规定，未经注册而以注册造价工程师的名义从事工程造价活动的，所签署的工程造价成果文件无效，由县级以上地方人民政府住房城乡建设主管部门或者其他有关部门给予警告，责令停止违法活动，并可处以1万元以上3万元以下的罚款。

第三十五条　违反本办法规定，未办理变更注册而继续执业的，由县级以上人民政府住房城乡建设主管部门或者其他有关部门责令限期改正；逾期不改的，可处以5000元以下的罚款。

第三十六条　注册造价工程师有本办法第二十条规定行为之一的，由县级以上地方人民政府住房城乡建设主管部门或者其他有关部门给予警告，责令改正，没有违法所得的，处以1万元以下罚款，有违法所得的，处以违法所得3倍以下且不超过3万元的罚款。

第三十七条　违反本办法规定，注册造价工程师或者其聘用单位未按照要求提供造价工程师信用档案信息的，由县级以上地方人民政府住房城乡建设主管部门或者其他有关部门责令限期改正；逾期未改正的，可处以1000元以上1万元以下的罚款。

第三十八条　县级以上人民政府住房城乡建设主管部门和其他有关部门工作人员，在注册造价工程师管理工作中，有下列情形之一的，依法给予处分；构成犯罪的，依法追究刑事责任：

（一）对不符合注册条件的申请人准予注册许可或者超越法定职权作出注册许可决定的；

（二）对符合注册条件的申请人不予注册许可或者不在法定期限内作出注册许可决定的；

（三）对符合法定条件的申请不予受理的；

（四）利用职务之便，收取他人财物或者其他好处的；

（五）不依法履行监督管理职责，或者发现违法行为不予查处的。

第六章　附　　则

第三十九条　造价工程师执业资格考试工作按照国务院人事主管部门的有关规定执行。

第四十条　本办法自2007年3月1日起施行。2000年1

月21日发布的《造价工程师注册管理办法》(建设部令第75号)同时废止。

注册监理工程师管理规定

(2006年1月26日建设部令第147号发布　根据2016年9月13日《住房城乡建设部关于修改〈勘察设计注册工程师管理规定〉等11个部门规章的决定》修订)

第一章　总　　则

第一条　为了加强对注册监理工程师的管理,维护公共利益和建筑市场秩序,提高工程监理质量与水平,根据《中华人民共和国建筑法》、《建设工程质量管理条例》等法律法规,制定本规定。

第二条　中华人民共和国境内注册监理工程师的注册、执业、继续教育和监督管理,适用本规定。

第三条　本规定所称注册监理工程师,是指经考试取得中华人民共和国监理工程师资格证书(以下简称资格证书),并按照本规定注册,取得中华人民共和国注册监理工程师注册执业证书(以下简称注册证书)和执业印章,从事工程监理及相关业务活动的专业技术人员。

未取得注册证书和执业印章的人员,不得以注册监理工程师的名义从事工程监理及相关业务活动。

第四条　国务院住房城乡建设主管部门对全国注册监理工程师的注册、执业活动实施统一监督管理。

县级以上地方人民政府住房城乡建设主管部门对本行政区域内的注册监理工程师的注册、执业活动实施监督管理。

第二章　注　　册

第五条　注册监理工程师实行注册执业管理制度。

取得资格证书的人员,经过注册方能以注册监理工程师的名义执业。

第六条　注册监理工程师依据其所学专业、工作经历、工程业绩,按照《工程监理企业资质管理规定》划分的工程类别,按专业注册。每人最多可以申请两个专业注册。

第七条　取得资格证书的人员申请注册,由国务院住房城乡建设主管部门审批。

取得资格证书并受聘于一个建设工程勘察、设计、施工、监理、招标代理、造价咨询等单位的人员,应当通过聘用单位提出注册申请,并可以向单位工商注册所在地的省、自治区、直辖市人民政府住房城乡建设主管部门提交申请材料;省、自治区、直辖市人民政府住房城乡建设主管部门收到申请材料后,应当在5日内将全部申请材料报审批部门。

第八条　国务院住房城乡建设主管部门在收到申请材料后,应当依法作出是否受理的决定,并出具凭证;申请材料不齐全或者不符合法定形式的,应当在5日内一次性告知申请人需要补正的全部内容。逾期不告知的,自收到申请材料之日起即为受理。

对申请初始注册的,国务院住房城乡建设主管部门应当自受理申请之日起20日内审批完毕并作出书面决定。自作出决定之日起10日内公告审批结果。

对申请变更注册、延续注册的,国务院住房城乡建设主管部门应当自受理申请之日起10日内审批完毕并作出书面决定。

符合条件的,由国务院住房城乡建设主管部门核发注册证书,并核定执业印章编号。对不予批准的,应当说明理由,并告知申请人享有依法申请行政复议或者提起行政诉讼的权利。

第九条　注册证书和执业印章是注册监理工程师的执业凭证,由注册监理工程师本人保管、使用。

注册证书和执业印章的有效期为3年。

第十条　初始注册者,可自资格证书签发之日起3年内提出申请。逾期未申请者,须符合继续教育的要求后方可申请初始注册。

申请初始注册,应当具备以下条件:

(一)经全国注册监理工程师执业资格统一考试合格,取得资格证书;

(二)受聘于一个相关单位;

(三)达到继续教育要求;

(四)没有本规定第十三条所列情形。

初始注册需要提交下列材料:

(一)申请人的注册申请表;

(二)申请人的资格证书和身份证复印件;

(三)申请人与聘用单位签订的聘用劳动合同复印件;

(四)所学专业、工作经历、工程业绩、工程类中级及中级以上职称证书等有关证明材料;

(五)逾期初始注册的,应当提供达到继续教育要求的证明材料。

第十一条　注册监理工程师每一注册有效期为3年,注册有效期满需继续执业的,应当在注册有效期满30日前,按照本规定第七条规定的程序申请延续注册。延续注册有效期3年。延续注册需要提交下列材料:

(一)申请人延续注册申请表;

(二)申请人与聘用单位签订的聘用劳动合同复印件;

(三)申请人注册有效期内达到继续教育要求的证明材料。

第十二条　在注册有效期内,注册监理工程师变更执业单位,应当与原聘用单位解除劳动关系,并按本规定第七条规定的程序办理变更注册手续,变更注册后仍延续原注册有效期。

变更注册需要提交下列材料:

(一)申请人变更注册申请表;

(二)申请人与新聘用单位签订的聘用劳动合同复印件;

(三)申请人的工作调动证明(与原聘用单位解除聘用劳动合同或者聘用劳动合同到期的证明文件、退休人员的退休证明)。

第十三条　申请人有下列情形之一的,不予初始注册、延续注册或者变更注册:

(一)不具有完全民事行为能力的;

(二)刑事处罚尚未执行完毕或者因从事工程监理或者相关业务受到刑事处罚,自刑事处罚执行完毕之日起至申请注册之日止不满 2 年的;

(三)未达到监理工程师继续教育要求的;

(四)在两个或者两个以上单位申请注册的;

(五)以虚假的职称证书参加考试并取得资格证书的;

(六)年龄超过 65 周岁的;

(七)法律、法规规定不予注册的其他情形。

第十四条　注册监理工程师有下列情形之一的,其注册证书和执业印章失效:

(一)聘用单位破产的;

(二)聘用单位被吊销营业执照的;

(三)聘用单位被吊销相应资质证书的;

(四)已与聘用单位解除劳动关系的;

(五)注册有效期满且未延续注册的;

(六)年龄超过 65 周岁的;

(七)死亡或者丧失行为能力的;

(八)其他导致注册失效的情形。

第十五条　注册监理工程师有下列情形之一的,负责审批的部门应当办理注销手续,收回注册证书和执业印章或者公告其注册证书和执业印章作废:

(一)不具有完全民事行为能力的;

(二)申请注销注册的;

(三)有本规定第十四条所列情形发生的;

(四)依法被撤销注册的;

(五)依法被吊销注册证书的;

(六)受到刑事处罚的;

(七)法律、法规规定应当注销注册的其他情形。

注册监理工程师有前款情形之一的,注册监理工程师本人和聘用单位应当及时向国务院住房城乡建设主管部门提出注销注册的申请;有关单位和个人有权向国务院住房城乡建设主管部门举报;县级以上地方人民政府住房城乡建设主管部门或者有关部门应当及时报告或者告知国务院住房城乡建设主管部门。

第十六条　被注销注册者或者不予注册者,在重新具备初始注册条件,并符合继续教育要求后,可以按照本规定第七条规定的程序重新申请注册。

第三章　执　　业

第十七条　取得资格证书的人员,应当受聘于一个具有建设工程勘察、设计、施工、监理、招标代理、造价咨询等一项或者多项资质的单位,经注册后方可从事相应的执业活动。从事工程监理执业活动的,应当受聘并注册于一个具有工程监理资质的单位。

第十八条　注册监理工程师可以从事工程监理、工程经济与技术咨询、工程招标与采购咨询、工程项目管理服务以及国务院有关部门规定的其他业务。

第十九条　工程监理活动中形成的监理文件由注册监理工程师按照规定签字盖章后方可生效。

第二十条　修改经注册监理工程师签字盖章的工程监理文件,应当由该注册监理工程师进行;因特殊情况,该注册监理工程师不能进行修改的,应当由其他注册监理工程师修改,并签字、加盖执业印章,对修改部分承担责任。

第二十一条　注册监理工程师从事执业活动,由所在单位接受委托并统一收费。

第二十二条　因工程监理事故及相关业务造成的经济损失,聘用单位应当承担赔偿责任;聘用单位承担赔偿责任后,可依法向负有过错的注册监理工程师追偿。

第四章　继 续 教 育

第二十三条　注册监理工程师在每一注册有效期内应当达到国务院住房城乡建设主管部门规定的继续教育要求。继续教育作为注册监理工程师逾期初始注册、延续注册和重新申请注册的条件之一。

第二十四条　继续教育分为必修课和选修课,在每一注册有效期内各为 48 学时。

第五章　权利和义务

第二十五条　注册监理工程师享有下列权利:

(一)使用注册监理工程师称谓;

(二)在规定范围内从事执业活动;

(三)依据本人能力从事相应的执业活动;

(四)保管和使用本人的注册证书和执业印章;

(五)对本人执业活动进行解释和辩护;

(六)接受继续教育;

(七)获得相应的劳动报酬;

(八)对侵犯本人权利的行为进行申诉。

第二十六条　注册监理工程师应当履行下列义务:

(一)遵守法律、法规和有关管理规定;

(二)履行管理职责,执行技术标准、规范和规程;

(三)保证执业活动成果的质量,并承担相应责任;

(四)接受继续教育,努力提高执业水准;

(五)在本人执业活动所形成的工程监理文件上签字、加盖执业印章;

(六)保守在执业中知悉的国家秘密和他人的商业、技术秘密;

(七)不得涂改、倒卖、出租、出借或者以其他形式非法转让注册证书或者执业印章;

(八)不得同时在两个或者两个以上单位受聘或者执业;

(九)在规定的执业范围和聘用单位业务范围内从事执业活动;

(十)协助注册管理机构完成相关工作。

第六章 法律责任

第二十七条 隐瞒有关情况或者提供虚假材料申请注册的,住房城乡建设主管部门不予受理或者不予注册,并给予警告,1年之内不得再次申请注册。

第二十八条 以欺骗、贿赂等不正当手段取得注册证书的,由国务院住房城乡建设主管部门撤销其注册,3年内不得再次申请注册,并由县级以上地方人民政府住房城乡建设主管部门处以罚款,其中没有违法所得的,处以1万元以下罚款,有违法所得的,处以违法所得3倍以下且不超过3万元的罚款;构成犯罪的,依法追究刑事责任。

第二十九条 违反本规定,未经注册,擅自以注册监理工程师的名义从事工程监理及相关业务活动的,由县级以上地方人民政府住房城乡建设主管部门给予警告,责令停止违法行为,处以3万元以下罚款;造成损失的,依法承担赔偿责任。

第三十条 违反本规定,未办理变更注册仍执业的,由县级以上地方人民政府住房城乡建设主管部门给予警告,责令限期改正;逾期不改的,可处以5000元以下的罚款。

第三十一条 注册监理工程师在执业活动中有下列行为之一的,由县级以上地方人民政府住房城乡建设主管部门给予警告,责令其改正,没有违法所得的,处以1万元以下罚款,有违法所得的,处以违法所得3倍以下且不超过3万元的罚款;造成损失的,依法承担赔偿责任;构成犯罪的,依法追究刑事责任:

(一)以个人名义承接业务的;

(二)涂改、倒卖、出租、出借或者以其他形式非法转让注册证书或者执业印章的;

(三)泄露执业中应当保守的秘密并造成严重后果的;

(四)超出规定执业范围或者聘用单位业务范围从事执业活动的;

(五)弄虚作假提供执业活动成果的;

(六)同时受聘于两个或者两个以上的单位,从事执业活动的;

(七)其他违反法律、法规、规章的行为。

第三十二条 有下列情形之一的,国务院住房城乡建设主管部门依据职权或者根据利害关系人的请求,可以撤销监理工程师注册:

(一)工作人员滥用职权、玩忽职守颁发注册证书和执业印章的;

(二)超越法定职权颁发注册证书和执业印章的;

(三)违反法定程序颁发注册证书和执业印章的;

(四)对不符合法定条件的申请人颁发注册证书和执业印章的;

(五)依法可以撤销注册的其他情形。

第三十三条 县级以上人民政府住房城乡建设主管部门的工作人员,在注册监理工程师管理工作中,有下列情形之一的,依法给予处分;构成犯罪的,依法追究刑事责任:

(一)对不符合法定条件的申请人颁发注册证书和执业印章的;

(二)对符合法定条件的申请人不予颁发注册证书和执业印章的;

(三)对符合法定条件的申请人未在法定期限内颁发注册证书和执业印章的;

(四)对符合法定条件的申请不予受理或者未在法定期限内初审完毕的;

(五)利用职务上的便利,收受他人财物或者其他好处的;

(六)不依法履行监督管理职责,或者发现违法行为不予查处的。

第七章 附 则

第三十四条 注册监理工程师资格考试工作按照国务院住房城乡建设主管部门、国务院人事主管部门的有关规定执行。

第三十五条 香港特别行政区、澳门特别行政区、台湾地区及外籍专业技术人员,申请参加注册监理工程师注册和执业的管理办法另行制定。

第三十六条 本规定自2006年4月1日起施行。1992年6月4日建设部颁布的《监理工程师资格考试和注册试行办法》(建设部令第18号)同时废止。

勘察设计注册工程师管理规定

(2005年2月4日建设部令第137号发布 根据2016年9月13日《住房城乡建设部关于修改〈勘察设计注册工程师管理规定〉等11个部门规章的决定》修订)

第一章 总 则

第一条 为了加强对建设工程勘察、设计注册工程师的管理,维护公共利益和建筑市场秩序,提高建设工程勘察、设计质量与水平，依据《中华人民共和国建筑法》、《建设工程勘察设计管理条例》等法律法规，制定本规定。

第二条　中华人民共和国境内建设工程勘察设计注册工程师（以下简称注册工程师）的注册、执业、继续教育和监督管理，适用本规定。

第三条　本规定所称注册工程师，是指经考试取得中华人民共和国注册工程师资格证书（以下简称资格证书），并按照本规定注册，取得中华人民共和国注册工程师注册执业证书（以下简称注册证书）和执业印章，从事建设工程勘察、设计及有关业务活动的专业技术人员。

未取得注册证书及执业印章的人员，不得以注册工程师的名义从事建设工程勘察、设计及有关业务活动。

第四条　注册工程师按专业类别设置，具体专业划分由国务院住房城乡建设主管部门和人事主管部门商国务院有关部门制定。

除注册结构工程师分为一级和二级外，其他专业注册工程师不分级别。

第五条　国务院住房城乡建设主管部门对全国的注册工程师的注册、执业活动实施统一监督管理；国务院铁路、交通、水利等有关部门按照国务院规定的职责分工，负责全国有关专业工程注册工程师执业活动的监督管理。

县级以上地方人民政府住房城乡建设主管部门对本行政区域内的注册工程师的注册、执业活动实施监督管理；县级以上地方人民政府交通、水利等有关部门在各自的职责范围内，负责本行政区域内有关专业工程注册工程师执业活动的监督管理。

第二章　注　　册

第六条　注册工程师实行注册执业管理制度。取得资格证书的人员，必须经过注册方能以注册工程师的名义执业。

第七条　取得资格证书的人员申请注册，由国务院住房城乡建设主管部门审批；其中涉及有关部门的专业注册工程师的注册，由国务院住房城乡建设主管部门和有关部门审批。

取得资格证书并受聘于一个建设工程勘察、设计、施工、监理、招标代理、造价咨询等单位的人员，应当通过聘用单位提出注册申请，并可以向单位工商注册所在地的省、自治区、直辖市人民政府住房城乡建设主管部门提交申请材料；省、自治区、直辖市人民政府住房城乡建设主管部门收到申请材料后，应当在5日内将全部申请材料报审批部门。

第八条　国务院住房城乡建设主管部门在收到申请材料后，应当依法作出是否受理的决定，并出具凭证；申请材料不齐全或者不符合法定形式的，应当在5日内一次性告知需要补正的全部内容。逾期不告知的，自收到申请材料之日起即为受理。

申请初始注册的，国务院住房城乡建设主管部门应当自受理之日起20日内审批完毕并作出书面决定。自作出决定之日起10日内公告审批结果。由国务院住房城乡建设主管部门和有关部门共同审批的，国务院有关部门应当在15日内审核完毕，并将审核意见报国务院住房城乡建设主管部门。

对申请变更注册、延续注册的，国务院住房城乡建设主管部门应当自受理之日起10日内审批完毕并作出书面决定。

符合条件的，由审批部门核发由国务院住房城乡建设主管部门统一制作、国务院住房城乡建设主管部门或者国务院住房城乡建设主管部门和有关部门共同用印的注册证书，并核定执业印章编号。对不予批准的，应当说明理由，并告知申请人享有依法申请行政复议或者提起行政诉讼的权利。

第九条　二级注册结构工程师的注册受理和审批，由省、自治区、直辖市人民政府住房城乡建设主管部门负责。

第十条　注册证书和执业印章是注册工程师的执业凭证，由注册工程师本人保管、使用。注册证书和执业印章的有效期为3年。

第十一条　初始注册者，可自资格证书签发之日起3年内提出申请。逾期未申请者，须符合本专业继续教育的要求后方可申请初始注册。

初始注册需要提交下列材料：

（一）申请人的注册申请表；

（二）申请人的资格证书复印件；

（三）申请人与聘用单位签订的聘用劳动合同复印件；

（四）逾期初始注册的，应提供达到继续教育要求的证明材料。

第十二条　注册工程师每一注册期为3年，注册期满需继续执业的，应在注册期满前30日，按照本规定第七条规定的程序申请延续注册。

延续注册需要提交下列材料：

（一）申请人延续注册申请表；

（二）申请人与聘用单位签订的聘用劳动合同复印件；

（三）申请人注册期内达到继续教育要求的证明材料。

第十三条　在注册有效期内，注册工程师变更执业单位，应与原聘用单位解除劳动关系，并按本规定第七条规定的程序办理变更注册手续，变更注册后仍延续原注册有效期。

变更注册需要提交下列材料：

（一）申请人变更注册申请表；

（二）申请人与新聘用单位签订的聘用劳动合同复印件；

（三）申请人的工作调动证明（或者与原聘用单位解除聘用劳动合同的证明文件、退休人员的退休证明）。

第十四条　注册工程师有下列情形之一的，其注册证书和执业印章失效：

（一）聘用单位破产的；

（二）聘用单位被吊销营业执照的；

（三）聘用单位相应资质证书被吊销的；

（四）已与聘用单位解除聘用劳动关系的；

（五）注册有效期满且未延续注册的；

（六）死亡或者丧失行为能力的；

（七）注册失效的其他情形。

第十五条 注册工程师有下列情形之一的，负责审批的部门应当办理注销手续，收回注册证书和执业印章或者公告其注册证书和执业印章作废：

（一）不具有完全民事行为能力的；

（二）申请注销注册的；

（三）有本规定第十四条所列情形发生的；

（四）依法被撤销注册的；

（五）依法被吊销注册证书的；

（六）受到刑事处罚的；

（七）法律、法规规定应当注销注册的其他情形。

注册工程师有前款情形之一的，注册工程师本人和聘用单位应当及时向负责审批的部门提出注销注册的申请；有关单位和个人有权向负责审批的部门举报；住房城乡建设主管部门和有关部门应当及时向负责审批的部门报告。

第十六条 有下列情形之一的，不予注册：

（一）不具有完全民事行为能力的；

（二）因从事勘察设计或者相关业务受到刑事处罚，自刑事处罚执行完毕之日起至申请注册之日止不满 2 年的；

（三）法律、法规规定不予注册的其他情形。

第十七条 被注销注册者或者不予注册者，在重新具备初始注册条件，并符合本专业继续教育要求后，可按照本规定第七条规定的程序重新申请注册。

第三章 执 业

第十八条 取得资格证书的人员，应受聘于一个具有建设工程勘察、设计、施工、监理、招标代理、造价咨询等一项或多项资质的单位，经注册后方可从事相应的执业活动。但从事建设工程勘察、设计执业活动的，应受聘并注册于一个具有建设工程勘察、设计资质的单位。

第十九条 注册工程师的执业范围：

（一）工程勘察或者本专业工程设计；

（二）本专业工程技术咨询；

（三）本专业工程招标、采购咨询；

（四）本专业工程的项目管理；

（五）对工程勘察或者本专业工程设计项目的施工进行指导和监督；

（六）国务院有关部门规定的其他业务。

第二十条 建设工程勘察、设计活动中形成的勘察、设计文件由相应专业注册工程师按照规定签字盖章后方可生效。各专业注册工程师签字盖章的勘察、设计文件种类及办法由国务院住房城乡建设主管部门会同有关部门规定。

第二十一条 修改经注册工程师签字盖章的勘察、设计文件，应当由该注册工程师进行；因特殊情况，该注册工程师不能进行修改的，应由同专业其他注册工程师修改，并签字、加盖执业印章，对修改部分承担责任。

第二十二条 注册工程师从事执业活动，由所在单位接受委托并统一收费。

第二十三条 因建设工程勘察、设计事故及相关业务造成的经济损失，聘用单位应承担赔偿责任；聘用单位承担赔偿责任后，可依法向负有过错的注册工程师追偿。

第四章 继续教育

第二十四条 注册工程师在每一注册期内应达到国务院住房城乡建设主管部门规定的本专业继续教育要求。继续教育作为注册工程师逾期初始注册、延续注册和重新申请注册的条件。

第二十五条 继续教育按照注册工程师专业类别设置，分为必修课和选修课，每注册期各为 60 学时。

第五章 权利和义务

第二十六条 注册工程师享有下列权利：

（一）使用注册工程师称谓；

（二）在规定范围内从事执业活动；

（三）依据本人能力从事相应的执业活动；

（四）保管和使用本人的注册证书和执业印章；

（五）对本人执业活动进行解释和辩护；

（六）接受继续教育；

（七）获得相应的劳动报酬；

（八）对侵犯本人权利的行为进行申诉。

第二十七条 注册工程师应当履行下列义务：

（一）遵守法律、法规和有关管理规定；

（二）执行工程建设标准规范；

（三）保证执业活动成果的质量，并承担相应责任；

（四）接受继续教育，努力提高执业水准；

（五）在本人执业活动所形成的勘察、设计文件上签字、加盖执业印章；

（六）保守在执业中知悉的国家秘密和他人的商业、技术秘密；

（七）不得涂改、出租、出借或者以其他形式非法转让注册证书或者执业印章；

（八）不得同时在两个或两个以上单位受聘或者执业；

（九）在本专业规定的执业范围和聘用单位业务范围内从事执业活动；

（十）协助注册管理机构完成相关工作。

第六章 法律责任

第二十八条 隐瞒有关情况或者提供虚假材料申请注册

的,审批部门不予受理,并给予警告,一年之内不得再次申请注册。

第二十九条　以欺骗、贿赂等不正当手段取得注册证书的,由负责审批的部门撤销其注册,3年内不得再次申请注册;并由县级以上人民政府住房城乡建设主管部门或者有关部门处以罚款,其中没有违法所得的,处以1万元以下的罚款;有违法所得的,处以违法所得3倍以下且不超过3万元的罚款;构成犯罪的,依法追究刑事责任。

第三十条　注册工程师在执业活动中有下列行为之一的,由县级以上人民政府住房城乡建设主管部门或者有关部门予以警告,责令其改正,没有违法所得的,处以1万元以下的罚款;有违法所得的,处以违法所得3倍以下且不超过3万元的罚款;造成损失的,应当承担赔偿责任;构成犯罪的,依法追究刑事责任:

(一)以个人名义承接业务的;

(二)涂改、出租、出借或者以形式非法转让注册证书或者执业印章的;

(三)泄露执业中应当保守的秘密并造成严重后果的;

(四)超出本专业规定范围或者聘用单位业务范围从事执业活动的;

(五)弄虚作假提供执业活动成果的;

(六)其他违反法律、法规、规章的行为。

第三十一条　有下列情形之一的,负责审批的部门或者其上级主管部门,可以撤销其注册:

(一)住房城乡建设主管部门或者有关部门的工作人员滥用职权、玩忽职守颁发注册证书和执业印章的;

(二)超越法定职权颁发注册证书和执业印章的;

(三)违反法定程序颁发注册证书和执业印章的;

(四)对不符合法定条件的申请人颁发注册证书和执业印章的;

(五)依法可以撤销注册的其他情形。

第三十二条　县级以上人民政府住房城乡建设主管部门及有关部门的工作人员,在注册工程师管理工作中,有下列情形之一的,依法给予行政处分;构成犯罪的,依法追究刑事责任:

(一)对不符合法定条件的申请人颁发注册证书和执业印章的;

(二)对符合法定条件的申请人不予颁发注册证书和执业印章的;

(三)对符合法定条件的申请人未在法定期限内颁发注册证书和执业印章的;

(四)利用职务上的便利,收受他人财物或者其他好处的;

(五)不依法履行监督管理职责,或者发现违法行为不予查处的。

第七章　附　　则

第三十三条　注册工程师资格考试工作按照国务院住房城乡建设主管部门、国务院人事主管部门的有关规定执行。

第三十四条　香港特别行政区、澳门特别行政区、台湾地区及外籍专业技术人员,注册工程师注册和执业的管理办法另行制定。

第三十五条　本规定自2005年4月1日起施行。

住房城乡建设部关于简化建筑业企业资质标准部分指标的通知

(2016年10月14日　建市〔2016〕226号)

各省、自治区住房城乡建设厅,直辖市建委,新疆生产建设兵团建设局,国务院有关部门建设司(局),中央管理的有关企业:

为进一步推进简政放权、放管结合、优化服务改革,经研究,决定简化《建筑业企业资质标准》(建市[2014]159号)中部分指标。现将有关事项通知如下:

一、除各类别最低等级资质外,取消关于注册建造师、中级以上职称人员、持有岗位证书的现场管理人员、技术工人的指标考核。

二、取消通信工程施工总承包三级资质标准中关于注册建造师的指标考核。

三、调整建筑工程施工总承包一级及以下资质的建筑面积考核指标,具体内容详见附件。

四、对申请建筑工程、市政公用工程施工总承包特级、一级资质的企业,未进入全国建筑市场监管与诚信信息发布平台的企业业绩,不作为有效业绩认定。省级住房城乡建设主管部门要加强本地区工程项目数据库建设,完善数据补录办法,使真实有效的企业业绩及时进入全国建筑市场监管与诚信信息发布平台。

各级住房城乡建设主管部门要进一步加强事中事后监管,加强对施工现场主要管理人员在岗履职的监督检查,重点加强对项目经理是否持注册建造师证书上岗、在岗执业履职等行为的监督检查。对有违法违规行为的企业,依法给予罚款、停业整顿、降低资质等级、吊销资质证书等行政处罚;对有违法违规行为的注册建造师,依法给予罚款、暂停执业、吊销注册执业资格证书等行政处罚;要将企业和个人不良行为记入信用档案并向社会公布,切实规范建筑市场秩序,保障工程质量安全。

本通知自2016年11月1日起实施。

附件:(略)

4. 工程招投标承包

中华人民共和国招标投标法

（1999 年 8 月 30 日第九届全国人民代表大会常务委员会第十一次会议通过　根据 2017 年 12 月 27 日第十二届全国人民代表大会常务委员会第三十一次会议《关于修改〈中华人民共和国招标投标法〉、〈中华人民共和国计量法〉的决定》修正）

目　　录

第一章　总　　则
第二章　招　　标
第三章　投　　标
第四章　开标、评标和中标
第五章　法律责任
第六章　附　　则

第一章　　总　　则

第一条　【立法目的】为了规范招标投标活动，保护国家利益、社会公共利益和招标投标活动当事人的合法权益，提高经济效益，保证项目质量，制定本法。

第二条　【适用范围】在中华人民共和国境内进行招标投标活动，适用本法。

第三条　【必须进行招标的工程建设项目】在中华人民共和国境内进行下列工程建设项目包括项目的勘察、设计、施工、监理以及与工程建设有关的重要设备、材料等的采购，必须进行招标：

（一）大型基础设施、公用事业等关系社会公共利益、公众安全的项目；

（二）全部或者部分使用国有资金投资或者国家融资的项目；

（三）使用国际组织或者外国政府贷款、援助资金的项目。

前款所列项目的具体范围和规模标准，由国务院发展计划部门会同国务院有关部门制订，报国务院批准。

法律或者国务院对必须进行招标的其他项目的范围有规定的，依照其规定。

第四条　【禁止规避招标】任何单位和个人不得将依法必须进行招标的项目化整为零或者以其他任何方式规避招标。

第五条　【招投标活动的原则】招标投标活动应当遵循公开、公平、公正和诚实信用的原则。

第六条　【招投标活动不受地区或部门的限制】依法必须进行招标的项目，其招标投标活动不受地区或者部门的限制。任何单位和个人不得违法限制或者排斥本地区、本系统以外的法人或者其他组织参加投标，不得以任何方式非法干涉招标投标活动。

第七条　【对招投标活动的监督】招标投标活动及其当事人应当接受依法实施的监督。

有关行政监督部门依法对招标投标活动实施监督，依法查处招标投标活动中的违法行为。

对招标投标活动的行政监督及有关部门的具体职权划分，由国务院规定。

第二章　招　　标

第八条　【招标人】招标人是依照本法规定提出招标项目、进行招标的法人或者其他组织。

第九条　【招标项目应具备的主要条件】招标项目按照国家有关规定需要履行项目审批手续的，应当先履行审批手续，取得批准。

招标人应当有进行招标项目的相应资金或者资金来源已经落实，并应当在招标文件中如实载明。

第十条　【公开招标和邀请招标】招标分为公开招标和邀请招标。

公开招标，是指招标人以招标公告的方式邀请不特定的法人或者其他组织投标。

邀请招标，是指招标人以投标邀请书的方式邀请特定的法人或者其他组织投标。

第十一条　【适用邀请招标的情形】国务院发展计划部门确定的国家重点项目和省、自治区、直辖市人民政府确定的地方重点项目不适宜公开招标的，经国务院发展计划部门或者省、自治区、直辖市人民政府批准，可以进行邀请招标。

第十二条　【代理招标和自行招标】招标人有权自行选择招标代理机构，委托其办理招标事宜。任何单位和个人不得以任何方式为招标人指定招标代理机构。

招标人具有编制招标文件和组织评标能力的，可以自行办理招标事宜。任何单位和个人不得强制其委托招标代理机构办理招标事宜。

依法必须进行招标的项目，招标人自行办理招标事宜的，应当向有关行政监督部门备案。

第十三条　【招标代理机构及条件】招标代理机构是依法设立、从事招标代理业务并提供相关服务的社会中介组织。

招标代理机构应当具备下列条件：

（一）有从事招标代理业务的营业场所和相应资金；

（二）有能够编制招标文件和组织评标的相应专业力量。

第十四条　【招标代理机构不得与国家机关存在利益关系】招标代理机构与行政机关和其他国家机关不得存在隶属关系或者其他利益关系。

第十五条　【招标代理机构的代理范围】招标代理机构

应当在招标人委托的范围内办理招标事宜，并遵守本法关于招标人的规定。

第十六条　【招标公告】招标人采用公开招标方式的，应当发布招标公告。依法必须进行招标的项目的招标公告，应当通过国家指定的报刊、信息网络或者其他媒介发布。

招标公告应当载明招标人的名称和地址、招标项目的性质、数量、实施地点和时间以及获取招标文件的办法等事项。

第十七条　【投标邀请书】招标人采用邀请招标方式的，应当向3个以上具备承担招标项目的能力、资信良好的特定的法人或者其他组织发出投标邀请书。

投标邀请书应当载明本法第十六条第二款规定的事项。

第十八条　【对潜在投标人的资格审查】招标人可以根据招标项目本身的要求，在招标公告或者投标邀请书中，要求潜在投标人提供有关资质证明文件和业绩情况，并对潜在投标人进行资格审查；国家对投标人的资格条件有规定的，依照其规定。

招标人不得以不合理的条件限制或者排斥潜在投标人，不得对潜在投标人实行歧视待遇。

第十九条　【招标文件】招标人应当根据招标项目的特点和需要编制招标文件。招标文件应当包括招标项目的技术要求、对投标人资格审查的标准、投标报价要求和评标标准等所有实质性要求和条件以及拟签订合同的主要条款。

国家对招标项目的技术、标准有规定的，招标人应当按照其规定在招标文件中提出相应要求。

招标项目需要划分标段、确定工期的，招标人应当合理划分标段、确定工期，并在招标文件中载明。

第二十条　【招标文件的限制】招标文件不得要求或者标明特定的生产供应者以及含有倾向或者排斥潜在投标人的其他内容。

第二十一条　【潜在投标人对项目现场的踏勘】招标人根据招标项目的具体情况，可以组织潜在投标人踏勘项目现场。

第二十二条　【招标人的保密义务】招标人不得向他人透露已获取招标文件的潜在投标人的名称、数量以及可能影响公平竞争的有关招标投标的其他情况。

招标人设有标底的，标底必须保密。

第二十三条　【招标文件的澄清或修改】招标人对已发出的招标文件进行必要的澄清或者修改的，应当在招标文件要求提交投标文件截止时间至少15日前，以书面形式通知所有招标文件收受人。该澄清或者修改的内容为招标文件的组成部分。

第二十四条　【编制投标文件的时间】招标人应当确定投标人编制投标文件所需要的合理时间；但是，依法必须进行招标的项目，自招标文件开始发出之日起至投标人提交投标文件截止之日止，最短不得少于20日。

第三章　投　　标

第二十五条　【投标人】投标人是响应招标、参加投标竞争的法人或者其他组织。

依法招标的科研项目允许个人参加投标的，投标的个人适用本法有关投标人的规定。

第二十六条　【投标人的资格条件】投标人应当具备承担招标项目的能力；国家有关规定对投标人资格条件或者招标文件对投标人资格条件有规定的，投标人应当具备规定的资格条件。

第二十七条　【投标文件的编制】投标人应当按照招标文件的要求编制投标文件。投标文件应当对招标文件提出的实质性要求和条件作出响应。

招标项目属于建设施工的，投标文件的内容应当包括拟派出的项目负责人与主要技术人员的简历、业绩和拟用于完成招标项目的机械设备等。

第二十八条　【投标文件的送达】投标人应当在招标文件要求提交投标文件的截止时间前，将投标文件送达投标地点。招标人收到投标文件后，应当签收保存，不得开启。投标人少于3个的，招标人应当依照本法重新招标。

在招标文件要求提交投标文件的截止时间后送达的投标文件，招标人应当拒收。

第二十九条　【投标文件的补充、修改、撤回】投标人在招标文件要求提交投标文件的截止时间前，可以补充、修改或者撤回已提交的投标文件，并书面通知招标人。补充、修改的内容为投标文件的组成部分。

第三十条　【投标文件对拟分包情况的说明】投标人根据招标文件载明的项目实际情况，拟在中标后将中标项目的部分非主体、非关键性工作进行分包的，应当在投标文件中载明。

第三十一条　【联合体投标】两个以上法人或者其他组织可以组成一个联合体，以一个投标人的身份共同投标。

联合体各方均应当具备承担招标项目的相应能力；国家有关规定或者招标文件对投标人资格条件有规定的，联合体各方均应当具备规定的相应资格条件。由同一专业的单位组成的联合体，按照资质等级较低的单位确定资质等级。

联合体各方应当签订共同投标协议，明确约定各方拟承担的工作和责任，并将共同投标协议连同投标文件一并提交招标人。联合体中标的，联合体各方应当共同与招标人签订合同，就中标项目向招标人承担连带责任。

招标人不得强制投标人组成联合体共同投标，不得限制投标人之间的竞争。

第三十二条　【串通投标的禁止】投标人不得相互串通投标报价，不得排挤其他投标人的公平竞争，损害招标人或者其他投标人的合法权益。

投标人不得与招标人串通投标，损害国家利益、社会公共利益或者他人的合法权益。

禁止投标人以向招标人或者评标委员会成员行贿的手段谋取中标。

第三十三条 【低于成本的报价竞标与骗取中标的禁止】投标人不得以低于成本的报价竞标，也不得以他人名义投标或者以其他方式弄虚作假，骗取中标。

第四章 开标、评标和中标

第三十四条 【开标的时间与地点】开标应当在招标文件确定的提交投标文件截止时间的同一时间公开进行；开标地点应当为招标文件中预先确定的地点。

第三十五条 【开标参加人】开标由招标人主持，邀请所有投标人参加。

第三十六条 【开标方式】开标时，由投标人或者其推选的代表检查投标文件的密封情况，也可以由招标人委托的公证机构检查并公证；经确认无误后，由工作人员当众拆封，宣读投标人名称、投标价格和投标文件的其他主要内容。

招标人在招标文件要求提交投标文件的截止时间前收到的所有投标文件，开标时都应当当众予以拆封、宣读。

开标过程应当记录，并存档备查。

第三十七条 【评标委员会】评标由招标人依法组建的评标委员会负责。

依法必须进行招标的项目，其评标委员会由招标人的代表和有关技术、经济等方面的专家组成，成员人数为 5 人以上单数，其中技术、经济等方面的专家不得少于成员总数的2/3。

前款专家应当从事相关领域工作满 8 年并具有高级职称或者具有同等专业水平，由招标人从国务院有关部门或者省、自治区、直辖市人民政府有关部门提供的专家名册或者招标代理机构的专家库内的相关专业的专家名单中确定；一般招标项目可以采取随机抽取方式，特殊招标项目可以由招标人直接确定。

与投标人有利害关系的人不得进入相关项目的评标委员会；已经进入的应当更换。

评标委员会成员的名单在中标结果确定前应当保密。

第三十八条 【评标的保密】招标人应当采取必要的措施，保证评标在严格保密的情况下进行。

任何单位和个人不得非法干预、影响评标的过程和结果。

第三十九条 【投标人对投标文件的澄清或说明】评标委员会可以要求投标人对投标文件中含义不明确的内容作必要的澄清或者说明，但是澄清或者说明不得超出投标文件的范围或者改变投标文件的实质性内容。

第四十条 【评标】评标委员会应当按照招标文件确定的评标标准和方法，对投标文件进行评审和比较；设有标底的，应当参考标底。评标委员会完成评标后，应当向招标人提出书面评标报告，并推荐合格的中标候选人。

招标人根据评标委员会提出的书面评标报告和推荐的中标候选人确定中标人。招标人也可以授权评标委员会直接确定中标人。

国务院对特定招标项目的评标有特别规定的，从其规定。

第四十一条 【中标条件】中标人的投标应当符合下列条件之一：

（一）能够最大限度地满足招标文件中规定的各项综合评价标准；

（二）能够满足招标文件的实质性要求，并且经评审的投标价格最低；但是投标价格低于成本的除外。

第四十二条 【否决所有投标和重新招标】评标委员会经评审，认为所有投标都不符合招标文件要求的，可以否决所有投标。

依法必须进行招标的项目的所有投标被否决的，招标人应当依照本法重新招标。

第四十三条 【禁止与投标人进行实质性谈判】在确定中标人前，招标人不得与投标人就投标价格、投标方案等实质性内容进行谈判。

第四十四条 【评标委员会成员的义务】评标委员会成员应当客观、公正地履行职务，遵守职业道德，对所提出的评审意见承担个人责任。

评标委员会成员不得私下接触投标人，不得收受投标人的财物或者其他好处。

评标委员会成员和参与评标的有关工作人员不得透露对投标文件的评审和比较、中标候选人的推荐情况以及与评标有关的其他情况。

第四十五条 【中标通知书的发出】中标人确定后，招标人应当向中标人发出中标通知书，并同时将中标结果通知所有未中标的投标人。

中标通知书对招标人和中标人具有法律效力。中标通知书发出后，招标人改变中标结果的，或者中标人放弃中标项目的，应当依法承担法律责任。

第四十六条 【订立书面合同和提交履约保证金】招标人和中标人应当自中标通知书发出之日起 30 日内，按照招标文件和中标人的投标文件订立书面合同。招标人和中标人不得再行订立背离合同实质性内容的其他协议。

招标文件要求中标人提交履约保证金的，中标人应当提交。

第四十七条 【招投标情况的报告】依法必须进行招标的项目，招标人应当自确定中标人之日起 15 日内，向有关行政监督部门提交招标投标情况的书面报告。

第四十八条 【禁止转包和有条件分包】中标人应当按照合同约定履行义务，完成中标项目。中标人不得向他人转让中标项目，也不得将中标项目肢解后分别向他人转让。

中标人按照合同约定或者经招标人同意，可以将中标项目的部分非主体、非关键性工作分包给他人完成。接受分包的人应当具备相应的资格条件，并不得再次分包。

中标人应当就分包项目向招标人负责，接受分包的人就分包项目承担连带责任。

第五章 法律责任

第四十九条 【必须进行招标的项目不招标的责任】违反本法规定，必须进行招标的项目而不招标的，将必须进行招标的项目化整为零或者以其他任何方式规避招标的，责令限期改正，可以处项目合同金额5‰以上10‰以下的罚款；对全部或者部分使用国有资金的项目，可以暂停项目执行或者暂停资金拨付；对单位直接负责的主管人员和其他直接责任人员依法给予处分。

第五十条 【招标代理机构的责任】招标代理机构违反本法规定，泄露应当保密的与招标投标活动有关的情况和资料的，或者与招标人、投标人串通损害国家利益、社会公共利益或者他人合法权益的，处五万元以上二十五万元以下的罚款，对单位直接负责的主管人员和其他直接责任人员处单位罚款数额百分之五以上百分之十以下的罚款；有违法所得的，并处没收违法所得；情节严重的，禁止其一年至二年内代理依法必须进行招标的项目并予以公告，直至由工商行政管理机关吊销营业执照；构成犯罪的，依法追究刑事责任。给他人造成损失的，依法承担赔偿责任。

前款所列行为影响中标结果的，中标无效。

第五十一条 【限制或排斥潜在投标人的责任】招标人以不合理的条件限制或者排斥潜在投标人的，对潜在投标人实行歧视待遇的，强制要求投标人组成联合体共同投标的，或者限制投标人之间竞争的，责令改正，可以处1万元以上5万元以下的罚款。

第五十二条 【泄露招投标活动有关秘密的责任】依法必须进行招标的项目的招标人向他人透露已获取招标文件的潜在投标人的名称、数量或者可能影响公平竞争的有关招标投标的其他情况的，或者泄露标底的，给予警告，可以并处1万元以上10万元以下的罚款；对单位直接负责的主管人员和其他直接责任人员依法给予处分；构成犯罪的，依法追究刑事责任。

前款所列行为影响中标结果的，中标无效。

第五十三条 【串通投标的责任】投标人相互串通投标或者与招标人串通投标的，投标人以向招标人或者评标委员会成员行贿的手段谋取中标的，中标无效，处中标项目金额5‰以上10‰以下的罚款，对单位直接负责的主管人员和其他直接责任人员处单位罚款数额5%以上10%以下的罚款；有违法所得的，并处没收违法所得；情节严重的，取消其1年至2年内参加依法必须进行招标的项目的投标资格并予以公告，直至由工商行政管理机关吊销营业执照；构成犯罪的，依法追究刑事责任。给他人造成损失的，依法承担赔偿责任。

第五十四条 【骗取中标的责任】投标人以他人名义投标或者以其他方式弄虚作假，骗取中标的，中标无效，给招标人造成损失的，依法承担赔偿责任；构成犯罪的，依法追究刑事责任。

依法必须进行招标的项目的投标人有前款所列行为尚未构成犯罪的，处中标项目金额5‰以上10‰以下的罚款，对单位直接负责的主管人员和其他直接责任人员处单位罚款数额5%以上10%以下的罚款；有违法所得的，并处没收违法所得；情节严重的，取消其1年至3年内参加依法必须进行招标的项目的投标资格并予以公告，直至由工商行政管理机关吊销营业执照。

第五十五条 【招标人违规谈判的责任】依法必须进行招标的项目，招标人违反本法规定，与投标人就投标价格、投标方案等实质性内容进行谈判的，给予警告，对单位直接负责的主管人员和其他直接责任人员依法给予处分。

前款所列行为影响中标结果的，中标无效。

第五十六条 【评标委员会成员违法行为的责任】评标委员会成员收受投标人的财物或者其他好处的，评标委员会成员或者参加评标的有关工作人员向他人透露对投标文件的评审和比较、中标候选人的推荐以及与评标有关的其他情况的，给予警告，没收收受的财物，可以并处3000元以上5万元以下的罚款，对有所列违法行为的评标委员会成员取消担任评标委员会成员的资格，不得再参加任何依法必须进行招标的项目的评标；构成犯罪的，依法追究刑事责任。

第五十七条 【招标人在中标候选人之外确定中标人的责任】招标人在评标委员会依法推荐的中标候选人以外确定中标人的，依法必须进行招标的项目在所有投标被评标委员会否决后自行确定中标人的，中标无效。责令改正，可以处中标项目金额5‰以上10‰以下的罚款；对单位直接负责的主管人员和其他直接责任人员依法给予处分。

第五十八条 【中标人违法转包、分包的责任】中标人将中标项目转让给他人的，将中标项目肢解后分别转让给他人的，违反本法规定将中标项目的部分主体、关键性工作分包给他人的，或者分包人再次分包的，转让、分包无效，处转让、分包项目金额5‰以上10‰以下的罚款；有违法所得的，并处没收违法所得；可以责令停业整顿；情节严重的，由工商行政管理机关吊销营业执照。

第五十九条 【不按招投标文件订立合同的责任】招标人与中标人不按照招标文件和中标人的投标文件订立合同的，或者招标人、中标人订立背离合同实质性内容的协议的，责令改正；可以处中标项目金额5‰以上10‰以下的罚款。

第六十条 【中标人不履行合同或不按合同履行义务的

责任】中标人不履行与招标人订立的合同的，履约保证金不予退还，给招标人造成的损失超过履约保证金数额的，还应当对超过部分予以赔偿；没有提交履约保证金的，应当对招标人的损失承担赔偿责任。

中标人不按照与招标人订立的合同履行义务，情节严重的，取消其2年至5年内参加依法必须进行招标的项目的投标资格并予以公告，直至由工商行政管理机关吊销营业执照。

因不可抗力不能履行合同的，不适用前两款规定。

第六十一条　【行政处罚的决定】本章规定的行政处罚，由国务院规定的有关行政监督部门决定。本法已对实施行政处罚的机关作出规定的除外。

第六十二条　【干涉招投标活动的责任】任何单位违反本法规定，限制或者排斥本地区、本系统以外的法人或者其他组织参加投标的，为招标人指定招标代理机构的，强制招标人委托招标代理机构办理招标事宜的，或者以其他方式干涉招标投标活动的，责令改正；对单位直接负责的主管人员和其他直接责任人员依法给予警告、记过、记大过的处分，情节较重的，依法给予降级、撤职、开除的处分。

个人利用职权进行前款违法行为的，依照前款规定追究责任。

第六十三条　【行政监督机关工作人员的责任】对招标投标活动依法负有行政监督职责的国家机关工作人员徇私舞弊、滥用职权或者玩忽职守，构成犯罪的，依法追究刑事责任；不构成犯罪的，依法给予行政处分。

第六十四条　【中标无效的处理】依法必须进行招标的项目违反本法规定，中标无效的，应当依照本法规定的中标条件从其余投标人中重新确定中标人或者依照本法重新进行招标。

第六章　附　　则

第六十五条　【异议或投诉】投标人和其他利害关系人认为招标投标活动不符合本法有关规定的，有权向招标人提出异议或者依法向有关行政监督部门投诉。

第六十六条　【不进行招标的项目】涉及国家安全、国家秘密、抢险救灾或者属于利用扶贫资金实行以工代赈、需要使用农民工等特殊情况，不适宜进行招标的项目，按照国家有关规定可以不进行招标。

第六十七条　【适用除外】使用国际组织或者外国政府贷款、援助资金的项目进行招标，贷款方、资金提供方对招标投标的具体条件和程序有不同规定的，可以适用其规定，但违背中华人民共和国的社会公共利益的除外。

第六十八条　【施行日期】本法自2000年1月1日起施行。

中华人民共和国招标投标法实施条例

（2011年12月20日中华人民共和国国务院令第613号公布　根据2017年3月1日《国务院关于修改和废止部分行政法规的决定》第一次修订　根据2018年3月19日《国务院关于修改和废止部分行政法规的决定》第二次修订　根据2019年3月2日《国务院关于修改部分行政法规的决定》第三次修订）

第一章　总　　则

第一条　为了规范招标投标活动，根据《中华人民共和国招标投标法》（以下简称招标投标法），制定本条例。

第二条　招标投标法第三条所称工程建设项目，是指工程以及与工程建设有关的货物、服务。

前款所称工程，是指建设工程，包括建筑物和构筑物的新建、改建、扩建及其相关的装修、拆除、修缮等；所称与工程建设有关的货物，是指构成工程不可分割的组成部分，且为实现工程基本功能所必需的设备、材料等；所称与工程建设有关的服务，是指为完成工程所需的勘察、设计、监理等服务。

第三条　依法必须进行招标的工程建设项目的具体范围和规模标准，由国务院发展改革部门会同国务院有关部门制订，报国务院批准后公布施行。

第四条　国务院发展改革部门指导和协调全国招标投标工作，对国家重大建设项目的工程招标投标活动实施监督检查。国务院工业和信息化、住房城乡建设、交通运输、铁道、水利、商务等部门，按照规定的职责分工对有关招标投标活动实施监督。

县级以上地方人民政府发展改革部门指导和协调本行政区域的招标投标工作。县级以上地方人民政府有关部门按照规定的职责分工，对招标投标活动实施监督，依法查处招标投标活动中的违法行为。县级以上地方人民政府对其所属部门有关招标投标活动的监督职责分工另有规定的，从其规定。

财政部门依法对实行招标投标的政府采购工程建设项目的政府采购政策执行情况实施监督。

监察机关依法对与招标投标活动有关的监察对象实施监察。

第五条　设区的市级以上地方人民政府可以根据实际需要，建立统一规范的招标投标交易场所，为招标投标活动提供服务。招标投标交易场所不得与行政监督部门存在隶属关系，不得以营利为目的。

国家鼓励利用信息网络进行电子招标投标。

第六条　禁止国家工作人员以任何方式非法干涉招标投标活动。

第二章　招　　标

第七条　按照国家有关规定需要履行项目审批、核准手续的依法必须进行招标的项目，其招标范围、招标方式、招标组织形式应当报项目审批、核准部门审批、核准。项目审批、核准部门应当及时将审批、核准确定的招标范围、招标方式、招标组织形式通报有关行政监督部门。

第八条　国有资金占控股或者主导地位的依法必须进行招标的项目，应当公开招标；但有下列情形之一的，可以邀请招标：

（一）技术复杂、有特殊要求或者受自然环境限制，只有少量潜在投标人可供选择；

（二）采用公开招标方式的费用占项目合同金额的比例过大。

有前款第二项所列情形，属于本条例第七条规定的项目，由项目审批、核准部门在审批、核准项目时作出认定；其他项目由招标人申请有关行政监督部门作出认定。

第九条　除招标投标法第六十六条规定的可以不进行招标的特殊情况外，有下列情形之一的，可以不进行招标：

（一）需要采用不可替代的专利或者专有技术；

（二）采购人依法能够自行建设、生产或者提供；

（三）已通过招标方式选定的特许经营项目投资人依法能够自行建设、生产或者提供；

（四）需要向原中标人采购工程、货物或者服务，否则将影响施工或者功能配套要求；

（五）国家规定的其他特殊情形。

招标人为适用前款规定弄虚作假的，属于招标投标法第四条规定的规避招标。

第十条　招标投标法第十二条第二款规定的招标人具有编制招标文件和组织评标能力，是指招标人具有与招标项目规模和复杂程度相适应的技术、经济等方面的专业人员。

第十一条　国务院住房城乡建设、商务、发展改革、工业和信息化等部门，按照规定的职责分工对招标代理机构依法实施监督管理。

第十二条　招标代理机构应当拥有一定数量的具备编制招标文件、组织评标等相应能力的专业人员。

第十三条　招标代理机构在招标人委托的范围内开展招标代理业务，任何单位和个人不得非法干涉。

招标代理机构代理招标业务，应当遵守招标投标法和本条例关于招标人的规定。招标代理机构不得在所代理的招标项目中投标或者代理投标，也不得为所代理的招标项目的投标人提供咨询。

第十四条　招标人应当与被委托的招标代理机构签订书面委托合同，合同约定的收费标准应当符合国家有关规定。

第十五条　公开招标的项目，应当依照招标投标法和本条例的规定发布招标公告、编制招标文件。

招标人采用资格预审办法对潜在投标人进行资格审查的，应当发布资格预审公告、编制资格预审文件。

依法必须进行招标的项目的资格预审公告和招标公告，应当在国务院发展改革部门依法指定的媒介发布。在不同媒介发布的同一招标项目的资格预审公告或者招标公告的内容应当一致。指定媒介发布依法必须进行招标的项目的境内资格预审公告、招标公告，不得收取费用。

编制依法必须进行招标的项目的资格预审文件和招标文件，应当使用国务院发展改革部门会同有关行政监督部门制定的标准文本。

第十六条　招标人应当按照资格预审公告、招标公告或者投标邀请书规定的时间、地点发售资格预审文件或者招标文件。资格预审文件或者招标文件的发售期不得少于5日。

招标人发售资格预审文件、招标文件收取的费用应当限于补偿印刷、邮寄的成本支出，不得以营利为目的。

第十七条　招标人应当合理确定提交资格预审申请文件的时间。依法必须进行招标的项目提交资格预审申请文件的时间，自资格预审文件停止发售之日起不得少于5日。

第十八条　资格预审应当按照资格预审文件载明的标准和方法进行。

国有资金占控股或者主导地位的依法必须进行招标的项目，招标人应当组建资格审查委员会审查资格预审申请文件。资格审查委员会及其成员应当遵守招标投标法和本条例有关评标委员会及其成员的规定。

第十九条　资格预审结束后，招标人应当及时向资格预审申请人发出资格预审结果通知书。未通过资格预审的申请人不具有投标资格。

通过资格预审的申请人少于3个的，应当重新招标。

第二十条　招标人采用资格后审办法对投标人进行资格审查的，应当在开标后由评标委员会按照招标文件规定的标准和方法对投标人的资格进行审查。

第二十一条　招标人可以对已发出的资格预审文件或者招标文件进行必要的澄清或者修改。澄清或者修改的内容可能影响资格预审申请文件或者投标文件编制的，招标人应当在提交资格预审申请文件截止时间至少3日前，或者投标截止时间至少15日前，以书面形式通知所有获取资格预审文件或者招标文件的潜在投标人；不足3日或者15日的，招标人应当顺延提交资格预审申请文件或者投标文件的截止时间。

第二十二条　潜在投标人或者其他利害关系人对资格预审文件有异议的，应当在提交资格预审申请文件截止时间2日前提出；对招标文件有异议的，应当在投标截止时间10日前提出。招标人应当自收到异议之日起3日内作出答复；作出答复前，应当暂停招标投标活动。

第二十三条　招标人编制的资格预审文件、招标文件的内容违反法律、行政法规的强制性规定,违反公开、公平、公正和诚实信用原则,影响资格预审结果或者潜在投标人投标的,依法必须进行招标的项目的招标人应当在修改资格预审文件或者招标文件后重新招标。

第二十四条 招标人对招标项目划分标段的,应当遵守招标投标法的有关规定,不得利用划分标段限制或者排斥潜在投标人。依法必须进行招标的项目的招标人不得利用划分标段规避招标。

第二十五条 招标人应当在招标文件中载明投标有效期。投标有效期从提交投标文件的截止之日起算。

第二十六条 招标人在招标文件中要求投标人提交投标保证金的,投标保证金不得超过招标项目估算价的2%。投标保证金有效期应当与投标有效期一致。

依法必须进行招标的项目的境内投标单位,以现金或者支票形式提交的投标保证金应当从其基本账户转出。

招标人不得挪用投标保证金。

第二十七条 招标人可以自行决定是否编制标底。一个招标项目只能有一个标底。标底必须保密。

接受委托编制标底的中介机构不得参加受托编制标底项目的投标,也不得为该项目的投标人编制投标文件或者提供咨询。

招标人设有最高投标限价的,应当在招标文件中明确最高投标限价或者最高投标限价的计算方法。招标人不得规定最低投标限价。

第二十八条 招标人不得组织单个或者部分潜在投标人踏勘项目现场。

第二十九条 招标人可以依法对工程以及与工程建设有关的货物、服务全部或者部分实行总承包招标。以暂估价形式包括在总承包范围内的工程、货物、服务属于依法必须进行招标的项目范围且达到国家规定规模标准的,应当依法进行招标。

前款所称暂估价,是指总承包招标时不能确定价格而由招标人在招标文件中暂时估定的工程、货物、服务的金额。

第三十条 对技术复杂或者无法精确拟定技术规格的项目,招标人可以分两阶段进行招标。

第一阶段,投标人按照招标公告或者投标邀请书的要求提交不带报价的技术建议,招标人根据投标人提交的技术建议确定技术标准和要求,编制招标文件。

第二阶段,招标人向在第一阶段提交技术建议的投标人提供招标文件,投标人按照招标文件的要求提交包括最终技术方案和投标报价的投标文件。

招标人要求投标人提交投标保证金的,应当在第二阶段提出。

第三十一条 招标人终止招标的,应当及时发布公告,或者以书面形式通知被邀请的或者已经获取资格预审文件、招标文件的潜在投标人。已经发售资格预审文件、招标文件或者已经收取投标保证金的,招标人应当及时退还所收取的资格预审文件、招标文件的费用,以及所收取的投标保证金及银行同期存款利息。

第三十二条 招标人不得以不合理的条件限制、排斥潜在投标人或者投标人。

招标人有下列行为之一的,属于以不合理条件限制、排斥潜在投标人或者投标人:

(一)就同一招标项目向潜在投标人或者投标人提供有差别的项目信息;

(二)设定的资格、技术、商务条件与招标项目的具体特点和实际需要不相适应或者与合同履行无关;

(三)依法必须进行招标的项目以特定行政区域或者特定行业的业绩、奖项作为加分条件或者中标条件;

(四)对潜在投标人或者投标人采取不同的资格审查或者评标标准;

(五)限定或者指定特定的专利、商标、品牌、原产地或者供应商;

(六)依法必须进行招标的项目非法限定潜在投标人或者投标人的所有制形式或者组织形式;

(七)以其他不合理条件限制、排斥潜在投标人或者投标人。

第三章 投 标

第三十三条 投标人参加依法必须进行招标的项目的投标,不受地区或者部门的限制,任何单位和个人不得非法干涉。

第三十四条 与招标人存在利害关系可能影响招标公正性的法人、其他组织或者个人,不得参加投标。

单位负责人为同一人或者存在控股、管理关系的不同单位,不得参加同一标段投标或者未划分标段的同一招标项目投标。

违反前两款规定的,相关投标均无效。

第三十五条 投标人撤回已提交的投标文件,应当在投标截止时间前书面通知招标人。招标人已收取投标保证金的,应当自收到投标人书面撤回通知之日起5日内退还。

投标截止后投标人撤销投标文件的,招标人可以不退还投标保证金。

第三十六条 未通过资格预审的申请人提交的投标文件,以及逾期送达或者不按照招标文件要求密封的投标文件,招标人应当拒收。

招标人应当如实记载投标文件的送达时间和密封情况,并存档备查。

第三十七条 招标人应当在资格预审公告、招标公告或者投标邀请书中载明是否接受联合体投标。

招标人接受联合体投标并进行资格预审的，联合体应当在提交资格预审申请文件前组成。资格预审后联合体增减、更换成员的，其投标无效。

联合体各方在同一招标项目中以自己名义单独投标或者参加其他联合体投标的，相关投标均无效。

第三十八条　投标人发生合并、分立、破产等重大变化的，应当及时书面告知招标人。投标人不再具备资格预审文件、招标文件规定的资格条件或者其投标影响招标公正性的，其投标无效。

第三十九条　禁止投标人相互串通投标。

有下列情形之一的，属于投标人相互串通投标：

（一）投标人之间协商投标报价等投标文件的实质性内容；

（二）投标人之间约定中标人；

（三）投标人之间约定部分投标人放弃投标或者中标；

（四）属于同一集团、协会、商会等组织成员的投标人按照该组织要求协同投标；

（五）投标人之间为谋取中标或者排斥特定投标人而采取的其他联合行动。

第四十条　有下列情形之一的，视为投标人相互串通投标：

（一）不同投标人的投标文件由同一单位或者个人编制；

（二）不同投标人委托同一单位或者个人办理投标事宜；

（三）不同投标人的投标文件载明的项目管理成员为同一人；

（四）不同投标人的投标文件异常一致或者投标报价呈规律性差异；

（五）不同投标人的投标文件相互混装；

（六）不同投标人的投标保证金从同一单位或者个人的账户转出。

第四十一条　禁止招标人与投标人串通投标。

有下列情形之一的，属于招标人与投标人串通投标：

（一）招标人在开标前开启投标文件并将有关信息泄露给其他投标人；

（二）招标人直接或者间接向投标人泄露标底、评标委员会成员等信息；

（三）招标人明示或者暗示投标人压低或者抬高投标报价；

（四）招标人授意投标人撤换、修改投标文件；

（五）招标人明示或者暗示投标人为特定投标人中标提供方便；

（六）招标人与投标人为谋求特定投标人中标而采取的其他串通行为。

第四十二条　使用通过受让或者租借等方式获取的资格、资质证书投标的，属于招标投标法第三十三条规定的以他人名义投标。

投标人有下列情形之一的，属于招标投标法第三十三条规定的以其他方式弄虚作假的行为：

（一）使用伪造、变造的许可证件；

（二）提供虚假的财务状况或者业绩；

（三）提供虚假的项目负责人或者主要技术人员简历、劳动关系证明；

（四）提供虚假的信用状况；

（五）其他弄虚作假的行为。

第四十三条　提交资格预审申请文件的申请人应当遵守招标投标法和本条例有关投标人的规定。

第四章　开标、评标和中标

第四十四条　招标人应当按照招标文件规定的时间、地点开标。

投标人少于3个的，不得开标；招标人应当重新招标。

投标人对开标有异议的，应当在开标现场提出，招标人应当当场作出答复，并制作记录。

第四十五条　国家实行统一的评标专家专业分类标准和管理办法。具体标准和办法由国务院发展改革部门会同国务院有关部门制定。

省级人民政府和国务院有关部门应当组建综合评标专家库。

第四十六条　除招标投标法第三十七条第三款规定的特殊招标项目外，依法必须进行招标的项目，其评标委员会的专家成员应当从评标专家库内相关专业的专家名单中以随机抽取方式确定。任何单位和个人不得以明示、暗示等任何方式指定或者变相指定参加评标委员会的专家成员。

依法必须进行招标的项目的招标人非因招标投标法和本条例规定的事由，不得更换依法确定的评标委员会成员。更换评标委员会的专家成员应当依照前款规定进行。

评标委员会成员与投标人有利害关系的，应当主动回避。

有关行政监督部门应当按照规定的职责分工，对评标委员会成员的确定方式、评标专家的抽取和评标活动进行监督。行政监督部门的工作人员不得担任本部门负责监督项目的评标委员会成员。

第四十七条　招标投标法第三十七条第三款所称特殊招标项目，是指技术复杂、专业性强或者国家有特殊要求，采取随机抽取方式确定的专家难以保证胜任评标工作的项目。

第四十八条　招标人应当向评标委员会提供评标所必需的信息，但不得明示或者暗示其倾向或者排斥特定投标人。

招标人应当根据项目规模和技术复杂程度等因素合理确定评标时间。超过三分之一的评标委员会成员认为评标时间不够的，招标人应当适当延长。

评标过程中，评标委员会成员有回避事由、擅离职守或者因健康等原因不能继续评标的，应当及时更换。被更换的评标委员会成员作出的评审结论无效，由更换后的评标委员会成员重新进行评审。

第四十九条　评标委员会成员应当依照招标投标法和本条例的规定，按照招标文件规定的评标标准和方法，客观、公正地对投标文件提出评审意见。招标文件没有规定的评标标准和方法不得作为评标的依据。

评标委员会成员不得私下接触投标人，不得收受投标人给予的财物或者其他好处，不得向招标人征询确定中标人的意向，不得接受任何单位或者个人明示或者暗示提出的倾向或者排斥特定投标人的要求，不得有其他不客观、不公正履行职务的行为。

第五十条　招标项目设有标底的，招标人应当在开标时公布。标底只能作为评标的参考，不得以投标报价是否接近标底作为中标条件，也不得以投标报价超过标底上下浮动范围作为否决投标的条件。

第五十一条　有下列情形之一的，评标委员会应当否决其投标：

（一）投标文件未经投标单位盖章和单位负责人签字；

（二）投标联合体没有提交共同投标协议；

（三）投标人不符合国家或者招标文件规定的资格条件；

（四）同一投标人提交两个以上不同的投标文件或者投标报价，但招标文件要求提交备选投标的除外；

（五）投标报价低于成本或者高于招标文件设定的最高投标限价；

（六）投标文件没有对招标文件的实质性要求和条件作出响应；

（七）投标人有串通投标、弄虚作假、行贿等违法行为。

第五十二条　投标文件中有含义不明确的内容、明显文字或者计算错误，评标委员会认为需要投标人作出必要澄清、说明的，应当书面通知该投标人。投标人的澄清、说明应当采用书面形式，并不得超出投标文件的范围或者改变投标文件的实质性内容。

评标委员会不得暗示或者诱导投标人作出澄清、说明，不得接受投标人主动提出的澄清、说明。

第五十三条　评标完成后，评标委员会应当向招标人提交书面评标报告和中标候选人名单。中标候选人应当不超过3个，并标明排序。

评标报告应当由评标委员会全体成员签字。对评标结果有不同意见的评标委员会成员应当以书面形式说明其不同意见和理由，评标报告应当注明该不同意见。评标委员会成员拒绝在评标报告上签字又不书面说明其不同意见和理由的，视为同意评标结果。

第五十四条　依法必须进行招标的项目，招标人应当自收到评标报告之日起3日内公示中标候选人，公示期不得少于3日。

投标人或者其他利害关系人对依法必须进行招标的项目的评标结果有异议的，应当在中标候选人公示期间提出。招标人应当自收到异议之日起3日内作出答复；作出答复前，应当暂停招标投标活动。

第五十五条　国有资金占控股或者主导地位的依法必须进行招标的项目，招标人应当确定排名第一的中标候选人为中标人。排名第一的中标候选人放弃中标、因不可抗力不能履行合同、不按照招标文件要求提交履约保证金，或者被查实存在影响中标结果的违法行为等情形，不符合中标条件的，招标人可以按照评标委员会提出的中标候选人名单排序依次确定其他中标候选人为中标人，也可以重新招标。

第五十六条　中标候选人的经营、财务状况发生较大变化或者存在违法行为，招标人认为可能影响其履约能力的，应当在发出中标通知书前由原评标委员会按照招标文件规定的标准和方法审查确认。

第五十七条　招标人和中标人应当依照招标投标法和本条例的规定签订书面合同，合同的标的、价款、质量、履行期限等主要条款应当与招标文件和中标人的投标文件的内容一致。招标人和中标人不得再行订立背离合同实质性内容的其他协议。

招标人最迟应当在书面合同签订后5日内向中标人和未中标的投标人退还投标保证金及银行同期存款利息。

第五十八条　招标文件要求中标人提交履约保证金的，中标人应当按照招标文件的要求提交。履约保证金不得超过中标合同金额的10%。

第五十九条　中标人应当按照合同约定履行义务，完成中标项目。中标人不得向他人转让中标项目，也不得将中标项目肢解后分别向他人转让。

中标人按照合同约定或者经招标人同意，可以将中标项目的部分非主体、非关键性工作分包给他人完成。接受分包的人应当具备相应的资格条件，并不得再次分包。

中标人应当就分包项目向招标人负责，接受分包的人就分包项目承担连带责任。

第五章　投诉与处理

第六十条　投标人或者其他利害关系人认为招标投标活动不符合法律、行政法规规定的，可以自知道或者应当知道之日起10日内向有关行政监督部门投诉。投诉应当有明确的请求和必要的证明材料。

就本条例第二十二条、第四十四条、第五十四条规定事项投诉的，应当先向招标人提出异议，异议答复期间不计算在前款规定的期限内。

第六十一条　投诉人就同一事项向两个以上有权受理的行政监督部门投诉的，由最先收到投诉的行政监督部门负责处理。

行政监督部门应当自收到投诉之日起3个工作日内决定是否受理投诉，并自受理投诉之日起30个工作日内作出书面处理决定；需要检验、检测、鉴定、专家评审的，所需时间不计算在内。

投诉人捏造事实、伪造材料或者以非法手段取得证明材料进行投诉的，行政监督部门应当予以驳回。

第六十二条 行政监督部门处理投诉，有权查阅、复制有关文件、资料，调查有关情况，相关单位和人员应当予以配合。必要时，行政监督部门可以责令暂停招标投标活动。

行政监督部门的工作人员对监督检查过程中知悉的国家秘密、商业秘密，应当依法予以保密。

第六章 法律责任

第六十三条 招标人有下列限制或者排斥潜在投标人行为之一的，由有关行政监督部门依照招标投标法第五十一条的规定处罚：

（一）依法应当公开招标的项目不按照规定在指定媒介发布资格预审公告或者招标公告；

（二）在不同媒介发布的同一招标项目的资格预审公告或者招标公告的内容不一致，影响潜在投标人申请资格预审或者投标。

依法必须进行招标的项目的招标人不按照规定发布资格预审公告或者招标公告，构成规避招标的，依照招标投标法第四十九条的规定处罚。

第六十四条 招标人有下列情形之一的，由有关行政监督部门责令改正，可以处10万元以下的罚款：

（一）依法应当公开招标而采用邀请招标；

（二）招标文件、资格预审文件的发售、澄清、修改的时限，或者确定的提交资格预审申请文件、投标文件的时限不符合招标投标法和本条例规定；

（三）接受未通过资格预审的单位或者个人参加投标；

（四）接受应当拒收的投标文件。

招标人有前款第一项、第三项、第四项所列行为之一的，对单位直接负责的主管人员和其他直接责任人员依法给予处分。

第六十五条 招标代理机构在所代理的招标项目中投标、代理投标或者向该项目投标人提供咨询的，接受委托编制标底的中介机构参加受托编制标底项目的投标或者为该项目的投标人编制投标文件、提供咨询的，依照招标投标法第五十条的规定追究法律责任。

第六十六条 招标人超过本条例规定的比例收取投标保证金、履约保证金或者不按照规定退还投标保证金及银行同期存款利息的，由有关行政监督部门责令改正，可以处5万元以下的罚款；给他人造成损失的，依法承担赔偿责任。

第六十七条 投标人相互串通投标或者与招标人串通投标的，投标人向招标人或者评标委员会成员行贿谋取中标的，中标无效；构成犯罪的，依法追究刑事责任；尚不构成犯罪的，依照招标投标法第五十三条的规定处罚。投标人未中标的，对单位的罚款金额按照招标项目合同金额依照招标投标法规定的比例计算。

投标人有下列行为之一的，属于招标投标法第五十三条规定的情节严重行为，由有关行政监督部门取消其1年至2年内参加依法必须进行招标的项目的投标资格：

（一）以行贿谋取中标；

（二）3年内2次以上串通投标；

（三）串通投标行为损害招标人、其他投标人或者国家、集体、公民的合法利益，造成直接经济损失30万元以上；

（四）其他串通投标情节严重的行为。

投标人自本条第二款规定的处罚执行期限届满之日起3年内又有该款所列违法行为之一的，或者串通投标、以行贿谋取中标情节特别严重的，由工商行政管理机关吊销营业执照。

法律、行政法规对串通投标报价行为的处罚另有规定的，从其规定。

第六十八条 投标人以他人名义投标或者以其他方式弄虚作假骗取中标的，中标无效；构成犯罪的，依法追究刑事责任；尚不构成犯罪的，依照招标投标法第五十四条的规定处罚。依法必须进行招标的项目的投标人未中标的，对单位的罚款金额按照招标项目合同金额依照招标投标法规定的比例计算。

投标人有下列行为之一的，属于招标投标法第五十四条规定的情节严重行为，由有关行政监督部门取消其1年至3年内参加依法必须进行招标的项目的投标资格：

（一）伪造、变造资格、资质证书或者其他许可证件骗取中标；

（二）3年内2次以上使用他人名义投标；

（三）弄虚作假骗取中标给招标人造成直接经济损失30万元以上；

（四）其他弄虚作假骗取中标情节严重的行为。

投标人自本条第二款规定的处罚执行期限届满之日起3年内又有该款所列违法行为之一的，或者弄虚作假骗取中标情节特别严重的，由工商行政管理机关吊销营业执照。

第六十九条 出让或者出租资格、资质证书供他人投标的，依照法律、行政法规的规定给予行政处罚；构成犯罪的，依法追究刑事责任。

第七十条 依法必须进行招标的项目的招标人不按照规定组建评标委员会，或者确定、更换评标委员会成员违反招标投标法和本条例规定的，由有关行政监督部门责令改正，可以处10万元以下的罚款，对单位直接负责的主管人员和其他直接责任人员依法给予处分；违法确定或者更换的评标委员会成员作出的评审结论无效，依法重新进行评审。

国家工作人员以任何方式非法干涉选取评标委员会成员的，依照本条例第八十条的规定追究法律责任。

第七十一条 评标委员会成员有下列行为之一的，由有关行政监督部门责令改正；情节严重的，禁止其在一定期限内参加依法必须进行招标的项目的评标；情节特别严重的，取消其担任评标委员会成员的资格：

（一）应当回避而不回避；

（二）擅离职守；

（三）不按照招标文件规定的评标标准和方法评标；

（四）私下接触投标人；

（五）向招标人征询确定中标人的意向或者接受任何单位或者个人明示或者暗示提出的倾向或者排斥特定投标人的要求；

（六）对依法应当否决的投标不提出否决意见；

（七）暗示或者诱导投标人作出澄清、说明或者接受投标人主动提出的澄清、说明；

（八）其他不客观、不公正履行职务的行为。

第七十二条 评标委员会成员收受投标人的财物或者其他好处的，没收收受的财物，处 3000 元以上 5 万元以下的罚款，取消担任评标委员会成员的资格，不得再参加依法必须进行招标的项目的评标；构成犯罪的，依法追究刑事责任。

第七十三条 依法必须进行招标的项目的招标人有下列情形之一的，由有关行政监督部门责令改正，可以处中标项目金额 10‰以下的罚款；给他人造成损失的，依法承担赔偿责任；对单位直接负责的主管人员和其他直接责任人员依法给予处分：

（一）无正当理由不发出中标通知书；

（二）不按照规定确定中标人；

（三）中标通知书发出后无正当理由改变中标结果；

（四）无正当理由不与中标人订立合同；

（五）在订立合同时向中标人提出附加条件。

第七十四条 中标人无正当理由不与招标人订立合同，在签订合同时向招标人提出附加条件，或者不按照招标文件要求提交履约保证金的，取消其中标资格，投标保证金不予退还。对依法必须进行招标的项目的中标人，由有关行政监督部门责令改正，可以处中标项目金额 10‰以下的罚款。

第七十五条 招标人和中标人不按照招标文件和中标人的投标文件订立合同，合同的主要条款与招标文件、中标人的投标文件的内容不一致，或者招标人、中标人订立背离合同实质性内容的协议的，由有关行政监督部门责令改正，可以处中标项目金额 5‰以上 10‰以下的罚款。

第七十六条 中标人将中标项目转让给他人的，将中标项目肢解后分别转让给他人的，违反招标投标法和本条例规定将中标项目的部分主体、关键性工作分包给他人的，或者分包人再次分包的，转让、分包无效，处转让、分包项目金额 5‰以上 10‰以下的罚款；有违法所得的，并处没收违法所得；可以责令停业整顿；情节严重的，由工商行政管理机关吊销营业执照。

第七十七条 投标人或者其他利害关系人捏造事实、伪造材料或者以非法手段取得证明材料进行投诉，给他人造成损失的，依法承担赔偿责任。

招标人不按照规定对异议作出答复，继续进行招标投标活动的，由有关行政监督部门责令改正，拒不改正或者不能改正并影响中标结果的，依照本条例第八十一条的规定处理。

第七十八条 国家建立招标投标信用制度。有关行政监督部门应当依法公告对招标人、招标代理机构、投标人、评标委员会成员等当事人违法行为的行政处理决定。

第七十九条 项目审批、核准部门不依法审批、核准项目招标范围、招标方式、招标组织形式的，对单位直接负责的主管人员和其他直接责任人员依法给予处分。

有关行政监督部门不依法履行职责，对违反招标投标法和本条例规定的行为不依法查处，或者不按照规定处理投诉、不依法公告对招标投标当事人违法行为的行政处理决定的，对直接负责的主管人员和其他直接责任人员依法给予处分。

项目审批、核准部门和有关行政监督部门的工作人员徇私舞弊、滥用职权、玩忽职守，构成犯罪的，依法追究刑事责任。

第八十条 国家工作人员利用职务便利，以直接或者间接、明示或者暗示等任何方式非法干涉招标投标活动，有下列情形之一的，依法给予记过或者记大过处分；情节严重的，依法给予降级或者撤职处分；情节特别严重的，依法给予开除处分；构成犯罪的，依法追究刑事责任：

（一）要求对依法必须进行招标的项目不招标，或者要求对依法应当公开招标的项目不公开招标；

（二）要求评标委员会成员或者招标人以其指定的投标人作为中标候选人或者中标人，或者以其他方式非法干涉评标活动，影响中标结果；

（三）以其他方式非法干涉招标投标活动。

第八十一条 依法必须进行招标的项目的招标投标活动违反招标投标法和本条例的规定，对中标结果造成实质性影响，且不能采取补救措施予以纠正的，招标、投标、中标无效，应当依法重新招标或者评标。

第七章　附　　则

第八十二条 招标投标协会按照依法制定的章程开展活动，加强行业自律和服务。

第八十三条 政府采购的法律、行政法规对政府采购货物、服务的招标投标另有规定的，从其规定。

第八十四条 本条例自 2012 年 2 月 1 日起施行。

建筑工程设计招标投标管理办法

（2017年1月24日住房和城乡建设部令第33号发布　自2017年5月1日起施行）

第一条　为规范建筑工程设计市场，提高建筑工程设计水平，促进公平竞争，繁荣建筑创作，根据《中华人民共和国建筑法》、《中华人民共和国招标投标法》、《建设工程勘察设计管理条例》和《中华人民共和国招标投标法实施条例》等法律法规，制定本办法。

第二条　依法必须进行招标的各类房屋建筑工程，其设计招标投标活动，适用本办法。

第三条　国务院住房城乡建设主管部门依法对全国建筑工程设计招标投标活动实施监督。

县级以上地方人民政府住房城乡建设主管部门依法对本行政区域内建筑工程设计招标投标活动实施监督，依法查处招标投标活动中的违法违规行为。

第四条　建筑工程设计招标范围和规模标准按照国家有关规定执行，有下列情形之一的，可以不进行招标：

（一）采用不可替代的专利或者专有技术的；

（二）对建筑艺术造型有特殊要求，并经有关主管部门批准的；

（三）建设单位依法能够自行设计的；

（四）建筑工程项目的改建、扩建或者技术改造，需要由原设计单位设计，否则将影响功能配套要求的；

（五）国家规定的其他特殊情形。

第五条　建筑工程设计招标应当依法进行公开招标或者邀请招标。

第六条　建筑工程设计招标可以采用设计方案招标或者设计团队招标，招标人可以根据项目特点和实际需要选择。

设计方案招标，是指主要通过对投标人提交的设计方案进行评审确定中标人。

设计团队招标，是指主要通过对投标人拟派设计团队的综合能力进行评审确定中标人。

第七条　公开招标的，招标人应当发布招标公告。邀请招标的，招标人应当向3个以上潜在投标人发出投标邀请书。

招标公告或者投标邀请书应当载明招标人名称和地址、招标项目的基本要求、投标人的资质要求以及获取招标文件的办法等事项。

第八条　招标人一般应当将建筑工程的方案设计、初步设计和施工图设计一并招标。确需另行选择设计单位承担初步设计、施工图设计的，应当在招标公告或者投标邀请书中明确。

第九条　鼓励建筑工程实行设计总包。实行设计总包的，按照合同约定或者经招标人同意，设计单位可以不通过招标方式将建筑工程非主体部分的设计进行分包。

第十条　招标文件应当满足设计方案招标或者设计团队招标的不同需求，主要包括以下内容：

（一）项目基本情况；

（二）城乡规划和城市设计对项目的基本要求；

（三）项目工程经济技术要求；

（四）项目有关基础资料；

（五）招标内容；

（六）招标文件答疑、现场踏勘安排；

（七）投标文件编制要求；

（八）评标标准和方法；

（九）投标文件送达地点和截止时间；

（十）开标时间和地点；

（十一）拟签订合同的主要条款；

（十二）设计费或者计费方法；

（十三）未中标方案补偿办法。

第十一条　招标人应当在资格预审公告、招标公告或者投标邀请书中载明是否接受联合体投标。采用联合体形式投标的，联合体各方应当签订共同投标协议，明确约定各方承担的工作和责任，就中标项目向招标人承担连带责任。

第十二条　招标人可以对已发出的招标文件进行必要的澄清或者修改。澄清或者修改的内容可能影响投标文件编制的，招标人应当在投标截止时间至少15日前，以书面形式通知所有获取招标文件的潜在投标人，不足15日的，招标人应当顺延提交投标文件的截止时间。

潜在投标人或者其他利害关系人对招标文件有异议的，应当在投标截止时间10日前提出。招标人应当自收到异议之日起3日内作出答复；作出答复前，应当暂停招标投标活动。

第十三条　招标人应当确定投标人编制投标文件所需要的合理时间，自招标文件开始发出之日起至投标人提交投标文件截止之日止，时限最短不少于20日。

第十四条　投标人应当具有与招标项目相适应的工程设计资质。境外设计单位参加国内建筑工程设计投标的，按照国家有关规定执行。

第十五条　投标人应当按照招标文件的要求编制投标文件。投标文件应当对招标文件提出的实质性要求和条件作出响应。

第十六条　评标由评标委员会负责。

评标委员会由招标人代表和有关专家组成。评标委员会人数为5人以上单数，其中技术和经济方面的专家不得少于成员总数的2/3。建筑工程设计方案评标时，建筑专业专家不得少于技术和经济方面专家总数的2/3。

评标专家一般从专家库随机抽取，对于技术复杂、专业性强或者国家有特殊要求的项目，招标人也可以直接邀请相应专业的中国科学院院士、中国工程院院士、全国工程勘察设计大师以及境外具有相应资历的专家参加评标。

投标人或者与投标人有利害关系的人员不得参加评标委员会。

第十七条 有下列情形之一的，评标委员会应当否决其投标：

（一）投标文件未按招标文件要求经投标人盖章和单位负责人签字；

（二）投标联合体没有提交共同投标协议；

（三）投标人不符合国家或者招标文件规定的资格条件；

（四）同一投标人提交两个以上不同的投标文件或者投标报价，但招标文件要求提交备选投标的除外；

（五）投标文件没有对招标文件的实质性要求和条件作出响应；

（六）投标人有串通投标、弄虚作假、行贿等违法行为；

（七）法律法规规定的其他应当否决投标的情形。

第十八条 评标委员会应当按照招标文件确定的评标标准和方法，对投标文件进行评审。

采用设计方案招标的，评标委员会应当在符合城乡规划、城市设计以及安全、绿色、节能、环保要求的前提下，重点对功能、技术、经济和美观等进行评审。

采用设计团队招标的，评标委员会应当对投标人拟从事项目设计的人员构成、人员业绩、人员从业经历、项目解读、设计构思、投标人信用情况和业绩等进行评审。

第十九条 评标委员会应当在评标完成后，向招标人提出书面评标报告，推荐不超过3个中标候选人，并标明顺序。

第二十条 招标人应当公示中标候选人。采用设计团队招标的，招标人应当公示中标候选人投标文件中所列主要人员、业绩等内容。

第二十一条 招标人根据评标委员会的书面评标报告和推荐的中标候选人确定中标人。招标人也可以授权评标委员会直接确定中标人。

采用设计方案招标的，招标人认为评标委员会推荐的候选方案不能最大限度满足招标文件规定的要求的，应当依法重新招标。

第二十二条 招标人应当在确定中标人后及时向中标人发出中标通知书，并同时将中标结果通知所有未中标人。

第二十三条 招标人应当自确定中标人之日起15日内，向县级以上地方人民政府住房城乡建设主管部门提交招标投标情况的书面报告。

第二十四条 县级以上地方人民政府住房城乡建设主管部门应当自收到招标投标情况的书面报告之日起5个工作日内，公开专家评审意见等信息，涉及国家秘密、商业秘密的除外。

第二十五条 招标人和中标人应当自中标通知书发出之日起30日内，按照招标文件和中标人的投标文件订立书面合同。

第二十六条 招标人、中标人使用未中标方案的，应当征得提交方案的投标人同意并付给使用费。

第二十七条 国务院住房城乡建设主管部门，省、自治区、直辖市人民政府住房城乡建设主管部门应当加强建筑工程设计评标专家和专家库的管理。

建筑专业专家库应当按建筑工程类别细化分类。

第二十八条 住房城乡建设主管部门应当加快推进电子招标投标，完善招标投标信息平台建设，促进建筑工程设计招标投标信息化监管。

第二十九条 招标人以不合理的条件限制或者排斥潜在投标人的，对潜在投标人实行歧视待遇的，强制要求投标人组成联合体共同投标的，或者限制投标人之间竞争的，由县级以上地方人民政府住房城乡建设主管部门责令改正，可以处1万元以上5万元以下的罚款。

第三十条 招标人澄清、修改招标文件的时限，或者确定的提交投标文件的时限不符合本办法规定的，由县级以上地方人民政府住房城乡建设主管部门责令改正，可以处10万元以下的罚款。

第三十一条 招标人不按照规定组建评标委员会，或者评标委员会成员的确定违反本办法规定的，由县级以上地方人民政府住房城乡建设主管部门责令改正，可以处10万元以下的罚款，相应评审结论无效，依法重新进行评审。

第三十二条 招标人有下列情形之一的，由县级以上地方人民政府住房城乡建设主管部门责令改正，可以处中标项目金额10‰以下的罚款；给他人造成损失的，依法承担赔偿责任；对单位直接负责的主管人员和其他直接责任人员依法给予处分：

（一）无正当理由未按本办法规定发出中标通知书；

（二）不按照规定确定中标人；

（三）中标通知书发出后无正当理由改变中标结果；

（四）无正当理由未按本办法规定与中标人订立合同；

（五）在订立合同时向中标人提出附加条件。

第三十三条 投标人以他人名义投标或者以其他方式弄虚作假，骗取中标的，中标无效，给招标人造成损失的，依法承担赔偿责任；构成犯罪的，依法追究刑事责任。

投标人有前款所列行为尚未构成犯罪的，由县级以上地方人民政府住房城乡建设主管部门处中标项目金额5‰以上10‰以下的罚款，对单位直接负责的主管人员和其他直接责任人员处单位罚款数额5%以上10%以下的罚款；有违法所得的，并处没收违法所得；情节严重的，取消其1年至3年内参加依法必须进行招标的建筑工程设计招标的投标资格，并予以公告，直至由工商行政管理机关吊销营业执照。

第三十四条 评标委员会成员收受投标人的财物或者其他好处的,评标委员会成员或者参加评标的有关工作人员向他人透露对投标文件的评审和比较、中标候选人的推荐以及与评标有关的其他情况的,由县级以上地方人民政府住房城乡建设主管部门给予警告,没收收受的财物,可以并处3000元以上5万元以下的罚款。

评标委员会成员有前款所列行为的,由有关主管部门通报批评并取消担任评标委员会成员的资格,不得再参加任何依法必须进行招标的建筑工程设计招标投标的评标;构成犯罪的,依法追究刑事责任。

第三十五条 评标委员会成员违反本办法规定,对应当否决的投标不提出否决意见的,由县级以上地方人民政府住房城乡建设主管部门责令改正;情节严重的,禁止其在一定期限内参加依法必须进行招标的建筑工程设计招标投标的评标;情节特别严重的,由有关主管部门取消其担任评标委员会成员的资格。

第三十六条 住房城乡建设主管部门或者有关职能部门的工作人员徇私舞弊、滥用职权或者玩忽职守,构成犯罪的,依法追究刑事责任;不构成犯罪的,依法给予行政处分。

第三十七条 市政公用工程及园林工程设计招标投标参照本办法执行。

第三十八条 本办法自2017年5月1日起施行。2000年10月18日建设部颁布的《建筑工程设计招标投标管理办法》(建设部令第82号)同时废止。

工程建设项目勘察设计招标投标办法

(2003年6月12日国家发改委、建设部、铁道部、交通部、信息产业部、水利部、中国民航总局、国家广电总局令第2号发布 根据2013年3月11日国家发展和改革委员会、工业和信息化部、财政部、住房和城乡建设部、交通运输部、铁道部、水利部、国家广播电影电视总局、中国民用航空局《关于废止和修改部分招标投标规章和规范性文件的决定》修订)

第一章 总 则

第一条 为规范工程建设项目勘察设计招标投标活动,提高投资效益,保证工程质量,根据《中华人民共和国招标投标法》、《中华人民共和国招标投标法实施条例》制定本办法。

第二条 在中华人民共和国境内进行工程建设项目勘察设计招标投标活动,适用本办法。

第三条 工程建设项目符合《工程建设项目招标范围和规模标准规定》(国家计委令第3号)规定的范围和标准的,必须依据本办法进行招标。

任何单位和个人不得将依法必须进行招标的项目化整为零或者以其他任何方式规避招标。

第四条 按照国家规定需要履行项目审批、核准手续的依法必须进行招标的项目,有下列情形之一的,经项目审批、核准部门审批、核准,项目的勘察设计可以不进行招标:

(一)涉及国家安全、国家秘密、抢险救灾或者属于利用扶贫资金实行以工代赈、需要使用农民工等特殊情况,不适宜进行招标;

(二)主要工艺、技术采用不可替代的专利或者专有技术,或者其建筑艺术造型有特殊要求;

(三)采购人依法能够自行勘察、设计;

(四)已通过招标方式选定的特许经营项目投资人依法能够自行勘察、设计;

(五)技术复杂或专业性强,能够满足条件的勘察设计单位少于三家,不能形成有效竞争;

(六)已建成项目需要改、扩建或者技术改造,由其他单位进行设计影响项目功能配套性;

(七)国家规定其他特殊情形。

第五条 勘察设计招标工作由招标人负责。任何单位和个人不得以任何方式非法干涉招标投标活动。

第六条 各级发展改革、工业和信息化、住房城乡建设、交通运输、铁道、水利、商务、广电、民航等部门依照《国务院办公厅印发国务院有关部门实施招标投标活动行政监督的职责分工意见的通知》(国办发〔2000〕34号)和各地规定的职责分工,对工程建设项目勘察设计招标投标活动实施监督,依法查处招标投标活动中的违法行为。

第二章 招 标

第七条 招标人可以依据工程建设项目的不同特点,实行勘察设计一次性总体招标;也可以在保证项目完整性、连续性的前提下,按照技术要求实行分段或分项招标。

招标人不得利用前款规定限制或者排斥潜在投标人或者投标。依法必须进行招标的项目的招标人不得利用前款规定规避招标。

第八条 依法必须招标的工程建设项目,招标人可以对项目的勘察、设计、施工以及与工程建设有关的重要设备、材料的采购,实行总承包招标。

第九条 依法必须进行勘察设计招标的工程建设项目,在招标时应当具备下列条件:

(一)招标人已经依法成立;

(二)按照国家有关规定需要履行项目审批、核准或者备案手续的,已经审批、核准或者备案;

(三)勘察设计有相应资金或者资金来源已经落实;

(四)所必需的勘察设计基础资料已经收集完成;

(五)法律法规规定的其他条件。

第十条 工程建设项目勘察设计招标分为公开招标和邀请招标。

国有资金投资占控股或者主导地位的工程建设项目，以及国务院发展和改革部门确定的国家重点项目和省、自治区、直辖市人民政府确定的地方重点项目，除符合本办法第十一条规定条件并依法获得批准外，应当公开招标。

第十一条 依法必须进行公开招标的项目，在下列情况下可以进行邀请招标：

（一）技术复杂、有特殊要求或者受自然环境限制，只有少量潜在投标人可供选择；

（二）采用公开招标方式的费用占项目合同金额的比例过大。

有前款第二项所列情形，属于按照国家有关规定需要履行项目审批、核准手续的项目，由项目审批、核准部门在审批、核准项目时作出认定；其他项目由招标人申请有关行政监督部门作出认定。

招标人采用邀请招标方式的，应保证有三个以上具备承担招标项目勘察设计的能力，并具有相应资质的特定法人或者其他组织参加投标。

第十二条 招标人应当按照资格预审公告、招标公告或者投标邀请书规定的时间、地点出售招标文件或者资格预审文件。自招标文件或者资格预审文件出售之日起至停止出售之日止，最短不得少于五日。

第十三条 进行资格预审的，招标人只向资格预审合格的潜在投标人发售招标文件，并同时向资格预审不合格的潜在投标人告知资格预审结果。

第十四条 凡是资格预审合格的潜在投标人都应被允许参加投标。

招标人不得以抽签、摇号等不合理条件限制或者排斥资格预审合格的潜在投标人参加投标。

第十五条 招标人应当根据招标项目的特点和需要编制招标文件。

勘察设计招标文件应当包括下列内容：

（一）投标须知；

（二）投标文件格式及主要合同条款；

（三）项目说明书，包括资金来源情况；

（四）勘察设计范围，对勘察设计进度、阶段和深度要求；

（五）勘察设计基础资料；

（六）勘察设计费用支付方式，对未中标人是否给予补偿及补偿标准；

（七）投标报价要求；

（八）对投标人资格审查的标准；

（九）评标标准和方法；

（十）投标有效期。

投标有效期，从提交投标文件截止日起计算。

对招标文件的收费应仅限于补偿印刷、邮寄的成本支出，招标人不得通过出售招标文件谋取利益。

第十六条 招标人负责提供与招标项目有关的基础资料，并保证所提供资料的真实性、完整性。涉及国家秘密的除外。

第十七条 对于潜在投标人在阅读招标文件和现场踏勘中提出的疑问，招标人可以书面形式或召开投标预备会的方式解答，但需同时将解答以书面方式通知所有招标文件收受人。该解答的内容为招标文件的组成部分。

第十八条 招标人可以要求投标人在提交符合招标文件规定要求的投标文件外，提交备选投标文件，但应当在招标文件中做出说明，并提出相应的评审和比较办法。

第十九条 招标人应当确定潜在投标人编制投标文件所需要的合理时间。

依法必须进行勘察设计招标的项目，自招标文件开始发出之日起至投标人提交投标文件截止之日止，最短不得少于20日。

第二十条 除不可抗力原因外，招标人在发布招标公告或者发出投标邀请书后不得终止招标，也不得在出售招标文件后终止招标。

第三章　投　　标

第二十一条 投标人是响应招标、参加投标竞争的法人或者其他组织。

在其本国注册登记，从事建筑、工程服务的国外设计企业参加投标的，必须符合中华人民共和国缔结或者参加的国际条约、协定中所作的市场准入承诺以及有关勘察设计市场准入的管理规定。

投标人应当符合国家规定的资质条件。

第二十二条 投标人应当按照招标文件或者投标邀请书的要求编制投标文件。投标文件中的勘察设计收费报价，应当符合国务院价格主管部门制定的工程勘察设计收费标准。

第二十三条 投标人在投标文件有关技术方案和要求中不得指定与工程建设项目有关的重要设备、材料的生产供应者，或者含有倾向或者排斥特定生产供应者的内容。

第二十四条 招标文件要求投标人提交投标保证金的，保证金数额不得超过勘察设计估算费用的百分之二，最多不超过十万元人民币。

依法必须进行招标的项目的境内投标单位，以现金或者支票形式提交的投标保证金应当从其基本账户转出。

第二十五条 在提交投标文件截止时间后到招标文件规定的投标有效期终止之前，投标人不得撤销其投标文件，否则招标人可以不退还投标保证金。

第二十六条 投标人在投标截止时间前提交的投标文件，补充、修改或撤回投标文件的通知，备选投标文件等，都必须加盖所在单位公章，并且由其法定代表人或授权代表签字，但招标文件另有规定的除外。

招标人在接收上述材料时,应检查其密封或签章是否完好,并向投标人出具标明签收人和签收时间的回执。

第二十七条　以联合体形式投标的,联合体各方应签订共同投标协议,连同投标文件一并提交招标人。

联合体各方不得再单独以自己名义,或者参加另外的联合体投同一个标。

招标人接受联合体投标并进行资格预审的,联合体应当在提交资格预审申请文件前组成。资格预审后联合体增减、更换成员的,其投标无效。

第二十八条　联合体中标的,应指定牵头人或代表,授权其代表所有联合体成员与招标人签订合同,负责整个合同实施阶段的协调工作。但是,需要向招标人提交由所有联合体成员法定代表人签署的授权委托书。

第二十九条　投标人不得以他人名义投标,也不得利用伪造、转让、无效或者租借的资质证书参加投标,或者以任何方式请其他单位在自己编制的投标文件代为签字盖章,损害国家利益、社会公共利益和招标人的合法权益。

第三十条　投标人不得通过故意压低投资额、降低施工技术要求、减少占地面积,或者缩短工期等手段弄虚作假,骗取中标。

第四章　开标、评标和中标

第三十一条　开标应当在招标文件确定的提交投标文件截止时间的同一时间公开进行;除不可抗力原因外,招标人不得以任何理由拖延开标,或者拒绝开标。

投标人对开标有异议的,应当在开标现场提出,招标人应当当场作出答复,并制作记录。

第三十二条　评标工作由评标委员会负责。评标委员会的组成方式及要求,按《中华人民共和国招标投标法》、《中华人民共和国招标投标法实施条例》及《评标委员会和评标方法暂行规定》(国家计委等七部委联合令第 12 号)的有关规定执行。

第三十三条　勘察设计评标一般采取综合评估法进行。评标委员会应当按照招标文件确定的评标标准和方法,结合经批准的项目建议书、可行性研究报告或者上阶段设计批复文件,对投标人的业绩、信誉和勘察设计人员的能力以及勘察设计方案的优劣进行综合评定。

招标文件中没有规定的标准和方法,不得作为评标的依据。

第三十四条　评标委员会可以要求投标人对其技术文件进行必要的说明或介绍,但不得提出带有暗示性或诱导性的问题,也不得明确指出其投标文件中的遗漏和错误。

第三十五条　根据招标文件的规定,允许投标人投备选标的,评标委员会可以对中标人所提交的备选标进行评审,以决定是否采纳备选标。不符合中标条件的投标人的备选标不予考虑。

第三十六条　投标文件有下列情况之一的,评标委员会应当否决其投标:

(一)未经投标单位盖章和单位负责人签字;

(二)投标报价不符合国家颁布的勘察设计取费标准,或者低于成本,或者高于招标文件设定的最高投标限价;

(三)未响应招标文件的实质性要求和条件。

第三十七条　投标人有下列情况之一的,评标委员会应当否决其投标:

(一)不符合国家或者招标文件规定的资格条件;

(二)与其他投标人或者与招标人串通投标;

(三)以他人名义投标,或者以其他方式弄虚作假;

(四)以向招标人或者评标委员会成员行贿的手段谋取中标;

(五)以联合体形式投标,未提交共同投标协议;

(六)提交两个以上不同的投标文件或者投标报价,但招标文件要求提交备选投标的除外。

第三十八条　评标委员会完成评标后,应当向招标人提出书面评标报告,推荐合格的中标候选人。

评标报告的内容应当符合《评标委员会和评标方法暂行规定》第四十二条的规定。但是,评标委员会决定否决所有投标的,应在评标报告中详细说明理由。

第三十九条　评标委员会推荐的中标候选人应当限定在一至三人,并标明排列顺序。

能够最大限度地满足招标文件中规定的各项综合评价标准的投标人,应当推荐为中标候选人。

第四十条　国有资金占控股或者主导地位的依法必须招标的项目,招标人应当确定排名第一的中标候选人为中标人。

排名第一的中标候选人放弃中标、因不可抗力提出不能履行合同,不按照招标文件要求提交履约保证金,或者被查实存在影响中标结果的违法行为等情形,不符合中标条件的,招标人可以按照评标委员会提出的中标候选人名单排序依次确定其他中标候选人为中标人。依次确定其他中标候选人与招标人预期差距较大,或者对招标人明显不利的,招标人可以重新招标。

招标人可以授权评标委员会直接确定中标人。

国务院对中标人的确定另有规定的,从其规定。

第四十一条　招标人应在接到评标委员会的书面评标报告之日起三日内公示中标候选人,公示期不少于三日。

第四十二条　招标人和中标人应当在投标有效期内并在自中标通知书发出之日起三十日内,按照招标文件和中标人的投标文件订立书面合同。

中标人履行合同应当遵守《合同法》以及《建设工程勘察设计管理条例》中勘察设计文件编制实施的有关规定。

第四十三条　招标人不得以压低勘察设计费、增加工作量、缩短勘察设计周期等作为发出中标通知书的条件,也不得与中标人再行订立背离合同实质性内容的其他协议。

第四十四条 招标人与中标人签订合同后五日内,应当向中标人和未中标人一次性退还投标保证金及银行同期存款利息。招标文件中规定给予未中标人经济补偿的,也应在此期限内一并给付。

招标文件要求中标人提交履约保证金的,中标人应当提交;经中标人同意,可将其投标保证金抵作履约保证金。

第四十五条 招标人或者中标人采用其他未中标人投标文件中技术方案的,应当征得未中标人的书面同意,并支付合理的使用费。

第四十六条 评标定标工作应当在投标有效期内完成,不能如期完成的,招标人应当通知所有投标人延长投标有效期。

同意延长投标有效期的投标人应当相应延长其投标担保的有效期,但不得修改投标文件的实质性内容。

拒绝延长投标有效期的投标人有权收回投标保证金。招标文件中规定给予未中标人补偿的,拒绝延长的投标人有权获得补偿。

第四十七条 依法必须进行勘察设计招标的项目,招标人应当在确定中标人之日起 15 日内,向有关行政监督部门提交招标投标情况的书面报告。

书面报告一般应包括以下内容:

(一)招标项目基本情况;

(二)投标人情况;

(三)评标委员会成员名单;

(四)开标情况;

(五)评标标准和方法;

(六)否决投标情况;

(七)评标委员会推荐的经排序的中标候选人名单;

(八)中标结果;

(九)未确定排名第一的中标候选人为中标人的原因;

(十)其他需说明的问题。

第四十八条 在下列情况下,依法必须招标项目的招标人在分析招标失败的原因并采取相应措施后,应当依照本办法重新招标:

(一)资格预审合格的潜在投标人不足 3 个的;

(二)在投标截止时间前提交投标文件的投标人少于 3 个的;

(三)所有投标均被否决的;

(四)评标委员会否决不合格投标后,因有效投标不足 3 个使得投标明显缺乏竞争,评标委员会决定否决全部投标的;

(五)根据第四十六条规定,同意延长投标有效期的投标人少于 3 个的。

第四十九条 招标人重新招标后,发生本办法第四十八条情形之一的,属于按照国家规定需要政府审批、核准的项目,报经原项目审批、核准部门审批、核准后可以不再进行招标;其他工程建设项目,招标人可自行决定不再进行招标。

第五章 罚 则

第五十条 招标人有下列限制或者排斥潜在投标人行为之一的,由有关行政监督部门依照招标投标法第五十一条的规定处罚;其中,构成依法必须进行勘察设计招标的项目的招标人规避招标的,依照招标投标法第四十九条的规定处罚:

(一)依法必须公开招标的项目不按照规定在指定媒介发布资格预审公告或者招标公告;

(二)在不同媒介发布的同一招标项目的资格预审公告或者招标公告的内容不一致,影响潜在投标人申请资格预审或者投标。

第五十一条 招标人有下列情形之一的,由有关行政监督部门责令改正,可以处 10 万元以下的罚款:

(一)依法应当公开招标而采用邀请招标;

(二)招标文件、资格预审文件的发售、澄清、修改的时限,或者确定的提交资格预审申请文件、投标文件的时限不符合招标投标法和招标投标法实施条例规定;

(三)接受未通过资格预审的单位或者个人参加投标;

(四)接受应当拒收的投标文件。

招标人有前款第一项、第三项、第四项所列行为之一的,对单位直接负责的主管人员和其他直接责任人员依法给予处分。

第五十二条 依法必须进行招标的项目的投标人以他人名义投标,利用伪造、转让、租借、无效的资质证书参加投标,或者请其他单位在自己编制的投标文件上代为签字盖章,弄虚作假,骗取中标的,中标无效。尚未构成犯罪的,处中标项目金额 5‰以上 10‰以下的罚款,对单位直接负责的主管人员和其他直接责任人员处单位罚款数额 5% 以上 10% 以下的罚款;有违法所得的,并处没收违法所得;情节严重的,取消其 1 年至 3 年内参加依法必须进行招标的项目的投标资格并予以公告,直至由工商行政管理机关吊销营业执照。

第五十三条 招标人以抽签、摇号等不合理的条件限制或者排斥资格预审合格的潜在投标人参加投标,对潜在投标人实行歧视待遇的,强制要求投标人组成联合体共同投标的,或者限制投标人之间竞争的,责令改正,可以处 1 万元以上 5 万元以下的罚款。

依法必须进行招标的项目的招标人不按照规定组建评标委员会,或者确定、更换评标委员会成员违反招标投标法和招标投标法实施条例规定的,由有关行政监督部门责令改正,可以处 10 万元以下的罚款,对单位直接负责的主管人员和其他直接责任人员依法给予处分;违法确定或者更换的评标委员会成员作出的评审结论无效,依法重新进行评审。

第五十四条 评标委员会成员有下列行为之一的,由有关行政监督部门责令改正;情节严重的,禁止其在一定期限内参加依法必须进行招标的项目的评标;情节特别严重的,取消其担任评标委员会成员的资格:

(一)不按照招标文件规定的评标标准和方法评标;

(二)应当回避而不回避;

(三)擅离职守;

(四)私下接触投标人;

(五)向招标人征询确定中标人的意向或者接受任何单位或者个人明示或者暗示提出的倾向或者排斥特定投标人的要求;

(六)对依法应当否决的投标不提出否决意见;

(七)暗示或者诱导投标人作出澄清、说明或者接受投标人主动提出的澄清、说明;

(八)其他不客观、不公正履行职务的行为。

第五十五条 招标人与中标人不按照招标文件和中标人的投标文件订立合同,责令改正,可以处中标项目金额千分之五以上千分之十以下的罚款。

第五十六条 本办法对违法行为及其处罚措施未做规定的,依据《中华人民共和国招标投标法》、《中华人民共和国招标投标法实施条例》和有关法律、行政法规的规定执行。

第六章 附 则

第五十七条 使用国际组织或者外国政府贷款、援助资金的项目进行招标,贷款方、资金提供方对工程勘察设计招标投标活动的条件和程序另有规定的,可以适用其规定,但违背中华人民共和国社会公共利益的除外。

第五十八条 本办法发布之前有关勘察设计招标投标的规定与本办法不一致的,以本办法为准。法律或者行政法规另有规定的,从其规定。

第五十九条 本办法由国家发展和改革委员会会同有关部门负责解释。

第六十条 本办法自2003年8月1日起施行。

工程建设项目施工招标投标办法

(2003年3月8日国家发展计划委员会、建设部、铁道部、交通部、信息产业部、水利部、中国民用航空总局第30号令发布 根据2013年3月11日国家发展和改革委员会、工业和信息化部、财政部、住房和城乡建设部、交通运输部、铁道部、水利部、国家广播电影电视总局、中国民用航空局《关于废止和修改部分招标投标规章和规范性文件的决定》修订)

第一章 总 则

第一条 为规范工程建设项目施工(以下简称工程施工)招标投标活动,根据《中华人民共和国招标投标法》、《中华人民共和国招标投标法实施条例》和国务院有关部门的职责分工,制定本办法。

第二条 在中华人民共和国境内进行工程施工招标投标活动,适用本办法。

第三条 工程建设项目符合《工程建设项目招标范围和规模标准规定》(国家计委令第3号)规定的范围和标准的,必须通过招标选择施工单位。

任何单位和个人不得将依法必须进行招标的项目化整为零或者以其他任何方式规避招标。

第四条 工程施工招标投标活动应当遵循公开、公平、公正和诚实信用的原则。

第五条 工程施工招标投标活动,依法由招标人负责。任何单位和个人不得以任何方式非法干涉工程施工招标投标活动。

施工招标投标活动不受地区或者部门的限制。

第六条 各级发展改革、工业和信息化、住房城乡建设、交通运输、铁道、水利、商务、民航等部门依照《国务院办公厅印发国务院有关部门实施招标投标活动行政监督的职责分工意见的通知》(国办发〔2000〕34号)和各地规定的职责分工,对工程施工招标投标活动实施监督,依法查处工程施工招标投标活动中的违法行为。

第二章 招 标

第七条 工程施工招标人是依法提出施工招标项目、进行招标的法人或者其他组织。

第八条 依法必须招标的工程建设项目,应当具备下列条件才能进行施工招标:

(一)招标人已经依法成立;

(二)初步设计及概算应当履行审批手续的,已经批准;

(三)有相应资金或资金来源已经落实;

(四)有招标所需的设计图纸及技术资料。

第九条 工程施工招标分为公开招标和邀请招标。

第十条 按照国家有关规定需要履行项目审批、核准手续的依法必须进行施工招标的工程建设项目,其招标范围、招标方式、招标组织形式应当报项目审批部门审批、核准。项目审批、核准部门应当及时将审批、核准确定的招标内容通报有关行政监督部门。

第十一条 依法必须进行公开招标的项目,有下列情形之一的,可以邀请招标:

(一)项目技术复杂或有特殊要求,或者受自然地域环境限制,只有少量潜在投标人可供选择;

(二)涉及国家安全、国家秘密或者抢险救灾,适宜招标但不宜公开招标;

(三)采用公开招标方式的费用占项目合同金额的比例过大。

有前款第二项所列情形，属于本办法第十条规定的项目，由项目审批、核准部门在审批、核准项目时作出认定；其他项目由招标人申请有关行政监督部门作出认定。

全部使用国有资金投资或者国有资金投资占控股或者主导地位的并需要审批的工程建设项目的邀请招标，应当经项目审批部门批准，但项目审批部门只审批立项的，由有关行政监督部门批准。

第十二条 依法必须进行施工招标的工程建设项目有下列情形之一的，可以不进行施工招标：

（一）涉及国家安全、国家秘密、抢险救灾或者属于利用扶贫资金实行以工代赈需要使用农民工等特殊情况，不适宜进行招标；

（二）施工主要技术采用不可替代的专利或者专有技术；

（三）已通过招标方式选定的特许经营项目投资人依法能够自行建设；

（四）采购人依法能够自行建设；

（五）在建工程追加的附属小型工程或者主体加层工程，原中标人仍具备承包能力，并且其他人承担将影响施工或者功能配套要求；

（六）国家规定的其他情形。

第十三条 采用公开招标方式的，招标人应当发布招标公告，邀请不特定的法人或者其他组织投标。依法必须进行施工招标项目的招标公告，应当在国家指定的报刊和信息网络上发布。

采用邀请招标方式的，招标人应当向三家以上具备承担施工招标项目的能力、资信良好的特定的法人或者其他组织发出投标邀请书。

第十四条 招标公告或者投标邀请书应当至少载明下列内容：

（一）招标人的名称和地址；

（二）招标项目的内容、规模、资金来源；

（三）招标项目的实施地点和工期；

（四）获取招标文件或者资格预审文件的地点和时间；

（五）对招标文件或者资格预审文件收取的费用；

（六）对投标人的资质等级的要求。

第十五条 招标人应当按招标公告或者投标邀请书规定的时间、地点出售招标文件或资格预审文件。自招标文件或者资格预审文件出售之日起至停止出售之日止，最短不得少于五日。

招标人可以通过信息网络或者其他媒介发布招标文件，通过信息网络或者其他媒介发布的招标文件与书面招标文件具有同等法律效力，出现不一致时以书面招标文件为准，国家另有规定的除外。

对招标文件或者资格预审文件的收费应当限于补偿印刷、邮寄的成本支出，不得以营利为目的。对于所附的设计文件，招标人可以向投标人酌收押金；对于开标后投标人退还设计文件的，招标人应当向投标人退还押金。

招标文件或者资格预审文件售出后，不予退还。除不可抗力原因外，招标人在发布招标公告、发出投标邀请书后或者售出招标文件或资格预审文件后不得终止招标。

第十六条 招标人可以根据招标项目本身的特点和需要，要求潜在投标人或者投标人提供满足其资格要求的文件，对潜在投标人或者投标人进行资格审查；国家对潜在投标人或者投标人的资格条件有规定的，依照其规定。

第十七条 资格审查分为资格预审和资格后审。

资格预审，是指在投标前对潜在投标人进行的资格审查。

资格后审，是指在开标后对投标人进行的资格审查。

进行资格预审的，一般不再进行资格后审，但招标文件另有规定的除外。

第十八条 采取资格预审的，招标人应当发布资格预审公告。资格预审公告适用本办法第十三条、第十四条有关招标公告的规定。

采取资格预审的，招标人应当在资格预审文件中载明资格预审的条件、标准和方法；采取资格后审的，招标人应当在招标文件中载明对投标人资格要求的条件、标准和方法。

招标人不得改变载明的资格条件或者以没有载明的资格条件对潜在投标人或者投标人进行资格审查。

第十九条 经资格预审后，招标人应当向资格预审合格的潜在投标人发出资格预审合格通知书，告知获取招标文件的时间、地点和方法，并同时向资格预审不合格的潜在投标人告知资格预审结果。资格预审不合格的潜在投标人不得参加投标。

经资格后审不合格的投标人的投标应予否决。

第二十条 资格审查应主要审查潜在投标人或者投标人是否符合下列条件：

（一）具有独立订立合同的权利；

（二）具有履行合同的能力，包括专业、技术资格和能力，资金、设备和其他物质设施状况，管理能力，经验、信誉和相应的从业人员；

（三）没有处于被责令停业，投标资格被取消，财产被接管、冻结，破产状态；

（四）在最近三年内没有骗取中标和严重违约及重大工程质量问题；

（五）国家规定的其他资格条件。

资格审查时，招标人不得以不合理的条件限制、排斥潜在投标人或者投标人，不得对潜在投标人或者投标人实行歧视待遇。任何单位和个人不得以行政手段或者其他不合理方式限制投标人的数量。

第二十一条 招标人符合法律规定的自行招标条件的，可以自行办理招标事宜。任何单位和个人不得强制其委托招标代理机构办理招标事宜。

第二十二条　招标代理机构应当在招标人委托的范围内承担招标事宜。招标代理机构可以在其资格等级范围内承担下列招标事宜：

（一）拟订招标方案，编制和出售招标文件、资格预审文件；

（二）审查投标人资格；

（三）编制标底；

（四）组织投标人踏勘现场；

（五）组织开标、评标，协助招标人定标；

（六）草拟合同；

（七）招标人委托的其他事项。

招标代理机构不得无权代理、越权代理，不得明知委托事项违法而进行代理。

招标代理机构不得在所代理的招标项目中投标或者代理投标，也不得为所代理的招标项目的投标人提供咨询；未经招标人同意，不得转让招标代理业务。

第二十三条　工程招标代理机构与招标人应当签订书面委托合同，并按双方约定的标准收取代理费；国家对收费标准有规定的，依照其规定。

第二十四条　招标人根据施工招标项目的特点和需要编制招标文件。招标文件一般包括下列内容：

（一）招标公告或投标邀请书；

（二）投标人须知；

（三）合同主要条款；

（四）投标文件格式；

（五）采用工程量清单招标的，应当提供工程量清单；

（六）技术条款；

（七）设计图纸；

（八）评标标准和方法；

（九）投标辅助材料。

招标人应当在招标文件中规定实质性要求和条件，并用醒目的方式标明。

第二十五条　招标人可以要求投标人在提交符合招标文件规定要求的投标文件外，提交备选投标方案，但应当在招标文件中作出说明，并提出相应的评审和比较办法。

第二十六条　招标文件规定的各项技术标准应符合国家强制性标准。

招标文件中规定的各项技术标准均不得要求或标明某一特定的专利、商标、名称、设计、原产地或生产供应者，不得含有倾向或者排斥潜在投标人的其他内容。如果必须引用某一生产供应者的技术标准才能准确或清楚地说明拟招标项目的技术标准时，则应当在参照后面加上“或相当于”的字样。

第二十七条　施工招标项目需要划分标段、确定工期的，招标人应当合理划分标段、确定工期，并在招标文件中载明。对工程技术上紧密相联、不可分割的单位工程不得分割标段。

招标人不得以不合理的标段或工期限制或者排斥潜在投标人或者投标人。依法必须进行施工招标的项目的招标人不得利用划分标段规避招标。

第二十八条　招标文件应当明确规定所有评标因素，以及如何将这些因素量化或者据以进行评估。

在评标过程中，不得改变招标文件中规定的评标标准、方法和中标条件。

第二十九条　招标文件应当规定一个适当的投标有效期，以保证招标人有足够的时间完成评标和与中标人签订合同。投标有效期从投标人提交投标文件截止之日起计算。

在原投标有效期结束前，出现特殊情况的，招标人可以书面形式要求所有投标人延长投标有效期。投标人同意延长的，不得要求或被允许修改其投标文件的实质性内容，但应当相应延长其投标保证金的有效期；投标人拒绝延长的，其投标失效，但投标人有权收回其投标保证金。因延长投标有效期造成投标人损失的，招标人应当给予补偿，但因不可抗力需要延长投标有效期的除外。

第三十条　施工招标项目工期较长的，招标文件中可以规定工程造价指数体系、价格调整因素和调整方法。

第三十一条　招标人应当确定投标人编制投标文件所需要的合理时间；但是，依法必须进行招标的项目，自招标文件开始发出之日起至投标人提交投标文件截止之日止，最短不得少于20日。

第三十二条　招标人根据招标项目的具体情况，可以组织潜在投标人踏勘项目现场，向其介绍工程场地和相关环境的有关情况。潜在投标人依据招标人介绍情况作出的判断和决策，由投标人自行负责。

招标人不得单独或者分别组织任何一个投标人进行现场踏勘。

第三十三条　对于潜在投标人在阅读招标文件和现场踏勘中提出的疑问，招标人可以书面形式或召开投标预备会的方式解答，但需同时将解答以书面方式通知所有购买招标文件的潜在投标人。该解答的内容为招标文件的组成部分。

第三十四条　招标人可根据项目特点决定是否编制标底。编制标底的，标底编制过程和标底在开标前必须保密。

招标项目编制标底的，应根据批准的初步设计、投资概算，依据有关计价办法，参照有关工程定额，结合市场供求状况，综合考虑投资、工期和质量等方面的因素合理确定。

标底由招标人自行编制或委托中介机构编制。一个工程只能编制一个标底。

任何单位和个人不得强制招标人编制或报审标底，或干预其确定标底。

招标项目可以不设标底，进行无标底招标。

招标人设有最高投标限价的，应当在招标文件中明确最高投标限价或者最高投标限价的计算方法。招标人不得规定最低投标限价。

第三章 投　　标

第三十五条 投标人是响应招标、参加投标竞争的法人或者其他组织。招标人的任何不具独立法人资格的附属机构(单位),或者为招标项目的前期准备或者监理工作提供设计、咨询服务的任何法人及其任何附属机构(单位),都无资格参加该招标项目的投标。

第三十六条 投标人应当按照招标文件的要求编制投标文件。投标文件应当对招标文件提出的实质性要求和条件作出响应。

投标文件一般包括下列内容:

(一) 投标函;

(二) 投标报价;

(三) 施工组织设计;

(四) 商务和技术偏差表。

投标人根据招标文件载明的项目实际情况,拟在中标后将中标项目的部分非主体、非关键性工作进行分包的,应当在投标文件中载明。

第三十七条 招标人可以在招标文件中要求投标人提交投标保证金。投标保证金除现金外,可以是银行出具的银行保函、保兑支票、银行汇票或现金支票。

投标保证金不得超过项目估算价的百分之二,但最高不得超过八十万元人民币。投标保证金有效期应当与投标有效期一致。

招标人或其委托的招标代理机构应当按照招标文件要求的方式和金额,将投标保证金随投标文件提交给招标人。

依法必须进行施工招标的项目的境内投标单位,以现金或者支票形式提交的投标保证金应当从其基本账户转出。

第三十八条 投标人应当在招标文件要求提交投标文件的截止时间前,将投标文件密封送达投标地点。招标人收到投标文件后,应当向投标人出具标明签收人和签收时间的凭证,在开标前任何单位和个人不得开启投标文件。

在招标文件要求提交投标文件的截止时间后送达的投标文件,招标人应当拒收。

依法必须进行施工招标的项目提交投标文件的投标人少于三个的,招标人在分析招标失败的原因并采取相应措施后,应当依法重新招标。重新招标后投标人仍少于三个的,属于必须审批、核准的工程建设项目,报经原审批、核准部门审批、核准后可以不再进行招标;其他工程建设项目,招标人可自行决定不再进行招标。

第三十九条 投标人在招标文件要求提交投标文件的截止时间前,可以补充、修改、替代或者撤回已提交的投标文件,并书面通知招标人。补充、修改的内容为投标文件的组成部分。

第四十条 在提交投标文件截止时间后到招标文件规定的投标有效期终止之前,投标人不得撤销其投标文件,否则招标人可以不退还其投标保证金。

第四十一条 在开标前,招标人应妥善保管好已接收的投标文件、修改或撤回通知、备选投标方案等投标资料。

第四十二条 两个以上法人或者其他组织可以组成一个联合体,以一个投标人的身份共同投标。

联合体各方签订共同投标协议后,不得再以自己名义单独投标,也不得组成新的联合体或参加其他联合体在同一项目中投标。

第四十三条 招标人接受联合体投标并进行资格预审的,联合体应当在提交资格预审申请文件前组成。资格预审后联合体增减、更换成员的,其投标无效。

第四十四条 联合体各方应当指定牵头人,授权其代表所有联合体成员负责投标和合同实施阶段的主办、协调工作,并应当向招标人提交由所有联合体成员法定代表人签署的授权书。

第四十五条 联合体投标的,应当以联合体各方或者联合体中牵头人的名义提交投标保证金。以联合体中牵头人名义提交的投标保证金,对联合体各成员具有约束力。

第四十六条 下列行为均属投标人串通投标报价:

(一) 投标人之间相互约定抬高或压低投标报价;

(二) 投标人之间相互约定,在招标项目中分别以高、中、低价位报价;

(三) 投标人之间先进行内部竞价,内定中标人,然后再参加投标;

(四) 投标人之间其他串通投标报价的行为。

第四十七条 下列行为均属招标人与投标人串通投标:

(一)招标人在开标前开启投标文件并将有关信息泄露给其他投标人,或者授意投标人撤换、修改投标文件;

(二)招标人向投标人泄露标底、评标委员会成员等信息;

(三)招标人明示或者暗示投标人压低或抬高投标报价;

(四)招标人明示或者暗示投标人为特定投标人中标提供方便;

(五)招标人与投标人为谋求特定中标人中标而采取的其他串通行为。

第四十八条 投标人不得以他人名义投标。

前款所称以他人名义投标,指投标人挂靠其他施工单位,或从其他单位通过受让或租借的方式获取资格或资质证书,或者由其他单位及其法定代表人在自己编制的投标文件上加盖印章和签字等行为。

第四章 开标、评标和定标

第四十九条 开标应当在招标文件确定的提交投标文件截止时间的同一时间公开进行;开标地点应当为招标文件中

确定的地点。

投标人对开标有异议的，应当在开标现场提出，招标人应当当场作出答复，并制作记录。

第五十条 投标文件有下列情形之一的，招标人应当拒收：

（一）逾期送达；

（二）未按招标文件要求密封。

有下列情形之一的，评标委员会应当否决其投标：

（一）投标文件未经投标单位盖章和单位负责人签字；

（二）投标联合体没有提交共同投标协议；

（三）投标人不符合国家或者招标文件规定的资格条件；

（四）同一投标人提交两个以上不同的投标文件或者投标报价，但招标文件要求提交备选投标的除外；

（五）投标报价低于成本或者高于招标文件设定的最高投标限价；

（六）投标文件没有对招标文件的实质性要求和条件作出响应；

（七）投标人有串通投标、弄虚作假、行贿等违法行为。

第五十一条 评标委员会可以书面方式要求投标人对投标文件中含义不明确、对同类问题表述不一致或者有明显文字和计算错误的内容作必要的澄清、说明或补正。评标委员会不得向投标人提出带有暗示性或诱导性的问题，或向其明确投标文件中的遗漏和错误。

第五十二条 投标文件不响应招标文件的实质性要求和条件的，评标委员会不得允许投标人通过修正或撤销其不符合要求的差异或保留，使之成为具有响应性的投标。

第五十三条 评标委员会在对实质上响应招标文件要求的投标进行报价评估时，除招标文件另有约定外，应当按下述原则进行修正：

（一）用数字表示的数额与用文字表示的数额不一致时，以文字数额为准；

（二）单价与工程量的乘积与总价之间不一致时，以单价为准。若单价有明显的小数点错位，应以总价为准，并修改单价。

按前款规定调整后的报价经投标人确认后产生约束力。

投标文件中没有列入的价格和优惠条件在评标时不予考虑。

第五十四条 对于投标人提交的优越于招标文件中技术标准的备选投标方案所产生的附加收益，不得考虑进评标价中。符合招标文件的基本技术要求且评标价最低或综合评分最高的投标人，其所提交的备选方案方可予以考虑。

第五十五条 招标人设有标底的，标底在评标中应当作为参考，但不得作为评标的唯一依据。

第五十六条 评标委员会完成评标后，应向招标人提出书面评标报告。评标报告由评标委员会全体成员签字。

依法必须进行招标的项目，招标人应当自收到评标报告之日起三日内公示中标候选人，公示期不得少于三日。

中标通知书由招标人发出。

第五十七条 评标委员会推荐的中标候选人应当限定在一至三人，并标明排列顺序。招标人应当接受评标委员会推荐的中标候选人，不得在评标委员会推荐的中标候选人之外确定中标人。

第五十八条 国有资金占控股或者主导地位的依法必须进行招标的项目，招标人应当确定排名第一的中标候选人为中标人。排名第一的中标候选人放弃中标、因不可抗力提出不能履行合同、不按照招标文件的要求提交履约保证金，或者被查实存在影响中标结果的违法行为等情形，不符合中标条件的，招标人可以按照评标委员会提出的中标候选人名单排序依次确定其他中标候选人为中标人。依次确定其他中标候选人与招标人预期差距较大，或者对招标人明显不利的，招标人可以重新招标。

招标人可以授权评标委员会直接确定中标人。

国务院对中标人的确定另有规定的，从其规定。

第五十九条 招标人不得向中标人提出压低报价、增加工作量、缩短工期或其他违背中标人意愿的要求，以此作为发出中标通知书和签订合同的条件。

第六十条 中标通知书对招标人和中标人具有法律效力。中标通知书发出后，招标人改变中标结果的，或者中标人放弃中标项目的，应当依法承担法律责任。

第六十一条 招标人全部或者部分使用非中标单位投标文件中的技术成果或技术方案时，需征得其书面同意，并给予一定的经济补偿。

第六十二条 招标人和中标人应当在投标有效期内并在自中标通知书发出之日起 30 日内，按照招标文件和中标人的投标文件订立书面合同。招标人和中标人不得再行订立背离合同实质性内容的其他协议。

招标人要求中标人提供履约保证金或其他形式履约担保的，招标人应当同时向中标人提供工程款支付担保。

招标人不得擅自提高履约保证金，不得强制要求中标人垫付中标项目建设资金。

第六十三条 招标人最迟应当在与中标人签订合同后五日内，向中标人和未中标的投标人退还投标保证金及银行同期存款利息。

第六十四条 合同中确定的建设规模、建设标准、建设内容、合同价格应当控制在批准的初步设计及概算文件范围内；确需超出规定范围的，应当在中标合同签订前，报原项目审批部门审查同意。凡应报经审查而未报的，在初步设计及概算调整时，原项目审批部门一律不予承认。

第六十五条 依法必须进行施工招标的项目，招标人应当自发出中标通知书之日起 15 日内，向有关行政监督部门提交招标投标情况的书面报告。

前款所称书面报告至少应包括下列内容：

（一）招标范围；

（二）招标方式和发布招标公告的媒介；

（三）招标文件中投标人须知、技术条款、评标标准和方法、合同主要条款等内容；

（四）评标委员会的组成和评标报告；

（五）中标结果。

第六十六条 招标人不得直接指定分包人。

第六十七条 对于不具备分包条件或者不符合分包规定的，招标人有权在签订合同或者中标人提出分包要求时予以拒绝。发现中标人转包或违法分包时，可要求其改正；拒不改正的，可终止合同，并报请有关行政监督部门查处。

监理人员和有关行政部门发现中标人违反合同约定进行转包或违法分包的，应当要求中标人改正，或者告知招标人要求其改正；对于拒不改正的，应当报请有关行政监督部门查处。

第五章　法律责任

第六十八条 依法必须进行招标的项目而不招标的，将必须进行招标的项目化整为零或者以其他任何方式规避招标的，有关行政监督部门责令限期改正，可以处项目合同金额5‰以上10‰以下的罚款；对全部或者部分使用国有资金的项目，项目审批部门可以暂停项目执行或者暂停资金拨付；对单位直接负责的主管人员和其他直接责任人员依法给予处分。

第六十九条 招标代理机构违法泄露应当保密的与招标投标活动有关的情况和资料的，或者与招标人、投标人串通损害国家利益、社会公共利益或者他人合法权益的，由有关行政监督部门处5万元以上25万元以下罚款，对单位直接负责的主管人员和其他直接责任人员处单位罚款数额5%以上10%以下罚款；有违法所得的，并处没收违法所得；情节严重的，有关行政监督部门可停止其一定时期内参与相关领域的招标代理业务，资格认定部门可暂停直至取消招标代理资格；构成犯罪的，由司法部门依法追究刑事责任。给他人造成损失的，依法承担赔偿责任。

前款所列行为影响中标结果的，中标无效。

第七十条 招标人以不合理的条件限制或者排斥潜在投标人的，对潜在投标人实行歧视待遇的，强制要求投标人组成联合体共同投标的，或者限制投标人之间竞争的，有关行政监督部门责令改正，可处1万元以上5万元以下罚款。

第七十一条 依法必须进行招标项目的招标人向他人透露已获取招标文件的潜在投标人的名称、数量或者可能影响公平竞争的有关招标投标的其他情况的，或者泄露标底的，有关行政监督部门给予警告，可以并处1万元以上10万元以下的罚款；对单位直接负责的主管人员和其他直接责任人员依法给予处分；构成犯罪的，依法追究刑事责任。

前款所列行为影响中标结果的，中标无效。

第七十二条 招标人在发布招标公告、发出投标邀请书或者售出招标文件或资格预审文件后终止招标的，应当及时退还所收取的资格预审文件、招标文件的费用，以及所收取的投标保证金及银行同期存款利息。给潜在投标人或者投标人造成损失的，应当赔偿损失。

第七十三条 招标人有下列限制或者排斥潜在投标人行为之一的，由有关行政监督部门依照招标投标法第五十一条的规定处罚；其中，构成依法必须进行施工招标的项目的招标人规避招标的，依照招标投标法第四十九条的规定处罚：

（一）依法应当公开招标的项目不按照规定在指定媒介发布资格预审公告或者招标公告；

（二）在不同媒介发布的同一招标项目的资格预审公告或者招标公告的内容不一致，影响潜在投标人申请资格预审或者投标。

招标人有下列情形之一的，由有关行政监督部门责令改正，可以处10万元以下的罚款：

（一）依法应当公开招标而采用邀请招标；

（二）招标文件、资格预审文件的发售、澄清、修改的时限，或者确定的提交资格预审申请文件、投标文件的时限不符合招标投标法和招标投标法实施条例规定；

（三）接受未通过资格预审的单位或者个人参加投标；

（四）接受应当拒收的投标文件。

招标人有前款第一项、第三项、第四项所列行为之一的，对单位直接负责的主管人员和其他直接责任人员依法给予处分。

第七十四条 投标人相互串通投标或者与招标人串通投标的，投标人以向招标人或者评标委员会成员行贿的手段谋取中标的，中标无效，由有关行政监督部门处中标项目金额5‰以上10‰以下的罚款，对单位直接负责的主管人员和其他直接责任人员处单位罚款数额5%以上10%以下的罚款；有违法所得的，并处没收违法所得；情节严重的，取消其一至二年的投标资格，并予以公告，直至由工商行政管理机关吊销营业执照；构成犯罪的，依法追究刑事责任。给他人造成损失的，依法承担赔偿责任。投标人未中标的，对单位的罚款金额按照招标项目合同金额依照招标投标法规定的比例计算。

第七十五条 投标人以他人名义投标或者以其他方式弄虚作假，骗取中标的，中标无效，给招标人造成损失的，依法承担赔偿责任；构成犯罪的，依法追究刑事责任。

依法必须进行招标项目的投标人有前款所列行为尚未构成犯罪的，有关行政监督部门处中标项目金额5‰以上10‰以下的罚款，对单位直接负责的主管人员和其他直接责任人员处单位罚款数额5%以上10%以下的罚款；有违法所得的，并处没收违法所得；情节严重的，取消其一至三年投标资格，并予以公告，直至由工商行政管理机关吊销营业执照。投标人未中标的，对单位的罚款金额按照招标项目合同金额依照招标投标法规定的比例计算。

第七十六条　依法必须进行招标的项目，招标人违法与投标人就投标价格、投标方案等实质性内容进行谈判的，有关行政监督部门给予警告，对单位直接负责的主管人员和其他直接责任人员依法给予处分。

前款所列行为影响中标结果的，中标无效。

第七十七条　评标委员会成员收受投标人的财物或者其他好处的，没收收受的财物，可以并处3000元以上5万元以下的罚款，取消担任评标委员会成员的资格并予以公告，不得再参加依法必须进行招标的项目的评标；构成犯罪的，依法追究刑事责任。

第七十八条　评标委员会成员应当回避而不回避，擅离职守，不按照招标文件规定的评标标准和方法评标，私下接触投标人，向招标人征询确定中标人的意向或者接受任何单位或者个人明示或者暗示提出的倾向或者排斥特定投标人的要求，对依法应当否决的投标不提出否决意见，暗示或者诱导投标人作出澄清、说明或者接受投标人主动提出的澄清、说明，或者有其他不能客观公正地履行职责行为的，有关行政监督部门责令改正；情节严重的，禁止其在一定期限内参加依法必须进行招标的项目的评标；情节特别严重的，取消其担任评标委员会成员的资格。

第七十九条　依法必须进行招标的项目的招标人不按照规定组建评标委员会，或者确定、更换评标委员会成员违反招标投标法和招标投标法实施条例规定的，由有关行政监督部门责令改正，可以处10万元以下的罚款，对单位直接负责的主管人员和其他直接责任人员依法给予处分；违法确定或者更换的评标委员会成员作出的评审决定无效，依法重新进行评审。

第八十条　依法必须进行招标的项目的招标人有下列情形之一的，由有关行政监督部门责令改正，可以处中标项目金额千分之十以下的罚款；给他人造成损失的，依法承担赔偿责任；对单位直接负责的主管人员和其他直接责任人员依法给予处分：

（一）无正当理由不发出中标通知书；

（二）不按照规定确定中标人；

（三）中标通知书发出后无正当理由改变中标结果；

（四）无正当理由不与中标人订立合同；

（五）在订立合同时向中标人提出附加条件。

第八十一条　中标通知书发出后，中标人放弃中标项目的，无正当理由不与招标人签订合同的，在签订合同时向招标人提出附加条件或者更改合同实质性内容的，或者拒不提交所要求的履约保证金的，取消其中标资格，投标保证金不予退还；给招标人的损失超过投标保证金数额的，中标人应当对超过部分予以赔偿；没有提交投标保证金的，应当对招标人的损失承担赔偿责任。对依法必须进行施工招标的项目的中标人，由有关行政监督部门责令改正，可以处中标金额千分之十以下罚款。

第八十二条　中标人将中标项目转让给他人的，将中标项目肢解后分别转让给他人的，违法将中标项目的部分主体、关键性工作分包给他人的，或者分包人再次分包的，转让、分包无效，有关行政监督部门处转让、分包项目金额5‰以上10‰以下的罚款；有违法所得的，并处没收违法所得；可以责令停业整顿；情节严重的，由工商行政管理机关吊销营业执照。

第八十三条　招标人与中标人不按照招标文件和中标人的投标文件订立合同的，合同的主要条款与招标文件、中标人的投标文件的内容不一致，或者招标人、中标人订立背离合同实质性内容的协议的，有关行政监督部门责令改正；可以处中标项目金额5‰以上10‰以下的罚款。

第八十四条　中标人不履行与招标人订立的合同的，履约保证金不予退还，给招标人造成的损失超过履约保证金数额的，还应当对超过部分予以赔偿；没有提交履约保证金的，应当对招标人的损失承担赔偿责任。

中标人不按照与招标人订立的合同履行义务，情节严重的，有关行政监督部门取消其2至5年参加招标项目的投标资格并予以公告，直至由工商行政管理机关吊销营业执照。

因不可抗力不能履行合同的，不适用前两款规定。

第八十五条　招标人不履行与中标人订立的合同的，应当返还中标人的履约保证金，并承担相应的赔偿责任；没有提交履约保证金的，应当对中标人的损失承担赔偿责任。

因不可抗力不能履行合同的，不适用前款规定。

第八十六条　依法必须进行施工招标的项目违反法律规定，中标无效的，应当依照法律规定的中标条件从其余投标人中重新确定中标人或者依法重新进行招标。

中标无效的，发出的中标通知书和签订的合同自始没有法律约束力，但不影响合同中独立存在的有关解决争议方法的条款的效力。

第八十七条　任何单位违法限制或者排斥本地区、本系统以外的法人或者其他组织参加投标的，为招标人指定招标代理机构的，强制招标人委托招标代理机构办理招标事宜的，或者以其他方式干涉招标投标活动的，有关行政监督部门责令改正；对单位直接负责的主管人员和其他直接责任人员依法给予警告、记过、记大过的处分，情节较重的，依法给予降级、撤职、开除的处分。

个人利用职权进行前款违法行为的，依照前款规定追究责任。

第八十八条　对招标投标活动依法负有行政监督职责的国家机关工作人员徇私舞弊、滥用职权或者玩忽职守，构成犯罪的，依法追究刑事责任；不构成犯罪的，依法给予行政处分。

第八十九条　投标人或者其他利害关系人认为工程建设项目施工招标投标活动不符合国家规定的，可以自知道或者应当知道之日起10日内向有关行政监督部门投诉。投诉应当有明确的请求和必要的证明材料。

第六章 附 则

第九十条 使用国际组织或者外国政府贷款、援助资金的项目进行招标，贷款方、资金提供方对工程施工招标投标活动的条件和程序有不同规定的，可以适用其规定，但违背中华人民共和国社会公共利益的除外。

第九十一条 本办法由国家发展改革委会同有关部门负责解释。

第九十二条 本办法自2003年5月1日起施行。

工程建设项目货物招标投标办法

（2005年1月18日国家发展和改革委员会、建设部、铁道部、交通部、信息产业部、水利部、中国民用航空总局令第27号发布 根据2013年3月11日国家发展和改革委员会、工业和信息化部、财政部、住房和城乡建设部、交通运输部、铁道部、水利部、国家广播电影电视总局、中国民用航空局《关于废止和修改部分招标投标规章和规范性文件的决定》修订）

第一章 总 则

第一条 为规范工程建设项目的货物招标投标活动，保护国家利益、社会公共利益和招标投标活动当事人的合法权益，保证工程质量，提高投资效益，根据《中华人民共和国招标投标法》、《中华人民共和国招标投标法实施条例》和国务院有关部门的职责分工，制定本办法。

第二条 本办法适用于在中华人民共和国境内工程建设项目货物招标投标活动。

第三条 工程建设项目符合《工程建设项目招标范围和规模标准规定》（原国家计委令第3号）规定的范围和标准的，必须通过招标选择货物供应单位。

任何单位和个人不得将依法必须进行招标的项目化整为零或者以其他任何方式规避招标。

第四条 工程建设项目货物招标投标活动应当遵循公开、公平、公正和诚实信用的原则。货物招标投标活动不受地区或者部门的限制。

第五条 工程建设项目货物招标投标活动，依法由招标人负责。

工程建设项目招标人对项目实行总承包招标时，未包括在总承包范围内的货物属于依法必须进行招标的项目范围且达到国家规定规模标准的，应当由工程建设项目招标人依法组织招标。

工程建设项目实行总承包招标时，以暂估价形式包括在总承包范围内的货物属于依法必须进行招标的项目范围且达到国家规定规模标准的，应当依法组织招标。

第六条 各级发展改革、工业和信息化、住房城乡建设、交通运输、铁道、水利、民航等部门依照国务院和地方各级人民政府关于工程建设项目行政监督的职责分工，对工程建设项目中所包括的货物招标投标活动实施监督，依法查处货物招标投标活动中的违法行为。

第二章 招 标

第七条 工程建设项目招标人是依法提出招标项目、进行招标的法人或者其他组织。本办法第五条总承包中标人单独或者共同招标时，也为招标人。

第八条 依法必须招标的工程建设项目，应当具备下列条件才能进行货物招标：

（一）招标人已经依法成立；

（二）按照国家有关规定应当履行项目审批、核准或者备案手续的，已经审批、核准或者备案；

（三）有相应资金或者资金来源已经落实；

（四）能够提出货物的使用与技术要求。

第九条 依法必须进行招标的工程建设项目，按国家有关规定需要履行审批、核准手续的，招标人应当在报送的可行性研究报告、资金申请报告或者项目申请报告中将货物招标范围、招标方式（公开招标或邀请招标）、招标组织形式（自行招标或委托招标）等有关招标内容报项目审批、核准部门审批、核准。项目审批、核准部门应当将审批、核准的招标内容通报有关行政监督部门。

第十条 货物招标分为公开招标和邀请招标。

第十一条 依法应当公开招标的项目，有下列情形之一的，可以邀请招标：

（一）技术复杂、有特殊要求或者受自然环境限制，只有少量潜在投标人可供选择；

（二）采用公开招标方式的费用占项目合同金额的比例过大；

（三）涉及国家安全、国家秘密或者抢险救灾，适宜招标但不宜公开招标。

有前款第二项所列情形，属于按照国家有关规定需要履行项目审批、核准手续的依法必须进行招标的项目，由项目审批、核准部门认定；其他项目由招标人申请有关行政监督部门作出认定。

第十二条 采用公开招标方式的，招标人应当发布资格预审公告或者招标公告。依法必须进行货物招标的资格预审公告或者招标公告，应当在国家指定的报刊或者信息网络上发布。

采用邀请招标方式的，招标人应当向三家以上具备货物供应的能力、资信良好的特定的法人或者其他组织发出投标邀请书。

第十三条 招标公告或者投标邀请书应当载明下列内容：

（一）招标人的名称和地址；

(二)招标货物的名称、数量、技术规格、资金来源;

(三)交货的地点和时间;

(四)获取招标文件或者资格预审文件的地点和时间;

(五)对招标文件或者资格预审文件收取的费用;

(六)提交资格预审申请书或者投标文件的地点和截止日期;

(七)对投标人的资格要求。

第十四条　招标人应当按照资格预审公告、招标公告或者投标邀请书规定的时间、地点发售招标文件或者资格预审文件。自招标文件或者资格预审文件发售之日起至停止发售之日止,最短不得少于五日。

招标人可以通过信息网络或者其他媒介发布招标文件,通过信息网络或者其他媒介发布的招标文件与书面招标文件具有同等法律效力,出现不一致时以书面招标文件为准,但国家另有规定的除外。

对招标文件或者资格预审文件的收费应当限于补偿印刷、邮寄的成本支出,不得以营利为目的。

除不可抗力原因外,招标文件或者资格预审文件发出后,不予退还;招标人在发布招标公告、发出投标邀请书后或者发出招标文件或资格预审文件后不得终止招标。招标人终止招标的,应当及时发布公告,或者以书面形式通知被邀请的或者已经获取资格预审文件、招标文件的潜在投标人。已经发售资格预审文件、招标文件或者已经收取投标保证金的,招标人应当及时退还所收取的资格预审文件、招标文件的费用,以及所收取的投标保证金及银行同期存款利息。

第十五条　招标人可以根据招标货物的特点和需要,对潜在投标人或者投标人进行资格审查;国家对潜在投标人或者投标人的资格条件有规定的,依照其规定。

第十六条　资格审查分为资格预审和资格后审。

资格预审,是指招标人出售招标文件或者发出投标邀请书前对潜在投标人进行的资格审查。资格预审一般适用于潜在投标人较多或者大型、技术复杂货物的招标。

资格后审,是指在开标后对投标人进行的资格审查。资格后审一般在评标过程中的初步评审开始时进行。

第十七条　采取资格预审的,招标人应当发布资格预审公告。资格预审公告适用本办法第十二条、第十三条有关招标公告的规定。

第十八条　资格预审文件一般包括下列内容:

(一)资格预审公告;

(二)申请人须知;

(三)资格要求;

(四)其他业绩要求;

(五)资格审查标准和方法;

(六)资格预审结果的通知方式。

第十九条　采取资格预审的,招标人应当在资格预审文件中详细规定资格审查的标准和方法;采取资格后审的,招标人应当在招标文件中详细规定资格审查的标准和方法。

招标人在进行资格审查时,不得改变或补充载明的资格审查标准和方法或者以没有载明的资格审查标准和方法对潜在投标人或者投标人进行资格审查。

第二十条　经资格预审后,招标人应当向资格预审合格的潜在投标人发出资格预审合格通知书,告知获取招标文件的时间、地点和方法,并同时向资格预审不合格的潜在投标人告知资格预审结果。依法必须招标的项目通过资格预审的申请人不足三个的,招标人在分析招标失败的原因并采取相应措施后,应当重新招标。

对资格后审不合格的投标人,评标委员会应当否决其投标。

第二十一条　招标文件一般包括下列内容:

(一)招标公告或者投标邀请书;

(二)投标人须知;

(三)投标文件格式;

(四)技术规格、参数及其他要求;

(五)评标标准和方法;

(六)合同主要条款。

招标人应当在招标文件中规定实质性要求和条件,说明不满足其中任何一项实质性要求和条件的投标将被拒绝,并用醒目的方式标明;没有标明的要求和条件在评标时不得作为实质性要求和条件。对于非实质性要求和条件,应规定允许偏差的最大范围、最高项数,以及对这些偏差进行调整的方法。

国家对招标货物的技术、标准、质量等有规定的,招标人应当按照其规定在招标文件中提出相应要求。

第二十二条　招标货物需要划分标包的,招标人应合理划分标包,确定各标包的交货期,并在招标文件中如实载明。

招标人不得以不合理的标包限制或者排斥潜在投标人或者投标人。依法必须进行招标的项目的招标人不得利用标包划分规避招标。

第二十三条　招标人允许中标人对非主体货物进行分包的,应当在招标文件中载明。主要设备、材料或者供货合同的主要部分不得要求或者允许分包。

除招标文件要求不得改变标准货物的供应商外,中标人经招标人同意改变标准货物的供应商的,不应视为转包和违法分包。

第二十四条　招标人可以要求投标人在提交符合招标文件规定要求的投标文件外,提交备选投标方案,但应当在招标文件中作出说明。不符合中标条件的投标人的备选投标方案不予考虑。

第二十五条　招标文件规定的各项技术规格应当符合国家技术法规的规定。

招标文件中规定的各项技术规格均不得要求或标明某一特定的专利技术、商标、名称、设计、原产地或供应者等，不得含有倾向或者排斥潜在投标人的其他内容。如果必须引用某一供应者的技术规格才能准确或清楚地说明拟招标货物的技术规格时，则应当在参照后面加上“或相当于”的字样。

第二十六条　招标文件应当明确规定评标时包含价格在内的所有评标因素，以及据此进行评估的方法。

在评标过程中，不得改变招标文件中规定的评标标准、方法和中标条件。

第二十七条　招标人可以在招标文件中要求投标人以自己的名义提交投标保证金。投标保证金除现金外，可以是银行出具的银行保函、保兑支票、银行汇票或现金支票，也可以是招标人认可的其他合法担保形式。依法必须进行招标的项目的境内投标单位，以现金或者支票形式提交的投标保证金应当从其基本账户转出。

投标保证金不得超过项目估算价的百分之二，但最高不得超过八十万元人民币。投标保证金有效期应当与投标有效期一致。

投标人应当按照招标文件要求的方式和金额，在提交投标文件截止时间前将投标保证金提交给招标人或其委托的招标代理机构。

第二十八条　招标文件应当规定一个适当的投标有效期，以保证招标人有足够的时间完成评标和与中标人签订合同。投标有效期从招标文件规定的提交投标文件截止之日起计算。

在原投标有效期结束前，出现特殊情况的，招标人可以书面形式要求所有投标人延长投标有效期。投标人同意延长的，不得要求或被允许修改其投标文件的实质性内容，但应当相应延长其投标保证金的有效期；投标人拒绝延长的，其投标失效，但投标人有权收回其投标保证金及银行同期存款利息。

依法必须进行招标的项目同意延长投标有效期的投标人少于三个的，招标人在分析招标失败的原因并采取相应措施后，应当重新招标。

第二十九条　对于潜在投标人在阅读招标文件中提出的疑问，招标人应当以书面形式、投标预备会方式或者通过电子网络解答，但需同时将解答以书面方式通知所有购买招标文件的潜在投标人。该解答的内容为招标文件的组成部分。

除招标文件明确要求外，出席投标预备会不是强制性的，由潜在投标人自行决定，并自行承担由此可能产生的风险。

第三十条　招标人应当确定投标人编制投标文件所需的合理时间。依法必须进行招标的货物，自招标文件开始发出之日起至投标人提交投标文件截止之日止，最短不得少于二十日。

第三十一条　对无法精确拟定其技术规格的货物，招标人可以采用两阶段招标程序。

在第一阶段，招标人可以首先要求潜在投标人提交技术建议，详细阐明货物的技术规格、质量和其他特性。招标人可以与投标人就其建议的内容进行协商和讨论，达成一个统一的技术规格后编制招标文件。

在第二阶段，招标人应当向第一阶段提交了技术建议的投标人提供包含统一技术规格的正式招标文件，投标人根据正式招标文件的要求提交包括价格在内的最后投标文件。

招标人要求投标人提交投标保证金的，应当在第二阶段提出。

第三章　投　　标

第三十二条　投标人是响应招标、参加投标竞争的法人或者其他组织。

法定代表人为同一个人的两个及两个以上法人，母公司、全资子公司及其控股公司，都不得在同一货物招标中同时投标。

违反前两款规定的，相关投标均无效。

一个制造商对同一品牌同一型号的货物，仅能委托一个代理商参加投标。

第三十三条　投标人应当按照招标文件的要求编制投标文件。投标文件应当对招标文件提出的实质性要求和条件作出响应。

投标文件一般包括下列内容：

（一）投标函；

（二）投标一览表；

（三）技术性能参数的详细描述；

（四）商务和技术偏差表；

（五）投标保证金；

（六）有关资格证明文件；

（七）招标文件要求的其他内容。

投标人根据招标文件载明的货物实际情况，拟在中标后将供货合同中的非主要部分进行分包的，应当在投标文件中载明。

第三十四条　投标人应当在招标文件要求提交投标文件的截止时间前，将投标文件密封送达招标文件中规定的地点。招标人收到投标文件后，应当向投标人出具标明签收人和签收时间的凭证，在开标前任何单位和个人不得开启投标文件。

在招标文件要求提交投标文件的截止时间后送达的投标文件，为无效的投标文件，招标人应当拒收，并将其原封不动地退回投标人。

在招标文件要求提交投标文件的截止时间后送达的投标文件，招标人应当拒收。

依法必须进行招标的项目，提交投标文件的投标人少于三个的，招标人在分析招标失败的原因并采取相应措施后，应当重新招标。重新招标后投标人仍少于三个，按国家有关规定需要履行审批、核准手续的依法必须进行招标的项目，报项目审批、核准部门审批、核准后可以不再进行招标。

第三十五条　投标人在招标文件要求提交投标文件的截止时间前，可以补充、修改、替代或者撤回已提交的投标文件，并书面通知招标人。补充、修改的内容为投标文件的组成部分。

第三十六条　在提交投标文件截止时间后，投标人不得撤销其投标文件，否则招标人可以不退还其投标保证金。

第三十七条　招标人应妥善保管好已接收的投标文件、修改或撤回通知、备选投标方案等投标资料，并严格保密。

第三十八条　两个以上法人或者其他组织可以组成一个联合体，以一个投标人的身份共同投标。

联合体各方签订共同投标协议后，不得再以自己名义单独投标，也不得组成或参加其他联合体在同一项目中投标；否则相关投标均无效。

联合体中标的，应当指定牵头人或代表，授权其代表所有联合体成员与招标人签订合同，负责整个合同实施阶段的协调工作。但是，需要向招标人提交由所有联合体成员法定代表人签署的授权委托书。

第三十九条　招标人接受联合体投标并进行资格预审的，联合体应当在提交资格预审申请文件前组成。资格预审后联合体增减、更换成员的，其投标无效。

招标人不得强制资格预审合格的投标人组成联合体。

第四章　开标、评标和定标

第四十条　开标应当在招标文件确定的提交投标文件截止时间的同一时间公开进行；开标地点应当为招标文件中确定的地点。

投标人或其授权代表有权出席开标会，也可以自主决定不参加开标会。

投标人对开标有异议的，应当在开标现场提出，招标人应当当场作出答复，并制作记录。

第四十一条　投标文件有下列情形之一的，招标人应当拒收：

（一）逾期送达；

（二）未按招标文件要求密封。

有下列情形之一的，评标委员会应当否决其投标：

（一）投标文件未经投标单位盖章和单位负责人签字；

（二）投标联合体没有提交共同投标协议；

（三）投标人不符合国家或者招标文件规定的资格条件；

（四）同一投标人提交两个以上不同的投标文件或者投标报价，但招标文件要求提交备选投标的除外；

（五）投标标价低于成本或者高于招标文件设定的最高投标限价；

（六）投标文件没有对招标文件的实质性要求和条件作出响应；

（七）投标人有串通投标、弄虚作假、行贿等违法行为。

依法必须招标的项目评标委员会否决所有投标的，或者评标委员会否决一部分投标后其他有效投标不足三个使得投标明显缺乏竞争，决定否决全部投标的，招标人在分析招标失败的原因并采取相应措施后，应当重新招标。

第四十二条　评标委员会可以书面方式要求投标人对投标文件中含义不明确、对同类问题表述不一致或者有明显文字和计算错误的内容作必要的澄清、说明或补正。评标委员会不得向投标人提出带有暗示性或诱导性的问题，或向其明确投标文件中的遗漏和错误。

第四十三条　投标文件不响应招标文件的实质性要求和条件的，评标委员会不得允许投标人通过修正或撤销其不符合要求的差异或保留，使之成为具有响应性的投标。

第四十四条　技术简单或技术规格、性能、制作工艺要求统一的货物，一般采用经评审的最低投标价法进行评标。技术复杂或技术规格、性能、制作工艺要求难以统一的货物，一般采用综合评估法进行评标。

第四十五条　符合招标文件要求且评标价最低或综合评分最高而被推荐为中标候选人的投标人，其所提交的备选投标方案方可予以考虑。

第四十六条　评标委员会完成评标后，应向招标人提出书面评标报告。评标报告由评标委员会全体成员签字。

第四十七条　评标委员会在书面评标报告中推荐的中标候选人应当限定在一至三人，并标明排列顺序。招标人应当接受评标委员会推荐的中标候选人，不得在评标委员会推荐的中标候选人之外确定中标人。

依法必须进行招标的项目，招标人应当自收到评标报告之日起三日内公示中标候选人，公示期不得少于三日。

第四十八条　国有资金占控股或者主导地位的依法必须进行招标的项目，招标人应当确定排名第一的中标候选人为中标人。排名第一的中标候选人放弃中标、因不可抗力提出不能履行合同、不按照招标文件要求提交履约保证金，或者被查实存在影响中标结果的违法行为等情形，不符合中标条件的，招标人可以按照评标委员会提出的中标候选人名单排序依次确定其他中标候选人为中标人。依次确定其他中标候选人与招标人预期差距较大，或者对招标人明显不利的，招标人可以重新招标。

招标人可以授权评标委员会直接确定中标人。

国务院对中标人的确定另有规定的，从其规定。

第四十九条　招标人不得向中标人提出压低报价、增加配件或者售后服务量以及其他超出招标文件规定的违背中标人意愿的要求，以此作为发出中标通知书和签订合同的条件。

第五十条　中标通知书对招标人和中标人具有法律效力。中标通知书发出后，招标人改变中标结果的，或者中标人放弃中标项目的，应当依法承担法律责任。

中标通知书由招标人发出，也可以委托其招标代理机构发出。

第五十一条 招标人和中标人应当在投标有效期内并在自中标通知书发出之日起三十日内，按照招标文件和中标人的投标文件订立书面合同。招标人和中标人不得再行订立背离合同实质性内容的其他协议。

招标文件要求中标人提交履约保证金或者其他形式履约担保的，中标人应当提交；拒绝提交的，视为放弃中标项目。招标人要求中标人提供履约保证金或其他形式履约担保的，招标人应当同时向中标人提供货物款支付担保。

履约保证金不得超过中标合同金额的10%。

第五十二条 招标人最迟应当在书面合同签订后五日内，向中标人和未中标的投标人一次性退还投标保证金及银行同期存款利息。

第五十三条 必须审批的工程建设项目，货物合同价格应当控制在批准的概算投资范围内；确需超出范围的，应当在中标合同签订前，报原项目审批部门审查同意。项目审批部门应当根据招标的实际情况，及时作出批准或者不予批准的决定；项目审批部门不予批准的，招标人应当自行平衡超出的概算。

第五十四条 依法必须进行货物招标的项目，招标人应当自确定中标人之日起十五日内，向有关行政监督部门提交招标投标情况的书面报告。

前款所称书面报告至少应包括下列内容：

（一）招标货物基本情况；

（二）招标方式和发布招标公告或者资格预审公告的媒介；

（三）招标文件中投标人须知、技术条款、评标标准和方法、合同主要条款等内容；

（四）评标委员会的组成和评标报告；

（五）中标结果。

第五章 罚 则

第五十五条 招标人有下列限制或者排斥潜在投标行为之一的，由有关行政监督部门依照招标投标法第五十一条的规定处罚；其中，构成依法必须进行招标的项目的招标人规避招标的，依照招标投标法第四十九条的规定处罚：

（一）依法应当公开招标的项目不按照规定在指定媒介发布资格预审公告或者招标公告；

（二）在不同媒介发布的同一招标项目的资格预审公告或者招标公告内容不一致，影响潜在投标人申请资格预审或者投标。

第五十六条 招标人有下列情形之一的，由有关行政监督部门责令改正，可以处10万元以下的罚款：

（一）依法应当公开招标而采用邀请招标；

（二）招标文件、资格预审文件的发售、澄清、修改的时限，或者确定的提交资格预审申请文件、投标文件的时限不符合招标投标法和招标投标法实施条例规定；

（三）接受未通过资格预审的单位或者个人参加投标；

（四）接受应当拒收的投标文件。招标人有前款第一项、第三项、第四项所列行为之一的，对单位直接负责的主管人员和其他直接责任人员依法给予处分。

第五十七条 评标委员会成员有下列行为之一的，由有关行政监督部门责令改正；情节严重的，禁止其在一定期限内参加依法必须进行招标的项目的评标；情节特别严重的，取消其担任评标委员会成员的资格：

（一）应当回避而不回避；

（二）擅离职守；

（三）不按照招标文件规定的评标标准和方法评标；

（四）私下接触投标人；

（五）向招标人征询确定中标人的意向或者接受任何单位或者个人明示或者暗示提出的倾向或者排斥特定投标人的要求；

（六）对依法应当否决的投标不提出否决意见；

（七）暗示或者诱导投标人作出澄清、说明或者接受投标人主动提出的澄清、说明；

（八）其他不客观、不公正履行职务的行为。

第五十八条 依法必须进行招标的项目的招标人有下列情形之一的，由有关行政监督部门责令改正，可以处中标项目金额千分之十以下的罚款；给他人造成损失的，依法承担赔偿责任；对单位直接负责的主管人员和其他直接责任人员依法给予处分：

（一）无正当理由不发出中标通知书；

（二）不按照规定确定中标人；

（三）中标通知书发出后无正当理由改变中标结果；

（四）无正当理由不与中标人订立合同；

（五）在订立合同时向中标人提出附加条件。

中标通知书发出后，中标人放弃中标项目的，无正当理由不与招标人签订合同的，在签订合同时向招标人提出附加条件或者更改合同实质性内容的，或者拒不提交所要求的履约保证金的，取消其中标资格，投标保证金不予退还；给招标人的损失超过投标保证金数额的，中标人应当对超过部分予以赔偿；没有提交投标保证金的，应当对招标人的损失承担赔偿责任。对依法必须进行招标的项目的中标人，由有关行政监督部门责令改正，可以处中标金额千分之十以下罚款。

第五十九条 招标人不履行与中标人订立的合同的，应当返还中标人的履约保证金，并承担相应的赔偿责任；没有提交履约保证金的，应当对中标人的损失承担赔偿责任。

因不可抗力不能履行合同的，不适用前款规定。

第六十条 中标无效的，发出的中标通知书和签订的合同自始没有法律约束力，但不影响合同中独立存在的有关解决争议方法的条款的效力。

第六章　附　　则

第六十一条　不属于工程建设项目，但属于固定资产投资的货物招标投标活动，参照本办法执行。

第六十二条　使用国际组织或者外国政府贷款、援助资金的项目进行招标，贷款方、资金提供方对货物招标投标活动的条件和程序有不同规定的，可以适用其规定，但违背中华人民共和国社会公共利益的除外。

第六十三条　本办法由国家发展和改革委员会会同有关部门负责解释。

第六十四条　本办法自2005年3月1日起施行。

房屋建筑和市政基础设施工程施工招标投标管理办法

（2001年6月1日建设部令第89号发布　根据2018年9月28日《住房城乡建设部关于修改〈房屋建筑和市政基础设施工程施工招标投标管理办法〉的决定》修正）

第一章　总　　则

第一条　为了规范房屋建筑和市政基础设施工程施工招标投标活动，维护招标投标当事人的合法权益，依据《中华人民共和国建筑法》、《中华人民共和国招标投标法》等法律、行政法规，制定本办法。

第二条　依法必须进行招标的房屋建筑和市政基础设施工程（以下简称工程），其施工招标投标活动，适用本办法。

本办法所称房屋建筑工程，是指各类房屋建筑及其附属设施和与其配套的线路、管道、设备安装工程及室内外装修工程。

本办法所称市政基础设施工程，是指城市道路、公共交通、供水、排水、燃气、热力、园林、环卫、污水处理、垃圾处理、防洪、地下公共设施及附属设施的土建、管道、设备安装工程。

第三条　国务院建设行政主管部门负责全国工程施工招标投标活动的监督管理。

县级以上地方人民政府建设行政主管部门负责本行政区域内工程施工招标投标活动的监督管理。具体的监督管理工作，可以委托工程招标投标监督管理机构负责实施。

第四条　任何单位和个人不得违反法律、行政法规规定，限制或者排斥本地区、本系统以外的法人或者其他组织参加投标，不得以任何方式非法干涉施工招标投标活动。

第五条　施工招标投标活动及其当事人应当依法接受监督。

建设行政主管部门依法对施工招标投标活动实施监督，查处施工招标投标活动中的违法行为。

第二章　招　　标

第六条　工程施工招标由招标人依法组织实施。招标人不得以不合理条件限制或者排斥潜在投标人，不得对潜在投标人实行歧视待遇，不得对潜在投标人提出与招标工程实际要求不符的过高的资质等级要求和其他要求。

第七条　工程施工招标应当具备下列条件：

（一）按照国家有关规定需要履行项目审批手续的，已经履行审批手续；

（二）工程资金或者资金来源已经落实；

（三）有满足施工招标需要的设计文件及其他技术资料；

（四）法律、法规、规章规定的其他条件。

第八条　工程施工招标分为公开招标和邀请招标。

依法必须进行施工招标的工程，全部使用国有资金投资或者国有资金投资占控股或者主导地位的，应当公开招标，但经国家计委或者省、自治区、直辖市人民政府依法批准可以进行邀请招标的重点建设项目除外；其他工程可以实行邀请招标。

第九条　工程有下列情形之一的，经县级以上地方人民政府建设行政主管部门批准，可以不进行施工招标：

（一）停建或者缓建后恢复建设的单位工程，且承包人未发生变更的；

（二）施工企业自建自用的工程，且该施工企业资质等级符合工程要求的；

（三）在建工程追加的附属小型工程或者主体加层工程，且承包人未发生变更的；

（四）法律、法规、规章规定的其他情形。

第十条　依法必须进行施工招标的工程，招标人自行办理施工招标事宜的，应当具有编制招标文件和组织评标的能力：

（一）有专门的施工招标组织机构；

（二）有与工程规模、复杂程度相适应并具有同类工程施工招标经验、熟悉有关工程施工招标法律法规的工程技术、概预算及工程管理的专业人员。

不具备上述条件的，招标人应当委托工程招标代理机构代理施工招标。

第十一条　招标人自行办理施工招标事宜的，应当在发布招标公告或者发出投标邀请书的5日前，向工程所在地县级以上地方人民政府建设行政主管部门备案，并报送下列材料：

（一）按照国家有关规定办理审批手续的各项批准文件；

（二）本办法第十条所列条件的证明材料，包括专业技术人员的名单、职称证书或者执业资格证书及其工作经历的证明材料；

（三）法律、法规、规章规定的其他材料。

招标人不具备自行办理施工招标事宜条件的，建设行政主管部门应当自收到备案材料之日起5日内责令招标人停止自行办理施工招标事宜。

第十二条 全部使用国有资金投资或者国有资金投资占控股或者主导地位，依法必须进行施工招标的工程项目，应当进入有形建筑市场进行招标投标活动。

政府有关管理机关可以在有形建筑市场集中办理有关手续，并依法实施监督。

第十三条 依法必须进行施工公开招标的工程项目，应当在国家或者地方指定的报刊、信息网络或者其他媒介上发布招标公告，并同时在中国工程建设和建筑业信息网上发布招标公告。

招标公告应当载明招标人的名称和地址，招标工程的性质、规模、地点以及获取招标文件的办法等事项。

第十四条 招标人采用邀请招标方式的，应当向3个以上符合资质条件的施工企业发出投标邀请书。

投标邀请书应当载明本办法第十三条第二款规定的事项。

第十五条 招标人可以根据招标工程的需要，对投标申请人进行资格预审，也可以委托工程招标代理机构对投标申请人进行资格预审。实行资格预审的招标工程，招标人应当在招标公告或者投标邀请书中载明资格预审的条件和获取资格预审文件的办法。

资格预审文件一般应当包括资格预审申请书格式、申请人须知，以及需要投标申请人提供的企业资质、业绩、技术装备、财务状况和拟派出的项目经理与主要技术人员的简历、业绩等证明材料。

第十六条 经资格预审后，招标人应当向资格预审合格的投标申请人发出资格预审合格通知书，告知获取招标文件的时间、地点和方法，并同时向资格预审不合格的投标申请人告知资格预审结果。

在资格预审合格的投标申请人过多时，可以由招标人从中选择不少于7家资格预审合格的投标申请人。

第十七条 招标人应当根据招标工程的特点和需要，自行或者委托工程招标代理机构编制招标文件。招标文件应当包括下列内容：

（一）投标须知，包括工程概况，招标范围，资格审查条件，工程资金来源或者落实情况，标段划分，工期要求，质量标准，现场踏勘和答疑安排，投标文件编制、提交、修改、撤回的要求，投标报价要求，投标有效期，开标的时间和地点，评标的方法和标准等；

（二）招标工程的技术要求和设计文件；

（三）采用工程量清单招标的，应当提供工程量清单；

（四）投标函的格式及附录；

（五）拟签订合同的主要条款；

（六）要求投标人提交的其他材料。

第十八条 依法必须进行施工招标的工程，招标人应当在招标文件发出的同时，将招标文件报工程所在地的县级以上地方人民政府建设行政主管部门备案。建设行政主管部门发现招标文件有违反法律、法规内容的，应当责令招标人改正。

第十九条 招标人对已发出的招标文件进行必要的澄清或者修改的，应当在招标文件要求提交投标文件截止时间至少15日前，以书面形式通知所有招标文件收受人，并同时报工程所在地的县级以上地方人民政府建设行政主管部门备案。该澄清或者修改的内容为招标文件的组成部分。

第二十条 招标人设有标底的，应当依据国家规定的工程量计算规则及招标文件规定的计价方法和要求编制标底，并在开标前保密。一个招标工程只能编制一个标底。

第二十一条 招标人对于发出的招标文件可以酌收工本费。其中的设计文件，招标人可以酌收押金。对于开标后将设计文件退还的，招标人应当退还押金。

第三章 投　　标

第二十二条 施工招标的投标人是响应施工招标、参与投标竞争的施工企业。

投标人应当具备相应的施工企业资质，并在工程业绩、技术能力、项目经理资格条件、财务状况等方面满足招标文件提出的要求。

第二十三条 投标人对招标文件有疑问需要澄清的，应当以书面形式向招标人提出。

第二十四条 投标人应当按照招标文件的要求编制投标文件，对招标文件提出的实质性要求和条件作出响应。

招标文件允许投标人提供备选标的，投标人可以按照招标文件的要求提交替代方案，并作出相应报价作备选标。

第二十五条 投标文件应当包括下列内容：

（一）投标函；

（二）施工组织设计或者施工方案；

（三）投标报价；

（四）招标文件要求提供的其他材料。

第二十六条 招标人可以在招标文件中要求投标人提交投标担保。投标担保可以采用投标保函或者投标保证金的方式。投标保证金可以使用支票、银行汇票等，一般不得超过投标总价的2%，最高不得超过50万元。

投标人应当按照招标文件要求的方式和金额，将投标保函或者投标保证金随投标文件提交招标人。

第二十七条 投标人应当在招标文件要求提交投标文件的截止时间前，将投标文件密封送达投标地点。招标人收到投标文件后，应当向投标人出具标明签收人和签收时间的凭证，并妥善保存投标文件。在开标前，任何单位和个人均不得开启投标文件。在招标文件要求提交投标文件的截止时间后送达的投标文件，为无效的投标文件，招标人应当拒收。

提交投标文件的投标人少于3个的，招标人应当依法重新招标。

第二十八条　投标人在招标文件要求提交投标文件的截止时间前，可以补充、修改或者撤回已提交的投标文件。补充、修改的内容为投标文件的组成部分，并应当按照本办法第二十七条第一款的规定送达、签收和保管。在招标文件要求提交投标文件的截止时间后送达的补充或者修改的内容无效。

第二十九条　两个以上施工企业可以组成一个联合体，签订共同投标协议，以一个投标人的身份共同投标。联合体各方均应当具备承担招标工程的相应资质条件。相同专业的施工企业组成的联合体，按照资质等级低的施工企业的业务许可范围承揽工程。

招标人不得强制投标人组成联合体共同投标，不得限制投标人之间的竞争。

第三十条　投标人不得相互串通投标，不得排挤其他投标人的公平竞争，损害招标人或者其他投标人的合法权益。

投标人不得与招标人串通投标，损害国家利益、社会公共利益或者他人的合法权益。

禁止投标人以向招标人或者评标委员会成员行贿的手段谋取中标。

第三十一条　投标人不得以低于其企业成本的报价竞标，不得以他人名义投标或者以其他方式弄虚作假，骗取中标。

第四章　开标、评标和中标

第三十二条　开标应当在招标文件确定的提交投标文件截止时间的同一时间公开进行；开标地点应当为招标文件中预先确定的地点。

第三十三条　开标由招标人主持，邀请所有投标人参加。开标应当按照下列规定进行：

由投标人或者其推选的代表检查投标文件的密封情况，也可以由招标人委托的公证机构进行检查并公证。经确认无误后，由有关工作人员当众拆封，宣读投标人名称、投标价格和投标文件的其他主要内容。

招标人在招标文件要求提交投标文件的截止时间前收到的所有投标文件，开标时都应当当众予以拆封、宣读。

开标过程应当记录，并存档备查。

第三十四条　在开标时，投标文件出现下列情形之一的，应当作为无效投标文件，不得进入评标：

（一）投标文件未按照招标文件的要求予以密封的；

（二）投标文件中的投标函未加盖投标人的企业及企业法定代表人印章的，或者企业法定代表人委托代理人没有合法、有效的委托书（原件）及委托代理人印章的；

（三）投标文件的关键内容字迹模糊、无法辨认的；

（四）投标人未按照招标文件的要求提供投标保函或者投标保证金的；

（五）组成联合体投标的，投标文件未附联合体各方共同投标协议的。

第三十五条　评标由招标人依法组建的评标委员会负责。

依法必须进行施工招标的工程，其评标委员会由招标人的代表和有关技术、经济等方面的专家组成，成员人数为5人以上单数，其中招标人、招标代理机构以外的技术、经济等方面专家不得少于成员总数的2/3。评标委员会的专家成员，应当由招标人从建设行政主管部门及其他有关政府部门确定的专家名册或者工程招标代理机构的专家库内相关专业的专家名单中确定。确定专家成员一般应当采取随机抽取的方式。

与投标人有利害关系的人不得进入相关工程的评标委员会。评标委员会成员的名单在中标结果确定前应当保密。

第三十六条　建设行政主管部门的专家名册应当拥有一定数量规模并符合法定资格条件的专家。省、自治区、直辖市人民政府建设行政主管部门可以将专家数量少的地区的专家名册予以合并或者实行专家名册计算机联网。

建设行政主管部门应当对进入专家名册的专家组织有关法律和业务培训，对其评标能力、廉洁公正等进行综合评估，及时取消不称职或者违法违规人员的评标专家资格。被取消评标专家资格的人员，不得再参加任何评标活动。

第三十七条　评标委员会应当按照招标文件确定的评标标准和方法，对投标文件进行评审和比较，并对评标结果签字确认；设有标底的，应当参考标底。

第三十八条　评标委员会可以用书面形式要求投标人对投标文件中含义不明确的内容作必要的澄清或者说明。投标人应当采用书面形式进行澄清或者说明，其澄清或者说明不得超出投标文件的范围或者改变投标文件的实质性内容。

第三十九条　评标委员会经评审，认为所有投标文件都不符合招标文件要求的，可以否决所有投标。

依法必须进行施工招标工程的所有投标被否决的，招标人应当依法重新招标。

第四十条　评标可以采用综合评估法、经评审的最低投标价法或者法律法规允许的其他评标方法。

采用综合评估法的，应当对投标文件提出的工程质量、施工工期、投标价格、施工组织设计或者施工方案、投标人及项目经理业绩等，能否最大限度地满足招标文件中规定的各项要求和评价标准进行评审和比较。以评分方式进行评估的，对于各种评比奖项不得额外计分。

采用经评审的最低投标价法的，应当在投标文件能够满足招标文件实质性要求的投标人中，评审出投标价格最低的投标人，但投标价格低于其企业成本的除外。

第四十一条　评标委员会完成评标后，应当向招标人提出书面评标报告，阐明评标委员会对各投标文件的评审和比较意见，并按照招标文件中规定的评标方法，推荐不超过3名有排序的合格的中标候选人。招标人根据评标委员会提出的书面评标报告和推荐的中标候选人确定中标人。

使用国有资金投资或者国家融资的工程项目，招标人应当按照中标候选人的排序确定中标人。当确定中标的中标候选人放弃中标或者因不可抗力提出不能履行合同的，招标人可以依序确定其他中标候选人为中标人。

招标人也可以授权评标委员会直接确定中标人。

第四十二条 有下列情形之一的，评标委员会可以要求投标人作出书面说明并提供相关材料：

（一）设有标底的，投标报价低于标底合理幅度的；

（二）不设标底的，投标报价明显低于其他投标报价，有可能低于其企业成本的。

经评标委员会论证，认定该投标人的报价低于其企业成本的，不能推荐为中标候选人或者中标人。

第四十三条 招标人应当在投标有效期截止时限30日前确定中标人。投标有效期应当在招标文件中载明。

第四十四条 依法必须进行施工招标的工程，招标人应当自确定中标人之日起15日内，向工程所在地的县级以上地方人民政府建设行政主管部门提交施工招标投标情况的书面报告。书面报告应当包括下列内容：

（一）施工招标投标的基本情况，包括施工招标范围、施工招标方式、资格审查、开评标过程和确定中标人的方式及理由等。

（二）相关的文件资料，包括招标公告或者投标邀请书、投标报名表、资格预审文件、招标文件、评标委员会的评标报告（设有标底的，应当附标底）、中标人的投标文件。委托工程招标代理的，还应当附工程施工招标代理委托合同。

前款第二项中已按照本办法的规定办理了备案的文件资料，不再重复提交。

第四十五条 建设行政主管部门自收到书面报告之日起5日内未通知招标人在招标投标活动中有违法行为的，招标人可以向中标人发出中标通知书，并将中标结果通知所有未中标的投标人。

第四十六条 招标人和中标人应当自中标通知书发出之日起30日内，按照招标文件和中标人的投标文件订立书面合同；招标人和中标人不得再行订立背离合同实质性内容的其他协议。

中标人不与招标人订立合同的，投标保证金不予退还并取消其中标资格，给招标人造成的损失超过投标保证金数额的，应当对超过部分予以赔偿；没有提交投标保证金的，应当对招标人的损失承担赔偿责任。

招标人无正当理由不与中标人签订合同，给中标人造成损失的，招标人应当给予赔偿。

第四十七条 招标文件要求中标人提交履约担保的，中标人应当提交。招标人应当同时向中标人提供工程款支付担保。

第五章　罚　　则

第四十八条 有违反《招标投标法》行为的，县级以上地方人民政府建设行政主管部门应当按照《招标投标法》的规定予以处罚。

第四十九条 招标投标活动中有《招标投标法》规定中标无效情形的，由县级以上地方人民政府建设行政主管部门宣布中标无效，责令重新组织招标，并依法追究有关责任人责任。

第五十条 应当招标未招标的，应当公开招标未公开招标的，县级以上地方人民政府建设行政主管部门应当责令改正，拒不改正的，不得颁发施工许可证。

第五十一条 招标人不具备自行办理施工招标事宜条件而自行招标的，县级以上地方人民政府建设行政主管部门应当责令改正，处1万元以下的罚款。

第五十二条 评标委员会的组成不符合法律、法规规定的，县级以上地方人民政府建设行政主管部门应当责令招标人重新组织评标委员会。

第五十三条 招标人未向建设行政主管部门提交施工招标投标情况书面报告的，县级以上地方人民政府建设行政主管部门应当责令改正。

第六章　附　　则

第五十四条 工程施工专业分包、劳务分包采用招标方式的，参照本办法执行。

第五十五条 招标文件或者投标文件使用两种以上语言文字的，必须有一种是中文；如对不同文本的解释发生异议的，以中文文本为准。用文字表示的金额与数字表示的金额不一致的，以文字表示的金额为准。

第五十六条 涉及国家安全、国家秘密、抢险救灾或者属于利用扶贫资金实行以工代赈、需要使用农民工等特殊情况，不适宜进行施工招标的工程，按照国家有关规定可以不进行施工招标。

第五十七条 使用国际组织或者外国政府贷款、援助资金的工程进行施工招标，贷款方、资金提供方对招标投标的具体条件和程序有不同规定的，可以适用其规定，但违背中华人民共和国的社会公共利益的除外。

第五十八条 本办法由国务院建设行政主管部门负责解释。

第五十九条 本办法自发布之日起施行。1992年12月30日建设部颁布的《工程建设施工招标投标管理办法》（建设部令第23号）同时废止。

工程建设项目招标投标活动投诉处理办法

（2004年6月21日国家发展和改革委员会、建设部、铁道部、交通部、信息产业部、水利部、中国民用航空总局令第11号发布 根据2013年3月11日国家发展和改革委员会、工业和信息化部、财政部、住房和城乡建设部、交通运输部、铁道部、水利部、国家广播电影电视总局、中国民用航空局《关于废止和修改部分招标投标规章和规范性文件的决定》修订）

第一条 为保护国家利益、社会公共利益和招标投标当事人的合法权益，建立公平、高效的工程建设项目招标投标活动投诉处理机制，根据《中华人民共和国招标投标法》、《中华人民共和国招标投标法实施条例》，制定本办法。

第二条 本办法适用于工程建设项目招标投标活动的投诉及其处理活动。

前款所称招标投标活动，包括招标、投标、开标、评标、中标以及签订合同等各阶段。

第三条 投标人或者其他利害关系人认为招标投标活动不符合法律、法规和规章规定的，有权依法向有关行政监督部门投诉。

前款所称其他利害关系人是指投标人以外的，与招标项目或者招标活动有直接和间接利益关系的法人、其他组织和自然人。

第四条 各级发展改革、工业和信息化、住房城乡建设、水利、交通运输、铁道、商务、民航等招标投标活动行政监督部门，依照《国务院办公厅印发国务院有关部门实施招标投标活动行政监督的职责分工的意见的通知》（国办发〔2000〕34号）和地方各级人民政府规定的职责分工，受理投诉并依法做出处理决定。

对国家重大建设项目（含工业项目）招标投标活动的投诉，由国家发展改革委受理并依法做出处理决定。对国家重大建设项目招标投标活动的投诉，有关行业行政监督部门已经收到的，应当通报国家发展改革委，国家发展改革委不再受理。

第五条 行政监督部门处理投诉时，应当坚持公平、公正、高效原则，维护国家利益、社会公共利益和招标投标当事人的合法权益。

第六条 行政监督部门应当确定本部门内部负责受理投诉的机构及其电话、传真、电子信箱和通讯地址，并向社会公布。

第七条 投诉人投诉时，应当提交投诉书。投诉书应当包括下列内容：

（一）投诉人的名称、地址及有效联系方式；

（二）被投诉人的名称、地址及有效联系方式；

（三）投诉事项的基本事实；

（四）相关请求及主张；

（五）有效线索和相关证明材料。

对招标投标法实施条例规定应先提出异议的事项进行投诉的，应当附提出异议的证明文件。已向有关行政监督部门投诉的，应当一并说明。

投诉人是法人的，投诉书必须由其法定代表人或者授权代表签字并盖章；其他组织或者自然人投诉的，投诉书必须由其主要负责人或者投诉人本人签字，并附有效身份证明复印件。

投诉书有关材料是外文的，投诉人应当同时提供其中文译本。

第八条 投诉人不得以投诉为名排挤竞争对手，不得进行虚假、恶意投诉，阻碍招标投标活动的正常进行。

第九条 投诉人认为招标投标活动不符合法律行政法规规定的，可以在知道或者应当知道之日起十日内提出书面投诉。依照有关行政法规提出异议的，异议答复期间不计算在内。

第十条 投诉人可以自己直接投诉，也可以委托代理人办理投诉事务。代理人办理投诉事务时，应将授权委托书连同投诉书一并提交给行政监督部门。授权委托书应当明确有关委托代理权限和事项。

第十一条 行政监督部门收到投诉书后，应当在三个工作日内进行审查，视情况分别做出以下处理决定：

（一）不符合投诉处理条件的，决定不予受理，并将不予受理的理由书面告知投诉人；

（二）对符合投诉处理条件，但不属于本部门受理的投诉，书面告知投诉人向其他行政监督部门提出投诉；

对于符合投诉处理条件并决定受理的，收到投诉书之日即为正式受理。

第十二条 有下列情形之一的投诉，不予受理：

（一）投诉人不是所投诉招标投标活动的参与者，或者与投诉项目无任何利害关系；

（二）投诉事项不具体，且未提供有效线索，难以查证的；

（三）投诉书未署具投诉人真实姓名、签字和有效联系方式的；以法人名义投诉的，投诉书未经法定代表人签字并加盖公章的；

（四）超过投诉时效的；

（五）已经作出处理决定，并且投诉人没有提出新的证据的；

（六）投诉事项应先提出异议没有提出异议、已进入行政复议或行政诉讼程序的。

第十三条 行政监督部门负责投诉处理的工作人员，有下列情形之一的，应当主动回避：

(一)近亲属是被投诉人、投诉人,或者是被投诉人、投诉人的主要负责人;

(二)在近三年内本人曾经在被投诉人单位担任高级管理职务;

(三)与被投诉人、投诉人有其他利害关系,可能影响对投诉事项公正处理的。

第十四条 行政监督部门受理投诉后,应当调取、查阅有关文件,调查、核实有关情况。

对情况复杂、涉及面广的重大投诉事项,有权受理投诉的行政监督部门可以会同其他有关的行政监督部门进行联合调查,共同研究后由受理部门做出处理决定。

第十五条 行政监督部门调查取证时,应当由两名以上行政执法人员进行,并做笔录,交被调查人签字确认。

第十六条 在投诉处理过程中,行政监督部门应当听取被投诉人的陈述和申辩,必要时可通知投诉人和被投诉人进行质证。

第十七条 行政监督部门负责处理投诉的人员应当严格遵守保密规定,对于在投诉处理过程中所接触到的国家秘密、商业秘密应当予以保密,也不得将投诉事项透露给与投诉无关的其他单位和个人。

第十八条 行政监督部门处理投诉,有权查阅、复制有关文件、资料,调查有关情况,相关单位和人员应当予以配合。必要时,行政监督部门可以责令暂停招标投标活动。

对行政监督部门依法进行的调查,投诉人、被投诉人以及评标委员会成员等与投诉事项有关的当事人应当予以配合,如实提供有关资料及情况,不得拒绝、隐匿或者伪报。

第十九条 投诉处理决定做出前,投诉人要求撤回投诉的,应当以书面形式提出并说明理由,由行政监督部门视以下情况,决定是否准予撤回:

(一)已经查实有明显违法行为的,应当不准撤回,并继续调查直至做出处理决定;

(二)撤回投诉不损害国家利益、社会公共利益或者其他当事人合法权益的,应当准予撤回,投诉处理过程终止。投诉人不得以同一事实和理由再提出投诉。

第二十条 行政监督部门应当根据调查和取证情况,对投诉事项进行审查,按照下列规定做出处理决定:

(一)投诉缺乏事实根据或者法律依据的,或者投诉人捏造事实、伪造材料或者以非法手段取得证明材料进行投诉的,驳回投诉;

(二)投诉情况属实,招标投标活动确实存在违法行为的,依据《中华人民共和国招标投标法》、《中华人民共和国招标投标法实施条例》及其他有关法规、规章做出处罚。

第二十一条 负责受理投诉的行政监督部门应当自受理投诉之日起三十个工作日内,对投诉事项做出处理决定,并以书面形式通知投诉人、被投诉人和其他与投诉处理结果有关的当事人。需要检验、检测、鉴定、专家评审的,所需时间不计算在内。

第二十二条 投诉处理决定应当包括下列主要内容:

(一)投诉人和被投诉人的名称、住址;

(二)投诉人的投诉事项及主张;

(三)被投诉人的答辩及请求;

(四)调查认定的基本事实;

(五)行政监督部门的处理意见及依据。

第二十三条 行政监督部门应当建立投诉处理档案,并做好保存和管理工作,接受有关方面的监督检查。

第二十四条 行政监督部门在处理投诉过程中,发现被投诉人单位直接负责的主管人员和其他直接责任人员有违法、违规或者违纪行为的,应当建议其行政主管机关、纪检监察部门给予处分;情节严重构成犯罪的,移送司法机关处理。

对招标代理机构有违法行为,且情节严重的,依法暂停直至取消招标代理资格。

第二十五条 当事人对行政监督部门的投诉处理决定不服或者行政监督部门逾期未做处理的,可以依法申请行政复议或者向人民法院提起行政诉讼。

第二十六条 投诉人故意捏造事实、伪造证明材料或者以非法手段取得证明材料进行投诉,给他人造成损失的,依法承担赔偿责任。

第二十七条 行政监督部门工作人员在处理投诉过程中徇私舞弊、滥用职权或者玩忽职守,对投诉人打击报复的,依法给予行政处分;构成犯罪的,依法追究刑事责任。

第二十八条 行政监督部门在处理投诉过程中,不得向投诉人和被投诉人收取任何费用。

第二十九条 对于性质恶劣、情节严重的投诉事项,行政监督部门可以将投诉处理结果在有关媒体上公布,接受舆论和公众监督。

第三十条 本办法由国家发展改革委会同国务院有关部门解释。

第三十一条 本办法自2004年8月1日起施行。

建筑工程施工发包与承包计价管理办法

(2013年12月11日住房和城乡建设部令第16号公布 自2014年2月1日起施行)

第一条 为了规范建筑工程施工发包与承包计价行为,维护建筑工程发包与承包双方的合法权益,促进建筑市场的健康发展,根据有关法律、法规,制定本办法。

第二条 在中华人民共和国境内的建筑工程施工发包与

承包计价(以下简称工程发承包计价)管理,适用本办法。

本办法所称建筑工程是指房屋建筑和市政基础设施工程。

本办法所称工程发承包计价包括编制工程量清单、最高投标限价、招标标底、投标报价,进行工程结算,以及签订和调整合同价款等活动。

第三条　建筑工程施工发包与承包价在政府宏观调控下,由市场竞争形成。

工程发承包计价应当遵循公平、合法和诚实信用的原则。

第四条　国务院住房城乡建设主管部门负责全国工程发承包计价工作的管理。

县级以上地方人民政府住房城乡建设主管部门负责本行政区域内工程发承包计价工作的管理。其具体工作可以委托工程造价管理机构负责。

第五条　国家推广工程造价咨询制度,对建筑工程项目实行全过程造价管理。

第六条　全部使用国有资金投资或者以国有资金投资为主的建筑工程(以下简称国有资金投资的建筑工程),应当采用工程量清单计价;非国有资金投资的建筑工程,鼓励采用工程量清单计价。

国有资金投资的建筑工程招标的,应当设有最高投标限价;非国有资金投资的建筑工程招标的,可以设有最高投标限价或者招标标底。

最高投标限价及其成果文件,应当由招标人报工程所在地县级以上地方人民政府住房城乡建设主管部门备案。

第七条　工程量清单应当依据国家制定的工程量清单计价规范、工程量计算规范等编制。工程量清单应当作为招标文件的组成部分。

第八条　最高投标限价应当依据工程量清单、工程计价有关规定和市场价格信息等编制。招标人设有最高投标限价的,应当在招标时公布最高投标限价的总价,以及各单位工程的分部分项工程费、措施项目费、其他项目费、规费和税金。

第九条　招标标底应当依据工程计价有关规定和市场价格信息等编制。

第十条　投标报价不得低于工程成本,不得高于最高投标限价。

投标报价应当依据工程量清单、工程计价有关规定、企业定额和市场价格信息等编制。

第十一条　投标报价低于工程成本或者高于最高投标限价总价的,评标委员会应当否决投标人的投标。

对是否低于工程成本报价的异议,评标委员会可以参照国务院住房城乡建设主管部门和省、自治区、直辖市人民政府住房城乡建设主管部门发布的有关规定进行评审。

第十二条　招标人与中标人应当根据中标价订立合同。不实行招标投标的工程由发承包双方协商订立合同。

合同价款的有关事项由发承包双方约定,一般包括合同价款约定方式,预付工程款、工程进度款、工程竣工价款的支付和结算方式,以及合同价款的调整情形等。

第十三条　发承包双方在确定合同价款时,应当考虑市场环境和生产要素价格变化对合同价款的影响。

实行工程量清单计价的建筑工程,鼓励发承包双方采用单价方式确定合同价款。

建设规模较小、技术难度较低、工期较短的建筑工程,发承包双方可以采用总价方式确定合同价款。

紧急抢险、救灾以及施工技术特别复杂的建筑工程,发承包双方可以采用成本加酬金方式确定合同价款。

第十四条　发承包双方应当在合同中约定,发生下列情形时合同价款的调整方法:

(一)法律、法规、规章或者国家有关政策变化影响合同价款的;

(二)工程造价管理机构发布价格调整信息的;

(三)经批准变更设计的;

(四)发包方更改经审定批准的施工组织设计造成费用增加的;

(五)双方约定的其他因素。

第十五条　发承包双方应当根据国务院住房城乡建设主管部门和省、自治区、直辖市人民政府住房城乡建设主管部门的规定,结合工程款、建设工期等情况在合同中约定预付工程款的具体事宜。

预付工程款按照合同价款或者年度工程计划额度的一定比例确定和支付,并在工程进度款中予以抵扣。

第十六条　承包方应当按照合同约定向发包方提交已完成工程量报告。发包方收到工程量报告后,应当按照合同约定及时核对并确认。

第十七条　发承包双方应当按照合同约定,定期或者按照工程进度分段进行工程款结算和支付。

第十八条　工程完工后,应当按照下列规定进行竣工结算:

(一)承包方应当在工程完工后的约定期限内提交竣工结算文件。

(二)国有资金投资建筑工程的发包方,应当委托具有相应资质的工程造价咨询企业对竣工结算文件进行审核,并在收到竣工结算文件后的约定期限内向承包方提出由工程造价咨询企业出具的竣工结算文件审核意见;逾期未答复的,按照合同约定处理,合同没有约定的,竣工结算文件视为已被认可。

非国有资金投资的建筑工程发包方,应当在收到竣工结算文件后的约定期限内予以答复,逾期未答复的,按照合同约定处理,合同没有约定的,竣工结算文件视为已被认可;发包方对竣工结算文件有异议的,应当在答复期内向承包方提出,并可以在提出异议之日起的约定期限内与承包方协商；发包方在协商期内未与承包方协商或者经协商未能与承包方达成协议的，应当委托工程造价咨询企业进行竣工结算审核，并在协商期满后的约定期限内向承包方提出由工程造价咨询企业出具的竣工结算文件审核意见。

（三）承包方对发包方提出的工程造价咨询企业竣工结算审核意见有异议的，在接到该审核意见后一个月内，可以向有关工程造价管理机构或者有关行业组织申请调解，调解不成的，可以依法申请仲裁或者向人民法院提起诉讼。

发承包双方在合同中对本条第（一）项、第（二）项的期限没有明确约定的，应当按照国家有关规定执行；国家没有规定的，可认为其约定期限均为28日。

第十九条　工程竣工结算文件经发承包双方签字确认的，应当作为工程决算的依据，未经对方同意，另一方不得就已生效的竣工结算文件委托工程造价咨询企业重复审核。发包方应当按照竣工结算文件及时支付竣工结算款。

竣工结算文件应当由发包方报工程所在地县级以上地方人民政府住房城乡建设主管部门备案。

第二十条　造价工程师编制工程量清单、最高投标限价、招标标底、投标报价、工程结算审核和工程造价鉴定文件，应当签字并加盖造价工程师执业专用章。

第二十一条　县级以上地方人民政府住房城乡建设主管部门应当依照有关法律、法规和本办法规定，加强对建筑工程发承包计价活动的监督检查和投诉举报的核查，并有权采取下列措施：

（一）要求被检查单位提供有关文件和资料；

（二）就有关问题询问签署文件的人员；

（三）要求改正违反有关法律、法规、本办法或者工程建设强制性标准的行为。

县级以上地方人民政府住房城乡建设主管部门应当将监督检查的处理结果向社会公开。

第二十二条　造价工程师在最高投标限价、招标标底或者投标报价编制、工程结算审核和工程造价鉴定中，签署有虚假记载、误导性陈述的工程造价成果文件的，记入造价工程师信用档案，依照《注册造价工程师管理办法》进行查处；构成犯罪的，依法追究刑事责任。

第二十三条　工程造价咨询企业在建筑工程计价活动中，出具有虚假记载、误导性陈述的工程造价成果文件的，记入工程造价咨询企业信用档案，由县级以上地方人民政府住房城乡建设主管部门责令改正，处1万元以上3万元以下的罚款，并予以通报。

第二十四条　国家机关工作人员在建筑工程计价监督管理工作中玩忽职守、徇私舞弊、滥用职权的，由有关机关给予行政处分；构成犯罪的，依法追究刑事责任。

第二十五条　建筑工程以外的工程施工发包与承包计价管理可以参照本办法执行。

第二十六条　省、自治区、直辖市人民政府住房城乡建设主管部门可以根据本办法制定实施细则。

第二十七条　本办法自2014年2月1日起施行。原建设部2001年11月5日发布的《建筑工程施工发包与承包计价管理办法》（建设部令第107号）同时废止。

房屋建筑和市政基础设施工程施工分包管理办法

（2004年2月3日中华人民共和国建设部令第124号公布　根据2014年8月27日《住房和城乡建设部关于修改〈房屋建筑和市政基础设施工程施工分包管理办法〉的决定》修订）

第一条　为了规范房屋建筑和市政基础设施工程施工分包活动，维护建筑市场秩序，保证工程质量和施工安全，根据《中华人民共和国建筑法》、《中华人民共和国招标投标法》、《建设工程质量管理条例》等有关法律、法规，制定本办法。

第二条　在中华人民共和国境内从事房屋建筑和市政基础设施工程施工分包活动，实施对房屋建筑和市政基础设施工程施工分包活动的监督管理，适用本办法。

第三条　国务院住房城乡建设主管部门负责全国房屋建筑和市政基础设施工程施工分包的监督管理工作。

县级以上地方人民政府住房城乡建设主管部门负责本行政区域内房屋建筑和市政基础设施工程施工分包的监督管理工作。

第四条　本办法所称施工分包，是指建筑业企业将其所承包的房屋建筑和市政基础设施工程中的专业工程或者劳务作业发包给其他建筑业企业完成的活动。

第五条　房屋建筑和市政基础设施工程施工分包分为专业工程分包和劳务作业分包。

本办法所称专业工程分包，是指施工总承包企业（以下简称专业分包工程发包人）将其所承包工程中的专业工程发包给具有相应资质的其他建筑业企业（以下简称专业分包工程承包人）完成的活动。

本办法所称劳务作业分包，是指施工总承包企业或者专业承包企业（以下简称劳务作业发包人）将其承包工程中的劳务作业发包给劳务分包企业（以下简称劳务作业承包人）完成的活动。

本办法所称分包工程发包人包括本条第二款、第三款中的专业分包工程发包人和劳务作业发包人；分包工程承包人包括本条第二款、第三款中的专业分包工程承包人和劳务作业承包人。

第六条　房屋建筑和市政基础设施工程施工分包活动必

须依法进行。

鼓励发展专业承包企业和劳务分包企业，提倡分包活动进入有形建筑市场公开交易，完善有形建筑市场的分包工程交易功能。

第七条　建设单位不得直接指定分包工程承包人。任何单位和个人不得对依法实施的分包活动进行干预。

第八条　分包工程承包人必须具有相应的资质，并在其资质等级许可的范围内承揽业务。

严禁个人承揽分包工程业务。

第九条　专业工程分包除在施工总承包合同中有约定外，必须经建设单位认可。专业分包工程承包人必须自行完成所承包的工程。

劳务作业分包由劳务作业发包人与劳务作业承包人通过劳务合同约定。劳务作业承包人必须自行完成所承包的任务。

第十条　分包工程发包人和分包工程承包人应当依法签订分包合同，并按照合同履行约定的义务。分包合同必须明确约定支付工程款和劳务工资的时间、结算方式以及保证按期支付的相应措施，确保工程款和劳务工资的支付。

分包工程发包人应当在订立分包合同后7个工作日内，将合同送工程所在地县级以上地方人民政府住房城乡建设主管部门备案。分包合同发生重大变更的，分包工程发包人应当自变更后7个工作日内，将变更协议送原备案机关备案。

第十一条　分包工程发包人应当设立项目管理机构，组织管理所承包工程的施工活动。

项目管理机构应当具有与承包工程的规模、技术复杂程度相适应的技术、经济管理人员。其中，项目负责人、技术负责人、项目核算负责人、质量管理人员、安全管理人员必须是本单位的人员。具体要求由省、自治区、直辖市人民政府住房城乡建设主管部门规定。

前款所指本单位人员，是指与本单位有合法的人事或者劳动合同、工资以及社会保险关系的人员。

第十二条　分包工程发包人可以就分包合同的履行，要求分包工程承包人提供分包工程履约担保；分包工程承包人在提供担保后，要求分包工程发包人同时提供分包工程付款担保的，分包工程发包人应当提供。

第十三条　禁止将承包的工程进行转包。不履行合同约定，将其承包的全部工程发包给他人，或者将其承包的全部工程肢解后以分包的名义分别发包给他人的，属于转包行为。

违反本办法第十二条规定，分包工程发包人将工程分包后，未在施工现场设立项目管理机构和派驻相应人员，并未对该工程的施工活动进行组织管理的，视同转包行为。

第十四条　禁止将承包的工程进行违法分包。下列行为，属于违法分包：

（一）分包工程发包人将专业工程或者劳务作业分包给不具备相应资质条件的分包工程承包人的；

（二）施工总承包合同中未有约定，又未经建设单位认可，分包工程发包人将承包工程中的部分专业工程分包给他人的。

第十五条　禁止转让、出借企业资质证书或者以其他方式允许他人以本企业名义承揽工程。

分包工程发包人没有将其承包的工程进行分包，在施工现场所设项目管理机构的项目负责人、技术负责人、项目核算负责人、质量管理人员、安全管理人员不是工程承包人本单位人员的，视同允许他人以本企业名义承揽工程。

第十六条　分包工程承包人应当按照分包合同的约定对其承包的工程向分包工程发包人负责。分包工程发包人和分包工程承包人就分包工程对建设单位承担连带责任。

第十七条　分包工程发包人对施工现场安全负责，并对分包工程承包人的安全生产进行管理。专业分包工程承包人应当将其分包工程的施工组织设计和施工安全方案报分包工程发包人备案，专业分包工程发包人发现事故隐患，应当及时作出处理。

分包工程承包人就施工现场安全向分包工程发包人负责，并应当服从分包工程发包人对施工现场的安全生产管理。

第十八条　违反本办法规定，转包、违法分包或者允许他人以本企业名义承揽工程的，以及接受转包和用他人名义承揽工程的，按《中华人民共和国建筑法》、《中华人民共和国招标投标法》和《建设工程质量管理条例》的规定予以处罚。具体办法由国务院住房城乡建设主管部门依据有关法律法规另行制定。

第十九条　未取得建筑业企业资质承接分包工程的，按照《中华人民共和国建筑法》第六十五条第三款和《建设工程质量管理条例》第六十条第一款、第二款的规定处罚。

第二十条　本办法自2004年4月1日起施行。原城乡建设环境保护部1986年4月30日发布的《建筑安装工程总分包实施办法》同时废止。

住房城乡建设部办公厅关于工程总承包项目和政府采购工程建设项目办理施工许可手续有关事项的通知

（2017年7月13日　建办市〔2017〕46号）

各省、自治区住房城乡建设厅，直辖市建委，新疆生产建设兵团建设局：

为贯彻落实《国务院办公厅关于促进建筑业持续健康发展的意见》（国办发〔2017〕19号），进一步深化建筑业“放管服”改革，完善建筑工程施工许可制度，依法为工程总承包项目和政府采购工程建设项目办理施工许可手续，现将有关事项通知如下：

一、关于工程总承包项目施工许可

对采用工程总承包模式的工程建设项目，在施工许可证及其申请表中增加“工程总承包单位”和“工程总承包项目经理”栏目。各级住房城乡建设主管部门可以根据工程总承包合同及分包合同确定设计、施工单位，依法办理施工许可证。

对在工程总承包项目中承担分包工作，且已与工程总承包单位签订分包合同的设计单位或施工单位，各级住房城乡建设主管部门不得要求其与建设单位签订设计合同或施工合同，也不得将上述要求作为申请领取施工许可证的前置条件。

二、关于政府采购工程建设项目施工许可

对依法通过竞争性谈判或单一来源方式确定供应商的政府采购工程建设项目，应严格执行建筑法、《建筑工程施工许可管理办法》等规定，对符合申请条件的，应当颁发施工许可证。

5. 建筑工程设计与验收

建设工程勘察设计管理条例

（2000年9月25日中华人民共和国国务院令第293号公布　根据2015年6月12日《国务院关于修改〈建设工程勘察设计管理条例〉的决定》第一次修订　根据2017年10月7日《国务院关于修改部分行政法规的决定》第二次修订）

第一章　总　　则

第一条　为了加强对建设工程勘察、设计活动的管理，保证建设工程勘察、设计质量，保护人民生命和财产安全，制定本条例。

第二条　从事建设工程勘察、设计活动，必须遵守本条例。

本条例所称建设工程勘察，是指根据建设工程的要求，查明、分析、评价建设场地的地质地理环境特征和岩土工程条件，编制建设工程勘察文件的活动。

本条例所称建设工程设计，是指根据建设工程的要求，对建设工程所需的技术、经济、资源、环境等条件进行综合分析、论证，编制建设工程设计文件的活动。

第三条　建设工程勘察、设计应当与社会、经济发展水平相适应，做到经济效益、社会效益和环境效益相统一。

第四条　从事建设工程勘察、设计活动，应当坚持先勘察、后设计、再施工的原则。

第五条　县级以上人民政府建设行政主管部门和交通、水利等有关部门应当依照本条例的规定，加强对建设工程勘察、设计活动的监督管理。

建设工程勘察、设计单位必须依法进行建设工程勘察、设计，严格执行工程建设强制性标准，并对建设工程勘察、设计的质量负责。

第六条　国家鼓励在建设工程勘察、设计活动中采用先进技术、先进工艺、先进设备、新型材料和现代管理方法。

第二章　资质资格管理

第七条　国家对从事建设工程勘察、设计活动的单位，实行资质管理制度。具体办法由国务院建设行政主管部门商国务院有关部门制定。

第八条　建设工程勘察、设计单位应当在其资质等级许可的范围内承揽建设工程勘察、设计业务。

禁止建设工程勘察、设计单位超越其资质等级许可的范围或者以其他建设工程勘察、设计单位的名义承揽建设工程勘察、设计业务。禁止建设工程勘察、设计单位允许其他单位或者个人以本单位的名义承揽建设工程勘察、设计业务。

第九条　国家对从事建设工程勘察、设计活动的专业技术人员，实行执业资格注册管理制度。

未经注册的建设工程勘察、设计人员，不得以注册执业人员的名义从事建设工程勘察、设计活动。

第十条　建设工程勘察、设计注册执业人员和其他专业技术人员只能受聘于一个建设工程勘察、设计单位；未受聘于建设工程勘察、设计单位的，不得从事建设工程的勘察、设计活动。

第十一条　建设工程勘察、设计单位资质证书和执业人员注册证书，由国务院建设行政主管部门统一制作。

第三章　建设工程勘察设计发包与承包

第十二条　建设工程勘察、设计发包依法实行招标发包或者直接发包。

第十三条　建设工程勘察、设计应当依照《中华人民共和国招标投标法》的规定，实行招标发包。

第十四条　建设工程勘察、设计方案评标，应当以投标人的业绩、信誉和勘察、设计人员的能力以及勘察、设计方案的优劣为依据，进行综合评定。

第十五条　建设工程勘察、设计的招标人应当在评标委员会推荐的候选方案中确定中标方案。但是，建设工程勘察、设计的招标人认为评标委员会推荐的候选方案不能最大限度满足招标文件规定的要求的，应当依法重新招标。

第十六条　下列建设工程的勘察、设计，经有关主管部门批准，可以直接发包：

（一）采用特定的专利或者专有技术的；

（二）建筑艺术造型有特殊要求的；

（三）国务院规定的其他建设工程的勘察、设计。

第十七条　发包方不得将建设工程勘察、设计业务发包给不具有相应勘察、设计资质等级的建设工程勘察、设计单位。

第十八条　发包方可以将整个建设工程的勘察、设计发包给一个勘察、设计单位；也可以将建设工程的勘察、设计分别发包给几个勘察、设计单位。

第十九条　除建设工程主体部分的勘察、设计外，经发包方书面同意，承包方可以将建设工程其他部分的勘察、设计再分包给其他具有相应资质等级的建设工程勘察、设计单位。

第二十条　建设工程勘察、设计单位不得将所承揽的建设工程勘察、设计转包。

第二十一条　承包方必须在建设工程勘察、设计资质证书规定的资质等级和业务范围内承揽建设工程的勘察、设计业务。

第二十二条　建设工程勘察、设计的发包方与承包方，应当执行国家规定的建设工程勘察、设计程序。

第二十三条　建设工程勘察、设计的发包方与承包方应当签订建设工程勘察、设计合同。

第二十四条　建设工程勘察、设计发包方与承包方应当执行国家有关建设工程勘察费、设计费的管理规定。

第四章　建设工程勘察设计文件的编制与实施

第二十五条　编制建设工程勘察、设计文件，应当以下列规定为依据：

（一）项目批准文件；

（二）城乡规划；

（三）工程建设强制性标准；

（四）国家规定的建设工程勘察、设计深度要求。

铁路、交通、水利等专业建设工程，还应当以专业规划的要求为依据。

第二十六条　编制建设工程勘察文件，应当真实、准确，满足建设工程规划、选址、设计、岩土治理和施工的需要。

编制方案设计文件，应当满足编制初步设计文件和控制概算的需要。

编制初步设计文件，应当满足编制施工招标文件、主要设备材料订货和编制施工图设计文件的需要。

编制施工图设计文件，应当满足设备材料采购、非标准设备制作和施工的需要，并注明建设工程合理使用年限。

第二十七条　设计文件中选用的材料、构配件、设备，应当注明其规格、型号、性能等技术指标，其质量要求必须符合国家规定的标准。

除有特殊要求的建筑材料、专用设备和工艺生产线等外，设计单位不得指定生产厂、供应商。

第二十八条　建设单位、施工单位、监理单位不得修改建设工程勘察、设计文件；确需修改建设工程勘察、设计文件的，应当由原建设工程勘察、设计单位修改。经原建设工程勘察、设计单位书面同意，建设单位也可以委托其他具有相应资质的建设工程勘察、设计单位修改。修改单位对修改的勘察、设计文件承担相应责任。

施工单位、监理单位发现建设工程勘察、设计文件不符合工程建设强制性标准、合同约定的质量要求的，应当报告建设单位，建设单位有权要求建设工程勘察、设计单位对建设工程勘察、设计文件进行补充、修改。

建设工程勘察、设计文件内容需要作重大修改的，建设单位应当报经原审批机关批准后，方可修改。

第二十九条　建设工程勘察、设计文件中规定采用的新技术、新材料，可能影响建设工程质量和安全，又没有国家技术标准的，应当由国家认可的检测机构进行试验、论证，出具检测报告，并经国务院有关部门或者省、自治区、直辖市人民政府有关部门组织的建设工程技术专家委员会审定后，方可使用。

第三十条　建设工程勘察、设计单位应当在建设工程施工前，向施工单位和监理单位说明建设工程勘察、设计意图，解释建设工程勘察、设计文件。

建设工程勘察、设计单位应当及时解决施工中出现的勘察、设计问题。

第五章　监督管理

第三十一条　国务院建设行政主管部门对全国的建设工程勘察、设计活动实施统一监督管理。国务院铁路、交通、水利等有关部门按照国务院规定的职责分工，负责对全国的有关专业建设工程勘察、设计活动的监督管理。

县级以上地方人民政府建设行政主管部门对本行政区域内的建设工程勘察、设计活动实施监督管理。县级以上地方人民政府交通、水利等有关部门在各自的职责范围内，负责对本行政区域内的有关专业建设工程勘察、设计活动的监督管理。

第三十二条　建设工程勘察、设计单位在建设工程勘察、设计资质证书规定的业务范围内跨部门、跨地区承揽勘察、设计业务的，有关地方人民政府及其所属部门不得设置障碍，不得违反国家规定收取任何费用。

第三十三条　施工图设计文件审查机构应当对房屋建筑工程、市政基础设施工程施工图设计文件中涉及公共利益、公众安全、工程建设强制性标准的内容进行审查。县级以上人民政府交通运输等有关部门应当按照职责对施工图设计文件中涉及公共利益、公众安全、工程建设强制性标准的内容进行审查。

施工图设计文件未经审查批准的，不得使用。

第三十四条　任何单位和个人对建设工程勘察、设计活动中的违法行为都有权检举、控告、投诉。

第六章　罚　　则

第三十五条　违反本条例第八条规定的，责令停止违法行为，处合同约定的勘察费、设计费1倍以上2倍以下的罚款，有违法所得的，予以没收；可以责令停业整顿，降低资质等级；情节严重的，吊销资质证书。

未取得资质证书承揽工程的，予以取缔，依照前款规定处以罚款；有违法所得的，予以没收。

以欺骗手段取得资质证书承揽工程的，吊销资质证书，依照本条第一款规定处以罚款；有违法所得的，予以没收。

第三十六条 违反本条例规定，未经注册，擅自以注册建设工程勘察、设计人员的名义从事建设工程勘察、设计活动的，责令停止违法行为，没收违法所得，处违法所得2倍以上5倍以下罚款；给他人造成损失的，依法承担赔偿责任。

第三十七条 违反本条例规定，建设工程勘察、设计注册执业人员和其他专业技术人员未受聘于一个建设工程勘察、设计单位或者同时受聘于两个以上建设工程勘察、设计单位，从事建设工程勘察、设计活动的，责令停止违法行为，没收违法所得，处违法所得2倍以上5倍以下的罚款；情节严重的，可以责令停止执行业务或者吊销资格证书；给他人造成损失的，依法承担赔偿责任。

第三十八条 违反本条例规定，发包方将建设工程勘察、设计业务发包给不具有相应资质等级的建设工程勘察、设计单位的，责令改正，处50万元以上100万元以下的罚款。

第三十九条 违反本条例规定，建设工程勘察、设计单位将所承揽的建设工程勘察、设计转包的，责令改正，没收违法所得，处合同约定的勘察费、设计费25%以上50%以下的罚款，可以责令停业整顿，降低资质等级；情节严重的，吊销资质证书。

第四十条 违反本条例规定，勘察、设计单位未依据项目批准文件，城乡规划及专业规划，国家规定的建设工程勘察、设计深度要求编制建设工程勘察、设计文件的，责令限期改正；逾期不改正的，处10万元以上30万元以下的罚款；造成工程质量事故或者环境污染和生态破坏的，责令停业整顿，降低资质等级；情节严重的，吊销资质证书；造成损失的，依法承担赔偿责任。

第四十一条 违反本条例规定，有下列行为之一的，依照《建设工程质量管理条例》第六十三条的规定给予处罚：

（一）勘察单位未按照工程建设强制性标准进行勘察的；

（二）设计单位未根据勘察成果文件进行工程设计的；

（三）设计单位指定建筑材料、建筑构配件的生产厂、供应商的；

（四）设计单位未按照工程建设强制性标准进行设计的。

第四十二条 本条例规定的责令停业整顿、降低资质等级和吊销资质证书、资格证书的行政处罚，由颁发资质证书、资格证书的机关决定；其他行政处罚，由建设行政主管部门或者其他有关部门依据法定职权范围决定。

依照本条例规定被吊销资质证书的，由工商行政管理部门吊销其营业执照。

第四十三条 国家机关工作人员在建设工程勘察、设计活动的监督管理工作中玩忽职守、滥用职权、徇私舞弊，构成犯罪的，依法追究刑事责任；尚不构成犯罪的，依法给予行政处分。

第七章 附 则

第四十四条 抢险救灾及其他临时性建筑和农民自建两层以下住宅的勘察、设计活动，不适用本条例。

第四十五条 军事建设工程勘察、设计的管理，按照中央军事委员会的有关规定执行。

第四十六条 本条例自公布之日起施行。

房屋建筑和市政基础设施工程施工图设计文件审查管理办法

（2013年4月27日住房和城乡建设部令第13号公布 根据2015年5月4日《住房和城乡建设部关于修改〈房地产开发企业资质管理规定〉等部门规章的决定》第一次修正 根据2018年12月29日《住房和城乡建设部关于修改〈房屋建筑和市政基础设施工程施工图设计文件审查管理办法〉的决定》第二次修正）

第一条 为了加强对房屋建筑工程、市政基础设施工程施工图设计文件审查的管理，提高工程勘察设计质量，根据《建设工程质量管理条例》、《建设工程勘察设计管理条例》等行政法规，制定本办法。

第二条 在中华人民共和国境内从事房屋建筑工程、市政基础设施工程施工图设计文件审查和实施监督管理的，应当遵守本办法。

第三条 国家实施施工图设计文件（含勘察文件，以下简称施工图）审查制度。

本办法所称施工图审查，是指施工图审查机构（以下简称审查机构）按照有关法律、法规，对施工图涉及公共利益、公众安全和工程建设强制性标准的内容进行的审查。施工图审查应当坚持先勘察、后设计的原则。

施工图未经审查合格的，不得使用。从事房屋建筑工程、市政基础设施工程施工、监理等活动，以及实施对房屋建筑和市政基础设施工程质量安全监督管理，应当以审查合格的施工图为依据。

第四条 国务院住房城乡建设主管部门负责对全国的施工图审查工作实施指导、监督。

县级以上地方人民政府住房城乡建设主管部门负责对本行政区域内的施工图审查工作实施监督管理。

第五条 省、自治区、直辖市人民政府住房城乡建设主管部门应当会同有关主管部门按照本办法规定的审查机构条件，结合本行政区域内的建设规模，确定相应数量的审查机构,逐步推行以政府购买服务方式开展施工图设计文件审查。具体办法由国务院住房城乡建设主管部门另行规定。

审查机构是专门从事施工图审查业务,不以营利为目的的独立法人。

省、自治区、直辖市人民政府住房城乡建设主管部门应当将审查机构名录报国务院住房城乡建设主管部门备案,并向社会公布。

第六条 审查机构按承接业务范围分两类,一类机构承接房屋建筑、市政基础设施工程施工图审查业务范围不受限制;二类机构可以承接中型及以下房屋建筑、市政基础设施工程的施工图审查。

房屋建筑、市政基础设施工程的规模划分,按照国务院住房城乡建设主管部门的有关规定执行。

第七条 一类审查机构应当具备下列条件:

(一)有健全的技术管理和质量保证体系。

(二)审查人员应当有良好的职业道德;有15年以上所需专业勘察、设计工作经历;主持过不少于5项大型房屋建筑工程、市政基础设施工程相应专业的设计或者甲级工程勘察项目相应专业的勘察;已实行执业注册制度的专业,审查人员应当具有一级注册建筑师、一级注册结构工程师或者勘察设计注册工程师资格,并在本审查机构注册;未实行执业注册制度的专业,审查人员应当具有高级工程师职称;近5年内未因违反工程建设法律法规和强制性标准受到行政处罚。

(三)在本审查机构专职工作的审查人员数量:从事房屋建筑工程施工图审查的,结构专业审查人员不少于7人,建筑专业不少于3人,电气、暖通、给排水、勘察等专业审查人员各不少于2人;从事市政基础设施工程施工图审查的,所需专业的审查人员不少于7人,其他必须配套的专业审查人员各不少于2人;专门从事勘察文件审查的,勘察专业审查人员不少于7人。

承担超限高层建筑工程施工图审查的,还应当具有主持过超限高层建筑工程或者100米以上建筑工程结构专业设计的审查人员不少于3人。

(四)60岁以上审查人员不超过该专业审查人员规定数的1/2。

第八条 二类审查机构应当具备下列条件:

(一)有健全的技术管理和质量保证体系。

(二)审查人员应当有良好的职业道德;有10年以上所需专业勘察、设计工作经历;主持过不少于5项中型以上房屋建筑工程、市政基础设施工程相应专业的设计或者乙级以上工程勘察项目相应专业的勘察;已实行执业注册制度的专业,审查人员应当具有一级注册建筑师、一级注册结构工程师或者勘察设计注册工程师资格,并在本审查机构注册;未实行执业注册制度的专业,审查人员应当具有高级工程师职称;近5年内未因违反工程建设法律法规和强制性标准受到行政处罚。

(三)在本审查机构专职工作的审查人员数量:从事房屋建筑工程施工图审查的,结构专业审查人员不少于3人,建筑、电气、暖通、给排水、勘察等专业审查人员各不少于2人;从事市政基础设施工程施工图审查的,所需专业的审查人员不少于4人,其他必须配套的专业审查人员各不少于2人;专门从事勘察文件审查的,勘察专业审查人员不少于4人。

(四)60岁以上审查人员不超过该专业审查人员规定数的1/2。

第九条 建设单位应当将施工图送审查机构审查,但审查机构不得与所审查项目的建设单位、勘察设计企业有隶属关系或者其他利害关系。送审管理的具体办法由省、自治区、直辖市人民政府住房城乡建设主管部门按照“公开、公平、公正”的原则规定。

建设单位不得明示或者暗示审查机构违反法律法规和工程建设强制性标准进行施工图审查,不得压缩合理审查周期、压低合理审查费用。

第十条 建设单位应当向审查机构提供下列资料并对所提供资料的真实性负责:

(一)作为勘察、设计依据的政府有关部门的批准文件及附件;

(二)全套施工图;

(三)其他应当提交的材料。

第十一条 审查机构应当对施工图审查下列内容:

(一)是否符合工程建设强制性标准;

(二)地基基础和主体结构的安全性;

(三)消防安全性;

(四)人防工程(不含人防指挥工程)防护安全性;

(五)是否符合民用建筑节能强制性标准,对执行绿色建筑标准的项目,还应当审查是否符合绿色建筑标准;

(六)勘察设计企业和注册执业人员以及相关人员是否按规定在施工图上加盖相应的图章和签字;

(七)法律、法规、规章规定必须审查的其他内容。

第十二条 施工图审查原则上不超过下列时限:

(一)大型房屋建筑工程、市政基础设施工程为15个工作日,中型及以下房屋建筑工程、市政基础设施工程为10个工作日。

(二)工程勘察文件,甲级项目为7个工作日,乙级及以下项目为5个工作日。

以上时限不包括施工图修改时间和审查机构的复审时间。

第十三条 审查机构对施工图进行审查后,应当根据下列情况分别作出处理:

(一)审查合格的,审查机构应当向建设单位出具审查合格书,并在全套施工图上加盖审查专用章。审查合格书应当有各专业的审查人员签字，经法定代表人签发，并加盖审查机构公章。审查机构应当在出具审查合格书后5个工作日内，将审查情况报工程所在地县级以上地方人民政府住房城乡建设主管部门备案。

（二）审查不合格的，审查机构应当将施工图退建设单位并出具审查意见告知书，说明不合格原因。同时，应当将审查意见告知书及审查中发现的建设单位、勘察设计企业和注册执业人员违反法律、法规和工程建设强制性标准的问题，报工程所在地县级以上地方人民政府住房城乡建设主管部门。

施工图退建设单位后，建设单位应当要求原勘察设计企业进行修改，并将修改后的施工图送原审查机构复审。

第十四条 任何单位或者个人不得擅自修改审查合格的施工图；确需修改的，凡涉及本办法第十一条规定内容的，建设单位应当将修改后的施工图送原审查机构审查。

第十五条 勘察设计企业应当依法进行建设工程勘察、设计，严格执行工程建设强制性标准，并对建设工程勘察、设计的质量负责。

审查机构对施工图审查工作负责，承担审查责任。施工图经审查合格后，仍有违反法律、法规和工程建设强制性标准的问题，给建设单位造成损失的，审查机构依法承担相应的赔偿责任。

第十六条 审查机构应当建立、健全内部管理制度。施工图审查应当有经各专业审查人员签字的审查记录。审查记录、审查合格书、审查意见告知书等有关资料应当归档保存。

第十七条 已实行执业注册制度的专业，审查人员应当按规定参加执业注册继续教育。

未实行执业注册制度的专业，审查人员应当参加省、自治区、直辖市人民政府住房城乡建设主管部门组织的有关法律、法规和技术标准的培训，每年培训时间不少于40学时。

第十八条 按规定应当进行审查的施工图，未经审查合格的，住房城乡建设主管部门不得颁发施工许可证。

第十九条 县级以上人民政府住房城乡建设主管部门应当加强对审查机构的监督检查，主要检查下列内容：

（一）是否符合规定的条件；

（二）是否超出范围从事施工图审查；

（三）是否使用不符合条件的审查人员；

（四）是否按规定的内容进行审查；

（五）是否按规定上报审查过程中发现的违法违规行为；

（六）是否按规定填写审查意见告知书；

（七）是否按规定在审查合格书和施工图上签字盖章；

（八）是否建立健全审查机构内部管理制度；

（九）审查人员是否按规定参加继续教育。

县级以上人民政府住房城乡建设主管部门实施监督检查时，有权要求被检查的审查机构提供有关施工图审查的文件和资料，并将监督检查结果向社会公布。

涉及消防安全性、人防工程（不含人防指挥工程）防护安全性的，由县级以上人民政府有关部门按照职责分工实施监督检查和行政处罚，并将监督检查结果向社会公布。

第二十条 审查机构应当向县级以上地方人民政府住房城乡建设主管部门报审查情况统计信息。

县级以上地方人民政府住房城乡建设主管部门应当定期对施工图审查情况进行统计，并将统计信息报上级住房城乡建设主管部门。

第二十一条 县级以上人民政府住房城乡建设主管部门应当及时受理对施工图审查工作中违法、违规行为的检举、控告和投诉。

第二十二条 县级以上人民政府住房城乡建设主管部门对审查机构报告的建设单位、勘察设计企业、注册执业人员的违法违规行为，应当依法进行查处。

第二十三条 审查机构列入名录后不再符合规定条件的，省、自治区、直辖市人民政府住房城乡建设主管部门应当责令其限期改正；逾期不改的，不再将其列入审查机构名录。

第二十四条 审查机构违反本办法规定，有下列行为之一的，由县级以上地方人民政府住房城乡建设主管部门责令改正，处3万元罚款，并记入信用档案；情节严重的，省、自治区、直辖市人民政府住房城乡建设主管部门不再将其列入审查机构名录：

（一）超出范围从事施工图审查的；

（二）使用不符合条件审查人员的；

（三）未按规定的内容进行审查的；

（四）未按规定上报审查过程中发现的违法违规行为的；

（五）未按规定填写审查意见告知书的；

（六）未按规定在审查合格书和施工图上签字盖章的；

（七）已出具审查合格书的施工图，仍有违反法律、法规和工程建设强制性标准的。

第二十五条 审查机构出具虚假审查合格书的，审查合格书无效，县级以上地方人民政府住房城乡建设主管部门处3万元罚款，省、自治区、直辖市人民政府住房城乡建设主管部门不再将其列入审查机构名录。

审查人员在虚假审查合格书上签字的，终身不得再担任审查人员；对于已实行执业注册制度的专业的审查人员，还应当依照《建设工程质量管理条例》第七十二条、《建设工程安全生产管理条例》第五十八条规定予以处罚。

第二十六条 建设单位违反本办法规定，有下列行为之一的，由县级以上地方人民政府住房城乡建设主管部门责令改正，处3万元罚款；情节严重的，予以通报：

（一）压缩合理审查周期的；

（二）提供不真实送审资料的；

（三）对审查机构提出不符合法律、法规和工程建设强制性标准要求的。

建设单位为房地产开发企业的，还应当依照《房地产开发企业资质管理规定》进行处理。

第二十七条 依照本办法规定，给予审查机构罚款处罚的，对机构的法定代表人和其他直接责任人员处机构罚款数额5%以上10%以下的罚款，并记入信用档案。

第二十八条 省、自治区、直辖市人民政府住房城乡建设主管部门未按照本办法规定确定审查机构的，国务院住房城乡建设主管部门责令改正。

第二十九条 国家机关工作人员在施工图审查监督管理工作中玩忽职守、滥用职权、徇私舞弊，构成犯罪的，依法追究刑事责任；尚不构成犯罪的，依法给予行政处分。

第三十条 省、自治区、直辖市人民政府住房城乡建设主管部门可以根据本办法，制定实施细则。

第三十一条 本办法自2013年8月1日起施行。原建设部2004年8月23日发布的《房屋建筑和市政基础设施工程施工图设计文件审查管理办法》（建设部令第134号）同时废止。

建设工程勘察质量管理办法

（2002年12月4日建设部令第115号发布 2007年11月22日建设部令第163号修订）

第一章 总 则

第一条 为了加强对建设工程勘察质量的管理，保证建设工程质量，根据《中华人民共和国建筑法》、《建设工程质量管理条例》、《建设工程勘察设计管理条例》等有关法律、法规，制定本办法。

第二条 凡在中华人民共和国境内从事建设工程勘察活动的，必须遵守本办法。

本办法所称建设工程勘察，是指根据建设工程的要求，查明、分析、评价建设场地的地质地理环境特征和岩土工程条件，编制建设工程勘察文件的活动。

第三条 工程勘察企业应当按照有关建设工程质量的法律、法规、工程建设强制性标准和勘察合同进行勘察工作，并对勘察质量负责。

勘察文件应当符合国家规定的勘察深度要求，必须真实、准确。

第四条 国务院建设行政主管部门对全国的建设工程勘察质量实施统一监督管理。

国务院铁路、交通、水利等有关部门按照国务院规定的职责分工，负责对全国的有关专业建设工程勘察质量的监督管理。

县级以上地方人民政府建设行政主管部门对本行政区域内的建设工程勘察质量实施监督管理。

县级以上地方人民政府有关部门在各自的职责范围内，负责对本行政区域内的有关专业建设工程勘察质量的监督管理。

第二章 质量责任和义务

第五条 建设单位应当为勘察工作提供必要的现场工作条件，保证合理的勘察工期，提供真实、可靠的原始资料。

建设单位应当严格执行国家收费标准，不得迫使工程勘察企业以低于成本的价格承揽任务。

第六条 工程勘察企业必须依法取得工程勘察资质证书，并在资质等级许可的范围内承揽勘察业务。

工程勘察企业不得超越其资质等级许可的业务范围或者以其他勘察企业的名义承揽勘察业务；不得允许其他企业或者个人以本企业的名义承揽勘察业务；不得转包或者违法分包所承揽的勘察业务。

第七条 工程勘察企业应当健全勘察质量管理体系和质量责任制度。

第八条 工程勘察企业应当拒绝用户提出的违反国家有关规定的不合理要求，有权提出保证工程勘察质量所必需的现场工作条件和合理工期。

第九条 工程勘察企业应当参与施工验槽，及时解决工程设计和施工中与勘察工作有关的问题。

第十条 工程勘察企业应当参与建设工程质量事故的分析，并对因勘察原因造成的质量事故，提出相应的技术处理方案。

第十一条 工程勘察项目负责人、审核人、审定人及有关技术人员应当具有相应的技术职称或者注册资格。

第十二条 项目负责人应当组织有关人员做好现场踏勘、调查，按照要求编写《勘察纲要》，并对勘察过程中各项作业资料验收和签字。

第十三条 工程勘察企业的法定代表人、项目负责人、审核人、审定人等相关人员，应当在勘察文件上签字或者盖章，并对勘察质量负责。

工程勘察企业法定代表人对本企业勘察质量全面负责；项目负责人对项目的勘察文件负主要质量责任；项目审核人、审定人对其审核、审定项目的勘察文件负审核、审定的质量责任。

第十四条 工程勘察工作的原始记录应当在勘察过程中及时整理、核对，确保取样、记录的真实和准确，严禁离开现场追记或者补记。

第十五条 工程勘察企业应当确保仪器、设备的完好。钻探、取样的机具设备、原位测试、室内试验及测量仪器等应当符合有关规范、规程的要求。

第十六条 工程勘察企业应当加强职工技术培训和职业

道德教育，提高勘察人员的质量责任意识。观测员、试验员、记录员、机长等现场作业人员应当接受专业培训，方可上岗。

第十七条 工程勘察企业应当加强技术档案的管理工作。工程项目完成后，必须将全部资料分类编目，装订成册，归档保存。

第三章 监督管理

第十八条 工程勘察文件应当经县级以上人民政府建设行政主管部门或者其他有关部门（以下简称工程勘察质量监督部门）审查。工程勘察质量监督部门可以委托施工图设计文件审查机构（以下简称审查机构）对工程勘察文件进行审查。

审查机构应当履行下列职责：

（一）监督检查工程勘察企业有关质量管理文件、文字报告、计算书、图纸图表和原始资料等是否符合有关规定和标准；

（二）发现勘察质量问题，及时报告有关部门依法处理。

第十九条 工程勘察质量监督部门应当对工程勘察企业质量管理程序的实施、试验室是否符合标准等情况进行检查，并定期向社会公布检查和处理结果。

第二十条 工程勘察发生重大质量、安全事故时，有关单位应当按照规定向工程勘察质量监督部门报告。

第二十一条 任何单位和个人有权向工程勘察质量监督部门检举、投诉工程勘察质量、安全问题。

第四章 罚 则

第二十二条 工程勘察企业违反《建设工程勘察设计管理条例》、《建设工程质量管理条例》的，由工程勘察质量监督部门按照有关规定给予处罚。

第二十三条 违反本办法规定，建设单位未为勘察工作提供必要的现场工作条件或者未提供真实、可靠原始资料的，由工程勘察质量监督部门责令改正；造成损失的，依法承担赔偿责任。

第二十四条 违反本办法规定，工程勘察企业未按照工程建设强制性标准进行勘察、弄虚作假、提供虚假成果资料的，由工程勘察质量监督部门责令改正，处10万元以上30万元以下的罚款；造成工程质量事故的，责令停业整顿，降低资质等级；情节严重的，吊销资质证书；造成损失的，依法承担赔偿责任。

第二十五条 违反本办法规定，工程勘察企业有下列行为之一的，由工程勘察质量监督部门责令改正，处1万元以上3万元以下的罚款：

（一）勘察文件没有责任人签字或者签字不全的；

（二）原始记录不按照规定记录或者记录不完整的；

（三）不参加施工验槽的；

（四）项目完成后，勘察文件不归档保存的。

第二十六条 审查机构未按照规定审查，给建设单位造成损失的，依法承担赔偿责任；情节严重的，由工程勘察质量监督部门撤销委托。

第二十七条 依照本办法规定，给予勘察企业罚款处罚的，由工程勘察质量监督部门对企业的法定代表人和其他直接责任人员处以企业罚款数额的5%以上10%以下的罚款。

第二十八条 国家机关工作人员在建设工程勘察质量监督管理工作中玩忽职守、滥用职权、徇私舞弊的，依法给予行政处分；构成犯罪的，依法追究刑事责任。

第五章 附 则

第二十九条 本办法自2003年2月1日起施行。

建设工程监理范围和规模标准规定

（2001年1月17日建设部令第86号发布 自发布之日起施行）

第一条 为了确定必须实行监理的建设工程项目具体范围和规模标准，规范建设工程监理活动，根据《建设工程质量管理条例》，制定本规定。

第二条 下列建设工程必须实行监理：

（一）国家重点建设工程；

（二）大中型公用事业工程；

（三）成片开发建设的住宅小区工程；

（四）利用外国政府或者国际组织贷款、援助资金的工程；

（五）国家规定必须实行监理的其他工程。

第三条 国家重点建设工程，是指依据《国家重点建设项目管理办法》所确定的对国民经济和社会发展有重大影响的骨干项目。

第四条 大中型公用事业工程，是指项目总投资额在3000万元以上的下列工程项目：

（一）供水、供电、供气、供热等市政工程项目；

（二）科技、教育、文化等项目；

（三）体育、旅游、商业等项目；

（四）卫生、社会福利等项目；

（五）其他公用事业项目。

第五条 成片开发建设的住宅小区工程，建筑面积在5万平方米以上的住宅建设工程必须实行监理；5万平方米以下的住宅建设工程，可以实行监理，具体范围和规模标准，由省、自治区、直辖市人民政府建设行政主管部门规定。

为了保证住宅质量，对高层住宅及地基、结构复杂的多层住宅应当实行监理。

第六条 利用外国政府或者国际组织贷款、援助资金的工程范围包括：

（一）使用世界银行、亚洲开发银行等国际组织贷款资金的项目；

（二）使用国外政府及其机构贷款资金的项目；

（三）使用国际组织或者国外政府援助资金的项目。

第七条　国家规定必须实行监理的其他工程是指：

（一）项目总投资额在3000万元以上关系社会公共利益、公众安全的下列基础设施项目：

（1）煤炭、石油、化工、天然气、电力、新能源等项目；

（2）铁路、公路、管道、水运、民航以及其他交通运输业等项目；

（3）邮政、电信枢纽、通信、信息网络等项目；

（4）防洪、灌溉、排涝、发电、引（供）水、滩涂治理、水资源保护、水土保持等水利建设项目；

（5）道路、桥梁、铁路和轻轨交通、污水排放及处理、垃圾处理、地下管道、公共停车场等城市基础设施项目；

（6）生态环境保护项目；

（7）其他基础设施项目。

（二）学校、影剧院、体育场馆项目。

第八条　国务院建设行政主管部门商同国务院有关部门后，可以对本规定确定的必须实行监理的建设工程具体范围和规模标准进行调整。

第九条　本规定由国务院建设行政主管部门负责解释。

第十条　本规定自发布之日起施行。

房屋建筑和市政基础设施工程竣工验收规定

（2013年12月2日　建质〔2013〕171号）

第一条　为规范房屋建筑和市政基础设施工程的竣工验收，保证工程质量，根据《中华人民共和国建筑法》和《建设工程质量管理条例》，制定本规定。

第二条　凡在中华人民共和国境内新建、扩建、改建的各类房屋建筑和市政基础设施工程的竣工验收（以下简称工程竣工验收），应当遵守本规定。

第三条　国务院住房和城乡建设主管部门负责全国工程竣工验收的监督管理。

县级以上地方人民政府建设主管部门负责本行政区域内工程竣工验收的监督管理，具体工作可以委托所属的工程质量监督机构实施。

第四条　工程竣工验收由建设单位负责组织实施。

第五条　工程符合下列要求方可进行竣工验收：

（一）完成工程设计和合同约定的各项内容。

（二）施工单位在工程完工后对工程质量进行了检查，确认工程质量符合有关法律、法规和工程建设强制性标准，符合设计文件及合同要求，并提出工程竣工报告。工程竣工报告应经项目经理和施工单位有关负责人审核签字。

（三）对于委托监理的工程项目，监理单位对工程进行了质量评估，具有完整的监理资料，并提出工程质量评估报告。工程质量评估报告应经总监理工程师和监理单位有关负责人审核签字。

（四）勘察、设计单位对勘察、设计文件及施工过程中由设计单位签署的设计变更通知书进行了检查，并提出质量检查报告。质量检查报告应经该项目勘察、设计负责人和勘察、设计单位有关负责人审核签字。

（五）有完整的技术档案和施工管理资料。

（六）有工程使用的主要建筑材料、建筑构配件和设备的进场试验报告，以及工程质量检测和功能性试验资料。

（七）建设单位已按合同约定支付工程款。

（八）有施工单位签署的工程质量保修书。

（九）对于住宅工程，进行分户验收并验收合格，建设单位按户出具《住宅工程质量分户验收表》。

（十）建设主管部门及工程质量监督机构责令整改的问题全部整改完毕。

（十一）法律、法规规定的其他条件。

第六条　工程竣工验收应当按以下程序进行：

（一）工程完工后，施工单位向建设单位提交工程竣工报告，申请工程竣工验收。实行监理的工程，工程竣工报告须经总监理工程师签署意见。

（二）建设单位收到工程竣工报告后，对符合竣工验收要求的工程，组织勘察、设计、施工、监理等单位组成验收组，制定验收方案。对于重大工程和技术复杂工程，根据需要可邀请有关专家参加验收组。

（三）建设单位应当在工程竣工验收7个工作日前将验收的时间、地点及验收组名单书面通知负责监督该工程的工程质量监督机构。

（四）建设单位组织工程竣工验收。

1. 建设、勘察、设计、施工、监理单位分别汇报工程合同履约情况和在工程建设各个环节执行法律、法规和工程建设强制性标准的情况；

2. 审阅建设、勘察、设计、施工、监理单位的工程档案资料；

3. 实地查验工程质量；

4. 对工程勘察、设计、施工、设备安装质量和各管理环节等方面作出全面评价，形成经验收组人员签署的工程竣工验收意见。

参与工程竣工验收的建设、勘察、设计、施工、监理等各方不能形成一致意见时，应当协商提出解决的方法，待意见一致后，重新组织工程竣工验收。

第七条 工程竣工验收合格后，建设单位应当及时提出工程竣工验收报告。工程竣工验收报告主要包括工程概况，建设单位执行基本建设程序情况，对工程勘察、设计、施工、监理等方面的评价，工程竣工验收时间、程序、内容和组织形式，工程竣工验收意见等内容。

工程竣工验收报告还应附有下列文件：

（一）施工许可证；

（二）施工图设计文件审查意见；

（三）本规定第五条（二）、（三）、（四）、（八）项规定的文件；

（四）验收组人员签署的工程竣工验收意见；

（五）法规、规章规定的其他有关文件。

第八条 负责监督该工程的工程质量监督机构应当对工程竣工验收的组织形式、验收程序、执行验收标准等情况进行现场监督，发现有违反建设工程质量管理规定行为的，责令改正，并将对工程竣工验收的监督情况作为工程质量监督报告的重要内容。

第九条 建设单位应当自工程竣工验收合格之日起15日内，依照《房屋建筑和市政基础设施工程竣工验收备案管理办法》（住房和城乡建设部令第2号）的规定，向工程所在地的县级以上地方人民政府建设主管部门备案。

第十条 抢险救灾工程、临时性房屋建筑工程和农民自建低层住宅工程，不适用本规定。

第十一条 军事建设工程的管理，按照中央军事委员会的有关规定执行。

第十二条 省、自治区、直辖市人民政府住房和城乡建设主管部门可以根据本规定制定实施细则。

第十三条 本规定由国务院住房和城乡建设主管部门负责解释。

第十四条 本规定自发布之日起施行。《房屋建筑工程和市政基础设施工程竣工验收暂行规定》（建建〔2000〕142号）同时废止。

房屋建筑和市政基础设施工程竣工验收备案管理办法

（2000年4月4日建设部令第78号发布 根据2009年10月19日《住房和城乡建设部关于修改〈房屋建筑工程和市政基础设施工程竣工验收备案管理暂行办法〉的决定》修订）

第一条 为了加强房屋建筑和市政基础设施工程质量的管理，根据《建设工程质量管理条例》，制定本办法。

第二条 在中华人民共和国境内新建、扩建、改建各类房屋建筑和市政基础设施工程的竣工验收备案，适用本办法。

第三条 国务院住房和城乡建设主管部门负责全国房屋建筑和市政基础设施工程（以下统称工程）的竣工验收备案管理工作。

县级以上地方人民政府建设主管部门负责本行政区域内工程的竣工验收备案管理工作。

第四条 建设单位应当自工程竣工验收合格之日起15日内，依照本办法规定，向工程所在地的县级以上地方人民政府建设主管部门（以下简称备案机关）备案。

第五条 建设单位办理工程竣工验收备案应当提交下列文件：

（一）工程竣工验收备案表；

（二）工程竣工验收报告。竣工验收报告应当包括工程报建日期，施工许可证号，施工图设计文件审查意见，勘察、设计、施工、工程监理等单位分别签署的质量合格文件及验收人员签署的竣工验收原始文件，市政基础设施的有关质量检测和功能性试验资料以及备案机关认为需要提供的有关资料；

（三）法律、行政法规规定应当由规划、环保等部门出具的认可文件或者准许使用文件；

（四）法律规定应当由公安消防部门出具的对大型的人员密集场所和其他特殊建设工程验收合格的证明文件；

（五）施工单位签署的工程质量保修书；

（六）法规、规章规定必须提供的其他文件。

住宅工程还应当提交《住宅质量保证书》和《住宅使用说明书》。

第六条 备案机关收到建设单位报送的竣工验收备案文件，验证文件齐全后，应当在工程竣工验收备案表上签署文件收讫。

工程竣工验收备案表一式两份，一份由建设单位保存，一份留备案机关存档。

第七条 工程质量监督机构应当在工程竣工验收之日起5日内，向备案机关提交工程质量监督报告。

第八条 备案机关发现建设单位在竣工验收过程中有违反国家有关建设工程质量管理规定行为的，应当在收讫竣工验收备案文件15日内，责令停止使用，重新组织竣工验收。

第九条 建设单位在工程竣工验收合格之日起15日内未办理工程竣工验收备案的，备案机关责令限期改正，处20万元以上50万元以下罚款。

第十条 建设单位将备案机关决定重新组织竣工验收的工程，在重新组织竣工验收前，擅自使用的，备案机关责令停止使用，处工程合同价款2%以上4%以下罚款。

第十一条 建设单位采用虚假证明文件办理工程竣工验收备案的，工程竣工验收无效，备案机关责令停止使用，重新组织竣工验收，处20万元以上50万元以下罚款；构成犯罪的，依法追究刑事责任。

第十二条 备案机关决定重新组织竣工验收并责令停止使用的工程，建设单位在备案之前已投入使用或者建设单位擅自继续使用造成使用人损失的,由建设单位依法承担赔偿责任。

第十三条 竣工验收备案文件齐全,备案机关及其工作人员不办理备案手续的,由有关机关责令改正,对直接责任人员给予行政处分。

第十四条 抢险救灾工程、临时性房屋建筑工程和农民自建低层住宅工程,不适用本办法。

第十五条 军用房屋建筑工程竣工验收备案,按照中央军事委员会的有关规定执行。

第十六条 省、自治区、直辖市人民政府住房和城乡建设主管部门可以根据本办法制定实施细则。

第十七条 本办法自发布之日起施行。

住房和城乡建设部关于做好住宅工程质量分户验收工作的通知

(2009 年 12 月 22 日 建质〔2009〕291 号)

各省、自治区住房和城乡建设厅,直辖市建委及有关部门,新疆生产建设兵团建设局:

为进一步加强住宅工程质量管理,落实住宅工程参建各方主体质量责任,提高住宅工程质量水平,现就做好住宅工程质量分户验收工作通知如下:

一、高度重视分户验收工作

住宅工程质量分户验收(以下简称分户验收),是指建设单位组织施工、监理等单位,在住宅工程各检验批、分项、分部工程验收合格的基础上,在住宅工程竣工验收前,依据国家有关工程质量验收标准,对每户住宅及相关公共部位的观感质量和使用功能等进行检查验收,并出具验收合格证明的活动。

住宅工程涉及千家万户,住宅工程质量的好坏直接关系到广大人民群众的切身利益。各地住房城乡建设主管部门要进一步增强做好分户验收工作的紧迫感和使命感,把全面开展住宅工程质量分户验收工作提高到实践科学发展观、构建社会主义和谐社会的高度来认识,明确要求,制定措施,加强监管,切实把这项工作摆到重要的议事日程,抓紧抓好。

二、分户验收内容

分户验收内容主要包括:

(一)地面、墙面和顶棚质量;

(二)门窗质量;

(三)栏杆、护栏质量;

(四)防水工程质量;

(五)室内主要空间尺寸;

(六)给水排水系统安装质量;

(七)室内电气工程安装质量;

(八)建筑节能和采暖工程质量;

(九)有关合同中规定的其他内容。

三、分户验收依据

分户验收依据为国家现行有关工程建设标准,主要包括住宅建筑规范、混凝土结构工程施工质量验收、砌体工程施工质量验收、建筑装饰装修工程施工质量验收、建筑地面工程施工质量验收、建筑给水排水及采暖工程施工质量验收、建筑电气工程施工质量验收、建筑节能工程施工质量验收、智能建筑工程质量验收、屋面工程质量验收、地下防水工程质量验收等标准规范,以及经审查合格的施工图设计文件。

四、分户验收程序

分户验收应当按照以下程序进行:

(一)根据分户验收的内容和住宅工程的具体情况确定检查部位、数量;

(二)按照国家现行有关标准规定的方法,以及分户验收的内容适时进行检查;

(三)每户住宅和规定的公共部位验收完毕,应填写《住宅工程质量分户验收表》(见附件),建设单位和施工单位项目负责人、监理单位项目总监理工程师分别签字;

(四)分户验收合格后,建设单位必须按户出具《住宅工程质量分户验收表》,并作为《住宅质量保证书》的附件,一同交给住户。

分户验收不合格,不能进行住宅工程整体竣工验收。同时,住宅工程整体竣工验收前,施工单位应制作工程标牌,将工程名称、竣工日期和建设、勘察、设计、施工、监理单位全称镶嵌在该建筑工程外墙的显著部位。

五、分户验收的组织实施

分户验收由施工单位提出申请,建设单位组织实施,施工单位项目负责人、监理单位项目总监理工程师及相关质量、技术人员参加,对所涉及的部位、数量按分户验收内容进行检查验收。已经预选物业公司的项目,物业公司应当派人参加分户验收。

建设、施工、监理等单位应严格履行分户验收职责,对分户验收的结论进行签认,不得简化分户验收程序。对于经检查不符合要求的,施工单位应及时进行返修,监理单位负责复查。返修完成后重新组织分户验收。

工程质量监督机构要加强对分户验收工作的监督检查,发现问题及时监督有关方面认真整改,确保分户验收工作质量。对在分户验收中弄虚作假、降低标准或将不合格工程按合格工程验收的,依法对有关单位和责任人进行处罚,并纳入不良行为记录。

六、加强对分户验收工作的领导

各地住房城乡建设主管部门应结合本地实际,制定分户验收实施细则或管理办法,明确提高住宅工程质量的工作目标和任务,突出重点和关键环节,尤其在保障性住房中应全面推行分户验收制度，把分户验收工作落到实处，确保住宅工程结构安全和使用功能质量，促进提高住宅工程质量总体水平。

附件：住宅工程质量分户验收表（略）

住房城乡建设部办公厅关于简化工程造价咨询企业资质申报材料的通知

（2017 年 7 月 13 日　建办标〔2017〕43 号）

各省、自治区住房城乡建设厅，直辖市建委，国务院有关部门：

为贯彻落实《国务院办公厅关于促进建筑业持续健康发展的意见》（国办发〔2017〕19 号），进一步推进简政放权、放管结合、优化服务改革，决定取消和简化工程造价咨询企业资质申请、延续和变更申报材料，现将有关事项通知如下：

一、取消的申报材料

企业在申请工程造价咨询甲级（或乙级）资质，以及在申请资质延续、变更时，无需提供以下申报材料：

1. 技术负责人任职文件；

2. 造价员资格证书；

3. 专业技术职称批准文件；

4. 企业为专职专业人员缴纳社会基本养老保险的缴费发票；

5. 财务审计报告。

二、简化的申报材料

企业在申请工程造价咨询甲级（或乙级）资质，以及在申请资质延续、变更时，无需提供以下证明材料，由企业法定代表人对其真实性、有效性进行承诺：

1. 股东出资协议；

2. 企业技术档案管理、质量控制、财务管理等制度；

3. 固定办公场所的租赁合同或产权证明；

4. 专职专业人员的劳动合同和人事存档证明；

5. 企业缴纳营业收入的营业税（或增值税）发票；

6. 造价工程师注册证书。

三、需提交的申报材料

经取消和简化后，企业在申请工程造价咨询甲级（或乙级）资质，以及在申请资质延续、变更时，需提交以下申报材料：

1. 工程造价咨询企业资质申请书（含企业法定代表人承诺书）；

2. 企业营业执照；

3. 工程造价咨询企业资质证书（新申请工程造价咨询企业资质的，不需提供）；

4. 工商部门备案的企业章程；

5. 专职专业人员的身份证和中级及以上专业技术职称证书；

6. 企业缴纳社保证明：由人力资源社会保障部门出具并盖章的企业员工缴纳社保情况表（退休人员提供退休证）；

7. 营业收入证明：企业开具的工程造价咨询营业收入发票和对应的工程造价咨询合同（新申请工程造价咨询企业资质的，不需提供）。

四、其他说明事项

《关于进一步加强工程造价咨询企业晋升甲级资质审核工作的通知》（建办标〔2011〕29 号）、《住房城乡建设部标准定额司关于进一步加强工程造价咨询企业资质变更工作的通知》（建标造函〔2016〕200 号）中与本通知精神不一致的，按本通知规定执行。

本通知自 2017 年 9 月 1 日起实施。

住房城乡建设部关于加强和改善工程造价监管的意见

（2017 年 9 月 14 日　建标〔2017〕209 号）

各省、自治区住房城乡建设厅，直辖市建委，国务院有关部门：

工程造价监管是建设市场监管的重要内容，加强和改善工程造价监管是维护市场公平竞争、规范市场秩序的重要保障。近年来，工程造价监管在推进建筑业“放管服”改革，坚持市场决定工程造价，完善工程计价制度，维护建设市场各方合法权益等方面取得明显成效，但也存在工程造价咨询服务信用体系不健全、计价体系不完善、计价行为不规范、计价监督机制不完善等问题。为贯彻落实《国务院关于印发“十三五”市场监管规划的通知》（国发〔2017〕6 号）和《国务院办公厅关于促进建筑业持续健康发展的意见》（国办发〔2017〕19 号），完善工程造价监管机制，全面提升工程造价监管水平，更好服务建筑业持续健康发展，现提出以下意见：

一、深化工程造价咨询业监管改革，营造良好市场环境

（一）优化资质资格管理。进一步简化工程造价咨询企业资质管理，全面实行行政许可事项网上办理，提高行政审批效率，逐步取消工程造价咨询企业异地执业备案，减轻企业负担。完善造价工程师执业资格制度，发挥个人执业在工程造价咨询中的作用。推进造价工程师执业资格国际互认，为“一带一路”国家战略和工程造价咨询企业“走出去”提供人才支撑。

（二）建立以信用为核心的新型市场监管机制。各级住房城乡建设主管部门、有关行业主管部门要按照“谁审批、谁监管，谁主管、谁监管”和信用信息“谁产生、谁负责、谁归集、谁解释”的原则，加快推进工程造价咨询信用体系建设。积极推进工程造价咨询企业年报公示和信用承诺制度，加快信用档案建设，增强企业责任意识、信用意识。加快政府部门之间工程造价信用信息共建共享，强化行业协会自律和社会监督作用，应用投诉举报方式，建立工程造价咨询企业和造价工程师守信联合激励和失信联合惩戒机制，重点监管失信企业和执业人员，积极推进信用信息和信用产品应用。

（三）营造良好的工程造价咨询业发展环境。充分发挥工程造价在工程建设全过程管理中的引导作用，积极培育具有全过程工程咨询能力的工程造价咨询企业，鼓励工程造价咨询企业融合投资咨询、勘察、设计、监理、招标代理等业务开展联合经营，开展全过程工程咨询，设立合伙制工程造价咨询企业。促进企业创新发展，强化工程造价咨询成果质量终身责任制，逐步建立执业人员保险制度。

（四）完善工程造价咨询企业退出机制。对长期未履行年报义务，长期无咨询业务，以及违反相关政策法规、计价规则等不正当竞争行为的工程造价咨询企业和造价工程师记入信用档案，情节严重的，依法强制退出市场。严肃查处工程造价咨询企业资质"挂靠"、造价工程师违规"挂证"行为。

二、共编共享计价依据，搭建公平市场平台

（一）完善工程建设全过程计价依据体系。完善工程前期投资估算、设计概算等计价依据，清除妨碍形成全国统一市场的不合理地区计价依据，统一消耗量定额编制规则，推动形成统一开放的建设市场。加快编制工程总承包计价规范，规范工程总承包计量和计价活动。统一工程造价综合指标指数和人工、材料价格信息发布标准。

（二）大力推进共享计价依据编制。整合各地、各有关部门计价依据编制力量，共编共享计价依据，并及时修订，提高其时效性。各级工程造价管理机构要完善本地区、本行业人工、材料、机械价格信息发布机制，探索区域价格信息统一测算、统一管理、统一发布模式，提高信息发布的及时性和准确性，为工程项目全过程投资控制和工程造价监管提供支撑。

（三）突出服务重点领域的造价指标编制。为推进工程科学决策和造价控制提供依据，围绕政府投资工程，编制对本行业、本地区具有重大影响的工程造价指标。加快住房城乡建设领域装配式建筑、绿色建筑、城市轨道交通、海绵城市、城市地下综合管廊等工程造价指标编制。

（四）完善建设工程人工单价市场形成机制。改革计价依据中人工单价的计算方法，使其更加贴近市场，满足市场实际需要。扩大人工单价计算口径，将单价构成调整为工资、津贴、职工福利费、劳动保护费、社会保险费、住房公积金、工会经费、职工教育经费以及特殊情况下工资性费用，并依据新材料、新技术的发展，及时调整人工消耗量。各省级建设主管部门、有关行业主管部门工程造价管理机构要深入市场调查，按上述口径建立人工单价信息动态发布机制，引导企业将工资分配向关键技术技能岗位倾斜，定期集中发布人工单价信息。

三、明确工程质量安全措施费用，突出服务市场关键环节

（一）落实安全文明施工、绿色施工等措施费。各级住房城乡建设主管部门要以保障工程质量安全、创建绿色环保施工环境为目标，不断完善工程计价依据中绿色建筑、装配式建筑、环境保护、安全文明施工等有关措施费用，并加强对费用落实情况的监督。

（二）合理确定建设工程工期。合理确定、有效控制建设工程工期是确保工程质量安全的重要内容。各级住房城乡建设主管部门要指导和监督工程建设各方主体认真贯彻落实《建筑安装工程工期定额》，在可行性研究、初步设计、招标投标及签订合同阶段应结合施工现场实际情况，科学合理确定工期。加大工期定额实施力度，杜绝任意压缩合同工期行为，确保工期管理的各项规定和要求落实到位。

四、强化工程价款结算纠纷调解，营造竞争有序的市场环境

（一）规范工程价款结算。强化合同对工程价款的约定与调整，推行工程价款施工过程结算制度，规范工程预付款、工程进度款支付。研究建立工程价款结算文件备案与产权登记联动的信息共享机制。鼓励采取工程款支付担保等手段，约束建设单位履约行为，确保工程价款支付。

（二）强化工程价款结算过程中农民工工资的支付管理。为保障农民工合法权益，落实人工费用与其他工程款分账管理制度，完善农民工工资（劳务费）专用账户管理，避免总承包人将经营风险转嫁给农民工，克扣或拖欠农民工工资。

（三）建立工程造价纠纷调解机制。制定工程造价鉴定标准，规范工程造价咨询企业、造价工程师参与工程造价经济纠纷鉴定和仲裁咨询行为，重点加强工程价款结算纠纷和合同纠纷的调解。积极搭建工程造价纠纷调解平台，充分发挥经验丰富的造价工程师调解纠纷的专业优势，提高纠纷解决效率，维护建设市场稳定。

五、加强工程造价制度有效实施，完善市场监管手段

（一）加强政府投资工程造价服务。各级工程造价管理机构要不断提高政府投资工程和重大工程项目工程造价服务能力，建立工程造价全过程信息服务平台，完善招标控制价、合同价、结算价电子化备案管理，确保资金投资效益。

（二）开展工程造价信息监测。各级造价管理机构要加强工程造价咨询服务监督，指导工程造价咨询企业对工程造价成果数据归集、监测，利用信息化手段逐步实现对工程造价的监测，形成监测大数据，为各方主体计价提供服务。

（三）建立工程造价监测指数指标。各级工程造价管理机构要通过工程造价监测，形成国家、省、市工程造价监测指数指标，定期发布造价指标指数，引导建设市场主体对价格变化进行研判，为工程建设市场的预测预判等宏观决策提供支持。

（四）规范计价软件市场管理。建立计价软件监督检查机制。各级造价管理机构要定期开展计价软件评估检查，加强计价依据和相关标准规范执行监管，鼓励计价软件编制企业加大技术投入和创新，更好地服务工程计价。

6. 工程质量管理

建设工程质量管理条例

(2000年1月30日国务院令第279号发布　根据2017年10月7日《国务院关于修改部分行政法规的决定》第一次修订　根据2019年4月23日《国务院关于修改部分行政法规的决定》第二次修订)

第一章　总　　则

第一条　为了加强对建设工程质量的管理,保证建设工程质量,保护人民生命和财产安全,根据《中华人民共和国建筑法》,制定本条例。

第二条　凡在中华人民共和国境内从事建设工程的新建、扩建、改建等有关活动及实施对建设工程质量监督管理的,必须遵守本条例。

本条例所称建设工程,是指土木工程、建筑工程、线路管道和设备安装工程及装修工程。

第三条　建设单位、勘察单位、设计单位、施工单位、工程监理单位依法对建设工程质量负责。

第四条　县级以上人民政府建设行政主管部门和其他有关部门应当加强对建设工程质量的监督管理。

第五条　从事建设工程活动,必须严格执行基本建设程序,坚持先勘察、后设计、再施工的原则。

县级以上人民政府及其有关部门不得超越权限审批建设项目或者擅自简化基本建设程序。

第六条　国家鼓励采用先进的科学技术和管理方法,提高建设工程质量。

第二章　建设单位的质量责任和义务

第七条　建设单位应当将工程发包给具有相应资质等级的单位。

建设单位不得将建设工程肢解发包。

第八条　建设单位应当依法对工程建设项目的勘察、设计、施工、监理以及与工程建设有关的重要设备、材料等的采购进行招标。

第九条　建设单位必须向有关的勘察、设计、施工、工程监理等单位提供与建设工程有关的原始资料。

原始资料必须真实、准确、齐全。

第十条　建设工程发包单位不得迫使承包方以低于成本的价格竞标,不得任意压缩合理工期。

建设单位不得明示或者暗示设计单位或者施工单位违反工程建设强制性标准,降低建设工程质量。

第十一条　施工图设计文件审查的具体办法,由国务院建设行政主管部门、国务院其他有关部门制定。

施工图设计文件未经审查批准的,不得使用。

第十二条　实行监理的建设工程,建设单位应当委托具有相应资质等级的工程监理单位进行监理,也可以委托具有工程监理相应资质等级并与被监理工程的施工承包单位没有隶属关系或者其他利害关系的该工程的设计单位进行监理。

下列建设工程必须实行监理:

(一)国家重点建设工程;

(二)大中型公用事业工程;

(三)成片开发建设的住宅小区工程;

(四)利用外国政府或者国际组织贷款、援助资金的工程;

(五)国家规定必须实行监理的其他工程。

第十三条　建设单位在开工前,应当按照国家有关规定办理工程质量监督手续,工程质量监督手续可以与施工许可证或者开工报告合并办理。

第十四条　按照合同约定,由建设单位采购建筑材料、建筑构配件和设备的,建设单位应当保证建筑材料、建筑构配件和设备符合设计文件和合同要求。

建设单位不得明示或者暗示施工单位使用不合格的建筑材料、建筑构配件和设备。

第十五条　涉及建筑主体和承重结构变动的装修工程,建设单位应当在施工前委托原设计单位或者具有相应资质等级的设计单位提出设计方案;没有设计方案的,不得施工。

房屋建筑使用者在装修过程中,不得擅自变动房屋建筑主体和承重结构。

第十六条　建设单位收到建设工程竣工报告后,应当组织设计、施工、工程监理等有关单位进行竣工验收。

建设工程竣工验收应当具备下列条件:

(一)完成建设工程设计和合同约定的各项内容;

(二)有完整的技术档案和施工管理资料;

(三)有工程使用的主要建筑材料、建筑构配件和设备的进场试验报告;

(四)有勘察、设计、施工、工程监理等单位分别签署的质量合格文件;

(五)有施工单位签署的工程保修书。

建设工程经验收合格的,方可交付使用。

第十七条　建设单位应当严格按照国家有关档案管理的规定,及时收集、整理建设项目各环节的文件资料,建立、健全建设项目档案,并在建设工程竣工验收后,及时向建设行政主管部门或者其他有关部门移交建设项目档案。

第三章　勘察、设计单位的质量责任和义务

第十八条　从事建设工程勘察、设计的单位应当依法取得相应等级的资质证书,并在其资质等级许可的范围内承揽工程。

禁止勘察、设计单位超越其资质等级许可的范围或者以其他勘察、设计单位的名义承揽工程。禁止勘察、设计单位允许其他单位或者个人以本单位的名义承揽工程。

勘察、设计单位不得转包或者违法分包所承揽的工程。

第十九条　勘察、设计单位必须按照工程建设强制性标准进行勘察、设计，并对其勘察、设计的质量负责。

注册建筑师、注册结构工程师等注册执业人员应当在设计文件上签字，对设计文件负责。

第二十条　勘察单位提供的地质、测量、水文等勘察成果必须真实、准确。

第二十一条　设计单位应当根据勘察成果文件进行建设工程设计。

设计文件应当符合国家规定的设计深度要求，注明工程合理使用年限。

第二十二条　设计单位在设计文件中选用的建筑材料、建筑构配件和设备，应当注明规格、型号、性能等技术指标，其质量要求必须符合国家规定的标准。

除有特殊要求的建筑材料、专用设备、工艺生产线等外，设计单位不得指定生产厂、供应商。

第二十三条　设计单位应当就审查合格的施工图设计文件向施工单位作出详细说明。

第二十四条　设计单位应当参与建设工程质量事故分析，并对因设计造成的质量事故，提出相应的技术处理方案。

第四章　施工单位的质量责任和义务

第二十五条　施工单位应当依法取得相应等级的资质证书，并在其资质等级许可的范围内承揽工程。

禁止施工单位超越本单位资质等级许可的业务范围或者以其他施工单位的名义承揽工程。禁止施工单位允许其他单位或者个人以本单位的名义承揽工程。

施工单位不得转包或者违法分包工程。

第二十六条　施工单位对建设工程的施工质量负责。

施工单位应当建立质量责任制，确定工程项目的项目经理、技术负责人和施工管理负责人。

建设工程实行总承包的，总承包单位应当对全部建设工程质量负责；建设工程勘察、设计、施工、设备采购的一项或者多项实行总承包的，总承包单位应当对其承包的建设工程或者采购的设备的质量负责。

第二十七条　总承包单位依法将建设工程分包给其他单位的，分包单位应当按照分包合同的约定对其分包工程的质量向总承包单位负责，总承包单位与分包单位对分包工程的质量承担连带责任。

第二十八条　施工单位必须按照工程设计图纸和施工技术标准施工，不得擅自修改工程设计，不得偷工减料。

施工单位在施工过程中发现设计文件和图纸有差错的，应当及时提出意见和建议。

第二十九条　施工单位必须按照工程设计要求、施工技术标准和合同约定，对建筑材料、建筑构配件、设备和商品混凝土进行检验，检验应当有书面记录和专人签字；未经检验或者检验不合格的，不得使用。

第三十条　施工单位必须建立、健全施工质量的检验制度，严格工序管理，作好隐蔽工程的质量检查和记录。隐蔽工程在隐蔽前，施工单位应当通知建设单位和建设工程质量监督机构。

第三十一条　施工人员对涉及结构安全的试块、试件以及有关材料，应当在建设单位或者工程监理单位监督下现场取样，并送具有相应资质等级的质量检测单位进行检测。

第三十二条　施工单位对施工中出现质量问题的建设工程或者竣工验收不合格的建设工程，应当负责返修。

第三十三条　施工单位应当建立、健全教育培训制度，加强对职工的教育培训；未经教育培训或者考核不合格的人员，不得上岗作业。

第五章　工程监理单位的质量责任和义务

第三十四条　工程监理单位应当依法取得相应等级的资质证书，并在其资质等级许可的范围内承担工程监理业务。

禁止工程监理单位超越本单位资质等级许可的范围或者以其他工程监理单位的名义承担工程监理业务。禁止工程监理单位允许其他单位或者个人以本单位的名义承担工程监理业务。

工程监理单位不得转让工程监理业务。

第三十五条　工程监理单位与被监理工程的施工承包单位以及建筑材料、建筑构配件和设备供应单位有隶属关系或者其他利害关系的，不得承担该项建设工程的监理业务。

第三十六条　工程监理单位应当依照法律、法规以及有关技术标准、设计文件和建设工程承包合同，代表建设单位对施工质量实施监理，并对施工质量承担监理责任。

第三十七条　工程监理单位应当选派具备相应资格的总监理工程师和监理工程师进驻施工现场。

未经监理工程师签字，建筑材料、建筑构配件和设备不得在工程上使用或者安装，施工单位不得进行下一道工序的施工。未经总监理工程师签字，建设单位不拨付工程款，不进行竣工验收。

第三十八条　监理工程师应当按照工程监理规范的要求，采取旁站、巡视和平行检验等形式，对建设工程实施监理。

第六章　建设工程质量保修

第三十九条　建设工程实行质量保修制度。

建设工程承包单位在向建设单位提交工程竣工验收报告时，应当向建设单位出具质量保修书。质量保修书中应当明确建设工程的保修范围、保修期限和保修责任等。

第四十条　在正常使用条件下，建设工程的最低保修期限为：

（一）基础设施工程、房屋建筑的地基基础工程和主体结构工程，为设计文件规定的该工程的合理使用年限；

（二）屋面防水工程、有防水要求的卫生间、房间和外墙面的防渗漏，为5年；

（三）供热与供冷系统，为2个采暖期、供冷期；

（四）电气管线、给排水管道、设备安装和装修工程，为2年。

其他项目的保修期限由发包方与承包方约定。

建设工程的保修期，自竣工验收合格之日起计算。

第四十一条　建设工程在保修范围和保修期限内发生质量问题的，施工单位应当履行保修义务，并对造成的损失承担赔偿责任。

第四十二条　建设工程在超过合理使用年限后需要继续使用的，产权所有人应当委托具有相应资质等级的勘察、设计单位鉴定，并根据鉴定结果采取加固、维修等措施，重新界定使用期。

第七章　监督管理

第四十三条　国家实行建设工程质量监督管理制度。

国务院建设行政主管部门对全国的建设工程质量实施统一监督管理。国务院铁路、交通、水利等有关部门按照国务院规定的职责分工，负责对全国的有关专业建设工程质量的监督管理。

县级以上地方人民政府建设行政主管部门对本行政区域内的建设工程质量实施监督管理。县级以上地方人民政府交通、水利等有关部门在各自的职责范围内，负责对本行政区域内的专业建设工程质量的监督管理。

第四十四条　国务院建设行政主管部门和国务院铁路、交通、水利等有关部门应当加强对有关建设工程质量的法律、法规和强制性标准执行情况的监督检查。

第四十五条　国务院发展计划部门按照国务院规定的职责，组织稽察特派员，对国家出资的重大建设项目实施监督检查。

国务院经济贸易主管部门按照国务院规定的职责，对国家重大技术改造项目实施监督检查。

第四十六条　建设工程质量监督管理，可以由建设行政主管部门或者其他有关部门委托的建设工程质量监督机构具体实施。

从事房屋建筑工程和市政基础设施工程质量监督的机构，必须按照国家有关规定经国务院建设行政主管部门或者省、自治区、直辖市人民政府建设行政主管部门考核；从事专业建设工程质量监督的机构，必须按照国家有关规定经国务院有关部门或者省、自治区、直辖市人民政府有关部门考核。经考核合格后，方可实施质量监督。

第四十七条　县级以上地方人民政府建设行政主管部门和其他有关部门应当加强对有关建设工程质量的法律、法规和强制性标准执行情况的监督检查。

第四十八条　县级以上人民政府建设行政主管部门和其他有关部门履行监督检查职责时，有权采取下列措施：

（一）要求被检查的单位提供有关工程质量的文件和资料；

（二）进入被检查单位的施工现场进行检查；

（三）发现有影响工程质量的问题时，责令改正。

第四十九条　建设单位应当自建设工程竣工验收合格之日起15日内，将建设工程竣工验收报告和规划、公安消防、环保等部门出具的认可文件或者准许使用文件报建设行政主管部门或者其他有关部门备案。

建设行政主管部门或者其他有关部门发现建设单位在竣工验收过程中有违反国家有关建设工程质量管理规定行为的，责令停止使用，重新组织竣工验收。

第五十条　有关单位和个人对县级以上人民政府建设行政主管部门和其他有关部门进行的监督检查应当支持与配合，不得拒绝或者阻碍建设工程质量监督检查人员依法执行职务。

第五十一条　供水、供电、供气、公安消防等部门或者单位不得明示或者暗示建设单位、施工单位购买其指定的生产供应单位的建筑材料、建筑构配件和设备。

第五十二条　建设工程发生质量事故，有关单位应当在24小时内向当地建设行政主管部门和其他有关部门报告。对重大质量事故，事故发生地的建设行政主管部门和其他有关部门应当按照事故类别和等级向当地人民政府和上级建设行政主管部门和其他有关部门报告。

特别重大质量事故的调查程序按照国务院有关规定办理。

第五十三条　任何单位和个人对建设工程的质量事故、质量缺陷都有权检举、控告、投诉。

第八章　罚　　则

第五十四条　违反本条例规定，建设单位将建设工程发包给不具有相应资质等级的勘察、设计、施工单位或者委托给不具有相应资质等级的工程监理单位的，责令改正，处50万元以上100万元以下的罚款。

第五十五条　违反本条例规定，建设单位将建设工程肢解发包的，责令改正，处工程合同价款0.5%以上1%以下的罚款；对全部或者部分使用国有资金的项目，并可以暂停项目执行或者暂停资金拨付。

第五十六条　违反本条例规定，建设单位有下列行为之一的，责令改正，处20万元以上50万元以下的罚款：

（一）迫使承包方以低于成本的价格竞标的；

（二）任意压缩合理工期的；

（三）明示或者暗示设计单位或者施工单位违反工程建设强制性标准，降低工程质量的；

（四）施工图设计文件未经审查或者审查不合格，擅自施工的；

（五）建设项目必须实行工程监理而未实行工程监理的；

（六）未按照国家规定办理工程质量监督手续的；

（七）明示或者暗示施工单位使用不合格的建筑材料、建筑构配件和设备的；

（八）未按照国家规定将竣工验收报告、有关认可文件或者准许使用文件报送备案的。

第五十七条 违反本条例规定，建设单位未取得施工许可证或者开工报告未经批准，擅自施工的，责令停止施工，限期改正，处工程合同价款1%以上2%以下的罚款。

第五十八条 违反本条例规定，建设单位有下列行为之一的，责令改正，处工程合同价款2%以上4%以下的罚款；造成损失的，依法承担赔偿责任：

（一）未组织竣工验收，擅自交付使用的；

（二）验收不合格，擅自交付使用的；

（三）对不合格的建设工程按照合格工程验收的。

第五十九条 违反本条例规定，建设工程竣工验收后，建设单位未向建设行政主管部门或者其他有关部门移交建设项目档案的，责令改正，处1万元以上10万元以下的罚款。

第六十条 违反本条例规定，勘察、设计、施工、工程监理单位超越本单位资质等级承揽工程的，责令停止违法行为，对勘察、设计单位或者工程监理单位处合同约定的勘察费、设计费或者监理酬金1倍以上2倍以下的罚款；对施工单位处工程合同价款2%以上4%以下的罚款，可以责令停业整顿，降低资质等级；情节严重的，吊销资质证书；有违法所得的，予以没收。

未取得资质证书承揽工程的，予以取缔，依照前款规定处以罚款；有违法所得的，予以没收。

以欺骗手段取得资质证书承揽工程的，吊销资质证书，依照本条第一款规定处以罚款；有违法所得的，予以没收。

第六十一条 违反本条例规定，勘察、设计、施工、工程监理单位允许其他单位或者个人以本单位名义承揽工程的，责令改正，没收违法所得，对勘察、设计单位和工程监理单位处合同约定的勘察费、设计费和监理酬金1倍以上2倍以下的罚款；对施工单位处工程合同价款2%以上4%以下的罚款；可以责令停业整顿，降低资质等级；情节严重的，吊销资质证书。

第六十二条 违反本条例规定，承包单位将承包的工程转包或者违法分包的，责令改正，没收违法所得，对勘察、设计单位处合同约定的勘察费、设计费25%以上50%以下的罚款；对施工单位处工程合同价款0.5%以上1%以下的罚款；可以责令停业整顿，降低资质等级；情节严重的，吊销资质证书。

工程监理单位转让工程监理业务的，责令改正，没收违法所得，处合同约定的监理酬金25%以上50%以下的罚款；可以责令停业整顿，降低资质等级；情节严重的，吊销资质证书。

第六十三条 违反本条例规定，有下列行为之一的，责令改正，处10万元以上30万元以下的罚款：

（一）勘察单位未按照工程建设强制性标准进行勘察的；

（二）设计单位未根据勘察成果文件进行工程设计的；

（三）设计单位指定建筑材料、建筑构配件的生产厂、供应商的；

（四）设计单位未按照工程建设强制性标准进行设计的。

有前款所列行为，造成工程质量事故的，责令停业整顿，降低资质等级；情节严重的，吊销资质证书；造成损失的，依法承担赔偿责任。

第六十四条 违反本条例规定，施工单位在施工中偷工减料的，使用不合格的建筑材料、建筑构配件和设备的，或者有不按照工程设计图纸或者施工技术标准施工的其他行为的，责令改正，处工程合同价款2%以上4%以下的罚款；造成建设工程质量不符合规定的质量标准的，负责返工、修理，并赔偿因此造成的损失；情节严重的，责令停业整顿，降低资质等级或者吊销资质证书。

第六十五条 违反本条例规定，施工单位未对建筑材料、建筑构配件、设备和商品混凝土进行检验，或者未对涉及结构安全的试块、试件以及有关材料取样检测的，责令改正，处10万元以上20万元以下的罚款；情节严重的，责令停业整顿，降低资质等级或者吊销资质证书；造成损失的，依法承担赔偿责任。

第六十六条 违反本条例规定，施工单位不履行保修义务或者拖延履行保修义务的，责令改正，处10万元以上20万元以下的罚款，并对在保修期内因质量缺陷造成的损失承担赔偿责任。

第六十七条 工程监理单位有下列行为之一的，责令改正，处50万元以上100万元以下的罚款，降低资质等级或者吊销资质证书；有违法所得的，予以没收；造成损失的，承担连带赔偿责任：

（一）与建设单位或者施工单位串通，弄虚作假、降低工程质量的；

（二）将不合格的建设工程、建筑材料、建筑构配件和设备按照合格签字的。

第六十八条 违反本条例规定，工程监理单位与被监理工程的施工承包单位以及建筑材料、建筑构配件和设备供应单位有隶属关系或者其他利害关系承担该项建设工程的监理业务的，责令改正，处5万元以上10万元以下的罚款，降低资质等级或者吊销资质证书；有违法所得的，予以没收。

第六十九条 违反本条例规定，涉及建筑主体或者承重结构变动的装修工程，没有设计方案擅自施工的，责令改正，处50万元以上100万元以下的罚款；房屋建筑使用者在装修过程中擅自变动房屋建筑主体和承重结构的，责令改正，处5万元以上10万元以下的罚款。

有前款所列行为，造成损失的，依法承担赔偿责任。

第七十条 发生重大工程质量事故隐瞒不报、谎报或者拖延报告期限的，对直接负责的主管人员和其他责任人员依法给予行政处分。

第七十一条 违反本条例规定，供水、供电、供气、公安消防等部门或者单位明示或者暗示建设单位或者施工单位购买其指定的生产供应单位的建筑材料、建筑构配件和设备的，责令改正。

第七十二条 违反本条例规定，注册建筑师、注册结构工程师、监理工程师等注册执业人员因过错造成质量事故的，责令停止执业1年；造成重大质量事故的，吊销执业资格证书，5年以内不予注册；情节特别恶劣的，终身不予注册。

第七十三条 依照本条例规定，给予单位罚款处罚的，对单位直接负责的主管人员和其他直接责任人员处单位罚款数额5%以上10%以下的罚款。

第七十四条 建设单位、设计单位、施工单位、工程监理单位违反国家规定，降低工程质量标准，造成重大安全事故，构成犯罪的，对直接责任人员依法追究刑事责任。

第七十五条 本条例规定的责令停业整顿，降低资质等级和吊销资质证书的行政处罚，由颁发资质证书的机关决定；其他行政处罚，由建设行政主管部门或者其他有关部门依照法定职权决定。

依照本条例规定被吊销资质证书的，由工商行政管理部门吊销其营业执照。

第七十六条 国家机关工作人员在建设工程质量监督管理工作中玩忽职守、滥用职权、徇私舞弊，构成犯罪的，依法追究刑事责任；尚不构成犯罪的，依法给予行政处分。

第七十七条 建设、勘察、设计、施工、工程监理单位的工作人员因调动工作、退休等原因离开该单位后，被发现在该单位工作期间违反国家有关建设工程质量管理规定，造成重大工程质量事故的，仍应当依法追究法律责任。

第九章 附 则

第七十八条 本条例所称肢解发包，是指建设单位将应当由一个承包单位完成的建设工程分解成若干部分发包给不同的承包单位的行为。

本条例所称违法分包，是指下列行为：

（一）总承包单位将建设工程分包给不具备相应资质条件的单位的；

（二）建设工程总承包合同中未有约定，又未经建设单位认可，承包单位将其承包的部分建设工程交由其他单位完成的；

（三）施工总承包单位将建设工程主体结构的施工分包给其他单位的；

（四）分包单位将其承包的建设工程再分包的。

本条例所称转包，是指承包单位承包建设工程后，不履行合同约定的责任和义务，将其承包的全部建设工程转给他人或者将其承包的全部建设工程肢解以后以分包的名义分别转给其他单位承包的行为。

第七十九条 本条例规定的罚款和没收的违法所得，必须全部上缴国库。

第八十条 抢险救灾及其他临时性房屋建筑和农民自建低层住宅的建设活动，不适用本条例。

第八十一条 军事建设工程的管理，按照中央军事委员会的有关规定执行。

第八十二条 本条例自发布之日起施行。

建设部关于适用《建设工程质量管理条例》第58条有关问题的复函

（2006年1月20日 建法函〔2006〕23号）

河北省建设厅：

你厅《关于适用〈建设工程质量管理条例〉第58条有关问题的请示》（冀建法〔2005〕535号）收悉。经研究，现函复如下：

一、《建设工程质量管理条例》中的建设工程在房屋建筑中一般是指单位工程。

二、工程合同价款是指双方商定认可的价款。

建设部关于运用《建设工程质量管理条例》第六十七条、第三十一条的复函

（2002年4月24日 建法函〔2002〕99号）

福建省建设厅：

你厅“关于如何具体运用《建设工程质量管理条例》第六十七条、第三十一条的请示”（闽建法〔2002〕9号）收悉。经研究，现答复如下：

一、监理单位在实施监理时，未按照设计文件要求实施监理，致使工程质量未能达到原设计文件要求，降低了原设计质量标准的，应当认定为降低工程质量的行为。

二、《建设工程质量管理条例》第三十一条规定的“具有相应资质等级的质量检测单位”，是指经省级以上（含省级）建设行政主管部门资质审查合格和有关部门计量认证通过的工程质量检测单位。

房屋建筑工程质量保修办法

（2000年6月30日建设部令第80号发布　自发布之日起施行）

第一条　为保护建设单位、施工单位、房屋建筑所有人和使用人的合法权益，维护公共安全和公众利益，根据《中华人民共和国建筑法》和《建设工程质量管理条例》，制订本办法。

第二条　在中华人民共和国境内新建、扩建、改建各类房屋建筑工程（包括装修工程）的质量保修，适用本办法。

第三条　本办法所称房屋建筑工程质量保修，是指对房屋建筑工程竣工验收后在保修期限内出现的质量缺陷，予以修复。

本办法所称质量缺陷，是指房屋建筑工程的质量不符合工程建设强制性标准以及合同的约定。

第四条　房屋建筑工程在保修范围和保修期限内出现质量缺陷，施工单位应当履行保修义务。

第五条　国务院建设行政主管部门负责全国房屋建筑工程质量保修的监督管理。

县级以上地方人民政府建设行政主管部门负责本行政区域内房屋建筑工程质量保修的监督管理。

第六条　建设单位和施工单位应当在工程质量保修书中约定保修范围、保修期限和保修责任等，双方约定的保修范围、保修期限必须符合国家有关规定。

第七条　在正常使用条件下，房屋建筑工程的最低保修期限为：

（一）地基基础工程和主体结构工程，为设计文件规定的该工程的合理使用年限；

（二）屋面防水工程、有防水要求的卫生间、房间和外墙面的防渗漏，为5年；

（三）供热与供冷系统，为2个采暖期、供冷期；

（四）电气管线、给排水管道、设备安装为2年；

（五）装修工程为2年。

其他项目的保修期限由建设单位和施工单位约定。

第八条　房屋建筑工程保修期从工程竣工验收合格之日起计算。

第九条　房屋建筑工程在保修期限内出现质量缺陷，建设单位或者房屋建筑所有人应当向施工单位发出保修通知。施工单位接到保修通知后，应当到现场核查情况，在保修书约定的时间内予以保修。发生涉及结构安全或者严重影响使用功能的紧急抢修事故，施工单位接到保修通知后，应当立即到达现场抢修。

第十条　发生涉及结构安全的质量缺陷，建设单位或者房屋建筑所有人应当立即向当地建设行政主管部门报告，采取安全防范措施；由原设计单位或者具有相应资质等级的设计单位提出保修方案，施工单位实施保修，原工程质量监督机构负责监督。

第十一条　保修完成后，由建设单位或者房屋建筑所有人组织验收。涉及结构安全的，应当报当地建设行政主管部门备案。

第十二条　施工单位不按工程质量保修书约定保修的，建设单位可以另行委托其他单位保修，由原施工单位承担相应责任。

第十三条　保修费用由质量缺陷的责任方承担。

第十四条　在保修期限内，因房屋建筑工程质量缺陷造成房屋所有人、使用人或者第三方人身、财产损害的，房屋所有人、使用人或者第三方可以向建设单位提出赔偿要求。建设单位向造成房屋建筑工程质量缺陷的责任方追偿。

第十五条　因保修不及时造成新的人身、财产损害，由造成拖延的责任方承担赔偿责任。

第十六条　房地产开发企业售出的商品房保修，还应当执行《城市房地产开发经营管理条例》和其他有关规定。

第十七条　下列情况不属于本办法规定的保修范围：

（一）因使用不当或者第三方造成的质量缺陷；

（二）不可抗力造成的质量缺陷。

第十八条　施工单位有下列行为之一的，由建设行政主管部门责令改正，并处1万元以上3万元以下的罚款。

（一）工程竣工验收后，不向建设单位出具质量保修书的；

（二）质量保修的内容、期限违反本办法规定的。

第十九条　施工单位不履行保修义务或者拖延履行保修义务的，由建设行政主管部门责令改正，处10万元以上20万元以下的罚款。

第二十条　军事建设工程的管理，按照中央军事委员会的有关规定执行。

第二十一条　本办法由国务院建设行政主管部门负责解释。

第二十二条　本办法自发布之日起施行。

建设工程质量检测管理办法

（2005年9月28日建设部令第141号发布　根据2015年5月4日《住房和城乡建设部关于修改〈房地产开发企业资质管理规定〉等部门规章的决定》修订）

第一条　为了加强对建设工程质量检测的管理，根据《中华人民共和国建筑法》、《建设工程质量管理条例》，制定本办法。

第二条　申请从事对涉及建筑物、构筑物结构安全的试块、试件以及有关材料检测的工程质量检测机构资质,实施对建设工程质量检测活动的监督管理,应当遵守本办法。

本办法所称建设工程质量检测(以下简称质量检测),是指工程质量检测机构(以下简称检测机构)接受委托,依据国家有关法律、法规和工程建设强制性标准,对涉及结构安全项目的抽样检测和对进入施工现场的建筑材料、构配件的见证取样检测。

第三条 国务院建设主管部门负责对全国质量检测活动实施监督管理,并负责制定检测机构资质标准。

省、自治区、直辖市人民政府建设主管部门负责对本行政区域内的质量检测活动实施监督管理,并负责检测机构的资质审批。

市、县人民政府建设主管部门负责对本行政区域内的质量检测活动实施监督管理。

第四条 检测机构是具有独立法人资格的中介机构。检测机构从事本办法附件一规定的质量检测业务,应当依据本办法取得相应的资质证书。

检测机构资质按照其承担的检测业务内容分为专项检测机构资质和见证取样检测机构资质。检测机构资质标准由附件二规定。

检测机构未取得相应的资质证书,不得承担本办法规定的质量检测业务。

第五条 申请检测资质的机构应当向省、自治区、直辖市人民政府建设主管部门提交下列申请材料:

(一)《检测机构资质申请表》一式三份;

(二)工商营业执照原件及复印件;

(三)与所申请检测资质范围相对应的计量认证证书原件及复印件;

(四)主要检测仪器、设备清单;

(五)技术人员的职称证书、身份证和社会保险合同的原件及复印件;

(六)检测机构管理制度及质量控制措施。

《检测机构资质申请表》由国务院建设主管部门制定式样。

第六条 省、自治区、直辖市人民政府建设主管部门在收到申请人的申请材料后,应当即时作出是否受理的决定,并向申请人出具书面凭证;申请材料不齐全或者不符合法定形式的,应当在5日内一次性告知申请人需要补正的全部内容。逾期不告知的,自收到申请材料之日起即为受理。

省、自治区、直辖市建设主管部门受理资质申请后,应当对申报材料进行审查,自受理之日起20个工作日内审批完毕并作出书面决定。对符合资质标准的,自作出决定之日起10个工作日内颁发《检测机构资质证书》,并报国务院建设主管部门备案。

第七条 《检测机构资质证书》应当注明检测业务范围,分为正本和副本,由国务院建设主管部门制定式样,正、副本具有同等法律效力。

第八条 检测机构资质证书有效期为3年。资质证书有效期满需要延期的,检测机构应当在资质证书有效期满30个工作日前申请办理延期手续。

检测机构在资质证书有效期内没有下列行为的,资质证书有效期届满时,经原审批机关同意,不再审查,资质证书有效期延期3年,由原审批机关在其资质证书副本上加盖延期专用章;检测机构在资质证书有效期内有下列行为之一的,原审批机关不予延期:

(一)超出资质范围从事检测活动的;

(二)转包检测业务的;

(三)涂改、倒卖、出租、出借或者以其他形式非法转让资质证书的;

(四)未按照国家有关工程建设强制性标准进行检测,造成质量安全事故或致使事故损失扩大的;

(五)伪造检测数据,出具虚假检测报告或者鉴定结论的。

第九条 检测机构取得检测机构资质后,不再符合相应资质标准的,省、自治区、直辖市人民政府建设主管部门根据利害关系人的请求或者依据职权,可以责令其限期改正;逾期不改的,可以撤回相应的资质证书。

第十条 任何单位和个人不得涂改、倒卖、出租、出借或者以其他形式非法转让资质证书。

第十一条 检测机构变更名称、地址、法定代表人、技术负责人,应当在3个月内到原审批机关办理变更手续。

第十二条 本办法规定的质量检测业务,由工程项目建设单位委托具有相应资质的检测机构进行检测。委托方与被委托方应当签订书面合同。

检测结果利害关系人对检测结果发生争议的,由双方共同认可的检测机构复检,复检结果由提出复检方报当地建设主管部门备案。

第十三条 质量检测试样的取样应当严格执行有关工程建设标准和国家有关规定,在建设单位或者工程监理单位监督下现场取样。提供质量检测试样的单位和个人,应当对试样的真实性负责。

第十四条 检测机构完成检测业务后,应当及时出具检测报告。检测报告经检测人员签字、检测机构法定代表人或者其授权的签字人签署,并加盖检测机构公章或者检测专用章后方可生效。检测报告经建设单位或者工程监理单位确认后,由施工单位归档。

见证取样检测的检测报告中应当注明见证人单位及姓名。

第十五条 任何单位和个人不得明示或者暗示检测机构出具虚假检测报告,不得篡改或者伪造检测报告。

第十六条 检测人员不得同时受聘于两个或者两个以上的检测机构。

检测机构和检测人员不得推荐或者监制建筑材料、构配件和设备。

检测机构不得与行政机关，法律、法规授权的具有管理公共事务职能的组织以及所检测工程项目相关的设计单位、施工单位、监理单位有隶属关系或者其他利害关系。

第十七条 检测机构不得转包检测业务。

检测机构跨省、自治区、直辖市承担检测业务的，应当向工程所在地的省、自治区、直辖市人民政府建设主管部门备案。

第十八条 检测机构应当对其检测数据和检测报告的真实性和准确性负责。

检测机构违反法律、法规和工程建设强制性标准，给他人造成损失的，应当依法承担相应的赔偿责任。

第十九条 检测机构应当将检测过程中发现的建设单位、监理单位、施工单位违反有关法律、法规和工程建设强制性标准的情况，以及涉及结构安全检测结果的不合格情况，及时报告工程所在地建设主管部门。

第二十条 检测机构应当建立档案管理制度。检测合同、委托单、原始记录、检测报告应当按年度统一编号，编号应当连续，不得随意抽撤、涂改。

检测机构应当单独建立检测结果不合格项目台账。

第二十一条 县级以上地方人民政府建设主管部门应当加强对检测机构的监督检查，主要检查下列内容：

（一）是否符合本办法规定的资质标准；

（二）是否超出资质范围从事质量检测活动；

（三）是否有涂改、倒卖、出租、出借或者以其他形式非法转让资质证书的行为；

（四）是否按规定在检测报告上签字盖章，检测报告是否真实；

（五）检测机构是否按有关技术标准和规定进行检测；

（六）仪器设备及环境条件是否符合计量认证要求；

（七）法律、法规规定的其他事项。

第二十二条 建设主管部门实施监督检查时，有权采取下列措施：

（一）要求检测机构或者委托方提供相关的文件和资料；

（二）进入检测机构的工作场地（包括施工现场）进行抽查；

（三）组织进行比对试验以验证检测机构的检测能力；

（四）发现有不符合国家有关法律、法规和工程建设标准要求的检测行为时，责令改正。

第二十三条 建设主管部门在监督检查中为收集证据的需要，可以对有关试样和检测资料采取抽样取证的方法；在证据可能灭失或者以后难以取得的情况下，经部门负责人批准，可以先行登记保存有关试样和检测资料，并应当在7日内及时作出处理决定，在此期间，当事人或者有关人员不得销毁或者转移有关试样和检测资料。

第二十四条 县级以上地方人民政府建设主管部门，对监督检查中发现的问题应当按规定权限进行处理，并及时报告资质审批机关。

第二十五条 建设主管部门应当建立投诉受理和处理制度，公开投诉电话号码、通讯地址和电子邮件信箱。

检测机构违反国家有关法律、法规和工程建设标准规定进行检测的，任何单位和个人都有权向建设主管部门投诉。建设主管部门收到投诉后，应当及时核实并依据本办法对检测机构作出相应的处理决定，于30日内将处理意见答复投诉人。

第二十六条 违反本办法规定，未取得相应的资质，擅自承担本办法规定的检测业务的，其检测报告无效，由县级以上地方人民政府建设主管部门责令改正，并处1万元以上3万元以下的罚款。

第二十七条 检测机构隐瞒有关情况或者提供虚假材料申请资质的，省、自治区、直辖市人民政府建设主管部门不予受理或者不予行政许可，并给予警告，1年之内不得再次申请资质。

第二十八条 以欺骗、贿赂等不正当手段取得资质证书的，由省、自治区、直辖市人民政府建设主管部门撤销其资质证书，3年内不得再次申请资质证书；并由县级以上地方人民政府建设主管部门处以1万元以上3万元以下的罚款；构成犯罪的，依法追究刑事责任。

第二十九条 检测机构违反本办法规定，有下列行为之一的，由县级以上地方人民政府建设主管部门责令改正，可并处1万元以上3万元以下的罚款；构成犯罪的，依法追究刑事责任：

（一）超出资质范围从事检测活动的；

（二）涂改、倒卖、出租、出借、转让资质证书的；

（三）使用不符合条件的检测人员的；

（四）未按规定上报发现的违法违规行为和检测不合格事项的；

（五）未按规定在检测报告上签字盖章的；

（六）未按照国家有关工程建设强制性标准进行检测的；

（七）档案资料管理混乱，造成检测数据无法追溯的；

（八）转包检测业务的。

第三十条 检测机构伪造检测数据，出具虚假检测报告或者鉴定结论的，县级以上地方人民政府建设主管部门给予警告，并处3万元罚款；给他人造成损失的，依法承担赔偿责任；构成犯罪的，依法追究其刑事责任。

第三十一条 违反本办法规定，委托方有下列行为之一的，由县级以上地方人民政府建设主管部门责令改正，处1万元以上3万元以下的罚款：

（一）委托未取得相应资质的检测机构进行检测的；

（二）明示或暗示检测机构出具虚假检测报告，篡改或伪造检测报告的；

（三）弄虚作假送检试样的。

第三十二条 依照本办法规定，给予检测机构罚款处罚的，对检测机构的法定代表人和其他直接责任人员处罚款数额5%以上10%以下的罚款。

第三十三条 县级以上人民政府建设主管部门工作人员在质量检测管理工作中，有下列情形之一的，依法给予行政处分；构成犯罪的，依法追究刑事责任：

（一）对不符合法定条件的申请人颁发资质证书的；

（二）对符合法定条件的申请人不予颁发资质证书的；

（三）对符合法定条件的申请人未在法定期限内颁发资质证书的；

（四）利用职务上的便利，收受他人财物或者其他好处的；

（五）不依法履行监督管理职责，或者发现违法行为不予查处的。

第三十四条 检测机构和委托方应当按照有关规定收取、支付检测费用。没有收费标准的项目由双方协商收取费用。

第三十五条 水利工程、铁道工程、公路工程等工程中涉及结构安全的试块、试件及有关材料的检测按照有关规定，可以参照本办法执行。节能检测按照国家有关规定执行。

第三十六条 本规定自2005年11月1日起施行。

附件一：

质量检测的业务内容

一、专 项 检 测

（一）地基基础工程检测

1. 地基及复合地基承载力静载检测；
2. 桩的承载力检测；
3. 桩身完整性检测；
4. 锚杆锁定力检测。

（二）主体结构工程现场检测

1. 混凝土、砂浆、砌体强度现场检测；
2. 钢筋保护层厚度检测；
3. 混凝土预制构件结构性能检测；
4. 后置埋件的力学性能检测。

（三）建筑幕墙工程检测

1. 建筑幕墙的气密性、水密性、风压变形性能、层间变位性能检测；
2. 硅酮结构胶相容性检测。

（四）钢结构工程检测

1. 钢结构焊接质量无损检测；
2. 钢结构防腐及防火涂装检测；
3. 钢结构节点、机械连接用紧固标准件及高强度螺栓力学性能检测；
4. 钢网架结构的变形检测。

二、见证取样检测

1. 水泥物理力学性能检验；
2. 钢筋（含焊接与机械连接）力学性能检验；
3. 砂、石常规检验；
4. 混凝土、砂浆强度检验；
5. 简易土工试验；
6. 混凝土掺加剂检验；
7. 预应力钢绞线、锚夹具检验；
8. 沥青、沥青混合料检验。

附件二：

检测机构资质标准

一、专项检测机构和见证取样检测机构应满足下列基本条件：

（一）所申请检测资质对应的项目应通过计量认证；

（二）有质量检测、施工、监理或设计经历，并接受了相关检测技术培训的专业技术人员不少于10人；边远的县（区）的专业技术人员可不少于6人；

（三）有符合开展检测工作所需的仪器、设备和工作场所；其中，使用属于强制检定的计量器具，要经过计量检定合格后，方可使用；

（四）有健全的技术管理和质量保证体系。

二、专项检测机构除应满足基本条件外，还需满足下列条件：

（一）地基基础工程检测类

专业技术人员中从事工程桩检测工作3年以上并具有高级或者中级职称的不得少于4名，其中1人应当具备注册岩土工程师资格。

（二）主体结构工程检测类

专业技术人员中从事结构工程检测工作3年以上并具有高级或者中级职称的不得少于4名，其中1人应当具备二级注册结构工程师资格。

（三）建筑幕墙工程检测类

专业技术人员中从事建筑幕墙检测工作3年以上并具有高级或者中级职称的不得少于4名。

（四）钢结构工程检测类

专业技术人员中从事钢结构机械连接检测、钢网架结构变形检测工作3年以上并具有高级或者中级职称的不得少于4名，其中1人应当具备二级注册结构工程师资格。

三、见证取样检测机构除应满足基本条件外，专业技术人员中从事检测工作3年以上并具有高级或者中级职称的不得少于3名；边远的县（区）可不少于2人。

房屋建筑和市政基础设施工程质量监督管理规定

（2010年8月1日住房和城乡建设部令第5号公布　自2010年9月1日起施行）

第一条　为了加强房屋建筑和市政基础设施工程质量的监督，保护人民生命和财产安全，规范住房和城乡建设主管部门及工程质量监督机构（以下简称主管部门）的质量监督行为，根据《中华人民共和国建筑法》、《建设工程质量管理条例》等有关法律、行政法规，制定本规定。

第二条　在中华人民共和国境内主管部门实施对新建、扩建、改建房屋建筑和市政基础设施工程质量监督管理的，适用本规定。

第三条　国务院住房和城乡建设主管部门负责全国房屋建筑和市政基础设施工程（以下简称工程）质量监督管理工作。

县级以上地方人民政府建设主管部门负责本行政区域内工程质量监督管理工作。

工程质量监督管理的具体工作可以由县级以上地方人民政府建设主管部门委托所属的工程质量监督机构（以下简称监督机构）实施。

第四条　本规定所称工程质量监督管理，是指主管部门依据有关法律法规和工程建设强制性标准，对工程实体质量和工程建设、勘察、设计、施工、监理单位（以下简称工程质量责任主体）和质量检测等单位的工程质量行为实施监督。

本规定所称工程实体质量监督，是指主管部门对涉及工程主体结构安全、主要使用功能的工程实体质量情况实施监督。

本规定所称工程质量行为监督，是指主管部门对工程质量责任主体和质量检测等单位履行法定质量责任和义务的情况实施监督。

第五条　工程质量监督管理应当包括下列内容：

（一）执行法律法规和工程建设强制性标准的情况；

（二）抽查涉及工程主体结构安全和主要使用功能的工程实体质量；

（三）抽查工程质量责任主体和质量检测等单位的工程质量行为；

（四）抽查主要建筑材料、建筑构配件的质量；

（五）对工程竣工验收进行监督；

（六）组织或者参与工程质量事故的调查处理；

（七）定期对本地区工程质量状况进行统计分析；

（八）依法对违法违规行为实施处罚。

第六条　对工程项目实施质量监督，应当依照下列程序进行：

（一）受理建设单位办理质量监督手续；

（二）制订工作计划并组织实施；

（三）对工程实体质量、工程质量责任主体和质量检测等单位的工程质量行为进行抽查、抽测；

（四）监督工程竣工验收，重点对验收的组织形式、程序等是否符合有关规定进行监督；

（五）形成工程质量监督报告；

（六）建立工程质量监督档案。

第七条　工程竣工验收合格后，建设单位应当在建筑物明显部位设置永久性标牌，载明建设、勘察、设计、施工、监理单位等工程质量责任主体的名称和主要责任人姓名。

第八条　主管部门实施监督检查时，有权采取下列措施：

（一）要求被检查单位提供有关工程质量的文件和资料；

（二）进入被检查单位的施工现场进行检查；

（三）发现有影响工程质量的问题时，责令改正。

第九条　县级以上地方人民政府建设主管部门应当根据本地区的工程质量状况，逐步建立工程质量信用档案。

第十条　县级以上地方人民政府建设主管部门应当将工程质量监督中发现的涉及主体结构安全和主要使用功能的工程质量问题及整改情况，及时向社会公布。

第十一条　省、自治区、直辖市人民政府建设主管部门应当按照国家有关规定，对本行政区域内监督机构每三年进行一次考核。

监督机构经考核合格后，方可依法对工程实施质量监督，并对工程质量监督承担监督责任。

第十二条　监督机构应当具备下列条件：

（一）具有符合本办法第十三条规定的监督人员。人员数量由县级以上地方人民政府建设主管部门根据实际需要确定。监督人员应当占监督机构总人数的75%以上；

（二）有固定的工作场所和满足工程质量监督检查工作需要的仪器、设备和工具等；

（三）有健全的质量监督工作制度，具备与质量监督工作相适应的信息化管理条件。

第十三条　监督人员应当具备下列条件：

（一）具有工程类专业大学专科以上学历或者工程类执业注册资格；

（二）具有三年以上工程质量管理或者设计、施工、监理等工作经历；

（三）熟悉掌握相关法律法规和工程建设强制性标准；

（四）具有一定的组织协调能力和良好职业道德。

监督人员符合上述条件经考核合格后，方可从事工程质量监督工作。

第十四条　监督机构可以聘请中级职称以上的工程类专

业技术人员协助实施工程质量监督。

第十五条 省、自治区、直辖市人民政府建设主管部门应当每两年对监督人员进行一次岗位考核，每年进行一次法律法规、业务知识培训，并适时组织开展继续教育培训。

第十六条 国务院住房和城乡建设主管部门对监督机构和监督人员的考核情况进行监督抽查。

第十七条 主管部门工作人员玩忽职守、滥用职权、徇私舞弊，构成犯罪的，依法追究刑事责任；尚不构成犯罪的，依法给予行政处分。

第十八条 抢险救灾工程、临时性房屋建筑工程和农民自建低层住宅工程，不适用本规定。

第十九条 省、自治区、直辖市人民政府建设主管部门可以根据本规定制定具体实施办法。

第二十条 本规定自2010年9月1日起施行。

住房城乡建设部关于进一步强化住宅工程质量管理和责任的通知

（2010年5月4日 建市〔2010〕68号）

各省、自治区住房和城乡建设厅，直辖市建委（建设交通委），北京市规划委，总后基建营房工程局：

住宅工程质量，关系到人民群众的切身利益和生命财产安全，关系到住有所居、安居乐业政策的有效落实。近几年来，住宅工程质量总体上是好的，但在一些住宅工程中，违反建设程序、降低质量标准、违规违章操作、执法监督不力等现象依然存在，重大质量事故仍有发生。为进一步加强质量管理，强化质量责任，切实保证住宅工程质量，现将有关问题通知如下：

一、强化住宅工程质量责任，规范建设各方主体行为

（一）建设单位的责任。建设单位要严格履行项目用地许可、规划许可、招投标、施工图审查、施工许可、委托监理、质量安全监督、工程竣工验收、工程技术档案移交、工程质量保修等法定职责，依法承担住宅工程质量的全面管理责任。建设单位要落实项目法人责任制，设立质量管理机构并配备专职人员，高度重视项目前期的技术论证，及时提供住宅工程所需的基础资料，统一协调安排住宅工程建设各相关方的工作；要加强对勘察、设计、采购和施工质量的过程控制和验收管理，不得将住宅工程发包给不具有相应资质等级的勘察、设计、施工、监理等单位，不得将住宅工程肢解发包，不得违规指定分包单位，不得以任何明示或暗示的方式要求勘察、设计、施工、监理等单位违反法律、法规、工程建设标准和任意更改相关工作的成果及结论；要严格按照基本建设程序进行住宅工程建设，不得以任何名义不履行法定建设程序或擅自简化建设程序；要保证合理的工期和造价，严格执行有关工程建设标准，确保住宅工程质量。

（二）勘察单位的责任。勘察单位要严格按照法律、法规、工程建设标准进行勘察，对住宅工程的勘察质量依法承担责任。勘察单位要建立健全质量管理体系，全面加强对现场踏勘、勘察纲要编制、现场作业、土水试验和成果资料审核等关键环节的管理，确保勘察工作内容满足国家法律、法规、工程建设标准和工程设计与施工的需要；要强化质量责任制，落实注册土木工程师（岩土）执业制度，加强对钻探描述（记录）员、机长、观测员、试验员等作业人员的岗位培训；要增强勘察从业人员的质量责任意识，及时整理、核对勘察过程中的各类原始记录，不得虚假勘察，不得离开现场进行追记、补记和修改记录，保证地质、测量、水文等勘察成果资料的真实性和准确性。

（三）设计单位的责任。设计单位要严格按照法律、法规、工程建设标准、规划许可条件和勘察成果文件进行设计，对住宅工程的设计质量依法承担责任。设计单位要建立健全质量管理体系，加强设计过程的质量控制，保证设计质量符合工程建设标准和设计深度的要求；要依法设计、精心设计，坚持以人为本，对容易产生质量通病的部位和环节，实施优化及细化设计；要配备足够数量和符合资格的设计人员做好住宅工程设计和现场服务工作，严禁采用未按规定审定的可能影响住宅工程质量和安全的技术和材料；要进一步强化注册建筑师、勘察设计注册工程师等执业人员的责任意识，加强文件审查，对不符合要求的设计文件不得签字认可，确保所签章的设计文件能够满足住宅工程对安全、抗震、节能、防火、环保、无障碍设计、公共卫生和居住方便等结构安全和使用功能的需要，并在设计使用年限内有足够的可靠性。

（四）施工单位的责任。施工单位要严格按照经审查合格的施工图设计文件和施工技术标准进行施工，对住宅工程的施工质量依法承担责任。施工单位要建立健全质量管理体系，强化质量责任制，确定符合规定并满足施工需要的项目管理机构和项目经理、技术负责人等主要管理人员，不得转包和违法分包，不得擅自修改设计文件，不得偷工减料；要建立健全教育培训制度，所有施工管理和作业人员必须经过教育培训且考核合格后方可上岗；要按照工程设计要求、施工技术标准和合同约定，对建筑材料、建筑构配件、设备和商品混凝土进行检验，未经检验或者检验不合格的，不得使用；要健全施工过程的质量检验检测制度，做好工程重要结构部位和隐蔽工程的质量检查和记录，隐蔽工程在隐蔽前，要按规定通知有关单位验收；要对施工或者竣工验收中出现质量问题的住宅工程负责返修，对已竣工验收合格并交付使用的住宅工程要按规定承担保修责任。

（五）监理单位的责任。监理单位要严格依照法律、法规以及有关技术标准、设计文件和建设工程承包合同进行监理，对住宅工程的施工质量依法承担监理责任。监理单位因不按照监理合同约定履行监理职责,给建设单位造成损失的,要承担违约赔偿责任;因监理单位弄虚作假,降低工程质量标准,造成工程质量事故的,要依法承担相应法律责任。监理单位要建立健全质量管理体系,落实项目总监负责制,建立适宜的组织机构,配备足够的、专业配套的合格监理人员,严格按照监理规划和规定的监理程序开展监理工作,不得转让工程监理业务,不得与被监理的住宅工程的施工单位以及建筑材料、建筑构配件和设备供应单位有隶属关系或其他利害关系。监理人员要按规定采取旁站、巡视、平行检验等多种形式,及时到位进行监督检查,对达不到规定要求的材料、设备、工程以及不符合要求的施工组织设计、施工方案不得签字放行,并按规定及时向建设单位和有关部门报告,确保监理工作质量。

(六)有关专业机构的责任。工程质量检测机构依法对其检测数据和检测报告的真实性和准确性负责,因违反国家有关规定给他人造成损失的,要依法承担相应赔偿责任及其他法律责任。工程质量检测机构要建立健全质量管理体系,严格依据法律、法规、工程建设标准和批准的资质范围实施质量检测,不得转包检测业务,不得与承接工程项目建设的各方有隶属关系或其他利害关系;要加强检测工程的质量监控,保证检测报告真实有效、结论明确,并要将检测过程中发现的建设、监理、施工等单位违反国家有关规定以及涉及结构安全检测结果的不合格情况,及时按规定向有关部门报告。施工图审查机构要依法对施工图设计文件(含勘察文件,下同)质量承担审查责任。施工图设计文件经审查合格后,仍有违反法律、法规和工程建设强制性标准的问题,给建设单位造成损失的,要依法承担相应赔偿责任。施工图审查机构要建立健全内部质量管理制度,配备合格、专业配套的审查人员,严格按照国家有关规定和认定范围进行审查,不得降低标准或虚假审查,并要按规定将审查过程中发现的建设、勘察、设计单位和注册执业人员的违法违规行为向有关部门报告。

二、加强住宅工程质量管理,严格执行法定基本制度

(七)加强市场准入清出管理。住宅工程要严格执行房地产开发、招标代理、勘察、设计、施工、监理等企业资质管理制度,严禁企业无资质或超越资质等级和业务范围承揽业务。要健全关键岗位个人注册执业签章制度,严禁执业人员出租、出借执业证书和印章,从事非法执业活动。对不满足资质标准、存在违法违规行为,以及出租、出借、重复注册、不履行执业责任等行为的企业和执业人员,要依法进行处罚。对发生重大质量事故的,要依法降低资质等级、吊销资质证书、吊销执业资格并追究其他法律责任。

(八)加强工程招标投标管理。住宅工程要依法执行招标投标制度。严禁围标、串标,严禁招标代理机构串通招标人或投标人操纵招标投标。要加强评标专家管理,建立培训、考核、评价制度,规范评标专家行为,健全评标专家退出机制;要完善评标方法和标准,坚决制止不经评审的最低价中标的做法。对存在围标、串标的企业以及不正确履行职责的招标代理机构、评标专家要依法进行处罚;对情节严重的,要依法降低资质等级、吊销资质证书、取消评标专家资格并追究其他法律责任。

(九)加强合同管理。住宅工程的工程总承包、施工总承包、专业承包、劳务分包以及勘察、设计、施工、监理、项目管理等都要依法订立书面合同。各类合同都应有明确的承包范围、质量要求以及违约责任等内容。对于违反合同的单位,要依法追究违约责任。发生合同争议时,合同各方应积极协商解决,协商不成的,要及时通过仲裁或诉讼妥善解决,维护合法权益。各地要加强合同备案管理制度,及时掌握合同履约情况,减少合同争议的发生。对因合同争议而引发群体性事件或突发性事件,损害房屋所有人、使用人以及施工作业人员合法权益,以及存在转包、挂靠、违法分包、签订阴阳合同等违法违规行为的单位,要依法进行处罚,并追究单位法定代表人的责任。

(十)加强施工许可管理。住宅工程要严格执行施工许可制度。依法必须申请领取施工许可证的住宅工程未取得施工许可手续的,不得擅自开工建设。任何单位和个人不得将应该申请领取施工许可证的工程项目分解为若干限额以下的工程项目,规避申请领取施工许可证。各地要切实加强施工许可证的发放管理,严格依法审查住宅工程用地、规划、设计等前置条件,不符合法定条件的不得颁发施工许可证。对存在违法开工行为的单位和个人,要依法进行处罚,并追究建设单位和施工单位法定代表人的责任。对于不按规定颁发施工许可证的有关部门和个人,要依法追究法律责任。

(十一)加强施工图审查管理。建设单位要严格执行施工图设计文件审查制度,及时将住宅工程施工图设计文件报有关机构审查;要先行将勘察文件报审,不得将勘察文件和设计文件同时报审,未经审查合格的勘察文件不得作为设计依据。施工图审查机构要重点对住宅工程的地基基础和主体结构的安全性,防火、抗震、节能、环保以及厨房、卫生间等关键场所的设计质量是否符合工程建设强制性标准进行审查,任何单位和个人不得擅自修改已审查合格的施工图设计文件。确需修改的,建设单位要按有关规定将修改后的施工图设计文件送原审查机构审查。凡出具虚假审查合格书或未尽审查职责的审查机构和审查人员要依法承担相应责任。

(十二)加强总承包责任管理。住宅工程实行总承包的要严格执行国家有关法律、法规,总承包单位分包工程要取得建设单位书面认可。严禁总承包单位将承接工程转包或将其主体工程分包,严禁分包单位将分包工程再分包。对转包和违法分包的单位,要依法停业整顿,降低资质等级,情节严重的要依法吊销资质证书。要认真落实总承包单位负责制,总承包单位要按照合同约定加强对分包单位的组织协调和管理,并对所承接工程质量负总责。对因分包单位责任导致工程质量事故的，总承包单位要承担连带责任。

（十三）加强建筑节能管理。建设单位要严格遵守国家建筑节能的有关法律法规，按照相应的建筑节能标准和技术要求委托住宅工程项目的规划设计、开工建设、组织竣工验收，不得以任何理由要求设计、施工等单位擅自修改经审查合格的节能设计文件，降低建筑节能标准。勘察、设计、施工、监理单位及其注册执业人员，要严格按照建筑节能强制性标准开展工作，加强节能管理，提高能源利用效率和可再生能源利用水平，保证住宅工程建筑节能质量。对违反国家有关节能规定，降低建设节能标准的有关单位和个人，要依法追究法律责任。

（十四）加强工期和造价管理。合理工期和造价是保证住宅工程质量的重要前提。建设单位要从保证住宅工程安全和质量的角度出发，科学确定住宅工程合理工期以及勘察、设计和施工等各阶段的合理时间；要在住宅工程合同中明确合理工期要求，并严格约定工期调整的前提和条件。建设、勘察、设计和施工等单位要严格执行住宅工程合同，任何单位和个人不得任意压缩合理工期，不得不顾客观规律随意调整工期。建设单位要严格执行国家有关工程造价计价办法和计价标准，不得任意降低住宅工程质量标准，不得要求承包方以低于成本的价格竞标。勘察、设计、施工和监理等单位要严格执行国家有关收费标准，坚持质量第一，严禁恶意压价竞争。对违反国家有关规定，任意压缩合理工期或降低工程造价造成工程质量事故的有关单位和个人，要依法追究法律责任。

（十五）加强施工现场组织管理。施工单位要建立施工现场管理责任制，全面负责施工过程中的现场管理。住宅工程实行总承包的，由总包方负责施工现场的统一管理，分包方在总包方的统一管理下，在其分包范围内实施施工现场管理。施工单位要按规定编制施工组织设计和专项施工方案并组织实施。任何单位和个人不得擅自修改已批准的施工组织设计和施工方案。建设单位要指定施工现场总代表人，全面负责协调施工现场的组织管理。建设单位要根据事先确定的设计、施工方案，定期对住宅工程项目实施情况进行检查，督促施工现场的设计、施工、监理等单位加强现场管理，并及时处理和解决有关问题，切实保证住宅工程建设及原有地下管线、地下建筑和周边建筑、构筑物的质量安全。设计单位要加强住宅工程项目实施过程中的驻场设计服务，及时解决与设计有关的各种问题。要加强与建设、施工单位的沟通，不断优化设计方案，保证工程质量。监理单位要加强对施工现场的巡查，认真履行对重大质量问题和事故的督促整改和报告的责任。对于因建设、设计、施工和监理单位未正确履行现场组织管理职责，造成工程质量事故的，要依法进行处罚，并追究单位法定代表人的责任。

（十六）加强竣工验收管理。住宅工程建成后，建设单位要组织勘察、设计、施工、监理等有关单位严格按照规定的组织形式、验收程序和验收标准进行竣工验收，并及时将有关验收文件报有关住房和城乡建设主管部门备案。各地要加强对住宅工程竣工验收备案的管理，将竣工验收备案情况及时向社会公布。未经验收或验收不合格的住宅工程不得交付使用。住宅工程经竣工验收备案后，方可办理房屋所有权证。对发现建设单位在竣工验收过程中有违反国家有关建设工程质量管理规定以及建筑节能强制性标准行为的，或采用虚假证明文件办理工程竣工验收备案的住宅工程项目，要限期整改，重新组织竣工验收，并依法追究建设单位及其法定代表人的责任。

有条件的地区，在住宅工程竣工验收前，要积极推行由建设单位组织实施的分户验收。若住房地基基础和主体结构质量经法定检测不符合验收质量标准或全装修住房的装饰装修标准不符合合同约定的，购房人有权按照合同约定向建设单位索赔。

（十七）加强工程质量保修管理。建设单位要按照国家有关工程质量保修规定和住宅质量保证书承诺的内容承担相应法律责任。施工单位要按照国家有关工程质量保修规定和工程质量保修书的要求，对住宅工程竣工验收后在保修期限内出现的质量缺陷予以修复。在保修期内，因住宅工程质量缺陷造成房屋所有人、使用人或者第三方人身、财产损害的，房屋所有人、使用人或者第三方可以向建设单位提出赔偿要求，建设单位可以向造成房屋建筑工程质量缺陷的责任方追偿。对因不履行保修义务或保修不及时、不到位，造成工程质量事故的建设单位和施工单位，要依法追究法律责任。建设单位要逐步推进质量安全保险机制，在住宅工程项目中实行工程质量保险，为用户在工程竣工一定时期内出现的质量缺陷提供保险。

（十八）加强工程质量报告工作。各地要建立住宅工程质量报告制度。建设单位要按工程进度及时向工程项目所在地住房和城乡建设主管部门报送工程质量报告。质量报告要如实反映工程质量情况，工程质量负责人和监理负责人要对填报的内容签字负责。住宅工程发生重大质量事故，事故发生单位要依法向工程项目所在地住房和城乡建设主管部门及有关部门报告。对弄虚作假和隐瞒不报的，要依法追究有关单位责任人和建设单位法定代表人的责任。

（十九）加强城市建设档案管理。住宅工程要按照《城市建设档案管理规定》有关要求，建立健全项目档案管理制度。建设单位要组织勘察、设计、施工、监理等有关单位严格按照规定收集、整理、归档从项目决策立项到工程竣工验收各环节的全部文件资料及竣工图，并在规定时限内向城市建设档案管理机构报送。城市建设档案管理机构和档案管理人员要严格履行职责，认真做好档案的登记、验收、保管和保护工作。对未按照规定移交建设工程档案的建设单位以及在档案管理中失职的有关单位和人员，要依法严肃处理。

（二十）加强应急救援管理。建设单位要建立健全应急抢险组织，充分考虑住宅工程施工过程中可能出现的紧急情况，制定施工应急救援预案，并开展应急救援预案的演练。施工单位要根据住宅工程施工特点制定切实可行的应急救援预案，配备相应装备和人员，并按有关规定进行演练。监理单位要审查应急救援预案并督促落实各项应急准备措施。住宅工程施工现场各有关单位要重视应急救援管理，共同建立起与政府应急体系的联动机制，确保应急救援反应灵敏、行动迅速、处置得力。

三、强化工程质量负责制，落实住宅工程质量责任

（二十一）强化建设单位法定代表人责任制。建设单位是住宅工程的主要质量责任主体，要依法对所建设的商品住房、保障性安居工程等住宅工程在设计使用年限内的质量负全面责任。建设单位的法定代表人要对所建设的住宅工程质量负主要领导责任。住宅工程发生工程质量事故的，除依法追究建设单位及有关责任人的法律责任以外，还要追究建设单位法定代表人的领导责任。对政府部门作为建设单位直接负责组织建设的保障性安居工程发生工程质量事故的，除依法追究有关责任人外，还要追究政府部门相关负责人的领导责任。

（二十二）强化参建单位法定代表人责任制。勘察、设计、施工、监理等单位按照法律规定和合同约定对所承接的住宅工程承担相应法律责任。勘察、设计、施工、监理等单位的法定代表人，对所承接的住宅工程项目的工程质量负领导责任。因参建单位责任导致工程质量事故的，除追究直接责任人的责任外，还要追究参建单位法定代表人的领导责任。

（二十三）强化关键岗位执业人员负责制。住宅工程项目要严格执行国家规定的注册执业管理制度。注册建筑师、勘察设计注册工程师、注册监理工程师、注册建造师等注册执业人员应对其法定义务内的工作和签章文件负责。因注册执业人员的过错造成工程质量事故的，要依法追究注册执业人员的责任。

（二十四）强化工程质量终身负责制。住宅工程的建设、勘察、设计、施工、监理等单位的法定代表人、工程项目负责人、工程技术负责人、注册执业人员要按各自职责对所承担的住宅工程项目在设计使用年限内的质量负终身责任。违反国家有关建设工程质量管理规定，造成重大工程质量事故的，无论其在何职何岗，身居何处，都要依法追究相应责任。

四、加强政府监管和社会监督，健全住宅工程质量监督体系

（二十五）加强政府监管。各级住房城乡建设主管部门要加强对建设、勘察、设计、施工、监理以及质量检测、施工图审查等有关单位执行建设工程质量管理规定和工程建设标准情况的监督检查。要加大对住宅工程质量的监管力度，特别要加大对保障性安居工程质量的监管力度。要充分发挥工程质量监督机构的作用，严格按照工程建设标准，依法对住宅工程实行强制性工程质量监督检查，对在监督检查中发现的问题，各有关单位要及时处理和整改。对检查中发现问题较多的住宅工程，要加大检查频次，并将其列入企业的不良记录。对检查中发现有重大工程质量问题的项目，要及时发出整改通知，限期进行整改，对违法违规行为要依法予以查处。要加强质量监管队伍建设，充实监管人员，提供必要的工作条件和经费；要严格质量监督机构和人员的考核，进一步加强监管人员培训教育，提高监管机构和监管人员执法能力，保障住宅工程质量监管水平。

地方政府要切实负起农房建设质量安全的监管责任，采取多种形式加强对农房建设质量安全的监督管理工作，加大对农民自建低层住宅的技术服务和指导。实施统建的，要参照本文件进行管理，并严格执行有关质量管理规定。

（二十六）加强社会监督。建设单位要在住宅工程施工现场的显著部位，将建设、勘察、设计、施工、监理等单位的名称、联系电话、主要责任人姓名和工程基本情况挂牌公示。住宅工程建成后，建设单位须在每栋建筑物明显部位永久标注建设、勘察、设计、施工、监理单位的名称及主要责任人的姓名，接受社会监督。各地和有关单位要公布质量举报电话，建立质量投诉渠道，完善投诉处理制度。要进一步加强信息公开制度，及时向社会公布住宅建筑工程质量的相关信息，切实发挥媒体与公众的监督作用。所有单位、个人和新闻媒体都有权举报和揭发工程质量问题。各有关单位要及时处理在社会监督中发现的问题，对于不能及时处理有关问题的单位和个人，要依法进行处罚。

（二十七）加强组织领导。各地要高度重视，加强领导，认真贯彻“百年大计，质量第一”的方针，充分认识保证住宅工程质量的重要性，要把强化质量责任，保证住宅工程质量摆在重要位置。要认真贯彻中共中央办公厅、国务院办公厅《关于实行党政领导干部问责的暂行规定》，严格落实党政领导干部问责制，对发生住宅工程质量事故的，除按有关法律法规追究有关单位和个人的责任外，还要严格按照规定的问责内容、问责程序，对有关党政领导干部进行问责。各地要结合本地区住宅工程质量实际情况，切实采取有效措施，进一步做好宣传和教育工作，增强各单位及从业人员的责任意识，切实将住宅工程质量责任落实到位，真正确保住宅工程质量。

文书范本

GF—2017—0201

建设工程施工合同

（示范文本）

住房城乡建设部
国家工商行政管理总局　制定

说　明

为了指导建设工程施工合同当事人的签约行为，维护合同当事人的合法权益，依据《中华人民共和国合同法》、《中华人民共和国建筑法》、《中华人民共和国招标投标法》以及相关法律法规，住房城乡建设部、国家工商行政管理总局对《建设工程施工合同（示范文本）》（GF－2013－0201）进行了修订，制定了《建设工程施工合同（示范文本）》（GF－2017－0201）（以下简称《示范文本》）。为了便于合同当事人使用《示范文本》，现就有关问题说明如下：

一、《示范文本》的组成

《示范文本》由合同协议书、通用合同条款和专用合同条款三部分组成。

（一）合同协议书

《示范文本》合同协议书共计13条，主要包括：工程概况、合同工期、质量标准、签约合同价和合同价格形式、项目经理、合同文件构成、承诺以及合同生效条件等重要内容，集中约定了合同当事人基本的合同权利义务。

（二）通用合同条款

通用合同条款是合同当事人根据《中华人民共和国建筑法》、《中华人民共和国合同法》等法律法规的规定，就工程建设的实施及相关事项，对合同当事人的权利义务作出的原则性约定。

通用合同条款共计20条，具体条款分别为：一般约定、发包人、承包人、监理人、工程质量、安全文明施工与环境保护、工期和进度、材料与设备、试验与检验、变更、价格调整、合同价格、计量与支付、验收和工程试车、竣工结算、缺陷责任与保修、违约、不可抗力、保险、索赔和争议解决。前述条款安排既考虑了现行法律法规对工程建设的有关要求，也考虑了建设工程施工管理的特殊需要。

（三）专用合同条款

专用合同条款是对通用合同条款原则性约定的细化、完善、补充、修改或另行约定的条款。合同当事人可以根据不同建设工程的特点及具体情况，通过双方的谈判、协商对相应的专用合同条款进行修改补充。在使用专用合同条款时，应注意以下事项：

1. 专用合同条款的编号应与相应的通用合同条款的编号一致；

2. 合同当事人可以通过对专用合同条款的修改，满足具体建设工程的特殊要求，避免直接修改通用合同条款；

3. 在专用合同条款中有横道线的地方，合同当事人可针对相应的通用合同条款进行细化、完善、补充、修改或另行约定；如无细化、完善、补充、修改或另行约定，则填写“无”或划“/”。

二、《示范文本》的性质和适用范围

《示范文本》为非强制性使用文本。《示范文本》适用于房屋建筑工程、土木工程、线路管道和设备安装工程、装修工程等建设工程的施工承发包活动，合同当事人可结合建设工程具体情况，根据《示范文本》订立合同，并按照法律法规规定和合同约定承担相应的法律责任及合同权利义务。

第一部分　合同协议书

发包人(全称):________________________

承包人(全称):________________________

根据《中华人民共和国合同法》、《中华人民共和国建筑法》及有关法律规定,遵循平等、自愿、公平和诚实信用的原则,双方就________________________________工程施工及有关事项协商一致,共同达成如下协议:

一、工程概况

1. 工程名称:____。

2. 工程地点:____。

3. 工程立项批准文号:____。

4. 资金来源:____。

5. 工程内容:____。

群体工程应附《承包人承揽工程项目一览表》(附件1)。

6. 工程承包范围:____

____。

二、合同工期

计划开工日期:______年____月____日。

计划竣工日期:______年____月____日。

工期总日历天数:______天。工期总日历天数与根据前述计划开竣工日期计算的工期天数不一致的,以工期总日历天数为准。

三、质量标准

工程质量符合____标准。

四、签约合同价与合同价格形式

1. 签约合同价为:

人民币(大写)____________(¥______元);

其中:

(1)安全文明施工费:

人民币(大写)____________(¥______元);

(2)材料和工程设备暂估价金额:

人民币(大写)____________(¥______元);

(3)专业工程暂估价金额:

人民币(大写)____________(¥______元);

(4)暂列金额:

人民币(大写)____________(¥______元)。

2. 合同价格形式:____。

五、项目经理

承包人项目经理:____。

六、合同文件构成

本协议书与下列文件一起构成合同文件:

(1)中标通知书(如果有);

(2)投标函及其附录(如果有);

(3)专用合同条款及其附件;

(4)通用合同条款;

(5)技术标准和要求;

(6)图纸;

(7)已标价工程量清单或预算书;

(8)其他合同文件。

在合同订立及履行过程中形成的与合同有关的文件均构成合同文件组成部分。

上述各项合同文件包括合同当事人就该项合同文件所作出的补充和修改,属于同一类内容的文件,应以最新签署的为准。专用合同条款及其附件须经合同当事人签字或盖章。

七、承诺

1. 发包人承诺按照法律规定履行项目审批手续、筹集工程建设资金并按照合同约定的期限和方式支付合同价款。

2. 承包人承诺按照法律规定及合同约定组织完成工程施工,确保工程质量和安全,不进行转包及违法分包,并在缺陷责任期及保修期内承担相应的工程维修责任。

3. 发包人和承包人通过招投标形式签订合同的,双方理解并承诺不再就同一工程另行签订与合同实质性内容相背离的协议。

八、词语含义

本协议书中词语含义与第二部分通用合同条款中赋予的含义相同。

九、签订时间

本合同于________年____月____日签订。

十、签订地点

本合同在____签订。

十一、补充协议

合同未尽事宜,合同当事人另行签订补充协议,补充协议是合同的组成部分。

十二、合同生效

本合同自____生效。

十三、合同份数

本合同一式____份,均具有同等法律效力,发包人执____份,承包人执____份。

发包人: (公章)

法定代表人或其委托代理人:
(签字)

组织机构代码:________________________
地　址:________________________
邮政编码:________________________
法定代表人:________________________
委托代理人:________________________
电　话:________________________
传　真:________________________
电子信箱:________________________
开户银行:________________________
账　号:________________________

承包人: (公章)

法定代表人或其委托代理人:
(签字)

组织机构代码:________________________
地　址:________________________
邮政编码:________________________
法定代表人:________________________
委托代理人:________________________
电　话:________________________
传　真:________________________
电子信箱:________________________
开户银行:________________________
账　号:________________________

第二部分　通用合同条款

1. 一般约定

1.1 词语定义与解释

合同协议书、通用合同条款、专用合同条款中的下列词语具有本款所赋予的含义:

1.1.1 合同

1.1.1.1 合同:是指根据法律规定和合同当事人约定具有约束力的文件,构成合同的文件包括合同协议书、中标通知书(如果有)、投标函及其附录(如果有)、专用合同条款及其附件、通用合同条款、技术标准和要求、图纸、已标价工程量清单或预算书以及其他合同文件。

1.1.1.2 合同协议书:是指构成合同的由发包人和承包人共同签署的称为“合同协议书”的书面文件。

1.1.1.3 中标通知书:是指构成合同的由发包人通知承包人中标的书面文件。

1.1.1.4 投标函:是指构成合同的由承包人填写并签署的用于投标的称为“投标函”的文件。

1.1.1.5 投标函附录:是指构成合同的附在投标函后的称为“投标函附录”的文件。

1.1.1.6 技术标准和要求:是指构成合同的施工应当遵守的或指导施工的国家、行业或地方的技术标准和要求,以及合同约定的技术标准和要求。

1.1.1.7 图纸:是指构成合同的图纸,包括由发包人按照合同约定提供或经发包人批准的设计文件、施工图、鸟瞰图及模型等,以及在合同履行过程中形成的图纸文件。图纸应当按照法律规定审查合格。

1.1.1.8 已标价工程量清单:是指构成合同的由承包人按照规定的格式和要求填写并标明价格的工程量清单,包括说明和表格。

1.1.1.9 预算书:是指构成合同的由承包人按照发包人规定的格式和要求编制的工程预算文件。

1.1.1.10 其他合同文件:是指经合同当事人约定的与工程施工有关的具有合同约束力的文件或书面协议。合同当事人可以在专用合同条款中进行约定。

1.1.2 合同当事人及其他相关方

1.1.2.1 合同当事人:是指发包人和(或)承包人。

1.1.2.2 发包人:是指与承包人签订合同协议书的当事人及取得该当事人资格的合法继承人。

1.1.2.3 承包人:是指与发包人签订合同协议书的,具有相应工程施工承包资质的当事人及取得该当事人资格的合法继承人。

1.1.2.4 监理人:是指在专用合同条款中指明的,受发包人委托按照法律规定进行工程监督管理的法人或其他组织。

1.1.2.5 设计人:是指在专用合同条款中指明的,受发包人委托负责工程设计并具备相应工程设计资质的法人或其他组织。

1.1.2.6 分包人:是指按照法律规定和合同约定,分包部分工程或工作,并与承包人签订分包合同的具有相应资质的法人。

1.1.2.7 发包人代表:是指由发包人任命并派驻施工现场在发包人授权范围内行使发包人权利的人。

1.1.2.8 项目经理:是指由承包人任命并派驻施工现场,在承包人授权范围内负责合同履行,且按照法律规定具有相应资格的项目负责人。

1.1.2.9 总监理工程师:是指由监理人任命并派驻施工现场进行工程监理的总负责人。

1.1.3 工程和设备

1.1.3.1 工程:是指与合同协议书中工程承包范围对应的永久工程和(或)临时工程。

1.1.3.2 永久工程:是指按合同约定建造并移交给发包人的工程,包括工程设备。

1.1.3.3 临时工程:是指为完成合同约定的永久工程所修建的各类临时性工程,不包括施工设备。

1.1.3.4 单位工程:是指在合同协议书中指明的,具备独立施工条件并能形成独立使用功能的永久工程。

1.1.3.5 工程设备:是指构成永久工程的机电设备、金属结构设备、仪器及其他类似的设备和装置。

1.1.3.6 施工设备:是指为完成合同约定的各项工作所需的设备、器具和其他物品,但不包括工程设备、临时工程和材料。

1.1.3.7 施工现场:是指用于工程施工的场所,以及在专用合同条款中指明作为施工场所组成部分的其他场所,包括永久占地和临时占地。

1.1.3.8 临时设施:是指为完成合同约定的各项工作所服务的临时性生产和生活设施。

1.1.3.9 永久占地:是指专用合同条款中指明为实施工程需永久占用的土地。

1.1.3.10 临时占地:是指专用合同条款中指明为实施工程需要临时占用的土地。

1.1.4 日期和期限

1.1.4.1 开工日期:包括计划开工日期和实际开工日期。计划开工日期是指合同协议书约定的开工日期;实际开工日期是指监理人按照第7.3.2项〔开工通知〕约定发出的符合法律规定的开工通知中载明的开工日期。

1.1.4.2 竣工日期:包括计划竣工日期和实际竣工日期。计划竣工日期是指合同协议书约定的竣工日期;实际竣工日期按照第13.2.3项〔竣工日期〕的约定确定。

1.1.4.3 工期:是指在合同协议书约定的承包人完成工程所需的期限,包括按照合同约定所作的期限变更。

1.1.4.4 缺陷责任期:是指承包人按照合同约定承担缺陷修复义务,且发包人预留质量保证金(已缴纳履约保证金的除外)的期限,自工程实际竣工日期起计算。

1.1.4.5 保修期:是指承包人按照合同约定对工程承担保修责任的期限,从工程竣工验收合格之日起计算。

1.1.4.6 基准日期:招标发包的工程以投标截止日前28天的日期为基准日期,直接发包的工程以合同签订日前28天的日期为基准日期。

1.1.4.7 天:除特别指明外,均指日历天。合同中按天计算时间的,开始当天不计入,从次日开始计算,期限最后一天的截止时间为当天24:00时。

1.1.5 合同价格和费用

1.1.5.1 签约合同价:是指发包人和承包人在合同协议书中确定的总金额,包括安全文明施工费、暂估价及暂列金额等。

1.1.5.2 合同价格:是指发包人用于支付承包人按照合同约定完成承包范围内全部工作的金额,包括合同履行过程中按合同约定发生的价格变化。

1.1.5.3 费用:是指为履行合同所发生的或将要发生的所有必需的开支,包括管理费和应分摊的其他费用,但不包括利润。

1.1.5.4 暂估价:是指发包人在工程量清单或预算书中提供的用于支付必然发生但暂时不能确定价格的材料、工程设备的单价、专业工程以及服务工作的金额。

1.1.5.5 暂列金额:是指发包人在工程量清单或预算书中暂定并包括在合同价格中的一笔款项,用于工程合同签订时尚未确定或者不可预见的所需材料、工程设备、服务的采购,施工中可能发生的工程变更、合同约定调整因素出现时的合同价格调整以及发生的索赔、现场签证确认等的费用。

1.1.5.6 计日工:是指合同履行过程中,承包人完成发包人提出的零星工作或需要采用计日工计价的变更工作时,按合同中约定的单价计价的一种方式。

1.1.5.7 质量保证金:是指按照第15.3款〔质量保证金〕约定承包人用于保证其在缺陷责任期内履行缺陷修补义务的担保。

1.1.5.8 总价项目:是指在现行国家、行业以及地方的计量规则中无工程量计算规则,在已标价工程量清单或预算书中以总价或以费率形式计算的项目。

1.1.6 其他

1.1.6.1 书面形式:是指合同文件、信函、电报、传真等可以有形地表现所载内容的形式。

1.2 语言文字

合同以中国的汉语简体文字编写、解释和说明。合同当事人在专用合同条款中约定使用两种以上语言时,汉语为优先解释和说明合同的语言。

1.3 法律

合同所称法律是指中华人民共和国法律、行政法规、部门规章,以及工程所在地的地方性法规、自治条例、单行条例和地方政府规章等。

合同当事人可以在专用合同条款中约定合同适用的其他规范性文件。

1.4 标准和规范

1.4.1 适用于工程的国家标准、行业标准、工程所在地的地方性标准,以及相应的规范、规程等,合同当事人有特别要求的,应在专用合同条款中约定。

1.4.2 发包人要求使用国外标准、规范的,发包人负责提供原文版本和中文译本,并在专用合同条款中约定提供标准规范的名称、份数和时间。

1.4.3 发包人对工程的技术标准、功能要求高于或严于现行国家、行业或地方标准的,应当在专用合同条款中予以明确。除专用合同条款另有约定外,应视为承包人在签订合同前已充分预见前述技术标准和功能要求的复杂程度,签约合同价中已包含由此产生的费用。

1.5 合同文件的优先顺序

组成合同的各项文件应互相解释,互为说明。除专用合同条款另有约定外,解释合同文件的优先顺序如下:

(1)合同协议书;

(2)中标通知书(如果有);

(3)投标函及其附录(如果有);

(4)专用合同条款及其附件;

(5)通用合同条款;

(6)技术标准和要求;

(7)图纸;

(8)已标价工程量清单或预算书;

(9)其他合同文件。

上述各项合同文件包括合同当事人就该项合同文件所作出的补充和修改,属于同一类内容的文件,应以最新签署的为准。

在合同订立及履行过程中形成的与合同有关的文件均构成合同文件组成部分,并根据其性质确定优先解释顺序。

1.6 图纸和承包人文件

1.6.1 图纸的提供和交底

发包人应按照专用合同条款约定的期限、数量和内容向承包人免费提供图纸,并组织承包人、监理人和设计人进行图纸会审和设计交底。发包人至迟不得晚于第7.3.2项〔开工通知〕载明的开工日期前14天向承包人提供图纸。

因发包人未按合同约定提供图纸导致承包人费用增加和(或)工期延误的,按照第7.5.1项〔因发包人原因导致工期延误〕约定办理。

1.6.2 图纸的错误

承包人在收到发包人提供的图纸后,发现图纸存在差错、遗漏或缺陷的,应及时通知监理人。监理人接到该通知后,应附具相关意见并立即报送发包人,发包人应在收到监理人报送的通知后的合理时间内作出决定。合理时间是指发包人在收到监理人的报送通知后,尽其努力且不懈怠地完成图纸修改补充所需的时间。

1.6.3 图纸的修改和补充

图纸需要修改和补充的,应经图纸原设计人及审批部门同意,并由监理人在工程或工程相应部位施工前将修改后的图纸或补充图纸提交给承包人,承包人应按修改或补充后的图纸施工。

1.6.4 承包人文件

承包人应按照专用合同条款的约定提供应当由其编制的与工程施工有关的文件，并按照专用合同条款约定的期限、数量和形式提交监理人，并由监理人报送发包人。

除专用合同条款另有约定外，监理人应在收到承包人文件后7天内审查完毕，监理人对承包人文件有异议的，承包人应予以修改，并重新报送监理人。监理人的审查并不减轻或免除承包人根据合同约定应当承担的责任。

1.6.5 图纸和承包人文件的保管

除专用合同条款另有约定外，承包人应在施工现场另外保存一套完整的图纸和承包人文件，供发包人、监理人及有关人员进行工程检查时使用。

1.7 联络

1.7.1 与合同有关的通知、批准、证明、证书、指示、指令、要求、请求、同意、意见、确定和决定等，均应采用书面形式，并应在合同约定的期限内送达接收人和送达地点。

1.7.2 发包人和承包人应在专用合同条款中约定各自的送达接收人和送达地点。任何一方合同当事人指定的接收人或送达地点发生变动的，应提前3天以书面形式通知对方。

1.7.3 发包人和承包人应当及时签收另一方送达至送达地点和指定接收人的来往信函。拒不签收的，由此增加的费用和(或)延误的工期由拒绝接收一方承担。

1.8 严禁贿赂

合同当事人不得以贿赂或变相贿赂的方式，谋取非法利益或损害对方权益。因一方合同当事人的贿赂造成对方损失的，应赔偿损失，并承担相应的法律责任。

承包人不得与监理人或发包人聘请的第三方串通损害发包人利益。未经发包人书面同意，承包人不得为监理人提供合同约定以外的通讯设备、交通工具及其他任何形式的利益，不得向监理人支付报酬。

1.9 化石、文物

在施工现场发掘的所有文物、古迹以及具有地质研究或考古价值的其他遗迹、化石、钱币或物品属于国家所有。一旦发现上述文物，承包人应采取合理有效的保护措施，防止任何人员移动或损坏上述物品，并立即报告有关政府行政管理部门，同时通知监理人。

发包人、监理人和承包人应按有关政府行政管理部门要求采取妥善的保护措施，由此增加的费用和(或)延误的工期由发包人承担。

承包人发现文物后不及时报告或隐瞒不报，致使文物丢失或损坏的，应赔偿损失，并承担相应的法律责任。

1.10 交通运输

1.10.1 出入现场的权利

除专用合同条款另有约定外，发包人应根据施工需要，负责取得出入施工现场所需的批准手续和全部权利，以及取得因施工所需修建道路、桥梁以及其他基础设施的权利，并承担相关手续费用和建设费用。承包人应协助发包人办理修建场内外道路、桥梁以及其他基础设施的手续。

承包人应在订立合同前查勘施工现场，并根据工程规模及技术参数合理预见工程施工所需的进出施工现场的方式、手段、路径等。因承包人未合理预见所增加的费用和(或)延误的工期由承包人承担。

1.10.2 场外交通

发包人应提供场外交通设施的技术参数和具体条件，承包人应遵守有关交通法规，严格按照道路和桥梁的限制荷载行驶，执行有关道路限速、限行、禁止超载的规定，并配合交通管理部门的监督和检查。场外交通设施无法满足工程施工需要的，由发包人负责完善并承担相关费用。

1.10.3 场内交通

发包人应提供场内交通设施的技术参数和具体条件，并应按照专用合同条款的约定向承包人免费提供满足工程施工所需的场内道路和交通设施。因承包人原因造成上述道路或交通设施损坏的，承包人负责修复并承担由此增加的费用。

除发包人按照合同约定提供的场内道路和交通设施外，承包人负责修建、维修、养护和管理施工所需的其他场内临时道路和交通设施。发包人和监理人可以为实现合同目的使用承包人修建的场内临时道路和交通设施。

场外交通和场内交通的边界由合同当事人在专用合同条款中约定。

1.10.4 超大件和超重件的运输

由承包人负责运输的超大件或超重件，应由承包人负责向交通管理部门办理申请手续，发包人给予协助。运输超大件或超重件所需的道路和桥梁临时加固改造费用和其他有关费用，由承包人承担，但专用合同条款另有约定除外。

1.10.5 道路和桥梁的损坏责任

因承包人运输造成施工场地内外公共道路和桥梁损坏的，由承包人承担修复损坏的全部费用和可能引起的赔偿。

1.10.6 水路和航空运输

本款前述各项的内容适用于水路运输和航空运输，其中“道路”一词的涵义包括河道、航线、船闸、机场、码头、堤防以及水路或航空运输中其他相似结构物；“车辆”一词的涵义包括船舶和飞机等。

1.11 知识产权

1.11.1 除专用合同条款另有约定外，发包人提供给承包人的图纸、发包人为实施工程自行编制或委托编制的技术规范以及反映发包人要求的或其他类似性质的文件的著作权属于发包人，承包人可以为实现合同目的而复制、使用此类文件，但不能用于与合同无关的其他事项。未经发包人书面同意，承包人不得为了合同以外的目的而复制、使用上述文件或将之提供给任何第三方。

1.11.2 除专用合同条款另有约定外，承包人为实施工程所编制的文件，除署名权以外的著作权属于发包人，承包人可因实施工程的运行、调试、维修、改造等目的而复制、使用此类文件，但不能用于与合同无关的其他事项。未经发包人书面同意，承包人不得为了合同以外的目的而复制、使用上述文件或将之提供给任何第三方。

1.11.3 合同当事人保证在履行合同过程中不侵犯对方及第三方的知识产权。承包人在使用材料、施工设备、工程设备或采用施工工艺时，因侵犯他人的专利权或其他知识产权所引起的责任，由承包人承担；因发包人提供的材料、施工设备、工程设备或施工工艺导致侵权的，由发包人承担责任。

1.11.4 除专用合同条款另有约定外，承包人在合同签订前和签订时已确定采用的专利、专有技术、技术秘密的使用费已包含在签约合同价中。

1.12 保密

除法律规定或合同另有约定外，未经发包人同意，承包人不得将发包人提供的图纸、文件以及声明需要保密的资料信息等商业秘密泄露给第三方。

除法律规定或合同另有约定外，未经承包人同意，发包人不得将承包人提供的技术秘密及声明需要保密的资料信息等商业秘密泄露给第三方。

1.13 工程量清单错误的修正

除专用合同条款另有约定外，发包人提供的工程量清单，应被认为是准确的和完整的。出现下列情形之一时，发包人应予以修正，并相应调整合同价格：

(1)工程量清单存在缺项、漏项的；

(2)工程量清单偏差超出专用合同条款约定的工程量偏差范围的；

(3)未按照国家现行计量规范强制性规定计量的。

2. 发包人

2.1 许可或批准

发包人应遵守法律，并办理法律规定由其办理的许可、批准或备案，包括但不限于建设用地规划许可证、建设工程规划许可证、建设工程施工许可证、施工所需临时用水、临时用电、中断道路交通、临时占用土地等许可和批准。发包人应协助承包人办理法律规定的有关施工证件和批件。

因发包人原因未能及时办理完毕前述许可、批准或备案，由发包人承担由此增加的费用和(或)延误的工期，并支付承包人合理的利润。

2.2 发包人代表

发包人应在专用合同条款中明确其派驻施工现场的发包人代表的姓名、职务、联系方式及授权范围等事项。发包人代表在发包人的授权范围内，负责处理合同履行过程中与发包人有关的具体事宜。发包人代表在授权范围内的行为由发包人承担法律责任。发包人更换发包人代表的，应提前7天书面通知承包人。

发包人代表不能按照合同约定履行其职责及义务，并导致合同无法继续正常履行的，承包人可以要求发包人撤换发包人代表。

不属于法定必须监理的工程，监理人的职权可以由发包人代表或发包人指定的其他人员行使。

2.3 发包人人员

发包人应要求在施工现场的发包人人员遵守法律及有关安全、质量、环境保护、文明施工等规定，并保障承包人免于承受因发包人人员未遵守上述要求给承包人造成的损失和责任。

发包人人员包括发包人代表及其他由发包人派驻施工现场的人员。

2.4 施工现场、施工条件和基础资料的提供

2.4.1 提供施工现场

除专用合同条款另有约定外，发包人应最迟于开工日期7天前向承包人移交施工现场。

2.4.2 提供施工条件

除专用合同条款另有约定外，发包人应负责提供施工所需要的条件，包括：

(1)将施工用水、电力、通讯线路等施工所必需的条件接至施工现场内；

(2)保证向承包人提供正常施工所需要的进入施工现场的交通条件；

(3)协调处理施工现场周围地下管线和邻近建筑物、构筑物、古树名木的保护工作，并承担相关费用；

(4)按照专用合同条款约定应提供的其他设施和条件。

2.4.3 提供基础资料

发包人应当在移交施工现场前向承包人提供施工现场及工程施工所必需的毗邻区域内供水、排水、供电、供气、供热、通信、广播电视等地下管线资料，气象和水文观测资料，地质勘察资料，相邻建筑物、构筑物和地下工程等有关基础资料，并对所提供资料的真实性、准确性和完整性负责。

按照法律规定确需在开工后方能提供的基础资料，发包人应尽其努力及时地在相应工程施工前的合理期限内提供，合理期限应以不影响承包人的正常施工为限。

2.4.4 逾期提供的责任

因发包人原因未能按合同约定及时向承包人提供施工现场、施工条件、基础资料的，由发包人承担由此增加的费用和(或)延误的工期。

2.5 资金来源证明及支付担保

除专用合同条款另有约定外，发包人应在收到承包人要求提供资金来源证明的书面通知后28天内，向承包人提供能够按照合同约定支付合同价款的相应资金来源证明。

除专用合同条款另有约定外,发包人要求承包人提供履约担保的,发包人应当向承包人提供支付担保。支付担保可以采用银行保函或担保公司担保等形式,具体由合同当事人在专用合同条款中约定。

2.6 支付合同价款

发包人应按合同约定向承包人及时支付合同价款。

2.7 组织竣工验收

发包人应按合同约定及时组织竣工验收。

2.8 现场统一管理协议

发包人应与承包人、由发包人直接发包的专业工程的承包人签订施工现场统一管理协议,明确各方的权利义务。施工现场统一管理协议作为专用合同条款的附件。

3. 承包人

3.1 承包人的一般义务

承包人在履行合同过程中应遵守法律和工程建设标准规范,并履行以下义务:

(1)办理法律规定应由承包人办理的许可和批准,并将办理结果书面报送发包人留存;

(2)按法律规定和合同约定完成工程,并在保修期内承担保修义务;

(3)按法律规定和合同约定采取施工安全和环境保护措施,办理工伤保险,确保工程及人员、材料、设备和设施的安全;

(4)按合同约定的工作内容和施工进度要求,编制施工组织设计和施工措施计划,并对所有施工作业和施工方法的完备性和安全可靠性负责;

(5)在进行合同约定的各项工作时,不得侵害发包人与他人使用公用道路、水源、市政管网等公共设施的权利,避免对邻近的公共设施产生干扰。承包人占用或使用他人的施工场地,影响他人作业或生活的,应承担相应责任;

(6)按照第6.3款〔环境保护〕约定负责施工场地及其周边环境与生态的保护工作;

(7)按第6.1款〔安全文明施工〕约定采取施工安全措施,确保工程及其人员、材料、设备和设施的安全,防止因工程施工造成的人身伤害和财产损失;

(8)将发包人按合同约定支付的各项价款专用于合同工程,且应及时支付其雇用人员工资,并及时向分包人支付合同价款;

(9)按照法律规定和合同约定编制竣工资料,完成竣工资料立卷及归档,并按专用合同条款约定的竣工资料的套数、内容、时间等要求移交发包人;

(10)应履行的其他义务。

3.2 项目经理

3.2.1 项目经理应为合同当事人所确认的人选,并在专用合同条款中明确项目经理的姓名、职称、注册执业证书编号、联系方式及授权范围等事项,项目经理经承包人授权后代表承包人负责履行合同。项目经理应是承包人正式聘用的员工,承包人应向发包人提交项目经理与承包人之间的劳动合同,以及承包人为项目经理缴纳社会保险的有效证明。承包人不提交上述文件的,项目经理无权履行职责,发包人有权要求更换项目经理,由此增加的费用和(或)延误的工期由承包人承担。

项目经理应常驻施工现场,且每月在施工现场时间不得少于专用合同条款约定的天数。项目经理不得同时担任其他项目的项目经理。项目经理确需离开施工现场时,应事先通知监理人,并取得发包人的书面同意。项目经理的通知中应当载明临时代行其职责的人员的注册执业资格、管理经验等资料,该人员应具备履行相应职责的能力。

承包人违反上述约定的,应按照专用合同条款的约定,承担违约责任。

3.2.2 项目经理按合同约定组织工程实施。在紧急情况下为确保施工安全和人员安全,在无法与发包人代表和总监理工程师及时取得联系时,项目经理有权采取必要的措施保证与工程有关的人身、财产和工程的安全,但应在48小时内向发包人代表和总监理工程师提交书面报告。

3.2.3 承包人需要更换项目经理的,应提前14天书面通知发包人和监理人,并征得发包人书面同意。通知中应当载明继任项目经理的注册执业资格、管理经验等资料,继任项目经理继续履行第3.2.1项约定的职责。未经发包人书面同意,承包人不得擅自更换项目经理。承包人擅自更换项目经理的,应按照专用合同条款的约定承担违约责任。

3.2.4 发包人有权书面通知承包人更换其认为不称职的项目经理,通知中应当载明要求更换的理由。承包人应在接到更换通知后14天内向发包人提出书面的改进报告。发包人收到改进报告后仍要求更换的,承包人应在接到第二次更换通知的28天内进行更换,并将新任命的项目经理的注册执业资格、管理经验等资料书面通知发包人。继任项目经理继续履行第3.2.1项约定的职责。承包人无正当理由拒绝更换项目经理的,应按照专用合同条款的约定承担违约责任。

3.2.5 项目经理因特殊情况授权其下属人员履行其某项工作职责的,该下属人员应具备履行相应职责的能力,并应提前7天将上述人员的姓名和授权范围书面通知监理人,并征得发包人书面同意。

3.3 承包人人员

3.3.1 除专用合同条款另有约定外,承包人应在接到开工通知后7天内,向监理人提交承包人项目管理机构及施工现场人员安排的报告,其内容应包括合同管理、施工、技术、材料、质量、安全、财务等主要施工管理人员名单及其岗位、注册执业资格等,以及各工种技术工人的安排情况,并同时提交主要施工管理人员与承包人之间的劳动关系证明和缴纳社会保险的有效证明。

3.3.2 承包人派驻到施工现场的主要施工管理人员应相对稳定。施工过程中如有变动,承包人应及时向监理人提交施工现场人员变动情况的报告。承包人更换主要施工管理人员时,应提前7天书面通知监理人,并征得发包人书面同意。通知中应当载明继任人员的注册执业资格、管理经验等资料。

特殊工种作业人员均应持有相应的资格证明,监理人可以随时检查。

3.3.3 发包人对于承包人主要施工管理人员的资格或能力有异议的,承包人应提供资料证明被质疑人员有能力完成其岗位工作或不存在发包人所质疑的情形。发包人要求撤换不能按照合同约定履行职责及义务的主要施工管理人员的,承包人应当撤换。承包人无正当理由拒绝撤换的,应按照专用合同条款的约定承担违约责任。

3.3.4 除专用合同条款另有约定外,承包人的主要施工管理人员离开施工现场每月累计不超过5天的,应报监理人同意;离开施工现场每月累计超过5天的,应通知监理人,并征得发包人书面同意。主要施工管理人员离开施工现场前应指定一名有经验的人员临时代行其职责,该人员应具备履行相应职责的资格和能力,且应征得监理人或发包人的同意。

3.3.5 承包人擅自更换主要施工管理人员,或前述人员未经监理人或发包人同意擅自离开施工现场的,应按照专用合同条款约定承担违约责任。

3.4 承包人现场查勘

承包人应对基于发包人按照第2.4.3项〔提供基础资料〕提交的基础资料所做出的解释和推断负责,但因基础资料存在错误、遗漏导致承包人解释或推断失实的,由发包人承担责任。

承包人应对施工现场和施工条件进行查勘,并充分了解工程所在地的气象条件、交通条件、风俗习惯以及其他与完成合同工作有关的其他资料。因承包人未能充分查勘、了解前述情况或未能充分估计前述情况所可能产生后果的,承包人承担由此增加的费用和(或)延误的工期。

3.5 分包

3.5.1 分包的一般约定

承包人不得将其承包的全部工程转包给第三人,或将其承包的全部工程肢解后以分包的名义转包给第三人。承包人不得将工程主体结构、关键性工作及专用合同条款中禁止分包的专业工程分包给第三人,主体结构、关键性工作的范围由合同当事人按照法律规定在专用合同条款中予以明确。

承包人不得以劳务分包的名义转包或违法分包工程。

3.5.2 分包的确定

承包人应按专用合同条款的约定进行分包,确定分包人。已标价工程量清单或预算书中给定暂估价的专业工程,按照第10.7款〔暂估价〕确定分包人。按照合同约定进行分包的,承包人应确保分包人具有相应的资质和能力。工程分包不减轻或免除承包人的责任和义务,承包人和分包人就分包工程向发包人承担连带责任。除合同另有约定外,承包人应在分包合同签订后7天内向发包人和监理人提交分包合同副本。

3.5.3 分包管理

承包人应向监理人提交分包人的主要施工管理人员表,并对分包人的施工人员进行实名制管理,包括但不限于进出场管理、登记造册以及各种证照的办理。

3.5.4 分包合同价款

(1)除本项第(2)目约定的情况或专用合同条款另有约定外,分包合同价款由承包人与分包人结算,未经承包人同意,发包人不得向分包人支付分包工程价款;

(2)生效法律文书要求发包人向分包人支付分包合同价款的,发包人有权从应付承包人工程款中扣除该部分款项。

3.5.5 分包合同权益的转让

分包人在分包合同项下的义务持续到缺陷责任期届满以后的,发包人有权在缺陷责任期届满前,要求承包人将其在分包合同项下的权益转让给发包人,承包人应当转让。除转让合同另有约定外,转让合同生效后,由分包人向发包人履行义务。

3.6 工程照管与成品、半成品保护

(1)除专用合同条款另有约定外,自发包人向承包人移交施工现场之日起,承包人应负责照管工程及工程相关的材料、工程设备,直到颁发工程接收证书之日止。

(2)在承包人负责照管期间,因承包人原因造成工程、材料、工程设备损坏的,由承包人负责修复或更换,并承担由此增加的费用和(或)延误的工期。

(3)对合同内分期完成的成品和半成品,在工程接收证书颁发前,由承包人承担保护责任。因承包人原因造成成品或半成品损坏的,由承包人负责修复或更换,并承担由此增加的费用和(或)延误的工期。

3.7 履约担保

发包人需要承包人提供履约担保的,由合同当事人在专用合同条款中约定履约担保的方式、金额及期限等。履约担保可以采用银行保函或担保公司担保等形式,具体由合同当事人在专用合同条款中约定。

因承包人原因导致工期延长的,继续提供履约担保所增加的费用由承包人承担;非因承包人原因导致工期延长的,继续提供履约担保所增加的费用由发包人承担。

3.8 联合体

3.8.1 联合体各方应共同与发包人签订合同协议书。联合体各方应为履行合同向发包人承担连带责任。

3.8.2 联合体协议经发包人确认后作为合同附件。在履行合同过程中,未经发包人同意,不得修改联合体协议。

3.8.3 联合体牵头人负责与发包人和监理人联系，并接受指示，负责组织联合体各成员全面履行合同。

4. **监理人**

4.1 监理人的一般规定

工程实行监理的，发包人和承包人应在专用合同条款中明确监理人的监理内容及监理权限等事项。监理人应当根据发包人授权及法律规定，代表发包人对工程施工相关事项进行检查、查验、审核、验收，并签发相关指示，但监理人无权修改合同，且无权减轻或免除合同约定的承包人的任何责任与义务。

除专用合同条款另有约定外，监理人在施工现场的办公场所、生活场所由承包人提供，所发生的费用由发包人承担。

4.2 监理人员

发包人授予监理人对工程实施监理的权利由监理人派驻施工现场的监理人员行使，监理人员包括总监理工程师及监理工程师。监理人应将授权的总监理工程师和监理工程师的姓名及授权范围以书面形式提前通知承包人。更换总监理工程师的，监理人应提前7天书面通知承包人；更换其他监理人员，监理人应提前48小时书面通知承包人。

4.3 监理人的指示

监理人应按照发包人的授权发出监理指示。监理人的指示应采用书面形式，并经其授权的监理人员签字。紧急情况下，为了保证施工人员的安全或避免工程受损，监理人员可以口头形式发出指示，该指示与书面形式的指示具有同等法律效力，但必须在发出口头指示后24小时内补发书面监理指示，补发的书面监理指示应与口头指示一致。

监理人发出的指示应送达承包人项目经理或经项目经理授权接收的人员。因监理人未能按合同约定发出指示、指示延误或发出了错误指示而导致承包人费用增加和（或）工期延误的，由发包人承担相应责任。除专用合同条款另有约定外，总监理工程师不应将第4.4款〔商定或确定〕约定应由总监理工程师作出确定的权力授权或委托给其他监理人员。

承包人对监理人发出的指示有疑问的，应向监理人提出书面异议，监理人应在48小时内对该指示予以确认、更改或撤销，监理人逾期未回复的，承包人有权拒绝执行上述指示。

监理人对承包人的任何工作、工程或其采用的材料和工程设备未在约定的或合理期限内提出意见的，视为批准，但不免除或减轻承包人对该工作、工程、材料、工程设备等应承担的责任和义务。

4.4 商定或确定

合同当事人进行商定或确定时，总监理工程师应当会同合同当事人尽量通过协商达成一致，不能达成一致的，由总监理工程师按照合同约定审慎做出公正的确定。

总监理工程师应将确定以书面形式通知发包人和承包人，并附详细依据。合同当事人对总监理工程师的确定没有异议的，按照总监理工程师的确定执行。任何一方合同当事人有异议，按照第20条〔争议解决〕约定处理。争议解决前，合同当事人暂按总监理工程师的确定执行；争议解决后，争议解决的结果与总监理工程师的确定不一致的，按照争议解决的结果执行，由此造成的损失由责任人承担。

5. **工程质量**

5.1 质量要求

5.1.1 工程质量标准必须符合现行国家有关工程施工质量验收规范和标准的要求。有关工程质量的特殊标准或要求由合同当事人在专用合同条款中约定。

5.1.2 因发包人原因造成工程质量未达到合同约定标准的，由发包人承担由此增加的费用和（或）延误的工期，并支付承包人合理的利润。

5.1.3 因承包人原因造成工程质量未达到合同约定标准的，发包人有权要求承包人返工直至工程质量达到合同约定的标准为止，并由承包人承担由此增加的费用和（或）延误的工期。

5.2 质量保证措施

5.2.1 发包人的质量管理

发包人应按照法律规定及合同约定完成与工程质量有关的各项工作。

5.2.2 承包人的质量管理

承包人按照第7.1款〔施工组织设计〕约定向发包人和监理人提交工程质量保证体系及措施文件，建立完善的质量检查制度，并提交相应的工程质量文件。对于发包人和监理人违反法律规定和合同约定的错误指示，承包人有权拒绝实施。

承包人应对施工人员进行质量教育和技术培训，定期考核施工人员的劳动技能，严格执行施工规范和操作规程。

承包人应按照法律规定和发包人的要求，对材料、工程设备以及工程的所有部位及其施工工艺进行全过程的质量检查和检验，并作详细记录，编制工程质量报表，报送监理人审查。此外，承包人还应按照法律规定和发包人的要求，进行施工现场取样试验、工程复核测量和设备性能检测，提供试验样品、提交试验报告和测量成果以及其他工作。

5.2.3 监理人的质量检查和检验

监理人按照法律规定和发包人授权对工程的所有部位及其施工工艺、材料和工程设备进行检查和检验。承包人应为监理人的检查和检验提供方便，包括监理人到施工现场，或制造、加工地点，或合同约定的其他地方进行察看和查阅施工原始记录。监理人为此进行的检查和检验，不免除或减轻承包人按照合同约定应当承担的责任。

监理人的检查和检验不应影响施工正常进行。监理人的检查和检验影响施工正常进行的，且经检查检验不合格的，影响正常施工的费用由承包人承担，工期不予顺延；经检查检验合格的，由此增加的费用和（或）延误的工期由发包人承担。

5.3 隐蔽工程检查

5.3.1 承包人自检

承包人应当对工程隐蔽部位进行自检,并经自检确认是否具备覆盖条件。

5.3.2 检查程序

除专用合同条款另有约定外,工程隐蔽部位经承包人自检确认具备覆盖条件的,承包人应在共同检查前48小时书面通知监理人检查,通知中应载明隐蔽检查的内容、时间和地点,并应附有自检记录和必要的检查资料。

监理人应按时到场并对隐蔽工程及其施工工艺、材料和工程设备进行检查。经监理人检查确认质量符合隐蔽要求,并在验收记录上签字后,承包人才能进行覆盖。经监理人检查质量不合格的,承包人应在监理人指示的时间内完成修复,并由监理人重新检查,由此增加的费用和(或)延误的工期由承包人承担。

除专用合同条款另有约定外,监理人不能按时进行检查的,应在检查前24小时向承包人提交书面延期要求,但延期不能超过48小时,由此导致工期延误的,工期应予以顺延。监理人未按时进行检查,也未提出延期要求的,视为隐蔽工程检查合格,承包人可自行完成覆盖工作,并作相应记录报送监理人,监理人应签字确认。监理人事后对检查记录有疑问的,可按第5.3.3项〔重新检查〕的约定重新检查。

5.3.3 重新检查

承包人覆盖工程隐蔽部位后,发包人或监理人对质量有疑问的,可要求承包人对已覆盖的部位进行钻孔探测或揭开重新检查,承包人应遵照执行,并在检查后重新覆盖恢复原状。经检查证明工程质量符合合同要求的,由发包人承担由此增加的费用和(或)延误的工期,并支付承包人合理的利润;经检查证明工程质量不符合合同要求的,由此增加的费用和(或)延误的工期由承包人承担。

5.3.4 承包人私自覆盖

承包人未通知监理人到场检查,私自将工程隐蔽部位覆盖的,监理人有权指示承包人钻孔探测或揭开检查,无论工程隐蔽部位质量是否合格,由此增加的费用和(或)延误的工期均由承包人承担。

5.4 不合格工程的处理

5.4.1 因承包人原因造成工程不合格的,发包人有权随时要求承包人采取补救措施,直至达到合同要求的质量标准,由此增加的费用和(或)延误的工期由承包人承担。无法补救的,按照第13.2.4项〔拒绝接收全部或部分工程〕约定执行。

5.4.2 因发包人原因造成工程不合格的,由此增加的费用和(或)延误的工期由发包人承担,并支付承包人合理的利润。

5.5 质量争议检测

合同当事人对工程质量有争议的,由双方协商确定的工程质量检测机构鉴定,由此产生的费用及因此造成的损失,由责任方承担。

合同当事人均有责任的,由双方根据其责任分别承担。合同当事人无法达成一致的,按照第4.4款〔商定或确定〕执行。

6. 安全文明施工与环境保护

6.1 安全文明施工

6.1.1 安全生产要求

合同履行期间,合同当事人均应当遵守国家和工程所在地有关安全生产的要求,合同当事人有特别要求的,应在专用合同条款中明确施工项目安全生产标准化达标目标及相应事项。承包人有权拒绝发包人及监理人强令承包人违章作业、冒险施工的任何指示。

在施工过程中,如遇到突发的地质变动、事先未知的地下施工障碍等影响施工安全的紧急情况,承包人应及时报告监理人和发包人,发包人应当及时下令停工并报政府有关行政管理部门采取应急措施。

因安全生产需要暂停施工的,按照第7.8款〔暂停施工〕的约定执行。

6.1.2 安全生产保证措施

承包人应当按照有关规定编制安全技术措施或者专项施工方案,建立安全生产责任制度、治安保卫制度及安全生产教育培训制度,并按安全生产法律规定及合同约定履行安全职责,如实编制工程安全生产的有关记录,接受发包人、监理人及政府安全监督部门的检查与监督。

6.1.3 特别安全生产事项

承包人应按照法律规定进行施工,开工前做好安全技术交底工作,施工过程中做好各项安全防护措施。承包人为实施合同而雇用的特殊工种的人员应受过专门的培训并已取得政府有关管理机构颁发的上岗证书。

承包人在动力设备、输电线路、地下管道、密封防震车间、易燃易爆地段以及临街交通要道附近施工时,施工开始前应向发包人和监理人提出安全防护措施,经发包人认可后实施。

实施爆破作业,在放射、毒害性环境中施工(含储存、运输、使用)及使用毒害性、腐蚀性物品施工时,承包人应在施工前7天以书面通知发包人和监理人,并报送相应的安全防护措施,经发包人认可后实施。

需单独编制危险性较大分部分项专项工程施工方案的,及要求进行专家论证的超过一定规模的危险性较大的分部分项工程,承包人应及时编制和组织论证。

6.1.4 治安保卫

除专用合同条款另有约定外,发包人应与当地公安部门协商,在现场建立治安管理机构或联防组织,统一管理施工场地的治安保卫事项,履行合同工程的治安保卫职责。

发包人和承包人除应协助现场治安管理机构或联防组织维护施工场地的社会治安外,还应做好包括生活区在内的各自管辖区的治安保卫工作。

除专用合同条款另有约定外,发包人和承包人应在工程开工后7天内共同编制施工场地治安管理计划,并制定应对突发治安事件的紧急预案。在工程施工过程中,发生暴乱、爆炸等恐怖事件,以及群殴、械斗等群体性突发治安事件的,发包人和承包人应立即向当地政府报告。发包人和承包人应积极协助当地有关部门采取措施平息事态,防止事态扩大,尽量避免人员伤亡和财产损失。

6.1.5 文明施工

承包人在工程施工期间,应当采取措施保持施工现场平整,物料堆放整齐。工程所在地有关政府行政管理部门有特殊要求的,按照其要求执行。合同当事人对文明施工有其他要求的,可以在专用合同条款中明确。

在工程移交之前,承包人应当从施工现场清除承包人的全部工程设备、多余材料、垃圾和各种临时工程,并保持施工现场清洁整齐。经发包人书面同意,承包人可在发包人指定的地点保留承包人履行保修期内的各项义务所需要的材料、施工设备和临时工程。

6.1.6 安全文明施工费

安全文明施工费由发包人承担,发包人不得以任何形式扣减该部分费用。因基准日期后合同所适用的法律或政府有关规定发生变化,增加的安全文明施工费由发包人承担。

承包人经发包人同意采取合同约定以外的安全措施所产生的费用,由发包人承担。未经发包人同意的,如果该措施避免了发包人的损失,则发包人在避免损失的额度内承担该措施费。如果该措施避免了承包人的损失,由承包人承担该措施费。

除专用合同条款另有约定外,发包人应在开工后28天内预付安全文明施工费总额的50%,其余部分与进度款同期支付。发包人逾期支付安全文明施工费超过7天的,承包人有权向发包人发出要求预付的催告通知,发包人收到通知后7天内仍未支付的,承包人有权暂停施工,并按第16.1.1项〔发包人违约的情形〕执行。

承包人对安全文明施工费应专款专用,承包人应在财务账目中单独列项备查,不得挪作他用,否则发包人有权责令其限期改正;逾期未改正的,可以责令其暂停施工,由此增加的费用和(或)延误的工期由承包人承担。

6.1.7 紧急情况处理

在工程实施期间或缺陷责任期内发生危及工程安全的事件,监理人通知承包人进行抢救,承包人声明无能力或不愿立即执行的,发包人有权雇佣其他人员进行抢救。此类抢救按合同约定属于承包人义务的,由此增加的费用和(或)延误的工期由承包人承担。

6.1.8 事故处理

工程施工过程中发生事故的,承包人应立即通知监理人,监理人应立即通知发包人。发包人和承包人应立即组织人员和设备进行紧急抢救和抢修,减少人员伤亡和财产损失,防止事故扩大,并保护事故现场。需要移动现场物品时,应作出标记和书面记录,妥善保管有关证据。发包人和承包人应按国家有关规定,及时如实地向有关部门报告事故发生的情况,以及正在采取的紧急措施等。

6.1.9 安全生产责任

6.1.9.1 发包人的安全责任

发包人应负责赔偿以下各种情况造成的损失:

(1)工程或工程的任何部分对土地的占用所造成的第三者财产损失;

(2)由于发包人原因在施工场地及其毗邻地带造成的第三者人身伤亡和财产损失;

(3)由于发包人原因对承包人、监理人造成的人员人身伤亡和财产损失;

(4)由于发包人原因造成的发包人自身人员的人身伤害以及财产损失。

6.1.9.2 承包人的安全责任

由于承包人原因在施工场地内及其毗邻地带造成的发包人、监理人以及第三者人员伤亡和财产损失,由承包人负责赔偿。

6.2 职业健康

6.2.1 劳动保护

承包人应按照法律规定安排现场施工人员的劳动和休息时间,保障劳动者的休息时间,并支付合理的报酬和费用。承包人应依法为其履行合同所雇用的人员办理必要的证件、许可、保险和注册等,承包人应督促其分包人为分包人所雇用的人员办理必要的证件、许可、保险和注册等。

承包人应按照法律规定保障现场施工人员的劳动安全,并提供劳动保护,并应按国家有关劳动保护的规定,采取有效的防止粉尘、降低噪声、控制有害气体和保障高温、高寒、高空作业安全等劳动保护措施。承包人雇佣人员在施工中受到伤害的,承包人应立即采取有效措施进行抢救和治疗。

承包人应按法律规定安排工作时间,保证其雇佣人员享有休息和休假的权利。因工程施工的特殊需要占用休假日或延长工作时间的,应不超过法律规定的限度,并按法律规定给予补休或付酬。

6.2.2 生活条件

承包人应为其履行合同所雇用的人员提供必要的膳宿条件和生活环境;承包人应采取有效措施预防传染病,保证施工人员的健康,并定期对施工现场、施工人员生活基地和工程进行防疫和卫生的专业检查和处理,在远离城镇的施工场地,还应配备必要的伤病防治和急救的医务人员与医疗设施。

6.3 环境保护

承包人应在施工组织设计中列明环境保护的具体措施。

在合同履行期间,承包人应采取合理措施保护施工现场环境。对施工作业过程中可能引起的大气、水、噪音以及固体废物污染采取具体可行的防范措施。

承包人应当承担因其原因引起的环境污染侵权损害赔偿责任,因上述环境污染引起纠纷而导致暂停施工的,由此增加的费用和(或)延误的工期由承包人承担。

7. **工期和进度**

7.1 施工组织设计

7.1.1 施工组织设计的内容

施工组织设计应包含以下内容:

(1)施工方案;

(2)施工现场平面布置图;

(3)施工进度计划和保证措施;

(4)劳动力及材料供应计划;

(5)施工机械设备的选用;

(6)质量保证体系及措施;

(7)安全生产、文明施工措施;

(8)环境保护、成本控制措施;

(9)合同当事人约定的其他内容。

7.1.2 施工组织设计的提交和修改

除专用合同条款另有约定外,承包人应在合同签订后14天内,但至迟不得晚于第7.3.2项〔开工通知〕载明的开工日期前7天,向监理人提交详细的施工组织设计,并由监理人报送发包人。除专用合同条款另有约定外,发包人和监理人应在监理人收到施工组织设计后7天内确认或提出修改意见。对发包人和监理人提出的合理意见和要求,承包人应自费修改完善。根据工程实际情况需要修改施工组织设计的,承包人应向发包人和监理人提交修改后的施工组织设计。

施工进度计划的编制和修改按照第7.2款〔施工进度计划〕执行。

7.2 施工进度计划

7.2.1 施工进度计划的编制

承包人应按照第7.1款〔施工组织设计〕约定提交详细的施工进度计划,施工进度计划的编制应当符合国家法律规定和一般工程实践惯例,施工进度计划经发包人批准后实施。施工进度计划是控制工程进度的依据,发包人和监理人有权按照施工进度计划检查工程进度情况。

7.2.2 施工进度计划的修订

施工进度计划不符合合同要求或与工程的实际进度不一致的,承包人应向监理人提交修订的施工进度计划,并附具有关措施和相关资料,由监理人报送发包人。除专用合同条款另有约定外,发包人和监理人应在收到修订的施工进度计划后7天内完成审核和批准或提出修改意见。发包人和监理人对承包人提交的施工进度计划的确认,不能减轻或免除承包人根据法律规定和合同约定应承担的任何责任或义务。

7.3 开工

7.3.1 开工准备

除专用合同条款另有约定外,承包人应按照第7.1款〔施工组织设计〕约定的期限,向监理人提交工程开工报审表,经监理人报发包人批准后执行。开工报审表应详细说明按施工进度计划正常施工所需的施工道路、临时设施、材料、工程设备、施工设备、施工人员等落实情况以及工程的进度安排。

除专用合同条款另有约定外,合同当事人应按约定完成开工准备工作。

7.3.2 开工通知

发包人应按照法律规定获得工程施工所需的许可。经发包人同意后,监理人发出的开工通知应符合法律规定。监理人应在计划开工日期7天前向承包人发出开工通知,工期自开工通知中载明的开工日期起算。

除专用合同条款另有约定外,因发包人原因造成监理人未能在计划开工日期之日起90天内发出开工通知的,承包人有权提出价格调整要求,或者解除合同。发包人应当承担由此增加的费用和(或)延误的工期,并向承包人支付合理利润。

7.4 测量放线

7.4.1 除专用合同条款另有约定外,发包人应在至迟不得晚于第7.3.2项〔开工通知〕载明的开工日期前7天通过监理人向承包人提供测量基准点、基准线和水准点及其书面资料。发包人应对其提供的测量基准点、基准线和水准点及其书面资料的真实性、准确性和完整性负责。

承包人发现发包人提供的测量基准点、基准线和水准点及其书面资料存在错误或疏漏的,应及时通知监理人。监理人应及时报告发包人,并会同发包人和承包人予以核实。发包人应就如何处理和是否继续施工作出决定,并通知监理人和承包人。

7.4.2 承包人负责施工过程中的全部施工测量放线工作,并配置具有相应资质的人员、合格的仪器、设备和其他物品。承包人应矫正工程的位置、标高、尺寸或准线中出现的任何差错,并对工程各部分的定位负责。

施工过程中对施工现场内水准点等测量标志物的保护工作由承包人负责。

7.5 工期延误

7.5.1 因发包人原因导致工期延误

在合同履行过程中,因下列情况导致工期延误和(或)费用增加的,由发包人承担由此延误的工期和(或)增加的费用,且发包人应支付承包人合理的利润:

(1)发包人未能按合同约定提供图纸或所提供图纸不符合合同约定的;

(2)发包人未能按合同约定提供施工现场、施工条件、基础资料、许可、批准等开工条件的;

(3)发包人提供的测量基准点、基准线和水准点及其书面资料存在错误或疏漏的；

(4)发包人未能在计划开工日期之日起7天内同意下达开工通知的；

(5)发包人未能按合同约定日期支付工程预付款、进度款或竣工结算款的；

(6)监理人未按合同约定发出指示、批准等文件的；

(7)专用合同条款中约定的其他情形。

因发包人原因未按计划开工日期开工的，发包人应按实际开工日期顺延竣工日期，确保实际工期不低于合同约定的工期总日历天数。因发包人原因导致工期延误需要修订施工进度计划的，按照第7.2.2项〔施工进度计划的修订〕执行。

7.5.2 因承包人原因导致工期延误

因承包人原因造成工期延误的，可以在专用合同条款中约定逾期竣工违约金的计算方法和逾期竣工违约金的上限。承包人支付逾期竣工违约金后，不免除承包人继续完成工程及修补缺陷的义务。

7.6 不利物质条件

不利物质条件是指有经验的承包人在施工现场遇到的不可预见的自然物质条件、非自然的物质障碍和污染物，包括地表以下物质条件和水文条件以及专用合同条款约定的其他情形，但不包括气候条件。

承包人遇到不利物质条件时，应采取克服不利物质条件的合理措施继续施工，并及时通知发包人和监理人。通知应载明不利物质条件的内容以及承包人认为不可预见的理由。监理人经发包人同意后应当及时发出指示，指示构成变更的，按第10条〔变更〕约定执行。承包人因采取合理措施而增加的费用和(或)延误的工期由发包人承担。

7.7 异常恶劣的气候条件

异常恶劣的气候条件是指在施工过程中遇到的，有经验的承包人在签订合同时不可预见的，对合同履行造成实质性影响的，但尚未构成不可抗力事件的恶劣气候条件。合同当事人可以在专用合同条款中约定异常恶劣的气候条件的具体情形。

承包人应采取克服异常恶劣的气候条件的合理措施继续施工，并及时通知发包人和监理人。监理人经发包人同意后应当及时发出指示，指示构成变更的，按第10条〔变更〕约定办理。承包人因采取合理措施而增加的费用和(或)延误的工期由发包人承担。

7.8 暂停施工

7.8.1 发包人原因引起的暂停施工

因发包人原因引起暂停施工的，监理人经发包人同意后，应及时下达暂停施工指示。情况紧急且监理人未及时下达暂停施工指示的，按照第7.8.4项〔紧急情况下的暂停施工〕执行。

因发包人原因引起的暂停施工，发包人应承担由此增加的费用和(或)延误的工期，并支付承包人合理的利润。

7.8.2 承包人原因引起的暂停施工

因承包人原因引起的暂停施工，承包人应承担由此增加的费用和(或)延误的工期，且承包人在收到监理人复工指示后84天内仍未复工的，视为第16.2.1项〔承包人违约的情形〕第(7)目约定的承包人无法继续履行合同的情形。

7.8.3 指示暂停施工

监理人认为有必要时，并经发包人批准后，可向承包人作出暂停施工的指示，承包人应按监理人指示暂停施工。

7.8.4 紧急情况下的暂停施工

因紧急情况需暂停施工，且监理人未及时下达暂停施工指示的，承包人可先暂停施工，并及时通知监理人。监理人应在接到通知后24小时内发出指示，逾期未发出指示，视为同意承包人暂停施工。监理人不同意承包人暂停施工的，应说明理由，承包人对监理人的答复有异议，按照第20条〔争议解决〕约定处理。

7.8.5 暂停施工后的复工

暂停施工后，发包人和承包人应采取有效措施积极消除暂停施工的影响。在工程复工前，监理人会同发包人和承包人确定因暂停施工造成的损失，并确定工程复工条件。当工程具备复工条件时，监理人应经发包人批准后向承包人发出复工通知，承包人应按照复工通知要求复工。

承包人无故拖延和拒绝复工的，承包人承担由此增加的费用和(或)延误的工期；因发包人原因无法按时复工的，按照第7.5.1项〔因发包人原因导致工期延误〕约定办理。

7.8.6 暂停施工持续56天以上

监理人发出暂停施工指示后56天内未向承包人发出复工通知，除该项停工属于第7.8.2项〔承包人原因引起的暂停施工〕及第17条〔不可抗力〕约定的情形外，承包人可向发包人提交书面通知，要求发包人在收到书面通知后28天内准许已暂停施工的部分或全部工程继续施工。发包人逾期不予批准的，则承包人可以通知发包人，将工程受影响的部分视为按第10.1款〔变更的范围〕第(2)项的可取消工作。

暂停施工持续84天以上不复工的，且不属于第7.8.2项〔承包人原因引起的暂停施工〕及第17条〔不可抗力〕约定的情形，并影响到整个工程以及合同目的实现的，承包人有权提出价格调整要求，或者解除合同。解除合同的，按照第16.1.3项〔因发包人违约解除合同〕执行。

7.8.7 暂停施工期间的工程照管

暂停施工期间，承包人应负责妥善照管工程并提供安全保障，由此增加的费用由责任方承担。

7.8.8 暂停施工的措施

暂停施工期间，发包人和承包人均应采取必要的措施确保工程质量及安全，防止因暂停施工扩大损失。

7.9 提前竣工

7.9.1 发包人要求承包人提前竣工的，发包人应通过监理人向承包人下达提前竣工指示，承包人应向发包人和监理人提交提前竣工建议书，提前竣工建议书应包括实施的方案、缩短的时间、增加的合同价格等内容。发包人接受该提前竣工建议书的，监理人应与发包人和承包人协商采取加快工程进度的措施，并修订施工进度计划，由此增加的费用由发包人承担。承包人认为提前竣工指示无法执行的，应向监理人和发包人提出书面异议，发包人和监理人应在收到异议后7天内予以答复。任何情况下，发包人不得压缩合理工期。

7.9.2 发包人要求承包人提前竣工，或承包人提出提前竣工的建议能够给发包人带来效益的，合同当事人可以在专用合同条款中约定提前竣工的奖励。

8. 材料与设备

8.1 发包人供应材料与工程设备

发包人自行供应材料、工程设备的，应在签订合同时在专用合同条款的附件《发包人供应材料设备一览表》中明确材料、工程设备的品种、规格、型号、数量、单价、质量等级和送达地点。

承包人应提前30天通过监理人以书面形式通知发包人供应材料与工程设备进场。承包人按照第7.2.2项〔施工进度计划的修订〕约定修订施工进度计划时，需同时提交经修订后的发包人供应材料与工程设备的进场计划。

8.2 承包人采购材料与工程设备

承包人负责采购材料、工程设备的，应按照设计和有关标准要求采购，并提供产品合格证明及出厂证明，对材料、工程设备质量负责。合同约定由承包人采购的材料、工程设备，发包人不得指定生产厂家或供应商，发包人违反本款约定指定生产厂家或供应商的，承包人有权拒绝，并由发包人承担相应责任。

8.3 材料与工程设备的接收与拒收

8.3.1 发包人应按《发包人供应材料设备一览表》约定的内容提供材料和工程设备，并向承包人提供产品合格证明及出厂证明，对其质量负责。发包人应提前24小时以书面形式通知承包人、监理人材料和工程设备到货时间，承包人负责材料和工程设备的清点、检验和接收。

发包人提供的材料和工程设备的规格、数量或质量不符合合同约定的，或因发包人原因导致交货日期延误或交货地点变更等情况的，按照第16.1款〔发包人违约〕约定办理。

8.3.2 承包人采购的材料和工程设备，应保证产品质量合格，承包人应在材料和工程设备到货前24小时通知监理人检验。承包人进行永久设备、材料的制造和生产的，应符合相关质量标准，并向监理人提交材料的样本以及有关资料，并应在使用该材料或工程设备之前获得监理人同意。

承包人采购的材料和工程设备不符合设计或有关标准要求时，承包人应在监理人要求的合理期限内将不符合设计或有关标准要求的材料、工程设备运出施工现场，并重新采购符合要求的材料、工程设备，由此增加的费用和（或）延误的工期，由承包人承担。

8.4 材料与工程设备的保管与使用

8.4.1 发包人供应材料与工程设备的保管与使用

发包人供应的材料和工程设备，承包人清点后由承包人妥善保管，保管费用由发包人承担，但已标价工程量清单或预算书已经列支或专用合同条款另有约定除外。因承包人原因发生丢失毁损的，由承包人负责赔偿；监理人未通知承包人清点的，承包人不负责材料和工程设备的保管，由此导致丢失毁损的由发包人负责。

发包人供应的材料和工程设备使用前，由承包人负责检验，检验费用由发包人承担，不合格的不得使用。

8.4.2 承包人采购材料与工程设备的保管与使用

承包人采购的材料和工程设备由承包人妥善保管，保管费用由承包人承担。法律规定材料和工程设备使用前必须进行检验或试验的，承包人应按监理人的要求进行检验或试验，检验或试验费用由承包人承担，不合格的不得使用。

发包人或监理人发现承包人使用不符合设计或有关标准要求的材料和工程设备时，有权要求承包人进行修复、拆除或重新采购，由此增加的费用和（或）延误的工期，由承包人承担。

8.5 禁止使用不合格的材料和工程设备

8.5.1 监理人有权拒绝承包人提供的不合格材料或工程设备，并要求承包人立即进行更换。监理人应在更换后再次进行检查和检验，由此增加的费用和（或）延误的工期由承包人承担。

8.5.2 监理人发现承包人使用了不合格的材料和工程设备，承包人应按照监理人的指示立即改正，并禁止在工程中继续使用不合格的材料和工程设备。

8.5.3 发包人提供的材料或工程设备不符合合同要求的，承包人有权拒绝，并可要求发包人更换，由此增加的费用和（或）延误的工期由发包人承担，并支付承包人合理的利润。

8.6 样品

8.6.1 样品的报送与封存

需要承包人报送样品的材料或工程设备，样品的种类、名称、规格、数量等要求均应在专用合同条款中约定。样品的报送程序如下：

（1）承包人应在计划采购前28天向监理人报送样品。承包人报送的样品均应来自供应材料的实际生产地，且提供的样品的规格、数量足以表明材料或工程设备的质量、型号、颜色、表面处理、质地、误差和其他要求的特征。

（2）承包人每次报送样品时应随附申报单，申报单应载明报送样品的相关数据和资料，并标明每件样品对应的图纸号，预留监理人批复意见栏。监理人应在收到承包人报送的样品后7天向承包人回复经发包人签认的样品审批意见。

(3)经发包人和监理人审批确认的样品应按约定的方法封样,封存的样品作为检验工程相关部分的标准之一。承包人在施工过程中不得使用与样品不符的材料或工程设备。

(4)发包人和监理人对样品的审批确认仅为确认相关材料或工程设备的特征或用途,不得被理解为对合同的修改或改变,也并不减轻或免除承包人任何的责任和义务。如果封存的样品修改或改变了合同约定,合同当事人应当以书面协议予以确认。

8.6.2 样品的保管

经批准的样品应由监理人负责封存于现场,承包人应在现场为保存样品提供适当和固定的场所并保持适当和良好的存储环境条件。

8.7 材料与工程设备的替代

8.7.1 出现下列情况需要使用替代材料和工程设备的,承包人应按照第8.7.2项约定的程序执行:

(1)基准日期后生效的法律规定禁止使用的;

(2)发包人要求使用替代品的;

(3)因其他原因必须使用替代品的。

8.7.2 承包人应在使用替代材料和工程设备28天前书面通知监理人,并附下列文件:

(1)被替代的材料和工程设备的名称、数量、规格、型号、品牌、性能、价格及其他相关资料;

(2)替代品的名称、数量、规格、型号、品牌、性能、价格及其他相关资料;

(3)替代品与被替代产品之间的差异以及使用替代品可能对工程产生的影响;

(4)替代品与被替代产品的价格差异;

(5)使用替代品的理由和原因说明;

(6)监理人要求的其他文件。

监理人应在收到通知后14天内向承包人发出经发包人签认的书面指示;监理人逾期发出书面指示的,视为发包人和监理人同意使用替代品。

8.7.3 发包人认可使用替代材料和工程设备的,替代材料和工程设备的价格,按照已标价工程量清单或预算书相同项目的价格认定;无相同项目的,参考相似项目价格认定;既无相同项目也无相似项目的,按照合理的成本与利润构成的原则,由合同当事人按照第4.4款〔商定或确定〕确定价格。

8.8 施工设备和临时设施

8.8.1 承包人提供的施工设备和临时设施

承包人应按合同进度计划的要求,及时配置施工设备和修建临时设施。进入施工场地的承包人设备需经监理人核查后才能投入使用。承包人更换合同约定的承包人设备的,应报监理人批准。

除专用合同条款另有约定外,承包人应自行承担修建临时设施的费用,需要临时占地的,应由发包人办理申请手续并承担相应费用。

8.8.2 发包人提供的施工设备和临时设施

发包人提供的施工设备或临时设施在专用合同条款中约定。

8.8.3 要求承包人增加或更换施工设备

承包人使用的施工设备不能满足合同进度计划和(或)质量要求时,监理人有权要求承包人增加或更换施工设备,承包人应及时增加或更换,由此增加的费用和(或)延误的工期由承包人承担。

8.9 材料与设备专用要求

承包人运入施工现场的材料、工程设备、施工设备以及在施工场地建设的临时设施,包括备品备件、安装工具与资料,必须专用于工程。未经发包人批准,承包人不得运出施工现场或挪作他用;经发包人批准,承包人可以根据施工进度计划撤走闲置的施工设备和其他物品。

9. 试验与检验

9.1 试验设备与试验人员

9.1.1 承包人根据合同约定或监理人指示进行的现场材料试验,应由承包人提供试验场所、试验人员、试验设备以及其他必要的试验条件。监理人在必要时可以使用承包人提供的试验场所、试验设备以及其他试验条件,进行以工程质量检查为目的的材料复核试验,承包人应予以协助。

9.1.2 承包人应按专用合同条款的约定提供试验设备、取样装置、试验场所和试验条件,并向监理人提交相应进场计划表。

承包人配置的试验设备要符合相应试验规程的要求并经过具有资质的检测单位检测,且在正式使用该试验设备前,需要经过监理人与承包人共同校定。

9.1.3 承包人应向监理人提交试验人员的名单及其岗位、资格等证明资料,试验人员必须能够熟练进行相应的检测试验,承包人对试验人员的试验程序和试验结果的正确性负责。

9.2 取样

试验属于自检性质的,承包人可以单独取样。试验属于监理人抽检性质的,可由监理人取样,也可由承包人的试验人员在监理人的监督下取样。

9.3 材料、工程设备和工程的试验和检验

9.3.1 承包人应按合同约定进行材料、工程设备和工程的试验和检验,并为监理人对上述材料、工程设备和工程的质量检查提供必要的试验资料和原始记录。按合同约定应由监理人与承包人共同进行试验和检验的,由承包人负责提供必要的试验资料和原始记录。

9.3.2 试验属于自检性质的,承包人可以单独进行试验。试验属于监理人抽检性质的,监理人可以单独进行试验,也可

由承包人与监理人共同进行。承包人对由监理人单独进行的试验结果有异议的,可以申请重新共同进行试验。约定共同进行试验的,监理人未按照约定参加试验的,承包人可自行试验,并将试验结果报送监理人,监理人应承认该试验结果。

9.3.3 监理人对承包人的试验和检验结果有异议的,或为查清承包人试验和检验成果的可靠性要求承包人重新试验和检验的,可由监理人与承包人共同进行。重新试验和检验的结果证明该项材料、工程设备或工程的质量不符合合同要求的,由此增加的费用和(或)延误的工期由承包人承担;重新试验和检验结果证明该项材料、工程设备和工程符合合同要求的,由此增加的费用和(或)延误的工期由发包人承担。

9.4 现场工艺试验

承包人应按合同约定或监理人指示进行现场工艺试验。对大型的现场工艺试验,监理人认为必要时,承包人应根据监理人提出的工艺试验要求,编制工艺试验措施计划,报送监理人审查。

10. 变更

10.1 变更的范围

除专用合同条款另有约定外,合同履行过程中发生以下情形的,应按照本条约定进行变更:

(1)增加或减少合同中任何工作,或追加额外的工作;

(2)取消合同中任何工作,但转由他人实施的工作除外;

(3)改变合同中任何工作的质量标准或其他特性;

(4)改变工程的基线、标高、位置和尺寸;

(5)改变工程的时间安排或实施顺序。

10.2 变更权

发包人和监理人均可以提出变更。变更指示均通过监理人发出,监理人发出变更指示前应征得发包人同意。承包人收到经发包人签认的变更指示后,方可实施变更。未经许可,承包人不得擅自对工程的任何部分进行变更。

涉及设计变更的,应由设计人提供变更后的图纸和说明。如变更超过原设计标准或批准的建设规模时,发包人应及时办理规划、设计变更等审批手续。

10.3 变更程序

10.3.1 发包人提出变更

发包人提出变更的,应通过监理人向承包人发出变更指示,变更指示应说明计划变更的工程范围和变更的内容。

10.3.2 监理人提出变更建议

监理人提出变更建议的,需要向发包人以书面形式提出变更计划,说明计划变更工程范围和变更的内容、理由,以及实施该变更对合同价格和工期的影响。发包人同意变更的,由监理人向承包人发出变更指示。发包人不同意变更的,监理人无权擅自发出变更指示。

10.3.3 变更执行

承包人收到监理人下达的变更指示后,认为不能执行,应立即提出不能执行该变更指示的理由。承包人认为可以执行变更的,应当书面说明实施该变更指示对合同价格和工期的影响,且合同当事人应当按照第10.4款〔变更估价〕约定确定变更估价。

10.4 变更估价

10.4.1 变更估价原则

除专用合同条款另有约定外,变更估价按照本款约定处理:

(1)已标价工程量清单或预算书有相同项目的,按照相同项目单价认定;

(2)已标价工程量清单或预算书中无相同项目,但有类似项目的,参照类似项目的单价认定;

(3)变更导致实际完成的变更工程量与已标价工程量清单或预算书中列明的该项目工程量的变化幅度超过15%的,或已标价工程量清单或预算书中无相同项目及类似项目单价的,按照合理的成本与利润构成的原则,由合同当事人按照第4.4款〔商定或确定〕确定变更工作的单价。

10.4.2 变更估价程序

承包人应在收到变更指示后14天内,向监理人提交变更估价申请。监理人应在收到承包人提交的变更估价申请后7天内审查完毕并报送发包人,监理人对变更估价申请有异议,通知承包人修改后重新提交。发包人应在承包人提交变更估价申请后14天内审批完毕。发包人逾期未完成审批或未提出异议的,视为认可承包人提交的变更估价申请。

因变更引起的价格调整应计入最近一期的进度款中支付。

10.5 承包人的合理化建议

承包人提出合理化建议的,应向监理人提交合理化建议说明,说明建议的内容和理由,以及实施该建议对合同价格和工期的影响。

除专用合同条款另有约定外,监理人应在收到承包人提交的合理化建议后7天内审查完毕并报送发包人,发现其中存在技术上的缺陷,应通知承包人修改。发包人应在收到监理人报送的合理化建议后7天内审批完毕。合理化建议经发包人批准的,监理人应及时发出变更指示,由此引起的合同价格调整按照第10.4款〔变更估价〕约定执行。发包人不同意变更的,监理人应书面通知承包人。

合理化建议降低了合同价格或者提高了工程经济效益的,发包人可对承包人给予奖励,奖励的方法和金额在专用合同条款中约定。

10.6 变更引起的工期调整

因变更引起工期变化的,合同当事人均可要求调整合同工期,由合同当事人按照第4.4款〔商定或确定〕并参考工程所在地的工期定额标准确定增减工期天数。

10.7 暂估价

暂估价专业分包工程、服务、材料和工程设备的明细由合同当事人在专用合同条款中约定。

10.7.1 依法必须招标的暂估价项目

对于依法必须招标的暂估价项目，采取以下第1种方式确定。合同当事人也可以在专用合同条款中选择其他招标方式。

第1种方式：对于依法必须招标的暂估价项目，由承包人招标，对该暂估价项目的确认和批准按照以下约定执行：

（1）承包人应当根据施工进度计划，在招标工作启动前14天将招标方案通过监理人报送发包人审查，发包人应当在收到承包人报送的招标方案后7天内批准或提出修改意见。承包人应当按照经过发包人批准的招标方案开展招标工作；

（2）承包人应当根据施工进度计划，提前14天将招标文件通过监理人报送发包人审批，发包人应当在收到承包人报送的相关文件后7天内完成审批或提出修改意见；发包人有权确定招标控制价并按照法律规定参加评标；

（3）承包人与供应商、分包人在签订暂估价合同前，应当提前7天将确定的中标候选供应商或中标候选分包人的资料报送发包人，发包人应在收到资料后3天内与承包人共同确定中标人；承包人应当在签订合同后7天内，将暂估价合同副本报送发包人留存。

第2种方式：对于依法必须招标的暂估价项目，由发包人和承包人共同招标确定暂估价供应商或分包人的，承包人应按照施工进度计划，在招标工作启动前14天通知发包人，并提交暂估价招标方案和工作分工。发包人应在收到后7天内确认。确定中标人后，由发包人、承包人与中标人共同签订暂估价合同。

10.7.2 不属于依法必须招标的暂估价项目

除专用合同条款另有约定外，对于不属于依法必须招标的暂估价项目，采取以下第1种方式确定：

第1种方式：对于不属于依法必须招标的暂估价项目，按本项约定确认和批准：

（1）承包人应根据施工进度计划，在签订暂估价项目的采购合同、分包合同前28天向监理人提出书面申请。监理人应当在收到申请后3天内报送发包人，发包人应当在收到申请后14天内给予批准或提出修改意见，发包人逾期未予批准或提出修改意见的，视为该书面申请已获得同意；

（2）发包人认为承包人确定的供应商、分包人无法满足工程质量或合同要求的，发包人可以要求承包人重新确定暂估价项目的供应商、分包人；

（3）承包人应当在签订暂估价合同后7天内，将暂估价合同副本报送发包人留存。

第2种方式：承包人按照第10.7.1项〔依法必须招标的暂估价项目〕约定的第1种方式确定暂估价项目。

第3种方式：承包人直接实施的暂估价项目

承包人具备实施暂估价项目的资格和条件的，经发包人和承包人协商一致后，可由承包人自行实施暂估价项目，合同当事人可以在专用合同条款约定具体事项。

10.7.3 因发包人原因导致暂估价合同订立和履行迟延的，由此增加的费用和（或）延误的工期由发包人承担，并支付承包人合理的利润。因承包人原因导致暂估价合同订立和履行迟延的，由此增加的费用和（或）延误的工期由承包人承担。

10.8 暂列金额

暂列金额应按照发包人的要求使用，发包人的要求应通过监理人发出。合同当事人可以在专用合同条款中协商确定有关事项。

10.9 计日工

需要采用计日工方式的，经发包人同意后，由监理人通知承包人以计日工计价方式实施相应的工作，其价款按列入已标价工程量清单或预算书中的计日工计价项目及其单价进行计算；已标价工程量清单或预算书中无相应的计日工单价的，按照合理的成本与利润构成的原则，由合同当事人按照第4.4款〔商定或确定〕确定计日工的单价。

采用计日工计价的任何一项工作，承包人应在该项工作实施过程中，每天提交以下报表和有关凭证报送监理人审查：

（1）工作名称、内容和数量；

（2）投入该工作的所有人员的姓名、专业、工种、级别和耗用工时；

（3）投入该工作的材料类别和数量；

（4）投入该工作的施工设备型号、台数和耗用台时；

（5）其他有关资料和凭证。

计日工由承包人汇总后，列入最近一期进度付款申请单，由监理人审查并经发包人批准后列入进度付款。

11. 价格调整

11.1 市场价格波动引起的调整

除专用合同条款另有约定外，市场价格波动超过合同当事人约定的范围，合同价格应当调整。合同当事人可以在专用合同条款中约定选择以下一种方式对合同价格进行调整：

第1种方式：采用价格指数进行价格调整。

（1）价格调整公式

因人工、材料和设备等价格波动影响合同价格时，根据专用合同条款中约定的数据，按以下公式计算差额并调整合同价格：

$$\Delta P = P_0\left[A + \left(B_1 \times \frac{F_{t1}}{F_{01}} + B_2 \times \frac{F_{t2}}{F_{02}} + B_3 \times \frac{F_{t3}}{F_{03}} + \cdots + B_n \times \frac{F_{tn}}{F_{0n}}\right) - 1\right]$$

公式中：ΔP——需调整的价格差额；

P_0——约定的付款证书中承包人应得到的已完成工程

量的金额。此项金额应不包括价格调整、不计质量保证金的扣留和支付、预付款的支付和扣回。约定的变更及其他金额已按现行价格计价的,也不计在内;

A——定值权重(即不调部分的权重);

B_1;B_2;B_3……B_n——各可调因子的变值权重(即可调部分的权重),为各可调因子在签约合同价中所占的比例;

F_{t1};F_{t2};F_{t3}……F_{tn}——各可调因子的现行价格指数,指约定的付款证书相关周期最后一天的前42天的各可调因子的价格指数;

F_{01};F_{02};F_{03}……F_{0n}——各可调因子的基本价格指数,指基准日期的各可调因子的价格指数。

以上价格调整公式中的各可调因子、定值和变值权重,以及基本价格指数及其来源在投标函附录价格指数和权重表中约定,非招标订立的合同,由合同当事人在专用合同条款中约定。价格指数应首先采用工程造价管理机构发布的价格指数,无前述价格指数时,可采用工程造价管理机构发布的价格代替。

(2)暂时确定调整差额

在计算调整差额时无现行价格指数的,合同当事人同意暂用前次价格指数计算。实际价格指数有调整的,合同当事人进行相应调整。

(3)权重的调整

因变更导致合同约定的权重不合理时,按照第4.4款〔商定或确定〕执行。

(4)因承包人原因工期延误后的价格调整

因承包人原因未按期竣工的,对合同约定的竣工日期后继续施工的工程,在使用价格调整公式时,应采用计划竣工日期与实际竣工日期的两个价格指数中较低的一个作为现行价格指数。

第2种方式:采用造价信息进行价格调整。

合同履行期间,因人工、材料、工程设备和机械台班价格波动影响合同价格时,人工、机械使用费按照国家或省、自治区、直辖市建设行政管理部门、行业建设管理部门或其授权的工程造价管理机构发布的人工、机械使用费系数进行调整;需要进行价格调整的材料,其单价和采购数量应由发包人审批,发包人确认需调整的材料单价及数量,作为调整合同价格的依据。

(1)人工单价发生变化且符合省级或行业建设主管部门发布的人工费调整规定,合同当事人应按省级或行业建设主管部门或其授权的工程造价管理机构发布的人工费等文件调整合同价格,但承包人对人工费或人工单价的报价高于发布价格的除外。

(2)材料、工程设备价格变化的价款调整按照发包人提供的基准价格,按以下风险范围规定执行:

①承包人在已标价工程量清单或预算书中载明材料单价低于基准价格的:除专用合同条款另有约定外,合同履行期间材料单价涨幅以基准价格为基础超过5%时,或材料单价跌幅以在已标价工程量清单或预算书中载明材料单价为基础超过5%时,其超过部分据实调整。

②承包人在已标价工程量清单或预算书中载明材料单价高于基准价格的:除专用合同条款另有约定外,合同履行期间材料单价跌幅以基准价格为基础超过5%时,材料单价涨幅以在已标价工程量清单或预算书中载明材料单价为基础超过5%时,其超过部分据实调整。

③承包人在已标价工程量清单或预算书中载明材料单价等于基准价格的:除专用合同条款另有约定外,合同履行期间材料单价涨跌幅以基准价格为基础超过±5%时,其超过部分据实调整。

④承包人应在采购材料前将采购数量和新的材料单价报发包人核对,发包人确认用于工程时,发包人应确认采购材料的数量和单价。发包人在收到承包人报送的确认资料后5天内不予答复的视为认可,作为调整合同价格的依据。未经发包人事先核对,承包人自行采购材料的,发包人有权不予调整合同价格。发包人同意的,可以调整合同价格。

前述基准价格是指由发包人在招标文件或专用合同条款中给定的材料、工程设备的价格,该价格原则上应当按照省级或行业建设主管部门或其授权的工程造价管理机构发布的信息价编制。

(3)施工机械台班单价或施工机械使用费发生变化超过省级或行业建设主管部门或其授权的工程造价管理机构规定的范围时,按规定调整合同价格。

第3种方式:专用合同条款约定的其他方式。

11.2 法律变化引起的调整

基准日期后,法律变化导致承包人在合同履行过程中所需要的费用发生除第11.1款〔市场价格波动引起的调整〕约定以外的增加时,由发包人承担由此增加的费用;减少时,应从合同价格中予以扣减。基准日期后,因法律变化造成工期延误时,工期应予以顺延。

因法律变化引起的合同价格和工期调整,合同当事人无法达成一致的,由总监理工程师按第4.4款〔商定或确定〕的约定处理。

因承包人原因造成工期延误,在工期延误期间出现法律变化的,由此增加的费用和(或)延误的工期由承包人承担。

12. 合同价格、计量与支付

12.1 合同价格形式

发包人和承包人应在合同协议书中选择下列一种合同价格形式:

1. 单价合同

单价合同是指合同当事人约定以工程量清单及其综合单价进行合同价格计算、调整和确认的建设工程施工合同,在约定的范围内合同单价不作调整。合同当事人应在专用合同条款中约定综合单价包含的风险范围和风险费用的计算方法，并约定风险范围以外的合同价格的调整方法，其中因市场价格波动引起的调整按第11.1款〔市场价格波动引起的调整〕约定执行。

2. 总价合同

总价合同是指合同当事人约定以施工图、已标价工程量清单或预算书及有关条件进行合同价格计算、调整和确认的建设工程施工合同，在约定的范围内合同总价不作调整。合同当事人应在专用合同条款中约定总价包含的风险范围和风险费用的计算方法，并约定风险范围以外的合同价格的调整方法，其中因市场价格波动引起的调整按第11.1款〔市场价格波动引起的调整〕、因法律变化引起的调整按第11.2款〔法律变化引起的调整〕约定执行。

3. 其他价格形式

合同当事人可在专用合同条款中约定其他合同价格形式。

12.2 预付款

12.2.1 预付款的支付

预付款的支付按照专用合同条款约定执行，但至迟应在开工通知载明的开工日期7天前支付。预付款应当用于材料、工程设备、施工设备的采购及修建临时工程、组织施工队伍进场等。

除专用合同条款另有约定外，预付款在进度付款中同比例扣回。在颁发工程接收证书前，提前解除合同的，尚未扣完的预付款应与合同价款一并结算。

发包人逾期支付预付款超过7天的，承包人有权向发包人发出要求预付的催告通知，发包人收到通知后7天内仍未支付的，承包人有权暂停施工，并按第16.1.1项〔发包人违约的情形〕执行。

12.2.2 预付款担保

发包人要求承包人提供预付款担保的，承包人应在发包人支付预付款7天前提供预付款担保，专用合同条款另有约定除外。预付款担保可采用银行保函、担保公司担保等形式，具体由合同当事人在专用合同条款中约定。在预付款完全扣回之前，承包人应保证预付款担保持续有效。

发包人在工程款中逐期扣回预付款后，预付款担保额度应相应减少，但剩余的预付款担保金额不得低于未被扣回的预付款金额。

12.3 计量

12.3.1 计量原则

工程量计量按照合同约定的工程量计算规则、图纸及变更指示等进行计量。工程量计算规则应以相关的国家标准、行业标准等为依据，由合同当事人在专用合同条款中约定。

12.3.2 计量周期

除专用合同条款另有约定外，工程量的计量按月进行。

12.3.3 单价合同的计量

除专用合同条款另有约定外，单价合同的计量按照本项约定执行：

（1）承包人应于每月25日向监理人报送上月20日至当月19日已完成的工程量报告，并附具进度付款申请单、已完成工程量报表和有关资料。

（2）监理人应在收到承包人提交的工程量报告后7天内完成对承包人提交的工程量报表的审核并报送发包人，以确定当月实际完成的工程量。监理人对工程量有异议的，有权要求承包人进行共同复核或抽样复测。承包人应协助监理人进行复核或抽样复测，并按监理人要求提供补充计量资料。承包人未按监理人要求参加复核或抽样复测的，监理人复核或修正的工程量视为承包人实际完成的工程量。

（3）监理人未在收到承包人提交的工程量报表后的7天内完成审核的，承包人报送的工程量报告中的工程量视为承包人实际完成的工程量，据此计算工程价款。

12.3.4 总价合同的计量

除专用合同条款另有约定外，按月计量支付的总价合同，按照本项约定执行：

（1）承包人应于每月25日向监理人报送上月20日至当月19日已完成的工程量报告，并附具进度付款申请单、已完成工程量报表和有关资料。

（2）监理人应在收到承包人提交的工程量报告后7天内完成对承包人提交的工程量报表的审核并报送发包人，以确定当月实际完成的工程量。监理人对工程量有异议的，有权要求承包人进行共同复核或抽样复测。承包人应协助监理人进行复核或抽样复测并按监理人要求提供补充计量资料。承包人未按监理人要求参加复核或抽样复测的，监理人审核或修正的工程量视为承包人实际完成的工程量。

（3）监理人未在收到承包人提交的工程量报表后的7天内完成复核的，承包人提交的工程量报告中的工程量视为承包人实际完成的工程量。

12.3.5 总价合同采用支付分解表计量支付的，可以按照第12.3.4项〔总价合同的计量〕约定进行计量，但合同价款按照支付分解表进行支付。

12.3.6 其他价格形式合同的计量

合同当事人可在专用合同条款中约定其他价格形式合同的计量方式和程序。

12.4 工程进度款支付

12.4.1 付款周期

除专用合同条款另有约定外，付款周期应按照第12.3.2项〔计量周期〕的约定与计量周期保持一致。

12.4.2 进度付款申请单的编制

除专用合同条款另有约定外，进度付款申请单应包括下列内容：

(1)截至本次付款周期已完成工作对应的金额；

(2)根据第10条〔变更〕应增加和扣减的变更金额；

(3)根据第12.2款〔预付款〕约定应支付的预付款和扣减的返还预付款；

(4)根据第15.3款〔质量保证金〕约定应扣减的质量保证金；

(5)根据第19条〔索赔〕应增加和扣减的索赔金额；

(6)对已签发的进度款支付证书中出现错误的修正，应在本次进度付款中支付或扣除的金额；

(7)根据合同约定应增加和扣减的其他金额。

12.4.3 进度付款申请单的提交

(1)单价合同进度付款申请单的提交

单价合同的进度付款申请单，按照第12.3.3项〔单价合同的计量〕约定的时间按月向监理人提交，并附上已完成工程量报表和有关资料。单价合同中的总价项目按月进行支付分解，并汇总列入当期进度付款申请单。

(2)总价合同进度付款申请单的提交

总价合同按月计量支付的，承包人按照第12.3.4项〔总价合同的计量〕约定的时间按月向监理人提交进度付款申请单，并附上已完成工程量报表和有关资料。

总价合同按支付分解表支付的，承包人应按照第12.4.6项〔支付分解表〕及第12.4.2项〔进度付款申请单的编制〕的约定向监理人提交进度付款申请单。

(3)其他价格形式合同的进度付款申请单的提交

合同当事人可在专用合同条款中约定其他价格形式合同的进度付款申请单的编制和提交程序。

12.4.4 进度款审核和支付

(1)除专用合同条款另有约定外，监理人应在收到承包人进度付款申请单以及相关资料后7天内完成审查并报送发包人，发包人应在收到后7天内完成审批并签发进度款支付证书。发包人逾期未完成审批且未提出异议的，视为已签发进度款支付证书。

发包人和监理人对承包人的进度付款申请单有异议的，有权要求承包人修正和提供补充资料，承包人应提交修正后的进度付款申请单。监理人应在收到承包人修正后的进度付款申请单及相关资料后7天内完成审查并报送发包人，发包人应在收到监理人报送的进度付款申请单及相关资料后7天内，向承包人签发无异议部分的临时进度款支付证书。存在争议的部分，按照第20条〔争议解决〕的约定处理。

(2)除专用合同条款另有约定外，发包人应在进度款支付证书或临时进度款支付证书签发后14天内完成支付，发包人逾期支付进度款的，应按照中国人民银行发布的同期同类贷款基准利率支付违约金。

(3)发包人签发进度款支付证书或临时进度款支付证书，不表明发包人已同意、批准或接受了承包人完成的相应部分的工作。

12.4.5 进度付款的修正

在对已签发的进度款支付证书进行阶段汇总和复核中发现错误、遗漏或重复的，发包人和承包人均有权提出修正申请。经发包人和承包人同意的修正，应在下期进度付款中支付或扣除。

12.4.6 支付分解表

1. 支付分解表的编制要求

(1)支付分解表中所列的每期付款金额，应为第12.4.2项〔进度付款申请单的编制〕第(1)目的估算金额；

(2)实际进度与施工进度计划不一致的，合同当事人可按照第4.4款〔商定或确定〕修改支付分解表；

(3)不采用支付分解表的，承包人应向发包人和监理人提交按季度编制的支付估算分解表，用于支付参考。

2. 总价合同支付分解表的编制与审批

(1)除专用合同条款另有约定外，承包人应根据第7.2款〔施工进度计划〕约定的施工进度计划、签约合同价和工程量等因素对总价合同按月进行分解，编制支付分解表。承包人应当在收到监理人和发包人批准的施工进度计划后7天内，将支付分解表及编制支付分解表的支持性资料报送监理人。

(2)监理人应在收到支付分解表后7天内完成审核并报送发包人。发包人应在收到经监理人审核的支付分解表后7天内完成审批，经发包人批准的支付分解表为有约束力的支付分解表。

(3)发包人逾期未完成支付分解表审批的，也未及时要求承包人进行修正和提供补充资料的，则承包人提交的支付分解表视为已经获得发包人批准。

3. 单价合同的总价项目支付分解表的编制与审批

除专用合同条款另有约定外，单价合同的总价项目，由承包人根据施工进度计划和总价项目的总价构成、费用性质、计划发生时间和相应工程量等因素按月进行分解，形成支付分解表，其编制与审批参照总价合同支付分解表的编制与审批执行。

12.5 支付账户

发包人应将合同价款支付至合同协议书中约定的承包人账户。

13. 验收和工程试车

13.1 分部分项工程验收

13.1.1 分部分项工程质量应符合国家有关工程施工验收规范、标准及合同约定，承包人应按照施工组织设计的要求完成分部分项工程施工。

13.1.2 除专用合同条款另有约定外，分部分项工程经承包人自检合格并具备验收条件的，承包人应提前48小时通知监理人进行验收。监理人不能按时进行验收的，应在验收前

24小时向承包人提交书面延期要求，但延期不能超过48小时。监理人未按时进行验收，也未提出延期要求的，承包人有权自行验收，监理人应认可验收结果。分部分项工程未经验收的，不得进入下一道工序施工。

分部分项工程的验收资料应当作为竣工资料的组成部分。

13.2 竣工验收

13.2.1 竣工验收条件

工程具备以下条件的，承包人可以申请竣工验收：

（1）除发包人同意的甩项工作和缺陷修补工作外，合同范围内的全部工程以及有关工作，包括合同要求的试验、试运行以及检验均已完成，并符合合同要求；

（2）已按合同约定编制了甩项工作和缺陷修补工作清单以及相应的施工计划；

（3）已按合同约定的内容和份数备齐竣工资料。

13.2.2 竣工验收程序

除专用合同条款另有约定外，承包人申请竣工验收的，应当按照以下程序进行：

（1）承包人向监理人报送竣工验收申请报告，监理人应在收到竣工验收申请报告后14天内完成审查并报送发包人。监理人审查后认为尚不具备验收条件的，应通知承包人在竣工验收前承包人还需完成的工作内容，承包人应在完成监理人通知的全部工作内容后，再次提交竣工验收申请报告。

（2）监理人审查后认为已具备竣工验收条件的，应将竣工验收申请报告提交发包人，发包人应在收到经监理人审核的竣工验收申请报告后28天内审批完毕并组织监理人、承包人、设计人等相关单位完成竣工验收。

（3）竣工验收合格的，发包人应在验收合格后14天内向承包人签发工程接收证书。发包人无正当理由逾期不颁发工程接收证书的，自验收合格后第15天起视为已颁发工程接收证书。

（4）竣工验收不合格的，监理人应按照验收意见发出指示，要求承包人对不合格工程返工、修复或采取其他补救措施，由此增加的费用和（或）延误的工期由承包人承担。承包人在完成不合格工程的返工、修复或采取其他补救措施后，应重新提交竣工验收申请报告，并按本项约定的程序重新进行验收。

（5）工程未经验收或验收不合格，发包人擅自使用的，应在转移占有工程后7天内向承包人颁发工程接收证书；发包人无正当理由逾期不颁发工程接收证书的，自转移占有后第15天起视为已颁发工程接收证书。

除专用合同条款另有约定外，发包人不按照本项约定组织竣工验收、颁发工程接收证书的，每逾期一天，应以签约合同价为基数，按照中国人民银行发布的同期同类贷款基准利率支付违约金。

13.2.3 竣工日期

工程经竣工验收合格的，以承包人提交竣工验收申请报告之日为实际竣工日期，并在工程接收证书中载明；因发包人原因，未在监理人收到承包人提交的竣工验收申请报告42天内完成竣工验收，或完成竣工验收不予签发工程接收证书的，以提交竣工验收申请报告的日期为实际竣工日期；工程未经竣工验收，发包人擅自使用的，以转移占有工程之日为实际竣工日期。

13.2.4 拒绝接收全部或部分工程

对于竣工验收不合格的工程，承包人完成整改后，应当重新进行竣工验收，经重新组织验收仍不合格的且无法采取措施补救的，则发包人可以拒绝接收不合格工程，因不合格工程导致其他工程不能正常使用的，承包人应采取措施确保相关工程的正常使用，由此增加的费用和（或）延误的工期由承包人承担。

13.2.5 移交、接收全部与部分工程

除专用合同条款另有约定外，合同当事人应当在颁发工程接收证书后7天内完成工程的移交。

发包人无正当理由不接收工程的，发包人自应当接收工程之日起，承担工程照管、成品保护、保管等与工程有关的各项费用，合同当事人可以在专用合同条款中另行约定发包人逾期接收工程的违约责任。

承包人无正当理由不移交工程的，承包人应承担工程照管、成品保护、保管等与工程有关的各项费用，合同当事人可以在专用合同条款中另行约定承包人无正当理由不移交工程的违约责任。

13.3 工程试车

13.3.1 试车程序

工程需要试车的，除专用合同条款另有约定外，试车内容应与承包人承包范围相一致，试车费用由承包人承担。工程试车应按如下程序进行：

（1）具备单机无负荷试车条件，承包人组织试车，并在试车前48小时书面通知监理人，通知中应载明试车内容、时间、地点。承包人准备试车记录，发包人根据承包人要求为试车提供必要条件。试车合格的，监理人在试车记录上签字。监理人在试车合格后不在试车记录上签字，自试车结束满24小时后视为监理人已经认可试车记录，承包人可继续施工或办理竣工验收手续。

监理人不能按时参加试车，应在试车前24小时以书面形式向承包人提出延期要求，但延期不能超过48小时，由此导致工期延误的，工期应予以顺延。监理人未能在前述期限内提出延期要求，又不参加试车的，视为认可试车记录。

（2）具备无负荷联动试车条件，发包人组织试车，并在试车前48小时以书面形式通知承包人。通知中应载明试车内容、时间、地点和对承包人的要求，承包人按要求做好准备工作。试车合格,合同当事人在试车记录上签字。承包人无正当理由不参加试车的,视为认可试车记录。

13.3.2 试车中的责任

因设计原因导致试车达不到验收要求,发包人应要求设计人修改设计,承包人按修改后的设计重新安装。发包人承担修改设计、拆除及重新安装的全部费用,工期相应顺延。因承包人原因导致试车达不到验收要求,承包人按监理人要求重新安装和试车,并承担重新安装和试车的费用,工期不予顺延。

因工程设备制造原因导致试车达不到验收要求的,由采购该工程设备的合同当事人负责重新购置或修理,承包人负责拆除和重新安装,由此增加的修理、重新购置、拆除及重新安装的费用及延误的工期由采购该工程设备的合同当事人承担。

13.3.3 投料试车

如需进行投料试车的,发包人应在工程竣工验收后组织投料试车。发包人要求在工程竣工验收前进行或需要承包人配合时,应征得承包人同意,并在专用合同条款中约定有关事项。

投料试车合格的,费用由发包人承担;因承包人原因造成投料试车不合格的,承包人应按照发包人要求进行整改,由此产生的整改费用由承包人承担;非因承包人原因导致投料试车不合格的,如发包人要求承包人进行整改的,由此产生的费用由发包人承担。

13.4 提前交付单位工程的验收

13.4.1 发包人需要在工程竣工前使用单位工程的,或承包人提出提前交付已经竣工的单位工程且经发包人同意的,可进行单位工程验收,验收的程序按照第13.2款〔竣工验收〕的约定进行。

验收合格后,由监理人向承包人出具经发包人签认的单位工程接收证书。已签发单位工程接收证书的单位工程由发包人负责照管。单位工程的验收成果和结论作为整体工程竣工验收申请报告的附件。

13.4.2 发包人要求在工程竣工前交付单位工程,由此导致承包人费用增加和(或)工期延误的,由发包人承担由此增加的费用和(或)延误的工期,并支付承包人合理的利润。

13.5 施工期运行

13.5.1 施工期运行是指合同工程尚未全部竣工,其中某项或某几项单位工程或工程设备安装已竣工,根据专用合同条款约定,需要投入施工期运行的,经发包人按第13.4款〔提前交付单位工程的验收〕的约定验收合格,证明能确保安全后,才能在施工期投入运行。

13.5.2 在施工期运行中发现工程或工程设备损坏或存在缺陷的,由承包人按第15.2款〔缺陷责任期〕约定进行修复。

13.6 竣工退场

13.6.1 竣工退场

颁发工程接收证书后,承包人应按以下要求对施工现场进行清理:

(1)施工现场内残留的垃圾已全部清除出场;

(2)临时工程已拆除,场地已进行清理、平整或复原;

(3)按合同约定应撤离的人员、承包人施工设备和剩余的材料,包括废弃的施工设备和材料,已按计划撤离施工现场;

(4)施工现场周边及其附近道路、河道的施工堆积物,已全部清理;

(5)施工现场其他场地清理工作已全部完成。

施工现场的竣工退场费用由承包人承担。承包人应在专用合同条款约定的期限内完成竣工退场,逾期未完成的,发包人有权出售或另行处理承包人遗留的物品,由此支出的费用由承包人承担,发包人出售承包人遗留物品所得款项在扣除必要费用后应返还承包人。

13.6.2 地表还原

承包人应按发包人要求恢复临时占地及清理场地,承包人未按发包人的要求恢复临时占地,或者场地清理未达到合同约定要求的,发包人有权委托其他人恢复或清理,所发生的费用由承包人承担。

14. 竣工结算

14.1 竣工结算申请

除专用合同条款另有约定外,承包人应在工程竣工验收合格后28天内向发包人和监理人提交竣工结算申请单,并提交完整的结算资料,有关竣工结算申请单的资料清单和份数等要求由合同当事人在专用合同条款中约定。

除专用合同条款另有约定外,竣工结算申请单应包括以下内容:

(1)竣工结算合同价格;

(2)发包人已支付承包人的款项;

(3)应扣留的质量保证金。已缴纳履约保证金的或提供其他工程质量担保方式的除外;

(4)发包人应支付承包人的合同价款。

14.2 竣工结算审核

(1)除专用合同条款另有约定外,监理人应在收到竣工结算申请单后14天内完成核查并报送发包人。发包人应在收到监理人提交的经审核的竣工结算申请单后14天内完成审批,并由监理人向承包人签发经发包人签认的竣工付款证书。监理人或发包人对竣工结算申请单有异议的,有权要求承包人进行修正和提供补充资料,承包人应提交修正后的竣工结算申请单。

发包人在收到承包人提交竣工结算申请书后28天内未完成审批且未提出异议的,视为发包人认可承包人提交的竣工结算申请单,并自发包人收到承包人提交的竣工结算申请单后第29天起视为已签发竣工付款证书。

(2)除专用合同条款另有约定外,发包人应在签发竣工付款证书后的14天内,完成对承包人的竣工付款。发包人逾期支付的,按照中国人民银行发布的同期同类贷款基准利率支付违约金;逾期支付超过56天的,按照中国人民银行发布的同期同类贷款基准利率的两倍支付违约金。

(3)承包人对发包人签认的竣工付款证书有异议的,对于有异议部分应在收到发包人签认的竣工付款证书后7天内提出异议,并由合同当事人按照专用合同条款约定的方式和程序进行复核,或按照第20条〔争议解决〕约定处理。对于无异议部分,发包人应签发临时竣工付款证书,并按本款第(2)项完成付款。承包人逾期未提出异议的,视为认可发包人的审批结果。

14.3 甩项竣工协议

发包人要求甩项竣工的,合同当事人应签订甩项竣工协议。在甩项竣工协议中应明确,合同当事人按照第14.1款〔竣工结算申请〕及14.2款〔竣工结算审核〕的约定,对已完合格工程进行结算,并支付相应合同价款。

14.4 最终结清

14.4.1 最终结清申请单

(1)除专用合同条款另有约定外,承包人应在缺陷责任期终止证书颁发后7天内,按专用合同条款约定的份数向发包人提交最终结清申请单,并提供相关证明材料。

除专用合同条款另有约定外,最终结清申请单应列明质量保证金、应扣除的质量保证金、缺陷责任期内发生的增减费用。

(2)发包人对最终结清申请单内容有异议的,有权要求承包人进行修正和提供补充资料,承包人应向发包人提交修正后的最终结清申请单。

14.4.2 最终结清证书和支付

(1)除专用合同条款另有约定外,发包人应在收到承包人提交的最终结清申请单后14天内完成审批并向承包人颁发最终结清证书。发包人逾期未完成审批,又未提出修改意见的,视为发包人同意承包人提交的最终结清申请单,且自发包人收到承包人提交的最终结清申请单后15天起视为已颁发最终结清证书。

(2)除专用合同条款另有约定外,发包人应在颁发最终结清证书后7天内完成支付。发包人逾期支付的,按照中国人民银行发布的同期同类贷款基准利率支付违约金;逾期支付超过56天的,按照中国人民银行发布的同期同类贷款基准利率的两倍支付违约金。

(3)承包人对发包人颁发的最终结清证书有异议的,按第20条〔争议解决〕的约定办理。

15. 缺陷责任与保修

15.1 工程保修的原则

在工程移交发包人后,因承包人原因产生的质量缺陷,承包人应承担质量缺陷责任和保修义务。缺陷责任期届满,承包人仍应按合同约定的工程各部位保修年限承担保修义务。

15.2 缺陷责任期

15.2.1 缺陷责任期从工程通过竣工验收之日起计算,合同当事人应在专用合同条款约定缺陷责任期的具体期限,但该期限最长不超过24个月。

单位工程先于全部工程进行验收,经验收合格并交付使用的,该单位工程缺陷责任期自单位工程验收合格之日起算。因承包人原因导致工程无法按合同约定期限进行竣工验收的,缺陷责任期从实际通过竣工验收之日起计算。因发包人原因导致工程无法按合同约定期限进行竣工验收的,在承包人提交竣工验收报告90天后,工程自动进入缺陷责任期;发包人未经竣工验收擅自使用工程的,缺陷责任期自工程转移占有之日起开始计算。

15.2.2 缺陷责任期内,由承包人原因造成的缺陷,承包人应负责维修,并承担鉴定及维修费用。如承包人不维修也不承担费用,发包人可按合同约定从保证金或银行保函中扣除,费用超出保证金额的,发包人可按合同约定向承包人进行索赔。承包人维修并承担相应费用后,不免除对工程的损失赔偿责任。发包人有权要求承包人延长缺陷责任期,并应在原缺陷责任期届满前发出延长通知。但缺陷责任期(含延长部分)最长不能超过24个月。

由他人原因造成的缺陷,发包人负责组织维修,承包人不承担费用,且发包人不得从保证金中扣除费用。

15.2.3 任何一项缺陷或损坏修复后,经检查证明其影响了工程或工程设备的使用性能,承包人应重新进行合同约定的试验和试运行,试验和试运行的全部费用应由责任方承担。

15.2.4 除专用合同条款另有约定外,承包人应于缺陷责任期届满后7天内向发包人发出缺陷责任期届满通知,发包人应在收到缺陷责任期满通知后14天内核实承包人是否履行缺陷修复义务,承包人未能履行缺陷修复义务的,发包人有权扣除相应金额的维修费用。发包人应在收到缺陷责任期届满通知后14天内,向承包人颁发缺陷责任期终止证书。

15.3 质量保证金

经合同当事人协商一致扣留质量保证金的,应在专用合同条款中予以明确。

在工程项目竣工前,承包人已经提供履约担保的,发包人不得同时预留工程质量保证金。

15.3.1 承包人提供质量保证金的方式

承包人提供质量保证金有以下三种方式:

(1)质量保证金保函;

(2)相应比例的工程款;

(3)双方约定的其他方式。

除专用合同条款另有约定外,质量保证金原则上采用上述第(1)种方式。

15.3.2 质量保证金的扣留

质量保证金的扣留有以下三种方式:

(1)在支付工程进度款时逐次扣留,在此情形下,质量保证金的计算基数不包括预付款的支付、扣回以及价格调整的金额;

(2)工程竣工结算时一次性扣留质量保证金;

(3)双方约定的其他扣留方式。

除专用合同条款另有约定外,质量保证金的扣留原则上采用上述第(1)种方式。

发包人累计扣留的质量保证金不得超过工程价款结算总额的3%。如承包人在发包人签发竣工付款证书后28天内提交质量保证金保函,发包人应同时退还扣留的作为质量保证金的工程价款;保函金额不得超过工程价款结算总额的3%。

发包人在退还质量保证金的同时按照中国人民银行发布的同期同类贷款基准利率支付利息。

15.3.3 质量保证金的退还

缺陷责任期内,承包人认真履行合同约定的责任,到期后,承包人可向发包人申请返还保证金。

发包人在接到承包人返还保证金申请后,应于14天内会同承包人按照合同约定的内容进行核实。如无异议,发包人应当按照约定将保证金返还给承包人。对返还期限没有约定或者约定不明确的,发包人应当在核实后14天内将保证金返还承包人,逾期未返还的,依法承担违约责任。发包人在接到承包人返还保证金申请后14天内不予答复,经催告后14天内仍不予答复,视同认可承包人的返还保证金申请。

发包人和承包人对保证金预留、返还以及工程维修质量、费用有争议的,按本合同第20条约定的争议和纠纷解决程序处理。

15.4 保修

15.4.1 保修责任

工程保修期从工程竣工验收合格之日起算,具体分部分项工程的保修期由合同当事人在专用合同条款中约定,但不得低于法定最低保修年限。在工程保修期内,承包人应当根据有关法律规定以及合同约定承担保修责任。

发包人未经竣工验收擅自使用工程的,保修期自转移占有之日起算。

15.4.2 修复费用

保修期内,修复的费用按照以下约定处理:

(1)保修期内,因承包人原因造成工程的缺陷、损坏,承包人应负责修复,并承担修复的费用以及因工程的缺陷、损坏造成的人身伤害和财产损失;

(2)保修期内,因发包人使用不当造成工程的缺陷、损坏,可以委托承包人修复,但发包人应承担修复的费用,并支付承包人合理利润;

(3)因其他原因造成工程的缺陷、损坏,可以委托承包人修复,发包人应承担修复的费用,并支付承包人合理的利润,因工程的缺陷、损坏造成的人身伤害和财产损失由责任方承担。

15.4.3 修复通知

在保修期内,发包人在使用过程中,发现已接收的工程存在缺陷或损坏的,应书面通知承包人予以修复,但情况紧急必须立即修复缺陷或损坏的,发包人可以口头通知承包人并在口头通知后48小时内书面确认,承包人应在专用合同条款约定的合理期限内到达工程现场并修复缺陷或损坏。

15.4.4 未能修复

因承包人原因造成工程的缺陷或损坏,承包人拒绝维修或未能在合理期限内修复缺陷或损坏,且经发包人书面催告后仍未修复的,发包人有权自行修复或委托第三方修复,所需费用由承包人承担。但修复范围超出缺陷或损坏范围的,超出范围部分的修复费用由发包人承担。

15.4.5 承包人出入权

在保修期内,为了修复缺陷或损坏,承包人有权出入工程现场,除情况紧急必须立即修复缺陷或损坏外,承包人应提前24小时通知发包人进场修复的时间。承包人进入工程现场前应获得发包人同意,且不应影响发包人正常的生产经营,并应遵守发包人有关保安和保密等规定。

16. 违约

16.1 发包人违约

16.1.1 发包人违约的情形

在合同履行过程中发生的下列情形,属于发包人违约:

(1)因发包人原因未能在计划开工日期前7天内下达开工通知的;

(2)因发包人原因未能按合同约定支付合同价款的;

(3)发包人违反第10.1款〔变更的范围〕第(2)项约定,自行实施被取消的工作或转由他人实施的;

(4)发包人提供的材料、工程设备的规格、数量或质量不符合合同约定,或因发包人原因导致交货日期延误或交货地点变更等情况的;

(5)因发包人违反合同约定造成暂停施工的;

(6)发包人无正当理由没有在约定期限内发出复工指示,导致承包人无法复工的;

(7)发包人明确表示或者以其行为表明不履行合同主要义务的;

(8)发包人未能按照合同约定履行其他义务的。

发包人发生除本项第(7)目以外的违约情况时,承包人可向发包人发出通知,要求发包人采取有效措施纠正违约行为。发包人收到承包人通知后28天内仍不纠正违约行为的,承包人有权暂停相应部位工程施工,并通知监理人。

16.1.2 发包人违约的责任

发包人应承担因其违约给承包人增加的费用和(或)延

误的工期，并支付承包人合理的利润。此外，合同当事人可在专用合同条款中另行约定发包人违约责任的承担方式和计算方法。

16.1.3 因发包人违约解除合同

除专用合同条款另有约定外，承包人按第16.1.1项〔发包人违约的情形〕约定暂停施工满28天后，发包人仍不纠正其违约行为并致使合同目的不能实现的，或出现第16.1.1项〔发包人违约的情形〕第(7)目约定的违约情况，承包人有权解除合同，发包人应承担由此增加的费用，并支付承包人合理的利润。

16.1.4 因发包人违约解除合同后的付款

承包人按照本款约定解除合同的，发包人应在解除合同后28天内支付下列款项，并解除履约担保：

(1)合同解除前所完成工作的价款；

(2)承包人为工程施工订购并已付款的材料、工程设备和其他物品的价款；

(3)承包人撤离施工现场以及遣散承包人人员的款项；

(4)按照合同约定在合同解除前应支付的违约金；

(5)按照合同约定应当支付给承包人的其他款项；

(6)按照合同约定应退还的质量保证金；

(7)因解除合同给承包人造成的损失。

合同当事人未能就解除合同后的结清达成一致的，按照第20条〔争议解决〕的约定处理。

承包人应妥善做好已完工程和与工程有关的已购材料、工程设备的保护和移交工作，并将施工设备和人员撤出施工现场，发包人应为承包人撤出提供必要条件。

16.2 承包人违约

16.2.1 承包人违约的情形

在合同履行过程中发生的下列情形，属于承包人违约：

(1)承包人违反合同约定进行转包或违法分包的；

(2)承包人违反合同约定采购和使用不合格的材料和工程设备的；

(3)因承包人原因导致工程质量不符合合同要求的；

(4)承包人违反第8.9款〔材料与设备专用要求〕的约定，未经批准，私自将已按照合同约定进入施工现场的材料或设备撤离施工现场的；

(5)承包人未能按施工进度计划及时完成合同约定的工作，造成工期延误的；

(6)承包人在缺陷责任期及保修期内，未能在合理期限对工程缺陷进行修复，或拒绝按发包人要求进行修复的；

(7)承包人明确表示或者以其行为表明不履行合同主要义务的；

(8)承包人未能按照合同约定履行其他义务的。

承包人发生除本项第(7)目约定以外的其他违约情况时，监理人可向承包人发出整改通知，要求其在指定的期限内改正。

16.2.2 承包人违约的责任

承包人应承担因其违约行为而增加的费用和(或)延误的工期。此外，合同当事人可在专用合同条款中另行约定承包人违约责任的承担方式和计算方法。

16.2.3 因承包人违约解除合同

除专用合同条款另有约定外，出现第16.2.1项〔承包人违约的情形〕第(7)目约定的违约情况时，或监理人发出整改通知后，承包人在指定的合理期限内仍不纠正违约行为并致使合同目的不能实现的，发包人有权解除合同。合同解除后，因继续完成工程的需要，发包人有权使用承包人在施工现场的材料、设备、临时工程、承包人文件和由承包人或以其名义编制的其他文件，合同当事人应在专用合同条款约定相应费用的承担方式。发包人继续使用的行为不免除或减轻承包人应承担的违约责任。

16.2.4 因承包人违约解除合同后的处理

因承包人原因导致合同解除的，则合同当事人应在合同解除后28天内完成估价、付款和清算，并按以下约定执行：

(1)合同解除后，按第4.4款〔商定或确定〕商定或确定承包人实际完成工作对应的合同价款，以及承包人已提供的材料、工程设备、施工设备和临时工程等的价值；

(2)合同解除后，承包人应支付的违约金；

(3)合同解除后，因解除合同给发包人造成的损失；

(4)合同解除后，承包人应按照发包人要求和监理人的指示完成现场的清理和撤离；

(5)发包人和承包人应在合同解除后进行清算，出具最终结清付款证书，结清全部款项。

因承包人违约解除合同的，发包人有权暂停对承包人的付款，查清各项付款和已扣款项。发包人和承包人未能就合同解除后的清算和款项支付达成一致的，按照第20条〔争议解决〕的约定处理。

16.2.5 采购合同权益转让

因承包人违约解除合同的，发包人有权要求承包人将其为实施合同而签订的材料和设备的采购合同的权益转让给发包人，承包人应在收到解除合同通知后14天内，协助发包人与采购合同的供应商达成相关的转让协议。

16.3 第三人造成的违约

在履行合同过程中，一方当事人因第三人的原因造成违约的，应当向对方当事人承担违约责任。一方当事人和第三人之间的纠纷，依照法律规定或者按照约定解决。

17. 不可抗力

17.1 不可抗力的确认

不可抗力是指合同当事人在签订合同时不可预见，在合同履行过程中不可避免且不能克服的自然灾害和社会性突发事件，如地震、海啸、瘟疫、骚乱、戒严、暴动、战争和专用合同条款中约定的其他情形。

不可抗力发生后，发包人和承包人应收集证明不可抗力发生及不可抗力造成损失的证据，并及时认真统计所造成的损失。合同当事人对是否属于不可抗力或其损失的意见不一致的，由监理人按第4.4款〔商定或确定〕的约定处理。发生争议时，按第20条〔争议解决〕的约定处理。

17.2 不可抗力的通知

合同一方当事人遇到不可抗力事件，使其履行合同义务受到阻碍时，应立即通知合同另一方当事人和监理人，书面说明不可抗力和受阻碍的详细情况，并提供必要的证明。

不可抗力持续发生的，合同一方当事人应及时向合同另一方当事人和监理人提交中间报告，说明不可抗力和履行合同受阻的情况，并于不可抗力事件结束后28天内提交最终报告及有关资料。

17.3 不可抗力后果的承担

17.3.1 不可抗力引起的后果及造成的损失由合同当事人按照法律规定及合同约定各自承担。不可抗力发生前已完成的工程应当按照合同约定进行计量支付。

17.3.2 不可抗力导致的人员伤亡、财产损失、费用增加和（或）工期延误等后果，由合同当事人按以下原则承担：

（1）永久工程、已运至施工现场的材料和工程设备的损坏，以及因工程损坏造成的第三人人员伤亡和财产损失由发包人承担；

（2）承包人施工设备的损坏由承包人承担；

（3）发包人和承包人承担各自人员伤亡和财产的损失；

（4）因不可抗力影响承包人履行合同约定的义务，已经引起或将引起工期延误的，应当顺延工期，由此导致承包人停工的费用损失由发包人和承包人合理分担，停工期间必须支付的工人工资由发包人承担；

（5）因不可抗力引起或将引起工期延误，发包人要求赶工的，由此增加的赶工费用由发包人承担；

（6）承包人在停工期间按照发包人要求照管、清理和修复工程的费用由发包人承担。

不可抗力发生后，合同当事人均应采取措施尽量避免和减少损失的扩大，任何一方当事人没有采取有效措施导致损失扩大的，应对扩大的损失承担责任。

因合同一方迟延履行合同义务，在迟延履行期间遭遇不可抗力的，不免除其违约责任。

17.4 因不可抗力解除合同

因不可抗力导致合同无法履行连续超过84天或累计超过140天的，发包人和承包人均有权解除合同。合同解除后，由双方当事人按照第4.4款〔商定或确定〕商定或确定发包人应支付的款项，该款项包括：

（1）合同解除前承包人已完成工作的价款；

（2）承包人为工程订购的并已交付给承包人，或承包人有责任接受交付的材料、工程设备和其他物品的价款；

（3）发包人要求承包人退货或解除订货合同而产生的费用，或因不能退货或解除合同而产生的损失；

（4）承包人撤离施工现场以及遣散承包人人员的费用；

（5）按照合同约定在合同解除前应支付给承包人的其他款项；

（6）扣减承包人按照合同约定应向发包人支付的款项；

（7）双方商定或确定的其他款项。

除专用合同条款另有约定外，合同解除后，发包人应在商定或确定上述款项后28天内完成上述款项的支付。

18. 保险

18.1 工程保险

除专用合同条款另有约定外，发包人应投保建筑工程一切险或安装工程一切险；发包人委托承包人投保的，因投保产生的保险费和其他相关费用由发包人承担。

18.2 工伤保险

18.2.1 发包人应依照法律规定参加工伤保险，并为在施工现场的全部员工办理工伤保险，缴纳工伤保险费，并要求监理人及由发包人为履行合同聘请的第三方依法参加工伤保险。

18.2.2 承包人应依照法律规定参加工伤保险，并为其履行合同的全部员工办理工伤保险，缴纳工伤保险费，并要求分包人及由承包人为履行合同聘请的第三方依法参加工伤保险。

18.3 其他保险

发包人和承包人可以为其施工现场的全部人员办理意外伤害保险并支付保险费，包括其员工及为履行合同聘请的第三方的人员，具体事项由合同当事人在专用合同条款约定。

除专用合同条款另有约定外，承包人应为其施工设备等办理财产保险。

18.4 持续保险

合同当事人应与保险人保持联系，使保险人能够随时了解工程实施中的变动，并确保按保险合同条款要求持续保险。

18.5 保险凭证

合同当事人应及时向另一方当事人提交其已投保的各项保险的凭证和保险单复印件。

18.6 未按约定投保的补救

18.6.1 发包人未按合同约定办理保险，或未能使保险持续有效的，则承包人可代为办理，所需费用由发包人承担。发包人未按合同约定办理保险，导致未能得到足额赔偿的，由发包人负责补足。

18.6.2 承包人未按合同约定办理保险，或未能使保险持续有效的，则发包人可代为办理，所需费用由承包人承担。承包人未按合同约定办理保险，导致未能得到足额赔偿的，由承包人负责补足。

18.7 通知义务

除专用合同条款另有约定外，发包人变更除工伤保险之外的保险合同时，应事先征得承包人同意，并通知监理人；承包人变更除工伤保险之外的保险合同时，应事先征得发包人同意，并通知监理人。

保险事故发生时，投保人应按照保险合同规定的条件和期限及时向保险人报告。发包人和承包人应当在知道保险事故发生后及时通知对方。

19. 索赔

19.1 承包人的索赔

根据合同约定，承包人认为有权得到追加付款和(或)延长工期的，应按以下程序向发包人提出索赔：

(1)承包人应在知道或应当知道索赔事件发生后28天内，向监理人递交索赔意向通知书，并说明发生索赔事件的事由；承包人未在前述28天内发出索赔意向通知书的，丧失要求追加付款和(或)延长工期的权利；

(2)承包人应在发出索赔意向通知书后28天内，向监理人正式递交索赔报告；索赔报告应详细说明索赔理由以及要求追加的付款金额和(或)延长的工期，并附必要的记录和证明材料；

(3)索赔事件具有持续影响的，承包人应按合理时间间隔继续递交延续索赔通知，说明持续影响的实际情况和记录，列出累计的追加付款金额和(或)工期延长天数；

(4)在索赔事件影响结束后28天内，承包人应向监理人递交最终索赔报告，说明最终要求索赔的追加付款金额和(或)延长的工期，并附必要的记录和证明材料。

19.2 对承包人索赔的处理

对承包人索赔的处理如下：

(1)监理人应在收到索赔报告后14天内完成审查并报送发包人。监理人对索赔报告存在异议的，有权要求承包人提交全部原始记录副本；

(2)发包人应在监理人收到索赔报告或有关索赔的进一步证明材料后的28天内，由监理人向承包人出具经发包人签认的索赔处理结果。发包人逾期答复的，则视为认可承包人的索赔要求；

(3)承包人接受索赔处理结果的，索赔款项在当期进度款中进行支付；承包人不接受索赔处理结果的，按照第20条〔争议解决〕约定处理。

19.3 发包人的索赔

根据合同约定，发包人认为有权得到赔付金额和(或)延长缺陷责任期的，监理人应向承包人发出通知并附有详细的证明。

发包人应在知道或应当知道索赔事件发生后28天内通过监理人向承包人提出索赔意向通知书，发包人未在前述28天内发出索赔意向通知书的，丧失要求赔付金额和(或)延长缺陷责任期的权利。发包人应在发出索赔意向通知书后28天内，通过监理人向承包人正式递交索赔报告。

19.4 对发包人索赔的处理

对发包人索赔的处理如下：

(1)承包人收到发包人提交的索赔报告后，应及时审查索赔报告的内容、查验发包人证明材料；

(2)承包人应在收到索赔报告或有关索赔的进一步证明材料后28天内，将索赔处理结果答复发包人。如果承包人未在上述期限内作出答复的，则视为对发包人索赔要求的认可；

(3)承包人接受索赔处理结果的，发包人可从应支付给承包人的合同价款中扣除赔付的金额或延长缺陷责任期；发包人不接受索赔处理结果的，按第20条〔争议解决〕约定处理。

19.5 提出索赔的期限

(1)承包人按第14.2款〔竣工结算审核〕约定接收竣工付款证书后，应被视为已无权再提出在工程接收证书颁发前所发生的任何索赔。

(2)承包人按第14.4款〔最终结清〕提交的最终结清申请单中，只限于提出工程接收证书颁发后发生的索赔。提出索赔的期限自接受最终结清证书时终止。

20. 争议解决

20.1 和解

合同当事人可以就争议自行和解，自行和解达成协议的经双方签字并盖章后作为合同补充文件，双方均应遵照执行。

20.2 调解

合同当事人可以就争议请求建设行政主管部门、行业协会或其他第三方进行调解，调解达成协议的，经双方签字并盖章后作为合同补充文件，双方均应遵照执行。

20.3 争议评审

合同当事人在专用合同条款中约定采取争议评审方式解决争议以及评审规则，并按下列约定执行：

20.3.1 争议评审小组的确定

合同当事人可以共同选择一名或三名争议评审员，组成争议评审小组。除专用合同条款另有约定外，合同当事人应当自合同签订后28天内，或者争议发生后14天内，选定争议评审员。

选择一名争议评审员的，由合同当事人共同确定；选择三名争议评审员的，各自选定一名，第三名成员为首席争议评审员，由合同当事人共同确定或由合同当事人委托已选定的争议评审员共同确定，或由专用合同条款约定的评审机构指定第三名首席争议评审员。

除专用合同条款另有约定外，评审员报酬由发包人和承包人各承担一半。

20.3.2 争议评审小组的决定

合同当事人可在任何时间将与合同有关的任何争议共同提请争议评审小组进行评审。争议评审小组应秉持客观、公正原则，充分听取合同当事人的意见，依据相关法律、规范、标准、案例经验及商业惯例等,自收到争议评审申请报告后14天内作出书面决定,并说明理由。合同当事人可以在专用合同条款中对本项事项另行约定。

20.3.3 争议评审小组决定的效力

争议评审小组作出的书面决定经合同当事人签字确认后,对双方具有约束力,双方应遵照执行。

任何一方当事人不接受争议评审小组决定或不履行争议评审小组决定的,双方可选择采用其他争议解决方式。

20.4 仲裁或诉讼

因合同及合同有关事项产生的争议,合同当事人可以在专用合同条款中约定以下一种方式解决争议:

(1)向约定的仲裁委员会申请仲裁;

(2)向有管辖权的人民法院起诉。

20.5 争议解决条款效力

合同有关争议解决的条款独立存在,合同的变更、解除、终止、无效或者被撤销均不影响其效力。

第三部分 专用合同条款

1. 一般约定

1.1 词语定义

1.1.1 合同

1.1.1.10 其他合同文件包括:____

____

____。

1.1.2 合同当事人及其他相关方

1.1.2.4 监理人:

名　　称:____;

资质类别和等级:____;

联系电话:____;

电子信箱:____;

通信地址:____。

1.1.2.5 设计人:

名　　称:____;

资质类别和等级:____;

联系电话:____;

电子信箱:____;

通信地址:____。

1.1.3 工程和设备

1.1.3.7 作为施工现场组成部分的其他场所包括:_____________________

____。

1.1.3.9 永久占地包括:____。

1.1.3.10 临时占地包括:____。

1.3 法律

适用于合同的其他规范性文件:_____________________________________

____。

1.4 标准和规范

1.4.1 适用于工程的标准规范包括:___________________________________

____。

1.4.2 发包人提供国外标准、规范的名称:_____________________________

____;

发包人提供国外标准、规范的份数:_________________________________;

发包人提供国外标准、规范的名称:_________________________________。

1.4.3 发包人对工程的技术标准和功能要求的特殊要求：______________________________

______________________________。

1.5 合同文件的优先顺序

合同文件组成及优先顺序为：______________________________

____

______________________________。

1.6 图纸和承包人文件

1.6.1 图纸的提供

发包人向承包人提供图纸的期限：______________________________；

发包人向承包人提供图纸的数量：______________________________；

发包人向承包人提供图纸的内容：______________________________。

1.6.4 承包人文件

需要由承包人提供的文件，包括：______________________________

______________________________；

承包人提供的文件的期限为：______________________________；

承包人提供的文件的数量为：______________________________；

承包人提供的文件的形式为：______________________________；

发包人审批承包人文件的期限：______________________________。

1.6.5 现场图纸准备

关于现场图纸准备的约定：______________________________。

1.7 联络

1.7.1 发包人和承包人应当在____天内将与合同有关的通知、批准、证明、证书、指示、指令、要求、请求、同意、意见、确定和决定等书面函件送达对方当事人。

1.7.2 发包人接收文件的地点：______________________________；

发包人指定的接收人为：______________________________。

承包人接收文件的地点：______________________________；

承包人指定的接收人为：______________________________。

监理人接收文件的地点：______________________________；

监理人指定的接收人为：______________________________。

1.10 交通运输

1.10.1 出入现场的权利

关于出入现场的权利的约定：______________________________

______________________________。

1.10.3 场内交通

关于场外交通和场内交通的边界的约定：______________________________

______________________________。

关于发包人向承包人免费提供满足工程施工需要的场内道路和交通设施的约定：______________________________

______________________________。

1.10.4 超大件和超重件的运输

运输超大件或超重件所需的道路和桥梁临时加固改造费用和其他有关费用由______________承担。

1.11 知识产权

1.11.1 关于发包人提供给承包人的图纸、发包人为实施工程自行编制或委托编制的技术规范以及反映发包人关于合同要求或其他类似性质的文件的著作权的归属：______________________________

______________________________。

关于发包人提供的上述文件的使用限制的要求：____。

1.11.2 关于承包人为实施工程所编制文件的著作权的归属：____。

关于承包人提供的上述文件的使用限制的要求：____。

1.11.4 承包人在施工过程中所采用的专利、专有技术、技术秘密的使用费的承担方式：________。

1.13 工程量清单错误的修正

出现工程量清单错误时，是否调整合同价格：________________________。

允许调整合同价格的工程量偏差范围：____。

2. **发包人**

2.2 发包人代表

发包人代表：

姓　　名：________________________________；

身份证号：________________________________；

职　　务：________________________________；

联系电话：________________________________；

电子信箱：________________________________；

通信地址：________________________________。

发包人对发包人代表的授权范围如下：____。

2.4 施工现场、施工条件和基础资料的提供

2.4.1 提供施工现场

关于发包人移交施工现场的期限要求：____。

2.4.2 提供施工条件

关于发包人应负责提供施工所需要的条件，包括：____。

2.5 资金来源证明及支付担保

发包人提供资金来源证明的期限要求：________________________。

发包人是否提供支付担保：________________________。

发包人提供支付担保的形式：________________________。

3. **承包人**

3.1 承包人的一般义务

(9)承包人提交的竣工资料的内容：____。

承包人需要提交的竣工资料套数：________________________。

承包人提交的竣工资料的费用承担：________________________。

承包人提交的竣工资料移交时间：________________________。

承包人提交的竣工资料形式要求：________________________。

(10)承包人应履行的其他义务：____。

3.2 项目经理

3.2.1 项目经理：

姓　　名：________________________________；
身份证号：________________________________；
建造师执业资格等级：________________________________；
建造师注册证书号：________________________________；
建造师执业印章号：________________________________；
安全生产考核合格证书号：________________________________；
联系电话：________________________________；
电子信箱：________________________________；
通信地址：________________________________；
承包人对项目经理的授权范围如下：________________________________
________________________________。
关于项目经理每月在施工现场的时间要求：________________________________
________________________________。
承包人未提交劳动合同，以及没有为项目经理缴纳社会保险证明的违约责任：________________________________
________________________________。
项目经理未经批准，擅自离开施工现场的违约责任：________________________________
________________________________。
3.2.3 承包人擅自更换项目经理的违约责任：________________________________
________________________________。
3.2.4 承包人无正当理由拒绝更换项目经理的违约责任：________________________________
________________________________。
3.3 承包人人员
3.3.1 承包人提交项目管理机构及施工现场管理人员安排报告的期限：________________________________
________________________________。
3.3.3 承包人无正当理由拒绝撤换主要施工管理人员的违约责任：________________________________
________________________________。
3.3.4 承包人主要施工管理人员离开施工现场的批准要求：________________________________
________________________________。
3.3.5 承包人擅自更换主要施工管理人员的违约责任：________________________________
________________________________。
承包人主要施工管理人员擅自离开施工现场的违约责任：________________________________
________________________________。
3.5 分包
3.5.1 分包的一般约定
禁止分包的工程包括：________________________________。
主体结构、关键性工作的范围：________________________________
________________________________。
3.5.2 分包的确定
允许分包的专业工程包括：________________________________。
其他关于分包的约定：________________________________
________________________________。
3.5.4 分包合同价款
关于分包合同价款支付的约定：________________________________。
3.6 工程照管与成品、半成品保护
承包人负责照管工程及工程相关的材料、工程设备的起始时间：________________________________。

3.7 履约担保

承包人是否提供履约担保:____。

承包人提供履约担保的形式、金额及期限的:____

____。

4. 监理人

4.1 监理人的一般规定

关于监理人的监理内容:____。

关于监理人的监理权限:____。

关于监理人在施工现场的办公场所、生活场所的提供和费用承担的约定:____

____。

4.2 监理人员

总监理工程师:

姓　　名:____;

职　　务:____;

监理工程师执业资格证书号:____;

联系电话:____;

电子信箱:____;

通信地址:____;

关于监理人的其他约定:____。

4.4 商定或确定

在发包人和承包人不能通过协商达成一致意见时,发包人授权监理人对以下事项进行确定:

(1)____;

(2)____;

(3)____。

5. 工程质量

5.1 质量要求

5.1.1 特殊质量标准和要求:____

____。

关于工程奖项的约定:____

____。

5.3 隐蔽工程检查

5.3.2 承包人提前通知监理人隐蔽工程检查的期限的约定:____

____。

监理人不能按时进行检查时,应提前______小时提交书面延期要求。

关于延期最长不得超过:________小时。

6. 安全文明施工与环境保护

6.1 安全文明施工

6.1.1 项目安全生产的达标目标及相应事项的约定:____

____。

6.1.4 关于治安保卫的特别约定:____

____。

关于编制施工场地治安管理计划的约定:____

____。

6.1.5 文明施工

合同当事人对文明施工的要求:____

____。

6.1.6 关于安全文明施工费支付比例和支付期限的约定：____。

7. 工期和进度

7.1 施工组织设计

7.1.1 合同当事人约定的施工组织设计应包括的其他内容：____。

7.1.2 施工组织设计的提交和修改

承包人提交详细施工组织设计的期限的约定：____。

发包人和监理人在收到详细的施工组织设计后确认或提出修改意见的期限：______________。

7.2 施工进度计划

7.2.2 施工进度计划的修订

发包人和监理人在收到修订的施工进度计划后确认或提出修改意见的期限：______________。

7.3 开工

7.3.1 开工准备

关于承包人提交工程开工报审表的期限：______________________________。

关于发包人应完成的其他开工准备工作及期限：____。

关于承包人应完成的其他开工准备工作及期限：____。

7.3.2 开工通知

因发包人原因造成监理人未能在计划开工日期之日起____天内发出开工通知的，承包人有权提出价格调整要求，或者解除合同。

7.4 测量放线

7.4.1 发包人通过监理人向承包人提供测量基准点、基准线和水准点及其书面资料的期限：__________。

7.5 工期延误

7.5.1 因发包人原因导致工期延误

(7)因发包人原因导致工期延误的其他情形：____。

7.5.2 因承包人原因导致工期延误

因承包人原因造成工期延误，逾期竣工违约金的计算方法为：____。

因承包人原因造成工期延误，逾期竣工违约金的上限：____。

7.6 不利物质条件

不利物质条件的其他情形和有关约定：____。

7.7 异常恶劣的气候条件

发包人和承包人同意以下情形视为异常恶劣的气候条件：

(1)____；

(2)____；

(3)____。

7.9 提前竣工的奖励

7.9.2 提前竣工的奖励：____。

8. 材料与设备

8.4 材料与工程设备的保管与使用

8.4.1 发包人供应的材料设备的保管费用的承担:____。

8.6 样品

8.6.1 样品的报送与封存

需要承包人报送样品的材料或工程设备,样品的种类、名称、规格、数量要求:____。

8.8 施工设备和临时设施

8.8.1 承包人提供的施工设备和临时设施

关于修建临时设施费用承担的约定:____。

9. 试验与检验

9.1 试验设备与试验人员

9.1.2 试验设备

施工现场需要配置的试验场所:____。

施工现场需要配备的试验设备:____。

施工现场需要具备的其他试验条件:____。

9.4 现场工艺试验

现场工艺试验的有关约定:____。

10. 变更

10.1 变更的范围

关于变更的范围的约定:____。

10.4 变更估价

10.4.1 变更估价原则

关于变更估价的约定:____。

10.5 承包人的合理化建议

监理人审查承包人合理化建议的期限:______________________________。

发包人审批承包人合理化建议的期限:______________________________。

承包人提出的合理化建议降低了合同价格或者提高了工程经济效益的奖励的方法和金额为:____。

10.7 暂估价

暂估价材料和工程设备的明细详见附件11:《暂估价一览表》。

10.7.1 依法必须招标的暂估价项目

对于依法必须招标的暂估价项目的确认和批准采取第____种方式确定。

10.7.2 不属于依法必须招标的暂估价项目

对于不属于依法必须招标的暂估价项目的确认和批准采取第____种方式确定。

第3种方式:承包人直接实施的暂估价项目

承包人直接实施的暂估价项目的约定:____

____。

10.8 暂列金额

合同当事人关于暂列金额使用的约定：____

____。

11. 价格调整

11.1 市场价格波动引起的调整

市场价格波动是否调整合同价格的约定：____。

因市场价格波动调整合同价格，采用以下第____种方式对合同价格进行调整：

第1种方式：采用价格指数进行价格调整。

关于各可调因子、定值和变值权重，以及基本价格指数及其来源的约定：________________________

第2种方式：采用造价信息进行价格调整。

(2)关于基准价格的约定：____。

专用合同条款①承包人在已标价工程量清单或预算书中载明的材料单价低于基准价格的：专用合同条款合同履行期间材料单价涨幅以基准价格为基础超过____%时，或材料单价跌幅以已标价工程量清单或预算书中载明材料单价为基础超过____%时，其超过部分据实调整。

②承包人在已标价工程量清单或预算书中载明的材料单价高于基准价格的：专用合同条款合同履行期间材料单价跌幅以基准价格为基础超过____%时，材料单价涨幅以已标价工程量清单或预算书中载明材料单价为基础超过____%时，其超过部分据实调整。

③承包人在已标价工程量清单或预算书中载明的材料单价等于基准单价的：专用合同条款合同履行期间材料单价涨跌幅以基准单价为基础超过±____%时，其超过部分据实调整。

第3种方式：其他价格调整方式：____

____。

12. 合同价格、计量与支付

12.1 合同价格形式

1. 单价合同。

综合单价包含的风险范围：____

____。

风险费用的计算方法：____

____。

风险范围以外合同价格的调整方法：____

____。

2. 总价合同。

总价包含的风险范围：____

____。

风险费用的计算方法：____

____。

风险范围以外合同价格的调整方法：____

____。

3. 其他价格方式：____

____。

12.2 预付款

12.2.1 预付款的支付

预付款支付比例或金额：____。

预付款支付期限：____。

预付款扣回的方式：____。

12.2.2 预付款担保

承包人提交预付款担保的期限：____________________。

预付款担保的形式为：____________________。

12.3 计量

12.3.1 计量原则

工程量计算规则：____________________。

12.3.2 计量周期

关于计量周期的约定：____________________。

12.3.3 单价合同的计量

关于单价合同计量的约定：____________________。

12.3.4 总价合同的计量

关于总价合同计量的约定：____________________。

12.3.5 总价合同采用支付分解表计量支付的，是否适用第12.3.4项〔总价合同的计量〕约定进行计量：__________。

12.3.6 其他价格形式合同的计量

其他价格形式的计量方式和程序：____________________
____________________。

12.4 工程进度款支付

12.4.1 付款周期

关于付款周期的约定：____________________。

12.4.2 进度付款申请单的编制

关于进度付款申请单编制的约定：____________________
____________________。

12.4.3 进度付款申请单的提交

(1)单价合同进度付款申请单提交的约定：____________________。

(2)总价合同进度付款申请单提交的约定：____________________。

(3)其他价格形式合同进度付款申请单提交的约定：____________________
____________________。

12.4.4 进度款审核和支付

(1)监理人审查并报送发包人的期限：____________________。

发包人完成审批并签发进度款支付证书的期限：____________________
____________________。

(2)发包人支付进度款的期限：____________________。

发包人逾期支付进度款的违约金的计算方式：____________________
____________________。

12.4.6 支付分解表的编制

2. 总价合同支付分解表的编制与审批：____________________
____________________。

3. 单价合同的总价项目支付分解表的编制与审批：____________________
____________________。

13. 验收和工程试车

13.1 分部分项工程验收

13.1.2 监理人不能按时进行验收时，应提前______小时提交书面延期要求。

关于延期最长不得超过：________小时。

13.2 竣工验收

13.2.2 竣工验收程序

关于竣工验收程序的约定：____

____。

发包人不按照本项约定组织竣工验收、颁发工程接收证书的违约金的计算方法：________________

____。

13.2.5 移交、接收全部与部分工程

承包人向发包人移交工程的期限：____。

发包人未按本合同约定接收全部或部分工程的，违约金的计算方法为：________________

____。

承包人未按时移交工程的，违约金的计算方法为：________________________________

____。

13.3 工程试车

13.3.1 试车程序

工程试车内容：____

____。

(1)单机无负荷试车费用由________________________________承担；

(2)无负荷联动试车费用由________________________________承担。

13.3.3 投料试车

关于投料试车相关事项的约定：____

____。

13.6 竣工退场

13.6.1 竣工退场

承包人完成竣工退场的期限：____。

14. 竣工结算

14.1 竣工结算申请

承包人提交竣工结算申请单的期限：____。

竣工结算申请单应包括的内容：____

____。

14.2 竣工结算审核

发包人审批竣工付款申请单的期限：____。

发包人完成竣工付款的期限：____。

关于竣工付款证书异议部分复核的方式和程序：________________________________

____。

14.4 最终结清

14.4.1 最终结清申请单

承包人提交最终结清申请单的份数：____。

承包人提交最终结算申请单的期限：____。

14.4.2 最终结清证书和支付

(1)发包人完成最终结清申请单的审批并颁发最终结清证书的期限：________________

____。

(2)发包人完成支付的期限：____。

15. 缺陷责任期与保修

15.2 缺陷责任期

缺陷责任期的具体期限：____

____。

15.3 质量保证金

关于是否扣留质量保证金的约定:______________________________。在工程项目竣工前,承包人按专用合同条款第3.7条提供履约担保的,发包人不得同时预留工程质量保证金。

15.3.1 承包人提供质量保证金的方式

质量保证金采用以下第______种方式:

(1)质量保证金保函,保证金额为:______________________________;

(2)______%的工程款;

(3)其他方式:______________________________。

15.3.2 质量保证金的扣留

质量保证金的扣留采取以下第______种方式:

(1)在支付工程进度款时逐次扣留,在此情形下,质量保证金的计算基数不包括预付款的支付、扣回以及价格调整的金额;

(2)工程竣工结算时一次性扣留质量保证金;

(3)其他扣留方式:______________________________。

关于质量保证金的补充约定:______________________________
______________________________。

15.4 保修

15.4.1 保修责任

工程保修期为:______________________________
______________________________。

15.4.3 修复通知

承包人收到保修通知并到达工程现场的合理时间:______________________________
______________________________。

16. 违约

16.1 发包人违约

16.1.1 发包人违约的情形

发包人违约的其他情形:______________________________
______________________________。

16.1.2 发包人违约的责任

发包人违约责任的承担方式和计算方法:

(1)因发包人原因未能在计划开工日期前7天内下达开工通知的违约责任:______________________________
______________________________。

(2)因发包人原因未能按合同约定支付合同价款的违约责任:______________________________
______________________________。

(3)发包人违反第10.1款〔变更的范围〕第(2)项约定,自行实施被取消的工作或转由他人实施的违约责任:__________
______________________________。

(4)发包人提供的材料、工程设备的规格、数量或质量不符合合同约定,或因发包人原因导致交货日期延误或交货地点变更等情况的违约责任:______________________________
______________________________。

(5)因发包人违反合同约定造成暂停施工的违约责任:______________________________
______________________________。

(6)发包人无正当理由没有在约定期限内发出复工指示,导致承包人无法复工的违约责任:______________________________
______________________________。

(7)其他:______________________________。

16.1.3 因发包人违约解除合同

承包人按16.1.1项〔发包人违约的情形〕约定暂停施工满____天后发包人仍不纠正其违约行为并致使合同目的不能实

现的,承包人有权解除合同。

16.2 承包人违约

16.2.1 承包人违约的情形

承包人违约的其他情形:____。

16.2.2 承包人违约的责任

承包人违约责任的承担方式和计算方法:____。

16.2.3 因承包人违约解除合同

关于承包人违约解除合同的特别约定:____。

发包人继续使用承包人在施工现场的材料、设备、临时工程、承包人文件和由承包人或以其名义编制的其他文件的费用承担方式:____。

17. **不可抗力**

17.1 不可抗力的确认

除通用合同条款约定的不可抗力事件之外,视为不可抗力的其他情形:____。

17.4 因不可抗力解除合同

合同解除后,发包人应在商定或确定发包人应支付款项后____天内完成款项的支付。

18. **保险**

18.1 工程保险

关于工程保险的特别约定:____。

18.3 其他保险

关于其他保险的约定:____。

承包人是否应为其施工设备等办理财产保险:____。

18.7 通知义务

关于变更保险合同时的通知义务的约定:____。

20. **争议解决**

20.3 争议评审

合同当事人是否同意将工程争议提交争议评审小组决定:____。

20.3.1 争议评审小组的确定

争议评审小组成员的确定:____。

选定争议评审员的期限:____。

争议评审小组成员的报酬承担方式:____。

其他事项的约定:____。

20.3.2 争议评审小组的决定

合同当事人关于本项的约定:____。

20.4 仲裁或诉讼

因合同及合同有关事项发生的争议,按下列第____种方式解决:

(1)向____________________仲裁委员会申请仲裁;

(2)向____________________人民法院起诉。

附件1：

承包人承揽工程项目一览表

单位工程名称	建设规模	建筑面积（平方米）	结构形式	层数	生产能力	设备安装内容	合同价格（元）	开工日期	竣工日期

附件2：

发包人供应材料设备一览表

序号	材料、设备品种	规格型号	单位	数量	单价（元）	质量等级	供应时间	送达地点	备注

附件3：

工程质量保修书

发包人（全称）：________________

承包人（全称）：________________

发包人和承包人根据《中华人民共和国建筑法》和《建设工程质量管理条例》，经协商一致就________（工程全称）签订工程质量保修书。

一、工程质量保修范围和内容

承包人在质量保修期内，按照有关法律规定和合同约定，承担工程质量保修责任。

质量保修范围包括地基基础工程、主体结构工程，屋面防水工程、有防水要求的卫生间、房间和外墙面的防渗漏，供热与供冷系统，电气管线、给排水管道、设备安装和装修工程，以及双方约定的其他项目。具体保修的内容，双方约定如下：

____

____

________________。

二、质量保修期

根据《建设工程质量管理条例》及有关规定，工程的质量保修期如下：

1. 地基基础工程和主体结构工程为设计文件规定的工程合理使用年限；
2. 屋面防水工程、有防水要求的卫生间、房间和外墙面的防渗为________年；
3. 装修工程为________年；
4. 电气管线、给排水管道、设备安装工程为________年；
5. 供热与供冷系统为________个采暖期、供冷期；
6. 住宅小区内的给排水设施、道路等配套工程为________年；
7. 其他项目保修期限约定如下：

____

____

________________。

质量保修期自工程竣工验收合格之日起计算。

三、缺陷责任期

工程缺陷责任期为________个月，缺陷责任期自工程通过竣工验收之日起计算。单位工程先于全部工程进行验收，单位工程缺陷责任期自单位工程验收合格之日起算。

缺陷责任期终止后，发包人应退还剩余的质量保证金。

四、质量保修责任

1. 属于保修范围、内容的项目，承包人应当在接到保修通知之日起7天内派人保修。承包人不在约定期限内派人保修的，发包人可以委托他人修理。

2. 发生紧急事故需抢修的，承包人在接到事故通知后，应当立即到达事故现场抢修。

3. 对于涉及结构安全的质量问题，应当按照《建设工程质量管理条例》的规定，立即向当地建设行政主管部门和有关部门报告，采取安全防范措施，并由原设计人或者具有相应资质等级的设计人提出保修方案，承包人实施保修。

4. 质量保修完成后，由发包人组织验收。

五、保修费用

保修费用由造成质量缺陷的责任方承担。

六、双方约定的其他工程质量保修事项：________________

____

________________。

工程质量保修书由发包人、承包人在工程竣工验收前共同签署，作为施工合同附件，其有效期限至保修期满。

发包人(公章):________________ 承包人(公章):________________
地 址:________________ 地 址:________________
法定代表人(签字):________________ 法定代表人(签字):________________
委托代理人(签字):________________ 委托代理人(签字):________________
电 话:________________ 电 话:________________
传 真:________________ 传 真:________________
开户银行:________________ 开户银行:________________
账 号:________________ 账 号:________________
邮政编码:________________ 邮政编码:________________

附件4:

主要建设工程文件目录

文件名称	套数	费用(元)	质量	移交时间	责任人

附件 5：

承包人用于本工程施工的机械设备表

序号	机械或设备名称	规格型号	数量	产地	制造年份	额定功率(kW)	生产能力	备注

附件 6：

承包人主要施工管理人员表

<table>
<tr><th>名　　称</th><th>姓名</th><th>职务</th><th>职称</th><th>主要资历、经验及承担过的项目</th></tr>
<tr><td colspan="5">一、总部人员</td></tr>
<tr><td>项目主管</td><td></td><td></td><td></td><td></td></tr>
<tr><td></td><td></td><td></td><td></td><td></td></tr>
<tr><td rowspan="3">其他人员</td><td></td><td></td><td></td><td></td></tr>
<tr><td></td><td></td><td></td><td></td></tr>
<tr><td></td><td></td><td></td><td></td></tr>
<tr><td colspan="5">二、现场人员</td></tr>
<tr><td>项目经理</td><td></td><td></td><td></td><td></td></tr>
<tr><td>项目副经理</td><td></td><td></td><td></td><td></td></tr>
<tr><td>技术负责人</td><td></td><td></td><td></td><td></td></tr>
<tr><td>造价管理</td><td></td><td></td><td></td><td></td></tr>
<tr><td>质量管理</td><td></td><td></td><td></td><td></td></tr>
<tr><td>材料管理</td><td></td><td></td><td></td><td></td></tr>
</table>

续表

计划管理				
安全管理				
其他人员				

附件7：

分包人主要施工管理人员表

名　　称	姓名	职务	职称	主要资历、经验及承担过的项目
一、总部人员				
项目主管				
其他人员				
二、现场人员				
项目经理				
项目副经理				
技术负责人				
造价管理				
质量管理				
材料管理				
计划管理				
安全管理				
其他人员				

附件8：

履约担保

__________(发包人名称)：

鉴于________________(发包人名称，以下简称"发包人")与__________________________(承包人名称)(以下称"承包人")于________年____月____日就_________________________(工程名称)施工及有关事项协商一致共同签订《建设工程施工合同》。我方愿意无条件地、不可撤销地就承包人履行与你方签订的合同，向你方提供连带责任担保。

1. 担保金额人民币(大写)________________元(￥____________)。

2. 担保有效期自你方与承包人签订的合同生效之日起至你方签发或应签发工程接收证书之日止。

3. 在本担保有效期内，因承包人违反合同约定的义务给你方造成经济损失时，我方在收到你方以书面形式提出的在担保金额内的赔偿要求后，在7天内无条件支付。

4. 你方和承包人按合同约定变更合同时，我方承担本担保规定的义务不变。

5. 因本保函发生的纠纷，可由双方协商解决，协商不成的，任何一方均可提请________仲裁委员会仲裁。

6. 本保函自我方法定代表人(或其授权代理人)签字并加盖公章之日起生效。

担 保 人：______________________________________(盖单位章)

法定代表人或其委托代理人：________________________________(签字)

地　　址：______________________________________

邮政编码：______________________________________

电　　话：______________________________________

传　　真：______________________________________

________年____月____日

附件9：

预付款担保

__________(发包人名称)：

根据________________(承包人名称)(以下称"承包人")与____________________(发包人名称)(以下简称"发包人")于________年____月____日签订的__________________(工程名称)《建设工程施工合同》，承包人按约定的金额向你方提交一份预付款担保，即有权得到你方支付相等金额的预付款。我方愿意就你方提供给承包人的预付款为承包人提供连带责任担保。

1. 担保金额人民币(大写)________________元(￥____________)。

2. 担保有效期自预付款支付给承包人起生效，至你方签发的进度款支付证书说明已完全扣清止。

3. 在本保函有效期内，因承包人违反合同约定的义务而要求收回预付款时，我方在收到你方的书面通知后，在7天内无条件支付。但本保函的担保金额，在任何时候不应超过预付款金额减去你方按合同约定在向承包人签发的进度款支付证书中扣除的金额。

4. 你方和承包人按合同约定变更合同时，我方承担本保函规定的义务不变。

5. 因本保函发生的纠纷，可由双方协商解决，协商不成的，任何一方均可提请________仲裁委员会仲裁。

6. 本保函自我方法定代表人(或其授权代理人)签字并加盖公章之日起生效。

担保人：______________________________________(盖单位章)

法定代表人或其委托代理人：________________________________(签字)

地　　址：______________________________________

邮政编码：______________________________________

电　　话:________________

传　　真:________________

________年____月____日

附件10:

支付担保

________(承包人):

鉴于你方作为承包人已经与________(发包人名称)(以下称“发包人”)于______年___月___日签订了______(工程名称)《建设工程施工合同》(以下称“主合同”),应发包人的申请,我方愿就发包人履行主合同约定的工程款支付义务以保证的方式向你方提供如下担保:

一、保证的范围及保证金额

1. 我方的保证范围是主合同约定的工程款。

2. 本保函所称主合同约定的工程款是指主合同约定的除工程质量保证金以外的合同价款。

3. 我方保证的金额是主合同约定的工程款的______%,数额最高不超过人民币元(大写:________)。

二、保证的方式及保证期间

1. 我方保证的方式为:连带责任保证。

2. 我方保证的期间为:自本合同生效之日起至主合同约定的工程款支付完毕之日后____日内。

3. 你方与发包人协议变更工程款支付日期的,经我方书面同意后,保证期间按照变更后的支付日期做相应调整。

三、承担保证责任的形式

我方承担保证责任的形式是代为支付。发包人未按主合同约定向你方支付工程款的,由我方在保证金额内代为支付。

四、代偿的安排

1. 你方要求我方承担保证责任的,应向我方发出书面索赔通知及发包人未支付主合同约定工程款的证明材料。索赔通知应写明要求索赔的金额,支付款项应到达的账号。

2. 在出现你方与发包人因工程质量发生争议,发包人拒绝向你方支付工程款的情形时,你方要求我方履行保证责任代为支付的,需提供符合相应条件要求的工程质量检测机构出具的质量说明材料。

3. 我方收到你方的书面索赔通知及相应的证明材料后7天内无条件支付。

五、保证责任的解除

1. 在本保函承诺的保证期间内,你方未书面向我方主张保证责任的,自保证期间届满次日起,我方保证责任解除。

2. 发包人按主合同约定履行了工程款的全部支付义务的,自本保函承诺的保证期间届满次日起,我方保证责任解除。

3. 我方按照本保函向你方履行保证责任所支付金额达到本保函保证金额时,自我方向你方支付(支付款项从我方账户划出)之日起,保证责任即解除。

4. 按照法律法规的规定或出现应解除我方保证责任的其他情形的,我方在本保函项下的保证责任亦解除。

5. 我方解除保证责任后,你方应自我方保证责任解除之日起____个工作日内,将本保函原件返还我方。

六、免责条款

1. 因你方违约致使发包人不能履行义务的,我方不承担保证责任。

2. 依照法律法规的规定或你方与发包人的另行约定,免除发包人部分或全部义务的,我方亦免除其相应的保证责任。

3. 你方与发包人协议变更主合同的,如加重发包人责任致使我方保证责任加重的,需征得我方书面同意,否则我方不再承担因此而加重部分的保证责任,但主合同第10条〔变更〕约定的变更不受本款限制。

4. 因不可抗力造成发包人不能履行义务的,我方不承担保证责任。

七、争议解决

因本保函或本保函相关事项发生的纠纷,可由双方协商解决,协商不成的,按下列第____种方式解决:

(1)向________________仲裁委员会申请仲裁;

(2)向________________人民法院起诉。

八、保函的生效

本保函自我方法定代表人(或其授权代理人)签字并加盖公章之日起生效。

担保人:________________(盖章)

法定代表人或委托代理人:________________(签字)

地　　址:________________

邮政编码:________________

传　　真:________________

________年____月____日

附件11:

11－1:材料暂估价表

序号	名称	单位	数量	单价(元)	合价(元)	备注

11－2：工程设备暂估价表

序号	名称	单位	数量	单价（元）	合价（元）	备注

11 -3:专业工程暂估价表

序号	专业工程名称	工程内容	金额
小计:			

GF—2016—0203

合同编号：____________

建设工程勘察合同[①]

（示范文本）

住房和城乡建设部
国家工商行政管理总局　制定

说　明

为了指导建设工程勘察合同当事人的签约行为，维护合同当事人的合法权益，依据《中华人民共和国合同法》、《中华人民共和国建筑法》、《中华人民共和国招标投标法》等相关法律法规的规定，住房和城乡建设部、国家工商行政管理总局对《建设工程勘察合同（一）［岩土工程勘察、水文地质勘察（含凿井）、工程测量、工程物探］》（GF－2000－0203）及《建设工程勘察合同（二）［岩土工程设计、治理、监测］》（GF－2000－0204）进行修订，制定了《建设工程勘察合同（示范文本）》（以下简称《示范文本》）。

为了便于合同当事人使用《示范文本》，现就有关问题说明如下：

一、《示范文本》的组成

《示范文本》由合同协议书、通用合同条款和专用合同条款三部分组成。

（一）合同协议书

《示范文本》合同协议书共计12条，主要包括工程概况、勘察范围和阶段、技术要求及工作量、合同工期、质量标准、合同价款、合同文件构成、承诺、词语定义、签订时间、签订地点、合同生效和合同份数等内容，集中约定了合同当事人基本的合同权利义务。

（二）通用合同条款

通用合同条款是合同当事人根据《中华人民共和国合同法》、《中华人民共和国建筑法》、《中华人民共和国招标投标法》等相关法律法规的规定，就工程勘察的实施及相关事项对合同当事人的权利义务作出的原则性约定。

通用合同条款具体包括一般约定、发包人、勘察人、工期、成果资料、后期服务、合同价款与支付、变更与调整、知识产权、不可抗力、合同生效与终止、合同解除、责任与保险、违约、索赔、争议解决及补充条款等共计17条。上述条款安排既考虑了现行法律法规对工程建设的有关要求，也考虑了工程勘察管理的特殊需要。

（三）专用合同条款

专用合同条款是对通用合同条款原则性约定的细化、完善、补充、修改或另行约定的条款。合同当事人可以根据不同建设工程的特点及具体情况，通过双方的谈判、协商对相应的专用合同条款进行修改补充。在使用专用合同条款时，应注意以下事项：

1. 专用合同条款编号应与相应的通用合同条款编号一致；

2. 合同当事人可以通过对专用合同条款的修改，满足具体项目工程勘察的特殊要求，避免直接修改通用合同条款；

3. 在专用合同条款中有横道线的地方，合同当事人可针对相应的通用合同条款进行细化、完善、补充、修改或另行约定；如无细化、完善、补充、修改或另行约定，则填写“无”或划“/”。

---

① 本示范文本来源于住房和城乡建设部、国家工商行政管理总局《关于印发建设工程勘察合同示范文本的通知》（2016年9月12日 建市〔2016〕199号）。《关于印发〈建设工程勘察设计合同管理办法〉和〈建设工程勘察合同〉、〈建设工程设计合同〉文本的通知》（建设〔2000〕50号）同时废止。

二、《示范文本》的性质和适用范围

《示范文本》为非强制性使用文本，合同当事人可结合工程具体情况，根据《示范文本》订立合同，并按照法律法规和合同约定履行相应的权利义务，承担相应的法律责任。

《示范文本》适用于岩土工程勘察、岩土工程设计、岩土工程物探/测试/检测/监测、水文地质勘察及工程测量等工程勘察活动，岩土工程设计也可使用《建设工程设计合同示范文本(专业建设工程)》(GF－2015－0210)。

第一部分　合同协议书

发包人(全称)：________________

勘察人(全称)：________________

根据《中华人民共和国合同法》、《中华人民共和国建筑法》、《中华人民共和国招标投标法》等相关法律法规的规定，遵循平等、自愿、公平和诚实信用的原则，双方就________________项目工程勘察有关事项协商一致，达成如下协议。

一、工程概况

1. 工程名称：________________

2. 工程地点：________________

3. 工程规模、特征：________________

____

____

二、勘察范围和阶段、技术要求及工作量

1. 勘察范围和阶段：________________

2. 技术要求：________________

3. 工作量：________________

三、合同工期

1. 开工日期：________________

2. 成果提交日期：________________

3. 合同工期(总日历天数)__________天

四、质量标准

质量标准：________________

五、合同价款

1. 合同价款金额：人民币(大写)________________(￥__________元)

2. 合同价款形式：________________

六、合同文件构成

组成本合同的文件包括：

(1)合同协议书；

(2)专用合同条款及其附件；

(3)通用合同条款；

(4)中标通知书(如果有)；

(5)投标文件及其附件(如果有)；

(6)技术标准和要求；

(7)图纸；

(8)其他合同文件。

在合同履行过程中形成的与合同有关的文件构成合同文件组成部分。

七、承诺

1. 发包人承诺按照法律规定履行项目审批手续，按照合同约定提供工程勘察条件和相关资料，并按照合同约定的期限和方式支付合同价款。

2. 勘察人承诺按照法律法规和技术标准规定及合同约定提供勘察技术服务。

八、词语定义

本合同协议书中词语含义与合同第二部分《通用合同条款》中的词语含义相同。

九、签订时间

本合同于____年____月____日签订。

十、签订地点

本合同在________________签订。

十一、合同生效

本合同自________________生效。

十二、合同份数

本合同一式____份,具有同等法律效力,发包人执____份,勘察人执____份。

发包人:(印章)________________
法定代表人或其委托代理人:
(签字)
统一社会信用代码:______________
地址:________________________
邮政编码:____________________
电话:________________________
传真:________________________
电子邮箱:____________________
开户银行:____________________
账号:________________________

勘察人:(印章)__________________
法定代表人或其委托代理人:
(签字)
统一社会信用代码:______________
地址:__________________________
邮政编码:______________________
电话:__________________________
传真:__________________________
电子邮箱:______________________
开户银行:______________________
账号:__________________________

第二部分　通用合同条款

第1条　一般约定

1.1 词语定义

下列词语除专用合同条款另有约定外,应具有本条所赋予的含义。

1.1.1 合同:指根据法律规定和合同当事人约定具有约束力的文件,构成合同的文件包括合同协议书、专用合同条款及其附件、通用合同条款、中标通知书(如果有)、投标文件及其附件(如果有)、技术标准和要求、图纸以及其他合同文件。

1.1.2 合同协议书:指构成合同的由发包人和勘察人共同签署的称为"合同协议书"的书面文件。

1.1.3 通用合同条款:是根据法律、行政法规规定及建设工程勘察的需要订立,通用于建设工程勘察的合同条款。

1.1.4 专用合同条款:是发包人与勘察人根据法律、行政法规规定,结合具体工程实际,经协商达成一致意见的合同条款,是对通用合同条款的细化、完善、补充、修改或另行约定。

1.1.5 发包人:指与勘察人签定合同协议书的当事人以及取得该当事人资格的合法继承人。

1.1.6 勘察人:指在合同协议书中约定,被发包人接受的具有工程勘察资质的当事人以及取得该当事人资格的合法继承人。

1.1.7 工程:指发包人与勘察人在合同协议书中约定的勘察范围内的项目。

1.1.8 勘察任务书:指由发包人就工程勘察范围、内容和技术标准等提出要求的书面文件。勘察任务书构成合同文件组成部分。

1.1.9 合同价款:指合同当事人在合同协议书中约定,发包人用以支付勘察人完成合同约定范围内工程勘察工作的款项。

1.1.10 费用:指为履行合同所发生的或将要发生的必需的支出。

1.1.11 工期:指合同当事人在合同协议书中约定,按总日历天数(包括法定节假日)计算的工作天数。

1.1.12 天:除特别指明外,均指日历天。约定按天计算时间的,开始当天不计入,从次日开始计算。时限的最后一天是休息日或者其他法定节假日的,以节假日次日为时限的最后一天,时限的最后一天的截止时间为当日24时。

1.1.13 开工日期:指合同当事人在合同中约定,勘察人开始工作的绝对或相对日期。

1.1.14 成果提交日期：指合同当事人在合同中约定，勘察人完成合同范围内工作并提交成果资料的绝对或相对日期。

1.1.15 图纸：指由发包人提供或由勘察人提供并经发包人认可，满足勘察人开展工作需要的所有图件，包括相关说明和资料。

1.1.16 作业场地：指工程勘察作业的场所以及发包人具体指定的供工程勘察作业使用的其他场所。

1.1.17 书面形式：指合同书、信件和数据电文（包括电报、电传、传真、电子数据交换和电子邮件）等可以有形地表现所载内容的形式。

1.1.18 索赔：指在合同履行过程中，一方违反合同约定，直接或间接地给另一方造成实际损失，受损方向违约方提出经济赔偿和（或）工期顺延的要求。

1.1.19 不利物质条件：指勘察人在作业场地遇到的不可预见的自然物质条件、非自然的物质障碍和污染物。

1.1.20 后期服务：指勘察人提交成果资料后，为发包人提供的后续技术服务工作和程序性工作，如报告成果咨询、基槽检验、现场交桩和竣工验收等。

1.2 合同文件及优先解释顺序

1.2.1 合同文件应能相互解释，互为说明。除专用合同条款另有约定外，组成本合同的文件及优先解释顺序如下：

（1）合同协议书；

（2）专用合同条款及其附件；

（3）通用合同条款；

（4）中标通知书（如果有）；

（5）投标文件及其附件（如果有）；

（6）技术标准和要求；

（7）图纸；

（8）其他合同文件。

上述合同文件包括合同当事人就该项合同文件所作出的补充和修改，属于同一类内容的文件，应以最新签署的为准。

1.2.2 当合同文件内容含糊不清或不相一致时，在不影响工作正常进行的情况下，由发包人和勘察人协商解决。双方协商不成时，按第16条〔争议解决〕的约定处理。

1.3 适用法律法规、技术标准

1.3.1 适用法律法规

本合同文件适用中华人民共和国法律、行政法规、部门规章以及工程所在地的地方性法规、自治条例、单行条例和地方政府规章等。其他需要明示的规范性文件，由合同当事人在专用合同条款中约定。

1.3.2 适用技术标准

适用于工程的现行有效国家标准、行业标准、工程所在地的地方标准以及相应的规范、规程为本合同文件适用的技术标准。合同当事人有特别要求的，应在专用合同条款中约定。

发包人要求使用国外技术标准的，应在专用合同条款中约定所使用技术标准的名称及提供方，并约定技术标准原文版、中译本的份数、时间及费用承担等事项。

1.4 语言文字

本合同文件使用汉语语言文字书写、解释和说明。如专用合同条款约定使用两种以上（含两种）语言时，汉语为优先解释和说明本合同的语言。

1.5 联络

1.5.1 与合同有关的批准文件、通知、证明、证书、指示、指令、要求、请求、意见、确定和决定等，均应采用书面形式或合同双方确认的其他形式，并应在合同约定的期限内送达接收人。

1.5.2 发包人和勘察人应在专用合同条款中约定各自的送达接收人、送达形式及联系方式。合同当事人指定的接收人、送达地点或联系方式发生变动的，应提前3天以书面形式通知对方，否则视为未发生变动。

1.5.3 发包人、勘察人应及时签收对方送达至约定送达地点和指定接收人的来往信函；如确有充分证据证明一方无正当理由拒不签收的，视为拒绝签收一方认可往来信函的内容。

1.6 严禁贿赂

合同当事人不得以贿赂或变相贿赂的方式，谋取非法利益或损害对方权益。因一方的贿赂造成对方损失的，应赔偿损失并承担相应的法律责任。

1.7 保密

除法律法规规定或合同另有约定外，未经发包人同意，勘察人不得将发包人提供的图纸、文件以及声明需要保密的资料信息等商业秘密泄露给第三方。

除法律法规规定或合同另有约定外，未经勘察人同意，发包人不得将勘察人提供的技术文件、成果资料、技术秘密及声明需要保密的资料信息等商业秘密泄露给第三方。

第2条 发包人

2.1 发包人权利

2.1.1 发包人对勘察人的勘察工作有权依照合同约定实施监督，并对勘察成果予以验收。

2.1.2 发包人对勘察人无法胜任工程勘察工作的人员有权提出更换。

2.1.3 发包人拥有勘察人为其项目编制的所有文件资料的使用权，包括投标文件、成果资料和数据等。

2.2 发包人义务

2.2.1 发包人应以书面形式向勘察人明确勘察任务及技术要求。

2.2.2 发包人应提供开展工程勘察工作所需要的图纸及技术资料，包括总平面图、地形图、已有水准点和坐标控制点等，若上述资料由勘察人负责搜集时，发包人应承担相关费用。

2.2.3 发包人应提供工程勘察作业所需的批准及许可文件,包括立项批复、占用和挖掘道路许可等。

2.2.4 发包人应为勘察人提供具备条件的作业场地及进场通道(包括土地征用、障碍物清除、场地平整、提供水电接口和青苗赔偿等)并承担相关费用。

2.2.5 发包人应为勘察人提供作业场地内地下埋藏物(包括地下管线、地下构筑物等)的资料、图纸,没有资料、图纸的地区,发包人应委托专业机构查清地下埋藏物。若因发包人未提供上述资料、图纸,或提供的资料、图纸不实,致使勘察人在工程勘察工作过程中发生人身伤害或造成经济损失时,由发包人承担赔偿责任。

2.2.6 发包人应按照法律法规规定为勘察人安全生产提供条件并支付安全生产防护费用,发包人不得要求勘察人违反安全生产管理规定进行作业。

2.2.7 若勘察现场需要看守,特别是在有毒、有害等危险现场作业时,发包人应派人负责安全保卫工作;按国家有关规定,对从事危险作业的现场人员进行保健防护,并承担费用。发包人对安全文明施工有特殊要求时,应在专用合同条款中另行约定。

2.2.8 发包人应对勘察人满足质量标准的已完工作,按照合同约定及时支付相应的工程勘察合同价款及费用。

2.3 发包人代表

发包人应在专用合同条款中明确其负责工程勘察的发包人代表的姓名、职务、联系方式及授权范围等事项。发包人代表在发包人的授权范围内,负责处理合同履行过程中与发包人有关的具体事宜。

第3条　勘察人

3.1 勘察人权利

3.1.1 勘察人在工程勘察期间,根据项目条件和技术标准、法律法规规定等方面的变化,有权向发包人提出增减合同工作量或修改技术方案的建议。

3.1.2 除建设工程主体部分的勘察外,根据合同约定或经发包人同意,勘察人可以将建设工程其他部分的勘察分包给其他具有相应资质等级的建设工程勘察单位。发包人对分包的特殊要求应在专用合同条款中另行约定。

3.1.3 勘察人对其编制的所有文件资料,包括投标文件、成果资料、数据和专利技术等拥有知识产权。

3.2 勘察人义务

3.2.1 勘察人应按勘察任务书和技术要求并依据有关技术标准进行工程勘察工作。

3.2.2 勘察人应建立质量保证体系,按本合同约定的时间提交质量合格的成果资料,并对其质量负责。

3.2.3 勘察人在提交成果资料后,应为发包人继续提供后期服务。

3.2.4 勘察人在工程勘察期间遇到地下文物时,应及时向发包人和文物主管部门报告并妥善保护。

3.2.5 勘察人开展工程勘察活动时应遵守有关职业健康及安全生产方面的各项法律法规的规定,采取安全防护措施,确保人员、设备和设施的安全。

3.2.6 勘察人在燃气管道、热力管道、动力设备、输水管道、输电线路、临街交通要道及地下通道(地下隧道)附近等风险性较大的地点,以及在易燃易爆地段及放射、有毒环境中进行工程勘察作业时,应编制安全防护方案并制定应急预案。

3.2.7 勘察人应在勘察方案中列明环境保护的具体措施,并在合同履行期间采取合理措施保护作业现场环境。

3.3 勘察人代表

勘察人接受任务时,应在专用合同条款中明确其负责工程勘察的勘察人代表的姓名、职务、联系方式及授权范围等事项。勘察人代表在勘察人的授权范围内,负责处理合同履行过程中与勘察人有关的具体事宜。

第4条　工期

4.1 开工及延期开工

4.1.1 勘察人应按合同约定的工期进行工程勘察工作,并接受发包人对工程勘察工作进度的监督、检查。

4.1.2 因发包人原因不能按照合同约定的日期开工,发包人应以书面形式通知勘察人,推迟开工日期并相应顺延工期。

4.2 成果提交日期

勘察人应按照合同约定的日期或双方同意顺延的工期提交成果资料,具体可在专用合同条款中约定。

4.3 发包人造成的工期延误

4.3.1 因以下情形造成工期延误,勘察人有权要求发包人延长工期、增加合同价款和(或)补偿费用:

(1)发包人未能按合同约定提供图纸及开工条件;

(2)发包人未能按合同约定及时支付定金、预付款和(或)进度款;

(3)变更导致合同工作量增加;

(4)发包人增加合同工作内容;

(5)发包人改变工程勘察技术要求;

(6)发包人导致工期延误的其他情形。

4.3.2 除专用合同条款对期限另有约定外,勘察人在第4.3.1款情形发生后7天内,应就延误的工期以书面形式向发包人提出报告。发包人在收到报告后7天内予以确认;逾期不予确认也不提出修改意见,视为同意顺延工期。补偿费用的确认程序参照第7.1款〔合同价款与调整〕执行。

4.4 勘察人造成的工期延误

勘察人因以下情形不能按照合同约定的日期或双方同意顺延的工期提交成果资料的,勘察人承担违约责任:

(1)勘察人未按合同约定开工日期开展工作造成工期延

误的；

(2)勘察人管理不善、组织不力造成工期延误的；

(3)因弥补勘察人自身原因导致的质量缺陷而造成工期延误的；

(4)因勘察人成果资料不合格返工造成工期延误的；

(5)勘察人导致工期延误的其他情形。

4.5 恶劣气候条件

恶劣气候条件影响现场作业，导致现场作业难以进行，造成工期延误的，勘察人有权要求发包人延长工期，具体可参照第4.3.2款处理。

第5条 成果资料

5.1 成果质量

5.1.1 成果质量应符合相关技术标准和深度规定，且满足合同约定的质量要求。

5.1.2 双方对工程勘察成果质量有争议时，由双方同意的第三方机构鉴定，所需费用及因此造成的损失，由责任方承担；双方均有责任的，由双方根据其责任分别承担。

5.2 成果份数

勘察人应向发包人提交成果资料四份，发包人要求增加的份数，在专用合同条款中另行约定，发包人另行支付相应的费用。

5.3 成果交付

勘察人按照约定时间和地点向发包人交付成果资料，发包人应出具书面签收单，内容包括成果名称、成果组成、成果份数、提交和签收日期、提交人与接收人的亲笔签名等。

5.4 成果验收

勘察人向发包人提交成果资料后，如需对勘察成果组织验收的，发包人应及时组织验收。除专用合同条款对期限另有约定外，发包人14天内无正当理由不予组织验收，视为验收通过。

第6条 后期服务

6.1 后续技术服务

勘察人应派专业技术人员为发包人提供后续技术服务，发包人应为其提供必要的工作和生活条件，后续技术服务的内容、费用和时限应由双方在专用合同条款中另行约定。

6.2 竣工验收

工程竣工验收时，勘察人应按发包人要求参加竣工验收工作，并提供竣工验收所需相关资料。

第7条 合同价款与支付

7.1 合同价款与调整

7.1.1 依照法定程序进行招标工程的合同价款由发包人和勘察人依据中标价格载明在合同协议书中；非招标工程的合同价款由发包人和勘察人议定，并载明在合同协议书中。合同价款在合同协议书中约定后，除合同条款约定的合同价款调整因素外，任何一方不得擅自改变。

7.1.2 合同当事人可任选下列一种合同价款的形式，双方可在专用合同条款中约定：

(1)总价合同

双方在专用合同条款中约定合同价款包含的风险范围和风险费用的计算方法，在约定的风险范围内合同价款不再调整。风险范围以外的合同价款调整因素和方法，应在专用合同条款中约定。

(2)单价合同

合同价款根据工作量的变化而调整，合同单价在风险范围内一般不予调整，双方可在专用合同条款中约定合同单价调整因素和方法。

(3)其他合同价款形式

合同当事人可在专用合同条款中约定其他合同价格形式。

7.1.3 需调整合同价款时，合同一方应及时将调整原因、调整金额以书面形式通知对方，双方共同确认调整金额后作为追加或减少的合同价款，与进度款同期支付。除专用合同条款对期限另有约定外，一方在收到对方的通知后7天内不予确认也不提出修改意见，视为已经同意该项调整。合同当事人就调整事项不能达成一致的，则按照第16条〔争议解决〕的约定处理。

7.2 定金或预付款

7.2.1 实行定金或预付款的，双方应在专用合同条款中约定发包人向勘察人支付定金或预付款数额，支付时间应不迟于约定的开工日期前7天。发包人不按约定支付，勘察人向发包人发出要求支付的通知，发包人收到通知后仍不能按要求支付，勘察人可在发出通知后推迟开工日期，并由发包人承担违约责任。

7.2.2 定金或预付款在进度款中抵扣，抵扣办法可在专用合同条款中约定。

7.3 进度款支付

7.3.1 发包人应按照专用合同条款约定的进度款支付方式、支付条件和支付时间进行支付。

7.3.2 第7.1款〔合同价款与调整〕和第8.2款〔变更合同价款确定〕确定调整的合同价款及其他条款中约定的追加或减少的合同价款，应与进度款同期调整支付。

7.3.3 发包人超过约定的支付时间不支付进度款，勘察人可向发包人发出要求付款的通知，发包人收到勘察人通知后仍不能按要求付款，可与勘察人协商签订延期付款协议，经勘察人同意后可延期支付。

7.3.4 发包人不按合同约定支付进度款，双方又未达成延期付款协议，勘察人可停止工程勘察作业和后期服务，由发包人承担违约责任。

7.4 合同价款结算

除专用合同条款另有约定外，发包人应在勘察人提交成果资料后28天内,依据第7.1款〔合同价款与调整〕和第8.2款〔变更合同价款确定〕的约定进行最终合同价款确定,并予以全额支付。

第8条 变更与调整

8.1 变更范围与确认

8.1.1 变更范围

本合同变更是指在合同签订日后发生的以下变更:

(1)法律法规及技术标准的变化引起的变更;

(2)规划方案或设计条件的变化引起的变更;

(3)不利物质条件引起的变更;

(4)发包人的要求变化引起的变更;

(5)因政府临时禁令引起的变更;

(6)其他专用合同条款中约定的变更。

8.1.2 变更确认

当引起变更的情形出现,除专用合同条款对期限另有约定外,勘察人应在7天内就调整后的技术方案以书面形式向发包人提出变更要求,发包人应在收到报告后7天内予以确认,逾期不予确认也不提出修改意见,视为同意变更。

8.2 变更合同价款确定

8.2.1 变更合同价款按下列方法进行:

(1)合同中已有适用于变更工程的价格,按合同已有的价格变更合同价款;

(2)合同中只有类似于变更工程的价格,可以参照类似价格变更合同价款;

(3)合同中没有适用或类似于变更工程的价格,由勘察人提出适当的变更价格,经发包人确认后执行。

8.2.2 除专用合同条款对期限另有约定外,一方应在双方确定变更事项后14天内向对方提出变更合同价款报告,否则视为该项变更不涉及合同价款的变更。

8.2.3 除专用合同条款对期限另有约定外,一方应在收到对方提交的变更合同价款报告之日起14天内予以确认。逾期无正当理由不予确认的,则视为该项变更合同价款报告已被确认。

8.2.4 一方不同意对方提出的合同价款变更,按第16条〔争议解决〕的约定处理。

8.2.5 因勘察人自身原因导致的变更,勘察人无权要求追加合同价款。

第9条 知识产权

9.1 除专用合同条款另有约定外,发包人提供给勘察人的图纸、发包人为实施工程自行编制或委托编制的反映发包人要求或其他类似性质的文件的著作权属于发包人,勘察人可以为实现本合同目的而复制、使用此类文件,但不能用于与本合同无关的其他事项。未经发包人书面同意,勘察人不得为了本合同以外的目的而复制、使用上述文件或将之提供给任何第三方。

9.2 除专用合同条款另有约定外,勘察人为实施工程所编制的成果文件的著作权属于勘察人,发包人可因本工程的需要而复制、使用此类文件,但不能擅自修改或用于与本合同无关的其他事项。未经勘察人书面同意,发包人不得为了本合同以外的目的而复制、使用上述文件或将之提供给任何第三方。

9.3 合同当事人保证在履行本合同过程中不侵犯对方及第三方的知识产权。勘察人在工程勘察时,因侵犯他人的专利权或其他知识产权所引起的责任,由勘察人承担;因发包人提供的基础资料导致侵权的,由发包人承担责任。

9.4 在不损害对方利益情况下,合同当事人双方均有权在申报奖项、制作宣传印刷品及出版物时使用有关项目的文字和图片材料。

9.5 除专用合同条款另有约定外,勘察人在合同签订前和签订时已确定采用的专利、专有技术、技术秘密的使用费已包含在合同价款中。

第10条 不可抗力

10.1 不可抗力的确认

10.1.1 不可抗力是在订立合同时不可合理预见,在履行合同中不可避免地发生且不能克服的自然灾害和社会突发事件,如地震、海啸、瘟疫、洪水、骚乱、暴动、战争以及专用条款约定的其他自然灾害和社会突发事件。

10.1.2 不可抗力发生后,发包人和勘察人应收集不可抗力发生及造成损失的证据。合同当事双方对是否属于不可抗力或其损失发生争议时,按第16条〔争议解决〕的约定处理。

10.2 不可抗力的通知

10.2.1 遇有不可抗力发生时,发包人和勘察人应立即通知对方,双方应共同采取措施减少损失。除专用合同条款对期限另有约定外,不可抗力持续发生,勘察人应每隔7天向发包人报告一次受害损失情况。

10.2.2 除专用合同条款对期限另有约定外,不可抗力结束后2天内,勘察人向发包人通报受害损失情况及预计清理和修复的费用;不可抗力结束后14天内,勘察人向发包人提交清理和修复费用的正式报告及有关资料。

10.3 不可抗力后果的承担

10.3.1 因不可抗力发生的费用及延误的工期由双方按以下方法分别承担:

(1)发包人和勘察人人员伤亡由合同当事人双方自行负责,并承担相应费用;

(2)勘察人机械设备损坏及停工损失,由勘察人承担;

(3)停工期间,勘察人应发包人要求留在作业场地的管理人员及保卫人员的费用由发包人承担;

(4)作业场地发生的清理、修复费用由发包人承担;

(5)延误的工期相应顺延。

10.3.2 因合同一方迟延履行合同后发生不可抗力的,不能免除迟延履行方的相应责任。

第11条 合同生效与终止

11.1 双方在合同协议书中约定合同生效方式。

11.2 发包人、勘察人履行合同全部义务，合同价款支付完毕，本合同即告终止。

11.3 合同的权利义务终止后，合同当事人应遵循诚实信用原则，履行通知、协助和保密等义务。

第12条 合同解除

12.1 有下列情形之一的，发包人、勘察人可以解除合同：

(1)因不可抗力致使合同无法履行；

(2)发生未按第7.2款〔定金或预付款〕或第7.3款〔进度款支付〕约定按时支付合同价款的情况，停止作业超过28天，勘察人有权解除合同，由发包人承担违约责任；

(3)勘察人将其承包的全部工程转包给他人或者肢解以后以分包的名义分别转包给他人，发包人有权解除合同，由勘察人承担违约责任；

(4)发包人和勘察人协商一致可以解除合同的其他情形。

12.2 一方依据第12.1款约定要求解除合同的，应以书面形式向对方发出解除合同的通知，并在发出通知前不少于14天告知对方，通知到达对方时合同解除。对解除合同有争议的，按第16条〔争议解决〕的约定处理。

12.3 因不可抗力致使合同无法履行时，发包人应按合同约定向勘察人支付已完工作量相对应比例的合同价款后解除合同。

12.4 合同解除后，勘察人应按发包人要求将自有设备和人员撤出作业场地，发包人应为勘察人撤出提供必要条件。

第13条 责任与保险

13.1 勘察人应运用一切合理的专业技术和经验，按照公认的职业标准尽其全部职责和谨慎、勤勉地履行其在本合同项下的责任和义务。

13.2 合同当事人可按照法律法规的要求在专用合同条款中约定履行本合同所需要的工程勘察责任保险，并使其于合同责任期内保持有效。

13.3 勘察人应依照法律法规的规定为勘察作业人员参加工伤保险、人身意外伤害险和其他保险。

第14条 违约

14.1 发包人违约

14.1.1 发包人违约情形

(1)合同生效后，发包人无故要求终止或解除合同；

(2)发包人未按第7.2款〔定金或预付款〕约定按时支付定金或预付款；

(3)发包人未按第7.3款〔进度款支付〕约定按时支付进度款；

(4)发包人不履行合同义务或不按合同约定履行义务的其他情形。

14.1.2 发包人违约责任

(1)合同生效后，发包人无故要求终止或解除合同，勘察人未开始勘察工作的，不退还发包人已付的定金或发包人按照专用合同条款约定向勘察人支付违约金；勘察人已开始勘察工作的，若完成计划工作量不足50%的，发包人应支付勘察人合同价款的50%；完成计划工作量超过50%的，发包人应支付勘察人合同价款的100%。

(2)发包人发生其他违约情形时，发包人应承担由此增加的费用和工期延误损失，并给予勘察人合理赔偿。双方可在专用合同条款内约定发包人赔偿勘察人损失的计算方法或者发包人应支付违约金的数额或计算方法。

14.2 勘察人违约

14.2.1 勘察人违约情形

(1)合同生效后，勘察人因自身原因要求终止或解除合同；

(2)因勘察人原因不能按照合同约定的日期或合同当事人同意顺延的工期提交成果资料；

(3)因勘察人原因造成成果资料质量达不到合同约定的质量标准；

(4)勘察人不履行合同义务或未按约定履行合同义务的其他情形。

14.2.2 勘察人违约责任

(1)合同生效后，勘察人因自身原因要求终止或解除合同，勘察人应双倍返还发包人已支付的定金或勘察人按照专用合同条款约定向发包人支付违约金。

(2)因勘察人原因造成工期延误的，应按专用合同条款约定向发包人支付违约金。

(3)因勘察人原因造成成果资料质量达不到合同约定的质量标准，勘察人应负责无偿给予补充完善使其达到质量合格。因勘察人原因导致工程质量安全事故或其他事故时，勘察人除负责采取补救措施外，应通过所投工程勘察责任保险向发包人承担赔偿责任或根据直接经济损失程度按专用合同条款约定向发包人支付赔偿金。

(4)勘察人发生其他违约情形时，勘察人应承担违约责任并赔偿因其违约给发包人造成的损失，双方可在专用合同条款内约定勘察人赔偿发包人损失的计算方法和赔偿金额。

第15条 索赔

15.1 发包人索赔

勘察人未按合同约定履行义务或发生错误以及应由勘察人承担责任的其他情形，造成工期延误及发包人的经济损失，除专用合同条款另有约定外，发包人可按下列程序以书面形式向勘察人索赔：

(1)违约事件发生后7天内，向勘察人发出索赔意向通知；

(2)发出索赔意向通知后14天内，向勘察人提出经济损失的索赔报告及有关资料；

(3)勘察人在收到发包人送交的索赔报告和有关资料或补充索赔理由、证据后，于28天内给予答复；

(4)勘察人在收到发包人送交的索赔报告和有关资料后28天内未予答复或未对发包人作进一步要求，视为该项索赔已被认可；

(5)当该违约事件持续进行时，发包人应阶段性向勘察人发出索赔意向，在违约事件终了后21天内，向勘察人送交索赔的有关资料和最终索赔报告。索赔答复程序与本款第(3)、(4)项约定相同。

15.2 勘察人索赔

发包人未按合同约定履行义务或发生错误以及应由发包人承担责任的其他情形，造成工期延误和(或)勘察人不能及时得到合同价款及勘察人的经济损失，除专用合同条款另有约定外，勘察人可按下列程序以书面形式向发包人索赔：

(1)违约事件发生后7天内，勘察人可向发包人发出要求其采取有效措施纠正违约行为的通知；发包人收到通知14天内仍不履行合同义务，勘察人有权停止作业，并向发包人发出索赔意向通知。

(2)发出索赔意向通知后14天内，向发包人提出延长工期和(或)补偿经济损失的索赔报告及有关资料；

(3)发包人在收到勘察人送交的索赔报告和有关资料或补充索赔理由、证据后，于28天内给予答复；

(4)发包人在收到勘察人送交的索赔报告和有关资料后28天内未予答复或未对勘察人作进一步要求，视为该项索赔已被认可；

(5)当该索赔事件持续进行时，勘察人应阶段性向发包人发出索赔意向，在索赔事件终了后21天内，向发包人送交索赔的有关资料和最终索赔报告。索赔答复程序与本款第(3)、(4)项约定相同。

第16条 争议解决

16.1 和解

因本合同以及与本合同有关事项发生争议的，双方可以就争议自行和解。自行和解达成协议的，经签字并盖章后作为合同补充文件，双方均应遵照执行。

16.2 调解

因本合同以及与本合同有关事项发生争议的，双方可以就争议请求行政主管部门、行业协会或其他第三方进行调解。调解达成协议的，经签字并盖章后作为合同补充文件，双方均应遵照执行。

16.3 仲裁或诉讼

因本合同以及与本合同有关事项发生争议的，当事人不愿和解、调解或者和解、调解不成的，双方可以在专用合同条款内约定以下一种方式解决争议：

(1)双方达成仲裁协议，向约定的仲裁委员会申请仲裁；

(2)向有管辖权的人民法院起诉。

第17条 补充条款

双方根据有关法律法规规定，结合实际经协商一致，可对通用合同条款内容具体化、补充或修改，并在专用合同条款内约定。

第三部分 专用合同条款

第1条 一般约定

1.1 词语定义

____

1.2 合同文件及优先解释顺序

1.2.1 合同文件组成及优先解释顺序：______________________________

____

____

1.3 适用法律法规、技术标准

1.3.1 适用法律法规

需要明示的规范性文件：______________________________

1.3.2 适用技术标准

特别要求：______________________________

使用国外技术标准的名称、提供方、原文版、中译本的份数、时间及费用承担：______________________________

____

____

1.4 语言文字

本合同除使用汉语外，还使用____________语言文字。

1.5 联络

1.5.1 发包人和勘察人应在______天内将与合同有关的通知、批准、证明、证书、指示、指令、要求、请求、同意、意见、确定和决定等书面函件送达对方当事人。

1.5.2 发包人接收文件的地点:______

发包人指定的接收人:______

发包人指定的联系方式:______

勘察人接收文件的地点:______

勘察人指定的接收人:______

勘察人指定的联系方式:______

1.7 保密

合同当事人关于保密的约定:______

第2条 发包人

2.2 发包人义务

2.2.2 发包人委托勘察人搜集的资料:______

2.2.7 发包人对安全文明施工的特别要求:______

2.3 发包人代表

姓名:______ 职务:______ 联系方式:______

授权范围:______

第3条 勘察人

3.1 勘察人权利

3.1.2 关于分包的约定:______

3.3 勘察人代表

姓名:______ 职务:______ 联系方式:______

授权范围:______

第4条 工期

4.2 成果提交日期

双方约定工期顺延的其他情况:______

4.3 发包人造成的工期延误

4.3.2 双方就工期顺延确定期限的约定:______

第5条 成果资料

5.2 成果份数

勘察人应向发包人提交成果资料四份,发包人要求增加的份数为______份。

5.4 成果验收

双方就成果验收期限的约定:______

第6条　后期服务

6.1 后续技术服务

后续技术服务内容约定:____________________

后续技术服务费用约定:____________________

后续技术服务时限约定:____________________

第7条　合同价款与支付

7.1 合同价款与调整

7.1.1 双方约定的合同价款调整因素和方法:____________________

____

____

7.1.2 本合同价款采用__________方式确定。

(1)采用总价合同,合同价款中包括的风险范围:____________________

____

____

风险费用的计算方法:____________________

风险范围以外合同价款调整因素和方法:____________________

(2)采用单价合同,合同价款中包括的风险范围:____________________

风险范围以外合同单价调整因素和方法:____________________

(3)采用的其他合同价款形式及调整因素和方法:____________________

____

7.1.3 双方就合同价款调整确认期限的约定:____________________

7.2 定金或预付款

7.2.1 发包人向勘察人支付定金金额:__________或预付款的金额:__________

7.2.2 定金或预付款在进度款中的抵扣办法:____________________

7.3 进度款支付

7.3.1 双方约定的进度款支付方式、支付条件和支付时间:____________________

____

____

7.4 合同价款结算

最终合同价款支付的约定:____________________

第8条　变更与调整

8.1 变更范围与确认

8.1.1 变更范围

变更范围的其他约定:____________________

8.1.2 变更确认

变更提出和确认期限的约定:____________________

8.2 变更合同价款确定

8.2.2 提出变更合同价款报告期限的约定:____________________

8.2.3 确认变更合同价款报告时限的约定:____________________

第9条　知识产权

9.1 关于发包人提供给勘察人的图纸、发包人为实施工程自行编制或委托编制的反映发包人要求或其他类似性质的文件的著作权的归属:____________________

关于发包人提供的上述文件的使用限制的要求:____________________

____

____

9.2 关于勘察人为实施工程所编制文件的著作权的归属：____________________

关于勘察人提供的上述文件的使用限制的要求：____________________

9.5 勘察人在工作过程中所采用的专利、专有技术、技术秘密的使用费的承担方式：____________________

第10条 不可抗力

10.1 不可抗力的确认

10.1.1 双方关于不可抗力的其他约定(如政府临时禁令)：____________________

10.2 不可抗力的通知

10.2.1 不可抗力持续发生，勘察人报告受害损失期限的约定：____________________

10.2.2 勘察人向发包人通报受害损失情况及费用期限的约定：____________________

第13条 责任与保险

13.2 工程勘察责任保险的约定：____________________

第14条 违约

14.1 发包人违约

14.1.2 发包人违约责任

(1)发包人支付勘察人的违约金：____________________

(2)发包人发生其他违约情形应承担的违约责任：____________________

14.2 勘察人违约

14.2.2 勘察人违约责任

(1)勘察人支付发包人的违约金：____________________

(2)勘察人造成工期延误应承担的违约责任：____________________

(3)因勘察人原因导致工程质量安全事故或其他事故时的赔偿金上限：____________________

(4)勘察人发生其他违约情形应承担的违约责任：____________________

第15条 索赔

15.1 发包人索赔

索赔程序和期限的约定：____________________

15.2 勘察人索赔

索赔程序和期限的约定：____________________

第16条 争议解决

16.3 仲裁或诉讼

双方约定在履行合同过程中产生争议时，采取下列第______种方式解决：

(1)向____________仲裁委员会提请仲裁；

(2)向____________人民法院提起诉讼。

第17条　补充条款

双方根据有关法律法规规定,结合实际经协商一致,补充约定如下:

____

____

附件A　勘察任务书及技术要求

附件B　发包人向勘察人提交有关资料及文件一览表

附件C　进度计划

附件D　工作量和费用明细表

图书在版编目（CIP）数据

中华人民共和国房地产法律法规全书：含相关政策及文书范本：2020年版/中国法制出版社编．—6版．—北京：中国法制出版社，2019.12
（法律法规全书系列）
ISBN 978－7－5216－0761－1

Ⅰ．①中…　Ⅱ．①中…　Ⅲ．①房地产法－汇编－中国　Ⅳ．①D922.389

中国版本图书馆CIP数据核字（2019）第277885号

策划编辑：袁笋冰　　责任编辑：赵　燕　　封面设计：周黎明

中华人民共和国房地产法律法规全书

ZHONGHUA RENMIN GONGHEGUO FANGDICHAN FALÜ FAGUI QUANSHU

经销/新华书店
印刷/三河市国英印务有限公司
开本/787毫米×960毫米　16开　　印张/44.25　字数/1360千
版次/2019年12月第6版　　2019年12月第1次印刷

中国法制出版社出版
书号ISBN 978－7－5216－0761－1　　定价：98.00元

北京西单横二条2号
邮政编码100031　　传真：010－66031119
网址：http：//www.zgfzs.com　　**编辑部电话：010－66066627**
市场营销部电话：010－66033393　　**邮购部电话：010－66033288**

（如有印装质量问题，请与本社印务部联系调换。电话：010－66032926）